Kannengiesser

PHP 5

Professional Series

Matthias Kannengiesser

PHP 5

Das Praxisbuch

Mit 81 Abbildungen

FRANZIS

Wichtiger Hinweis

Alle Angaben in diesem Buch wurden vom Autor mit größter Sorgfalt erarbeitet bzw. zusammengestellt und unter Einschaltung wirksamer Kontrollmaßnahmen reproduziert. Trotzdem sind Fehler nicht ganz auszuschließen. Der Verlag und der Autor sehen sich deshalb gezwungen, darauf hinzuweisen, daß sie weder eine Garantie noch die juristische Verantwortung oder irgendeine Haftung für Folgen, die auf fehlerhafte Angaben zurückgehen, übernehmen können. Für die Mitteilung etwaiger Fehler sind Verlag und Autor jederzeit dankbar.
Internet-Adressen oder Versionsnummern stellen den bei Redaktionsschluss verfügbaren Informationsstand dar. Verlag und Autor übernehmen keinerlei Verantwortung oder Haftung für Veränderungen, die sich aus nicht von ihnen zu vertretenden Umständen ergeben.
Evtl. beigefügte oder zum Download angebotene Dateien und Informationen dienen ausschließlich der nichtgewerblichen Nutzung. Eine gewerbliche Nutzung ist nur mit Zustimmung des Lizenzinhabers möglich.

Satz: DTP-Satz A. Kugge, München
art & design: www.ideehoch2.de
Druck: Bercker, 47623 Kevelaer
Printed in Germany

Einleitung

PHP ist die treibende Kraft im Internet. Mehrere Millionen dynamische Webanwendungen basieren heutzutage auf einer PHP-Lösung. Auf Grund seiner vielfältigen Einsatzmöglichkeiten, seiner leicht verständlichen Syntax und der Unterstützung diverser Betriebssysteme und Webserver hat sich PHP zur idealen Skriptsprache entwickelt.

Einer der Gründe, wieso PHP so erfolgreich ist, ist dessen Ursprung als Hilfsmittel zur Verarbeitung von HTML-Formularen und zur dynamischen Erzeugung von Webseiten. PHP ist in der Lage, mit einer Vielzahl von Datenbanken zu kommunizieren, und arbeitet mit zahlreichen Internetprotokollen zusammen.

Über dieses Buch

Das Buch soll Ihnen den Weg durch die vielseitige Struktur von PHP weisen. Durch die zahlreichen Erläuterungen und Lösungen für gängige Aufgaben bei der Arbeit mit PHP spreche ich sowohl Einsteiger und Umsteiger als auch Spezialisten an. Dieses Buch soll Ihnen als Schlüssel zum Erfolg dienen. Ich hoffe, das ist geglückt und Sie werden einiges aus dem Praxisbuch für Ihre tägliche Arbeit nutzen können.

Dieses Buch ist für Programmierer geschrieben, die im täglichen Einsatz von PHP Probleme zu lösen haben. Zusätzlich werden jedoch auch die grundlegenden Sprachelemente ausführlich beschrieben, so dass es zu einem unverzichtbaren Nachschlagewerk für Einsteiger und Umsteiger wird.

Auf eines weise ich jedoch bereits an dieser Stelle hin: Das Buch erhebt keinen Anspruch auf Vollständigkeit, da PHP in der fünften Generation bereits so umfangreich ist, dass man gut und gerne Dutzende von Büchern zum Thema verfassen könnte. Die zahlreichen PHP-Extensions würden dieses Unterfangen zum scheitern verurteilen.

Das erwartet Sie

Ich nehme nicht an, dass Sie sich hinsetzen und dieses Buch von Anfang bis Ende durchlesen werden, obwohl ich mich darüber freuen würde.

Ich verspreche Ihnen nicht, innerhalb kürzester Zeit und nur nach Lektüre dieses Buches zum PHP-Spezialisten zu werden. Erst die Arbeit an eigenen Projekten wird Ihnen zeigen, wie sinnvoll das Buch bei Ihrer alltäglichen Arbeit mit PHP ist.

Vorkenntnisse in PHP sind sicher kein Grund, das Buch nicht zu lesen – im Gegenteil, vor allem für Fortgeschrittene und Spezialisten sind weitergehende Informationen enthalten. Es handelt sich also nicht um eine von zahlreichen oberflächlichen Betrachtungen, sondern vielmehr um eine Vertiefung des Stoffs.

Das erwarte ich von Ihnen

Sie sollten bereits ein wenig programmieren können und die Welt der Datenbanken sollte Ihnen nicht unbekannt sein. Was PHP betrifft, erhalten sowohl Einsteiger als auch Spezialisten mit dem Buch eine kompakte Einführung und Vertiefung zu diversen PHP-Problemlösungen.

Quelle – Website zum Buch

Sie finden die dieses Buch begleitende Website unter *www.atomicscript.de*

Der Autor

Matthias Kannengiesser ist Dipl.-Informatiker und Projektmanager im IT-Bereich. Er arbeitet seit mehreren Jahren als IT-Consultant für namenhafte Unternehmen. In den letzten Jahren hat er vor allem an der Entwicklung von PHP/MySQL-basierten Lösungen gearbeitet. Seit mehr als 6 Jahren hält er Seminare, Workshops und Vorträge zu den Themen ActionScript, Lingo, JavaScript, PHP und Datenbank-Development ab. Er ist bundesweit als Fachdozent für Institute und Unternehmen tätig und Autor für Magazine wie *Internet Intern, Internet World, MX Magazin* und *Internet Professionell.*

Danksagung

Ich will mich von Herzen bei meinen lieben und geschätzten Freunden und Kollegen bedanken. Das sind insbesondere:

Dr. Perter Schisler, Ingrid Singer, Bianca Lange und Michael Wrobel (L4 Institut)

Thorsten Blach (Macromedia – akademie für neue medien)

Caroline Kannengiesser – Dank an mein Schwesterherz für die Unterstützung

Und: Alex, Frank, Ina, Conni, Ralph, Christopher (DJ Monty), Christian, Martin B., Benny, Toni, Franziska, Rico, Timor, Markus, Verena, Barbara, Gabi, Harald, Mario, Gökhan, Niels, Marc, Sascha, Saban, Thorsten, Johannes, Ralf, Jörg, Sebastian, Sven und all diejenigen, die ich hier vergessen habe.

Einen besonderen Dank möchte ich Frau Brigitte Bauer-Schiewek widmen, meiner Lektorin und Freundin beim Franzis´ Verlag: Danke für die kompetente Betreuung bei der Umsetzung dieses Buchs – obwohl ich auch in diesem Fall die Seitenzahl maßlos überschritten habe. Ganz viele Umarmungen und Küsse gehen an meine großartige Mama.

Feedback

Ich würde mich über Reaktionen und Anregungen freuen. Ich bin unter folgender Adresse zu erreichen:

matthiask@atomicscript.de

Ihr Matthias Kannengiesser

Inhaltsverzeichnis

1 Sprachelemente und Syntax

In diesem Kapitel werden die wesentlichen Bestandteile und Strukturen der PHP-Programmierung vorgestellt. Da diese in allen Programmiersprachen in ähnlicher Form vorhanden sind, können Leser mit ausreichender Programmiererfahrung das Kapitel gerne überspringen, ohne den roten Faden zu verlieren. Dies ist aber nicht anzuraten, da doch immer wieder mit kleineren und größeren Abweichungen zwischen Programmiersprachen zu rechnen ist. Selbst erfahrenen Programmierern wird empfohlen, das Kapitel zumindest zu überfliegen. Für Leser ohne Programmiererfahrung ist es ohnehin eines der zentralen Kapitel des Buchs. Denken Sie jedoch daran, dass wir bewusst darauf verzichtet haben, in diesem Buch eine ausführliche Einführung zu geben, schließlich wollen wir Sie möglichst zielstrebig an die besonders schwierigen Themen der Programmierung heranführen und nicht die Online-Referenz nachahmen.

1.1 Integration von PHP

Hier nochmals eine kurze Zusammenfassung der Schreibweisen.

SGML-Stil (Standard Generalized Markup Language)

```
<?
	echo "Einbindung in SGML-Stil";
?>
```

XML (Extensible Markup Language)

```
<?PHP
	echo "Einbindung in XML-Stil";
?>
```

```
<?php
	echo "Einbindung in XML-Stil";
?>
```

ASP-Stil (Active Server Pages)

```
<%
	echo "Einbindung in ASP-Stil";
%>
```

<script>-Tag

```
<script language="php">
	echo "Einbindung im JavaScript-Stil";
</script>
```

1.1.1 Notationshinweise

Am Anfang ist die Gefahr groß, unübersichtliche Skripts zu erstellen, da Leerzeichen, Zeilenumbrüche und Tabulatoren vom PHP-Interpreter ignoriert werden. Sie können eine HTML-Seite samt PHP-Bestandteil wie folgt schreiben:

```
<html>
<head><title>Erste Schritte</title></head>
<body><?php echo "Dies ist ein Test" ?>
</body>
</html>
```

aber auch so:

```
<html>
<head>
        <title>Erste Schritte</title>
</head>
<body>
<?php
        echo "Dies ist ein Test"
?>
</body>
</html>
```

Je nach Umfang des in PHP geschriebenen Codes wird die eine oder andere Variante günstiger sein. Eine optisch eindeutige Trennung von HTML und PHP hat sich in der Praxis als sinnvoll erwiesen. Im nächsten Abschnitt wird das Einschließen von Dateien vorgestellt. Sie sollten so oft wie möglich Ihre PHP-Bestandteile auslagern. Diese Dateien werden dann Module genannt. Sie können so den Code in der HTML-Seite überschaubar halten. Bei größeren Anwendungen vereinfacht sich die Wartung deutlich.

Achtung: Befehle werden in PHP generell mit einem Semikolon abgeschlossen, lediglich wenn der Befehl allein zwischen <? und ?> steht, ist dies optional.

1.1.2 Einbindung externer Skripts

Include

Der Befehl `include("dateiname");` fügt an dieser Stelle den Inhalt der Datei *dateiname* ein. Dadurch ist es möglich, Quellcode, der in mehreren Dateien benötigt wird, zentral zu halten, so dass Änderungen einfacher durchzuführen sind.

Die Datei, die eingefügt wird, wird als HTML-Code interpretiert. Deshalb muss, wenn in der Datei nur PHP-Code steht, diese Datei mit `<?php anfangen und mit ?>` enden bzw. mit anderen PHP-Code-Markierungen. Wenn `include()` in Verbindung mit Bedingungen oder Schleifen eingesetzt wird, muss es immer in geschweiften Klammern geschrieben werden.

```
// Falsch
if ( $Bedingung )
include ("Datei.inc");
```

```
// Richtig
if ( $Bedingung ) {
include ("Datei.inc");
}
```

require

Ganz analog zu `include()` funktioniert `require()`. Es wird aber von PHP etwas anders behandelt. Der `require()`-Ausdruck wird beim ersten Aufruf durch die Datei ersetzt. Wie bei `include()` wird erst einmal aus dem PHP-Modus herausgegangen. Es gibt drei wesentliche Unterschiede zu `include()`:

- Zum einen wird `require()` immer ausgeführt, also auch dann, wenn es eigentlich abhängig von einer `IF`-Anweisung nicht ausgeführt werden dürfte.
- Zum anderen wird es innerhalb einer Schleife (for, while) nur ein einziges Mal ausgeführt – egal, wie oft die Schleife durchlaufen wird, der Inhalt der eingefügten Datei wird mehrmals abgearbeitet.
- Zum Dritten liegt der Unterschied in der Reaktion auf nicht vorhandene Dateien: `include()` gibt nur ein »Warning« aus und PHP läuft weiter, bei `require()` bricht PHP mit einem »Fatal error:« ab.

```
// Schreibweisen
require 'funktionen.php';
require $datn;
require ('funktionen.txt');
```

include_once, require_once

Seit PHP4 gibt es neben den Funktionen `include()` und `require()` auch noch die Funktionen `include_once()` und `require_once()`. Der Name zeigt schon, wo der Unterschied liegt: Bei den `*_once()`-Funktionen wird die Datei nur einmal eingefügt, unabhängig davon, wie häufig man versucht, sie einzufügen.

Der Sinn ist einfach: Bei umfangreichen Webseiten gibt es häufig eine Datei, die die zentralen Funktionen enthält. Da diese in den Webseiten benötigt werden, fügt man die Datei immer am Anfang ein. So weit kein Problem. Sobald aber mehrere zentrale Funktionsdateien existieren, die sich auch untereinander benötigen, wird es schwierig, weil jede nur einmal eingefügt werden darf.

Tipps im Umgang mit externen Dateien

Normalerweise können Benutzer den Inhalt der Skripts nicht sehen. Jede Datei mit der Endung .php3, .php4 oder .php wird vom Webserver an den PHP-Interpreter weitergeleitet und von diesem verarbeitet. Es ist natürlich ohne weiteres möglich, jede andere Endung anzugeben. Oft werden Dateien, die mit `include` eingeschlossen werden sollen, mit .inc bezeichnet. Auch diese Endung wird nicht verarbeitet. Das ist für den Ablauf des Skripts egal – die Verarbeitung erfolgt im Rahmen des »umgebenden« Skripts und damit unter dessen Regie.

Was jedoch nicht egal sein dürfte, ist das damit aufkommende Sicherheitsproblem. Sollte ein Nutzer den Pfad zu den Include-Dateien herausbekommen, kann er deren Namen in der Adresszeile des Browsers direkt eingeben. Der Webserver wird die Endung nicht kennen und dem Browser die Datei direkt zusenden. Der Browser erkennt ein einfaches Textdokument und stellt es dar. Da in Include-Dateien auch Kennwörter für Datenbanken stehen können, wäre dies äußerst problematisch.

Dieses Problem kann man jedoch recht schnell beseitigen. Benennen Sie sämtliche Include-Dateien in *.inc.php* um. So haben Sie eine eindeutige Kennzeichnung und erzwingen im Notfall das Parsen des Codes durch den PHP-Interpreter. Das mag zwar zu einer Fehlermeldung führen, sollte diese Datei einzeln aufgerufen werden, an den Inhalt gelangt der Benutzer dennoch nicht.

1.1.3 PHP und JavaScript

Oft wird von der Kombination PHP/JavaScript gesprochen. Beides hat direkt nichts miteinander zu tun. JavaScript wird im Browser abgearbeitet und PHP auf dem Server. Beide Sprachen basieren auf dem ECAMScript 3-Standard, daher sind eine Vielzahl von Sprachbestandteilen in ihrer Anwendung und Syntax identisch. Betrachten Sie JavaScript als Erweiterung zu HTML. Der neueste Entwicklungsstand DHTML geht ohnehin von JavaScript als Anweisungssprache aus.

Selbstverständlich können Sie ebenso wie HTML auch JavaScript-Anweisungen dynamisch erzeugen oder mit variablen Attributen versehen. Es bleibt Ihnen überlassen, was Sie daraus machen.

Wir werden im Übrigen nicht näher auf JavaScript eingehen, Sie können uns glauben: PHP ist spannend genug.

1.2 Einführung in PHP

Der folgende Abschnitt wendet sich vor allem an die PHP-Entwickler, die für die tägliche Arbeit eine kompakte Referenz benötigen, die sich zum Nachschlagen äußerst gut eignet.

1.2.1 Ausdrücke

Sollte man PHP mit einem Satz charakterisieren wollen, könnte man sagen, dass es sich um eine ausdrucksorientierte Sprache handelt.

Dadurch stellt sich gleich zu Begin die Frage, was ein Ausdruck ist. Ein Ausdruck ist ganz allgemein eine Aneinanderreihung von Zeichen unter Beachtung einer vorgegebenen Syntax. Ausdrücke können ganz unterschiedlich aufgebaut sein. Das wichtigste

Charakteristikum von Ausdrücken ist, dass sie immer einen Wert – und sei es den Wert 0 oder "" (leer String) – besitzen.

Ausdrücke stellen somit die wichtigsten Komponenten von PHP dar.

Elementare Ausdrücke

Der folgende Ausdruck ist im vorstehenden Sinne ein gültiger, elementarer PHP-Ausdruck.

```
1000
```

Es handelt sich um eine Integer-Konstante mit dem Wert 1000. Weitere elementare Ausdrücke sind beispielsweise Konstanten und Variablen.

Zusammengesetzte Ausdrücke

Zusammengesetzte Ausdrücke entstehen dadurch, dass elementare Ausdrücke mithilfe von Operatoren verknüpft oder dass Werte von Ausdrücken mithilfe von Zuweisungsoperatoren anderen Ausdrücken zugewiesen werden.

In der folgenden Anweisung wird dem Ausdruck `$zahl` der Ausdruck 1000, d.h. eine Integer-Konstante mit dem Wert 1000 zugewiesen.

```
$zahl = 1000;
```

Nach dieser Zuweisung ist der Wert von `$zahl` ebenfalls 1000. Somit sind hier zwei Werte im Spiel:

- Der Wert der Integer-Konstanten, nämlich 1000.
- Der Wert von `$zahl`, der auf 1000 geändert wird.

In der folgenden Anweisung wird dem Ausdruck `$punkte` der Ausdruck `$zahl` zugewiesen.

```
$punkte = $zahl;
```

Der gesamte Ausdruck, also `$punkte = $zahl`, hat aufgrund des vorhergehenden Ausdrucks nun den Wert 1000. `$punkte` ist also ebenfalls ein Ausdruck mit dem Wert 1000. Der Ausdruck `$punkte = $zahl` ist dabei gleichbedeutend mit dem Ausdruck `$punkte = $zahl = 1000`.

Funktionen als Ausdrücke

Ein weiteres Beispiel für Ausdrücke sind Funktionen. Funktionen sind ebenfalls Ausdrücke mit dem Wert ihres Rückgabewertes. Die folgende Funktion `wert()` ist also ein Ausdruck mit dem Wert 1000.

```
<?php
function wert() {
	return 1000;
}
```

```
// Ausgabe (1000)
echo wert();
?>
```

Bei dem zusammengesetzten Ausdruck:

```
$resultat = wert();
```

handelt es sich somit ebenfalls um einen Ausdruck mit dem Wert 1000.

Prä- und Post-Inkrement in Ausdrücken

Komplexere Ausdrücke in PHP verwenden die von der Sprache C bekannten Prä- und Post-Inkremente sowie die entsprechenden Dekremente.

Sowohl Prä-Inkremente als auch Post-Inkremente erhöhen den Wert einer Variablen. Der Unterschied besteht im Wert des Inkrement-Ausdrucks:

- Das Prä-Inkrement, welches `++$var` geschrieben wird, enthält als Wert den Wert der erhöhten Variablen.
- Das Post-Inkrement, welches `$var++` geschrieben wird, enthält dagegen den ursprünglichen Wert der Variablen vor der Erhöhung, d.h., PHP erhöht den Wert der Variablen erst, nachdem es ihren Wert ausgelesen hat.

Beispiel Prä-Inkrement:

```
<?php
$zahl = 1000;
echo ++$zahl;
?>
```

Ausgabe:

```
1001
```

Beispiel Post-Inkrement:

```
<?php
$zahl = 1000;
echo $zahl++;
?>
```

Ausgabe:

```
1000
```

Wann ist ein Ausdruck wahr?

Oft ist man nicht am spezifischen Wert eines Ausdrucks interessiert, sondern bewertet lediglich, ob der Ausdruck wahr oder falsch ist.

PHP kennt die Booleschen Konstanten `TRUE (1)` und `FALSE (0)`. Ein Ausdruck ist in PHP dann wahr, wenn ihm, wie im folgenden Beispiel, die Boolesche Konstante `TRUE` oder ein anderer Ausdruck, dessen Wert `TRUE` ist, zugewiesen wurde.

```
<?php
$signal = TRUE;
echo "$signal";
?>
```

Ausgabe:

```
1
```

Vergleichsausdrücke

Eine weitere, auf dem im vorigen Abschnitt eingeführten Wahrheitswert basierende Kategorie von Ausdrücken sind die Vergleichsausdrücke. Vergleichsausdrücke werden z.B. in bedingten Anweisungen unter Verwendung von Vergleichsoperatoren eingesetzt:

```
if ($signal == TRUE) Anweisung;
```

In Vergleichsausdrücken wird immer der Wert zweier Teilausdrücke verglichen. Der Wert des Gesamtausdrucks ist, abhängig vom Ergebnis des Vergleichs, entweder also *Falsch* (0) oder *Wahr* (1).

Kombinierte Zuweisungs- und Operator-Ausdrücke

Sollten Sie schon mit der Sprache C gearbeitet haben, kennen Sie die Möglichkeit, Zuweisungs- und Operator-Ausdrücke zu kombinieren. In PHP ist dies ebenfalls möglich.

Um zum Beispiel den Wert einer Variablen um 10 zu erhöhen, kann in einer Anweisung der folgende Ausdruck verwendet werden:

```
$zahl += 100
```

Das ist gleichbedeutend mit:

»Nimm den Wert von `$zahl`, addiere 100 hinzu und weise den entstandenen Wert der Variablen `$zahl` zu«.

In solchen kombinierten Zuweisungs- und Operator-Ausdrücken kann jeder Operator, der zwei Elemente verbindet, zusammen mit einem Zuweisungsoperator verwendet werden.

```
<?php
$zahl = 100;
echo $zahl *= 10;
?>
```

Ausgabe:

```
1000
```

Konditionale Operatoren in Ausdrücken

Ein weiterer Typ von Ausdrücken, der in PHP oft gebraucht wird und den Sie vielleicht von der Sprache C her kennen, ist der dreifache konditionale Operator:

```
Ausdruck ? Ausdruck2 : Ausdruck3
```

Wenn der Wert des ersten Ausdrucks *Wahr* ist, dann wird der Wert des zweiten Ausdrucks zurückgegeben. Andernfalls, d.h. wenn der Wert von Ausdruck1 *Falsch* ist, nimmt der Wert des Gesamtausdrucks den Wert des dritten Ausdrucks an.

Beispiel:

```
<?php
$punkte = 1000;
$highscore = 500;
$resultat = ($highscore > $punkte ) ? "Alter" : "Neu";
echo $resultat;
?>
```

Ausgabe:

```
Neu
```

Beispiel:

```
<?php
$punkte = 500;
$highscore = 1000;
$resultat = ($highscore > $punkte ) ? "Alter" : "Neu";
echo $resultat;
?>
```

Ausgabe:

```
Alter
```

1.2.2 Anweisungen

Anweisungen werden zur Laufzeit eines Programms abgearbeitet und bewirken in der Regel Änderungen an Datenobjekten oder Interaktionen mit der Programmumgebung.

PHP kennt folgende Anweisungen:

- Zuweisungen
- Funktionsaufrufe
- Schleifen
- Bedingungen

Anweisungen werden in PHP wie in der Programmiersprache C mit einem Semikolon beendet.

Beispiel:

```
<?php
echo ("Hallo Welt!");
?>
```

Ausgabe:

```
Hallo Welt!
```

Nachdem Sie genau wissen, was ein Ausdruck ist, fällt die Definition des Begriffs »Anweisung« nicht mehr schwer. Eine Anweisung ist ein Ausdruck, gefolgt von einem Semikolon, und hat somit die Form:

```
Ausdruck ;
```

Gültige Anweisungen

```
<?php
$vorname = "Gülten";
echo $vorname;
?>
```

1.2.3 Codezeile

Eine Codezeile in PHP muss immer mit einem Semikolon beendet werden. Diese Schreibweise hat sich bei den nach der ECMA-Spezifikation genormten Programmiersprachen durchgesetzt, zu denen unter anderem auch JavaScript gehört.

Beispiel:

```
<?php
// Array - Codezeilen mit Semikolon
$personen = array();
$personen[0] = "Caroline";
$personen[1] = "Matthias";

// Ausgabe - Matthias
echo $personen[1];
?>
```

1.2.4 Semikola

Semikola legen in PHP das Ende einer Anweisung fest. Das basiert auf Programmiersprachen wie C/C++ oder Java. Zusätzlich dient es als Abgrenzung der Anweisungen untereinander.

Beispiel:

```
<?php
// Schreibweise - Fehlerfrei
$vorname = "Caroline";
```

```
$nachnName = "Kannengiesser";

// Schreibweise - Fehlerhaft
$vorname = "Caroline"
$nachname = "Kannengiesser"
?>
```

Sie sollten möglichst auf das Setzen der Semikola achten.

Achtung: Anweisungsblöcke oder Kontrollstrukturen werden nicht in jeder Zeile mit einem Semikolon abgeschlossen, besonders dann nicht, wenn bereits ein Block Trennzeichen, wie zum Beispiel eine geschweifte Klammern, existiert.

Beispiel:

```
<?php

$signal = true;

if ($signal == true) {;
       echo "Signal ist true";
} else {;
       echo "Signal ist false";
};
?>
```

Das Beispiel ist syntaktisch gesehen fehlerfrei und wird auch korrekt ausgeführt. Nur ist es etwas zu viel des Guten, folgende Schreibweise wäre zu empfehlen.

```
<?php

$signal = true;

if ($signal == true) {
       echo "Signal ist true";
} else {
       echo "Signal ist false";
}
?>
```

Beispiel:

```
<?php
for ($i = 0; $i <= 10; $i++) {;
       echo "Wert: " . $i . "<br>";
};
?>
```

Besser:

```
<?php
for ($i = 0; $i <= 10; $i++) {
       echo "Wert: " . $i . "<br>";
}
?>
```

Wie Sie sehen, veranschaulichen diese beiden Fallbeispiele die korrekte Platzierung des Semikolons in einem Anweisungsblock. Bei der Definition einer Funktion kann am Ende ein Semikolon gesetzt werden, das ist jedoch optional.

Beispiel:

```
<?php
// Definition
function addition($zahlEins,$zahlZwei) {
       return $zahlEins + $zahlZwei;
};

// Aufruf der Funktion
$resultat = addition(10,5);

// Ausgabe
echo $resultat;
?>
```

1.2.5 Leerzeichen

PHP ignoriert Leerzeichen, Tabulatoren und Zeilentrenner, solange die im Programm enthaltenen Schlüsselwörter, Bezeichner, Zahlen und andere Einheiten nicht durch ein Leerzeichen oder einen Zeilenumbruch getrennt werden.

Beispiel:

```
<?php
function setze
Ausgabe ($parameter wert) {
       echo $par ameter wert;
}
setzeAusgabe("Ausgabe bitte!");
?>
```

Dieses Fallbeispiel wäre vielleicht, unter dem Aspekt künstlerischer Freiheit betrachtet, ein schönes Bild, syntaktisch jedoch leider eine Katastrophe. Genau dies sollte man vermeiden.

Beispiel:

```
<?php
function setzeAusgabe ($parameterwert) {
       echo $parameterwert;
}
setzeAusgabe("Ausgabe bitte!");
?>
```

So sollte der PHP-Code aussehen. Es bleibt Ihnen überlassen, Leerzeichen, Tabs und Zeilentrenner zu verwenden, doch sollten diese die Syntaxregeln beachten, dann steht einer optimalen Formatierung des Code nichts im Weg und die Programme sind leicht lesbar und verständlich.

Hinweis: Ein Leerzeichen wird auch als Whitespace bezeichnet.

1.2.6 Groß- und Kleinschreibung

In Sprachen, die zwischen Groß- und Kleinschreibung unterscheiden, würden die folgenden beiden Ausdrücke zwei eigenständige Variablen erzeugen.

Beispiel:

```
<?php
// Variablen
$zahl = 1000;
$Zahl = "tausend";

// Ausgabe 1000
echo $zahl;
?>
```

Der in PHP integrierte Standard erwartet dies auch, die Groß- und Kleinschreibung ist durchgängig zu beachten. Nun kommt es zu einem Problem. PHP wurde kontinuierlich weiter entwickelt. Daher werden auch folgende Schreibweisen zugelassen:

```
<?php
function AkTdAtuM() {
	$zeit = Time();
	$datum = GeTDatE($zeit);
	echo $datum[mday] . ". " . $datum[month] . " " . $datum[year];
}

// Ausführen - 10. December 2003
aktdatum();
?>
```

Besser:

```
<?php
function aktDatum() {
	$zeit = time();
	$datum = getdate($zeit);
	echo $datum[mday] . ". " . $datum[month] . " " . $datum[year];
}

// Ausführen - 10. December 2003
aktDatum();
?>
```

Der Schlüssel zum Erfolg ist es, eine einheitliche Schreibweise einzuhalten. Man sollte im Quelltext einen Stil beibehalten und nicht immer mal groß und mal klein schreiben, da sonst Syntaxfehler sehr leicht entstehen

1.2.7 Geschweifte Klammern

In PHP nehmen die geschweiften Klammern einen besonderen Platz ein. Die PHP-Anweisungen werden, wie im folgenden Skript dargestellt, mit Hilfe geschweifter Klammern ({ }) zu Blöcken zusammengefasst:

Beispiel:

```
<?php
$signal = true;

if ($signal == true) {
       //Anweisungsblock
       echo "Signal ist true";
       $signal = false;
}
?>
```

1.2.8 Runde Klammern

Runden Klammern dienen zum Zusammenfassen von bevorzugten Operationen, zum Beispiel um sie anderen Operationen nachzustellen. Außerdem können Sie mit Hilfe von runden Klammern die Reihenfolge der Verarbeitung von PHP-Operationen festlegen.

Beispiel:

```
<?php
// Berechnung wertEins
$wertEins = 10 * 2 + 3;
// Berechnung wertZwei
$wertZwei = 10 * (2 + 3);

// Ausgabe (23)
echo $wertEins;
// Ausgabe (50)
echo $wertZwei;
?>
```

Beim Definieren einer Funktion werden die Parameter in runde Klammern gesetzt.

Beispiel:

```
function meineFunktion ($vorname, $nachname, $anschrift){
       ...
}
```

Bei Aufruf einer Funktion werden alle zu übergebenden Parameter in runde Klammern gesetzt:

```
meineFunktion ("Mike","Müller","Kapweg 10");
```

1.2.9 Schlüsselwörter

Es gibt eine Reihe von reservierten Wörtern in PHP. Das sind Wörter, die im PHP-Code nicht als Bezeichner (als Namen für Variablen, Funktionen etc.) verwendet werden dürfen.

Reservierte PHP-Schlüsselwörter

and	E_PARSE	old_function
$argv	E_ERROR	or
as	E_WARNING	parent
$argc	eval	PHP_OS
break	exit()	$PHP_SELF
case	extends	PHP_VERSION
cfunction	FALSE	print()
class	for	require()
continue	foreach	require_once()
declare	function	return()
default	$HTTP_COOKIE_VARS	static
do	$HTTP_GET_VARS	switch
die()	$HTTP_POST_VARS	stdClass
echo()	$HTTP_POST_FILES	$this
else	$HTTP_ENV_VARS	TRUE
elseif	$HTTP_SERVER_VARS	var
empty()	if	xor
enddeclare	include()	virtual()
endfor	include_once()	while
endforeach	global	__FILE__
endif	list()	__LINE__
endswitch	new	__sleep
endwhile	not	__wakeup
E_ALL	NULL	

Hinweis: Die Tabelle erhebt keinen Anspruch auf Vollständigkeit.

1.2.10 Zuweisungen

Sie haben in den PHP-Beispielen bereits Variablen im Einsatz gesehen. Bei der Zuweisung der Variablenwerte gilt es, Folgendes zu beachten: Wenn man der Variablen `$a` den Wert der Variablen `$b` zuweisen will, muss man dies mit Hilfe des Zuweisungsoperators (Gleichheitszeichen) durchführen. Das bedeutet aber auch, dass man Vergleiche in PHP nicht mit dem einfachen Gleichheitszeichen durchführen kann. Wie man dies erreicht, erfahren Sie noch im Abschnitt »Operatoren«.

Zuweisung (Variable `$a` und `$b`):

```
$a = $b;
```

1.2.11 Echo-Befehl

Der wichtigste Befehl, der Ihnen bei PHP über den Weg laufen wird, ist der `echo`-Befehl. Mit ihm haben Sie die Möglichkeit, Strings auszugeben. Der Text, der ausgegeben werden soll, muss natürlich in Anführungsstrichen stehen, da der Server sonst versucht, ihn als PHP-Befehl zu interpretieren. Dieses Vorgehen wird *Quoten* oder *Quoting* (engl. to quote: zitieren) genannt.

Bei den Anführungszeichen gibt es zwei Arten:

- das einfache Anführungszeichen ' und
- das doppelte Anführungszeichen ".

Es gibt auch einen Unterschied zwischen den beiden:

- Bei den doppelten Anführungsstrichen versucht der Server, den Text zu interpretieren.
- Bei den einfachen hingegen behandelt er ihn nicht speziell, sondern gibt ihn direkt aus.

```
$punkte = 1000;
echo 'Der akt. Punktestand $punkte !\ n';
echo "Der akt. Punktestand $punkte !\ n";
```

Das erste `echo` gibt »*Der akt. Punktestand $punkte !\ n*« aus, das zweite hingegen »*Der akt. Punktestand 1000 !*« mit anschließendem Zeilenumbruch.

```
echo "Mein \" Name \" ist Hase ";
```

Die Ausgabe bei diesem `echo` ist *»Mein »Name« ist Hase«*. Wie man sieht, müssen doppelte Anführungsstriche, die ausgegeben werden sollen, besonders gekennzeichnet werden. Diesen Vorgang nennt man Escapen. Es ist insbesondere für das Ausgeben von HTML-Quelltext in Verbindung mit `echo` und `print` nötig und kann zu Problemen führen, wenn man vergisst, in allen Teilstrings zu »quoten«.

Hinweis: Beim Escapen entkommt das davon betroffene Zeichen der Interpretierung durch den Sprachinterpreter, im vorliegenden Fall PHP.

1.2.12 Print-Befehl

Neben dem `echo`-Befehl gibt es auch den `print`-Befehl. Im Endeffekt leisten beide dasselbe: Sie geben Text aus. `echo` ist ein internes Sprachkonstrukt, wohingegen `print` ein Ausdruck (Expression) ist. `echo` kann mehrere Argumente haben, die nicht in Klammern stehen dürfen. `print` kann nur genau ein Argument haben. Alle folgenden Anweisungen sind zulässig und geben dasselbe aus:

```
$wort1 = "Hallo ";
$wort2 = "Welt !";

echo $wort1 ," ", $wort2;

echo $wort1 ." ". $wortr2;
print ($wort1 ." ". $wort2);

$satz = print ($wort1 ." ". $wort2);
```

1.2.13 Unterschied zwischen echo und print

Im Gegensatz zu `echo` ist `print` eine richtige Funktion. Es gibt Fälle, in denen die Ausgabe mit einer Rückgabe gekoppelt werden muss, beispielsweise beim trinären Bedingungsoperator:

```
<?php
       $wert == 0 ? print "wert ist 0" : print "wert ist nicht 0";
?>
```

Diese Konstruktion wertet eine Bedingung aus und führt entsprechend dem Ergebnis den ersten oder zweiten Teil aus. Es kommt zwar nur auf die Ausgabe an, die Konstruktion erwartet aber Rückgabewerte, der Raum zwischen ? : und ; darf aus syntaktischen Gründen nicht »leer« sein. Hier kann also niemals ein `echo` stehen.

Beispiel:

```
<?php
       $wert == 0 ? echo "wert ist 0" : echo "wert ist nicht 0";
?>
```

Ausgabe:

```
Parse error: parse error, unexpected T_ECHO in C:\php5xampp-
dev\htdocs\php5\ersteschritte.php on line 2
```

Wie Sie sehen, führt der Einsatz von `echo` zu einer Fehlermeldung.

`print` darf nur ein Argument haben. Wenn Sie mehrere Werte haben, nutzen Sie die Schreibweise mit Anführungszeichen oder setzen eine Zeichenkette mit dem Punkt-Operator zusammen.

Hier ist `echo` flexibler, es sind beliebig viele Argumente erlaubt, die jeweils durch ein Komma getrennt werden:

```
<?php
 $vorname = "Matthias";
 echo "Hallo ", $vorname ,"!";
?>
```

Der einzige Unterschied zu der Verknüpfung der Zeichenketten dürfte die Geschwindigkeit sein. In der Praxis ist die Ausgabe jedoch ohnehin der schnellste Teil des Skripts.

Damit bleibt als einziges Argument der optische Eindruck:

```
<?php
 $vorname = "Matthias";
 echo "Hallo " . $vorname . "!";
?>
```

1.2.14 Heredoc

Eine andere Möglichkeit, Strings einzufassen, besteht im Gebrauch der *heredoc*-Syntax ("<<<"). Hierfür ist nach <<< ein Bezeichner zu setzen. Nun folgt der eigentliche String und dann derselbe Bezeichner, um den String abzuschließen. Der schließende Bezeichner muss in der ersten Spalte der Zeile stehen.

Achtung: Es ist sehr wichtig zu beachten, dass die Zeile mit dem schließenden Bezeichner keine anderen Zeichen enthält, ausgenommen möglicherweise ein Semikolon (;). Das bedeutet, dass der Bezeichner nicht eingerückt werden darf. Es dürfen weiterhin keine Leerzeichen oder Tabulatoren vor oder nach dem Semikolon stehen.

```
echo <<<EINTRAG
Beispiel eines Strings
über mehrere Skript-Zeilen
durch Gebrauch der heredoc-Syntax.
EINTRAG;
```

Heredoc-Text funktioniert wie ein String innerhalb doppelter Anführungszeichen, nur ohne doppelte Anführungszeichen. Anführungszeichen innerhalb von heredoc-Texten müssen also keiner Sonderbehandlung (Escapen) unterzogen werden. Sie können dennoch die oben aufgeführten Escape-Anweisungen verwenden. Variablen werden ausgewertet, aber besondere Aufmerksamkeit muss komplexen Variablen gewidmet werden, genau wie bei Strings.

```
$name = 'Matthias';

echo <<<BUCH
Diese Buch stammt vom <b>$name</b> und stellt Ihnen PHP vor.
BUCH;
```

Hinweis: Die heredoc-Unterstützung wurde in PHP 4 eingeführt.

Die Anwendung ist natürlich nicht auf den `echo`-Befehl beschränkt. Sie können auch einer Variablen einen solchen Block übergeben:

```
<?php
$personen = <<<NAMEN
Matthias Kannengiesser,<br>
Caroline Kannengiesser,<br>
Gülten Kannengiesser
NAMEN;

print $personen;
?>
```

Das sieht unter Umständen viel übersichtlicher und einfacher aus, als wenn die Werte hintereinander stehen. Denken Sie aber daran, dass hier die Zeilenumbrüche erhalten bleiben – nicht in jedem Fall funktioniert das problemlos.

Typische Probleme

Am Anfang passiert es oft, dass der Interpreter nach dem Einbau der Blöcke Fehler meldet. Das folgende Beispiel funktioniert nicht wie erwartet:

```
<?php

$ausgabe = 1;

if ($ausgabe == 1) {
       $personen = <<<NAMEN
       Matthias Kannengiesser,<br>
       Caroline Kannengiesser,<br>
       Gülten Kannengiesser
       NAMEN;

       echo $personen;
}

?>
```

Ausgabe:

```
Parse error: parse error, unexpected $end in C:\php5xampp-
dev\htdocs\php5\ersteschritte.php on line 16
```

Der Fehler liegt nicht direkt im Code, sondern in der Art, wie PHP diesen verarbeitet. Das Ende der heredoc-Sequenz wird nur erkannt, wenn das Schlüsselwort NAMEN am Anfang der Zeile steht. Durch die Einrückung wird es nicht mehr erkannt.

Korrekt:

```
<?php

$ausgabe = 1;

if ($ausgabe == 1) {
       $personen = <<<NAMEN
       Matthias Kannengiesser,<br>
       Caroline Kannengiesser,<br>
       Gülten Kannengiesser
NAMEN;

       echo $personen;
}

?>
```

1.2.15 Kommentare

Jeder kennt die Situation: Man hat eine längere Berechnung durchgeführt, einen Artikel verfasst oder eine Skizze erarbeitet und muss diese Arbeit nun anderen Personen erklären. Leider ist die Berechnung, der Artikel oder die Skizze schon ein paar Tage alt und man erinnert sich nicht mehr an jedes Detail oder jeden logischen Schritt. Wie soll man seine Arbeit auf die Schnelle nachvollziehen?

In wichtigen Fällen hat man deshalb bereits beim Erstellen dafür gesorgt, dass jemand anders (oder man selbst) diese Arbeit auch später noch verstehen kann. Hierzu werden Randnotizen, Fußnoten und erläuternde Diagramme verwendet – zusätzliche Kommentare also, die jedoch nicht Bestandteil des eigentlichen Papiers sind.

Auch unsere Programme werden mit der Zeit immer größer werden. Wir brauchen deshalb eine Möglichkeit, unseren Text mit erläuternden Kommentaren zu versehen. Da sich Textmarker auf dem Monitor schlecht macht, besitzt die Sprache ihre eigenen Möglichkeiten, mit Kommentaren umzugehen.

Jedes Programm, auch das kleinste, sollte sauber kommentiert werden. Eine ordentliche Dokumentation erleichtert die Arbeit während der Entwicklung erheblich. Kommentare sind ein wesentlicher Bestandteil der Dokumentation. Stil und Inhalt sollten dem Programmierer die Übersicht in seinem Code erhalten, aber auch anderen, die mit dem Programm zu tun haben wie zum Beispiel die Teamkollegen bei Projektarbeiten. Denken Sie daran, dass Ihre Überlegungen bei der Umsetzung eines Problems nicht immer ohne weiteres nachvollziehbar sind. Oft gibt es sehr viele Lösungen für eine Idee, die umgesetzt werden soll. Warum Sie eine bestimmte Lösung gewählt haben und wie sie anzuwenden ist, wird in Kommentaren beschrieben.

Kommentare im PHP-Code werden nicht mit übertragen. Der Interpreter ignoriert diese Zeilen und entfernt sie vor der Übertragung. PHP unterstützt Kommentare sowohl nach Art von C/C++ als auch nach Art von Java/JavaScript. Dabei ist zwischen einzeiligen und mehrzeiligen Kommentaren zu unterscheiden. Wir wollen hier nun die unterstützen Kommentare vorstellen.

Im folgenden Kommentar wird festgehalten, wer die Autoren sind.

Einzeiliger Kommentar:

```
// Autor: Matthias Kannengiesser
// Autorin: Caroline Kannengiesser
```

Einzeiliger Kommentar am Zeilenende:

```
$name = "Caroline"; // Dies ist ein Kommentar am Zeilenende
```

Mehrzeiliger Kommentar:

```
/*
-- Anfang Beschreibung --
...
-- Ende Beschreibung --
*/
```

Tipp: Ein Kommentar kann auch dazu verwendet werden, einen Codeabschnitt zeitweilig, ohne direkt ältere Codezeilen zu löschen, zu deaktivieren. Dieses Vorgehen bezeichnet man in der Programmierung als Auskommentieren. Ein Vorteil beim Auskommentieren von Code liegt darin, diesen zu einem späteren Zeitpunkt, ohne größeren Aufwand, wieder herzustellen bzw. aktivieren zu können, indem die Kommentarzeichen entfernt werden.

Für den letzten Fall gibt es noch eine weitere Variante. Mit dem Zeichen # können ebenfalls Kommentare gekennzeichnet werden:

```
$vorname = "Matthias"; # Name des Autors
```

Hier ein Beispiel, in dem alle drei Kommentararten vorkommen:

```
<?php
/*

Hier ein mehrzeiliger Kommentar
im PHP-Code

*/

$vorname = "Matthias"; # Vorname des Autors
$nachname = "Kannengiesser"; // Nachname des Autors

echo $vorname /* Ausgabe */
?>
```

Was letztlich zum Einsatz kommt, bleibt ganz Ihnen überlassen.

1.3 Datentypen

Daten sind nicht gleich Daten. Nehmen Sie zum Beispiel die Daten 1000 und »Gülten«. Sicherlich werden Sie erkennen, dass Sie es hier mit unterschiedlichen Typen von Daten zu tun haben:

10 ist eine Zahl.

»Gülten« ist eine Folge von Zeichen.

Auch PHP trifft diese Unterscheidung und geht dabei sogar noch einen Schritt weiter. PHP unterstützt acht so genannte »primitive« Typen.

Vier skalare Typen:

- Boolean
- Integer
- Fließkommazahl (float)
- String / Zeichenkette

Zwei zusammengesetzte Typen:

- Array
- Object

Und zuletzt zwei spezielle Typen:

- Resource
- NULL

Ein Datentyp beschreibt die Art der Informationen, die eine Variable oder ein PHP-Element enthalten kann.

Der Typ einer Variablen wird normalerweise nicht vom Programmierer bestimmt. Vielmehr wird zur Laufzeit von PHP entschieden, welchen Datentyp eine Variable erhält, abhängig vom Kontext, in dem die Variable verwendet wird.

1.3.1 Strings/Zeichenketten

Ein String oder auch Zeichenkette genannt ist eine Folge von Buchstaben, Ziffern und Sonderzeichen. Ein String wird von Anführungszeichen umschlossen, entweder von einfachen (Apostrophen) oder doppelten. Dabei ist zu beachten, dass unbedingt gerade Anführungszeichen `Umschalt`+`2` und Apostrophe `Umschalt`+`#` verwendet werden. Im Gegensatz zu anderen Programmiersprachen ist es egal, ob einfache oder doppelte Anführungszeichen verwendet werden, Hauptsache, die Zeichenkette wird mit derselben Art von Anführungszeichen beendet und eingeleitet.

```
$meineMutter = "Gülten";
$meineSchwester = 'Caroline';
```

Die verschiedenen Anführungszeichen haben unter anderem den folgenden Sinn: Wenn Sie beispielsweise einen Apostroph in einer Zeichenkette verwenden wollen, können Sie diese Zeichenkette schlecht mit Apostrophen eingrenzen, da der PHP-Interpreter dann nicht weiß, wo die Zeichenkette aufhört. In diesem Fall müssen Sie die andere Sorte von Anführungszeichen verwenden.

Beispiel:

```
// Fehlerhaft
$spruch = 'Ich bin's!';
// Korrekt
$spruch = "Ich bin's!";
```

Wenn man aber in die Verlegenheit kommt, beide Arten von Anführungszeichen in einer Zeichenkette verwenden zu müssen, kommt man in Schwierigkeiten. Hier hilft der Backslash (\) weiter. Das dem Backslash folgende Zeichen wird entwertet, d.h., es nimmt in der Zeichenkette keine besondere Bedeutung ein. Beim Anführungszeichen oder Apostroph bedeutet das, dass die Zeichenkette hiermit nicht beendet wird.

Beispiel:

```
// Backslash
$spruch = 'Ich bin\'s!';
```

Wenn man nun den Backslash selbst in der Zeichenkette verwenden will, muss man auch ihn entwerten.

```
// Verzeichnis
$dateiPfad = "C:\\PROGRAMME";
```

> **Hinweis:** Sollten Sie vorhaben, andere Zeichen zu escapen, wird der Backslash ebenfalls ausgegeben! Daher besteht gewöhnlich keine Notwendigkeit, den Backslash selbst zu escapen.

Die Kombination eines Zeichens mit einem vorangestellten Backslash wird übrigens als Escape-Sequenz bezeichnet. Neben den Anführungszeichen können noch eine Reihe weiterer Zeichen in PHP nur durch eine solche Escape-Sequenz dargestellt werden, die wir Ihnen weiter unten in diesem Abschnitt vorstellen.

Syntax

Ein String kann auf dreierlei Art und Weise geschrieben werden:

- einfache Anführungszeichen (single quoted)
- doppelte Anführungszeichen (double quoted)
- Heredoc-Syntax

Einfache Anführungszeichen (single quoted)

Der leichteste Weg, einen einfachen String zu schreiben, ist das Einschließen in einfache Anführungszeichen (').

```
<?php
// Ausgabe - PHP 5 lässt es krachen
echo 'PHP 5 lässt es krachen';

// Ausgabe - Herzlich Willkommen, Wir sind Ihre...
echo 'Herzlich Willkommen,
        Wir sind Ihre...';
?>
```

Anders als bei den zwei anderen Schreibweisen werden Variablen innerhalb von single-quoted Strings nicht ausgewertet.

```
<?php
$person = "Caroline";

// Ausgabe - Guten Morgen, $person
echo 'Guten Morgen, $person';
?>
```

Doppelte Anführungszeichen (double quoted)

Wenn ein String in doppelte Anführungszeichen (") gesetzt wird, versteht PHP mehr Escape-Folgen für spezielle Zeichen:

Zeichenfolge	*Bedeutung*
\n	Zeilenvorschub (LF oder 0x0A als ASCII-Code).
\r	Wagenrücklauf (CR oder 0x0D als ASCII-Code).
\t	Tabulator (HT oder 0x09 als ASCII-Code).
\\	Backslash bzw. Rückstrich.
\$	Dollar-Symbol.
\'	Einfaches Anführungszeichen.
\"	Doppeltes Anführungszeichen.
\[0-7]{1,3}	Die Zeichenfolge, die dem regulären Ausdruck entspricht, ist ein Zeichen in Oktal-Schreibweise.
\x[0-9A-Fa-f]{1,2}	Die Zeichenfolge, die dem regulären Ausdruck entspricht, ist ein Zeichen in Hexadezimal-Schreibweise.

Sollten Sie versuchen, sonstige Zeichen zu escapen, wird der Backslash ebenfalls ausgegeben.

Der wohl wichtigste Vorteil von double-quoted Strings ist die Tatsache, dass Variablen ausgewertet werden.

```
<?php
$person = "Caroline";

// Ausgabe - Guten Morgen, Caroline
echo "Guten Morgen, $person";
?>
```

Heredoc

Der Einsatz von Heredoc wurde bereits im Abschnitt »Einführung in PHP« beschrieben, daher hier lediglich einige weitere Besonderheiten.

Heredoc-Text funktioniert wie ein String innerhalb doppelter Anführungszeichen, nur ohne doppelte Anführungszeichen. Anführungszeichen innerhalb von heredoc-Texten müssen also keiner Sonderbehandlung (Escapen) unterzogen werden, aber Sie können dennoch die oben aufgeführten Escape-Anweisungen verwenden. Variablen werden ausgewertet.

```
<?php
echo <<<ANREDE
Herzlich Willkommen,
Meine Damen und Herren...
ANREDE;
?>
```

Variablen-Analyse (parsing)

Wird ein String in doppelten Anführungszeichen oder mit `heredoc` angegeben, werden enthaltene Variablen ausgewertet (geparst).

Es gibt zwei Syntaxtypen, eine einfache und eine komplexe.

- Die einfache Syntax ist die geläufigste und bequemste. Sie bietet die Möglichkeit, eine Variable, einen Array-Wert oder eine Objekt-Eigenschaft auszuwerten (parsen).
- Die komplexe Syntax wurde in PHP 4 eingeführt und ist an den geschweiften Klammern {}erkennbar, die den Ausdruck umschließen.

Einfache Syntax

Sobald ein Dollarzeichen ($) auftaucht, wird der Parser versuchen, einen gültigen Variablennamen zu bilden. Schließen Sie Ihren Varaiblennamen in geschweifte Klammern ein, wenn Sie ausdrücklich das Ende des Namens angeben wollen.

```
<?php
$marke = 'Audi';

/*
 Ausgabe - Auid's sind goldig
 Da ' kein gültiges Zeichen für einen
 Variablennamen darstellt.
*/
echo "$marke's sind goldig";

/*
 Ausgabe - Sie haben zahlreiche gefahren
 Da s ein gültiges Zeichen für einen
 Variablennamene darstellt, wird der
 Interpreter nach einer Variablen mit
 dem Namen $markes suchen.
*/
echo "Sie haben zahlreiche $markes gefahren";

//Ausgabe - Sie hanen zahlreiche Audis gefahren
echo "Sie haben zahlreiche ${marke}s gefahren";
?>
```

Auf ähnliche Weise können Sie erreichen, dass ein Array-Index oder eine Objekt-Eigenschaft ausgewertet wird. Bei Array-Indizes markiert die schließende eckige Klammer (]) das Ende des Index. Für Objekt-Eigenschaften gelten die gleichen Regeln wie bei einfachen Variablen, obwohl es bei Objekt-Eigenschaften keinen Trick gibt, wie dies bei Variablen der Fall ist.

```
<?php
$autos = array( 'Viper' => 'gelb' , 'Ferrari' => 'rot' );

/*
 Ausgabe - Ein Ferarri ist rot
 Achtung: außerhalb von String-Anführungszeichen funktioniert das anders.
```

```
*/
echo "Ein Ferarri ist $autos[Ferrari].";
?>
```

```
<?php
// Klasse
class Fahrzeug
{
    var $plaetze;

    function Fahrzeug()
    {
        $this->plaetze = 4;
    }
}

// Objekt
$meinauto = new Fahrzeug;

// Ausgabe - Dieses Auto hat Platz für 4 Personen.
echo "Dieses Auto hat Platz für $meinauto->plaetze Personen.";

// Ausgabe - Dieses Auto hat Platz für Personen.
// Funktioniert nicht. Für eine Lösung siehe die komplexe Syntax.
echo "Dieses Auto hat Platz für $meinauto->plaetze00 Personen.";
?>
```

Für komplexere Strukturen sollten Sie die komplexe Syntax verwenden.

Komplexe (geschweifte) Syntax

Diese Syntax wird nicht komplex genannt, weil etwa die Syntax komplex ist, sondern weil Sie auf diesem Weg komplexe Ausdrücke einbeziehen können.

Tatsächlich können Sie jeden beliebigen Wert einbeziehen, der einen gültigen Namensbereich als String besitzt. Schreiben Sie den Ausdruck einfach auf die gleiche Art und Weise wie außerhalb des Strings, und umschließen Sie diesen mit { und }. Da Sie '{' nicht escapen können, wird diese Syntax nur erkannt, wenn auf { unmittelbar $ folgt. Benutzen Sie »{\$« oder »\{$«, um ein wörtliches »{$« zu erhalten. Hier ein Beispiel:

```
<?php
// Klasse
class Fahrzeug
{
    var $plaetze;

    function Fahrzeug()
    {
        $this->plaetze = 4;
    }
}

// Objekt
```

```
$meinauto = new Fahrzeug;

// Ausgabe - Dieses Auto hat Platz für 400 Personen.
echo "Dieses Auto hat Platz für {$meinauto->plaetze}00 Personen.";
?>
```

Umwandlung von Zeichenketten

Sobald ein String als numerischer Wert ausgewertet wird, wird der resultierende Wert und Typ wie folgt festgelegt. Der String wird als `float` ausgewertet, wenn er eines der Zeichen '.', 'e' oder 'E' enthält. Ansonsten wird er als Integer-Wert interpretiert.

Der Wert wird durch den Anfangsteil des Strings bestimmt. Sofern der String mit gültigen numerischen Daten beginnt, werden diese als Wert benutzt. Andernfalls wird der Wert 0 (Null) sein. Gültige numerische Daten sind ein optionales Vorzeichen, gefolgt von einer oder mehreren Zahlen (optional mit einem Dezimalpunkt). Wahlweise kann auch ein Exponent angegeben werden. Der Exponent besteht aus einem 'e' oder 'E', gefolgt von einer oder mehreren Zahlen.

```
<?php
$wert = 1 + "10.5";
// Ausgabe - $wert ist float (11.5)
echo $wert;

$wert2 = 1 + "Matze3";
// Ausgabe - $wert2 ist integer (1)
echo $wert2;

$wert3 = "10 Autos" + 1;
// Ausgabe - $wert3 ist integer (11)
echo $wert3;
?>
```

1.3.2 Zahlen

Zahlen sind der grundlegendste Datentyp überhaupt und benötigen wenig Erläuterung. Es kann sich dabei um ganze Zahlen oder Fließkommazahlen handeln. Ganze Zahlen (Integer) können dezimal, oktal oder hexadezimal geschrieben werden.

Der Datentyp für die Zahlen umfasst:

- ganzzahlige Zahlenwerte wie 10, 50, 1000000 oder –1000, die auch als Integer-Zahlen bezeichnet werden;
- Zahlen mit Nachkommastellen wie 9.95 oder 3.1415, die auch als Gleitkommazahlen (Float-Zahlen) bezeichnet werden.

Achtung: Sie sollten dabei beachten, dass der Punkt hier zur Abtrennung der Nachkommastellen und nicht wie im Deutschen üblich zur Kennzeichnung der Tausenderstellen dient.

Wie sieht es nun mit der Schreibweise von ganzzahligen Werten aus?

Beispiel:

```
$zahleins = 9000;
```

Dieser Zahlenwert kann auch als Hexadezimalzahl angegeben werden. Um dem PHP-Interpreter anzuzeigen, dass die folgende Zahl eine Hexadezimalzahl ist, stellen Sie dem Zahlenwert das Präfix 0x voran.

Beispiel:

```
$zahlEins = 0x2328;  // entspricht dezimal 9000
```

Nun zu den Fließkommazahlen:

```
$zahlzwei = 999.99;
```

Wie Sie sehen, werden Fließkommazahlen mit einem Punkt zwischen den Vorkomma- und Nachkommastellen geschrieben. Alternativ können Sie Fließkommazahlen auch in der Exponentialschreibweise angeben.

```
$zahldrei = 999.99e2; // entspricht 99999
```

Hinweis: Der Buchstabe e wird in Fließkommazahlen zur Kennzeichnung eines nachfolgenden Exponenten zur Basis 10 verwendet. 999.99e2 bedeutet also $999.99 * 10^2$, nicht zu verwechseln mit der Eulerschen Zahl.

PHP-Programme bearbeiten Zahlen, indem sie die arithmetischen Operatoren benutzen, die die Sprache zur Verfügung stellt. Dazu gehören:

Addition (+)

Substraktion (-)

Multiplikation (*)

Division (/)

Modulo (%)

Die vollständigen Einzelheiten bezüglich dieser und anderer arithmetischer Operatoren finden sich im Abschnitt »Operatoren«.

Zusätzlich zu diesen grundlegenden mathematischen Operationen unterstützt PHP komplizierte mathematische Operationen durch eine große Anzahl an mathematischen Funktionen, die zu den Kernbestandteilen der Sprache gehören.

Beispiel:

```
// Sinus von x berechnen
$sinusx = sin($x);
```

Die Anweisung ermöglicht es Ihnen, den Sinus eines Zahlenwerts x zu berechnen. Im Abschnitt der praktischen Anwendungsbeispiele werden wir einige nützliche Formeln aufzeigen.

Integer-Typen

In der Mathematik würde der Integer-Typ dem Wertebereich aus der Menge Z = {..., -2, -1, 0, 1, 2, ...} entsprechen. Wie bereits erwähnt, können Ganzzahlen in dezimaler (10-basierter), hexadezimaler (16-basierter) oder oktaler (8-basierter) Schreibweise angegeben werden, wahlweise mit einem vorangestellten -/+ Zeichen.

Schreibweisen:

- Für Oktalzahlen wird eine vorangestellte 0 benötigt.
- Für Hexadezimalzahlen wird ein vorangestelltes 0x benötigt.

Beispiel:

```
<?php
// Dezimalzahl
$zahl = 1234;
echo $zahl;

// Negative Zahl
$zahl = -123;
echo $zahl;

// Oktalzahl (87)
$zahl = 0127;
echo $zahl;

// Hexadezimalzahl (255)
$zahl = 0xFF;
echo $zahl;
?>
```

Die Größe eines Integer-Werts ist von der jeweiligen Plattform abhängig, ein Maximalwert von ungefähr zwei Milliarden ist jedoch üblich (32 Bit).

Integer-Überlauf

Sollten Sie eine Zahl jenseits der Grenzen des Typs `integer` angeben, wird diese als Typ `float` interpretiert. Wenn Sie eine Operation ausführen, deren Ergebnis eine Zahl jenseits der Grenzen des Typs `integer` ist, wird ebenso eine Zahl vom Typ `float` zurückgegeben.

Beispiel:

```
<?php
// Ausgabe: int(2147483647)
$zahl =  2147483647;
var_dump($zahl);

// Ausgabe: float(2147483648)
$zahl =  2147483648;
var_dump($zahl);
?>
```

Dies gilt auch für Integer in hexadezimaler Schreibweise.

Beispiel:

```
<?php
// Ausgabe: int(2147483647)
var_dump(0x7fffffff);

// Ausgabe: float(2147483648)
var_dump(0x80000000);
?>
```

Und für Integer, welche aus einer Rechenoperation resultieren.

Beispiel:

```
<?php
// Ausgabe: float(1.0E+11)
$zahl =  100000 * 1000000;
var_dump($zahl);
?>
```

In PHP gibt es keinen Operator für Integer-Divisionen. 1/2 ergibt 0.5.

Beispiel:

```
<?php
// Ausgabe: float(0.5)
var_dump(1/2);
?>
```

Umwandlung in integer

Um einen Wert ausdrücklich in einen Integer zu konvertieren, benutzen Sie entweder die Umwandlung mittels `(int)` oder `(integer)`. In den allermeisten Fällen ist es jedoch nicht notwendig, die Umwandlung selbst vorzunehmen. Ein Wert wird automatisch konvertiert, falls ein Operator, eine Funktion oder eine Kontrollstruktur ein `integer`-Argument erfordert.

Beispiel:

```
<?php
// Ausgabe (10)
echo (int) 10.99;
// Ausgabe (10)
echo (integer) 10.99;
?>
```

Umwandlung von Booleans in integer

FALSE ergibt 0 (Null), und TRUE ergibt 1 (Eins).

Beispiel:

```
<?php
// Boolean
echo (int) true;  // 1
echo (int) false; // 0
?>
```

Umwandlung von Fließkomma-Zahlen in integer

Bei der Umwandlung von `float` nach `integer` wird die Zahl in Richtung Null gerundet.

Beispiel:

```
<?php
// Ausgabe (99999)
echo (int) 9999.4567;
?>
```

Wenn der `float` jenseits der Grenzen von `integer` liegt (üblicherweise +/- 2.15e+9 = 2^31), ist das Ergebnis nicht definiert, da `float` nicht genug Präzision besitzt, um ein genaues `integer`-Ergebnis zu liefern. Keine Warnung oder Fehlermeldung wird in diesem Fall ausgegeben.

Sie sollten nie einen Teilausdruck nach `integer` umwandeln, da dies in einigen Fällen zu unerwarteten Ergebnissen führen kann.

Beispiel:

```
<?php
// Ausgabe (8)
echo ( (0.7+0.1) * 10 );
// Ausgabe (7)
echo (int) ( (0.7+0.1) * 10 );
?>
```

Umwandlung von Strings in integer

Natürlich lassen sich auch Zeichenketten in integer umwandeln.

```
<?php
// Ausgabe (10)
echo 2 * "5 Äpfel";

// Ausgabe (6)
echo  "5 Autos " + 1;

// Ausgabe (1)
echo 1 + "C-64";
?>
```

Float-Typen

Fließkommazahlenwerte, auch als Floats, Doubles oder reelle Zahlen bezeichnet, können durch eine der folgenden Anweisungen zugewiesen werden:

```
<?php
// Ausgabe (1.234)
$wert = 1.234;
echo $wert;

// Ausgabe (1200)
$wert = 1.2e3;
echo $wert;

// Ausgabe (7E-10)
$wert = 7E-10;
echo $wert;
?>
```

Die Größe einer Fließkommazahl ist plattformabhängig, dennoch stellt ein Maximum von ~1.8e308 mit einer Genauigkeit von 14 Nachkommastellen einen üblichen Wert dar (das entspricht 64 Bit im IEEE-Format).

Fließkomma-Präzision

Es ist ziemlich normal, dass einfache Dezimalzahlen wie 0.1 oder 0.7 nicht in ihre internen binären Entsprechungen konvertiert werden können, ohne einen kleinen Teil ihrer Genauigkeit zu verlieren. Das kann zu verwirrenden Ergebnissen führen.

```
<?php
// Ausgabe (7)
echo floor((0.1 + 0.7) * 10)
?>
```

Sie haben sicher 8 erwartet. Dieses Ergebnis stützt sich auf die Tatsache, dass es unmöglich ist, einige Dezimalzahlen durch eine endliche Anzahl an Nachkommastellen darzustellen. Dem Wert 1/3 entspricht z.B. der interne Wert von 0.3333333.

Daher sollten Sie nie den Ergebnissen von Fließkomma-Operationen bis auf die letzte Nachkommastelle trauen, sondern sie auf Gleichheit prüfen.

Tipp: Benötigen Sie eine größere Genauigkeit, sollten Sie die mathematischen Funktionen beliebiger Genauigkeit oder die Gmp-Funktionen verwenden.

1.3.3 Boolean/Boolesche Werte

Die Datentypen für Zahlen und Strings können beliebig viele verschiedene Werte annehmen. Der Datentyp `boolean` kennt hingegen nur zwei mögliche Werte. Die zwei zulässigen booleschen Werte sind `true` (wahr) und `false` (falsch). Ein boolescher Wert stellt einen Wahrheitswert dar, der besagt, ob ein Sachverhalt wahr ist oder nicht.

Hinweis: Die beiden Schlüsselwörter TRUE oder FALSE unterscheiden nicht zwischen Groß- und Kleinschreibung.

Tipp: Um boolesche Werte besser zu verstehen, sollte man sich das einfache Schema eines Lichtschalters vorstellen. Ist das Licht an, steht der Lichtschalter auf »Ein«, dies entspricht dem booleschen Wert `true`. Ist das Licht aus, steht der Lichtschalter auf »Aus«, dies entspricht dem booleschen Wert `false`. Natürlich kann dieses Schema nur angewendet werden, wenn die Birne in der Lampe in Ordnung ist und der Stecker steckt!

Beispiel:

```
// Licht ist eingeschaltet
$licht = true;
// Licht ist ausgeschaltet
$licht = false;
```

Boolesche Werte sind im Allgemeinen das Ergebnis von Vergleichen, die in einem Programm vorgenommen werden. Wie sieht ein solcher Vergleich aus?

```
$name == "Matthias";
```

Hier sehen Sie einen Teil eines Vergleichs. Dabei wird überprüft, ob der Wert der Variablen `name` der Zeichenkette »Matthias« entspricht. Sollte dies der Fall sein, ist das Ergebnis des Vergleichs der boolesche Wert `true`. Wenn der Wert der Variablen `name` nicht der Zeichenkette entsprechen sollte, dann ist das Ergebnis des Vergleichs `false`. Boolesche Werte werden in PHP gewöhnlich durch Vergleiche erzeugt und zur Ablaufsteuerung genutzt.

In einer If-Else-Konstruktion wird eine Aktion ausgeführt, wenn ein boolescher Wert `true` ist, aber eine andere, wenn dieser Wert `false` ist. Häufig wird ein Vergleich, der einen booleschen Wert erzeugt, unmittelbar mit einer Anweisung kombiniert, die diesen Wert benutzt.

Beispiel:

```
<?php
if ($name == "Matthias") {
	$spruch = "Hallo " + $name;
	echo $spruch;
} else {
	$spruch = "Sie kenne ich nicht!";
	echo $spruch;
}
?>
```

Dieses Beispiel prüft, ob der Wert in der Variablen `$name` der Zeichenkette »Matthias« entspricht. Wenn ja, dann wird in die Variable `$spruch` die Zeichenkette »Hallo Matthias« eingesetzt, sonst wird in die Variable `$spruch` die Zeichenkette »Sie kenne ich nicht!« eingesetzt.

Eines sollte hier zu den booleschen Werten noch erwähnt werden: PHP ist in der Lage, die Zahlenwerte 1 und 0 als boolesche Werte `true` und `false` zu interpretieren.

Beispiel:

```
$signaleins = true;
$signalzwei = 1;
```

Beide Anweisungen enthalten unterschiedliche Datentypen, jedoch erst aus dem Kontext heraus wird ersichtlich, ob es sich bei der Variablen `$signalzwei` um einen Zahlenwert oder einen booleschen Wert handelt.

Beispiel:

```
<?php
// Variable
$signalzwei = 1;

// Zahl
$summe = $signalzwei + 5;

// Boolscher Wert
if ($signalzwei == true) {
        $zustand = "Signal ist Ein";
        echo $zustand;
}
?>
```

Achtung: C/C++-Programmierer sollten beachten, dass PHP einen eigenen Datentyp `Boolean` hat. Dies steht im Gegensatz zu C/C++, die einfache ganzzahlige Werte benutzen, um boolesche Werte nachzuahmen.

Umwandlung nach boolean

Um einen Wert ausdrücklich nach boolean zu konvertieren, benutzen Sie entweder die Umwandlung mittels (`bool`) oder (`boolean`).

Beispiel:

```
<?php
// Ausgabe (1)
echo (bool) ((100));
// Ausgabe (1)
echo (boolean) ((100));
?>
```

In den allermeisten Fällen ist es jedoch nicht notwendig, die Umwandlung selbst vorzunehmen. Ein Wert wird automatisch konvertiert, falls ein Operator, eine Funktion oder eine Kontrollstruktur ein boolean Argument erfordert.

Bei der Umwandlung nach boolean werden folgende Werte als FALSE angesehen:

- das boolean FALSE
- die Integer 0 (Null)
- die Fließkommazahl 0.0 (Null)

- die leere Zeichenkette und die Zeichenkette »0«
- ein Array ohne Elemente
- ein Objekt ohne Elemente
- der spezielle Type NULL (einschließlich nicht definierter Variablen)

Jeder andere Wert wird als TRUE angesehen, einschließlich jeder Ressource.

Achtung: -1 wird als TRUE angesehen, wie jede andere Zahl ungleich Null. Ob es sich dabei um eine negative oder positive Zahl handelt ist nicht relevant.

1.3.4 Objekte

Objekte gehören dem PHP-Datentyp `Object` an. Ein Objekt ist eine Sammlung benannter Daten. Die Namen dieser Datenelemente werden als Eigenschaften, Attribute oder Propertys des Objekts bezeichnet. Einige sprechen auch von den Feldern des Objekts. Diese Benennung kann jedoch zu Verwirrungen führen, da so genannte Felder (Arrays) auch als eigenständiger Datentyp existieren. Sie sollten sich daher auf eine der ersten drei Benennungen stützen. Um die Eigenschaft eines Objekts anzusprechen, sprechen wir zunächst das Objekt an, setzen dahinter ein -> und fügen anschließend den Namen der Eigenschaft an.

Beispiel:

```
$meinRechner->hersteller
$meinRechner->cpu
```

Hier haben wir ein Objekt namens `$meinRechner` mit den Eigenschaften `hersteller` und `cpu`. Die Eigenschaften von Objekten verhalten sich dabei in PHP wie Variablen. Sie können alle Datentypen enthalten, einschließlich Arrays, Funktionen und anderer Objekte. Wie bereits erwähnt, wird eine Funktion, die als Eigenschaft eines Objekts gespeichert ist, oft auch als Methode bezeichnet. Um eine Methode eines Objekts aufzurufen, benutzen Sie wiederum die Schreibweise mit dem ->, um den Funktions-Datenwert in dem Objekt ansprechen zu können.

Beispiel:

```
$meinRechner->starten();
```

Wir wollen Ihnen noch ein lauffähiges Beispiel für die aufgeführten Eigenschaften und die Funktion mit auf den Weg geben:

```
<?php
/*
 Klasse (class)
 Definiert Eigenschaften, Methoden und Funktionen
 einer Gruppe von Objekten
*/
class Rechner {

      var $cpu;
```

```
        var $hersteller;

        function Rechner($taktrate,$unternehmen)
    {
         $this->cpu = $taktrate;
         $this->hersteller = $unternehmen;
    }
    function starten()
    {
              echo "Rechner gestartet!";
    }
}

// Objekterzeugen
$meinRechner = new Rechner(2000,"Intel");

// Ausgabe - Object id #1
echo $meinRechner;
// Ausgabe - Intel
echo $meinRechner->hersteller;
// Ausgabe - Rechner gestartet!
echo $meinRechner->starten();
?>
```

1.3.5 Arrays

Ein Array in PHP ist im eigentlichen Sinne eine geordnete Abbildung. Eine Abbildung ist ein Typ, der Werte auf Schlüssel abbildet. Dieser Typ ist auf mehrere Arten optimiert, so dass Sie ihn auf verschiedene Weise benutzen können:

- als reales Array
- als Liste (Vektor)
- als Hash-Tabelle
- als Verzeichnis
- als Sammlung
- als Stapel (Stack)
- als Warteschlange (Queue)

und vieles mehr.

Da Sie ein weiteres PHP-Array als Wert benutzen können, ist es recht einfach, Baumstrukturen zu simulieren und Verschachtelungen vorzunehmen.

Angabe mit array()

Ein Array kann mit Hilfe des Sprachkonstrukts `array()` erzeugt werden. Es benötigt eine bestimmte Anzahl von durch Komma getrennten `Schlüssel => Wert`-Paaren.

Ein Schlüssel ist entweder eine Zahl vom Typ `integer` oder ein String. Wenn ein Schlüssel die Standarddarstellung einer Integer-Zahl ist, wird er als solche interpretiert wird:

- »8« wird als 8 interpretiert.
- »08« wird als »08« interpretiert.

Wert

Der Wert eines Arrays-Eintrags kann ein beliebiger Datentyp sein.

Schlüssel

Falls Sie einen Schlüssel weglassen, wird das Maximum des Integer-Indizes genommen und der neue Schlüssel wird das Maximum + 1 sein. Das gilt auch für negative Indizes, da ein Integer negativ sein kann. Ist zum Beispiel der höchste Index -6, wird der neue Schlüssel den Wert -5 haben. Falls es bis dahin keine Integer-Indizes gibt, wird der Schlüssel zu 0 (Null). Falls Sie einen Schlüssel angeben, dem schon ein Wert zugeordnet wurde, wird dieser Wert überschrieben.

Wenn Sie `true` als Schlüssel benutzen, wird dies als Schlüssel vom Typ `integer 1` ausgewertet. Benutzen Sie `false` als Schlüssel, wird dies als Schlüssel vom Typ `integer 0` ausgewertet. Die Benutzung von `NULL` als Schlüssel führt dazu, dass der Schlüssel als leerer String gewertet wird. Verwenden Sie einen leeren String als Schlüssel, wird ein Schlüssel mit einem leeren String und seinem Wert erzeugt oder überschrieben. Das entspricht nicht der Verwendung von leeren Klammern.

Sie können keine Arrays oder Objekte als Schlüssel benutzen. Der Versuch wird mit einer Warnung enden: `Illegal offset type`.

```
// Schlüssel ist entweder ein string oder integer
// Wert kann irgendetwas sein.
array( [Schlüssel =>] Wert, ...)
```

Hier einige Beispiele:

```
<pre>
<?php
$arrays = array (
    "Fruechte" => array ("a"=>"Kirsche", "b"=>"Birne"),
    "Zahlen"  => array (1, 2, 3, 4, 5, 6),
    "Autos"   => array ("Audi", 5 => "Mercedes", "BMW")
);
print_r($arrays);
?>
</pre>
```

Ausgabe:

```
Array
(
    [Fruechte] => Array
```

```
        (
            [a] => Kirsche
            [b] => Birne
        )

    [Zahlen] => Array
        (
            [0] => 1
            [1] => 2
            [2] => 3
            [3] => 4
            [4] => 5
            [5] => 6
        )

    [Autos] => Array
        (
            [0] => Audi
            [5] => Mercedes
            [6] => BMW
        )
)
```

Automatischer Index mit array():

```
<pre>
<?php
$meinarray = array( 10,
                                       20,
                                       30,
                                       40,
                                       50,
                                       60,
                                       70,
                                       4=>1,
                                       5=>1,
                                       6=>13
                                       );
print_r($meinarray);
?>
</pre>
```

Ausgabe:

```
Array
(
    [0] => 10
    [1] => 20
    [2] => 30
    [3] => 40
    [4] => 1
    [5] => 1
    [6] => 13
)
```

Auf 1 basierter Index mit array():

```
<pre>
<?php
$monate  = array(1 => 'Januar', 'Februar', 'März');
print_r($monate);
?>
</pre>
```

Ausgabe:

```
Array
(
    [1] => Januar
    [2] => Februar
    [3] => März
)
```

Erzeugen/Verändern mit der eckigen Klammer-Syntax

Sie können ein bestehendes Array durch explizites Zuweisen von Werten verändern. Weisen Sie dem Array Werte zu, indem Sie den Schlüssel in eckigen Klammern angeben. Sie können den Schlüssel auch weglassen. In diesem Fall schreiben Sie einfach ein leeres Klammerpaar ("[]") hinter den Variablennamen.

```
// Schlüssel ist entweder ein string oder ein nicht-negativer integer
// Wert kann irgendetwas sein.
$arr[Schlüssel] = Wert;
$arr[] = Wert;
```

Beispiel:

```
<pre>
<?php
$monate  = array(1 => 'Januar', 'Februar', 'März');
$monate[4] = "April";
$monate[] = "Mai";
print_r($monate);
?>
</pre>
```

Ausgabe:

```
Array
(
    [1] => Januar
    [2] => Februar
    [3] => März
    [4] => April
    [5] => Mai
)
```

Falls das Array bis dahin nicht existiert, wird es erzeugt. Das ist also eine alternative Syntax, um ein Array zu erzeugen. Um einen bestimmten Wert zu ändern, weisen Sie ihm einfach einen neuen Wert zu.

Beispiel:

```
<pre>
<?php
$personen[0] = "VW";
$personen[1] = "BMW";
$personen[2] = "OPEL";
print_r($personen);
?>
</pre>
```

Ausgabe:

```
Array
(
    [0] => VW
    [1] => BMW
    [2] => OPEL
)
```

Sollten Sie ein Schlüssel/Wert-Paar entfernen wollen, benutzen Sie `unset()`.

Beispiel:

```
<pre>
<?php
$personen[0] = "VW";
$personen[1] = "BMW";
$personen[2] = "OPEL";

// Löschen
unset ($personen[1]);
print_r($personen);
?>
</pre>
```

Ausgabe:

```
Array
(
    [0] => VW
    [2] => OPEL
)
```

Nützliche Funktionen

Es existieren eine Vielzahl von nützlichen Funktionen, um mit Arrays zu arbeiten. Einige davon werden wir im Abschnitt »Arrays« gesondert behandeln.

Beispiel:

```
<?php
// Array
$daten[0] = 100;
$daten[1] = 300;
$daten[2] = 500;
```

```
$anzahl = count($daten);
// Ausgabe (3)
echo $anzahl;
?>
```

Schreibweisen und ihre Besonderheiten

Warum ist `$daten[eintrag]` falsch? – Sie sollten immer Anführungszeichen für einen assoziativen Index eines Arrays benutzen. Zum Beispiel sollten Sie `$daten['eintrag']` und nicht `$daten[eintrag]` benutzen. Aber warum ist `$daten[eintrag]` falsch? Sicher ist Ihnen folgende Syntax in einigen PHP-Skripts bereits begegnet:

```
<?php
$daten[eintrag] = "Matze";
// Ausgabe - Matze
echo $daten[eintrag];
?>
```

Diese Schreibweise funktioniert zwar, ist aber falsch. Der Grund ist, dass dieser Code eine undefinierte Konstante `eintrag` enthält anstatt eines Strings 'eintrag'. Beachten Sie die Anführungszeichen. PHP könnte in Zukunft Konstanten definieren, die unglücklicherweise für ihren Code den gleichen Namen verwenden. Es funktioniert, weil die undefinierte Konstante in einen String mit gleichem Namen umgewandelt wird. PHP nimmt an, dass Sie `eintrag` wörtlich gemeint haben, wie den String `'eintrag'`, aber vergessen haben, die Anführungszeichen zu setzen.

Daher ist die folgende Schreibweise zu bevorzugen:

```
<?php
$daten['eintrag'] = "Matze";
// Ausgabe - Matze
echo $daten['eintrag'];
?>
```

Hinweis: Noch mehr rund um das Thema Arrays erfahren Sie im Abschnitt »Arrays«.

1.3.6 Resource-Typ

Der Resource-Typ bezeichnet eine spezielle Variable, die eine Referenz auf eine externe Ressource enthält. Resourcen werden von bestimmten Funktionen erzeugt und benutzt. Einige Ressourcen:

- COM – Referenz auf ein COM-Objekt
- ftp – FTP-Verbindung
- gd – GD-Grafik
- imap – Verbindung zu einem IMAP- oder POP3-Server herstellen
- msql query – mSQL-Ergebnis
- mysql result – MySQL-Ergebnis

- file – Datei-Handle
- xml – XML-Parser

Hinweis: Der Resource-Typ wurde in PHP 4 eingeführt.

Freigabe von Ressourcen

Aufgrund des Reference-Counting-Systems, das mit der Zend-Engine von PHP 4 eingeführt wurde, wird automatisch erkannt, wenn auf eine Ressource nicht mehr zugegriffen wird. Wenn dies der Fall ist, werden alle Ressourcen, die für diese Ressource in Gebrauch waren, durch den »Müllsammler« (Garbage Collector) freigegeben. Aus diesem Grund ist es nur in seltenen Fällen notwendig, Speicher manuell durch Aufruf von `free_result`-Funktionen freizugeben.

Achtung: Persistente Datenbankverbindungen stellen einen Sonderfall dar, sie werden durch den Garbage Collector nicht automatisch entfernt.

1.3.7 NULL

Das PHP-Schlüsselwort `NULL` ist ein besonderer Wert, der für »kein Wert« steht. Technisch gesehen ist `NULL` ein Wert des Typs `Objekt`. Wenn eine Variable diesen Wert besitzt, weiß man demnach, dass sie kein gültiges Objekt oder Array enthält. Zudem weiß man, dass sie auch weder eine Zahl, eine Zeichenkette, einen booleschen Wert noch eine Funktion enthält.

C/C++-Programmierer sollten auch beachten, dass `NULL` in PHP nicht dasselbe ist wie 0. Unter bestimmten Umständen wird `NULL` zwar in eine 0 umgewandelt, aber es liegt keine Äquivalenz vor.

Eine Variable wird als NULL interpretiert, wenn:

- ihr die Konstante `NULL` als Wert zugewiesen wurde,
- ihr bis jetzt kein Wert zugewiesen wurde,
- sie mit `unset()` gelöscht wurde.

Beispiel:

```
<?php
// Ausgane - Vorname ist NULL
if ($vorname == NULL) echo "Vorname ist NULL";
?>
```

Der Wert `NULL` kann in verschiedenen Situationen verwendet werden. Hier einige Beispiele für derartige Situationen:

- Eine Variable hat noch keinen Wert erhalten.
- Eine Variable enthält keinen Wert mehr.

- Eine Funktion kann keinen Wert zurückgeben, weil kein entsprechender Wert verfügbar ist; in diesem Fall wird der Nullwert zurückgegeben.

Hinweis: `NULL` ist der einzig mögliche Wert des Typs `NULL`.

1.3.8 Typen – Besonderheiten

Automatische Typenkonvertierung

Ein bedeutender Unterschied zwischen PHP und Sprachen wie C/C++ und Java liegt darin, dass PHP nicht typisiert ist. Das bedeutet, dass Variablenwerte beliebige Datentypen enthalten können. Im Gegensatz hierzu können Variablen in C/C++ und Java jeweils nur einen einzigen Datentyp enthalten.

Beispiel:

```
$zahl = 5;
$zahl = "fünf";
```

In PHP ist diese Zuweisung zulässig. Einer Variablen `zahl` wird zunächst eine Zahl und später eine Zeichenkette zugewiesen. In C/C++ oder Java wären diese Codezeilen unzulässig. Da PHP eine Sprache ohne explizite Typen ist, müssen Variablendeklarationen auch keinen Datentyp angeben, wie dies in C/C++ und Java der Fall ist. In diesen Sprachen deklariert man eine Variable, indem man den Namen des Datentyps angibt, den die Variable aufnehmen soll, und dahinter wird der Name der Variablen angegeben.

Beispiel:

```
// Deklaration einer Integer-Variablen in C/C++ oder Java
int zahl;
```

In PHP hingegen verwenden Sie für die Variablendeklaration lediglich einen gültigen Variablennamen und brauchen keinen Typ anzugeben.

Beispiel:

```
// Deklaration einer PHP-Variablen ohne Typ
$zahl = 100;
```

Eine Folge aus dem Nichtvorhandensein von Typen in PHP besteht darin, dass Werte automatisch zwischen verschiedenen Typen konvertiert werden können. Wenn man zum Beispiel versucht, eine Zahl an eine Zeichenkette anzuhängen, setzt PHP die Zahl automatisch in die entsprechende Zeichenkette um, die dann angehängt werden kann.

Beispiel:

```
<?php
// Variablen
$wort = "Besucher";
$nummer = 5;
$kombination = $nummer . $wort;
```

```
// Ausgabe - 5 Besucher
echo $kombination;
?>
```

Die Tatsache, dass PHP untypisiert ist, verleiht der Sprache die Flexibilität und Einfachheit, die für eine Skriptsprache wünschenswert ist. Im folgenden Abschnitt werden Sie die automatische Typkonvertierung genauer kennen lernen, da sie ein wesentlicher Bestandteil der Sprache ist.

Ein Beispiel für die automatische Typkonvertierung von PHP ist der +-Operator. Ist einer der zu addierenden Werte vom Typ `float`, werden alle Werte als `float`-Typ behandelt. Auch das Ergebnis der Addition wird vom Typ `float` sein. Andernfalls werden die Werte als `integer`-Typen angesehen und das Ergebnis wird ebenfalls vom Typ `integer` sein. Beachten Sie, dass hierdurch NICHT der Typ der Operanden selbst beeinflusst wird; der Unterschied liegt einzig und allein in der Auswertung dieser Operanden.

Beispiel:

```
<?php
// String
$wert = "0";
// Integer
$wert += 2;
// Ausgabe - 2 (Integer)
echo $wert;
?>
```

Hier eine Zusammenfassung zur automatischen Typzuweisung:

- In Anführungszeichen "" oder ' ' eingeschlossene Zeichen werden als String interpretiert.
- Eine Zahl ohne Punkt wird als Ganzzahl interpretiert.
- Eine Zahl mit Punkt wird als Fließkommazahl interpretiert.
- Bei der Auswertung von Ausdrücken bestimmt der verwendete Operator den Datentyp des Ergebnisses.

1.3.9 Typumwandlung

Explizite Typumwandlung

Typumwandlung in PHP funktioniert vielfach wie in C. Der Name des gewünschten Typs wird vor der umzuwandelnden Variablen in Klammern gesetzt, dies wird auch als `cast`-Operation bezeichnet.

Beispiel:

```
<?php
// Integer
$zahl = 100;
// Float
```

```
$zahl = (float) $zahl;
// Ausgabe - float(100)
echo var_dump($zahl);
?>
```

Folgende Umwandlungen sind möglich:

- (int), (integer) – nach integer
- (bool), (boolean) – nach boolean
- (float), (double), (real) – nach float
- (string) – nach string
- (array) – nach array
- (object) – Wandlung zum Objekt

Anstatt eine Variable in einen String umzuwandeln, können Sie die Variable auch in doppelte Anführungszeichen einschließen.

Beachten Sie, dass Tabulatoren und Leerzeichen innerhalb der Klammern erlaubt sind. Deshalb sind die folgenden Beispiele identisch:

```
$zahl = (int) $zahl;
$zahl = ( int ) $zahl;
```

Es ist nicht immer offenkundig, was bei der Typumwandlung geschieht. Sollten Sie eine Umwandlung eines Arrays zu einem String vornehmen oder erzwingen, ist das Ergebnis das Wort »Array«. Wenn Sie eine Umwandlung eines Objekts zu einem String vornehmen oder erzwingen, ist das Ergebnis das Wort »Objekt«.

Bei der Umwandlung einer skalaren oder String-Variablen zu einem Array wird die Variable das erste Element des Arrays:

```
<?php
$vorname = 'Caroline';
$personen = (array) $vorname;
// Ausgabe - Caroline
echo $personen[0];
?>
```

Sobald eine skalare oder String-Variable in ein Objekt gewandelt wird, wird die Variable zu einem Attribut des Objekts; der Eigenschaftsname wird `'scalar'`:

```
<?php
$vorname = 'Caroline';
$obj = (object) $vorname;
// Ausgabe - Caroline
echo $obj->scalar;
?>
```

Bei der Umwandlung sollten Sie berücksichtigen, dass nicht sämtliche Richtungen sinnvoll sind. In der folgenden Tabelle stellen wir Ihnen sinnvolle mögliche Kombinationen vor.

Zieltyp	*Sinnvolle Quelltypen*	*Unwandlungsprinzip*
integer	double	Dezimale werden abgeschnitten (keine Rundung).
int	string	Wird keine Zahl erkannt, wird 0 zurückgegeben.
double	integer	unverändert.
real	string	Wird keine Zahl erkannt, wird 0 zurückgegeben.
string	integer	Gibt die Zahl als Zeichenkette zurück.
	double	Gibt die Zahl als Zeichenkette zurück.
array	object	Wird direkt umgewandelt.
	integer	Es entsteht ein Array mit einem Element vom Ursprungstyp.
	string	Es entsteht ein Array mit einem Element vom Ursprungstyp.
	double	Es entsteht ein Array mit einem Element vom Ursprungstyp.
object	array	Wird direkt umgewandelt.
	integer	Es entsteht ein Objekt mit einer Eigenschaft, die durch die Variable repräsentiert wird.
	string	Es entsteht ein Objekt mit einer Eigenschaft, die durch die Variable repräsentiert wird.
	double	Es entsteht ein Objekt mit einer Eigenschaft, die durch die Variable repräsentiert wird.

Zeichenkettenkonvertierung

Bei der Umwandlung von Zeichenketten wendet PHP bestimmte Regeln an. Mit deren Kenntnis können Sie das Ergebnis voraussagen und von der Umwandlung sichern Gebrauch machen:

- `integer` entsteht, wenn die Zeichenkette mit einem gültigen numerischen Zeichen (Ziffer, Plus oder Minus) beginnt und dahinter nicht die Zeichen `.`, `e` oder `E` folgen. Ist der erste Teil der Zeichenkette ein gültiger Ausdruck, wird der Rest ignoriert.
- `float` (double) entsteht, wenn die Zeichenkette mit einem gültigen numerischen Zeichen (Ziffer, Plus oder Minus) beginnt und dahinter die Zeichen `.`, `e` oder `E` folgen. Ist der erste Teil der Zeichenkette ein gültiger Ausdruck, wird der Rest ignoriert.

Hinweis: Die Zeichen `e` oder `E` dienen der Darstellung von Exponenten. Die Schreibweise `Enn` steht für $x10^{nn}$. Generell dient der Punkt `.` als Dezimaltrennzeichen. Sie müssen dies bei Zuweisungen von Variablen berücksichtigen. Zur Ausgabe lassen sich Zahlen mit der Funktion `number_format` in die benötigte Form bringen (deutsche Schreibweise mit Komma).

Umwandlungsfunktion

Neben der Angabe des Datentyps als `cast`-Ausdruck kann auch die Funktion `settype()` eingesetzt werden. In manchen Ausdrücken wird eine Funktion erwartet, oft dient der Einsatz jedoch lediglich der besseren Lesbarkeit.

```
settype (string var, string type)
```

Der Typ der Variablen `var` wird festgelegt als `type`. Mögliche Werte für `type` sind:

- "integer"
- "double"
- "string"
- "array"
- "object"

Beispiel:

```
<?php
$preis = 9.99;
settype($preis,"integer");
// Ausgabe (9)
echo $preis
?>
```

Beispiel:

```
<?php
$preis = 9.99;
settype($preis,"object");
// Ausgabe Object id #1
echo $preis;
// Ausgabe (9.99)
echo $preis->scalar;
?>
```

Hinweis: Bei erfolgreicher Umwandlung liefert `settype()` TRUE, sonst FALSE. So haben Sie die Möglichkeit, auf eine fehlerhafte Umwandlung mit Hilfe einer Bedingung zu reagieren.

Beispiel:

```
<?php
$preis = 9.99;
// Aushabe (9)
if (settype($preis,"integer") == 1) {
       echo $preis;
} else {
       echo "Fehler!";
}
?>
```

Sollte Ihnen `settype()` zu umständlich sein, können Sie auch die abgeleiteten `val`-Funktionen verwenden:

- `intval(string var)` – Diese Funktion wandelt in `integer` um.
- `doubleval (string var)` – Diese Funktion wandelt in `double` um.
- `strval(string var)` – Diese Funktion wandelt in `string` um.

Beispiel:

```
<?php
$preis = 9.99;
// Aushabe (9)
echo intval($preis);
?>
```

1.3.10 Datentypen bestimmen

Einsatz von var_dump()

Um beispielsweise den Typ und den Wert eines bestimmten Ausdrucks (Expression) zu überprüfen, können Sie `var_dump()` einsetzen.

Beispiel:

```
<pre>
<?php
$personen = array(array('Matthias','Kannengiesser',29),
                  array('Caroline','Kannengiesser',25),
                  array('Gülten','Kannengiesser', 59,
                        array('Eltern','Mutter')));
var_dump($personen);
?>
</pre>
```

Ausgabe:

```
array(3) {
  [0]=>
  array(3) {
    [0]=>
    string(8) "Matthias"
    [1]=>
    string(13) "Kannengiesser"
    [2]=>
    int(29)
  }
  [1]=>
  array(3) {
    [0]=>
    string(8) "Caroline"
    [1]=>
    string(13) "Kannengiesser"
```

```
    [2]=>
    int(25)
  }
  [2]=>
  array(4) {
    [0]=>
    string(6) "Gülten"
    [1]=>
    string(13) "Kannengiesser"
    [2]=>
    int(59)
    [3]=>
    array(2) {
      [0]=>
      string(6) "Eltern"
      [1]=>
      string(6) "Mutter"
    }
  }
}
```

Diese Funktion hat die Aufgabe, Informationen über Typ und Wert des Parameters zurückzugeben. Arrays und Objekte werden rekursiv, von innen nach außen, durchlaufen und mit entsprechender Einrückung dargestellt.

Sollten Sie zur Fehlersuche lediglich eine lesbare Darstellung eines Typs benötigen, steht Ihnen hierfür `gettype()` zur Verfügung.

Einsatz von gettype()

Beispiel:

```
<?php
$vorname = "Caroline";
$alter = 25;

// Ausgabe - string
echo gettype($vorname);
// Ausgabe - integer
echo gettype($alter);
?>
```

Die Funktion gibt die bereits bekannten Typbezeichner als Zeichenkette zurück. Konnte der Typ nicht erkannt werden, so wird die Zeichenkette `unknown type` erzeugt.

> **Achtung:** Um den Typ zu prüfen, sollten Sie nicht `gettype()` verwenden. Stattdessen sollten Sie die `is_type`-Funktionen verwenden. Diese finden sie weiter unten im Abschnitt »Datentypen bestimmen«.

Bei logischen Ausdrücken ist die Verwendung von `gettype()` zu umständlich. Sie können daher eine ganze Reihe von `is_type`-Funktionen einsetzen, die `True (1)` oder `False (0)` zurückgeben.

Funktion	*Beschreibung*

`is_long(string var)`
`is_integer(string var)`
`is_int(string var)`
	Ermittelt, ob es sich um einen Ausdruck vom Typ `integer` handelt. Gibt 1 zurück, wenn die Variable vom Typ `integer` ist.

`is_double(string var)`
`is_real(string var)`
`is_float(string var)`
	Ermittelt, ob es sich um einen Ausdruck vom Typ `double` bzw. `float` handelt. Gibt 1 zurück, wenn die Variable vom Typ `double` oder `float` ist.

`is_string(string var)`	Ermittelt, ob es sich um einen Ausdruck vom Typ `string` handelt. Gibt 1 zurück, wenn die Variable vom Typ `string` ist.
`is_numeric(string var)`	Ermittelt, ob es sich um einen numerischen Typ (`integer`, `double`) handelt. Gibt 1 zurück, wenn die Variable vom Typ `integer` oder `double` ist.
`is_bool(string var)`	Ermittelt, ob es sich um einen Ausdruck vom Typ `boolean` handelt. Gibt 1 zurück, wenn die Variable vom Typ `boolean` ist.
`is_array(string var)`	Ermittelt, ob es sich um einen Ausdruck vom Typ `array` handelt. Gibt 1 zurück, wenn die Variable vom Typ `array` ist.
`is_object(string var)`	Ermittelt, ob es sich um einen Ausdruck vom Typ `object` bzw. eine Objektvariable handelt. Gibt 1 zurück, wenn die Variable vom Typ `object` ist.
`is_null`	Ermittelt, ob es sich um einen Ausdruck vom Typ `null` handelt. Gibt 1 zurück, wenn die Variable vom Typ `null` ist.
`is_resource`	Ermittelt, ob es sich um einen Ausdruck vom Typ `resource` handelt. Gibt 1 zurück, wenn die Variable vom Typ `resource` ist.
`is_scalar`	Ermittelt, ob es sich um einen Ausdruck vom Typ `integer`, `float`, `string` oder `boolean` handelt. Gibt 1 zurück, wenn die Variable vom Typ `integer`, `float`, `string` oder `boolean` ist.

Beispiel:

```
<?php
$preis = "9.99";
// Aushabe - Es ist ein String
if (is_string($preis)) {
       echo "Es ist ein String";
} else {
       echo "Kein String";
}
?>
```

Beispiel:

```
<?php
$signal = FALSE;
// Aushabe - Ist bool
if (is_bool($signal)) {
       echo "Ist bool";
} else {
       echo "Kein bool";
}
?>
```

Allerdings verhalten sich die Funktionen nicht alle gleich. So akzeptiert die Funktion `is_numeric()` auch numerische Werte, die in Anführungszeichen, also als Strings übergeben werden. Der Wert darf lediglich keine Buchstaben enthalten.

Beispiel:

```
<?php
$wert = "9.99";
// Aushabe - Ist eine Zahl
if (is_numeric($wert)) {
      echo "Ist eine Zahl";
} else {
      echo "Ist keine Zahl";
}
?>
```

Wenn Sie die Umwandlung in einen bestimmten Typ erzwingen wollen, erreichen Sie dies entweder durch `cast`-Ausdrücke oder durch Gebrauch der Funktion `settype()`.

Beachten Sie, dass sich eine Variable in bestimmten Situationen unterschiedlich verhalten kann, abhängig vom Typ, dem die Variable zum Zeitpunkt ihrer Verarbeitung entspricht.

1.4 Variablen

1.4.1 Was ist eine Variable?

Eine der wichtigsten Merkmale einer Programmiersprache ist die Fähigkeit, Daten zu verwalten. Diese Daten werden in Variablen gespeichert und können aus diesen auch wieder ausgelesen werden. Eine Variable kann man sich wie einen Behälter für Informationen vorstellen.

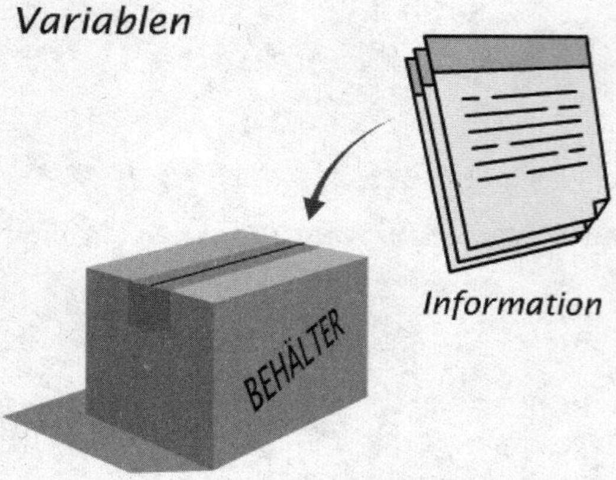

Bild 1.1: Variable – ein Behälter, der Daten bzw. Informationen enthält

Eine Variable ist

- ein Lager mit einer eindeutigen Kennung, in das man Dinge ablegen und herausnehmen kann;
- eine Einkaufstüte, in die Sie Waren hineinlegen und herausnehmen können;
- ein Notizzettel, auf dem Sie Termine eintragen, entfernen oder ändern können.

Dabei müssen Sie sich eines klar machen: Der Behälter an sich bleibt immer gleich, lediglich sein Inhalt kann sich ändern. Machen Sie sich aber keine Sorgen, Sie können theoretisch so viele Variablen erzeugen, wie es Ihr Arbeitsspeicher zulässt.

Hinweis: Variablen findet man in praktisch jeder Programmiersprache, sei es C/C++, Java, JavaScript oder PHP. Sie dienen dazu, Daten zu repräsentieren, die sich im Laufe eines Programms verändern können. Das Gegenstück zu den Variablen sind die Konstanten, deren Wert sich nicht ändert.

Es empfiehlt sich, einer Variablen beim Definieren stets einen bekannten Wert zuzuweisen. Dies wird als Initialisieren einer Variablen bezeichnet. Die Initialisierung ermöglicht es Ihnen, den Wert der Variablen zu überwachen und Veränderungen zu erfassen.

Der Datentyp des Werts einer Variablen bestimmt, wie dieser sich bei einer Zuweisung in einem Skript ändert. Zu den am häufigsten in Variablen gespeicherten Informationen gehören:

- Nutzerinformation (wie Nutzernamen, Anschrift, Telefonnumer etc.)
- Ergebnisse aus mathematischen Berechnungen

1.4.2 Variablendefinition

Variablen bestehen aus drei Teilen:

- dem Variablennamen,
- einem Speicherbereich,
- einem Wert.

Um in einer Variablen einen Wert ablegen zu können, muss es irgendein Medium geben, in dem der Wert der Variablen festgehalten werden kann. Wären Variablen Notizzettel, wäre Papier das gesuchte Medium. Da Variablen jedoch im Computer existieren, scheidet das Medium Papier aus.

Wo werden die Werte der Variablen gespeichert?

Natürlich werden Werte im Arbeitsspeicher gespeichtert, genauer gesagt im Arbeitsspeicher des Computers, auf dem Serverrechner, auf dem der PHP-Code ausgeführt wird.

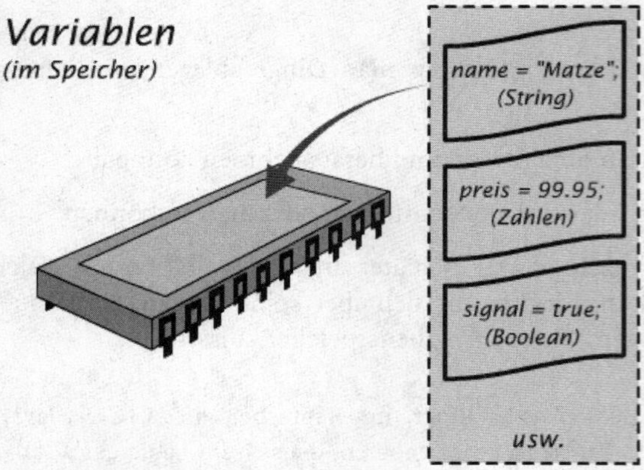

Bild 1.2: Variablen im Arbeitsspeicher

Sie sollten sich dabei folgendes Szenario vor Augen halten: Der PHP-Code, den wir erstellen, wird erst beim Aufruf des PHP-Dokuments ausgeführt. Trifft nun der PHP-Interpreter dabei auf eine Variablendefinition, reserviert er im Arbeitsspeicher einen passenden Speicherbereich und verbindet ihn mit der Variablen. Wird im PHP-Code der Wert der Variablen abgefragt, liest der Interpreter den aktuellen Wert aus, der im Speicherbereich der Variablen abgelegt ist, und liefert ihn zurück. Wird der Variablen ein neuer Wert zugewiesen, schreibt der Interpreter den neuen Wert in den Speicherbereich der Variablen, dabei wird der alte Wert gelöscht.

Die Besonderheit liegt darin, dass die gesamte Speicherverwaltung vom Interpreter übernommen wird. Sie brauchen sich als Programmierer nicht weiter darum kümmern, in welchen Speicherbereich die Variable abgelegt wurde. Ein Programmierer sollte wissen, dass hinter einer Variablen ein Speicherbereich steht, doch für die tägliche Arbeit genügt es zu wissen, dass Variablen über ihre Namen angesprochen werden. Dies hat auch Auswirkungen auf die gängige Sprachregelung.

Beispiel:

```
$vorname = "Matthias";
```

Für den Interpreter bedeutet diese Anweisung:

»Nimm die Zeichenkette `Matthias` und schreibe sie in den Speicherbereich, der für die Variable mit Namen `$vorname` reserviert wurde.«

Wir sagen dazu einfach:

»Der Variablen `$vorname` wird die Zeichenkette Matthias zugewiesen.«

1.4.3 L- und R-Wert

Wie Sie wissen, sind Variablen mit Speicherbereichen verbunden. Über den Variablennamen können Sie sowohl einen Wert in einer Variablen speichern als auch den Wert einer Variablen auslesen. Woher weiß der Interpreter, ob Sie den Wert einer Variablen auslesen oder einen neuen Wert in einer Variablen speichern wollen?

Das ist im Grunde recht einfach. Nach der Definition repräsentiert der Variablenname grundsätzlich den Wert der Variablen. Nur wenn der Variablenname auf der linken Seite einer Zuweisung auftaucht, steht er für den Speicherbereich, in dem der Inhaltswert des rechten Teils der Zuweisung abzulegen ist.

In einer einzigen Zuweisung kann ein Variablenname also sowohl den Wert der Variablen als auch den Speicherbereich der Variablen repräsentieren.

Beispiel:

```
zahlEins = zahlEins + 10;
```

Aus diesem Grund spricht man auch vom

- L-Wert (Linkswert = Speicherbereich der Variablen) und
- R-Wert (Rechtswert = akueller Wert der Variablen).

Sie sollten sich diesen Zusammenhang besonders gut merken, da Sie immer wieder damit konfrontiert werden.

1.4.4 Benennen von Variablen

Wie Sie bereits wissen, besitzt jede Variable einen Namen oder *Bezeichner*. Bei der Benennung von Variablen sind einige Regeln zu beachten:

- Bezeichner müssen immer mit einem Dollarzeichen *($)* beginnen.
- Die darauf folgenden Zeichen können beliebige Buchstaben, Ziffern oder Unterstriche sein.
- Zwischen Groß- und Kleinschreibung wird unterschieden.
- Es dürfen keine von PHP reservierten Wörter als Bezeichner verwendet werden.
- Bezeichner müssen in einer Zeile Platz finden.
- Bezeichner dürfen keine Leerzeichen enthalten.

Achtung: Der Variablenname sollte auch nie mehr als 255 Zeichen besitzen.

Gültige Variablennamen

```
$einheit = "Meter";
$zahl = 1000;
$_bilder = "foto.jpg";
$spielerName = "Thomas";
$max_wert = 100;
```

Ungültige Variablennamen

```
1einheit = "Meter";
%zahl = "100%";
$ = "Dollarzeichen";
_ = "Unterstrich";
max wert = 100;
wert: = "Zehntausend";
```

1.4.5 Variablenwerte

Wenn Sie eine oder mehrere Variablen deklariert haben, stellt sich die Frage, was Sie mit den Variablen anfangen können. Der erste Schritt wäre, der Variablen einen Wert zuzuweisen.

Wie man einer Variablen einen Wert zuweist, haben Sie bereits an zahlreichen Beispielen im Buch kennen gelernt. Der Variablen wird der neue Wert mit Hilfe des (=)-Operators zugewiesen.

Beispiel:

```
$artikelnummer = 12568;
$firmenname = "Madania Netware";
```

Die Syntax ist nicht schwierig, die Variable ist folgendermaßen aufgebaut:

- Links steht die Variable, der ein neuer Wert zugewiesen wird.
- Es folgt der Zuweisungsoperator (=)-Operator.
- Rechts vom Zuweisungsoperator steht der neue Wert der Variablen.
- Abgeschlossen wird die Zeile mit einem Semikolon.

Hinweis: Beim (=)-Operator handelt es sich um einen Zuweisungsoperator. Der Operator sorgt dafür, dass der Variablen ein neuer Wert zugewiesen wird. Ein Vergleich findet hier nicht statt. Natürlich kann auch auf der rechten Seite des Zuweisungsoperators ein Ausdruck stehen, den der Interpreter zu einem einzelnen Wert umberechnen kann.

Beispiel:

```
$summe = 10 + 10;      // Die Variable $summe enthält den Wert 20
```

In einem solchen Fall berechnet der Interpreter zuerst den Ausdruck auf der rechten Seite. Das Ergebnis der Berechnung weist er als neuen Wert der Variablen `$summe` zu. Die Variable hat danach den Wert 20. Nun kennen Sie auch die interne Arbeitsweise des Interpreters. Sie sollten nun versuchen, den gespeicherten Wert abzurufen. Denn eine Variable samt ihrem Wert ist nur dann interessant, wenn Sie den Wert der Variablen zu einem späteren Zeitpunkt abrufen können, beispielsweise um deren Wert einer anderen Variablen zuzuweisen oder um ihn in die Berechnung einer Formel einfließen zu lassen.

Beispiel:

```
$zahleins = 25;
$zahlzwei = 75;

$zahleins = $zahlzwei;
```

Hier wird der Variablen `$zahleins` der Wert der Variablen `$zahlzwei` zugewiesen. Danach enthalten beide Variablen den Wert 75.

Obwohl es in der Programmierung relativ häufig vorkommt, dass man einer Variablen den Wert einer anderen Variablen zuweist, ist es meist interessanter, wenn auf der Grundlage des einen Wertes ein neuer Wert berechnet wird.

Beispiel:

```
<?php
// Prozentberechnung (Anteil in Prozent)
$gesamt = 1000;
$aktanteil = 100;

// Wert 10 (entspricht 10%)
$prozentanteil = ($aktanteil * 100)/$gesamt;
// Ausgabe (10)
echo $prozentanteil;
?>
```

Hier wird der Wert der Variablen `$aktanteil` mit Hilfe des Multiplikations-Operators mit dem Faktor 100 multipliziert und anschließend durch den Wert der Variablen `gesamt` mit Hilfe des Divisions-Operators dividiert. Das Ergebnis wird in `$prozentanteil` gespeichert. Beachten Sie, dass die Werte der Variablen `$aktanteil` und `gesamt` dabei nicht verändert werden. Sie werden lediglich abgefragt und fließen in die Berechnung ein.

Variablenwerte ohne Hilfe von temporären Variablen austauschen

Sollten Sie die Werte zweier Variablen vertauschen wollen, ohne dabei zusätzliche Variablen in Anspruch zu nehmen, können Sie die Funktion `list()` verwenden.

Beispiel:

```
<?php
$wert1 = 100;
$wert2 = 999;
list($wert1,$wert2) = array($wert2,$wert1);
// Ausgabe (999)
echo "$wert1<br>";
// Ausgabe (100)
echo "$wert2<br>";
?>
```

Wie Sie sehen, werden den Elementen eines Arrays einzelne Variablen zugewiesen. Das Gegenstück auf der rechten Seite des Ausdrucks `array()` ermöglicht Ihnen, Arrays aus einzelnen Werten zu bilden. Indem Sie das Array, das von `array()` zurückgegeben wird, den Variablen in `list()` zuweisen, verändern Sie die Anordnung dieser Werte. Dies funktioniert im Übrigen auch mit mehr als zwei Variablen.

Beispiel:

```
<?php
$wert1 = 100;
$wert2 = 999;
$wert3 = 10000;
list($wert1,$wert2,$wert3) = array($wert3,$wert2,$wert1);
// Ausgabe (10000)
echo "$wert1<br>";
// Ausgabe (999)
echo "$wert2<br>";
// Ausgabe (100)
echo "$wert3<br>";
?>
```

Achtung: Diese Methode ist nicht schneller als der Einsatz von temporären Variablen. Sie sollten sie aus Gründen der Lesbarkeit, nicht der Geschwindigkeit einsetzen.

Woher können die Daten einer Variablen noch kommen?

Hier einige mögliche Quellen:

Im einfachsten Fall sind es vordefinierte konstante Werte (Konstanten).

Beispiel:

```
<?php
$version = PHP_VERSION;
$betrieb_os = PHP_OS;

// Ausgabe 5.0.0RC1-dev
echo $version;
// Ausgabe WIN32
echo $betrieb_os;
?>
```

Sie rufen eine Funktion bzw. Methode auf, die einen Ergebniswert zurückliefert.

Beispiel:

```
<?php
$wert = abs(-10);
// Ausgabe (10)
echo $wert;
?>
```

1.4.6 Unwandeln und Prüfen von Variablen

PHP stellt eine Vielzahl von Funktionen zur Verarbeitung von Variablen zur Verfügung, so dass es dem Entwickler nicht schwer fallen wird, sie im Griff zu haben.

Einsatz von isset()

Bei logischen Vergleichen kann es äußerst wichtig sein zu prüfen, ob eine Variable mit 0 oder einem leeren String gefüllt wurde oder überhaupt noch nicht zugewiesen wurde. Sie können mit der Funktion `isset()` testen, ob eine Variable existiert.

Beispiel:

```
<?php
$preis = 9.99;
if (isset($preis)) {
	echo $preis;
} else {
	echo "Umsonst!";
}
?>
```

Ausgabe:

```
9.99
```

Wie man sieht, lässt sich die Funktion hervorragend in einer Bedingung unterbringen und somit jederzeit überprüfen, ob die jeweilige Variable bereits existiert oder nicht.

Einsatz von empty()

Wenn Sie nur testen möchten, ob ein Wert zugewiesen wurde, ist die Funktion `empty()` genau das Richtige.

Beispiel:

```
<?php
$vorname = "";
if (empty($vorname)) {
	echo "Ist leer und existiert";
} else {
	echo "Ist nicht leer und existiert";
}
?>
```

Ausgabe:

```
Ist leer und existiert
```

Die Funktion gibt `1` (`True`) zurück, wenn der Inhalt der Variablen 0 oder ein leeren String ist und die Variable existiert.

Einsatz von unset()

Sollten Sie vorhaben, eine Zuweisung bzw. Variable wieder aufzuheben und die Variable damit zu löschen, steht Ihnen die Funktion `unset()` zur Verfügung.

Beispiel:

```
<?php
$vorname = "Caroline";
unset($vorname);
if (isset($vorname)) {
      echo "Existiert!";
} else {
      echo "Existiert Nicht!";
}
?>
```

Ausgabe:

```
Existiert Nicht!
```

Hier eine Aufstellung der wichtigsten Funktion zum Prüfen von Variablen samt ihren Rückgabewerten.

Funktion	*Beschreibung*	*Rückgabewert*
is_integer	Prüft, ob die Variable vom Typ `integer` ist.	TRUE (1)/FALSE (0)
is_int	Prüft, ob die Variable vom Typ `integer` ist.	TRUE (1)/FALSE (0)
is_long	Prüft, ob die Variable vom Typ `integer` ist.	TRUE (1)/FALSE (0)
is_real	Prüft, ob die Variable vom Typ `real` ist.	TRUE (1)/FALSE (0)
is_double	Prüft, ob die Variable vom Typ `double` ist.	TRUE (1)/FALSE (0)
is_float	Prüft, ob die Variable vom Typ `float` ist.	TRUE (1)/FALSE (0)
is_bool	Prüft, ob die Variable vom Typ `bool` ist.	TRUE (1)/FALSE (0)
is_array	Prüft, ob die Variable vom Typ `array` ist.	TRUE (1)/FALSE (0)
is_object	Prüft, ob die Variable vom Typ `object` ist.	TRUE (1)/FALSE (0)
is_string	Prüft, ob die Variable vom Typ `string` ist.	TRUE (1)/FALSE (0)
is_null	Prüft, ob die Variable vom Typ `null` ist.	TRUE (1)/FALSE (0)
is_numeric	Prüft, ob die Variable eine Zahl oder ein numerischer String ist.	TRUE (1)/FALSE (0)
is_resource	Prüft, ob die Variable eine Ressource ist.	TRUE (1)/FALSE (0)
is_scalar	Prüft, ob die Variable vom Typ `integer`, `float`, `string` oder `boolean` ist.	TRUE (1)/FALSE (0)
isset	Prüft, ob die Variable definiert ist.	TRUE (1)/FALSE (0)
unset	Löscht eine Variable aus dem Speicher.	1
empty	Prüft, ob die Variable »leer« ist.	TRUE (1)/FALSE (0)
intval	Wandelt den Typ einer Variablen in `integer` um.	integer
strval	Wandelt den Typ einer Variablen in `string` um.	string
doubleval	Wandelt den Typ einer Variablen in `double` um.	double
floatval	Wandelt den Typ einer Variablen in `float` um.	float
gettype	Ermittelt den Typ der Variablen.	string
settype	Legt den Typ der Variablen fest.	TRUE (1)/FALSE (0)

Einsatz von get_defined_vars()

Dies Funktion `get_defined_vars()` gibt ein mehrdimensionales Array zurück, welches eine Liste sämtlicher definierter Variablen enthält. Dabei handelt es sich um Variablen aus der Entwicklungsumgebung, vom Server oder um benutzerdefinierte Variablen.

Beispiel – Servervariablen:

```
<pre>
<?php
$liste = get_defined_vars();
print_r($liste["_SERVER"]);
?>
</pre>
```

Ausgabe:

```
Array
(
    [HTTP_ACCEPT] => */*
    [HTTP_ACCEPT_LANGUAGE] => de
    [HTTP_ACCEPT_ENCODING] => gzip, deflate
    [HTTP_USER_AGENT] => Mozilla/4.0…
    [HTTP_HOST] => localhost
    [HTTP_CONNECTION] => Keep-Alive
    [HTTP_CACHE_CONTROL] => no-cache
    [PATH] => C:\WINDOWS;C:\WINDOWS\COMMAND
    [COMSPEC] => C:\WINDOWS\COMMAND.COM
    [WINDIR] => C:\WINDOWS
    [SERVER_SIGNATURE] => Apache/2.0.48 (Win32) PHP/5.0…
    [SERVER_SOFTWARE] => Apache/2.0.48 (Win32) PHP/5.0…
    [SERVER_NAME] => localhost
    [SERVER_ADDR] => 127.0.0.1
    [SERVER_PORT] => 80
    [REMOTE_ADDR] => 127.0.0.1
    [DOCUMENT_ROOT] => C:/php5xampp-dev/htdocs
    [SERVER_ADMIN] => admin@localhost
    [SCRIPT_FILENAME] => C:/php5xampp-dev/htdocs/test.php
    [REMOTE_PORT] => 1334
    [GATEWAY_INTERFACE] => CGI/1.1
    [SERVER_PROTOCOL] => HTTP/1.1
    [REQUEST_METHOD] => GET
    [QUERY_STRING] =>
    [REQUEST_URI] => /php5/test.php
    [SCRIPT_NAME] => /php5/test.php
    [PHP_SELF] => /php5/test.php
)
```

Beispiel – Array Schlüssel des Systems:

```
<pre>
<?php
print_r(array_keys(get_defined_vars()));
?>
</pre>
```

Ausgabe:

```
Array
(
    [0] => GLOBALS
    [1] => HTTP_ACCEPT
    [2] => HTTP_ACCEPT_LANGUAGE
    [3] => HTTP_ACCEPT_ENCODING
    [4] => HTTP_USER_AGENT
    [5] => HTTP_HOST
    [6] => HTTP_CONNECTION
    [7] => HTTP_CACHE_CONTROL
    [8] => PATH
    [9] => COMSPEC
    [10] => WINDIR
    [11] => SERVER_SIGNATURE
    [12] => SERVER_SOFTWARE
    [13] => SERVER_NAME
    [14] => SERVER_ADDR
    [15] => SERVER_PORT
    [16] => REMOTE_ADDR
    [17] => DOCUMENT_ROOT
    [18] => SERVER_ADMIN
    [19] => SCRIPT_FILENAME
    [20] => REMOTE_PORT
    [21] => GATEWAY_INTERFACE
    [22] => SERVER_PROTOCOL
    [23] => REQUEST_METHOD
    [24] => QUERY_STRING
    [25] => REQUEST_URI
    [26] => SCRIPT_NAME
    [27] => PHP_SELF
    [28] => _POST
    [29] => HTTP_POST_VARS
    [30] => _GET
    [31] => HTTP_GET_VARS
    [32] => _COOKIE
    [33] => HTTP_COOKIE_VARS
    [34] => _SERVER
    [35] => HTTP_SERVER_VARS
    [36] => _ENV
    [37] => HTTP_ENV_VARS
    [38] => _FILES
    [39] => HTTP_POST_FILES
    [40] => _REQUEST
)
```

Beispiel:

```
<pre>
<?php
$liste = get_defined_vars();
print_r($liste);
?>
</pre>
```

Ausgabe:

Die Ausgabe haben wir uns und Ihnen erspart, nur so viel sei verraten: Sie erfahren dabei interessante Dinge über Ihren Server.

1.4.7 Gültigkeitsbereiche und Sichtbarkeit von Variablen

Ein wichtiges Thema im Zusammenhang mit Variablen ist deren Gültigkeitsbereich und Sichtbarkeit. Generell gilt, dass in PHP Variablen immer nur in ihrem lokalen Kontext sichtbar sind.

Dieser beinhaltet auch den Bereich für Dateien, die per `include`- oder `require`-Anweisung eingebunden wurden, z.B.:

```
$autor = "Matthias";
include "buch.inc.php";
```

Die Variable `$autor` ist auch in der eingebundenen Datei `buch.inc.php` verfügbar. Eine innerhalb einer Funktion definierte Variable ist außerhalb der Funktion nicht sichtbar. Umgekehrt gilt dasselbe, d.h., eine außerhalb sämtlicher Funktionsblöcke global definierte Variable hat innerhalb eines Funktionsblocks keine Gültigkeit.

Beispiel:

```
<?php
// Globaler Bereich
$preis = 9.99;
function berechne() {
	// Referenz auf einen lokalen Bereich
	return $preis;
}
$betrag = berechne();
if ($betrag) {
	echo $betrag;
} else {
	echo "Keine Ausgabe, die Variable ist lokal nicht sichtbar!";
}
?>
```

Ausgabe:

```
Keine Ausgabe, die Variable ist lokal nicht sichtbar!
```

Um zu erreichen, dass die globale Variable `$preis` auch lokal innerhalb der Funktion `berechne` bekannt ist, muss diese explizit mithilfe des Schlüsselworts `global` innerhalb der Funktion bekannt gemacht werden, man lädt sie sozusagen ein.

Beispiel:

```
<?php
$preis = 9.99;
function berechne() {
	global $preis;
```

```
        return $preis;
}
$betrag = berechne();
if ($betrag) {
        echo $betrag;
} else {
        echo "Keine Ausgabe, die Variable ist lokal nicht sichtbar!";
}
?>
```

Ausgabe:

```
9.99
```

Hinweis: Auf den Einsatz und die Verwendung von Funktionen wird im Abschnitt »Funktionen und Prozeduren« eingegangen.

Zugriff über $GLOBALS

Eine andere Möglichkeit, im lokalen Kontext einer Funktion auf eine globale Variable zuzugreifen, steht über das von PHP definierte Array `$GLOBALS` zur Verfügung.

Dabei handelt es sich um ein assoziatives Array, das die Namen der globalen Variablen als Schlüsselwörter verwendet. Den Zugriff innerhalb des lokalen Kontextes einer Funktion über das Array `$GLOBALS` auf die lokale Variable `$preis` zeigt folgendes Beispiel:

```
<?php
$preis = 9.99;
function berechne() {
        return $GLOBALS[preis];
}
echo berechne();
?>
```

Ausgabe:

```
9.99
```

Speicherklassen von Variablen

Eine weitere wichtige Eigenschaft von Variablen ist deren Speicherklasse. Normale Variablen verlieren beim Verlassen des lokalen Kontextes ihren Wert und werden beim Wiedereintritt neu initialisiert.

Sollen Variablen auch nach dem Verlassen eines Funktionsblocks ihren Wert behalten, müssen sie mithilfe des Schlüsselworts `static` als statische Variablen vereinbart werden.

Im folgenden Beispiel hat die Variable `$zaehler` keine statische Lebensdauer, sie wird bei jedem Neueintritt in den Funktionsblock erneut initialisiert. Das Ergebnis der Ausgabe bleibt trotzt zweimaligen Aufrufs der Funktion `setzeZaehler()` 1.

```
<?php
function setzeZaehler() {
        $zaehler = 0;
        $zaehler++;
        return $zaehler;
}
$zustand1 = setzeZaehler();
// Ausgabe (1)
echo $zustand1;
$zustand2 = setzeZaehler();
// Ausgabe (1)
echo $zustand2;
?>
```

Wird die Variable `$zaehler` jedoch statisch vereinbar, behält sie auch nach dem Verlassen des Funktionsblocks und dem Wiedereintritt bei einem erneuten Aufruf der Funktion `setzeZaehler()` ihren Wert, so dass sich, wie das folgende Beispiel zeigt, ein anderes Ergebnis zeigt:

```
<?php
function setzeZaehler() {
        static $zaehler = 0;
        $zaehler++;
        return $zaehler;
}
$zustand1 = setzeZaehler();
// Ausgabe (1)
echo $zustand1;
$zustand2 = setzeZaehler();
// Ausgabe (2)
echo $zustand2;
?>
```

Eine weitere interessante Anwendung in diesem Zusammenhang sind rekursive Funktionen. Das sind Funktionen, die sich aus sich selbst heraus aufrufen. Dabei besteht die Gefahr, so genannte Endlosschleifen bzw. Endlos-Rekursionen zu programmieren, welche die Performance des jeweiligen Systems äußerst negativ beeinflussen. Sie müssen also einen Weg vorsehen, eine solche Rekursion zu beenden. Die folgende Funktion `setzeZaehler()` zählt rekursiv bis 10. Die statische Variable `$zaehler` wird benutzt, um die Rekursion zu beenden:

```
<?php
function setzeZaehler() {
    static $zaehler = 0;

    $zaehler++;
    echo $zaehler;
    if ($zaehler < 10) {
        setzeZaehler();
    }
}
// Ausgabe (12345678910)
setzeZaehler();
?>
```

Achtung: Sollten Sie keine statische Variable verwenden, kommt es zu einer Endlosschleife.

1.4.8 Dynamische Variablen

Interessant ist die Möglichkeit in PHP, auch Variablennamen selbst in Variablen zu speichern und so quasi auf Variablen zuzugreifen. Die Zuweisung erfolgt in zwei Schritten. Zuerst wird eine normale Variable erzeugt, der Sie den Namen der dynamischen Variablen zuordnen:

```
$varname = "meinevariable";
```

Eine dynamische Variable nimmt den Wert einer Variablen als Namen. Der implizierten Variablen können Sie einen Wert zuweisen, indem Sie ihr zwei `$$`-Zeichen voranstellen:

```
$$varname = "PHP";
```

Sollten Sie die zuvor gezeigte Definition verwendet haben, gibt das Skript nun mit `echo($meinevariable)` den Wert »PHP« aus. Einmal erfolgte Zuweisungen bleiben von späteren Umbenennungen der führenden Variablen unberührt. Das folgende Beispiel zeigt einige Varianten:

```
<?php
$varname = "meinevariable";
echo "Variable varname ist: $varname <BR>";
$name = "PHP";
echo "Variable name ist: $name <BR>";
$$varname = "Dynamisch";
echo "Variable varname ist: $meinevariable <BR>";
$varname = "Programmieren";
echo "Variable varname ist: $meinevariable <BR>";
echo "Variable varname ist: $varname <BR>";
?>
```

Ausgabe:

```
Variable varname ist: meinevariable
Variable name ist: PHP
Variable varname ist: Dynamisch
Variable varname ist: Dynamisch
Variable varname ist: Programmieren
```

Sie sollten sich dieses Ergebnis in Ruhe betrachten.

Dynamische Variablen mit Arrays

Dynamische Variablen können auch mit Arrays genutzt werden. In diesem Fall kann es zu Zuordnungsproblemen kommen. Der PHP-Interpreter kann nicht immer eindeutig erkennen, auf welchen Teil der Konstruktion sich die Indizes beziehen. So könnte mit `$$zahl[1]` sowohl `$zahl[1]` eine Variable sein oder `$$zahl` als Teil eines Arrays mit dem Index 1. In solchen Fällen fassen Sie die logisch zusammenhängenden Teile des

Ausdrucks mit geschweiften Klammern zusammen, entweder `${$zahl[1]}` oder `${$zahl}[1]`.

Anwendungsmöglichkeiten

Diese komplizierte Art der Verarbeitung von Variablen mag auf den ersten Blick wenig sinnvoll erscheinen. Das folgende Beispiel zeitig, wie es angewendet werden kann.

Angenommen, Sie möchten sich Variablen über mehrere Skripts hinweg merken. Das kann in einer Datei oder einer Datenbank geschehen. In jedem Fall speichern Sie die zu speichernden Variablen in einem Array, wobei immer der Name der Variablen und der Inhalt zusammen ein Element ergeben.

Beispiel:

```
<?php
$personen = array(
        "vorname" => "Caroline",
        "nachname" => "Kannengiesser",
        "ort" => "Berlin",
        "alter" => 25
        );
if (is_array($personen)) {
        while (list($name,$wert) = each($personen)) {
                ${$name} = $wert;
                echo "$name : $name / ${$name} / $wert <BR>";
        }
}
?>
```

Ausgabe:

```
vorname : vorname / Caroline / Caroline
nachname : nachname / Kannengiesser / Kannengiesser
ort : ort / Berlin / Berlin
alter : alter / 25 / 25
```

Tipp: Betrachten Sie die Ausgabe und ziehen Sie Ihren eigenen Schluss!

Wenn dieses Skript abläuft, entstehen vier Variablen: `$vorname`, `$nachname`, `$ort` und `$alter`. Diese sind mit den Daten `"Caroline"`, `"Kannengiesser"`, `25` und `"Berlin"` belegt. Stellen Sie sich vor, anstatt des Arrays eine serialisierte Zeichenkette zu haben – dann steht der Speicherung im Tabellenfeld einer Datenbank nichts mehr im Wege.

Übrigens: Die wesentliche Codezeile, mit deren Hilfe aus der jeweiligen Zeichenkette eine gleichlautende Variable wird, ist `${$name} = $wert`.

1.4.9 Vordefinierte Variablen

PHP bietet jedem ausgeführten Skript eine Vielzahl von vordefinierten Variablen an. Wir werden uns im folgenden Abschnitt lediglich auf einige wesentliche Variablen beschränken.

Umgebungs-Variablen (Environment-Variablen)

Diese Variablen werden aus der Umgebung, in der PHP läuft, in den globalen Namensbereich von PHP importiert. Viele werden durch die jeweilige Shell, in der PHP läuft, unterstützt bzw. gebildet. Da es verschiedenste Systemumgebungen mit den unterschiedlichsten Shells gibt, ist es nicht möglich, eine abschließende Liste der definierten Umgebungs-Variablen aufzustellen. Lesen Sie deshalb in der Anleitung zu Ihrer Shell nach, um eine Liste dieser systembezogenen Variablen zu erhalten.

PHP-Variablen

Diese Variablen werden durch PHP selbst erzeugt. `$HTTP_*_VARS`-Variablen stehen nur zur Verfügung, wenn die Option *track_vars* in der *php.ini* auf »*on*« gesetzt ist. Wenn dies der Fall ist, werden diese Variablen immer gesetzt, selbst wenn es leere Arrays sind. Das verhindert, dass ein böswilliger Benutzer diese Variablen manipuliert.

Wenn `register_globals` aktiviert ist, stehen auch diese Variablen im globalen Namensbereich des Skripts zur Verfügung, z.B. getrennt von den Arrays `$HTTP_*_VARS` und `$_*`.

Variable	*Beschreibung*
$argv	Ein Array von Argumenten, die dem Skript übergeben werden. Wird das Skript an der Befehlszeile aufgerufen, ermöglicht dies C-ähnlichen Zugriff auf die Kommandozeilenparameter. Beim Aufruf per GET-Methode enthält dieses Array die Abfragewerte.
$argc	Anzahl der per Kommandozeile dem Skript übergebenen Parameter, wenn das Skript aus der Kommandozeile aufgerufen wurde.
$PHP_SELF	Der Dateiname des gerade ausgeführten Skripts, relativ zum Wurzelverzeichnis des Dokuments. Bei Kommandozeilenaufrufen ist diese Variable nicht verfügbar.
$HTTP_COOKIE_VARS	Ein assoziatives Array von Variablen, das dem aktuellen Skript über HTTP-Cookies übergeben wurde.
$_COOKIE	Ein assoziatives Array von Variablen, das dem aktuellen Skript über HTTP-Cookies übergeben wurde. Automatisch global in jedem Geltungsbereich. Eingeführt in PHP 4.1.0.
$HTTP_GET_VARS	Ein assoziatives Array von Variablen, das dem aktuellen Skript per HTTP-GET-Methode übergeben wurde.
$_GET	Ein assoziatives Array von Variablen, das dem aktuellen Skript per HTTP-GET-Methode übergeben wurde. Automatisch global in jedem Geltungsbereich. Eingeführt in PHP 4.1.0.

Variable	*Beschreibung*
$HTTP_POST_VARS	Ein assoziatives Array aus Variablen, welches dem aktuellen Skript per HTTP-POST-Methode übergeben wurde.
$_POST	Ein assoziatives Array aus Variablen, welches dem aktuellen Skript per HTTP-POST-Methode übergeben wurde. Automatisch global in jedem Geltungsbereich. Eingeführt in PHP 4.1.0.
$HTTP_POST_FILES	Ein assoziatives Array aus Variablen, das Informationen über per HTTP POST-Methode hochgeladene Dateien enthält.
$_FILES	Ein assoziatives Array aus Variablen, das Informationen über per HTTP POST-Methode hochgeladene Dateien enthält. Automatisch global in jedem Geltungsbereich. Eingeführt in PHP 4.1.0.
$HTTP_ENV_VARS	Ein assoziatives Array aus Variablen, die dem aktuellen Skript über die Umgebung zur Verfügung stehen.
$_ENV	Ein assoziatives Array aus Variablen, die dem aktuellen Skript über die Umgebung zur Verfügung stehen. Automatisch global in jedem Geltungsbereich. Eingeführt in PHP 4.1.0.
$HTTP_SERVER_VARS	Ein assoziatives Array aus Variablen, die dem aktuellen Skript vom jeweiligen HTTP-Server übermittelt werden.
$_SERVER	Ein assoziatives Array aus Variablen, die dem aktuellen Skript vom jeweiligen HTTP-Server übermittelt werden. Automatisch global in jedem Geltungsbereich. Eingeführt in PHP 4.1.0.
$HTTP_SESSION_VARS	Ein assoziatives Array aus Session-Variablen, die dem aktuellen Skript übergeben wurden.
$_SESSION	Ein assoziatives Array aus Session-Variablen, die dem aktuellen Skript übergeben wurden. Automatisch global in jedem Geltungsbereich. Werden dem Array $_SESSION neue Einträge hinzugefügt, werden diese automatisch als Session-Variablen registriert, so als ob die Funktion `session_register()` aufgerufen worden wäre. Eingeführt in PHP 4.1.0.
$_REQUEST	Ein assoziatives Array zusammengesetzt aus den GET-, POST- und Cookie-Variablen. Mit anderen Worten alle Informationen, die vom Benutzer kommen und denen aus Sichtweise der Sicherheit nicht zu trauen ist. Automatisch global in jedem Geltungsbereich. Eingeführt in PHP 4.1.0.

Hinweis: Die neuen »Superglobals« bzw. `register_globals` stehen seit der PHP-Version 4.1.0. zur Verfügung. Dies sind die Arrays `$_GET`, `$_POST`, `$_ENV`, `$_SERVER`, `$_COOKIE`, `$_REQUEST`, `$_FILES` und `$_SESSION`. Sie werden informell als Superglobals bezeichnet, da sie immer zur Verfügung stehen, ohne Berücksichtigung des Geltungsbereichs. Damit sind die `$HTTP_*_VARS`-Arrays veraltet. Im folgenden Abschnitt erfahren Sie mehr darüber.

1.4.10 Einsatz von register_globals

Welche PHP-Version verwenden Sie? Finden Sie es heraus! Prüfen Sie bei dieser Gelegenheit, wie die Variable *register_globals* bei Ihnen eingestellt ist. Dies gelingt mit Hilfe des PHP-Skripts

```
<?

phpinfo();

?>
```

Im Browserfenster wird eine umfangreiche Übersichtseite erscheinen. Scrollen Sie in dieser Datei ein Stück nach unten und überprüfen Sie die Einstellung der Variablen

```
register_globals.
```

Die Einstellung der Variablen können Sie in der Konfigurationsdatei *php.ini* jederzeit selbst vornehmen. Der Eintrag in der Konfigurationsdatei stellt sich wie folgt dar:

```
register_globals = On
```

Seit der PHP-Version 4.2 wird diese Variable jedoch standardmäßig auf *Off* gesetzt.

```
register_globals = Off
```

Sie merken es vor allem dann, wenn Sie Ihren eigenen Webserver betreiben und updaten. Schalten Sie daher bei Problemen mit Ihren PHP-Skripts (vorerst) zurück auf *On*. Nach einem Neustart des Webservers stehen die geänderten Einstellungen zur Verfügung. Die meisten Provider mit PHP-Unterstützung haben in der Regel noch nicht auf *register_globals = Off* umgeschaltet. Zu groß wäre wohl der Aufschrei vieler Kunden. Schließlich würde diese Maßnahme bedeuten, dass viele Skripts auf einen Schlag nicht mehr funktionierten. Vor allem bei umfangreichen Projekten wäre die Umstellung mit einem erheblichen Aufwand verbunden.

Was hat es mit der Änderung auf sich?

Hinter dieser Änderung stecken z.B. die Informationen aus »GET« und »POST«, »COOKIES« und »SERVER« – also praktisch der gesamte Bereich externer Variablenquellen. Und diese Werte stehen nach der Änderung der Einstellung für *register_globals* nun nicht mehr zur Verfügung.

Die Informationen aus dieser Quelle können nun nicht mehr so einfach per $Variablennamen ausgelesen werden. Am Beispiel einer Formularauswertung wollen wir Ihnen dies verdeutlichen. Bisher war PHP wirklich einfach gestrickt. Der Name eines Formularfelds wurde automatisch zur Variablen.

```
<input type="text" name="telefon">
```

Im auswertenden PHP-Skript haben Sie folgendermaßen auf den Inhalt des Formularfelds zugegriffen:

```
$telefon
```

Dabei spielte es übrigens keine Rolle, ob das Formular per

```
method = "post"
```

oder

```
methode = "get"
```

abgeschickt wurde. Selbst die Werte von Cookies konnte man anhand ihres Namens ermitteln. Diese Schreibweise stellt sich als recht bequem dar, aber auch äußerst problematisch, wenn es um Eindeutigkeit und Sicherheit geht.

Probleme der Schreibweise – Eindeutigkeit

Es kann durchaus zu Verwechslungen kommen, vor allem wenn Sie nicht zu den diszipliniertesten Entwicklern gehören. Sie erzeugen etwa ein Formularfeld, das *name* heißt. Zufälligerweise steckt auch ein gleichnamiges Cookie in Ihrem Quellcode. Dann haben Sie ein Problem, denn sowohl der Inhalt des Formularfelds als auch der Wert des Cookies stehen nun über `$name` zur Verfügung. Diese Schwierigkeiten könnte man mit einer konsequenten Variablenbennenung vermeiden. Beginnen Sie Cookie-Variablen grundsätzlich mit einem kleinen `c` und Formular-Variablen mit einem kleinen `f`.

Probleme der Schreibweise – Sicherheit

Kommen wir nun zum Sicherheitsproblem. Es gibt bei schlampig programmiertem Code viele Angriffsmöglichkeiten für potentielle Hacker. Schauen Sie sich einmal folgenden Teil eines PHP-Skripts an:

```
if ($pw=="g1882m") {
        $login = true;
}
```

Hier wird mit der Signalvariablen `$login` gearbeitet. Nur bei Kenntnis des richtigen Passworts soll sie auf `true` gesetzt werden. Dummerweise wurde diese Variable am Anfang des Beispiels nicht mit `false` initialisiert. Kein großes Problem, denkt man – bei dem recht komplexen Passwort – aber im Gegenteil: Auf diese Weise kann ein Angreifer nun ganz einfach ohne Kenntnis des Passworts in den geschützten Bereich gelangen. Wie? Er muss an den URL lediglich `?login=true` oder `?login=1` anhängen.

```
http://localhost/beispiel.php?login=true
```

Schon wird die Variable `$login` auf `true` gesetzt und der Zugang ist auch ohne Passwortkenntnis möglich. Dies wiederum stellt ein riesiges Sicherheitsloch dar.

Neue Schreibweise = mehr Eindeutigkeit und Sicherheit

Dieses Problem hat das PHP-Entwicklerteam erkannt und spätestens mit Einführung von PHP 4.1 elegant behoben. Sämtliche über `method = "post"` versendeten Formulardaten sind im neuen Array `$_POST` gespeichert, die per `method = "get"` erhältlichen Daten dagegen im neuen Array `$_GET`. Dazu gehören auch die an den URL angehängten Parameter. Es handelt sich bei `$_POST` und `$_GET` übrigens um assoziative Arrays. Der Schlüssel wird aus dem Namen des entsprechenden Formularfelds bzw. der entsprechenden Cookie-Variablen gebildet. Wenn der Wert des URL-Anhangs `?login=true` erfasst werden soll, gelingt dies über `$_GET["login"]`. Bei konsequent abgeschalteten `register_globals` ist eine Verwechslung mit einer Variablen `$login` nun nicht mehr möglich.

Um die alten Sicherheitslücken vollkommen zu schließen, wird seit PHP-Version 4.2 daher auch `register_globals = Off` als Standard gesetzt. Diese Einstellung bietet optimale Sicherheit und ist daher für zukünftige Projekte dringend zu empfehlen.

Erweiterungen

Wir wollen Ihnen natürlich nicht vorenthalten, dass seit Version 4.1 neben `$_POST` und `$_GET` folgende weitere assoziative Arrays eingeführt wurden:

`$_COOKIE`

Dieses Array enthält sämtliche Cookie-Variablen. Mit `$_COOKIE["besucher"]` würden Sie den Wert des Cookies *besucher* ermitteln.

`$_REQUEST`

Dieses Array nimmt eine Sonderposition ein. Es enthält sämtliche Werte aus `$_POST`, `$_GET` und `$_COOKIE`. Wir empfehlen, den Einsatz von `$_REQUEST` zu vermeiden, da es die Bemühungen um mehr Eindeutigkeit zunichte macht. Mit `$_REQUEST["login"]` können Sie z.B. sowohl auf ein Formularfeld namens `login` als auch auf das gleichnamige Cookie zurückgreifen.

Mit den neuen Variablen entfallen übrigens die bis Version 4.1 gültigen Arrays:

- `$HTTP_POST_VARS`
- `$HTTP_GET_VARS`
- `$HTTP_COOKIE_VARS`

Dies bedeutet wiederum eine Vereinfachung der Schreibweise.

Zusätzlich werden die neuen Array-Variablen `$_SERVER`, `$_ENV` und `$_SESSION` zur Verfügung gestellt. `$_ENV` ist für die Umgebungsvariablen und `$_SESSION` für das Session-Management verantwortlich. Am interessantesten ist sicher die erstgenannte Variable `$_SERVER`. Sie enthält sämtliche Servervariablen, also die Variablen, die der Webserver übergibt.

Wenn man früher Pfad und Dateinamen ermitteln wollte, schrieb man `$PHP_SELF`. Heute wird via `$_SERVER["PHP_SELF"]` auf diesen Wert zugegriffen.

Tipps zur neuen Schreibweise

Auf den ersten Blick wird die Schreibweise durch die neue Array-Syntax komplizierter. So konnte man ein Formularfeld im PHP-Skript nach der alten Schreibweise unkompliziert auslesen und weiterverarbeiten.

```
<input type="text" name="telefon">
```

Auslesen und Verarbeiten:

```
echo "Sie haben folgende Nummer $telefon";
```

Eine Verkettung des umgebenden Strings mit der Variablen ist dabei nicht nötig. Nach der neuen Syntax geht das offenbar nicht mehr so einfach. Versuchen Sie es noch einmal:

```
echo "Sie haben folgende Nummer $_POST['telefon']";
```

Die Ausgabe enthält nicht den Inhalt der Variablen, sondern es wird der String `$_POST['telefon']` ausgegeben. Dabei nützt es auch nichts, dass Sie die Regeln beherzigen, bei der Verschachtelung von Anführungszeichen nur ungleiche Anführungszeichen zu verwenden. Es wurden für den Array-Schlüssel die einfachen Anführungszeichen und für den gesamten String die doppelten Anführungszeichen verwendet. Doch das hilft alles nichts. Es muss verkettet werden:

```
echo "Sie haben folgende Nummer" . $_POST['telefon'];
```

Vor allem bei umfangreichen Auswertungen wird es dadurch schnell unübersichtlich und kompliziert. Doch folgender Trick könnte Ihnen bei Ihrer Arbeit behilflich sein. Lassen Sie die normalerweise üblichen Anführungszeichen vor und hinter dem Array-Schlüssel einfach weg:

```
echo "Sie haben folgende Nummer $_POST[telefon]";
```

Diese anführungszeichenfreie Schreibweise ist immer dann möglich, wenn die Array-Variable selbst innerhalb eines Anführungszeichenpaares steht. In allen anderen Fällen sollten Sie den Schlüssel je nach Bedarf stets mit einfachen oder doppelten Anführungszeichen versehen.

1.5 Konstanten

Eine Konstante ist ein Bezeichner (Name) für eine simple Variable. Wie der Name schon ausdrückt, kann sich der Wert einer Konstanten zur Laufzeit eines Skripts nicht ändern. Eine Konstante unterscheidet zwischen Groß- und Kleinschreibung (case-sensitive). Nach gängiger Konvention werden Konstanten immer in Großbuchstaben geschrieben.

- Eine Konstante können Sie über die Funktion `define()` definieren. Einmal definiert, kann eine Konstane weder verändert noch gelöscht werden.
- Konstanten können nur skalare Daten wie boolean, integer, float und string enthalten.

Unterschiede zwischen Konstanten und Variablen:

- Konstanten haben kein Dollarzeichen ($) vorangestellt.
- Konstanten können nur über die Funktion `define()` definiert werden, nicht durch einfache Zuweisung.
- Konstanten können überall definiert werden, und auf Ihren Wert können Sie ohne Rücksicht auf Namensraumregeln von Variablen zugreifen.

- Sobald Konstanten definiert sind, können sie nicht neu definiert oder gelöscht werden.
- Konstanten können nur skalare Datenwerte besitzen.

```
<?php
define("SPRUCH", "Willkommen!");
// Ausgabe - "Willkommen!"
echo SPRUCH;
?>
```

Konstanten sind in allen Programmier- und Skriptsprachen nützlich, um feste, immer wieder benötigte Werte mit verständlichen Begriffen zu umschreiben. Der Einsatz erhöht die Lesbarkeit des Quellcodes.

1.5.1 Vordefinierte Konstanten

Viele dieser Konstanten werden jedoch von verschiedenen Erweiterungen definiert, die nur zur Verfügung stehen, wenn diese Erweiterungen selbst zur Verfügung stehen, entweder über dynamisches Laden zur Laufzeit oder weil sie einkompiliert sind. Eine Auswahl von Konstanten haben wir für Sie in der folgenden Tabelle zusammengestellt:

Konstante	*Beschreibung*
__LINE__	Liefert die aktuelle Zeilennummer einer Datei. Wird die Konstante in einer Datei verwendet, die per `include()` oder `require()` eingebunden wurde, liefert sie die Zeilennummer innerhalb der eingebundenen Datei.
__FILE__	Liefert den vollständigen Pfad- und Dateiname einer Datei. Wird diese Konstante in einer Datei verwendet, die per `include()` oder `require()` eingebunden wurde, liefert sie den Pfad- und Dateiname der eingebundenen Datei, nicht den der aufrufenden Datei.
__FUNCTION__	Der Name einer Funktion. Steht seit PHP 4.3.0 zur Verfügung.
__CLASS__	Der Name einer Klasse. Steht seit PHP 4.3.0 zur Verfügung.
__METHOD__	Der Name einer Klassenmethode. Steht seit PHP 5.0 zur Verfügung.
NULL	Der Wert NULL. NULL bedeutet im Gegensatz zu einem leeren String oder der Zahl 0, dass keine Eingabe erfolgt ist. Dies ist beispielsweise bei der Abfrage von Datenbankfeldern von Bedeutung. Die Prüfung des Datentyps einer Variablen, die NULL enthält, mit der Funktion `gettype()`, ergibt NULL.
PHP_OS	Der Name des Betriebssystems, auf dem der PHP-Interpreter ausgeführt wird.
PHP_VERSION	Eine Zeichenkette, die die Versionsnummer des PHP-Interpreters enthält.
TRUE	Der Wert `Wahr (1)`. Die Konstante TRUE existiert seit PHP 4.0.
FALSE	Der Wert `Falsch (0)`. Die Konstante FALSE existiert seit PHP 4.0.
E_ERROR	Fehler, der sich von einem *parsing error* unterscheidet. Die Ausführung des Skripts wird beendet.

Konstante	*Beschreibung*
E_WARNING	Warnung, das aktuelle Skript wird jedoch weiter ausgeführt.
E_PARSE	Ungültige Syntax in der Skriptdatei. Die Ausführung des Skripts wird beendet.
E_NOTICE	Anmerkung. Hinweis auf mögliche Fehler. Das aktuelle Skript wird jedoch weiter ausgeführt.
E_CORE_ERROR	Fehler, welcher während der Initialisierung des PHP-Interpreters auftritt. Die Ausführung des Skripts wird beendet.
E_CORE_WARNING	Warnung, welche während der Initialisierung des PHP-Interpreters auftritt. Das aktuelle Skript wird jedoch weiter ausgeführt.
E_STRICT	Wurde zur Abwärtskompatibilität seit PHP 5.0 eingeführt.

1.6 Operatoren

Bevor Sie die in PHP zur Verfügung stehenden Operatoren kennen lernen, gibt es eine kurze Einführung der Begriffe Vorrang (Priorität) und Assoziativität der Operatoren.

1.6.1 Operator-Rangfolge

Die Operator-Rangfolge legt fest, wie »eng« ein Operator zwei Ausdrücke miteinander verbindet. Zum Beispiel ist das Ergebnis des Ausdrucks 1 + 5 * 3 *16* und nicht *18*, da der Multiplikationsoperator *(*)* in der Rangfolge höher steht als der Additionsoperator (+). Wenn nötig, können Sie Klammern setzen, um die Rangfolge der Operatoren zu beeinflussen. Zum Beispiel: (1 + 5) * 3 ergibt 18.

In dieser Tabelle sind alle PHP-Operatoren und ihre Assoziativität vom höchsten bis zum niedrigsten Vorrang aufgeführt.

Operator	*Beschreibung*	*Assoziativität*
Höchster Vorrang		
new	Objekt zuweisen	keine Richtung
[ ]	Array-Element	rechts
+	unäres Plus	rechts
-	unäres Minus	rechts
~	Bit-Komplement	rechts
!	logisches NOT	rechts
++	Post-Inkrement	rechts
--	Post-Dekrement	rechts
( )	Funktionsaufruf	rechts
++	Prä-Inkrement	rechts
--	Prä-Dekrement	rechts

Operator	*Beschreibung*	*Assoziativität*
*	*	links
/	/	links
%	Modulo	links
.	Strukturelement	links
+	+	links
-	-	links
<<	bitweise Verschiebung nach links	links
>>	bitweise Verschiebung nach rechts	links
>>>	bitweise Verschiebung nach rechts (ohne Vorzeichen)	links
<	kleiner als	keine Richtung
<=	kleiner als oder gleich	keine Richtung
>	größer als	keine Richtung
>=	größer als oder gleich	keine Richtung
==	gleich	keine Richtung
!=	ungleich	keine Richtung
===	strikt gleich	keine Richtung
&	bitweises AND	links
^	bitweises XOR	links
|	bitweises OR	links
&&	logisches AND	links
||	logisches OR	links
?:	bedingt	links
=	Zuweisung	links
*=, /=, %=, +=, -=, &=, |=, ^=, ~=, <<=, >>=, >>>=	zusammengesetzte Zuweisung	links
,	mehrfache Auswertung	links
Niedrigster Vorrang		

1.6.2 Vorrang der Operatoren

In der Operatorliste wird der Begriff »Höchster/Niedrigster Vorrang« verwendet. Der Vorrang der Operatoren bestimmt, in welcher Reihenfolge die Operationen ausgeführt werden. Operatoren mit höherem Vorrang werden vor denen mit einem niedrigeren Vorrang ausgeführt.

Beispiel:

```
$summe = 10 + 5 * 2;                    // Ergebnis: 20
```

Der Multiplikationsoperator (*) hat einen höheren Vorrang als der Additionsoperator (+), deswegen wird die Multiplikation vor der Addition ausgeführt, »Punktrechung vor Strichrechnung«. Zudem hat der Zuweisungsoperator (=) den niedrigsten Vorrang, deswegen wird die Zuweisung erst ausgeführt, wenn alle Operationen auf der rechten

Seite abgeschlossen sind. Der Vorrang von Operatoren kann durch Verwendung von Klammern außer Kraft gesetzt werden. Um in dem obigen Beispiel die Addition zuerst auszuführen, müssten wir also schreiben:

```
$summe = (10 + 5) * 2;          // Ergebnis: 30
```

Wenn Sie sich in der Praxis einmal unsicher sind, welcher der von Ihnen verwendeten Operatoren den Vorrang besitzt, ist es äußerst sinnvoll, Klammern zu verwenden, um so die Berechnungsreihenfolge explizit vorzugeben.

Tipp: Durch Klammerung mit runden Klammern ( ) kann die vorgegebene Hierarchie überwunden werden.

1.6.3 Assoziativität der Operatoren

Wenn ein Ausdruck mehrere Operatoren enthält, die hinsichtlich ihrer Rangfolge gleichwertig sind, wird die Reihenfolge ihrer Ausführung durch ihre Assoziativität bestimmt. Dabei wird zwischen zwei Richtungen unterschieden.

- Linksassoziativität (in Links-Rechts-Richtung)
- Rechtsassoziativität (in Rechts-Links-Richtung)

Der Multiplikationsoperator ist beispielsweise linksassoziativ. Daher sind die beiden folgenden Anweisungen austauschbar.

Beispiel:

```
$summe = 5 * 10 * 2;            // Ergebnis: 100
$summe = (5 * 10) * 2;          // Ergebnis: 100
```

Eine tabellarische Übersicht über die Operatoren und ihre Assoziativität finden Sie in der Operatorliste am Ende dieses Abschnitts.

Nachdem die Zusammenhänge von Operatorvorrang und Assoziativität geklärt wurden, werden Sie jetzt die Operatoren kennen lernen.

1.6.4 Arithmetische Operatoren

Addition

Der Additionsoperator (+) addiert die beiden numerischen Operanden.

Beispiel:

```
// Addition
$summe = 7 + 3;                 // Ergebnis: 10
$summe = 13 + 9 + 1;            // Ergebnis: 23
```

Subtraktion

Der Subtraktionsoperator (-) subtrahiert seinen zweiten Operanden vom ersten. Beide Operanden müssen Zahlen sein.

Beispiel:

```
// Subtraktion
$summe = 10 - 5;               // Ergebnis: 5
$summe = 1.5 - 0.5;            // Ergebnis: 1
```

Wenn (-) als unärer Operator vor einem einzigen Operanden eingesetzt wird, führt er eine unäre Negation durch, d.h., eine positive Zahl wird in die entsprechende negative umgewandelt, und umgekehrt.

Beispiel:

```
// Unäre Negation
$summe = -5;                   // Ergebnis: -5
$summe = - (+5);               // Ergebnis: -5
$summe = - (-5);               // Ergbenis: 5
// Nicht so!
$summe = --5;                  // Ergebnis: 4
```

Multiplikation

Der Multiplikationsoperator (*) multipliziert seine beiden Operanden, auch hier müssen beide Operanden Zahlen sein.

Beispiel:

```
// Multiplikation
$summe = 10 * 2;               // Ergebnis: 20
$summe = 5.75 * 2;             // Ergebnis: 11.5
```

Division

Der Divisionsoperator (/) dividiert seinen ersten Operanden durch den zweiten. Beide Operanden müssen Zahlen sein.

Beispiel:

```
// Division
$summe = 10 / 2;               // Ergebnis: 5
$summe = 5.75 / 2;             // Ergebnis: 2.875
```

Achtung: Der Divisions-Operator ("/") gibt immer eine Fließkommazahl zurück, sogar wenn die zwei Operanden Ganzzahlen sind (oder Zeichenketten, die nach Ganzzahlen umgewandelt wurden).

Modulo

Der Modulo-Operator (%) bildet den Rest aus einer Division zweier Operanden. Beide Operanden müssen Zahlen sein. Modulo ist also nichts anderes als die Ganzahldivision mit Rest. Dabei bildet der Rest der Division das Ergebnis der Modulo-Operation.

Beispiel:

```
// Modulo
$summe = 10 % 2;                // Ergebnis: (10 / 2 = 5) Rest 0
$summe = 10 % 3;                // Ergebnis: (10 / 3 = 3) Rest 1
```

Operator	*Bezeichnung*	*Bedeutung*
+	Positives Vorzeichen	+$a ist/entspricht $a.
-	Negatives Vorzeichen	-$a kehrt das Vorzeichen um.
+	Addition	$a + $b ergibt die Summe von $a und $b.
-	Subtraktion	$a – $b ergibt die Differenz von $a und $b.
*	Multiplikation	$a * $b ergibt das Produkt aus $a und $b.
/	Division	$a / $b ergibt den Quotienten von $a und $b.
%	Restwert (Modulo)	$a % $b ergibt den Restwert der Division von $a durch $b.

1.6.5 Zuweisungsoperator

Wie Sie bereits im Abschnitt zu den Variablen gesehen haben, wird in PHP (=) verwendet, um einer Variablen einen Wert zuzuweisen.

Beispiel:

```
$vorname = "Matze";
```

Auch wenn man eine solche PHP-Zeile nicht als Ausdruck ansieht, der ausgewertet werden kann und einen Wert hat, handelt es sich doch wirklich um einen Ausdruck. Technisch gesehen ist (=) ein Operator. Der Operator (=) erwartet als linken Operanden eine Variable. Als rechter Operand wird ein beliebiger Wert eines beliebigen Typs erwartet. Der Wert eines Zuweisungsausdrucks ist der Wert des rechten Operanden. Da (=) als Operator definiert ist, kann er auch als Bestandteil komplexerer Ausdrücke verwendet werden.

Beispiel:

```
$zahlEins = 200;
$zahlZwei = 250;
$pruefen = zahlEins == zahlZwei;      // Ergebnis: false
```

> **Hinweis:** Wenn Sie so etwas verwenden wollen, sollte Ihnen vorher der Unterschied zwischen den Operatoren (=) und (==) vollkommen klar sein.

Der Zuweisungsoperator ist von rechts nach links assoziativ, das bedeutet, dass bei mehreren Zuweisungsoperatoren innerhalb eines einzigen Ausdrucks von rechts nach links ausgewertet wird. Als Folge davon kann man Code wie den folgenden schreiben, um mehreren Variablen jeweils denselben Wert zuzuweisen.

Beispiel:

```
// Initialisierung mehrerer Variablen in einem Ausdruck
$i = $j = $k = 100;
```

Zuweisung mit Operation

Neben dem Zuweisungsoperator (=) unterstützt PHP noch eine Reihe weiterer Zuweisungsoperatoren, die eine Kurzform bzw. Kurznotation dafür darstellen, dass eine Zuweisung mit einer anderen Operation verbunden wird.

Beispiel:

```
// Initialisierung
$preis = 10.00;
$mwst = 1.60;
// Kurzform
$preis +=  $mwst;                          // Ergebnis: 11.6
// Gleichbedeutend
$preis = $preis + $mwst                    // Ergebnis: 11.6
```

Entsprechend gibt es auch -=, *=, /=, %= usw. Die nachfolgende Tabelle führt all diese Operatoren auf.

Beispiel:

```
// Initialisierung
$zahlEins = 50;
$zahlZwei = 25;

// Kurzformen
$zahlEins += $zahlZwei;                    // Ergebnis: 75
$zahlEins -= 5;                            // Ergebnis: 70
$zahlEins *= 2;                            // Ergebnis: 140
$zahlZwei /= 5;                            // Ergebnis: 5
$zahlZwei %= 2;                            // Ergebnis: 1
```

Abschließend eine Übersicht über die Zuweisungsoperatoren in PHP.

Operator	*Bezeichnung*	*Bedeutung*
=	Einfache Zuweisung	$a = $b weist $a den Wert von $b zu und liefert $b als Rückgabewert.
+=	Additionszuweisung	$a += $b weist $a den Wert von $a + $b zu und liefert $a + $b als Rückgabewert.
-=	Subtraktionszuweisung	$a -= $b weist $a den Wert von $a – $b zu und liefert $a – $b als Rückgabewert.
*=	Multiplikationszuweisung	$a *= $b weist $a den Wert von $a * $b zu und liefert $a * $b als Rückgabewert.

Operator	Bezeichnung	Bedeutung
%=	Modulozuweisung	$a %= $b weist $a den Wert von $a % $b zu und liefert $a % $b als Rückgabewert.
/=	Divisionszuweisung	$a /= $b weist $a den Wert von $a / $b zu und liefert $a / $b als Rückgabewert.
.=	Zeichenkettenzuweisung	$a .= $b weist $a den Wert von $a . $b zu und liefert $a . $b als Rückgabewert.

Zuweisung »by reference«

Im Zusammenhang mit Zuweisungen ist noch ein wichtiger Punkt zu beachten:

Bei den bisher betrachteten Zuweisungen wird der Wert einer Variablen einer anderen Variablen zugewiesen. Es existieren also zwei unterschiedliche Variablen und somit auch zwei unterschiedliche Speicherbereiche, die nach der erfolgten Zuweisung zwar denselben Wert aufweisen, aber ansonsten völlig unabhängig voneinander im Arbeitsspeicher existieren. Diese Zuweisungsart wird auch als Zuweisung »by value« bezeichnet.

Seit PHP 4 steht Ihnen jedoch noch eine weitere Form der Zuweisung zur Verfügung, bei der nach erfolgter Zuweisung beide Variablen auf denselben Speicherbereich verweisen. In diesem Zusammenhang spricht man auch von Zuweisungen »by reference«. Wenn Sie Zuweisungen »by reference« vornehmen, weisen Sie also nicht einer Variablen den Wert einer anderen zu, sondern einer Variablen den Speicherbereich einer anderen, so dass im Ergebnis jetzt beide Variablen auf denselben Speicherbereich verweisen und somit nur noch eine Variable existiert, die allerdings zwei unterschiedliche Variablennamen besitzt.

Beispiel:

```
<?
$vorname = "Matthias";
$meinname = &$vorname;
// Ausgabe - Matthias
echo $meinname;
// Ausgabe - Matthias
echo $vorname;
$vorname = "Caroline";
// Ausgabe - Caroline
echo $meinname;
// Ausgabe - Caroline
echo $vorname;
$meinname = "Gülten";
// Ausgabe - Gülten
echo $meinname;
// Ausgabe - Gülten
echo $vorname;
?>
```

Operator	*Bezeichnung*	*Bedeutung*
$a = &$b	Zuweisung »by reference«	Der Speicherbereich der Variablen $a wird auf den Speicherbereich der Variablen $b gesetzt.

1.6.6 Vergleichsoperatoren

In diesem Abschnitt lernen Sie die Vergleichsoperatoren von PHP kennen. Es handelt sich hier um Operatoren, die Werte verschiedener Typen vergleichen und einen booleschen Wert (`true` oder `false`) liefern, je nach Ergebnis des Vergleichs. Die Vergleichsoperatoren werden am häufigsten in Konstruktionen wie `If`-Anweisungen und For/While-Schleifen eingesetzt. Hier haben sie die Aufgabe, den Programmablauf zu steuern.

Kleiner als

Der Operator (<) hat das Ergebnis `true`, wenn sein erster Operand kleiner ist als der zweite, sonst liefert er `false`. Die Operanden müssen Zahlen oder Strings sein. Strings werden dabei alphabetisch auf der Basis der Codewerte der Zeichen verglichen.

Beispiel:

```
// Kleiner als (mit Zahlen)
$preisHose = 75.50;
$preisJacke = 110.95;
$pruefen = $preisHose < $preisJacke;          // Ergebnis: true
```

Beispiel:

```
// Kleiner als (mit Strings)
$kundeEins = "Fred";
$kundeZwei = "Toni";
$pruefen = $kundeEins < $kundeZwei;           // Ergebnis: true
```

Größe als

Der Operator (>) hat das Ergebnis `true`, wenn sein erster Operand größer ist als der zweite, sonst liefert er `false`. Die Operanden müssen Zahlen oder Strings sein. Auch hier werden die Strings alphabetisch auf der Basis der Codewerte der Zeichen verglichen.

Beispiel:

```
// Grösser als (mit Zahlen)
$preisBrille = 65;
$preisUrlaub = 1150;
$pruefen = $preisUrlaub > $preisBrille;       // Ergebnis: true
```

Beispiel:

```
// Grösser als (mit Strings)
$kundeEins = "Timo";
$kundeZwei = "Bernd";
$pruefen = $kundeEins > $kundeZwei;           // Ergebnis: true
```

Kleiner oder gleich

Der Operator (<=) hat das Ergebnis `true`, wenn sein erster Operand kleiner als der zweite oder gleich diesem ist, sonst liefert er `false`. Die Operanden müssen Zahlen oder Strings sein, und Strings werden dabei alphabetisch auf der Basis der Codewerte der Zeichen verglichen.

Beispiel:

```
// Kleiner oder gleich (mit Zahlen)
$preisBrille = 65;
$preisUrlaub = 1150;
$pruefen = $preisBrille <= $preisUrlaub;      // Ergebnis: true

$preisBürste = 5.95;
$preisEimer = 5.95;
$pruefen = $preisBürste <= $preisEimer;       // Ergebnis: true
```

Beispiel:

```
// Kleiner oder gleich (mit Strings)
$kundeEins = "Bernd";
$kundeZwei = "Timo";
$pruefen = $kundeEins <= $kundeZwei;          // Ergebnis: true

$wortEins = "Sonntag";
$wortZwei = "Sonntag";
$pruefen = $wortEins <= $wortZwei;            // Ergebnis: true
```

Größer oder gleich

Der Operator (>=) hat das Ergebnis `true`, wenn sein erster Operand größer als der zweite oder gleich diesem ist, sonst liefert er `false`. Die Operanden müssen Zahlen oder Strings sein, und auch hier werden Strings alphabetisch auf der Basis der Codewerte der Zeichen verglichen.

Beispiel:

```
// Grösser oder gleich (mit Zahlen)
$preisAuto = 35000;
$preisUrlaub = 1150;
$pruefen = $preisAuto >= $preisUrlaub;        // Ergebnis: true

$preisBürste = 5.95;
$preisEimer = 5.95;
$pruefen = $preisBürste >= $preisEimer;       // Ergebnis: true
```

Beispiel:

```
// Grösser oder gleich (mit Strings)
$kundeEins = "Thomas";
$kundeZwei = "Caroline";
$pruefen = $kundeEins >= $kundeZwei;         // Ergebnis: true

$wortEins = "Sonntag";
$wortZwei = "Sonntag";
$pruefen = $wortEins >= $wortZwei;           // Ergebnis: true
```

Hier noch ein Beispiel mit jeweils einer Kontrollstruktur – eine `If`-Anweisung und eine `For`-Schleife.

Beispiel:

```
// Initialisierung
$preisAuto = 27500;
$preisBoot = 22500;

// Nach dem Vergleich enthält die Variable kaufen "Nein!"
if ($preisAuto <= $preisBoot) {
       $kaufen = "Ja!";
} else {
       $kaufen = "Nein!";
}
```

Beispiel:

```
// for-Schleife
// Ergebnis im Ausgabefenster 0 1 2 3 4 5 6 7 8 9 10
for ($i=0;$i<=10;$i++) {
       echo $i;
}
```

Achtung: Die Vergleichsoperatoren vergleichen zwei Strings in Bezug auf deren Anordnung zueinander. Der Vergleich benutzt dabei die alphabetische Ordnung. Zu beachten ist, dass diese Ordnung auf der von PHP verwendeten Zeichenkodierung Latin-1 (ISO8859-1) beruht, die eine Erweiterung des ASCII-Zeichensatzes darstellt. In dieser Kodierung kommen alle Großbuchstaben (ohne Umlaute) vor sämtliche Kleinbuchstaben, d.h., die Großbuchstaben sind kleiner!

Beispiel:

```
// Gross- u. Kleinbuchstaben Vergleich
$ortEins = "Zoo";
$ortZwei = "spielplatz";
$pruefen = $ortEins < $ortZwei;              // Ergebnis: true
```

Abschließend eine Übersicht über die Vergleichsoperatoren in PHP.

Operator	*Bezeichnung*	*Bedeutung*
<	Kleiner als	$a < $b ergibt true, wenn $a kleiner $b ist.
>	Größer als	$a > $b ergibt true, wenn $a größer $b ist.
<=	Kleiner oder gleich	$a <= $b ergibt true, wenn $a kleiner oder gleich $b ist.
>=	Größer oder gleich	$a >= $b ergibt true, wenn $a größer oder gleich $b ist.

1.6.7 Gleichheitsoperatoren

Gleichheit

Der Operator (==) liefert `true`, wenn seine beiden Operanden gleich sind; sind sie ungleich, liefert er `false`. Die Operanden können beliebige Typen haben, aber die Definition von gleich hängt vom Typ ab.

Noch etwas sollten Sie berücksichtigen: Normalerweise sind zwei Variablen nicht gleich, wenn sie verschiedene Typen haben. Da PHP aber bei Bedarf automatisch Datentypen umwandelt, ist dies nicht immer zutreffend.

Beispiel:

```
echo $pruefen = "1" == 1;                    // Ergebnis: true
echo $pruefen = true == 1;                   // Ergebnis: true
echo $pruefen = false == 0;                  // Ergebnis: true
```

Achtung: Beachten Sie, dass der Gleichheitsoperator (==) etwas ganz anderes als der Zuweisungsoperator (=) ist, auch wenn Sie im Deutschen beide oft einfach als »gleich« lesen. Es ist wichtig, diese beiden Operatoren zu unterscheiden und in jeder Situation jeweils den richtigen Operator zu verwenden.

Ungleichheit

Auch hier gilt, der Operator (!=) liefert `true`, wenn seine beiden Operanden ungleich sind; sind sie gleich, liefert er `false`. Die Operanden können beliebige Typen haben, wie beim Operator (==).

Beispiel:

```
// Ungleichheit
$zahlEins = 999;
$zahlZwei = 99;
$pruefen = $zahlEins != $zahlZwei;           // Ergebnis: true
```

Beispiel:

```
// Initialisierung
$kundeEins = "Martin Klein";
$kundeZwei = "Fred Mustermann";
```

```
// Ergebnis: "Nicht identischer Kunde"
if ($kundeEins != $kundeZwei) {
	resultat = "Nicht identischer Kunde";
} else {
	resultat = "Identischer Kunde";
}
```

Strikte Gleichheit

Der Operator (===) funktioniert ähnlich wie der Gleichheitsoperator, führt jedoch keine Typumwandlung durch. Wenn zwei Operanden nicht denselben Typ aufweisen, gibt der strikte Gleichheitsoperator den Wert `false` zurück.

Beispiel:

```
// Initialiserung
$preisBuchEins = 45.95;
$preisBuchZwei = "45.95";

// Ergebnis: "Ungleich"
if ($preisBuchEins === $preisBuchZwei) {
	$pruefen = "Gleich";
} else {
	$pruefen = "Ungleich";
}
```

Strikte Ungleichheit

Der Operator (!==) funktioniert genau umgekehrt wie der strikte Gleichheitsoperator.

Beispiel:

```
// Initialiserung
$preisBuchEins = 45.95;
$preisBuchZwei = "45.95";

// Ergebnis: "Ungleich"
if ($preisBuchEins !== $preisBuchZwei) {
	$pruefen = "Ungleich";
} else {
	$pruefen = "Gleich";
}
```

Abeschließend eine Übersicht über die Gleichheitsoperatoren in PHP.

Operator	*Bezeichnung*	*Bedeutung*
==	Gleichheit	$a==$b ergibt true, wenn $a gleich $b ist.
===	Strikte Gleichheit	$a===$b ergibt true, wenn $a gleich $b ist vom gleichen Typ.
!=	Ungleichheit	$a!=$b ergibt true, wenn $a ungleich $b ist.
!==	Strikte Ungleichheit	$a!==$b ergibt true, wenn $a ungleich $b ist vom gleichen Typ.

1.6.8 Logische Operatoren

Logische Operatoren dienen zum Vergleichen boolescher Werte (`true` und `false`) und geben einen dritten booleschen Wert zurück. Bei der Programmierung werden sie normalerweise zusammen mit Vergleichsoperatoren verwendet, um auf diese Weise komplexe Vergleiche auszudrücken, die sich auf mehr als eine Variable beziehen.

Logisches Und

Der Operator (&&) ergibt dann und nur dann `true`, wenn gleichzeitig der erste und der zweite Operand `true` sind. Ergibt schon der erste Operand ein `false`, ist das Ergebnis ebenfalls `false`. Das ist der Grund dafür, weshalb sich der Operator (&&) gar nicht erst damit aufhält, den zweiten Operanden noch zu überprüfen.

Beispiel:

```
$wertEins = true;
$wertZwei = true;
// Beide Ausdrücke sind gleichwertig
// Ergebnis: true
echo $resultat = $wertEins && $wertZwei;
// Ergebnis: true
if ($wertEins && $wertZwei) $resultat = true;
```

Beispiel:

```
$wertEins = (10 * 2);
$wertZwei = (10 + 10);
// Beide Ausdrücke sind gleichwertig
// Ergebnis: true
if ($wertEins && $wertZwei) $resultat = true;
```

Um den logischen Operator (&&) noch besser zu verstehen, hier eine Wahrheitstabelle.

Operand 1	*Operand 2*	*Operand 1 && Operand 2*
true	false	false
false	true	false
true	true	true
false	false	false

Logisches Oder

Der Operator (||) ergibt nur dann `true`, wenn der erste oder der zweite Operand wahr ist oder auch beide gleichzeitig. Genau wie (&&) wertet auch dieser Operator den zweiten Operanden nicht aus, wenn der erste Operand das Ergebnis schon endgültig festlegt. Ergibt der erste Operand `true`, dann ist das Ergebnis ebenfalls `true`, der zweite Operand kann das Ergebnis nicht mehr ändern und wird daher nicht ausgewertet.

Beispiel:

```
$wertEins = (10 * 2);
$wertZwei = (10 + 10);
// Logische Operator (||) - OR
// Ergebnis: true
if ($wertEins || $wertZwei) $resultat = true;
```

Um den logischen Operator (||) noch besser zu verstehen, hier eine Wahrheitstabelle.

Operand 1	*Operand 2*	*Operand 1 || Operand 2*
true	false	true
false	true	true
true	true	true
false	false	false

Logisches Nicht

Der Operator (!) ist ein unärer Operator, der vor seinem einzigen Operanden steht. Sein Zweck besteht darin, den booleschen Wert seines Operanden umzukehren.

Beispiel:

```
$wertEins = true;
// Logische Operator (!) - NICHT
// Ergebnis: false
$resultat = !$wertEins;
```

Um den logischen Operator (!) noch besser zu verstehen, hier eine Wahrheitstabelle.

Operand 1	*! Operand 1*
true	false
false	true

Zusammenfassend eine Übersicht über die logischen Operatoren in PHP.

Operator	*Bezeichnung*	*Bedeutung*
&& / and	Logisches UND (AND) Verknüpfung	$a && $b ergibt true, wenn sowohl $a als auch $b wahr sind. Ist $a bereits falsch, so wird false zurückgegeben und $b nicht mehr ausgewertet.
|| / or	Logisches ODER (OR) Disjunktion	$a || $b ergibt true, wenn mindestens einer der beiden Ausdrücke $a oder $b wahr ist. Ist bereits $a wahr, so wird true zurückgegeben und $b nicht mehr ausgewertet.
xor	Exklusiv-ODER (XOR)	$a xor $b ergibt true, wenn genau einer der beiden Ausdrücke $a oder $b wahr ist.
!	Logisches NICHT Negation	!$a ergibt false, wenn $a wahr ist, und true, wenn $a false ist.

1.6.9 Bit-Operatoren

Bitweise Operatoren wandeln Fließkommazahlen intern in 32-Bit-Ganzzahlen um. Welche Rechenoperation jeweils ausgeführt wird, hängt vom verwendeten Operator ab. In jedem Falle werden bei der Berechnung des Ergebniswertes jedoch die einzelnen Binärziffern (Bits) der 32-Bit-Ganzzahl unabhängig voneinander ausgewertet. Glücklicherweise werden Sie diese doch recht komplizierten Operatoren relativ selten bis gar nicht benötigen.

Wir wollen Ihnen jedoch die Vorzüge der Bitwise-Operatoren nicht vorenthalten. Die Bitwise-Operatoren werden von den meisten PHP-Entwicklern, wie bereits erwähnt, ignoriert, da sie es nicht gewohnt sind, binär zu arbeiten. Das Zahlensystem, welches nur zwei Werte kennt, nämlich 0 oder 1, ist einer Vielzahl von Entwicklern suspekt. Wir empfehlen Ihnen jedoch, den Bitwise-Operatoren eine Chance zu geben.

Fallbeispiel: Rechner-Tuning:

Stellen Sie sich vor, Sie betreiben einen Shop. Darin bieten Sie das Tunen von Rechnern an (Aufrüstung). Folgende Komponenten können nachgerüstet werden:

- Zweite Festplatte
- Netzwerkkarte
- DVD-Brenner
- TV-Karte

Nun könnten Sie zur Verwaltung dieser Komponenten pro Kunde Variablen verwenden, die die Wünsche des Kunden berücksichtigen.

```
$extraHD = true;
$netzkarte = true;
$brenner = true;
$tvkarte = true;
```

Einen Nachteil hat dieser Ansatz: Wir benötigen für jede Komponente eine separate Variable, die jeweils den booleschen Wert:

- true (installieren)
- false (nicht installieren)

speichert. Dies bedeutet natürlich auch, dass jede Variable Speicherplatz in Anspruch nimmt. Genau hierfür eignet sich hervorragend der Einsatz von Bitwise-Operatoren. Sie ermöglichen die Verwaltung von Daten auf binärer Ebene und lassen sich hervorragend kombinieren, so das Sie nicht mehr vier Variablen benötigen, sondern lediglich eine – Sie haben richtig gelesen, eine!

Hinweis: Dies schont den Speicher und ist vor allem um einiges schneller in der Verarbeitung, da Sie auf der untersten Ebene mit Ihrem Computer kommunizieren, sozusagen auf Maschinencode-Ebene, denn die binäre Ebene kennt nur 0/1.

Bit-Programmierung in die Praxis umzusetzen

Sie sollten sich zuerst im Klaren darüber sein, wie Ihr Computer Prozesse verarbeitet. In PHP gibt es die Möglichkeit, über die Bitwise-Operatoren diese Ebene zu ereichen und zu nutzen.

Ein binärer Zahlenwert wird in Zahlensequenzen von Nullen und Einsen gespeichert. Die Basis im binären Zahlensystem liegt bei 2. Um dieses Zahlensystem an unser Dezimalzahlensystem (mit Basis 10) anzupassen, müssen Sie die Beziehung zwischen beiden Systemen kennen. Hier einige binäre Zahlensequenzen, welche in Dezimalsequenzen umgewandelt werden, auf der linken Seite binär und auf der rechten dezimal (inkl. Umrechnung):

1 Bit	1 // 1: (1 x 1) = 1
2 Bit	10 // 2: (1 x 2) + (0 x 1) = 2
2 Bit	11 // 3: (1 x 2) + (1 x 1) = 3
3 Bit	100 // 4: (1 x 4) + (0 x 2) + (0 x 1) = 4
4 Bit	1000 // 8: (1 x 8) + (0 x 4) + (0 x 2) + (0 x 1) = 8
4 Bit	1001 // 9: (1 x 8) + (0 x 4) + (0 x 2) + (1 x 1) = 9
4 Bit	1100 // 12: (1 x 8) + (1 x 4) + (0 x 2) + (0 x 1) = 12
4 Bit	1111 // 15: (1 x 8) + (1 x 4) + (1 x 2) + (1 x 1) = 15

6 Bit 111111 // 63: (1 x 32) + (1 x 16) + (1 x 8) + (1 x 4) + (1 x 2) + (1 x 1) = 16

Wie Sie sehen, ist die Beziehung recht einfach, wenn man sich einmal die Umrechnung vor Augen hält. Immer wenn der binären Zahlensequenz eine weitere Ziffer hinzugefügt wird, wird sie die nächste Bit-Stufe erreichen und die Potenz wächst um das Doppelte.

Wenn Sie sich nun auf unser aktuelles Problem beziehen, haben wir es mit einer 4-Bit-Stufe zu tun. Da jede Variable durch ein Bit repräsentiert werden kann, würde sich diese Stufe hervorragend eignen.

Die vier Variablen lassen sich in einer einzigen Variable vereinen:

```
$auswahl = 1      // 0001; (extraHD)
$auswahl = 2      // 0010; (netzkarte)
$auswahl = 4      // 0100; (brenner)
$auswahl = 8      // 1000; (tvkarte)
```

Natürlich können Sie auch Komponenten miteinander kombinieren:

```
$auswahl = 5   // 0101; (extraHD und brenner)
$auswahl = 6   // 0110; (netzkarte und brenner)
$auswahl = 10  // 1010; (netzkarte und tvkarte)
$auswahl = 15  // 1111; (alle Komponenten)
```

Wie Sie sehen, ist die Zusammensetzung individuell zu bestimmen, ohne Probleme lassen sich diese Kombinationen in Form von Zahlen sichern. Das binäre System dahinter sorgt für die korrekte Zuordnung.

Wie können Sie nun die Komponenten hinzufügen, d.h., wie ereichen Sie es, den Brenner oder die TV-Karte der Variablen `$auswahl` zu übergeben, ohne die davor ausgewählte Komponente zu löschen?

Ein Beispiel:

```
$auswahl = 0; // Rechner ohne zusätzliche Komponenten
```

Hinzufügen von Komponenten – dabei können die einzelnen Komponenten gezielt bestimmt werden:

```
$auswahl += 2; // 0010 Rechner erhält eine Netzwerkkarte
$auswahl += 1; // 0011 Rechner erhält eine zusätzliche HD
$auswahl += 4; // 0111 Rechner erhält DVD-Brenner
$auswahl += 8; // 1111 Rechner erhält TV-Karte
```

Ergebnis:

Der Rechner ist voll ausgerüstet.

Der Vorteil besteht nun darin, dass man natürlich auch Komponenten entfernen kann.

```
$auswahl -= 4;  // 1011 DVD-Brenner wird entfernt
$auswahl -= 2;  // 1001 Netzwerkkarte wird entfernt
```

Ergebnis:

Der Rechner enthält lediglich eine »extra HD« und eine TV-Karte.

Nun sollten Sie sich die praktische Umsetzung betrachten. Um in PHP bitweise zu programmieren, kommen Sie um die Bitwise-Operatoren nicht herum.

Beispiel:

```
<?
// Alle Komponenten ausgewählt (kompletter Rechner)
$extraHD =     (1<<0); // 1 Bit: 0 (false), 1 (true)
$netzkarte =   (1<<1);        // 2 Bit: 0 (false), 2 (true)
$brenner =     (1<<2);        // 3 Bit: 0 (false), 4 (true)
$tvkarte =     (1<<3);        // 4 Bit: 0 (false), 8 (true)

// Die Komponenten in die Auswahl ablegen (Ergebnis 15)
$auswahl = $extraHD | $netzkarte | $brenner | $tvkarte;

// Hier nun eine Funktion, die den Preis berechnet
function berechne($auswahl) {
       $preis = 0;
       // Wenn das erste Bit gesetzt wurde, 200 Euro
       if ($auswahl & 1) {
              echo "+ Extra HD";
              $preis += 200;
       }
       // Wenn das zweite Bit gesetzt wurde, 150 Euro
       if ($auswahl & 2) {
              echo "+ Netzwerkkarte";
              $preis += 150;
       }
       // Wenn das dritte Bit gesetzt wurde, 450 Euro
       if ($auswahl & 4) {
              echo "+ DVD Brenner";
              $preis += 450;
```

```
        }
        // Wenn das vierte Bit gesetzt wurde, 100 Euro
        if ($auswahl & 8) {
                echo "+ TV-Karte";
                $preis += 100;
        }
        return $preis;
}

// Nun testen Sie die Umsetzung
echo berechne($auswahl);

/*
 Ausgabe:
 + Extra HD
 + Netzwerkkarte
 + DVD Brenner
 + TV-Karte
 900
*/

// Lediglich extraHD und tvkarte ausgewählt
$extraHD =     (1<<0); // 1 Bit: 0 (false), 1 (true)
$netzkarte = (0<<1);  // 2 Bit: 0 (false), 2 (true)
$brenner =     (0<<2);        // 3 Bit: 0 (false), 4 (true)
$tvkarte =     (1<<3);        // 4 Bit: 0 (false), 8 (true)

// Die Komponenten in die Auswahl ablegen (Ergebnis 9)
$auswahl = $extraHD | $netzkarte | $brenner | $tvkarte;

// Nun testen Sie die Umsetzung
echo berechne($auswahl);

/*
 Ausgabe:
 + Extra HD
 + TV-Karte
 300
*/

?>
```

Wir hoffen, Ihnen mit diesem Fallbeispiel einen Einblick in die Arbeit der Bitwise-Operatoren verschafft zu haben. Sie müssen natürlich selbst entscheiden, wie weit Sie sie in Ihre Anwendungen einbinden wollen.

Auflistung der Bitwise-Operatoren

Operator	*Bezeichnung*	*Bedeutung*
&	And	$a & $b – Bits, die in $a und $b gesetzt sind, werden gesetzt.
|	Or	$a | $b – Bits, die in $a oder $b gesetzt sind, werden gesetzt.
^	Xor	$a ^ $b – Bits, die entweder in $a oder $b gesetzt sind, werden gesetzt, aber nicht in beiden.

Operator	*Bezeichnung*	*Bedeutung*
~	Not	~ $a – Bits, die in $a nicht gesetzt sind, werden gesetzt, und umgekehrt.
<<	Shift left	$a << $b – Verschiebung der Bits von $a um $b Stellen nach links (jede Stelle entspricht einer Multiplikation mit zwei).
>>	Shift right	$a >> $b – Verschiebt die Bits von $a um $b Stellen nach rechts (jede Stelle entspricht einer Division durch zwei).

1.6.10 String-Operator

Der String-Operator ('.'), auch Zeichenkettenoperator genannt, nimmt eine Sonderstellung unter den Operatoren ein. Mit ihm lassen sich Strings zusammenfügen bzw. verbinden.

```
$a = "Hallo ";
$b = $a . "Welt !"; // Ergebnis $b = "Hallo Welt !"
```

Strings lassen sich mit Hilfe des String-Operators auch über mehrere Zeilen hinweg beschreiben.

```
$a = "Hallo ";
$a .= "Welt !"; // Ergebnis: $a = "Hallo Welt !"
```

1.6.11 Konditionaloperator

Der Konditionaloperator (? :) ist der einzige Operator, welcher drei Operanden benötigt. Der erste steht vor dem ?, der zweite zwischen ? und : und der dritte hinter dem :. Er wird übrigens auch als Bedingungsoperator bezeichnet, da man ihn für die Erzeugung einer einfachen If-Else-Anweisung nutzen kann.

(BEDINGUNG) ? AUSDRUCK1 : AUSDRUCK2;

Beispiel:

```
<?
$kAlter = 10;

// if-else Umsetzung
if ($kAlter >= 18) {
       echo "Erwachsener";
} else {
       echo "Zu jung!";
}

// Konditionaloperator (?:) Umsetzung
($kAlter >= 18) ? print "Erwachsener" : print "Zu jung!";
?>
```

Da der Operator die Ausdrücke nicht nur ausführt, sondern auch die Ergebnisse der Ausdrücke zurückliefert, können Sie ihn auch dazu verwenden, einer Variablen, in Abhängigkeit von einer Bedingung, unterschiedliche Werte zuzuweisen.

Beispiel:

```
// Initialisierung
$besuchName = "Matze";

$besuch = ($besuchName == "") ? "Hallo !" : "Hallo $besuchName";

echo $besuch; // Ausgabe: Hallo Matze
```

Hinweis: Die ?:-Syntax ist zwar sehr kurz und prägnant, sie ist aber auch relativ schwer zu lesen. Setzen Sie diese daher sparsam und nur in Fällen ein, wo sie leicht zu verstehen ist. Die Möglichkeit, komplexe Bedingungen aus mehreren Teilausdrücken zu verwenden, ist zwar gegeben, aber nicht ratsam.

1.6.12 Gruppierungsoperator

Der Gruppierungsoperator ( ) wird verwendet, um bevorzugte Operationen zusammenzufassen, oder dient bei Funktionen zum Übergeben von Parametern (Argumenten). Zusätzlich hat er die Aufgabe, Ausdrücke zu gruppieren, dabei kommt er vor allem bei `If`-Anweisungen zum Einsatz. Eine Besonderheit ist übrigens, dass er keine feste Anzahl von Operanden hat.

Beispiel:

```
// Berechnung (Addtion/Multiplikation)
$resultat = (1 + 2) * (3 + 4);              // Ergebnis: 21
$resultat = (1 + 2) * 3 + 4;                // Ergebnis: 13
$resultat = 1 + (2 * 3) + 4;                // Ergebnis: 11
$resultat = 1 + (2 * (3 + 4));              // Ergebnis: 15
```

Beispiel:

```
// Funktion (Parameter)
echo $resultat = sin(90);                   // Ergebnis: 0.89
```

Achtung: Er bestimmt die Reihenfolge, in der die Operatoren im Ausdruck ausgeführt werden. Runde Klammern setzen die automatische Vorrangreihenfolge außer Kraft und bewirken, dass die Ausdrücke in Klammern zuerst ausgewertet werden. Bei verschachtelten Klammern wird der Inhalt der innersten Klammern vor dem Inhalt der äußeren Klammern ausgewertet.

1.6.13 Inkrement- bzw. Dekrementoperatoren

PHP unterstützt Prä- und Post-Inkrement- und Dekrementoperatoren im Stil der Programmiersprache C.

Zwei in der Programmierung häufig benötigte Operationen sind die Erhöhung bzw. Verminderung eines Zahlenwerts um 1.

- Die Erhöhung um 1 bezeichnet man als Inkrement.
- Die Verminderung um 1 als Dekrement.

Für Inkrement und Dekrement gibt es in PHP zwei spezielle Operatoren:

- ++ (Inkrement)
- -- (Dekrement)

Beide Operatoren weisen gegenüber den anderen arithmetischen Operatoren einige Besonderheiten auf:

- Sie haben nur einen Operanden,
- können ihrem Operanden vor- oder nachgestellt werden (Präfix/Postfix),
- verändern den Wert ihres Operanden.

Folgendes Beispiel: Sie wollen den Wert einer Variablen i um 1 vermindern. Ohne Dekrementoperator würden Sie dafür schreiben:

```
$i= $i - 1;
```

Mit dem Dekrementoperator geht es schneller:

```
$i--;
```

Statt der Postfixnotation, dabei wird der Operator seinem Operanden nachgestellt, können Sie auch die Präfixnotation, hier ist der Operator seinem Operanden vorangestellt, verwenden.

```
--$i;
```

Sofern Sie den Dekrement- oder Inkrementoperator allein verwenden, ist es gleich, ob Sie die Postfix- oder Präfixnotation verwenden. Wenn Sie den Dekrement- oder Inkrementoperator in einem Ausdruck verwenden, müssen Sie jedoch klar zwischen Postfix- und Präfixnotation unterscheiden, denn beide führen zu unterschiedlichen Ergebnissen.

Beispiel:

```
$summe = 0;
$zahl = 20;
$summe = ++$zahl;      // Ergebnis: $summe  und $zahl  gleich 21
```

Hier wird der Wert der Variablen `$zahl` um 1 hochgesetzt und der neue Wert wird der Variablen `$summe` zugewiesen. Nach Ausführung der Anweisung sind `$summe` und `$zahl` gleich. Anders sieht es aus, wenn Sie den Operator nachstellen.

Beispiel:

```
$summe = 0;
$zahl = 20;
$summe = $zahl++;      // Ergebnis: $summe  20 und $zahl  21
```

Hier wird ebenfalls der Wert der Variablen `$zahl` um 1 hoch gesetzt, doch der Variablen `$summe` wird noch der alte Wert zugewiesen. Nach Ausführung der Anweisung hat `$summe` den Wert 20, während `$zahl` den Wert 21 hat. Ein weiteres Beispiel soll dies mit Hilfe einer `If`-Anweisung veranschaulichen.

Beispiel:

```
if (++$gehalt >= 2000) {
	...
}
```

Im Beispiel mit der Präfixnotation wird der Wert der Variablen `$gehalt` zuerst um 1 erhöht und anschließend mit der Zahl 2000 verglichen.

Beispiel:

```
if ($gehalt++ >= 2000) {
	...
}
```

Im Beispiel mit der Postfixnotation wird der Wert der Variablen `$gehalt` zuerst mit der Zahl 2000 verglichen und anschließend um 1 erhöht. Auch hier gibt es einen Unterschied, den es zu beachten gilt.

Operator	*Bezeichnung*	*Bedeutung*
++	Präinkrement	++$a ergibt $a+1 und erhöht $a um 1
++	Postinkrement	$a++ ergibt a und erhöht $a um 1
--	Prädekrement	--$a ergibt $a–1 und verringert $a um 1
--	Postdekrement	$a-- ergibt $a und verringert $a um 1

1.6.14 Objekterzeugungs-Operator

Der Operator `new` wird durch ein Schlüsselwort dargestellt und nicht durch Sonderzeichen. Es handelt sich hier um einen Operator, der vor seinem Operanden steht.

```
new Konstruktor
```

Konstruktur muss ein Funktionsaufruf-Ausdruck sein, d.h., es muss ein Ausdruck darin vorkommen, der sich auf eine Funktion bezieht, sogar auf eine ganze spezielle Funktion.

Beispiel:

```
<?php
// Klasse
class Haus
{
	var $zimmer;
	function Haus($zimmer)
	{
		$this->zimmer = $zimmer;
```

```
        }
}

// Objekt
$meinHaus = new Haus(8);

// Ausgabe - Object id #1
echo $meinHaus;
// Ausgabe (8)
echo $meinHaus->zimmer;
?>
```

Der Operator `new` funktioniert wie folgt: Zuerst wird ein neues Objekt ohne jegliche Eigenschaften angelegt und anschließend wird die angegebene Konstruktorfunktion mit den angegebenen Parametern aufgerufen.

1.6.15 Array-Operatoren

Der einzige Array-Operator in PHP ist der +-Operator. Das rechtsstehende Array wird an das linksstehende Array angehängt, wobei doppelte Schlüssel NICHT überschrieben werden.

Beispiel:

```
<pre>
<?php
$personen = array("a" => "Matthias", "b" => "Carolline");
$fruechte = array("a" =>"Kirsche", "b" => "Erdbeere", "c" => "Birne");
$gesamt = $personen + $fruechte;
var_dump($gesamt);
?>
</pre>
```

Ausgabe:

```
array(3) {
  ["a"]=>
  string(8) "Matthias"
  ["b"]=>
  string(9) "Carolline"
  ["c"]=>
  string(5) "Birne"
}
```

1.6.16 Operatoren zur Programmausführung

PHP unterstützt einen Operator zur Ausführung externer Programme: den Backtick (``). Achtung: Die Backticks sind keine einfachen Anführungszeichen! PHP versucht, den Text zwischen den Backticks als Kommandozeilenbefehl auszuführen. Die Ausgabe des aufgerufenen Programms wird zurückgegeben und kann somit einer Variablen zugewiesen werden.

```
<pre>
<?php
$ausgabe = `ls -al`;
echo $ausgabe;
?>
</pre>
```

Achtung: Der Backtick-Operator steht nicht zur Verfügung, wenn der Safe Mode aktiviert ist oder die Funktion `shell_exec()` deaktiviert wurde.

1.6.17 Fehler-Kontroll-Operatoren

PHP unterstützt einen Operator zur Fehlerkontrolle. Es handelt sich dabei um das @-Symbol. Stellt man @ in PHP vor einen Ausdruck, werden alle Fehlermeldungen, die von diesem Ausdruck erzeugt werden könnten, ignoriert.

Hinweis: Ist das track_errors-Feature aktiviert, werden alle Fehlermeldungen, die von diesem Ausdruck erzeugt werden, in der Variablen `$php_errormsg` gespeichert. Da diese Variable mit jedem neuen Auftreten eines Fehlers überschrieben wird, sollte man sie möglichst bald nach Verwendung des Ausdrucks überprüfen, wenn man mit ihr arbeiten will.

Beispiel:

```
<?php
// Beabsichtigter Dateifehler
// Beabsichtigter Mailfehler
$email = @mail ('nicht_vorhandene_mail') or
    die ("Mail konnte nicht versandt werden:'$php_errormsg'");

// Das funktioniert bei jedem Ausdruck
// erzeugt keine Notice, falls der Index
// $key nicht vorhanden ist.
$value = @$cache[$key];
?>
```

Der Fehler-Kontroll-Operator @ verhindert jedoch keine Meldungen, welche aus Fehlern beim Parsen resultieren.

Achtung: Der @-Operator funktioniert nur bei Ausdrücken. Eine einfache Daumenregel: Wenn Sie den Wert von etwas bestimmen können, dann können Sie den @-Operator davor schreiben. Zum Beispiel können Sie ihn vor Variablen, Funktionsaufrufe und vor `include()` setzen, vor Konstanten und so weiter. Nicht verwenden können Sie diesen Operator vor Funktions- oder Klassendefinitionen oder vor Kontrollstrukturen wie zum Beispiel `if` und `foreach` und so weiter.

Achtung: Zum gegenwärtigen Zeitpunkt deaktiviert der Fehler-Kontroll-Operator @ die Fehlermeldungen selbst bei kritischen Fehlern, die die Ausführung eines Skripts beenden. Unter anderem bedeutet das, wenn Sie @ einer bestimmten Funktion voranstellen, diese aber nicht zur Verfügung steht oder falsch geschrieben wurde, Ihr PHP-Skript einfach beendet wird, ohne Hinweis auf die Ursache.

1.7 Kontrollstrukturen

Die Kontrollstrukturen haben die Aufgabe, den Ablauf eines Programms zu beeinflussen. Sie sind in der Lage, die Programmausführung in Abhängigkeit von einer Bedingung zu steuern oder einzelne Anweisungen oder Anweisungsblöcke wiederholt auszuführen. In diesem Abschnitt soll Ihnen die Arbeitsweise der Kontrollstrukturen näher gebracht werden. Sie werden dabei feststellen, dass PHP eine Vielzahl von Steuerungsmöglichkeiten besitzt.

1.7.1 if-Anweisung

Die `if`-Anweisung dient dazu, anhand einer Bedingung, z.B. des Werts einer Variablen, des Rückgabewerts einer Funktion oder des Wahrheitswerts eines booleschen Werts, zu entscheiden, ob die nachfolgende Anweisung ausgeführt werden soll oder nicht.

Definition:

IF (BEDINGUNG/AUSDRUCK)
    ANWEISUNG;

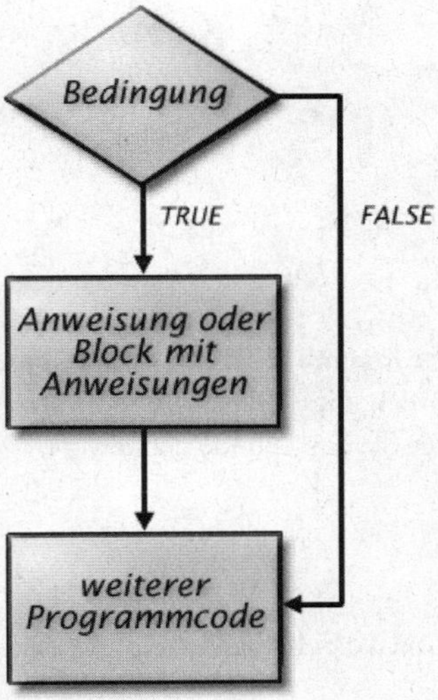

Bild 1.3: Ablaufschema einer `if`-Anweisung

Beispiel:

```
$punkteStand = 100;

// Schreibweise
if ($punkteStand == 100)
        echo "Vorhanden!";

// Schreibweise (Ebenfalls möglich)
if ($punkteStand == 100) echo "Vorhanden!";
```

Sie können die `if`-Anweisung wie folgt übersetzen:

»Wenn (if) die Bedingung erfüllt (true liefert, also die Variable `$punkteStand` existiert), dann führe die Anweisung aus (Variable kommt zustande mit dem Wert »Vorhanden!«). Ist die Bedingung nicht erfüllt, führe die Anweisung nicht aus.«

Hinweis: Die `if`-Anweisung entscheidet über die Ausführung der direkt nachfolgenden Anweisung bzw. des nachfolgenden Anweisungsblocks. Üblicherweise rückt man die betreffenden Anweisungen im Quelltext um zwei bis drei Leerzeichen ein. Dies dient jedoch ausschließlich der besseren Lesbarkeit des Codes, auf die Ausführung der `if`-Anweisung hat die Einrückung keinen Einfluss.

Wenn Sie mit einer `if`-Anweisung nicht nur die Ausführung einer einzelnen, sondern mehrerer aufeinander folgender Anweisungen steuern wollen, müssen Sie die betreffenden Anweisungen in geschweifte Klammern setzen.

Definition:

IF (BEDINGUNG/AUSDRUCK) {
        ANWEISUNG/EN;
}

```
$punkteStand = 100;

// Anweisungsblock
if ($punkteStand == 100) {
        echo "Vorhanden!";
        $bonus = 50;
}
```

Hinweis: Eine Folge von Anweisungen, die in geschweifte Klammern eingefasst sind, bezeichnet man als Anweisungsblock. Einige Programmierer würden dies auch als zusammengesetzte Anweisungen bezeichnen. Es bleibt Ihnen überlassen, wie Sie das Gebilde nennen.

Alternative Syntax

In PHP steht Ihnen für die `if`-Anweisung eine alternative Schreibweise zur Verfügung.

Definition:

IF (BEDINGUNG/AUSDRUCK): ANWEISUNG; ENDIF;

Beispiel – alternative Schreibweise:

```
$vorname = "Caroline";
if ($vorname == "Caroline"):
       echo "Name: $vorname";
       echo "Mehrzeilig!";
endif;
```

Verwechselung von == und = vermeiden

Um Verwechselungen beim Durchführen von Vergleichen innerhalb von `if`-Anweisungen zu vermeiden, sollten Sie sich folgenden Rat zu Herzen nehmen:

Schreiben Sie anstatt

```
<?
$mitarbeiter = 10;
if ($mitarbeiter == 10) { echo "10 Mitarbeiter"; }
?>
```

besser:

```
<?
$mitarbeiter = 10;
if (10 == $mitarbeiter) { echo "10 Mitarbeiter"; }
?>
```

Denn sollten Sie die Konstante auf der linken Seite mit einem Zuweisungsoperator versehen, wird der PHP-Interpreter eine Fehlermeldung ausgeben.

```
<?
$mitarbeiter = 10;
// Führt zu:
// parse error, unexpected '='
if (10 = $mitarbeiter) { echo "10 Mitarbeiter"; }
?>
```

Die Gefahr, durch einen Eingabefehler falsche Werte zu erhalten, verringert sich dadurch und Sie können relativ sicher sein, innerhalb von `if`-Anweisungen keine falsch platzierten Zuweisungen vorliegen zu haben.

Hinweis: Diese Schreibweise hat sich in vielen Fällen jedoch nicht durchgesetzt. Es scheint eine Frage des Geschmacks zu sein, da eine Vielzahl von PHP-Entwickler doch lieber ihrem eigenem Können vertrauen.

1.7.2 if-else-Anweisung

Die einfache `if`-Anweisung entspricht der Anweisung »Wenn die Bedingung erfüllt ist, dann führe die Anweisung aus. Danach fahre mit der Ausführung des Programms fort.«

Die zweite Form der `if`-Anweisung führt den `else`-Teil ein, der ausgeführt wird, wenn die Bedingung nicht erfüllt, also der Ausdruck `false` ist. Die Aussage der Anweisung lautet dann: »Wenn die Bedingung erfüllt ist, dann führe die Anweisung aus, sonst (`else`) führe die Anweisung im erweiterten Teil aus. Danach fahre normal mit der Ausführung des Programms fort.«.

Definition:

IF (BEDINGUNG/AUSDRUCK)
    ANWEISUNG;
ELSE
    ANWEISUNG;

Beispiel:

```
$punkteStand = 50;

// Schreibweise
if ($punkteStand >= 100)
        echo "Wahr";
else
        echo "Unwahr!";
```

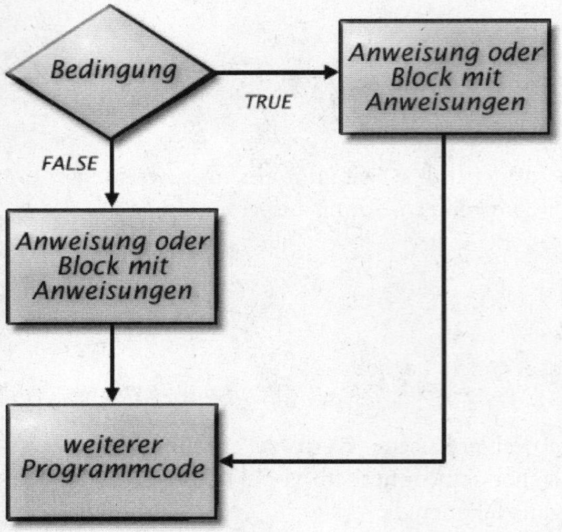

Bild 1.4: Ablaufschema einer if-else-Anweisung

Wie sieht es nun mit einem Anweisungsblock in einer `if-else`-Anweisung aus? Auch das stellt kein Problem dar:

Definition:

IF (BEDINGUNG/AUSDRUCK) {
        ANWEISUNG/EN;
} ELSE {
        ANWEISUNG/EN;
}

```
$punkteStand = 50;

// Anweisungsblock
if ($punkteStand >= 100) {
        echo "Wahr";
} else {
        echo "Unwahr!";
}
```

Alternative Syntax

In PHP steht Ihnen für die `if-else`-Anweisung eine alternative Schreibweise zur Verfügung.

Definition:

IF (BEDINGUNG/AUSDRUCK): ANWEISUNG/EN; ELSE: ANWEISUNG/EN; ENDIF;

Beispiel – bekannte Schreibweise:

```
<?php
$chef = "Schmidt";
if ($chef == "Schmidt") {
        echo "Chef ist Schmidt";
} else {
        echo "Unbekannter Chef";
}
?>
```

Beispiel – alternative Schreibweise:

```
<?
$chef = "Schmidt";
if ($chef == "Schmidt"):
?>
Chef ist Schmidt
<?
else:
?>
Unbekannter Chef
<?
endif
?>
```

Eine weitere Möglichkeit wäre, die alternative Schreibweise wie folgt zu verwenden.

```
$signal = TRUE;
if ($signal):
      echo "Aktiv: $signal";
      echo "Mehrzeilig!";
else:
      echo "Inaktiv";
      echo "Mehrzeilig";
endif;
```

Mit der Einführung des Schlüsselworts `endif` kann das Ende des Blocks explizit angegeben werden. Der `else`-Befehl ist mit einem Doppelpunkt zu versehen, um die Zugehörigkeit zum Block zu kennzeichnen. Die geschweiften Klammern entfallen.

1.7.3 if-elseif-Anweisung

Die `if-elseif`-Anweisung wird vor allem für Mehrfachverzweigungen eingesetzt. Damit lassen sich in Abhängigkeit vom Wert einer Variablen verschiedene Anweisungen ausführen.

Definition:

```
IF (BEDINGUNG/AUSDRUCK) {
      ANWEISUNG/EN;
} ELSEIF (BEDINGUNG/AUSDRUCK) {
      ANWEISUNG/EN;
} ELSEIF (BEDINGUNG/AUSDRUCK) {
      ANWEISUNG/EN;
} ELSE {
      ANWEISUNG/EN;
}
```

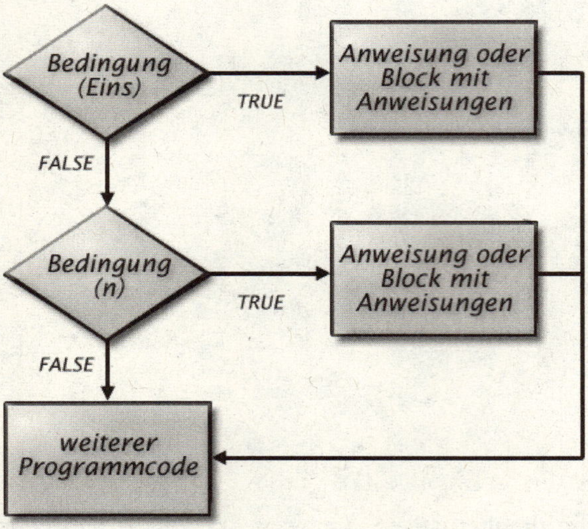

Bild 1.5: Ablaufschema einer if-elseif-Anweisung

Fallbeispiel:

WENN MEINLOHN DEN WERT

1000 HAT:	FÜHRE ANWEISUNG A AUS,
2000 HAT:	FÜHRE ANWEISUNG B AUS,
3000 HAT:	FÜHRE ANWEISUNG C AUS,
4000 HAT:	FÜHRE ANWEISUNG D AUS,
IN ALLEN ANDERN FÄLLEN:	FÜHRE ANWEISUNG E AUS.

Beachten Sie den grundsätzlichen Unterschied zur `if-else`-Anweisung. Die Bedingung einer `if-else`-Anweisung ist immer ein boolescher Wert, der nur einen der beiden Werte `true` oder `false` annehmen kann. Folglich verzweigt die `if-else`-Anweisung auch nur in zwei alternative Anweisungsblöcke. Bei der Mehrfachverzweigung wird dagegen der Wert einer Variablen abgefragt: Der Programmierer kann grundsätzlich ebenso viele alternative Verzweigungen formulieren, wie es Werte für die Variable gibt.

```
$meinLohn = 3000;

// Mehrfachverzweigung (if-elseif-Anweisung)
// Ergebnis: "C"
if ($meinLohn == 1000) {
       // Anweisung A
       $ausgabe = "A";
} elseif ($meinLohn == 2000) {
       // Anweisung B
       $ausgabe = "B";
} elseif ($meinLohn == 3000) {
       // Anweisung C
       $ausgabe = "C";
} elseif ($meinLohn == 4000) {
       // Anweisung D
       $ausgabe = "D";
} else {
       // Anweisung E
       $ausgabe = "E";
}

echo $ausgabe;
```

Lassen Sie sich aber nicht von der Einrückung täuschen. Es handelt sich hier immer noch um vier, immer tiefer verschachtelte `if-else`-Anweisungen. Der Interpreter prüft zuerst, ob der Wert von `meinLohn` gleich 1.000 ist. Ist dies nicht der Fall, prüft er im `else`-Teil, ob `meinLohn` gleich 2.000 ist. Stimmt auch dies nicht, verzweigt er zum `else`-Teil mit dem Vergleich `meinLohn` gleich 3.000. Stimmt auch dies nicht, verzweigt er zum `else`-Teil mit dem Vergleich `meinLohn` gleich 4.000. Liefert auch dieser Vergleich `false`, landet der Interpreter in dem letzten `else`-Teil, der alle anderen nicht überprüften Fälle abfängt.

Alternative Syntax

In PHP steht auch für die `if-elseif`-Anweisung eine alternative Schreibweise zur Verfügung.

Definition:

IF (BEDINGUNG/AUSDRUCK):
    ANWEISUNG/EN;
ELSEIF:
    ANWEISUNG/EN;
ELSE:
    ANWEISUNG/EN;
ENDIF;

Beispiel – bekannte Schreibweise:

```
<?php
$chef = "Schmidt";
if ($chef == "Müller") {
        echo "Müller ist der Chef";
} elseif ($chef == "Schmidt") {
        echo "Scmidt ist der Chef";
} else {
        echo "Unbekannter Chef";
}
?>
```

Beispiel – alternative Schreibweise:

```
<?
$chef = "Schmidt";
if ($chef == "Müller"):
?>
Müller ist der Chef
<?
elseif ($chef == "Schmidt"):
?>
Schmidt ist der Chef
<?
else:
?>
Unbekannter Chef
<?
endif
?>
```

1.7.4 switch-case-Anweisung

Eine Alternative zur `if-elseif`-Anweisung stellt die `switch`-Anweisung dar. Sie ermöglicht ebenfalls eine Mehrfachverzweigung, jedoch wirkt der Code wesentlich übersichtlicher und trägt zum besseren Verständnis bei.

Definition:

SWITCH (BEDINGUNG/AUSDRUCK){
    CASE WERT:
        ANWEISUNG/EN;
    CASE WERT:
        ANWEISUNG/EN;
    [DEFAULT WERT:]
        [ANWEISUNG/EN;]
}

```
$meinLohn = 3000;

// Mehrfachverzweigung (switch-Anweisung)
// Ergebnis: "C"
switch ($meinLohn) {
	case 1000:
		// Anweisung A
		$ausgabe = "A";
		break;
	case 2000:
		// Anweisung B
		$ausgabe = "B";
		break;
	case 3000:
		// Anweisung C
		$ausgabe = "C";
		break;
	case 4000:
		// Anweisung D
		$ausgabe = "D";
		break;
	default:
		// Anweisung E
		$ausgabe = "E";
}

echo $ausgabe;
```

Es dreht sich auch hier wieder alles um den Ausdruck, der in der Regel eine Variable ist. Der `default`-Teil wird ausgeführt, wenn keiner der vorherigen Werte zutrifft. Dieser Teil der `switch`-Anweisung ist optional. Jeder Programmblock muss mit dem Kommando `break` abgeschlossen werden, damit die `switch`-Anweisung nicht unnötig weiter durchlaufen wird, wenn es zu einer Übereinstimmung mit einer der `case`-Werte kommt.

> **Hinweis:** `break` bricht die Ausführung der aktuellen Anweisungssequenz `for`, `foreach` `while`, `do..while` oder `switch` ab.

Erweiterte Syntax

Die Beschränkung des Bedingungstests auf Gleichheit mag als ernsthafte Behinderung erscheinen. Glücklicherweise kennt PHP eine erweiterte Notation der Syntax, die das Problem teilweise behebt. Dabei können mehrere Vergleiche hintereinander ausgeführt werden, die Operanden sind quasi Oder-verknüpft:

```
<?php
$meinLohn = 3000;

// Mehrfachverzweigung (switch-Anweisung)
switch ($meinLohn) {
	case 1000: case 2000: case 3000:
		// Anweisung A
		$ausgabe = "Zwischen 1000 u. 3000";
		break;
	case 4000: case 5000:
		// Anweisung D
		$ausgabe = "Zwischen 4000 u. 5000";
		break;
	default:
		// Anweisung E
		$ausgabe = "Kein Angabe";
}
// Ausgabe - Zwischen 1000 u. 3000
echo $ausgabe;
?>
```

Alternative Syntax

Definition:

SWITCH (BEDINGUNG/AUSDRUCK):
    CASE WERT:
        ANWEISUNG/EN;
    DEFAULT:
        ANWEISUNG/EN;
ENDSWITCH;

Hier ein Beispiel für die alternative Schreibweise einer `switch`-Anweisung:

```
<?
$meinLohn = 3000;

// Mehrfachverzweigung (switch-Anweisung)
// Ergebnis: "C"
switch ($meinLohn):
	case 1000:
		// Anweisung A
		$ausgabe = "A";
		break;
	case 2000:
		// Anweisung B
```

```
            $ausgabe = "B";
            break;
      case 3000:
            // Anweisung C
            $ausgabe = "C";
            break;
      case 4000:
            // Anweisung D
            $ausgabe = "D";
            break;
      default:
            // Anweisung E
            $ausgabe = "E";
endswitch;

echo $ausgabe;
?>
```

1.7.5 while-Schleife

Während die `if`-Anweisung die grundlegende Steueranweisung ist, mit deren Hilfe in PHP Entscheidungen gefällt werden, können mit dem Sprachelement `while` Anweisungen wiederholt ausgeführt werden.

Definition:

WHILE (BEDINGUNG/AUSDRUCK) {
    ANWEISUNG/EN;
}

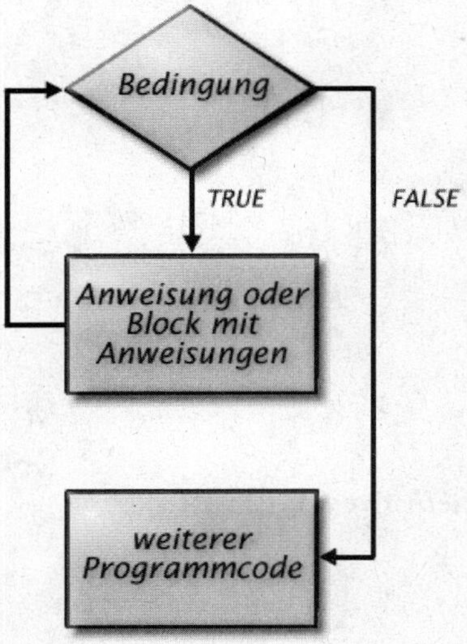

Bild 1.6: Ablaufschema einer while-Schleife

Beispiel:

```
// Laufvariable (Zählvariable)
$i = 0;

// while-Anweisung
// Ausgabe: 0 1 2 3 4 5 6 7 8 9
while ($i < 10) {              // Bedingung
       echo "$i<br>";          // Anweisungsblock
       $i++;                   // Inkrementierung der Laufvariablen
}
```

Und so funktioniert die `while`-Anweisung: Zunächst wird der angegebene Ausdruck berechnet. Ist er `false`, geht der Interpreter zur nächsten Anweisung im Programm über. Sollte diese jedoch `true` sein, wird die angegebene Anweisung bzw. der entsprechende Anweisungsblock ausgeführt. Anschließend wird der Ausdruck neu berechnet. Wiederum geht der Interpreter zur im Programm folgenden Anweisung über, falls der Wert des Ausdrucks `false` sein sollte. Ansonsten wird erneut die Anweisung ausgeführt, die den Hauptteil der Schleife ausmacht. Dieser Kreislauf wird so lange durchlaufen, bis der Ausdruck schließlich `false` ergibt. Dann wird die Ausführung der `while`-Anweisung beendet, und der PHP-Interpreter fährt mit der sequentiellen Abarbeitung des Programms fort.

> **Hinweis:** Schleifendurchläufe bezeichnet man auch als Iterationen.

Hier noch ein Beispiel, mit dessen Hilfe Sie die Zeichen der ASCII-Tabelle im Handumdrehen erzeugt haben.

```
$zaehler = 32;
while ($zaehler < 127) {
       $zeichen = chr($zaehler);
       echo $zeichen . " |";
       $zaehler++;;
}
```

Ausgabe:

```
|! |" |# |$ |% |& |' |( |) |* |+ |, |- |. |/ |0 |1 |2 |3 |4 |5 |6 |7 |8 |9
|: |; |< |= |> |? |@ |A |B |C |D |E |F |G |H |I |J |K |L |M |N |O |P |Q |R
|S |T |U |V |W |X |Y |Z |[ |\ |] |^ |_ |` |a |b |c |d |e |f |g |h |i |j |k
|l |m |n |o |p |q |r |s |t |u |v |w |x |y |z |{ || |} |~ |
```

Alternative Syntax

Auch für die `while`-Schleife existiert in PHP eine alternative Schreibweise.

Definition:

WHILE (BEDINGUNG/AUSDRUCK):
        ANWEISUNG/EN;
ENDWHILE;

Beispiel – bekannte Schreibweise:

```
<?php
$zaehler = 0;
$max = 10;
while ($zaehler < $max) {
        if ($zaehler % 2) {
                $zaehler++;
                continue;
        }
        echo "Zaehler: $zaehler <br>";
        $zaehler++;
}
?>
```

Beispiel – alternative Schreibweise:

```
<?
$zaehler = 0;
$max = 10;
while ($zaehler < $max):
if ($zaehler % 2) {
 $zaehler++;
 continue;
}
?>
Zaehler: <? echo $zaehler;?><br>
<? $zaehler++; ?>
<? endwhile ?>
```

1.7.6 do-while-Schleife

Die `do-while`-Anweisung (Schleife) ist der `while`-Anweisung sehr ähnlich. Der einzige Unterschied besteht darin, dass die Schleifenbedingung nicht am Anfang, sondern am Ende der Schleife überprüft wird. Deshalb führt die `do-while`-Anweisung mindestens einen Durchlauf aus.

Definition:

DO {
    ANWEISUNG/EN;
} WHILE (BEDINGUNG/AUSDRUCK);

Beispiel:

```
// Laufvariable (Zählvariable)
$i = 0;

// do-while-Anweisung
// Ausgabe: 0 1 2 3 4 5 6 7 8 9
do {
    echo "$i<br>";    // Anweisungsblock
    $i++;             // Inkrementierung der Laufvariablen
} while ($i < 10);   // Bedingung
```

Hinweis: Für `do...while` können Sie keine alternative Schreibweise anwenden.

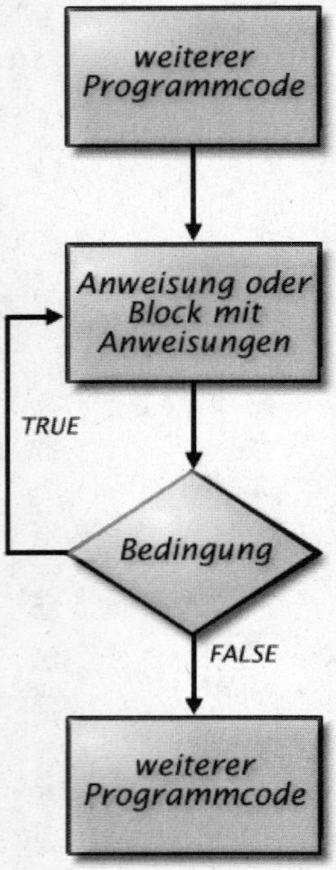

Bild 1.7: Ablaufschema einer do-while-Schleife

1.7.7 for-Schleife

Die `for`-Anweisung ist für Schleifen oft praktischer als die `while`-Anweisung. Hier wird ausgenutzt, dass die meisten Schleifen einem bestimmten Schema folgen. Normalerweise gibt es eine Schleifenvariable, die vor Beginn der Schleife initialisiert wird. Vor jedem Schleifendurchlauf wird der Wert dieser Variablen innerhalb des Ausdrucks überprüft. Schließlich wird sie am Ende der Schleife, unmittelbar vor der erneuten Auswertung des Ausdrucks, inkrementiert oder in anderer Weise geändert. Sie hat des Weiteren den Vorzug, dass die Initialisierung, der Ausdruck (Bedingung) und die Veränderung der Schleifenvariablen übersichtlich im Kopf der Schleife zusammengefasst sind.

Definition:

```
FOR (INIT SCHLEIFENVARIABLE; BEDINGUNG; VERÄNDERUNG) {
        ANWEISUNG/EN;
}
```

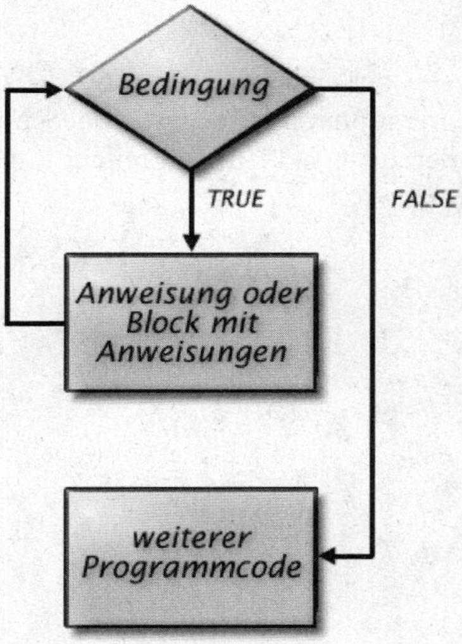

Bild 1.8: Ablaufschema einer for-Schleife

Am einfachsten lässt sich erklären, was die `for`-Anweisung bewirkt, wenn man die äquivalente `while`-Anweisung angibt:

```
// Laufvariable (Zählvariable)
$i = 0;

// while-Anweisung
// Ausgabe: 0 1 2 3 4 5 6 7 8 9
while ($i < 10) {                // Bedingung
        echo "$i<br>";           // Anweisungsblock
        $i++;                    // Inkrementierung der Laufvariablen
}
```

```
// for-Anweisung
// Im Ausgabefenster: 0 1 2 3 4 5 6 7 8 9
for ($i=0;$i<10;$i++) {
        echo "$i<br>";           // Anweisungsblock
}

// Schreibweise (Variante 2)
for ($i=0;$i<10;$i++)
        echo "$i<br>";           // Anweisung
```

Wie Sie hier lesen, stehen in dieser Schreibweise alle wichtigen Information über die Schleifenvariable in einer einzigen Codezeile. Dadurch ist die Arbeitsweise der Schleife klar ersichtlich. Außerdem wird dadurch, dass die Veränderung der Schleifenvariablen innerhalb der eigentlichen `for`-Anweisung steht, der Anweisungsblock vereinfacht.

Flexibilität der for-Schleife

Alle drei Parameter der `for`-Schleife sind äußerst flexibel einsetzbar. So sind die drei Parameter der `for`-Schleife optional. Ohne eine Iterationsvariable wird die Schleife endlos durchlaufen. Sie können in diesem Fall wieder auf `break` zurückgreifen, um die Schleife mit einer zusätzlichen Bedingung zu verlassen.

Beispiel:

```
<?php
$zaehler = 1;
for (;;) {
    if ($zaehler > 10) {
        break;
    }
    print $zaehler;
    $zaehler++;
}
?>
```

Hinweis: `continue` kann ebenfalls zum Einsatz kommen.

Der flexible Umgang mit den Schleifenparametern kennt praktisch keine Grenzen. Auch das folgende Beispiel ist syntaktisch korrekt:

```
<?php
for ($i = 0, $j = 10;$i<$j;$i++) {
    $j--;
    echo "i ist jetzt: $i<br>";
    echo "j ist jetzt: $j<br>";
}
?>
```

Ausgabe:

```
i ist jetzt: 0
j ist jetzt: 9
i ist jetzt: 1
j ist jetzt: 8
i ist jetzt: 2
j ist jetzt: 7
i ist jetzt: 3
j ist jetzt: 6
i ist jetzt: 4
j ist jetzt: 5
```

Es spielt offensichtlich keine Rolle, ob hier Variablen zum Einsatz kommen oder nicht. Wenn Sie beispielsweise lediglich eine Liste ausgeben wollen, können Sie den Befehl recht knapp halten:

```
<?php
for ($i = 1; $i <= 10; print $i, $i++) ;
?>
```

Innerhalb des `for`-Befehls können also weitere Befehle, durch Kommata getrennt, eingesetzt werden. Im Beispiel wird übrigens nicht zufällig der Befehl `print` anstatt des flexibleren `echo` verwendet. Wie bei der Befehlsbeschreibung bereits erläutert, gibt `echo` nichts zurück, während `print` die Ausführung im Erfolgsfall mit `TRUE` quittiert. Normalerweise wird der Rückgabewert nicht benötigt und gelöscht. Die `for`-Schleife erwartet jedoch von jedem direkt eingegebenen Wert, dass er sich als Ausdruck verhält – Ausdrücke geben immer etwas zurück. An dieser Stelle kann `echo` also nicht funktionieren. Versuchen Sie es dennoch, erhalten Sie einen Laufzeitfehler.

Alternative Syntax

Natürlich, wie kann es anders sein, gibt es auch für die `for`-Schleife eine alternative Schreibweise.

Definition:

FOR (INIT SCHLEIFENVARIABLE; BEDINGUNG; VERÄNDERUNG):
    ANWEISUNGEN/EN;
ENDFOR;

Beispiel – alternative Schreibweise:

```
<? for ($i = 0; $i <= 10; $i++): ?>
i ist jetzt: <? echo $i ?><br>
<? endfor; ?>
```

Ausgabe:

```
i ist jetzt: 0
i ist jetzt: 1
i ist jetzt: 2
i ist jetzt: 3
i ist jetzt: 4
i ist jetzt: 5
i ist jetzt: 6
i ist jetzt: 7
i ist jetzt: 8
i ist jetzt: 9
i ist jetzt: 10
```

1.7.8 foreach-Schleife

Diese Schleife ermöglicht es, auf einfache Weise ein Array zu durchlaufen. `foreach` funktioniert nur in Verbindung mit Arrays. Wenn Sie versuchen, `foreach` mit einer Variablen eines anderen Datentyps oder einer nicht initialisierten Variablen zu benutzen, gibt PHP einen Fehler aus.

Definition:

FOREACH (ARRAY_EXPRESSION AS $VALUE){
ANWEISUNG/EN;
}

Mit Hilfe von `foreach` wird das Durchlaufen eines Arrays wesentlich vereinfacht. Gegenüber der `while`-Schleife mit `list` und `each` ist die `foreach`-Schleife syntaktisch deutlich im Vorteil.

Beispiel – while:

```
<?php
$zahlen = array (10, 20, 30, 40);
while (list(, $value) = each ($zahlen)) {
    echo "Wert: $value<br>\n";
}
?>
```

Beispiel – foreach:

```
<?php
foreach ($zahlen as $value) {
    echo "Wert: $value<br>\n";
}
?>
```

Das Array wird von Anfang bis Ende durchlaufen und bei jedem Schleifendurchlauf wird das aktuelle Element der Variablen `array_expression` zugewiesen. Jedes Arrayelement kann wiederum ein Array sein, dann könnte mit einer verschachtelten `foreach`-Schleife auch dieses Array ausgewertet werden.

Beispiel – mit assoziativem Array:

```
$personen = array("Matthias","Caroline","Gülten");

foreach ($personen as $person) {
    echo "Name: $person<br>\n";
}
// Ausgabe:
// Name: Matthias
// Name: Caroline
// Name: Gülten
```

Typischerweise ist es erlaubt, einzelne Elemente eines solchen Arrays mit unterschiedlichen Datentypen zu belegen. Das können auch weiere Arrays sein.

Erweiterte Syntax

Sollten Sie Arrays mit Schlüssel/Werte-Paaren bauen, kann `foreach` mit einer erweiterten Syntax diese Paare direkt auslesen. Die grundlegende Syntax lautet:

Definition:

FOREACH (ARRAY AS $KEY => $VALUE){
ANWEISUNG/EN;
}

Hier wird der Operator => eingesetzt, der schon bei der Konstruktion des Arrays verwendet wurde.

Beispiel:

```
<?php
$person = array("Vorname" => "Caroline",
                              "Nachname" => "Kannengiesser",
                              "Alter" => 25,
                              "Ort" => Berlin);
foreach ($person as $key => $val) {
       echo "Feld $key hat den Wert: $val<br>";
}
?>
```

Ausgabe:

```
Feld Vorname hat den Wert: Caroline
Feld Nachname hat den Wert: Kannengiesser
Feld Alter hat den Wert: 25
Feld Ort hat den Wert: Berlin
```

Hinweis: Mehr zum Thema Arrays finden Sie im Abschnitt »Arrays«.

1.7.9 Verschachtelte Kontrollstrukturen

Sie haben nun alle Kontrollstrukturen aus PHP vorgestellt bekommen. Sie lassen sich nicht nur jeweils einzeln ausführen, sondern können auch miteinander kombiniert werden. Das Kombinieren von Kontrollstrukturen untereinander wird in der Programmierung als Verschachtelung bezeichnet.

Sie kennen sicher die aus Russland stammenden »Matuschkas«, das sind die ineinander geschachtelten Puppen. Jedesmal, wenn Sie eine Puppe öffnen, kommt in ihrem Inneren eine weitere, kleinere Puppe zum Vorschein. Dies wird fortgeführt, bis Sie zur letzten Puppe kommen, die sich nicht mehr öffnen lässt. Sie können sich verschachtelte Kontrollstrukturen so ähnlich aufgebaut vorstellen. Man schaut immer in die nächste hinein, dem Prinzip der Kiste in der Kiste entsprechend. Dabei kommt die Verschachtelung sowohl bei `if`-Anweisungen und `switch`-Anweisungen als auch bei Schleifen vor.

Beispiel:

```
<?php
/*
       Beispiel Haus (Verschachtelung: 3 Stufen)
       Aufbau der Stufen:
```

```
	// if-Stufe 1
		// if-Stufe 2
			// if-Stufe 3
			// else-Stufe 3
		// else-Stufe 2
	// else-Stufe 1
*/

$haus = true;
$hausTuer = true;
$hausSchluessel = true;

if ($haus == true) {
	echo "Haus in Sicht - Tür vorhanden?";
	if ($hausTuer == true) {
		echo "Tür vorhanden - passender Schlüssel?";
		if ($hausSchluessel == true) {
			echo "Passender Schlüssel - Haus betreten!";
		} else {
			echo "Leider keinen passenden Schlüssel!";
		}
	} else {
		echo "Leider hat das Haus keine Tür";
	}
} else {
	echo "Kein Haus in Sicht!";
}
?>
```

Ausgabe:

```
Haus in Sicht - Tür vorhanden?
Tür vorhanden - passender Schlüssel?
Passender Schlüssel - Haus betreten!
```

Tipp: Ein Limit für die Anzahl von Verschachtelung gibt es nicht. Aber je weniger Stufen die Verschachtelung verwendet, desto leichter ist der Code zu verstehen. Sie sollten bei der Verschachtelung die Faustregel beachten, nicht mehr als drei Stufen zu verwenden, da Sie sonst den Überblick verlieren könnten.

Bei der Verschachtelung von Kontrollstrukturen sollten Sie unbedingt darauf achten, dass Sie Ihre Codezeilen einrücken. Das wirkt sich vor allem besonders positiv auf die Lesbarkeit des Codes aus.

Beispiel:

```
<?php
// switch-Anweisung in der sich if-Anweisungen befinden.
$lohn = 1000;
$mitarbeiter = "Mike";

// Ausgabe - Mike du erhälst 1000 Euro pro Monat
switch ($lohn) {
```

```
        case 1000:
                if ($mitarbeiter == "Mike") {
                        echo "Mike du erhälst 1000 Euro pro Monat";
                }
                break;
        case 2000:
                if ($mitarbeiter == "Gülten") {
                        echo "Gülten du erhälst 2000 Euro pro Monat";
                }
                break;
        default:
                echo "Sie sind kein Mitarbeiter unserer Firma!";
}
?>
```

Sie sehen, eine Verschachtelung kann durch das Einrücken der Codezeilen um einiges besser überblickt werden.

Hinweis: Die Verschachtelung lässt sich natürlich mit sämtlichen Kontrollstrukturen durchführen.

1.7.10 break

Diese Anweisung darf nur innerhalb von `for-`, `foreach` `while-`, `do..while-` oder `switch-`Anweisungen oder in einem Anweisungsblock, der mit einer bestimmten `case-`Bedingung in einer `switch`-Anweisung verknüpft ist, verwendet werden. Wird die `break`-Anweisung ausgeführt, wird die aktuell ausgeführte Schleife verlassen. Diese Anweisung wird normalerweise dazu verwendet, eine Schleife vorzeitig zu beenden.

Beispiel:

```
<?php
// while-Anweisung (mit Break)
$zufall = 1;
// Ausgabe - 1 2 3 4 5
while ($zufall <= 10) {
        echo $zufall;
        if ($zufall == 5) {
                break;
        }
        $zufall++;
}
?>
```

Diese `while`-Schleife wird so lange durchlaufen, bis die Variable `$zufall` den Wert 5 aufweist. Sollte dies der Fall sein, wird der Schleifendurchlauf durch `break` beendet.

1.7.11 continue

Die `continue`-Anweisung steht mit der `break`-Anweisung in einem sehr engen Zusammenhang. Wie schon die `break`-Anweisung, kann auch `continue` nur innerhalb von `while`-, `do-while`-, `for`- und `foreach`-Anweisungen verwendet werden. Wenn die `continue`-Anweisung ausgeführt wird, wird der aktuelle Durchlauf der ausgeführten Schleife beendet und die nächste Iteration begonnen. Die `continue`-Anweisung verhält sich dabei in jeder Schleifenart unterschiedlich.

- In einer `while`-Schleife weist `continue` den Interpreter an, den restlichen Teil der Schleife zu übergehen und an den Anfang der Schleife zu springen, wo die Bedingung geprüft wird.
- In einer `do-while`-Schleife weist `continue` den Interpreter an, den restlichen Teil der Schleife zu übergehen und an das Ende der Schleife zu springen, wo die Bedingung geprüft wird.
- In einer `for`-Schleife weist `continue` den Interpreter an, den restlichen Teil der Schleife zu übergehen und zur Auswertung des auf die `for`-Schleife folgenden Ausdrucks zu springen.
- In einer `foreach`-Schleife weist `continue` den Interpreter an, den restlichen Teil der Schleife zu übergehen und zurück an den Anfang der Schleife zu springen, wo der nächste Wert in der Aufzählung verarbeitet wird.

Beispiel:

```
<?php
// while-Anweisung (mit continue)
$zufall = 1;
// Ausgabe - 1 2 3 4 5 6 7 8 9 10
while ($zufall <= 10) {
	echo $zufall;
	$zufall++;
	continue;
	echo "Ich werde nie aufgerufen";
}
?>
```

Beispiel:

```
<?php
$zaehler = 0;
$max = 10;
while($zaehler < $max) {
	if ($zaehler % 2) {
		$zaehler++;
		continue;
	}
	echo "Zähler: $zaehler <br>";
	$zaehler++;
}
?>
```

Ausgabe:

```
Zähler: 0
Zähler: 2
Zähler: 4
Zähler: 6
Zähler: 8
```

Hinweis: `continue` kann optional ein numerisches Argument erhalten, das angibt, wie viele Ebenen von enthaltenen Schleifen übersprungen werden sollen.

1.8 Funktionen und Prozeduren

Funktionen dienen dem Zusammenfassen mehrerer Befehle zu einem Aufruf. Dadurch werden Programme lesbarer, weil klar ist, wozu ein Befehlsblock dient.

Bei einigen Programmiersprachen findet eine Unterscheidung zwischen Funktionen statt, die einen Wert zurückgeben, und solchen, die keinen Wert zurückgeben. In Pascal/Delphi etwa gibt es neben Funktionen, die einen Wert zurückgeben, die Prozeduren, die keinen Wert zurückgeben. PHP macht hier, genau wie C und C++, keinen Unterschied.

Definition:

FUNCTION MEINEFUNK($ARG_1, $ARG_2, ..., $ARG_N) {
ANWEISUNG/EN;
RETURN $RETVAL;
}

Die Funktion erhält die Argumente *'Arg 1'* bis *'Arg n'* übergeben und gibt den Wert der Variablen *'retval'* zurück. Wird kein *'return'* in der Funktion benutzt, hat man dasselbe Verhalten wie bei einer Prozedur in Pascal/Delphi. Rückgabewerte müssen, im Gegensatz zu Pascal/Delphi, nicht abgefragt werden.

Beispiel:

```
function quadratSumme($num) {
       return $num * $num ;
}
echo quadratSumme(4); // Ergebnis: 16
```

return

Der Befehl `return` enthält als Parameter den Rückgabewert. Dies kann ein Ausdruck oder eine einzelne Variable sein. An welcher Stelle innerhalb der Funktion Sie `return` einsetzen, spielt keine Rolle. Auch die mehrfache Notation ist zulässig – hier wird nach dem Motto »Wer zuerst kommt, malt zu erst« verfahren, und die Funktion wird sofort verlassen. Aus Gründen sauberer Programmierung sollten Sie jedoch `return` nur einmal an Ende einer Funktion einsetzen.

Späte Bindung in PHP

Seit PHP4 können Sie eine Funktion an jeder beliebigen Stelle Ihres Skripts definieren. Der PHP-Interpreter verarbeitet als Erstes sämtliche Funktionsdefinitionen und anschließend den anderen Bestandteile des Skripts.

1.8.1 Funktionsargumente

Die Übergabe von Argumenten an die Funktion, die dann dort Parametern entsprechen, kann auf unterschiedliche Art und Weise erfolgen. Im einfachsten Fall geben Sie Variablennamen an:

```
function schreiben($spruch, $vorname) {
 echo "$spruch, $vorname";
}
```

Der Aufruf der Funktion kann nun erfolgen, indem Werte eingesetzt werden:

```
schreiben("Herzlich Willkommen", "Caroline");
```

Der Rückgabewert interessiert hier nicht, also wird auch kein `return` benötigt. Beim Aufruf können natürlich auch Variablen eingesetzt werden. Das folgende Beispiel entspricht der ersten Variante:

```
$vorname = "Caroline";
$spruch = "Herzlich Willkommen";

function schreiben($spruch, $vorname) {
 echo "$spruch, $vorname";
}
schreiben($spruch, $vorname);
```

Lokale und globale Variablen

Die Variablennamen können gleich sein, da Variablen innerhalb einer Funktion lokal sind und nicht im Konflikt mit den globalen Variablen stehen.

Beispiel:

```
<?php
function schreiben($spruch, $vorname) {
 echo "$spruch, $vorname <br>";
 $spruch = "Neuer Spruch";
 $vorname = "Neuer Name";
}
$vorname = "Caroline";
$spruch = "Herzlich Willkommen";
schreiben($spruch, $vorname);
schreiben($spruch, $vorname);
?>
```

Ausgabe:

```
Herzlich Willkommen, Caroline
Herzlich Willkommen, Caroline
```

Übergabe per Referenz

Die Veränderung der übergebenen Variablen kann aber manchmal erwünscht sein. So könnte eine Funktion sämtliche übergebenen Werte in `$inhalt` kursiv schreiben, beispielsweise für Zitate.

```
<?php
function schreibeZitat(&$inhalt) {
 $inhalt = "<i>$inhalt</i>";
}
$spruch = "Hallo Welt!";
echo "$spruch<br>";
schreibeZitat($spruch);
echo $spruch;
?>
```

Ausgabe:

```
Hallo Welt!
Hallo Welt!
```

Der Name der Variablen spielt keine Rolle. Entscheidend ist die Kennzeichung der Argumente mit &. In diesem Fall wird der globalen Variablen der neue Wert zugewiesen. Diese Vorgehensweise wird als Parameterübergabe durch Referenz bezeichnet (by reference). Der normale Weg ist die Übergabe von Werten (by value), Änderungen wirken sich dann nicht auf die Quelle aus.

1.8.2 Vorgabewerte für Parameter

Eine Funktion kann C++-artige Vorgabewerte für skalare Parameter wie folgt definieren:

```
<?php
function mixen ($typ = "Kaffee") {
    return "Tasse $typ<br>";
}
echo mixen ();
echo mixen ("Tee");
?>
```

Ausgabe:

```
Tasse Kaffee
Tasse Tee
```

Der Vorgabewert muss ein konstanter Ausdruck sein, darf also keine Variable und kein Element einer Klasse sein. Bitte beachten Sie, dass alle Vorgabewerte rechts von den Nicht-Vorgabeparametern stehen sollten – sonst wird es nicht funktionieren.

Beispiel:

```
<?php
function mixen ($typ = "Maxi", $geschmack) {
    return " $typ Becher $geschmack-Mix.";
}
echo mixen ("Kirsch");
?>
```

Ausgabe:

```
Warning: Missing argument 2 for mixen() in C:\php5xampp-
dev\htdocs\php5\test2.php on line 2
Kirsch Becher -Mix.
```

Lösung:

```
<?php
function mixen ($geschmack, $typ = "Maxi") {
    return "$typ Becher $geschmack-Mix.";
}
echo mixen ("Kirsch");
?>
```

Ausgabe:

```
Maxi Becher Kirsch-Mix.
```

1.8.3 Variable Argumentlisten

In PHP3 konnten noch keine variablen Argumentlisten verwendet werden. Um diesen Nachteil zu umgehen, wurden Arrays eingesetzt. Sie können die Anzahl der Argumente dann mit Hilfe von Array-Funktionen bestimmen.

Beispiel:

```
<?php
function formatieren($tag,$argumente) {
    $anzahlargs = count($argumente);
    for ($i = 0; $i < $anzahlargs; $i++) {
      $resultat .= "<".$tag.">".$argumente[$i]."</".$tag.">";
    }
    return $resultat;
}
$personen = array("Matthias","Caroline","Gülten");
// Ausgabe - Kursiv
echo formatieren ("i",$personen) . "<br>";
// Ausgabe - Unterstrichen
echo formatieren ("u",$personen);
?>
```

Ausgabe:

MatthiasCarolineGülten
MatthiasCarolineGülten

Wie man sieht, besteht der Trick darin, `array` zu verwenden. Die Anzahl der Argumente kann leicht mit der Funktion `count` ermittelt werden. Für die Übergabe wird das Array mit der Funktion `array` aus Einzelwerten erzeugt. Wie viele dies sind, spielt nun keine Rolle mehr.

Seit PHP4 sind variable Argumentlisten zulässig. Dies wird bei internen Funktionen wie beispielsweise `max` verwendet. Die Funktion ermittelt den maximalen Wert einer beliebig langen Liste von Argumenten.

Es gibt spezielle Funktionen, mit denen der Parameterblock untersucht werden kann:

- `func_num_args` – Diese Funktion gibt die Anzahl der Parameter zurück.
- `func_get_arg` – Hiermit ermitteln Sie einen konkreten Parameter, die Auswahl erfolgt durch eine Nummer.
- `func_get_args` – Diese Funktion gibt ein Array mit den Parametern zurück.

Beispiele:

```
<?php
function meinefunk() {
    $anzahlargs = func_num_args();
    echo "Anzahl der Argumente: $anzahlargs";
}
// Ausgabe - Anzahl der Parameter (3)
meinefunk (10, 20, 30);
?>
```

```
<?php
function meinefunk() {
    $anzahlargs = func_num_args();
    echo "Anzahl der Argumente: $anzahlargs<br>";
    if ($anzahlargs >= 2) {
        echo "Das 2. Argument ist: " . func_get_arg (1);
    }
}
// Ausgabe
// Anzahl der Argumente: 3
// Das 2. Argument ist: 20
meinefunk (10, 20, 30);
?>
```

```
<?php
function meinefunk() {
    $anzahlargs = func_num_args();
    $arg_liste = func_get_args();
    for ($i = 0; $i < $anzahlargs; $i++) {
        echo "Argument $i ist: " . $arg_liste[$i] . "<br>";
    }
}
```

```
// Ausgabe
// Argument 0 ist: 10
// Argument 1 ist: 20
// Argument 2 ist: 30
meinefunk (10, 20, 30);
?>
```

1.8.4 Rückgabewerte

Wie Sie bereits erfahren haben, können Sie mit dem optionalen Befehl `return` Werte zurückgeben. Es können Variablen jedes Typs zurückgegeben werden, auch Listen oder Objekte. Sie beenden sofort die Funktion, und die Kontrolle wird wieder an die aufrufende Zeile zurückgegeben.

Rückgabe mehrere Werte

Ist es möglich, mehr als einen Wert zurückzugeben? Nein. Ein ähnliches Resultat kann man jedoch durch die Rückgabe von Listen erreichen. Hilfestellung gibt dabei der Befehl `list`.

Beispiel:

```
<?php
function ausgaben() {
   return array (10, 20, 30);
}
list ($erste, $zweite, $dritte) = ausgaben();
// Ausgabe (20)
echo $zweite;
?>
```

1.8.5 Fehlercode als Rückgabewert

Eine komplexe Funktion sollte nicht nur den üblichen Rückgabewert erzeugen, sondern bei Bedarf auch noch einen Fehlercode. Dieser Fehlercode wird ebenfalls in einer `return`-Anweisung definiert. Kann die Funktion die erwartete Operation nicht ausführen, soll sie stattdessen den Fehlercode liefern. Der Entwickler ist dann in der Lage, den Rückgabewert in einer `if`-Abfrage auszuwerten und für die Programmsteuerung zu nutzen. Das folgende Beispiel erfüllt diese Anforderung:

Beispiel:

```
function bruttoberechnen($betrag, $mwst) {
       if ($betrag > 0 && $mwst > 0) {
              return $betrag + ($betrag * $mwst / 100);
       } else {
              return -1;
       }
}
```

Die Funktion erwartet die Angabe eines Nettobetrags und der Mehrwertsteuer, daraus wird dann der Bruttobetrag errechnet. Es wird überprüft, ob die Variablen einen Wert größer 0 liefern. Nur wenn das der Fall ist, erfolgen Berechnung und Rückgabe des berechneten Wertes. Wenn eine der Variablen nur einen Wert kleiner oder gleich 0 enthält, wird der alternative `else`-Zweig ausgeführt. Die dort untergebrachte `return`-Anweisung erzeugt dann den Rückgabewert –1. Diesen Wert verwenden Sie als Fehlercode. Beim Aufruf der Funktion können Sie den Fehlercode berücksichtigen und auswerten.

```
$resultat = bruttoberechnen (100, 0);          // -1

if ($resultat > -1) {
       echo $resultat;
} else {
       echo "Falsche Argumente!";
}
```

Hinweis: In den vorangegangenen Beispielen wurde als Rückgabewert für die Anzeige einer Fehlerfunktion immer der Wert –1 verwendet. Sie können natürlich jeden beliebigen Wert dafür vorgeben. Der Wert sollte sich nur deutlich von den normalen Funktionswerten unterscheiden. Viele Funktionen geben bei einem Fehler beispielsweise den Wahrheitswerts `false` (0) zurück. Bei String-Funktionen können Sie auch einen Leerstring verwenden.

1.8.6 Dynamisch Funktionen erzeugen

Sie möchten eine Funktion anlegen und definieren, während das Skript vom PHP-Interpreter abgearbeitet wird. Hierfür stellt Ihnen PHP die Funktion `create_function()` zur Verfügung.

Beispiel:

```
<?php
$addieren = create_function('$a,$b', 'return $a+$b;');
// Ausgabe (15)
echo $addieren(10,5)
?>
```

Der erste Parameter für `create_function()` ist ein String, der die Argumente der Funktion enthält, und der zweite ist der Anweisungsblock. Die Verwendung von `create_function()` ist außerordentlich langsam. Sie sollten daher eine Funktion vorab definieren und nur in Ausnahmefällen auf `create_function()` zurückgreifen.

1.8.7 Bedingte Funktionen

Wenn eine Funktion nur unter bestimmten Bedingungen definiert wird, muss die Definition dieser Funktion noch vor deren Aufruf abgearbeitet werden.

```
<?php
$signal = TRUE;
```

```
function meinefunk() {
  echo "Wurde aufgerufen!";
}
// Ausgabe - Wurde aufgerufen
if ($signal) meinefunk();
?>
```

1.8.8 Verschachtelte Funktionen

Sie können in PHP Kontrollstrukturen verschachteln, dies gilt auch für Funktionen. Im Folgenden Beispiel wird eine Funktion `zeigeAutoren()` definiert. Sie enthält zwei weitere Funktionen `zeigeAutor()` und `zeigeAutorin()`.

Beispiel:

```
<?php
// Verschachtelte Funktionen
function zeigeAutoren() {
	function zeigeAutor() {
		echo "Matthias Kannengiesser";
	}
	function zeigeAutorin() {
		echo "Caroline Kannengiesser";
	}
	zeigeAutor();
	zeigeAutorin();
}
// Aufruf
zeigeAutoren();
?>
```

Ausgabe:

```
Matthias Kannengiesser
Caroline Kannengiesser
```

Sie greifen, wie Sie sehen, auf die verschachtelten Funktion zu, indem Sie die übergeordnete Funktion `zeigeAutoren()` aufrufen. Dabei verhalten sich die verschachtelten Funktionen wie lokale Variablen. Sie sind somit nur für die übergeordnete Funktion zugänglich (Parent-Funktion). Folgender Aufruf wäre daher außerhalb der Parent-Funktion nicht möglich:

```
// Aufruf (nicht möglich)
zeigeAutor();
```

Tipp: Mit Hilfe der verschachtelten Funktionen haben Sie die Möglichkeit, den Zugriff von außen auszuschließen.

1.8.9 Variablenfunktionen

PHP unterstützt das Konzept der Variablenfunktionen. Wenn Sie an das Ende einer Variablen Klammern hängen, versucht PHP eine Funktion aufzurufen, deren Name der aktuelle Wert der Variablen ist. Dies kann unter anderem für Callbacks, Funktionstabellen usw. genutzt werden.

Beispiel:

```
<?php
function meinefunk()
{
    echo "In meinefunk()<br>";
}

function meinefunk2($arg = '')
{
    echo "In meinefunk2(); der Parameter ist '$arg'.<br>";
}

$func = 'meinefunk';
$func();          // ruft meinefunk() auf

$func = 'meinefunk2';
$func('Funk: Hallo Welt');  // ruft meinefunk2() auf
?>
```

Ausgabe:

```
In meinefunk()
In meinefunk2(); der Parameter ist 'Funk: Hallo Welt'.
```

Variablenfunktionen funktionieren nicht mit Sprachkonstrukten wie `echo()`, `print()`, `unset()`, `isset()`, `empty()`, `include()` und `require()`. Sie müssen Ihre eigenen Wrapperfunktionen verwenden, um diese Konstrukte als variable Funktionen benutzen zu können.

Beispiel:

```
<?php
// Wrapperfunkiton für echo
function sendeecho($string)
{
    echo $string;
}

$func = 'sendeecho';
$func('Echo: Hallo Welt');  // ruft sendeecho() auf
?>
```

Ausgabe:

```
Echo: Hallo Welt
```

1.8.10 Rekursive Funktionen

Sie werden nun noch eine Methode kennen lernen, Funktionen zu verwenden. Es handelt sich um die rekursive Funktion. Dies ist eine Funktion, die sich selbst aufruft. Rekursive Funktionen werden vor allem dort eingesetzt, wo man nicht genau vorherbestimmen kann, wie verschachtelt eine Datenstruktur ist.

Rekursion allgemein

Unter einer Rekursion versteht man die Definition eines Programms, einer Funktion oder eines Verfahrens durch sich selbst. Rekursive Darstellungen sind im Allgemeinen kürzer und leichter verständlich als andere Darstellungen, da sie die charakteristischen Eigenschaften einer Funktion betonen.

Ein Algorithmus heißt rekursiv, wenn er Abschnitte enthält, die sich selbst aufrufen. Er heißt iterativ, wenn bestimmte Abschnitte des Algorithmus innerhalb einer einzigen Ausführung des Algorithmus mehrfach durchlaufen werden. Iteration und Rekursion können oft alternativ in Programmen eingesetzt werden, da man jede Iteration in eine Rekursion umformen kann, und umgekehrt. In der Praxis liegt jedoch oftmals die iterative oder die rekursive Lösung auf der Hand und die dazu alternative Form ist gar nicht so leicht zu bestimmen.

Hinweis: Programmtechnisch läuft eine Iteration auf eine Schleife, eine Rekursion dagegen auf den Aurfuf einer Methode durch sich selbst hinaus.

Fallbeispiel:

Nehmen Sie einen Papierstreifen und versuchen Sie ihn so zu falten, dass sieben genau gleich große Teile entstehen. Dabei dürfen Sie kein Lineal oder sonstiges Hilfsmittel verwenden. Sie werden feststellen, dass die Aufgabe gar nicht so einfach ist.

Wenn Sie statt sieben jedoch acht Teile machen, wird es plötzlich einfach: Einmal in der Mitte falten, dann nochmals falten .....

Genau das ist das Prinzip der Rekursion: Ein Problem wird auf ein »kleineres« Problem zurückgeführt, das wiederum nach demselben Verfahren bearbeitet wird. Rekursion ist eine wichtige algorithmische Technik.

Am obigen Beispiel haben Sie auch gesehen, dass die Lösung einer Aufgabe, wenn sie mit Rekursion möglich ist, sehr einfach gelöst werden kann. Hier nun zwei rekursive Fallbeispiele.

Fakultät einer Zahl n (n!) rekursiv

Bei der Berechnung der Fakultätsfunktion geht man aus von der Definition der Fakultät:

```
0! = 1
n! = 1 * 2 * 3 * ... * n für n>0
```

Man beginnt bei den kleinen Zahlen. Der Wert von *O! ist 1*, der Wert von *1! ist 0!*1*, der Wert von *2! ist 1!*2*, der Wert von *3! ist 2!*3* usw.

Nimmt man eine Schleifenvariable `$i`, die von 1 bis n durchgezählt wird, so muss innerhalb der Schleife lediglich der Wert der Fakultät vom vorhergehenden Schleifendurchlauf mit dem Wert der Schleifenvariablen multipliziert werden.

Lösung 1 (iterativ):

```
<?php
function fak($n) {
       $resultat = 1;
    for ($i=1; $i<=$n; $i++) {
       $resultat = $i*$resultat;
       }
    return $resultat;
}
echo fak(1) . "<br>";
echo fak(2) . "<br>";
echo fak(3) . "<br>";
echo fak(4) . "<br>";
?>
```

Ausgabe:

```
1
2
6
24
```

Bei der rekursiven Berechnung der Fakultätsfunktion geht man ebenfalls von der Definition der Fakultät aus, beginnt jedoch nicht bei den kleinen Zahlen, sondern bei den großen Zahlen und läuft dann zu den kleinen Zahlen zurück (recurrere = lat. zurücklaufen).

```
n! = 1 * 2 * 3 * ... * n für n>0
0! = 1
```

Im Gegensatz zur Iteration schaut man jetzt auf die Funktion $f(n)$ und versucht, diese Funktion durch sich selbst, aber mit anderen Aufrufparametern darzustellen. Die mathematische Analyse ist hier ziemlich leicht, denn man sieht sofort, dass

$$f(n) = n * f(n-1)$$

ist. Damit hat man das Rekursionsprinzip bereits gefunden. Die Rekursion darf jedoch nicht ewig andauern, sie muss durch ein Abbruchkriterium angehalten werden. Dies ist die Bedingung $0!=1$.

Lösung 2 (rekursiv):

```
<?php
function fak($n){
     if ($n==0) {
          return 1;
```

```
        } else {
         return $n*fak($n-1);
        }
}

echo fak(1) . "<br>";
echo fak(2) . "<br>";
echo fak(3) . "<br>";
echo fak(4) . "<br>";
?>
```

Ausgabe:

```
1
2
6
24
```

Der `else`-Zweig wird angesprungen, wenn die Abbruchbedingung nicht erreicht wird. Hier ruft die Methode sich selbst wieder auf. Dabei ist zu beachten, dass die Anweisung, die die Methode aufruft, noch gar nicht abgearbeitet werden kann, solange die aufgerufene Methode kein Ergebnis zurückliefert.

Der `if`-Zweig wird angesprungen, wenn die Abbruchbedingung erreicht ist.

Um Ihnen die Analyse zu vereinfachen, haben wir die rekursive Lösung etwas angepasst.

```
<?php
function fak($n){
        //Aufruf
        echo "Eintritt mit $n<br>";
                if ($n==0) {
                        return 1;
                } else {
                        $ergebnis = $n*fak($n-1);
                        // Rücksprung
                        echo "Austritt mit $n: $ergebnis<br>";
                        return $ergebnis;
                }
}

fak(4);
?>
```

Ausgabe:

```
Eintritt mit 4
Eintritt mit 3
Eintritt mit 2
Eintritt mit 1
Eintritt mit 0
Austritt mit 1: 1
Austritt mit 2: 2
Austritt mit 3: 6
Austritt mit 4: 24
```

Zu jedem Aufruf gehört auch genau ein Rücksprung! Sie können dies beim Programmablauf mit Hilfe der eingefügten Ausgabezeilen nachvollziehen.

Man beachte die Anzahl der Aufrufe. Im iterativen Fall wird die Methode ein einziges Mal aufgerufen und im Schleifenkörper n mal durchlaufen. Bei der rekursiven Berechnung wird die Methode n+1 mal aufgerufen. Dabei muss jedes Mal Speicherplatz auf dem Stack reserviert werden. Da Parameter als lokale Variablen kopiert werden, wird auch dabei Speicherplatz verbraucht. Bei Rekursionen ist daher unbedingt darauf zu achten, dass die Abbruchbedingung bzw. das Rekursionsende korrekt implementiert wurde.

Türme von Hanoi

Ein Turm aus n verschieden großen Scheiben soll mit möglichst wenig Zügen (Umsetzungen) vom Startplatz S auf den Zielplatz Z transportiert werden. Ein dritter Platz steht als Hilfsplatz H zur Verfügung. Dabei gelten die folgenden Spielregeln:

- Jeder Zug besteht darin, eine Scheibe zu bewegen.
- Niemals darf eine größere Schiebe über einer kleineren Scheibe zu liegen kommen.

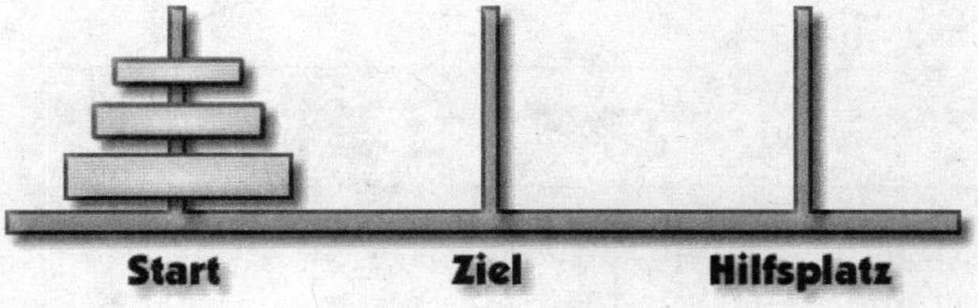

Bild 1.9: Türme von Hanoi

Schlüsselprinzip: Rekursion

Wenn wir das Problem in einem etwas einfacher gelagerten Fall lösen können, dann kann man diese Lösung auch für den schwierigeren Fall verwenden.

2 Scheiben:

- - übertrage den Turm mit 1 Scheibe vom Start- auf den Hilfsplatz
- - bewege die Scheibe 2 vom Start- auf den Zielplatz
- - übertrage den Turm mit 1 Scheibe vom Hilfs- auf den Zielplatz

3 Scheiben:

- - übertrage den Turm mit 2 Scheiben vom Start- auf den Hilfsplatz
- - bewege die Scheibe 3 vom Start- auf den Zielplatz
- - übertrage den Turm mit 2 Scheiben vom Hilfs- auf den Zielplatz
- ...

n Scheiben:

- - übertrage den Turm mit n-1 Scheiben vom Start- auf den Hilfsplatz
- - bewege die Scheibe n vom Start- auf den Zielplatz
- - übertrage den Turm mit n-1 Scheiben vom Hilfs- auf den Zielplatz

Syntax der Aufrufe: (beachten Sie die Baumstruktur)

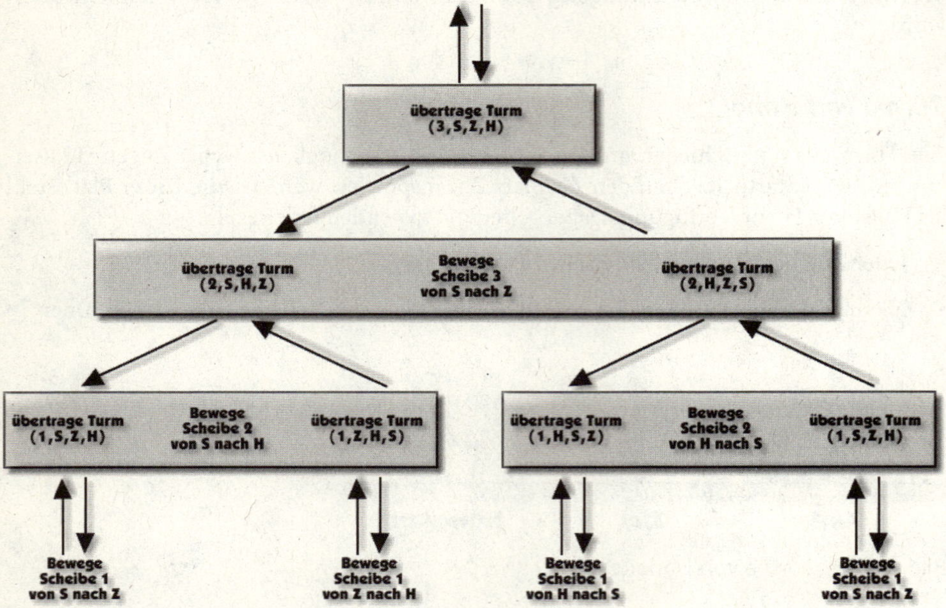

Bild 1.10: Ablauf der Rekursion

Lösung:

```
<?php
function setzeTurm($n, $start, $ziel, $hilf) {
    if ($n>0)  {
            setzeTurm ($n-1, $start, $hilf, $ziel);
            echo("Bewege Scheibe $n vom $start-Platz zum $ziel-
Platz.<br>");
            setzeTurm ($n-1, $hilf, $ziel, $start);
    }
}

setzeTurm (3,'Start','Ziel','Hilfsplatz');
?>
```

Ausgabe:

```
Bewege Scheibe 1 vom Start-Platz zum Ziel-Platz.
Bewege Scheibe 2 vom Start-Platz zum Hilfsplatz-Platz.
```

```
Bewege Scheibe 1 vom Ziel-Platz zum Hilfsplatz-Platz.
Bewege Scheibe 3 vom Start-Platz zum Ziel-Platz.
Bewege Scheibe 1 vom Hilfsplatz-Platz zum Start-Platz.
Bewege Scheibe 2 vom Hilfsplatz-Platz zum Ziel-Platz.
Bewege Scheibe 1 vom Start-Platz zum Ziel-Platz.
```

Weitere Beispiele für rekursive Probleme sind:

- Wege aus einem Labyrinth
- Sortierverfahren
- Szierpinski-Dreiecke
- Baum des Pythagoras
- Kockkurven
- Julia- und Mandelbrotmengen
- Logistisches Wachstum
- Fibonacchi-Folge
- Springer-Problem
- 8-Damen-Problem

1.9 Referenzen in PHP

1.9.1 Was sind Referenzen?

Referenzen sind in PHP ein Mechanismus, um verschiedene Namen für den gleichen Inhalt von Variablen zu ermöglichen. Sie sind nicht mit Zeigern in C zu vergleichen, sondern Aliasdefinitionen für die Symboltabelle. PHP unterscheidet zwischen:

- Variablenname
- Variableninhalt

Der gleiche Variableninhalt kann unterschiedliche Namen besitzen. Der bestmögliche Vergleich ist der mit Dateinamen und Dateien im Dateisystem von Unix:

- Variablennamen sind Verzeichniseinträge.
- Variableninhalt ist die eigentliche Datei.

Referenzen können als Hardlinks im Dateisystem verstanden werden.

1.9.2 Was leisten Referenzen?

PHP-Referenzen erlauben es, zwei Variablennamen sich auf den gleichen Variableninhalt beziehen zu lassen. Das heißt im folgenden Beispiel, dass sich `$punkte` und `$punktestand` auf dieselbe Variable beziehen:

```
<?php
$punkte = 1000;
$punktestand = &$punkte;
```

```
// Ausgabe (1000)
echo $punktestand;
?>
```

Achtung: `$punkte` und `$punktestand` sind hier gleichwertig, und `$punkte` ist nicht nur ein Zeiger auf `$punktestand` oder umgekehrt, sondern `$punkte` und `$punktestand` zeigen auf denselben Inhalt.

Seit PHP 4.0.4 kann `&` auch in Verbindung mit `new` verwendet werden.

```
<?php
class Haus
{
        var $etagen;
        function Haus($etagen)
        {
                $this->etagen = $etagen;
        }
}

$meinhaus = &new Haus(2);
$hausetagen = &$meinhaus->etagen;
// Ausgabe (2)
echo $hausetagen;
$hausetagen = 10;
// Ausgabe (10)
echo $meinhaus->etagen;
?>
```

Wenn der `&`-Operator nicht verwendet wird, erzeugt PHP eine Kopie des Objekts. Wenn nun `$this` innerhalb der Klasse verwendet wird, bezieht es sich auf die aktuelle Instanz der Klasse. Die Zuordnung ohne `&` erzeugt eine Kopie der Instanz (d.h. des Objekts) und `$this` wird sich auf die Kopie beziehen. In der Regel will man aus Performance- und Speicherverbrauchsgründen nur eine einzige Instanz einer Klasse erzeugen.

pass-by-reference

Eine weitere Einsatzmöglichkeit von Referenzen ist die Übergabe von Parametern an eine Funktion mit *pass-by-reference*. Dabei beziehen sich der lokale Variablenname und auch der Variablenname der aufrufenden Instanz auf denselben Variableninhalt:

```
<?php
function ausgabe(&$var) {
    return $var++;
}

$zahl=5;
// Ausgabe (5)
echo ausgabe ($zahl);
// Ausgabe (6)
echo $zahl;
?>
```

return-by-reference

Daneben besteht die Möglichkeit, aus Funktionen heraus Werte mit *return-by-reference* zurückzugeben. Das Zurückgeben von Ergebnissen per Referenz aus Funktionen heraus kann in manchen Fällen recht nüzlich sein. Dabei ist folgende Syntax zu beachten:

```
<?php
function &ausgabe($param) {
    return $param;
}

$wert =&ausgabe(5);
// Ausgabe (5)
echo $wert;
?>
```

In diesem Beispiel wird also die Eigenschaft des von `ausgabe()` gelieferten Wertes gesetzt, nicht die der Kopie, wie es der Fall wäre, wenn die Funktion `ausgabe()` ihr Ergebnis nicht per Referenz liefern würde.

Achtung: Im Gegensatz zur Parameterübergabe per Referenz ist bei der Rückgabe mittels Referenz an beiden Stellen die Angabe des & notwendig.

1.9.3 Referenzen aufheben

Wird eine Referenz aufgehoben, so wird nur die Bindung zwischen einem Variablennamen und dem Variableninhalt entfernt. Der Inhalt der Variablen wird nicht gelöscht.

```
<?php
$wert = 10;
$zahl =&$wert;
unset ($wert);
// Ausgabe (10)
echo $zahl;
?>
```

Die Variable `$zahl` wird nicht gelöscht, sondern es wird nur die Bindung des Variablennamens `$wert` an den Variableninhalt aufgehoben. Dieser Variableninhalt ist immer noch über `$zahl` verfügbar.

Hinweis: Auch in diesem Fall sieht man die Analogie zwischen Unix und den Referenzen: Das Aufheben einer Referenz entspricht einem Aufruf von `unlink` unter Unix.

1.9.4 Referenzen entdecken

Viele Sprachelemente von PHP sind intern mit der Benutzung von Referenzen implementiert, daher gilt alles bisher Gesagte auch für folgende Konstrukte:

global references

Die Verwendung von `global $var` erzeugt im aktuellen Gültigkeitsbereich eine Referenz auf die globale Variable `$var`, sie ist also äquivalent zu Folgendem:

```
$var = &$GLOBALS["var"];
```

Dies hat zur Folge, dass das Anwenden von `unset()` auf `$var` keinen Einfluss auf die globale Variable hat.

$this

In einer Objektmethode ist `$this` immer eine Referenz auf die aufrufende Objektinstanz.

1.10 Arrays

Was machen Sie, wenn Sie in Ihrem PHP-Code einen einzelnen Wert, sagen wir den Namen einer Person, speichern wollen? Sie richten eine Variable `$person` ein und speichern in dieser den Wert. Diese Arbeitsweise haben wir bereits erläutert. Was machen Sie jedoch, wenn Sie, sagen wir, zehn Namen von Personen speichern wollen? Sie verwenden zehn Variablen mit Namen `$person1`, `$person2` und so weiter. Was machen Sie, wenn Sie nun hundert Namen von Personen speichern wollen? ... Dieses Spiel könnte man nun bis ins Endlose betreiben. Was Ihnen jedoch dabei klar werden soll, ist die Tatsache, dass Variablen zum Speichern und Verarbeiten von Werten nur dann sinnvoll einzusetzen sind, wenn Sie eine überschaubare Anzahl von Werten haben.

Zusätzlich haben Sie in diesem Beispiel sicher sehr schnell festgestellt, dass die Werte immer Namen von Personen sind, die gespeichert werden sollen. Damit Sie sich nun die Finger nicht Wund tippen müssen, haben Ihnen die PHP-Entwickler den Datentyp Array zur Verfügung gestellt. Diesen werden wir im folgenden Abschnitt genauer durchleuchten, denn Sie haben ihn bereits einige Male im Einsatz gesehen.

1.10.1 Was sind Arrays?

Ein Array ist ein Datentyp, in dem beliebig viele Werte abgespeichert werden können. Während eine Variable eines elementaren Datentyps immer nur einen einzelnen Wert enthält, kann eine Array-Variable eine größere Anzahl verschiedenster Werte enthalten. Das Verhältnis zwischen einer Variablen und einem Array entspricht in etwa dem Verhältnis zwischen einem Segelboot und einem Ozeandampfer oder einem Fahrrad und einem Bus.

Eine Variable ist wie ein Segelboot, das lediglich einer Person Platz bietet. Die Person stellt dabei den Variablenwert dar. Ebenso wie der Wert einer Variablen wechseln kann, kann auch ein Segelboot im Laufe der Zeit von unterschiedlichen Personen verwendet werden. Wenn Sie nun wissen wollen, wem das Segelboot gehört, müssen Sie wissen, wie Sie zu diesem Segelboot gelangen. Zu diesem Zweck hat jedes Segelboot einen Heimathafen, ebenso wie jede Variable einen Variablennamen hat, über den Sie auf die Variable zugreifen können.

Wenn Sie ein Array verwenden, führt Sie der Array-Name lediglich zu dem Array, also zu einem Datenbehälter, in dem mehrere Werte abgelegt sein können. Der Name des Arrays führt Sie aber noch nicht zu einem einzelnen, in der Array-Struktur abgelegten Wert. Ebenso führt Sie der Heimathafen eines Ozeandampfer lediglich zum Ozeandampfer, aber noch nicht zu einer bestimmten, in dem Ozeandampfer befindlichen Wohneinheit. Dazu fehlt Ihnen noch die Angabe, wo im Ozeandampfer Sie die gesuchte Wohneinheit finden. Im Falle des Arrays nutzt man zur Adressierung der einzelnen Werte im Array die Tatsache, dass alle Werte im Array durchnummeriert sind, man bezeichnet dies auch als indiziert. Um auf einen bestimmten Wert im Array zuzugreifen, hängt man daher die Nummer des Wertes in eckigen Klammern an den Array-Namen an.

1.10.2 Terminologie

Eine Array-Variable ist eine ganz normale Variable, die sich allerdings dadurch auszeichnet, dass sie keinen einfachen Wert wie Zahlen, Strings etc., sondern ein Array enthält. Ein Array ist in diesem Sinne eine Datenstruktur, die in sich beliebig viele Elemente aufnehmen kann.

Die Elemente eines Arrays können Werte wie Zahlen, Strings, boolesche Werte, aber auch andere Arrays, Objekte oder Funktionen sein.

Im Allgemeinen wird nur selten zwischen Array und Array-Variablen unterschieden, d.h., man spricht nicht von der Array-Variablen `$meinFeld`, die ein Array enthält, sondern man sagt einfach: »das Array `meinFeld`«. Dieser Sprachregel werden wir uns anschließen und lediglich in Fällen, wo es für das Verständnis wichtig ist, zwischen Array und Array-Variable unterscheiden.

1.10.3 Arrays erzeugen

Arrays kann man auf unterschiedlichste Weise erzeugen. Wir stellen Ihnen die Möglichkeiten zur Erzeugung eines Arrays im folgenden Abschnitt vor.

Indizierte Arrays

Um beispielsweise die Namen von bestimmten Personen zu speichern, können Sie indizierte Arrays verwenden. Hierzu benötigen Sie folgende Schreibweise:

```
$personen[] = "Matthias";
$personen[] = "Caroline";
$personen[] = "Gülten";
$personen[] = "Toni";
```

Daraus entsteht ein indiziertes Array. Der Index entsteht, indem jeder neue Wert an das Ende angehängt wird. Indizierte Arrays beginnen von 0 mit der Indizierung. Sie können natürlich auch gleich die Indexwerte einsetzen. Das folgende Beispiel entspricht dem vorhergehenden:

```
$personen[0] = "Matthias";
$personen[1] = "Caroline";
$personen[2] = "Gülten";
$personen[3] = "Toni";
```

Was die Indizierung betrifft, kann man sich Folgendes merken:

- Die Indizierung beginnt bei 0.
- Die letzte Indexnummer eines Arrays entspricht der Anzahl der Einträge bzw. Elemente (n) minus 1 (n-1).

Sie müssen bei Zuweisungen nicht gezwungenermaßen Indizes angeben. Sie können beispielsweise ein leeres Array erzeugen, um sicherzugehen, dass der PHP-Interpreter dies erkennt, und anschließend das Array mit Werten füllen.

```
$daten = array();
$daten[] = "Erster Eintrag";
$daten[] = "Zweiter Eintrag";
```

array()

Als Alternative können Sie mit `array()` arbeiten.

```
$personen = array("Matthias","Caroline","Gülten","Toni");
```

> **Tipp:** `array()` kann zusätzlich verschachtelt werden, um Arrays von Arrays von Arrays usw. zu erzeugen. Hiermit lassen sich komplexe Datenstrukturen abbilden.

Zur Ausgabe der im Array enthaltenen Einträge gehen Sie wie folgt vor:

```
echo "$personen[0]<br>";
echo "$personen[1]<br>";
echo "$personen[2]<br>";
echo "$personen[3]<br>";
```

Assoziative Arrays

Von assoziativen Arrays oder Hashes spricht man, wenn die Elemente im Array nicht über Indizes, sondern über Strings bzw. Schlüssel angesprochen werden. Das bereits gezeigte Beispiel könnte als assoziatives Array wie folgt aussehen:

```
$personen["P1"] = "Matthias";
$personen["P2"] = "Caroline";
$personen["P3"] = "Gülten";
$personen["P4"] = "Toni";
```

Zur Ausgabe der im Array enthaltenen Einträge gehen Sie wie folgt vor:

```
echo $personen["P1"] ."<br>";
echo $personen["P2"] ."<br>";
echo $personen["P3"] ."<br>";
echo $personen["P4"] ."<br>";
```

Ein assoziatives Array lässt sich natürlich auch mit Hilfe von `array()` erzeugen. Hierfür benötigen Sie zur Angabe des Schlüssels den Operator =>.

```
$personen = array(
                    "P1" => "Matthias",
                    "P2" => "Caroline",
                    "P3" => "Gülten",
                    "P4" => "Toni"
                    );
```

Ausgabe:

```
echo $personen["P1"] ."<br>";
echo $personen["P2"] ."<br>";
echo $personen["P3"] ."<br>";
echo $personen["P4"] ."<br>";
```

Dies bringt zwar keinen Performancegewinn, der Quelltext wird jedoch bei konsequenter Anwendung leichter lesbar. Echte Vorteile ergeben sich bei der Nutzung von Daten, deren Umfang und Struktur Sie nicht genau abschätzen können oder nicht kennen. Wenn Sie indizierte Arrays mit Zählschleifen abfragen, kommen nur numerische Indizes in Betracht. Der direkte Zugriff auf ein bestimmtes Element, dessen Index Sie nicht kennen, bleibt Ihnen verwehrt.

Ein Array erzeugen, das nicht mit dem Index 0 beginnt

Sie wollen einem Array mehrere Elemente auf einmal zuweisen, der erste Index soll jedoch nicht 0 sein. Hier ein einfacher Tipp für Sie.

Veranlassen Sie `array()` dazu, einen anderen Index zu verwenden, indem Sie die Syntax mit dem Operator => verwenden.

Beispiel:

```
$personen = array( 1 => "Matthias", "Caroline", "Gülten");
```

Ausgabe:

```
echo $personen[1];
```

Übrigens ist diese Anpassung des Index nicht nur auf die Zahl 1 beschränkt. Sie funktioniert mit jedem Integer-Wert.

Beispiel:

```
$personen = array( 10 => "Matthias", "Caroline", "Gülten");
```

Ausgabe:

```
echo $personen[10];
echo $personen[11];
echo $personen[12];
```

Sie können den Operator auch mehrmals innerhalb eines Aufrufs einsetzen.

Beispiel:

```
$personen = array( 10 => "Matthias", "Caroline", 17 => "Gülten");
```

Ausgabe:

```
echo $personen[10];
echo $personen[11];
echo $personen[17];
```

In PHP ist es sogar möglich, negative Zahlen im `array()`-Aufruf zu verwenden.

Beispiel:

```
$personen = array( -10 => "Matthias", "Caroline", 17 => "Gülten");
```

Ausgabe:

```
echo $personen[-10];
echo $personen[0];
echo $personen[17];
```

Das funktioniert sogar bei Zahlen, die keine Integer-Werte sind. Technisch gesehen ist das, was Sie dann erhalten, ein assoziatives Array.

Hinweis: Sie haben jederzeit die Möglichkeit, numerische und String-Schlüssel in einer array()-Definition zu vermischen, vor dem Gebrauch dieser Möglichkeit ist jedoch zu warnen, da dies zu Verwirrung und Fehlern führen kann.

1.10.4 Arrays löschen

Wenn Sie einem Array eine leere Zeichenkette zuweisen, wird es nicht gelöscht. Dabei gehen zwar sämtliche Einträge verloren, das Array selbst existiert jedoch immer noch. Um ein Array völlig zu löschen, verwenden Sie `unset()`.

```
unset($personen);
```

Array leeren

Sie haben auch die Möglichkeit, ein Array zu leeren, anstatt es zu löschen. Ein Array wird mit Hilfe von `array()` geleert.

```
$personen = array();
```

1.10.5 Mehrdimensionale Arrays

Die Elemente eines Arrays können nicht nur Werte einfacher Datentypen (Zahlen, Strings, boolesche Werte), sondern auch Objekte oder andere Arrays sein. Letzteres eröffnet einige interessante Möglichkeiten. Um Ihnen den Einstieg in mehrdimensionale Arrays zu erleichtern, sollten Sie sich folgendes Beispiel anschauen:

```
// Array Erzeugen
// Hinweis: das Array kunden enthält Elemente vom Typ Array
$kunden = array(
        array("Maier","Toni"),
        array("Müller","Fred"),
        array("Schmidt","Bernd")
);
// Wie kommen Sie nun an die Vornamen der Kunden heran?
echo $kunden[0][1];          // Ergebnis: Toni
echo $kunden[1][1];          // Ergebnis: Fred
echo $kunden[2][1];          // Ergebnis: Bernd
```

Was dabei sicher auffällt, ist die besondere Struktur des Arrays `$kunden`. Es enthält wiederum Arrays. Jeder Kunde stellt ein eigenes Array dar, das Elemente besitzt. Die Elemente der ungeordneten bzw. verschachtelten Arrays sind der Nachname und der Vorname des jeweiligen Kunden. Das Auslesen der Vornamen aus dem Array `$kunden` sollten Sie sich wie das Durchschauen von Akten vorstellen. In der ersten eckigen Klammer steht der Index des Arrays `$kunden`. Mit Hilfe des Index können Sie die einzelnen Akten einsehen. Im Beispiel haben Sie davon drei zur Auswahl. Die Akte des ersten Kunden trägt den Index 0, da diese Akte im Array `$kunden` das erste Element symbolisiert. Sie haben nun die Akte.

In der zweiten eckigen Klammer steht der Index des untergeordneten Arrays (Akte). Mit Hilfe dieses Index können Sie die Elemente des untergeordneten Arrays abrufen. Es stehen der Nachname, das erste Element (Index 0) sowie der Vorname, das zweite Element (Index 1), zur Verfügung. Der Vorname des ersten Kunden trägt den Index 1, da dieses Element im untergeordneten Array das zweite Element darstellt. Sie sind am Ziel. Um diese Arbeitsweise zu vertiefen, folgt ein weiteres Beispiel.

Fallbeispiel:

Sie sollten sich die Sitzplätze eines Flugzeugs vorstellen. Stellen Sie sich 40 Sitzplätze verteilt auf 10 Reihen zu je 4 Sitzplätzen vor. Ihre Aufgabe soll es nun sein, die Belegung dieser Sitzplätze in einem Programm zu verwalten und mit Hilfe von PHP umzusetzen. Hier bietet es sich an, die Plätze in Form eines Arrays zu verwalten.

Beispiel:

```
// Array Erzeugen (leeres Array)
$sitze = array();
```

Dieser Ansatz erscheint auf den ersten Blick recht gut, nur gibt es ein Problem: Die Anordnung der Plätze ist jeweils in 10 Reihen zu je 4 Sitzplätzen aufgeteilt. In dem Array `$sitze` haben Sie jedoch nur die Möglichkeit, die Elemente eindimensional anzuordnen, ohne zwischen Reihen und Sitzplätzen pro Reihe zu unterscheiden. Sie merken dies vor allem dann, wenn jemand Platz 25 in Reihe 7 bucht und Sie dieses Element im Array auf `true` setzen wollen, `true` repräsentiert in diesem Fall belegt.

Geschickter ist es, jede einzelne Reihe als ein eigenes Array zu betrachten und das gesamte Flugzeug demnach als ein Array von zehn untergeordneten Array-Elementen anzusehen.

Beispiel:

```
// For-Schleife (legt die untergeordneten Arrays fest)
for ($i = 0; $i < 10; $i++) {
       $sitze[$i] = array(0,0,0,0);
}
```

Wie Sie sehen, ist noch eine `for`-Schleife eingesetzt worden, um Ihnen das Eingeben der untergeordneten Arrays zu ersparen. Der nächste Schritt besteht darin, die Elemente für die einzelnen Sitzplätze auf `false` zu setzen, um anzuzeigen, dass sie nicht belegt sind. Dazu werden wir zwei verschachtelte `for`-Schleifen verwenden. Die äußere `for`-Schleife geht die Elemente im Array `sitze` durch, sprich die einzelnen Reihen. Die innere `for`-Schleife geht die einzelnen Plätze des aktuellen Reihen-Arrays durch. Auf die einzelnen Elemente greift man dann über zwei Indexangaben zu. Die erste bezeichnet die Reihe, die zweite den Platz in der Reihe.

Beispiel:

```
// Zuweisung der Belegung (Ausgangsituation: false)
for ($reihe = 1; $reihe <= count($sitze); $reihe++) {
       for ($platz = 1; $platz <= count($sitze[$reihe-1]); $platz++) {
              $sitze[$reihe-1][$platz-1] = 0;
       }
}
```

Nun sollten Sie zur Probe einen Sitzplatz buchen, wie wäre es mit Sitzplatz 25 in Reihe 7, anschließend wird die gesamte Belegung ausgegeben.

Beispiel:

```
// Sitzplatz 25 (Reihe 7) belegen
$sitze[6][0] = "belegt";
// Ausgabe der Belegung im Ausgabefenster
for ($reihe = 1; $reihe <= count($sitze); $reihe++) {
       print_r($sitze[$reihe-1]);
}
```

Beispiel vollständig:

```
<pre>
<?php
$sitze = array();
// For-Schleife (legt die untergeordneten Arrays fest)
for ($i = 0; $i < 10; $i++) {
	$sitze[$i] = array(0,0,0,0);
}

// Zuweisung der Belegung (Ausgangsituation: false)
for ($reihe = 1; $reihe <= count($sitze); $reihe++) {
	for ($platz = 1; $platz <= count($sitze[$reihe-1]); $platz++) {
		$sitze[$reihe-1][$platz-1] = 0;
	}
}

// Sitzplatz 25 (Reihe 7) belegen
$sitze[6][0] = "belegt";
// Ausgabe der Belegung im Ausgabefenster
for ($reihe = 1; $reihe <= count($sitze); $reihe++) {
	print_r($sitze[$reihe-1]);
}
?>
</pre>
```

Ausgabe:

```
Array
([0] => 0    [1] => 0    [2] => 0    [3] => 0)
Array
([0] => 0    [1] => 0    [2] => 0    [3] => 0)
Array
([0] => 0    [1] => 0    [2] => 0    [3] => 0)
Array
([0] => 0    [1] => 0    [2] => 0    [3] => 0)
Array
([0] => 0    [1] => 0    [2] => 0    [3] => 0)
Array
([0] => 0    [1] => 0    [2] => 0    [3] => 0)
Array
([0] => belegt    [1] => 0    [2] => 0    [3] => 0)
Array
([0] => 0    [1] => 0    [2] => 0    [3] => 0)
Array
([0] => 0    [1] => 0    [2] => 0    [3] => 0)
Array
([0] => 0    [1] => 0    [2] => 0    [3] => 0)
```

Hinweis: Das in diesem Fallbeispiel eingesetzte `count()` wird Ihnen im Abschnitt »Arrayfunktionen« noch näher erläutert.

Was Sie bisher gesehen haben, waren mehrdimensionale lineare Arrays, sprich lediglich indizierte Arrays. Wie sieht es jedoch mit assoziativen Arrays aus? Hierzu sollten Sie sich folgendes Beispiel betrachten:

```
<?php
$personen = array(
                        "P1" => array("Matthias","Kannengiesser"),
                        "P2" => array("Caroline","Kannengiesser"),
                        "P3" => array("Gülten","Kannengiesser"),
                        "P4" => array("Toni","Schmidt")
                        );
echo "Person 1: " . $personen["P1"][0] . " " . $personen["P1"][1];
?>
```

Ausgabe:

```
Person 1: Matthias Kannengiesser
```

Wie sie sehen, lässt sich das Prinzip der mehrdimensionalen Arrays auch auf assoziative Arrays anwenden, ja sogar eine Kombination aus indizierten und assoziativen Arrays lässt sich ohne weiteres darstellen. Was die Ausgabe bzw. Verarbeitung der Array-Elemente betrifft, stehen Ihnen noch Alternativen in der Schreibweise zur Verfügung, hier einige Beispiele:

```
// Ohne Anführungszeichen
echo "Person 1: " . $personen[P1][0] . " " . $personen[P1][1];
// Mit einfachen Anführungszeichen
echo "Person 1: " . $personen['P1'][0] . " " . $personen['P1'][1];
// Mit doppelten Anführungszeichen
echo "Person 1: " . $personen["P1"][0] . " " . $personen["P1"][1];
```

Natürlich können Sie auch in diesen Fällen eine Schleife verwenden, um die einzelnen Elemente des Arrays zu durchlaufen.

Beispiel:

```
<?php
$personen = array(
                        "P1" => array("Matthias","Kannengiesser"),
                        "P2" => array("Caroline","Kannengiesser"),
                        "P3" => array("Gülten","Kannengiesser"),
                        "P4" => array("Toni","Schmidt")
                        );
// Ohne Anführungszeichen
for ($i = 1; $i <= count($personen); $i++) {
        echo "Person $i: " . $personen[P.$i][0] . " " . $personen[P.$i][1]
. "<br>";
}
// Mit einfachen Anführungszeichen
for ($i = 1; $i <= count($personen); $i++) {
        echo "Person $i: " . $personen['P'.$i][0] . " " .
$personen['P'.$i][1] . "<br>";
}
// Mit doppelten Anführungszeichen
```

```
for ($i = 1; $i <= count($personen); $i++) {
	echo "Person $i: " . $personen["P".$i][0] . " " .
$personen["P".$i][1] . "<br>";
}
?>
```

In sämtlichen Fällen erfolgt folgende Ausgabe:

```
Person 1: Matthias Kannengiesser
Person 2: Caroline Kannengiesser
Person 3: Gülten Kannengiesser
Person 4: Toni Schmidt
```

Sie könnten natürlich auch eine `foreach`-Schleife einsetzen, um das Array zu durchlaufen.

```
<?php
$personen = array(
			"P1" => array("Matthias","Kannengiesser"),
			"P2" => array("Caroline","Kannengiesser"),
			"P3" => array("Gülten","Kannengiesser"),
			"P4" => array("Toni","Schmidt")
			);
// Mit foreach
foreach ($personen as $wert) {
	echo "Person: " . $wert[0]. " " . $wert[1] . "<br>";
}
?>
```

Ausgabe:

```
Person: Matthias Kannengiesser
Person: Caroline Kannengiesser
Person: Gülten Kannengiesser
Person: Toni Schmidt
```

Wie heißt es so schön? Wer die Wahl hat, hat die Qual.

1.10.6 Arrayfunktionen

In PHP gibt zahlreiche vordefinierte Arrayfunktionen, mit denen die Verarbeitung und Verwaltung von Arrays wesentlich erleichtert wird.

Funktionen für mehrere Elemente

Nachfolgend sind die Funktionen zur Navigation innerhalb eines Arrays und zum Zugriff auf einzelne Array-Elemente zusammengestellt.

Funktion	*Syntax*	*Beschreibung*
array_walk()	$success = array_walk($array, 'func');	Wendet eine benutzerdefinierte Funktion auf die Elemente eines Arrays an.
count()	$anzahl = count($array);	Gibt die Anzahl der Elemente eines Arrays.
sizeof()	$anzahl = sizeof($array);	Gibt die Anzahl der Elemente eines Arrays.
current()	$aktpos = current($array);	Gibt das aktuelle Element eines Arrays zurück.
pos()	$aktpos = pos($array);	Gibt das aktuelle Element eines Arrays zurück.
each()	$eintrag = each($array);	Gibt das nächste Schlüssel-/Werte-Paar eines assoziativen Arrays zurück.
end()	$letzes = end($array);	Setzt den internen Array-Zeiger auf das letzte Element.
key()	$schluessel = key($array);	Gibt den Schlüssel der aktuellen Position des Array-Zeigers zurück.
next()	next($array);	Setzt den internen Array-Zeiger um 1 weiter.
prev()	prev($array);	Setzt den internen Array-Zeiger um 1 zurück.
reset()	$erstes = reset($array);	Setzt den internen Array-Zeiger auf das erste Element eines Arrays zurück.

Sortierfunktionen

Bei der Arbeit mit Arrays und ihren Elementen wird Ihnen sicher schnell die Frage in den Sinn kommen, ob es nicht auch Arrayfunktionen gibt, die Ihnen beim Sortieren der Einträge behilflich sind. Doch, die gibt es.

Sortiert werden kann in unterschiedlichen Sortierrichtungen, entweder nach den Werten der Elemente oder nach deren Schlüsseln.

Funktion	*Syntax*	*Beschreibung*
arsort()	arsort($array);	Sortiert ein Array rückwärts unter Beibehaltung der Zuordnung der Indizes.
asort()	asort($array);	Sortiert ein Array vorwärts unter Beibehaltung der Zuordnung der Indizes.
krsort()	krsort($array);	Sortiert ein assoziatives Array absteigend nach Schlüsseln.
ksort()	ksort($array);	Sortiert ein assoziatives Array aufsteigend nach Schlüsseln.
rsort()	rsort($array);	Sortiert ein eindimensionales Array absteigend.

Funktion	*Syntax*	*Beschreibung*
natcasesort()	natcasesort($array);	Sortiert ein Array in »natürlicher Reihenfolge«, Groß-/Kleinschreibung wird ignoriert.
natsort()	natsort($array);	Sortiert ein Array in »natürlicher Reihenfolge«.
sort()	sort($array);	Sortiert ein eindimensionales Array aufsteigend.
uasort()	uasort($array,func);	Sortiert ein assoziatives Array mit einer Vergleichsfunktion.
uksort()	uksort($array,func);	Sortiert ein assoziatives Array anhand der Schlüssel unter Verwendung einer Vergleichsfunktion.
usort()	usort($array,func);	Sortiert ein Array anhand der Werte unter Verwendung einer Vergleichsfunktion.

Sonstige Arrayfunktionen

Hier noch eine Reihe von Arrayfunktionen, die für spezielle Array-Operationen zur Verfügung gestellt werden:

Funktion	*Syntax*	*Beschreibung*
extract()	extract($array [, extract_type [, prefix]]);	Erstellt aus einem assoziativen Array Variablen. Es behandelt die Schlüssel des assoziativen Arrays `$array` als Variablennamen, und die Werte als Variablenwerte. Seit Version 4.0.5 gibt diese Funktion die Anzahl der extrahierten Variablen zurück.
list()	list($var1,...,$varN) = $array;	Weist einer Gruppe von Variablen Werte in einer Operation zu. Anwendung nur auf indizierte Array möglich.
range()	range(min,max[,step]);	Erzeugt ein Array mit Ganzzahlen aus dem angegebenen Wertebereich von min. bis max. Der Parameter `step` wurde in 5.0.0 als optionaler Parameter eingeführt. Ist ein `step`-Wert angegeben, wird diese Schrittweite zwischen den Elementen in der Sequenz verwendet. Ist `step` nicht angegeben, wird automatisch der Wert 1 für die Schrittweite angenommen.
shuffle()	shuffle($array);	Mischt die Elemente eines Arrays nach dem Zufallsprinzip.

Neue Arrayfunktionen seit PHP4

PHP4 stellt seit der Version 4 eine Reihe von neuen Arrayfunktionen zur Verfügung.

Funktionen	*Syntax*	*Beschreibung*
array_change_key_case()	$array1 = array_change_key_case($array[, case]);	Liefert ein Array mit allen String-Schlüsseln in Klein- (CASE_LOWER) oder Großbuchstaben (CASE_UPPER).
array_chunk()	$array1 = array_chunk ($array, size [, preserve_keys]);	Splittet ein Array in Teile auf. Am Ende kann auch ein Array mit weniger Werten erzeugt werden. Die Arrays werden als Teile eines mehrdimensionalen Arrays erzeugt, welches bei Null beginnend numerisch indiziert ist. Sie können PHP dazu zwingen, die Original-Schlüssel des Arrays `input` beizubehalten, indem Sie den optionalen Parameter `preserve_keys` auf TRUE setzen. Geben Sie FALSE an, werden in jedem erzeugten Array neue numerische Indizes erzeugt, welche bei Null beginnen. Default ist FALSE.
array_combine()	$array1 = array_combine ($arraykeys, $arrayvalues);	Liefert ein Array `$array1` mit Hilfe eines Arrays `$arraykeys`, welches die Schlüssel vorgibt, und einem Array `$arrayvalues`, welches die Werte vorgibt. Die Anzahl der Elemente beider Arrays muss übereinstimmen, sonst wird FALSE zurückgegeben.
array_count_values()	$array1 = array_count_values ($array);	Zählt sämtliche Elemente eines Arrays und gibt die Häufigkeit ihres Auftretens zurück.
array_diff_assoc()	$array1 = array_diff_assoc ($array1,...,$arrayN);	Ermittelt die Unterschiede von Arrays. Die Schlüssel werden für den Vergleich ebenfalls verwendet.
array_diff()	$array1 = array_diff ($array1,...,$arrayN);	Ermittelt die Unterschiede von Arrays. Die Schlüssel bleiben erhalten.
array_fill()	$array1 = array_fill(start_index, num, value);	Füllt ein Array mit Werten.
array_filter()	$array1 = array_filter ($array[, callback function]);	Filtert Elemente eines Arrays mittels einer Callback-Funktion. Ist `$array` ein assoziatives Array, bleiben die Schlüssel erhalten.

Funktionen	*Syntax*	*Beschreibung*
array_flip()	$array1 = array_flip($array);	Vertauscht Werte und Schlüssel in einem Array.
array_intersect_assoc()	$array1 = array_intersect_assoc ($array1,..., arrayN);	Ermittelt die Schnittmenge von Arrays mit einer zusätzlichen Indexüberprüfung.
array_intersect()	$array1 = array_intersect ($array1,..., arrayN);	Ermittelt die Schnittmenge von Arrays.
array_key_exists()	$array1 = array_key_exists (key,search);	Prüft, ob ein Schlüssel in einem Array existiert. Gibt TRUE zurück, wenn `key` in dem Array vorhanden ist. `key` kann jeder für einen Array-Index mögliche Wert sein.
array_keys()	$array1 = array_keys ($array [, search_value]);	Liefert alle Schlüssel eines Arrays. Ist der optionale Parameter `search_value` angegeben, werden nur die Schlüssel für diesen Wert zurückgegeben. Andernfalls werden sämtliche Schlüssel von `$array` zurückgegeben.
array_map()	$array1 = array_map (callback, $array1,...,arrayN);	Wendet eine Callback-Funktion auf die Elemente von Arrays an.
array_merge()	$array1 = array_merge ($array1,...,arrayN);	Führt zwei oder mehr Arrays rekursiv zusammen. Das daraus resultierende Array wird zurückgegeben.
array_merge_recursive()	$array1 = array_merge_recursive ($array1,...,arrayN);	Führt zwei oder mehr Arrays zusammen. Das daraus resultierende Array wird zurückgegeben.
array_multisort()	$array1 = array_multisort ($arrayr1 [, arg [, ... [, arrayN...]]]);	Sortiert mehrere oder multidimensionale Arrays. Die Struktur der Argumente ist etwas ungewöhnlich, aber flexibel. Das allererste Argument muss ein Array sein. Die nachfolgenden Argumente können entweder ein Array oder eines der folgenden Sortierflags sein. Flags für Sortierreihenfolge: SORT_ASC – sortiere in aufsteigender Reihenfolge, SORT_DESC – sortiere in absteigender Reihenfolge. Flags für Sortiertypen: SORT_REGULAR – vergleiche Felder normal, SORT_NUMERIC – vergleiche Felder numerisch und SORT_STRING – vergleiche Felder als Strings. Gibt bei Erfolg TRUE zurück, im Fehlerfall FALSE.

Funktionen	*Syntax*	*Beschreibung*
array_pad()	$array1 = array_pad($array1, pad_size, pad_value);	Vergrößert ein Array auf die spezifizierte Länge mit einem Wert. Liefert eine Kopie von `$array1`, welche auf die von `pad_size` spezifizierte Größe mit dem Wert `pad_value` erweitert wurde. Ist der Parameter `pad_size` positiv, wird das Array rechts erweitert, ist er negativ, dann erfolgt die Erweiterung links. Ist der absolute Wert von `pad_size` kleiner oder gleich der Länge von `input`, erfolgt keine Erweiterung.
array_pop()	$element = array_pop($array);	Entfernt das letzte Element eines Arrays und gibt dieses zurück.
array_push()	$array1 = array_push($array1, $element,...$elementN);	Fügt Elemente am Ende des Arrays an.
array_rand()	$array1 = array_rand ($array [, num_req]);	Liefert einen oder mehrere zufällige Einträge eines Arrays. Die Funktion übernimmt das Array `$array1`, und ein optionales Argument `num_req`, welches die gewünschte Anzahl Einträge spezifiziert. Ist `num_req` nicht angegeben, wird ein Defaultwert von 1 angenommen.
array_reduce()	$array1 = array_reduce($array1, callback function [, initial]);	Iterative Reduktion eines Arrays zu einem Wert mittels einer Callback-Funktion. Ist der optionale Parameter `initial` angegeben, wird er am Beginn des Prozesses benutzt oder als Resultat verwendet, sollte das Array leer sein.
array_reverse()	$array1 = array_reverse($array1);	Gibt ein Array in umgekehrter Reihenfolge zurück.
array_search()	$array1 = array_search(needle, $array1 [, strict]);	Diese Funktion durchsucht `$array1` nach `needle` und gibt bei Erfolg den Schlüssel zurück, andernfalls FALSE. Ist der optionale dritte Parameter `strict` auf TRUE gesetzt, prüft `array_search()` auch die Typen von `needle in haystack`.

Funktionen	*Syntax*	*Beschreibung*
array_shift()	$element = array_shift($array1);	Entfernt ein Element vom Anfang eines Arrays und gibt es zurück.
array_slice()	$array1 = array_slice($array1, pos, length);	Gibt die Anzahl der Elemente des Arrays ab Position `pos` zurück.
array_splice()	$array1 = array_splice($array1, pos,length, $array2);	Entfernt die Anzahl der Elemente des Arrays und fügt Elemente des Arrays `$array2` hinzu. `$array1` enthält die ersetzten Elemente.
array_sum()	$array1 = array_sum($array);	Liefert die Summe der Werte in einem Array.
array_unshift()	$array1 = array_unshift ($array1,var1,…,varN);	Fügt einzelne Elemente am Anfang eines Arrays ein.
array_unique()	array_unique($array1);	Entfernt doppelte Werte aus einem Array.
array_values()	$array1 = array_values($array1);	Gibt sämtliche Werte eines assoziativen Arrays zurück.
compact()	$var1=1;$varN=N; $array1 = compact ($var1,...varN);	Übernimmt die Variablennamen und deren Werte in ein Array.
in_array()	in_array(20,$array1[,strict]);	Gibt TRUE zurück, wenn ein Wert in einem Array vorhanden ist. Ist der dritte Parameter `strict` auf TRUE gesetzt, prüft `in_array()` auch die Typen.

1.10.7 Funktionen für mehrere Elemente

Einsatz von array_walk()

Oft werden Funktionen genutzt, um Elemente zu bearbeiten. Um nun eine Funktion, gleich ob intern oder selbst definiert, auf alle Elemente eines Arrays anzuwenden, verwenden Sie die Funktion `array_walk()`.

Beispiel:

```
<?php
$produkte = array (
                    "a"=>"Gurke",
                    "b"=>"Lauch",
                    "c"=>"Brokoli",
                    "d"=>"Kohl"
                    );

function formatieren (&$item1, $key, $prefix) {
```

```
    $item1 = "$prefix: $item1";
}

function ausgeben ($item2, $key) {
    echo "$key. $item2<br>";
}

echo "Funktion ausgeben:<br>";
array_walk ($produkte, 'ausgeben');

array_walk ($produkte, 'formatieren', 'Gemüse');
echo "Nach der Formatierung:<br>";

array_walk ($produkte, 'ausgeben');
?>
```

Ausgabe:

```
Funktion ausgeben:
a. Gurke
b. Lauch
c. Brokoli
d. Kohl
Nach der Formatierung:
a. Gemüse: Gurke
b. Gemüse: Lauch
c. Gemüse: Brokoli
d. Gemüse: Kohl
```

Die genaue Anzahl der Elemente des Arrays müssen Sie dazu nicht kennen. `array_walk()` arbeitet mit der ersten Dimension und übergibt jedes Element, egal ob Array oder nicht, an die aufgerufene Funktion. Theoretisch kann man hier erneut mit `array_walk()` arbeiten, um die nächste Dimension zu erreichen.

Hinweis: Sollte die Funktion, die `array_wakl()` aufruft, nicht vorhanden sein bzw. den Funktionsbezeichner falsch geschrieben haben, erfolgt keine Fehlermeldung. Achten Sie daher auf die korrekte Schreibweise.

Einsatz von count() / sizeof()

Um die Anzahl der Einträge eines Arrays herauszubekommen, können Sie entweder `count()` oder `sizeof()` verwenden.

Beispiel:

```
<?php
$produkte = array (
                   "a"=>"Gurke",
                   "b"=>"Lauch",
                   "c"=>"Brokoli",
                   "d"=>"Kohl"
                   );
```

```
// Ausgabe (4)
echo count($produkte);
// Ausgabe (4)
echo sizeof($produkte);
?>
```

Einsatz von current() / pos()

Jedes Array hat einen internen Arrayzeiger, welcher auf sein »aktuelles« Element verweist. Um das aktuelle Element eines Arrays auszulesen, stehen Ihnen die Funktionen `current()` und `pos()` zur Verfügung.

Beispiel:

```
<?php
$produkte = array (
                    "a"=>"Gurke",
                    "b"=>"Lauch",
                    "c"=>"Brokoli",
                    "d"=>"Kohl"
                    );

// Ausgabe (Gurke)
echo current($produkte);
// Ausgabe (Gurke)
echo pos($produkte);
?>
```

Einsatz von key()

Wie wäre es mit dem Schlüssel des aktuellen Elements? Hierfür steht Ihnen die Funktion `key()` zur Verfügung.

Beispiel:

```
<?php
$produkte = array (
                    "a"=>"Gurke",
                    "b"=>"Lauch",
                    "c"=>"Brokoli",
                    "d"=>"Kohl"
                    );

// Ausgabe (a)
echo key($produkte);
?>
```

Einsatz von list()

Mit Hilfe von `list()` übertragen Sie die Elemente eines Arrays auf einzelne Variablen. Dies erleichtert unter Umständen die Weiterverarbeitung.

Beispiel:

```
<?php
$produkte = array (
                      "Gurke",
                      "Lauch",
                      "Brokoli",
                      "Kohl"
                      );
list($produkta, $produktb, $produktc, $produktd) = $produkte;
// Ausgabe - Gurke
echo $produkta;
// Ausgabe - Kohl
echo $produktd;
?>
```

Einsatz von each()

Mit Hilfe der Funktion `each()` haben Sie eine ideale Ergänzung zu `list()`. Damit wird ein komplettes Schlüssel/Werte-Paar an ein eindimensionales Array übergeben. Um genau zu sein, werden vier Werte übergeben, die den Schlüsseln `0`,`1`,`key` und `value` entsprechen.

Beispiel:

```
<?php
$personen = array (
                      "P1"=> "Matthias",
                      "P2"=> "Caroline",
                      "P3"=> "Gülten",
                      "P4"=> "Toni"
                      );
$person = each($personen);

echo $person . "<br>";
echo "0: " . $person["0"] . "<br>";
echo "1: " . $person["1"] . "<br>";
echo "key: " . $person["key"] . "<br>";
echo "value: " . $person["value"] . "<br>";
?>
```

Ausgabe:

```
Array
0: P1
1: Matthias
key: P1
value: Matthias
```

Hinweis: Sämtliche assoziativen Arrays verfügen über diese Eigenschaften. Die numerischen Schlüssel sowie `key` und `value` sind von Anfang an vorhanden und werden nicht erst durch `each()` erzeugt.

Kombination von each() und list()

In Kombination mit `list()` lassen sich so auch komplexe Arrays sehr leicht in ihre Bestandteile zerlegen, die Ausgabe von `each()` wird dabei direkt in `list()` übergeben. Sehr häufig wird dann eine `while`-Schleife mit einbezogen. Sobald `each()` keine weiteren Elemente vorfindet, wird `FALSE` zurückgegeben und die Schleife beendet. Der interne Arrayzeiger wird übrigens automatisch durch `each()` weitergesetzt.

Beispiel:

```
<?php
$personen = array (
                      "P1"=> array("Matthias","Kannengiesser"),
                      "P2"=> array("Caroline","Kannengiesser"),
                      "P3"=> array("Gülten","Kannengiesser"),
                      "P4"=> array("Toni","Schmidt")
                      );
while (list ($key, $val) = each ($personen)) {
    echo "$key => $val[0] $val[1]<br>";
}
?>
```

Ausgabe:

```
P1 => Matthias Kannengiesser
P2 => Caroline Kannengiesser
P3 => Gülten Kannengiesser
P4 => Toni Schmidt
```

Einsatz von prev() und next()

Sollten Sie `each()` mehrfach anwenden, werden nacheinander sämtliche Elemente des Arrays ausgegeben. Der interne Arrayzeiger, der auf das aktuelle Element des Arrays zeigt, wandert im Array weiter. Dies ist unter Umständen nicht erwünscht. Sie können daher mit den Funktionen `prev()` und `next()` den Zeiger vor- und zurücksetzen.

Beispiel:

```
<?php
$personen = array (
                      "Matthias",
                      "Caroline",
                      "Gülten",
                      "Toni"
                      );
// Ausgabe - Caroline
echo next($personen);
// Ausgabe - Gülten
echo next($personen);
// Ausgabe - Caroline
echo prev($personen);
?>
```

Einsatz von reset() und end()

Um einen definierten Ausgangspunkt für den internen Arrayzeiger zu erhalten, stehen die Funktion `reset()` und `end()` zur Verfügung. Mit `reset()` wird der Zeiger auf den ersten Eintrag des Arrays gesetzt und mit `end()` auf den letzten.

Beispiel:

```
<?php
$personen = array (
                        "Matthias",
                        "Caroline",
                        "Gülten",
                        "Toni"
                        );
// Ausgabe - Toni
echo end($personen);
// Ausgabe - Matthias
echo reset($personen);
?>
```

1.10.8 Sortierfunktionen

Zu einer effizienten Datenverarbeitung gehören natürlich auch spezielle Funktionen, die es Ihnen ermöglichen, Ihre Daten zu sortieren. Dafür stellt Ihnen PHP eine mehr als ausreichende Anzahl von Funktionen zur Verfügung.

Einsatz von sort() und rsort()

Diese beiden Funktionen ermöglichen es Ihnen, Ihre indizierten bzw. linearen Arrays auf einfache Art und Weise zu sortieren.

- Die Funktion `sort()` sortiert ein Array aufsteigend unter Beibehaltung der Zuordnung der Indizes, *sort*.
- Die Funktion `rsort()` sortiert ein Array absteigend unter Beibehaltung der Zuordnung der Indizes, *reverse sort*.

Beispiel – sort():

```
<?php
$personen = array (
                        "Matthias",
                        "Caroline",
                        "Gülten",
                        "Toni"
                        );
sort ($personen);
reset ($personen);
// Ausgabe - Schlüssel und Werte
while (list ($key, $val) = each ($personen)) {
```

```
    echo "$key $val<br>";
}
?>
```

Ausgabe:

```
0 Caroline
1 Gülten
2 Matthias
3 Toni
```

Beispiel – rsort():

```
<?php
$personen = array (
                      "Matthias",
                      "Caroline",
                      "Gülten",
                      "Toni"
                      );
rsort ($personen);
reset ($personen);
// Ausgabe - Schlüssel und Werte
while (list ($key, $val) = each ($personen)) {
    echo "$key $val<br>";
}
?>
```

Ausgabe:

```
0 Toni
1 Matthias
2 Gülten
3 Caroline
```

Der optionale zweite Parameter `sort_flags` kann benutzt werden, um das Sortierverhalten mit den folgenden Flags zu beeinflussen.

Flags für Sortiertypen:

- SORT_REGULAR – Vergleiche Einträge normal.
- SORT_NUMERIC – Vergleiche Einträge numerisch.
- SORT_STRING – Vergleiche Einträge als Strings.

Einsatz von asort() und arsort()

Mit den beiden Funktionen können Sie Ihre assoziativen Arrays auf einfache Art und Weise sortieren.

- Die Funktion `asort()` sortiert ein Array vorwärts unter Beibehaltung der Zuordnung der Indizes, *associative sort*.
- Die Funktion `arsort()` sortiert ein Array rückwärts unter Beibehaltung der Zuordnung der Indizes, *associative reverse sort*.

Beispiel – asort():

```
<?php
$personen = array (
                      "P1"=>"Matthias",
                      "P2"=>"Caroline",
                      "P3"=>"Gülten",
                      "P4"=>"Toni"
                      );
asort ($personen);
reset ($personen);
// Ausgabe - Schlüssel und Werte
while (list ($key, $val) = each ($personen)) {
    echo "$key $val<br>";
}
?>
```

Ausgabe:

```
P2 Caroline
P3 Gülten
P1 Matthias
P4 Toni
```

Beispiel – arsort():

```
<?php
$personen = array (
                      "P1"=>"Matthias",
                      "P2"=>"Caroline",
                      "P3"=>"Gülten",
                      "P4"=>"Toni"
                      );
arsort ($personen);
reset ($personen);
// Ausgabe - Schlüssel und Werte
while (list ($key, $val) = each ($personen)) {
    echo "$key $val<br>";
}
?>
```

Ausgabe:

```
P4 Toni
P1 Matthias
P3 Gülten
P2 Caroline
```

Der optionale zweite Parameter `sort_flags` kann benutzt werden, um das Sortierverhalten mit den folgenden Flags zu beeinflussen. Flags für Sortiertypen:

- SORT_REGULAR – Vergleiche Einträge normal.
- SORT_NUMERIC – Vergleiche Einträge numerisch.
- SORT_STRING – Vergleiche Einträge als Strings.

Einsatz von ksort()

Sollten Sie das Array wieder in die ursprüngliche Reihenfolge bringen wollen, wenden Sie `ksort()` an. Die Funktion sortiert aufsteigend nach den Schlüsseln.

Beispiel:

```
<?php
$personen = array (
                      "P1"=>"Matthias",
                      "P2"=>"Caroline",
                      "P3"=>"Gülten",
                      "P4"=>"Toni"
                      );
arsort ($personen);
reset ($personen);
// Ausgabe - Schlüssel und Werte
while (list ($key, $val) = each ($personen)) {
    echo "$key $val<br>";
}
ksort ($personen);
reset ($personen);
// Ausgabe - Schlüssel und Werte
while (list ($key, $val) = each ($personen)) {
    echo "$key $val<br>";
}
?>
```

Ausgabe:

```
P4 Toni
P1 Matthias
P3 Gülten
P2 Caroline

P1 Matthias
P2 Caroline
P3 Gülten
P4 Toni
```

Einsatz von usort(), ursort() und uksort()

Sollten Sie Ihre eigenen Vorstellung eines sortierten Arrays haben, können Sie die Funktionen `usort()`, `ursort()` und `uksort()` einsetzen. Gegenüber den bereits beschriebenen Variationen können Sie als zusätzlichen Parameter eine Funktion übergeben, die bestimmte Sortiermerkmale festlegt. Die Funktion muss den Sortiervorgang nach folgendem Schema – durch Rückgabe eines bestimmten Codes – steuern:

- 0 – Zwei miteinander verglichene Werte sind gleich.
- 1 – Der zweite Parameter ist größer als der erste.
- -1 – Der erste Parameter ist größer als der zweite.

Entsprechend interpretiert PHP beim Sortiervorgang dies als Einordnungskriterium.

Beispiel – aufsteigend:

```
<?php
$personen = array (
                        "ma"=>"Matthias",
                        "ca"=>"Caroline",
                        "gü"=>"Gülten",
                        "to"=>"Toni",
                        "mi"=>"Maria",
                        "do"=>"Doro"
                        );
function vergleich($a, $b) {
        if ($a == $b) return 0;
        elseif ($a > $b) return 1;
        else return -1;
}
uksort($personen, vergleich);
// Ausgabe
foreach($personen as $key=>$element) {
        echo "$key: $element<br>";
}
?>
```

Ausgabe:

```
ca: Caroline
do: Doro
gü: Gülten
ma: Matthias
mi: Maria
to: Toni
```

Beispiel – absteigend:

```
<?php
$personen = array (
                        "ma"=>"Matthias",
                        "ca"=>"Caroline",
                        "gü"=>"Gülten",
                        "to"=>"Toni",
                        "mi"=>"Maria",
                        "do"=>"Doro"
                        );
function vergleich($a, $b) {
        if ($a == $b) return 0;
        elseif ($a > $b) return -1;
        else return 1;
}
uksort($personen, vergleich);
// Ausgabe
foreach($personen as $key=>$element) {
        echo "$key: $element<br>";
}
?>
```

Ausgabe:

```
to: Toni
mi: Maria
ma: Matthias
gü: Gülten
do: Doro
ca: Caroline
```

1.10.9 Sonstige Arrayfunktionen

Im Folgenden werden noch eine Reihe weiterer Funktionen beschrieben.

Einsatz von extract()

Diese Funktion wird verwendet, um Variablen eines Arrays in die aktuelle Symboltabelle zu importieren. Es behandelt die Schlüssel eines assoziativen Arrays als Variablennamen und die Werte als Variablenwerte.

> **Hinweis:** Seit Version 4.0.5 gibt diese Funktion die Anzahl der extrahierten Variablen zurück.

Beispiel:

```
<?php
$objekte = array (
                              "auto"   => "Gross",
                              "miete" => 1000,
                              "dreieck"    => "grün"
                              );
// Ausgabe (3)
echo extract ($objekte);
// Ausgabe - Gross, 1000, grün
print "$auto, $miete, $dreieck";
?>
```

Einsatz von EXTRACT_TYPE

`extract()` prüft jeden Schlüssel darauf, ob er einen gültigen Variablennamen ergibt, und auch auf eventuelle Kollisionen mit existierenden Variablen in der Symboltabelle. Die Art, wie ungültige/numerische Schlüssel und Kollisionen behandelt werden, wird mit Hilfe des optionalen Parameters `extract_type` spezifiziert. Dieser kann einen der folgenden Werte annehmen:

EXTR_OVERWRITE:

Im Falle einer Kollision wird die existierende Variable überschrieben.

EXTR_SKIP:

Im Falle einer Kollision wird die existierende Variable nicht überschrieben.

EXTR_PREFIX_SAME:

Im Falle einer Kollision wird dem Variablennamen `prefix` vorangestellt.

EXTR_PREFIX_ALL:

Allen Variablennamen wird `prefix` vorangestellt. Seit PHP 4.0.5 gilt dies auch für numerische Variablen.

EXTR_PREFIX_INVALID:

Nur ungültigen/numerischen Variablennamen wird `prefix` vorangestellt. Dieses Flag wurde mit PHP 4.0.5 eingeführt.

EXTR_IF_EXISTS:

Überschreibt die Variable nur, wenn sie bereits in der aktuellen Symboltabelle existiert, sonst geschieht nichts. Dies ist dann hilfreich, wenn Sie eine Liste mit gültigen Variablen definieren, und dann z.B. nur jene Variablen extrahieren, welche Sie aus `$_REQUEST` definiert haben. Dieses Flag wurde in PHP 4.2.0 eingeführt.

EXTR_PREFIX_IF_EXISTS:

Erstellt nur Variablennamen mit Präfix, wenn die Version ohne Präfix derselben Variablen in der aktuellen Symboltabelle existiert. Dieses Flag wurde in PHP 4.2.0 eingeführt.

EXTR_REFS:

Extrahiert Variablen als Referenzen. Das heißt, dass die Werte der importierten Variablen noch immer auf die Werte des Parameters `var_array` referenzieren. Sie können dieses Flag alleine oder auch in Kombination mit einem anderen Flag verwenden, indem Sie Oder-Verknüpfungen im `extract_type` erstellen. Dieses Flag wurde in PHP 4.3.0 eingeführt.

Ist `extract_type` nicht spezifiziert, so wird `EXTR_OVERWRITE` verwendet.

Einsatz von range()

Mit Hilfe von `range()` können Sie ein Array mit Ganzzahlen aus einem vorgegebenen Wertebereich auffüllen.

Beispiel:

```
<?php
$zahlen = range(1,10);
// Ausgabe - 12345678910
foreach($zahlen as $element) {
       echo "$element";
}
?>
```

Seit PHP 5 steht Ihnen noch der optionale Parameter `step` für die Schrittweite zur Verfügung.

Beispiel:

```
<?php
// Entspricht
// Array(0,20,40,60,80,100)
$zahlen = range(0,100,20);
// Ausgabe - 0 20 40 60 80 100
foreach($zahlen as $number) {
    echo "$number<br>";
}
?>
```

Einsatz von shuffle()

Mit Hilfe der Funktion `shuffle()` können Sie, wie das folgende Beispiel zeigt, ein Array zufallsgesteuert in Unordnung bringen.

Beispiel:

```
<?php
$personen = array (
                       "ma"=>"Matthias",
                       "ca"=>"Caroline",
                       "gü"=>"Gülten",
                       "to"=>"Toni",
                       "mi"=>"Maria",
                       "do"=>"Doro"
                       );
shuffle($personen);
foreach($personen as $key=>$element) {
       echo "$key: $element<br>";
}
?>
```

Ausgabe:

```
0: Caroline
1: Matthias
2: Doro
3: Toni
4: Gülten
5: Maria
```

Hinweis: Eventuell vorhandene assoziative Indizes gehen verloren.

1.10.10 Neue Arrayfunktionen seit PHP4

Wie Sie bereits im Abschnitt »Arrayfunktionen« erfahren haben, stellt Ihnen PHP4 eine Reihe neuer Arrayfunktionen zur Verfügung. Wir werden uns einige dieser neue Funktionen näher betrachten und ihre Funktionsweise vorstellen.

Einsatz von array_unshift()

Mit Hilfe der Funktion `array_unshift()` haben Sie die Möglichkeit, einzelne Elemente am Anfang eines Arrays einzufügen.

Beispiel:

```
<?php
$zahlen = array(10,20,30,40,50);
array_unshift($zahlen,"a","b","c");

foreach ($zahlen as $element) {
       echo "$element ";
}
?>
```

Ausgabe:

```
a b c 10 20 30 40 50
```

Einsatz von array_push()

Die Funktion `array_push()` fügt ein oder mehrere Elemente an das Ende eines Arrays an.

Beispiel:

```
<pre>
<?php
$werte = array('wagen', 'punkt', 'mutter');
$resultat = array_push($werte,"mama","papa");
print_r($werte);
echo $resultat;
?>
</pre>
```

Ausgabe:

```
Array
(
    [0] => wagen
    [1] => punkt
    [2] => mutter
    [3] => mama
    [4] => papa
)
5
```

Einsatz von array_shift()

Die Methode `array_shift()` entfernt das erste Element eines Arrays.

Beispiel:

```
<pre>
<?php
$werte = array('wagen', 'punkt', 'mutter');
$resultat = array_shift($werte);
print_r($werte);
echo $resultat;
?>
</pre>
```

Ausgabe:

```
Array
(
    [0] => punkt
    [1] => mutter
)
wagen
```

Einsatz von array_pop()

Die Methode `array_pop()` entfernt das letzte Element eines Arrays.

Beispiel:

```
<pre>
<?php
$werte = array('wagen', 'punkt', 'mutter');
$resultat = array_pop($werte);
print_r($werte);
echo $resultat;
?>
</pre>
```

Ausgabe:

```
Array
(
    [0] => wagen
    [1] => punkt
)
mutter
```

Einsatz von array_splice()

Die Funktion `array_splice()` eignet sich hervorragend, um Elemente aus einem Array zu entfernen und durch andere Elemente eines Arrays zu ersetzen. Sie wählen selbst, an welcher Position im Array dieser Eingriff durchgeführt werden soll.

Beispiel:

```
<?php
$zahlen = array(10,20,30,40,50);
$buchstaben = array("a","b","c");

// $resultat = array_splice($array1, postion, anzahl, $array2);
$resultat = array_splice($zahlen, 2, 2,$buchstaben);

foreach ($zahlen as $element) {
       echo "$element ";
}
foreach ($resultat as $element) {
       echo "$element ";
}
?>
```

Ausgabe:

```
10 20 a b c 50
30 40
```

Die ersetzten Elemente werden in dem Array `$resultat` abgelegt. Für die Angabe der Position eines Array-Elements gilt es immer zu beachten, dass das erste Array-Element die Position 0 besitzt.

Einsatz von array_reverse()

Die Methode `array_reverse()` kehrt die Reihenfolge der Array-Elemente im Array selbst um. Ist der optionale zweite Parameter `preserve_keys` `TRUE`, bleibt die Reihenfolge der Schlüssel erhalten.

Beispiel:

```
<pre>
<?php
$werte = array('wagen', 'punkt', 'mutter');
$resultat = array_reverse($werte);
print_r($resultat);
$resultat = array_reverse($werte,true);
print_r($resultat);
?>
</pre>
```

Ausgabe:

```
Array
(
    [0] => mutter
    [1] => punkt
    [2] => wagen
)
Array
(
```

```
    [2] => mutter
    [1] => punkt
    [0] => wagen
)
```

Einsatz von array_keys()

Wie unter Verwendung der Funktion `array_keys()` die Schlüssel eines Arrays einem anderen Array zugewiesen werden können, sehen Sie im folgenden Beispiel:

```
<pre>
<?php
$array1 = array ("Zahl" => 100, "Farbe" => "rot");
print_r(array_keys ($array1));

$array2 = array ("Wert" => 100, "Eintrag" => "rot");
$array2 = array_keys($array1);
print_r($array2);
?>
```

Ausgabe:

```
Array
(
    [0] => Zahl
    [1] => Farbe
)
Array
(
    [0] => Zahl
    [1] => Farbe
)
```

Ist der optionale Parameter `search_value` angegeben, werden nur die Schlüssel für diesen Wert zurückgegeben. Andernfalls werden sämtliche Schlüssel zurückgegeben.

Beispiel:

```
<pre>
<?php
$array1 = array ("Zahl" => 100, "Farbe" => "rot");
print_r(array_keys ($array1));

$array2 = array ("Wert" => 100, "Eintrag" => "rot");
$array2 = array_keys($array1,"rot");
print_r($array2);
?>
</pre>
```

Ausgabe:

```
Array
(
    [0] => Zahl
    [1] => Farbe
```

```
)
Array
(
    [0] => Farbe
)
```

Einsatz von array_map()

Mit Hilfe von `array_map()` wird eine Funktion, die Callback-Funktion, auf das vorhandene Array angewandt. Die Anzahl der Parameter, welche die Callback-Funktion zulässt, sollte der Anzahl der an `array_map()` übergebenen Arrays entsprechen.

Beispiel:

```
<pre>
<?php
function multiplizieren($n) {
    return $n*$n;
}

$zahlen = array(1, 2, 3, 4, 5);
$multzahlen = array_map("multiplizieren", $zahlen);
print_r($multzahlen);
print_r($zahlen);
?>
</pre>
```

Ausgabe:

```
Array
(
    [0] => 1
    [1] => 4
    [2] => 9
    [3] => 16
    [4] => 25
)
Array
(
    [0] => 1
    [1] => 2
    [2] => 3
    [3] => 4
    [4] => 5
)
```

Wie man sieht, bleiben die Elemente des ursprünglichen Arrays erhalten.

Natürlich lassen sich mit `array_map()` auch mehrere Arrays verarbeiten. Hierzu müssen Sie lediglich berücksichtigen, dass die Anzahl Ihrer Funktionsparameter mit der Anzahl der übergebenen Arrays übereinstimmt.

Beispiel:

```
<pre>
<?php
function verbinden($n, $m) {
    return array ($n => $m);
}

$vok_de = array("auto", "bus", "motorrad", "fahrrad");
$vok_en = array("car", "bus", "motorcycle", "bicycle");

$vokabelheft = array_map("verbinden", $vok_de, $vok_en);
print_r($vokabelheft);
?>
</pre>
```

Ausgabe:

```
Array
(
    [0] => Array
        (
            [auto] => car
        )

    [1] => Array
        (
            [bus] => bus
        )

    [2] => Array
        (
            [motorrad] => motorcycle
        )

    [3] => Array
        (
            [fahrrad] => bicycle
        )

)
```

oder so:

```
<pre>
<?php
function zeige_vokabeln($n, $m) {
    return "Vokabeln (Deutsch/Englisch): $n / $m";
}

$vok_de = array("auto", "bus", "motorrad", "fahrrad");
$vok_en = array("car", "bus", "motorcycle", "bicycle");

$vokabelheft = array_map("zeige_vokabeln", $vok_de, $vok_en);
print_r($vokabelheft);
?>
</pre>
```

Ausgabe:

```
Array
(
    [0] => Vokabeln (Deutsch/Englisch): auto / car
    [1] => Vokabeln (Deutsch/Englisch): bus / bus
    [2] => Vokabeln (Deutsch/Englisch): motorrad / motorcycle
    [3] => Vokabeln (Deutsch/Englisch): fahrrad / bicycle
)
```

Bei Verwendung von zwei oder mehr Arrays sollten diese möglichst die gleiche Länge haben, da die Callback-Funktion parallel auf die entsprechenden Elemente angewandt wird. Haben die Arrays unterschiedliche Längen, wird das kürzeste um leere Elemente erweitert.

Eine weitere interessante Anwendung dieser Funktion ist die Konstruktion eines Arrays bestehend aus Arrays, was mit `NULL` als Name der Callback-Funktion leicht realisiert werden kann.

Beispiel:

```
<pre>
<?php
$vok_de = array("auto", "bus", "motorrad", "fahrrad");
$vok_en = array("car", "bus", "motorcycle", "bicycle");
$vok_fr = array("voiture", "autobus", "motocyclette", "bicyclette");

$vokabelheft = array_map(null, $vok_de, $vok_en, $vok_fr);
print_r($vokabelheft);
?>
</pre>
```

Ausgabe:

```
Array
(
    [0] => Array
        (
            [0] => auto
            [1] => car
            [2] => voiture
        )

    [1] => Array
        (
            [0] => bus
            [1] => bus
            [2] => autobus
        )

    [2] => Array
        (
            [0] => motorrad
            [1] => motorcycle
            [2] => motocyclette
```

```
        )

    [3] => Array
        (
            [0] => fahrrad
            [1] => bicycle
            [2] => bicyclette
        )
)
```

Einsatz von array_merge()

Was halten Sie davon, zwei oder mehr Arrays miteinander zu verbinden? Verwenden Sie die Funktion `array_merge()`.

Beispiel:

```
<pre>
<?php
$vok_de = array("auto", "bus", "motorrad");
$vok_fr = array(
                       "W1"=>"voiture",
                       "W2"=>"autobus",
                       "W3"=>"motocyclette"
                       );
$vok_en = array("car", "bus", "motorcycle");

$worte = array_merge ($vok_de, $vok_fr, $vok_en);
print_r($worte);
?>
</pre>
```

Ausgabe:

```
Array
(
    [0] => auto
    [1] => bus
    [2] => motorrad
    [W1] => voiture
    [W2] => autobus
    [W3] => motocyclette
    [3] => car
    [4] => bus
    [5] => motorcycle
)
```

Einsatz von array_pad()

Mit Hilfe der Funktion `array_pad()` kann ein Array um eine beliebige Anzahl von Elementen erweitert und entweder am Anfang oder am Ende mit einem angegebenen Wert, z.B. einem *, aufgefüllt werden.

Beispiel:

```
<?php
$werte = array(10,20,30,40,50);
$anfang = array_pad($werte,-10,'*');
$ende = array_pad($werte,10,'*');
foreach ($anfang as $element) {
       echo "$element ";
}
echo "<br>";
foreach ($ende as $element) {
       echo "$element ";
}
?>
```

Ausgabe:

```
* * * * * 10 20 30 40 50
10 20 30 40 50 * * * * *
```

Einsatz von array_slice()

Die Funktion `array_slice()` gibt aus einem Array eine angegebene Anzahl von Elemente, die ab einer Position gefunden werden, an ein zweites Array zurück. Ist die Positionsangabe positiv, beginnt die Sequenz vom Anfang des Arrays, ansonsten vom Ende des Arrays.

Beispiel:

```
<?php
$werte = array(10,20,30,40,50);
$vomanfang = array_slice($werte,2,2);
$vomende = array_slice($werte,-2,2);
foreach ($vomanfang as $element) {
       echo "$element ";
}
echo "<br>";
foreach ($vomende as $element) {
       echo "$element ";
}
?>
```

Ausgabe:

```
30 40
40 50
```

Sollten Sie Folgendes einsetzen:

```
$resultat1 = array_slice($werte,0,2);
$ resultat1 = array_slice($werte,2);
```

erhalten Sie folgende Ausgabe:

```
10 20
30 40 50
```

Einsatz von array_values()

Mit Hilfe der Funktion `array_values()` können Sie auf einfache Weise sämtliche Werte eines assoziativen Arrays ermitteln.

Beispiel:

```
<?php
$personen = array(
                    "P1"=>"Matthias",
                    "P2"=>"Caroline",
                    "PX"=>"Gülten"
                    );
$resultat = array_values($personen);
foreach ($resultat as $element) {
      echo "$element ";
}
?>
```

Ausgabe:

```
Matthias Caroline Gülten
```

Einsatz von in_array()

Mit Hilfe der Funktion `in_array()` kann ein Array nach einem bestimmten Wert durchsucht werden. Die Funktion liefert den Wahrheitswert `TRUE` zurück, wenn der gesuchte Wert gefunden wurde.

Beispiel:

```
<?php
$personen = array(
                    "P1"=>"Matthias",
                    "P2"=>"Caroline",
                    "PX"=>"Gülten"
                    );
if (in_array("Caroline",$personen)) {
      echo "Gefunden";
} else {
      echo "Nicht gefunden";
}
?>
```

Ausgabe:

```
Gefunden
```

Einsatz von compact()

Die Funktion `compact()` übergibt die Namen von Variablen als Indizes und deren Werte als zugehörige Elemente in ein Array. So lassen sich auf einfache Weise Variablen in ein assoziatives Array überführen.

Beispiel:

```
<?php
$p1 = "Matthias";
$p2 = "Caroline";
$px = "Gülten";
$personen = compact("p1","p2","px");
foreach ($personen as $key=>$element) {
       echo "$key=>$element<br>";
}
?>
```

Ausgabe:

```
p1=>Matthias
p2=>Caroline
px=>Gülten
```

Einsatz von array_combine()

Die Funktion `array_combine()` erzeugt ein Array mit Hilfe eines Arrays, welches die Schlüssel vorgibt, und einem Array, welches die Werte vorgibt. Die Funktion steht Ihnen erst ab PHP 5 zur Verfügung.

Beispiel:

```
<pre>
<?php
$groessen = array('klein', 'mittel', 'Gross');
$werte = array('wagen', 'punkt', 'mutter');
$resultat = array_combine($groessen, $werte);
print_r($resultat);
?>
</pre>
```

Ausgabe:

```
Array
(
    [klein] => wagen
    [mittel] => punkt
    [Gross] => mutter
)
```

Achtung: Die Anzahl der Elemente beider Arrays muss übereinstimmen, sonst wird `FALSE` zurückgegeben.

Einsat von array_chunk()

Mit Hilfe der Funktion `array_chunk()` teilen Sie ein Array in einzelne Arrays auf, die eine von Ihnen festgelegte Anzahl von Werten besitzen. Am Ende kann auch ein Array mit weniger Werten erzeugt werden. Die Arrays werden als Teile eines mehrdimensionalen

Arrays erzeugt, das numerisch indiziert ist. Sie können PHP dazu zwingen, die Original-Schlüssel des Arrays beizubehalten, indem Sie den optionalen dritten Parameter `preserve_keys` auf `TRUE` setzen. Geben Sie `FALSE` an, werden in jedem erzeugten Array neue numerische Indizes erzeugt, welche bei 0 beginnen; Default ist `FALSE`.

Beispiel:

```
<pre>
<?php
$werte = array('wagen', 'punkt', 'mutter');
print_r(array_chunk($werte, 2));
print_r(array_chunk($werte, 2, TRUE));
?>
</pre>
```

Ausgabe:

```
Array
(
    [0] => Array
        (
            [0] => wagen
            [1] => punkt
        )

    [1] => Array
        (
            [0] => mutter
        )
)

Array
(
    [0] => Array
        (
            [0] => wagen
            [1] => punkt
        )

    [1] => Array
        (
            [2] => mutter
        )
)
```

Einsatz von array_multisort()

Mit Hilfe von `array_multisort()` werden mehrere indizierte oder multidimensionale Arrays auf einmal sortiert. Bei der Sortierung werden die Schlüsselassoziationen beibehalten.

Die Struktur der Argumente ist etwas ungewöhnlich, aber flexibel. Das allererste Argument muss ein Array sein. Die nachfolgenden Argumente können entweder ein Array oder eines der folgenden Sortierflags sein.

Flags für Sortierreihenfolge:

- SORT_ASC – Sortiere in aufsteigender Reihenfolge.
- SORT_DESC – Sortiere in absteigender Reihenfolge.

Flags für Sortiertypen:

- SORT_REGULAR – Vergleiche Felder normal.
- SORT_NUMERIC – Vergleiche Felder numerisch.
- SORT_STRING – Vergleiche Felder als Strings.

> **Hinweis:** Gibt bei Erfolg `TRUE` zurück, im Fehlerfall `FALSE`.

Beispiel – Sortieren mehrerer Arrays:

```
<pre>
<?php
$werte1 = array ("10", 100, 100, "a");
$werte2 = array (1, 3, "2", 1);
array_multisort ($werte1, $werte2);
print_r($werte1);
print_r($werte2);
?>
</pre>
```

Ausgabe:

```
Array
(
    [0] => 10
    [1] => a
    [2] => 100
    [3] => 100
)
Array
(
    [0] => 1
    [1] => 1
    [2] => 2
    [3] => 3
)
```

Beispiel – Sortieren eines mehrdimensionalen Arrays:

```
<pre>
<?php
$werte = array (
       array ("10", 100, 100, "a"),
       array (1, 3, "2", 1)
);
array_multisort ($werte[0], SORT_ASC, SORT_STRING,
                 $werte[1], SORT_DESC, SORT_NUMERIC);
```

```
print_r($werte);
?>
</pre>
```

Ausgabe:

```
Array
(
    [0] => Array
        (
            [0] => 10
            [1] => 100
            [2] => 100
            [3] => a
        )

    [1] => Array
        (
            [0] => 1
            [1] => 3
            [2] => 2
            [3] => 1
        )
)
```

Einsatz von array_rand()

Mit Hilfe der Funktion `array_rand()` erhalten Sie einen oder mehrere zufällige Einträge eines Arrays. Die Funktion übernimmt das Array und ein optionales Argument `num_req`, welches die gewünschte Anzahl Einträge spezifiziert. Ist `num_req` nicht angegeben, wird Default auf 1 gesetzt.

Beispiel:

```
<pre>
<?php
$personen = array (
                      "Matthias",
                      "Caroline",
                      "Gülten",
                      "Toni",
                      "Saban"
               );
$rand_keys = array_rand ($personen, 2);
print $personen[$rand_keys[0]] . "<br>";
print $personen[$rand_keys[1]] . "<br>";;
?>
</pre>
```

Ausgabe:

```
Caroline
Toni
```

Sie haben bereits nahezu sämtliche Arrayfunktionen kennen gelernt. Es warten jedoch noch mehr auf Sie! Wie Sie sicher bereits bemerkt haben, sind Arrays ein recht interessantes Thema und können die Arbeit an Ihren Programmen vereinfachen, vor allem dort, wo es eine Vielzahl von Daten zu bearbeiten bzw. verwalten gilt. Das ist besonders heute im Zeitalter der Datenbanken von Bedeutung.

Einsatz von array_search()

Mit Hilfe der Funktion `array_search()` erhalten Sie entweder den gefundenen Schlüssel oder `FALSE` zurück. Zusätzlich liefert die Funktion die Position des gesuchten Elements.

Beispiel:

```
<?php
$personen = array("Matthias", "Caroline", "Gülten");
$suchwort = "Caroline";
$position = array_search($suchwort,$personen);

if ($position !== false) {
       echo "$suchwort liegt auf Position $position";
} else {
       echo "Person $suchwort nicht enthalten";
}
?>
```

Ausgabe:

```
Caroline liegt auf Position 1
```

Bitte achten Sie darauf, den Vergleich mit `!==` durchzuführen. Sollte Ihr gesuchtes Element im Array an der Position 0 gefunden werden, ergibt die `if`-Anweisung ein logisches `FALSE`, und dies würde zu einem falschen Resultat führen.

Beispiel:

```
<?php
$personen = array("Matthias", "Caroline", "Gülten");
$suchwort = "Matthias";
$position = array_search($suchwort,$personen);
if ($position != false) {
       echo "$suchwort liegt auf Position $position";
} else {
       echo "Person $suchwort nicht enthalten";
}
?>
```

Ausgabe:

```
Person Matthias nicht enthalten
```

Doppelgänger aus einem Array entfernen

Sie haben ein Array und würden gerne Duplikate entfernen. Bedienen Sie sich der Funktion `array_unique()`. Diese Funktion gibt ein neues Array zurück, das keine doppelten Werte enthält.

Beispiel:

```
<pre>
<?php
$zahlen = array(10,1,10,20,30,10,5);
$neuesarray = array_unique($zahlen);
print_r($neuesarray);
?>
</pre>
```

Ausgabe:

```
Array
(
    [0] => 10
    [1] => 1
    [3] => 20
    [4] => 30
    [6] => 5
)
```

Hinweis: Die Indizes bleiben erhalten.

Kleinstes und größtes Array-Element ausgeben

Sollten Sie das kleinste und das größte Element eines Arrays ermitteln wollen, können Sie hierfür die Funktionen `min()` und `max()` verwenden. Dies ist vor allem bei Zeittafeln oder chronlogischen Abfolgen äußerst wichtig.

Beispiel – max():

```
<?php
$personen = array("Matthias", "Caroline", "Gülten");
// Ausgabe - Caroline
echo $kleinstes = min($personen);
?>
```

Beispiel – min():

```
<?php
$personen = array("Matthias", "Caroline", "Gülten");
// Ausgabe - Matthias
echo $groesstes = max($personen);
?>
```

Array in eine Zeichenkette umwandeln

Sie haben ein Array, welches Sie in eine Zeichenkette (String) umwandeln wollen. Dafür könnten Sie z.B. eine `foreach`-Schleife verwenden.

Beispiel:

```
<?php
$personen = array("matthias", "caroline", "gülten");
foreach ($personen as $element) {
 $zeichen .= $element;
}
// Ausgabe - matthiascarolinegülten
echo $zeichen;
?>
```

Wie wir sehen, hat dies recht gut funktioniert. Ein Problem gibt es jedoch: Wie kommen wir an die einzelnen Bestandteile der Zeichenkette heran? Die aktuelle vorliegende Variable `$zeichen` enthält eine zusammenhängende Zeichenkette, in der wir keine Unterscheidungsmöglichkeit haben, wann welcher Teilstring beginnt und wann er endet. In diesem Fall könnten wir unsere Schleife optimieren, indem wir ein Trennzeichen hinzufügen.

Beispiel:

```
<?php
$personen = array("matthias", "caroline", "gülten");
foreach ($personen as $element) {
 $zeichen .= ",$element";
}
// Ausgabe - ,matthias,caroline,gülten
echo $zeichen;
// Führendes Trennzeichen entfernen
// Ausgabe - matthias,caroline,gülten
echo $zeichen = substr($zeichen,1);
?>
```

Anhand der Ausgabe ist zu erkennen, dass nach dem Schleifendurchlauf noch eine Bearbeitung der Zeichenkette durch die Stringfunktion `substr()` stattgefunden hat, um das erste Trennzeichen (,) zu entfernen.

> **Hinweis:** PHP stellt eine Reihe von Stringfunktionen zur Verfügung, auf die wir zurückgreifen können. Auf die Stringfunktionen gehen wir im nächsten Abschnitt dieses Kapitels eingehen.

Vereinigungs-, Schnitt- oder Differenzmengen zweier Arrays

Nehmen wir an, Sie haben zwei Arrays und wollen sie miteinander vergleichen. Dabei sollen folgende Schwerpunkte gesetzt werden:

- Ermitteln der Vereinigungsmenge – alle Elemente.

- Ermitteln der Schnittmenge – Elemente, die in beiden Arrays vorkommen und nicht nur in einem.
- Ermitteln der Differenzmenge – Elemente, die in einem, aber nicht in beiden vorhanden sind.

Als Vorlage dienen die folgenden beiden Arrays:

```
$vok_a = array("ein","zwei","drei","vier");
$vok_b = array("ein","zwei","vier");
```

Ermitteln der Vereinigungsmenge

```
<pre>
<?php
$vok_a = array("ein","zwei","drei","vier");
$vok_b = array("ein","zwei","vier");
$vereinen = array_unique(array_merge($vok_a,$vok_b));
print_r($vereinen );
?>
</pre>
```

Ausgabe:

```
Array
(
    [0] => ein
    [1] => zwei
    [2] => drei
    [3] => vier
)
```

Um die Vereinigungsmenge zu finden, mischen Sie die beiden Arrays mit Hilfe der Funktion `array_merge()` und erhalten damit ein größeres Array mit sämtlichen Werten. Leider lässt die Funktion jedoch doppelte Werte zu, wenn sie zwei indizierte Arrays miteinander mischt, daher rufen Sie zusätzlich noch die Funktion `array_unique()` auf, um die doppelten Werte herauszufiltern.

Ermitteln der Schnittmenge

```
<pre>
<?php
$vok_a = array("ein","zwei","drei","vier");
$vok_b = array("ein","zwei","vier");
$schnitt = array_intersect($vok_a,$vok_b);
print_r($schnitt);
?>
</pre>
```

Ausgabe:

```
Array
(
    [0] => ein
    [1] => zwei
    [3] => vier
)
```

Bei der Bildung der Schnittmenge ist Ihnen die Funktion `array_intersect()` behilflich.

Ermitteln der Differenzmenge

```
<pre>
<?php
$vok_a = array("ein","zwei","drei","vier");
$vok_b = array("ein","zwei","vier");
$differenz = array_diff($vok_a,$vok_b);
print_r($differenz );
?>
</pre>
```

Ausgabe:

```
Array
(
    [2] => drei
)
```

Die Funktion `array_diff()` gibt ein Array zurück das sämtliche Elemente in `$vok_a` enthält, die nicht in `$vok_b` vorkommen.

Elementkombination eines Arrays ermitteln

Sie wollen sämtliche Elementkombinationen eines Arrays ermitteln, die einige oder alle Elemente des Arrays enthalten, also die Potenzmenge. Dafür gibt es eine nützliche Funktion.

```
function set_potenz($liste) {
        // Initialisierung durch ein leeres Array
        $resultate = array(array());
        foreach ($liste as $element) {
                foreach($resultate as $kombination) {
                 array_push($resultate, array_merge(array($element),
$kombination));
                }
        }
        return $resultate;
}
```

Diese Funktion gibt ein Array aus Arrays zurück, das sämtliche Kombinationen von Elementen beinhaltet, einschließlich der leeren Menge.

Beispiel:

```
$werte = array("A","B","C");
$potenzmenge = set_potenz($werte);
print_r($potenzmenge);
```

Ausgabe:

```
Array
(
    [0] => Array
        (    )

    [1] => Array
        (    [0] => A    )

    [2] => Array
        (    [0] => B  )

    [3] => Array
        (    [0] => B   [1] => A    )

    [4] => Array
        (    [0] => C    )

    [5] => Array
        (    [0] => C   [1] => A    )

    [6] => Array
        (    [0] => C   [1] => B     )

    [7] => Array
        (    [0] => C   [1] => B   [2] => A  )
)
```

`$potenzmenge` enthält anschließend acht Arrays, sprich acht mögliche Kombinationen. Die erste `foreach`-Schleife arbeitet sämtliche Elemente des Arrays ab, während die innere `foreach`-Schleife sämtliche vorhandenen, aus den vorherigen Elementen erzeugten Kombinationen durchläuft. Dies ist auch der schwierige Teil innerhalb der Funktion. Sie müssen genau wissen, wie sich PHP während der Schleifendurchläufe verhält.

Die Funktion `array_merge()` kombiniert das Element mit den vorherigen Kombinationen. Beachten Sie jedoch, dass das Array `$resultate`, dem das neue Array mit `array_push()` hinzugefügt wird, dasjenige ist, das in dem `foreach` durchlaufen wird. Normalerweise würde dies zu einer Endlosschleife führen, wenn Sie Einträge zu `$resultate` hinzufügen. In PHP ist dies jedoch nicht der Fall, denn PHP arbeitet mit einer Kopie des ursprünglichen Arrays. Wenn Sie aber eine Ebene höher in die äußere Schleife zurückspringen und das `foreach` mit dem nächsten `$element` erneut ausführen, wird es zurückgesetzt. Daher können Sie direkt mit `$resultate` arbeiten und das Array als Stapelspeicher für Ihre Kombinationen verwenden. Indem Sie alles als Array speichern, erhalten Sie zusätzliche Flexibilität bei der Bearbeitung der einzelnen Arrays bzw. Kombinationen.

Um die Ergebnisse formatiert zwischen den Elementen innerhalb der Kombinationen sowie Zeilenwechsel zwischen den Kombinationen auszugeben, können Sie folgende Codezeilen einsetzen:

```
$werte = array("A","B","C");
echo "<table border=1>";
foreach (set_potenz($werte) as $element) {
       print "<tr><td> " . join(" ", $element) . "</td></tr>";
}
echo "</table>";
```

Und wenn Sie nur die Kombinationen mit jeweils zwei Elementen ausgeben wollen:

```
$werte = array("A","B","C");
echo "<table border=1>";
foreach (set_potenz($werte) as $element) {
       if (2 == count($element)) {
       print "<tr><td> " . join(" ", $element) . "</td></tr>";
       }
}
echo "</table>";
```

Achtung: Der Durchlauf dauert bei einer großen Menge von Elementen sehr lange. Aus einer Menge mit n Elementen entstehen 2^{n+1} Mengen. Mit anderen Worten, wenn n um 1 erhöht wird, verdoppelt sich die Anzahl der Elemente.

Permutationen und Arrays

Abschließend noch ein Beispiel zum Thema Permutation. Sie haben ein Array mit Elementen und wollen sämtliche Möglichkeiten berechnen, wie diese unterschiedlich angeordnet werden können.

```
$begriffe = array("ich","bin","dort");
```

Beispiel:

```
<?php
// Permutationen ermitteln (Rekursiv)
function setze_permutation($liste, $permliste = array()) {
    if (empty($liste)) {
        print join(' ', $permliste) . "<br>";
    }  else {
        for ($i = count($liste) - 1; $i >= 0; --$i) {
             $neueliste = $liste;
             $neuepermliste = $permliste;
             list($werte) = array_splice($neueliste, $i, 1);
             array_unshift($neuepermliste, $werte);
             setze_permutation($neueliste, $neuepermliste);
        }
    }
}

// Entspricht - array("ich","bin","dort");
```

```
$begriffe = split(" ","ich bin dort");
setze_permutation($begriffe);
?>
```

Ausgabe:

```
ich bin dort
bin ich dort
ich dort bin
dort ich bin
bin dort ich
dort bin ich
```

1.10.11 Nützliche Array-Operationen

In diesem Abschnitt finden Sie noch einige nützliche Codebeispiele.

Prüfen von Array-Schlüsseln und -Elementen

Wollen Sie prüfen, ob ein Array einen bestimmten Schlüssel oder ein bestimmtes Element (Wert) enthält, dann könnten Ihnen folgende Codezeilen gute Dienste erweisen:

Beispiel – Prüfen, ob ein Schlüssel im Array enthalten ist:

```
<?
$mitarbeiter = array(
                              "M1"=>"Manfred",
                              "M2"=>"Toni",
                              "M3"=>"Tim",
                              "M4"=>"Fred"
                              );

if (isset($mitarbeiter['M3'])) {
       echo "Schlüssel gehört zu " . $mitarbeiter['M3'];
} else {
       echo "Diese Schlüssel ist nicht vorhanden!";
}
?>
```

Bei der Überprüfung, ob ein Schlüssel vorhanden ist, gehen Sie genauso vor wie bei der Überprüfung von Variablen, indem Sie `isset()` verwenden.

Beispiel – Prüfen, ob ein Element im Array enthalten ist:

```
<?
$mitarbeiter = array(
                              "M1"=>"Manfred",
                              "M2"=>"Toni",
                              "M3"=>"Tim",
                              "M4"=>"Fred"
                              );

if (in_array("Tim",$mitarbeiter)) {
```

```
    echo "Mitarbeiter ist " . $mitarbeiter['M3'];
} else {
    echo "Mitarbeiter nicht vorhanden!";
}
?>
```

Mit Hilfe von `in_array()` können Sie prüfen, ob ein Element eines Arrays einen bestimmten Wert enthält. Standardmäßig vergleicht `in_array()` die Elemente mit dem Gleichheitsoperator ==.

Hinweis: Um die strikte Gleichheitsprüfung mit === durchzuführen, übergeben Sie `true` als dritten Parameter an `in_array()`.

1.11 Mathematische Funktionen

Nachdem Sie die in PHP zur Verfügung stehenden Arrayfunktionen kennen gelernt haben, sollen nachfolgend auch gleich die von PHP unterstützten elementaren mathematischen Funktionen zusammengestellt werden, so dass Sie in der Lage sind, mit PHP beliebige mathematische Ausdrücke zu formulieren und zu berechnen.

Funktion	*Beispiel*	*Beschreibung*
abs($x)	abs(-10) => 10	Absoluter Betrag
acos($x)	acos(0.5) => 1.0471975511966	Arcus Cosinus (Bogenmaß)
asin($x)	asin(0.5) => 0.5235987755983	Arcus Sinus (Bogenmaß)
atan($x)	atan(0.5) => 0.46364760900081	Arcus Tangens (Bogenmaß)
atan2($x,$y)	atan2(0.5,0.5) => 0.78539816339745	Diese Funktion berechnet den Arcustangens aus den Parametern $x und $y.
cos($x)	cos(0.5) => 0.87758256189037	Cosinus (Bogenmaß)
exp($x)	exp(2) => 7.3890560989307	e^x, Potenz zur Basis e (Eulersche Zahl)
max($x[args])	max(20,10,9,29,10) => 29	Maximalwert einer Argumenteliste
min($x[args])	min(20,10,9,29,10) => 9	Minimalwert einer Argumenteliste
log($x)	log(2) => 0.69314718055995	Natürlicher Logarithmus
log10($x)	log10(1000) => 3	Dekadischer Logarithmus
pow($x,$y)	pow(2,10) => 1024	Potenzfunktion x^y
sin($x)	sin(0.5) => 0.4794255386042	Sinus (Bogenmaß)
sqrt($x)	sqrt(16) => 4	Quadratwurzel
tan($x)	tan(0.5) => 0.54630248984379	Tangens (Bogenmaß)

Umwandlungsfunktionen

Als Nächstes folgen die in PHP zur Verfügung stehenden Umwandlungsfunktionen.

Funktion	*Beispiel*	*Beschreibung*
floor(float)	floor(10.8) => 10	Ganzzahliger Teil einer Zahl. Rundet zur nächsten Ganzzahl ab.
ceil(float)	ceil(10.8) => 11	Rundet auf die nächste Ganzzahl.
round(float,[$stellen])	round(10.8) => 11 round(10.8476,2) => 10.85	Rundet eine Fließkommazahl auf die optionale Stellenzahl `$stellen`.
base_convert(nummer, ausgangsbasis, zielbasis	base_convert(100,2,10) => 4	Wandelt von einem beliebigen Zahlensystem der Basis 2 bis 36 in ein anderes um.
bindec(binaerwert)	bindec(1001) => 9	Binär -> Dezimal. Umwandlung von binär nach dezimal.
decbin(dezimalwert)	decbin(9) => 1001	Dezimal -> Binär. Umwandlung von dezimal nach binär.
dechex(dezimalwert)	dechex(255) => ff	Dezimal -> Hexadezimal. Umwandlung von dezimal nach hexadezimal.
decoct(dezimalwert)	decoct(1024) => 2000	Dezimal -> Oktal. Umwandlung von dezimal nach oktal.
deg2rad(float)	deg2rad(180) => 3.1415926535898	Diese Funktion wandelt den übergebenen Winkel von Grad in Bogenmaß.
hexdec(hexwert)	hexdec(ff) => 255	Hexadezimal -> Dezimal. Umwandlung von hexadezimal nach dezimal.
rad2deg(float)	rad2deg(3.1415926535898) => 180	Diese Funktion wandelt den übergebenen Winkel von Bogenmaß in Grad.
octdec(oktalwert)	octdec(2000) => 1024	Oktal -> Dezimal. Umwandlung von oktal nach dezimal.

Logarithmus mit beliebiger Basis

Sollten Sie den Logarithmus mit einer beliebigen Basis berechnen müssen, verwenden Sie folgende Definition:

```
function logx($mant,$basis) {
	return log($mant)/log($basis);
}
```

Ausgabe:

```
// Ausgabe (0.5)
echo logx(2,4)
```

Das erste Argument ist die zu berechnende Mantisse, das zweite die Basis des Logarithmus. Seit PHP 4.3 können Sie jedoch auch die vordefinierte Funktion `log()` verwenden.

Beispiel:

```
// Ausgabe (0.5)
echo log(2,4);
```

Runden von Fließkommazahlen

Sie wollen Fließkommazahlen runden, entweder um einen Integer-Wert zu erhalten oder um die Anzahl der Dezimalstellen zu begrenzen. Dafür stehen Ihnen in PHP gleich drei nützliche Funktionen zur Verfügung.

Beispiel round() – auf nächste Ganzzahl runden:

```
<?php
$zahl = round(2.4);
// Ausgabe (2)
echo $zahl;
?>
```

Beispiel ceil() – zum Aufrunden:

```
<?php
$zahl = ceil(2.4);
// Ausgabe (3)
echo $zahl;
?>
```

Beispiel floor() – zum Abrunden:

```
<?php
$zahl = floor(2.4);
// Ausgabe (2)
echo $zahl;
?>
```

Genauigkeit

Eine festgelegte Anzahl von Ziffern nach dem Dezimalzeichen erhalten Sie, wenn Sie `round()` ein optionales Argument für die Genauigkeit übergeben.

Beispiel:

```
<?php
$preis = 99.99;

$mwst = $preis * 0.16;
// Ausgabe (15.9984)
echo "MwSt: $mwst<br>";

$gesamt = $preis + $mwst;
echo "Gesamt: $gesamt<br>";

$gesamtrund = round($gesamt,2);
echo "Gesamt: $gesamtrund<br>";
?>
```

Ausgabe:

```
MwSt: 15.9984
Gesamt: 115.9884
Gesamt: 115.99
```

1.11.1 Mathematische Konstanten

In PHP stehen Ihnen auch zahlreiche mathematische Konstanten zur Verfügung.

Konstante	*Exakter Wert*	*Beschreibung*
M_PI	3.14159265358979323846	Wert (Pi)
M_E	2.7182818284590452354	E (Eulersche Zahl)
M_LOG2E	1.4426950408889634074	$\log_2 e$
M_LOG10E	0.43429448190325182765	$\log_{10} e$
M_LN2	0.69314718055994530942	$\log_e 2$
M_LN10	2.30258509299404568402	$\log_e 10$
M_PI_2	1.57079632679489661923	pi/2
M_PI_4	0.78539816339744830962	pi/4
M_1_PI	0.31830988618379067154	1/pi
M_2_PI	0.63661977236758134308	2/pi
M_2_SQRTPI	1.12837916709551257390	2/sqrt(pi)
M_SQRT2	1.41421356237309504880	sqrt(2)
M_SQRT1_2	0.70710678118654752440	1/sqrt(2)

Achtung: Bis auf M_PI sind diese Konstanten erst seit PHP4.0 verfügbar.

1.11.2 Zufallszahlen

Zufallszahlen werden häufig benötigt, um Vorgänge zu steuern oder beispielsweise Kennwörter zu erzeugen. Zufallsfolgen beruhen auf mathematischen Funktionen, die zwar einen chaotischen Verlauf haben, aber dennoch einer strengen Folge gehorchen, sie sind pseudozufällig. Die Zufälligkeit wird erst erzeugt, wenn der Startwert variiert. Die folgende Tabelle zeigt Funktionen zum Abruf der Zufallswerte und zum Setzen des Startwertes.

Funktion	*Beispiel*	*Beschreibung*
srand($x)	srand(100); srand ((double)microtime()*1000000);	Setzt den Startwert für den Zufallsgenerator.
rand([$min],[$max])	rand() => 7438 rand(0,10) => 4	Gibt eine Zufallszahl zwischen 0 und 1 oder, wenn benutzt, zwischen `$min` und `$max` zurück.
getrandmax()	getrandmax() => 32767	Gibt die höchstmögliche Zahl an, die `rand()` zurückgeben kann.

Funktion	*Beispiel*	*Beschreibung*
mt_srand($x)	mt_srand(100); mt_srand ((double)microtime()*1000000);	Setzt den Startwert für den Zufallsgenerator.
mt_rand([$min],[$max])	mt_rand() => 322911911 mt_rand(0,10) => 7	Gibt eine Zufallszahl zwischen 0 und 1 oder, wenn benutzt, zwischen `$min` und `$max` zurück.
mt_getrandmax()	mt_getrandmax() => 2147483647	Gibt die höchstmögliche Zahl an, die `mt_rand()` zurückgeben kann.

Beispiel:

```
<?php
// PNG-Grafik definieren
header("Content-type: image/png");

$kunden = array(
                    "IBM",
                    "Apple",
                    "Microsoft",
                    "Macromedia",
                    "Adobe"
                    );

$zufall = mt_rand(0,count($kunden)-1);

$kunde = $kunden[$zufall];

$breite = 200;
$hoehe = 50;
$bild = imagecreate($breite, $hoehe);
$weiß = imagecolorallocate($bild, 255, 255, 255);
$schwarz = imagecolorallocate ($bild, 0, 0, 0);
imagefilledrectangle($bild, 0, 0, $breite, $hoehe, $weiß);
imagestring($bild, 4, 1, 30, "Kunde: ".$kunde, $schwarz);
imagepng($bild);
imagedestroy($bild);
?>
```

Hiermit lassen sich zufällig dynamisch erzeugte Signaturen realisieren, die mit Hilfe der Funktionen der GD-Bibliothek in eine PNG-Datei überführt werden. Sie können einmal folgendes Beispiel testen:

```
<?php
// PNG-Grafik definieren
header("Content-type: image/png");

$zeit = date("H:i:s", time());
$datum = date("d.m.Y", time());
```

```
$ip = $_SERVER["REMOTE_ADDR"];
$breite = 200;
$hoehe = 50;
$bild = imagecreate($breite, $hoehe);
$weiß = Imagecolorallocate($bild, 255, 255, 255);
$schwarz = Imagecolorallocate ($bild, 0, 0, 0);
imagefilledrectangle($bild, 0, 0, $breite, $hoehe, $weiß);
imagestring($bild, 4, 1, 1, "Uhrzeit: ".$zeit, $schwarz);
imagestring($bild, 4, 1, 15, "Datum: ".$datum, $schwarz);
imagestring($bild, 4, 1, 30, "Deine IP: ".$ip, $schwarz);
imagepng($bild);
imagedestroy($bild)
?>
```

Das Beispiel erzeugt eine PNG-Datei, die die aktuelle Uhrzeit, das Datum und die IP-Adresse des Besuchers darstellt. Es eignet sich somit ebenfalls zur Erzeugung von dynamischen Signaturen.

Hinweis: Zu den Funktionen der GD-Bibliothek erfahren Sie mehr in Kapitel 4.

Ziehung von Zufallszahlen ohne Wiederholung

Eine weitere Anwendung wäre es, aus einem Zahlenbereich von `$min` bis `$max` zufällig `$anz` Zahlen auszuwählen, ohne dass Zahlen doppelt vorkommen.

Beispiel:

```
<?PHP
function gen_zahlen($min, $max, $anz) {
     $werte = range($min, $max);
     mt_srand ((double)microtime()*1000000);
     for($x = 0; $x < $anz; $x++) {
          $i = mt_rand(1, count($werte))-1;
          $erg[] = $werte[$i];
          array_splice($werte, $i, 1);
     }
     return $erg;
}

$zufalls_array = gen_zahlen(1, 100, 10);
echo join("-", $zufalls_array);
?>
```

Ausgabe:

```
63-84-24-67-42-9-13-33-32-23
```

Es wurden 10 Zahlen nach dem Zufallsprinzip ermittelt, ohne dass eine doppelt vorkommt.

Ziehung von Zufallseinträgen ohne Wiederholung

Nach demselben Prinzip lassen sich auch Einträge aus einem Array zufällig ausgeben, ohne dass es zu Wiederholungen kommt.

Beispiel:

```
<?PHP
$kunden = array(
                      "IBM",
                      "Microsoft",
                      "Adobe",
                      "Macromedia",
                      "Apple",
                      "SAP"
                      );

function gen_zufall($anz,$daten) {
     mt_srand ((double)microtime()*1000000);
     for($x = 0; $x < $anz; $x++) {
          $i = mt_rand(1, count($daten))-1;
          $erg[] = $daten[$i];
          array_splice($daten, $i, 1);
     }
     return $erg;
}

$zufalls_array = gen_zufall(3,$kunden);
echo join("-", $zufalls_array);
?>
```

Ausgabe:

```
Adobe-Apple-Microsoft
```

Sie können die Funktion sogar zum Mischen von Arrays verwenden, indem Sie die folgende Codezeile wie folgt anpassen:

```
$zufalls_array = gen_zufall(count($kunden),$kunden);
```

Und schon erhalten Sie sämtliche Einträge des Arrays, jedoch gut vermischt.

Hinweis: Die Funktionen mit dem Präfix `mt_` sollten bevorzugt werden, da sie um einiges schneller arbeiten. Die mt_Funktionen wurden von Mersenne Twister (mt) entwickelt. Mehr erfahren Sie unter folgenden Adressen:
www.scp.syr.edu/~marc/hawk/twister.html
www.math.keio.ac.jp/~matumoto/emt.html

1.12 Datum- und Zeitfunktionen

Datums- und Zeitberechnungen nehmen im praktischen Umgang mit Webanwendungen einen großen Raum ein. Entsprechend groß ist der Funktionsumfang in PHP.

1.12.1 Kalenderfunktionen

Diese Funktionen sollen die Umwandlung von Daten zwischen verschiedenen Kalendern erleichtern. Die gemeinsame Basis für diese Umwandlung bildet das Julianische Datum J. D. (nicht zu verwechseln mit dem Julianischen Kalender). Das J. D. entspricht der Anzahl der Tage seit dem 1. 1. 4713 v. Chr. Jede Umrechnung zwischen zwei beliebigen Kalendern erfordert den Zwischenschritt über das J. D.

Wir verzichten auf eine ausführliche Darstellung der Kalenderfunktionen und beschränken uns auf eine Tabelle.

Funktion	*Beschreibung*
jdtogregorian($day)	Konvertiert ein Datum des Julianischen Kalenders in das gregorianische Format.
gregoriantojd($month, $day, $year)	Konvertiert das gregorianische Format in ein Datum des Julianischen Kalenders.
jdtojulian($day)	Wandelt ein julianisches Datum in einen julianischen Tageswert um.
juliantojd($month, $day, $year)	Wandelt einen julianischen Tageswert wieder in die entsprechende julianische Datumsangabe um.
jdtojewish($day)	Wandelt einen julianischen Tageswert in ein Datum des jüdischen Kalenders um.
jewischtojd($month, $day, $year)	Wandelt vom jüdischen Kalender in einen julianischen Tageswert um.
jdtofrench($month, $day, $year)	Wandelt ein julianisches Datum in ein Datum des Kalenders der französischen Revolution (Republik) um.
frenchtojd($month, $day, $year)	Wandelt ein Datum der Französischen Revolution zu einem julianischen Datum um.
jdmonthname($day)	Diese Funktion gibt einen Monatsnamen zurück, die Datumsangabe muss dem Julianischen Kalender entsprechen. Die Ausgabe kann jedoch durch einen zweiten Parameter gesteuert werden, der den Ursprungskalender bestimmt.
jddayofweek($day)	Bestimmt den Wochentag aus einem julianischen Datum.
easter_date($year)	Die Funktion gibt den UNIX-Zeitcode für Ostersonntag des angegebenen Jahres zurück.
easter_days($year)	Gibt die Anzahl der Tage aus, die Ostern nach dem 21. März des angegebenen Jahres liegt.

Einsatz von easter_date() und easter_days()

Die beiden Oster-Funktionen sind es wert, einen Blick darauf zu werfen, da derartige Kalenderberechnungen nicht trivial sind und vom Ostertermin viele andere Feiertage abhängen. Zunächst sollten Sie sich die Definition der UNIX-Zeitcodes in Erinnerung rufen. Die Unix-Welt begann 1970 und die Definition lässt Daten bis 2037 zu. Wollen Sie Daten vor oder nach diesen Jahren berechnen, können Sie `easter_date()` nicht einsetzen. Die Funktion `easter_days()` erschwert zwar unter Umständen die Anwendung, ist jedoch unabhängig von derartigen Grenzdaten. Leicht zu beantworten ist die Frage, auf welches Datum Ostern im Jahr 2004 fällt.

Beispiel:

```
echo "Ostern ist am: " . date ("d.M.Y" , easter_date(2004));
```

Ausgabe:

```
Ostern ist am: 11.Apr.2004
```

> **Hinweis:** Was es mit der Funktion `date()` auf sich hat, erfahren Sie im Abschnitt »Datumsfunktionen«.

1.12.2 Datumsfunktionen

Wichtiger als die Kalenderfunktionen sind allgemeine Datumsberechnungen. Die folgende Tabelle stellt die wichtigsten Datumsfunktionen zusammen.

Funktion	*Beispiel*	*Beschreibung*
checkdate($month,$day,$year)	checkdate(10,11,2004) => TRUE (1)	Gibt `TRUE` zurück, wenn das angegebene Datum korrekt ist. Benötigt drei Argumente für Monat, Tag und Jahr.
date("format",$timestamp)	date("d.M.Y") => 10.Jan.2004	Formatiert ein Datum.
getdate($timestamp)	getdate(mktime(0,0,0,1,1,2005))	Gibt ein assoziatives Array mit Datums- und Zeitangaben zurück.
gmdate("format",$timestamp)	gmdate("d.M.Y") => 10.Jan.2004	Wie `date()`, berücksichtigt jedoch GMT.

> **Hinweis:** GMT ist die Kurzform für Greenwich Mean Time.

Für die Arbeit mit Daten ist oft das aktuelle Datum von großer Bedeutung. Sie sollten jedoch beachten, dass der Server sich immer auf sein eigenes Systemdatum bezieht. Sollten Sie beispielsweise Ihre Website in den USA hosten, wird das Ergebnis nicht unbedingt den Erwartungen entsprechen, vor allem dann nicht, wenn Besucher aus Europa zeitabhängig begrüßt werden sollen.

Wenden wir uns nun den wichtigsten Datumsfunktionen und ihren Parametern zu.

Einsatz von getdate()

Die Funktion `getdate()` gibt ein assoziatives Array mit Datums- und Zeitangaben zurück. Das Array setzt sich aus folgenden Bestandteilen zusammen:

Schlüssel	*Rückgabewerte (Beispiele)*	*Beschreibung*
"seconds"	zwischen 0 und 59	Anzahl der Sekunden
"minutes"	zwischen 0 und 59	Anzahl der Minuten
"hours"	zwischen 0 und 23	Anzahl der Stunden
"mday"	zwischen 1 und 31	Numerischer Tag des Monats
"wday"	zwischen 0 (für Sonntag) und 6 (für Samstag)	Numerischer Wochentag
"mon"	zwischen 1 und 12	Monatszahl
"year"	Beispiele: 1999 oder 2003	Vierstellige Jahreszahl
"yday"	zwischen 0 und 366	Numerischer Tag des Jahres
"weekday"	zwischen Sonntag und Samstag	Ausgeschriebener Wochentag
"month"	zwischen Januar und Dezember	Ausgeschriebener Monatsname, wie Januar oder März
0	Abhängig vom System, typischerweise ein Wert zwischen -2147483648 und 2147483647.	Sekunden basierend auf dem Unix-Zeitcode, ähnlich den Werten, die von der Funktion `time()` zurückgegeben und von der `date()` verwendet werden.

Beispiel:

```
<pre>
<?php
print_r(getdate());
?>
</pre>
```

Ausgabe:

```
Array
(
    [seconds] => 30
    [minutes] => 52
    [hours] => 22
    [mday] => 10
    [wday] => 6
    [mon] => 1
    [year] => 2004
    [yday] => 9
    [weekday] => Saturday
    [month] => January
    [0] => 1073771550
)
```

Beispiel – year:

```
<?php
$zeit = getdate();
// Ausgabe (2004)
echo $zeit["year"];
?>
```

Einsatz von date()

Für die Darstellung eines Datums gibt es eine Vielzahl von Formatierungsmöglichkeiten. Die Funktion `date()` gibt ein Datum formatiert zurück, so dass Sie lokale Besonderheiten berücksichtigen können. Die Funktion benötigt zwei Argumente, eine Formatierungsanweisung und eine Zeitinformation als Unix-Zeitstempel. Sollte der zweite Parameter weggelassen werden, wird die aktuelle Zeit verwendet.

Innerhalb der Formatieranweisung sind folgende Symbole von Bedeutung:

Symbol	*Rückgabewerte (Beispiele)*	*Beschreibung*
a	am oder pm	Kleingeschrieben: ante meridiem und post meridiem
A	AM oder PM	Großgeschrieben: Ante meridiem und Post meridiem
B	000 bis 999	Swatch-Internet-Zeit
d	01 bis 31	Tag des Monats, 2-stellig mit führender Null
D	Mon bis Sun	Tag der Woche als Abkürzung mit drei Buchstaben
F	January bis December	Monat als ganzes Wort
g	1 bis 12	12-Stunden-Format, ohne führende Nullen
G	0 bis 23	24-Stunden-Format, ohne führende Nullen
h	01 bis 12	12-Stunden-Format, mit führenden Nullen
H	00 bis 23	24-Stunden-Format, mit führenden Nullen
i	00 bis 59	Minuten mit führenden Nullen
I (großes i)	1 bei Sommerzeit, ansonsten 0.	Fällt ein Datum in die Sommerzeit
j	1 bis 31	Tag des Monats ohne führende Nullen
l (kleines 'L')	Sunday bis Saturday	Ausgeschriebener Tag der Woche
L	1 für ein Schaltjahr, ansonsten 0.	Schaltjahr oder nicht
m	01 bis 12	Monat als Zahl, mit führenden Nullen
M	Jan bis Dec	Monatsname als Abkürzung mit drei Buchstaben
n	1 bis 12	Monatszahl, ohne führende Nullen

Symbol	*Rückgabewerte (Beispiele)*	*Beschreibung*
O	+0200	Zeitunterschied zur Greenwich Mean Time (GMT) in Stunden
r	Thu, 21 Dec 2000 16:01:07 +0200	RFC 822 formatiertes Datum
s	00 bis 59	Sekunden, mit führenden Nullen
S	st, nd, rd oder th. Zur Verwendung mit j empfohlen.	Anhang der englischen Aufzählung für einen Monatstag, zwei Zeichen
t	28 bis 31	Anzahl der Tage in einem Monat
T	Beispiele: EST, MDT ...	Zeitzoneneinstellung des Rechners
U	Siehe auch time()	Sekunden seit Beginn des UNIX-Zeit-Codes (January 1 1970 00:00:00 GMT)
w	0 (für Sonntag) bis 6 (für Samstag)	Numerischer Tag einer Woche
W	Beispiel: 42 (die 42 Woche im Jahr)	ISO-8601 Wochennummer des Jahres, die Woche beginnt am Montag
Y	Beispiel: 1999 oder 2003	Vierstellige Ausgabe der Jahreszahl
y	Beispiele: 99 oder 03	Zweistellige Ausgabe der Jahreszahl
z	0 bis 365	Der Tag eines Jahres
Z	-43200 bis 43200 (entspricht: -12 / +12 Stunden)	Offset der Zeitzone in Sekunden. Der Offset für Zeitzone West nach UTC ist immer negativ und für Zeitzone Ost nach UTC immer positiv.

Achtung: Sämtliche andere Zeichen werden ignoriert und unverändert zurückgegeben.

Beispiel:

```
<?php
// Ausgabe 10.Jan.2004 23:14:16
echo date("d.M.Y H:i:s");
?>
```

Hinweis: Die Funktion `gmdate()` leistet das Gleiche wie die Funktion `date()`, mit dem Unterschied, dass anstelle der lokalen Zeitzone GMT verwendet wird.

1.12.3 Zeitfunktionen

Ganz ähnlich wie mit dem Datum kann auch mit der Zeit gearbeitet werden. Die folgende Tabelle enthält eine Auflistung der wesentlichen Zeitfunktionen.

Funktionen	*Beispiel*	*Beschreibung*
localtime ([$tstamp [, is_associative]])	localtime()	Ermittelt die lokalen Zeitwerte. Sollte der optionale Parameter `is_associative` auf 1 gesetzt werden, wird ein assoziatives Array zurückgeliefert, ansonsten ein indiziertes.
mktime($hour, $min, $sec, $month, $day, $year, $dst)	mktime(0,0,0,1,1,2005) => 1104534000	Gibt den UNIX-Zeitstempel (Timestamp) für ein Datum zurück. Der Parameter `$dst` gibt an, ob es sich um Sommerzeit (1) oder Winterzeit (0) handelt.
gmmktime($hour, $min, $sec, $month, $day, $year, $dst)	gmmktime(0,0,0,1,1,2005) => 1104537600	Gibt den GMT-Zeitstempel (Timestamp) für ein Datum zurück. Der Parameter `$dst` gibt an, ob es sich um Sommerzeit (1) oder Winterzeit (0) handelt.
time()	time() => 1073770551	Gibt den UNIX-Zeitstempel sekundengenau zurück.
microtime()	microtime() => 0.96976100 1073770614	Wie `time()`, aber die Genauigkeit liegt im Mikrosekundenbereich. Ist nicht unter Windows verfügbar.
strftime("format", $tstamp)	strftime("%A") => Saturday	Formatiert eine Zeitausgabe.
gettimeofday()	print_r(gettimeofday()) => Array ([sec] => 1073770692 [usec] => 849883 [minuteswest] => -60 [dsttime] => 1)	Gibt die aktuelle Tageszeit zurück.
gmstrftime("format", $tstamp)	gmstrftime("%A") => Saturday	Wie `strftime()`, jedoch mit GMT als Zeitzone.

Einsatz von mktime()

Zahlreiche Datums- und Zeitfunktionen rechnen mit der internen Angabe des Unix-Zeitstempels. Diese Angabe stellt die Anzahl der Sekunden seit dem 01.01.1970 00:00 Uhr dar. Um nun eine solche Angabe für ein spezifisches Datum zu erhalten, setzen Sie `mktime()` ein. Nehmen wir den Zeitstempel für 1.1.2004:

```
// Ausgabe 1072911600
echo mktime(0,0,0,1,1,2004);
```

Der letzte Tag eines Monats kann als der Tag »0« des nächsten Monats ausgedrückt werden. Jedes der folgenden Beispiele gibt die Zeichenkette »Letzter Tag im Feb. 2000 ist der 29.« zurück.

```
$letzertag = mktime (0,0,0,3,0,2004);
// Letzter Tag im Feb. 2000 ist der 29.
echo strftime ("Letzter Tag im Feb. 2004 ist der %d.", $letzertag);
```

```
$lastday = mktime(0,0,0,4,-31,2004);
// Letzter Tag im Feb. 2004 ist der 29.
echo strftime ("Letzter Tag im Feb. 2000 ist der %d.", $letzertag);
```

Datumsberechnungen

Manchmal müssen mit Daten Berechnungen vorgenommen werden. Die folgenden Beispiele zeigen, wie man das mit den gezeigten Funktionen leicht realisieren kann:

```
gestern = mktime(0,0,0,date("m"), date("d")-1, date("Y"));
$morgen = mktime(0,0,0,date("m"), date("d")+1, date("Y"));
$letztenmonat = mktime(0,0,0,date("m")-1, date("d"), date("Y"));
$naechstesjahr = mktime(0,0,0,date("m"), date("d"), date("Y")+1);

echo "Gestern: $gestern<br>";
echo "Morgen: $morgen<br>";
echo "Letzenmonat: $letztenmonat<br>";
echo "Nächstesjahr: $naechstesjahr<br>";
```

Ausgabe:

```
Gestern: 1073689200
Morgen: 1073862000
Letzenmonat: 1071097200
Nächstesjahr: 1105398000
```

oder mit Hilfe von `date` formatiert:

```
echo "Gestern: ". date("d.M.Y",$gestern) . "<br>";
echo "Morgen: ". date("d.M.Y",$morgen) . "<br>";
echo "Letztenmonat: ". date("d.M.Y",$letztenmonat) . "<br>";
echo "Nächstesjahr: ". date("d.M.Y",$naechstesjahr) . "<br>";
```

Ausgabe:

```
Gestern: 10.Jan.2004
Morgen: 12.Jan.2004
Letztenmonat: 11.Dec.2003
Nächstesjahr: 11.Jan.2005
```

Einsatz von localtime()

Die Funktion `localtime()` gibt entweder ein indiziertes oder assoziatives Array zurück, welches hinsichtlich seiner Struktur identisch ist mit dem des Funktionsaufrufs in C.

Beispiel – indiziertes Array:

```
<pre>
<?php
print_r(localtime());
?>
</pre>
```

Ausgabe:

```
Array
(
    [0] => 4
    [1] => 35
    [2] => 23
    [3] => 10
    [4] => 0
    [5] => 104
    [6] => 6
    [7] => 9
    [8] => 0
)
```

Beispiel – assoziatives Array:

```
<pre>
<?php
print_r(localtime(mktime(0,0,0,10,1,2004),1));
?>
</pre>
```

Ausgabe:

```
Array
(
    [tm_sec] => 0
    [tm_min] => 0
    [tm_hour] => 0
    [tm_mday] => 1
    [tm_mon] => 9
    [tm_year] => 104
    [tm_wday] => 5
    [tm_yday] => 274
    [tm_isdst] => 1
)
```

Die Bezeichner der verschiedenen Schlüssel dieses assoziativen Arrays lauten:

- "tm_sec" – Sekunde
- "tm_min" – Minute
- "tm_hour" – Stunde
- "tm_mday" – Tag des Monats
- "tm_mon" – Monat des Jahres, beginnt bei 0 (Januar), endet bei 11 (Dezember)
- "tm_year" – Jahr seit 1900
- "tm_wday" – Tag der Woche
- "tm_yday" – Tag des Jahres
- "tm_isdst" – für das Datum ist die Sommerzeit zu berücksichtigen

Einsatz von strftime()

Die Funktion `strftime()` arbeitet ähnlich wie `date()` und formatiert eine Datums- und Zeitangabe anhand einer Formatierungsanweisung. Sie sollten jedoch beachten, dass die `strftime()`-Parameter nur teilweise mit denen von `date()` übereinstimmen und in einigen Fällen eine völlig andere Bedeutung haben.

Symbol	*Rückgabewerte (Beispiele)*	*Beschreibung*
%a	Mon bis Sun	Abgekürzter Name des Wochentages, abhängig von der gesetzten Umgebung.
%A	Monday bis Sunday	Ausgeschriebener Name des Wochentages, abhängig von der gesetzten Umgebung.
%b	Jan bis Dec	Abgekürzter Name des Monats, abhängig von der gesetzten Umgebung.
%B	January bis December	Ausgeschriebener Name des Monats, abhängig von der gesetzten Umgebung.
%c	siehe setlocale() weiter unten	Wiedergabewerte für Datum und Zeit, abhängig von der gesetzten Umgebung.
%C	00 bis 99	Jahrhundert, Jahr geteilt durch 100, gekürzt auf Integer.
%d	01 bis 31	Tag des Monats als Zahl.
%e	1 bis 31	Tag des Monats als Dezimalwert, einstelligen Werten wird ein Leerzeichen vorangestellt.
%H	00 bis 23	Stunde als Zahl im 24-Stunden-Format.
%I (grosses i)	01 bis 12	Stunde als Zahl im 12-Stunden-Format.
%j	001 bis 366	Tag des Jahres als Zahl.
%m	01 bis 12	Monat als Zahl, ohne führende 0.
%M	00 bis 59	Minute als zweistelliger Dezimalwert.
%n	-	Neue Zeile
%p	am oder pm	Entweder am oder pm, abhängig von der gesetzten Umgebung.
%S	0 bis 59	Sekunden als Dezimalwert.
%t	-	Tabulator
%U	00-06	Wochennummer im Jahr, startet die Zählung am ersten Sonntag.
%W	00-06	Wochennummer im Jahr, startet die Zählung am ersten Montag.
%w	0 (Sonntag) bis 6 (Samstag)	Numerische Darstellung des Wochentags.
%x	siehe setlocale() weiter unten	Vollständige Datumsangabe entsprechend den lokalen Einstellungen.
%X	siehe setlocale() weiter unten	Vollständige Datumsangabe entsprechend den lokalen Einstellungen.
%y	04	Zweistellige Ausgabe der Jahreszahl.
%Y	2004	Vierstellige Ausgabe der Jahreszahl.
%Z	-43200 bis 43200(entspricht: -12 / +12 Stunden)	Offset der Zeitzone in Sekunden. Der Offset für Zeitzone West nach UTC ist immer negativ und für Zeitzone Ost nach UTC immer positiv.
%%	%	Prozentzeichen

Einsatz von setlocale()

Interessant ist an dieser Funktion, dass sich die Ausgabe mit Hilfe der Funktion `setlocale()` an die sprachlichen Besonderheiten einer bestimmten Region anpassen lassen.

Beispiel:

```
<?php
echo strftime("%A auf Deutsch ");
setlocale(LC_TIME,'de_DE@euro', 'de_DE', 'de', 'ge');
echo strftime("%A");
?>
```

Ausgabe:

```
Sunday auf Deutsch Sonntag
```

Es gibt diverse Kurzformen für die deutschsprachige Region.

Die Funktion `setlocale()` hat folgenden Aufbau:

```
setlocale(category, localid);
```

Der Parameter *category* wird durch folgende Werte bestimmt:

- LC_ALL – Für alle folgenden Werte.
- LC_COLLATE – Wirkt auf Zeichenkettenvergleiche.
- LC_CTYPE – Wirkt auf die Zeichensetzung, beispielsweise in `strtoupper()`.
- LC_MONETARY – Wirkt auf Währungsfunktionen wie `localeconv()`.
- LC_NUMERIC – Bestimmt das Dezimaltrennzeichen.
- LC_TIME – Wirkt auf Datums- und Zeitformatierungen mit `strftime()`.

Als `localid` wird der ISO-Landescode angegeben, auf dessen Parameter die Ausgabe gesetzt werden soll. Wird eine leere Zeichenkette genutzt, versucht PHP entsprechende Variablen in der Betriebssystemumgebung zu finden. Wird eine 0 angegeben, werden die aktuellen Einstellungen nicht geändert, dafür jedoch zurückgegeben. Die Funktion gibt `FALSE` zurück, wenn der lokale Code nicht implementiert wurde.

1.13 Stringfunktionen

Mit Hilfe der zahlreichen Stringfunktionen können Strings (Zeichenketten) auf verschiedene Art und Weise bearbeitet werden. Die wichtigsten Stringfunktionen werden Ihnen in diesem Abschnitt vorgestellt.

1.13.1 Ersetzen von Zeichen in Zeichenketten

Immer wieder benötigte Funktionen aus dieser Funktionsgruppe sind die Funktionen zum Entfernen von führenden oder angehängten Leerzeichen sowie die Funktionen zur Sonderzeichenbehandlung.

Funktion	*Beispiel*	*Beschreibung*
addcslashes($str, $charlist);	$str = addcslashes ($zeichen, "\0..\37!@\177..\377")	Setzt C-typische Escape-Zeichen (Backslash »\«) vor Sonderzeichen.
stripcslashes($str)	$str = stripcslashes ($zeichen)	Entfernt C-typische Escape-Zeichen (Backslash »\«) vor Sonderzeichen.
addslashes($str)	$str = addslashes($zeichen);	Setzt Escape-Zeichen (Backslash »\«) vor Sonderzeichen.
stripslashes($str)	$str = addslashes($zeichen);	Entfernt Escape-Zeichen (Backslash »\«) vor Sonderzeichen.
quotemeta($str)	$str = quotemeta($zeichen)	Setzt Backslash vor . \\ + * ? [^] ($)
chop($str)	$str = chop($zeichen)	Entfernt Leerzeichen am Ende eines Strings.
ltrim($str)	$str = ltrim($zeichen)	Entfernt führende Leerzeichen eines Strings.
rtrim($str)	$str = rtrim($zeichen)	Entfernt Leerzeichen und Zeilenumbrüche am Ende eines Strings.
strtr($str,$from,$to)	$str = strtr($str, "ab", "ba")	Ersetzt Zeichen einer Zeichenkette anhand einer Austauschliste.
str_replace($strs,$stra, $str)	$str = str_replace ($strs,$stra,$str)	Ersetzt im String $str alle Vorkommen eines Suchstrings `$strs` mit einem Austauschstring `$stra`.
str_ireplace($strs,$stra, $str)	$str = str_ireplace ($strs,$stra,$str)	Wie `str_replace()`. Groß- und Kleinschreibung werden jedoch nicht berücksichtigt.
substr_ replace ($strs,$stra,$str)	$str = substr_replace ($str,$strs,$pos)	Ersetzt im String `$str` das Vorkommen eines Teilstings `$strs` ab einer bestimmten Position `$pos`.
trim($str)	$str = trim($str);	Entfernt Leerzeichen am Anfang und Ende einer Zeichenfolge.

Einsatz von addslashes()

Die Funktion `addslashes()` wird zum »Escapen« von Zeichenfolgen verwendet, so dass Sonderzeichen in Strings wie normale Zeichen interpretiert werden.

Beispiel:

```
<?php
$spruch = "Toni's Eck";
// Ausgabe - Toni\'s Eck
echo addslashes($spruch);
?>
```

Diese Bearbeitung der Zeichenkette ist vor allem beim Arbeiten mit Datenbanken von Bedeutung, da nicht durch Escaping behandelte Sonderzeichen in Strings, die Datenbankfeldern übergeben werden sollen, zu Laufzeitfehlern führen, wenn das Datenbanksystem das Sonderzeichen als Ende des Strings und alle nachfolgenden Zeichen als fehlerhafte SQL-Befehle interpretiert.

Einsatz von stripslashes()

Mit der Funktion `stripslashes()` können die durch `addslashes()` eingefügten Backslashes wieder aus der Zeichenkette entfernt werden, so dass die Zeichenkette bei der Ausgabe korrekt dargestellt wird.

Beispiel:

```
<?php
$spruch = "Toni\'s Eck";
// Ausgabe - Toni's Eck
echo stripslashes($spruch);
?>
```

Einsatz von str_replace()

Wir ersetzen nun einfache Weise eine Zeichenkette durch eine andere. Mit Hilfe der Funktion `str_replace()` stellt dies kein Problem dar.

Beispiel:

```
<?php
$spruch = "Hallo Welt";
$spruch = str_replace("Welt","Germany",$spruch);
// Ausgabe - Hallo Germany
echo $spruch;
?>
```

1.13.2 Umwandeln, Teilen und Verbinden von Zeichenketten

Häufig erforderliche Operationen sind das Umwandeln von Groß- und Kleinbuchstaben, und umgekehrt, sowie das Zerlegen von Zeichenketten anhand von vorgegebenen Trennzeichen.

Funktion	*Beispiel*	*Beschreibung*
chunk_split($str[, length, end]])	$str1 = chunk_split ($spruch,1, " ")	Zerlegt einen String in Teile gleicher Länge. Gibt man keine `length` an, wird die Zeichenkette automatisch nach 76 Zeichen geteilt.
strrev($str)	$str1 = strrev($spruch)	Invertiert Zeichenketten.

Funktion	*Beispiel*	*Beschreibung*
strtolower($str)	$str1 = strtolower($spruch);	Wandelt die Zeichenkette in Kleinbuchstaben um.
strtoupper($str)	$str1 = strtoupper($spruch);	Wandelt die Zeichenkette in Großbuchstaben um.
ucfirst($str)	$str1 = ucfirst($spruch);	Wandelt das erste Zeichen in Großbuchstaben um.
ucwords($str)	$str1 = ucwords ($spruch);	Wandelt das erste Zeichen jedes Worts in Großbuchstaben um.
ord($str)	&wert = ord("Z")	Gibt den ASCII-Wert zurück.
quoted_printable_decode($str)	$str1 = quoted_printable_decode($spruch)	Dekodiert Quoted-Printable-Zeichenfolgen in 8-Bit-Werte.
bin2hex($str)	$str1 = bin2hex($spruch)	Binär -> Hexadezimal. Umwandlung von binär nach hexadezimal.
convert_cyr_string ($str,$from,$to)	$str1 = convert_cyr_string ($spruch,$from,$to)	Konvertiert Zeichen zwischen kyrillischen Zeichensätzen.
explode($sep,$str[, limit])	$array = explode($sep,$str1)	Teilt Zeichenkette anhand des Trennzeichens `$sep` und gibt ein Array zurück. Der Parameter `limit` ist optional und legt fest, dass nur maximal `limit` Elemente im Array zurückgegeben werden. Das letzte Element des Arrays enthält dann den restlichen String.
strtok($str,$sep)	$str1 = strtok($spruch,$sep)	Trennt Zeichenkette mit Hilfe des angegebenen Trennzeichens `$sep`.
implode($sep,$array)	$str = implode($sep,$array)	Gibt Array-Elemente unter Verwendung von Trennzeichen an den `$str` zurück.
join($sep,$array)	$str = join($sep,$array)	Identisch mit `implode()`.

Einsatz von chunk_split()

Mit Hilfe der Funktion `chunk_split()` lässt sich ein String in Teile gleicher Länge zerlegen. Gibt man keine `length` an, wird die Zeichenkette automatisch nach 76 Zeichen geteilt.

Beispiel:

```
<?php
$spruch = "Wir zerlegen die Zeichenkette";
echo chunk_split($spruch,10,"<br>");
?>
```

Ausgabe:

```
Wir zerleg
en die Zei
chenkette
```

Als Quelltext:

```
Wir zerleg<br>en die Zei<br>chenkette<br>
```

Einsatz von explode()

Mit Hilfe der Funktion `explode()` lassen sich durch Einsatz eines Trennezeichens Zeichenketten zerlegen. Als Ergebnis erhält man ein Array zurück, welches die Teile der zerlegten Zeichenkette enthält.

Beispiel:

```
<?php
$spruch = "Wir zerlegen die Zeichenkette";
$array = explode(" ",$spruch);
foreach ($array as $element) {
       echo "$element<br>";
}
?>
```

Ausgabe:

```
Wir
zerlegen
die
Zeichenkette
```

Einsatz von strtok()

Die Funktion leistet im Prinzip genau dasselbe wie `explode()`. Jedoch liefert die Funktion nur den jeweils nächsten Teil (Token) zurück und muss, um die Zeichenkette vollständig zu verarbeiten, mehrmals aufgerufen werden.

Beispiel:

```
<?php
$spruch = "Wir zerlegen die Zeichenkette";
$teil1 = strtok($spruch, " ");
$teil2 = strtok(" ");

// Ausgabe - Wir
echo $teil1;
// Ausgabe - zerlegen
echo $teil2;
?>
```

Natürlich lässt sich dieser Vorgang mit Hilfe einer `while`-Schleife wesentlich vereinfachen.

Beispiel – mit Schleife:

```
<?php
$spruch = "Wir zerlegen die Zeichenkette";
$teil1 = strtok($spruch, " ");
```

```
echo "$teil1<br>";
while ($teil1) {
	$teil1 = strtok(" ");
	echo "$teil1<br>";
}
?>
```

Ausgabe:

```
Wir
zerlegen
die
Zeichenkette
```

Einsatz von implode()

Die Funktion `implode()` stellt die zu `explode()` umgekehrte Funktionalität zur Verfügung. Sie können die Elemente eines Arrays zu einer Zeichenkette zusammenfassen und an eine Stringvariable übergeben.

Beispiel:

```
<?php
$spruch = "Wir zerlegen die Zeichenkette";
// Array erzeugen
$array = explode(" ", $spruch);

// Array Einträge in Zeichenkette überführen
// (Trennzeichen *)
$zeichen = implode("*", $array);

// Ausgabe - Wir*zerlegen*die*Zeichenkette
echo $zeichen;
?>
```

1.13.3 Suchen und Vergleichen von Zeichenketten

Die Funktionen dieser Funktionsgruppe dienen dem Vergleich von Zeichenketten sowie der Suche nach Zeichen und Zeichenketten.

Funktion	*Beispiel*	*Beschreibung*
strcmp($str1,$str2)	$resultat = strcmp ($str1,$str2)	Vergleicht zwei Zeichenketten. Wenn `$str1 < $str2` wird –1, im umgekehrten Fall 1 und bei Gleicheit 0 zurückgegeben.
strcasecmp($str1,$str2)	$resultat = strcasecmp ($str1,$str2)	Wie `strcmp()`, aber case-insensitive, d.h. berücksichtigt Groß- und Kleinschreibung nicht.

Funktion	*Beispiel*	*Beschreibung*
strnatcmp($str1,$str2)	$resultat = strnatcmp ($str1,$str2)	Wie `strcmp()`, aber unter Berücksichtigung einer »natürlichen« Sortierreihenfolge bei numerischen Strings, d.h. »abc90de« ist kleiner als »abc100e«.
strnatcasecmp ($str1,$str2)	$resultat = strnatcasecmp ($str1,$str2)	Wie `strnatcmp()`, aber »case-insensitive, d.h. berücksichtigt Groß- und Kleinschreibung nicht.
strpos($str,$strs,$pos)	$str1 = strpos ($str,$strs,$pos)	Findet die Position des ersten Auftretens einer Zeichenkette `$strs` ab Position `$pos`.
stripos ($str, $strs)	$pos = stripos ($str, $strs)	Findet die Position des ersten Auftretens eine Strings `$strs` innerhalb der Zeichenkette `$str`.
strrpos($str,$char)	$pos = strrpos ($str, $char)	Findet die Position des letzten Auftretens eines einzelnen Zeichens `$char`.
strripos($str,$strs[,$pos])	$pos = strripos($str,$char)	Findet die Position des letzten Auftretens einer Zeichenkette `$strs` ab Position `$pos`.
strspn($str1,str2)	$anzahl = strspn ($str1,$str2)	Ermittelt die Anzahl der übereinstimmenden Zeichen.
strcspn($str1,$str2)	$anzahl = strcspn ($str1,$str2)	Ermittelt die Anzahl der nicht übereinstimmenden Zeichen.
strstr($str,$strs)	$str1 = strstr($str,$strs)	Sucht das erste Auftreten einer Zeichenkette `$strs` und gibt diese und alle folgenden Zeichen zurück.
stristr($str,$strs)	$str1 = stristr($str,$strs)	Wie `strstr()`, Groß- bzw. Kleinschreibung werden jedoch nicht berücksichtigt.
strchr($str,$strs)	$str1 = strchr($str,$strs)	Sucht das erste Auftreten einer Zeichenkette `$strs` und gibt diese und alle folgenden Zeichen zurück.
strrchr($str,$strs)	$str1 = strrchr($str,$strs)	Sucht das letzte Auftreten einer Zeichenkette `$strs` und gibt diese und alle folgenden Zeichen zurück.
substr ($str,$start,$length)	$str1 = substr ($str,$start,$length)	Gibt Teil einer Zeichenkette ab `$start` mit der Länge `$length` zurück.
substr_count($str,strs)	$anzahl = substr_count ($str,strs)	Ermittelt, wie oft eine Zeichenkette `$strs` in einem String `$str` vorkommt.
similar_text ($str1, $str2[, $prozent])	similar_text ($str1, $str2,$prozent);	Berechnet die Ähnlichkeit zweier Zeichenketten. Falls Sie als Referenz ein drittes Argument angeben, wird ihnen die Ähnlichkeit als Prozentwert errechnet.

Funktion	*Beispiel*	*Beschreibung*
soundex($str)	soundex ("Knuth") == soundex ("Kant")	Berechnet die Laut-Ähnlichkeit eines Strings.
levenshtein($str1,$str2)	$diff = levenshtein ($str1,$str2)	Errechnet die Differenz zwischen den als Argumente übergebenen zwei Strings. Ist einer der Strings länger als die zulässigen 255 Zeichen, wird -1 zurückgegeben. Die Levenshtein-Differenz ist definiert als die minimale Anzahl an Zeichen, die ersetzt, eingefügt oder gelöscht werden müssen, um den `$str1` nach `$str2` umzusetzen.
metaphone($str)	metaphone("Hallo") == metaphone("Hello");	Berechnet den metaphone-Schlüssel eines Strings. Genau wie `soundex()` berechnet `metaphone` den gleichen Schlüssel für ähnlich klingende Wörter. Die Metaphone-Funktion arbeitet genauer als `soundex()`, da sie die Grundregeln der englischen Aussprache kennt. Die durch `metaphone` erzeugten Schlüssel sind von variabler Länge.

Einsatz von strcmp()

Mit Hilfe von `strcmp()` werden zwei Zeichenketten auf der Binärebene verglichen. Folgende Werte werden zurückgegeben:

- -1 – `$str1` ist kleiner als `$str2`
- 0 – Bei Gleichheit der Zeichenkette `$str1` und `$str2`.
- 1 – `$str1` ist größer als `$str2`

Beispiel:

```
<?php
$spruch1 = "Hallo Welt";
$spruch2 = "Hallo Welt";
$resultat = strcmp($spruch1, $spruch2);

if ($resultat == 0) {
      echo "Sind Gleich!";
} elseif ($resultat < 0) {
      echo "spruch1 ist kleiner als spruch2";
} else {
      echo "spruch1 ist grösser als spruch2";
}
?>
```

Ausgabe:

```
Sind gleich!
```

Bei einem mit der Funktion `strcmp()` durchgeführten Vergleich wird z.B. der String »spruch99abc« größer als der String »spruch100abc« sein. Sollte bei derartigen, teilweise numerischen Strings eine natürliche Sortierreihenfolge, welche die enthaltenen Zahlen mit berücksichtigt, erforderlich sein, kann die Funktion `strnatcmp()` verwendet werden.

Beispiel:

```
<?php
$spruch1 = "spruch99abc";
$spruch2 = "spruch100abc";
$resultat = strnatcmp($spruch1, $spruch2);

if ($resultat == 0) {
       echo "Sind Gleich";
} elseif ($resultat < 0) {
       echo "spruch1 ist kleiner als spruch2";
} else {
       echo "spruch1 ist grösser als spruch2";
}
?>
```

Ausgabe:

```
spruch1 ist kleiner als spruch2
```

Der Einsatz von `strcmp()` hätte bei diesem Beispiel das umgekehrte Ergebnis zur Folge.

1.13.4 Ausgabe von Zeichen und Zeichenketten

Zur Ausgabe von Zeichen und Zeichenfolgen stehen Ihnen in PHP die folgenden Funktionen zur Verfügung:

Funktion	*Beispiel*	*Beschreibung*
chr($wert)	$zeichen = chr($wert)	Gibt das dem ASCII-Wert entsprechende Zeichen zurück.
echo($vars)	echo $var1, $var2, $var3	Gibt eine Zeichenfolge aus.
fprintf ($res, $format [, $vars])	fprintf ($res, "%s%s%s ", $var1)	Gibt eine Zeichenfolge an eine Stream-Quelle aus.
print($vars)	print($var1)	Gibt eine Zeichenfolge aus.
printf($format,$vars)	printf("%s%s%s ",$var1,$var2,$var3)	Gibt eine formatierte Zeichenfolge aus.
sprintf($format,$vars)	sprintf("%s%s%s ",$var1,$var2,$var3)	Gibt eine formatierte Zeichenfolge zurück.
vprintf($format, $array)	vprintf("%s%s%s ",$array)	Gibt eine formatierte Zeichenfolge aus.
vsprintf($format, $array)	vsprintf("%s%s%s ",$array)	Gibt eine formatierte Zeichenfolge zurück.
flush()	flush()	Löscht den Ausgabepuffer.

Einsatz von printf() und sprintf()

Im Unterschied zur Funktion `print()` können mit den beiden Funktionen `printf()` und `sprintf()` mehrere Argumente übergeben werden.

Ein zusätzlich anzugebender Formatstring, der aus den Formatzeichen der nachfolgenden Auflistung zusammengestellt werden kann, bestimmt dabei das Format der auszugebenden Daten.

Jede der Formatierungs-Anweisungen besteht aus einem Prozentzeichen (%), gefolgt von einem oder mehreren der folgenden Elemente:

Symbol	*Bedeutung*
%	Ein Prozentzeichen ("%"). Es ist kein Argument erforderlich.
b	Das Argument wird als Integer angesehen und als Binärwert ausgegeben.
c	Das Argument wird als Integer angesehen und das entsprechende ASCII-Zeichen wird ausgegeben.
d	Das Argument wird als Integer angesehen und ein Dezimalwert (signed) ausgegeben.
u	Das Argument wird als Integer angesehen und ein Dezimalwert (unsigned) ausgegeben.
f	Das Argument wird als Float angesehen und eine Fließkommazahl ausgegeben.
o	Das Argument wird als Integer angesehen und und als Oktalzahl ausgegeben.
s	Das Argument wird als String angesehen und auch als solcher ausgegeben.
x	Das Argument wird als Integer angesehen und als Hexadezimalwert ausgegeben (mit Kleinbuchstaben).
X	Das Argument wird als Integer angesehen und als Hexadezimalwert ausgegeben (mit Großbuchstaben).

Das nächste Skript zeigt die Ausgabe von drei Variablen mit Hilfe der Funktion `printf()`.

Beispiel:

```
<?php
$mk = "Matthias<br>";
$ck = "Caroline<br>";
$gk = "Gülten<br>";
printf("%s%s%s", $mk,$ck,$gk);
?>
```

Ausgabe:

```
Matthias
Caroline
Gülten
```

Unterschied echo() und print()

Bei der Funktion `echo()` handelt es sich um ein internes Sprachkonstrukt von PHP und bei `print()` um einen Ausdruck, dessen Wert (1) wie im folgenden Beispiel anderen Ausdrücken zugewiesen werden kann:

```
 <?php
$spruch = "Ausgabe der Zeichenkette";
$resultat = print($spruch);
echo "<br>";
print($resultat);
?>
```

Ausgabe:

```
Ausgabe der Zeichenkette
1
```

Unterschied printf() und sprintf()

Der Unterschied zwischen `printf()` und `sprintf()` besteht darin, dass bei `printf()` die Ausgabe in die Standardausgabe erfolgt, während `sprintf()` die auszugebenden Daten an eine Variable zurückgibt:

```
<?php
$mk = "Matthias<br>";
$ck = "Caroline<br>";
$gk = "Gülten<br>";
$resultat = sprintf("%s%s%s", $mk,$ck,$gk);
print $resultat;
?>
```

Ausgabe:

```
Matthias
Caroline
Gülten
```

1.13.5 URL- und HTML-spezifische Zeichenkettenfunktionen

Die Funktionen dieser Gruppe werden benötigt, wenn mithilfe der HTTP-Methode `GET` Daten mit entsprechenden Sonderzeichen im Query-String via URL übertragen werden sollen.

Ein weiterer Anwendungsbereich dieser Funktion ist es, Zeichen, die in HTML eine besondere Bedeutung haben, z.B. < und >, auf einer HTML-Seite darzustellen, ohne dass der Browser diese Zeichen als HTML-Sonderzeichen interpretiert.

Funktion	*Beispiel*	*Beschreibung*
get_meta_tags($file)	$array = get_meta_tags ("inhalt.htm")	Extrahiert <META>-Tags und gibt diese in einem Array zurück.
htmlentities($str)	$str1 = htmlentities($str)	Konvertiert HTML- und Sonderzeichen, um die Interpretation zu verhindern.
htmlspecialchars($str)	$str1 = htmlentities($str)	Konvertiert HTML-Zeichen, wie & " ' < >, um die Interpretation zu verhindern.
nl2br($str)	echo nl2br($str1)	Wandelt Zeilenumbrüche in -Tags um.
parse_str($str)	parse_str($str1)	Zerlegt den Query_String in seine Variablen.
parse_url($url)	$array = parse_url($url)	Zerlegt den URL in seine einzelnen Bestandteile. Als Rückgabewert dieser Funktion erhalten Sie ein assoziatives Array mit den einzelnen Bestandteilen des URL.
rawurldecode($str)	echo rawurldecode($str1)	Wandelt Zeichenketten, die durch `rawurlencode()` kodiert wurden, in eine normale Zeichenkette um.
rawurlencode($str)	echo rawurlencode($str1)	Konvertiert die Umlaute und Sonderzeichen einer Zeichenkette in Prozentzeichen und den zweistelligen, hexadezimalen ASCII-Wert zur Verwendung in einem URL.
strip_tags($str[, allow_tags)	echo strip_tags($str1)	Entfernt HTML- und PHP-Tags. Mit Hilfe des optionalen Parameters `allow_tags` können bestimmte HTML- und PHP-Tags als zulässig festgelegt werden.
urldecode($str)	echo urldecode($str1)	Wandelt eine Zeichenkette um, welche über einen URL übermittelt oder mit der Funktion `urlencode()` kodiert wurde.
urlencode($str)	echo urlencode($str1)	Konvertiert die Umlaute und Sonderzeichen einer Zeichenkette in Prozentzeichen und den zweistelligen, hexadezimalen ASCII-Wert zur Verwendung in einem URL.
wordwrap ($str,$pos,$sep)	$str = wordwrap ($text, $length,$sep);	Bricht die Zeilen des Strings `$str` an der mittels `$pos` angegebenen Position um. Diese Zeilenumbrüche werden mit dem im (optionalen) Parameter `$sep` spezifizierten Steuerzeichen durchgeführt.

Einsatz von htmlspecialchars()

Ein dieser Funktion übergebener String wird von der Funktion so umgewandelt, dass HTML-spezifische Sonderzeichen vom Browser nicht mehr als solche behandelt, sondern als normale Zeichen ausgegeben werden.

Das folgende Beispiel demonstriert dieses Verhalten. Wenn Sie den String des folgenden Skripts mit `echo()` im Browser ausgeben wollen, werden Sie zunächst gar nichts sehen.

Das liegt daran, dass der Browser die Zeichen < und > als HTML-Sonderzeichen zur Kennzeichnung von HTML-Tags interpretiert, wodurch der Inhalt des Strings zur Definition eines HTML-Grundgerüsts ohne weiteren Inhalt wird, was im Browser zu keiner Anzeige führt.

Soll der String dennoch angezeigt werden, muss er vor der Ausgabe so umgewandelt werden, dass die Sonderzeichen ihre HTML-spezifische Bedeutung verlieren. Diese Aufgabe erledigt `htmlspecialchars()`.

Beispiel:

```
<?php
$html = '<html>
<head>
<title>HTML</title>
<meta name="author" content="Caroline K">
</head><body bgcolor="#FFFFFF" text="#000000">Test</body>
</html>';
echo $html;
?>
```

Der vorstehende `echo()`-Befehl erzeugt erwartungsgemäß keine Ausgabe. Wird `$html` vor der Ausgabe im Browser mit `htmlspecialchars()` konvertiert, verlieren die Sonderzeichen < und > ihre HTML-spezifische Bedeutung, so dass die Zeichenfolge nun tatsächlich angezeigt wird.

```
echo htmlspecialchars($html);
```

Ausgabe:

```
<html> <head> <title>HTML</title> <meta name="author" content="Caroline
K"> </head><body bgcolor="#FFFFFF" text="#000000">Test</body> </html>
```

Einsatz von htmlentities()

Die Funktion `htmlentities()` kann für die gleiche Aufgabe verwendet werden. Der Unterschied zwischen `htmlspecialchars()` und `htmlentities()` besteht darin, dass `htmlentities()` zusätzlich zu den von `htmlspecialchars()` umgewandelten Zeichen `< > & " '` auch Umlaute und andere Sonderzeichen konvertiert.

Beispiel:

```
<?php
$html = "Übung";
// Ausgabe (Quelltext) - &Uuml;bung
echo htmlentities($html);
?>
```

Einsatz von rawurlencode()

Die Funktion konvertiert die Umlaute und Sonderzeichen einer Zeichenkette in Prozentzeichen, gefolgt von dem zugehörigen zweistelligen, hexadezimalen ASCII-Wert, um zu ermöglichen, dass der String in einem URL verwendet werden kann.

Zum Beispiel wird auf diese Weise das im String des folgenden Skripts enthaltene Sonderzeichen &, das in einem URL eine Sonderbedeutung hat, in das Zeichen %26 umgewandelt, wodurch es diese spezielle Bedeutung verliert. Die in einem URL nicht zulässigen Leerzeichen werden auf diese Weise in %20 umgewandelt.

Beispiel:

```
<?php
$teilurl = "wert ein&wert zwei";
echo rawurlencode($teilurl);
?>
```

Ausgabe:

```
wert%20ein%26wert%20zwei
```

Einsatz von rawurldecode()

Mit Hilfe der Funktion `rawurldecode()` kann die Konvertierung von `rawurlencode()` wieder rückgängig gemacht werden.

Beispiel:

```
<?php
$teilurl = "wert%20ein%26wert%20zwei";
echo rawurldecode($teilurl);
?>
```

Ausgabe:

```
wert ein&wert zwei
```

Einsatz von nl2br()

Sie ersetzt sämtliche Zeilenumbrüche in der Zeichenkette durch einen HTML-Zeilenumbruch `<br>`.

Diese Funktion wird z.B. verwendet, wenn Daten, die aus Multi-Line-Feldern von Datenbanken stammen, HTML-gerecht aufbereitet werden sollen.

Beispiel:

```
<?php
$datenbankinhalt = "Hier ein
Umbruch aus
einer Datenbank";
echo nl2br($datenbankinhalt);
?>
```

Ausgabe:

```
Hier ein
Umbruch aus
einer Datenbank
```

Ausgabe – Quelltext:

```
Hier ein<br />
Umbruch aus<br />
einer Datenbank
```

Einsatz von parse_url()

Die Funktion zerlegt den URL in seine einzelnen Bestandteile. Als Rückgabewert dieser Funktion erhalten Sie ein assoziatives Array mit den einzelnen Bestandteilen des URL. Diese Bestandteile bestehen aus:

- scheme – Protokoll der Anfrage (z.B. http, ftp, etc.)
- host – Name (z.B. www.atomicscript.de)
- port – Protnummer (z.B. 8000)
- user – Username (für Logins)
- pass – Userpasswort (für Logins)
- path – Pfad zu Datei (z.B. /info.php)
- query – Anfrage an eine Datei (z.B. signal=ein)
- fragment – Sprungziel (Anker) innerhalb der Datei (z.B. unten)

Beispiel:

```
<?php
$urltotal =
"http://matze:123@www.atomicscript.de:8000/info.php?signal=eins#unten";

$urlarray = parse_url($urltotal);

foreach ($urlarray as $key=>$element) {
 echo "$key => $element<br>";
}
?>
```

Ausgabe:

```
scheme => http
host => www.atomicscript.de
port => 8000
user => matze
pass => 123
path => /info.php
query => signal=eins
fragment => unten
```

1.13.6 Zusätzliche Funktionen

Hier eine Auflistung weiterer Stringfunktionen.

Funktion	*Beispiel*	*Beschreibung*
count_chars($str,mode)	$array = count_chars ($spruch);	Ermittelt, wie oft in einer Zeichenkette jedes Zeichen der ASCII-Zeichentabelle vorkommt. Der optionale Parameter `mode` ist auf 0 voreingestellt.
crypt($str,[salt])	echo cryp($inhalt)	Verschlüsselung einer Zeichenkette mit der Standard-DES-Verschlüsselung. Der Parameter `salt` ist optional und gibt an, wie stark die Verschlüsselung ist.
str_pad($str,length[, $str_pad[, pad_type]])	$str1 = str_pad ($zeichen,10, "*")	Erweitert einen String auf eine bestimmte Länge unter Verwendung eines anderen Strings. Wird `str_pad` nicht gesetzt, so wird der String mit Leerzeichen gefüllt.
str_repeat($str,mult)	$str1 = str_repeat ($zeichen, 10)	Wiederholt eine String-Ausgabe. Die Anzahl der Wiederholungen wird mit Hilfe des Parameters `mult` festgelegt.
str_shuffle($str)	Str1 = str_shuffle($zeichen)	Mischt die Zeichen innerhalb einer Zeichenkette.
str_split($str,length)	$array = str_split($zeichen,2)	Wandelt eine Zeichenkette in ein Array um. Wenn der optionale Parameter `length` gesetzt wurde, werden die einzelnen Einträge des Arrays auf eine bestimmte Anzahl von Zeichen beschränkt. Sollte der Parameter nicht gesetzt werden, wird jeder Eintrag aus einem Zeichen bestehen.
str_word_count($str[, format])	$zahl = str_word_count ($zeichen)	Zählt die Worte in `$str`. Wenn der optionale Parameter `format` nicht angegeben wird, wird ein Integer mit der Anzahl der Worte zurückgegeben. Andernfalls wird ein Array zurückgegeben, dessen Inhalt von `format` abhängt.
strlen($str)	echo strlen($zeichen)	Gibt die Länge einer Zeichenkette zurück.
md5($str)	echo md5($inhalt)	Verschlüsselt eine Zeichenkette nach der MD5-Methode.
md5_file($file)	echo md5_file($datei)	Verschlüsselt den Dateinamen einer Datei nach der MD5-Methode.
sha1(Sstr)	echo sha1($inhalt)	Verschlüsselt eine Zeichenkette nach der Sha1-Methode (US Secure Hash Algorithm 1).

Funktion	*Beispiel*	*Beschreibung*
sha1_file($file)	echo sha1_file($datei)	Verschlüsselt den Dateinamen einer Datei nach der Sha1-Methode.
number_format($float [, $decimals [,dec_point [, dec_thousands_sep]]])	echo number_format (1999.95, 2, ",", ".")	Hiermit lässt sich eine Zahl formatieren. Die Parameter haben folgende Bedeutung: `$float` ist der zu formatierende Wert. `$decimals` die Anzahl der Nachkommastellen. `dec_point` legt das Zeichen der Nachkommastelle fest. `dec_thousands_sep` legt das Tausendertrennzeichen fest.
sscanf($str,format,[$vars])	$str1 = sscanf($zeichen, "%s %s %s",$var1)	Überträgt einen String in ein angegebenes Format und gibt die Werte in Form eines Arrays zurück.

Einsatz von count_chars()

Die Funktion ermittelt, wie oft in einer Zeichenkette jedes Zeichen der ASCII-Zeichentabelle vorkommt. Der optionale Parameter `mode` ist auf 0 voreingestellt. Abhängig von `mode` gibt die Funktion Folgendes zurück:

- 0 – ein Array mit den Bytewerten als Schlüssel und die Häufigkeit jedes Bytes als Wert.
- 1 – wie 0, allerdings werden nur Bytewerte mit einer Häufigkeit größer 0 aufgelistet.
- 2 – wie 0, allerdings werden nur Bytewerte mit einer Häufigkeit von 0 aufgelistet.
- 3 – einen String, der alle vorkommenden Zeichen enthält.
- 4 – einen String, der alle nicht vorkommenden Zeichen enthält.

Beispiel – mit mode 0:

```
<?php
$spruch = "Ein einfacher Text";
$resultat = count_chars($spruch);
foreach($resultat as $key=>$element) {
 echo "$key => $element<br>";
}
?>
```

Beispiel – mit mode 3:

```
<?php
$spruch = "Ein einfacher Text";
$resultat = count_chars($spruch,3);
echo $resultat;
?>
```

Ausgabe:

```
ETacefhinrtx
```

Einsatz von crypt()

Die Funktion verschlüsselt eine Zeichenkette mit der Standard-DES-Verschlüsselung. Der Parameter `salt` ist optional und gibt an, wie stark die Verschlüsselung ist. Ist kein Salt-Argument angegeben, wird es von PHP nach dem Zufallsprinzip erzeugt.

Auf Systemen, wo die `crypt()`-Funktion mehrere Verschlüsselungen unterstützt, werden die folgenden Konstanten auf 0 oder 1 gesetzt, je nachdem, ob der entsprechende Typ verfügbar ist:

- CRYPT_STD_DES – Standard-DES-Schlüssel mit 2-Zeichen-Salt
- CRYPT_EXT_DES – Erweiterter DES-Schlüssel mit einem 9-Zeichen-Salt
- CRYPT_MD5 – MD5-Schlüssel mit 12-Zeichen-Salt, beginnend mit 1
- CRYPT_BLOWFISH – Erweiterter DES-Schlüssel, 16-Zeichen-Salt, beginnend mit 2

Beispiel:

```
<?php
$wort = "Geheim";
echo crypt($wort);
?>
```

Ausgabe:

```
$1$wU0.3b/.$8AcHombM6Np9aSgknBp9f.
```

Achtung: Der verschlüsselte String kann nicht entschlüsselt werden, da `crypt()` eine Einweg-Verschlüsselung ist.

Einsatz von str_shuffle()

Die Funktion ermöglicht es, die Zeichen innerhalb einer Zeichenkette nach dem Zufallsprinzip zu mischen.

Beispiel:

```
<?php
$wort = "Geheim";
// Ausgabe - ehmGei
echo str_shuffle($wort);
?>
```

Einsatz von number_format()

Mit Hilfe der Funktion lässt sich eine Zahl formatieren.

```
number_format($float [, $decimals [,dec_point [, dec_thousands_sep]]])
```

Die Parameter haben folgende Bedeutung:

- `$float` ist der zu formatierende Wert.
- `$decimals` ist die Anzahl der Nachkommastellen.
- `dec_point` legt das Zeichen der Nachkommastelle fest.
- `dec_thousands_sep` legt das Tausendertrennzeichen fest.

Beispiel:

```
<?php
// Zahl
$number = 19999.95;

// englische notation (default)
// Ausgabe (19,999.95)
$english_format = number_format($number, 2);
echo "$english_format<br>";

// deutsche notation
// Ausgabe (19.999,95)
$deutsch_format = number_format($number, 2,",",".");
echo "$deutsch_format<br>";

// franzözische notation
// Ausgabe (19 999,95)
$franz_format = number_format($number, 2, ',', ' ');
echo "$franz_format<br>";
?>
```

Ermitteln des Plurals

Dieser letzte Punkt gehört streng genommen nicht zu den Stringfunktionen. Wir sind uns jedoch sicher, dass Sie diesen Tipp recht nützlich finden werden.

Sie möchten Wörter, die auf den Werten von Variablen basieren, korrekt in den Plural setzen. Dann könnten Sie den bereits vorgestellten Konditionaloperator hierfür einsetzen. Wie dies funktioniert, zeigt das folgende Beispiel:

```
<?php
$anzahl = 4;
print "Ihr Warenkorb enthält $anzahl " . ($anzahl == 1 ? "Produkt" :
"Produkte") . ".";
?>
```

Ausgabe:

```
Ihr Warenkorb enthält 4 Produkte.
```

1.14 Reguläre Ausdrücke

Neben Array- und Stringfunktionen nehmen die regulären Ausdrücke (engl. regular expressions) und ihre Funktionen in PHP einen großen Stellenwert ein. Mit Hilfe der regulären Ausdrücke lassen sich Suchmuster für Zeichenketten realisieren, welche sowohl für einfache als auch komplexe Suchfunktionen eingesetzt werden können. Sie sind sogar in der Lage, unter Verwendung regulärer Ausdrücke Teile einer Zeichenkette zu ersetzen, zu löschen oder zu ändern. Bei der Entwicklung von Webanwendungen müssen oft große Mengen von dynamischen Textdaten verarbeitet werden. Reguläre Ausdrücke sind besonders wertvoll für jene Entwickler, die umfangreiche und komplexe Anwendungen schreiben.

Reguläre Ausdrücke sind allerdings anfangs sehr gewöhnungsbedürftig. Der Hauptgrund, wieso in einigen PHP-Skripts merkwürdige, kryptisch anmutende Zeichenfolgen vorkommen, ist der Einsatz von regulären Ausdrücken.

Hier zwei Beispiele, denen Sie im Zusammenhang mit regulären Ausdrücken sicherlich begegnen werden: E-Mail-Validation und Überprüfung eines festgelegten Formats.

Beispiel – E-Mail-Validation

```
<?php
// Regulärer Ausdruck
$reg_ausdruck = "^[A-Za-z0-9](([_\.\-]?[a-zA-Z0-9]+)*)@([A-Za-z0-
9]+)(([\.\-]?[a-zA-Z0-9]+)*)\.([A-Za-z]{2,})$";

// Teststring
$test_email = "matthiask@atomicscript.de";

// Ausgabe - E-Mail - OK!
if (ereg($reg_ausdruck, $test_email)) {
      echo "E-Mail - OK!";
} else {
      echo "E-Mail - Fehlerhaft!";
}
?>
```

Hier einige Schreibweisen, die zugelassen und nicht zugelassen sind.

Zugelassen:

```
ma_tthiask@atomic.script.de
ma.tt-hias-k@ato-mic-script.info
matthias1k@123.de
```

Nicht zugelassen:

```
matthiask@atomic1_script.de
ma&tthiask@atomiscript.de1
.matthiask@atomicr#script.de
```

Hinweis: In diesem Beispiel kam die `ereg()`-Funktion zum Einsatz, welche zur Verarbeitung von regulären Ausdrücken dient. Sie werden weiter unten in diesem Abschnitt mehr über die Funktion erfahren.

Schreibweise von HTML-Hexadezimalfarbwerten:

```
<?php
// Regulärer Ausdruck
$reg_ausdruck = "^#?([a-f]|[A-F]|[0-9]){3}(([a-f]|[A-F]|[0-9]){3})?$";

// Teststring
$test_farbe = "#ff0000";

// Ausgabe - Farbwert - OK!
if (ereg($reg_ausdruck, $test_farbe)) {
	echo "Farbwert - OK!";
} else {
	echo "Farbwert - Fehlerhaft!";
}
?>
```

Hier einige Schreibweisen, die zugelassen und nicht zugelassen sind.

Zugelassen:

```
#00ccff
#099
ff00ff
```

Nicht zugelassen:

```
red
0x00ff00
#ffcc0
```

Mit Hilfe der regulären Ausdrücke können Sie zusätzlich effizient und flexibel nach Zeichenketten suchen und diese ersetzen. Bei bisherigen Suchen- und Ersetzen-Vorgängen musste der genaue Text eingegeben werden, nach dem gesucht werden soll. Dadurch wird die Suche nach dynamischen Daten recht aufwendig, wenn nicht gar unmöglich.

Sollten Sie einen regulären Ausdruck einsetzen wollen, brauchen Sie zunächst etwas, das Sie durchsuchen wollen. Im einfachsten Fall kann es sich um die in einer Variablen enthaltene Zeichenkette handeln, oder um Werte, die in einem Array gespeichert sind. Natürlich kann es sich bei der zu durchsuchenden Zeichenkette auch um Datensätze einer Datenbank oder um Zeilen einer Datei handeln.

Zusammenfassung

Fassen wir unsere bisherigen Kenntnisse über reguläre Ausdrücke zusammen:

- Ein regulärer Ausdruck ist eine Folge oder ein Muster von Zeichen, welches beim Suchen oder Ersetzen mit einer Zeichenkette verglichen wird.

Arbeitsvorgänge:

- Es wird entweder eine Übereinstimmung festgestellt oder keine.
- Es ist auch möglich, ein übereinstimmendes Zeichenmuster festzustellen und es durch eine andere Zeichenkette zu ersetzen.

1.14.1 Reguläre Ausdrücke für einzelne Zeichen

Um in einer Zeichenfolge nach diversen Zeichen zu suchen, müssen Sie den Suchausdruck in eckige Klammern setzen. Nur wenn Sie nach einem einzelnen Zeichen suchen, können Sie die eckigen Klammern weglassen. Wenn Sie mehrere Zeichen ohne eckige Klammern notieren, werden sie als Zeichenfolge interpretiert.

Im folgenden Beispiel werden die einzelnen Elemente des Arrays `$marken` nach dem Zeichen *a* durchsucht. Der zugehörige reguläre Ausdruck, der im Beispiel der Variablen `$reg_muster` zugewiesen und anschließend der Funktion `ereg()` zur Weiterverarbeitung übergeben wird, ist also einfach *a*.

Beispiel:

```
<?php
// Array
$marken = array(
                              "Puma",
                              "Adidas",
                              "Adobe",
                              "Macromedia",
                              "Microsoft"
                              );
$reg_muster = "a";
foreach ($marken as $eintrag) {
 if (ereg($reg_muster,$eintrag)) {
       echo "Marke: " . $eintrag . " enthält das Suchmuster " .
$reg_muster . "<br>";
 }
}
?>
```

Ausgabe:

```
Marke: Puma enthält das Suchmuster a
Marke: Adidas enthält das Suchmuster a
Marke: Macromedia enthält das Suchmuster a
```

Einsatz von eckigen Klammern

Wenn Sie in der zu durchsuchenden Zeichenfolge nach einer Gruppe bestimmter Zeichen suchen wollen, werden diese in eckige Klammern eingeschlossen.

Mit dem regulären Ausdruck `[PAM]`, den Sie im Beispiel der Variablen `$reg_muster` zuweisen können, finden Sie sämtliche Zeichenfolgen im Array `$marken`, die die Zeichen *P*, *A* oder *M* enthalten.

```
$reg_muster = "[PAM]";
```

Ausgabe:

```
Marke: Puma enthält das Suchmuster [PAM]
Marke: Adidas enthält das Suchmuster [PAM]
Marke: Adobe enthält das Suchmuster [PAM]
Marke: Macromedia enthält das Suchmuster [PAM]
Marke: Microsoft enthält das Suchmuster [PAM]
```

Wenn Sie nach Zeichenbereichen suchen wollen, z.B. nach Buchstaben der ersten Hälfte des Alphabets oder nach Ziffern, markieren Sie den gewünschten Bereich durch das Anfangszeichen, ein Minuszeichen als Bindestrich und das Endzeichen.

Regulärer Ausdruck	*Bedeutung*
"[A-Z]"	Findet Großbuchstaben A bis Z.
"[a-z]"	Findet Kleinbuchstaben von a bis z.
"[0-9]"	Findet Ziffern von 0 bis 9.
"[a-zA-Z]"	Findet Klein- und Großbuchstaben von A bis Z.
"[a-zA-Z0-9_]"	Findet Buchstaben, Ziffern oder Unterstriche.

Wenn Sie nach einem der Zeichen `+ - ? . * ^ $ ( ) [ ] { } | \` suchen wollen, notieren Sie vor dem Zeichen einen umgekehrten Schrägstrich \ (Backslash).

Regulärer Ausdruck	*Bedeutung*
"[0-9]\%"	Findet Ziffern oder Prozentzeichen.
"[\[\]"	Findet alles, worin eckige Klammern vorkommen.
"[0-9]\+\- "	Findet Ziffern, Plus oder Minus.

Einsatz des Dachzeichen

Sie können auch eine Negativsuche veranlassen. Dazu notieren Sie das Dachzeichen ^ vor den gewünschten Zeichen oder Zeichenbereichen.

Regulärer Ausdruck	*Bedeutung*
"[^a-zA-Z]"	Findet alles, worin keine Buchstaben vorkommen.
"[^äöüÄÖÜ]"	Findet alles, worin keine deutschen Umlaute vorkommen.

Eine solche Suche bewirkt, wie das folgende Beispiel zeigt, dass nur Stellen gefunden werden, die die angegebenen Zeichen nicht enthalten:

```
<?php
// Array
$marken = array(
                              "Puma",
                              "Adidas",
                              "Adobe",
                              "3M",
                              "Macromedia",
                              "111-222-333",
                              "Microsoft"
                              );
$reg_muster = "[^a-zA-Z]";
foreach ($marken as $eintrag) {
 if (ereg($reg_muster,$eintrag)) {
       echo "Marke: " . $eintrag . " enthält das Suchmuster " .
$reg_muster . "<br>";
 }
}
?>
```

Ausgabe:

```
Marke: 3M enthält das Suchmuster [^a-zA-Z]
Marke: 111-222-333 enthält das Suchmuster [^a-zA-Z]
```

1.14.2 Reguläre Ausdrücke für Zeichenketten

Reguläre Ausdrücke können auch zum Suchen von Zeichenfolgen verwendet werden. Dabei können so genannte Gruppierungsoperatoren (Platzhalter, Wildcards) zu Platzhaltersuchen verwendet werden. Des Weiteren ist die Suche nach Zeichenfolgen, die am Anfang oder Ende eines Worts oder einer Zeile stehen, möglich.

Wenn Sie nach einer bestimmten Zeichenkette suchen wollen, geben Sie die Zeichenkette zwischen den beiden Anführungszeichen des regulären Ausdrucks an.

Das folgende Beispiel zeigt, dass mit dem verwendeten Suchmuster sämtliche Zeichenfolgen gefunden werden, die das in dem regulären Ausdruck vorgegebene Suchmuster als Teilstring enthalten.

```
<?php
// Array
$texte = array(
                              "Ich bin ein Mann",
                              "Ein Mann steht in der Tür",
                              "Ein Auto steht vor dem Haus",
                              "Die Mannen von Hektor"
                              );
$reg_muster = "Mann";
foreach ($texte as $eintrag) {
 if (ereg($reg_muster,$eintrag)) {
       echo "Text: " . $eintrag . " enthält das Suchmuster " . $reg_muster
. "<br>";
```

```
  }
}
?>
```

Ausgabe:

```
Text: Ich bin ein Mann enthält das Suchmuster Mann
Text: Ein Mann steht in der Tür enthält das Suchmuster Mann
Text: Die Mannen von Hektor enthält das Suchmuster Mann
```

Hinweis: Auch in Mannen steckt das Suchmuster Mann und wird daher erkannt!

Einsatz des Fragezeichens

Das Fragezeichen ? bedeutet in einem regulären Ausdruck, dass das Zeichen vor dem Fragezeichen Bestandteil der gefundenen Zeichenfolge sein darf, dass aber auch Zeichenfolgen ohne dieses Zeichen gefunden werden.

Regulärer Ausdruck	*Bedeutung*
"Hek?"	Findet Zeichenfolgen wie Hektar, Hektor etc.
"Ma?"	Findet Zeichenfolgen wie Mama, Mann, Mannschaft etc.

Einsatz des Punktes

Der Punkt . steht für genau ein beliebiges Zeichen an der betreffenden Stelle.

Regulärer Ausdruck	*Bedeutung*
"Man."	Findet Zeichenfolgen wie Mann, Mani, Manu, Mannschaft etc.
"Hekt.r"	Findet Zeichenfolgen wie Hektor, Hektar etc.
"Fr.ed.n"	Findet Zeichenfolgen wie Frieden, Friedensmission etc.

Einsatz des Pluszeichens

Das Pluszeichen + bedeutet eine oder mehrere Wiederholungen des Zeichens, das vor dem Pluszeichen steht.

Regulärer Ausdruck	*Bedeutung*
"a+"	Findet Zeichenfolgen, die a, aa, aaaa oder beliebig viele a enthalten.
"Au+to"	Findet Zeichenfolgen wie Auto, Auuah etc.

Einsatz des Sternzeichens

Der Sternzeichen * bedeutet in regulären Ausdrücken, dass keine, eine oder mehrere Wiederholungen des Zeichens, das vor dem Sternzeichen steht, erlaubt sind.

Regulärer Ausdruck	*Bedeutung*
"Ba*"	Findet Zeichenfolgen wie Baum, Baam, Band, BND etc.

Wenn Sie vor dem Sternzeichen einen Punkt notieren, der ja für ein beliebiges Zeichen steht, erzeugen Sie, wie in dem folgenden Beispiel, einen Platzhalter mit einer beliebigen Anzahl von Zeichen.

Regulärer Ausdruck	*Bedeutung*
"Li.*um"	Findet Zeichenfolgen wie Lithum, Liittthum etc.

Einsatz von geschweiften Klammern

Eine oder zwei in geschweiften Klammern eingeschlossene Zahlen *{n}* oder *{n,m}* stehen für n Wiederholungen des Zeichens vor der geschweiften Klammer an der betreffenden Stelle.

Werden zwei Zahlen angegeben, bedeutet dies zwischen *n* und *m* Wiederholungen des Zeichens vor der geschweiften Klammer. Das Punktzeichen kann vor der geschweiften Klammer ebenfalls verwendet werden, was dann bedeutet, dass so viele beliebige Zeichen wie innerhalb der geschweiften Klammer angegeben auftreten dürfen.

Regulärer Ausdruck	*Bedeutung*
"a{10,20}"	Findet zwischen 10 und 20 a in Folge.
"a{10}" oder "a{10,}"	Findet 10 und mehr a in Folge.
"Li.{3}t"	Findet Zeichenfolgen wie Liiiithum, Liooothum etc.

Einsatz von Dach- und Dollarzeichen

- Sie können nach Zeichenketten suchen, die nur dann gefunden werden, wenn sie nicht am Anfang oder am Ende eines Worts vorkommen.
- Sie können Zeichenketten suchen, die nur dann gefunden werden, wenn sie am Anfang oder am Ende einer Zeile im zu durchsuchenden Bereich vorkommen.

Mit dem Dachzeichen ^ am Beginn des Suchausdrucks wird die Zeichenkette nur gefunden, wenn sie am Anfang der Zeile steht. Mit dem Dollarzeichen $ am Ende des Suchausdrucks wird die Zeichenkette nur gefunden, wenn sie am Ende der Zeile steht.

Regulärer Ausdruck	*Bedeutung*
"^tausend"	Findet die Zeichenfolge *tausend* nur am Anfang eines zu durchsuchenden Bereichs.
"tausend$"	Findet die Zeichenfolge *tausend* nur am Ende eines zu durchsuchenden Bereichs.

1.14.3 Variablen in regulären Ausdrücken

Innerhalb von regulären Ausdrücken ist auch die Verwendung von Variablen möglich. Auf diese Weise können auch dynamische Daten, z.B. Formulareingaben, die der CGI-Schnittstelle übergeben werden, als Suchmuster eingesetzt werden.

Ein einfaches Beispiel für die Verwendung von Variablen in regulären Ausdrücken zeigt das folgende Skript:

```
<?php
// Array
$marken = array(
                              "Puma",
                              "Adidas",
                              "Adobe",
                              "Dell",
                              "Ferrari"
                              );

for ($i = 65; $i < 71; $i++) {
 $reg_muster = chr($i);
 echo "Suchmuster $reg_muster:<br>";
 foreach($marken as $eintrag) {
  if (ereg($reg_muster,$eintrag)) {
       echo "Zeichenfolge " . $eintrag . " enthält das Suchmuster " .
$reg_muster . "<br>";
  }
 }
}
?>
```

Ausgabe:

```
Suchmuster A:
Zeichenfolge Adidas enthält das Suchmuster A
Zeichenfolge Adobe enthält das Suchmuster A
Suchmuster B:
Suchmuster C:
Suchmuster D:
Zeichenfolge Dell enthält das Suchmuster D
Suchmuster E:
Suchmuster F:
Zeichenfolge Ferrari enthält das Suchmuster F
```

Denken Sie daran: Die Funktion `chr()` hat die Aufgabe, ASCII-Werte, welche durch die Schleife generiert werden, in ein Zeichen umzuwandeln. Die Schleife generiert die Zeichen A-F.

1.14.4 Reguläre Ausdrücke mit Alternativen

Sie können in regulären Ausdrücken auch Alternativen angeben und durch das Zeichen | kennzeichnen.

Regulärer Ausdruck	*Bedeutung*
"a|b|c"	Findet a oder b oder c. Das gleiche Ergebnis würden Sie mit "[abc]" erzielen.

1.14.5 Rangfolge und Klammerung in regulären Ausdrücken

Die Sonderzeichen innerhalb von regulären Ausdrücken werden vom PHP-Interpreter entsprechend der folgenden Rangfolge bewertet:

Rang	*Zeichen*	*Bedeutung*
Stufe 1	()	Klammerung
Stufe 2	+ * ? {#,#}	Gruppierungsoperator
Stufe 3	Abc ^$ \b \B	Zeichen, Zeichenketten, Zeilenanfang/-ende, Wortanfang/-ende.
Stufe 4	|	Alternativen

Dadurch ist jeder reguläre Ausdruck eindeutig bewertbar. Um eine andere Rangfolge bei der Bewertung eines regulären Ausdrucks zu erreichen, können Sie innerhalb des Ausdrucks Klammern setzen.

1.14.6 Funktionen für reguläre Ausdrücke

In den bisherigen Beispielen wurde bereits mehrfach die Funktion `ereg()` eingesetzt. Mit Hilfe dieser Funktion kann ein regulärer Ausdruck auf eine Zeichenkette angewendet werden. Die Funktion gibt `TRUE` zurück, falls der zu übergebende reguläre Ausdruck in der zu durchsuchenden Zeichenkette gefunden wird. Die folgende Tabelle enthält sämtliche in PHP zur Verfügung stehenden POSIX-Funktionen, POSIX steht für Portable Operating System Interface und beschreibt in der Version 1003.2 standardisierte Shells und Kommandos in UNIX.

Funktion	*Beispiel*	*Beschreibung*
ereg ($reg_exp, $str, [, $matches])	$res = ereg("[0-9]",$zeichen);	Sucht in `$str` unter Berücksichtigung der Groß- und Kleinschreibung nach Übereinstimmungen mit dem regulären Ausdruck, der in `$reg_exp` angegeben wurde.
eregi ($reg_exp, $str [, $matches])	$res = eregi("[0-9]",$zeichen);	Sucht in `$str` nach Übereinstimmungen mit dem regulären Ausdruck, der in `$reg_exp` angegeben wurde. Groß- und Kleinschreibung werden nicht berücksichtigt.
ereg_replace ($reg_exp, $rep, $str)	$res = ereg_replace ("AB", "12", $str);	Diese Funktion durchsucht `$str` unter Berücksichtigung der Groß- und Kleinschreibung nach Übereinstimmungen mit `$reg_exp` und ersetzt dann den übereinstimmenden Text durch `$rep`.
eregi_replace ($reg_exp, $rep, $str)	$res = ereg_replace ("ab", "12", $str);	Diese Funktion durchsucht `$str` nach Übereinstimmungen mit `$reg_exp` und ersetzt dann den übereinstimmenden Text durch `$rep`. Groß- und Kleinschreibung werden nicht berücksichtigt.
split ($reg_exp, $str [, limit])	split("[/.-]", $zeichen, 5);	Gibt ein Array mit Zeichenketten zurück, die jeweils eine Teilzeichenkette von `$str` sind. Diese Teilzeichenketten entstehen durch Zerlegung von `$str` an den durch `$reg_exp` des Groß- und Kleinschreibung berücksichtigenden regulären Ausdrucks bestimmten Stellen. Wenn `limit` gesetzt wurde, enthält das zurückgegebene Array höchstens `limit` Elemente, von denen das letzte den Rest von `$str` enthält. Bei Auftreten eines Fehlers gibt die Funktion `FALSE` zurück.
spliti ($reg_exp, $str [, limit])	spliti("[/.-]", $zeichen, 5);	Wie `split()`, jedoch wird die Groß- und Kleinschreibung nicht berücksichtigt.
sql_regcase($str)	echo sql_regcase($zeichen)	Gibt einen korrekten regulären Ausdruck zurück, der mit `$str` ohne Berücksichtigung von Groß und Kleinschreibung übereinstimmt.

Einsatz von ereg_replace()

Die Funktion `ereg_replace()` führt eine Suche entsprechend der Funktion `ereg()` durch und ersetzt die gefundene Zeichenkette mit einem angegebenen Ersatz-String (`$rep`, `replace`).

Beispiel:

```
<?php
$satz = "Ich bin ich und du bist ich";
$reg_muster = "ich";
$rep = "du";
$res = ereg_replace($reg_muster,$rep,$satz);
echo $res;
?>
```

Ausgabe:

```
Ich bin du und du bist du
```

Die Funktionen `eregi()` und `eregi_replace()` gehen nach demselben Schema vor, jedoch wird zwischen Groß- und Kleinschreibung nicht unterschieden.

Beispiel – mit eregi_replace():

```
<?php
$satz = "Ich bin ich und du bist ich";
$reg_muster = "ich";
$rep = "du";
$res = eregi_replace($reg_muster,$rep,$satz);
echo $res;
?>
```

Ausgabe:

```
du bin du und du bist du
```

Hinweis: Mehr zu den POSIX-Funktionen erfahren Sie im Abschnitt »Einsatz der Funktionen im POSIX-Stil«.

1.14.7 Ergänzungen zu regulären Ausdrücken

In diesem Abschnitt haben wir einige zusätzliche Informationen zum Thema reguläre Ausdrücke für Sie zusammengefasst.

Perl-kompatible Funktionen

Sollte das Modul PCRE (Perl Compatible Regular Expressions) aktiviert sein, können anstelle der Funktionen der `ereg`-Bibliothek die Funktionen der Perl-kompatiblen `preg`-Bibliothek verwendet werden.

Die Funktionen dieser Bibliothek sind schneller und flexibler als die der ereg-Funktionen, da sie in der Verarbeitung von regulären Ausdrücken wesentlich effizienter sind.

Funktion	*Beispiel*	*Beschreibung*
preg_match ($reg_exp, $str [, $matches])	$res = preg_match("/test/", $str)	Durchsucht eine Zeichenkette `$str`, auf ein Suchmuster `$reg_exp` und speichert die erste Fundstelle in `$matches`.
preg_match_all ($reg_exp, $str, $matches [, order])	$res = preg_match_allpreg_match("/test/", $str)	Durchsucht eine Zeichenkette `$str`, auf ein Suchmuster `$reg_exp` und speichert sämtliche Fundstellen in `$matches`. Optional kann noch die Ordnung `order` angegeben werden.
preg_replace ($reg_exp, $rep, $str, [, limit])	echo preg_replace("/\s|,/","-",$str)	Diese Funktion durchsucht `$str` nach Übereinstimmungen mit `$reg_exp` und ersetzt dann den übereinstimmenden Text durch `$rep`. Optional kann noch die Anzahl `limit` der Ersetzungen angegeben werden.
preg_replace_callback ($reg_exp, $callback, $str [, limit])	echo preg_replace("/\s|,/", "meinfunk",$str)	Diese Funktion durchsucht `$str` nach Übereinstimmungen mit `$reg_exp` und ersetzt dann den übereinstimmenden Text mit Hilfe der innerhalb der Callback-Funktion `$callback` festgelegten Vorgaben. Optional kann noch die Anzahl `limit` der Ersetzungen angegeben werden.
preg_split($reg_exp, $str [, limit [flags]])	$array = preg_split ("/(?= [a-z])/",$str)	Gibt ein Array mit Zeichenketten zurück, die jeweils eine Teilzeichenkette von `$str` sind. Diese Teilzeichenketten entstehen durch Zerlegung von `$str` an den durch `$reg_exp` des Groß- und Kleinschreibung berücksichtigenden regulären Ausdrucks bestimmten Stellen. Wenn `limit` gesetzt wurde, enthält das zurückgegebene Array höchstens `limit` Elemente, von denen das letzte den Rest von `$str` enthält. Bei Auftreten eines Fehlers gibt die Funktion `FALSE` zurück. Der optionale Parameter `flags` steuert das Verhalten der Funktion.
preg_quote ($str [, delimiter])	$str1 = preg_quote($str);	Setzt einen Backslash vor Sonderzeichen. Optional kann mit Hilfe des Parameters `delimiter` das Trennzeichen festgelegt werden.

Funktion	*Beispiel*	*Beschreibung*
preg_grep($reg_exp, $array)	$array1 = preg_grep ("/^/",$array);	Durchsucht ein Array `$array` und filtert die enthaltenen Elemente des Arrays mit Hilfe des regulären Ausdrucks `$reg_exp`.

Die Syntax der Perl-kompatiblen regulären Ausdrücke orientiert sich an der Syntax von Perl 5.005.

Begrenzung der Suchmuster

Die Suchmuster sind zwischen Begrenzungszeichen `/ /` einzuschließen. Als Begrenzungszeichen sind mit Ausnahme von alphanumerischen Zeichen und dem Backlash (\) alle Zeichen erlaubt. Wenn das gewählte Begrenzungszeichen im Ausdruck selbst benötigt wird, muss das mit einem vorangestellten Backslash gekennzeichnet werden.

Einsatz von Zeichenbereichen [ ]

Innerhalb eines Zeichenbereichs verlieren die meisten Metazeichen ihre Bedeutung und werden als normale Zeichen interpretiert. Eine Hand voll Metazeichen muss jedoch berücksichtigt und gegebenenfalls »escaped« oder anders angeordnet werden.

`- (Minuszeichen)` – Wird als Zeichen für den Bereich verwendet. Möchten Sie dies als normales Zeichen verwenden, so ordnen Sie es am Anfang oder am Ende der Zeichenklasse an ,[-ab] bzw. [ab-], oder escapen Sie es mit \-.

`[ (offene eckige Klammer)` – Enthält Ihr Zeichenbereich eine offene eckige Klammer, so notieren Sie diese am Ende des Zeichenbereichs, aber vor dem Minuszeichen, oder escapen Sie das Zeichen mit \ [.

`] (schließende eckige Klammer)` – Enthält Ihr Zeichenbereich eine geschlossene eckige Klammer, so notieren Sie diese am Anfang des Zeichenbereichs oder escapen Sie das Zeichen mit \ ].

`\ (Backslash)` – Enthält Ihr Zeichenbereich einen Backslash, so escapen Sie diesen mit \\.

`/ (Slash)` – Enthält Ihr Zeichenbereich einen Slash, so escapen Sie diesen mit \/.

`^ (Dachzeichen)` – Enthält Ihr Zeichenbereich ein Dachzeichen, so escapen Sie dieses mit \^.

Wollen Sie eine Auswahlnegation erhalten, d.h., die in dem Zeichenbereich genannten Zeichen dürfen nicht innerhalb der Zeichenfolge vorkommen, dann beginnen Sie Ihren Zeichenbereich mit ^. Das Suchmuster `/[^äöüÄÖÜ]/` findet beispielsweise ein Zeichen, das kein Umlaut ist.

Metazeichen

Zur Konstruktion der regulären Ausdrücke sind folgende Metazeichen definiert:

<table>
<tr><th>Zeichen</th><th>Bedeutung</th></tr>
<tr><td>\</td><td>Nimmt dem nachfolgenden nichtalphanumerischen Zeichen die Sonderfunktion.</td></tr>
<tr><td>^</td><td>Anfang der Zeile oder des Textes.</td></tr>
<tr><td>.</td><td>Beliebiges Zeichen außer dem Zeilentrenner.</td></tr>
<tr><td>$</td><td>Zeilentrenner oder Ende des Textes.</td></tr>
<tr><td>|</td><td>Alternative.</td></tr>
<tr><td>( )</td><td>Gruppierung.</td></tr>
<tr><td>[ ]</td><td>Zeichenbereich (Zeichenklasse).</td></tr>
</table>

Quantifikatoren

Zusätzlich stehen die folgenden Quantifikationen zur Verfügung:

Quantifikator	*Bedeutung*
*	Gar nicht bis beliebig oft. Enspricht {0, }
+	Mindestens einmal, ansonsten beliebig oft. Entspricht {1, }
?	Gar nicht oder 1-mal. Enspricht {0,1}
{n}	Genau n-mal.
{n,}	Mindestens n-mal.
{n,m}	Zwischen n- und m-mal.

Liste der Metazeichen

Die folgende Tabelle enthält eine Übersicht über die gebräuchlichsten Metazeichen und ihre Bedeutung. In der Spalte »Escape« ist angegeben, wie Sie das Zeichen escapen können.

<table>
<tr><th>Zeichen</th><th>Escape</th><th>Bedeutung</th></tr>
<tr><td>^</td><td>\^</td><td>Findet ein Zeichen oder eine Zeichenfolge am Anfang, am Anfang eines Zeichenbereichs steht es für eine Negation.</td></tr>
<tr><td>$</td><td>\$</td><td>Findet ein Teilsuchmuster am Ende einer Zeichenkette.</td></tr>
<tr><td>|</td><td>\|</td><td>Alternative, Oder-Auswahl zwischen zwei Teilsuchmustern bzw. Zeichen.</td></tr>
<tr><td>[]</td><td>\[\]</td><td>Zeichenbereich bzw. Zeichenklasse, die meisten Metazeichen sind ohne Bedeutung.</td></tr>
<tr><td>[^]</td><td></td><td>Auswahlnegation, die Zeichen des Zeichenbereichs dürfen nicht enthalten sein.</td></tr>
</table>

Zeichen	*Escape*	*Bedeutung*
-	\-	Bereich, nur innerhalb eines Zeichenbereichs, als normales Zeichen am Ende oder Anfang des Zeichenbereichs setzen.
()	\(\)	Gruppierung. Gruppiert Teilsuchmuster und speichert diese intern.
*	*	Das Teilsuchmuster kann gar nicht bis beliebig oft vorkommen.
+	\+	Das Teilsuchmuster kommt mindestens einmal oder beliebig oft vor.
?	\?	Das Teilsuchmuster kommt gar nicht oder 1-mal vor.
.	\.	Platzhalter (Wildcard) für genau ein beliebiges Zeichen außer dem Zeilenumbruch \n.
.*		Platzhalter (Wildcard) für einen beliebigen Text.
{n}	\{ \}	Das Teilsuchmuster soll genau n-mal vorkommen.
{n, }		Das Teilsuchmuster soll mindestens n-mal vorkommen.
{n, m}		Das Teilsuchmuster soll zwischen mindestens n- und maximal m-mal vorkommen.
\	\\	Escapet ein Metazeichen. Soll der Backslash als normales Zeichen interpretiert werden, ist ein doppelter Backslash \\ zu verwenden.
\symbol		In Verbindung mit Buchstaben oder Zahlen mit unterschiedlicher Bedeutung.

Symbole für einzelne Zeichenklassen

Bei der Arbeit mit Perl-kompatiblen regulären Ausdrücken können Sie auf diverse Symbole zurückgreifen, die für einzelne Zeichenbereiche stehen. Die wesentlichen Symbole sind in der folgenden Tabelle zusammengestellt:

Symbol	*Entsprechung*	*Bedeutung*
\t	Tab	Tabulatorzeichen
\r	Carriage return	Wagenrücklauf
\n	Newline	Zeilenumbruch
\f	Formfeed	Seitenumbruch
\d	[0-9]	Ziffer
\D	[^0-9]	Jedes Zeichen, das keine Ziffer ist.
\s	[\t\r\n\f]	Leerzeichen (Whitespace).
\S	[^\t\r\n\f]	Jedes Zeichen das kein Leerzeichen (Whitespace) ist.
\w	[a-zA-Z_0-9]	Buchstaben, Ziffern und Unterstrich.
\W	[^a-zA-Z_0-9]	Alles was kein Buchstabe, Ziffer oder Unterstrich ist.
\b		Wortbegrenzung, vor bzw. nach dem Muster befindet sich ein Leerzeichen (Whitespace).
\B		Keine Wortbegrenzung, vor bzw. nach dem Muster befindet sich kein Leerzeichen (Whitespace).
\A		Musteranfang oder Zeilenanfang, unabhängig vom Mehrzeilenmodus.
\Z		Musterende oder Zeilenende, unabhängig vom Mehrzeilenmodus.
\z		Musterende

Optionen des PCRE-Moduls

Im Anschluss an ein in Trennzeichen eingeschlossenes Muster können diverse Optionen, die die Funktion der Muster beeinflussen, angegeben werden. Diese sind in der folgenden Tabelle aufgelistet:

Option	*Interner PCRE-Name*	*Bedeutung*
i	PCRE_CASELESS	Wenn diese Option gesetzt wurde, wird Groß- und Kleinschreibung nicht berücksichtigt.
m	PCRE_MULTILINE	Wenn diese Option gesetzt wurde, gilt jeder Zeilenanfang und jedes Zeilenende als Start und Ende für das Suchmuster. Auf Zeichenketten, die keine \n enthalten, hat dies keinen Einfluss.
s	PCRE_DOTALL	Wenn diese Option gesetzt wurde, ersetzt der Punkt sämtliche Zeichen, einschließlich \n.
x	PCRE_ EXTENDED	Wenn diese Option gesetzt wurde, werden Leerzeichen, Tabulatoren und Zeilenumbrüche nicht beachtet.
e	-	Wenn diese Option gesetzt wurde, wird die Ersatzzeichenkette von `preg_replace()` als PHP-Code interpretiert.
A	PCRE_ANCHORED	Wenn diese Option gesetzt wurde, wird die Suche auf den Anfang der Zeichenkette eingeschränkt.
D	PCRE_DOLLAR_ENDONLY	Wenn diese Option gesetzt wurde, wird die Suche auf das Ende der Zeichenkette eingeschränkt.
S	-	Wenn diese Option gesetzt wurde, wird die Ausführung bei Mehrfachverwendung eines Suchmusters durch Zwischenspeicherung beschleunigt.
U	PCRE_UNGREEDY	Wenn diese Option gesetzt wurde, wird die Arbeitsweise des Suchmusters bei Mehrfachauswahl festgelegt und invertiert die »Gierigkeit« des Wiederholungsoperators.
X	PCRE_EXTRA	Wenn diese Option gesetzt wurde, werden zusätzliche Perl-kompatible Funktionen freigeschaltet.
u	PCRE_UTF8	Wenn diese Option gesetzt wurde, werden Suchmuster als UTF8-kodierte Zeichenketten interpretiert.

Beliebiges Zeichen oder beliebiger Text

Sie haben bereits erfahren, dass der Punkt für ein beliebiges einzelnes Zeichen in der Zeichenfolge steht. Kommen wir zu folgendem Suchmuster `/<.>/`, dass Zeichenfolgen wie z.B. `<u>`, `<1>` etc. ermittelt.

```
<?php
// Zeichen
$htmltext = "<u>";
$reg_muster = "/<.>/";
```

```
// Ausgabe (1)
echo preg_match($reg_muster,$htmltext);
?>
```

Soll es ein belibieger Text sein, können Sie beispielsweise folgendes Suchmuster `/<body.*>/iU` einsetzen. Es findet einen öffnenden Body-Tag in einem HTML-Quelltext.

```
<?php
// Zeichen
$htmltext = "<body>Hallo Welt!</body>";
$reg_muster = "/<body.*>/iU";
// Ausgabe (1)
echo preg_match($reg_muster,$htmltext);
?>
```

Wie wäre es mit dem Einsatz des Fragezeichens? Damit können Sie ein optionales Zeichen festlegen. Das folgende Suchmuster `/<\/?body.*>/iU` findet sowohl öffnende als auch schließende Body-Tags in einem HTML-Quelltext. Das optionale Zeichen `\/?` kann vorkommen, muss es aber nicht. Achten Sie darauf, dass das Zeichen `/` escapet werden muss.

```
<?php
// Zeichen
$htmltext = "<body>Hello Welt</body>";
$reg_muster = "/<\/?body.*>/iU";
// Ausgabe (1)
echo preg_match($reg_muster,$htmltext);
?>
```

Teilmuster

Innerhalb des Suchmusters können Teilmuster gebildet werden. Sie werden durch runde Klammern `( )` angegeben. Folgendes wird damit erreicht:

- Ein Satz Alternativen wird zusammengefasst.
- Teilmuster werden als einzelne Referenzen zurückgegeben. Ausschlaggebend für die Referenznummer ist die öffnende Klammer, die von links beginnend gezählt wird. Dies ist bei tieferen Verschachtelungen wichtig. PCRE_EXEC berücksichtigt dies ebenfalls.

Teilausdruck	*Bedeutung*
Auto(bahn|mobil)	Dieses Muster findet die Worte Auto, Autobahn und Automobil.
Auto(bahn|mobil|)	Dieses Muster enspricht dem vorhergehenden und findet zusätzlich eine leere Zeichenkette.
der((goldene|silberne)(kelch|bogen))	Dieses Muster ergibt drei Teilmuster, wenn die Zeichenkette *der silberne kelch* geprüft wird: *silberne kelch, silberne* und *kelch.* Diese Teilmuster haben die Referenzen 1,2 und 3.

Die Tatsache, dass runde Klammern mehrere Aufgaben übernehmen, führt beim Lesen regulärer Ausdrücke zu großen Problemen. Zudem sind oft mehrere Lösungen möglich. Sie können die Referenzierung mit der Angabe ?: unterdrücken, um die Stellen zu dokumentieren, die nicht gezählt werden müssen. Außerdem lassen sich so Teilmuster gezielt aus der Referenzierung ausblenden.

Teilausdruck	*Bedeutung*
der((?:goldene|silberne)(kelch|bogen))	Dieses Muster ergibt lediglich zwei Teilmuster, wenn die Zeichenkette der *goldene kelch* geprüft wird: *goldene kelch*, *goldene* und *kelch*. Diese Teilmuster haben die Referenzen 1 und 2. Das Teilmuster *goldene* wird unterdrückt.

Die maximale Anzahl von referenzierten Teilmustern beträgt 99. Die maximale Anzahl von Teilmustern an sich dagegen beträgt 200. In die Angabe der Unterdrückung der Referenz kann auch die Optionswahl eingebunden werden. Die folgenden beiden Suchmuster sind identisch.

Teilausdruck	*Bedeutung*
(?i:auto|pkw)	Findet auto und Auto.
(?:(?i)auto|pkw)	Findet ebenfalls auto und Auto.

Beachten Sie auch hier, dass eine Option in einem Teilmuster auf die anderen Teile Auswirkungen hat, da die Option zuerst ausgewertet wird und danach erst die Abarbeitung der Muster von links nach rechts erfolgt.

Greedy und Nongreedy

Einige Suchmuster haben die Eigenart, so viele Übereinstimmungen wie möglich zurückzugeben. Dieses Verhalten wird als greedy (gierig) bezeichnet.

Beispiel:

```
<pre>
<?php
// Zeichen
$htmltext = "<u>Ich</u> bin <u>hier</u>";
$reg_muster = "/<u>.*<\/u>/i";
echo preg_match($reg_muster,$htmltext,$reg);
print_r($reg);
?>
</pre>
```

Ausgabe:

```
1
Array
(
    [0] => Ich bin hier
)
```

Ausgabe – als Quelltext:

```
1
Array
(
    [0] => <u>Ich</u> bin <u>hier</u>
)
```

Der Rückgabewert des Ausdrucks sollte der unterstrichene Text einschließlich der HTML-Zeichen sein. Erwartet wird `<u>Ich</u>` und `<u>hier</u>`. Tatsächlich wird der gesamte Text zurückgegeben. Der Grund hierfür liegt in der Tatsache, dass sich der Ausdruck gierig verhält und das Teilmuster `.*` alles bis einschließlich der letzten Fundstelle zurückgibt. Sie können einen solchen Ausdruck zwingen, genügsamer (nongreedy) zu sein, indem Sie nach dem Quantifizierer ein Fragezeichen setzen bzw. die Musteroption `U` (PRCE_UNGREEDY) verwenden.

Die Musteroption `U` ermöglicht es Ihnen, auf das Fragezeichen zur Einschränkung des Quantifizierers zu verzichten.

```
$reg_muster = "/<u>.*?<\/u>/i";
$reg_muster = "/<u>.*<\/u>/iU";
```

Ausgabe:

```
Array
(
    [0] => Ich
)
```

Der Nachteil ist, wie Sie anhand der Ausgabe sehen, dass Sie tatsächlich nur die erste Fundstelle zurückerhalten. Durch Klammerung können Sie erreichen, dass sämtliche Fundstellen zurückgegeben werden.

```
$reg_muster = "/(<u>.*?<\/u>)*/i";
$reg_muster = "/((?U)<u>.*<\/u>)*/i";
```

Ausgabe:

```
Array
(
    [0] => Ich
    [1] => Ich
)
```

1.14.8 Reguläre Ausdrücke vertieft

Wir hoffen Sie haben die bisherigen Ausführungen zu regulären Ausdrücken gut verdaut. Übung macht den Meister. Der folgende Abschnitt zeigt Ihnen weitere Schwerpunkte auf.

Rückwärts-Referenzen (Back Reference)

Außerhalb einer Zeichenklassendefinition kann auf referenzierte Teilmuster verwiesen werden. Das Muster verweist damit partiell auf Teile seiner selbst. Diese Rückreferenz wird mit der Zeichenfolge `\N` erreicht, wobei `N` für eine Ziffer zwischen 1 und 9 steht. Die Zählung erfolgt anhand der Anzahl der öffnenden (linken) runden Klammern der Teilmusterausdrücke.

Ein Fehler wird nur dann erzeugt, wenn die Anzahl der Klammern geringer ist als die durch eine Rückreferenz verlangte Ziffer. Stimmt die Anzahl, wird kein Fehler erzeugt, wenn die Referenz nichts enthält. Dabei kann die Referenz an jeder Stelle stehen, die Teilmuster dürfen sich jedoch nicht links davon befinden. Auf die Auswahl mit Hilfe des Backslashs wurde weiter oben bereits eingegangen. Dieser Abschnitt zeigt den Umgang mit den Referenzen an sich.

Eine Rückreferenz findet Übereinstimmungen mit einem Suchmuster entsprechend dem referenzierten Teilmuster. Hier einige Beispiele:

Teilausdruck	*Bedeutung*
(Kapital|Kommun) und \1ismus	Dieses Muster findet »Kapital und Kapitalismus« und »Kommunismus«, aber nicht »Kapitel und Kommunismus«.
((?i)bum)\s+\1	Hier wird »bum bum« und »BUM BUM« gefunden, aber nicht »BUM bum«.

Es sind generell 99 rückwärtige Referenzen erlaubt. Alle Ziffern hinter einem Backslash werden daher als Referenznummer gewertet. Um unmittelbar aufeinander folgende Ziffern abzugrenzen, muss ein Leerzeichen oder Kommentar gesetzt werden. Leerzeichen sind nur erlaubt, wenn die Option PCRE_EXTENDED gesetzt wurde.

Bedingungen

Eine Bedingung wird für das vorhergehende oder folgende Zeichen eines zu untersuchenden Zeichens aufgestellt. Sinngemäß entspricht dies Formulierungen: »Stimme mit a überein, wenn vor/nach a etwas Bestimmtes steht«.

Einige besonders einfache Bedingungsoperatoren wurden bereits beschrieben:

```
\b \B \A \Z \z ^ $
```

Im folgenden Abschnitt werden komplexere Bedingungen vorgestellt. Grundsätzlich wird zwischen folgenden Bedingungen unterschieden:

- Bedingung, die nach der aktuellen Position (look ahead, vorauschschauend) testen.
- Bedingung, die vor der aktuellen Position (look behind, zurückschauend) testen.

Die Funktionsweise entspricht allen anderen Abfragekonstruktionen, lediglich die Position des Abfragezeigers im Suchwort wird nicht beeinflusst.

Bedingungen werden mit dem ?-Zeichen eingeleitet:

- `(?=` leitet eine vorausschauende, übereinstimmende Bedingung ein.
- `(?!` leitet eine vorausschauende, nicht übereinstimmende Bedingung ein.

Teilausdruck	*Bedeutung*
\w+(?=;)	Dieses Muster sucht Wörter, die von einem Semikolon gefolgt werden, bezieht das Semikolon selbst jedoch nicht in die Auswertung mit ein.
test(?!feld)	Hier werden Übereinstimmungen mit dem Wort »test« gesucht, das nicht von dem Wort »feld« gefolgt werden darf.
(?!test)feld	Findet eine Übereinstimmung nicht, die mit etwas anderem als »test« beginnt. Es findet jedoch jede Übereinstimmung mit »feld«, da die Sequenz (?!test) immer wahr ist.

Das Problem des letzten Musters ist nur mit weiteren Operatoren zu lösen. Die vorgestellten Beispiele bezogen sich auf vorausschauende Bedingungen. Folgende Symbole dienen der Definition zurückschauender Bedingungen:

- `(?<=` leitet eine zurückschauende, übereinstimmende Bedingung ein.
- `(?<!` leitet eine zurückschauende, nicht übereinstimmende Bedingung ein.

Betrachten wir uns nun nochmals das letzte Muster:

Teilausdruck	*Bedeutung*
(?<!test)feld	Hier wird jede Übereinstimmung von »feld« gefunden, die nicht dem Wort »test« folgt.

Bei dieser Form muss die Länge der abhängigen Zeichenketten mit der zu testenden übereinstimmen:

<table>
<tr><th>Teilausdruck</th><th>Bedeutung</th></tr>
<tr><td>(?<=auto|pkw)</td><td>zulässig</td></tr>
<tr><td>(?<!auto|pkw?)</td><td>falsch</td></tr>
</table>

Ein weiteres Beispiel verdeutlicht dies und zeigt, wie man damit umgeht:

Teilausdruck	*Bedeutung*
(?<=ab(c|de))	Funktioniert nicht, da die alternativen Teilmuster »c« und »de« unterschiedlich lang sind.
(?<=abc|abde)	Erfüllt den Zweck, denn nun wurde nur ein Teilmuster definiert.

Die Formulierung der rückwärtigen Bedingungen könnte so aussehen:

»Nimm jede Alternative, gehe temporär um die Länge des alternativen Suchmusters zurück, prüfe das Muster erneut«. Es ist daher logisch, dass eine fehlende Übereinstimmung der Länge zu keiner Übereinstimmung der Muster führen kann.

Teilausdruck	*Bedeutung*
(?<=\d{3})(?<!999)test	Dieses Muster erkennt Suchwörter, bei denen das Wort »test« drei Ziffern folgt, die aber nicht »999« sein dürfen. Übereinstimmungen gibt es z.B. für »250test« oder »777test«.
(?<=(?<!test)feld)er	Dieses Muster erfüllt das Wort »felder«, aber nicht »testfelder«.

Bedingungen stehen in runden Klammern. Dies sind keine Teilmuster und sie werden auch nicht referenziert. Sie dürfen auch nicht wiederholt werden, das wäre sinnlos, denn entweder es gibt eine Übereinstimmung oder nicht. Wiederholungen ändern nichts am Ergebnis. Stehen allerdings Teilmuster in Bedingungen, werden diese gezählt und referenziert, wenn es positive Bedingungen sind.

Einmalige Teilmuster

Wenn eine Unter- und eine Obergrenze für Wiederholungen angegeben wird, führt eine fehlende Übereinstimmung zu einem wiederholten Test, bis alle durch die Wiederholungen gebildeten Muster geprüft wurden. Dies soll in manchen Fällen verhindert werden, um unnütze und zeitraubende Tests zu vermeiden, wenn das Ergebnis absehbar ist. Sehen Sie sich hierzu folgendes Beispiel an:

Das Muster `\d+test` wird auf die Zeichenkette »*123456feld*« angewendet.

Offensichtlich gibt es keine Übereinstimmung. Dennoch dauert die Überprüfung recht lange, denn der reguläre Ausdruck wird zuerst für sämtliche sechs Ziffern untersucht, dann wird das Wort »feld« verglichen. Anschließend startet der Ausdruck erneut, diesmal mit nur fünf Ziffern usw. Insgesamt wird der Test sechsmal durchlaufen, obwohl schon beim ersten Durchlauf erkannt werden sollte, dass eine Übereinstimmung nicht möglich ist. Diese Ursache liegt in der konsequenten Abarbeitung von links nach rechts.

Der Ausdruck funktioniert zwar, ist aber nicht elegant programmiert. Es gibt die Möglichkeit, das Verhalten zu beeinflussen und damit den Ablauf zu optimieren:

- `(?>` weist den Interpreter an, sofort aufzugeben, sobald keine Übereinstimmung gefunden wurde.

Ein weiteres Beispiel verdeutlicht das:

```
(?>\d+)feld
```

Eine andere Beschreibung dieses Typs ist die Annahme, dass diese Konstruktion einer alternativen Zeichenkette entspricht, die am aktuellen Auswertepunkt verankert ist, etwa wie folgt: `\d\d\d\d\feld`, wobei die Anzahl der Ziffern dennoch variabel ist, was eben ohne eine derartige Konstruktion nicht der Fall wäre.

Solche einmaligen Teilmuster sind keine zählenden Teilmuster, werden also auch nicht referenziert. Dafür können die Konstruktionen verschachtelt und mit Bedingungen kombiniert werden.

Fallbeispiel:

- Ein einfaches Muster wie `abcd$` wird auf eine lange Zeichenkette angewendet, die keine Übereinstimmung bietet. Dabei sucht der Interpreter nach »a«, findet er eines, wird der Rest auf die folgenden Zeichen getestet.
- Bei dem Suchmuster `^.*abcd$` wird hingegen sofort die gesamte Zeichenkette getestet. Wird keine Übereinstimmung gefunden, wiederholt sich der Vorgang mit einem Zeichen weniger usw.
- Besser wird es mit `^(?>.*)(?<=abcd)`. Hier wird nicht rückwärts die Suchfolge verringert, sondern die eingeschlossene Bedingung führt zum Abbruch der Suche, wenn die Zeichenfolge nicht sofort gefunden wird.

Bei langen Suchwörtern kann dies zu einer deutlich effizienteren Suche und damit besseren Performance führen.

Bedingte Teilmuster

Ist es möglich, Teilmuster insgesamt von einer Bedingung abhängig zu machen? – Die Antwort auf diese Frage kennen sich sicher bereits. Um Teilmuster insgesamt von einer Bedingung abhängig zu machen, darf das Teilmuster nur dann untersucht werden, wenn die Bedingung erfüllt wurde. Dafür sind zwei Alternativen möglich. Die Schreibweise ähnelt dem einfachen Bedingungsoperator (Konditionaloperator) in PHP.

- `(?(Bedingung)true-muster)`
- `(?(Bedingung)true-muster|false-muster)`

Wenn die Bedingung erfüllt ist, wird das `true-muster` ausgeführt, andernfalls das `false-muster`. Werden mehr Alternativen angegeben, wird ein Laufzeitfehler erzeugt.

Kommentare

Auch bei regulären Ausdrücken Ihnen stehen Zeichen zur Kommentierung zur Verfügung. Kommentare eignen sich hervorragend zur Beschreibung des regulären Ausdrucks. Die Kommentare werden wie folgt umgesetzt:

```
(?#Hier ein Kommentar)
```

Wenn die Option PCRE_EXTENDED gesetzt wurde, kann außerhalb einer Zeichenklassendefinition ein Kommentar allein mit dem #-Zeichen eingeleitet werden. Der nächste Zeilenumbruch beendet den Kommentar.

1.14.9 Hinweise zur Optimierung

Reguläre Ausdrücke sind nicht nur in der Programmierung komplex. Auch die Umsetzung und Auswertung stellt für den PHP-Interpreter eine Herausforderung dar. Die Ausdrücke werden zwar kompiliert und dann erheblich schneller ausgeführt, komplexe Konstrukte mit langen Zeichenketten können dennoch spürbar Zeit in Anspruch nehmen, auch auf schnellen Rechnern. Eine Webanwendung ist kaum praktikabel, wenn ein regulärer Ausdruck alleine eine Sekunde zur Bearbeitung raucht.

Einige Konstrukte benötigen aufgrund der internen Verarbeitung erheblich mehr oder weniger Zeit als andere. Die folgende Auflistung zeigt die wesentlichsten Unterschiede. Da oft mehrere Wege nach Rom führen, existieren fast immer Alternativen, die Leistung eines Ausdrucks ohne Funktionseinbußen zu erhöhen.

- Es ist wesentlich effizienter, eine Zeichenklassendefinition wie `[abcd]` zu nutzen als eine Serie von Alternativen `(a|b|c|d)`.
- Wenn die Option PCRE_DOTALL nicht erwünscht ist, kann alternativ `^.*` gesetzt werden.
- Wenn ein Ausdruck mit `.*` beginnt und die Option PCRE_DOTALL gesetzt wurde, erkennt PHP, dass die Zeichenkette nur am Anfang stehen kann, und verankert sie implizit. Ist PCRE_DOTALL nicht gesetzt, kann diese Optimierung nicht aufgeführt werden.
- Generell hilft es dem Interpreter, wenn die Beschreibung so direkt wie möglich erfolgt, implizite Annahmen werden oft erst erkannt, wenn der gesamte Ausdruck verarbeitet und ausgewertet wurde.
- Wenn Sie mehrere Varianten eines Ausdrucks haben und diesen in einer häufig durchlaufenen Schleife anordnen müssen, testen Sie die Abarbeitungszeit der Varianten und wählen die schnellste.
- Ausdrücke werden nicht weiter ausgewertet, wenn das Ergebnis feststeht. Bei der Abarbeitung sollte der wahrscheinlichste Fall also am weitesten links stehen.

1.14.10 Einsatz der PCRE-Funktionen

Nach all den Definitionen und Erläuterungen sollten wir uns nun praktischen Beispielen zuwenden. Sie sollten darauf achten, dass die PCRE-Funktionen seit der PHP-Version 4.2 standardmäßig aktiviert.

Einsatz von preg_match()

Mit Hilfe der Funktion `preg_match()` können Sie eine Zeichenkette auf ein Suchmuster durchsuchen. Die Fundstellen werden im Array `$matches` gespeichert.

Beispiel:

```
<pre>
<?php
// Zeichenkette
$url = "http://www.atomicscript.de";

// Domainname (Vollständig)
preg_match("/^(http:\/\/)?([^\/]+)/i",
    $url, $matches);
print_r($matches);
?>
</pre>
```

Ausgabe:

```
Array
(
    [0] => http://www.atomicscript.de
    [1] => http://
    [2] => www.atomicscript.de
)
```

Welche Elemente das Array kennt, ist abhängig von dem regulären Ausdruck. Im vorliegenden Beispiel enthält das Array insgesamt 3 Elemente:

- Im ersten Element `$matches[0]` ist immer die gesamte Zeichenkette gespeichert, die dem Ausdruck `/^(http:\/\/)?([^\/]+)/i` entspricht.
- Im zweiten Element `$matches[1]` befindet sich die Zeichenkette, die dem ersten Teilausdruck `(http:\/\/)` entspricht.
- Im dritten Element `$matches[2]` befindet sich die Zeichenkette, die dem zweiten Teilausdruck `([^\/]+)` entspricht.

Einsatz von preg_match_all()

Der Einsatz von `preg_match()` hat einen gravierenden Nachteil: Nach dem ersten Auftreten wird die Verarbeitung abgebrochen. Sämtliche Fundstellen erhalten Sie daher lediglich, wenn Sie statt `preg_match()` die Funktion `preg_match_all()` einsetzen.

Beispiel:

```
<pre>
<?php
// Zeichenkette
$urls = "<a href=www.berlin.de>Berlin</a>
<a href=www.bonn.de>Bonn</a>";

// Prüfen auf Tags
```

```
preg_match_all("/(<([\w]+)[^>]*>)(.*)(<\/\\2>)/", $urls, $matches);
print_r($matches);
?>
</pre>
```

Ausgabe:

```
Array
(
    [0] => Array
        (
            [0] => <a href=www.berlin.de>Berlin</a>
            [1] => <a href=www.bonn.de>Bonn</a>
        )

    [1] => Array
        (
            [0] => <a href=www.berlin.de>
            [1] => <a href=www.bonn.de>
        )

    [2] => Array
        (
            [0] => a
            [1] => a
        )

    [3] => Array
        (
            [0] => Berlin
            [1] => Bonn
        )

    [4] => Array
        (
            [0] => </a>
            [1] => </a>
        )

)
```

Die Zeichenkette enthält zwei HTML-Verweise und mit Hilfe von `preg_match_all()` wird im Array `matches` nicht nur eine Fundstelle gespeichert, sondern sämtliche Fundstellen. Es handelt sich um ein verschachteltes Array, welches die Verwaltung der einzelnen Fundstellen wesentlich erleichtert.

Besonderheit:

Die Art der Gruppierung kann bei `preg_match_all()` beeinflusst werden. Mit Hilfe eines vierten optionalen Parameters können Sie die folgenden Konstanten übergeben:

- PREG_PATTERN_ORDER stellt die Standardeinstellung dar.
- PREG_SET_ORDER ändert die Reihenfolge so, dass in einem Element des Arrays `$matches` sämtliche Informationen zu einer Fundstelle gespeichert werden.
- PREG_OFFSET_CAPTURE sichert zusätzlich die Position der einzelnen Teilstrings.

Beispiel mit PREG_SET_ORDER:

```
<pre>
<?php
// Zeichenkette
$urls = "<a href=www.berlin.de>Berlin</a>
<a href=www.bonn.de>Bonn</a>";

// Prüfen auf Tags
preg_match_all("/(<([\w]+)[^>]*>)(.*)(<\/\\2>)/", $urls, $matches,
PREG_SET_ORDER);
print_r($matches);
?>
</pre>
```

Ausgabe:

```
Array
(
    [0] => Array
        (
            [0] => <a href=www.berlin.de>Berlin</a>
            [1] => <a href=www.berlin.de>
            [2] => a
            [3] => Berlin
            [4] => </a>
        )

    [1] => Array
        (
            [0] => <a href=www.bonn.de>Bonn</a>
            [1] => <a href=www.bonn.de>
            [2] => a
            [3] => Bonn
            [4] => </a>
        )

)
```

Einsatz von preg_grep()

Funktion `preg_grep()` dient zum durchsuchen von Arrays

Beispiel:

```
<pre>
<?php
// Array
$urls = array(
       "<a href=www.berlin.de>Berlin</a>",
       "<a href=www.bonn.de>Bonn</a>"
       );

// Prüfen auf Tags
$res = preg_grep("/(<([\w]+)[^>]*>)(.*)(<\/\\2>)/", $urls);
print_r($res);
?>
</pre>
```

Ausgabe:

```
Array
(
    [0] => <a href=www.berlin.de>Berlin</a>
    [1] => <a href=www.bonn.de>Bonn</a>
)
```

Einsatz von preg_replace()

Die Funktion `preg_replace()` eignet sich hervorragend, um eine Zeichenfolge durch eine andere zu ersetzen. Auch in diesem Fall spielen die regulären Ausdrücke eine wesentliche Rolle. Die Funktion ersetzt sämtliche Vorkommen im String. Möchten Sie die Ersetzungen begrenzen, so können Sie als optionalen Parameter eine Integerzahl übergeben. Es werden nur so viele Ersetzungen durchgeführt wie angegeben.

Beispiel:

```
<?php
// Zeichenkette
$url = "[url=http://www.berlin.de]";

// Suchmuster
$reg_muster = "/\[url=([^]]*)\]/i";

// Austausch
$tausch = '<a href="\1">\1</a>';

// Prüfen auf Tags
echo preg_replace($reg_muster, $tausch, $url);
?>
```

Ausgabe:

```
<a href="http://www.berlin.de">http://www.berlin.de</a>
```

Die spezielle Schreibweise *[url=Verweis]* für einen Verweis wird häufig in Online-Foren verwendet. Mit Hilfe des regulären Ausdrucks und der Funktion `preg_replace()` wird im Handumdrehen ein HTML-Verweise daraus erzeugt.

Sie können auch mehre als eine Ersetzung gleichzeitig durchführen. Zu diesem Zweck übergeben Sie der Funktion ein indiziertes Array mit Suchmustern und ein Array mit Ersetzungen.

Beispiel:

```
<pre>
<?php
// Zeichenkette
$eintrag = "[url=http://www.berlin.de]
[image=../bilder/smiley.gif]";

// Suchmuster
$reg_Liste = array(
              "/\[url=([^]]*)\]/i",
```

```
                "/\[image=([^]]*)\]/i"
                );

// Austausch
$tauschListe = array(
                '<a href="\1">\1</a>',
                '<img src="\1" border="0" alt="\1">'
                );

// Prüfen auf Tags
echo preg_replace($reg_Liste, $tauschListe, $eintrag);
?>
</pre>
```

Ausgabe:

```
<a href="http://www.berlin.de">http://www.berlin.de</a>
<img src="../bilder/smiley.gif" border="0" alt="../bilder/smiley.gif">
```

Sie sollten es mal mit folgender Zeichenkette versuchen:

```
$eintrag = "Link: [url=http://www.berlin.de]<br>
Bild: [image=../bilder/smiley.gif]<br>
Bild: [image=../fotos/caro.gif]";
```

Bisher war in den Beispielen zu `preg_replace()` die Variable `$eintrag` immer vom Typ String. Sie können jedoch ohne weiteres auch ein Array übergeben. Die Ersetzung wird dann für jedes Element des Arrays durchgeführt.

Beispiel:

```
<pre>
<?php
// Array
$eintrag = array(
       "Link: [url=http://www.berlin.de]<br>",
       "Bild: [image=../bilder/smiley.gif]<br>",
       "Bild: [image=../fotos/caro.gif]"
);

// Suchmuster
$reg_Liste = array(
                "/\[url=([^]]*)\]/i",
                "/\[image=([^]]*)\]/i"
                );

// Austausch
$tauschListe = array(
                '<a href="\1">\1</a>',
                '<img src="\1" border="0" alt="\1">'
                );

// Prüfen auf Tags
$res = preg_replace($reg_Liste, $tauschListe, $eintrag);

// Ausgabe
foreach ($res as $element) {
```

```
        echo $element;
}
?>
</pre>
```

Ausgabe:

```
Link: <a href="http://www.berlin.de">http://www.berlin.de</a><br>

Bild: <img src="../bilder/smiley.gif" border="0"
alt="../bilder/smiley.gif"><br>

Bild: <img src="../fotos/caro.gif" border="0" alt="../fotos/caro.gif">
```

Einsatz von preg_replace_callback()

Eine besondere Rolle bei der Ersetzung von Zeichenketten spielt die Funktion `preg_replace_callback()`. Sie ruft eine Callback-Funktion auf, die den zu ersetzenden String bildet. Der Rückgabewert der Callback-Funktion bildet den zu ersetzenden String.

Beispiel:

```
<pre>
<?php
// Zeichenkette
$eintrag = "Link: [url=javascript:alert(\'Test\')]<br>
[url=http://www.berlin.de]";

// Suchmuster
$reg_muster = "/\[url=([^]]*)\]/i";

// Callback-Funktion
function nojavascript($matches) {
        if (!preg_match("/javascript:/i",$matches[0])) {
                return '<a href="' . $matches[1] . '">' . $matches[1] .
'</a>';
        }
}

// Prüfen auf Tags
$res = preg_replace_callback($reg_muster, "nojavascript", $eintrag);

// Ausgabe
echo $res;
?>
</pre>
```

Ausgabe:

```
Link: <br>
<a href="http://www.berlin.de">http://www.berlin.de</a>
```

In Beispiel werden sämtliche JavaScript-Verweise einfach ignoriert und lediglich ordnungsgemäße Verweise formatiert zurückgegeben. Dies ist in Online-Foren ein äußerst nützlicher Austausch, da sonst jeder einfach mal so einige JavaScript-Funktionen ausführen könnte.

Einsatz von preg_split()

Die Funktion `preg_split()` ist in der Lage, eine Zeichenkette mit Hilfe eines regulären Ausdrucks zu zerlegen, und gibt ein indiziertes Array zurück, welches die Teilstrings als Array Elemente enthält.

Sehr oft treffen wir auf Texte, in denen bestimmte Zeichen Teile eines Textes voneinander trennen. So ermöglichen Tabellenkalkulationsprogramme wie Excel den Export von Tabellen in Form von kommaseparierten Listen. Durch die Zerlegung des Strings ist es möglich, eine solche Liste in einem Array zu speichern und weiter zu verarbeiten. In den meisten Fällen wird der Einsatz der Stringfunktion `explode()` zum gewünschten Ergebnis führen. Diese Funktion zerlegt einen String anhand eines oder mehrerer Trennzeichen und gibt ein Array von Teilstrings zurück. Sind die Trennzeichen eindeutig festgelegt, sollten Sie diese Funktion verwenden, da sie nicht auf die Mechanismen der regulären Ausdrücke angewiesen ist. Dies wird jedoch nicht in jedem Fall möglich sein, wie das folgende Beispiel beweist:

```
<pre>
<?php
// Zeichenkette
$text = "Eintrag1,Eintrag2:Eintrag3 Eintrag4;Eintrag5";

// Suchmuster
$reg_muster = "/,|;|:| /";

print_r(preg_split($reg_muster,$text));
?>
</pre>
```

Ausgabe:

```
Array
(
    [0] => Eintrag1
    [1] => Eintrag2
    [2] => Eintrag3
    [3] => Eintrag4
    [4] => Eintrag5
)
```

Die Zeichenkette `$text` enthält Elemente, die durch ein Komma, ein Semikolon, einen Doppelpunkt oder ein Leerzeichen voneinander getrennt sind. Unabhängig vom Trennzeichen wird aus der Zeichenkette ein Array mit den einzelnen Elementen erzeugt.

Besonderheit:

Der Funktion können Sie als vierten und optionalen Parameter Flags übergeben. Dieser Parameter enthält Konstanten, mit denen Sie das Verhalten der Funktion steuern können.

- PREG_SPLIT_NO_EMPTY unterdrückt die Rückgabe von leeren Elementen.
- PREG_SPLIT_DELIM_CAPTURE berücksichtigt Klammern und gibt deren Fundstelle als Element mit zurück.

- PREG_SPLIT_OFFSET_CAPTURE gibt ein Array von Elementen zurück, deren Werte selbst wiederum Arrays darstellen. Das erste Element dieses Arrays ist der Teilstring, das zweite Element die reale Position des Teilstrings im Originalstring.

Beachten Sie, dass wenn Sie den Parameter `flags` verwenden, zwingend der optionale Parameter `limit` gesetzt werden muss. Möchten Sie, dass `preg_split()` sämtliche Teilstrings zurückgibt, so übergeben Sie als `limit` den Wert `-1`. Benötigen Sie den Parameter `flags` nicht, so brauchen Sie auch keinen Wert für `limit` anzugeben.

1.14.11 Einsatz der Funktionen im POSIX-Stil

Die regulären Funktionen im POSIX-Stil gehören seit PHP 3 zum Funktionsumfang. Da die PCRE-Funktionen erst später eingeführt wurden und lange Zeit nicht zur Standardinstallation gehörten, waren die POSIX-Funktionen oft die einzige Möglichkeit, reguläre Ausdrücke auszuführen.

Mittlerweile haben Sie jedoch die Wahl zwischen PCRE- und POSIX-Funktionen. Grundsätzlich gilt, dass PCRE-Funktionen zu bevorzugen sind, da sie wesentlich schneller, flexibler und leistungsfähiger sind als die POSIX-Funktionen. Die meisten Suchmuster können Sie auch auf die POSIX-Funktionen übertragen. Die Verwendung komplexer Muster, wie z.B. die Filterung von Verweisen, ist jedoch nur schwer umsetzbar. Beachten Sie, dass die POSIX-Funktionen die Verkürzungen mittels Backslash nicht unterstützen und dass die Funktionen nicht binary-safe sind.

Erweiterte Syntax

In der erweiterten Syntax werden Ersatzsymbole unterstützt, welche den Umgang mit regulären Ausdrücken vereinfachen.

Beispiel:

```
<?php
// Zeichenkette
$text = "Hallo Welt";
ereg("[[:alnum:]]*", $text, $matches);
print_r($matches);
?>
```

Ausgabe:

```
Array
(
    [0] => Hallo
)
```

So können Sie auf einfache Weise den String nach alphanumerischen Zeichen durchsuchen. Die Zeichenfolge `[:alnum:]` steht für alphanumerische Zeichen. Dieser Ausdruck ist äquivalent zur Zeichenklasse `[a-zA-Z0-9]`. Beachten Sie, dass ein Ersatzsymbol in eckigen Klammern und Doppelpunkten eingeschlossen werden muss. Hinzu kommen die eckigen Klammern der Zeichenklasse. Würden Sie im Beispiel statt `[[:alnum:]]` nur `[:alnum:]` verwenden, so würde der Ausdruck innerhalb der Zeichenklasse als eine Liste von Zeichen interpretiert und der Text nach den Zeichen :,a,l,n,u,m durchsucht. Hier nun eine Auflistung der zur Verfügung stehenden Ersatzsymbole.

Symbol	*Entsprechung*	*Bedeutung*
[:digit:]	[0-9]	Ziffern
[:alpha:]	[a-zA-Z]	Buchstaben
[:alnum:]	[a-zA-Z0-9]	Alphanumerische Zeichen
[:blank:]	[\t]	Leerzeichen, Tabulatoren
[:space:]	[\s]	Freiraum
[:punct:]	[[]!\"#$%&'()*+,./:;<=>?@\^_´{|}~[-]*]	Satzzeichen
[:lower:]	[a-z]	Kleinbuchstaben
[:upper:]	[A-Z]	Großbuchstaben
[:cntrl:]		Steuerzeichen
[:graph:]	[[:alpha:][:digit:][:punct:]]	Schriftzeichen
[:print:]	[[:graph:]]	Druckbares Zeichen
[:xdigit:]	[0-9a-fA-F]	Hexadezimalzeichen

Einsatz von ereg() und eregi()

Im Gegensatz zu den PCRE-Funktionen erhalten POSIX-Funktionen keinen Delimiter. Das bedeutet, Sie können an diese Funktionen keinen Modifizierer übergeben. Damit jedoch eine Ausschaltung der Groß- und Kleinschreibung möglich ist, gibt es neben der `ereg()`-Funktion die `eregi()`-Funktion, die keine Unterscheidung zwischen Groß- und Kleinschreibung vornimmt. Die beiden Funktionen eignen sich hervorragend zum Durchsuchen von Zeichenketten.

Beispiel:

```
<pre>
<?php
// Zeichenkette
$text = "13358";
echo ereg("^[0-9]{5}$", $text, $matches);
print_r($matches);
?>
</pre>
```

Ausgabe:

```
5
Array
(
    [0] => 13358
)
```

Im Beispiel wird eine Zeichenkette daraufhin geprüft, ob sie aus genau 5 Ziffern besteht; folgender Ausdruck `[[:digit:]]{5}$` würde zum selben Ergebnis führen. Eine solche Überprüfung eignet sich vor allem bei der Verifikation von Postleitzahlen. Die `ereg()`-Funktion speichert die Anzahl der gefundenen Zeichen in dem optionalen Parameter matches. Diese Arbeitsweise entspricht der preg_match()-Funktion. Sollte keine Übereinstimmung gefunden werden, so wird FALSE zurückgegeben.

Einsatz von ereg_replace und eregi_replace()

Mit Hilfe der beiden Funktionen ereg_replace() und eregi_replace() sind Sie in der Lage, Zeichenketten zu ersetzen. Im Gegensatz zu preg_replace() lassen sich lediglich Strings und keine Arrays verarbeiten. Auch bei diesem Funktionspaar unterscheidet die eregi_replace()-Funktion nicht zwischen Groß- und Kleinschreibung. Beide Funktionen unterstützen Rückverweise.

Beispiel:

```
<?php
// Zeichenkette
$htmltext = "Verweis: [url=http://www.atomicscript.de]";

// Suchmuster
$reg_muster = "\[url=([^]]*)\]";

// Austausch
$tausch = '<a href="\1">\1</a>';

echo eregi_replace($reg_muster, $tausch, $htmltext);
?>
```

Ausgabe :

```
<a href="http://www.atomicscript.de">http://www.atomicscript.de</a>
```

Besonderheit:

Verwenden Sie als Ersatzstring eine Zahl vom Typ Integer, so müssen Sie diese Zahl explizit in einen String umwandeln. Andernfalls kommt es zu unerwarteten Ergebnissen, da die Zahl als Ordinalwert betrachtet wird.

Beispiel:

```
<?php
// Zeichenkette
$htmltext = "Inhalt";

// Suchmuster
$reg_muster = "[a-z]{6}";

// Austausch
$tausch = 90;

// Ausgabe - Z
echo eregi_replace($reg_muster, $tausch, $htmltext);

// Ausgabe - 90
echo eregi_replace($reg_muster, (string) $tausch, $htmltext);
?>
```

Die Zahl 90 ist der Ordinalwert des Zeichens Z. Da dieser Wert als Zahl in die Funktion `eregi_replace()` einging, wird der Zahlenwert durch das Zeichen der ASCII-Codetabelle ersetzt. Die explizite Umwandlung mit `(string)` bewirkt, dass sich die Funktion wie erwartet verhält.

Hinweis: Für einfache Ersetzungen können Sie auch die Funktion `str_replace()` verwenden. Diese ersetzt eine Zeichenkette durch eine andere und arbeitet um einiges schneller als die Ersetzung mittels regulärer Ausdrücke.

Einsatz von split() und spliti()

Mit Hilfe der beiden Funktionen `split()` und `spliti()` lassen sich Zeichenketten zerlegen. Die Rückgabewerte dieser Funktionen ist ein Array, dessen Elemente die Teilstrings beinhalten. Auch bei diesem Funktionspaar unterscheidet die `spliti()`-Funktion nicht zwischen Groß- und Kleinschreibung.

Beispiel:

```
<pre>
<?php
// Zeichenkette
$text = "Eintrag1;Eintrag2:Eintrag3,Eintrag4;Eintrag5";

// Suchmuster
$reg_muster = ";|:|,";

print_r(split($reg_muster,$text));
?>
</pre>
```

Ausgabe:

```
Array
(
    [0] => Eintrag1
    [1] => Eintrag2
    [2] => Eintrag3
    [3] => Eintrag4
    [4] => Eintrag5
)
```

Es werden immer `n+1` Elemente zurückgegeben. Findet der Ausdruck also wie im Beispiel vier Trennzeichen, so entstehen daraus 5 Array-Elemente. Folgt nach dem letzten Trennzeichen nichts mehr, so ist das letzte Element leer. Wird kein Trennzeichen gefunden, dann enthält das Array genau ein Element mit dem gesamten String.

1.14.12 Programme zu regulären Ausdrücken

Sie werden im Internet zahlreiche nützliche Skripts zum Thema finden, was jedoch nützliche Lernprogramme zum Thema angeht, ist die Auswahl nicht ganz so umfangreich. Daher sind wir stolz, Ihnen folgendes Programm von Dr. Edmund Weitz vorstellen zu können.

Regex Coach, das Testlabor

Haben Sie noch immer nicht genug bekommen von regulären Ausdrücken und würden gerne diverse Kombinationen ausprobieren wollen, empfehlen wir Ihnen ein Programm, das Ihnen die Arbeit mit regulären Ausdrücken wesentlich erleichtern wird. Regex Coach von Dr. Edmund Weitz.

Damit lassen sich reguläre Ausdrücke und ihre Auswirkungen in einer Art virtuellem Labor testen, um sie anschließend in eigene Webanwendungen einzubinden. Das Programm ist sowohl für Windows als auch Linux erhältlich.

Hinweis: Das Programm befindet sich sowohl als Windows – also auch Linux-Version auf der Buch-CD im Verzeichnis *Tools/Regex_Coach.*

Tipp: Die aktuellste Version finden Sie unter folgender Adresse:
www.weitz.de/regex-coach/

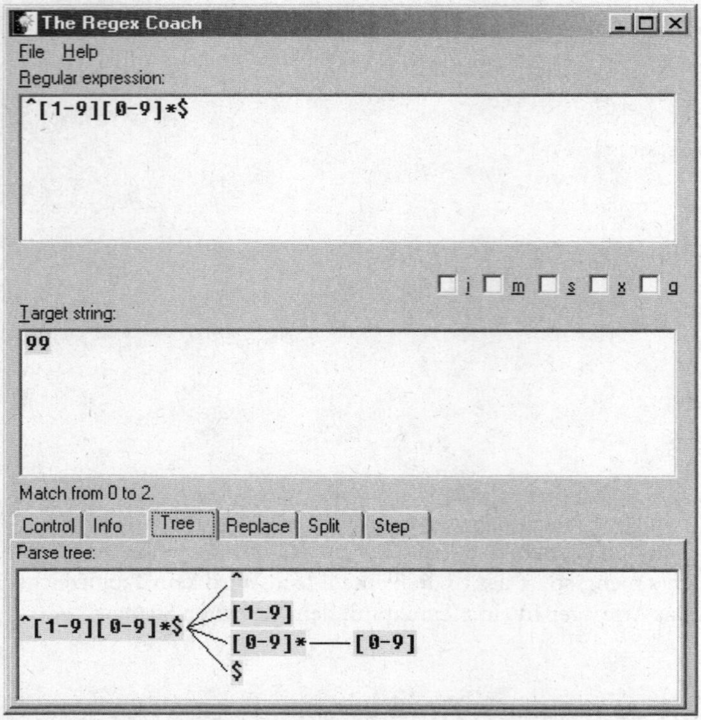

Bild 1.11: Regex Coach im Einsatz

2 Programmierung mit PHP

Wir werden uns nun in der Welt der PHP-Programmierung genauer umschauen, einen umfassenden Einblick in die Sprachbestandteile und Ihre Arbeitsweise haben Sie bereits in Kapitel 1 erhalten.

2.1 Formulare und PHP

Formulare stellen in der Welt der interaktiven und dynamischen Websites den Schlüssel zum Anwender dar. Der Anwender wird durch sie in die Lage versetzt, Daten einzugeben, und der Server kann auf diese Daten in vielfältiger Weise reagieren. Die Umsetzung von Formularen erfolgt in den meisten Fällen mit Hilfe von HTML-Tags, wie dem `<form>`-Tag. Die Übertragung der Daten zum Server übernimmt HTTP mit den Methoden POST oder GET.

> **Hinweis:** Formulare bzw. Eingabemasken können Ihnen auch in Form von JavaApplets und Flash-Anwendungen begegnen. Vor allem Flash-Anwendungen spielen eine immer größe Rolle.

2.1.1 GET und POST

Die sinnvollste Methode für die jeweilige Webanwendung einzusetzen liegt in den Händen des Entwicklers, daher sollten einige Hintergrundinformationen zu den beiden Übertragungsmethoden vorhanden sein.

POST

Die POST-Methode wird vorwiegend eingesetzt, um dem Server mitzuteilen, dass eine Anforderung des Clients weitere Daten enthält. POST bietet in diesem Zusammenhang folgende Funktionen an:

- Übertragung eines Datenblocks, dazu gehören auch die Inhalte eines Formulars.
- Übertragung von Nachrichten auf eine Nachrichtengruppe, Mailingliste etc.
- Mitteilung existierender Ressourcen

Die aktuell durch POST ausgelöste Aktion wird durch den Server festgelegt und ist abhängig von dem Request-URI. Der gesendete Datenblock stellt dabei einen Bestandteil dieses URI dar, ähnlich wie eine Datei Bestandteil eines Verzeichnisses ist. Der durch

POST ausgelöste Prozess muss nicht direkt an eine Ressource gerichtet sein, die durch den URI adressiert wird. In diesem Fall wird entweder 200 (OK) oder 204 (No Content) als Statusmeldung übertragen. Um an dieser Stelle die Theorie auf den Punkt zu bringen: Praktisch gesehen dient POST dazu, Formulardaten vom Browser zum Server zu übertragen.

GET

Die GET-Methode ist in der Lage, Informationen jeglicher Art mit Hilfe des Ergebnis-URI zu identifizieren. Wenn der URI auf einem Prozess basiert, welcher Daten zurückgibt, besteht er aus den erzeugten Daten. Der vollständige URI besteht aus dem URL, einem Fragezeichen als Trennzeichen und den Daten.

Beispiel:

```
http://www.meinedomain.de/ausgabe.php?inhalt=Hallo Besucher
```

Es ist auch möglich, eine GET-Anforderung mit Bedingungen zu senden, beispielsweise `If-Modified-Since`, `If-Unmodified-Since`, `If-Match`, `If-None-Match`, `If-Range`. In diesen Fällen werden die Daten nur dann übertragen, wenn die Bedingungen erfüllt sind.

Unterschiede und Gemeinsamkeiten von GET und POST

Die vorliegenden Informationen haben sicher einige Unterschiede aufführen können. Für den Einsatz in PHP-basierten Webanwendungen ist lediglich eines von Interesse:

- Die POST-Methode überträgt die Daten im Körper (Body) der Nachricht. Damit sind die Daten ein Teil der Nachricht, welche aus Kopf (Header) und Körper (Body) zusammengesetzt ist. In diesem Fall ist der Platz übrigens nicht beschränkt.
- Die GET-Methode nutzt den URI zur Übertragung der Daten und hängt diese quasi an den URL mit an. Die Länge des URL ist jedoch bestimmten Beschränkungen von Seiten des Browsers unterworfen. Daher sollte die Datenmenge möglichst eine Größe von 2 Kilobyte nicht überschreiten. Dies ist im Übrigen schnell erreicht, da neben den eigentlichen Daten auch jedes Trennzeichen und jeder Variablen- bzw. Feldname mit übertragen wird.

Mit POST umgehen Sie die Beschränkungen von Seiten der Browser. Als einziger Nachteil könnte in Performance-ortientierten Systemen der größere Zeitaufwand zur Übertragung der Nachricht angesehen werden. Dieser Nachteil kommt dadurch zustande, dass der Server zusätzlich zum Kopf auch den gesamten Körper der Nachricht übertragen muss.

GET oder POST?

Hier einige handfeste Hilfestellungen für die Entscheidung, welche Übertragungsmethode Sie einsetzen sollten.

- Allgemein betrachtet ist es besser, die Methode GET zu verwenden: Formulare sind wesentlich leichter zu debuggen, und der Anwender kann sich ein fertig ausgefülltes Formular mit Parametern in die Bookmarks oder einen Hyperlink legen – das ist besonders bequem und ergonomisch.
- Enthält das Formular Werte, die nicht in dem URL angezeigt, nicht Bestandteil des Referers sein und nicht in Proxy-Logs auftauchen sollen, dann ist die Verwendung von POST anzuraten. Dies ist zum Beispiel immer dann der Fall, wenn ein Eingabeelement `Password` verwendet wird.
- Ebenfalls sollte POST verwendet werden, wenn die Länge von Eingabeelementen nicht nach oben begrenzt ist, also immer dann, wenn ein TEXTAREA verwendet wird.
- Schließlich ist die Verwendung von POST zwingend notwendig, wenn ein File-Upload durchgeführt werden soll, einmal wegen der prinzipiell unbegrenzten Länge, aber auch weil das notwendige Attribut `ENCTYPE="multipart/form-data"` nur in Verbindung mit POST funktioniert.

2.1.2 Ermitteln von Formulardaten

Die Daten eines Formulars innerhalb eines PHP-Skripts weiter zu verarbeiten ist eine der grundlegenden Aufgaben einer Vielzahl von Webanwendungen.

HTML-Formulare

Mit Hilfe von HTML-Formularen sind Sie in der Lage, Daten vom Browser zum Server zu übermitteln. Ein Formular setzt sich aus dem `<form>`-Tag und den enthaltenen Formularelementen wie Textfeldern, Checkboxen, Auswahlisten etc. zusammen.

> **Achtung:** Bei der Realisierung von HTML-Formularen sollten Sie darauf achten, dass die Formularelemente nur innerhalb des `<form></form>`-Containers existieren. Außerhalb werden Sie von den meisten Browsern gar nicht erst angezeigt oder falsch dargestellt. Zusätzlich verlieren Sie ihre Funktionalität.

Die wohl einfachste Form eines Formulars stellt sich wie folgt dar:

```
<html>
<head>
<title>Kontaktformular</title>
</head>
<body>
<form action="mailto:matthiask@atomicscript">
  <p>
    Betreff: <input type="text" name="Betreff" size="30">
  </p>
  <p>
    E-Mail: <input type="text" name="email" size="30">
  </p>
```

```
  <p>
    Kommentar: <input type="text" name="nachricht" size="30">
  </p>
  <p>
    <input type="submit" name="Submit" value="Submit">
    <input type="reset" name="Reset" value="Reset">
  </p>
</form>
</body>
</html>
```

Das Formular ist in der Lage, eine E-Mail zu versenden. Dieser Vorgang läuft jedoch clientseitig ab. Voraussetzung ist, dass neben dem Browser auch ein E-Mail-Client zur Verfügung steht, welcher vom Browser gesteuert werden kann. Sollte dies nicht gegeben sein, ist der Einsatz eines serverseitigen Skripts notwendig, welches unabhängig vom Browser E-Mails versenden kann. Hierfür ist innerhalb des Formulars lediglich eine Zeile anzupassen:

```
<form action="mail.php" method="post">
```

Wie Sie sehen, wird zum einen als auszuführender Befehl für den `<form>`-Tag keine lokale Anweisung mehr verwendet, sondern auf ein Skript verwiesen, welches sich auf dem Server befindet. Zum anderen wird explizit auf die zu verwendende Übertragungsmethode verwiesen. Im vorliegenden Fall handelt es sich um POST.

Einsatz von Formularelementen

Im vorherigen Beispiel haben Sie bereits zwei Formularelemente kennen gelernt, es handelt sich um das Eingabetextfeld und die Schaltfläche.

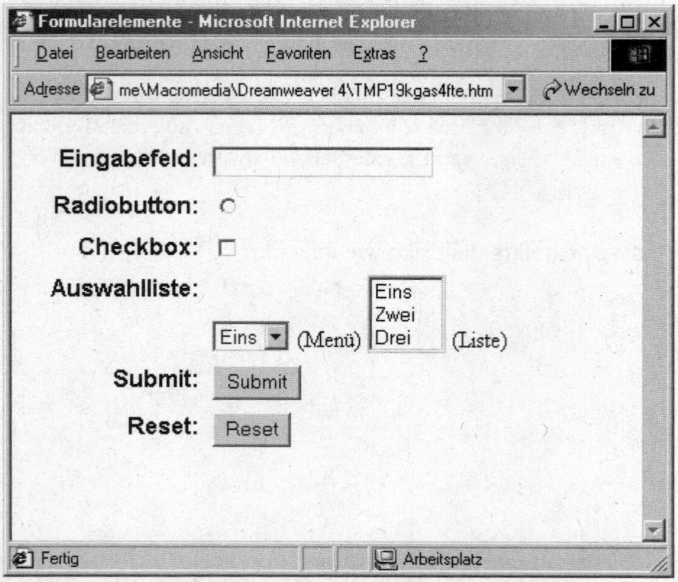

Bild 2.1: Übersicht der HTML-Formularelemente

In HTML stehen Ihnen weitaus mehr Formularelemente zur Verfügung. Das wohl vielfältigste Tag innerhalb eines HTML-Formulars ist das `<input>`-Tag.

Die folgenden Formularelemente sind Bestandteile des `<input>`-Tags. Wir haben sie in der folgenden Tabelle für Sie aufgelistet.

Element	*Attribute*	*Bedeutung*
text	size,value,name,maxlength	Erzeugt ein einzeiliges Eingabetextfeld.
radio	value,checked,name	Erzeugt eine Optionsschaltfläche. Im Gegensatz zu einer Checkbox kann lediglich eine Schaltfläche innerhalb einer Gruppe aktiviert werden. Die Radiobuttons werden zu einer Gruppe verknüpft, sobald Sie denselben Namen besitzen, welcher mit Hilfe des `name`-Attributs festgelegt wird.
checkbox	value,checked,name	Erzeugt einen Auswahlkasten. Das Attribut `value` wird zum Server übertragen, sobald die Checkbox aktiviert wurde. Mit Hilfe des Attributs `checked` kann die Checkbox bereits beim Aufruf des Formulars aktiviert werden. Checkboxen ermöglichen auch bei Zugehörigkeit zur selben Gruppe eine Mehrfachauswahl.
password	size,value,name	Bewirkt, dass die eingegebenen Zeichen als Sternchen im Eingabefeld erscheinen.
hidden	value,name	Erzeugt ein unsichtbares Feld, welches dazu dient, versteckte Statusinformationen zu übermitteln.
button	value,name	Erzeugt eine Schaltfläche.
image	src,name,width,height,alt	Erzeugt ein Bild, welches beispielsweise eine Schaltfläche ersetzt.
file	name,size,maxlength,accept	Erzeugt ein Eingabefeld samt Schaltfläche zum Übertragen von Dateien.
submit	name,value	Erzeugt einen Sendeschalter. Diese Schaltfläche überträgt beim Anklicken den Inhalt des Formulars an das im `<form>`-Tag mit dem Attribut `action` angegebene Skript.
reset	name,value	Erzeugt eine Schaltfläche zum Zurücksetzen der Eingaben innerhalb der Formularelemente.

Die Attribute haben folgende Bedeutung:

- `name` – Name, nach dem das Element im Skript identifiziert werden kann. Entspricht dem Variablennamen innerhalb von PHP-Skripts. Elemente, die kein Namensattribut besitzen, werden nicht übertragen.
- `value` – Vorbelegter Wert oder Beschriftung. Dieser Wert wird ebenfalls versendet. Entspricht dem Variableninhalt (Wert) innerhalb von PHP-Skripts.
- `size` – Legt die Feldgröße in Standardzeichen fest.
- `checked` – Aktiviert das jeweilige Element. Entspricht `true` (aktiv).

- `src` – Verweist auf den Ort des verknüpften Bildes.
- `maxlength` – Legt die Anzahl der Zeichen fest, die in einem Feld eingegeben werden können.

Hinweis: Bei der Verarbeitung des `<input>`-Tags sollte Sie darauf achten, dass die Variablen auch Anführungszeichen enthalten könnten, was wiederum das Ende des `value`-Attributs kennzeichnen würde. Um dies zu verhindern, sollte man sie mit Hilfe der Funktion `htmlspecialchars()` umwandeln lassen.

Zusätzlich stehen Ihnen noch zwei weitere Formularelemente zur Verfügung, welche es Ihnen beispielsweise ermöglichen, Auswahllisten, Sprungmenüs oder mehrzeilige Texteingaben zu erstellen.

- `<select></select>` – Dieses Element stellt eine Auswahlliste in Form eines Dropdown-Menüs dar. Jedes Element wird durch ein weiteres Tag, `<option></option>`, eingeleitet.
- `<textarea></textarea>` – Mit diesem Element werden mehrzeilige Textfeldeingaben möglich, da es im Unterschied zum `<input>`-Tag einen Anfangs- und Endtag besitzt.

Hinweis: Zusätzliche Informationen zum Thema HTML und zur Gestaltung von Formularen finden Sie auf der Buch-CD im PDF HTML_und_CSS_Kurzreferenz.pdf.

2.1.3 Auswertung von Formularen

Die Auswertung und Übergabe der Formulardaten in PHP ist recht einfach. PHP erkennt selbstständig angehängte Daten, egal, ob diese mit GET innerhalb des URI oder mit POST innerhalb des Körpers der Nachricht versandt wurden. Jedes Formularelement ist durch das Attribut `name` gekennzeichnet und eindeutig identifizierbar. Er erscheint in PHP als Variable mit dem Namen des Elements, gefüllt mit den eingegebenen Werten. Durch Bilder erzeugte Schaltflächen übermitteln in den Variablen `$name_x` und `$name_y` die Position des Mauszeigers, relativ zur linken oberen Ecke des Bildes.

Beispiel:

```
<html>
<head>
<title>Kontaktformular</title>
</head>
<body>
<?php

if (!$gesendet && !$name) {

?>
<form method="POST" action="<?php echo $PHP_SELF ?>">
  <p>Name:
```

```
    <input type="text" name="name" size="30">
  </p>
  <p>E-mail:
    <input type="text" name="email" size="30">
  </p>
  <p>Buchbewertung: 1
    <input type="radio" name="bewertung" value="1">
    2
    <input type="radio" name="bewertung" value="2">
    3
    <input type="radio" name="bewertung" value="3">
    4
    <input type="radio" name="bewertung" value="4">
    5
    <input type="radio" name="bewertung" value="5">
    6
    <input type="radio" name="bewertung" value="6">
  </p>
  <p>Kommentar:
    <textarea name="kommentar" cols="30" rows="5"></textarea>
  </p>
  <p>Lieblingsthema:
    <select name="auswahl">
      <option value="PHP">PHP</option>
      <option value="MySQL">MySQL</option>
      <option value="JAVA">JAVA</option>
      <option value="ASP">ASP</option>
    </select>
  </p>
  <p>
    <input type="submit" name="Submit" value="Submit">
    <input type="reset" name="reset" value="Reset">
    <input type="hidden" name="gesendet" value="1">
  </p>
</form>
<?php

} else {
echo "
 Folgende Daten wurden übermittelt:<p>
 <b>Name:</b> $name<br>
 <b>E-Mail:</b> $email<br>
 <b>Buchbewertung:</b> $bewertung<br>
 <b>Kommentar:</b> $kommentar<br>
 <b>Lieblingsthema:</b> $auswahl
 <p>
 <form method=POST action=$PHP_SELF>
 <input type='submit' name='Submit' value='Noch einen Kommentar?'>
 </form>
 </p>
";
```

```
}

?>
</body>
</html>
```

Sie sollten sich das Beispiel genauer betrachten:

- Das Skript ruft sich selbst auf, der eigene Name wird der vordefinierten Variablen `$PHP_SELF` entnommen.
- Das Skript ist zweigeteilt, es enthält sowohl das HTML-Formular zum Senden als auch das Skript zum Auswerten.
- Die Überprüfung, ob es sich um die Darstellungs- oder Auswertungsphase handelt, wird anhand der Variablen `$gesendet` und `$name` vorgenommen.
- PHP wertet gefüllte Formularelemente (Variablen) als `true`, ungefüllte oder nicht vorhandene als `false`.
- In der Auswertungsphase werden die Daten wiedergegeben. Das Formular kann erneut aufgerufen werden, indem ein neues Formular gesendet wird.

Das vorliegende Beispiel war vergleichsweise einfach. Es gibt jedoch Formularelemente, die mehr als einen Wert zurückgeben können. So ist es in HTML prinzipiell erlaubt, mehrere Elemente mit demselben Namen zu belegen. Natürlich sollten Sie dies möglichst vermeiden, doch sollte solch eine Situation vorkommen, wäre es nicht schlecht, darauf angemessen reagieren zu können. Eine typische Anwendung sind mehrere Checkboxen in einer Gruppe:

```
<input type="checkbox" name="thema" value="Autos">
<input type="checkbox" name="thema" value="Filme">
<input type="checkbox" name="thema" value="Essen">
<input type="checkbox" name="thema" value="Sport">
```

Es gibt auch Fälle, in denen Mehrfachangaben ausdrücklich erwünscht sind. So können Sie beispielsweise bei `<select>` mit dem Attribut `multiple` eine Mehrfachauswahl zulassen:

```
<select name="thema" size="4" multiple>
        <option value="Autos">Autos</option>
        <option value="Filme">Filme</option>
        <option value="Essen">Essen</option>
        <option value="Sport">Sport</option>
</select>
```

Bei der Auswertung steht Ihnen diese Auswahl nur in einer einzigen Variablen zur Verfügung. Was passiert mit den Werten? Es könnte sein, dass PHP diese als Array erkennt. Aber was geschieht, wenn Sie die Variable abrufen?

```
<html>
<head>
<title>Mehrfach Auswahl</title>
</head>
```

```
<body>
<form name="form1" method="post" action="<?php echo $PHP_SELF ?>">
  <p>
    <select name="thema" size="4" multiple>
      <option value="Autos">Autos</option>
      <option value="Filme">Filme</option>
      <option value="Essen">Essen</option>
      <option value="Sport">Sport</option>
    </select>
  </p>
  <p>
    <input type="submit" name="Submit" value="Submit">
  </p>
</form>

<?php
       if ($thema) echo "Thema enthält: $thema";
?>

</body>
</html>
```

Wie Sie sehen, wird im Fall der Mehrfachauswahl lediglich immer nur der letzte ausgewählte Wert der Auswahlliste angezeigt. Offensichtlich wird kein Array gebildet, denn die Auswahl `$thema[0]` verweist nicht, wie vermutet, auf den ersten Eintrag der ausgewählten Elemente; die Zeichenkette wird als Array erfasst, und lediglich der erste Buchstabe wird ausgegeben.

Wie sieht nun die Lösung des Problems aus? Sie müssen PHP bereits mit dem Namen der Variablen mitteilen, dass ein Array verwendet werden soll; hierzu müssen Sie folgende Stelle im Skript anpassen:

```
<select name="thema[]" size="4" multiple>
```

Sie kennzeichnen den Namen mit eckigen Klammern `[]`, die in HTML keine weitere Bedeutung haben. PHP nimmt nun an, dass mehr als ein Wert folgt, und erzeugt ein Array. Dies geschieht natürlich auch dann, wenn tatsächlich nur ein Wert vorliegt. Die Auswertung kann dann recht komfortabel mit Hilfe einer Schleife durchgeführt werden:

```
<?php
       if ($thema) {
              echo "Es sind folgende Themen enthalten:<br>";
              foreach($thema as $element) {
                     echo "$element<br>";
              }
       }
?>
```

Mit der Funktion `count($thema)` ermitteln Sie die Anzahl der Elemente, die anschließend einzeln durch die Schleife ermittelt werden.

2.1.4 Formularelemente auf Existenz prüfen

Im vorherigen Beispiel wurde bereits davon Gebrauch gemacht, dass nicht vorhandene oder nicht ausgefüllte Formularelemente gezielt ausgewertet werden können. Daher ist es äußerst wichtig zu wissen, wie sich einzelne Formularelemente verhalten.

Radiobutton

Radiobuttons dienen der Auswahl aus einer fest begrenzten Anzahl von Werten. Gruppen entstehen, indem mehrere dieser Felder denselben Namen erhalten. Wird keines der Felder ausgewählt, erscheint es nicht als Variable. Wird eines ausgewählt, wird der Wert übertragen. Sie können die Angabe eines Wertes erzwingen, indem eine Option mit dem Attribut `checked` gesetzt wird.

Checkbox

Chekboxen übertragen den Wert des Attributs `value`. Sollte `value` nicht angegeben sein, wird die aktivierte Checkbox übertragen. Eine nicht aktivierte Checkbox überträgt nichts.

Text, Hidden und Textarea

Textfelder in allen drei Varianten geben immer wenigstens eine leere Zeichenkette zurück und damit auch den Namen. Bei `text` und `hidden` bestimmt der Inhalt des Attributs `value`, was standardmäßig gesendet wird. Bei `<textarea>` steht der Standardtext zwischen den Tags.

Select

Auswahllisten können völlig unselektiert bleiben, dann wird jedoch nichts übertragen. Sie können aber eine Standardauswahl erzwingen, indem das Attribut `default` innerhalb des `<option>`-Tags gesetzt wird.

Submit

Sendeschaltflächen werden nicht übertragen, solange `value` nicht ausgefüllt wurde. Die Schaltfläche verwendet normalerweise `value` als Bezeichner. Wird nichts angegeben, erscheint der Standardtext »Submit« oder »Anfrage absenden«, dieser wird aber nicht gesendet.

Besonderheit

Die Formularelemente eines verschickten Formulars werden beim Aufrufen der Empfängerseite, welche im `action`-Attribut angegeben wurde, automatisch in Variablen gleichen Namens umgewandelt, auf die man im Verlauf des jeweiligen Skripts direkt zugreifen kann. Sollten Sie auf solche Variablen auch in Funktionen zugreifen wollen, ohne sie global definieren zu müssen, können Sie seit PHP 4.2 die superglobalen Arrays `$_GET`, `$_POST` oder `$_REQUEST` verwenden, je nach Übertragungsmethode.

Hinweis: In älteren PHP-Versionen befinden sich diese Arrays in `$HTTP_GET_VARS`, `$HTTP_POST_VARS` oder `$http_REQUEST_VARS` und müssen außerhalb des Skripts explizit als global deklariert werden.

2.1.5 Dynamische Formulare

Die Formularelemente samt der Angabe der Werte wurden in den bisherigen Beispielen stets fest in die Formulare eingebunden. Es wäre sicher jedoch wesentlich praktischer, wenn man dies automatisieren und bestimmte Formularelemente dynamisch erzeugen könnte.

Es wäre sicherlich einen Versuch wert, die Auswahlliste dynamisch mit Hilfe einer Schleife zu erzeugen:

```
<html>
<head>
<title>Dynamische Mehrfach-Auswahl</title>
</head>
<body>
<form name="form1" method="post" action="<?php echo $PHP_SELF ?>">
  <p>
  <?php
    $themen = array("Autos","Filme","Essen","Sport");
  ?>
    <select name="thema[]" size="4" multiple>
  <?php
       foreach ($themen as $element) {
              echo "<option value=$element>$element</option>";
       }
  ?>
    </select>
  </p>
  <p>
    <input type="submit" name="Submit" value="Submit">
  </p>
</form>

<?php
       if ($thema) {
              echo "Es sind folgende Themen enthalten:<br>";
              foreach($thema as $element) {
                     echo "$element<br>";
              }
       }
?>
</body>
</html>
```

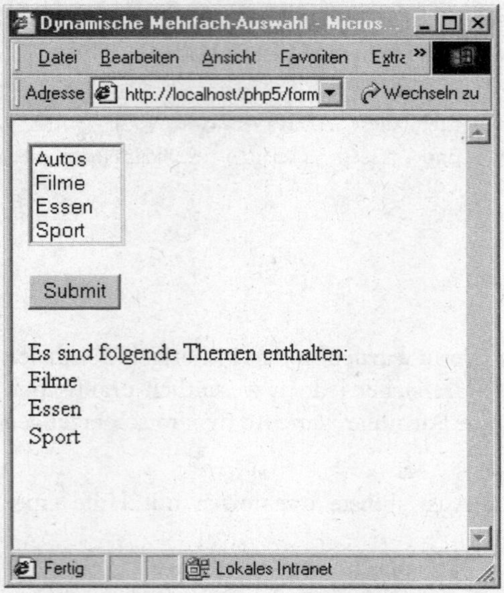

Bild 2.2: Dynamisches Formular samt Ausgabe

Sollten Sie assoziative Arrays verwenden, können Sie die Indizes als Werte für die `<option>`-Tags einsetzen und den zugewiesenen Wert für die Anzeige verwenden.

Beispiel:

```
<html>
<head>
<title>Dynamische Mehrfach-Auswahl</title>
</head>
<body>
<form name="form1" method="post" action="<?php echo $PHP_SELF ?>">
  <p>
  <?php
    $themen = array(
                "AU"=>"Autos",
        "FI"=>"Filme",
                "ES"=>"Essen",
                "SP"=>"Sport",
                "CO"=>"Computer"
               );
  ?>
    <select name="thema[]" size="<?php echo count($themen)?>" multiple>
  <?php
      foreach ($themen as $key=>$element) {
             echo "<option value=$key>$element</option>";
      }
  ?>
    </select>
  </p>
```

```
  <p>
    <input type="submit" name="Submit" value="Submit">
  </p>
</form>

<?php
       if ($thema) {
              echo "Es sind folgende Themen enthalten:<br>";
              foreach($thema as $element) {
                     echo "$element<br>";
              }
       }
?>
</body>
</html>
```

Die Auswahlliste wurde übrigens zusätzlich in der Länge (`size`) auf die Anzahl der Elemente angepasst.

Zur besseren Übersicht lassen sich solche dynamischen Bestandteile eines Formulars auch in externe Skripts auslagern.

Beispiel – function.inc.php:

```
<?php

// Auswahlisten Funktion für Hobbies
function setze_hobbies() {
    $themen = array(
              "AU"=>"Autos",
      "FI"=>"Filme",
              "ES"=>"Essen",
              "SP"=>"Sport",
              "CO"=>"Computer"
              );
       foreach ($themen as $key=>$element) {
              echo "<option value=$key>$element</option>";
       }
}

// Ausgabe der ausgewählten Werte mit Hilfe des globalen
// Arrays $_POST
function form_ausgabe() {
       if ($_POST['thema']) {
              echo "Es sind folgende Themen enthalten:<br>";
              foreach($_POST['thema'] as $element) {
                     echo "$element<br>";
              }
       }
}
?>
```

Die eigentliche Formulardatei, nennen wir sie *dynform.php*, stellt sich nun wesentlich übersichtlicher dar:

```
<?php include("./function.inc.php"); ?>
<html>
<head>
<title>Dynamische Mehrfach-Auswahl</title>
</head>
<body>
<form name="form1" method="post" action="<?php echo $PHP_SELF ?>">
  <p>
    <select name="thema[]" size="<?php echo count($themen)?>" multiple>
    <?php setze_hobbies(); ?>
    </select>
  </p>
  <p>
    <input type="submit" name="Submit" value="Submit">
  </p>
</form>
<?php echo form_ausgabe(); ?>
</body>
</html>
```

Sie sollten vor allem auf die korrekte Schreibweise der ersten Codezeile der *dynform.php*-Datei achten.

> **Hinweis:** Wesentlich interessanter wird die Erzeugung von dynamischen Formularen in Verbindung mit Datenbanken. Hierzu erfahren Sie mehr in Kapitel 6.

2.1.6 Formulare über mehrere Seiten

Wer von Ihnen bereits komplexe Formulare erstellt hat, der kennt das Problem: Bei Formularen, die sich über mehrere Seiten erstrecken, müssen die jeweiligen Eingaben von Formular zu Formular übergeben werden. Dies kann recht aufwendig sein, da es meist über versteckte Formularfelder geschieht. Mit einer kleinen PHP-Funktion kann man die versteckten Formularfelder dynamisch erzeugen.

Beispiel – function.inc.php:

```
<?php
function form_daten() {
       if (isset($_POST)) {
               foreach ($_POST as $key => $element) {
                       echo "<input type=\"hidden\" name=\"$key\"
value=\"$element\">";
               }
       }
       else {
               foreach ($_GET as $key => $elem) {
```

```
                    echo "<input type=\"hidden\" name=\"$key\"
value=\"$element\">";
                }
        }
}
?>
```

Die Funktion `form_daten()` ist recht einfach aufgebaut. Die Bedingung prüft mit Hilfe der Funktion `isset()`, ob die jeweiligen Arrays gesetzt wurden. Anschließend wird das entsprechende superglobale Array `$_POST` oder `$_GET` durch die `foreach`-Schleife weiter verarbeitet. Mit ihr wird der Schlüssel oder Index des Arrays sowie der zugewiesene Wert ermittelt und dann im versteckten Formularfeld wieder ausgegeben, so dass die Daten erneut an das nächste Skript verschickt werden können.

Beispiel – form1.php:

```
<html>
<head>
<title>Formular - 1</title>
</head>
<body>
<form method="post" action="form2.php">
  <p>
    Vorname: <input type="text" name="vorname"><br>
    Nachname: <input type="text" name="nachname"><br>
       Strasse: <input type="text" name="strasse"><br>
       Ort: <input type="text" name="ort"><br>
       Plz: <input type="text" name="plz"><br>
  </p>
  <p>
    <input type="submit" name="Submit" value="Weiter...">
  </p>
  </form>
</body>
</html>
```

Beispiel – form2.php:

```
<?php include("./function.inc.php"); ?>
<html>
<head>
<title>Formular - 2</title>
</head>
<body>
<form method="post" action="senden.php">
  <p>
       Kreditinstitut: <input type="text" name="bank"><br>
       BLZ: <input type="text" name="blz"><br>
       Konto-Nr.: <input type="text" name="kto_nr"><br>
       <?php form_daten(); ?>
  </p>
  <p>
```

```
      <input type="submit" value="absenden">
  </p>
</form>
</body>
</html>
```

Natürlich können Sie das Beispiel ohne weiteres erweitern.

2.1.7 Fragen zu Formularelementen

In diesem Abschnitt wollen wir einige der Formularelemente genauer betrachten.

Verarbeitung von Checkboxen

Wenn die Checkboxen nicht markiert sind, werden sie überhaupt nicht übermittelt. Andernfalls haben sie den im Attribut `value` angegebenen Wert. Man kann die Elemente auf die folgenden beiden Arten erzeugen:

```
# Fall 1: Verschiedene Namen, gleicher Wert
<input type="checkbox" name="cb[1]" value="yes" />
<input type="checkbox" name="cb[2]" value="yes" />

# Fall 2: "Gleiche" Namen, verschiedene Werte
<input type="checkbox" name="cb[]" value="1" />
<input type="checkbox" name="cb[]" value="2" />
```

Die Abfrage erfolgt in beiden Fällen mit:

```
if (isset($_REQUEST['cb'])) {
  reset($_REQUEST['cb']);
  foreach ($_REQUEST['cb'] as $key=>$element) {
    echo "$key: $element<br>";
  }
} else {
  echo "Keine Checkboxen<br>";
}
```

Im Fall 1 wertet man die Variable `$key` aus, im Fall 2 die Variable `$element`. Entscheidend ist auch hier, dass der Variablennamen bei mehr als einer Checkbox mit `[]` endet, damit in PHP ein Array zur Verfügung steht.

Verarbeitung von Radiobuttons

Radiobuttons verhalten sich analog zu Checkboxen, mit der Ausnahme, dass hier eine Mehrfachauswahl nicht möglich ist. Beim Erstellen des HTML-Codes sollte darauf geachtet werden, dass zusammengehörige Buttons den gleichen Namen haben müssen.

```
<?php
  $farben = array(
    array('name' => 'grün', 'value' => 'g'),
    array('name' => 'blau', 'value' => 'b'),
```

```
    array('name' => 'rot',  'value' => 'r')
);
foreach ($farben as $element) {
        echo
    printf('<input type="radio" name="farbe" value="%s" %s/> %s<br />',
        $element['value'],
        (isset($_REQUEST['farbe']) and $_REQUEST['farbe'] ==
$element['value']) ? 'checked="checked" ' : '',
        $element['name']
        );
}
?>
```

Verarbeitung von Submit

Um die Aktivierung einer Submit-Schaltfläche zu überprüfen, muss diese über einen Namen verfügen.

```
<input type="submit" name="submit" value="Senden">
```

Anschließend ist bei einem Mausklick oder einem Tastendruck auf die Submit-Schaltfläche eine Variable mit dem Namen der Schaltfläche vorhanden:

```
if (isset($_REQUEST['submit'])) { ... }
```

Soll es um die Verarbeitung von mehr als einer Submit-Schaltfläche gehen, stehen Ihnen mehrere Optionen zur Verfügung:

- Haben die Schaltflächen den gleichen Namen, kann man den `value` auswerten; die PHP-Variable heißt so wie die Schaltfläche (`$_REQUEST['submit']`).
- Haben die Schaltflächen unterschiedliche Namen, erhält man je nach betätigter Schaltfläche eine Variable mit anderem Namen registriert; mit `isset()` kann man prüfen, ob eine bestimmte Variable vorhanden ist, d.h. ob eine bestimmte Schaltfläche angeklickt wurde.
- Benennt man die Schaltflächen in der Array-Schreibweise, z.B. `name="submit[0]"`, wobei zwischen den eckigen Klammern eindeutige Werte stehen müssen, erhält man in PHP ein Array mit genau einem Element; der Schlüssel (Key) dieses Elements ist die aktivierte Schaltfläche.

Verarbeitung von Reset

Zunächst sollte man überlegen, ob man überhaupt einen Reset-Schalter benötigt. Bei einer HTML-Reset-Schaltfläche setzt der Browser alle Eingabefelder auf den Anfangszustand zurück; da damit kein Request an den Server verbunden ist, kriegt PHP davon nichts mit. Möchte man einen Button realisieren, der Eingabeelemente mit vordefinierten Inhalten wirklich löscht, muss man eine Submit-Schaltfläche verwenden:

```
<?php
  if (isset($_REQUEST['loeschen'])) {
      unset($_REQUEST['eingabe']);
```

```
  }
?>

<form method="post" action="<?php echo $PHP_SELF ?>" >
<input type="text" name="eingabe" value="<?php @print
$_REQUEST['eingabe']; ?>">
<input type="submit" name="submit" value="Absenden">
<input type="reset" value="Reset">
<input type="submit" name="loeschen" value="Löschen">
</form>
```

2.1.8 Prüfen auf fehlende oder fehlerhafte Eingaben

Die Überprüfung von Formulareingaben ist im Hinblick auf die Sicherheit eines Skripts ein nicht zu unterschätzender Faktor.

Erkennen fehlender Eingaben

Die Länge einer Textfeldeingabe lässt sich mit der PHP-Funktion `strlen()` ermitteln. Leere Strings sind in PHP `false`, d.h., durch eine Überprüfung (`if ($_REQUEST ['textfeldname'])`) lässt sich feststellen, ob der Anwender eine Eingabe gemacht hat.

Textfelder generell

Wenn ein Textfeld nur bestimmte Zeichen enthalten darf, ist es oft am einfachsten zu überprüfen, ob der übermittelte String Zeichen enthält, die nicht erlaubt sind.

```
if (preg_match('/[^0-9a-z_.-]/i', $_REQUEST['textfeldname'])) {
    echo "Ungültige Zeichen im Textfeld.";
}
```

Zahlenfelder

Um zu überprüfen, ob ein Textfeld eine Zahl enthält, eignet sich die Funktion `is_numeric()`. Diese Funktion akzeptiert allerdings auch Zeichen, die nicht Ziffern sind (z.B. -1.6e-12). Sollen nur Ziffern akzeptiert werden, helfen wieder reguläre Ausdrücke:

```
if (preg_match('/\D/', $_REQUEST['textfeldname']))
    echo "'Ungültige Zeichen im Zahlenfeld.";
}
```

URLs

Zum Überprüfen eines URL reicht es meist aus, dessen Anfang zu analysieren:

```
if (! preg_match('=(https?|ftp)://[a-z0-9]([a-z0-9-]*[a-z0-9])?\.[a-z0-
9]=i', $_REQUEST['textfeldname']))
    echo "Ungültige URL im Adressfeld.";
}
```

Diese Überprüfung soll nur ein Ansatz sein und lässt sich beliebig erweitern bzw. optimieren. Die tatsächliche Erreichbarkeit gewährleistet diese Vorgehensweise allerdings nicht. Mit Hilfe der Funktion `fopen()` lässt sich die momentane Erreichbarkeit eines URL feststellen.

2.1.9 Formulardaten und globale Servervariablen

Sofern in der Konfigurationsdatei *php.ini* die Option `track_vars` aktiviert ist, werden GET, POST und COOKIE-Variablen in den superglobalen Arrays `$_GET`, `$_POST`, `$_COOKIE` abgelegt. Dies erfolgt selbst dann, wenn die Konfigurationsoption *gpc_order* für automatischen Variablenimport vollständig deaktiviert wurde.

Im Gegensatz zur Verwendung der automatisch generierten Importvariablen, hat das Auslesen von Formulardaten über globale Servervariablen den Vorteil, dass man eine bessere Kontrolle darüber hat, woher die Variablen stammen und welchen Einfluss sie auf den Programmablauf nehmen könnten.

Sie sollten sich folgendes Beispiel betrachten:

```
<html>
<head>
<title>Servervariablen und Formulare</title>
</head>
<body>
<form method="post" action="<?php echo $PHP_SELF ?>">
  <p>Vorname:
    <input type="text" name="vorname">
  </p>
  <p>Nachname:
    <input type="text" name="nachname">
  </p>
  <p>Ort:
    <input type="text" name="ort">
  </p>
  <p>
    <input type="submit" name="Submit" value="Submit">
  </p>
</form>
<?php

if (isset($_POST)) {
       reset($_POST);
       foreach($_POST as $key=>$element) {
               echo "$key: $element<br>";
       }
}

?>
</body>
</html>
```

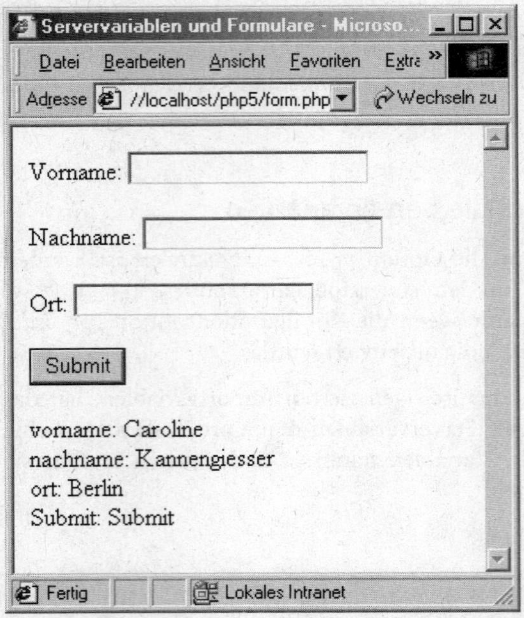

Bild 2.3: Ausgabe – globale Servervariablen

Hinweis: Ein ähnliches Beispiel haben wir Ihnen bereits im Abschnitt »Formulare« vorgestellt.

Eine mögliche Variante, wie die Formulardaten an automatisch erzeugte Variablen übergeben werden können, zeigt das folgende Beispiel, das auf demselben Formular basiert.

```
<html>
<head>
<title>Servervariablen und Formulare</title>
</head>
<body>
<form method="post" action="<?php echo $PHP_SELF ?>">
  <p>Vorname:
    <input type="text" name="vorname">
  </p>
  <p>Nachname:
    <input type="text" name="nachname">
  </p>
  <p>Ort:
    <input type="text" name="ort">
  </p>
  <p>
    <input type="submit" name="Submit" value="Submit">
  </p>
</form>
<?php
```

```
if (isset($_POST)) {
        reset($_POST);
        foreach($_POST as $key=>$element) {
                ${"form_$key"} = $element;
        }
        echo "Vorname: $form_vorname<br>";
        echo "Nachname: $form_nachname<br>";
        echo "Ort: $form_ort<br>";
}
?>
</body>
</html>
```

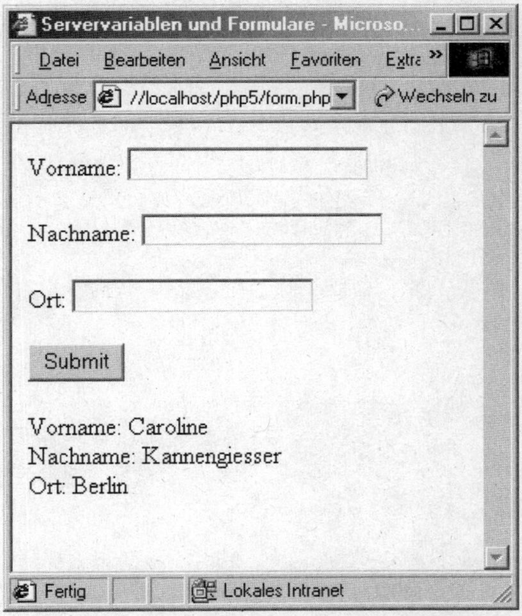

Bild 2.4: Ausgabe – dynamisch erzeugte Variablen

2.2 Daten via URL

Wie Sie wissen, wird neben POST auch die Methode GET zum Übertragen von Daten verwendet. Dies geschieht durch Anhängen der Werte an den URL. Der folgende Abschnitt beschreibt, wie Sie Skripts per Hyperlink verknüpfen.

Zu beginn des Kapitels wurde die GET-Methode bereits vorgestellt, die Daten an den URL anhängt. Es ist nahe liegend, auf diese Methode nicht nur über Formulare, sondern auch direkt zuzugreifen. Dieser direkte Zugriff erfolgt mit Hilfe des <a>-Tags.

Beispiel:

```
<a href="projekt.php?var1=wert1&var2=wert2">Aufrufen</a>
```

Drei spezielle Zeichen finden hier Verwendung.

- Die Trennung zwischen URL und Daten ist das Fragezeichen (?).
- Die Trennung der einzelnen Variablen-/Wertepaare ist das Ampersand (&).
- Die Trennung innerhalb der Paare erfolgt mittels Gleichheitszeichen (=).

Eine Extrahierung der Daten ist wie bei Formularen nicht notwendig. Sämtliche Daten stehen in Form von einzelnen Variablen zur Verfügung. Im folgenden Beispiel sollten Sie sich die Arbeitsweise genauer betrachten:

Beispiel – links.php:

```
<html>
<head>
<title>Daten via URL</title>
</head>
<body>
<a href="themen.php?thema=1">Sport</a>
<a href="themen.php?thema=2">Autos</a>
<a href="themen.php?thema=3">Filme</a>
<a href="themen.php?thema=4">Computer</a>
</body>
</html>
```

Beispiel – themen.php:

```
<html>
<head>
<title>Gewählt</title>
</head>
<body>
Sie haben folgendes Thema gewählt:
<?php
switch ($thema) {
       case 1: echo "Sport"; break;
       case 2: echo "Autos"; break;
       case 3: echo "Filme"; break;
       case 4: echo "Computer"; break;
}
?>
</body>
</html>
```

2.2.1 Kodierung von Daten

Solange Sie lediglich Nummern übertragen, wird diese Form einwandfrei funktionieren. Sie sollten sich folgende Codezeile näher betrachten:

```
<a href="skript.php?name=Ihr Name?">Ihr Name?</a>
```

Wenn der Eintrag »Ihr Name?« z.B. aus einem Formular übernommen wurde, kann das Skript nicht richtig funktionieren. Leezeichen sind an dieser Stelle nicht zulässig. Die Daten müssen daher auf ein Format gebracht werden, in dem die Sonderzeichen tatsächlich als Sonderzeichen erkannt werden.

Sie können dafür die Funktionen `urlencode()` und `urldecode()` einsetzen.

- Mit `urlencode()` ersetzen Sie diese Zeichen durch die Zeichenfolge %HH, wobei HH den Hexcode des betreffenden Zeichens im ASCII-Zeichensatz darstellt.
- Mit `urldecode()` wandeln Sie einen so kodierten URL wieder um.

Wenn Sie einen URL erzeugen, sollten Sie folgenden Code verwenden:

```
$kodiert = urlencode($name);
```

Anschließend setzen Sie den Wert in den entsprechend Hyperlink ein:

```
echo "<a href="skript.php?name=$name">Ihr Name?</a>
```

2.2.2 Das Escape-Zeichen

Bei der Kodierung und Dekodierung können diverse Probleme auftreten, vor allem wenn die Daten mehrfach weiterverarbeitet werden.

PHP enthält im Abschnitt `[Data Handling]` der Konfigurationsdatei *php.ini* den folgenden Eintrag:

```
magic_quotes_gpc = On
```

In diesem Fall werden einfache und doppelte Anführungszeichen mit dem Escape-Zeichen (\) versehen. Auch der Backslash selbst wird so gekennzeichnet, als doppelter Backslash. Die Zeichenfolge »Matze's "Mail!"« würde wie folgt aussehen:

```
Matze\'s \"Mail!\"
```

Sollten Sie mit Datenbanken arbeiten, ist dieser Effekt erwünscht, denn oft werden zeichenbasierte Daten in Anführungszeichen gesetzt. Für die Ausgabe in HTML stört das. Sie müssen den Escape-Effekt ausschalten. Wenn Sie generell diese Funktion nicht nutzen, lohnt die Deaktivierung in der Datei *php.ini*:

```
magic_quotes_gpc = Off
```

Wollen Sie lediglich gelegentlich die Angabe der Escape-Zeichen unterdrücken, können Sie die Funktion `stripslashes()` einsetzen:

```
echo stripslashes($name);
```

2.2.3 Arbeiten mit dem $QUERY_STRING

Ein anderes Problem tritt auf, wenn Sie Formularfelder und Variablen im URL mit denselben Namen verwenden. In solchen Fällen wird vorrangig der URL dekodiert. Sie können dennoch auf den Inhalt der Variablen zugreifen.

In diesem Fall steht Ihnen die globale Variable `$QUERY_STRING` zur Verfügung, die den gesamten Teil nach dem `?`-Zeichen enthält. Hier müssen Sie sich zwar selbst um die Analyse der einzelnen Elemente kümmern, umgehen damit jedoch die automatische Auswertung des PHP-Interpreters. Da Ihnen der Zugriff auf die Formularvariable verwehrt ist, bleibt auch hier die Nutzung der Servervariablen. Das folgende Beispiel zeigt die Anwendung:

```
<html>
<head>
<title>Formular</title>
</head>
<body>
<?php
echo "Daten aus gesendet: $gesendet<p>";
echo "Daten aus \$QUERY_STRING: $QUERY_STRING<P>";
if (is_array($_POST)) {
        foreach($_POST as $key=>$element) {
                echo "<b>$key</b>: $element<br>";
        }
}
?>
<form action="<?php echo $PHP_SELF?>?gesendet=ja" method="post">
<input type="hidden" name="gesendet" value="no">
<input type="submit">
</form>
</body>
</html>
```

Ausgabe:

```
Daten aus gesendet: no

Daten aus $QUERY_STRING: gesendet=ja

gesendet: no
```

Sie sehen zusätzlich, wie Sie den URL zur Datenübertragung auch innerhalb eines Formulars nutzen können. Interessant ist die Reaktion bei der Anwendung der Übertragungsmethode GET im Formular:

```
<form action="<?php echo $PHP_SELF?>?gesendet=ja" method="get">
<input type="hidden" name="gesendet" value="no">
<input type="submit">
```

Ausgabe:

```
Daten aus gesendet: no

Daten aus $QUERY_STRING: gesendet=no
```

In diesem Fall nehmen die Formularelemente den Platz der Daten im URL ein, die bereits im `action`-Attribut angelegten Parameter werden ignoriert. Dieses Verhalten hat nichts mit PHP zu tun, sondern basiert auf HTTP und den Vorschriften zur Verarbeitung von Daten mit Hilfe der Methoden GET und POST.

Beim Weiterreichen von Daten ist die Anwendung von `$QUERY_STRING` sogar besonders bequem. Wenn Sie auf Cookies verzichten müssen und eine Anwendung erstellen, die aus mehreren Skripts besteht, ist eine »Verfolgung« des Anwenders unerlässlich. Es werden dann meist so genannte Session-IDs verwendet, welche per Zufallsprinzip aus zufällig erzeugten Nummern und Zeichenfolgen zusammengesetzt sind, die den Anwender immer wieder eindeutig zuordnen.

Hinweis: Zu den Themen Cookies und Sessions erfahren Sie mehr im Abschnitt »Cookies und Sessions-Management«.

2.2.4 Gleich lautende Variablen

Bei der automatischen Generierung von Daten kann es vorkommen, dass mehrere gleich lautende Variablen unterschiedliche Werte enthalten:

```
<a href="liste.php?x=1&x=2&x=3">Liste</a>
```

In diesem Fall extrahiert PHP nur die letzte Variable und den dazugehörigen Wert. Die Ausgabe von `echo $x;` würde im vorliegenden Beispiel `3` ausgeben. Wenn Sie sich jedoch alle Daten mit Hilfe von `$QUERY_STRING` ausgeben lassen:

```
echo $QUERY_STRING;
```

werden Sie feststellen, dass tatsächlich sämtliche Daten übertragen wurden. Sie müssten in diesem speziellen Fall die Daten selbst mit Hilfe der Funktion `explode()` dekodieren. Die Funktion zerlegt eine Zeichenkette anhand eines Trennzeichens in ein eindimensionales Array. Anschließend erfolgt die nochmalige Trennung anhand des Gleichheitszeichens.

Beispiel – link.php:

```
<html>
<head>
<title>Verweis</title>
</head>
<body>
<a href="liste.php?x=1&x=2&x=3">Liste</a>
</form>
</body>
</html>
```

Beispiel – liste.php:

```
<?php

$daten = explode("&",$QUERY_STRING);

foreach ($daten as $element) {
	$werte[] = explode("=",$element);
}

foreach ($werte as $element) {
	echo "$element[0]: $element[1]<br>";
}

?>
```

Ausgabe:

```
x: 1
x: 2
x: 3
```

Hinweis: Sie sollten gleichnamige Variablen möglichst vermeiden und es erst gar nicht zu einer solchen Situation kommen lassen.

2.3 Cookies via PHP

Mit PHP können Sie HTTP-Cookies verarbeiten. Sie können Cookies erzeugen, auslesen und entfernen. Cookies stellen einen einfachen Mechanismus zur Verfügung, der von einem Webserver genutzt werden kann, um beim Client Informationen anzulegen und abzurufen.

Cookies als solche wurden von dem Softwareunternehmen Netscape als merkfähige Ergänzung des zustandslosen HTTP-Protokolls entwickelt. Sie sollten dazu beitragen, die Transparenz von Anwender-Interaktionen im Web zu verbessern.

Cookies stehen seit der Version 1.1 des Netscape Navigator zur Verfügung. Die Einführung der Cookies durch Netscape erfolgte zunächst, ohne dass hierüber Informationen an die Clientanwender gegeben wurden, was zu teilweise absurden Spekulationen über ihren Sinn und Zweck geführt hat. Noch heute haftet den Cookies ein eher negatives Image an.

Bei Cookies handelt es sich um Sammlungen von Variablen, die auf dem Rechner des Clients in Form von maximal 4 Kilobyte großen Textdateien abgelegt werden und die dazu dienen, Informationen zwischenzuspeichern. Diese Informationen können dazu genutzt werden, beispielsweise das Webangebot einer Website zu personalisieren und damit den Wünschen des Anwenders besser gerecht zu werden.

- Ein Cookie ist eine Textinformation mit einer maximalen Größe von 4 Kilobyte.
- Ein Browser kann maximal 300 Cookies speichern.
- Pro Domain können maximal 20 Cookies angelegt werden.
- Cookies können vom Browser nur an den dafür definierten Server zurückgesendet werden.
- Vorhandene Cookies werden in PHP als Variablen importiert, die den Namen des Cookies trägt. Darüber hinaus enthält die globale Servervariable `$_COOKIE` (`$HTTP_COOKIE_VARS`) alle gesetzten Cookies.

Da das Verfallsdatum der Cookies vom installierenden Webserver explizit festgelegt werden kann, ist ihre Lebensdauer sehr unterschiedlich. Manche sind nur so lange aktiv, wie der Browser geöffnet ist, andere haben eine Lebensdauer von mehreren Monaten oder Jahren.

Nachdem das Verfallsdatum eines Cookies erreicht ist, wird es vom Browser automatisch gelöscht. Ein spezielles Cookie kann nur von dem Server ausgelesen werden, der es angelegt hat. Zwar kann ein Webserver auch Cookies für einen anderen Server anlegen lassen, sie können dann jedoch nur von dem Server ausgelesen werden, für den die Cookies angelegt wurden.

2.3.1 Spezifikation von Cookies

Cookies unterliegen der Spezifikation, die durch Netscape festgelegt wurde. In der Regel erzeugt der Server mit Hilfe eines CGI-Skripts als Reaktion auf einen URL-Zugriff ein Cookie, indem er einen HTTP-Header *Set-Cookie* als Teil einer HTTP-Response im folgenden Format an den Client sendet:

```
SET-Cookie: NAME=VALUE; expires=DATE; path=PATH; domain=DOMAIN_NAME;
secure
```

Hinweis: Bis auf das Attribut `NAME` sind sämtliche Angaben im Header optional.

NAME

Das Attribut `NAME` ist eine Zeichenkette, die das Cookie benennt und in der mit Ausnahme von Strichpunkt, Komma und Leerzeichen alle anderen Zeichen erlaubt sind. In der Clientanwendung stehen die Daten des Cookies dann unter diesem Namen zur Verfügung.

EXPIRES

Das Attribut `expires` spezifiziert das Verfallsdatum des Cookies, wobei das folgende Format zu verwenden ist:

```
Wochentag, DD-Mon-YYYY HH:MM:SS GMT
```

Beispiel:

```
Tuesday, 27-Jan-04 01:25 GMT
```

Die einzig zulässige Zeitzone ist GMT. Wird `expires` nicht angegeben, verfällt das Cookie am Ende der Sitzung (Session).

PATH

Das Attribut `path` legt den Pfad fest, an den der Browser das Cookie übermitteln soll, die hierarchisch darunter liegenden Verzeichnisse sind dabei mit eingeschlossen. Fehlt die Angabe, gilt der Pfad der ursprünglichen Anfrage.

DOMAIN

Das Attribut `domain` gibt die Domain an, für welche ein Cookie gesendet werden darf. Auf diese Weise ist sichergestellt, dass in einem Cookie enthaltene Informationen nur an den Webserver weitergegeben werden, der hierzu beim Anlegen des Cookies durch Eintrag der Internetdomäne und des URL-Pfades autorisiert wurde.

SECURE

Das Attribut `secure` legt fest, ob eine Übermittlung des Cookies lediglich über eine SSL-Verbindung (Secure Socket Layer) erfolgen darf.

Hier eine tabellarische Übersicht der Attribute:

Attribut	*Beispiel*	*Beschreibung*
name	Auf 'cookiename' wird mittels $_COOKIE['cookiename'] zugegriffen.	Der Name des Cookies.
value	Ist der name z.B. 'cookiename', so erhält man den Wert mittels $_COOKIE['cookiename'].	Der Wert des Cookies. Dieser Wert wird auf dem Client gespeichert.
expire	time()+60*60*24*30 wird das Cookie in 30 Tagen ablaufen lassen. Ist der Parameter nicht gesetzt, verfällt das Cookie am Ende der Session, sobald der Browser geschlossen wird.	Der Zeitpunkt, wann das Cookie verfällt. Dies ist ein Unix-Timestamp, also die Anzahl Sekunden seit der Unix-Epoche. Sie können diesen Wert mittels der Funktion `time()` oder `mktime()` und der Anzahl Sekunden bis zum gewünschten Ablauf des Cookies setzen.
path	Ist dieser auf '/' gesetzt, wird das Cookie innerhalb der gesamten Domain verfügbar. Ist dieser auf '/verzeichnis/' gesetzt, wird das Cookie nur innerhalb des Verzeichnisses /verzeichnis/ der domain sowie allen Unterverzeichnissen wie z.B. /verzeichnis/nocheins/ verfügbar sein.	Der Pfad zu dem Server, auf welchem das Cookie verfügbar sein wird. Der Standardwert ist das Verzeichnis, in dem das Cookie gesetzt wurde.

Attribut	*Beispiel*	*Beschreibung*
domain	Um das Cookie für alle Sub-Domains von atomicscript.de verfügbar zu machen, setzen Sie es auf '.atomicscript.de'. Der . ist zwar nicht erforderlich, erhöht aber die Kompatibilität zu den Browsern. Ein Setzen auf www.atomicscript.de macht das Cookie nur in der www-Sub-Domain verfügbar.	Die Domain, in der das Cookie zur Verfügung steht.
secure	0 oder 1	Gibt an, dass das Cookie nur über eine sichere HTTPS-Verbindung übertragen werden soll. Ist es auf 1 gesetzt, wird das Cookie nur gesendet, wenn eine sichere Verbindung besteht. Der Standardwert ist 0.

2.3.2 Cookies in PHP

Cookies können mit PHP durch die Funktion `setcookie()` erzeugt werden. Die Syntax lautet wie folgt:

```
setcookie(name[, value[, expires[, path[, domain[, secure]]]]]);
```

Da Cookies Bestandteile eines HTTP-Headers sind, muss diese Funktion, genau so wie dies bei der Funktion `header()` der Fall ist, aufgerufen werden, noch bevor irgendeine andere Ausgabe an den Browser erfolgt.

Im folgenden Beispiel wird mithilfe der Funktion `setcookie()` ein Cookie gesetzt:

Beispiel:

```
<?php

// Inhalt festlegen
$inhalt = "Ich bin dein Cookie!";

// Cookie erzeugen
setcookie("cook_first_one",$inhalt, time()+600);

// Prüfen
if (!$first_one) {
	echo "Cookie ist nicht vorhanden!";
} else {
	echo $cook_first_one;
}

?>
```

Sie haben auch die Möglichkeit, das Cookie mit Hilfe der globalen Servervariablen $_COOKIE auszulesen.

Beispiel :

```
<?php

// Inhalt festlegen
$inhalt = "Ich bin dein Cookie!";

// Cookie erzeugen
setcookie("cook_first_one",$inhalt, time()+600);

// Prüfen
if (!$_COOKIE["cook_first_one"]) {
	echo "Cookie ist nicht vorhanden!";
} else {
	echo $_COOKIE["cook_first_one"];
}

?>
```

Die Funktion erzeugt ein Cookie mit dem Namen cook_first_one und dem Inhalt aus der Variablen $inhalt. Der Parameter expires, der die Lebensdauer des Cookies in Sekunden nach dem 1.1.1970 angibt, wird durch die Funktion time() und ein Offset von 600 Sekunden erzeugt. Die Funktion time() gibt dabei den aktuellen UNIX-Zeitstempel zurück, so dass auf diese Weise für das Cookie eine Lebensdauer von zehn Minuten festgelegt wird. Wird keine Zeit angegeben, ist das Cookie so lange gültig, bis der Browser geschlossen wird.

Die übrigen Parameter für path, domain und secure wurden nicht gesetzt.

Beim Aufruf der Seite wird das entsprechende Cookie gesetzt. Sofern Sie Ihren Browser entsprechend konfiguriert haben, wird vor dem Setzen von Cookies eine entsprechende Meldung angezeigt, aus der Sie alle wesentlichen Daten des Cookies entnehmen können.

Darüber hinaus passiert zunächst gar nichts. Beim nächsten Aufruf derselben Seite kann die im Cookie abgelegte Information verwendet werden. Dem verarbeitenden Skript steht das Cookie in Form einer Variablen $cook_first_one zur Verfügung. Der Inhalt wird mit Hilfe des echo-Befehls ausgegeben.

Hinweis: Beachten Sie, dass der Wertebereich des Cookies automatisch URL-konform kodiert (urlencoded()) wird, sobald Sie das Cookie senden, und wenn es gelesen wird, wird es automatisch URL-konform dekodiert (urldecode()) und einer Variablen zugewiesen, die denselben Namen wie das Cookie trägt.

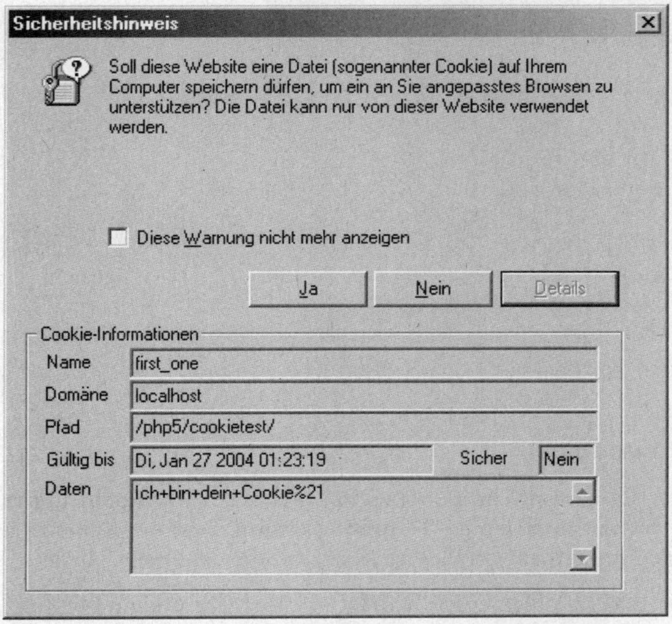

Bild 2.5: Browser meldet Cookie

Namenskonflikte

Da das Auslesen der Cookies durch Übergabe des Inhalts in eine gleich lautende Variable erfolgt, kann es Namenskonflikte mit GET- oder POST-Daten geben. Welche Datenquelle den Vorrang besitzt, kann in der Konfigurationsdatei *php.ini* festgelegt werden. Suchen Sie den folgenden Eintrag im Abschnitt `[Data Handling]`:

```
gpc_order = gpc;
```

Wenn der Eintrag nicht existiert, fügen Sie ihn hinzu. Die Reihenfolge wird durch das Argument bestimmt:

- g steht für GET
- p für POST
- c für Cookie

Mit gpc ist also die Reihenfolge GET->POST->Cookie gemeint. Um solche Konflikte zu vermeiden, sollten Sie Cookies konsequent nach einem bestimmten Schema benennen, z.B. *cook_xxxxx* oder *co_xxxx*. Dann können Namenskonflikte erst gar nicht entstehen.

Sollte diese Methode nicht ausreichende Flexibilität bieten, können Sie die Cookies auch direkt aus der globalen Servervariablen `$_COOKIE` (`$HTTP_COOKIE_VARS`) auslesen.

Im folgenden Beispiel wird die globale Servervariable verwendet, um sämtliche Cookies auszugeben:

```
<?php

foreach ($_COOKIE as $key=>$element) {
	echo "$key: $element<br>";
}

?>
```

Ausgabe:

```
cook_first_one: Ich bin dein Cookie!
```

Cookies mit mehreren Variablen

In der Praxis werden im Attribut `value` eines Cookies in der Regel die Inhalte mehrerer Variablen untergebracht. Hierzu sind einige Techniken erforderlich, bei denen die bereits beschriebenen Array-Funktionen von PHP eingesetzt werden können.

Um die Inhalte von mehreren Variablen einem Cookie zu übergeben, kann wie folgt vorgegangen werden: Zunächst werden die Variablen mit der Funktion `array()` an ein Array übergeben. Anschließend wird dieses Array mit der Funktion `implode()` in eine Zeichenfolge konvertiert. Diese Zeichenfolge wird dann dem Attribut `value` des Cookies als Wert zugewiesen.

Beispiel:

```
<html>
<head>
<title>Personalisierte Website</title>
</head>
<body>
<?php

// Prüfen - Cookie vorhanden?
if (isset($_COOKIE['cook_besucher'])) {
	// Cookie Daten extrahieren
	$cook_daten = explode("&",$_COOKIE['cook_besucher']);
	// Extrahierte Cookie Daten ausgeben und an dynamische
	// Variablen übergeben.
	foreach ($cook_daten as $key=>$element) {
		echo "$key: $element<br>";
		${"co_$key"} = $element;
	}
	// Formatierte Ausgabe
	echo "<p><font color=$co_2>Herzliche Willkommen $co_0 $co_1<br>
	Ihre Lieblingsfarbe ist: $co_2</font>";
} else {
	// Formular aufrufen
	eingabe_form();
}
```

```
// Eingabe Formular + Cookie Generierung
function eingabe_form() {
  if (!$_POST['Submit']) {
         echo "<form method='post' action='$PHP_SELF'>
         <p>Vorname:
           <input type='text' name='vorname'>
         </p>
         <p>Nachname:
           <input type='text' name='nachname'>
         </p>
         <p>Hintergrund:
           <select name='farbe'>
             <option value='#FF0000'>Rot</option>
             <option value='#00FF00'>Gr&uuml;n</option>
             <option value='#0000FF'>Blau</option>
           </select>
         </p>
         <p>
           <input type='submit' name='Submit' value='Sichern'>
         </p>
       </form>";
  } else {
       $daten =
array($_POST["vorname"],$_POST["nachname"],$_POST["farbe"]);
       $daten_string = implode("&",$daten);
       setcookie("cook_besucher", $daten_string, time()+600);
       echo "Cookie wurde gesetzt!";
       unset($_POST['Submit']);
  }
}

?>
</body>
</html>
```

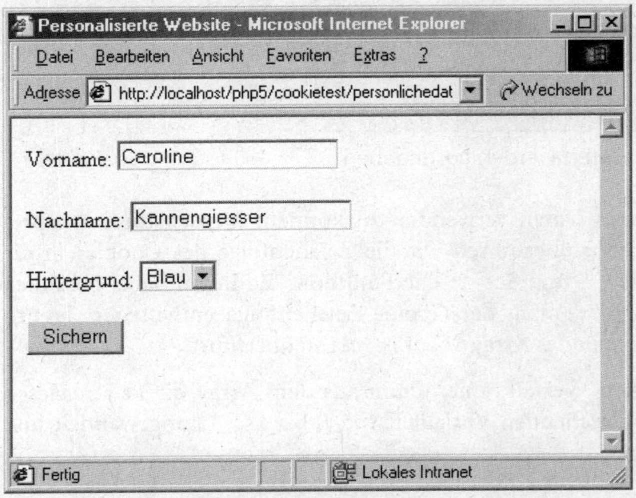

Bild 2.6: Schritt 1: Eingabeformular

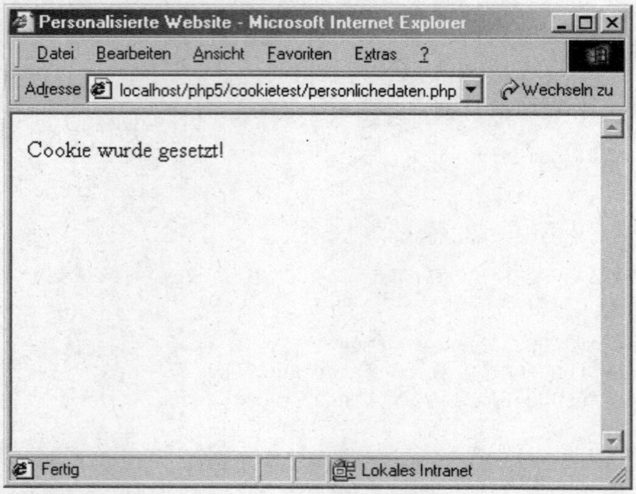

Bild 2.7: Schritt 2: Cookie wurde gesetzt

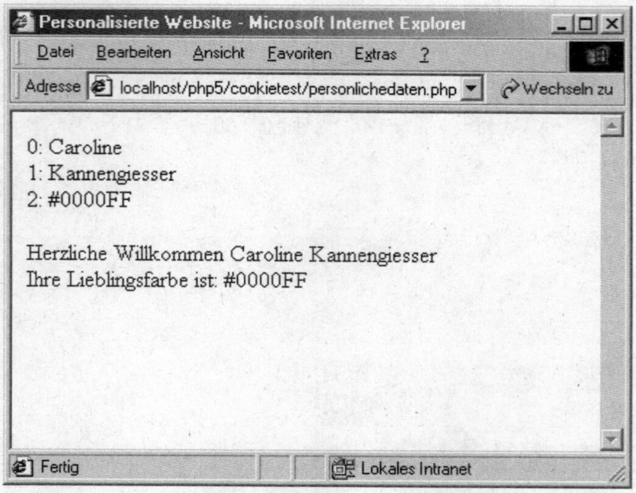

Bild 2.8: Schritt 3: Cookie-Daten werden ausgegeben

Um die im Cookie enthaltenen Daten verwenden zu können, müssen diese entsprechend behandelt werden. Hierzu überführen wir die Zeichenfolge des Cookies in die einzelnen Variablen `$co_0`, `$co_1` und `$co_2`. Die Funktion, die Ihnen dabei behilflich ist, ist `explode()`. Mit ihr und dem in der Cookie-Zeichenfolge enthaltenen Trennzeichen werden die Bestandteile in das Array `$cookie_daten` überführt.

Die in diesem Array abgelegten Werte können dann aus dem Array direkt ausgelesen werden oder auch in die entsprechenden Variablen `$co_0` bis `$co_2` umgewandelt und dann weiterverwendet werden.

Hinweis: Diese Vorlage kann Ihnen dazu dienen, Ihre eigene Website zu personalisieren. Ihre Besucher werden es Ihnen sicher danken.

Cookies im Array

Sie können auch ein Array an Cookies setzen, in dem Sie die Array-Schreibweise verwenden. Hierdurch werden so viele Cookies gesetzt, wie Ihr Array Elemente hat. Sobald das Cookie von Ihrem Skript gelesen wird, werden sämtliche Werte in ein einziges Array mit dem Cookie-Namen eingelesen:

```
<?php
// Coookies im Array erzeugen
setcookie ("cookie[eins]", "Erster");
setcookie ("cookie[zwei]", "Zweiter");
setcookie ("cookie[drei]", "Dritter");

// Nach dem Neuladen der Seite wieder ausgeben
if (isset($_COOKIE['cookie'])) {
    foreach ($_COOKIE['cookie'] as $key=>$element) {
        echo "$key : $element<br>";
    }
}
?>
```

Ausgabe:

```
eins : Erster
zwei : Zweiter
drei : Dritter
```

2.3.3 Cookies löschen

Natürlich können Sie Cookies auch entfernen. Dabei handelt es sich jedoch weniger um einen üblichen Löschvorgang als viel mehr ein Bearbeiten des Verfallsdatums, welches im Attribut `expires` festgelegt wurde.

Beim Löschen eines Cookies sollten Sie daher sicherstellen, dass das Verfallsdatum in der Vergangenheit liegt, um den Mechanismus zum Löschen des Cookies im Browser auszulösen.

Beispiel:

```
<?php
// Setzen des Verfallsdatum um 1 Stunde vorher
setcookie ("first_one", "", time() - 3600);
?>
```

2.4 Session-Management via PHP

Das Session-Management von PHP ist ein Mechanismus, welcher es ermöglicht, unterschiedliche Anfragen eines Clients über einen Zeitraum hinweg in Beziehung zu setzen. Da es sich bei HTTP um ein verbindungsloses Protokoll handelt, bedeutet dies, dass Client und Server nach jedem Kommando den Prozess beenden und im weiteren Verlauf des Kommunikationsprozesses für jedes weitere Kommando einen erneuten Prozess starten. Dabei besteht zwischen verschiedenen Anfragen desselben Clients keine Beziehung. Für die Abwicklung von Geschäftsprozessen ist dieses Verhalten von HTTP zunächst sehr hinderlich, wie Sie am Beispiel eines Online-Shops leicht nachvollziehen können: Der Kunde ruft die Startseite eines Online-Shops auf und erhält dort in aller Regel eine Kennnummer, über die er im Verlauf des gesamten Prozesses der Online-Bestellung identifiziert werden soll.

Anschließend wechselt er in den Katalogbereich und füllt seinen Einkaufskorb. Möchte der Kunde die ausgewählten Artikel bestellen, wechselt er auf die entsprechende Seite und gibt dort Name, Anschrift und Bankverbindung an.

Im Verlauf dieses Prozesses hat der Kunde auf diese Weise in der Regel zwei bis drei verschiedene Seiten vom Server angefordert, der, wenn nicht entsprechende Maßnahmen getroffen werden, aufgrund des verbindungslosen HTTP-Protokolls die für den Bestellvorgang relevanten Informationen der jeweils zuvor besuchten Seite wieder vergessen hat.

Mit dem Session-Management sind die grundlegenden Funktionen, die für die Behandlung solcher über mehrere HTTP-Requests hinweg zusammenhängenden Transaktionen erforderlich sind, zum festen Bestandteil von PHP geworden.

Das Session-Management erstellt automatisch die für die Behandlung von Sessions erforderlichen Session-IDs und kümmert sich um die Serialisierung und Speicherung der an die Session gebundenen Daten.

PHP nutzt zur Speicherung der Session-Daten das Dateisystem des jeweiligen Webservers.

Bei der Speicherung werden die Session-Variablen von PHP automatisch serialisiert, d.h., in eine Zeichenkette umgewandelt.

Beim Start einer Session prüft PHP zunächst, ob eine gültige Session-ID existiert. Sollte das nicht der Fall sein, wird sie angelegt.

Wenn bereits eine gültige Session-ID vorhanden ist, werden die für diese Session vorgehaltenen Variablen im globalen Namensraum des Skripts verfügbar gemacht.

Durch Aufruf der Funktion `session_register()` können im weiteren Verlauf Session-Variablen erzeugt werden, um deren Speicherung sich PHP automatisch kümmert und die im Verlauf der gesamten Session referenziert werden können.

Mit Hilfe der Funktion `session_unregister()` können Session-Variablen wieder entfernt werden, was bei einer Online-Shop-Lösung erforderlich werden kann, wenn ein Kunde schon ausgewählte Artikel wieder aus seinem Warenkorb entfernt.

Zusammenfassung

- Unterschiedliche HTTP-Requests eines Clients können als Session behandelt werden.
- Für jeden Anwender wird eine verschlüsselte, zufallsgenerierte Session-ID erzeugt.
- Auf der Client-Seite wird die Session-ID entweder unter Verwendung von Cookies gespeichert.
- Sollte der Anwender die Verwendung von Cookies nicht gestatten, wird die Session-ID unter Verwendung von GET/POST-Variablen oder dem URL von Skript zu Skript weitergeleitet.
- Session-Daten werden auf dem Server entweder in Textdateien, in Datenbanken oder im Prozessspeicher des Webservers gespeichert.
- Sofern PHP mit der configure-Option – *enable-trans-id* kompiliert wurde, erfolgt die Weiterleitung der Session-ID für den Fall, dass Cookies nicht erlaubt sind, automatisch.

2.4.1 Konfiguration des Session-Moduls

Das Session-Modul von PHP lässt sich über Optionen innerhalb der Konfigurationsdatei *php.ini* konfigurieren.

Die wichtigsten dieser Optionen und deren Standardeinstellungen sind in der nachfolgenden Tabelle enthalten:

Option	*Bedeutung*
session.save_handler = files	Handle, welches auf das eingesetzte Speichermodul verweist. Bei Standardeinstellung (files) wird das Dateisystem des Servers verwendet. Zusätzliche Einstellungsmöglichkeiten sind: mm (Prozessorspeicher) und user (benutzerdefiniert).
session.save_path = /tmp	Werden zum Speichern der Session-Daten Dateien verwendet, kann deren Pfad angegeben werden.
sessions.use_cookies = 1	Zum Speichern der Session-ID werden standardmäßig Cookies verwendet.
session-name = PHPSESSID	Name der Session, wird auch als Name des Cookies verwendet.
session.auto_start = 0	Startet das Session-Modul bei jedem Request automatisch.
session.cookie_lifetime = 0	Lebensdauer der Cookies in Sekunden (0 bedeutet bis zum nächsten Browserstart).
session.cookie_path = /	Pfad, für den das Cookie Gültigkeit besitzt.
session.cookie_domain =	Domain, für die das Cookie Gültigkeit besitzt.
session.serialize_handler = php	Verweise auf den Serialisierer. Gegenwärtig wird ein internes PHP-Format (php) und WDDX (wddx) unterstützt. WDDX steht nur zur Verfügung, wenn PHP mit WDDX-Support kompiliert wurde.

Option	*Bedeutung*
session.gc_probability = 1	Wahrscheinlichkeit (0..1), dass die Routine zum Aufräumen (garbage collection) des Speichers bei jedem Session-Start gestartet wird.
session.gc_maxlifetime = 1440	Zeit in Sekunden, nach der alle Session-Daten zerstört werden.

Session-ID/PHPSESSID

Die Session-ID (PHPSESSID) stellt wohl eines der interessantesten Bestandteile dar. Die Session-ID ist ein zufällig ausgewählter Schlüssel, der die Session-Daten auf dem Server eindeutig identifiziert. Dieser Schlüssel kann z.B. über Cookies oder als Bestandteil des URL an ein anderes Skript übergeben werden, damit dieses die Session-Daten auf dem Server wiederfinden kann.

Erzeugen einer eindeutigen Benutzer-ID

Zur Erzeugung einer eindeutigen Benutzer-ID können Sie die Funktion `uniqid()` einsetzen. Sie erwartet als Argument eine Zeichenfolge, die der ID als Präfix vorangestellt wird.

Beispiel:

```
<?php
echo uniqid("Session");
?>
```

Ausgabe:

```
Session401804f3d8f96
```

Sie können natürlich auch andere Zeichenfolgen voranstellen oder darauf verzichten. In diesem Fall ist ein Leerstring als Argument zu übergeben. Diese ID können Sie dann in Hyperlinks oder versteckten Feldern verwenden.

Eine ID lässt sich auch mit Hilfe eines Zufallszahlengenerators erzeugen. Im Grunde stellt dies jedoch lediglich die Arbeitsweise der Funktion `uniqid()` dar. Die von der Funktion gelieferte ID basiert auf der aktuellen Zeit in Mikrosekunden. Sie ist damit nur eingeschränkt als »eindeutig« zu bezeichnen.

Es empfiehlt sich daher, eine komplexere ID zu bilden, bei der beispielsweise als Argument der `uniqid()`-Funktion die Zufallszahlenfunktion `rand()` verwendet wird.

Beispiel:

```
<?php
$u_id = uniqid ("");
$besser_id = uniqid (rand());
```

```
echo $u_id . "<br>";
echo $besser_id . "<br>";
?>
```

Ausgabe:

```
401806dc1432f
19439401806dc14352
```

Wenn Sie eindeutige IDs benötigen und beabsichtigen, diese über das Internet an den Anwender weiterzuleiten, beispielsweise als Session-Cookies, ist es ratsam, wie folgt vorzugehen:

```
<?php
$u_id = md5 (uniqid (""));
$besser_id = md5 (uniqid (rand()));

echo $u_id . "<br>";
echo $besser_id . "<br>";
?>
```

Ausgabe:

```
bf5fce050c14b8bf73aaefd1f87609c8
b31da72fe23ea7f329011da0f4ab4e15
```

Hierdurch wird eine 32-Zeichen-ID (128-Bit-Hex-Wert) erzeugt, die nur sehr schwer vorhersehbar ist.

2.4.2 Session-Funktionen in PHP

Natürlich stellt Ihnen PHP eine Reihe von Funktionen zur Verfügung, welche speziell auf das Session-Management abgestimmt sind. In folgender Tabelle haben wir die wichtigsten für Sie zusammengefasst:

Funktion	*Bedeutung*
session_start()	Initialisiert bzw. startet eine Session.
session_cache_expire()	Liefert die aktuelle Cache-Verfallszeit.
session_cache_limiter()	Liefert die aktuelle Cacheverwaltung oder setzt die aktuelle Cacheverwaltung.
session_decode()	Dekodiert die Daten einer Session aus einer Zeichenkette.
session_destroy()	Beendet eine Session und entfernt sämtliche Session-Daten.
session_encode()	Kodiert die Daten der aktuellen Session als Zeichenkette.
session_get_cookie_params()	Liefert die Session-Cookie-Parameter.
session_id()	Liefert die aktuelle Session-ID oder öffnet die Session mit einer übergebenen ID.
session_is_registered()	Überprüft, ob eine globale Variable in einer Session registriert ist.
session_module_name()	Liefert das Session-Modul oder setzt das aktuelle Session-Modul.

Funktion	*Bedeutung*
session_name()	Liefert den Namen der aktuellen Session oder startet eine neue Session unter dem angegeben Namen.
session_regenerate_id()	Ersetzt die aktuelle Session-ID durch eine neu erzeugte.
session_register()	Registriert eine oder mehrere globale Variablen in der aktuellen Session.
session_save_path()	Liefert den aktuellen Speicherpfad der Session oder setzt den aktuellen Speicherpfad der Session.
session_set_cookie_params()	Setzt die Session-Cookie-Parameter.
session_set_save_handler()	Setzt benutzerdefinierte Session-Speicherfunktionen.
session_unregister()	Hebt die Registrierung einer globalen Variablen in der aktuellen Session auf und löscht diese dadurch.
session_unset()	Löscht sämtliche Session-Variablen.
session_write_close	Speichert die Session-Daten und beendet die Session.

Einsatz von session_start()

Mit Hilfe der Funktion `session_start()` sind Sie in der Lage, eine Session zu erzeugen oder die aktuelle Session wieder aufzunehmen, die auf der Session-ID basiert, welche mit einer Anfrage, z.B. durch GET, POST oder ein Cookie, übermittelt wurde.

Beispiel – start.php:

```
<?php

// Session Starten
session_start();

echo 'Willkommen auf Seite 1';

// Session Variablen setzen
$_SESSION['vorname'] = 'Caroline';
$_SESSION['alter'] = 25;
$_SESSION['zeit'] = time();

echo '<br><a href="seite2.php">Weiter</a><br>';

?>
```

Beispiel – seite2.php:

```
<?php

session_start();

echo 'Willkommen auf Seite 2<br>';

echo $_SESSION['vorname']."<br>";
```

```
echo $_SESSION['alter']."<br>";
echo date('d.m.Y H:i:s', $_SESSION['zeit'])."<br>";

echo '<br><a href="start.php">Zum Anfang</a>';
?>
```

Ausgabe:

```
Willkommen auf Seite 2
Caroline
25
27.01.2004 22:06:04
```

Sie können die Session-ID auch explizit mit Hilfe der Konstanten `SID` übergeben.

```
echo '<br><a href="seite2.php?' . SID . '">Seite 2</a>';
```

Nach dem Aufruf von *start.php* enthält automatisch auch die zweite Seite, *seite2.php*, die Session-Daten.

Hinweis: Bei Verwendung Cookie-basierter Sessions müssen Sie `session_start()` aufrufen, bevor irgendetwas an den Browser geschickt wird.

Achtung: Ab PHP 4.3.3 resultiert der Aufruf von `session_start()`, nachdem die Session schon gestartet wurde, in einem Fehler der Stufe `E_NOTICE`. Der zweite Session-Start wird in diesem Fall einfach ignoriert.

Einsatz von session_destroy()

Mit Hilfe der Funktion `session_destroy()` sind Sie in der Lage, sämtliche auf die aktuelle Session bezogenen Daten zu löschen. Dabei sollten Sie auf die beiden folgenden Methoden zurückgreifen:

Beispiel – Löschen einer Session:

```
<?php

// Initialisierung der Session.
session_start();
// Löschen aller Session-Variablen.
session_unset();
// Zum Schluß, löschen der Session.
session_destroy();

?>
```

Beispiel – Löschen einer Session mit $_SESSION:

```
<?php

// Initialisierung der Session.
session_start();
```

```
// Löschen aller Session-Variablen.
$_SESSION = array();
// Zum Schluß, löschen der Session.
session_destroy();

?>
```

Sollten Sie mit einer benannten Session arbeiten:

```
// Session Starten
session_name("Sitzung");
session_start();
```

dürfen Sie beim Löschvorgang nicht vergessen, die Funktion `session_name()` mit anzugeben.

Beispiel:

```
<?php

// Initialisierung der Session.
session_name("Sitzung");
session_start();
// Löschen aller Session-Variablen.
session_unset();
// Zum Schluß, löschen der Session.
session_destroy();

?>
```

Session und Arrays

Das folgende Beispiel soll Ihnen zeigen, dass der Mechanismus auch mit Arrays einwandfrei funktioniert.

Beispiel – startprodukte.php:

```
<?php

// Session starten
session_start();

// Array erzeugen
$produkte = array("Brillen", "Autos", "Computer");

// Array mit der Session verknüpfen
$_SESSION["produkte"] = $produkte;

// oder mit session_register("produkte");

// Weiterleitung
echo "<a href=ausgabe.php>Ausgabe</a>";

?>
```

Beispiel – ausgabe.php:

```
<?php

session_start();

$s_name = session_name();

echo "<b>Session-Name:</b> $s_name<br>";

foreach ($_SESSION["produkte"] as $element) {
            echo "$element<br>";
}

?>
```

Hinweis: Sollte der Einsatz von `$_SESSION` nicht möglich sein, können Sie auch `session_register()` einsetzen. Dies wird jedoch seit PHP 4.1.0 nicht mehr empfohlen.

Einsatz von session_name()

In der Konfigurtaionsdatei *php.ini* wird der Name der Session in dem Parameter *session.name* festgelegt – standardmäßig auf PHPSESSID. Sollten Sie ohne Eingriff in die *php.ini* oder in die Webserverkonfiguration diesen Namen ändern wollen, steht die Funktion `session_name()` zur Verfügung. Diese Funktion muss vor dem (Re)initialisieren der Session-Daten (`session_start()`) ausgeführt werden.

Beispiel:

```
<?php
   // Einen anderen Namen für die Session festlegen
   session_name("meineSession");
   session_start();
?>
```

2.4.3 Weitergabe der Session-ID über Cookies

Das Session-Modul von PHP versucht zunächst, die automatisch generierte Session-ID in einem Cookie abzulegen und sich im weiteren Verlauf zur Übertragung der ID auf die nächste Seite dieses Cookies zu bedienen. Dies ist jedoch nur möglich, wenn der Client das Setzen von Cookies zulässt. Die Übertragung der Session-ID mit Hilfe von Cookies ist die von PHP vorgesehene Standardmethode, die den Anwender davon befreit, sich selbst um die Weiterleitung der ID auf die jeweils nächste Seite kümmern zu müssen. Für das zuvor erläuterte Beispiel kann dies anhand der Meldung des Browsers nachvollzogen werden. Natürlich nur dann, wenn der Browser eine entsprechende Konfiguration aufweist.

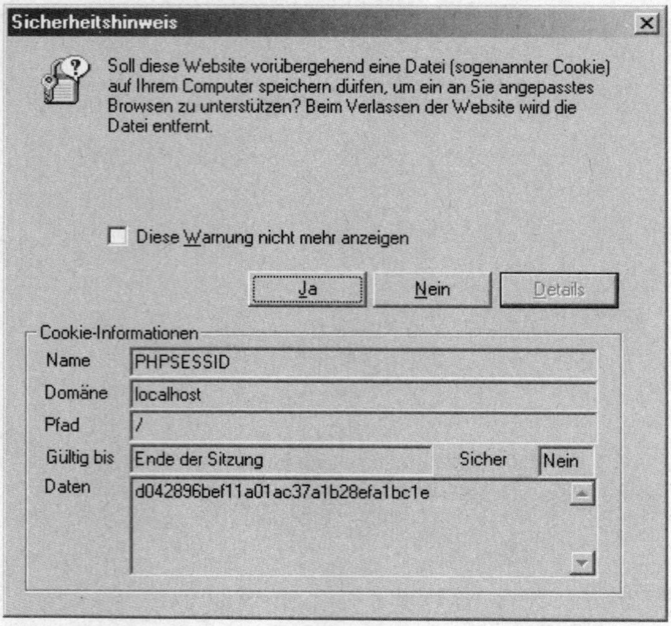

Bild 2.9: Session-ID wird in einem Cookie angelegt

2.4.4 Weitergabe der Session-ID über GET/POST

Werden vom Client keine Cookies zugelassen, steht die aktuelle Session-ID über die Session-Konstante `SID` zur Verfügung, die dann unter Verwendung der HTTP-Methoden GET oder POST bzw. über entsprechende Links oder die `header()`-Funktion auf die jeweils nächste Seite übertragen werden muss.

Ein entsprechender Hyperlink zur Weiterleitung der Session-ID könnte beispielsweise wie folgt aussehen:

Beispiel – start.php:

```
<?php

session_start();
$_SESSION["vorname"] = "Matthias";
echo '<br><a href="ausgeben.php?' . SID . '">Zur Ausgabe</a>';
echo "<br>Session-ID: " . SID;

?>
```

Beispiel – ausgeben.php:

```
<?php

session_start();
```

```
echo $_SESSION["vorname"];

?>
```

Ausgabe:

```
Matthias
```

2.4.5 Weitergabe der Session-ID über header()

Ein weitere Möglichkeit zur Übertragung der Session-ID ist die Verwendung der `header()`-Funktion. Die Funktion `header()` sendet an den Browser einen HTTP-Header.

Im folgenden Beispiel wird der *Location-Response-Header* gesendet. Dieser Header kann zur Weiterleitung an einen anderen URL verwendet werden und enthält die exakte Adresse der Ressource, einschließlich des Query-Strings, der im vorliegenden Fall die Session-ID enthält.

```
<?php

session_start();
$s_name = session_name();
$s_id = session_id();
header("Location: ausgeben.php?$s_name=$s_id");
$_SESSION["vorname"] = "Matthias";

?>
```

Achtung: Die header()-Funktion muss aufgerufen werden noch bevor irgendeine andere Ausgabe erfolgt, siehe Kapitel 7.

Hinweis: Sie erfahren im Übrigen noch einiges mehr über Sessions und Sicherheit in Kapitel 7.

2.5 Überprüfung des Verbindungsstatus

Ein PHP-Skript ist in der Lage, den Verbindungsstatus zu überprüfen und gegebenenfalls darauf zu reagieren. PHP unterscheidet zwischen drei Zuständen:

```
NORMAL = 0
ABBORTED = 1
TIMEOUT = 2
```

Der übliche Zustand während der Verarbeitung eines Skripts ist `NORMAL`. Wird die Verbindung jedoch unterbrochen, etwa clientseitig durch Klicken des Abbruch-Schalters, liefert die entsprechende Funktion den Status `ABBORTED`. Bei Überschreitung eines festgelegten Zeitlimits bricht PHP die Ausführung eines Skripts auch selbstständig ab. In diesem Fall wird der Status `TIMEOUT` übergeben. Zur Ermittlung und Bearbeitung des aktuellen Verbindungsstatus können Sie die folgenden Funktionen einsetzen:

Funktion	*Bedeutung*
connection_aborted()	Prüft, ob die Verbindung abgebrochen wurde.
connection_status()	Ermittelt den Status der Verbindung.
connection_timeout()	Prüft, ob die Verbindung das Zeitlimit überschritten hat und beendet wurde.
ignore_user_abort()	Arbeitet das Skript weiter ab, auch wenn der Anwender den Abbrechen-Schalter gedrückt hat. Es erfolgt dabei jedoch keine Ausgabe an den Browser mehr.
register_shutdown_function()	Bestimmt eine Funktion, die beim Beenden eines PHP-Skripts ausgeführt wird.

Eine Unterbrechung aufgrund eines TIMEOUT kann beispielsweise auftreten, wenn das Skript auf die Antwort einer Datenbankabfrage warten muss. Voreingestellt sind 30 Sekunden. Sie können diesen Wert in der Konfigurationsdatei *php.ini* mit Hilfe der Option *max_execution_time* heraufsetzen. Wenn PHP nicht im sicheren Modus (safe mode) arbeitet, lässt sich zu diesem Zweck auch die Funktion `set_time_limit()` einsetzen.

Shutdown-Funktion

Bricht die Verbindung ab, da der Anwender den Abbrechen-Schalter gedrückt hat, wird üblicherweise auch die Ausführung des Skripts abgebrochen. Bei bestimmten Operationen kann es jedoch sinnvoll sein, das Skript vollständig abzuarbeiten, etwas um noch offene Dateien zu schließen. Für Skript, die solche kritischen Operationen enthalten, können Sie daher die Funktion `ignore_user_abort()` nutzen, um die weitere Abarbeitung des Skripts zu erzwingen. Alternativ besteht auch die Möglichkeit, mit `register_shutdown_function()` eine Funktion festzulegen, die beim Beenden eines Skripts ausgeführt wird. Diese benutzerdefinierte Funktion wird aufgerufen, wenn PHP den Abbruch der Verbindung durch den Anwender registriert oder das Skript regulär beendet wird.

2.6 Servervariablen

Der Webserver liefert zahlreiche Informationen über sich selbst und den Systemzustand. Oft können mit diesen Angaben komfortable Skripts programmiert werden. Einige Daten liefert auch der Browser an den Server und dieser stellt sie wiederum dem Browser als Servervariable zur Verfügung.

2.6.1 CGI-Umgebung

Jeder Webserver liefert innerhalb der CGI-Umgebung eine ganze Reihe von Variablen, die in PHP problemlos abgerufen werden können. Die folgende Tabelle zeigt die wichtigsten CGI-Variablen:

Variable	*Bedeutung*
$AUTH_TYPE	Authentifizierungstyp bei gesicherten Sites.
$CONTENT_LENGTH	Länge des gesendeten Inhalts in Byte.
$CONTENT_TYPE	Angabe des Inhaltstyps, z.B. text/html.
$GATEWAY_INTERFACE	Bezeichnung der Schnittstelle, z.B. CGI/1.1.
$HTTP_ACCEPT	Was HTTP akzeptieren soll, normalerweise */*.
$HTTP_COOKIE	Eventuell vorhandene Cookie-Daten.
$HTTP_REFERER	Die letzte Adresse, von welcher der Browser kam.
$HTTP_USER_AGENT	Kennung des Browsers, z.B. Mozilla/4.0.
$PATH_INFO	Informationen zum Pfad des Skripts.
$PATH_TRANSLATED	Physischer Pfad.
$REMOTE_ADDR	Die IP-Adresse des Clients, z.B. 192.168.200.1
$REMOTE_HOST	Name des Clients, welcher die Anfrage gestartet hat, z.B. www.atomicscript.de.
$REMOTE_USER	Anmeldename des Anwenders bei gesicherten Seiten.
$REMOTE_IDENT	Identifikator.
$REMOTE_METHOD	Die Art der Anfrage, bei einem Seitenaufruf meist GET, bei einem Formular auch POST.
$QUERY_STRING	GET-Daten, z.B. varname=varvalue&session=1234.
$SCRIPT_NAME	Pfad und Name zum Skript, z.B. /cgi-bin/ausgabe.php.
$SERVER_NAME	Name des Hosts, z.B. www.selfas.de.
$SERVER_PORT	Der Serverport, über den das Skript aufgerufen wurde, im WWW meist 80.
$SERVER_PROTOCOL	Protokoll des Servers, z.B. HTTP/1.1.
$SERVER_SOFTWARE	Beschreibung der auf dem Server verfügbaren Software. So meldet sich der Server, z.B. Apache/2.0.13.

Der Aufruf erfolgt in Form normaler Variablen:

```
<?php
echo $SERVER_NAME;
?>
```

Hinweis: Die genaue Anzahl und Verfügbarkeit der Variablen hängt vom verwendeten Webserver ab.

2.6.2 Erzeugen von eigenen Logfiles

Mit Hilfe der Servervariablen lassen sich auf einfache Weise auch eigene Logfiles erzeugen. Üblicherweise sind die meisten Webserver so eingestellt, dass solche Logfiles automatisch angelegt werden. Sie als Entwickler haben jedoch nicht bei jedem Provider einen direkten Zugriff auf diese Logfiles.

In diesem Fall kann Ihnen PHP behilflich sein: Legen Sie Ihre eigenen Logfiles an. Sie werden natürlich nicht sämtliche Servervariablen in Ihr Logfile aufnehmen müssen. Es empfiehlt sich, folgende Servervariablen zu erfassen:

- $REMOTE_ADDR
- $REQUEST_METHOD
- $PHP_SELF
- $HTTP_USER_AGENT
- $HTTP_REFERER

Zusätzlich sollten Sie noch mit Hilfe der `date()`- und `time()`-Funktion das Datum und die Uhrzeit des Aufrufs erfassen.

Sie sollten sich nun den benötigten Codezeilen zuwenden und folgendes Skript in die Datei *logfile.php* übertragen:

```
<?php

$logdatei=fopen("logs/logfile.txt","a");
fputs($logdatei,
       date("d.m.Y, H:i:s",time()) .
       ", " . $REMOTE_ADDR .
       ", " . $REQUEST_METHOD .
       ", " . $PHP_SELF .
       ", " . $HTTP_USER_AGENT .
       ", " . $HTTP_REFERER ."\n"
       );
fclose($logdatei);

?>
```

Wie Sie sehen, werden die Serverdaten in die Datei *logfile.txt* im Verzeichnis *logs* gespeichert. Sie müssen lediglich dafür sorgen, dass das Verzeichnis existiert und die entsprechenden Zugriffsrechte gesetzt wurden, um eine Datei zu erzeugen.

Mit Hilfe der Funktion `fopen()` wird die Datei geöffnet und in den entsprechenden Modus versetzt (a = append, hinzufügen). In dieser geöffneten Datei wird nun mit Hilfe von `fputs()` eine Zeichenfolge geschrieben, die das aktuelle Datum und die aktuelle Uhrzeit enthält, gefolgt von der IP-Adresse des Client-Rechners, anschließend die Art der Anfrage, der Name des aufgerufenen Skripts, Informationen über den Browser und die Seite, welche der Browser vorher besucht hat. Was Sie nicht vergessen sollten ist, noch einen Zeilenvorschub `\n` hinzuzufügen, damit gewährleistet ist, dass jeder Aufruf in einer eigenen Zeile angelegt wird. Die Einträge der einzelnen Aufrufe werden jeweils durch ein Komma voneinander getrennt, so dass die Daten auch leicht in Programme wie Access oder Excel eingelesen werden können.

Am Ende des Skripts wird noch dafür gesorgt, dass die Datei mit Hilfe von `fclose()` wieder geschlossen wird.

Hinweis: Nähere Informationen zu `fopen()`, `fclose()` etc. bekommen Sie im Abschnitt »Dateisystem via PHP«.

Einsatz der logfile.php

Um für jede Seite Ihrer Website die *logfile.php* automatisch mit aufrufen zu lassen und somit einsetzen zu können, bietet es sich an, die Datei im Header einer jeden Seite mit Hilfe einer `include()`-Anweisung einzubinden.

Beispiel:

```
<?php
include("logfile.php");
?>
```

Dies führt dazu, dass bei jedem Seitenaufruf eine neue Zeile in der Datei *logfile.txt* mit den entsprechenden Daten erzeugt wird.

Diese Daten können Sie nun nach Belieben mit anderer Software bearbeiten. Sie können auch wahlweise zusätzliche Servervariablen hinzufügen und damit die Aussagekraft ihrer Logfiles erweitern.

2.7 Dateisystem via PHP

PHP ermöglicht es Ihnen, auf das Dateisystem eines Webservers direkt zu zugreifen. Sie sind in der Lage, Dateien zu schreiben, zu lesen und zu löschen. Zusätzlich können Sie auch auf die Verzeichnisse des Dateisystems zugreifen. Die hierfür zur Verfügung gestellten Funktionen sollten Sie jedoch vorsichtig einsetzen. Schließlich greifen Sie auf das Dateisystems des Servers zu und nicht auf das des Anwenders. Wenn Ihre Webanwendungen bei einem Provider laufen, sollten Sie unbedingt nachfragen, ob dieser den direkten Zugriff auf das Dateisystem gestattet.

Im folgenden Abschnitt werden wir Ihnen zunächst einen umfassenden Einblick in das Dateisystem liefern und anschließend auf die Erzeugung von Dateien und Verzeichnissen eingehen.

2.7.1 Informationen zu Dateien und Verzeichnissen

Für die Arbeit mit Dateien und Verzeichnissen sollten Sie ausreichend Informationen über die vorliegenden Pfadstrukturen, einzelne Verzeichnisse und Dateien erlangen. PHP stellt Ihnen eine Reihe nützlicher Funktionen zur Verfügung, einige davon haben wir in der folgenden Tabelle für Sie zusammengefasst:

Funktion	*Beispiel*	*Bedeutung*
basename (path [,suffix])	basename ($path,".php");	Liefert aus einer Pfadangabe den Namen einer Datei, inklusive der Dateiendung. Wird der optionale Parameter `suffix` gesetzt, wird die Endung aus dem Dateinamen entfernt.
chgrp (filename, group)	chgrp ("/verzeichnis/datei", " Mitarbeiter ");	Ändert die Gruppenzugehörigkeit einer Datei.
chmod (filename, mode)	chmod ("/verzeichnis/datei", 0755);	Ändert die Zugriffsrechte einer Datei.
chown (filename, user)	chown ("/verzeichnis/datei", "fred");	Ändert den Eigentümer der Datei. Nur der Superuser kann den Eigentümer einer Datei ändern.
dirname(path)	dirname ($path);	Liefert aus einer Pfadangabe den Pfad ohne den Dateinamen.
disk_free_space(directory)	disk_free_space("/");	Liefert den freien Speicherplatz in einem Verzeichnis.
disk_total_space (directory)	disk_total_space("/");	Liefert die Gesamtgröße eines Verzeichnisses.
file_exists(filename)	file_exists($filename);	Prüft, ob eine bestimmte Datei vorhanden ist.
file_get_contents (filename [, use_include_path [, context]])	file_get_contents($filename);	Liest die gesamte Datei in einen String. Diese Funktion ist mit der Funktion `file()` identisch, außer dass sie die Datei in einem String zurückgibt.
file_put_contents (filename, data [, flags [, context]])	file_put_contents($filename) ;	Schreibt eine Zeichenfolge in eine Datei.
fileatime (filename)	fileatime($filename);	Liefert das Datum des letzten Zugriffs für eine Datei.
filegroup (filename)	filegroup($filename);	Liefert die Gruppenzugehörigkeit einer Datei.
filemtime (filename)	filemtime ($filename);	Liefert Datum und Uhrzeit der letzten Dateiänderung.
fileowner (filename)	fileowner ($filename);	Liefert den Eigentümer der Datei.
fileperms (filename)	fileperms ($filename);	Liefert die Zugriffsrechte (Dateiattribute) einer Datei.
filesize (filename)	filesize ($filename);	Liefert die Größe einer Datei in Byte.
filetype (filename);	filetype ($filename);	Liefert den Typ einer Datei (file, dir).
is_dir (filename)	is_dir ($filename);	Prüft, ob der Dateiname ein Verzeichnis ist.
is_executable (filename)	is_executable ($filename);	Prüft, ob eine Datei ausführbar ist bzw. es sich um eine ausführbare Datei handelt.
is_file (filename)	is_file ($filename);	Prüft, ob der Dateiname eine reguläre Datei ist.

Funktion	*Beispiel*	*Bedeutung*
is_link (filename)	is_link ($filename);	Prüft, ob der Dateiname ein symbolischer Link ist.
is_readable (filename)	is_readable ($filename);	Prüft, ob eine Datei gelesen werden kann.
is_uploaded_file (filename)	is_uploaded_file ($filename);	Prüft, ob die Datei mittels HTTP POST hochgeladen wurde.
is_writable (filename)	is_writable ($filename);	Prüft, ob in eine Datei geschrieben werden kann.
touch (filename [, time [,atime]])	touch ($filename);	Setzt Datum und Uhrzeit der letzten Änderung und des letzten Zugriffs der durch `filename` angegebenen Datei auf den durch `time` angegebenen Wert.
umask(mask)	umask(0022);	Ändert die aktuelle `umask`, die Zugriffsrechte bzw. Berechtigung.

Die meisten Funktionen erwarten eine Pfadangabe als Argument. Diese muss sich in der Regel auf eine existierende Datei beziehen. Den beiden Funktionen `basename()` und `dirname()` genügt ein String, der einen Pfad bezeichnet. Ob Datei und Verzeichnis existieren, ist nicht relevant, wie die folgenden Codezeilen beweisen:

```
<?php
// Dateiname samt Endung
echo basename("C:\php5xampp-dev\php5\php.exe");

// Pfad ohne Dateiname
echo dirname("C:\php5xampp-dev\php5\php.exe");
?>
```

Ausgabe:

```
php.exe
C:\php5xampp-dev\php5
```

Die folgenden Anweisungen erwarten jedoch, dass der im Argument angegebene Pfad existiert:

```
<?php

// (True oder False)
echo file_exists("C:\php5xampp-dev\php5\php.exe") . "<br>";

// Größe
echo filesize("C:\php5xampp-dev\php5\php.exe") . "<br>";

// Typ
echo filetype("C:\php5xampp-dev\php5\php.exe") . "<br>";

?>
```

Ausgabe:

```
1
45056
file
```

Sollte der Pfad nicht existieren, geben die Funktionen den Wert `false` zurück. Dies gilt auch für Funktionen wie `is_file()`, `is_dir()`, `is_writable()` usw. Im Erfolgsfall erhalten Sie den Wert `true`.

Beispiel:

```
<?php

echo is_dir("C:\php5xampp-dev\php5") . "<br>";
echo is_executable("C:\php5xampp-dev\php5\php.exe") . "<br>";
echo is_file("C:\php5xampp-dev\php5\php.exe") . "<br>";

?>
```

Ausgabe:

```
1
1
1
```

Die Funktionen eignen sich übrigens hervorragend für den Einsatz in `if`-Anweisungen.

Beispiel:

```
<?php

if (is_dir("C:\php5xampp-dev\php5")) {
	echo "Verzeichnis ist vorhanden!";
}

?>
```

Ausgabe:

```
Verzeichnis ist vorhanden!
```

> **Achtung:** Die Pfadangaben dürfen keinen abschließenden Backslash enthalten, z.B. `C:\php5xampp-dev\`. Dies würde zu einer Fehlermeldung führen.

2.7.2 Verzeichnisoperationen

Für die Verwaltung des Verzeichnissystems und dessen Manipulation stellt Ihnen PHP ebenfalls eine Reihe von Funktionen zur Verfügung. Die wichtigsten Funktionen haben wir für Sie in der folgenden Tabelle zusammengefasst:

Funktion	*Beispiel*	*Bedeutung*
chdir(directory)	chdir ($directory);	Wechselt das aktuelle Verzeichnis.
getcwd ()	echo getcwd ();	Liefert das aktuelle Arbeitsverzeichnis.
mkdir (path,mode)	mkdir ($path, 0700);	Erzeugt ein Verzeichnis mit dem angegebenen Namen. Mode ist standardmäßig 0777, was den weitestmöglichen Zugriff bedeutet.
rmdir (directory)	rmdir ($directory);	Löscht ein Verzeichnis.

Hinweis: Wir werden in den folgenden Beispielen lediglich den Schrägstrich (/) als Trennzeichen für Verzeichnisse verwenden. Dieses Zeichen wird von UNIX und inzwischen auch von Windows akzeptiert. Der auf DOS-Systemen übliche Backslash wird hingegen nur von Windows unterstützt.

Die Funktionen erwarten als Argument eine Pfadangabe. Das kann ein relativer oder absoluter Pfad sein:

```
<?php

if (chdir("C:/php5xampp-dev")) {
      echo "Verzeichnis gewechselt!";
}

?>
```

Im Erfolgsfall wird der Wert `true` zurückgegeben, andernfalls `false`. Sinnvoll ist die Funktion, wenn Sie in anderen Funktionen relative Pfade einsetzen wollen. Die folgende Anweisung liefert, wenn die Datei existiert, immer den Wert `true`:

```
echo file_exists("C:\php5xampp-dev\php5\php.exe");
```

Das gilt jedoch nicht für folgende Schreibweise, die keine Pfadangabe enthält:

```
echo file_exists("php.exe");
```

Hier müssen Sie zuvor mit der Funktion `chdir()` das aktuelle Verzeichnis setzen, um anschließend mit `file_exists()` die Datei zu prüfen.

Einsatz von mkdir() und rmdir()

Mit Hilfe der Funktionen `mkdir()` sind Sie in der Lage, ein neues Verzeichnis anzulegen. Die Funktion `rmdir()` dagegegn löscht Verzeichnisse. Auch diese beiden Funktionen beziehen sich, wenn keine vollständigen Pfade übergeben werden, auf das aktuelle Verzeichnis.

Sicherer ist natürlich die Angabe vollständiger Pfade:

```
<?php
echo mkdir("C:/php5xampp-dev/neu",0700);
?>
```

Um dieses Verzeichnis zu löschen, können Sie die Funktion `rmdir()` einsetzen:

```
<?php
echo rmdir("C:/php5xampp-dev/neu");
?>
```

Beide Funktionen liefern bei fehlerfreier Ausführung den Wert `true`, andernfalls wird eine Fehlermeldung ausgegeben.

2.7.3 Berechtigungen von Dateien und Verzeichnissen

Sowohl die Funktion `chmod()` als auch das zweite Argument der Funktion `mkdir()` ermöglichen die Vergabe von Berechtigungen für Dateien und Verzeichnisse. Diese Zahl setzt sich aus vier Stellen zusammen.

- Die erste Stelle kann eine Spezialeinstellung für die jeweilige Datei sein, wie *setuid* (4), *setgid* (2) oder *sticky* (1).
- Die zweite Stelle stellt die Benutzerberechtigungen des Dateieigentümers dar.
- Die dritte Stelle steht für die Gruppenberechtigung, bestimmt also, was Benutzer der Gruppe, der die Datei angehört, mit ihr machen können.
- Die vierte Stelle steht für die globalen Berechtigungen, legt also fest, was alle Benutzer mit der Datei machen dürfen.

Um den korrekten Wert für jede Stelle zu berechnen, addieren Sie die von Ihnen für die jeweilige Stelle gewünschten Berechtigungen anhand der Werte der folgenden Tabelle:

Wert	*Berechtigung*	*Spezialeinstellung*
4	Lesen	setuid
2	Schreiben	setgid
1	Ausführen	sticky

Ein Berechtigungswert von `0755` bedeutet:

Spezialeinstellung:

`Keine (0)`

Dateieigentümer:

Kann die Datei lesen, schreiben und ausführen

`4 = lesen + 2 = schreiben + 1 = ausführen => 7`

Benutzer der Gruppe:

Können die Datei lesen und ausführen

`4 = lesen + 1 = ausführen => 5`

Alle anderen Benutzer:

Können die Datei lesen und ausführen

```
4 = lesen + 1 = ausführen => 5
```

Die Berechtigungen neu erstellter Dateien und Verzeichnisse sind von der Einstellung *umask* abhängig. Dies ist ein Berechtigungswert, welcher von der Default-Berechtigung einer Datei (0666) bzw. eines Verzeichnisses (0777) entfernt bzw. ausmaskiert wird. Wenn die *umask* beispielsweise 0022 ist, ist 0644 die Standardberechtigung für eine neue mit `fopen()` erstellte Datei und 0755 die Standardberechtigung für ein neues Verzeichnis, das mit `mkdir()` erstellt wird.

Einsatz von umask()

Mit Hilfe der Funktion `umask()` können Sie die *umask* abfragen und einstellen. Sie gibt die aktuelle *umask* zurück und ändert sie auf den Wert des übergebenen Arguments, falls vorhanden. Im folgenden Beispiel wird lediglich der Eigentümer und der Superuser in der Lage sein, auf die Datei zuzugreifen:

```
$alte_umask = umask(0077);
touch("privat.txt");
umask($alte_umask);
```

Der erste Aufruf von `umask()` maskiert sämtliche Berechtigungen für die Gruppe und aller anderen Benutzer. Wenn die Datei erstellt ist, stellt der Aufruf `umask()` die *umask* auf die vorherigen Einstellungen zurück.

Hinweis: Wenn PHP als Servermodul läuft, stellt es die *umask* am Ende jedes HTTP-Requests auf seinen Standardwert zurück.

Achtung: Die Funktion `umask()` funktioniert nicht unter Windows!

2.7.4 Auslesen von Verzeichnissen

Zu den wichtigsten Aufgaben der Dateifunktionen gehört das Auslesen von Bestandteilen wie Dateien und Unterverzeichnisse eines Verzeichnisses. Für diese Aufgabe stehen Ihnen folgende Funktionen zur Verfügung:

Funktion	*Beispiel*	*Bedeutung*
closedir (dir_handle)	closedir ($handle);	Löscht einen Verweis (Handle) auf ein Verzeichnis.
dir (directory)	dir ("/etc");	Liefert ein Objekt, das für ein Verzeichnis steht.
opendir (path)	opendir ($path);	Erzeugt einen Verweis (Handle) auf ein Verzeichnis.

Funktion	*Beispiel*	*Bedeutung*
readdir (dir_handle)	readdir ($handle);	Ermittelt den jeweils nächsten Datei- oder Verzeichnisnamen aus einem Verzeichnis.
rewinddir (dir_handle)	rewinddir ($handle);	Positioniert den readdir-Zeiger wieder auf dem ersten Eintrag eines Verzeichnisses.
scandir (directory [, sorting_order])	scandir ($directory);	Listet sämtliche Dateien und Verzeichnisse eines angegebenen Pfades auf. Die Sortierreihenfolge ist alphabetisch aufsteigend. Sollte der optionale Parameter `sorting_order` verwendet werden, wird die Sortierreihenfolge alphabetisch absteigend sein.

Im Grunde verbergen sich hinter den oben vorgestellten Funktionen zwei Konzepte für den Zugriff auf Verzeichnisse und das Auslesen von Dateien:

- Zugriff über einen Verweis (Handle, Referenz).
- Zugriff über ein Objekt, das Sie mit der Funktion `dir()` erhalten. Auf dieses Objekt lassen sich dann Eigenschaften und Methoden anwenden.

Zugriff über Verweise

Einen Verweis erhalten Sie mit Hilfe der Funktion `opendir()`. Das folgende Beispiel zeigt, wie Sie Dateien aus einem Verzeichnis auslesen:

```
<?php

$handle=opendir ('.');
echo "Verzeichnis-Handle: $handle<br>";
echo "Dateien:<br>";

while (false !== ($file = readdir ($handle))) {
    echo "$file<br>";
}

closedir($handle);

?>
```

Ausgabe:

```
Verzeichnis-Handle: Resource id #2
Dateien:
.
..
konstanten.php
```

Beachten Sie, dass `readdir()` auch die Einträge "." und ".." zurückgibt. Wollen Sie das nicht, müssen Sie es ausschließen:

```
<?php

$handle=opendir ('.');
echo "Verzeichnis-Handle: $handle<br>";
echo "Dateien:<br>";

while ($file = readdir ($handle)) {
    if ($file != "." && $file != "..") {
        echo "$file<br>";
    }
}

closedir($handle);

?>
```

Ausgabe:

```
Verzeichnis-Handle: Resource id #2
Dateien:
konstanten.php
```

Zugriff über Objekt

Kommen wir nun zum zweiten Konzept, nämlich dem Zugriff mit Hilfe des dir-Objekts. Es handelt sich dabei um ein Pseudo-Objekt, d.h., es stellt eine Mischung aus Funktion und objektorientierter Lösung dar. Dem Objekt stehen diverse Eigenschaften und Methoden zur Verfügung, welche in folgender Tabelle aufgeführt sind:

Funktion	*Bedeutung*
handle	Diese Eigenschaft liefert einen Verweis, welcher sich mit den weiter oben vorgestellten Funktionen nutzen lässt.
path	Diese Eigenschaft liefert den Pfad des dir-Objekts.
close()	Diese Methode gibt das Objekt wieder frei.
read()	Diese Methode liefert bei jedem Aufruf den jeweils nächsten Verzeichniseintrag.
rewind()	Diese Methode setzt den internen Zeiger für die read-Operationen wieder auf den ersten Eintrag.

Das Auslesen eines Verzeichnisses entspricht den bereits vorgestellten Beispielen. Lediglich die Syntax stellt sich etwas anders dar:

```
<?php

$verzeichnis = dir(".");
echo "Verzeichnis-Handle: $verzeichnis<br>";
echo "Dateien:<br>";
```

```
while ($file = $verzeichnis->read()) {
        echo "$file<br>";
}

$verzeichnis->close();

?>
```

Ausgabe:

```
Verzeichnis-Handle: Object id #1
Dateien:
.
..
konstanten.php
```

Hinweis: Dieses Pseudo-Objekt bzw. diese spezielle Syntax wird vor allem bei objektorientierten Anwendungen eingesetzt.

2.7.5 Dateioperationen und Dateifunktionen

In diesem Abschnitt befassen wir uns mit der Verarbeitung von Dateien. Sie lernen Funktionen kennen, die es Ihnen ermöglichen, Dateien zu

- erzeugen
- öffnen
- schreiben
- lesen
- kopieren
- umzubenennen

In der folgenden Tabelle finden Sie eine Aufstellung der wichtigsten Funktionen:

Funktion	*Beispiel*	*Bedeutung*
file (filename [, use_include_path])	file ($filename);	Liest den Inhalt einer Datei in ein Array ein.
fclose(handle)	fclose($dateihandle);	Schließt einen offenen Dateizeiger und damit auch die Datei.
fgetc (handle)	fgetc($dateihandle);	Liest das Zeichen, auf welches der Dateizeiger zeigt.
fgetcsv (handle, length [, delimiter [, enclosure]])	fgetcsv($dateihandle);	Liest eine Zeile von der Position des Dateizeigers und prüft diese auf durch Kommata getrennte Werte (CSV – comma separated values).

Funktion	*Beispiel*	*Bedeutung*
fgets (handle [, int length])	fgets($dateihandle);	Liest eine Zeile von der Position des Dateizeigers.
fgetss (handle int length [, string allowable_tags])	fgetss($dateihandle);	Liest eine Zeile von der Position des Dateizeigers und entfernt HTML-Tags.
flock ((handle, operation [, wouldblock])	flock($dateihandle,2);	Sperrt eine Datei für schreibende und lesende Zugriffe.
fopen (filename, mode [, use_include_path [, zcontext]])	$handle = fopen ("/home/matze/file.txt", "r");	Öffnet eine bestehende oder erzeugte neue Datei.
fputs (handle, str [, length])	fputs($dateihandle);	Schreibt eine Zeile in eine Datei.
fread (handle, length)	fread ($dateihandle, filesize ($filename));	Liest eine bestimmte Anzahl von Bytes aus einer Datei.
fwrite (handle, str [, length])	fwrite($dateihandle, $somecontent)	Schreibt eine bestimmte Anzahl von Bytes in eine Datei.
readfile (filename [, use_include_path])	echo readfile($filename);	Liest den Inhalt einer Datei und schreibt ihn in den Ausgabepuffer.

Einsatz von file() und readfile()

Der Einsatz der Funktionen `file()` und `readfile()` ermöglicht es Ihnen, recht einfach auf den kompletten Inhalt einer Datei zu zugreifen. Die Funktion `readfile()` sendet den Inhalt direkt an den Browser und `file()` schreibt den Inhalt in ein Array.

Die folgende Anweisung reicht aus, um die Datei *info.txt* im Browser anzuzeigen:

```
readfile("info.txt");
```

Die Funktion gibt im Erfolgsfall die Zahl der übertragenen Zeichen zurück. Sollte es nicht funktionieren, liefert sie den Wert `false`. Wenn Sie auf eine Pfadangabe verzichten, muss sich die Datei im selben Verzeichnis befinden wie das Skript, das die Anweisung enthält. Die Funktion eignet sich hervorragend zur Einbindung von HTML-Dateien.

Mit Hilfe der Funktion `file()` kommen Sie ebenfalls an den Inhalt einer Datei. Sie müssen lediglich beachten, dass der Inhalt in ein Array überführt wird:

```
<?php

$datei = file("info.txt");

foreach($datei as $zeile) {
      echo "$zeile<br>";
}

?>
```

2.7.6 Lesen und Schreiben von Dateien

Um eine Datei zu öffnen, benötigen Sie die Funktion `fopen()`. Sie erwartet zwei Argumente:

- Name der Datei
- Dateiattribut

Die Funktion liefert als Rückgabewert einen Verweis (Handle) auf die Datei. Diesen Verweis benötigen Sie für Lese- und Schreiboperationen, beispielsweise in Verbindung mit `fread()`.

Beispiel:

```
<?php

$datei = fopen("info.txt","r");
echo fread($datei,1000);
fclose($datei);

?>
```

oder

```
<?php

// Fehlermeldung wird unterdrückt und die eigene angezeigt
@$datei = fopen("info.txt","r") or die("Kann info.txt nicht öffnen!");
echo fread($datei,1000);
fclose($datei);

?>
```

Das Dateiattribut, welches sich im zweiten Argument der `fopen()`-Funktion befindet, ist »r« und stellt die Datei lediglich zum Lesen zur Verfügung.

In der folgenden Tabelle haben wir Ihnen die zur Verfügung stehenden Modi aufgelistet:

Modus	*Bedeutung*
r	Öffnet die Datei nur zum Lesen und positioniert den Dateizeiger auf den Anfang der Datei.
r+	Öffnet die Datei zum Lesen und Schreiben und setzt den Dateizeiger auf den Anfang der Datei.
w	Öffnet die Datei nur zum Schreiben und setzt den Dateizeiger auf den Anfang der Datei sowie die Länge der Datei auf 0 Byte. Wenn die Datei nicht existiert, wird versucht sie anzulegen.
w+	Öffnet die Datei zum Lesen und Schreiben und setzt den Dateizeiger auf den Anfang der Datei sowie die Länge der Datei auf 0 Byte. Wenn die Datei nicht existiert, wird versucht sie anzulegen.

Modus	*Bedeutung*
a	Öffnet die Datei nur zum Schreiben. Positioniert den Dateizeiger auf das Ende der Datei. Wenn die Datei nicht existiert, wird versucht sie anzulegen.
a+	Öffnet die Datei zum Lesen und Schreiben. Positioniert den Dateizeiger auf das Ende der Datei. Wenn die Datei nicht existiert, wird versucht sie anzulegen.

Sie sollten vor allem auf die Angaben »w« und »w+« achten. Damit sind Sie in der Lage, Dateien zu löschen oder zu erzeugen. Die Angabe »a« (append) sollten Sie verwenden, wenn Sie an eine bereits bestehende Datei weitere Daten anhängen wollen.

Wir haben Ihnen eine weitere Tabelle zusammengestellt, die Ihnen die Entscheidung, welcher Modus es beim Verarbeiten von Dateien sein soll, erleichtert:

Modus	*Lesbar?*	*Schreibbar?*	*Dateizeiger*	*Kürzen?*	*Erzeugen?*
r	Ja	Nein	Anfang	Nein	Nein
r+	Ja	Ja	Anfang	Nein	Nein
w	Nein	Ja	Anfang	Ja	Ja
w+	Ja	Ja	Anfang	Ja	Ja
a	Nein	Ja	Ende	Nein	Ja
a+	Ja	Ja	Ende	Nein	Ja

Dateien von einem entfernten Server

Sollten Sie Dateien von einem entfernten Server öffnen wollen, zu dem Sie via HTTP oder FTP Zugang haben, dann können Sie ebenfalls `fopen()` einsetzen:

```
$datei = fopen("http://www.selfas.de/info.txt","r");
```

Um mit Hilfe von `fopen()` Dateien zu öffnen, die einen Benutzernamen und ein Passwort voraussetzen, platzieren Sie die Authentifizierungsinformationen wie folgt in den URL:

```
$datei = fopen("ftp://benutzername:passwort@ftp.selfas.de/pub/
info.txt","r");
$datei = fopen("http://benutzername:passwort@www.selfas.de/info.txt","r");
```

Die Dateien werden mit Hilfe des *URL-fopen-Wrapper* übertragen. In der Standardkonfiguration ist dieser freigegeben, lässt sich jedoch durch die Option *allow_url_fopen* in Ihrer *php.ini* sperren. Wenn Sie Dateien auf einem entfernten Server nicht mit `fopen()` öffnen können, sollten Sie Ihre Serverkonfiguration überprüfen.

Einsatz von fgets()

Neben dem bereits vorgestellten `fread()` steht Ihnen zum Auslesen einer Datei auch noch `fgets()` zur Verfügung. Sie unterscheiden sich in einem wesentlichen Punkt:

`fread()` liest immer so viele Zeichen, wie im zweiten Argument angegeben werden, `fgets()` liest nur bis zum nächsten Zeilenumbruch, auch wenn im zweiten Argument ein größerer Wert angegeben wurde.

Hinweis: `fread()` ignoriert beim Auslesen einer Datei die enthaltenen Zeilenumbrüche.

Beispiel – Inhalt von info.txt:

```
Matthias
Caroline
```

Beispiel – auslesen.php mit fread():

```
<?php

$datei = fopen("info.txt","r");
echo fread($datei,1000);
fclose($datei);

?>
```

Ausgabe:

```
Matthias
Caroline
```

Beispiel – auslesen.php mit fgets():

```
<?php

$datei = fopen("info.txt","r");
echo fgets($datei,1000);
fclose($datei);

?>
```

Ausgabe:

```
Matthias
```

Und noch folgende Variante:

```
<?php

$datei = fopen("info.txt","r");
echo fread($datei,1000);
echo fgets($datei,1000);
fclose($datei);

?>
```

Ausgabe:

```
Matthias
Caroline
```

Das vorliegende Beispiel zeigt, wie die Funktionen arbeiten. Bei jedem Aufruf setzen sie den internen Dateizeiger an das Ende des eingelesenen Abschnitts. Bei `fgets()` ist das in der Regel eine Zeile. Sollte jedoch eine Zeile länger sein als im zweiten Argument angegeben, wird lediglich ein Teil der Zeile eingelesen. Sie sollten die Funktion `fgets()` in einer Schleife einsetzen, um nacheinander sämtliche Zeilen auszugeben. Wie wäre es, die Ausgabe durch HTML-Angaben zu formatieren:

```
<?php

$datei = fopen("info.txt","r");
$zeile = true;
while ($zeile) {
       $zeile = fgets($datei, 100);
       echo "<b>$zeile<b><br>";
}
fclose($datei);

?>
```

Ausgabe:

```
Matthias
Caroline
```

Da `fgets()` ein Leerzeichen zurückgibt und dieses von der `while`-Schleife als `false` interpretiert wird, können Sie den Rückgabewert als Abbruchkriterium einsetzen. Die Schleife endet automatisch, wenn in der Datei keine weiteren Zeilen vorkommen.

Zählen von Zeilen und Absätzen

Die Funktion `fgets()` kann Ihnen auch dabei behilflich sein, eine Datei zu analysieren, beispielsweise die Anzahl der Zeilen oder Absätze zu ermitteln.

Beispiel – Ermitteln der Anzahl von Zeilen:

```
<?php

$zeilen = 0;

if ($datei = fopen("daten.txt","r")) {
  while (!feof($datei)) {
    if (fgets($datei,1048576)) {
      $zeilen++;
    }
  }
}

echo $zeilen;
```

```
fclose($datei);

?>
```

Beispiel – Ermitteln der Anzahl von Absätzen:

```
<?php

$absaetze = 0;

if ($datei = fopen("daten.txt","r")) {
  while (! feof($datei)) {
    $z = fgets($datei,1048576);
    if (("\n" == $z) || ("\r\n" == $z)) {
      $absaetze++;
    }
  }
}
echo $absaetze;

fclose($datei);

?>
```

Hinweis: Der Wert für das zweite Argument in `fgets()` wurde bewusst so hoch gesetzt, um möglichst sämtliche Zeichen pro Zeile zu erfassen.

Sonderfall Datensätze

Eine Datei, welche datensatzähnliche Strukturen aufweist, zum Beispiel Trennzeichen, kann ebenfalls auf diese Weise analysiert werden.

Inhalt der db.txt-Datei:

```
Matthias Kannengiesser
-*-
Caroline Kannengiesser
-*-
Gülten Kannengiesser
-*-
```

Beispiel – Ermitteln der Anzahl von Datensätzen:

```
<?php

$dsatz = 0;
$dsatz_trenner = '-*-';

if ($datei = fopen('db.txt','r')) {
  while (! feof($datei)) {
```

```
    $z = rtrim(fgets($datei,1048576));
    if ($z == $dsatz_trenner) {
      $dsatz++;
    }
  }
}

echo $dsatz;

fclose($datei);

?>
```

Bearbeiten einzelner Wörter einer Datei

Um mit Hilfe der Funktion `fgets()` einzelne Wörter bearbeiten bzw. erfassen zu können, sollten Sie zusätzlich reguläre Ausdrücke mit der Funktion `preg_split()` verarbeiten.

Inhalt – daten.txt:

```
Matthias ist dort
Caroline ist hier
```

Beispiel:

```
<?php

$datei = fopen('daten.txt','r');
while (! feof($datei)) {
    if ($z = fgets($datei,1048576)) {
        // Zeile nach Worte durchsuchen
         $worte = preg_split('/\s+/',$z,-1, PREG_SPLIT_NO_EMPTY);
         // Alle Wörter einer Zeile bearbeiten
         foreach ($worte as $wort) {
                echo "<b>$wort</b><br>";
         }
         // Nächste Zeile (als Absatz)
         echo "<p>";
    }
}

fclose($datei);

?>
```

Ausgabe:

```
Matthias
ist
dort
```

```
Caroline
ist
hier
```

Quelltext-Ausgabe:

```
<b>Matthias</b><br><b>ist</b><br><b>dort</b><br><p><b>Caroline</b><br><b>i
st</b><br><b>hier</b><br><p>
```

Der Code verwendet das Metazeichen `\s` der Perl-kompatiblen Regular Expression Engine. Hiermit werden Leerzeichen (Whitespace) jeglicher Art verarbeitet, also Leerzeichen, Tabulatoren, Zeilenvorschübe, Wagenrückläufe und Seitenvorschübe.

2.7.7 Erzeugen und Schreiben von Dateien

Eine neue Datei anzulegen ist mit Hilfe der Funktionen `fopen()` und `fwrite()` recht einfach.

Beispiel:

```
<?php

$datei = fopen("daten.txt","w");
echo fwrite($datei, "Hallo Welt",100);
fclose($datei);

?>
```

Ausgabe:

```
10
```

Die Funktion gibt die Anzahl der Zeichen zurück, welche in die neue Datei `daten.txt` geschrieben wurden. Das letzte Argument `von fwrite()` ist übrigens optional sollte die Anzahl der Zeichen aus der Zeichenfolge den Wert überschreiten, wird die Zeichenfolge auf den festgelegten Wert gekürzt. Zusätzlich ist zu beachten, dass `fwrite()` den internen Dateizeiger weitersetzt. Dieser steht nach der Ausführung hinter dem letzten geschriebenen Zeichen. Sollten Sie `fwrite()` erneut aufrufen, wird die neue Zeichenfolge an den vorhanden Text angefügt.

In eine vorhandene Datei schreiben

Beim Schreiben in eine vorhandene Datei kommt es vor allem darauf an, mit welcher Zugriffsmethode Sie die Datei öffnen. Dabei sind folgende Situationen zu unterscheiden:

- Sie wollen weitere Daten an die Datei anfügen. In diesem Fall wählen Sie den Wert »a« (bzw. »a+«). Die Datei wird dann so geöffnet, dass ein schreibender Zugriff nur am Ende der Datei erfolgen kann.
- Sie wollen an einer beliebigen Stelle Daten in die Datei schreiben. Die an dieser Stelle befindlichen Daten werden dann jedoch überschrieben. In diesem Fall öffnen Sie die

Datei mit der Einstellung »r+«. Der Dateizeiger steht dann am Anfang der Datei. Um an einer beliebigen Stelle zu schreiben, muss der Dateizeiger mit der Funktion `fseek()` positioniert werden.

- Sie wollen eine bestehende Datei ganz neu schreiben, also keine bestehenden Daten übernehmen. In diesem Fall wählen Sie den Zugriffsmodus »w« (bzw. »w+«). Im Grunde wird die Datei dadurch gelöscht und mit dem gleichen Namen neu erzeugt.

Die interessanteste Methode stellt wohl die zweite Variante dar: Zugriff auf eine bereits bestehende Datei, jedoch an einer beliebigen Stelle und nicht am Anfang oder am Ender der Datei. Hierfür benötigen Sie Funktionen, mit denen Sie die Position des Dateizeigers abfragen und setzen können (siehe folgende Tabelle).

Funktion	*Beispiel*	*Bedeutung*
feof (handle)	echo feof($dateihandle);	Prüft, ob der Dateizeiger am Ende der Datei steht.
fseek (handle, offset [,postion])	fseek ($dateihandle, 10, SEEK_CUR);	Positioniert den Dateizeiger auf eine beliebige Stelle innerhalb der Datei.
ftell (handle)	echo ftell($dateihandle);	Ermittelt die aktuelle Position des Dateizeigers.
rewind(handle)	rewind($dateihandle);	Positioniert den Dateizeiger an den Anfang der Datei.

Die Funktion `fseek()` benötigt einen `offset` (Versatzwert), um den Dateizeiger ausgehend von einer festgelegten Position neu zu positionieren. Auf welche Startposition sich der Versatz bezieht, bestimmen Sie im letzten Argument. Dieses Argument ist optional.

Wenn Sie darauf verzichten, zählt der Versatzwert vom Anfang der Datei. Die Startposition lässt sich mit Hilfe einer der folgenden Konstanten bestimmen:

- `SEEK_SET` – Als Startposition wird der Dateianfang angenommen. Der Versatzwert steht dann auch für die absolute Position. Diese Konstante entspricht dem Standardwert und muss daher nicht unbedingt angegeben werden.
- `SEEK_CUR` – Als Startposition wird die aktuelle Position angenommen. Der Versatzwert bezieht sich dann auf diese Position.
- `SEEK_END` – Als Startposition wird das Dateiende angenommen. Das bedeutet, dass der Dateizeiger auch nach dem eigentlichen Ende der Datei positioniert werden kann. Diese Eigenschaft macht es möglich, eine strukturierte Datei mit Datensätzen fester Länge zu erzeugen. Die Datei muss hierzu nicht mit `SEEK_END` geöffnet werden.

Die aktuelle Position können Sie mit der Funktion `ftell()` auslesen. Das folgende Beispiel kombiniert beide Funktionen und stellt die relative Positionierung mit `SEEK_CUR` dar:

```
<?php

$datei = fopen("daten.txt","r+");
fseek($datei, 50, SEEK_CUR);
```

```
echo ftell($datei) . "<br>";
fseek($datei, 15, SEEK_CUR);
echo ftell($datei) . "<br>";
fclose($datei);

?>
```

Ausgabe:

```
50
65
```

Beachten Sie, dass die Datei mit dem Zugriffsmode »r+« geöffnet wurde. Der Dateizeiger lässt sich dann auch für das Schreiben frei positionieren. Verwenden Sie hingegen den Modus »a« (bzw. »a+«), werden sämtliche Daten an das Ende der Datei angefügt, unabhängig davon, wo gerade der Dateizeiger steht. Die Positionierung mit `fseek()` können Sie dann lediglich für das Auslesen nutzen.

2.7.8 Kopieren, Umbenennen und Löschen von Dateien

Zusätzlich zu den bisherigen Funktionen stehen Ihnen noch die Funktionen `copy()`, `rename()` und `unlink()` zur Verfügung, mit deren Hilfe Sie Dateien kopieren, umbenennen und löschen können.

Beispiel – kopieren:

```
<?php

if (@copy("daten.txt", "datenkopie.txt")) {
	echo "Kopiert";
} else {
	echo "Fehler!";
}

?>
```

Beispiel – umbennen:

```
<?php

if (@rename("datenkopie.txt", "datenumbenannt.txt")) {
	echo "Umbenannt";
} else {
	echo "Fehler!";
}

?>
```

Beispiel – löschen:

```
<?php

if (@unlink("datenumbenannt.txt")) {
	echo "Gelöscht";
} else {
	echo "Fehler!";
}

?>
```

Hinweis: Das @-Zeichen dient zur Fehlerunterdrückung.

2.7.9 Serialisierung von Daten

Funktionen wie `file()` oder `file_get_contents()` sorgen dafür, dass der Inhalt einer Datei eingelesen wird. Diese Daten werden anschließend deserialisiert. Eine Variable können Sie mit Hilfe von `serialize()` in ein speicherbares Format übertragen.

Einsatz von serialize() und unserialize()

Die `serialize()`-Funktion gibt eine Zeichenfolge zurück, die eine dem Byte-Stream entsprechende Wiedergabe von einer Variablen enthält und beliebig abgespeichert werden kann. Diese Funktion dient der Speicherung oder Übergabe von PHP-Werten, ohne dass diese ihren Wert oder ihre Struktur verlieren.

Beispiel:

```
<?php

$personen = array(
			"Matthias",
			"Caroline",
			"Gülten"
			);
$daten = serialize($personen);
echo $daten;

?>
```

Ausgabe:

```
a:3:{i:0;s:8:"Matthias";i:1;s:8:"Caroline";i:2;s:6:"Gülten";}
```

Eine solche Zeichenfolge können Sie mit Hilfe der Funktion `unserialize()` wieder in eine gültige Variable umwandeln.

Beispiel:

```
<pre>
<?php

$daten = 'a:3:{i:0;s:8:"Matthias";i:1;s:8:"Caroline";i:2;s:6:"Gülten";}';
$personen = unserialize($daten);
print_r ($personen);

?>
</pre>
```

Ausgabe:

```
Array
(
    [0] => Matthias
    [1] => Caroline
    [2] => Gülten
)
```

2.7.10 Verriegelung von Dateien

Jeder Schreibvorgang innerhalb einer Webanwendung birgt ein Risiko, nämlich dass Daten überschrieben werden. Sie können sich durch ein in PHP zur Verfügung gestelltes Verriegelungsverfahren davor schützen, dass Inhalte einer Datei ungewollt verändert werden.

Eine Datei wird hier durch einen so genannten Lock geschützt. Dieses von den meisten Betriebssystemen unterstützte Verfahren sperrt eine Datei, so dass ein ungewollter Zugriff ausgeschlossen werden kann. Die Funktion für die Verriegelung ist `flock()`.

Diese Funktion erwartet neben dem Datei-Handler als zweites Argument einen Integerwert für die durchzuführende Verriegelungsoperation. Es stehen folgende Verriegelungs-Konstanten zur Verfügung:

Konstante	*Wert*	*Bedeutung*
LOCK_SH	1	lock shared, verteilt lesende Verriegelung, andere Prozesse können lesend zugreifen.
LOCK_EX	2	lock exclusive, keinem anderen Prozess den Zugriff ermöglichen.
LOCK_UN	3	lock unlock, Verriegelung aufheben, sowohl lesend als auch schreibend.
LOCK_NB	4	lock non-blocking, in Verbindung mit LOCK_EX und LOCK_UN, beendet den Zugriffsversuch, ohne zu warten, bis die Datei für Zugriffe frei ist.

Um eine Datei zu sperren, benötigt die Funktion einen Datei-Handler, den Sie mit Hilfe der Funktion `fopen()` erhalten. Als Operation können Sie entweder einen verteilten oder einen exklusiven Zugriff erlauben oder eine Verriegelung wieder aufheben. Die Option `LOCK_NB` legt fest, wie reagiert werden soll, wenn eine Datei gesperrt vorgefunden wird. Um dies anzugeben, notieren Sie nach der Operation einen senkrechten Strich und danach die Konstante. Sie sollten diese nur dann einsetzen, wenn Sie Zugriffe während der Verriegelung durch `flock()` zulassen wollen.

Der Einsatz einer Verriegelung macht jedoch nur dann Sinn, wenn alle Programme die gleiche Art und Weise der Verriegelung nutzen. Eine Verriegelung von Dateien wird im Übrigen lediglich empfohlen. Solange Sie kein `flock()` verwenden, um den Verriegelungsstatus einer Datei festzulegen, können Sie auf diese bequem Lese-/Schreib-Zugriffe ausführen.

2.7.11 Auslesen von CSV-Dateien

Abschließend wollen wir Ihnen noch die Funktion `fgetcsv()` vorstellen. Vorab jedoch noch eine kurze Einführung in die Struktur von CSV-Dateien (comma separated values). Dabei handelt es sich um Textdateien, deren Einträge in Zeilen und Spalten (Felder) unterteilt sind. Die Zeilen werden durch Zeilenumbrüche gekennzeichnet und die Felder durch Kommata oder andere Trennzeichen. Für das Auslesen solcher Dateien können Sie die Funktion `fgetcsv()` einsetzen. Die Funktion erwartet eine Textdatei, die beispielsweise wie folgt strukturiert ist:

```
1, erster Mitarbeiter, Matthias, Kannengiesser
2, zweiter Mitarbeiter, Caroline, Kannengiesser
```

Jeder Aufruf von `fgetcsv()` liefert die jeweils nächste Zeile. Die Funktion benötigt mindestens zwei Argumente:

- Dateihandle
- Maximale Anzahl der auszulesenden Zeichen

Beispiel:

```
<?php

$datei = fopen("csvdaten.txt", "r");
$daten = fgetcsv($datei, 1000);
while ($daten) {
	echo implode(" - ", $daten) . "<br>";
	$daten = fgetcsv($datei, 1000);
}
?>
```

Ausgabe:

```
1 - erster Mitarbeiter - Matthias - Kannengiesser
2 - zweiter Mitarbeiter - Caroline - Kannengiesser
```

Das optionale dritte Argument kann ein anderes Trennzeichen für die Felder enthalten. Das Komma stellt den Standardwert für das dritte Argument dar.

2.7.12 Nützliche Dateioperationen

Hier haben wir noch einige nützliche Codeschnipsel zur Verarbeitung von Dateien.

Zeilen gezielt auslesen

Die Zeilen einer Datei gezielt auszulesen kann mit einigen Handgriffen umgesetzt werden. Sie können entweder die Funktion `file()` oder `fgets()` einsetzen. Die Funktion `file()` setzt voraus, dass genügend freier Arbeitsspeicher zur Verfügung steht, da die Datei vollständig eingelesen wird.

Beispiel – file():

```
<?php

$daten = file("daten.txt");
// Zweite Zeile ausgeben
echo $daten[1];

?>
```

Beispiel – fgets():

```
<?php

$zeilen_zaehler = 0;
$ziel_zeile = 2;

$datei = fopen('daten.txt','r');
while ((! feof($datei)) && ($zeilen_zaehler < $ziel_zeile)) {
    if ($zeile = fgets($datei,1048576)) {
        $zeilen_zaehler++;
    }
}
fclose($datei);

echo $zeile;

?>
```

Inhalt einer Datei rückwärts einlesen

Nun werden Sie sich sicher fragen, wozu das gut sein soll. Denken Sie mal ein Gästebuch. Es ist recht simpel, neue Beiträge mit Hilfe von `fopen()` und dem Anhängmodus »a« (append) ans Dateiende anzuhängen. Aber wie sieht es mit der Ausgabe aus, der neueste Eintrag soll schließlich an den Anfang der Ausgabe. Hier eine einfache und praktische Lösung.

Beispiel:

```
<?php

$daten = file("daten.txt");
$daten = array_reverse($daten);

foreach ($daten as $eintrag) {
       echo "$eintrag<br>";
}

?>
```

Natürlich können Sie statt sämtliche Zeilen rückwärtig auszugeben lediglich eine festgelegte Anzahl von Zeilen ausgeben, vielleicht die letzten 10 Zeilen.

Beispiel:

```
<?php

$daten = file('daten.txt');
$anzahl = 10;

for ($i = 0, $j = count($daten); $i <= $anzahl; $i++) {
    echo $daten[$j - $i] . "<br>";
}

?>
```

Zeile per Zufall – Spruchgenerator

Wie wäre es mit einem Spruchgenerator, der bei jedem Aufruf zufällig eine Zeile ausliest?

```
<?php

// Zufallsgenerator
function gen_zahl($max = 1) {
  $faktor = 1000000;
  return ((mt_rand(1,$faktor * $max)-1)/$faktor);
}

// Spruchgenerator
function gen_spruch($dateiname) {
$zeilen_nr = 0;

$datei = fopen($dateiname,'r');
while (! feof($datei)) {
    if ($z = fgets($datei,1048576)) {
        $zeilen_nr++;
        if (gen_zahl($zeilen_nr) < 1) {
            $spruch = $z;
```

```
        }
    }
}
fclose($datei);
return $spruch;
}

// Ausgabe
echo gen_spruch("daten.txt");

?>
```

Wir haben wir es uns erlaubt, die Zufallszahlen-Funktion `gen_zahl()` von der Spruchgenerator-Funktion `gen_spruch()` zu trennen, so haben Sie die Möglichkeit, die Zufallszahlen-Funktion auch für andere Zwecke zu nutzen.

Sie können es natürlich auch etwas einfacher haben, wenn Sie die Funktion `file()` und anschließend die Funktion `shuffle()` einsetzen.

Beispiel:

```
<?php

// Spruchgenerator
function gen_spruch($dateiname) {
       $daten = file($dateiname);
       shuffle ($daten);
       return $daten[0];
}

// Ausgabe
echo gen_spruch("daten.txt");

?>
```

Datei ohne eine temporäre Datei ändern

Stellen Sie sich vor, Sie wollen an einer Datei Änderungen vornehmen, dies jedoch ohne eine temporäre Datei zwischenzuspeichern. In diesem Fall öffnen Sie eine Datei mit dem Modus »r+« und korrigieren nach dem Schreiben der Änderungen die Länge der Datei mit Hilfe der Funktion `ftruncate()`. Diese ist in der Lage, eine Datei auf eine angegebene Länge zu kürzen.

Beispiel:

```
<?php

// Datei zum Lesen und Schreiben öffnen
$datei = fopen('daten.txt','r+');

// Gesamte Datei einlesen
$daten = fread($datei,filesize('daten.txt'));
```

```
// Konvertiert *Wort* zu <b>Wort</b>
$daten = preg_replace('@\*(.*?)\*@i','<b>$1</b>',$daten);

// Konvertiert /Wort/ zu <u>Wort</u>
$daten = preg_replace('@/(.*?)/@i','<u>$1</u>',$daten);

// Dateizeiger an den Anfang zurücksetzen
rewind($datei);

// Neue Daten in die Datei schreiben
if (-1 == fwrite($datei,$daten)){
       echo "Fehler!";
}

// Dateilänge auf die tatsächliche Datengrösse anpassen
ftruncate($datei,ftell($datei));

// Datei schließen
fclose($datei);

?>
```

Ihre `daten.txt` könnte folgende Daten enthalten:

```
/Matthias/ ist dort
*Caroline* ist hier
```

Nach der Änderung stellt sich der Inhalt wie folgt dar:

```
<u>Matthias</u> ist dort
<b>Caroline</b> ist hier
```

Schreiben und Lesen von komprimierten Dateien

Um Daten in komprimierter Form als Datei anlegen zu können, verwenden Sie in PHP die *zlib*-Erweiterung.

Beispiel – Schreiben:

```
<?php

$datei = gzopen('daten.gz','w');
$daten = "Hier der Text";

if (-1 == gzwrite($datei,$daten))   {
       echo "Fehler!";
} else {
       echo "Datei erzeugt!";
}

gzclose($datei);

?>
```

Beispiel – Lesen:

```
<?php

$datei = gzopen('daten.gz','r');

while ($zeile = gzgets($datei,1024)) {
      echo $zeile;
}

gzclose($datei);

?>
```

Die *zlib*-Erweiterung enthält zahlreiche Dateizugriffsfunktionen wie `gzopen()`, `gzread()` und `gzwrite()`, welche in der Lage sind, Daten beim Schreiben zu komprimieren und beim Lesen zu dekomprimieren. Der von *zlib* verwendete Kompressions-Algorithmus ist zu den Tools *gzip* und *gunzip* kompatibel.

Datei nach einem Muster durchsuchen

Um ein bestimmtes Muster innerhalb einer Datei zu finden und die betreffenden Zeilen auszugeben, sollten Sie sich auf reguläre Ausdrücke und die Funktionen `preg_grep()`, `file()` oder `fgets()` stützen.

Entweder Sie lesen die Datei vollständig mit Hilfe von `file()` in den Speicher oder Sie gehen zeilenweise vor, indem Sie die Funktion `fgets()` einsetzen.

Wir verwenden folgende Textdatei:

Inhalt – daten.txt:

```
ActionSkript Praxisbuch
ActionSkript Profireferenz
MySQL Praxisbuch
PHP 5 Praxisbuch
```

Beispiel – file():

```
<?php

// Nur Praxisbücher
$muster = "/\bpraxisbuch\b/i";

// Liste der gefundenen Einträge
$prasix_buecher = preg_grep($muster, file('daten.txt'));

// Ausgabe
foreach ($prasix_buecher as $buch) {
      echo "$buch<br>";
}

?>
```

Ausgabe:

```
ActionSkript Praxisbuch
MySQL Praxisbuch
PHP 5 Praxisbuch
```

Beispiel – fgets():

```
<?php

// Nur Praxisbücher
$muster = "/\bpraxisbuch\b/i";

// Datei öffnen
@$datei = fopen('daten.txt', 'r') or die("Fehler!");

// Durchsuchen der Datei - Zeilenweise
while (!feof($datei)) {
    $zeile = fgets($datei, 4096);
    if (preg_match($muster, $zeile)) {
            $prasix_buecher[] = $zeile;
        }
}

// Ausgabe
foreach ($prasix_buecher as $buch) {
      echo "$buch<br>";
}

// Datei schließen
fclose($datei);

?>
```

Ausgabe:

```
ActionSkript Praxisbuch
MySQL Praxisbuch
PHP 5 Praxisbuch
```

Sie sollten noch Folgendes berücksichtigen: Die erste Methode ist ungefähr drei- bis viermal schneller als die zweite. Die zweite Methode benötigt für die Suche jedoch weniger Speicher. In diesem Fall müssen Sie als Entwickler entscheiden, was Ihnen wichtiger ist. Und noch etwas: Die zweite Methode ist nicht in der Lage, Zeichenfolgen, die sich über mehrere Zeilen erstrecken, zu finden, da hier der reguläre Ausdruck auf jede Zeile einzeln angewendet wird.

Dateidownload mit PHP

Grundsätzlich können Sie einen Dateidownload auf zwei verschiedene Arten realisieren:

- Man schreibt ein PHP-Skript, das einen Redirect auf die zu ladende Datei generiert.
- Man startet den Download durch das PHP-Skript.

Die Methode mit dem Redirect hat den Nachteil, dass Anwender den Ziel-URL des Redirect mitbekommen und später dann direkt und ungeschützt auf diese Datei zugreifen können.

Will man dies verhindern, muss der Download innerhalb von PHP abgewickelt werden. Die zu ladenden Dateien liegen dann außerhalb der Document Root des Webservers und besitzen somit keinen URL. Sie sind lediglich durch PHP abzurufen. In PHP sendet man den passenden MIME-Typ als Header und schickt dann die gewünschte Datei hinterher. Natürlich kann man vorher noch einen Downloadzähler aktualisieren oder überprüfen, ob der Anwender überhaupt für den Download autorisiert ist.

```
<?php

// $download sei der Bezeichner für die zu ladende Datei
$download = $_GET['download'];

// Dieses Verzeichnis liegt außerhalb des Document Root und
// ist nicht per URL erreichbar.
$basedir = "/home/www/download";

// Übersetzung von Download-Bezeichner in Dateinamen.
$dateiliste = array(
  "file1" => "area1/datei1.zip",
  "file2" => "area1/datei2.zip",
  "file3" => "area2/datei1.zip"
);

// Einbruchsversuch abfangen.
if (!isset($dateiliste[$download])) die("Datei $download nicht
vorhanden.");

// Vertrauenswürdigen Dateinamen erzeugen.
$datei = sprintf("%s/%s", $basedir, $dateiliste[$download]);

// Passenden Datentyp erzeugen.
header("Content-Type: application/octet-stream");

// Passenden Dateinamen im Download-Requester vorgeben,
// z.B. den Original-Dateinamen
$speicher_name = basename($dateiliste[$download]);
header("Content-Disposition: attachment; filename=\"$speicher_name\"");

// Datei ausgeben.
readfile($datei);

?>
```

2.7.13 Nützliche Verzeichnisoperationen

In diesem Abschnitt haben wir noch einige nützliche Codeschnipsel zur Verarbeitung von Verzeichnissen zusammengefasst.

Wie wäre es, beispielsweise mit Hilfe eines Musters eine Liste von Dateinamen auszugeben?

Beispiel – nur Dateinamen, die .jpg enthalten:

```
<?php

@$verzeichnis = dir(".") or die("Fehler!");
echo "Dateien:<br>";

while ($datei = $verzeichnis->read()) {
        if (preg_match('/.jpg/',$datei)) {
        echo "$datei<br>";
    }
}

$verzeichnis->close();

?>
```

Das Muster lässt sich recht einfach auf jedes Dateiformat anpassen. Um die gefundenen Bilder auszugeben, bedarf es lediglich einer kleinen Anpassung der `echo`-Anweisung: `echo "<img src=$file><br>";`.

Bearbeiten sämtlicher Dateien eines Verzeichnisses

Nun wollen wir sämtliche Dateien eines Verzeichnisses und dessen Unterverzeichnisse samt Dateien auflisten und bearbeiten. Dafür nehmen wir eine Rekursion zu Hilfe. Hier die Funktion, die Sie jederzeit einsetzen und auf Ihre Bedürfnisse anpassen können:

```
<?php

// Sämtliche Dateien in und unterhalb des Verzeichnisses erfassen
function lese_verzeichnisse($v_name,$funk_name,$max_tiefe = 10,$tiefe = 0)
{
    if ($tiefe >= $max_tiefe) {
            error_log("Maximale Tiefe $max_tiefe von $v_name.");
        return false;
    }
    $sub_vers = array();
    $files = array();
    if (is_dir($v_name) && is_readable($v_name)) {
        $verzeichnis = dir($v_name);
        while (false !== ($datei = $verzeichnis->read())) {
            // . und .. nicht ausgeben
            if (('.' == $datei) || ('..' == $datei)) {
                continue;
```

```
          }
          // Verzeichnisse und Symbolische Links
          if (is_dir("$v_name/$datei")) {
              array_push($sub_vers,"$v_name/$datei");
          } else {
              $funk_name("$v_name/$datei");
          }
      }
      $verzeichnis->close();
      // Rekursiver durchlauf um die jeweiligen
              // Unterverzeichnisse zu erreichen
      foreach ($sub_vers as $sub_ver) {
lese_verzeichnisse($sub_ver,$funk_name,$max_tiefe,$tiefe+1);
      }
  }
}

// Funktion zur Formatierung der Ausgabe
function printatime($p_datei) {
    print "<a href=$p_datei>".basename($p_datei)."</a><br>";
}

lese_verzeichnisse('.','printatime');

?>
```

Die Funktion bearbeitet sämtliche gefundenen Dateien, indem sie der Ausgabe einen Hyperlink hinzufügt, so dass sich die Dateien einzeln ansprechen lassen. Eine Besonderheit soll erwähnt werden:

Da `is_dir()` true zurückgibt, wenn es auf einen symbolischen Link trifft, der auf ein Verzeichnis verweist, folgt die Funktion auch symbolischen Links. Sollten Sie den symbolischen Links nicht folgen wollen, ändern Sie die Codezeile

```
if (is_dir("$v_name/$datei")) {
```

in

```
if (is_dir("$v_name/$datei") && (! is_link("$v_name/$datei"))) {
```

2.7.14 Datei-Upload via HTML-Formular

Sollten Sie Ihren Kunden die Pflege Ihrer Daten überlassen, ist es in den meisten Fällen erforderlich, einen Datei-Upload bereitzustellen. Eine sinnvolle, wenn auch nicht immer effektive Alternative zum FTP-Zugriff ist der Upload von Dateien mit Hilfe von Formularen.

Aufbau des Formulars

Damit der Browser eine Datei vom Client zum Server überträgt, benötigen Sie ein `<input>`-Feld vom Typ *file* und das Attribut *enctype="multipart/form-data"* des `<form>`-

Tags. Zusätzlich ist die Übertragungsmethode POST zwingend erforderlich, damit der Datei-Upload fehlerfrei durchgeführt werden kann. Es können sowohl Text- als auch Binärdaten hochgeladen werden.

Beispiel – Formular (up_form.html):

```
<html>
<head>
<title>Datei-Upload</title>
</head>
<body>
<p><font face="Arial, Helvetica, sans-serif" size="6">Datei-Upload via
HTML </font></p>
<form method="post" action="upload.php" enctype="multipart/form-data">
  Datei:
  <input type="hidden" name="MAX_FILES_SIZE" value="100000">
  <input type="file" name="datei" size="40" maxlength="100000">
  <input type="submit" name="Submit" value="Senden">
</form>
</body>
</html>
```

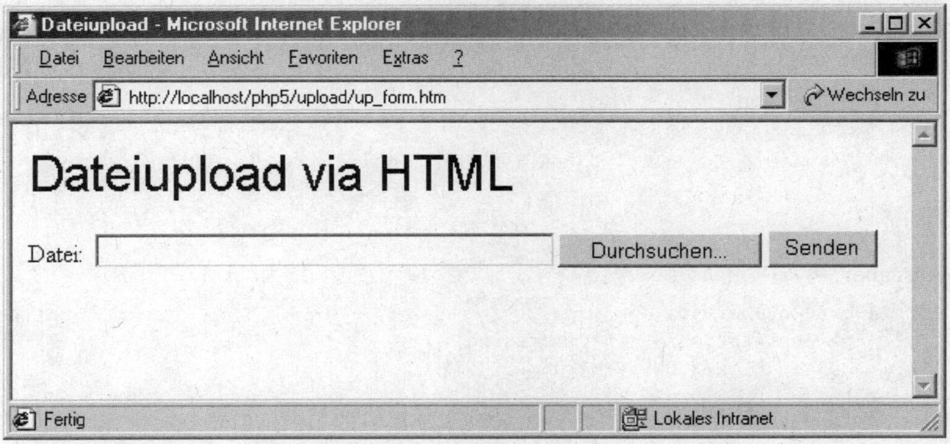

Bild 2.10: HTML-Formular (up_form.html)

PHP stellt Ihnen die Möglichkeit zur Verfügung, über ein im Formular definiertes verstecktes Feld mit dem Namen `MAX_FILE_SIZE` die maximale Dateigröße festzulegen. Sollte eine größere Datei übertragen werden, so wird diese verworfen und ein Fehler ausgegeben. Sie sollten sich jedoch grundsätzlich nicht nur auf das versteckte Feld verlassen, sondern sollten serverseitig überprüfen, was tatsächlich übertragen wurde.

Informationen zur Datei

Bevor wir uns mit dem Skript *upload.php* befassen, sollten wir Ihnen noch die Überprüfungsmöglichkeiten des Servers vorstellen. Sobald eine Datei an den Server übertragen wird, wird automatisch das globale Array `$_FILES` erzeugt. In diesem assoziativen Array sind sämtliche Informationen zur Datei gespeichert.

Beispiel – Erfassen der $_FILES-Informationen:

```
<html>
<head>
<title>Datei-Upload</title>
</head>
<body>
<p><font face="Arial, Helvetica, sans-serif" size="6">Datei-Upload via
HTML </font></p>
<form method="post" action="<? echo $PHP_SELF ?>" enctype="multipart/form-
data">
  Datei:
  <input type="hidden" name="MAX_FILES_SIZE" value="100000">
  <input type="file" name="datei" size="40" maxlength="100000">
  <input type="submit" name="Submit" value="Senden">
</form>
<?php

// Dateiinformationen (Ausgabe über Schleife)
if (isset($_FILES["datei"])) {
       foreach ($_FILES["datei"] as $key=>$element) {
              echo "[$key] => $element<br>";
       }
}
?>
</body>
</html>
```

Ausgabe:

```
[name] => eingabe.zip
[type] => application/x-zip-compressed
[tmp_name] => C:\WINDOWS\TEMP\php7023.TMP
[error] => 0
[size] => 20764
```

Hinter diesen fünf Elementen stecken folgende Details:

Element	*Syntax*	*Bedeutung*
name	$_FILES["datei"]["name"]	Der ursprüngliche Dateiname auf der Client-Maschine. Der genaue Dateiname mit evtl. vorhandenen Laufwerksbuchstaben, Pfadseparatoren und anderen Sonderzeichen ist betriebssystemabhängig.

Element	*Syntax*	*Bedeutung*
type	$_FILES["datei"]["type"]	Dieses Element enthält den MIME-Type der Datei, so wie er dem Server vom Browser übermittelt worden ist. Dieser Wert kann unter Umständen nicht richtig sein, je nach Einstellung des Browsers. Beim Ermitteln des Typs von hochgeladenen Grafiken sollte stattdessen die Funktion `getimagesize()` verwendet werden.
size	$_FILES["datei"]["size"]	Die Größe der hochgeladenen Datei in Byte.
tmp_name	$_FILES["datei"]["tmp_name"]	Dieses Element enthält den Namen der Datei in einem temporären Verzeichnis auf dem Server. Sie kann von dort mit einem `move_uploaded_file()`-Aufruf abgeholt werden. Das ist auch notwendig, da die Originaldatei am Ende des Skripts automatisch gelöscht wird.
error	$_FILES["datei"]["error"]	Dieses Element wurde mit PHP 4.2.0 eingeführt und enthält den Status des Datei-Uploads. Die möglichen Werte und dazugehörige Konstanten finden Sie weiter unten.

Die wohl wichtigsten Informationen stecken in `$_FILES["datei"]["size"]`, `$_FILES["datei"]["type"]` und `$_FILES["datei"]["error"]`.

Mit Hilfe des Elements `$_FILES["datei"]["error"]` können Sie kontrollieren, ob ein und welcher Fehler aufgetreten ist.

Fehlerkonstante	*Wert*	*Bedeutung*
UPLOAD_ERR_OK	0	Es liegt kein Fehler vor, die Datei wurde erfolgreich hochgeladen.
UPLOAD_ERR_INI_SIZE	1	Die hochgeladene Datei überschreitet die in der Anweisung *upload_max_filesize* in *php.ini* festgelegte Größe.
UPLOAD_ERR_FORM_SIZE	2	Die hochgeladene Datei überschreitet die in dem HTML-Formular mittels der Anweisung `MAX_FILE_SIZE` angegebene maximale Dateigröße.
UPLOAD_ERR_PARTIAL	3	Die Datei wurde nur teilweise hochgeladen.
UPLOAD_ERR_NO_FILE	4	Es wurde keine Datei zum Server übertragen, das Feld war leer.

Auch wenn kein Fehler aufgetreten ist, entbindet Sie dies nicht von der Aufgabe, zu überprüfen, ob die Datei tatsächlich Ihren gewünschten Anforderungen entspricht. Grundsätzlich kann jede Benutzereingabe manipuliert sein, daher sollten Sie vor allem beim Datei-Upload möglichst auf Nummer sicher gehen.

Hinweis: Dateien, welche den Fehler UPLOAD_ERR_INI_SIZE oder UPLOAD_ERR_FORM_SIZE erzeugen, werden automatisch vom Server gelöscht.

Achtung: PHP 4-Versionen, die kleiner als PHP 4.1 sind, kennen das globale Array $_FILES nicht. Stattdessen können Sie auf das assoziative Array $HTTP_POST_FILES zurückgreifen.

Ablegen der Datei auf dem Server

Nun haben Sie es fast schon überstanden. Sobald eine Datei an den Server gesendet wurde, wird sie in einem temporären Verzeichnis unter einem temporären Namen gespeichert. Diese Datei wird jedoch automatisch gelöscht, wenn das verarbeitende Skript beendet wurde. Sie müssen daher diese Datei zum endgültigen Ablageverzeichnis kopieren.

Sie sollten sich nun der *upload.php* zuwenden, auf der im HTML-Formular für den Datei-Upload verwiesen wurde.

Beispiel – upload.php:

```
<html>
<head>
<title>Datei-Upload - Status</title>
</head>
<body>
<?php

// Prüfen des Array $_FILES
if (isset($_FILES["datei"])) {

// Upload-Status
if ($_FILES["datei"]["error"] == UPLOAD_ERR_OK) {

// Muster zur Überprüfung der im Dateinamen
// enthaltenen Zeichen (Optional)
$regExp = "/^[a-z_]([a-z0-9_-]*\.?[a-z0-9_-])*\.[a-z]{3,4}$/i";

// Dateiname und Dateigrösse
if (preg_match($regExp,$_FILES["datei"]["name"]) &&
$_FILES["datei"]["size"] > 0 && $_FILES["datei"]["size"] < 100000) {

// Temporäre Datei in das Zielverzeichnis
// des Servers verschieben.
move_uploaded_file($_FILES["datei"]["tmp_name"],"shots/".$_FILES["datei"][
"name"]);

// Redirect zur Erfolgs-Meldung
header("Location: status.html");
}
else {
echo "Fehler: Im Dateinamen oder Dateigrössen Limit!";
```

```
}
}
else {
echo "Fehler: Während der Übertragung aufgetreten!";
}
}
else {
echo "Fehler: Datei-Upload fehlgeschlagen!";
}

?>
</body>
</html>
```

Beispiel – status.html:

```
<html>
<head>
<title>Datei-Upload - Erfolgreich</title>
</head>
<body>
<p><font face="Arial, Helvetica, sans-serif" size="6">Upload:
Erfolgreich</font></p>
<p><font face="Arial, Helvetica, sans-serif"><a href="up_form.html">[Zum
Datei-Upload]</a></font></p>
</body>
</html>
```

Eine sichere Funktion für Kopiervorgänge ist die Funktion `move_uploaded_file()`. Diese Funktion prüft, ob die angegebene Datei tatsächlich eine Uploaddatei ist, und verschiebt sie in das Zielverzeichnis. Dies können Sie der Codezeile aus dem Skript entnehmen:

```
move_uploaded_file($_FILES["datei"]["tmp_name"],"shots/".$_FILES["datei"][
"name"]);
```

Mit dem ersten Argument wird der Dateinamen der temporären Datei festgelegt und mit dem zweiten Argument legt man das Zielverzeichnis samt neuem Dateinamen fest. Im vorliegenden Fall entspricht der neue Dateiname dem ursprünglichen Dateinamen des Clientsystems.

Achtung: Die Funktion `move_uploaded_file()` ist lediglich für tatsächlich per Upload übertragene Dateien geeignet. Sollten Sie vorhaben, eine Datei des Dateisystems zu verschieben, so müssen Sie auf die Funktion `copy()` zurückgreifen und anschließend die Originaldatei entfernen.

Upload mehrerer Dateien

Das Auswählen mehrerer Dateien oder gar ganzer Verzeichnisse ist mit einem `<input>`-Feld nicht möglich. Auch das Vorgeben eines bestimmten Verzeichnisses oder vollständigen Pfades ist bei `<input>`-Feldern verboten, und zwar aus Sicherheitsgründen!

Mehrere Dateien lassen sich beispielsweise wie folgt übertragen:

- Mit Hilfe von mehreren `<input>`-Feldern vom Typ *file* – pro Datei eines.
  Tipp: Um dies zu tun, empfehlen wir Ihnen, die gleiche Array-Sende-Syntax wie bei Auswahllisten mit Mehrfachauswahl und Checkboxen zu verwenden. Vergessen Sie nicht, die eckigen Klammen (`[]`) an den Namen des `<input>`-Feldes anzuhängen, um in PHP ein Array mit den Dateiinformationen zu erhalten.
- In Form einer .zip- oder .tar-Datei.
- Per FTP.

Beispiel:

```
<form action="upload.php" method="post" enctype="multipart/form-data">
  Dateien:<br>
  <input name="datei[]" type="file"><br>
  <input name="datei[]" type="file"><br>
  <input type="submit" value="Senden">
</form>
```

Wenn das obige Formular übermittelt ist, werden die Arrays `$_FILES["datei"]`, `$_FILES["datei"]["name"]` und `$_FILES["datei"]["size"]` erzeugt.

Der Name der ersten und zweiten Datei findet sich in diesem Beispiel unter:

```
$_FILES["datei"]["name"][0] // Erste Datei
$_FILES["datei"]["name"][1] // Zweite Datei
```

Diese Indizierung gilt auch für alle weiteren Dateiinformationen wie `$_FILES["datei"]["tmp_name"][0]`, `$_FILES["datei"]["size"][0]`, `$_FILES["datei"]["type"][0]` und `$_FILES["datei"]["error"][0]`.

3 Lösungen für den Alltag

In diesem Kapitel befassen wir uns mit einigen Beispielen, die im Alltag eines PHP-Entwicklers immer wieder vorkommen, und bieten Ihnen eine Sammlung nützlicher Lösungsansätze. Sehen Sie diesen Teil des Buchs als eine Art Ideenpool an.

3.1 Der Besucherzähler

Immer wieder ein beliebtes Beispiel ist der so genannte Counter (Besucherzähler), welcher den Besucher der Website darüber aufklären soll, wie viele Besucher bereits vor ihm die jeweilige Website oder Webanwendung aufgerufen haben.

Natürlich lässt sich ein solcher Counter nicht nur mit Perl oder ASP realisieren, sondern auch mit Hilfe von PHP.

3.1.1 Textcounter

Das erforderliche Skript zur Umsetzung des Counters sieht wie folgt aus:

```
<?php

// Simple Counter v1.0
// Für die korrekte Funktionsweise des Counters ist darauf zu
// achten, dass die entsprechenden Schreibrechte auf dem
// Webserver gesetzt sind.

// Counterdateiname
$datei="counter.txt";

// Anzahl der führenden Nullen
$stellen = 5;

if(file_exists($datei)){
  // Falls die Datei existiert, wird sie ausgelesen und
  // der dort enthaltene Wert um Eins erhöht.
  $fp=fopen($datei,"r+");
  $zahl=fgets($fp,$stellen);
  $zahl++;
  rewind($fp);
  flock($fp,2);
  fputs($fp,$zahl,$stellen);
  flock($fp,3);
  fclose($fp);
}else{
  // Die Datei counter.txt existiert nicht, sie wird
  // neu angelegt und mit dem Wert 1 gefüllt.
```

```
  $fp=fopen($datei,"w");
  $zahl="1";
  fputs($fp,$zahl,$stellen);
  fclose($fp);
}

// Diese Funktion sorgt für die Formatierung
// in diesem Fall für die führenden Nullen
$zahl=sprintf("%0".$stellen."d",$zahl);

?>
```

Wir empfehlen Ihnen, dieses Skript in eine Datei namens *counter.php* abzuspeichern. Durch die `if`-Anweisung wird entweder eine vorhandene Textdatei *counter.txt* ausgelesen und deren Wert anschließend um 1 erhöht oder eine neue Textdatei *counter.txt* angelegt und der Wert mit 1 initialisiert. Die Variable `$fp` enthält den Dateizeiger (engl. FilePointer), welcher auf die entsprechende Datei verweist. Die Funktion `rewind()` sorgt dafür, dass der Dateizeiger wieder an die Anfangsposition zurückgesetzt wird, um anschließend mit der Funktion `fputs()` den in der Variablen `$zahl` enthaltenen Wert zu verwenden und den bisherigen Inhalt der Datei zu überschreiben. Mit Hilfe der Funktion `flock()` wird sichergestellt, dass die Datei während des Schreibvorgangs verriegelt wird. Dies ist notwendig, um beispielsweise einen simultanen Zugriff auf die Datei zu verhindern, denn dadurch könnte die Datei möglicherweise zerstört werden.

Im letzten Schritt wird der Inhalt der Variablen `$zahl` formatiert, und zwar, so dass eine festgelegte Zahl von führenden Nullen hinzugefügt wird. Die Funktion `sprintf()` dient dabei der formatierten Ausgabe von Zeichenketten. Der Aufruf des Counters kann anschließend aus jedem beliebigen PHP-Skript Ihrer Website erfolgen, und zwar wie folgt:

```
<?php

include("counter.php");
echo $zahl;

?>
```

Ausgabe:

```
00001
```

Natürlich steht es Ihnen frei, die Ausgabe des Counters mit Hilfe von HTML-Tags zu formatieren.

Beispiel:

```
<html>
<head>
<title>Simple Counter</title>
</head>
<body>
<font face=Arial color=blue size=5>Besucher:</font>
<?php

include("counter.php");
echo "<font face=Arial color=blue size=5>$zahl</font>";
```

```
?>
</body>
</html>
```

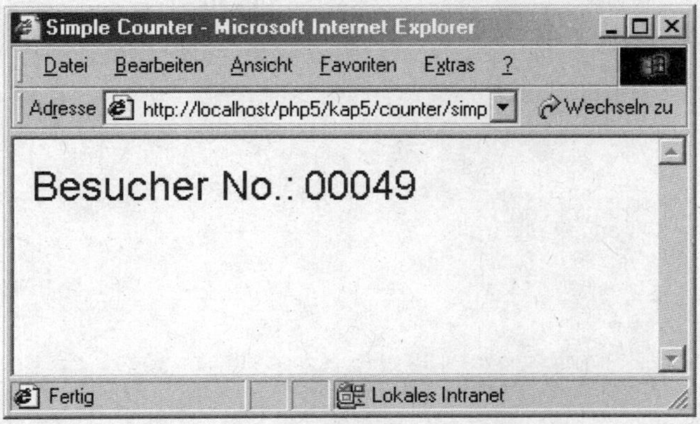

Bild 3.1: Formatierter Besucherzähler

3.1.2 Grafikcounter

Nachdem Sie nun den Textcounter entworfen haben, wäre es sicher interessant zu erfahren, wie sich eine auf Grafik basierende Lösung darstellt. Dabei werden Sie feststellen, dass Sie das vorhandene Skript des Textcounters lediglich um einige Codezeilen anpassen müssen.

Das erforderliche Skript zur Umsetzung des Counters sieht wie folgt aus:

```
<?php
// Grafik Counter v1.0
// Für die korrekte Funktionsweise des Counters ist darauf zu
// achten, dass die entsprechenden Schreibrechte auf dem
// Webserver gesetzt sind.
// Counterdateiname
$datei="counter.txt";
// Anzahl der führenden Nullen
$stellen = 5;
// Festlegen der Bild-Dimensionen
$breite="15";
$hoehe="19";
if(file_exists($datei)){
  // Falls die Datei existiert, wird sie ausgelesen und
  // der dort enthaltene Wert um Eins erhöht.
  $fp=fopen($datei,"r+");
  $zahl=fgets($fp,$stellen);
  $zahl++;
  rewind($fp);
  flock($fp,2);
  fputs($fp,$zahl,$stellen);
```

```
  flock($fp,3);
  fclose($fp);
}else{
  // Die Datei counter.txt existiert nicht, sie wird
  // neu angelegt und mit dem Wert 1 gefüllt.
  $fp=fopen($datei,"w");
  $zahl="1";
  fputs($fp,$zahl,$stellen);
  fclose($fp);
}

// Diese Funktion sorgt für die Formatierung
// in diesem Fall für die führenden Nullen
$zahl=sprintf("%0".$stellen."d",$zahl);

// Hier wird dann der Zähler aus Bildern zusammengesetzt
for($i=0;$i<$stellen;$i++){
$bild_counter=$bild_counter . "<img src=bilder/" . substr($zahl,$i,1) .
".gif align=absmiddle width=$breite height=$hoehe>";
}

?>
```

Wie Sie selbst feststellen werden, wurden für die grafische Lösung lediglich die beiden Variablen `$breite` und `$hohe` hinzugefügt, welche die Bilddimension festlegen. Die einzelnen Bilder, aus denen sich der Counter zusammensetzt, werden mit Hilfe der `for`-Schleife festgelegt. Dabei ist darauf zu achten, dass die einzelnen Grafiken von *0.gif* bis *9.gif* im angegebenen Verzeichnis *bilder* vorliegen müssen.

Nun betrachten Sie sich die Codezeile innerhalb der `for`-Schleife etwas genauer. Die Variable `$bild_counter`, welche immer an sich selbst angehängt wird, erzeugt mit Hilfe der `for`-Schleife die benötigten `<img>`-Tags, die auf die Bilder für die entsprechenden Stellen der Zahl verweisen.

Ist die erste Stelle beispielsweise eine Zwei, dann lautet der korrekte Hyperlink:

```
<img src=bilder/2.gif align=absmiddle width=15 height=19>
```

Um den Wert der Stelle und damit des Namens der Bilddatei zu ermitteln, die die entsprechende Ziffer enthält, wird die Funktion `substr()` verwendet. Diese sucht aus einer Zeichenkette ein oder mehrere Zeichen heraus, je nachdem, welche Parameter an die Funktion übergeben wurden. Der erste Parameter enthält die zu untersuchende Zeichenkette (`$zahl`). Der zweite Parameter gibt die Position innerhalb der Zeichenkette an, an der die Funktion ansetzen soll (`$i`), und legt damit auch den Startwert fest. Der dritte Parameter legt fest, wie viele Zeichen ab dem Startwert zurückgegeben werden sollen (`1`). Der Startwert muss nacheinander die Werte 0 bis $ Stellen durchlaufen, um sämtliche Stellen von `$zahl` zu untersuchen.

Natürlich können Sie auch JPEG-Bilder verwenden, hierzu müssen Sie lediglich die Codezeile innerhalb der `for`-Schleife wie folgt anpassen:

```
$bild_counter=$bild_counter . "<img src=bilder/" . substr($zahl,$i,1) .
".jpg align=absmiddle width=$breite height=$hoehe>";
```

Auch in diesem Fall empfehlen wir Ihnen, das Skript in eine separate Datei abzuspeichern wie z.B. *grafikcounter.php*. Der Aufruf des Counters kann anschließend aus jedem beliebigen PHP-Skript Ihrer Website erfolgen, und zwar wie folgt:

```
<?php

include("grafikcounter.php");
echo $bild_counter;

?>
```

Bild 3.2: Formatierter grafischer Besucherzähler

3.1.3 Counter mit IP-Sperre

Die dritte und letzte Variante eines Besucherzählers, die wir Ihnen vorstellen wollen, ist der Besucherzähler, welcher eine IP-Sperre besitzt. Diese IP-Sperre ermöglicht es Ihnen, den jeweiligen Besucher lediglich ein einziges Mal pro Besuch zu registrieren, und zwar für eine festgelegte Zeit. Natürlich stellt dies keinen absoluten Schutz vor Refresh-Aufrufen dar, aber immerhin lässt sich hiermit der Besucherzähler wesentlich sinnvoller betreiben.

Das erforderliche Skript zur Umsetzung des Counters sieht folgendermaßen aus:

```
<?

//////////////////////////////////////////
// Counter + Reloadsperre v1.0
//////////////////////////////////////////

// 0=keine Reloadsperre, 1=Reloadsperre
$aktiv = 1;
// Zeit der Reloadsperre in Minuten
$zeit = 1;
// IP-Datei
$ipdatei = "ips.txt";
// Counterdatei
$datei = "counter.txt";
// Anzahl der führenden Nullen
```

```
$stellen = 5;
// Festlegen der Bild-Dimensionen
$breite="15";
$hoehe="19";

//////////////////////////////////////////
// IP-Reloadsperre
//////////////////////////////////////////

function pruf_IP($rem_addr) {
  global $ipdatei,$zeit;
  @$ip_array = file($ipdatei);
  $reload_dat = fopen($ipdatei,"w");
  $this_time = time();
  for ($i=0; $i<count($ip_array); $i++) {
    list($ip_addr,$time_stamp) = explode("|",$ip_array[$i]);
    if ($this_time < ($time_stamp+60*$zeit)) {
      if ($ip_addr == $rem_addr) {
        $gefunden=1;
      }
      else {
        fwrite($reload_dat,"$ip_addr|$time_stamp");
      }
    }
  }
  fwrite($reload_dat,"$rem_addr|$this_time\n");
  fclose($reload_dat);
  return ($gefunden==1) ? 1 : 0;
}

//////////////////////////////////////////
// Counter-Abfrage
//////////////////////////////////////////

if (file_exists($datei) && ($aktiv==0 || ($aktiv==1 &&
pruf_IP($REMOTE_ADDR)==0))) {
  // Falls die Datei existiert, wird sie ausgelesen und
  // der dort enthaltene Wert um Eins erhöht.
  $fp=fopen($datei,"r+");
  $zahl=fgets($fp,$stellen);
  $zahl++;
  rewind($fp);
  flock($fp,2);
  fputs($fp,$zahl,$stellen);
  flock($fp,3);
  fclose($fp);
}else if (!file_exists($datei) && ($aktiv==0 || ($aktiv==1 &&
pruf_IP($REMOTE_ADDR)==0))) {
  // Die Datei counter.txt existiert nicht, sie wird
  // neu angelegt und mit dem Wert 1 gefüllt.
  $fp=fopen($datei,"w");
  $zahl="1";
  fputs($fp,$zahl,$stellen);
  fclose($fp);
} else {
  // Die Datei existiert zwar, jedoch handelt
  // es sich wahrscheinlich um den gleichen Besucher
  $fp=fopen($datei,"r");
```

```
  $zahl=fgets($fp,$stellen);
  fclose($fp);
}

$zahl=sprintf("%0".$stellen."d",$zahl);

?>
```

Diese Lösung ist ähnlich aufgebaut, wie der Text- bzw. Grafikcounter. Es ist lediglich eine Funktion `pruf_IP()` hinzugekommen, die Sie in die Lage versetzt, die jeweilige IP-Adresse des Besuchers und die Besuchszeit zu speichern. Hierzu wird eine Textdatei *ips.txt* angelegt, in der sich sämtliche Besucher-IPs samt Besuchszeiten befinden. Die Reloadsperre ist für jeden Besucher eine Minute lang aktiv, dies lässt sich mit Hilfe der Variablen `$zeit` natürlich ohne weiteres heraufsetzen. Die durch die Funktion erzeugten Einträge innerhalb der *ips.txt*-Datei setzen sich wie folgt zusammen: *ipadresse|besuchszeit.*

Beispiel – Zeile aus der ips.txt-Datei:

```
127.0.0.1|1075942181
```

Die Counter-Abfrage sowie die Ausgabeformatierung sind in ihren wesentlichen Bestandteilen identisch mit den vorherigen Lösungen. Der Aufruf des Counters kann anschließend aus jedem beliebigen PHP-Skript Ihrer Website erfolgen, und zwar wie folgt:

Beispiel – Textcounter:

```
<?php

include("counter.php");
echo "<font face=Arial color=blue size=5>$zahl</font>";

?>
```

Beispiel – Grafikcounter:

```
<?php

include("counter.php");

// Hier wird dann der Zähler aus Bildern zusammengesetzt
for($i=0;$i<$stellen;$i++){
$bild_counter=$bild_counter . "<img src=bilder/" . substr($zahl,$i,1) .
".gif align=absmiddle width=$breite height=$hoehe>";
}

echo $bild_counter;

?>
```

Tipp: Nehmen Sie sich genügend Zeit, um sich mit der IP-Sperre zu befassen. Diese Funktion kann Ihnen auch für weitere Anwendungen, beispielsweise ein Gästebuch, nützliche Dienste erweisen, um doppelte Einträge zu vermeiden.

3.2 Das Gästebuch

Nach dem Besucherzähler sollten Sie versuchen, sich mit einem etwas komplexeren Problem zu befassen, nämlich der Umsetzung eines Gästebuchs. Wenn man es genau nimmt, ist dies auch nicht viel komplizierter als die Realisierung eines voll funktionsfähigen Besucherzählers.

Ein Gästebuch findet man heutzutage auf einer Vielzahl von Websites, ob bei Privatpersonen, Firmen oder Vereinen. Es seinen Besuchern zu ermöglichen, eine Nachricht zu hinterlassen, hatte schon seinen Reiz.

Das folgende Gästebuch setzt sich aus folgenden Dateien zusammen:

- *buch_eintrag.php* – In diesem Skript befindet sich die Eingabemaske (Formular), die es dem Besucher ermöglicht, einen Gästebucheintrag vorzunehmen.
- *buch_funktionen.php* – In diesem Skript werden die Daten, die aus *buch_eintrag.php* stammen, gefiltert und überprüft und anschließend von *funktionen.php* weiter verarbeitet.
- *funktionen.php* – In diesem Skript wird dafür gesorgt, dass die *buch_inhalt.htm* und die *ips.txt* erzeugt werden. Sollte die *buch_inhalt.htm* bereits vorhanden sein, wird der Inhalt durch die Daten des neuen Eintrags ergänzt. Sollte die *ips.txt* vorhanden sein, wird überprüft, ob der Besucher einen doppelten Eintrag vornehmen möchte, dies wird jedoch durch die Reload-Sperre verhindert.
- *ips.txt* – Enthält die gesperrten IP-Adressen samt Zeitstempel.
- *autorespond.php* – In diesem Skript wird dafür gesorgt, dass sowohl der Gästebuchbetreiber (webmaster) als auch der Besucher eine Mail erhalten.
- *buch.php* – In diesem Skript wird überprüft, ob die *buch_inhalt.htm* bereits existiert, und falls dies der Fall ist, wird der Inhalt der Datei ausgegeben.
- *buch_inhalt.htm* – In dieser Datei befinden sich sämtliche Gästebucheinträge.
- *automail.txt* – Dabei handelt es sich um die Autorespond-Nachricht, welche nach einem Eintrag ins Gästebuch an den Besucher per Mail versandt wird.
- *main.css* – Diese CSS-Datei sorgt für die Layout-Formatierung des Gästebuchs.

Sowohl die *main.css* als auch die *automail.txt* befinden sich in einem jeweils gesonderten Ordner. Die Ordner sorgen dafür, dass die Übersicht gewahrt bleibt. Folgende Ordner werden eingesetzt:

- *bild* – Dieser Ordner enthält das Gästebuchlogo (*gbuchlogo.gif*), hier können Sie nach Belieben weitere Grafikdatein ablegen.
- *css* – Dieser Ordner enthält die CSS-Datei (*main.css*), welche für die Layout-Formatierung des Gästebuchs zuständig ist.
- *text* – Dieser Ordner enthält die Textdatei (*automail.txt*) mit der Autorespond-Nachricht, die für den Besucher bestimmt ist.

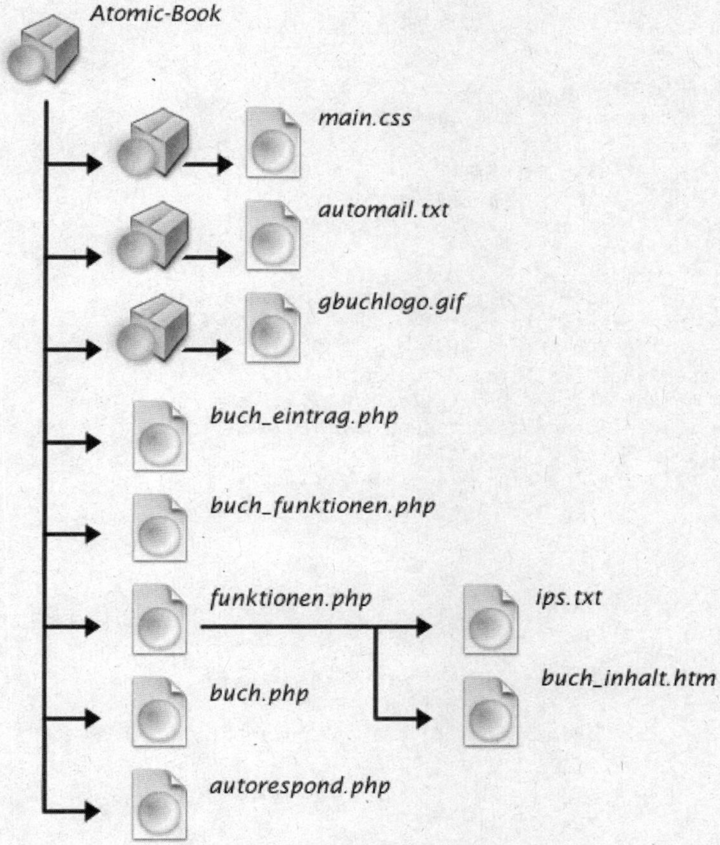

Bild 3.3: Struktur des Atomic-Gästebuchs

Nun sollten Sie einen Blick auf die eingesetzten Skripts werfen:

1. Buch_eintrag.php

```
<html>
<head>
<title>G&auml;stebuch v1.0</title>
<link rel='stylesheet' href='css/main.css' type='text/css'>
</head>
<body bgcolor='#FFFFFF' text='#000000'>
<p align='center'><img src='bild/gbuchlogo.gif' width='800'
height='80'></p>
<form method='post' action='buch_funktionen.php'>
  <table width='400' align='center'>
    <tr align='left'>
      <td class='latestnews' colspan='6'> Kommentar</td>
    </tr>
    <tr>
      <td colspan='6' class='autor' height='10'>
        <div align='right'></div>
```

```
      </td>
    </tr>
    <tr>
      <td valign='top' width='9'>
        <div class='morelink'>&raquo; </div>
      </td>
      <td valign='top' class='blocksatz' width='36'>Name: </td>
      <td valign='top' class='blocksatz' width='190'>
        <input type='text' name='fname' class='contentblack' size='30'
maxlength='50'>
      </td>
      <td valign='top' class='morelink' width='6'>&raquo;</td>
      <td valign='top' class='blocksatz' width='40'>Rubrik:</td>
      <td valign='top' class='blocksatz' width='91'>
        <select name='fbetreff' class='contentblack'>
          <option value='Kritik'>Kritik</option>
          <option value='Anregung'>Anregung</option>
          <option value='Lob'>Lob</option>
          <option value='Allgemein'>Allgemein</option>
        </select>
      </td>
    </tr>
    <tr>
      <td valign='top' width='9'>
        <div class='morelink'>&raquo; </div>
      </td>
      <td valign='top' class='blocksatz' width='36'>E-mail: </td>
      <td valign='top' class='blocksatz' colspan='4'>
        <input type='text' name='femail' class='contentblack' size='30'
maxlength='50'>
      </td>
    </tr>
    <tr>
      <td valign='top' width='9'>
        <div class='morelink'>&raquo; </div>
      </td>
      <td valign='top' class='blocksatz' width='36'>Inhalt: </td>
      <td valign='top' class='blocksatz' colspan='4'>
        <textarea name='finhalt' class='contentblack' cols='30' rows='5'
wrap='PHYSICAL'></textarea>
      </td>
    </tr>
    <tr>
      <td valign='top' width='9'>
        <div class='morelink'>&raquo; </div>
      </td>
      <td valign='top' class='blocksatz' width='36'>Home: </td>
      <td valign='top' class='blocksatz' colspan='4'>
        <input type='text' name='fhome' class='contentblack' size='30'
maxlength='50'>
      </td>
    </tr>
    <tr>
      <td valign='top' width='9'>
        <div class='morelink'> </div>
      </td>
```

```
      <td valign='top' class='blocksatz' width='36'> </td>
      <td valign='top' class='blocksatz' colspan='4'>
        <input type='submit' name='senden' value='senden'
class='contentblack'>
        <input type='reset' name='losch' value='L&ouml;schen'
class='contentblack'>
      </td>
    </tr>
    <tr>
      <td colspan='6' class='autor' height='10'>
        <div align='right'></div>
      </td>
    </tr>
    <tr>
      <td colspan='6' class='latestnews'> </td>
    </tr>
  </table>
</form>
<p align="center"><a href='buch.php' class="contentlink">Beitr&auml;ge
Lesen</a></p>
</body>
</html>
```

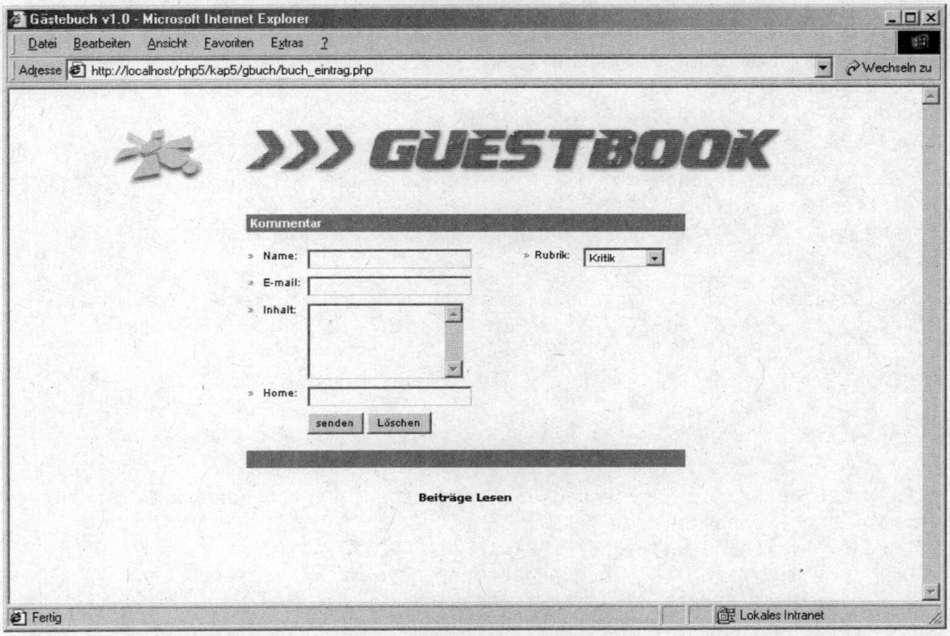

Bild 3.4: Eingabemaske des Gästebuchs

2. Buch_funktionen.php

```
<?php
//Stammen die Daten vom Formular?
if (isset($_POST["senden"])) {
```

```
//Textfeldeingaben Filtern
function daten_reiniger($inhalt) {
        if (!empty($inhalt)) {
                //HTML- und PHP-Code entfernen.
                $inhalt = strip_tags($inhalt);
                //Umlaute und Sonderzeichen in
                //HTML-Schreibweise umwandeln
                $inhalt = htmlspecialchars($inhalt);
                //Entfernt überflüssige Zeichen
                //Anfang und Ende einer Zeichenkette
                $inhalt = trim($inhalt);
                //Backslashes entfernen
                $inhalt = stripslashes($inhalt);
        }
return $inhalt;
}

//Schreibarbeit durch Umwandlung ersparen
foreach ($_POST as $key=>$element) {
        //Dynamische Variablen erzeugen, wie g_fname, etc.
        //und die Eingaben Filtern
        ${"g_".$key} = daten_reiniger($element);
}

//Anfang - Prüfung
//Kein richtiger Name eingegeben
if(strlen($g_fname)<3){
$error_msg="Bitte geben Sie Ihren Namen an";
}

//Kein Eintrag vorgenommen
if(strlen($g_finhalt)<3){
$error_msg.="<br>Bitte geben Sie auch etwas in das Gästebuch ein.";
}

//Mailadresse korrekt angegeben - entsprechende Formatierung vornehmen
if(ereg("^[_a-zA-Z0-9-]+(\.[_a-zA-Z0-9-]+)*@([a-zA-Z0-9-]+\.)+([a-zA-
Z]{2,4})$",$g_femail)){
$format_femail="<a href=mailto:" . $g_femail . ">E-Mail</a>";
} else {
$error_msg.="<br>Fehlerhafte E-mail!<br>";
}

//Es wurde auch eine Homepageadresse angegeben - entsprechende
Formatierung vornehmen
if(ereg("^([a-zA-Z0-9-]+\.)+([a-zA-Z]{2,4})$",$g_fhome)){
        //http:// fehlt in der Angabe der Adresse - hier ergänzen
        if(!ereg("^http:////",$g_fhome)){
        $g_fhome="http://" . $g_fhome;
        }
$g_fhome="<a href=" . $g_fhome . " target=_blank>Website</a>";
} else {
$g_fhome="<a href=" . $g_fhome . " target=_blank>Website</a>";
}
//Ende - Prüfung

//Prüfen ob Fehler vorgekommen sind!
if($error_msg){
echo "
```

```
<html>
<head>
<title>G&auml;stebuch v1.0</title>
<link rel='stylesheet' href='css/main.css' type='text/css'>
</head>
<body bgcolor='#FFFFFF' text='#000000'>
<p align='center'><img src='bild/gbuchlogo.gif' width='800'
height='80'></p>
<table width='300' align='center'>
  <tr>
    <td align='center' class='latestnews' colspan='3'>- FEHLER - <br>
         <p>$error_msg</p>
         <a href='javascript:history.back()'
class='contentlink'>Zur&uuml;ck</a><br>
      Eintrag konnte nicht angelegt werden.<br>
      Versuchen Sie es bitte erneut!<br>
         </td>
  </tr>
</table>
</body>
</html>
";

} else {
$g_fdatum=date("Y-m-d H:i:s");

$eintrag="
<table width='400' align='center'>
  <tr align='left'>
    <td class='latestnews' colspan='2'> $g_fbetreff</td>
  </tr>
  <tr>
    <td colspan='2' class='autor'>
      <div align='right'>$g_fdatum</div>
    </td>
  </tr>
  <tr>
    <td valign='top' width='13'>
      <div class='morelink'>&raquo; </div>
    </td>
    <td valign='top' class='blocksatz' width='375'>". nl2br($g_finhalt)
."</td>
  </tr>
  <tr>
    <td colspan='2' class='contentblack'>
      <div align='right'>$g_fname</div>
    </td>
  </tr>
  <tr>
    <td valign='top' colspan='2'>
      <table width='100%' border='0' cellspacing='0' cellpadding='0'>
        <tr>
                 <td class='autor'>
            <div align='left'>[ $format_femail ]</div>
          </td>
          <td class='autor'>
            <div align='right'>[ $g_fhome ]</div>
```

```
          </td>
        </tr>
      </table>
    </td>
  </tr>
  <tr>
    <td colspan='2' class='latestnews'> </td>
  </tr>
</table>
";

include("funktionen.php");

}

} else {
echo "
<html>
<head>
<title>G&auml;stebuch v1.0</title>
<link rel='stylesheet' href='css/main.css' type='text/css'>
</head>
<body bgcolor='#FFFFFF' text='#000000'>
<p align='center'><img src='bild/gbuchlogo.gif' width='800'
height='80'></p>
<table width='300' align='center'>
  <tr>
    <td align='center' class='latestnews' colspan='3'>- FEHLER - <br>
      Eintrag konnte nicht angelegt werden.<br>
      Versuchen Sie es bitte erneut!<br>
         <a href='buch_eintrag.php'
class='contentlink'>Zur&uuml;ck</a></td>
  </tr>
</table>
</body>
</html>
";
}
?>
```

Wie Sie sehen, werden die Daten aus den Formularelementen durch die Funktion `daten_reiniger()` gefiltert. Folgende Bestandteile werden gefiltert:

- `strip_tags()` – entfernt HTML- und PHP-Code.
- `htmlspecialchars()` – wandelt Umlaute und Sonderzeichen in HTML-Schreibweise um.
- `trim()` – entfernt überflüssige Zeichen am Anfang und Ende einer Zeichenkette.
- `stripslashes()` – entfernt Backslashes aus der Zeichenfolge.

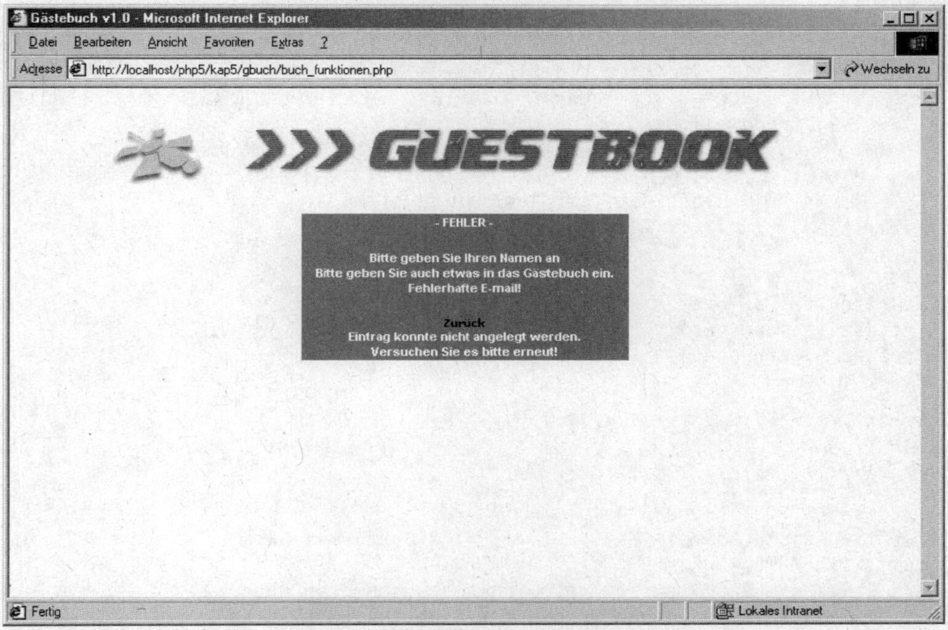

Bild 3.5: Fehlermeldung bei nicht korrekten Angaben

Die gefilterten Daten werden anschließend nochmals überprüft, vor allem der Inhalt der E-Mail und des Home-Formularelements wird mit Hilfe von regulären Ausdrücken genauer unter die Lupe genommen.

3. Funktionen.php

```
<?

//////////////////////////////////////////
// Gästebuch + Reloadsperre v1.0
//////////////////////////////////////////

// 0=keine Reloadsperre, 1=Reloadsperre
$aktiv = 1;
// Zeit der Reloadsperre in Minuten
$zeit = 5;
// IP-Datei
$ipdatei = "ips.txt";
// Buchdatei
$datei = "buch_inhalt.htm";

//////////////////////////////////////////
// IP-Reloadsperre
//////////////////////////////////////////

function pruf_IP($rem_addr) {
  global $ipdatei,$zeit;
  @$ip_array = file($ipdatei);
  $reload_dat = fopen($ipdatei,"w");
  $this_time = time();
```

```
  for ($i=0; $i<count($ip_array); $i++) {
    list($ip_addr,$time_stamp) = explode("|",$ip_array[$i]);
    if ($this_time < ($time_stamp+60*$zeit)) {
      if ($ip_addr == $rem_addr) {
        $gefunden=1;
      }
      else {
        fwrite($reload_dat,"$ip_addr|$time_stamp");
      }
    }
  }
  fwrite($reload_dat,"$rem_addr|$this_time\n");
  fclose($reload_dat);
  return ($gefunden==1) ? 1 : 0;
}

/////////////////////////////////////////
// Abfrage
/////////////////////////////////////////

if (isset($_POST["senden"])) {
if (file_exists($datei) && ($aktiv==0 || ($aktiv==1 &&
pruf_IP($REMOTE_ADDR)==0))) {
  // Falls die Datei existiert, wird sie ausgelesen und
  // die enthaltenen Daten werden durch den neuen Beitrag
  // ergänzt
  $fp=fopen($datei,"r+");
  $daten=fread($fp,filesize($datei));
  rewind($fp);
  flock($fp,2);
  fputs($fp,"$eintrag \n $daten");
  flock($fp,3);
  fclose($fp);
  include("autorespond.php");
  header("Location:buch.php");
}else if (!file_exists($datei) && ($aktiv==0 || ($aktiv==1 &&
pruf_IP($REMOTE_ADDR)==0))) {
  // Die Datei buch_inhalt.htm existiert nicht, sie wird
  // neu angelegt und mit dem aktuellen Beitrag gespeichert.
  $fp=fopen($datei,"w");
  fputs($fp,"$eintrag \n");
  fclose($fp);
  include("autorespond.php");
  header("Location:buch.php");
} else {
  // Die Datei existiert zwar, jedoch handelt
  // es sich wahrscheinlich um den gleichen Besucher
  header("Location:buch.php");
}
} else {
echo "
<html>
<head>
<title>G&auml;stebuch v1.0</title>
<link rel='stylesheet' href='css/main.css' type='text/css'>
</head>
<body bgcolor='#FFFFFF' text='#000000'>
```

```
<p align='center'><img src='bild/gbuchlogo.gif' width='800'
height='80'></p>
<table width='300' align='center'>
  <tr>
    <td align='center' class='latestnews' colspan='3'>- FEHLER - <br>
      Eintrag konnte nicht angelegt werden.<br>
      Versuchen Sie es bitte erneut!<br>
         <a href='buch_eintrag.php'
class='contentlink'>Zur&uuml;ck</a></td>
  </tr>
</table>
</body>
</html>
";
}
?>
```

Der Inhalt dieses Skripts sollte Ihnen bereits bekannt vorkommen. Er setzt sich nämlich größtenteils aus Bestandteilen des Besucherzählers zusammen.

4. Autorespond.php

```
<?php
if (isset($_POST["senden"])) {
// Mail an Webmaster
$webmaster="matthiask@flashstar.de";
$mailinhalt = "
Atomic-Book - Eintrag\n
__________________\n
Person: $g_fname\n
E-mail: $g_femail\n
WWW: $g_fhome\n
__________________\n
Betreff: $g_fbetreff\n
Kommentar:\n$g_finhalt\n
__________________\n
Zeit: $g_fdatum\n
__________________\n";
@mail($webmaster, "$g_fbetreff (von $g_fname) - Eintrag", $mailinhalt,
"From: $g_femail");
// Autoresponder
$datei = "text/automail.txt";
$fp = fopen($datei, "r");
$inhalt = fread($fp,filesize($datei));
fclose($fp);
@mail("$g_femail", "Atomic-Book - Danke für Ihren Eintrag",
"$inhalt\n\n","From:$webmaster");
} else {
echo "
<html>
<head>
```

```
<title>G&auml;stebuch v1.0</title>
<link rel='stylesheet' href='css/main.css' type='text/css'>
</head>
<body bgcolor='#FFFFFF' text='#000000'>
<p align='center'><img src='bild/gbuchlogo.gif' width='800'
height='80'></p>
<table width='300' align='center'>
  <tr>
    <td align='center' class='latestnews' colspan='3'>- FEHLER - <br>
      Eintrag konnte nicht angelegt werden.<br>
      Versuchen Sie es bitte erneut!<br>
         <a href='buch_eintrag.php'
class='contentlink'>Zur&uuml;ck</a></td>
  </tr>
</table>
</body>
</html>
";
}
?>
```

Um die Gästebucheinträge lediglich zu betrachten, wird folgendes Skript benötigt.

5. Buch.php

```
<html>
<head>
<title>G&auml;stebuch v1.0</title>
<link rel='stylesheet' href='css/main.css' type='text/css'>
</head>
<body bgcolor='#FFFFFF' text='#000000'>
<p align='center'><img src='bild/gbuchlogo.gif' width='800'
height='80'></p>
<?php

$meldung="
<table width='300' align='center'>
  <tr>
    <td align='center' class='latestnews' colspan='3'><br>- LEER -<br>
      <p><a href='buch_eintrag.php'
class='contentlink'>Zur&uuml;ck</a></p>
       </td>
  </tr>
</table>
";

if (!@include("buch_inhalt.htm")) {
 echo $meldung;
}

?>
<p align="center"><a href='buch_eintrag.php'
class="contentlink">Beitr&auml;g Schreiben</a></p>
</body>
</html>
```

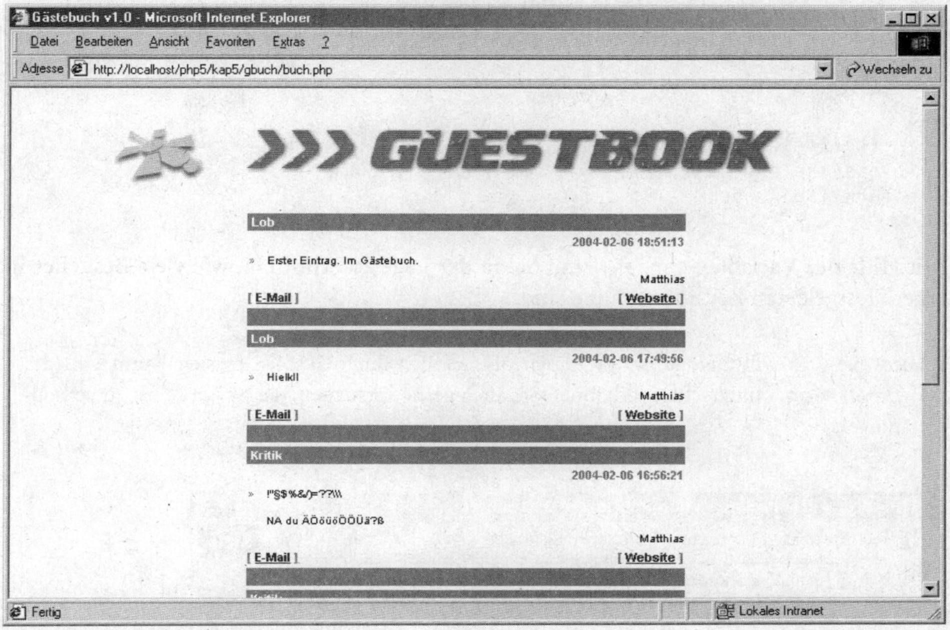

Bild 3.6: Ausgabe des Gästebuchs

Hinweis: Sollten Sie keine Lust haben die aufgeführten Skripts abzutippen, finden Sie sämtliche Skripts einschließlich *main.css* und *automail.txt* auf der Buch-CD.

3.3 User online

Wir hatten Ihnen bereits zu Beginn des Kapitels gezeigt, wie Sie einen Besucherzähler umsetzen können und zusätzlich eine IP-Zeitsperre hinzufügen. Genau dasselbe Prinzip können Sie einsetzen, um Ihren Besuchern anzuzeigen, wie viele Besucher aktuell auf Ihrer Website verweilen.

Hierfür müssen Sie lediglich an der Funktion `pruf_IP()` einige kleinere Veränderungen vornehmen:

```
function pruf_IP($rem_addr) {
  global $ipdatei,$zeit,$anzahl;
  @$ip_array = file($ipdatei);
  $reload_dat = fopen($ipdatei,"w");
  $this_time = time();
  $anzahl = count($ip_array);
  for ($i=0; $i<$anzahl; $i++) {
    list($ip_addr,$time_stamp) = explode("|",$ip_array[$i]);
    if ($this_time < ($time_stamp+60*$zeit)) {
      if ($ip_addr == $rem_addr) {
        $gefunden=1;
      }
```

```
        else {
          fwrite($reload_dat,"$ip_addr|$time_stamp");
        }
      }
    }
    fwrite($reload_dat,"$rem_addr|$this_time\n");
    fclose($reload_dat);
    return ($gefunden==1) ? 1 : 0;
}
```

Mit Hilfe der Variablen `$anzahl` sind Sie in der Lage zu ermitteln, wie viele Besucher in einem festgelegten Zeitraum online sind.

Hinweis: Das vollständige Skript finden Sie auf der Buch-CD. Da es sich kaum von der Counter-Lösung unterscheidet, können Sie auch gerne versuchen, das Skript selbst zu vervollständigen.

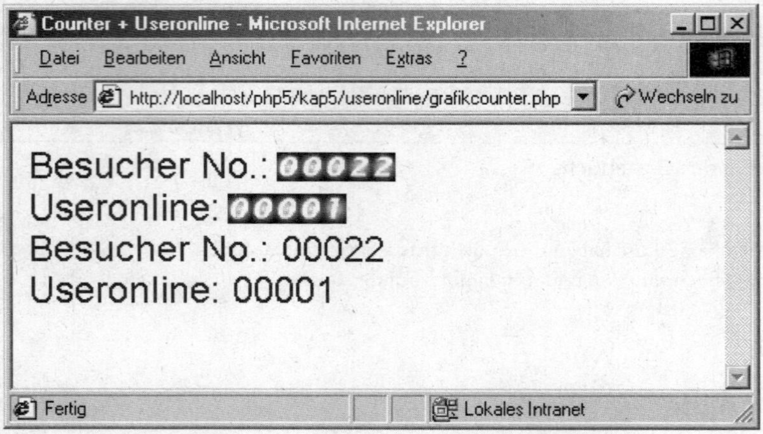

Bild 3.7: Anzahl der Besucher – gesamt und aktuell

3.4 Online-Umfrage

Dieses Thema stellt Entwickler und Anwender gleichermaßen vor eine Herausforderung. Der Anwender muss die Qual der Wahl in Kauf nehmen und der Entwickler muss dafür, sorgen dass die Stimmabgabe ordnungsgemäß verarbeitet wird.

Im folgenden Beispiel versuchen wir, Ihnen zumindest für Sie als Entwickler eine Lösung an die Hand zu geben, mit deren Hilfe Sie hoffentlich in der Lage sind, erfolgreich Online-Umfragen durchzuführen, sei es für Wahlen oder was auch immer.

Die Online-Umfrage setzt sich aus zwei wesentlichen Skripts zusammen.

- *umfrage.php* – In diesem Skript wird mit Hilfe eines Arrays, welches die Auswahlmöglichkeiten enthält, eine dynamische Eingabemaske (Formular) erzeugt, mit deren Hilfe der Besucher in der Lage ist, seine Stimme abzugeben. Die Stimmen für die jeweiligen Auswahlmöglichkeiten werden in der Textdatei *stimmen.txt* gespeichert. Nach der Stimmabgabe wird ein Cookie erzeugt, welches eine erneute Stimmabgabe verhindert soll.

- *eregbnis.php* – In diesem Skript werden die Umfrageergebnisse aus der Textdatei *stimment.txt* in grafischer Form ausgegeben.

Zusätzlich wurden folgende drei Ordner angelegt:

- *bild* – Enthält das Gästebuchlogo (*umfragelogo.gif*), hier können Sie nach Belieben weitere Grafikdatein ablegen.
- *css* – Enthält die CSS-Datei (*umfrage.css*), welche für die Layout-Formatierung der Online-Umfrage zuständig ist.
- *daten* – In diesem Ordner befindet sich die Textdatei (*stimmen.txt*), welche die abgegebenen Stimmen der Online-Wähler enthält.

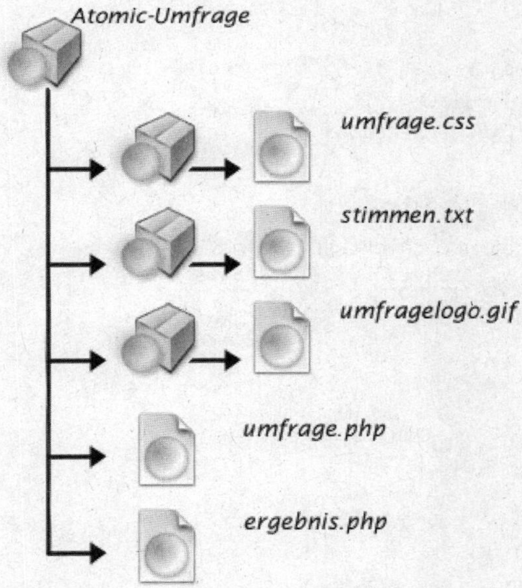

Bild 3.8: Struktur der Atomic-Umfrage

1. Umfrage.php

```
<?php
if (isset($_POST["ergebnis"])) {
	// Aktuelle Sperre 1 Minute
	// 30 Tage Sperre time()+60*60*24*30
	setcookie("abgestimmt","ja",time()+60);
}

$thema = "Atomic-Umfrage 2004";
$auswahl = array("Super","Sehr Gut","Gut","Naja","Schlecht");
```

```
$anzahl = count($auswahl);

?>
<html>
<head>
<title>Atomic-Umfrage</title>
<link rel='stylesheet' type='text/css' href='css/umfrage.css'>
</head>
<body>
<img src='bild/umfragelogo.gif' width='506' height='62'><br>
<h3><?php echo $thema ?></h3>
<form method='post' action='<?php echo $PHP_SELF; ?>'>
<p>
<?php

foreach ($auswahl as $key=>$eintrag) {
        echo "<input type='radio' name='ergebnis' value='$key'>
$eintrag<br>\n";
}

?>
</p>
<?php
if (empty($_COOKIE["abgestimmt"]) && !isset($_POST["ergebnis"])) {

// Submit nur zeigen, wenn Formular noch nicht abgeschickt wurde
echo "<input type='submit' value='Daten senden'>";

} else {
echo "<p>Danke für die Übermittlung der Daten!</p>\n";

// Formular abgeschickt? Aber bisher noch nicht abgestimmt?
if (empty($_COOKIE["abgestimmt"]) && isset($_POST["ergebnis"])) {

// Dateiname in Variable speichern
$datei="daten/stimmen.txt";

// Datei vorhanden?
if (file_exists($datei)) {
        $fp=fopen($datei,"r+");
} else {
        $fp=fopen($datei,"w");
}

// Datei einlesen
$stimmen=fread($fp,filesize($datei));

// String aus Datei in Array zerlegen
$stimmen=explode(",",$stimmen);

// Der gewählte Punkt wird um 1 erhöht!
$stimmen[$_POST["ergebnis"]]++;

// Stimmen in einem String zusammensetzen
for ($i=0;$i<$anzahl;$i++) {
        $total .= $stimmen[$i] .",";
}

// Neuen String in Datei schreiben
rewind($fp);
fputs($fp,$total);
```

```
fclose($fp);
}
}
?>
</form>
<p>
[ <a href='ergebnis.php' target='_blank'>Umfrageergebnisse betrachten</a>
]
</p>
</body>
</html>
```

Bild 3.9: Umfrage samt Eingabemaske

Die vorliegende Umsetzung legt mit Hilfe eines Cookies fest, dass jeder Online-Wähler lediglich einmal pro Minute eine Stimme abgeben kann. Natürlich lässt sich diese Sperrzeit beliebig erhöhen.

Hinweis: Die eingesetzte Sperre stellt keinen absoluten Schutz dar. Sie können hiermit jedoch bereits eine gewisse Kontrolle auf die Online-Umfrage erreichen. Eine Kombination aus Cookie und IP-Zeitsperre würde zusätzliche Sicherheit bieten, eine absolute Sperre wird es jedoch, ohne größeren Aufwand nicht geben.

Um die Umfrageergebnisse zu betrachten, wird folgendes Skript verwendet.

2. Ergebnis.php

```
<?php

$thema = "Atomic-Umfrage 2004";
$auswahl = array("Super","Sehr Gut","Gut","Naja","Schlecht");
$farben = array("9999FF","8888FF","7777FF","6666FF","5555FF");
$anzahl = count($auswahl);

?>
<html>
<head>
<title>Atomic-Umfrage - Ergebnis</title>
<link rel="stylesheet" type="text/css" href="css/umfrage.css">
</head>
<body>
<img src='bild/umfragelogo.gif' width='506' height='62'><br>
<h3><?php echo $thema; ?> - Ergebnisse</h3>
<?php
$datei="daten/stimmen.txt";
@$fp=fopen($datei,"r");
@$stimmen=fread($fp,filesize($datei));
@fclose($fp);
// String zerlegen, Array entsteht
$stimmen=explode(",",$stimmen);

for ($i=0;$i<$anzahl;$i++) {
       $gesamt += $stimmen[$i];
}

if ($gesamt>0) {
// Höchstlänge der Balken angeben
$laenge=400;

for ($i=0;$i<$anzahl;$i++) {
// Anteil der Balken
$blaenge=$stimmen[$i]*$laenge/$gesamt;

// Werte auf ganze Zahlen runden
$blaenge= round($blaenge);

// Prozentwert ermitteln und ausgaben
$prozent = sprintf('%1.1f', 100*$stimmen[$i]/$gesamt);

echo "
<table border='0'>
<tr>
<td width='100'>$auswahl[$i]</td>
<td> </td><td width='$blaenge' bgcolor='$farben[$i]'> </td>
<td> <i>$prozent% ($stimmen[$i])</i></td>
</tr>
</table>
";
}

echo "<p>Anzahl der Stimmen: <b>$gesamt</b></p>";
} else {
echo "<p>Bisher wurden noch keine Stimmen abgegeben!</p>";
}
```

```
?>
</body>
</html>
```

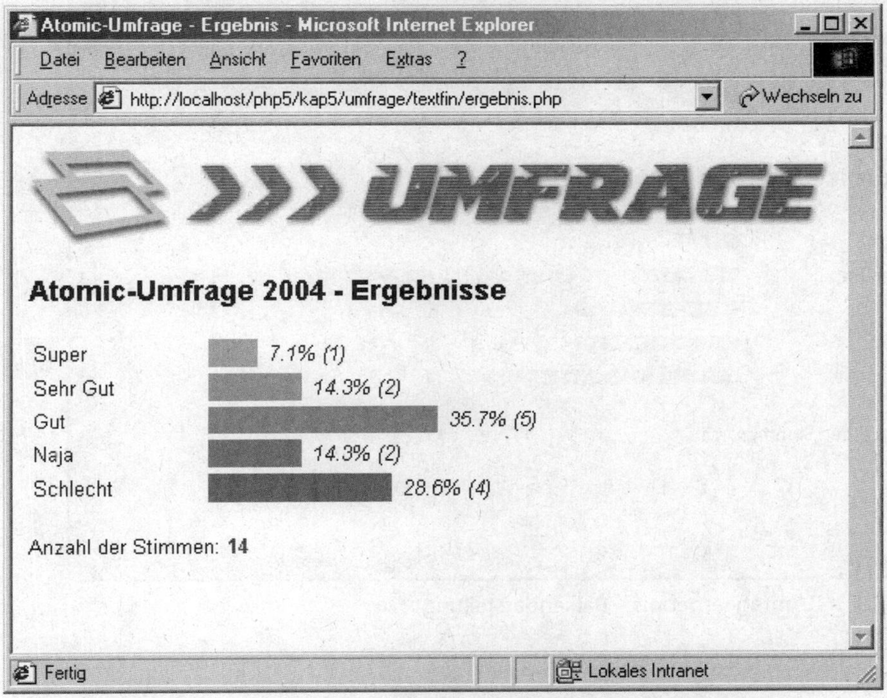

Bild 3.10: Umfrageergebnis – Tabellenfelder dienen hier als Anzeige

Sie können durch eine leichte Anpassung die Umfrageergebnisse auch mit Hilfe von Grafikdateien wiedergeben. Hierfür müssen Sie lediglich die folgende echo-Codzeile einsetzen:

```
echo "
<table border='0'>
<tr>
<td width='100'>$auswahl[$i]</td>
<td> </td><td><img src='bild/balken_ende_l.gif' width='6'
height='10'><img src='bild/balken.gif' width='$blaenge' height='10'><img
src='bild/balken_ende_r.gif' width='6' height='10'> </td>
<td> <i>$prozent% ($stimmen[$i])</i></td>
</tr>
</table>
";
```

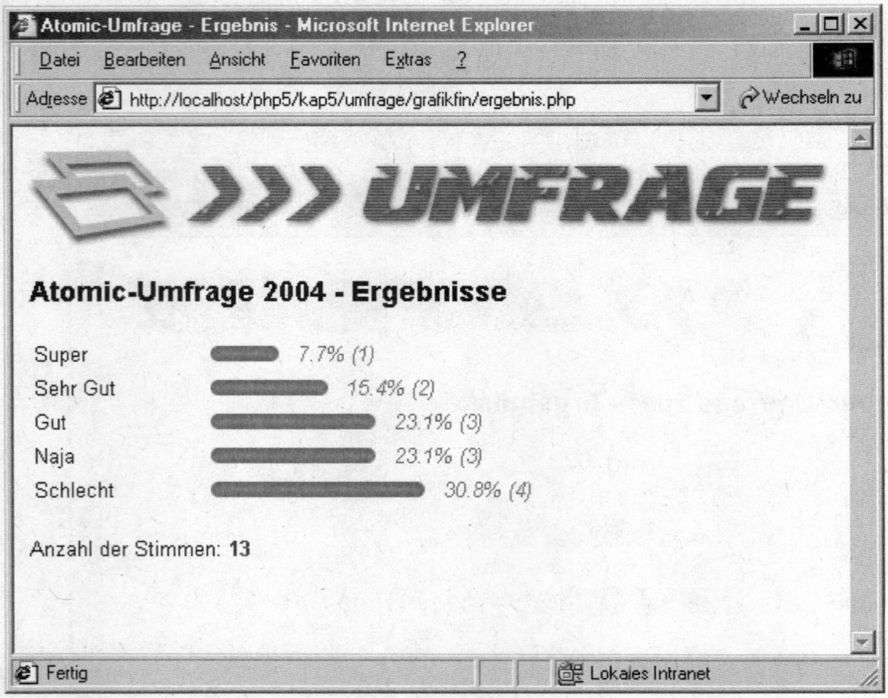

Bild 3.11: Umfrageergebnis – Balkendarstellung

3.5 Kontaktformular – Autoresponder

Was wäre eine Website ohne ein Kontaktformular? Schließlich sollen mögliche Besucher, Interessenten oder Kunden in der Lage sein, mit dem Betreiber der Website Kontakt auf zunehmen.

Um ein voll funktionsfähiges Kontaktformular zu erstellen, braucht es nicht viel, um es jedoch in die Lage zu versetzen, beliebig viele Formularelemente zu verarbeiten, so dass es für unterschiedliche Zwecke eingesetzt werden kann, müssen Sie über etwas mehr Know-how verfügen.

Wir werden Ihnen zeigen, dass auch die Umsetzung eines solchen universell einsetzbaren Formulars kein all zu großes Problem darstellt.

Zur Umsetzung der Eingabemaske benötigen Sie lediglich eine HTML-Seite, mit dem Namen *kontaktformular.htm,* welche ein von Ihnen entworfenes Formular enthält. Beim Einsatz der Formularelemente innerhalb der HTML-Seite ist darauf zu achten, dass das E-Mail-Textfeld den Namen *mailer_email* erhält. Alle anderen Formularelemente können Sie beliebig bezeichnen.

Für die Verarbeitung der Formulardaten sind zwei Skripts verantwortlich:

- *atomicmailer.php* – In diesem Skript werden die Daten, welche aus *kontaktformular.htm* stammen, gefiltert und überprüft. Anschließend werden Sie von *autorespond.php* weiter verarbeitet.
- *autorespond.php* – In diesem Skript wird dafür gesorgt, dass sowohl der Betreiber (webmaster) als auch der Besucher eine Mail erhält. Der Betreiber erhält die Angaben des Besuchers und der Besucher eine Benachrichtigung darüber, dass seine Anfrage so schnell wie möglich bearbeitet wird.

Zusätzlich wurden folgende drei Ordner angelegt:

- *bild* – Enthält das Mailerlogo (*mailerlogo.gif*), hier können Sie nach Belieben weiter Grafikdateien ablegen.
- *css* – Enthält die CSS-Datei (*main.css*), welche für die Layout-Formatierung des Kontaktformulars zuständig ist.
- *text* – Enthält die Textdatei (*automail.txt*) mit der Autorespond-Nachricht, die für den Besucher bestimmt ist.

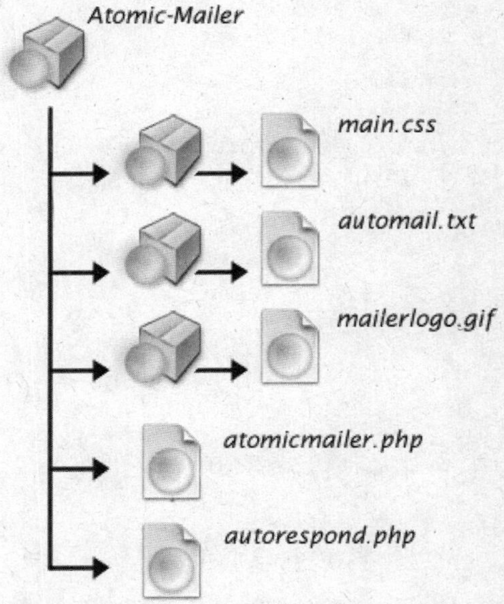

Bild 3.12: Struktur des Kontaktformulars

1. Atomicmailer.php

```
<?php
$form_name = "kontaktformular.htm";

//Stammen die Daten vom Formular?
if (isset($_POST["senden"])) {
```

```php
// Textfeldeingaben Filtern
function daten_reiniger($inhalt) {
        if (!empty($inhalt)) {
                // HTML- und PHP-Code entfernen.
                $inhalt = strip_tags($inhalt);
                // Umlaute und Sonderzeichen in
                //HTML-Schreibweise umwandeln
                $inhalt = htmlspecialchars($inhalt);
                // Entfernt überflüssige Zeichen
                // Anfang und Ende einer Zeichenkette
                $inhalt = trim($inhalt);
                // Backslashes entfernen
                $inhalt = stripslashes($inhalt);
        }
return $inhalt;
}

// Schreibarbeit durch Umwandlung ersparen
foreach ($_POST as $key=>$element) {
        if ($key != "senden") {
        // Eingaben Filtern
        $daten = daten_reiniger($element);
        // Dynamische Variablen erzeugen, wie mailer_name, etc.
        ${"mailer_".$key} = $daten;
        $maildaten .= "$key: $daten\n";
        }
}

//Mailadresse korrekt angegeben - Name entsprechend formatieren
if(!ereg("^[_a-zA-Z0-9-]+(\.[_a-zA-Z0-9-]+)*@([a-zA-Z0-9-]+\.)+([a-zA-Z]{2,4})$",$mailer_email)){
$error_msg.="Fehlerhafte E-mail!<br>";
}

// Prüfen ob Fehler vorgekommen sind!
if($error_msg){
echo "
<html>
<head>
<title>Atomic-Mailer v1.0 - Fehler</title>
<link rel='stylesheet' href='css/main.css' type='text/css'>
</head>
<body bgcolor='#FFFFFF' text='#000000'>
<p align='center'><img src='bild/mailerlogo.gif' width='700' height='59'></p>
<table width='300' align='center'>
  <tr>
    <td align='center' class='latestnews' colspan='3'>- FEHLER - <br>
        <p>$error_msg</p>
        <a href='$form_name' class='contentlink'>Zur&uuml;ck</a><br>
    Ihre Anfrage konnte nicht übermittelt werden.<br>
    Versuchen Sie es bitte erneut!<br>
        </td>
  </tr>
</table>
</body>
</html>
```

```
";

} else {
$mailer_datum=date("Y-m-d H:i:s");

echo "
<html>
<head>
<title>Atomic-Mailer v1.0 - Versand</title>
<link rel='stylesheet' href='css/main.css' type='text/css'>
</head>
<body bgcolor='#FFFFFF' text='#000000'>
<p align='center'><img src='bild/mailerlogo.gif' width='700'
height='59'></p>
<table width='300' align='center'>
  <tr>
    <td align='center' class='latestnews' colspan='3'>- Vielen Dank! -
<br>
      Ihre Anfrage wurde erfolgreich verschickt.<br>
      Vielen Dank!<br>
         <a href='$form_name' class='contentlink'>Zur&uuml;ck</a></td>
  </tr>
</table>
</body>
</html>
";

include("autorespond.php");

}

} else {
echo "
<html>
<head>
<title>Atomic-Mailer v1.0 - Fehler</title>
<link rel='stylesheet' href='css/main.css' type='text/css'>
</head>
<body bgcolor='#FFFFFF' text='#000000'>
<p align='center'><img src='bild/mailerlogo.gif' width='700'
height='59'></p>
<table width='300' align='center'>
  <tr>
    <td align='center' class='latestnews' colspan='3'>- FEHLER - <br>
      Ihre Anfrage konnte nicht übermittelt werden.<br>
      Versuchen Sie es bitte erneut!<br>
         <a href='$form_name' class='contentlink'>Zur&uuml;ck</a></td>
  </tr>
</table>
</body>
</html>
";
}
?>
```

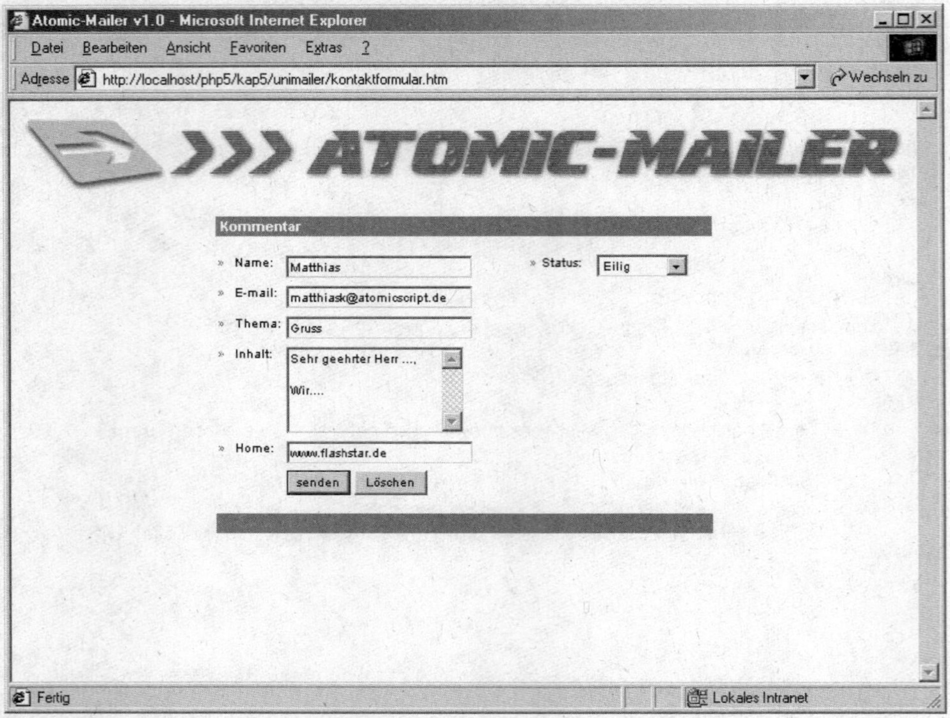

Bild 3.13: Kontaktformular im Einsatz

2. Autorespond.php

```
<?php

if (isset($_POST["senden"])) {

// Mail an Webmaster
$webmaster="matthiask@flashstar.de";

$mailinhalt = "
Atomic-Mailer - Anfrage\n
__________________\n
E-mail: $mailer_email\n
__________________\n
$maildaten
__________________\n
Zeit: $mailer_datum\n
__________________\n";

@mail($webmaster, "Atomic-Mailer - Anfrage", $mailinhalt, "From:
$mailer_email");

// Autoresponder
$datei = "text/automail.txt";
$fp = fopen($datei, "r");
```

```
$inhalt = fread($fp,filesize($datei));
fclose($fp);

@mail("$mailer_email", "Atomic-Mailer - Danke für Ihre Anfrage",
"$inhalt\n\n","From:$webmaster");

} else {

echo "
<html>
<head>
<title>Atomic-Mailer v1.0</title>
<link rel='stylesheet' href='css/main.css' type='text/css'>
</head>
<body bgcolor='#FFFFFF' text='#000000'>
<p align='center'><img src='bild/mailerlogo.gif' width='700'
height='59'></p>
<table width='300' align='center'>
  <tr>
    <td align='center' class='latestnews' colspan='3'>- FEHLER - <br>
      Die Anfrage konnte nicht übermittelt werden.<br>
      Versuchen Sie es bitte erneut!<br>
         <a href='kontaktformular.htm'
class='contentlink'>Zur&uuml;ck</a></td>
  </tr>
</table>
</body>
</html>
";
}

?>
```

3.6 Dynamische Navigation

Im Folgenden geht es um eine dynamische Navigation, welche mit Hilfe eines PHP-Skripts realisiert wurde.

Wie Sie anhand der Abbildung erkennen, handelt es sich um einen Navigationsbaum, welcher einzelne Unterkategorien (Verästelungen) enthält.

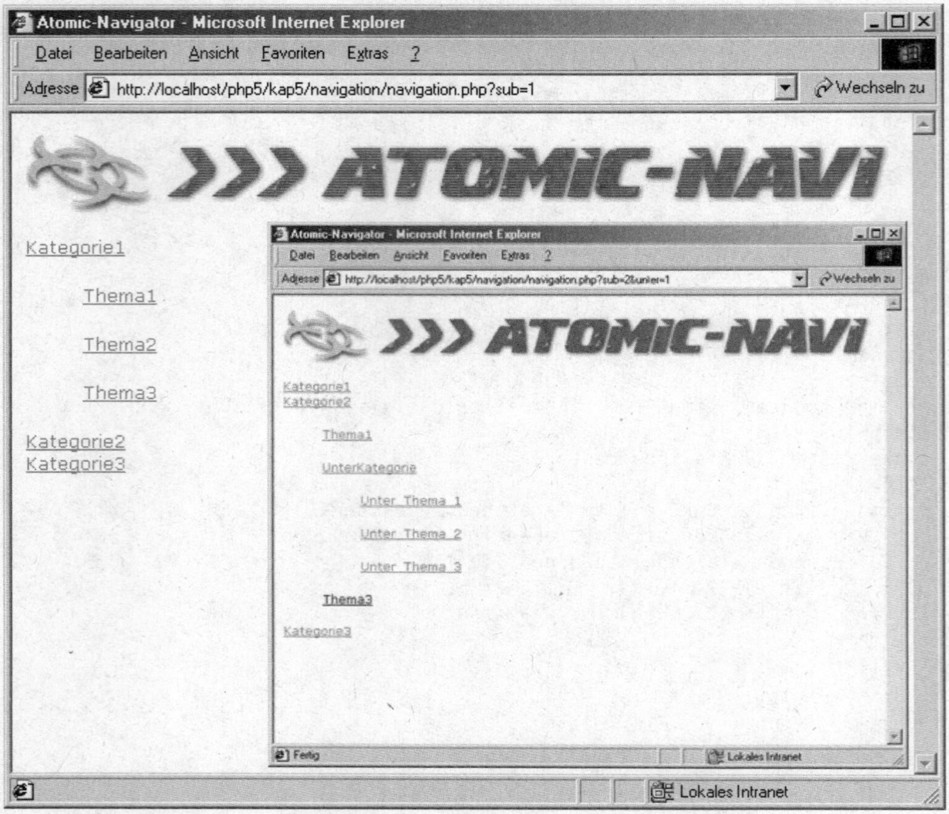

Bild 3.14: Dynamische Navigation via PHP

Folgendes Skript setzen Sie dafür ein:

Navigation.php

```
<html>
<head>
<title>Atomic-Navigator</title>
<link rel="stylesheet" type="text/css" href="css/main.css">
</head>
<body>
<img src='bild/naviogo.gif' width='607' height='57'><br>
<font face="Verdana,Arial" size="2">
<br>
<?php
$kategorien = array(
'Kategorie1' => 'navigation.php?sub=1',
'Kategorie2' => 'navigation.php?sub=2',
'Kategorie3' => 'navigation.php?sub=3'
);

$themen_1 = array(
```

```
'Thema1' => 'http://www.selfas.de',
'Thema2' => 'http://www.flashstar.de',
'Thema3' => 'http://www.atomicscript.de'
);

$themen_2 = array(
'Thema1' => 'http://www.php.net',
'UnterKategorie' => 'navigation.php?sub=2&unter=1',
'Thema3' => 'http://www.mysql.org'
);

$themen_ebene_2 = array(
'Unter_Thema_1' => 'http://www.flashangel.de/',
'Unter_Thema_2' => 'http://www.flashpower.de',
'Unter_Thema_3' => 'http://www.cybercollege.de'
);

$themen_3 = array(
'Thema1' => 'http://www.madania.de',
'Thema2' =>'http://www.tutorials.de',
'Thema3' => 'http://www.apachefriends.org'
);

foreach ($kategorien as $key => $wert) {
echo "<a href='$wert'>$key</a><br>";
if (($key == "Kategorie1") && ($sub == "1")) {
        foreach ( $themen_1 as $key => $wert ) {
                echo "<ul><a href='$wert'>$key</a></ul>";
        }

}
if (($key == "Kategorie2") && ($sub == "2")) {
        foreach ( $themen_2 as $key => $wert ) {
                echo "<ul><a href='$wert'>$key</a></ul>";
                if (($key == "UnterKategorie") && ($sub == "2") && ($unter
== "1"))
                {
                        foreach ( $themen_ebene_2 as $key => $wert )
{
                                echo "<ul><ul><a
href='$wert'>$key</a></ul></ul>";
                                if ($key == "Unter_Thema_3") {$b = "2";}
                        }
                }
        }
}

if (($key == "Kategorie3") && ($sub == "3")) {
        foreach ( $themen_3 as $key => $wert ) {
                echo "<ul><a href='$wert'>$key</a></ul>"; }
}
}
?>
</font>
</body>
</html>
```

Sie können durch den Einsatz von `<img>`-Tags die Navigation mit grafischen Elementen aufpeppen, so dass sie Ihren Bedürfnissen entspricht.

Hinweis: Ist Ihnen bereits aufgefallen, wie häufig wir die bereits erarbeiteten Funktionen und Codezeilen für diverse Problemstellungen einsetzen konnten? Danach sollte man als Entwickler streben, so erspart man sich eine Menge Zeit.

4 Fortgeschrittene Programmierung

4.1 PHP und OOP

In diesem Kapitel werden wir uns mit den Objekten auseinander setzen. Sie erfahren, wie Sie Objekte nutzen und erzeugen können und was Eigenschaften und Methoden sind. Zusätzlich bietet Ihnen dieses Kapitel eine Einführung und Vertiefung in die objektorientierte Programmierung, kurz OOP. Es sollte nicht verschwiegen werden, dass wir das Thema objektorientierte Programmierung aus Sichtweise des PHP-Entwicklers durchleuchten werden und nicht aus der Sichtweise eines Informatikers. Sie müssen sich daher keine Sorgen machen, vielleicht etwas nicht nachvollziehen zu können. Anhand praktischer Fallbeispiele wird Ihnen OOP möglichst schonend verabreicht. Die Informatiker unter Ihnen mögen es uns verzeihen, aber auch sie werden dieses Kapitel zu schätzen wissen, da es sowohl die Syntax als auch den Verwendungszweck von Objekten und objektorientierten Prinzipien in PHP durchleuchtet und nützliche Tipps zum Umstieg auf PHP bietet.

4.1.1 Was sind Objekte?

Nun, einige werden sich sicher spätestens jetzt die Frage stellen, was eigentlich ist ein Objekt? Ein Objekt kann praktisch alles sein. Nehmen wir ein Beispiel aus der Praxis. Ein Apfel ist eine Frucht. Betrachten Sie das Ganze jedoch einmal nicht aus der Sichtweise der Biologie, so ist ein Apfel ein Objekt oder umgangssprachlich ein Gegenstand.

Bild 4.1: Ein Rechner ist auch ein Objekt

Wie definiert sich ein solches Objekt oder in unserem Fall der Apfel – natürlich durch dessen Merkmale , z.B. durch die Größe, Form, Farbe usw. Es gilt jedoch zu berücksichtigen, dass ein Objekt natürlich auch zusätzlich eine oder mehrere Funktionen bzw.

Verhaltensweisen haben kann, wie z.B. ein Hammer, mit dem man einen Nagel in ein Brett schlägt.

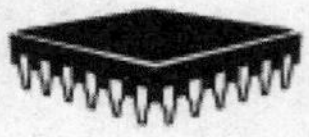

Prozessor

Bild 4.2: Der Prozessor erfüllt ebenfalls eine Funktion

Objekte können sogar abstrakte Dinge repräsentieren wie Finanzen oder Statistiken, und sie können Dinge darstellen, die nur in der digitalen Welt vorkommen, wie etwa die Tastaturbelegung oder Schaltflächen. Wenn Sie also jemanden bitten zu beschreiben, was ein Objekt ist, wird die Antwort sein: »Das kommt darauf an.«. Aus diesem Grund haben virtuelle Objekte, genau wie reale Objekte, Merkmale und Verhaltensweisen, die Sie definieren können und die alles über das Objekt aussagen. Da Sie es in PHP mit einer virtuellen Entwicklungsumgebung zu tun haben, können Sie diese Informationen nicht Merkmale und Verhaltensweisen nennen. Es stehen auch hierfür wieder einmal neue Fachbegriffe zur Verfügung. Das Merkmal eines Objekts wird in der Programmierung als Eigenschaft oder Attribut bezeichnet und die Verhaltensweise eines Objekts als Methode. Diese beiden Begriffe haben Sie bereits an einigen Stellen dieses Buchs vorgefunden.

Hinweis: Sie werden feststellen, dass die Verwendung dieser Fachbegriffe meist nie so eng gesehen wird, also wenn Sie wollen, können Sie auch die Begriffe Merkmale und Verhaltenweise verwenden. Jeder Programmierer, der sich mit diesem Thema in Ansätzen auseinander gesetzt hat, wird Sie dennoch verstehen und wissen, was Sie meinen.

Hier einige Begriffe, die im Zusammenhang mit Objekten bzw. OOP verwendet werden.

Begriff	*Bedeutung*
Objekt	In der realen Welt ist jeder Gegenstand ein Objekt. Jedes Objekt der realen Welt kann in PHP modelliert werden. Denken Sie dabei an Substantive.
Attribut	Oft auch als Eigenschaft bezeichnet, ist ein Attribut eine begriffliche Beschreibung eines Objekts. Stellen Sie sich dabei Adjektive vor.
Methode	Auch als Verhalten bezeichnet, ist eine Aktion, die ein bestimmtes Objekt ausführen kann. Denken Sie dabei an Verben.

Wer von Ihnen in der weiter oben aufgeführten Tabelle Begriffe wie Klassen oder Vererbung vermisst, sollte nicht gleich mit dem Schlimmsten rechnen, diese werden weiter unten im Kapitel behandelt. Zu diesem Zeitpunkt wäre es jedoch etwas voreilig, Begriffe anzugeben, die die meisten eher aus der Schulzeit oder aus ihrem Privatleben kennen.

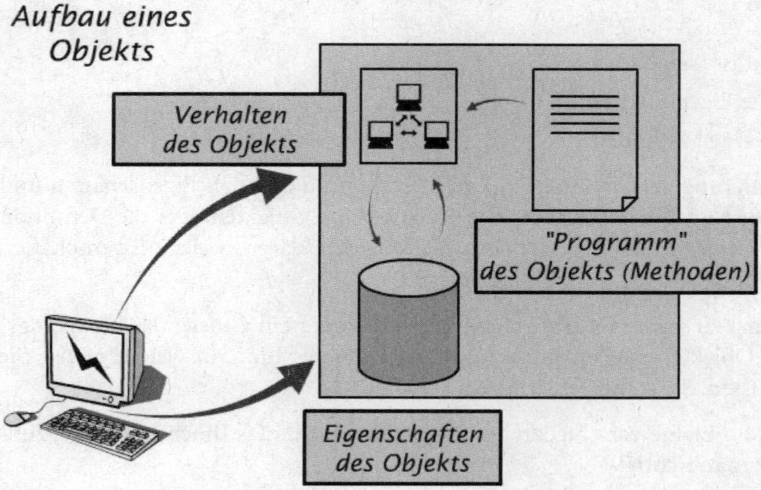

Bild 4.3: Aufbau eines Objekts

Um Ihnen eine weitere Möglichkeit zu bieten, den Zusammenhang von Objekten und ihren Eigenschaften und Methoden zu verstehen, sollten Sie sich folgende unverfängliche Regel zu Eigen machen: Es ist hilfreich, Objekte als Substantive, Eigenschaften als Adjektive und Methoden als Verben zu bezeichnen. Die folgende Tabelle stellt diese Zusammenhänge dar. Dabei werden einige Objekte definiert. Sie sollten sich die Darstellung genau betrachten, da Sie sicher auch im Laufe der Entwicklung Ihre eigenen Objekte definieren werden.

Objekt	*Eigenschaft*	*Methode*
Kugel	silber	bewegen
	groß	stoppen
	rund	werfen
	...	sinken
		...
Spinne	grau	spinnen
	klein	krabbeln
	pelzig	fressen
	...	...
Katze	Schwarz	springen
	Siamkatze	rennen
	Pelzig	kratzen
	...	schnurren
		...
Kunde	Timo	Bestellung aufgeben
	Mustermann	Anschrift ändern
	Berlin	...
	...	

Nun wissen Sie,

- was das Objekt ist (seinen Name),
- wie es ist (seine Eigenschaften),
- was es kann (seine Methoden).

In der Programmierung geht man genau von diesen grundlegenden Eigenschaften und Methoden aus. Die Kunst dabei ist nicht das Erzeugen von Objekten oder die Definition von Eigenschaften oder Methoden, sondern die Frage zu klären, welche Eigenschaften bzw. Methoden ein Objekt letztendlich haben soll.

Um es noch einmal zu sagen: Es gibt keinen Beschluss oder ein Gesetz, das besagt, dass Sie Ihre eigenen Objekte erstellen müssen, oder falls Sie es tun, auf welche Weise Sie diese erstellen müssen. Sie sollten es so sehen:

Menschen gehen Probleme verschieden an, und jedes Objekt, das Ihnen hilft, Ihr Problem zu lösen, ist genau richtig!

Sie sollten sich dabei von niemandem etwas anderes einreden lassen. Sie müssen lediglich wissen, dass PHP Ihnen die Möglichkeit gibt, Ihre eigenen Objekte zu erzeugen, wenn Sie das möchten.

4.1.2 Objektorientierte Programmierung (OOP)

Kommen wir zu den Grundlagen von OOP. Einige von Ihnen werden sich fragen, wer oder was ist OOP und wozu brauche ich es ausgerechnet in einer PHP-Webanwendung. In diesem Abschnitt sollen Ihnen die Prinzipien näher gebracht werden. Wir versuchen dabei etwas Licht ins Dunkel zu bringen und Ihnen einen Weg aufzuzeigen, um OOP besser zu verstehen.

Es soll Ihnen gezeigt werden, wie weit man mit Planung und Strukturierung bei der Umsetzung von Programmabläufen kommen kann. Unser Augenmerk richtet sich dabei auf die Möglichkeit, die Prinzipien der objektorientierten Programmierung einzubringen und die Philosophie, die hinter OOP steckt, zu enträtseln, so dass OOP kein Buch mit sieben Siegeln mehr ist und die Umsetzung einer Idee gezielt ermöglicht wird. Es wurde bereits einiges zum Thema OOP veröffentlicht, und dennoch scheint OOP für einige ein Mysterium zu bleiben. Die Literatur handelt das Thema oft theoretisch ab und versucht kaum, einen Bezug zur Realität zu knüpfen und damit das Verständnis von OOP zu fördern.

Der nächste Schritt ist, zu erkennen, dass OOP nicht als Regelwerk betrachtet werden sollte. OOP lässt sich nicht mit einigen Regeln erläutern, so dass wir einfach mal nachschlagen, um zu erfahren, was OOP eigentlich bedeutet, und von nun an OOP einsetzen können. Daher soll dies auch keine absolute und einzigartige Anleitung mit Gesetzen und Verboten sein, wie, wann und wo man OOP einsetzt. Vielmehr soll Ihnen dieser Abschnitt zeigen, dass OOP nichts Weltfremdes ist, sondern im täglichem Alltag auch wirklich gelebt wird, und wie man diese Prinzipien in die Projektplanung umsetzen kann.

Vorab sollten wir einige Überlegungen anstellen und uns eines klar machen: Es geht weder um PHP noch um eine andere Programmiersprache im eigentlichen Sinn. Die Ideen, auf denen die objektorientierte Programmierung basiert, kommen nicht aus einer Programmiersprache, sie sind entnommen aus der Evolution des Lebens. Insofern ist es wichtig, die grundlegenden Prinzipien losgelöst von der Idee des Programmiercodes zu verstehen.

OOP wurde entdeckt! Es geht dabei um die Auslegung eines gedanklichen Konzepts, eines Plans. Der Prozess des Begreifens erfordert etwas Zeit und Geduld, aber einmal verinnerlicht, öffnet er schließlich das Tor zu einer anderen Sichtweise der Dinge. Sie stellen sicherlich fest, dass dies so gar nicht rational und logisch klingt. Dies muss es auch nicht, denn wer Ideen umsetzen möchte, muss auch in der Lage sein, solche auszuarbeiten. Der Fantasie sollten dabei keine Grenzen gesetzt werden.

In erster Linie setzt sich OOP mit der Problemslösung auseinander und einer effizienten, flexiblen und simplen Realisierung; der formale Ausdruck dafür lautet objektorientierte Analyse und Design, kurz OOA/OOD. Es gilt dabei zu berücksichtigen, dass es eine Vielzahl von Ansätzen gibt, um ein Problem zu lösen. Aber den Ansatz, der den größten Sinn ergibt, soll Ihnen hier anhand eines kurzen Fallbeispiels erläutert werden.

- Beginnen Sie mit dem Problem, das Sie lösen wollen, und beschreiben Sie es detailliert. Es ist wichtig, sich gut damit auseinander zu setzen.
- Nachdem Sie herausgefunden haben, was Sie erreichen möchten, zerlegen Sie das Ganze in seine Bestandteile, d.h. in mehrere einzelne Teilbereiche, und beschreiben diese so detailliert wie möglich. Denn ein großes Problem auf einmal lösen zu wollen ist meist unmöglich oder sehr zeitaufwendig. Sie werden sehen, sich um die Lösung einzelner Teilprobleme zu kümmern, ist wesentlich einfacher.
- Schauen Sie sich Ihre Beschreibungen an und picken Sie sich alle Substantive heraus. Schreiben Sie diese Substantive in eine Spalte. Diese Substantive sind der erste Schritt zur Definition Ihres Lösungsmodells.
- Schauen Sie sich anschließend die dazugehörenden Adjektive und Verben an, und schreiben Sie sie zu den entsprechenden Substantiven. Hier statten Sie Ihr Lösungsmodell mit Eigenschaften und Methoden aus.
- Sehen Sie sich die Fallbeschreibungen noch einmal an, um sicherzugehen, dass Sie nicht zu allgemein waren und etwas vergessen haben.

Anschließend können Sie mit der Umsetzung (Abstraktion) des Problems beginnen. Der Vorteil dieser Herangehensweise liegt darin, zur Umsetzung nahezu jede Entwicklungsumgebung nutzen zu können, in Ihrem Fall PHP.

Diese Herangehensweise hat sich in den letzten Jahrzehnten durchgesetzt. Das heißt jedoch nicht, dass Sie bei der Analyse nur so vorgehen können. Es würde jedoch den Umfang des Buchs sprengen, alle möglichen Wege zu beschreiben, da es theoretisch immer eine unendliche Anzahl von Ansätzen gibt.

Hinweis: Dieser Abschnitt erhebt nicht den Anspruch, eine vollständige Anleitung über objektorientierte Analyse und Design zu sein. Denn schließlich haben Sie dieses Buch gekauft, um mehr über PHP zu erfahren und nicht, um einen Abschluss in Informatik zu machen. Trotzdem können Ihnen diese grundlegenden Schritte bei der Umsetzung von Problemen bzw. Ideen behilflich sein.

4.1.3 Wie programmieren Sie objektorientiert?

- Sie definieren Klassen.
- Sie erzeugen daraus Objekte.
- Sie kombinieren die Objekte zu einem größeren Objekt, dem Programm.

Objektorientierte Programmierung ist die Modellierung von Objekten, die aus vielen kleineren Objekten bestehen.

Was sind Klassen?

Klassen stellen eine Beschreibung von Objekten dar, man könnte sie auch als Bauplan der Objekte bezeichnen. Der Begriff stammt übrigens aus Programmiersprachen wie C++ und Java.

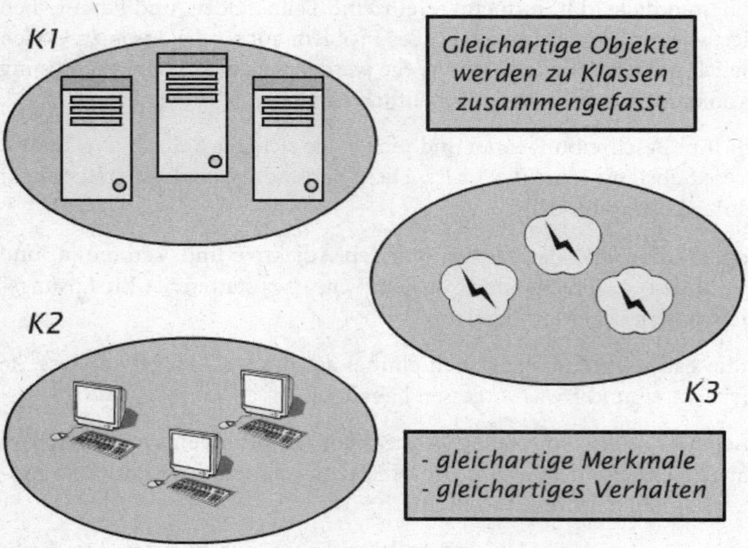

Bild 4.4: Objekte und Klassen

Hinweis: Eine Klasse ist eine Gruppe von Objekten mit gemeinsamen Merkmalen, das können sowohl Eigenschaften als auch Methoden sein.

Fallbeispiel

Sie möchten eine ganze Bibliothek von mehreren hundert Büchern vorstellen. Es verfügen alle Buch-Objekte über die gleichen Eigenschaften und Methoden, lediglich die Eigenschaftswerte sind von Buch-Objekt zu Buch-Objekt verschieden.

Genau hier setzt die Idee der Klassen an. Statt die Eigenschaften und Methoden der Objekte für jedes Objekt einzeln zu definieren, legt man die Eigenschaften und Methoden in einer gemeinsamen Klassendefinition fest. In eine Klasse *Buch* würden Sie die Eigenschaften *titel*, *kategorie*, *autor*, *seitenzahl*, *artikelNr* und *preis* sowie die Methode *ausgeben()* definieren. Die einzelnen Objekte erstellen als Objekte der Klasse Buch. Der Vorteil besteht darin, dass jedes auf diese Weise erzeugte Objekt automatisch über die Eigenschaften und Methoden verfügt, die in der Klasse *Buch* enthalten sind. Die Klasse *Buch* wirkt dabei wie das Grundmodell eines Buchs, sie stellt somit eine Art Vorlage dar.

4.1.4 Wesentliche Konzepte der OOP

Die wesentlichen Konzepte der OOP sind:

- Kapselung
- Vererbung
- Polymorphie

Als Kapselung wird die Kombination von Daten und Methoden (Funktionen) innerhalb einer einheitlichen und vor dem Zugriff von außen geschützten Datenstruktur bezeichnet.

Das Konzept der Vererbung bedeutet, dass Klassen bei ihrer Definition in eine Klassenhierarchie eingegliedert werden, wobei jede Kindklasse den gesamten Code und alle Daten der Elternklasse übernimmt.

Polymorphie bedeutet, dass eine Funktion eine einzige Bezeichnung erhält, die in der gesamten Objekthierarchie Verwendung findet, die Funktion selbst aber von jeder Klasse innerhalb der Hierarchie auf unterschiedliche Weise implementiert wird. Dabei werden Returntyp und Parametertypen der Methode als Bestandteile des Funktionsnamens betrachtet, so dass ein und dieselbe Funktion z.B. einmal mit Integer-Parametern und ein anderes Mal mit Array-Parametern aufgerufen werden kann.

In diesem strengen Sinne unterstützt PHP keine Polymorphie, da in PHP Return- und Parametertypen einer Funktion gar nicht deklariert werden.

4.1.5 Zusammenfassung

Die objektorientierte Programmierung, die sich stark daran anlehnt, wie wir im Alltag Probleme lössen, stellt die Daten und die damit möglichen Operationen in den Mittelpunkt der Betrachtung.

Durch das Modellieren von Objekten, die die Realität abbilden sollen, und durch deren Abstraktion entstehen die Klassen als abstrakte Objekt-Beschreibungen (Vorlagen).

Das wesentlichste Merkmal der OOP ist die Möglichkeit, Eigenschaften und Methoden einer Klasse an eine andere Klasse zu vererben.

Wie Sie bereits erfahren haben, bezeichnet eine Klasse die Sammlung aller Eigenschaften und Methoden der Objekte einer Klasse. Die Klasse bezeichnet somit eine abstrakte Darstellung eines tatsächlichen Objekts.

Superklassen entstehen durch die Abstraktion ähnlicher Verhaltensweisen von Subklassen. In vielen Fällen werden hier auch die Begriffe Ober- und Unterklassen bzw. Eltern- und Kindklasse verwendet.

Dabei werden in der abgeleiteten Klasse Daten und Funktionen aus der Superklasse übernommen. Ein Objekt der Subklasse enthält ein Objekt der Superklasse. Weitere Daten und Funktionen können beliebig hinzugefügt werden.

Zusätzlich dürfen Funktionen aus der Superklasse in der Subklasse neu definiert werden und überschreiben dann die ursprüngliche Version.

Es folgt eine Auflistung der wichtigsten OOP-Begriffe.

Begriffe	*Bedeutung*
Klasse Vorlage Template Bauplan	Eine Vorlage für ein Objekt. Sie beinhaltet Variablen, um die Eigenschaften des Objekts zu beschreiben, und Methoden, um festzulegen, wie sich das Objekt verhält. Klassen können von anderen Klassen Variablen und Methoden erben.
Subklasse Unterklasse Kindklasse	Eine Klasse, die sich in der Klassenhierarchie weiter unten befindet als eine andere Klasse, ihre Superklasse.
Superklasse Oberklasse Elternklasse	Eine Klasse, die sich in der Klassenhierarchie weiter oben befindet als eine oder mehrere andere Klassen. Eine Klasse kann nur eine Superklasse direkt über sich haben.
Objekt Instanz Abbildung	Eine Instanz einer Klasse. Ermöglicht die Verwendung von Eigenschaften und Methoden einer Klasse.
Eigenschaft Merkmal	Ermöglichen das Anlegen und Auslesen von Daten (Werten, Inhalten), die sich auf ein bestimmtes Objekt einer Klasse beziehen.
Methode Fähigkeiten Prozeduren	Eine Gruppe von Anweisungen in einer Klasse, die definieren, wie sich die Objekte dieser Klasse verhalten.
Klassenvariable	Eine Variable, die ein Attribut einer ganzen Klassen anstatt einer bestimmten Instanz einer Klasse beschreibt.
Instanzvariable	Eine Variable, die ein Attribut einer Instanz einer Klasse beschreibt.

4.1.6 PHP und OOP

Ursprünglich war PHP keine objektorientierte Sprache. In der weiteren Entwicklung tauchten dann immer mehr objektorientierte Eigenschaften auf. Als Erstes ließen sich Klassen definieren, aber es gab noch keine Konstruktoren. Dann erschienen die Konstruktoren, aber es gab noch keine Destruktoren. Als immer mehr Entwickler begannen, an die Grenzen der PHP-Syntax zu stoßen, wurden dann allmählich weitere Möglichkeiten hinzugefügt, um dem Bedarf gerecht zu werden.

Hinweis: Sollten Sie zu denen gehören, die sich mit PHP eine »echte« objektorientierte Sprache wünschen, werden Sie vermutlich enttäuscht sein. Im Kern ist PHP eine prozedurale Sprache. Es ist halt kein C++ oder Java! Sollten Sie jedoch nur einfach einige OO-Möglichkeiten im Code anwenden wollen, ist PHP vermutlich genau das Richtige für Sie.

4.1.7 Klassen in PHP

Der Weg zur objektorientierten Programmierung in PHP führt über das Schlüsselwort `class`. Mit Hilfe von `class` sind Sie in der Lage, Klassen zu erzeugen und aus diesen später Instanzen abzuleiten, mit denen sie arbeiten werden.

Das Schemata einer Klassendefinition stellt sich wie folgt dar:

```
// Klasse
class classname
{
        var $a; // Eigenschaft1
        var $b; // Eigenschaft2
        ...

        // Konstruktor
        function classname() {
                $this->a = wert_a;
                ...
        }

        // Methode
        function funkname() {
                $this->b = wert_b;
                ...
        }
        ...
}
```

Fallbeispiel – Warenkorb:

```
<pre>
<?php
// Klasse (ohne Konstruktor)
```

```
class warenkorb
{
	var $artikel;
	var $stueckzahl;

	function anzahlErhoehen($artnr, $stueck) {
		$this->stueckzahl[$artnr] += $stueck;
	}

	function eintragen($artnr, $name) {
		$this->artikel[$artnr] = $name;
		$this->stueckzahl[$artnr] = 1;
	}
}

// Objekt erzeugen
$meinWarenkorb = new warenkorb;

// Produkte in den Warenkorb legen
$meinWarenkorb->eintragen("1001","Skibrille");
$meinWarenkorb->eintragen("1002","Socken");

// Anzahl bestimmter Produkte erhöhen
$meinWarenkorb->anzahlErhoehen("1002",10);

// Ausgabe
echo "Vom Artikel " . $meinWarenkorb->artikel["1001"];
echo " sind " . $meinWarenkorb->stueckzahl["1001"] . " Stück
enthalten.<br>";
echo "Vom Artikel " . $meinWarenkorb->artikel["1002"];
echo " sind " . $meinWarenkorb->stueckzahl["1002"] . " Stück
enthalten.<br>";

echo "<p>";

// Ausgabe der Struktur des Objekts
print_r($meinWarenkorb);
?>
</pre>
```

Ausgabe:

```
Vom Artikel Skibrille sind 1 Stück enthalten.
Vom Artikel Socken sind 11 Stück enthalten.
warenkorb Object
(
    [artikel] => Array
        (
            [1001] => Skibrille
            [1002] => Socken
        )
```

```
    [stueckzahl] => Array
        (
            [1001] => 1
            [1002] => 11
        )

)
```

Das Beispiel zeigt einige wesentliche Prinzipien im Umgang mit einer einfachen Klasse. Sie sollten sich mit den einzelnen Punkten des Beispiels vertraut machen.

Einsatz von class

Die Klassendefinition wird mit dem Schlüsselwort `class` eingeleitet und im vorliegenden Fallbeispiel um den Klassennamen `warenkorb` erweitert:

```
class warenkorb
```

Die gesamte Klasse ist von geschweiften Klammern umgeben.

Einsatz von this

Um innerhalb der Klasse auf sich selbst verweisen zu können, wir das Schlüsselwort `this` eingesetzt. Beachten Sie die Schreibweise beim Zugriff auf die Variable der Klasse, diese können die Eigenschaften der Instanz bilden.

```
$this->stueckzahl[$artnr] += $stueck;
```

Das `$`-Zeichen steht vor `this`, anschließend wird der Verweis mit dem speziellen Operator `->` gebildet. Achten Sie stets darauf, die korrekte Syntax zu verwenden. Es ist ein beliebter Fehler, etwa `this->$var` oder gar `$this->$var` zu schreiben. Problematisch ist, dass PHP dies nicht immer mit einer Fehlermeldung quittiert, sondern oft wird das Skript einfach weiter verarbeitet.

Einsatz von var

Mit Hilfe des Schlüsselworts `var` werden Variablen im Objekt angelegt, diese ergeben wiederum die Eigenschaften des Objekts.

```
var $artikel;
var $stueckzahl;
```

Die Namen sind in dieser Klasse lokal. Abgesehen von der Verwendung in den Methoden können sie auch als Eigenschaften dienen.

Es schließen sich zwei Methoden ans, die als normale Funktionen definiert werden. Wird auf die Klasse selbst zugegriffen, dient das Schlüsselwort `this` als Indikator.

Einsatz von new

Auch der Einsatz der Klasse unterscheidet sich von der normaler Funktionen. Um die Klasse nutzen zu können, muss zuerst eine Instanz der Klasse gebildet werden:

```
$meinWarenkorb = new warenkorb;
```

Die Variable `$meinWarenkorb` ist nun ein Objekt. Die eigentliche Instanzierung nimmt das Schlüsselwort `new` vor, der Parameter ist der Name einer zuvor definierten Klasse.

Nutzen des Objekts der Klasse

Vor Ihrem geistigen Auge können Sie die in der Klassendefinition verwendeten `this`-Schlüsselwörter durch den Namen des Objekts ersetzen.

```
$meinWarenkorb->eintragen("1001","Skibrille");
```

Diese Zeile enspricht dem Aufruf der Methode `eintragen()`. Die gleiche Syntax wird auch verwendet, um die Eigenschaften des Objekts abzufragen:

```
$meinWarenkorb->artikel["1001"];
```

Sollte Ihnen diese Form schwer lesbar erscheinen, denken Sie daran, dass es sich bei `$meinWarenkorb` tatsächlich um eine reguläre Variable handelt. Diese Variable enthält ein Objekt, auf dessen Bestandteile Sie mit Hilfe des Operators `->` verweisen. Alles, was hinter dem Namen des Bestandteils steht, ist von dessen Konstruktion abhängig und unterscheidet sich nicht von der herkömmlichen Syntax.

4.1.8 Vererbung

Mit PHP sind Sie auch in der Lage, eine einfache Vererbung von Klassen vorzunehmen. Angenommen, Sie möchten in einer anderen Webanwendung die Klasse *warenkorb* verwenden, jedoch weitere Methoden und Eigenschaften hinzufügen. Es ist ein Grundgedanke der objektorientierten Programmierung, sich die bereits vorhandenen Klassen zunutze zu machen. Sie können in Ihrem Code also leicht Klassen erstellen, die lediglich erweitert werden, anstatt diese neu anzulegen.

Das Schema der Klassenvererbung stellt sich wie folgt dar:

```
// Klasse 1
class classname1
{
        var $a;
        ...
}

// Erweiterte Klasse 2 - erbt von Klasse 1
class classname2 extends classname1
{
```

```
        var $b;
        ...
}
```

Einsatz von extends

Abgeleitete Klassen werden mit Hilfe des Schlüsselworts `extends` erzeugt. Der folgende Code erweitert das bereits gezeigte Fallbeispiel um eine Methode `atikelEntfernen()`:

```
class ext_warenkorb extends warenkorb
{
        function artikelEntfernen($artnr) {
                unset($this->artikel[$artnr]);
                unset($this->stueckzahl[$artnr]);
        }
}
```

Sie können nun eine Instanz der erweiterten Klasse erzeugen, die sämtliche Eigenschaften der alten und neuen Klasse in sich vereint:

```
$meinWarenkorb = new ext_warenkorb;
```

und die Funktion `atikelEntfernen()` einsetzen:

```
$meinWarenkorb->artikelEntfernen("1002");
```

4.1.9 Konstruktoren und Destruktoren

Die bisherigen Darstellungen lassen vielleicht bei dem einen oder anderen den Verdacht aufkommen, dass die objektorientierte Programmierung sich für eine Vielzahl von Projekten eignet, und das ist auch genau der Punkt. Dazu müssen wir jedoch weitere Bestandteile kennenlernen.

Oft werden Sie für ein Objekt einen bestimmten Anfangszustand benötigen. Es wäre eine Möglichkeit, als Erstes immer eine Methode `init()` aufzurufen, die sämtliche Variablen mit den nötigen Ausgangswerten versorgt. Die meisten objektorientierten Sprachen bieten hierfür eine direkte Unterstützung an. Es gibt dort den Begriff des Konstruktors. Dies ist eine Methode, die immer beim Erzeugen einer Instanz aufgerufen wird. Entsprechend räumt der Destruktor beim Zerstören des Objekts wieder auf.

Einsatz von Destruktoren

Eine komplexe Speicherverwaltung wie in C++ kennt PHP nicht. Solche Prozesse laufen im Hintergrund automatisch ab. Einmal erzeugte Objekte haben ohnehin nur »ein Leben« innerhalb des Skripts, mit dem Sprung zum nächsten Skript werden sämtliche Speicherobjekte gelöscht. Der Aufwand einer Löschung des Speichers lohnt daher nicht. Entsprechend stehen in PHP auch keine Destruktoren zur Verfügung.

Einsatz von Konstruktoren

Im Gegensatz zu den Destruktoren, die in PHP nicht zur Verfügung stehen, können Sie sich aber einen Konstruktor erzeugen. Ein zusätzliches Schlüsselwort wird hierzu nicht benötigt, die Methode, die als Konstruktor dient, wird einfach wie die Klasse benannt. Die Klasse `ext_warenkorb` könnte also leicht um einen Konstruktor `ext_warenkorb()` erweitert werden, welcher dafür sorgt, dass beim Anlegen einer Instanz bereits ein Standardartikel angelegt wird.

```
class ext_warenkorb extends warenkorb
{
	function artikelEntfernen($artnr) {
		unset($this->artikel[$artnr]);
		unset($this->stueckzahl[$artnr]);
	}
	function ext_warenkorb() {
		$this->eintragen("0000","Katalog");
	}
}
```

Somit wird jeder Warenkorb mit dem aktuellen Katalog vordefiniert. An der Instanziierung der Klasse mit `new` ändert sich nichts. Konstruktoren unterscheiden sich auch sonst nicht von normalen Funktionen.

Besonderheit

Sollten Sie im Konstruktor einen Rückgabewert mit `return` definieren, wird dieser Wert beim Aufruf verloren gehen. Sie können jedoch die Konstruktormethode jederzeit explizit aufrufen:

```
echo $meinWarenkorb->ext_warenkorb();
```

Ebenso können der Methode Parameter übergeben werden. Betrachten Sie sich folgenden Beispiel:

```
<pre>
<?php
// Klasse
class person
{
	var $vorname;
	var $nachname;
	var $alter;

	// Konstruktor
	function person($vn, $nn, $alt) {
		$this->vorname = $vn;
		$this->nachname = $nn;
		$this->alter = $alt;
	}

	// Methode
```

```
        function datenAusgeben() {
                echo "Personendaten:<br>";
                foreach ($this as $key=>$element) {
                        echo "$key $element<br>";
                }
        }
}

// Objekt erzeugen
$meineSchwester = new person("Caroline","Kannengiesser",25);

// Ausgabe der Struktur des Objekts
print_r($meineSchwester);

// Ausgabe der Personendaten
$meineSchwester->datenAusgeben();

?>
</pre>
```

Ausgabe:

```
person Object
(
    [vorname] => Caroline
    [nachname] => Kannengiesser
    [alter] => 25
)
Personendaten:
vorname Caroline
nachname Kannengiesser
alter 25
```

Wie Sie sehen, ist die Übergabe von Parametern an den Konstruktor ohne weiteres möglich.

4.1.10 Vertiefung der OOP-Techniken

In diesem Abschnitt wollen wir Ihre Kenntnisse mit Hilfe der Grafikbibliothek GD vertiefen, so dass Sie ohne weiteres mit der Entwicklung eigener OO-basierten Projekte beginnen können.

Hinweis: Sie erfahren mehr zur GD-Bibliothek weiter unten, im Abschnitt »Dynamische Grafiken mit der GD-Bibliothek«.

Klassen und Objekte

Im folgenden Beispiel wird als Erstes eine Klasse `welt` definiert. Diese Klasse wurde als Basisklasse für die Anzeige von einfachen grafischen Objekten im Browser erzeugt.

Die Klasse setzt sich aus den benötigten Klassenvariablen und dem Konstruktor zusammen.

- `$bild` ist der Verweis auf das zu erzeugende Bild, welches die virtuelle Welt darstellt.
- `$posx` und `$posy` sind Variablen, mit denen auf eine beliebige Koordinate x/y auf der `welt` verwiesen werden kann.
- `$schwarz`, `$rot` und `$blau` sind Variablen, die zur Festlegung der jeweiligen Farbwerte dienen.

Der Konstruktor `welt()`, der denselben Namen trägt wie die Klasse, wird dazu verwendet, die Initialisierungen vorzunehmen.

Die Klassenvariablen für die jeweiligen Farbwerte werden mit Hilfe der GD-Funktion `imageColorAllocate()` festgelegt.

```
Header ("Content-type: image/gif");

class welt {
  var $bild;
  var $posx=0;
  var $posy=0;
  var $schwarz;
  var $rot;
  var $blau;

  function welt($img) {
    $this->bild = $img;
    $this->schwarz = imageColorAllocate($this->bild, 0,0,0);
    $this->weiß = imageColorAllocate($this->bild, 255, 255, 255);
    $this->rot = imageColorAllocate($this->bild, 255, 0, 0);
    $this->blau = imageColorAllocate($this->bild, 200, 200, 255);
    imagefill($this->bild, 10,10,$this->blau);
    }
}
```

Anschließend wird die Objektinstanz erzeugt, wie Sie bereits wissen, ist hierfür das Schlüsselwort `new` notwendig. Im Beispiel wird die Instanz den Namen `$meineWelt` erhalten, welche von der Klasse `welt` abgeleitet wird.

```
$einbild = imagecreate(300, 300);
$meineWelt  = new welt ($einbild);
```

Die GD-Funktion `imagecreate()` sorgt dafür, dass Ihnen ein Grundgerüst für Ihr Bild zur Verfügung steht.

Um das neue Objekt anzeigen zu können, muss nun noch die GD-Funktion `imagejpeg()` mit dem Verweis auf das erzeugte Bild als Parameter aufgerufen werden. Anschließend sollten Sie noch das Bild mit Hilfe der GD-Funktion `imagedestroy()`, aus dem Speicher entfernen.

```
imagejpeg($einbild);
imagedestroy($einbild);
```

Hinweis: Die GD-Funktionen haben mit dem eigentlichen Thema nichts zu tun. Sie dienen lediglich der Visualisierung.

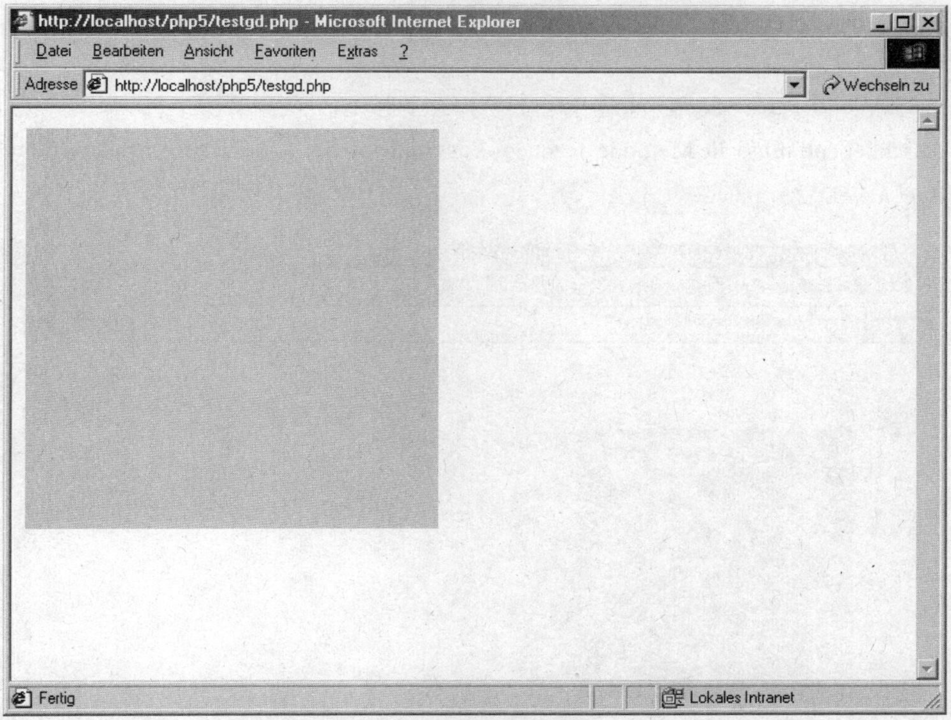

Bild 4.5: Die virtuelle Welt in Form eines Rechtecks

Sicher werden nun einige von Ihnen denken, das hätten wir auch einfacher haben können. Natürlich, aber wir haben schließlich noch mehr mit der Klasse vor. Nun wird es interessant: Lässt sich auch die Vererbung auf unsere Klasse `welt` anwenden?

Vererbung

Die Welt soll um einen virtuellen Kontinent erweitert werden, durch ein Rechteck symbolisiert. Hierzu wird eine neue Klasse mit dem Namen `kontinent` definiert. An diese neue Klasse sollen sämtliche Eigenschaften der schon bestehenden Klasse `welt` vererbt werden.

```
class kontinent extends welt{
  function flaeche() {
    imagefilledrectangle($this->bild, $this->posx, $this->posy, $this->posx+200, $this->posy+200, $this->rot);
    }

  function erzeuge($newx,$newy) {
    $this->posx=$newx;
```

```
    $this->posy=$newy;
    $this->flaeche();
    }
}
```

Um ein Objekt der Klasse zu erzeugen, muss lediglich folgende Codezeile angepasst werden:

```
$meineWelt  = new kontinent($einbild);
```

Anschließend muss die Methode `erzeuge()` des Objekts `$meineWelt` aufgerufen werden.

```
$meineWelt->erzeuge(50,50);
```

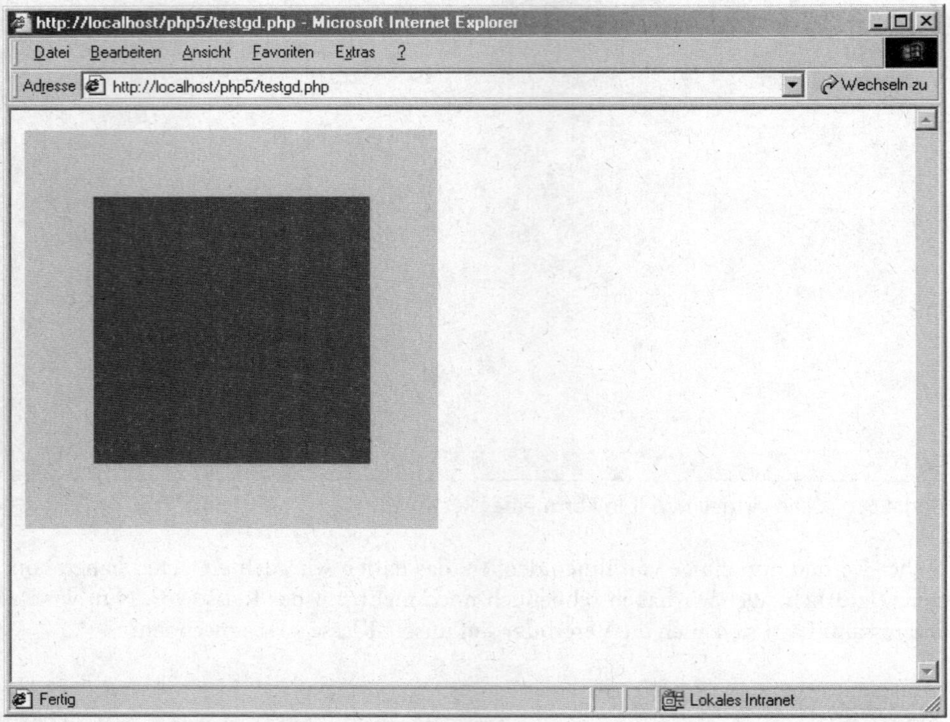

Bild 4.6: Die virtuelle Welt erhält einen Kontinent

Hinweis: Wenn Sie den Code der neuen Klasse `kontinent` aufmerksam betrachten, wird Ihnen auffallen, dass dieser keinen Konstruktor enthält. Dies ist auch nicht erforderlich, da in abgeleiteten Klassen die Konstruktoren der Elternklasse aufgerufen werden, falls die abgeleiteten Klassen selbst keine Konstruktoren besitzen. Dieses Feature steht seit PHP 4 zur Verfügung.

Überschreiben von Methoden

Nun sollten wir auf dem Kontinent unserer virtuellen Welt noch einige Lebewesen platzieren. Wir greifen auch in diesem Fall wieder auf die Vererbung zurück und definieren eine Klasse `lebewesen` und vererben dieser sämtliche Eigenschaften und Methoden der Klasse `kontinent`.

Die Klasse `lebewesen` soll eine zusätzliche Methode enthalten, die anhand eines ausgefüllten Kreises ein Lebewesen darstellt. An diesem Punkt stoßen wir auf ein weiteres zentrales Konzept der objektorientierten Programmierung, das Überschreiben von Methoden.

Da wir mit der Methode `erzeugen()` bereits eine Methode zur Positionierung grafischer Objekte zur Verfügung haben, benötigen wir nur noch eine neue Methode `flaeche()`, die anstelle eines Rechtecks einen ausgefüllten Kreis erzeugt.

In der OOP-Terminologie nennt man den Vorgang, wenn eine in einer Elternklasse vorhandene Methode in einer Kindklasse neu definiert wird, das überschreiben einer Methode, und genau das ist hier erforderlich. Die neue Methode `flaeche()` ist mit Hilfe der GD-Funktionen `imagearc()` und `imagefilltoborder()` schnell umgesetzt.

```
class lebewesen extends kontinent {
    function flaeche() {
    imagearc($this->bild, $this->posx, $this->posy, 50, 50, 0, 360, $this-
>schwarz);
    imagefilltoborder($this->bild, $this->posx, $this->posy, $this-
>schwarz, $this->schwarz);
    }
}
```

Wenn wir von der neuen Klasse `lebewesen` in der nun schon gewohnten Weise Instanzen wie z.B. `$lebewesen1` ableiten, sollte der Aufruf der Methode `erzeugen()` dieser Klasse, die `lebewesen` von `kontinent` geerbt hat, dazu führen, dass `erzeugen()` die in `lebewesen` überschriebene Methode `flaeche()` aufruft, die anstelle von Rechtecken Kreise darstellt.

```
$lebewesen1 = new lebewesen($einbild);
$lebewesen1->erzeuge(100,100);
$lebewesen2 = new lebewesen($einbild);
$lebewesen2->erzeuge(200,200);
```

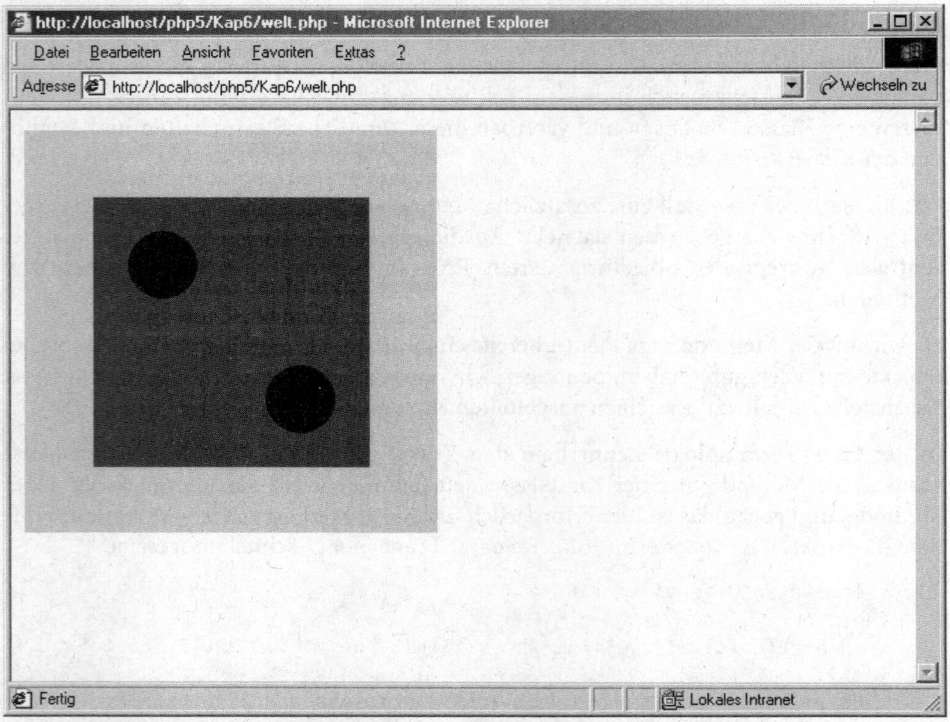

Bild 4.7: Die virtuelle Welt und die ersten Lebewesen auf dem Kontinent

Beispiel – vollständig:

```
<?
Header ("Content-type: image/jpeg");

class welt {
  var $bild;
  var $posx=0;
  var $posy=0;
  var $schwarz;
  var $rot;
  var $blau;

  function welt($img) {
    $this->bild = $img;
    $this->schwarz = imageColorAllocate($this->bild, 0,0,0);
    $this->weiß = imageColorAllocate($this->bild, 255, 255, 255);
    $this->rot = imageColorAllocate($this->bild, 255, 0, 0);
    $this->blau = imageColorAllocate($this->bild, 200, 200, 255);
    imagefill($this->bild, 10,10,$this->blau);
    }
}
```

```
class kontinent extends welt{
  function flaeche() {
    imagefilledrectangle($this->bild, $this->posx, $this->posy, $this->posx+200, $this->posy+200, $this->rot);
    }

  function erzeuge($newx,$newy) {
    $this->posx=$newx;
    $this->posy=$newy;
    $this->flaeche();
    }
}

class lebewesen extends kontinent {
    function flaeche() {
    imagearc($this->bild, $this->posx, $this->posy, 50, 50, 0, 360, $this->schwarz);
    imagefilltoborder($this->bild, $this->posx, $this->posy, $this->schwarz, $this->schwarz);
    }
}

$einbild = imageCreate(300, 300);

$meineWelt  = new kontinent($einbild);
$meineWelt->erzeuge(50,50);

$lebewesen1 = new lebewesen($einbild);
$lebewesen1->erzeuge(100,100);
$lebewesen2 = new lebewesen($einbild);
$lebewesen2->erzeuge(200,200);

imagejpeg($einbild);
imagedestroy($einbild);
?>
```

Die anhand dieses Beispiels aufgezeigten OOP-Prinzipien sollten Sie sich gut einprägen, da sie Ihnen bei umfangreichen Projekten eine Menge Arbeit ersparen können und Ihr Code für Erweiterungen und Anpassungen wesentlich flexibler wird.

4.1.11 Verbesserungen des OOP-Konzepts in PHP 4

PHP 4 unterstützt die objektorientierte Programmierung wesentlich besser als PHP 3. PHP 5 geht sogar noch einige Schritte weiter, wie Sie im Kapitel 5 sehen werden. Seit PHP 4 können Klassenfunktionen von anderen Klassenfunktionen oder auch aus dem globalen Gültigkeitsbereich heraus aufgerufen werden.

Aufruf einer Klassenfunktion in PHP 4

INSTANZ::KLASSENFUNKTION();

Da es sich bei einem Konstruktor ebenfalls um eine Klassenfunktion handelt, kann eine Subklasse auch den Konstruktor einer Superklasse aufrufen.

Das folgende Beispiel zeigt, wie in der abgeleiteten Klasse `Chipsaetze` der Konstruktor der Elternklasse `Chip` aufgerufen wird. Beim Ableiten des Objekts `$chipsatz` von der Klasse `Chipsatz` werden somit, wie die Ausgabe demonstriert, die Konstruktoren der Elternklasse und der Kindklasse aufgerufen.

Beispiel:

```
<?php
class Chip
{
	function Chip() {
		echo "Ich bin ein Chip.<br>";
	}
}
class Chipsaetze
{
	function Chipsaetze() {
		Chip::Chip();
		echo "Als Chipsatz können wir noch mehr!<br>";
	}
}
$chipsatz = new Chipsaetze;
?>
```

Ausgabe:

```
Ich bin ein Chip.
Als Chipsatz können wir noch mehr!
```

Dass eine Klassenfunktion einer Klasse auch aus dem globalen Gültigkeitsbereich heraus aufgerufen werden kann, zeigt das nächste Beispiel.

Hier wird der Konstruktor der Klasse `Chip` zum ersten Mal beim Instanzieren der Klasse `Chipsaetze` und ein zweites Mal außerhalb einer Klassendefinition vom Hauptprogramm aus aufgerufen:

```
<?php
class Chip
{
	function Chip() {
		echo "Ich bin ein Chip.<br>";
	}
}
class Chipsaetze
{
	function Chipsaetze() {
		Chip::Chip();
```

```
                echo "Als Chipsatz können wir noch mehr!<br>";
        }
}
$chipsatz = new Chipsaetze;
Chip::Chip();
?>
```

Ausgabe:

```
Ich bin ein Chip.
Als Chipsatz können wir noch mehr!
Ich bin ein Chip.
```

Ein weiteres Beispiel zeigt, wie das Überschreiben einer Funktion unter Verwendung der neuen Möglichkeiten effizienter durchgeführt werden kann.

Zunächst wird in der neu definierten Funktion der Kindklasse die entsprechende Funktion der Elternklasse aufgerufen und anschließend ergänzt. Auf diese Weise kann noch verwendbarer Code der Elternklasse auch beim Überschreiben in der Kindklasse genutzt werden, wo er lediglich ergänzt werden muss.

Beispiel:

```
<?php
class Chip
{
        function Chip() {
                echo "Chip wurde produziert.<br>";
        }
        function produzieren($anzahl) {
                $anzahl++;
                return($anzahl);
        }
}
class Chipsaetze extends Chip
{
        function Chipsaetze() {
                Chip::Chip();
                echo "Chipsatz wurde produziert.<br>";
        }
        function produzieren($anzahl) {
                $anzahl = Chip::produzieren($anzahl);
                $anzahl = $anzahl*$anzahl;
                return($anzahl);
        }
}
$chip1 = new Chip;
echo $chip1->produzieren(100);
echo "<br>";
$chipsatz1 = new Chipsaetze;
echo $chipsatz1->produzieren(100);
?>
```

Ausgabe:

```
Chip wurde produziert.
101
Chip wurde produziert.
Chipsatz wurde produziert.
10201
```

4.1.12 Metainformationen zu Klassen und Objekten

Informationen, die man zur Laufzeit eines Skripts über eine Klasse oder eine von ihr abgeleitete Instanz erhalten kann, werden auch als Metainformationen bezeichnet.

Zu diesen Informationen zählen beispielsweise die Namen der Klasse von Objekten, die Namen sämtlicher Superklassen und Subklassen sowie die Namen der Methoden einer Klasse.

In der folgenden Tabelle sind die seit PHP 4 zur Verfügung stehenden Funktionen zur Ermittlung der Metainformationen zu Klassen und Objekten aufgeführt.

Funktion	*Bedeutung*
get_class($object)	Ergibt den Namen der Klasse des Objekts.
get_parent_class($object)	Ergibt den Namen der übergeordneten Klasse des Objekts.
method_exists($object,method)	Prüft, ob eine Methode existiert.
class_exists(classname)	Ermittelt, ob die Klasse definiert wurde.
is_subclass_off($object, superclassname)	Prüft, ob ein Objekt zu einer Unterklasse gehört.
is_a($object,classname)	Prüft, ob ein Objekt zu einer Klasse oder deren Elternklasse gehört.
get_class_methods(classname)	Gibt ein Array mit den Namen der Methoden einer Klasse zurück.
get_declared_classes()	Gibt die Namen aller deklarierter Klassen in einem Array zurück. Zusätzlich zu den benutzerdefinierten Klassen werden drei interne Klassen ausgegeben: `stdClass`, `Overloaded-TestClass`, `Directory`.
get_class_vars(classname)	Diese Funktion gibt in einem Array die Namen der Eigenschaften der Klasse zurück.
get_objects_vars($object)	Mit dieser Funktion ermitteln Sie die Eigenschaften eines Objekts, also die tatsächlich genutzten Variablen der zugrunde liegenden Klasse.

Einsatz von get_class(), get_parent_class() und get_class_methods()

Unter Verwendung der Klassendefinitionen des vorherigen Beispiels können z.B. mit Hilfe der Funktionen `get_class()`, `get_parent_class()` und `get_class_methods()` die folgenden Informationen zum Objekt `$chipsatz1` bzw. zur Klasse `Chipsaetze` ermittelt werden:

```
<?php
class Chip
{
        function Chip() {
                echo "Chip wurde produziert.<br>";
        }
        function produzieren($anzahl) {
                $anzahl++;
                return($anzahl);
        }
}
class Chipsaetze extends Chip
{
        function Chipsaetze() {
                Chip::Chip();
                echo "Chipsatz wurde produziert.<br>";
        }
        function produzieren($anzahl) {
                $anzahl = Chip::produzieren($anzahl);
                $anzahl = $anzahl*$anzahl;
                return($anzahl);
        }
}
$chipsatz1 = new Chipsaetze;
echo "<br>Klasse: ";
echo get_class($chipsatz1);
echo "<br>Elternklasse: ";
echo get_parent_class($chipsatz1);
echo "<br>------<br>";
$klasse = "Chipsaetze";
echo "<br>Methoden der Klasse $klasse: ";
$array = get_class_methods($klasse);
foreach ($array as $element) {
        echo "<br>$element";
}
?>
```

Ausgabe:

```
Chip wurde produziert.
Chipsatz wurde produziert.
Klasse: Chipsaetze
Elternklasse: Chip
------
Methoden der Klasse Chipsaetze:
Chipsaetze
Produzieren
Chip
```

Die Ausgabe zeigt, dass den Objekten der Klasse `Chipsaetze` insgesamt drei Methoden zur Verfügung stehen.

Einsatz von get_declared_classes()

Der Konstruktor `Chip()` wurde von der Elternklasse `Chip` geerbt. Um die in einem Skript deklarierten Klassen zu ermitteln, kann die Funktion `get_declared_classes()` verwendet werden.

Beispiel:

```
<?php
class Chip
{
        function Chip() {
                echo "Chip wurde produziert.<br>";
        }
        function produzieren($anzahl) {
                $anzahl++;
                return($anzahl);
        }
}
class Chipsaetze extends Chip
{
        function Chipsaetze() {
                Chip::Chip();
                echo "Chipsatz wurde produziert.<br>";
        }
        function produzieren($anzahl) {
                $anzahl = Chip::produzieren($anzahl);
                $anzahl = $anzahl*$anzahl;
                return($anzahl);
        }
}
echo "<br>Deklarierte Klassen:<br>";
$array = get_declared_classes();
foreach ($array as $element) {
        echo "<br>$element";
}
?>
```

Ausgabe:

```
Deklarierte Klassen:
stdClass
OverloadedTestClass
Directory
com
Chip
Chipsaetze
```

Hier sind weit mehr Klassen definiert, sowohl die benutzerdefinierten als auch die vordefinierten Klassen werden ausgegeben.

Einsatz von get_class_vars() und get_object_vars()

Mit Hilfe der Funktionen `get_class_vars()` und `get_object_vars()` können die Klassenvariablen einer Klasse bzw. die Objektvariablen eines Objekts zurückgegeben werden. Das folgende Beispiel demonstriert die Verwendung dieser Funktionen.

Beispiel – get_class_vars():

```
<?php
class Fahrzeug
{
	var $hersteller = "VW";
	var $typ = "PKW";
	var $klasse = "Mittel";
}
echo "Klassen-Variablen: ";
$array = get_class_vars("Fahrzeug");
foreach ($array as $element) {
	echo "$element, ";
}
?>
```

Ausgabe:

```
Klassen-Variablen: VW, PKW, Mittel,
```

Beispiel – get_object_vars():

```
<?php
class Fahrzeug
{
	var $hersteller = "VW";
	var $typ = "PKW";
	var $klasse = "Mittel";
}
// Objekt
$meinAuto = new Fahrzeug;
$meinAuto->hersteller = "BMW";
$meinAuto->typ = "Motorad";
$meinAuto->klasse = "keine";
echo "Objekt-Variablen: ";
$array = get_object_vars($meinAuto);
foreach ($array as $element) {
	echo "$element, ";
}
?>
```

Ausgabe:

```
Objekt-Variablen: BMW, Motorad, keine,
```

4.1.13 PHP-Objekte sind assoziative Arrays

PHP behandelt Objekte intern als assoziative Arrays, auch Hashes genannt. Sie sollten hierfür einen Blick auf folgendes Beispiel werfen:

```
<?php
class Formatklasse
{
        var $farbe = "#ff0000";
        var $inhalt = "Dies ist der Text.";
        var $schrift = "Arial";
        function Formatklasse() {
                echo "<font face=\"$this->schrift\" color=\"$this-
>farbe\">$this->inhalt</font>";
        }
}
$meinFormat = new Formatklasse;
foreach ($meinFormat as $key=>$element) {
        echo "<br>$key: $element<br>";
}
?>
```

Ausgabe:

```
Dies ist der Text.
farbe: #ff0000
inhalt: Dies ist der Text.
schrift: Arial
```

Die Namen der Klassenvariablen der Klasse `Formatklasse` können als Schlüsselwerte und die Werte der Klassenvariablen als zugehörige Array-Elemente eines assoziativen Arrays mit dem Namen einer Instanz dieser Klasse, im Beispiel `$meinFormat`, aufgefasst und als solche über eine `foreach`-Schleife ausgegeben werden.

4.1.14 Optimierung durch parent

Wahrscheinlich wollen Sie auch Code schreiben, der sich auch auf Variablen und Funktionen von Elternklassen bezieht. Dies gilt speziell dann, wenn Ihre abgeleitete Klasse eine Verfeinerung oder Spezialisierung von Code in Ihrer Elternklasse ist.

Anstatt in Ihrem Code den wörtlichen Namen der Elternklasse zu verwenden, wie es bisher beschrieben wurde, sollten Sie das Schlüsselwort `parent` verwenden, welches sich auf den in der Deklaration Ihrer Klasse mittels `extends` gegebenen Namen Ihrer Elternklasse bezieht. So vermeiden Sie die mehrfache Verwendung des Namens der Elternklasse. Sollte sich Ihr Vererbungsbaum während der Implementation ändern, brauchen Sie lediglich die `extends`-Deklaration Ihrer Klasse anzupassen.

Beispiel:

```
<?php
class Chip
{
    function produzieren()
    {
        echo "Chip wurde produziert.<br>";
    }
}

class Chipsaetze extends Chip
{
    function produzieren()
    {
        echo "Chipsatz wurde produziert.<br>";
        parent::produzieren();
    }
}

$chipsatz1 = new Chipsaetze;
$chipsatz1->produzieren();
?>
```

Ausgabe:

```
Chipsatz wurde produziert.
Chip wurde produziert.
```

4.1.15 Mehrfachvererbung durch Aggregation

Innerhalb von PHP stellte man oftmals die Notwendigkeit fest, Klassen zu erweitern oder anzupassen, was als Vererbung bezeichnet wird. Beim ursprünglichen Objekt, von dem geerbt wurde, spricht man nun von einer Ober- oder Superklasse. Eine aus der Sprache C++ bekannte Methode erlaubt es, dass eine abgeleitete oder geerbte Klasse mehrere Basisklassen besitzt. Dabei handelt es sich um die Möglichkeit, parallel, also gleichzeitig, von zwei Klasseneigenschaften zu erben. In diesem Zusammenhang wird dann oftmals von Mehrfachvererbung (multiple inheritance) gesprochen. Eine allgemein akzeptierte Lösung bildet die Aggregations-Methode, die ebenfalls eine Mehrfachvererbung von Klassen durch Zusammenführen der Eigenschaften und Methoden zur Laufzeit ermöglicht.

Mit den Aggregationsfunktionen lässt sich die Mehrfachvererbung von Klassen durch Zusammenführen der Eigenschaften und Methoden von Objekten zur Laufzeit wie folgt erreichen:

```
<?php

class ErsteKlasse {
      function ausgabe_a() {
            print "ErsteKlasse::ausgabe_a() aufgerufen.<br>";
```

```
        }
}

class ZweiteKlasse {
        function ausgabe_b() {
                print "ZweiteKlasse::ausgabe_a() aufgerufen.<br>";
        }
}

$objekt = new ErsteKlasse();
aggregate($objekt, 'ZweiteKlasse');

$objekt->ausgabe_a();
$objekt->ausgabe_b();

?>
```

Ausgabe:

```
ErsteKlasse::ausgabe_a() aufgerufen.
ZweiteKlasse::ausgabe_a() aufgerufen.
```

Neben der `aggregate()`-Funktion, die sämtliche Eigenschaften und Methoden der Klassen in einer Objektinstanz zusammenführt, besteht mit den Funktionen

- aggregate_properties()
- aggregate_properties_by_list()
- aggregate_properties_by_regex() bzw. aggregate_methods()
- aggregate_methods_by_list()
- aggregate_methods_by_regex()

die Möglichkeit, die zu vereinigenden Eigenschaften bzw. Methoden auszuwählen.

Achtung: Die Aggregationsfunktion ist in PHP 4.2 eingeführt worden und als experimentell zu bezeichnen. Die Implementierung der Aggregationsfunktion fügt sich daher nicht nahtlos in das übrige OOP-Konzept von PHP ein. Funktionen wie beispielsweise `get_class()` oder `is_a()` können kein korrektes Ergebnis liefern, wenn sie auf ein aggregiertes Objekt angewandt werden.

4.1.16 Überladen von Klassen durch Overloading

Bei einer weiteren Extension handelt es sich um das Overloading, sie ermöglicht das benutzerdefinierte Überladen (eng. Overloading) der Zugriffe auf Klassenvariablen und Methodenaufrufe, wodurch allgemein die Existenz von Methoden gleichen Namens möglich ist, sofern sie sich in der Art oder Anzahl ihrer Parameter unterscheiden. Die Overloading-Extension stellt lediglich eine Funktion zur Verfügung, und zwar `overload()`, welche den Namen der Klasse benötigt, um das Überladen von Eigenschaften und Methoden einer Klasse zu aktivieren. Um das Überladen zu ermöglichen, müssen allerdings entsprechende Methoden, wie `__get()`, `__set()` und `__call()` innerhalb des Objekts deklariert werden.

Beispielsweise ist es hiermit möglich, dass eine bestimmte Aktion automatisch ausgeführt wird, wenn auf eine Klassenvariable das erste Mal zugegriffen wird. Im Falle einer Datenbankverbindung könnte dies dazu genutzt werden, dass diese nicht bereits im Konstruktor der Klasse aufgebaut wird, sondern erst dann, wenn sie benötigt wird:

```
<?php

class DatenBank {
        function __get($propertyName, &$propertyValue) {
        switch ($propertyName) {
        case "verbindung": {
                if (!isset($this->verbindung)) {
                $this->verbindung = $this->verbinden();
                }
                $propertyValue = $this->verbindung;
        }
        break;
        }
        return true;
        }
}

echo overload('DatenBank');

?>
```

Die Methode `__get()` aus obigem Beispiel wird automatisch bei jedem Zugriff auf Membervariablen aufgerufen. Bei dem ersten dieser Aufrufe für die Variable `$this->verbindung` wird die eigentliche Verbindung zur Datenbank durch die Methode `$this->verbinden()` hergestellt und in `$this->verbindung` abgelegt. Ähnlich wie `__get()` können mit `__set()` und `__call()` Callbacks für schreibende Zugriffe auf Membervariablen sowie für Methodenaufrufe definiert werden.

> **Achtung:** Die Overloading-Funktion steht seit PHP 4.2 zur Verfügung und ist als experimentell zu bezeichnen.

4.1.17 Nützliche OOP-Codeausschnitte

Objekte entfernen

Um ein Objekt explizit zu entfernen, können Sie mit Hilfe von `unset()` das Objekt entfernen.

Beispiel:

```
 // Objekt erzeugen
$meinAuto = new Auto;
...
// Objekt entfernen
unset($meinAuto)
```

Objekte klonen

Sie wollen eine neue Kopie eines bereits bestehenden Objekts erzeugen. Zum Beispiel haben Sie ein Objekt, das eine E-Mail-Sendung enthält, und Sie wollen diese kopieren, um sie als Grundlage für eine Antwortnachricht zu verwenden.

Beispiel:

```
<?php
class Mensch
{
	var $name;
	function Mensch($name) {
		$this->name = $name;
	}
	function redet() {
		echo $this->name . " redet<br>";
	}
	function rennt() {
		echo $this->name . " rennt<br>";
	}
}
// Objekt erzeugen
$mensch1 = new Mensch("Caroline");
$mensch1->redet();
$mensch1->rennt();

// Objekt klonen
$mensch2 = $mensch1;

// Klon
$mensch2->name = "Matthias";
$mensch2->redet();
$mensch2->rennt();

// Objekt
$mensch1->redet();
?>
```

Ausgabe:

```
Caroline redet
Caroline rennt
Matthias redet
Matthias rennt
Caroline redet
```

Objekt-Referenzen

Sie wollen zwei Objekte derart verknüpfen, dass bei der Modifikation des einen gleichzeitig auch das andere verändert wird. Dann ist Ihnen `=&` behilflich. Hiermit können Sie ein Objekt einem anderen als Referenz zuweisen.

Beispiel:

```
<?php
class Mensch
{
	var $name;
	function Mensch($name) {
		$this->name = $name;
	}
	function redet() {
		echo $this->name . " redet<br>";
	}
	function rennt() {
		echo $this->name . " rennt<br>";
	}
}
// Objekt erzeugen
$mensch1 = new Mensch("Caroline");
$mensch1->redet();
$mensch1->rennt();

// Objekt Referenz
$mensch2 =& $mensch1;

// Referenz
$mensch2->name = "Matthias";
$mensch2->redet();
$mensch2->rennt();

// Objekt
$mensch1->redet();
?>
```

Ausgabe:

```
Caroline redet
Caroline rennt
Matthias redet
Matthias rennt
Matthias redet
```

Laden von Klassenbibliotheken

Ein weiterer sinnvoller Einsatz von Klassen besteht darin, diese in eine separate Datei auszulagern und via `require`-Anweisung einzuladen. Die `require`-Anweisung sollte möglichst frühzeitig im Code eingesetzt werden, da Klassen erst nach der Definition zur Verfügung stehen:

```
<?php
require ("klassen.php");
$meinWarenkorb = new Warenkorb;
$meineBestellung = new Bestellung;
?>
```

In der Datei selbst können beliebig viele Klassen definiert werden. Sie sollten jedoch möglichst keinen Code außerhalb von Klassendefinitionen unterbringen, da dieser sonst bereits während der Einbindung ausgeführt wird.

4.2 PDF – Portable Document Format

Das von Adobe entwickelte Portable Document Format, kurz PDF, ist ein offener Standard zur Verbreitung elektronischer Dokumente wie Handbücher, Anleitungen uvm. PDF ist ein universelles Dateiformat, das sämtliche Schriften, Formatierungen, Farben und Grafiken einer beliebigen Vorlage beibehält, unabhängig von dem Programm und dem Betriebssystem, mit dem die Datei erstellt wurde. PDF-Dateien sind kompakt und können von jederman gemeinsam genutzt, betrachtet und exakt ausgedruckt werden. Um diese Funktionen nutzen zu können, benötigen Sie den kostenlosen Adobe Acrobat Reader.

4.2.1 Grundlagen von PDF

PDF ist ein Format, welches eine Reihe bisherige Probleme überwindet. Hier einige der wesentlichen Vorteile des Formats:

- Jeder kann jederzeit eine PDF-Datei öffnen. Alles, was benötigt wird, ist der kostenlose Acrobat Reader.
- PDF-Dateien können beliebig publiziert und verteilt werden, wie z.B. als E-Mail Anhang, auf Websites oder CD-ROM.
- Formatierungen, Schriften und Grafiken bleiben erhalten und gehen aufgrund von inkompatiblen Betriebssystemen oder Anwendungen und Versionen nicht mehr verloren.
- PDF-Dateien werden immer exakt so angezeigt, wie sie erstellt wurden.
- PDF-Dateien lassen sich auf allen Druckern korrekt ausgeben.
- Die kompakten PDF-Dateien sind wesentlich kleiner als ihre Quelldateien und lassen sich seitenweise herunterladen, damit sie beispielsweise im Internet möglichst schnell angezeigt werden können, ohne sie immer vollständig herunterladen zu müssen.

Generierung via PHP

Mit der Generierung von PDF-Dokumenten via PHP sind Sie unabhängig von der sonst notwendigen, kommerziellen Adobe-Software. Sie benötigen nicht wie bisher Adobe Acrobat und Adobe Distiller.

4.2.2 PHP und die PDFLib

Die PDF-Funktionen von PHP sind Bestandteile der PDFlib von Thomas Merz. Sollte diese in Ihrer PHP-Distribution nicht enthalten sein, können Sie die neueste Version unter folgender Adresse herunterladen: *www.pdflib.com*. Dort finden Sie auch eine aktuelle und umfangreiche Dokumentation zur PDFlib.

Sie sollten zusätzlich beachten, dass bei den Längen- und Koordinatenangaben PostSkript-Punkte verwenden werden. Dabei entsprechen 72 PostSkript-Punkte 1 Zoll (Inch). Dies kann jedoch bei verschiedenen Auflösungen variieren. Der Ursprung des internen Koordinatensystems ist die linke untere Ecke.

Neuerungen der aktuellen Version

Die aktuelle Version ist die pdflib v5. Sie enthält folgende Neuerungen:

- Fonts, vollständig überarbeitete Font-Engine mit voller Unterstützung von Unicode und CJK-Schriften (China/Japan/Korea); Unterschneidung (Kerning), Untergruppenbildung (subsetting), Type-3-Schriften.
- Bilder, BMP-Unterstützung, Bildformat-Optionen, Transparenzmasken (soft masks).
- Personalisierung von PDF-Dateien mit Hilfe des PDFlib Block Plugin.
- Druckvorstufe, PDF/X, Color-Management mit ICC-Profilen, CIE Lab-Farben, eingebaute Umsetzung von Pantone und HKS-Schmuckfarben.
- Grafik, Farbverläufe, Transparenz und Farbmischmodus, Überdruck-Steuerung.
- Hypertext, benannte Ziele, Lesezeichen-Ziele, Benutzerkoordinaten.
- Sicherheit, 40-Bit und 128-Bit-Verschlüsselung mit Benutzer- und Hauptkennwort und Einstellung der Benutzerrechte.
- Programmierung: neue Ausnahmebehandlung für C, einheitliche Nummerierung der Fehlermeldungen.

Wie Sie sehen, geht die Entwicklung dieser speziellen Erweiterung kontinuierlich weiter.

4.2.3 PDFLib im Einsatz

Im folgenden Abschnitt werden wir Ihnen einige Funktionen vorstellen und aufzeigen, wie Sie auf einfache Weise eine PDF-Datei via PHP erzeugen können.

Einfaches Dokument

Der Einstieg in die Erzeugung von PDF-Dokumenten via PHP ist recht simpel. Das folgende Beispiel erzeugt bereits ein gültiges PDF-Dokument und schreibt es in die Datei *testdok.pdf*.

Beispiel:

```
<?php
$datei = fopen("testdok.pdf", "w");
$dokument = pdf_open($datei);
pdf_begin_page($dokument, 200, 200);
pdf_end_page($dokument);
pdf_close($dokument);
fclose($datei);
?>
```

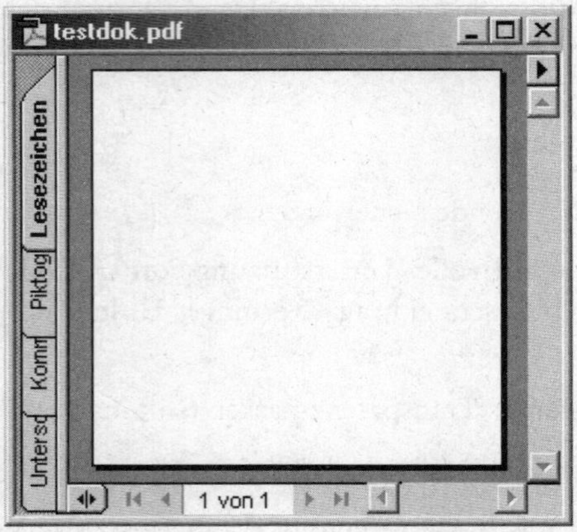

Bild 4.8: Eine leere Seite innerhalb des PDF-Dokuments

Das Dokument enthält lediglich eine leere Seite. Initialisiert wird ein PDF-Dokument immer mit der Funktion `pdf_open()`, die in diesem Fall den Dateizeiger `$datei` übergeben bekommt. Dies führt dazu, dass das Dokument in einer Datei abgelegt wird. Alternativ könnte das Argument für `pdf_open()` auch entfallen, das Dokument wird dann im Speicher erzeugt und seitenweise an die Standardausgabe übergeben. Die Erzeugung des Dokuments im Speicher ist insbesondere im Webserverbetrieb von Vorteil, da keine Datei in das Dateisystem geschrieben werden muss und das Dokument ohne Umwege an den Browser ausgegeben wird. Geschlossen wird das Dokument mit `pdf_close()`.

PDF-Dokumente sind wie PostSkript-Dokumente seitenorientiert. Bevor also irgendwelche Ausgaben gemacht werden können, muss eine Seite generiert werden. Die Funktion `pdf_begin_page()` erzeugt eine solche Seite und bestimmt gleichzeitig deren Größe in PostSkript-Punkten. Natürlich müssen auch Seiten beendet werden, was mit Hilfe der Funktion `pdf_end_page()` erfolgt. Nach dem Beenden einer Seite sind keinerlei Veränderung mehr möglich.

Einsatz von Text

Das folgende Beispiel stellt auf einfache Weise dar, wie innerhalb eines PDF-Dokuments Text abgelegt werden kann. Zusätzlich machen Sie erste Erfahrungen mit dem Koordinatensystem einer PDF-Seite.

Beispiel:

```
<?php
$datei = fopen("testdok2.pdf", "w");
$dokument = pdf_open($datei);
pdf_begin_page($dokument, 200, 200);
pdf_set_font($dokument, "Arial", 24, "host");
pdf_set_text_pos($dokument, 100, 100);
pdf_show($dokument, "Ihr erster Text im Dokument");
pdf_end_page($dokument);
pdf_close($dokument);
fclose($datei);
?>
```

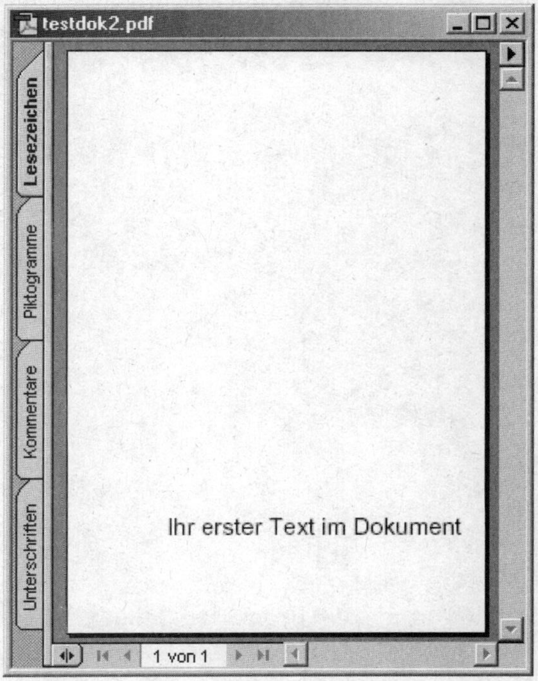

Bild 4.9: PDF-Dokument samt Text

Wesentliche Bestandteile des Skripts wurden aus dem ersten Beispiel übernommen, hinzu kommen lediglich die drei Funktionen zur Auswahl des Zeichensatzes `pdf_set_font()`, zum Setzen der Ausgabeposition `pdf_set_text_pos()` und die eigentliche Textausgabefunktion `pdf_show()`. Das Ergebnis ist ein Text in Arial mit der Größe 24 pt. Der letzte Parameter von `pdf_set_font()` gibt das Encoding des Zeichensatzes an. Mit *host* liegt man in der Regel richtig. Der Ursprung des PDF-Koordinatensystems liegt, wie Sie bereits erfahren haben, in der linken unteren Ecke, der Text erscheint also jeweils 100 Punkte vom linken und unteren Rand entfernt.

Fallbeispiel für die Berechnung:

```
100 Punkte entsprechen 100/72*2.54cm=3.528cm
```

Einsatz von geometrischen Formen

Der Einsatz von Text innerhalb eines PDF-Dokuments ist jedoch noch lange nicht alles. Mit Hilfe der *pdflib* lassen sich zusätzlich geometrische Formen erzeugen. Auch das kann PDF, man sollte sich jedoch im Klaren darüber sein, dass dies immer zwei Schritte erfordert:

- Im ersten Schritt wird ein so genannter Pfad durch die Zeichenfunktionen erzeugt.
- Im zweiten Schritt wird dieser Pfad gezeichnet oder anderweitig verwendet.

Sie werden im folgenden Beispiel erfahren, was notwendig ist, um eine diagonale Linie zu realisieren.

Beispiel:

```
<?php
$datei = fopen("testdok3.pdf", "w");
$dokument = pdf_open($datei);
pdf_begin_page($dokument, 200, 200);
pdf_moveto($dokument, 50, 50);
pdf_lineto($dokument, 100, 100);
pdf_stroke($dokument);
pdf_end_page($dokument);
pdf_close($dokument);
fclose($datei);
?>
```

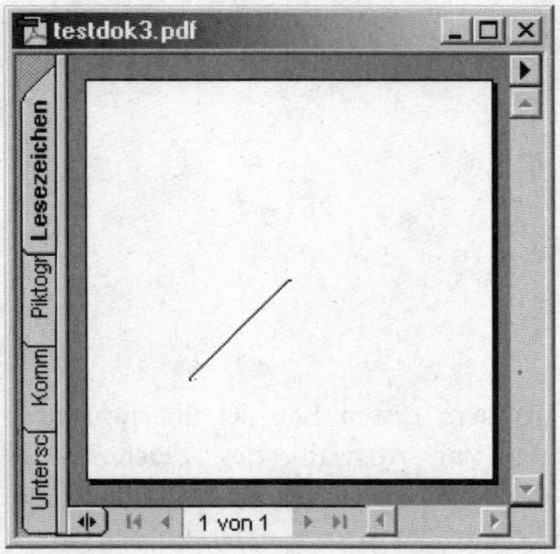

Bild 4.10: Eine geometrische Form im PDF-Dokument: diagonale Linie

Auch in diesem Fall sind wieder drei neue Funktionen zum Einsatz gekommen. Mit Hilfe der Funktion `pdf_moveto()` setzen Sie den Ausgangspunkt der Linie. Die Funktion `pdf_lineto()` fügt ein Liniensegment dem aktuellen Pfad hinzu und erst die Funktion `pdf_stroke()` zeichnet den aktuellen Pfad, also die eigentliche Linie. Das mag kompliziert klingen, macht aber Sinn, sobald Sie die weiteren Möglichkeiten, mit Pfaden zu arbeiten, kennen gelernt haben. So ist es beispielsweise möglich, einem Pfad mit einer Farbe oder einem Muster zu füllen, auch kann ein Pfad als Begrenzung anderer Bildteile verwendet werden. Pfade werden damit zu einem leistungsfähigen Werkzeug. Um diese Aussage zu untermauern, zeigen wir Ihnen folgendes Beispiel:

```
<?php
$datei = fopen("testdok4.pdf", "w");
$dokument = pdf_open($datei);
pdf_begin_page($dokument, 400, 400);
pdf_moveto($dokument, 100, 100);
pdf_lineto($dokument, 200, 200);
pdf_lineto($dokument, 100, 200);
pdf_closepath_fill_stroke($dokument);
pdf_circle($dokument, 300, 250, 50);
pdf_stroke($dokument);
pdf_rect($dokument, 100, 210, 120, 120);
pdf_stroke($dokument);
pdf_end_page($dokument);
pdf_close($dokument);
fclose($datei);
?>
```

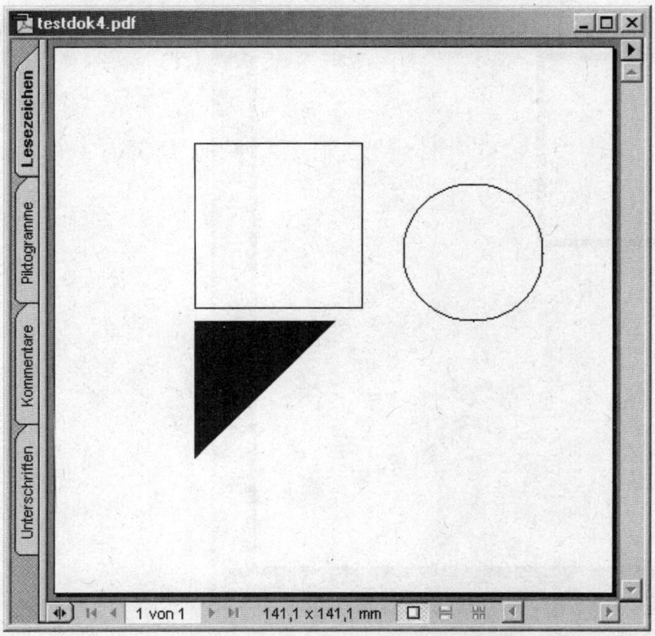

Bild 4.11: Geometrische Formen: Dreieck, Quadrat und Kreis

Auch in diesem Beispiel wird deutlich, dass die Zeichenoperation erst dann ausgeführt wird, wenn `pdf_stroke()` oder wie im vorliegenden Beispiel `pdf_closepath_fill_stroke()` aufgerufen wird. Mit `pdf_closepath_fill_stroke()` wird zunächst der Pfad geschlossen, das Dreieck wurde nur mit zwei `pdf_lineto()`-Anweisungen gezeichnet, und danach gefüllt und gezeichnet.

Sollten Sie die Strichstärke verändern wollen, steht Ihnen die Funktion `pdf_setlinewidth()` zur Verfügung. Übergabeparameter sind das PDF-Dokument und die Breite der Linie in Punkten.

Beispiel:

```
<?php
$datei = fopen("testdok5.pdf", "w");
$dokument = pdf_open($datei);
pdf_begin_page($dokument, 400, 400);
pdf_setlinewidth($dokument, 5);
pdf_rect($dokument, 100, 210, 120, 120);
pdf_stroke($dokument);
pdf_end_page($dokument);
pdf_close($dokument);
fclose($datei);
?>
```

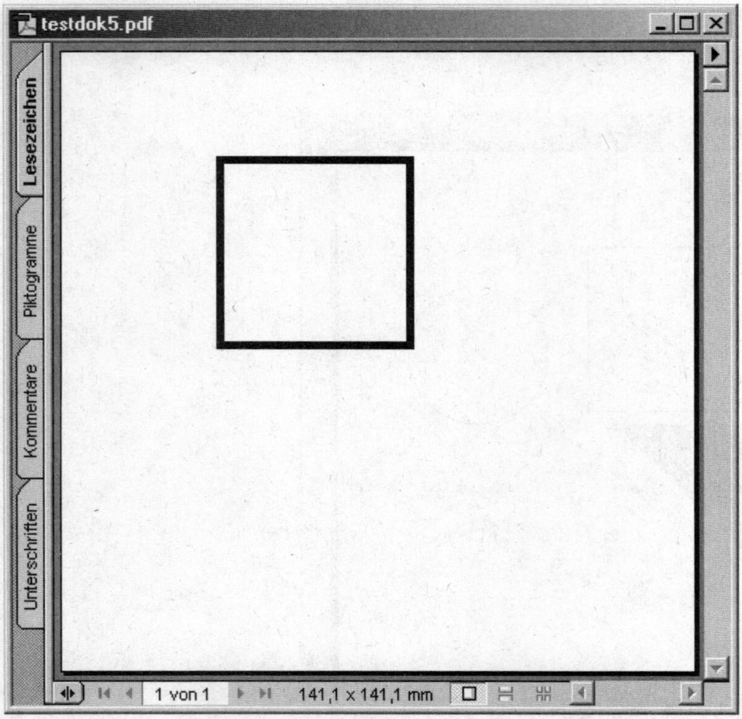

Bild 4.12: Einstellung der Strichstärke des Quadrats

Einbinden von Bildern

Als Nächstes wenden wir uns dem Einbinden von Bildern zu. PDF-Dokumente können wie auch HTML-Dokumente Bilder enthalten. Im Unterschied zu HTML werden die Bilder jedoch direkt in das Dokument eingebettet und es wird nicht auf eine externe Datei verwiesen. Das hat insbesondere den Vorteil, dass Sie beim Datenaustausch nur eine Datei übertragen müssen. Sie sollten sich folgendes Beispiel betrachten:

```
<?php
$datei = fopen("testdok6.pdf", "w");
$dokument = pdf_open($datei);
pdf_begin_page($dokument, 400, 400);
$bild = pdf_open_image_file($dokument, "jpeg", "logo.jpg");
pdf_place_image($dokument, $bild, 10, 10, 1);
pdf_end_page($dokument);
pdf_close($dokument);
fclose($datei);
?>
```

Bild 4.13: Einbinden von Pixelgrafiken im PDF-Dokument

Ein Bild muss zunächst unter Angabe des Formats *jpeg* und des Dateinamens mit der Funktion `pdf_open_image_file()` geladen werden. Die Platzierung erfolgt anschließend mit Hilfe der Funktion `pdf_place_image()`. Bei der Platzierung kann zu der Position auch noch ein Skalierungsfaktor angegeben werden. In diesem Fall ist er auf 1 (100%) gesetzt. Neben JPEG können auch die Formate GIF, TIFF und PNG eingelesen werden.

Die Zweiteilung der Einbindung eines Bildes hat im Übrigen einen guten Grund. Sie können ein Bild mehrfach verwenden, ohne jedes Mal das Bild in das PDF-Dokument einzubetten. Die Funktion `pdf_place_image()` schreibt intern lediglich einen Verweis auf das bereits im Dokument befindliche Bild. Der Speicherplatzbedarf kann dadurch erheblich reduziert werden. Machen Sie doch einfach mal folgenden Test. Platzieren Sie das Bild mehrere Male auf der Seite und vergleichen Sie die Dateigrößen der PDF-Dokumente.

Beispiel:

```
<?php
$datei = fopen("testdok7.pdf", "w");
$dokument = pdf_open($datei);
pdf_begin_page($dokument, 400, 400);
$bild = pdf_open_image_file($dokument, "jpeg", "logo.jpg");
for($i=0; $i<10; $i++) {
       pdf_place_image($dokument, $bild, 10, 10, 1);
       pdf_rotate($dokument, 10);
}
pdf_end_page($dokument);
pdf_close($dokument);
fclose($datei);
?>
```

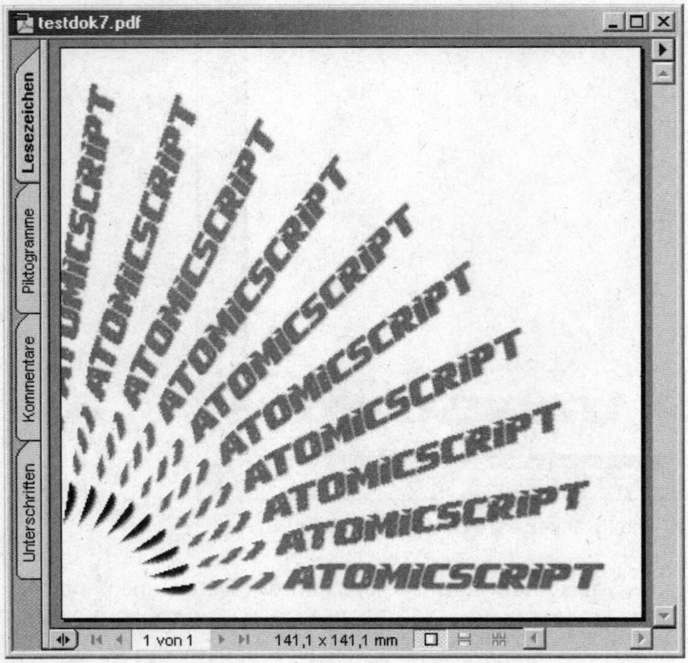

Bild 4.14: Einige Duplikate

Das PDF-Dokument aus dem ersten Beispiel besitzt eine Größe von 17.525 Byte. Das zweite Beispiel ist mit 17.554 Byte nur geringfügig größer. Wie wichtig diese Eigenschaft sein kann, werden Sie spätestens dann feststellen, wenn Sie das erste mehrseitige Dokument erstellen, das auf jeder Seite das Firmenlogo benötigt.

Das Laden eines Bildes muss übrigens nicht zwingend innerhalb einer Seite erfolgen. Insbesondere bei der Verwendung eines Bildes auf mehreren Seiten bietet es sich an, das Bild schon vor der ersten Seite zu laden, so wie im folgenden Beispiel:

```
<?php
$datei = fopen("testdok8.pdf", "w");
$dokument = pdf_open($datei);
$bild = pdf_open_image_file($dokument, "jpeg", "logo.jpg");
$skalierung = 0.5;
$breite = pdf_get_image_width($dokument, $bild) * $skalierung;
$hoehe = pdf_get_image_height($dokument, $bild) * $skalierung;
$margin = (400-$breite)/2;
pdf_begin_page($dokument, 400, 500);
pdf_place_image($dokument, $bild, $margin, 500-$hoehe, $skalierung);
pdf_end_page($dokument);
pdf_close($dokument);
fclose($datei);
?>
```

Bild 4.15: Positionierung der Pixelgrafik innerhalb der Seite

Sie werden sicher bemerkt haben, dass das Beispiel mit zwei neuen Funktion ausgestattet wurde, um das Bild am Kopf der Seite mit gleichen Rändern nach links, rechts und oben zu platzieren. Die Funktionen `pdf_get_image_width()` und `pdf_get_image_height()` liefern die Breite bzw. Höhe eines Bildes. Mit ihnen lässt sich bei bekannter Breite und Höhe der Seite das Bild entsprechend zentrieren.

Die Anpassung hierfür ist nicht sonderlich schwer, wie folgendes Beispiel zeigt:

```
<?php
$datei = fopen("testdok9.pdf", "w");
$dokument = pdf_open($datei);
$bild = pdf_open_image_file($dokument, "jpeg", "logo.jpg");
$skalierung = 1;
$breite = pdf_get_image_width($dokument, $bild) * $skalierung;
$hoehe = pdf_get_image_height($dokument, $bild) * $skalierung;
$marginbreite = (400-$breite)/2;
$marginhoehe = (500-$hoehe)/2;
pdf_begin_page($dokument, 400, 500);
pdf_place_image($dokument, $bild, $marginbreite, $marginhoehe,
$skalierung);
pdf_end_page($dokument);
pdf_close($dokument);
fclose($datei);
?>
```

Bild 4.16: Zentrierung der Pixelgrafik innerhalb der Seite

Erweiterte Textausgabe

Die Textausgabe ist eine elementare Funktion, die in kaum einer Grafikbibliothek fehlt. PDF als eher textlastiges Ausgabeformat darf da keineswegs zurückstehen und bietet daher eine Vielzahl von Textausgabemöglichkeiten an.

Konzentriert man sich auf die 35 Standardschriften, zu denen auch *Arial*, *Times* und *Helvetica* gehören, lässt sich leicht ein PDF-Dokument erstellen, das auf jedem System dargestellt werden kann.

Beispiel:

```
<?php
$datei = fopen("testdok10.pdf", "w");
$groesse = 72;
$dokbreite = 500;
$dokhoehe = 400;
$dokument = pdf_open($datei);
pdf_begin_page($dokument, $dokbreite, $dokhoehe);
pdf_set_font($dokument, "Arial", $groesse, "host");
$breite = pdf_stringwidth($dokument, "AtomicSkript");
$marginbreite = ($dokbreite-$breite)/2;
$marginhoehe = ($dokhoehe -$groesse)/2;
pdf_set_text_pos($dokument, $marginbreite, $marginhoehe);
pdf_show($dokument, "AtomicSkript");
pdf_end_page($dokument);
pdf_close($dokument);
fclose($datei);
?>
```

Auch in diesem Fall erfolgt eine Zentrierung des Textes.

Nun bestehen Texte in der Regel nicht nur aus einigen wenigen Wörtern, welche in eine Zeile passen, daher muss bei längeren Texten ein Umbruch der Zeilen erfolgen. Dies kann man mit Hilfe der Funktion `pdf_stringwidth()` und der Einzelpositionierung der Wörter realisieren oder auf die Funktion `pdf_show_boxed()` zurückgreifen. Die Funktion `pdf_show_boxed()` bricht den Text in einer vorgegebenen Box zeilenweise um und liefert zudem die Anzahl der Zeichen zurück, die nicht mehr in die Box passen. Mit dieser Information lässt sich Text leicht über mehrere Boxen verteilen und optimal darstellen.

Bild 4.17: Zentrierung des Textes innerhalb der Seite

Beispiel:

```
<?php
$datei = fopen("testdok11.pdf", "w");
$dokument = pdf_open($datei);
pdf_begin_page($dokument, 400, 500);
pdf_set_font($dokument, "Arial", 12, "host");
$text =
"In diesem Kapitel werden wir uns mit den Objekten ".
"auseinander setzen Sie erfahren, wie sie Objekte ".
"nutzen und erzeugen können und was Eigenschaften ".
"und Methoden sind. Zusätzlich bietet Ihnen dieses ".
"Kapitel eine Einführung und Vertiefung in die ".
"objektorientierte Programmierung aus Sichtweise ".
"des PHP Entwickler durchleuchten werden und nicht ".
"aus der Sichtweise eines Informatikers. ";
$pos = pdf_show_boxed($dokument, $text, 20.0, 350.0, 170.0, 100.0,
"justify");
$pos = pdf_show_boxed($dokument, substr($text, -$pos), 210.0, 350.0,
170.0, 100.0, "justify");
pdf_end_page($dokument);
```

```
pdf_close($dokument);
fclose($datei);
?>
```

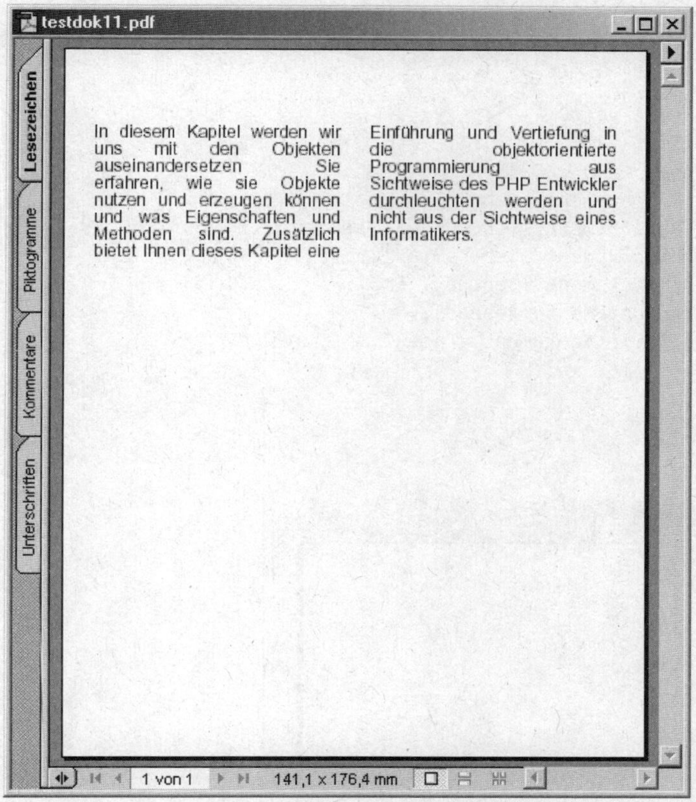

Bild 4.18: Textblöcke ermöglichen eine optimale Formatierung des Textes

Einsatz von Bookmarks

Eine weitere nützliche Eigenschaft von PDF-Dokumenten sind Lesezeichen (Bookmarks). Sie ermöglichen das Verzweigen auf eine Seite des Dokuments aus einer hierarchischen Übersicht. Erstellt wird eine solche Übersicht mit Hilfe der Funktion `pdf_add_bookmark()`. Die hierarchische Anordnung wird durch einen optionalen Parameter der Funktion erreicht, welcher die Hauptgruppe (Mutter) des neuen Bookmarks festlegt. Jeder neuen Hauptgruppe können Sie weitere Untergruppen zuweisen, welche wiederum eigene Untergruppen besitzen können. Eine Untergruppe kann somit selbst zu einer Hauptgruppe werden und weitere Bookmarks enthalten. Ein weiterer optionaler Parameter *offen* legt fest, ob die Übersicht einer bestimmten Gruppe beim Öffnen des PDF-Dokuments ein- oder ausgeklappt sein soll. Soll also die Übersicht ausgeklappt sein, so brauchen Sie lediglich *offen* einen Wert ungleich 0 zuweisen.

Beispiel:

```
<?php
$ebene1 = "1. Thema";
$ebene2 = "1.1 Thema";
$ebene3 = "2. Thema";
$ebene4 = "2.1 Thema";
$ebene5 = "2.2 Thema";
$datei = fopen("testdok12.pdf", "w");
$dokument = pdf_open($datei);
pdf_begin_page($dokument, 400, 500);
$m1 = pdf_add_bookmark($dokument, $ebene1);
$m2 = pdf_add_bookmark($dokument, $ebene2, $m1);
$m3 = pdf_add_bookmark($dokument, $ebene3, $_x,1);
$m4 = pdf_add_bookmark($dokument, $ebene4, $m3);
$m5 = pdf_add_bookmark($dokument, $ebene5, $m4);
$bild = pdf_open_image_file($dokument, "jpeg", "logo.jpg");
pdf_end_page($dokument);
pdf_close($dokument);
fclose($datei);
?>
```

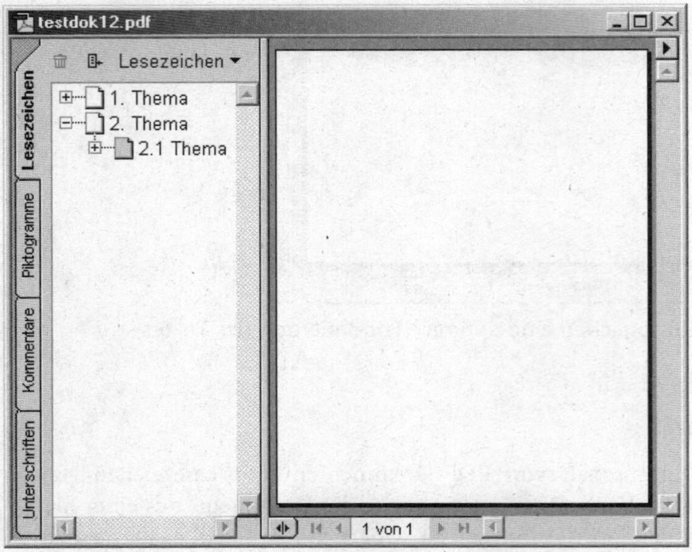

Bild 4.19: Hierarchische Übersicht: Bookmarks im Einsatz

Einsatz von Hyperlinks

Ein wesentliches Element im Internet sind die Verweise zwischen Webseiten. Ein Dokumentenformat, welche keine Hyperlinks unterstützt, schränkt den Einsatzbereich deutlich ein. Daher unterstützt PDF neben Verweisen innerhalb des Dokuments auch Verweise auf Ressourcen im Internet. Realisiert wird dies durch die Funktion `pdf_add_` `weblink()`. In folgendem Beispiel wird ein Hyperlink auf die Website *www.atomicscript.de* gesetzt.

Beispiel:

```
<?php
$datei = fopen("testdok13.pdf", "w");
$dokument = pdf_open($datei);
$bild = pdf_open_image_file($dokument, "jpeg", "logo.jpg");
$skalierung = 1;
$breite = pdf_get_image_width($dokument, $bild) * $skalierung;
$hoehe = pdf_get_image_height($dokument, $bild) * $skalierung;
$marginbreite = (400-$breite)/2;
$marginhoehe = (500-$hoehe)/2;
pdf_begin_page($dokument, 400, 500);
pdf_place_image($dokument, $bild, $marginbreite, $marginhoehe,
$skalierung);
pdf_add_weblink($dokument, $marginbreite, $marginhoehe,
$marginbreite+$breite, $marginhoehe+$hoehe, "http://www.atomicscript.de");
pdf_end_page($dokument);
pdf_close($dokument);
fclose($datei);
?>
```

Bild 4.20: Ein Hyperlink über eine Pixelgrafik

4.3 XML

XML steht für eXtensible Markup Language und ist noch längst keine ausgereifte Technologie. Die XML-Spezifikation 1.0 ist gerade mal ein paar Jahre alt. Man kann sagen, dass die Spezifikation festlegt, wie XML funktioniert. Sicher ist jedoch auch, dass es viele Fragen gibt, die erst geklärt werden, wenn an konkreten Projekten gearbeitet wird.

Wer XML praktisch erproben will, muss immer noch recht experimentierfreudig sein. Die volle XML-Unterstützung in den Clients (Browser usw.) wird noch auf sich warten lassen. Welches die richtigen Strategien für die Umsetzung in den Browsern ist, wird sicher noch einige Diskussionen hervorrufen.

Ob XML zu einem wichtigen Thema für Webentwickler wird, lässt sich noch nicht absehen. Letztlich sind es einige Zusatztechnologien, die für Webentwickler besonders interessant sind. Einige dieser Technologien stehen bereits zur Verfügung, an anderen wird noch gearbeitet. Wer von Ihnen XML kennen lernen will, kann jedoch davon ausgehen, dass Zeit verschwendet er damit keine.

4.3.1 Was ist XML?

XML ist eine Metasprache für das Definieren von Dokumenttypen. Auf den Punkt gebracht: XML liefert die Regeln, die beim Definieren von Dokumenttypen angewendet werden.

Was ist ein Dokumenttyp?

Klären wir zunächst die etwas einfachere Frage, was unter einem Elementtyp zu verstehen ist. Man sagt, dass dies ein Element ist: `<P>Caro schreibt</P>`. Das Element besteht aus einem Anfangs-Tag, dem Inhalt des Elements und einem End-Tag.

Auch dies ist ein Element: `<P>Wie fleissig Sie ist!</P>`. Es handelt sich um zwei Elemente mit auffallender Ähnlichkeit. Der Anfangs-Tag und der End-Tag sind gleich. Deswegen sagt man, dass beide Elemente demselben Elementtyp angehören.

Mit Dokumenten verhält es sich ähnlich. Wenn in Dokumenten dieselben Elementtypen verwendet werden wie `<P>`, `<I>`, `<U>` und so weiter, und wenn die Elemente alle in gleicher Weise ineinander verschachtelt sind, dann sagt man, die Dokumente gehören demselben Dokumenttyp an.

Der Dokumenttyp HTML

HTML-Dokumente sind Musterbeispiele für Dokumente, die einen ähnlichen Aufbau haben. Man sagt daher, dass alle HTML-Dokumente demselben Typ angehören, nämlich dem Dokumenttyp HTML.

Die Grundidee von XML

Man sorgt dafür, dass es Dokumente gibt, die in ihrem Aufbau alle ein gewisses Grundmuster verfolgen. Wenn dieses Grundmuster eingehalten wird, dann lässt sich mit den Dokumenten mehr anfangen, als wenn jedes Dokument eigenen Regeln folgt. Dann ist es möglich, Programme zu schreiben, die diese Dokumente automatisch verarbeiten. Die Programmierer wissen in etwa, welche Strukturen in den Dokumenten zu erwarten sind. Somit können sie Programme schreiben, die mit den Dokumenten umgehen können. Die Dokumente werden keine Überraschungen mehr bieten, und Programme können so eingerichtet werden, dass sie bei der Verarbeitung der Dokumente in jeder Situation »wissen, was zu tun ist«.

Dokumenttyp-Definitionen (DTDs) spielen in XML eine wichtige Rolle. In einer DTD wird festgelegt, welche Gemeinsamkeiten die Dokumente aufweisen. Zum Beispiel wird festgelegt, welche Elementtypen in den Dokumenten eines bestimmten Dokumenttyps verwendet werden können.

DTDs besitzen folgende Hauptfunktionen: Sie sagen den Verfassern von Dokumenten, welche Strukturen es in den Dokumenten gibt, und den Programmierern, auf was ihre Programme »sich gefasst machen müssen«.

Also, was ist nun XML? In erster Linie ist XML eine Anleitung für das Verfassen von Dokumenttyp-Definitionen. Etwas Neues stellen diese Dokumenttyp-Definitionen nicht dar. Es gab sie auch schon für HTML, man hat sich nur bisher meist nicht sonderlich darum gekümmert.

4.3.2 Beschreibendes Markup

Wer im Bereich der Auszeichnungssprachen bisher nur HTML kannte, muss an einigen Punkten umdenken. Bisher gab es nur zwei verschiedene Arten von Tags:

Es gibt Tags, mit denen angegeben wird, welchen Platz ein Element innerhalb der Struktur des Dokuments einnimmt. Ein Beispiel ist `<P>Zeichenfolge</P>`. Dieses Tag zeigt an, dass die 'Zeichenfolge' in einem Absatz liegt.

Weiterhin gibt es Tags, mit denen sich Formatierungsanweisungen geben lassen. Ein Beispiel wäre `<U>Zeichenfolge</U>`. Dieses Tag sagt, dass die Markierung 'Zeichenfolge' unterstrichen dargestellt werden soll. Wie aber verhält es sich mit Tags dieser Sorte:

```
<AUTOR>Caroline Kannengiesser</AUTOR>
```

Es wird nichts über die Dokumentstruktur angemerkt, und es wird auch keine Formatieranweisung gegeben. Man spricht in diesem Zusammenhang von einem deskriptiven Markup oder auch von semantischen Tags. Das heißt, die Tags liefern für den Inhalt des Elements eine Beschreibung. Im vorliegenden Beispiel wird über *Caroline Kannengiesser* gesagt, dass es sich um den Namen einer Autorin handelt. Dies ist für den Betrachter der Zeile offensichtlich.

Natürlich lassen sich die Tags auch verschachteln, so dass komplexere Aussagen entstehen:

```
<ARTIKEL>
   <AUTOR>Caroline Kannengiesser</AUTOR>
   <TITEL>Flash MX 2004</TITEL>
   <INHALT>Die Website...</INHALT>
</ARTIKEL>
```

Man erfährt, dass es um einen Artikel geht; der Titel ist "Einsatz von Medienformaten"; der Autor ist "Caroline Kannengiesser".

Wenn ein Browser an ein `<I>`-Tag gerät, kann er für Kursivschrift-Formatierung sorgen. Wenn er an ein Tag gerät, das die Dokumentstruktur markiert, läuft die Sache meistens ebenfalls darauf hinaus, dass eine bestimmte Formatierung gewählt wird. Was aber macht der Browser mit semantischen Tags? Bisher überhaupt nichts. Dies soll sich jedoch in Kürze ändern, das behaupten zumindest einige Fachleute. Es wird sehr viele Programme geben, die darauf ausgerichtet sind, semantische Tags zu verarbeiten. Dies trifft auch auf PHP zu, denn genau hier setzt die XML-Unterstützung in PHP an. Anhand von praktischen Beispielen soll Ihnen das Thema näher gebracht werden.

Hinweis: XML stellt in diesem Buch lediglich einen Teilaspekt dar. Daher haben wir für Sie eine Auswahl an nützlichen Beispielen zusammengestellt.

4.3.3 Eigenarten von XML

Der Weg zur XML-Anwendung ist sicher nicht einfach. Allerdings wird die Schaffung einer Anwendung mit PHP erst möglich, wenn Sie die weiter oben beschriebenen Grundlagen verinnerlicht haben. Folgende Eigenschaften gehören ebenfalls zu XML:

- XML definiert eigene Tags, diese können auch eigene Attribute besitzen.
- Im XML-Format kann man Daten speichern und bereitstellen.
- XML kann mit der Style-Sprache XSL, einem Pendant zu CSS, formatiert werden.
- XML trennt konsequent Daten und Darstellung im Browser.

Hier einige Eigenschaften, die XML nicht hat:

- XML ist kein Ersatz für HTML, sondern eine Ergänzung. Es gibt mit XHTML eine Implementierung von HTML in XML.
- XML soll nicht zur Entwicklung darstellender Tags genutzt werden, dies ist die Aufgabe von CSS bzw. XSL.
- XML geht strenger mit den Tags um und quittiert konsequent jede Unachtsamkeit mit einem Fehler.

Dateierweiterungen

XML verwendet bestimmte Dateierweiterungen, an denen der Browser erkennt, was für ihn bestimmt ist. Hier eine Aufstellung der Dateierweiterungen:

Dateierweiterung	*Bedeutung*
XML	XML-Datei, enthält die Sprachanweisungen.
XSL	XSL-Datei, Style-Sheet für XML. Hier wird die Ausgabe formatiert.
DTD	Document-Type-Definition-Datei. Hier werden die Tags definieret.
CSS	Style-Sheet für HTML. Auch in diesem Fall wird die Ausgabe formatiert.
JS	JavaScript-Datei, wird oft eingesetzt, um dynamische Funktionen zu erzeugen und Funktionen auszulagern.
HTML	HTML-Datei, welche zur formatierten Darstellung von Inhalten eingesetzt wird.

Hier eine Vorlage für Ihre erste XML-Datei stürzen:

```
<?xml version="1.0"?>
<INHALT>Erste XML Eintrag</INHALT>
```

Sie können sich das Ergebnis anschließend im Internet Explorer betrachten.

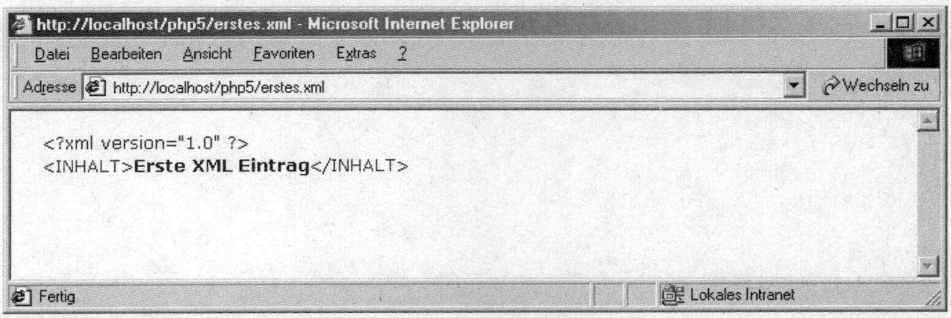

Bild 4.21: Ausgabe der XML-Struktur im Internet Explorer

Vielleicht werden Sie etwas ernüchtert sein. Praktisch ist nur der Quelltext zu sehen. Aber in welcher Form die Darstellung erfolgt, überrascht schon. Denn die Tags sind farbig gekennzeichnet – der Internet Explorer hat offensichtlich die Tags erkannt und versucht zu interpretieren. Mehr geht an dieser Stelle nicht, denn woher soll der Browser wissen, was Sie sich bei dem Tag `<INHALT>` gedacht haben.

An dieser Stelle sollten Sie ein wenig mit dem Browser experimentieren. Versuchen Sie, das schließende Tag falsch zu schreiben oder auch Kleinbuchstaben zu verwenden. Sie werden bemerken, dass XML keineswegs so tolerant mit den Tags umgeht wie HTML – obwohl das Tag `<INHALT>` gänzlich unbekannt ist.

> **Achtung:** Der Internet Explorer verwendet einen eigenen XML-Parsernamens MSXML. Der im PHP genutzte Parser stammt von James Clark und zeitig im Detail andere Reaktionen.

Es ist nun an der Zeit, dem Tag Leben einzuhauchen. Im Prolog, sprich im einleitenden Teil eines XML-Dokuments, wird das Tag definiert:

```
<?xml version="1.0"?>
<!DOCTYPE FirstXML [
<!ELEMENT INHALT (#PCDATA)>
]>
<INHALT>Erste XML Eintrag</INHALT>
```

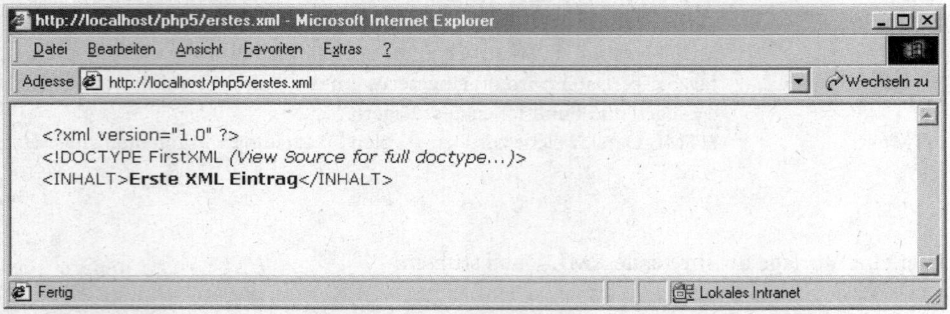

Bild 4.22: Erweiterte Ausgabe der XML-Struktur im Internet Explorer

Die Reaktion bei dieser Version verwundert Sie sicher noch mehr. Es hat sich praktisch nicht viel getan. Der Browser hat lediglich die Definition, um genau zu sein die Document-Type-Definition (DTD), unterdrückt. Um noch etwas genauer erkennen zu können, welches Element wie definiert wird, sehen Sie sich folgende Version an:

```
<?xml version="1.0"?>
<!DOCTYPE FirstXML [
<!ELEMENT AUSGABE (INHALT)>
<!ELEMENT INHALT (#PCDATA)>
]>
<AUSGABE>
<INHALT>Erste XML Eintrag</INHALT>
</AUSGABE>
```

Sie sollten mal auf das Minuszeichen klicken. Erstaunlich, nicht wahr.

4.3.4 XML-Funktionen in PHP

Wenden wir uns der Verarbeitung von XML-Strukturen durch PHP zu. Sie sollten sich als Erstes mit den XML-Funktionen auseinander setzen, die Ihnen mit der PHP-Erweiterung Expat zur Verfügung stehen.

Expat ist ereignisorientiert. Das bedeutet, dass zunächst einzelne Funktionen für die verschiedenen Ereignisse definiert werden. Ein Ereignis kann z.B. ein öffnendes Element, ein schließendes Element oder der Inhalt sein, der von einem öffnenden und einem schließendem Element eingeklammert ist.

Für folgende Elemente können Funktionen definiert werden:

- Startendes Element, mit Attributen (<daten nr="10">)
- Normaler Text "Character Data", zwischen dem öffnenden und schließenden Element
- Abschließendes Element (</daten>)
- Kommentare
- DTD-Anweisungen
- Procession Instructions – eingebettete PHP-Anweisungen

Wichtig ist, dass man die Arbeitsweise von Expat versteht. Expat untersucht ein XML-Dokument zeilenweise. Aufgrunddessen muss das Dokument Zeile für Zeile mit Hilfe einer Schleife von Expat geparst werden.

Expat erkennt das öffnende Element, z.B. `<daten>`, und übergibt es an die definierte Funktion für öffnende Elemente. Daraufhin entdeckt er den Inhalt dazwischen. Ist dies einfacher Text, dann wird dieser an die entsprechende Funktion überreicht, die die Inhalte behandelt. Diese Inhalte, die nicht weiter in andere Tags verschachtelt sind, nennt man `CDATA`, Character Data. Zum Schluss wird das schließende Element gefunden und entsprechend über die definierte Funktion behandelt.

Nun sollten wir uns die zur Verfügung stehenden Funktionen betrachten.

Funktion	*Beschreibung*
xml_parser_create(encoding)	Erzeugt einen neuen XML-Parser.
xml_parser_create_ns(encoding [,separator])	Erzeugt einen neuen XML-Parser. Optional kann ein `separator` festgelegt werden, sollte dieser Parameter nicht gesetzt werden, ist der default `separator` ein Doppelpunkt (:).
xml_set_element_handler(parser, callback start_element_handler, callback end_element_handler)	Die definierte Funktion wird ausgeführt, sobald der Parser ein XML-Element erreicht oder eines verlässt. Start- und End-Tags werden getrennt verarbeitet.
xml_set_character_data_handler(parser,callback handler)	Diese Funktion bearbeitet sämtliche Zeichen, die nicht als Tag gelten. Das betrifft auch Whitespaces.
xml_set_processing_instruction_handler(parser, callback handler)	Hiermit werden die einleitenden Tags, wie <?php, spezifiziert.
xml_set_default_handler(parser,callback handler)	Diese Funktion wird ausgelöst, wenn sich keine andere für ein Ereignis zuständig fühlt.
xml_set_unparsed_entity_decl_handler(parser,callback handler)	Diese Funktion bearbeitet nicht geparste Einheiten (NDATA).

Funktion	*Beschreibung*
xml_set_notation_decl_handler(parser,callback handler)	Eine Notations-Deklaration wird hiermit bearbeitet.
xml_set_external_entity_ref_handler(parser,callback handler)	Wenn eine externe Referenz gefunden wird, ist diese Funktion zuständig.
xml_parse(parser,data [,is_final])	Die Funktion beginnt mit dem Parsen eines XML-Dokuments.
xml_get_error_code(parser)	Die Funktion gibt die Fehlernummern aus.
xml_error_string(code)	Die Funktion gibt die Fehlermeldungen aus.
xml_get_current_line_number(parser)	Die Funktion gibt die aktuell vom Parser untersuchte Zeile des XML-Dokuments aus.
xml_get_current_column_number(parser)	Die Funktion gibt die aktuell vom Parser untersuchte Spalte des XML-Dokuments aus.
xml_get_current_byte_index(parser)	Die Funktion gibt den aktuellen Byte-Index des XML-Dokuments aus.
xml_parser_free(parser)	Die Funktion gibt einen Parser wieder frei.
xml_parser_set_option(parser,option)	Die Funktion setzt diverse Optionen.
xml_parser_get_option(parser,option)	Die Funktion liest Optionen ein.
xml_parser_object(parser,object)	Die Funktion ermöglicht es Ihnen, den Parser bei Objekten einzusetzen.
utf8_decode(data)	Die Funktion konvertiert eine UTF-8-Zeichenkette nach ISO-8859-1.
utf8_encode(data)	Die Funktion konvertiert eine ISO-8859-1-Zeichenkette nach UTF-8.

4.3.5 Eigenschaften der XML-Funktionen

Die durch Expat zur Verfügung gestellten XML-Funktionen weisen einige Besonderheiten auf, die es zu beachten gilt.

Umwandlung der Schreibweise

Die als »Case Folding« bezeichnete Maßnahme bezieht sich auf die Anforderung der Ereignisbehandlungsroutinen, die zu untersuchenden Tags in Großbuchstaben zu erhalten. Entsprechend werden sämtliche XML-Elemente, die gesendet werden, zuvor in Großbuchstaben umgewandelt. Der Vorgang kann mit den beiden Funktionen `xml_parser_get_option()` und `xml_parser_set_option()` kontrolliert werden.

XML-Fehlercodes

Die Fehlercodes, die von der Funktion `xml_parse()` ausgegeben werden, liegen als Konstante vor. Die folgende Tabelle enthält sämtliche Fehlercodes.

XML-Fehlercode
XML_ERROR_NONE
XML_ERROR_NO_MEMORY
XML_ERROR_SYNTAX
XML_ERROR_NO_ELEMENTS
XML_ERROR_INVALID_TOKEN
XML_ERROR_UNCLOSED_TOKEN
XML_ERROR_PARTIAL_CHAR
XML_ERROR_TAG_MISMATCH
XML_ERROR_DUPLICATE_ATTRIBUTE
XML_ERROR_JUNK_AFTER_DOC_ELEMENT
XML_ERROR_PARAM_ENTITY_REF
XML_ERROR_UNDEFINED_ENTITY
XML_ERROR_RECURSIVE_ENTITY_REF
XML_ERROR_ASYNC_ENTITY
XML_ERROR_BAD_CHAR_REF
XML_ERROR_BINARY_ENTITY_REF
XML_ERROR_ATTRIBUTE_EXTERNAL_ENTITY_REF
XML_ERROR_MISPLACED_XML_PI
XML_ERROR_UNKNOWN_ENCODING
XML_ERROR_INCORRECT_ENCODING
XML_ERROR_UNCLOSED_CDATA_SECTION
XML_ERROR_EXTERNAL_ENTITY_HANDLING

Zeichenkodierung

PHP kodiert Zeichen intern immer im Unicode-Format UTF-8, 8 bis 21 Bits in bis zu 4 Bytes. Die Kodierung des Quelltextes muss vor dem Parsen festgelegt werden. Die alternativen Zeichensätze US-ASCII und ISO-8859-1 (Latin-1) sind 8-Bit-Zeichensätze.

Eine weitere Einstellung ist nach dem Parsen der Tags möglich. Diese als Zielkodierung bezeichnete Wahl des Zeichensatzes erfolgt, wenn die untersuchten Elemente an die Ereignisbehandlungsroutinen weitergeleitet werden. Zeichen, die nicht abgebildet werden können, ersetzt PHP durch ein Fragezeichen.

XML und Objekte

Seit PHP 4 haben Sie die Möglichkeit, mit Hilfe der Funktion `xml_set_object()` auch Objekte zu parsen. Betrachten Sie folgendes Beispiel genau:

Beispiel:

```
<pre>
<?php
// XML Klassendefinition
class xml_klasse  {
    var $parser;
```

```
    function xml_klasse() {
        $this->parser = xml_parser_create();

        xml_set_object($this->parser, &$this);
        xml_set_element_handler($this->parser, "open_tag", "close_tag");
        xml_set_character_data_handler($this->parser, "cdata");
    }

    function parse($data) {
        xml_parse($this->parser, $data);
    }

    function open_tag($parser, $tag, $attributes) {
        var_dump($parser, $tag, $attributes);
    }

    function close_tag($parser, $tag) {
        var_dump($parser, $tag);
    }

    function cdata($parser, $cdata) {
        var_dump($parser, $cdata);
    }

}

// XML-Parser (als Objekt)
$xml_parser = new xml_klasse();

// XML-Struktur parsen
$xml_parser->parse("<PERSON ID='100'>Matthias</PERSON>");
?>
</pre>
```

Ausgabe:

```
resource(2) of type (xml)
string(6) "PERSON"
array(1) {
  ["ID"]=>
  string(3) "100"
}
resource(2) of type (xml)
string(8) "Matthias"
resource(2) of type (xml)
string(6) "PERSON"
```

Hinweis: In Zukunft wird die Verarbeitung von XML-Strukturen in Klassen und Objekten sicherlich vermehrt auftreten.

4.3.6 Erzeugen eines XML-Parsers

Ein XML-Parser wird immer für das jeweilige XML-Dokument individuell erzeugt. Hier nun ein Parser, der auf das folgende XML-Dokument angepasst wurde.

XML-Dokument Daten.xml

```
<?xml version="1.0"?>
<daten>Hier haben wir die Daten.</daten>
```

Dieses XML-Dokument wird von dem folgenden Parser verarbeitet.

PHP-Dokument daten.php

```
<?php
function startElement($parser, $element_name, $element_attribute) {
	global $ausgabe;
	//Umwandeln in Kleinbuchstaben
	$element_name = strtolower($element_name);
	//Überprüfung des Elementnames
	if ($element_name=="daten") {
		$ausgabe .= "<h3>Daten</h3><p>";
	}
}
function endElement($parser, $element_name) {
	global $ausgabe;
	// Umwandeln in Kleinbuchstaben
	$element_name = strtolower($element_name);
	// Überprüfung des Elementnames
	if ($element_name=="daten") {
		$ausgabe .= "</p>";
	}
}
function cdata($parser, $element_inhalt) {
	global $ausgabe;
	// Normale Text wird an $ausgabe angehängt
	$ausgabe .= $element_inhalt;
}

$xmlFile = file("daten.xml");
$parser = xml_parser_create();

xml_set_element_handler($parser, "startElement", "endElement");
xml_set_character_data_handler($parser, "cdata");
```

```
foreach($xmlFile as $element) {
        xml_parse($parser, $element);
}

xml_parser_free($parser);
echo $ausgabe;
?>
```

Die Ausgabe nach dem Aufruf des Skripts sieht wie folgt aus:

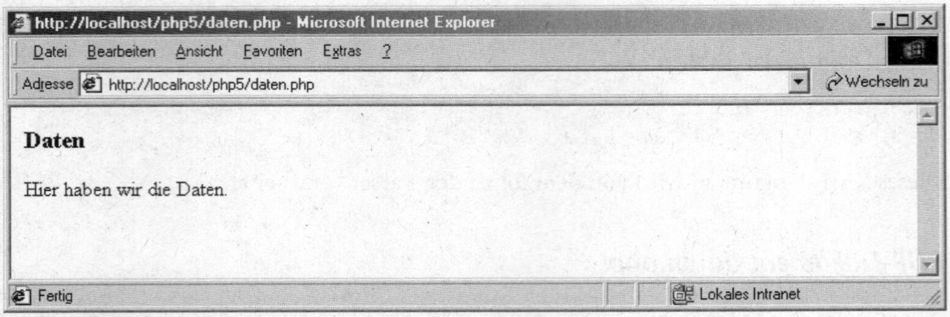

Bild 4.23: Ausgabe des geparsten XML-Dokuments

Um die Arbeitsweise des Skripts zu verstehen, sollte jede der definierten Funktionen einzeln betrachtet werden.

Zunächst wenden wir uns der Funktion zu, die aufgerufen wird, wenn Expat ein öffnendes Element vorfindet. In vorliegenden Beispiel ist dies `<daten>`.

An die Funktion wird die Variable `$parser` übergeben. In ihr wird auf den erzeugten XML-Parser verwiesen. Über die Variable `$element_name` wird der Name des Elements übergeben. Im Beispiel ist der Name des Elements »daten«.

In der ersten Zeile der Funktion selbst wird auf die globale Variable `$ausgabe` verwiesen. So kann man direkt auf den Wert der Variablen zugreifen, ohne ihn an die Funktion zu übergeben. Zudem kann der Wert auch direkt aus der Funktion heraus verändert werden.

```
function startElement($parser, $element_name, $element_attribute) {
        global $ausgabe;
        //Umwandeln in Kleinbuchstaben
        $element_name = strtolower($element_name);
        //Überprüfung des Elementnames
        if ($element_name=="daten") {
                $ausgabe .= "<h3>Daten</h3><p>";
        }
}
```

Die nächste Anweisung wandelt den Namen des Elements in Kleinbuchstaben um, da Expat die Namen eines Elements immer in Großbuchstaben übergibt. Dies muss nicht gemacht werden, dient aber zu einem einfacheren Verständnis des Codes. Im nächsten

Teil wird überprüft, ob der Name des Elements »daten« ist. Ist dies der Fall, wird an die Variable `$ausgabe` der Inhalt »<h3>Daten</h3><p>« angehängt.

Nun wollen wir uns mit der Funktion für den normalen Fließtext CDATA kümmern. Sie hat nur eine Aufgabe: Sie muss den Inhalt des Elements an die Variable `$ausgabe` anhängen.

```
function cdata($parser, $element_inhalt) {
        global $ausgabe;
        // Normale Text wird an $ausgabe angehängt
        $ausgabe .= $element_inhalt;
}
```

Der Inhalt des aktuell geparsten Elements wird über die Variable `$element_inhalt` übergeben. Er wird an die Variable `$ausgabe` angehängt.

Die letzte Funktion ist für die schließenden Elemente zuständig. Diese Funktion arbeitet auf die gleiche Weise wie die Funktion für das öffnende Element.

```
function endElement($parser, $element_name) {
        global $ausgabe;
        // Umwandeln in Kleinbuchstaben
        $element_name = strtolower($element_name);
        // Überprüfung des Elementnames
        if ($element_name=="daten") {
                $ausgabe .= "</p>";
        }
}
```

Das sind die Funktionen, die in diesem Beispiel benötigt werden. Nun muss die XML-Datei eingelesen und daraufhin der Parser erzeugt werden.

```
$xmlFile = file("daten.xml");
$parser = xml_parser_create();

xml_set_element_handler($parser, "startElement", "endElement");
xml_set_character_data_handler($parser, "cdata");

foreach($xmlFile as $element) {
        xml_parse($parser, $element);
}

xml_parser_free($parser);
echo $ausgabe;
```

In der ersten Zeile wird die Datei über die `file()`-Funktion in ein Array gelesen. In der zweiten Zeile wird der Parser erzeugt. Dann werden die einzelnen Handler festgelegt.

Der letzte und wichtigste Teil des Skripts ist das Passen des Inhalts des Arrays über eine `foreach`-Schleife über die Funktion `xml_parse()`.

In der vorletzten Zeile wird der Parser wieder entfernt, d.h., sämtliche belegten Resourcen werden wieder freigegeben. In der letzten Zeile wird nun der Inhalt der Variablen

`$ausgabe` ausgegeben. In ihr befindet sich der Inhalt, der über die einzelnen Funktionen »dynamisch« aus der XML-Datei extrahiert wurde.

4.3.7 Verwendung von XSLT mit PHP

XSLT (XSL Transformations) spielt eine wichtige Rolle bei der Transformation und Präsentation von XML-Dokumenten. Die Leistungsfähigkeit, die XSLT für PHP-Anwendungen bietet, lässt sich am besten anhand von Beispielen demonstrieren. Für die Beispiele wurde hier Version 4.3.3 von PHP verwendet. Dabei ist zu berücksichtigen, dass diese Erweiterung in PHP kompiliert werden muss, bevor die Beispiele ausgeführt werden können.

Es gibt zwei Beispieldateien, die für die folgenden Beispiele verwendet werden. Zum einen gibt es eine simple XML-Datei mit dem Namen *adressen.xml*. Zum anderen gibt es eine simple XSLT-Datei mit dem Namen *adressen.xslt*. Die Beispiele setzen voraus, dass diese beiden Beispiele im gleichen Verzeichnis gespeichert werden, in dem auch das PHP-Skript selbst steht.

Inhalt adressen.xml:

```
<?xml version="1.0" encoding="UTF-8"?>
<?xml-stylesheet type="text/xsl" href="example.xslt"?>
<person>
<name>
	<vorame>Matthias</vorname>
	<zuname>Volkan</zuname>
	<nachname>Kannengiesser</nachname>
</name>
<email>matthiask@atomicscript.de</email>
<telefon>
	<home>123-123-123-123</home>
	<mobil>321-321-321-321</mobil>
</telefon>
<beruf>Informatiker</beruf>
<aufgabe>PHP Developer</aufgabe>
</person>
```

Inhalt adressen.xslt:

```
<?xml version="1.0" encoding="UTF-8"?>
<xsl:stylesheet version="1.0"
xmlns:xsl="http://www.w3.org/1999/XSL/Transform">
<xsl:output method="html" version="1.0" encoding="UTF-8" indent="yes"/>
<xsl:param name="date" select="2004"/>
<xsl:template match="/person">
<html>
<head>
<title>XML und XSLT Beispiel</title>
</head>
<body>
```

```
<table>
        <tr>
        <td>Personal Information:</td>
        <td><xsl:value-of select="name/vorname" /></td>
        <td><xsl:value-of select="name/zuname" /></td>
        <td><xsl:value-of select="name/nachname" /></td>
        </tr>
        <tr>
        <td>Email Address:</td>
        <td colspan="3"><xsl:value-of select="email" /></td>
        </tr>
        <tr>
        <td>Department:</td>
        <td colspan="3"><xsl:value-of select="beruf" /></td>
        </tr>
        <tr>
        <td>Position:</td>
        <td colspan="3"><xsl:value-of select="aufgabe"/></td>
        </tr>
</table>
</body>
</html>
</xsl:template>
</xsl:stylesheet>
```

Bevor Sie jedoch loslegen können, sollten wir noch überprüfen, ob die DOM-Erweiterung zur Verfügung steht, da deren Funktionen zur Verarbeitung von komplexen XML-Strukturen eine wesentliche Erleichterung darstellen.

Voraussetzungen

Um die DOM XML-Funktionen erfolgreich ausführen zu können, müssen Sie PHP mit der Option `--with-dom` kompilieren. Windows-Benutzer entfernen zur Aktivierung dieser Erweiterung das Semikolon vor dem Eintrag *extension=php_domxml.dll* innerhalb der *php.ini*. Für ein einwandfreies Arbeiten benötigen Sie zusätzlich die GNOME XML Library, ab Version 2.4.14. Sie finden die aktuelle Version für Ihr Betriebssystem unter der folgenden Adresse: *www.xmlsoft.org*. Windows-Benutzer sollten diese Bibliothek in das Systemverzeichnis kopieren.

Welche Version Sie aktuell verwenden, können Sie mit der Funktion `domxml_version()` ermitteln:

```
print_r(domxml_version());
```

DOM, XML und XSLT im Einsatz

Das erste Beispiel ist eine Demonstration der vier Basisfunktionen, die für eine XSLT-Transformation über die DOM-Erweiterung stattfinden müssen. An dieser Stelle soll der Code einmal genauer betrachtet werden:

```
<?php

// Erezugt ein DomDocument-Objekt unter Verwendung eines
// XML-Dokuments
if(!$domXmlObj = domxml_open_file("adressen.xml")) {
       die("XML-Dokument kann nicht geparst werden!");
}

// Erzeugt ein DOMDocument-Objekt unter Verwendung eines
// XSLT-Dokuments
$domXsltObj = domxml_xslt_stylesheet_file("example.xslt");


// Erzeugt ein DOMDocument-Objekt welcher sich aus
// der Transformation eines XML- und XSLT-Dokument ergibt
$domTranObj = $domXsltObj->process($domXmlObj);

// Gibt die Daten aus dem transformierten Objekt aus
echo $domXsltObj->result_dump_mem($domTranObj);
?>
```

Die meisten der DOM XSLT-Funktionen befassen sich mit dem Erstellen, Löschen und Modifizieren von DOMDocument-Objekten. Die erste hier verwendete Funktion ist die Funktion `domxml_open_file()`. Sie erstellt ein DOM-Objekt aus der vorhandenen XML-Datei. Die nächste aufgerufene Funktion ist `domxml_xslt_stylesheet_file()`, die ein neues DOMXSLTStylesheet-Objekt erzeugt. Dieses Objekt wird später bei der Transformation des XML- und XSLT-Dokuments verwendet, durch die der HTML-Output erstellt wird.

Es folgt die Prozessfunktion des DOMXSLTStylesheet-Objekts. Sie verwendet ein oder mehr Argumente; das erste Argument muss das DomDocument-Objekt sein. Dieses wendet die XSLT-Transformation auf das DOMDocument an, das ihm übergeben wird. Der Prozessfunktion können weitere Argumente übergeben werden; dabei kann es sich um zusätzliche XSLT-Parameter (Array) oder Xpath-Parameter (boolesch) handeln. Das schafft Flexibilität für den Transformationsprozess. Die Funktion gibt dann ein DOM-Document-Objekt aus, das die transformierten Daten enthält.

Um die transformierten Daten anzuzeigen, liefert die letzte Funktion das Ergebnis und gibt es für den Benutzer aus. Durch Ausführen der Funktion `result_dump_mem()` auf das transformierte DOMDocument `$domTranObj`-Objekt lassen sich der Output oder das Ergebnis der Transformation aufrufen. Hierzu gehört auch ein einfaches Beispiel, wie man eine XSLT-Transformation mit PHP und DOM XSLT durchführt.

Für das zweite Beispiel wird der optionale Parameter der Funktion `result_dump_file()` eingeführt, die den Output der XSLT-Transformation in eine Datei ausgibt.

Beispiel:

```
<?php
// XML, XSLT and HTML Dokumente
$xmlDatei   = "adressen.xml";
$xsltDatei  = "adressen.xslt";
```

```
$htmlDatei  = "adressen.html";
$xsltParam = array( "date" => date( "F j, Y g:i a" ) );

// Erezugt ein DomDocument-Objekt unter Verwendung eines
// XML-Dokuments
if(!$domXmlObj = domxml_open_file($xmlDatei )) {
      die( "XML-Dokument kann nicht geparst werden!" );
}

// Erzeugt ein DOMDocument-Objekt unter Verwendung eines
// XSLT-Dokuments
$domXsltObj = domxml_xslt_stylesheet_file($xsltDatei);

// Erzeugt ein DOMDocument-Objekt welcher sich aus
// der Transformation eines XML- und XSLT-Dokument ergibt
$domTranObj = $domXsltObj->process($domXmlObj, $xsltParam);

// Erzeugt ein HTML-Dokument aus dem transformierten Objekt
$domXsltObj->result_dump_file($domTranObj, $htmlDatei);

// Gibt die Datei adressen.html aus
include($htmlDatei);
?>
```

Wie im vorangehenden Beispiel ist das erste Argument noch immer das DOMDocument-Objekt, das durch die DOMXSLTStylesheet-Prozessfunktion erstellt wurde. Außerdem wurde der Prozessfunktion ein Parameter hinzugefügt, der einen Parameterwert an den XSLT-Prozessor übergibt. Dies demonstriert die Fähigkeit, die XSLT-Transformation in PHP dynamisch zu steuern.

4.3.8 Manuelle Erzeugung von XML-Dokumenten

Sie haben nun bereits erfahren, wie Sie XML-Dokumente verarbeiten, sprich parsen können. Was nun noch fehlt ist die Erzeugung von XML-Dokumenten. Man unterscheidet dabei die manuelle und dynamische Erzeugung. Als erste werden wir Ihnen die manuelle Methode vorstellen.

Die manuelle Ausgabe von XML-Daten erfordert meist den Einsatz von mehreren `foreach`-Schleifen zum Bearbeiten der Arrays. Es gilt dabei einige wichtige Details zu beachten. Als Erstes müssen Sie `header()` aufrufen, um den korrekten Conten-Type-Header für Ihr Dokument zu setzen. Da Sie XML senden und nicht HTML, sollte dies `text/xml` sein.

Abhängig von der Einstellung der Konfigurationsoption *short_open_tag* kann außerdem der Versuch, die XML-Deklaration auszugeben, unbeabsichtitgt die PHP-Verarbeitung auslösen. Da das `<?` in `<?xml version="1.0"?>` mit dem kurzen öffnenden PHP-Tag übereinstimmt, müssen Sie, um die Deklaration an den Browser ausgeben zu können, entweder die Option deaktivieren oder die Zeile mit einer PHP-Anweisung ausgeben. In der Lösung wenden wir den zweiten Weg an.

Anschließend müssen möglicherweise vorkommende Entities in Escape-Sequenzen umgewandelt werden. Beispielsweise muss das `&` in dem Titel »Du & Ich« durch `&` ersetzt werden. Um Ihre Daten entsprechend zu konvertieren, verwenden Sie hierfür die `htmlspecialchars()`-Funktion.

Beispiel:

```
<?php
header('Content-Type: text/xml');

$autoren = array(
array('name'     => 'Matthias Kannengiesser',
     'titel'  => 'MySQL 4',
     'thema'    => 'Datenbanken',
     'preis' => '39.95'),

array('name'     => 'Caroline Kannengiesser',
     'titel'  => 'Flash & ActionSkript',
     'thema'    => 'Programmierung',
     'preis' => '49.95')
);

print '<?xml version="1.0"?>' . "\n";
print "<autoren>\n";

foreach ($autoren as $autor) {
    print "    <autor>\n";
    foreach($autor as $tag => $data) {
        print "        <$tag>" . htmlspecialchars($data) . "</$tag>\n";
    }
    print "    </autor>\n";
}

print "</autoren>\n";
?>
```

Ausgabe:

```
<?xml version="1.0"?>
<autoren>
    <autor>
        <name>Matthias Kannengiesser</name>
        <titel>MySQL 4</titel>
        <thema>Datenbanken</thema>
        <preis>39.95</preis>
    </autor>
    <autor>
        <name>Caroline Kannengiesser</name>
        <titel>Flash &amp; ActionSkript</titel>
        <thema>Programmierung</thema>
        <preis>49.95</preis>
    </autor>
</autoren>
```

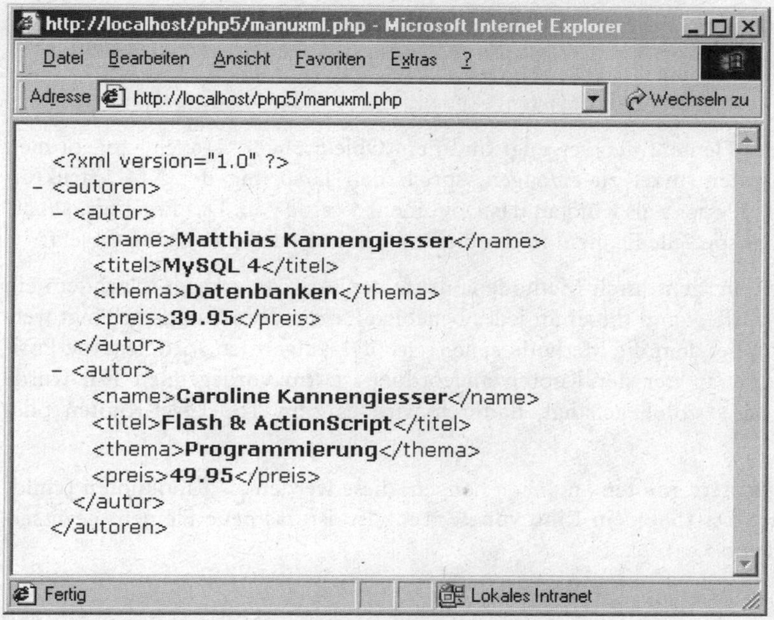

Bild 4.24: Manuell erzeugtes XML-Dokument

4.3.9 Erzeugung von dynamischen XML-Dokumenten mit DOM

Sie haben nun bereits erfahren, wie Sie manuell ein XML-Dokument erzeugen können. Was nun noch fehlt ist die dynamische Generierung von XML-Dokumenten mit Hilfe von DOM.

Ein einzelnes Element wird als Knoten (Node) bezeichnet. Es gibt ein Dutzend verschiedene Typen von Knoten, aber die am häufigsten benutzten Typen sind Elemente, Attribute und Texte. Nehmen wir als Beispiel folgende Zeile:

```
<autor alter="29">Kannengiesser</autor>
```

Die DOMXML-Funktionen in PHP bezeichnen den Typ von `autor` als `XML_ELEMENT_NODE`, `alter="29"` wird auf einen `XML_ATTRIBUTE_NODE` abgebildet, und `Kannengiesser` ist ein `XML_TEXT_NODE`.

Die neuen DOMXML-Funktionen in PHP 4.3 folgen einem bestimmten Muster. Sie erzeugen ein Element entweder als Element oder als Textknoten und fügen alle gewünschten Attribute an die entsprechende Stelle innerhalb der XML-Struktur (Baum) hinzu.

Bevor Sie Elemente erzeugen können, müssen Sie erst einmal ein neues Dokument anlegen. Dabei übergeben Sie als Argument die XML-Version.

```
$xmldok = domxml_new_doc('1.0');
```

Anschließend erzeugen Sie die zum Dokument gehörenden Elemente.

```
$buch_element = $xmldok->create_element('buch');
$buch = $xmldok->append_child($buch_element);
```

Hier wir ein neues Element `buch` erzeugt und dem Objekt `$buch_element` zugeordnet. Um die Dokumentenwurzel zu erzeugen, sprich den Ursprung der XML-Struktur, hängen Sie `$buch_element` als Kind an das Dokument `$xmldok` an. Das Ergebnis, `$buch`, bezeichnet nun das spezielle Element und seine Position innerhalb des DOM-Objekts.

Sämtliche Knoten werden durch Methodenaufrufe des `$xmldok` erzeugt. Nachdem ein Knoten erzeugt wurde, kann dieser an jedes beliebige Element des Baums gehängt werden. Das Element, bei dem die Methode `appen_child()` aufgerufen wird, legt die Position im Baum fest, an der der Knoten angeordnet ist. Im vorliegenden Fall wurde `$buch_element` an `$xmldok` gehängt, dadurch wird es zum Top-Level-Knoten oder Wurzelknoten.

Sie können nun weitere Knoten an `$buch` hängen, diese werden als Kindknoten (childnodes) bezeichnet. Da `$buch` ein Kind von `$xmldok` ist, ist das neue Element gewissermaßen ein Enkel von `$xmldok`.

```
$titel_element = $xmldok->create_element('titel');
$titel = $buch->append_child($titel_element);
```

Durch den Aufruf von `$buch->append_child()` wird das Element `$titel_element` unter dem Element `$buch` angeordnet. Um den Text innerhalb des Tags `<titel> </titel>` einzufügen, erzeugen Sie mit `create_text_node()` einen Textknoten und hängen diesen an `$titel`.

```
$text_knoten = $xmldok->create_text_node('Flash MX 2004');
$titel->append_child($text_knoten);
```

Da `$titel` bereits zum Dokument hinzugefügt wurde, besteht keine Notwendigkeit, dieses Element erneut an `$buch` zu hängen.

Die Reihenfolge, in der Sie die Kindelemente an die Knoten hängen, spielt keine Rolle. Die folgenden vier Codezeilen, die den Textknoten erst an `$titel_element` und dann an `$buch` hängen, führen zum selben Ergebnis wie die obigen Codezeilen.

```
$titel_element = $xmldok->create_element('titel');
$text_knoten = $xmldok->create_text_node('Flash MX 2004');

$titel_element->append_child($text_knoten);
$buch->append_child($titel_element);
```

Um ein Attribut hinzuzufügen, rufen Sie die Methode `set_attribute()` des Knotens auf und übergeben den Attributnamen und den Wert als Argumente.

```
$titel->set_attribute('cover', 'hard');
```

Wenn Sie das Titel-Element jetzt ausgeben, sieht es folgendermaßen aus:

```
<titel cover="hard">Flash MX 2004</titel>
```

Nun können Sie das Dokument als String ausgeben oder in einer Datei speichern.

```
// XML-Dokument als String ausgeben
$ausgabe = $xmldok->dump_mem(true);

// XML-Dokument in die Datei buch.xml schreiben
$xmldok->dump_file('buch.xml',false,true);
```

Der einzige Parameter, den `dump_mem()` annimmt, ist ein optionaler boolescher Wert. Ein leerer Wert oder `false` führen dazu, dass der String als lange Zeile ausgegeben wird. Der Wert `true` führt dazu, dass der XML-Code wie hier ordentlich formatiert wird:

```
<?xml version="1.0"?>
<buch>
  <titel cover="hard">Flash MX 2004 Praxisbuch</titel>
</buch>
```

Der Methode `dump_file()` können Sie bis zu drei Werte übergeben. Der erste ist notwendig und bezeichnet den Dateinamen. Der zweite legt fest, ob die Datei mit *gzip* komprimiert werden soll. Der letzte Wert ist identisch mit der Option für eine ordentliche Formatierung wie bei `dump_mem()`.

Abschließend noch ein vollständiges Beispiel, welches sich auf die DOMXML-Funktionen stützt.

Beispiel:

```
<?php
header('Content-Type: text/xml');
// XML-Dokument erzeugen
$xmldok = domxml_new_doc('1.0');

// Wurzel-Element erzeugen <buch> und dem XML-Dokument
// hinzufügen
$buch = $xmldok->append_child($xmldok->create_element('buch'));

// Titel-Element erzeugen <title> und dem Wurzel-Element
// hinzufügen
$titel = $buch->append_child($xmldok->create_element('titel'));

// Text für Titel-Element erzeugen und zuweisen
$titel->append_child($xmldok->create_text_node('Flash MX 2004
Praxisbuch'));

// Attribut für das Titel-Element erzeugen
// Attribut: cover
$titel->set_attribute('cover', 'hard');

// Autor-Element erzeugen <autor> und dem Wurzel-Element
// hinzufügen
$matthias = $buch->append_child($xmldok->create_element('autor'));
```

```
// Text für Autor-Element erzeugen und zuweisen
$matthias->append_child($xmldok->create_text_node('Matthias
Kannengiesser'));

// Ein weiteres Autor-Element erzeugen und dem Wurzel-Element
// hinzufügen
$caroline = $buch->append_child($xmldok->create_element('autor'));

// Text für zweites Autor-Element erzeugen und zuweisen
$caroline->append_child($xmldok->create_text_node('Caroline
Kannengiesser'));

// Formatierte Ausgabe des DOM basiertes XML-Dokument
echo $xmldok->dump_mem(true);
?>
```

Ausgabe:

```
<?xml version="1.0"?>
<buch>
  <titel cover="hard">Flash MX 2004 Praxisbuch</titel>
  <autor>Matthias Kannengiesser</autor>
  <autor>Caroline Kannengiesser</autor>
</buch>
```

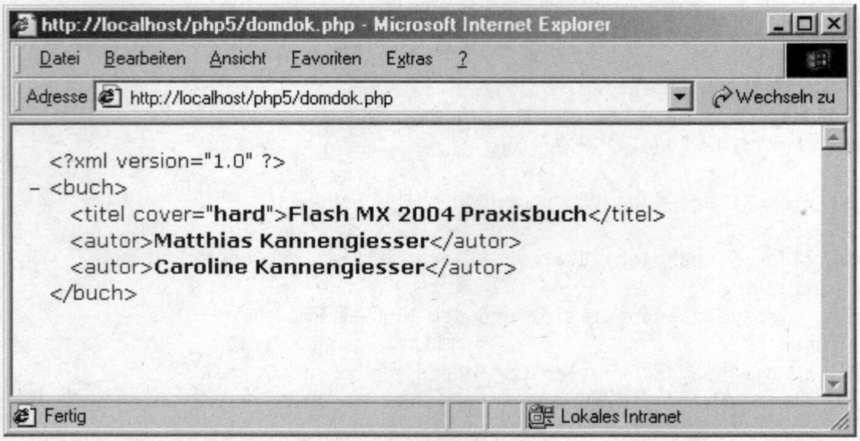

Bild 4.25: Dynamisch erzeugtes XML-Dokument

Hinweis: Möglicherweise vorkommende Entities müssen beim Einsatz der DOMXML-Funktionen nicht manuell in Escape-Sequenzen umgewandelt werden. Diese Aufgabe übernehmen die DOMXML-Funktionen.

Da das Thema XML noch sehr viele experimentelle Bestandteile enthält, haben wir dieses Thema lediglich angeschnitten. Wir können Ihnen jedoch jetzt bereits versichern, dass XML in Verbindung mit PHP auch in Zukunft eine immer größere Rolle spielen und Einfluss auf eine Vielzahl von Webanwendungen haben wird.

4.4 Dynamische Grafiken mit der GD-Bibliothek

Wir haben Sie bereits im Abschnitt PHP und OOP mit einigen Funktionen der GD-Bibliothek konfrontiert. Nun wollen wir Ihnen einen tieferen Einblick in die Welt der dynamisch generierten Grafiken und Bilder gewähren.

Tipp: Die aktuelle Version der GD-Bibliothek finden Sie unter folgender Adresse: www.boutell.com/gd/.

4.4.1 MIME-Typen und PHP

Da PHP nicht nur Text- und HTML-Dateien verarbeitet, sondern auch mit Dateien anderer MIME-Typen umgehen kann, sollte man wissen, welche MIME-Typen das genau sind und wie sie aufgebaut sind.

Eine wesentliche Rolle spielt dabei das HTTP-Protokoll. Der Typ einer Datei, die mit HTTP übertragen wird, wird durch ihren MIME-Typ festgelegt.

Was sind MIME-Typen?

MIME ist die Kurzform für *Multipurpose Internet Mail Extensions.* Der MIME-Typ bezeichnet die Art der im Internet übertragenden Dateien.

Wenn ein HTTP-Server eine Datei an einen Client sendet, bezeichnet er deren Dateiart durch den MIME-Typ in einem speziell dafür vorgesehenen Header-Feld. Der Client benötigt den MIME-Typ, um die übertragene Datei korrekt interpretieren zu können und wiederzugeben.

Ein MIME-Typ besteht aus einem Haupttyp und einem durch einen Slash (/) abgetrennten Subtyp. Der MIME-Typ aller HTTP-Standardseiten ist *text/html.* Bilddateien haben den MIME-Haupttyp *image* und je nach Dateiformat verschiedene Subtypen. Einige wichtige MIME-Typen haben wir hier für Sie zusammengestellt:

MIME-Typ	*Bedeutung*
text/plain	Textdatei
text/html	HTML-Datei
image/gif	GIF-Datei
image/jpeg	JPEG-Datei
image/png	PNG-Datei
image/tiff	TIFF-Datei

4.4.2 Festlegung des MIME-Typs

Sollten Sie nichts anderes festlegen, fügt PHP einem erstellten Dokument automatisch den Standard-MIME-Typ *text/html* hinzu, und zwar am Anfang des Dokuments. Dieser Header wird bei der Ausgabe im Browser nicht angezeigt und hat auch nichts mit dem Tag `<head></head>` zu tun. Durch die Existenz des Headers können Sie unter Windows in einem DOS-Fenster PHP direkt aufrufen, z.B.:

```
php meinskript.php
```

Ausgabe:

```
Content-Type: text/hmtl
```

Sollen Bilddateien an den http-Client übertragen werden, muss der Dateien bezeichnende MIME-Typ in einem Header zu Beginn des Dokuments mit übertragen werden. Diesen Header können Sie in PHP mit Hilfe der Funktion `header()` erzeugen. Für die Bilddateien, die Sie mit der GD-Bibliothek erzeugen und bearbeiten, lautet der MIME-Typ, je nachdem, welches Bildformat Sie verwenden wollen, entweder *image/gif*, *image/jpeg* oder *image/png*.

Wird eine Bilddatei zum Browser übertragen, ist also zunächst im zugehörigen Skript mit Hilfe der Funktion `header()` ein entsprechender Header zu sehen. Für das JPEG-Format könnte dies wie folgt aussehen:

```
<?php
header("Content-Type: image/jpeg");
?>
```

4.4.3 GD-Funktionen in PHP

In der folgenden Tabelle sind die wesentlichen Funktionen zur Bilderzeugung- und bearbeitung der GD-Bibliothek aufgeführt. Die Agenda der Tabelle liest sich wie folgt:

- *$img* – Entspricht einem mit `imagecreate()` erzeugten Handle, welcher auf eine Bilddatei verweist.
- *$x,$y* – Legt die pixelgenaue Bildschirmposition für ein Bild fest.
- *$x1,$y1* – Symbolisiert die Bildschirmposition (linke obere Ecke).
- *$x2,$y2* – Symbolisiert die Bildschirmposition (rechte untere Ecke).
- *$col* – Legt den Handle für eine Zeichenfarbe fest.
- *$succ* – Stellt den Rückgabewert der betreffenden Funktion dar, der den Erfolg (1) oder Misserfolg (0) einer ausgeführten Operation wiedergibt.

Funktion	*Beispiel*	*Bedeutung*
exif_imagetype ($filename)	echo exif_imagetype ("logo.jpg");	Bestimmt den Typ eines Bildes und gibt eine der folgenden Konstanten aus: 1 = IMAGETYPE_GIF, 2 = IMAGETYPE_JPEG, 3 = IMAGETYPE_PNG, 4 = IMAGETYPE_SWF, 5 = IMAGETYPE_PSD, 6 = IMAGETYPE_BMP, 7 = IMAGETYPE_TIFF_II, 8 = IMAGETYPE_TIFF_MM, 9 = IMAGETYPE_JPC, 10 = IMAGETYPE_JP2, 11 = IMAGETYPE_JPX, 12 = IMAGETYPE_SWC. Diese Funktion ist nur unter PHP 4 nutzbar, wenn es mit dem Zusatz --*enable-exif* kompiliert wurde.
gd_info()	print_r (gd_info());	Gibt Informationen über die installierte GD-Bibliothek zurück.
getimagesize($filename [,$info])	$arr = getimagesize ("logo.jpg");	Ermittelt die Bildeigenschaften einer GIF-, JPEG-, PNG- oder SWF-Grafikdatei und gibt diese als Array `$arr` zurück. `$arr[0]`: Bildbreite `$arr[1]`: Bildhöhe `$arr[2]`: Bildtyp – 1 = GIF, 2 = JPG, 3 = PNG, SWF = 4 `$arr[3]`: String "`height=xxx width=xxx`" zur Verwendung in einem <img>-Tag. Das Array `$info` gibt optional zusätzliche Informationen zurück.
image_type_to_mime_type(imagetype)	header("Content-type: " . image_type_to_mime_type (IMAGETYPE_PNG));	Gibt den MIME-Type für den Bildtyp aus, welcher von einer der Funktionen `getimagesize()`, `exif_read_data`, `exif_thumbnail` oder `exif_imagetype` ermittelt wurde. Hier einige der Konstanten, die zurückgegeben werden: IMAGETYPE_GIF->image/gif IMAGETYPE_JPEG->image/jpeg IMAGETYPE_PNG->image/png IMAGETYPE_PSD->image/psd IMAGETYPE_BMP->image/bmp

Funktion	*Beispiel*	*Bedeutung*
imagearc($img, $cx, $cy, $w, $h, $s, $e, $col)	imagearc($bild, 100, 100, 50, 50, 0, 180, $farbe);	Zeichnet eine Ellipse mit dem Zentrum `$cx/$cy`, der Breite `$w`, der Höhe `$h`, dem Startwinkel `$s` und dem Endwinkel `$e`.
imagechar($img, $font, $x, $y, $char, $col)	imagechar($bild, $font, 100, 50, "Z", $col) ;	Zeichnet ein Zeichen `$char`.
imagecharup($img, $font, $x, $y, $char, $col)	imagecharup($bild, $font, 100, 50, "Z", $farbe) ;	Zeichnet ein um 90° gedrehtes Zeichen `$char`.
imagecolorallocate($img, $rot, $grün, $blau)	$col = imagecolorallocate($bild, 255, 0, 0);	Gibt ein Handle `$col` für eine Farbe zurück.
imagecolorat($img, $x, $y)	$col = imagecolorat($bild, 100, 100) ;	Gibt den Index `$col` des Farbwerts zu einem RGB-Wert zurück.
imagecolorresolve($img, $rot, $grün, $blau)	$col = imagecolorresolve($bild, 0, 255, 0);	Gibt den Index `$col` oder die nächste Farbe zu einem RGB-Wert zurück.
imagecolorset($img, $col, $rot, $grün, $blau)	$succ = imagecolorset($bild, $farbe, 0, 0, 255);	Änder eine Farbe `$col` innerhalb der Farbpalette.
imagecolorstotal($img)	$anzahl = imagecolorstotal($bild);	Gibt die Anzahl der im `$img` enthaltenen Farben zurück.
imagecolortransparent ($img [,$col])	$col_n = imagecolortransparent($bild) ;	Bestimmt eine Farbe als Transparent und gibt neues Handle `$col_n` zurück. Wird keine Farbe `$col` angegeben, wird die aktuelle verwendet.
imagecopyresized ($dst_img, $src_img, $dstX, $dstY, $srcX, $srcY, $dstW, $dstH, $scrW, $scrH)	imagecopyresized($Zielbild, $Quellbild, $50, $50, $25, $25, $100, $100, $200, $200);	Kopiert einen Bildausschnitt von `$scr_img` (Quelle) nach `$dst_img` (Ziel).
imagecreate($w,$h)	$img = imagecreate(400,400);	Erzeugt ein Bild mit dem Abmessungen `$w` (Breite) und `$h` (Höhe) und gibt ein Handle an `$img` zurück.
imagecreatefromjpeg($fil ename)	$img = imagecreatefromjpeg ("logo.jpg");	Erzeugt ein Bild aus einer JPEG-Datei und gibt ein Handle `$img` zurück.
imagecreatefrompng($fil ename)	$img = imagecreatefrompng ("logo.png");	Erzeugt ein Bild aus einer PNG-Datei und gibt ein Handle `$img` zurück.
imagedashedline($img, $x1, $y1, $x2, $y2, $col)	imagedashedline($bild, 0, 0, 100, 100, $farbe);	Zeichnet eine gestrichelte Linie.
imagedestroy($img)	imagedestroy($bild);	Giibt den von einem Bild belegten Speicher frei.
imagefill($img, $x, $y, $col);	imagefill($bild, 100,100,$farbe) ;	Füllt eine Fläche mit der Farbe `$col`.

Funktion	*Beispiel*	*Bedeutung*
imagefilledarc($img, $cx, $cy, $w, $h, $s, $e, $col,$style)	imagefilledarc($bild, 50, $i, 100, 50, 0, 45, $farbe, IMG_ARC_PIE);	Zeichnet eine gefüllte Ellipse mit dem Zentrum `$cx/$cy`, der Breite `$w`, der Höhe `$h`, dem Startwinkel `$s` und dem Endwinkel `$e`. Der Parameter `$style` kann folgende Werte annehmen: IMG_ARC_PIE – Legt einen abgerundeten Rand fest. IMG_ARC_CHORD – Verbindet Start- und Endwinkel mit einer Linie. IMG_ARC_NOFILL – Keine Füllung lediglich Umrisslinien. IMG_ARC_EDGED – Umrisslinien am Rand.
imagefilledellipse($img, $cx, $cy, $w, $h, $col)	imagefilledellipse($bild, 200, 150, 300, 200, $farbe);	Zeichnet eine gefüllte Ellipse mit dem Zentrum `$cx/$cy`, der Breite `$w`, der Höhe `$h`, dem Startwinkel `$s` und dem Endwinkel `$e`.
imagefilledpolygon ($img, $points, $num, $col)	imagefilledpolygon($bild, $points, $num, $farbe) ;	Zeichnet ein mit der Farbe `$col` gefülltes Polygon mit `$num` Punkten. Die Punktkoordinaten sind im Array `$points` enthalten. Points[0] = x0; Points[1] = y0; Points[2] = x1; Points[3] = y1; usw.
imagefilledrectangle ($img, $x1, $y1, $x2, $y2, $col)	imagefilledrectangle($bild, $0, $0, $200, $100, $farbe);	Zeichnet ein gefülltes Rechteck.
imagefilltoborder($img, $x, $y, $border, $col)	imagefilltoborder($bild, $x, $y, $border, $farbe)	Füllt eine Fläche, die durch die Farbe `$col` abgerenzt ist.
imagefontheight($font)	$h = imagefontheight($font);	Gibt die Schrifthöhe einer Schriftart zurück.
imagefontwidth($font)	$b = imagefontheight($font);	Gibt die Schriftbreite einer Schriftart zurück.
imageinterlace($img [,$mode])	imageinterlace($bild, 1);	Aktiviert oder deaktiviert den Interlaced Modus (1=an, 0=aus).
imageline($img, $x1, $y1, $x2, $y2, $col)	imageline($bild, $x1, $y1, $x2, $y2, $farbe) ;	Zeichnet eine Linie.
imageloadfont ($filename)	imageloadfont(datei);	Lädt einen neuen Font (Schriftart) aus der Datei `$filename`.
imagejpeg($img [, $filename [, $quality]])	imagejpeg($bild, "test.jpg", 50);	Erzeugt eine JPEG-Bilddatei.
imagepng($img [,$filename])	imagepng($bild, "test.png");	Erzeugt ein PNG-Bilddatei.

Funktion	*Beispiel*	*Bedeutung*
imagepolygon($img, $points, $num, $col)	imagepolygon($bild, $points, $num, $farbe) ;	Zeichnet ein Polygon mit `$num` Punkten. Die Punktkoordinaten sind im Array `$points` enthalten. Points[0] = x0; Points[1] = y0; Points[2] = x1; Points[3] = y1; usw.
imagepsbbox($text, $font, $size, $space, $width, $angle)	$array = imagepsbbox($text, $font, $size, $space, $width, $angle);	Gibt ein Array mit den Maßen einer Textbox zurück (PostSkript Type-1-Font). Array[0]: x1 (links unten) Array[1]: y1 (links unten) Array[2]: x2 (rechts oben) Array[3]: y2 (rechts oben)
imagepsencodefont($endcodinfile)	imagepsendcodefont($endcoding);	Ändern den beschreibenden Vektor eines PostScript Type-1-Font.
imagepsfreefont ($fontindex)	imagepsfreefont($index);	Gibt den von einem PostScript Type-1-Font belegten Speicher frei.
imagepsloadfont ($filename)	imagepsloadfont($datei);	Lädt einen PostScript Type-1-Font aus einer Datei.
imagepstext ($image, $text, $font, $size, $foreground, $background, $x, $y [, $space [, $tightness [, $angle [, $antialias_steps]]]])	$array = imagepstext ($image, $text, $font, $size, $foreground, $background, $x, $y [, $space [, $tightness [, $angle [, $antialias_steps]]]]);	Zeichnet einen String `$text` über einem Bild mit einem PostScript Type-1-Font und gibt ein Array `$array` mit den Maßen des erzeugten Textes zurück.
imagerectangle($img, $x1, $y1, $x2, $y2, $col)	imagerectangle($bild, 100, 100, 200, 200, $farbe);	Zeichnet ein Rechteck.
imagesetpixel($img, $x, $y, $col)	imagesetpixel($bild, 100, 100, $farbe);	Setzt einen einzelnen Pixel.
imagestring($img, $font, $x, $y, $text, $col)	imagestring($bild, $font, $x, $y, "PHP", $farbe);	Schreibt einen Text `$text`.
imagestringup($img, $font, $x, $y, $text, $col)	imagestringup($bild, $font, $x, $y, "PHP", $farbe);	Schreibt einen vertikal ausgerichteten Text `$text`.
imagesx($img)	$b = imagesx($bild);	Gibt die Breite eines Bilds zurück.
imagesy($img)	$h = imagesy($bild);	Gibt die Höhe eines Bilds zurück.
imagettfbbox($size, $angle, $fontfile, $text)	$array = imagettfbbox($size, $angle, $fontfile, $text);	Gibt ein Array `$array` mit den Abmessungen einer Textbox mit True-Type-Fonts aus.
imagettftext($img, $size, $angle, $x, $y, $col, $fontfile, $text)	$array == imagettftext($bild, $size, $angle, $x, $y, $farbe, $fontfile, $text)	Zeichnet einen Text `$text` mit True-Type-Fonts und gibt ein Array `$array` mit den Abmessungen aus.

4.4.4 GD-Funktionen in der Praxis

Die Erstellung von Grafiken beispielsweise für statistische Erhebungen in Form von Linien- und Säulendiagrammen in Echtzeit stellt mit Hilfe der GD-Bibliothek kein Problem dar.

Text via GD-Funktionen

Als Erstes wollen wir Sie mit einem Beispiel konfrontieren, das Sie einfach mal ausprobieren sollten.

Beispiel:

```
<?php
// Dokument Header mit MIME-Typ festlegen
header("Content-type: image/png");

$bild = ImageCreate(400,400);
$hintergrund = imagecolorallocate($bild, 255, 255, 255);
$farbeSchwarz = imagecolorallocate($bild, 0, 0, 0);

// Eingebaute GD-Bibliothek Schriftarten verwenden
ImageString($bild, 4, 10, 10, 'PHP Praxis', $farbeSchwarz);

// TrueType-Schriftarten verwenden
// ImageTTFText($bild, 20, 0, 10, 50, $farbeSchwarz,
'/pfad/zum/font.ttf','PHP Praxis');

// Vertikaler Text
ImageStringUp($bild, 4, 10, 150, 'PHP Praxis', $farbeSchwarz);

// Bild ausgeben
imagepng($bild);

// Bild aus Speicher entfernen
imagedestroy($bild);
?>
```

Sie sollten sich die Ausgabe genau betrachten und anschließend mit den Werten experimentieren.

Liniendiagramm

Zur Illustration, wie man mit PHP dynamisch Grafiken erzeugen kann, sollen hier einige Diagramme erstellt werden. Das erste Beispiel stellt ein Liniendiagramm auf einem Raster dar.

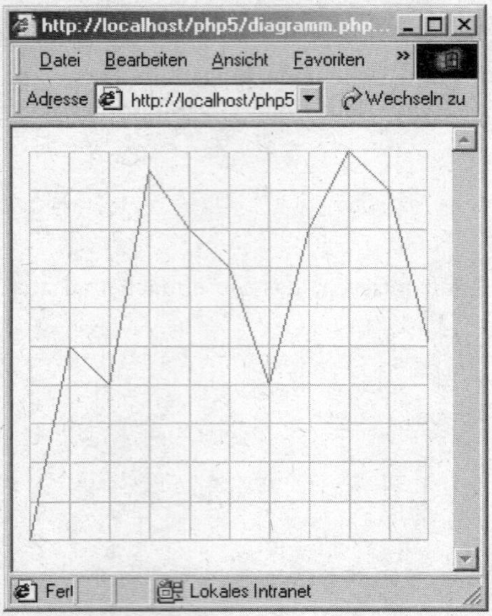

Bild 4.26: Dynamisch erzeugtes Liniendiagramm

Zum Aufrufen einer dynamisch erzeugten Grafik auf einer Webseite genügt es, einen Link zu der PHP-Seite zu setzen, welche die Grafik an den Browser weiterleitet. Das `<img>`-Tag ist hierfür bestens geeignet, wie das folgende Beispiel zeigt:

```
<html>
<head>
  <title>GD-Bibliothek in der Praxis</title>
</head>
<body>
  <h1>Liniendiagramm</h1><p>
  <img src="diagramm.php"><br>
</body>
</html>
```

Nun zum eigentlichen Code, der die Grafik erzeugt. Hier die einzelnen Bestandteile des Quellcodes von *diagramm.php*:

```
// Diagramm Werte
$daten=array(0,125,100,238,200,175,100,200,250,225,125);
```

Zuerst werden die Werte für das Diagramm angegeben. Im vorliegenden Beispiel befinden sich die Werte in einem Array `$daten`. Sie könnten ebenso gut aus einer XML-Datei, einem Formular oder einer Datenbank stammen. Die Werte reichen von 0 bis 250, den Abmessungen der Grafik in Pixel. Der Wert legt die Anfangsposition jedes Diagrammsegments im Raster fest. Falls Sie Werte zwischen 0 und 100 verwenden möchten, wie bei Prozentangaben, müssen Sie den jeweiligen Wert nur mit Faktor 2.5 multiplizieren, um die Pixelposition im Raster zu bestimmen. Der Faktor ergibt sich dabei aus den Maßen des Bildes.

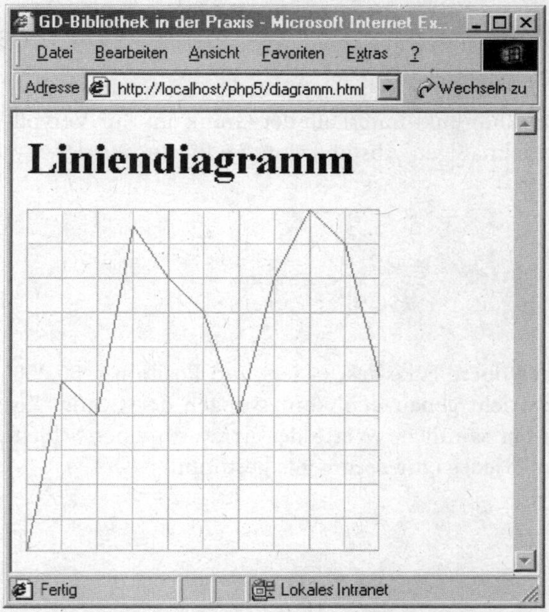

Bild 4.27: Liniendiagramm innerhalb der HTML-Seite

Fallbeispiel:

```
250x250 -> 250/100 -> 2.5
```

Als Nächstes wird ein PNG-Header verschickt und die Breite und Höhe der Grafik festgelegt:

```
// PNG-Grafik definieren
header("Content-type: image/png");

// Breite/Höhe des Diagramm
$imgBreite=250;
$imgHoehe=250;
```

PNG steht übrigens für *Portable Network Graphic*, ein verlustfreies Grafikformat. Nun kann das Image-Objekt erzeugt und die Farben für das Diagramm festgelegt werden:

```
// Image-Objekt erzeugen und Farben definieren
$bild=imagecreate($imgHoehe, $imgBreite);
$farbeWeiss=imagecolorallocate($bild, 255, 255, 255);
$farbeGrau=imagecolorallocate($bild, 192, 192, 192);
$farbeBlau=imagecolorallocate($bild, 0, 150, 255);
```

Der Hintergrund wird weiß sein, das Raster grau und die Linien des Liniendiagramms blau. Durch Erstellen weiterer Variablen und Festlegen anderer RGB-Werte lassen sich Farben problemlos ändern oder hinzufügen. Als Nächstes wird ein grauer Rand für die Grafik erzeugt, und zwar für jede Kante einzeln mithilfe der `imageline()`-Funktion:

```
// Rand für die Grafik erzeugen
imageline($bild, 0, 0, 0, 250, $farbeGrau);
imageline($bild, 0, 0, 250, 0, $farbeGrau);
```

```
imageline($bild, 249, 0, 249, 249, $farbeGrau);
imageline($bild, 0, 249, 249, 249, $farbeGrau);
```

Es gilt jeweils zwei x/y-Koordinaten festzulegen. Jedes der Wertepaare in der `imageline()`-Funktion gibt einen Start- und Endpunkt innerhalb der Grafik an. Zur Vervollständigung des Rasters werden im regelmäßigen Abstand von 25 Pixeln auf der x/y-Achse weitere graue Linien hinzugefügt:

```
// Raster erzeugen
for ($i=1; $i<count($daten); $i++){
      imageline($bild, $i*25, 0, $i*25, 250, $farbeGrau);
      imageline($bild, 0, $i*25, 250, $i*25, $farbeGrau);
}
```

Position (0,0) bezieht sich auf die linke obere Ecke des Rasters und Position (250,250) auf die untere rechte Ecke. Dies entspricht genau den Abmessungen der Grafik. Zur Erzeugung des Liniendiagramms werden sämtliche Werte des Arrays in einer Schleife durchlaufen und so Start- und Endpunkt jedes Liniensegments bestimmt:

```
// Liniendiagramm erzeugen
for ($i=0; $i<count($daten); $i++){
imageline($bild, $i*25, (250-$daten[$i]),
   ($i+1)*25, (250-$daten[$i+1]), $farbeBlau);
}
```

PHP erzeugt mit Hilfe der `imageline()`-Funktion eine blaue Linie zwischen den aufeinander folgenden Koordinaten. Das vorliegende Beispiel besitzt lediglich elf Werte, aber man kann dieses Verfahren leicht ausbauen und komplexe Diagramme wie Börsenindizes oder Ähnliches erstellen.

Abschließend muss die Grafik zur Ausgabe an den Browser verschickt und der Speicherplatz auf dem Server wieder freigegeben werden:

```
// Diagramm ausgeben und Grafik
// aus dem Speicher entfernen
imagepng($bild);
imagedestroy($bild);
```

Beispiel – vollständig:

```
<?php
// Diagramm Werte
$daten=array(0,125,100,238,200,175,100,200,250,225,125);

// PNG-Grafik definieren
header("Content-type: image/png");

// Breite/Höhe des Diagramm
$imgBreite=250;
$imgHoehe=250;

// Image-Objekt erzeugen und Farben definieren
$bild=imagecreate($imgHoehe, $imgBreite);
$farbeWeiss=imagecolorallocate($bild, 255, 255, 255);
$farbeGrau=imagecolorallocate($bild, 192, 192, 192);
$farbeBlau=imagecolorallocate($bild, 0, 150, 255);
$farbeHellblau=imagecolorallocate($bild, 0, 200, 255);
```

```
// Rand für die Grafik erzeugen
imageline($bild, 0, 0, 0, 250, $farbeGrau);
imageline($bild, 0, 0, 250, 0, $farbeGrau);
imageline($bild, 249, 0, 249, 249, $farbeGrau);
imageline($bild, 0, 249, 249, 249, $farbeGrau);

// Raster erzeugen
for ($i=1; $i<count($daten); $i++){
        imageline($bild, $i*25, 0, $i*25, 250, $farbeGrau);
        imageline($bild, 0, $i*25, 250, $i*25, $farbeGrau);
}

// Liniendiagramm erzeugen
for ($i=0; $i<count($daten); $i++){
imageline($bild, $i*25, (250-$daten[$i]),
    ($i+1)*25, (250-$daten[$i+1]), $farbeBlau);
}

// Diagramm ausgeben und Grafik
// aus dem Speicher entfernen
imagepng($bild);
imagedestroy($bild);
?>
```

Sie sollten die Liniendiagramm-Schleife mal durch folgende Codezeilen ersetzen und austesten:

```
// Liniendiagramm erzeugen
for ($i=0; $i<count($daten); $i++){
imageline($bild, $i*25, (250-$daten[$i]),
    ($i+1)*25, (250-$daten[$i+1]), $farbeBlau);
    imageellipse($bild, $i*25, (250-$daten[$i]), 8, 8, $farbeBlau);
}
```

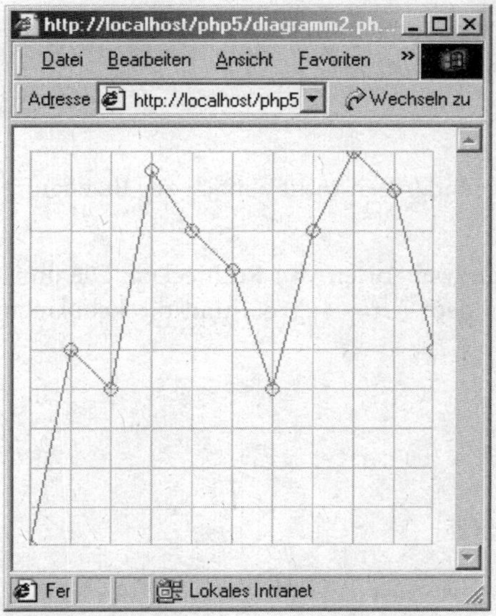

Bild 4.28: Einsatz von imageellipse()

oder

```
// Liniendiagramm erzeugen
for ($i=0; $i<count($daten); $i++){
imageline($bild, $i*25, (250-$daten[$i]),
    ($i+1)*25, (250-$daten[$i+1]), $farbeBlau);
    imagefilledellipse($bild, $i*25, (250-$daten[$i]), 8, 8, $farbeBlau);
}
```

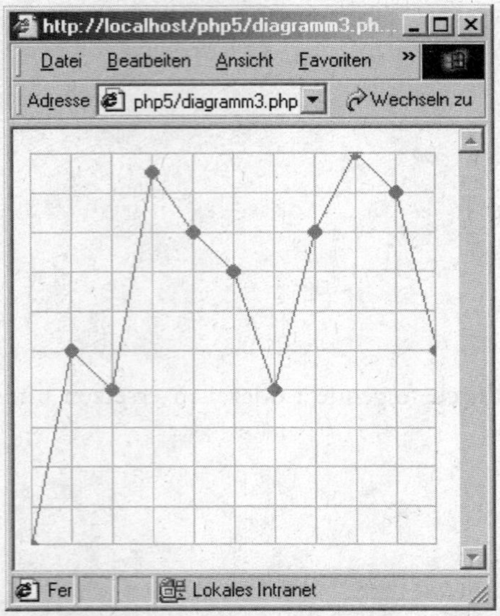

Bild 4.29: Einsatz von imagefilledellipse()

Sie sehen, Ihrer Fantasie sind kaum Grenzen gesetzt.

Säulendiagramm

Das vorliegende Beispiel lässt sich mit einigen Handgriffen recht einfach zur Erzeugung von Säulendiagrammen umwandeln.

Die Funktion `imagefilledrectangle()` erzeugt zwei Sorten von Rechtecken: Die dunkelblauen Säulen repräsentieren die Werte aus dem Array `$daten`, und die hellblauen füllen die Zwischenräume aus:

```
// Säulendiagramme erzeugen
for ($i=0; $i<count($daten); $i++){
       imagefilledrectangle($bild, $i*25, (250-$daten[$i]),
    ($i+1)*25, 250, $farbeBlau);
       imagefilledrectangle($bild, ($i*25)+1,
    (250-$daten[$i])+1,
    (($i+1)*25)-5, 248, $farbeHellblau);
}
```

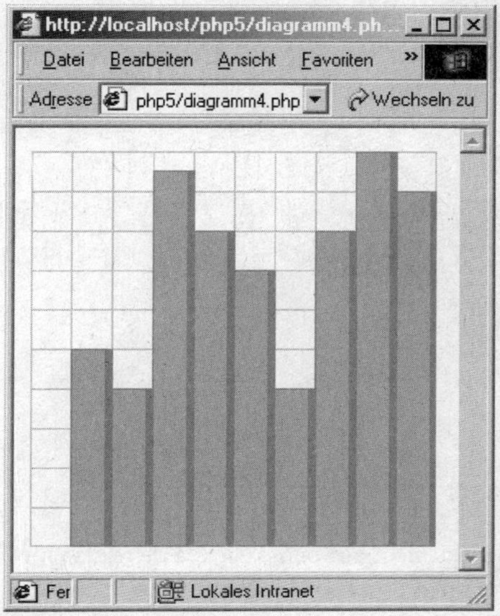

Bild 4.30: Säulendiagramm

Für den hellblauen Farbwert müssen Sie noch folgende Zeile im Skript platzieren:

```
$farbeHellblau=imagecolorallocate($bild, 0, 200, 255);
```

Beispiel – vollständig:

```
<?php
// Diagramm Werte
$daten=array(0,125,100,238,200,175,100,200,250,225,125);

// PNG-Grafik definieren
header("Content-type: image/png");

// Breite/Höhe des Diagramm
$imgBreite=250;
$imgHoehe=250;

// Image-Objekt erzeugen und Farben definieren
$bild=imagecreate($imgHoehe, $imgBreite);
$farbeWeiss=imagecolorallocate($bild, 255, 255, 255);
$farbeGrau=imagecolorallocate($bild, 192, 192, 192);
$farbeBlau=imagecolorallocate($bild, 0, 150, 255);
$farbeHellblau=imagecolorallocate($bild, 0, 200, 255);

// Rand für die Grafik erzeugen
imageline($bild, 0, 0, 0, 250, $farbeGrau);
imageline($bild, 0, 0, 250, 0, $farbeGrau);
imageline($bild, 249, 0, 249, 249, $farbeGrau);
imageline($bild, 0, 249, 249, 249, $farbeGrau);

// Raster erzeugen
for ($i=1; $i<count($daten); $i++){
	imageline($bild, $i*25, 0, $i*25, 250, $farbeGrau);
```

```
        imageline($bild, 0, $i*25, 250, $i*25, $farbeGrau);
}

// Säulendiagramme erzeugen
for ($i=0; $i<count($daten); $i++){
        imagefilledrectangle($bild, $i*25, (250-$daten[$i]),
    ($i+1)*25, 250, $farbeBlau);
        imagefilledrectangle($bild, ($i*25)+1,
    (250-$daten[$i])+1,
    (($i+1)*25)-5, 248, $farbeHellblau);
}

// Diagramm ausgeben und Grafik
// aus dem Speicher entfernen
imagepng($bild);
imagedestroy($bild);
?>
```

Hinweis: Sie sollten allerdings einen wichtigen Aspekt nicht aus den Augen verlieren, wenn Sie solche Grafiken serverseitig erzeugen Sie belasten den Prozessor nicht unerheblich. Wenn man zu viele dieser dynamischen Grafiken auf einer Website verwendet, kommt es zu Performance-Einbußen.

Abschließend wollen wir Ihnen noch den Quellcode für die wohl flexibelste Umsetzung des Linien- und Säulendiagramms zur Verfügung stellen:

Beispiel:

```
<?php

// PNG-Grafik definieren
header("Content-type: image/png");

// Diagramm Werte (Prozentangaben)
$daten=array(0,50,40,100,80,70,40,80,95,90,50);

// Prozentumrechnung + grössen Faktor
function setProzent($faktor) {
        global $daten;
        for ($i = 0; $i < count($daten); $i++) {
                        $daten[$i] = round($daten[$i]*$faktor);
        }
}

// Breite/Höhe des Diagramm
$imgDim = 250;

// Ausführen
setProzent($imgDim/100);

$bfaktor = $imgDim/(count($daten)-1);

// Image-Objekt erzeugen und Farben definieren
$bild=imagecreate($imgDim, $imgDim);
$farbeWeiss=imagecolorallocate($bild, 255, 255, 255);
```

```
$farbeGrau=imagecolorallocate($bild, 192, 192, 192);
$farbeBlau=imagecolorallocate($bild, 0, 150, 255);
$farbeHellblau=imagecolorallocate($bild, 0, 200, 255);

// Rand für die Grafik erzeugen
imageline($bild, 0, 0, 0, $imgDim, $farbeGrau);
imageline($bild, 0, 0, $imgDim, 0, $farbeGrau);
imageline($bild, $imgDim-1, 0, $imgDim-1, $imgDim-1, $farbeGrau);
imageline($bild, 0, $imgDim-1, $imgDim-1, $imgDim-1, $farbeGrau);

// Raster erzeugen
for ($i=1; $i<count($daten); $i++){
        imageline($bild, $i*$bfaktor, 0, $i*$bfaktor, $imgDim, $farbeGrau);
        imageline($bild, 0, $i*$bfaktor, $imgDim, $i*$bfaktor, $farbeGrau);
}

// Liniendiagramm erzeugen
for ($i=0; $i<count($daten); $i++){
imageline($bild, $i*$bfaktor, ($imgDim-$daten[$i]),
    ($i+1)*$bfaktor, ($imgDim-$daten[$i+1]), $farbeBlau);
    imagefilledellipse($bild, $i*$bfaktor, ($imgDim-$daten[$i]), 6, 6,
$farbeBlau);
}

// Diagramm ausgeben und Grafik
// aus dem Speicher entfernen
imagepng($bild);
imagedestroy($bild);

?>
```

Die Maße des Diagramms können Sie nun flexibel über die Variable `$imgDim` festlegen. Die Codezeilen wurden zusätzlich so angepasst, dass die Daten aus dem Array `$daten` in Form von Prozentangaben erfolgen können:

```
// Säulendiagramme erzeugen
for ($i=0; $i<count($daten); $i++){
        imagefilledrectangle($bild, $i*$bfaktor, ($imgDim-$daten[$i]),
    ($i+1)*$bfaktor, $imgDim, $farbeBlau);
        imagefilledrectangle($bild, ($i*$bfaktor)+1,
    ($imgDim-$daten[$i])+1,
    (($i+1)*$bfaktor)-5, $imgDim-2, $farbeHellblau);
}
```

Tortendiagramm

Zur Erstellung von Tortendiagrammen verwenden Sie die Funktion `imagefilledarc()`. Damit wird die Realisierung von Tortendiagrammen zum Kinderspiel, na ja, sagen wir fast.

Beispiel:

```
<?php

// Header (MIME-Typ)
header('Content-type: image/png');
```

```
// Image-Objekt erzeugen
$bild = imagecreate(200, 200);

// Farbwerte festlegen
$hintergrund = imagecolorallocate($bild, 0xFF, 0xFF, 0xFF);
$farbeGrau = imagecolorallocate($bild, 0xC0, 0xC0, 0xC0);
$farbeDunkelGrau = imagecolorallocate($bild, 0x90, 0x90, 0x90);
$farbeBlau = imagecolorallocate($bild, 0x00, 0x00, 0x80);
$farbeDunkelBlau = imagecolorallocate($bild, 0x00, 0x00, 0x50);
$farbeRot = imagecolorallocate($bild, 0xFF, 0x00, 0x00);
$farbeDunkelRot = imagecolorallocate($bild, 0x90, 0x00, 0x00);

// 3D Effekt simulieren
for ($i = 60; $i > 50; $i--) {
       imagefilledarc($bild, 50, $i, 100, 50, 0, 55, $farbeDunkelBlau,
IMG_ARC_PIE);
       imagefilledarc($bild, 50, $i, 100, 50, 55, 135 , $farbeDunkelGrau,
IMG_ARC_PIE);
       imagefilledarc($bild, 50, $i, 100, 50, 135, 360 , $farbeDunkelRot,
IMG_ARC_PIE);
}

// Eigentliches Diagramm
imagefilledarc($bild, 50, 50, 100, 50, 0, 55, $farbeBlau, IMG_ARC_PIE);
imagefilledarc($bild, 50, 50, 100, 50, 55, 135 , $farbeGrau, IMG_ARC_PIE);
imagefilledarc($bild, 50, 50, 100, 50, 135, 360 , $farbeRot, IMG_ARC_PIE);


// Diagramm ausgeben und Grafik
// aus dem Speicher entfernen
imagepng($bild);
imagedestroy($bild);
?>
```

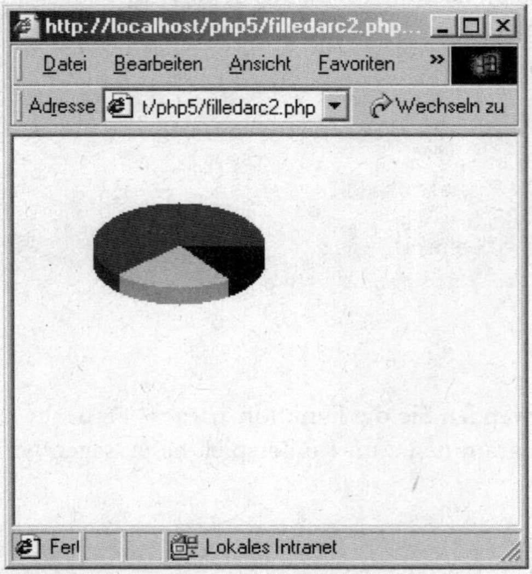

Bild 4.31: Tortendiagramm

5 Neuerungen in PHP 5

Dieses Kapitel ist im Grunde gar nicht notwendig, da Sie bereits in den vorherigen Kapiteln sämtliche wesentlichen Sprachbestandteile kennen gelernt haben. Dies schließt auch PHP 5 ein. Wir haben uns jedoch erlaubt, in diesem Kapitel die Neuerungen der Zend Engine 2.0 aufzulisten und einige weitere PHP 5-spezifische Anpassungen unter die Lupe zu nehmen.

5.1 Zend Engine 2 und PHP 5

Die Zend Engine 2 stellt ist der Versuch, PHP 5 für den Einsatz im Enterprise-Sektor konkurrenzfähig zu gestalten und einzugliedern. Sicherlich wurde PHP auch schon vorher von Firmen gezielt eingesetzt, aber die Unterstützung in puncto Zuverlässigkeit und Sicherheit, die eine Programmiersprache geben sollte, war keineswegs zufrieden stellend ausgeprägt.

In der folgenden Übersicht befinden sich alle Kernbestandteile der Änderungen an der Zend Engine 2.0. In Zukunft werden wohl noch weitere Features auf Sie als Entwickler zukommen. Das gesetzte Ziel fokussierte primär auf eine verbesserte OO-Unterstützung und die Implementierung neuer Konstrukte, um das OO-Design zu erleichtern.

- Klonen von Objekten
- Objekt-Dereferenzierung
- Konstruktoren & Destruktoren
- Built-in Backtracing
- Verbesserte OO-Verhaltensweise
- Implizite Referenzierung von Objektinstanzen
- Optimierter Objektrückgabemechanismus
- Exception Handling
- Datenkapselung
- Namespaces/Nested Classes

Hier ein Beispiel zu den OOP-Erweiterungen, damit Sie sich ein Bild davon machen können:

```
<?php

// Schnittstelle
// Gewährleistet die Kommunikation zwischen Klassen
interface Wachstum {
```

```
  // Abstraktion einer Methode
  abstract public function altern();
}

// Abstraktion einer Klasse
abstract class Lebewesen implements Wachstum {
  // Eigenschaften schützen, so dass über ein
  // Objekt keine direkter Zugriff möglich ist!
  protected $alter = 0;
  protected $geschlecht;

  abstract public function altern();

  public final function getAlter() {
     return $this->alter;
  }
}

// Klasse Mensch wird durch die Superklasse
// Lebewesen erweitert (Vererbung)
class Mensch extends Lebewesen {
   protected static $vorfahre = "Affe";
   protected $name;

   // Konstruktor
   function __construct($name, $geschlecht) {
     $this->name = $name;
     $this->geschlecht = $geschlecht;
     $this->altern();
   }

   // Destruktor
   function __destruct() {
      echo "<br>...und so scheidet ".$this->name." dahin";
   }

   // Finale Methoden
   final function altern() {
     $this->alter++;
   }

   final function getName() {
     return $this->name;
   }

   function umbenennen($neuerName) {
     $this->name = $neuerName;
   }

   function geburtstagFeiern() {
      $this->altern();
```

```
      echo "tröööt";
    }

    // Statische Methoden
    public static final function neueEvolutionstheorie($neuerVorfahre) {
      Mensch::$vorfahre = $neuerVorfahre;
    }

    public static final function getVorfahre() {
      return Mensch::$vorfahre;
    }
}

// Klasse Deutscher erbt von Mensch
class Deutscher extends Mensch {
    function __construct($name, $geschlecht) {
      parent::__construct($name, $geschlecht);
    }

    function umbenennen($neuerName, $geduldsfaden=false) {
       $erfolg = $this->behoerdengang($geduldsfaden);
       if ($erfolg) $this->name = $neuerName;
   }

   // Private Methode
   private function behoerdengang($geduldsfaden) {
      try {
        if (!$geduldsfaden)
         throw new Exception("Umbennenung fehlgeschlagen!");
         return true;
      } catch (Exception $prop) {
         echo $prop->getMessage()."<br>";
         return false;
      }
   }
}


// Autor erzeugen (Objekt)
$autor = new Mensch("Matthias", "m");

// Auf die Methode getName() zugreifen
echo $autor->getName()."<br>";

// Autor umbenennen
$autor->umbenennen("Matze");

// Neuen Namen ausgeben
echo "Neuer Name: ".$autor->getName()."<br>";

// Folgende Codezeile erezeugt einen Fehler
```

```
// da die Eigenschaft geschützt ist!
// echo $autor->geschlecht;

// An das Alter gelangt man mit Hlfe der
// Funktion getAlter()
echo "Alter des Autors: " . $autor->getAlter() ."<br>";

// Stammt Autor vom Mensch ab?
if ($autor instanceof Mensch) {
 echo $autor->getName()." ist ein Mensch!<br>";
}

// Wer sind die Vorfahren der Menschen
echo "Der Mensch ist ein Nachfahre von ".Mensch::getVorfahre()."<br>";

// Neue Theorie
Mensch::neueEvolutionstheorie("Alien");

// Wer sind nun die Vorfahren der Menschen
echo "Der Mensch ist ein Nachfahre von ".Mensch::getVorfahre()."<br>";

// Autorin erzeugen (Objekt)
$autorin = new Deutscher("Caroline", "w");

// Die Methode behoerdengang ist über
// das Objekt nicht zu erreichen, da
// diese als private gekennzeichnet ist!
// $autorin->behoerdengang(true);

// Gibt den Ausnahmefall aus da das
// zweite Argument false ist (throw/catch).
$autorin->umbenennen("Caro", false);

?>
```

Ausgabe:

```
Matthias
Neuer Name: Matze
Alter des Autors: 1
Matze ist ein Mensch!
Der Mensch ist ein Nachfahre von Affe
Der Mensch ist ein Nachfahre von Alien
Umbennenung fehlgeschlagen!

...und so scheidet Caroline dahin
...und so scheidet Matze dahin
```

Hinweis: Um Sie in diesem Buch nicht noch mehr mit objektorientierter Programmierung und den Neuerungen der Zend Engine 2.0 zu bombardieren, verweisen wir auf das in Kürze erscheinende PHP 5 & OOP-Buch aus dem Franzis' Verlag.

5.2 Übersicht über Anpassungen und Erweiterungen

In diesem Abschnitt führen wir einige der Anpassungen und Erweiterungen in PHP 5 auf, so dass Sie sich möglichst schnell einen Überblick verschaffen können.

5.2.1 Vordefinierte Konstanten

Bei den vordefinierten Konstanten steht seit PHP 5 die Konstante `__METHOD__` zur Verfügung, mit deren Hilfe Sie den Namen einer Klassenmethode ermitteln können.

Beispiel:

```
<?php

class MeineKlasse {

      function ausgeben() {
            echo "Kalssenmethode von " . __METHOD__;
      }

}

$objekt = new MeineKlasse;
$objekt->ausgeben();

?>
```

Ausgabe:

```
Kalssenmethode von MeineKlasse::ausgeben
```

5.2.2 Einsatz von array_combine()

Diese Array-Funktion steht Ihnen zur Verfügung, um aus zwei Arrays eines zu erzeugen. Dabei wird eines der beiden Arrays für die Schlüssel verwendet und das andere Array für die Werte.

Syntax:

```
array_combine (keys, values)
```

Beispiel:

```
<pre>
<?php

$keys = array('Licht', 'Schlafzimmer', 'Tür');
$values = array('An', 'Zu', 'Offen');
$wohnung = array_combine($keys, $values);
```

```
print_r($wohnung);

?>
</pre>
```

Ausgabe:

```
Array
(
    [Licht] => An
    [Schlafzimmer] => Zu
    [Tür] => Offen
)
```

Sollte die Anzahl der Elemente der beiden Arrays nicht übereinstimmen, gibt `array_combine()` `false` zurück.

5.2.3 Einsatz von range()

Wie sie bereits in Kapitel 1 erfahren haben, wird die Funktion `range()` eingesetzt, um ein Array mit einem festgelegten Bereich von Elementen zu erzeugen. In PHP 5 wurde der dritte und optionale Parameter `step` eingeführt. Ist ein Wert für `step` angegeben, wird dieser schrittweite zwischen den Elementen in der Sequenz verwendet. Ist `step` nicht angegeben, wird automatisch der Wert 1 angenommen.

Syntax:

```
range (low,high [, step])
```

Beispiel:

```
<?php

foreach(range(0, 100, 10) as $number) {
    echo "$number -";
}

?>
```

Ausgabe:

```
0 -10 -20 -30 -40 -50 -60 -70 -80 -90 -100 -
```

Natürlich lässt sich dies auch bei Zeichenfolgen einsetzen.

Beispiel:

```
<?php

foreach(range("A", "Z", 5) as $buchstabe) {
    echo "$buchstabe - ";
}

?>
```

Ausgabe:

```
A - F - K - P - U - Z -
```

Hinweis: `step` sollte immer als positive Zahl angegeben werden.

5.2.4 Einsatz von microtime()

Mit Hilfe der Funktion sind Sie in der Lage, den aktuellen UNIX-Zeitstempel mit Mikrosekunden zu erhalten. Seit PHP 5 steht Ihnen für diese Funktion ein optionaler Parameter `get_as_float` zur Verfügung. Sollten Sie den Parameter mit `true (1)` setzen, gibt `microtime()` eine Fließkommazahl (float) zurück.

Syntax:

```
microtime ( [get_as_float])
```

Beispiel:

```
<?php

// PHP 4 ohne Parameter
function getmicrotime()
{
    list($usec, $sec) = explode(" ",microtime());
    return ((float)$usec + (float)$sec);
}

$time_start = getmicrotime();

for ($i=0; $i < 1000; $i++) {
    //mach nichts,1000 mal
}

$time_end = getmicrotime();
$time = $time_end - $time_start;

echo "Nichts getan in $time Sekunden<br>";


// PHP 5 mit Parameter
$time_start = microtime(1);

for ($i=0; $i < 1000; $i++) {
    //mach nichts,1000 mal
}

$time_end = microtime(1);
$time = $time_end - $time_start;
```

```
echo "Nichts getan in $time Sekunden<br>";

?>
```

Ausgabe:

```
Nichts getan in 0.00095582008361816 Sekunden
Nichts getan in 0.00088214874267578 Sekunden
```

5.2.5 Einsatz von scandir()

Die Funktion `scandir()` ermöglicht es Ihnen, sämtliche Dateien und Verzeichnisse eines Pfades aufzulisten. Dabei sorgt die Funktion dafür, dass die gefundenen Dateien und Verzeichnisse in Form eines Arrays zurückgegeben werden. Der optionale Parameter `sorting_order` ermöglicht es Ihnen, die Reihenfolge der Elemente im Array zu bestimmen, und zwar aufsteigend oder absteigend (1).

Syntax:

```
scandir ( directory [, sorting_order])
```

Beispiel:

```
<pre>
<?php

$verzeichnis    = '.';
$daten1 = scandir($verzeichnis);
$daten2 = scandir($verzeichnis, 1);

print_r($daten1);
print_r($daten2);

?>
</pre>
```

Ausgabe:

```
Array
(
    [0] => .
    [1] => ..
    [2] => test.php
    [3] => test2.txt
)
Array
(
    [1] => test2.txt
    [2] => test.php
    [3] => ..
    [4] => .
)
```

5.2.6 Einsatz von file_get_contents() und file_put_contents()

Die Funktion `file_get_contents()` wurde in PHP 4.3.0 eingeführt. Nun wurde auch `file_put_contents()` nachgereicht. Die Funktion `file_get_contents()` arbeitet ähnlich wie `file()`, nur mit dem Unterschied, dass der Inhalt einer Datei als Zeichenfolge ausgegeben wird und nicht in Form eines Arrays, wie es bei `file()` der Fall ist. Der Einsatz dieser neuen Funktion führt im Übrigen durch Memory Mapping zu einer deutlichen Performance-Verbesserung. Sie sollten diese einsetzen, wenn Ihr Betriebssystem dies zulässt.

Syntax:

```
file_get_contents (filename [, path [, context]])
```

Die Funktion `file_put_contents()` arbeitet vom Prinzip her wie die Kombination aus den Funktionen `fopen()`, `fwrite()` und `fclose()`. Die Funktion liefert nach einem erfolgreichen Speichervorgang die Datenmenge in Byte zurück.

Syntax:

```
file_put_contents (filename, data [, flags [, context]])
```

Beide Funktionen sind im Übrigen »binary safe«.

Beispiel:

```
<?php

// Auslesen
$inhalt = file_get_contents("info.txt");
echo "Daten: $inhalt<br>";

$inhalt .= "mehr anfügen\n";

// Schreiben
$menge = file_put_contents("info.txt",$inhalt);
echo "Datenmenge: $menge Bytes";

?>
```

Ausgabe:

```
Daten: Hier ein Text!
Datenmenge: 86 Bytes
```

5.2.7 Erweiterungs-Optimierungen

Zusätzlich wurden Optimierungen für folgende Erweiterungen vorgenommen:

- curl-Extension
- fam-Extension
- ftp-Extension

- iconv-Extension
- imap-Extension
- ibase-Extension
- dns-Extension
- proc-Extension
- stream-Extension
- yaz-Extension

Es handelt sich dabei um Erweiterungen für spezielle Aufgaben, daher verweisen wir an dieser Stelle auf die Online-Referenz (*www.php.net*).

5.3 MySQL und PHP 5

In PHP 5 ist MySQL weder standardmäßig aktiviert, noch ist die MySQL-Client-Bibliothek in PHP enthalten. Das begründet das PHP-Entwicklerteam mit der Verbreitung von MySQL. Es ist somit nicht mehr notwendig, in PHP MySQL einzubinden. Dafür haben Ihnen die Entwickler im Gegenzug eine optimierte MySQL-Erweiterung (*mysqli*) spendiert.

Hinweis: Die *mysqli*-Erweiterung ermöglicht Ihnen den Zugriff auf Funktionen von MySQL 4.1 und höher.

Installation

Um die mysqli-Erweiterung für PHP zu installieren, verwenden Sie die Option `--with-mysqli=mysql_config_path` wobei `mysql_config_path` auf das Verzeichnis des *mysql_config*-Programms verweist, welches bei MySQL-Versionen größer als 4.1 vorhanden ist. Darüber hinaus müssen Sie die Standard-MySQL-Erweiterung deaktivieren, die standardmäßig aktiviert ist. Dazu verwenden Sie die Option `--without-mysql`. Wenn Sie die Standard-MySQL-Erweiterung zusammen mit der verbesserten mysqli-Erweiterung installieren möchten, können Sie die mit PHP mitgelieferte und integrierte *libmysql*-Bibliothek nicht benutzen. Stattdessen müssen Sie Client-Bibliotheken verwenden, welche bei MySQL-Version 4.1 installiert werden. Damit zwingen Sie PHP, diese Client-Bibliotheken zu benutzen, und vermeiden so Konflikte.

Hinweis: Da die Auflistung sämtlicher *mysqli*-Funktionen den Rahmen des Buchs sprengen würde, verweisen wir Sie an dieser Stelle auf die Online-Referenz: *www.php.net.*

Achtung: Die *mysqli*-Erweiterung befindet sich immer noch im Experimentierstadium und sollte lediglich zu Testzwecken eingesetzt werden.

6 PHP&MySQL-Anwendungen

In diesem Kapitel stellen wir Ihnen einige nützliche PHP&MySQL-Anwendungen vor. Sehen Sie diesen Teil des Buchs als eine Art Ideenpool an, den Sie durch Ihre eigene Kreativität anpassen und ausbauen können.

Hinweis: Sollten Sie sich mit MySQL noch nicht auseinander gesetzt haben finden Sie auf der Buch-CD das PDF-Dokument MySQL_Datenbankprogrammierung.pdf, welches sich mit den wesentlichen Bestandteilen der MySQL-Datenbank und dem Einsatz via PHP befasst.

6.1 Useronline via MySQL

Wir hatten Ihnen bereits in Kapitel 3 einen »Useronline«-Counter vorgestellt. Ein ähnliches Prinzip lässt sich für die datenbankgestützte Lösung verwenden. Auch in diesem Fall müssen wir eine IP-Zeitsperre nutzen, um zu ermitteln, wie viele Besucher sich tatsächlich auf der jeweiligen Seite befinden.

Die folgende Umsetzung basiert auf zwei wesentlichen Skripts:

- *config.inc.php* – In diesem Skript befinden sich die wesentlichen Zugriffsdaten und der Verbindungsaufbau zur MySQL-Datenbank. Sie werden diese Datei in sämtlichen PHP&MySQL-Anwendungen aus dem Buch vorfinden.
- *useron.php* – In diesem Skript befinden sich die benötigten MySQL-Zugriffe, die mit Hilfe von SQL-Befehlen realisiert werden, so dass die Besucher der Seite erfasst werden können. Die Verbindung zur MySQL-Datenbank wird durch die *config.inc.php* sichergestellt.

Zusätzlich wurde folgender Ordner angelegt:

- *css* – Enthält die CSS-Datei (main.css), welche für die Layout-Formatierung des Useronline-Counters zuständig ist.

Sie benötigen zum Betreiben des Useronline-Counters folgende MySQL-Datenbanktabelle:

```
CREATE TABLE usertab (
  kid int(11) NOT NULL auto_increment,
  id char(255) default NULL,
  ip char(255) default NULL,
  name char(255) default NULL,
  zeitid char(255) default NULL,
  PRIMARY KEY  (kid)
)
```

Hinweis: Die Tabellenstruktur finden Sie auch auf der beiliegenden Buch-CD. Sie können die benötigte Tabelle mit Hilfe von phpMyAdmin anlegen.

1. config.inc.php

```
<?php

//Zugangsdaten
//Name (IP-Adr.) des Rechners mit MySQL
$dbserver = "localhost";
//Benutzername für den MySQL-Zugang
$nutzer = "";
//Passwort
$passwort = "";
//Name der Datenbank
$dbname = "praxisbuch";

$db_fehler1 = "
<html>
<head>
<title>Online-User</title>
<link rel='stylesheet' href='css/main.css' type='text/css'>
</head>
<body bgcolor='#FFFFFF' text='#000000'>
<table width='300' align='center'>
  <tr>
    <td align='center' class='latestnews' colspan='3'>- FEHLER - <br>
         <p>Die Datenbank sind zurzeit nicht abrufbar.</p>
      Versuchen Sie es bitte später nochmal!<br>
         </td>
  </tr>
</table>
</body>
</html>
";

$db_fehler2 = "
<html>
<head>
<title>Online-User</title>
<link rel='stylesheet' href='css/main.css' type='text/css'>
</head>
<body bgcolor='#FFFFFF' text='#000000'>
<table width='300' align='center'>
  <tr>
    <td align='center' class='latestnews' colspan='3'>- FEHLER - <br>
         <p>Die Daten sind zurzeit nicht abrufbar.</p>
      Versuchen Sie es bitte später nochmal!<br>
         </td>
  </tr>
</table>
</body>
</html>
```

```
";

//Verbindung aufbauen
@$db = mysql_connect($dbserver,$nutzer,$passwort) OR die($db_fehler1);

//Datenbank als Standard definieren
@mysql_select_db($dbname,$db) OR die($db_fehler2);

?>
```

Wie Sie sehen, wurden im Skript auch Ausnahmefälle berücksichtigt, schließlich sollte unsere Anwendung auch in der Lage sein, entsprechend zu reagieren, wenn der Datenbankserver oder die Datenbank selbst nicht erreichbar ist. Die HTML-Formatierung für die jeweiligen Fehlermeldungen können Sie natürlich an Ihre eigenen Bedürfnisse anpassen.

Bild 6.1: Useronline-Counter im Einsatz

2. useron.php

```
<html>
<head>
<title>Online-User</title>
<link rel='stylesheet' type='text/css' href='css/main.css'>
</head>
<body>
<?

require("config.inc.php");

// Onlineuser Tabelle
$logtab = "usertab";
// Zeitlimit in Sekunden
$zeitlimit = "600";
// Zeit und Datum
$aktzeit=date("d-m-Y H:i");

$zeit = explode( " ", microtime());
$userusek = (double)$zeit[0];
$usersek = (double)$zeit[1];
```

```
$User_Id = $usersek + $userusek;
$IP = getenv(REMOTE_ADDR);

// Onlineuser entfernen, sobald das Zeitlimit
// überschritten wurde
mysql_query("delete from $logtab where zeitid < $usersek -$zeitlimit");

// IP-Adresse prüfen
$satz = mysql_query("SELECT * FROM $logtab where ip like '$IP'");
@$userlog = mysql_fetch_row($satz);

// Neuen Onlineuser hinzufügen fals IP-Adresse
// noch nicht in der logtab vorhanden
if ($userlog == false) {
 mysql_query("insert INTO $logtab (id,ip,name,zeitid)
 VALUES('$User_Id','$IP','$_SERVER[HTTP_HOST]','$usersek')") or
die($db_fehler2);
}

// Anzahl der Onlineuser ermitteln
$res_logtab = mysql_query("SELECT Count(*) as gesamt FROM $logtab");
$numberlogtab = mysql_fetch_array($res_logtab);

// Anzahl der Online-User ausgeben
if (!empty($numberlogtab[gesamt])){
 echo "<font face='Verdana, Arial' size='-2'>
 [ $numberlogtab[gesamt] User online ]<br>[ $aktzeit ]</font>";
}

?>
</body>
</html>
```

Die Funktion `require()` sorgt für die Verknüpfung zu den benötigten Zugriffsdaten, diese Art der Verbindung sollten Sie vorzugsweise nutzen. Die Angabe von Datum und Uhrzeit ist eher optional.

6.2 Bannerabfrage via MySQL

Ein verhasstes, aber dennoch äußerst wichtiges Thema stellt die Bannerabfrage bzw. Rotation dar. Im folgenden Beispiel soll zusätzlich die Gewichtung einzelner Banner berücksichtigt werden. Schließlich ist es sinnvoll, die Banner darzustellen, die einen wesentlich größeren Zuspruch bei der Zielgruppe erreicht als andere.

Auch bei dieser Umsetzung führen zwei Skripts zum Erfolg:

- *config.inc.php* – In diesem Skript befinden sich die wesentlichen Zugriffsdaten und der Verbindungsaufbau zur MySQL-Datenbank. Diese Datei haben Sie bereits im Abschnitt »Useronline via MySQL« kennen gelernt.

- *banner.php* – In diesem Skript befinden sich die benötigten MySQL-Zugriffe und der benötigte Zufallszahlengenerator zur Darstellung der Banner. Die Verbindung zur MySQL-Datenbank wird auch in diesem Fall durch die *config.inc.php* sichergestellt.

Zusätzlich wurde folgender Ordner angelegt:

- *bilder* – Enthält die Grafikdateien, die die jeweiligen Banner enthalten.

Sie benötigen zum Betreiben der Bannerabfrage folgende MySQL-Datenbanktabelle:

```
CREATE TABLE banner (
  id int(10) unsigned NOT NULL auto_increment,
  bannertags varchar(200) NOT NULL default '',
  bannerurl varchar(200) NOT NULL default '',
  gewicht tinyint(3) unsigned NOT NULL default '0',
  name varchar(40) NOT NULL default '',
  PRIMARY KEY  (id),
  KEY gewicht (gewicht)
)
```

und folgende Datensätze, um die Bannerabfrage im Einsatz zu sehen:

```
INSERT INTO banner VALUES (1, 'bilder/linkplogo.gif',
'http://www.selfas.de', 1, 'Banner1');
INSERT INTO banner VALUES (2, 'bilder/gbuchlogo.gif',
'http://www.atomicscript.de', 2, 'Banner2');
INSERT INTO banner VALUES (3, 'bilder/webbloglogo.gif',
'http://www.flashstar.de', 3, 'Banner3');
INSERT INTO banner VALUES (4, 'bilder/callpizzalogo.gif',
'http://www.actionscript-praxis.de', 1, 'Banner4');
```

Bild 6.2: Bannerabfrage im Einsatz

Banner.php

```
<?

//Verbindung zur Datenbank herstellen
require("config.inc.php");

//Gewichtung festlegen
$zufall = rand (1, 3);

//Mögliche Banner auslesen. Dieses sind in
//der Regel mehrere!!
$satz = "SELECT * FROM banner WHERE gewicht <= '$zufall' ";
$sqlbanner =  mysql_query($satz) or die ($db_fehler2);
$anzahlbanner =  mysql_num_rows($sqlbanner);

//Aus der so eben erzeugten Liste genau eine
//zufällige BannerID bestimmen
if($anzahlbanner == 1) {
    $show_bannerid = 0;
} else {
    $show_bannerid =  rand(0,$anzahlbanner-1);
}

//Bannertag aus der Datenbank ausgeben
mysql_data_seek($sqlbanner,$show_bannerid);
$banner =  mysql_fetch_array($sqlbanner);

//Ausgabe des Banners
echo "
<a href='$banner[bannerurl]' target='_blank'>
<img src='$banner[bannertags]' alt='$banner[name]-$banner[id]' border='0'>
</a>";

?>
```

Mit Hilfe der Tabellenspalte `gewicht` und der ermittelten Zufallszahl `$zufall` wird die Gewichtung der einzelnen Banner festgelegt. Die Werte reichen von 1 bis 3, wobei der Wert 1 die höchste und 3 die geringste Priorität symbolisiert.

> **Hinweis:** Dies stellt eine einfache Form der Gewichtung dar, die sich nicht nur für Bannerabfragen eignet.

6.3 Umfrage via MySQL

Wir haben Ihnen bereits im Kapitel 3 aufgezeigt, wie Sie mit Hilfe von PHP und einer Textdatei eine Umfrage erstellen können. Die auf MySQL basierende Lösung lehnt sich an diese an. Sie wurde jedoch um zusätzliche Funktionen erweitert:

- Anlegen von Umfragen
- Löschen von Umfragen
- Auswahl vorhandener Umfragen
- Darstellung der Umfrageergebnisse
- Regulierung der Stimmabgabe

Die Anwendung ist in einen administrativen und einen öffentlichen Bereich unterteilt und setzt sich aus zwei Datenbanktabellen zusammen, welche in einer `1:n`-Beziehung zueinander stehen.

Initialisierungsdateien

- *config.inc.php* – In diesem Skript befinden sich die wesentlichen Zugriffsdaten und der Verbindungsaufbau zur MySQL-Datenbank.
- *install.php* – Mit Hilfe dieses Skripts sind Sie in der Lage, die benötigten Datenbanktabellen für die Umfrage-Anwendung festzulegen. Sie müssen das Skript lediglich im Browser aufrufen. Achten Sie darauf, das Skript anschließend vom Server zu entfernen.

Datenbanktabellen

```
CREATE TABLE umfrage (
  uid int(11) NOT NULL auto_increment,
  thema varchar(200) NOT NULL default '',
  PRIMARY KEY  (uid)
)
```

Datensatz für die *umfrage*-Tabelle:

```
INSERT INTO umfrage VALUES (1, 'Website des Jahres?');
```

```
CREATE TABLE umfragedaten (
  sid int(11) NOT NULL default '0',
  inhalt varchar(100) NOT NULL default '',
  stimmen int(11) NOT NULL default '0'
)
```

Datensätze für die *umfragedaten*-Tabelle:

```
INSERT INTO umfragedaten VALUES (1, 'Flashangel', 5);
INSERT INTO umfragedaten VALUES (1, 'Flashstar', 1);
INSERT INTO umfragedaten VALUES (1, 'Flashpower', 2);
```

Administrationsdateien:

- *umfrageadmin.htm* – In dieser Datei befindet sich die Eingabemaske (Formular) zur Erzeugung einer Umfrage. Die Daten werden an das Skript *erzeugeumfrage.php* weitergeleitet.
- *erzeugeumfrage.php* – Mit diesem Skript wird dafür gesorgt, dass die Umfrage-Datensätze sowohl in der *umfrage*-Tabelle als auch der *umfragedaten*-Tabelle erzeugt

werden. Die Verbindung der beiden Tabellen untereinander wird durch die Primärschlüssel `uid` und `sid` hergestellt.

- *umfrageloeschen.php* – Mit diesem Skript wird dafür gesorgt, dass die angelegten Datensätze einer Umfrage sowohl aus der *umfrage*-Tabelle als auch der *umfragedaten*-Tabelle entfernt werden, ohne andere Umfragen innerhalb der jeweiligen Tabellen negativ zu beeinflussen oder gar unbeabsichtigt mit zu entfernen.

Hinweis: Sowohl *umfrageadmin.htm* als auch *umfrageloeschen.php* lassen sich lediglich mit Hilfe von Administrator-Zugangsdaten ausführen. Diese sind in der *config.inc.php* festgelegt.

Die eigentliche Umfrage setzt sich aus folgenden Dateien zusammen:

- *umfrageauswahl.php* – Mit diesem Skript werden sämtliche in der *umfrage*-Tabelle enthaltenen Umfragen erfasst und dem Besucher zur Verfügung gestellt. Die Auswahl verweist dabei auf die *umfrage.php*.
- *umfrage.php* – Mit diesem Skript ist der Besucher in der Lage, seine Stimme abzugeben. Mit Hilfe eines Cookies wird darauf geachtet, dass für jede zur Verfügung stehende Umfrage lediglich eine Stimme abgegeben werden kann.
- *ergebnis.php* – Mit diesem Skript ist der Besucher in der Lage, sich die aktuellen Umfrageergebnisse zu betrachten.

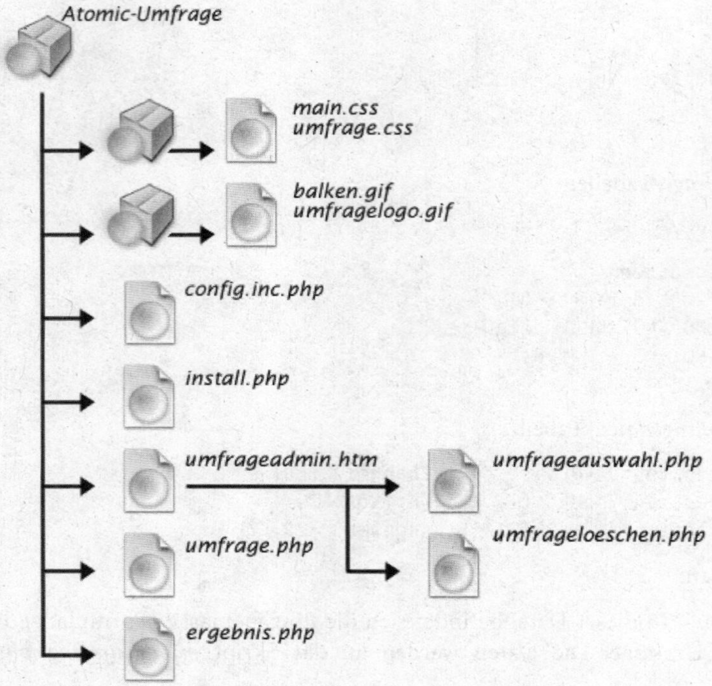

Bild 6.3: Umfrage-Struktur

Da sich die Skripts *umfrage.php* und *ergbnis.php* von Ihrem Aufbau her kaum von denen aus Kapitel 3 unterscheiden, werden im folgenden lediglich die Skripts für die Administration der Umfrage vorgestellt.

1. umfrageadmin.htm

```
<html>
<head>
<title>Umfrage - Administration</title>
<link rel='stylesheet' type='text/css' href='css/umfrage.css'>
</head>
<body>
<img src='bild/umfragelogo.gif' width='506' height='62'><br>
<h3>Atomic-Umfrage [Administration]</h3>
<form method="post" action="erzeugeumfrage.php">
  <p>Thema:
    <input type="text" name="uthema" maxlength="100" size="30">
  </p>
  <p>1. Auswahl:
    <input type="text" name="uinhalt1" maxlength="100" size="30">
    <br>
    2. Auswahl:
    <input type="text" name="uinhalt2" maxlength="100" size="30">
    <br>
    3. Auswahl:
    <input type="text" name="uinhalt3" maxlength="100" size="30">
    <br>
    4. Auswahl:
    <input type="text" name="uinhalt4" maxlength="100" size="30">
    <br>
    5. Auswahl:
    <input type="text" name="uinhalt5" maxlength="100" size="30">
    <br>
    6. Auswahl:
    <input type="text" name="uinhalt6" maxlength="100" size="30">
    <br>
    7. Auswahl:
    <input type="text" name="uinhalt7" maxlength="100" size="30">
    <br>
    8. Auswahl:
    <input type="text" name="uinhalt8" maxlength="100" size="30">
  </p>
  <p>Adminstrator:
    <input type="text" name="fadmin" size="20" maxlength="40">
    Passwort:
    <input type="password" name="fpwd" size="20" maxlength="40">
  </p>
  <p>
    <input type="submit" name="anlegen" value="Umfrage Anlegen">
     <input type="reset" name="Löschen" value="Reset">
```

```
  </p>
</form>
<p>
[ <a href="umfrageauswahl.php">Zur Umfrageauswahl</a> ] -
[ <a href="umfrageloeschen.php">Umfrage Entfernen</a> ]</p>
</body>
</html>
```

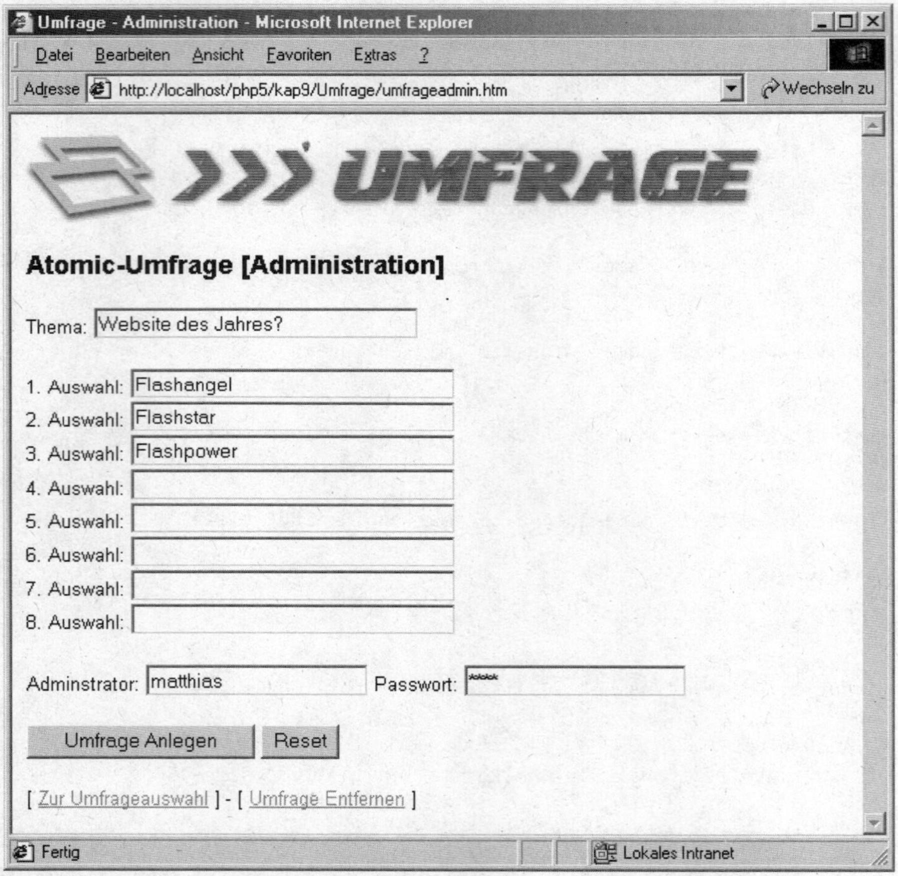

Bild 6.4: Neue Umfrage erzeugen

2. erzeugeumfrage.php

```
<html>
<head>
<title>Umfrage - Erzeugt</title>
<link rel='stylesheet' type='text/css' href='css/umfrage.css'>
</head>
<body>
<img src='bild/umfragelogo.gif' width='506' height='62'><br>
```

```
<h3>Atomic-Umfrage [Administration]</h3>
<?php

require ("config.inc.php");

if (isset($_POST['anlegen']) && $_POST['fadmin'] == $admin &&
$_POST['fpwd'] == $pwd) {

foreach($_POST as $key=>$element) {
       if (!empty($element) && $key == "uthema") {
               if (mysql_query("INSERT INTO umfrage VALUES ('',
'$element')")) {
               $satz = mysql_query("SELECT uid FROM umfrage ORDER BY uid
DESC LIMIT 0,1");
               $row = mysql_fetch_object($satz);
               }
       }
       if (!empty($element) && $key != "uthema" && $key != "anlegen" &&
$key != "fadmin" && $key != "fpwd") {
               mysql_query("INSERT INTO umfragedaten VALUES ('$row->uid',
'$element',0)");
               $anzahl++;
       }
}

echo"<table width='300'>
  <tr>
    <td align='center' colspan='3'>- UMFRAGE ERZEUGT - <br>
      Die Umfrage $uthema wurde erzeugt.<br>
        </td>
  </tr>
</table>";

} else {
       echo"<table width='300'>
  <tr>
    <td align='center' colspan='3'>- FEHLER - <br>
      Umfrage konnte nicht erzeugt werden.<br>
      Versuchen Sie es bitte erneut!<br>
         <a href='javascript:history.back()'>Zur&uuml;ck</a></td>
  </tr>
</table>";
}

?>
<p>
[ <a href="umfrageauswahl.php">Zur Umfrageauswahl</a> ] -
[ <a href="umfrageadmin.htm">Zur Umfrage-Administration</a> ]</p>
</body>
</html>
```

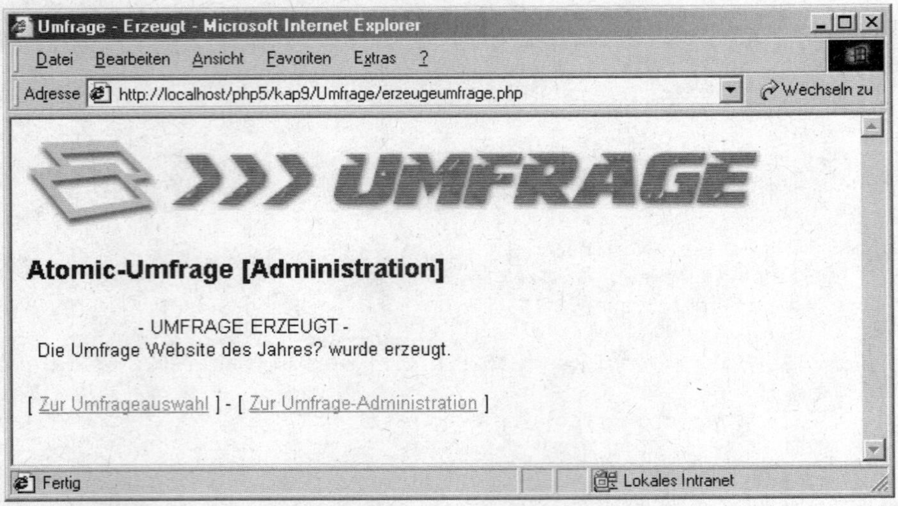

Bild 6.5: Umfrage wurde erzeugt

3. umfrageloeschen.php

```
<html>
<head>
<title>Atomic-Umfrage [Löschen]</title>
<link rel='stylesheet' type='text/css' href='css/umfrage.css'>
<link rel='stylesheet' type='text/css' href='css/main.css'>
</head>
<body>
<img src='bild/umfragelogo.gif' width='506' height='62'><br>
<h3>Umfrage - Löschen</h3>
<form method='post' action='<?php echo $PHP_SELF; ?>'>
<p>
<?php

require ("config.inc.php");

if (isset($_POST[umfrageloeschen]) && !empty($ergebnis) &&
$_POST['fadmin'] == $admin && $_POST['fpwd'] == $pwd) {

$tab_umfrage = "DELETE FROM umfrage WHERE uid=$ergebnis";
$tab_daten = "DELETE FROM umfragedaten WHERE sid=$ergebnis";

if (mysql_query($tab_umfrage) && mysql_query($tab_daten)) {
       echo "Umfrage wurder erfolgreich entfernt!<p>\n";
       unset($ergebnis);
}

} else {
```

```
      echo "Bitte wählen Sie...<br>Hinweis: Adminname und Passwort sind
erforderlich!<p>\n";
}

$satz = mysql_query("SELECT * FROM umfrage");

echo "<table width='300'>
  <tr align='left'>
    <td class='latestnews' colspan='2'> Umfragen</td>
  </tr>";

while ($row = mysql_fetch_array($satz)) {
extract($row);
echo "
  <tr>
    <td colspan='2' class='autor'>
      <table width='100%' border='0' cellspacing='2' cellpadding='2'>
        <tr>
          <td class='autorblack' width='280'>$thema</td>
          <td class='autor' width='20'><input type='radio' name='ergebnis'
value='$uid'></td>
        </tr>
      </table>
    </td>
  </tr>";

}

echo "</table>";

?>
</p>
<p>Adminstrator:
    <input type="text" name="fadmin" size="20" maxlength="40">
    Passwort:
    <input type="password" name="fpwd" size="20" maxlength="40">
</p>
<input type='submit' name='umfrageloeschen' value='Umfrage Entfernen'>
</form>
<p>
[ <a href="umfrageauswahl.php">Zur Umfrageauswahl</a> ] -
[ <a href="umfrageadmin.htm">Zur Umfrage-Administration</a> ]
</p>
</body>
</html>
```

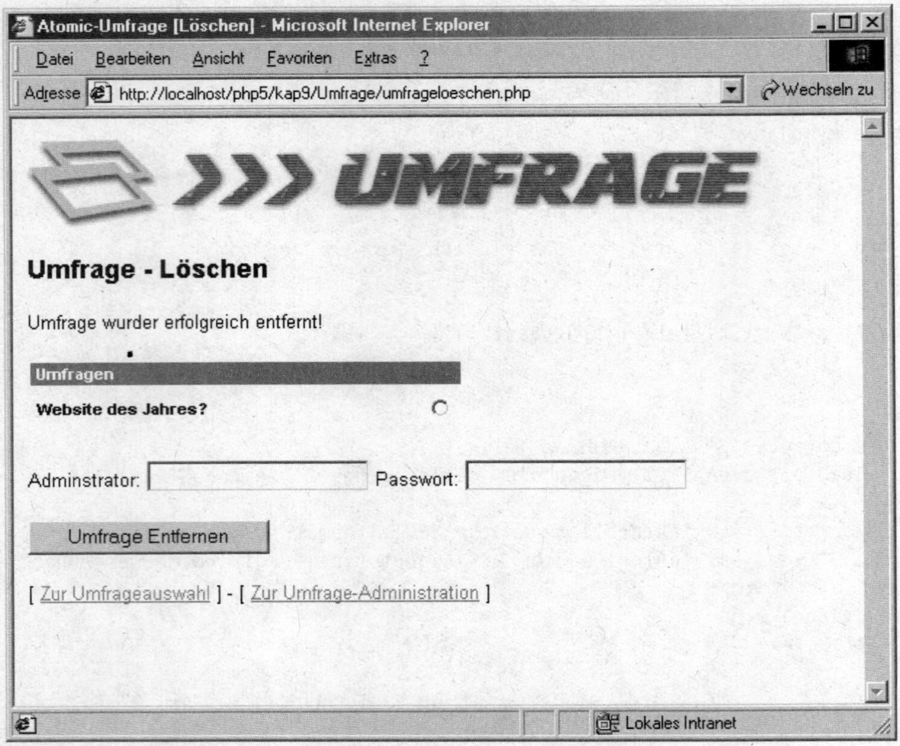

Bild 6.6: Umfrage entfernen

Dem Besucher stellt sich die Webanwendung wie folgt dar.

Hinweis: Die vollständige Anwendung finden Sie auf der Buch-CD.

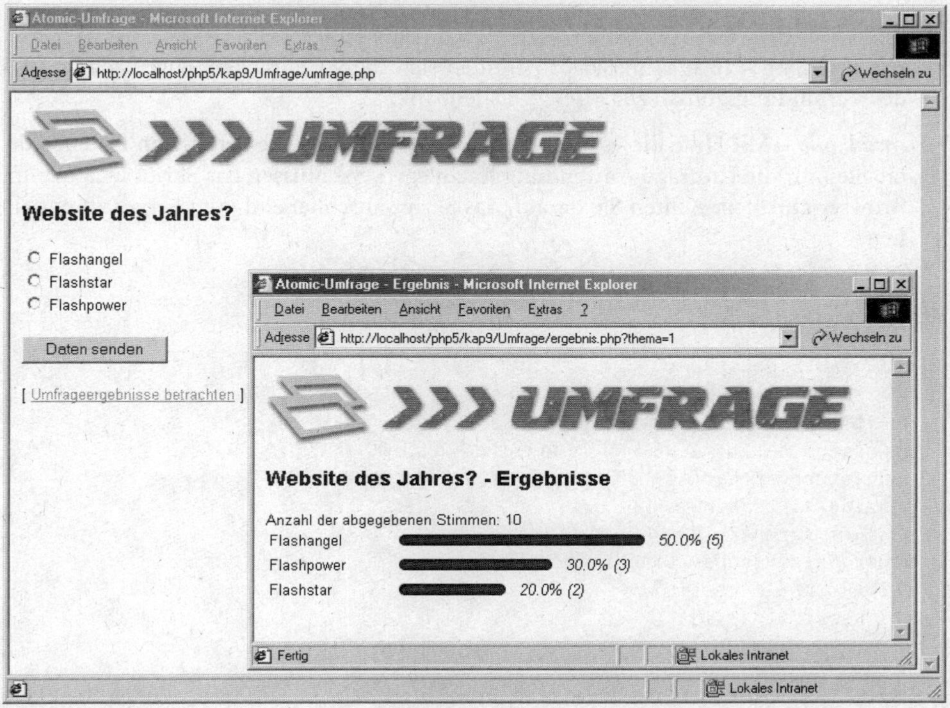

Bild 6.7: Umfrage und Umfrageergebnis

6.4 Newsportal via MySQL – MiniCMS

Abschließend wollen wir Ihnen noch ein Newsportal vorstellen, das Ihnen als Grundlage für die Umsetzung von Content-Management-Systemen (CMS) dienen kann. Das Newsportal setzt sich aus einem administrativen und einem öffentlichen Bereich zusammen. Insgesamt werden zwei Datenbanktabellen (*newstab* und *newskomm*) benötigt. Bei den Tabellen liegt eine 1:n-Beziehung vor, einer Nachricht der *newstab*-Tabelle können beliebig viele Kommentare der *newskomm*-Tabelle zugewiesen sein.

Die Funktionalität des CMS umfasst folgende Optionen:

- Anzeigen von Nachrichten
- Hinzufügen von Nachrichten
- Bearbeiten von Nachrichten
- Entfernen von Nachrichten
- Entfernen von Kommentaren
- Nachrichtenübersicht
- Seitennavigation

Initialisierungsdateien

- *config.inc.php* – In diesem Skript befinden sich die wesentlichen Zugriffsdaten und der Verbindungsaufbau zur MySQL-Datenbank.
- *install.php* – Mit Hilfe dieses Skripts sind Sie in der Lage, die benötigten Datenbanktabellen für die Umfrage-Anwendung festzulegen. Sie müssen das Skript lediglich im Browser aufrufen. Achten Sie darauf, das Skript anschließend vom Server zu entfernen.

Datenbanktabellen

```
CREATE TABLE newstab (
  newsid int(11) NOT NULL auto_increment,
  newstitel varchar(100) NOT NULL default '',
  newsdatum datetime NOT NULL default '0000-00-00 00:00:00',
  newsautor varchar(40) NOT NULL default '',
  newsinhalt text NOT NULL,
  newsurl varchar(100) NOT NULL default '',
  newsrubrik varchar(40) NOT NULL default '',
  PRIMARY KEY  (newsid),
  KEY newsid (newsid)
)
```

```
CREATE TABLE newskomm (
  kid int(11) NOT NULL auto_increment,
  kombetreff varchar(80) NOT NULL default '',
  komdatum datetime NOT NULL default '0000-00-00 00:00:00',
  komname varchar(40) NOT NULL default '',
  komemail varchar(80) NOT NULL default '',
  komhome varchar(100) NOT NULL default '',
  kominhalt text NOT NULL,
  knewsid int(11) NOT NULL default '0',
  PRIMARY KEY  (kid),
  KEY kid (kid)
)
```

Auch in diesem Fall stellt der administrative Bereich den interessantesten Teil der Anwendung dar. Er wird im folgenden Abschnitt vorgestellt.

Administrationsdateien:

- *newsadmin.htm* – In dieser Seite befindet sich die Eingabemaske (Formular), mit deren Hilfe die Nachrichten erzeugt werden können. Die Seite ist mit dem Skript *erzeugenews.php* verknüpft.
- *navigator.html* – Diese Seite wird in sämtlichen Seiten via `include()`-Anweisung eingebunden, um die Navigation innerhalb des administrativen Bereichs zu erleichtern.
- *erzeugenews.php* – Mit diesem Skript werden die Nachrichten innerhalb der *newstab*-Tabelle angelegt.

- *newsauswahl.php* – Mit diesem Skript werden die zu bearbeitenden Nachrichten ausgewählt und die Daten an das Skript *newsbearbeiten.php* weitergeleitet.
- *newsbearbeiten.php* – In diesem Skript befindet sich das Bearbeitungsformular. Die bearbeiteten Daten werden anschließend an das Skript *newsupdate.php* weitergeleitet.
- *newsupdate.php* – Mit diesem Skript werden die bearbeiteten Daten in der *newstab*-Tabelle aktualisiert.
- *newsloeschen.php* – Mit diesem Skript sind Sie in der Lage, vorhandene Nachrichten zu entfernen.
- *kommloeschen.php* – Mit diesem Skript sind Sie in der Lage, vorhandene Kommentare zu entfernen.

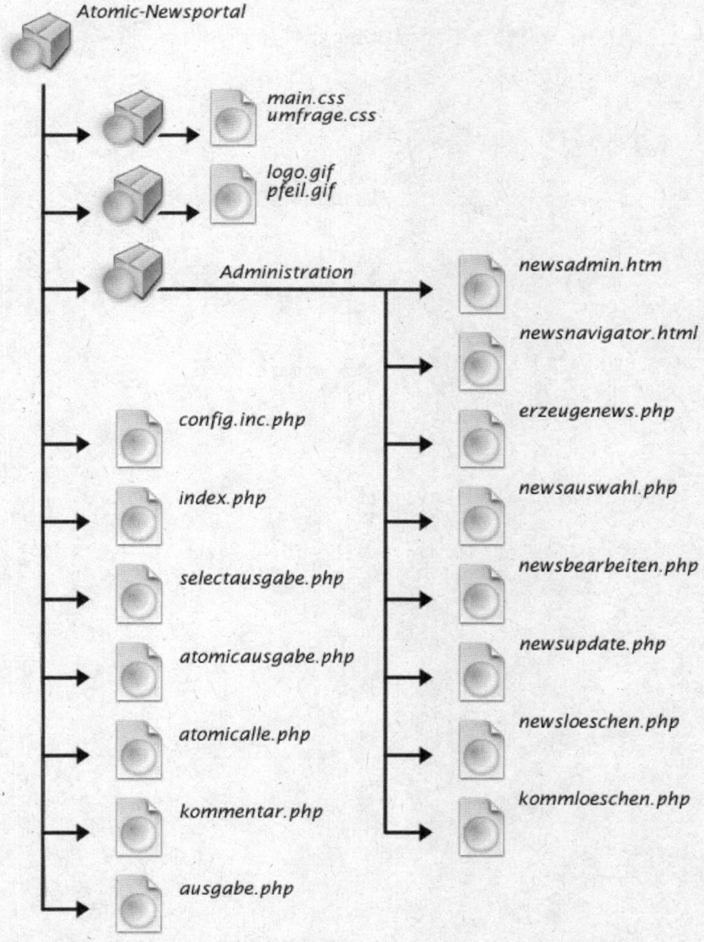

Bild 6.8: Newsportal-Struktur

1. newsadmin.htm

```
<html>
<head>
<title>Newsportal - Administration</title>
<link rel='stylesheet' type='text/css' href='../css/umfrage.css'>
<link rel='stylesheet' type='text/css' href='../css/main.css'>
</head>
<body>
<div><img src='../bilder/logo.gif' width='656' height='42'></div><p>
<h3>Newsportal [Administration]</h3>
<form method='post' action='erzeugenews.php'>
  <table width='500' border='0' cellspacing='2' cellpadding='2'>
    <tr>
      <td width='95' valign='top'>Newstitel:</td>
      <td width='391'>
        <input type='text' name='ntitel' maxlength='100' size='30'>
      </td>
    </tr>
    <tr>
      <td width='95' valign='top'>Newsautor: </td>
      <td width='391'>
        <input type='text' name='nautor' maxlength='40' size='30'>
      </td>
    </tr>
    <tr>
      <td width='95' valign='top'>Newsinhalt:</td>
      <td width='391'>
        <textarea name='ninhalt' cols='30' rows='5'
wrap='PHYSICAL'></textarea>
      </td>
    </tr>
    <tr>
      <td width='95' valign='top'>Newsurl: </td>
      <td width='391'>
        <input type='text' name='nurl' maxlength='100' size='30'
value='http://'>
      </td>
    </tr>
    <tr>
      <td width='95' valign='top'>Newsrubrik: </td>
      <td width='391'>
        <input type='text' name='nrubrik' maxlength='40' size='30'>
      </td>
    </tr>
    <tr>
      <td width='95' valign='top'> </td>
      <td width='391'> </td>
    </tr>
  </table>
  <p class='blocksatz'>Adminstrator:
    <input type='text' name='fadmin' size='20' maxlength='40'>
    Passwort:
    <input type='password' name='fpwd' size='20' maxlength='40'>
```

```
  </p>
  <p>
    <input type='submit' name='anlegen' value='News Anlegen'>
     <input type='reset' name='Löschen' value='Reset'>
  </p>
</form>
<table width='600'>
  <tr align='left'>
    <td class='latestnews' colspan='2'>Admin-Navigator</td>
  </tr>
  <tr>
    <td colspan='2' class='autor'>
      <table width='100%' border='0' cellspacing='2' cellpadding='2'>
        <tr>
          <td><a href='../index.php' target=_blank
class="autorblack">Newsportal</a></td>
          <td><a href='newsadmin.htm' class="autorblack">News -
Hinzufügen</a></td>
          <td><a href='kommloeschen.php' class="autorblack">Kommentare -
Löschen</a></td>
          <td><a href='newsauswahl.php' class="autorblack">News -
Bearbeiten</a></td>
          <td><a href='newsloeschen.php' class="autorblack">News -
Löschen</a></td>
        </tr>
      </table>
    </td>
  </tr>
  <tr>
    <td colspan='2' class='latestnews'> </td>
  </tr>
</table>
</body>
</html>
```

1.1 navigator.html

```
<table width='600'>
  <tr align='left'>
    <td class='latestnews' colspan='2'>Admin-Navigator</td>
  </tr>
  <tr>
    <td colspan='2' class='autor'>
      <table width='100%' border='0' cellspacing='2' cellpadding='2'>
        <tr>
          <td><a href='../index.php' target=_blank
class="autorblack">Newsportal</a></td>
          <td><a href='newsadmin.htm' class="autorblack">News -
Hinzufügen</a></td>
          <td><a href='kommloeschen.php' class="autorblack">Kommentare -
Löschen</a></td>
          <td><a href='newsauswahl.php' class="autorblack">News -
Bearbeiten</a></td>
```

```
        <td><a href='newsloeschen.php' class="autorblack">News -
Löschen</a></td>
       </tr>
      </table>
    </td>
  </tr>
  <tr>
    <td colspan='2' class='latestnews'> </td>
  </tr>
</table>
```

1.2 erzeugenews.php

```
<html>
<head>
<title>News - Erzeugt</title>
<link rel='stylesheet' type='text/css' href='../css/umfrage.css'>
<link rel='stylesheet' type='text/css' href='../css/main.css'>
</head>
<body>
<div><img src="../bilder/logo.gif" width="656" height="42"></div><p>
<h3>Atomic-News [Administration]</h3>
<?php

require ("../config.inc.php");

if (isset($_POST['anlegen']) && $_POST['fadmin'] == $admin &&
$_POST['fpwd'] == $pwd) {

//Schreibarbeit durch Umwandlung ersparen
foreach ($_POST as $key=>$element) {
       //Eingaben Filtern
       ${"f_".$key} = $element;
}

$f_ndatum=date("Y-m-d H:i:s");

mysql_query("INSERT INTO $dbtabelle
VALUES('','$f_ntitel','$f_ndatum','$f_nautor','$f_ninhalt','$f_nurl','$f_n
rubrik')");


echo"<table width='300'>
  <tr>
    <td align='center' colspan='3'>- NEWS ERZEUGT - <br>
      Die NEWS $f_ntitel wurde erzeugt.<br>
        </td>
  </tr>
</table>";

} else {
       echo"<table width='300'>
  <tr>
```

```
    <td align='center' colspan='3'>- FEHLER - <br>
      Umfrage konnte nicht erzeugt werden.<br>
      Versuchen Sie es bitte erneut!<br>
         <a href='javascript:history.back()'>Zur&uuml;ck</a></td>
  </tr>
</table>";
}

include("navigator.html");

?>

</body>
</html>
```

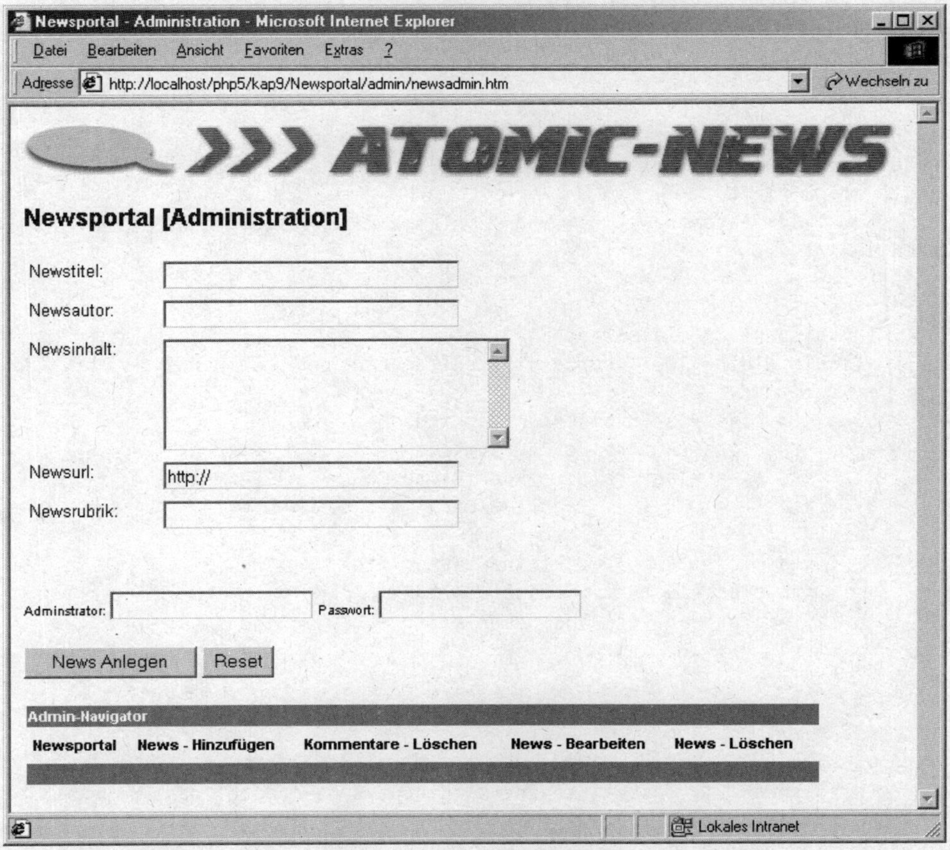

Bild 6.9: Newsportal-Administration – Nachrichten-Eingabemaske

2. newsauswahl.php

```
<html>
<head>
<title>News Auswahl</title>
<link rel='stylesheet' type='text/css' href='../css/umfrage.css'>
<link rel='stylesheet' type='text/css' href='../css/main.css'>
</head>
<body>
<div><img src="../bilder/logo.gif" width="656" height="42"></div><p>
<h3>News - Auswahl (Bearbeitung)</h3>
<form method='post' action='newsbearbeiten.php'>
<?php

require ("../config.inc.php");

$satz = mysql_query("SELECT * FROM $dbtabelle ORDER BY newstitel");

while ($row = mysql_fetch_array($satz)) {
extract($row);
echo "<table width='600'>
  <tr align='left'>
    <td class='latestnews' colspan='2'>Thema: $newstitel [News-ID:
$newsid]</td>
  </tr>
  <tr>
    <td colspan='2' class='autor'>
      <table width='100%' border='0' cellspacing='2' cellpadding='2'>
        <tr>
          <td class='autorblack'>Autor</td>
          <td class='autorblack'>Datum</td>
          <td class='autorblack'>Rubrik</td>
        </tr>
        <tr>
          <td class='autorblack'>$newsautor</td>
          <td class='autor'>$newsdatum</td>
          <td class='autor'>$newsrubrik</td>
        </tr>
      </table>
    </td>
  </tr>
  <tr>
    <td colspan='2' class='latestnews'><input type='radio' name='auswahl'
value='$newsid'></td>
  </tr>
</table><p>";

}

?>
<input type='submit' name="wahl" value='News'>
```

```
</form>
<?php

include("navigator.html");

?>
</body>
</html>
```

2.1 newsbearbeiten.php

```
<html>
<head>
<title>News [Bearbeiten]</title>
<link rel='stylesheet' type='text/css' href='../css/umfrage.css'>
<link rel='stylesheet' type='text/css' href='../css/main.css'>
</head>
<body>
<div><img src="../bilder/logo.gif" width="656" height="42"></div><p>
<h3>News - Bearbeiten</h3>
<p>
<?
require ("../config.inc.php");

if (isset($_POST[wahl]) && isset($_POST[auswahl])) {

$satz = mysql_query("SELECT * FROM $dbtabelle WHERE newsid=$auswahl");
$row = mysql_fetch_array($satz);

echo "
<form method='post' action='newsupdate.php'>
  <table width='500' border='0' cellspacing='2' cellpadding='2'>
    <tr>
      <td width='95' valign='top'>Newstitel:</td>
      <td width='391'>
        <input type='text' name='ntitel' value='$row[newstitel]'
maxlength='100' size='30'>
      </td>
    </tr>
    <tr>
      <td width='95' valign='top'>Newsautor: </td>
      <td width='391'>
        <input type='text' name='nautor'
value='$row[newsautor]'maxlength='40' size='30'>
      </td>
    </tr>
    <tr>
      <td width='95' valign='top'>Newsinhalt:</td>
      <td width='391'>
        <textarea name='ninhalt' cols='50' rows='5'
wrap='PHYSICAL'>$row[newsinhalt]</textarea>
      </td>
    </tr>
```

```
    <tr>
      <td width='95' valign='top'>Newsurl: </td>
      <td width='391'>
        <input type='text' name='nurl' maxlength='100' size='30'
value='$row[newsurl]'>
      </td>
    </tr>
    <tr>
      <td width='95' valign='top'>Newsrubrik: </td>
      <td width='391'>
        <input type='text' name='nrubrik' value='$row[newsrubrik]'
maxlength='40' size='30'>
      </td>
    </tr>
    <tr>
      <td width='95' valign='top'> </td>
      <td width='391'> </td>
    </tr>
  </table>
  <input type='hidden' name='auswahl' value='$row[newsid]'>
  <p class='blocksatz'>Adminstrator:
    <input type='text' name='fadmin' size='20' maxlength='40'>
    Passwort:
    <input type='password' name='fpwd' size='20' maxlength='40'>
  </p>
  <p>
    <input type='submit' name='bearbeiten' value='News Bearbeiten'>
     <input type='reset' name='Löschen' value='Reset'>
  </p>
</form>
";

} else {

echo"<table width='300'>
                 <tr>
                   <td align='center' colspan='3'>- FEHLER - <br>
                     News konnte nicht bearbeitet werden.<br>
                     Versuchen Sie es bitte erneut!<br>
                         <a
href='javascript:history.back()'>Zur&uuml;ck</a></td>
                 </tr>
</table>";
}

include("navigator.html");

?>

</body>
</html>
```

2.2 newsupdate.php

```
<html>
<head>
<title>News [Bearbeiten]</title>
<link rel='stylesheet' type='text/css' href='../css/umfrage.css'>
<link rel='stylesheet' type='text/css' href='../css/main.css'>
</head>
<body>
<div><img src="../bilder/logo.gif" width="656" height="42"></div><p>
<h3>News - Bearbeitet</h3>
<p>
<?php

require ("../config.inc.php");

if (isset($_POST[bearbeiten]) && $_POST['fadmin'] == $admin &&
$_POST['fpwd'] == $pwd) {

$tab_news = "
 UPDATE $dbtabelle
 set newstitel = '$ntitel',
 newsautor = '$nautor',
 newsinhalt = '$ninhalt',
 newsurl = '$nurl',
 newsrubrik = '$nrubrik'
 WHERE newsid = $auswahl";


if (mysql_query($tab_news)) {
       echo"<table width='300'>
         <tr>
           <td align='center' colspan='3'>- NEWS - <br>
             News wurde bearbeitet.
           </td>
         </tr>
</table>";
       unset($auswahl);
}

} else {
       echo"<table width='300'>
               <tr>
                 <td align='center' colspan='3'>- FEHLER - <br>
                   News konnte nicht bearbeitet werden.<br>
                   Versuchen Sie es bitte erneut!<br>
                       <a
href='javascript:history.back()'>Zur&uuml;ck</a></td>
               </tr>
</table>";
}


include("navigator.html");
```

```
?>
</p>
</body>
</html>
```

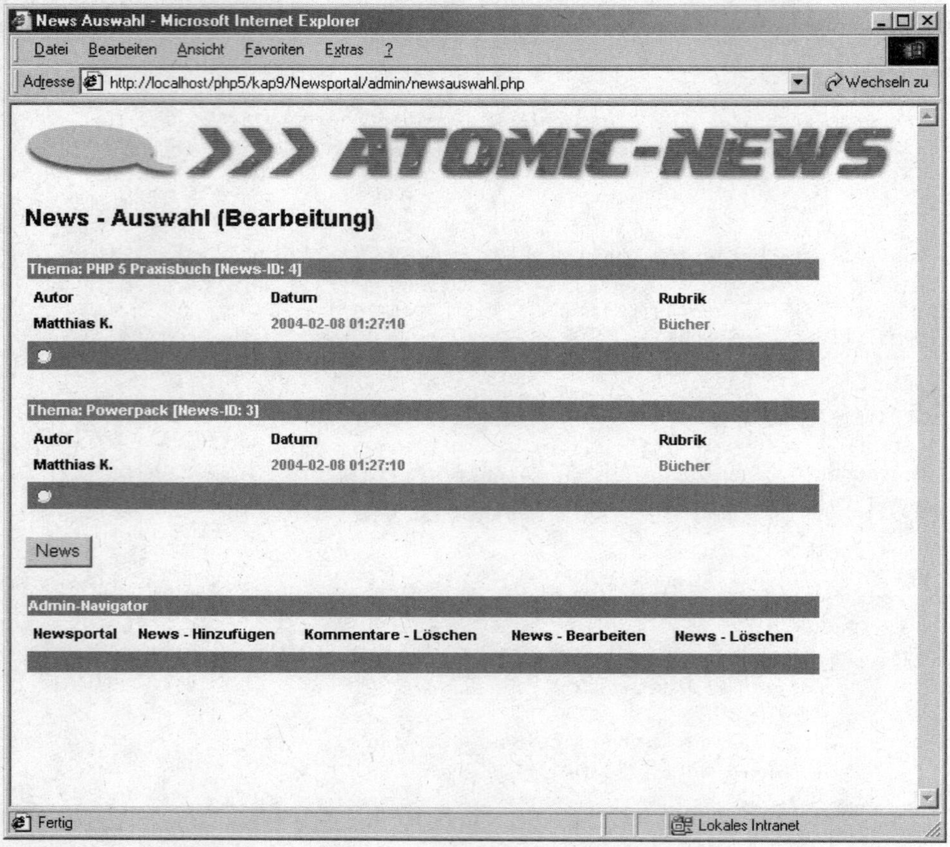

Bild 6.10: Newsauswahl

3. newsloeschen.php

```
<html>
<head>
<title>News [Löschen]</title>
<link rel='stylesheet' type='text/css' href='../css/umfrage.css'>
<link rel='stylesheet' type='text/css' href='../css/main.css'>
</head>
<body>
<div><img src="../bilder/logo.gif" width="656" height="42"></div><p>
<h3>News - Löschen</h3>
<form method='post' action='<?php echo $PHP_SELF; ?>'>
<p>
<?php
```

```
require ("../config.inc.php");

if (isset($_POST[newsloeschen]) && !empty($ergebnis) && $_POST['fadmin']
== $admin && $_POST['fpwd'] == $pwd) {

$tab_news = "DELETE FROM $dbtabelle WHERE newsid=$ergebnis";
$tab_komm = "DELETE FROM $dbkomtabelle WHERE knewsid=$ergebnis";

if (mysql_query($tab_news) && mysql_query($tab_komm)) {
       echo "News wurder erfolgreich entfernt!<p>\n";
       unset($ergebnis);
}

} else {
       echo "Bitte wählen Sie...<br>Hinweis: Adminname und Passwort sind
erforderlich!<p>\n";
}

$satz = mysql_query("SELECT * FROM $dbtabelle");

while ($row = mysql_fetch_array($satz)) {
extract($row);
echo "<table width='600'>
  <tr align='left'>
    <td class='latestnews' colspan='2'>Thema: $newstitel [News-ID:
$newsid]</td>
  </tr>
  <tr>
    <td colspan='2' class='autor'>
      <table width='100%' border='0' cellspacing='2' cellpadding='2'>
        <tr>
          <td class='autorblack'>Autor</td>
          <td class='autorblack'>Datum</td>
          <td class='autorblack'>Rubrik</td>
        </tr>
        <tr>
          <td class='autorblack'>$newsautor</td>
          <td class='autor'>$newsdatum</td>
          <td class='autor'>$newsrubrik</td>
        </tr>
      </table>
    </td>
  </tr>
  <tr>
    <td colspan='2' class='latestnews'><input type='radio' name='ergebnis'
value='$newsid'></td>
  </tr>
</table><p>";
}

?>
</p>
<p class='blocksatz'>Adminstrator:
    <input type="text" name="fadmin" size="20" maxlength="40">
```

```
    Passwort:
    <input type="password" name="fpwd" size="20" maxlength="40">
</p>
<input type='submit' name='newsloeschen' value='News Entfernen'>
</form>
<?php

include("navigator.html");

?>
</body>
</html>
```

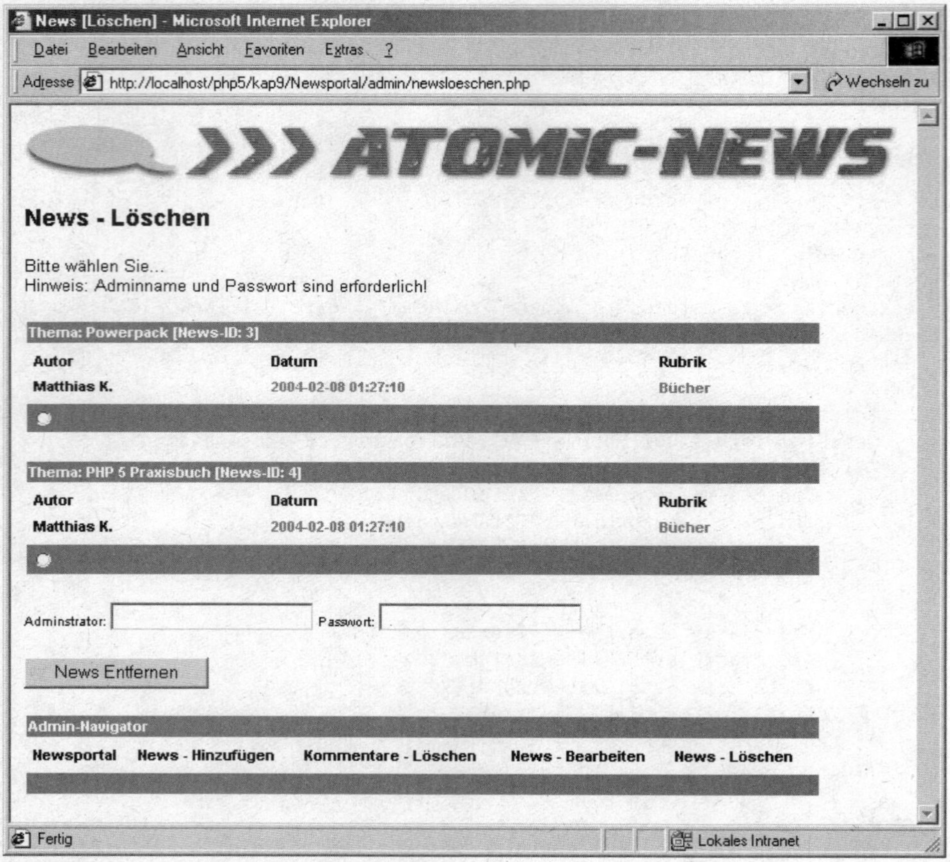

Bild 6.11: News löschen

4. kommloeschen.php

```
<html>
<head>
<title>Kommentare [Löschen]</title>
<link rel='stylesheet' href='../css/umfrage.css' type='text/css'>
```

```
<link rel='stylesheet' href='../css/main.css' type='text/css'>
</head>
<body>
<div><img src="../bilder/logo.gif" width="656" height="42"></div><p>
<h3>Kommentar - Löschen</h3>
<form method='post' action='<?php echo $PHP_SELF; ?>'>
<p>
<?php

require ("../config.inc.php");

if (isset($_POST[kommloeschen]) && !empty($ergebnis) && $_POST['fadmin']
== $admin && $_POST['fpwd'] == $pwd) {

$tab_komm = "DELETE FROM $dbkomtabelle WHERE kid=$ergebnis";

if (mysql_query($tab_komm)) {
       echo "News wurder erfolgreich entfernt!<p>\n";
       unset($ergebnis);
}

} else {
       echo "Bitte wählen Sie...<br>Hinweis: Adminname und Passwort sind
erforderlich!<p>\n";
}

$satz = mysql_query("SELECT * FROM $dbkomtabelle");

while ($row = mysql_fetch_array($satz)) {
extract($row);
echo "<table width='600'>
  <tr align='left'>
    <td class='latestnews' colspan='2'>Kommentar von $komname [E-mail:
$komemail]</td>
  </tr>
  <tr>
    <td colspan='2' class='autor'>
      <table width='100%' border='0' cellspacing='2' cellpadding='2'>
        <tr>
          <td class='autorblack'>Betreff</td>
          <td class='autorblack'>Datum</td>
          <td class='autorblack'>Homepage</td>
          <td class='autorblack'>Inhalt</td>
        </tr>
        <tr>
          <td class='autor'>$kombetreff</td>
          <td class='autor'>$komdatum</td>
          <td class='autor'>$komhome</td>
          <td class='autor'>$kominhalt</td>
        </tr>
      </table>
    </td>
  </tr>
  <tr>
```

```
    <td colspan='2' class='latestnews'>L&ouml;schen: <input type='radio'
name='ergebnis' value='$kid'></td>
  </tr>
</table>";
}

?>
</p>
<p class='blocksatz'>Adminstrator:
    <input type="text" name="fadmin" size="20" maxlength="40">
    Passwort:
    <input type="password" name="fpwd" size="20" maxlength="40">
</p>
<input type='submit' name='kommloeschen' value='Kommentar Entfernen'>
</form>
<?php

include("navigator.html");

?>
</body>
</html>
```

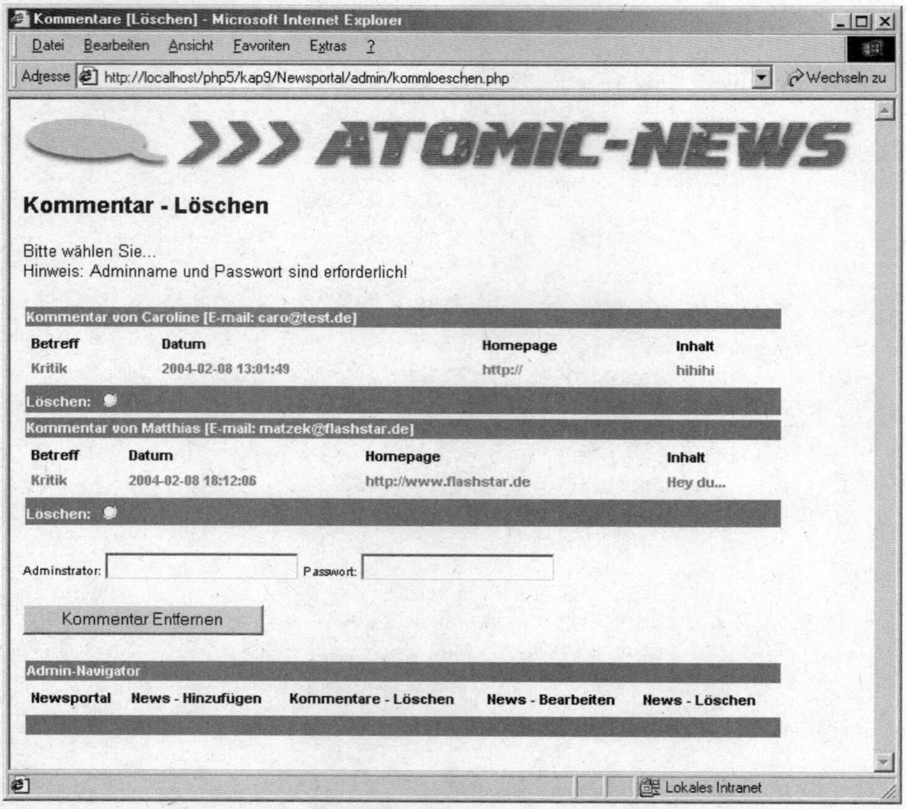

Bild 6.12: Entfernen der Kommentare aus der newskomm-Tabelle

Das Newsportal selbst, in dem sich der Besucher aufhält stellt sich, wie folgt dar:

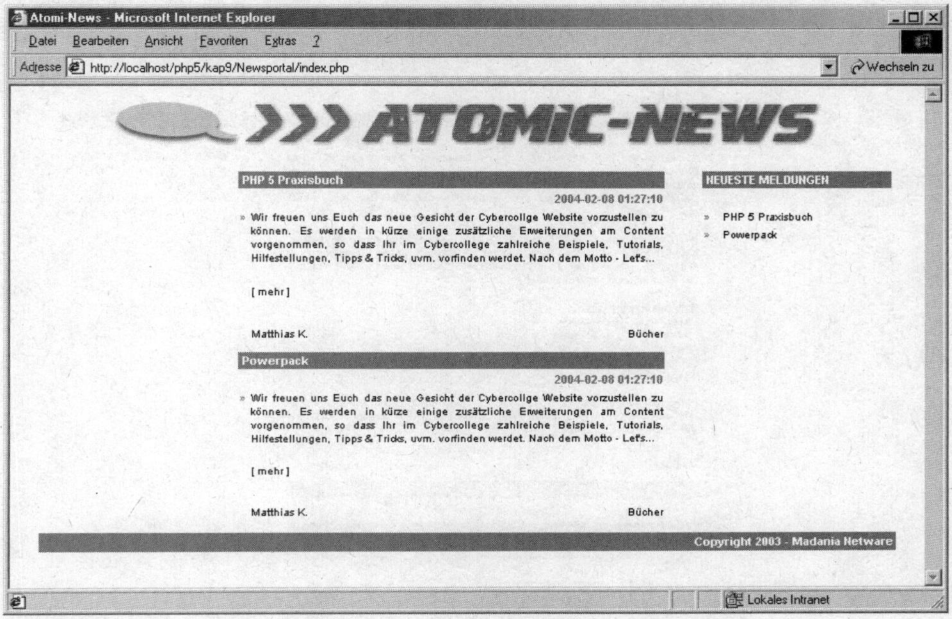

Bild 6.13: Newsportal-Übersicht

Achtung: Natürlich sind auch wir nicht frei von Fehlern. Sollten Sie Probleme bei der Umsetzung der Anwendungen haben, können Sie sich vertrauensvoll an uns wenden. (*matthiask@atomicscript.de* oder *carolinek@atomicscript.de*).

Tipp: Auf der Website zum Buch finden Sie noch eine weitere Bonus-Anwendung. Es handelt sich um einen Terminkalender (*www.atomicscript.de*).

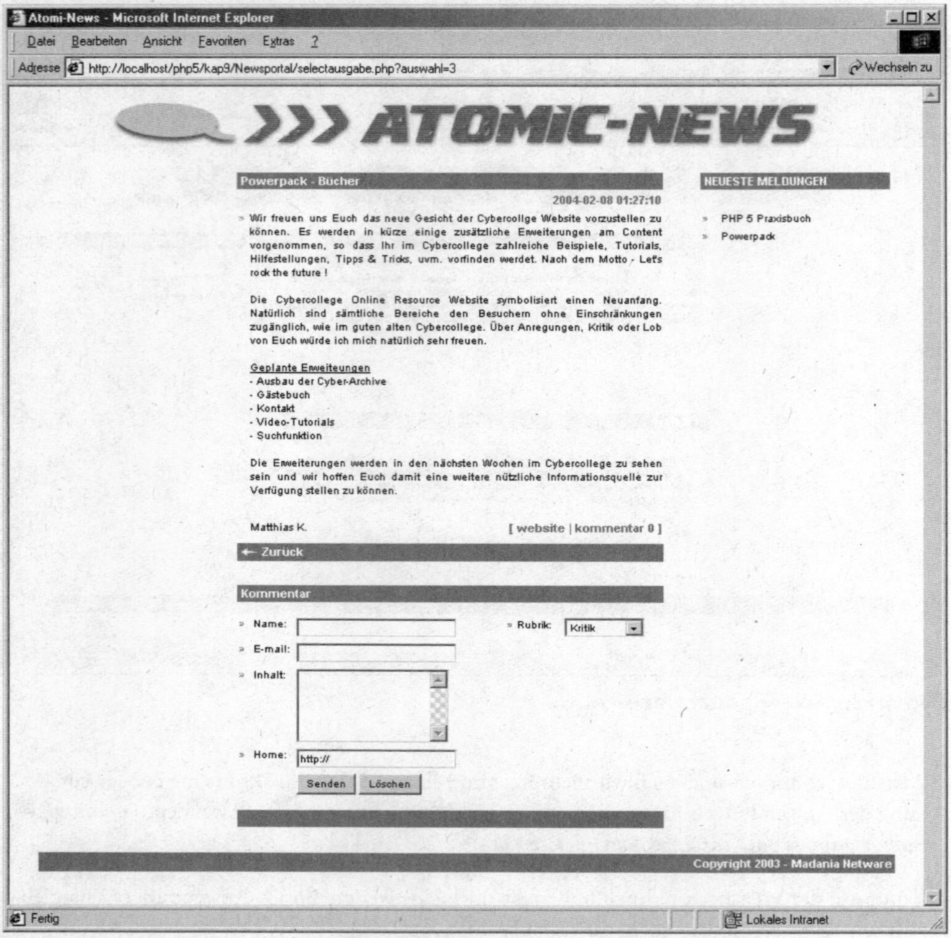

Bild 6.14: Newsdetails samt Kommentar-Eingabemaske

7 Referenzen

Sie werden sich sicher wundern, was ein HTML- und CSS-Kapitel in einem PHP Buch zu suchen haben. Doch ohne fundierte HTML- und CSS-Kenntnisse ist die Realisierung von anspruchsvollen Webanwendungen nur sehr schwer möglich. Natürlich stehen heutzutage diverse Entwicklungsumgebungen und WYSIWYG-Editoren zur Verfügung, aber wer ist Ihnen dabei behilflich, das Feintuning vorzunehmen? Hier lautet die Devise: Selbst ist der Entwickler. Wir versprechen Ihnen, die Übersicht möglichst kurz und bündig zu halten. Im folgenden Abschnitt werden wir Ihnen einige Tags vorstellen, die sowohl einen Anfangs- als auch einen End-Tag besitzen. Sollten Sie auf Tags stoßen, die einen Schrägstrich enthalten, wie z.B. <meta/>, bedeutet dies, dass das Tag intern abgeschlossen wird. Dies ist jedoch lediglich für diejenigen unter Ihnen interessant, die sich bereits mit dem XHTML-Standard befassen. Andernfalls können Sie diese Schreibweise vernachlässigen.

Hinweis: Die Kurzreferenz zu HTML und CSS finden Sie auf der Buch-CD im PDF HTML_und_CSS_Kurzreferenz.pdf.

7.1 Mail via PHP

In diesem Abschnitt sollen einige grundlegenden Fragen zum Thema `mail()`-Funktion beantwortet geklärt werden.

7.1.1 Mail versenden via PHP

Die Mailfunktion setzt einige Parameter voraus, dabei ist der vierte Parameter optional; mit diesem ist man in der Lage, zusätzliche Headerzeilen zu definieren. Diese Headerzeilen können den MIME-Type einer Mail bestimmen, den Absender der Mail festlegen oder auch beliebige Header (X-Mailer: etc.) enthalten, die nicht dem Standard entsprechen.

Beispiel:

```
<?php
$nachricht = "<b>Herzlich Willkommen...<b>";
$an        = "empfaenger@test.de";
$betreff = "Betrefftext";
$xtra     = "From: mail@sender.de (Mr. Sender)\r\n";
$xtra    .= "Content-Type: text/html\r\nContent-Transfer-Encoding:
8bit\r\n";
$xtra    .= "X-Mailer: PHP ". phpversion();

mail($an, $betrefft, $nachricht, $xtra);
?>
```

7.1.2 Attachment via Mail

Bei der `mail()`-Funktion von PHP kann man im vierten Argument jeden beliebigen zusätzlichen Header angeben. Attachments werden MIME-kodiert. Die *HTML Mime Mail Class* von Richard Heyes kapselt diese Funktionalität und ermöglicht das Versenden von Attachments. Unter folgendem URL finden sich auch Anwendungsbeispiele:

www.phpguru.org/mime.mail.html

7.1.3 Gültigkeit einer Mail prüfen

Der Mailer eines Systems kann eine Mail lediglich dann zustellen, wenn das *Domain Name System* (DNS) für die Zieladresse einen *Mail Exchanger* (MX) *Ressource Record* (RR) oder einen *Address* (A) *Ressource Record* enthält. Wenn Sie testen wollen, ob die Empfängeradresse für eine Mail gültig ist, benötigen Sie Zugriff auf das Internet und einen DNS-Server, den man befragen kann. Dann kann man die Anfrage, die der Mailer später einmal stellen wird, um die Mail zuzustellen, manuell mit Hilfe der Funktion `checkdnsrr()` nachvollziehen. Die Funktion liefert `true`, wenn ein passender RR vorhanden ist.

Beispiel:

```
<?php
$email = "user@host.de";
list($user, $host) = explode("@", $email);

if (checkdnsrr($host, "MX") or checkdnsrr($host, "A")) {
  print "Mail ist anscheindend zustellbar.<BR>\n";
} else {
  print "Mail ist leider nicht zustellbar.<BR>\n";
}
?>
```

Hinweis: Eine DNS-Anfrage kann je nach Verfügbarkeit des DNS-Systems bis zu mehreren Minuten dauern. Der betreffende Webserverprozess ist in diesem Zeitraum blockiert. Das Vorhandensein der benötigten RRs garantiert jedoch nicht, dass der gewünschte Anwender existiert und die Mail empfangen kann.

7.1.4 Versenden einer Mail an mehrere Empfänger

Das Versenden einer Mail an mehrere Empfänger können Sie mit Hilfe von spezialisierter Software realisieren. Mailinglisten-Server wie die folgenden bieten Ihnen diesen Service:

- Ecartis – www.ecartis.org
- Ezmlm – www.ezmlm.org
- Majordomo – www.greatcircle.com/majordomo

Alternativ können Sie sich mit einer deutlich primitiveren Lösung in PHP behelfen, indem Sie gemäß den vorherigen Beispielen zusätzliche Headerzeilen mit BCC-Empfängern (Blind Carbon Copy) erzeugen. Auf diese Weise generiert man eine einzelne Mail, die an mehrere Empfänger versandt werden kann. Gleichzeitig vermeidet man durch die Verwendung von BCC-Empfängern, dass die Empfänger im Kopf der Mail mit aufgeführt werden und auf diese Weise ein überdimensionaler Header entsteht.

Beispiel:

```
<?php
// Empfaengerliste
$empfaenger = array(
               "x@mail.de",
               "y@mail.de",
               "z@mail.de"
               );

// BCC-Erzeugen
foreach ($empfaenger as $key => $email) {
    $bcc .= "Bcc: $email\r\n";
}

// Mail samt BCC-Empfänger versenden
mail(
       "erster@mail.de",
       "Newsletter",
       "Hier das Neueste...",
       $bcc
       );

?>
```

7.2 PHP & HTTP

Neben dem eigentlichen Inhalt (Körper) einer Seite versendet der Server einige zusätzliche Informationen an den Server. Diese werden vor dem eigentlichen Inhalt im Header (Kopf) gesendet. Mit Hilfe dieser Informationen gibt der Server Aufschluss darüber, was es mit der übertragenen Seite auf sich hat und welchen Status sie besitzt:

- Es handelt sich um die gewünschte Seite (Status 200 – Found).
- Die Seite wurde nicht gefunden (Status 404 – Not Found).
- Die Seite befindet sich unter einer anderen Adresse (Status 301 – Moved Permanently).
- Es wird eine Authentifizierung zum Anzeigen des Inhalts benötigt (Status 401 – Unauthorized).

Zusätzlich zum Status einer Seite kann auch übermittelt werden:

- *Last-Modified* – Gibt an, wann die Seite zum letzten Mal verändert wurde.
- *Cache-Control* – Gibt an, ob sie gecacht werden darf.
- *Expires* – Gibt an, wann die Seite verfällt.
- *Content-Typ* – Gibt an, um welchen Typ es sich bei ihrem Inhalt handelt.

Normalerweise versendet der Server automatisch den benötigten Header. Mit Hilfe der PHP-Funktion `header()` sind Sie jedoch in der Lage, diesen zu manipulieren. Dabei ist lediglich zu beachten, dass kein anderes Zeichen vor der `header()`-Funktion ausgegeben werden darf, d.h., die Seite muss unbedingt mit dem PHP-Code `<?php` beginnen und darf vor dieser Codemarke nichts enthalten, noch nicht einmal ein Leerzeichen. Auch innerhalb der Codemarken dürfen Ausgaben via `echo`, `print` etc. erst nach dem Senden der Headerdaten durchgeführt werden.

7.2.1 Automatische Weiterleitung bzw. Redirect

Um einen Redirect zu erzeugen, muss man den HTTP-Header Location senden und dort den neuen URL angeben.

```
header('Location: absolute_url');
```

Die Angabe `absolute_url` entspricht dem gewünschten URL auf den weitergeleitet werden soll. Nach den RFC-Spezifikationen muss es sich um eine absolute URL-Angabe handeln, auch wenn fast alle Browser einen relativen URL verstehen!

Beispiel:

```
header("Location: http://www.atomiscript.de");
exit;
```

Die `exit`-Anweisung im vorliegenden Beispiel ist optional, allerdings würde es nichts bringen, nach dem Header noch etwas auszugeben, das sowieso nicht dargestellt wird.

Hinweis: Bei dieser Anweisung sendet Apache automatisch den Statuscode 302.

7.2.2 Not Found 404

Sollten Sie Ihren Server so konfiguriert haben, dass er als Fehlerseite eine PHP-Seite anzeigt, wird der Statuscode 200 (OK) gesendet. Dies kann jedoch bei Suchmaschinen dazu führen, dass Ihre Fehlerseite mit indiziert wird. Um dies zu vermeiden, legen Sie den Statuscode für die Seite selbst fest.

```
header('HTTP/1.0 404 Not Found');
```

Der Statuscode 404 (Not Found) wird durch die `header()`-Funktion gesetzt und somit auch von Sumaschinen als Fehlerseite erkannt.

7.2.3 Cache-Control

Für den Cache-Control stehen Ihnen in PHP ebenfalls Funktionen zur Verfügung, die man im Header einsetzen kann. Die Standardbefehle zum Steuern des Caches lauten `Last-Modified`, `Cache-Control` und `Pragma`. Sie werden auch von sämtlichen Browsern interpretiert.

Zeitbegrenztes Cachen

Im folgenden Beispiel wird das Cachen einer Seite zugelassen, jedoch wird eine befristete Zeitspanne festgelegt, bis zu der die Seite verfallen oder aktualisiert werden muss.

```
<?php
// Cache Lebensdauer (in Minuten)
$dauer = 15;
$exp_gmt = gmdate("D, d M Y H:i:s", time() + $dauer * 60) ." GMT";
$mod_gmt = gmdate("D, d M Y H:i:s", getlastmod()) ." GMT";

header("Expires: " . $exp_gm);
header("Last-Modified: " . $mod_gmt);
header("Cache-Control: public, max-age=" . $dauer * 60);
// Speziel für MSIE 5
header("Cache-Control: pre-check=" . $dauer * 60, FALSE);
?>
```

Die Funktion `getlastmod()` gibt die Zeit der letzten Änderung der aktuell aufgerufenen Seite an. Um das Cachen einer Seite auf private Caches zu begrenzen, muss man den Code wie folgt anpassen:

```
<?php
// Cache Lebensdauer (in Minuten)
$dauer = 15;
$exp_gmt = gmdate("D, d M Y H:i:s", time() + $dauer * 60) ." GMT";
$mod_gmt = gmdate("D, d M Y H:i:s", getlastmod()) ." GMT";

header("Expires: " . $exp_gm);
header("Last-Modified: " . $mod_gmt);
header("Cache-Control: private, max-age=" . $dauer * 60);
// Speziel für MSIE 5
header("Cache-Control: pre-check=" . $dauer * 60, FALSE);
?>
```

7.2.4 Cachen vermeiden

Sie haben auch die Möglichkeit, das Cachen einer Seite explizit zu unterbinden:

```
<?php
// Datum aus Vergangenheit
header("Expires: Mon, 12 Jul 1995 05:00:00 GMT");
// Immer geändert
header("Last-Modified: " . gmdate("D, d M Y H:i:s") . " GMT");
```

```
header("Cache-Control: no-store, no-cache, must-revalidate");
// Speziel für MSIE 5
header("Cache-Control: post-check=0, pre-check=0", false);
header("Pragma: no-cache");
?>
```

Probleme mit dem Internet Explorer

Leider werden `Pragma` und `no-cache` im IE nicht Interpretiert – hier gibt es jedoch drei Befehle, auf die Sie zurückgreifen können:

- `No-Check` – Besagt, dass der Client keine Cachekontrolle durchführen soll. Anders ausgedrückt, es wird gecacht, aber nie aktualisiert.
- `Post-Check` – Der Client vergleicht den Browsercache mit der Seite nach einer vorgegebenen Zeit (interval expires). Wenn nicht, angegeben wird, dann ist der Befehl aktiv und wird vom Browser selbst verwaltet.
- `Pre-Check` – Der Browser fragt die Webseite auf die letzte Aktualisierung ab und vergleicht bei einem Unterschied den Cache mit der Seite. Es wird die Zeit der letzten Änderung genommen, also das Datum der Datei.

Die einzige Möglichkeit, das Problem zu umgehen, ist also, den Cache des IE zu deaktivieren oder besser gesagt ihm zu untersagen, diese Seiten zu cachen. Dies kann sowohl via PHP oder HTML erfolgen:

PHP

```
header("Cache-Control: post-check=0, pre-check=0", FALSE);
```

HTML

```
<meta http-equiv="Cache-Control" content="post-check=0">
<meta http-equiv="Cache-Control" content="pre-check=0">
```

Cachen vermeiden via GET-Parameter

Eine Alternative zum Header ist das Anhängen von Parametern an den URL einer Seite.

Beispiel:

```
// URL
http://www.atomiscript.de/index.php

// Alternative
http://www.atomiscript.de/index.php?zufall=xxx
```

Sie müssen lediglich sicherstellen, dass `xxx` immer etwas anderes ist. Dies lässt sich beispielsweise mit Hilfe der `time()`-Funktion erreichen.

Beispiel:

```
<?php
$zeit = time();
echo "<a href =
http://www.atomiscript.de/index.php?zufall=$zeit>AtomicSkript</a>";
?>
```

7.2.5 Download

In bestimmten Fällen ist es erwünscht, dass ein PHP-Skript die von ihm erzeugten Daten nicht einfach in Form einer HTML-Seite ausgibt, sondern sie an den Client sendet. Dieser sollte diese Datei, z.B. in Form einer Datei speichern oder an andere Applikationen übergeben.

Solche Fälle tauchen vorwiegend bei Anhängen (Attachments) in einem Webmail-System auf. Normalerweise wird die Ausgabe eines PHP-Skripts als HTML interpretiert, und vom Browser dargestellt. Damit der Browser die Datei jedoch speichert, muss die Angabe über den Typ des Dateiinhalts für die Übertragung geändert werden. Hierfür stehen Ihnen `Content-Type` und `Content-Disposition` zur Verfügung:

```
header("Content-Type: application/octetstream");
```

Soweit nichts anderes angegeben wird, benutzt der Browser den Dateinamen des PHP-Skripts aus dem URL als Dateinamen zum Abspeichern.

```
header("Content-Disposition: attachment; filename=dateiname.ext");
```

Mit diesem Header wird der Dateiname auf `dateiname.ext` gesetzt. Sie sollten vor allem darauf achten, dass keine Quoting-Zeichen wie etwa Hochkommata vorkommen. Grund hierfür ist, dass bestimmte Browser wie der Internet Explorer sonst die Quoting-Zeichen als Teil des Dateinamens interpretieren.

Achtung: Eventuelle Pfadangaben werden übrigens ignoriert, d.h., es ist möglich, den Dateinamen festzulegen, aber nicht das Verzeichnis, in das die Datei gespeichert werden soll.

Probleme mit RFCs

Microsoft verarbeitet die RFCs scheinbar anders als alle anderen Browser, so dass der IE 5.5 nur folgenden Header versteht:

```
header("Content-Disposition: filename=dateiname.ext");
```

Über die Variable `$HTTP_USER_AGENT` können Sie PHP auch entscheiden lassen, welche Variante wahrscheinlich die richtige ist.

```
header("Content-Disposition: ".(strpos($HTTP_USER_AGENT,"MSIE
5.5")?"":"attachment;")."filename=dateiname.ext");
```

Nachteil der Header-Methode

Die Methode, den Dateinamen über den Header festzulegen, hat jedoch einen kleinen Nachteil: Sollte der Anwender später im Browser nicht auf den Link klicken, um dann die Datei zu speichern, sondern direkt über *Save Link* as speichern will, konnte noch kein Header gesendet werden, so dass der Browser den Dateinamen nicht kennt und wieder den Dateinamen des Skripts vorschlägt. Das kann nur umgangen werden, indem man dafür sorgt, dass der gewünschte Dateiname im URL steht. Dies ist wiederum nur über Funktionen des Webservers möglich. Beim Apache sind das die Funktionen `Rewrite` und `Redirect`.

Die Erfahrung hat gezeigt, dass ein `Content-Transfer-Encoding`-Header die ganze Sache sicherer macht, auch wenn er laut RFC 2616 nicht benutzt wird.

```
header("Content-Transfer-Encoding: binary");
```

Die meisten Browser zeigen beim Download einen Fortschrittsbalken an. Dies funktioniert allerdings nur dann, wenn der Browser weiß, wie groß die Datei ist. Die Größe der Datei in Byte wird über den `Content-Length`-Header angegeben.

```
header("Content-Length: {Dateigröße}");
```

Wir können nun folgenden Header benutzen, wenn die Ausgabe eines Skripts heruntergeladen werden soll:

```
<?php
// Dateityp, der immer abgespeichert wird
header("Content-Type: application/octetstream");

// Dateiname mit Sonderbehandlung des IE 5.5
header("Content-Disposition: ".(!strpos($HTTP_USER_AGENT,"MSIE
5.5")?"attachment; ":"")."filename=datei name.ext");

// Im Grunde ueberfluessig, hat sich anscheinend bewährt
header("Content-Transfer-Encoding: binary");

// Zwischenspeichern auf Proxies verhindern
header("Cache-Control: post-check=0, pre-check=0");

// Dateigröße für Downloadzeit-Berechnung
header("Content-Length: {Dateigroesse}");
?>
```

Hinweis: Diese Headerkombination sollte zuverlässig funktionieren. Bei der Vielzahl von Browsern, die sich nicht immer an die RFCs halten, ist jedoch nicht ausgeschlossen, dass diese Kombination angepasst werden muss.

7.2.6 Authentifizierung via HTTP

Es bestht die Möglichkeit, den Browser ein Fenster öffnen zu lassen, in dem Name und Passwort eingetragen werden müssen. Dies gibt jedoch nur dann, wenn PHP als Modul und nicht als CGI läuft.

Die Umsetzung stellt sich recht einfach dar:

```
<?php
  if($PHP_AUTH_USER!="Matthias" OR $PHP_AUTH_PW!="Kannen") {
    Header('HTTP/1.1 401 Unauthorized');
    Header('WWW-Authenticate: Basic realm="Privatezone"');
    echo "Sie haben den Vorgang abgebrochen!";
    exit;
  }
?>
<html>
<head>
 <title>Privatzone</title>
</head>
<body>
<h1>Hier ist die Privatzone von </h1>
<h2>
<?php
  echo "Nutzer: ".$PHP_AUTH_USER." Passwort: ".$PHP_AUTH_PW;
?>
</h2>
</body>
</html>
```

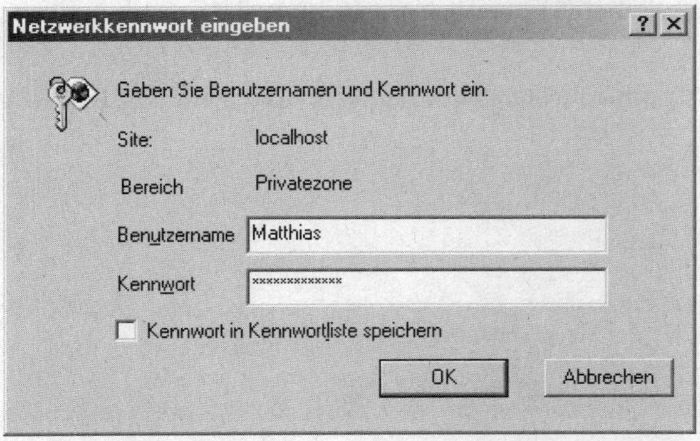

Bild 7.1: Login-Fenster

Bild 7.2: Privatzone des Anwenders

Beim ersten Aufruf sind beide Variablen `$PHP_AUTH_USER` und `$PHP_AUTH_PW` nicht gesetzt. Hierdurch wird der Abschnitt der `if`-Anweisung bearbeitet. In diesem werden die beiden Header zurückgegeben, die den Browser veranlassen, nach den Nutzernamen und dem Passwort zu fragen. Die Bezeichnung für den Privatbereich können Sie nach Belieben anpassen, sämtliche übrigen Bestandteile des Headers sollten Sie genau so übernehmen. Die `echo`-Anweisung wird lediglich dann ausgegeben, wenn der Anwender bei der Passwortabfrage auf *Abbrechen* klickt oder im Falle des Internet Explorers, drei Versuche, sich zu authentifizieren, misslungen sind. Dann springt der Webserver nach dem `echo` aus der Datei und der Rest wird nicht mehr ausgegeben. Sollte der Anwender jedoch das korrekte Passwort mit dem korrekten Nutzernamen eingeben, wird der Bereich innerhalb der `if`-Anweisung nicht bearbeitet und der Rest der Datei interpretiert.

Wollen Sie auf Nummer sicher gehen, sollten Sie die globalen Servervariablen `$_SERVER` wie folgt einbinden:

```
<?php
  if($_SERVER["PHP_AUTH_USER"]!="Matthias" OR
$_SERVER["PHP_AUTH_PW"]!="Kannen") {
    Header(’HTTP/1.1 401 Unauthorized’);
    Header(’WWW-Authenticate: Basic realm="Privatezone"’);
    echo "Sie haben den Vorgang abgebrochen!";
    exit;
  }
?>
<html>
<head>
 <title>Privatzone</title>
</head>
<body>
<h1>Hier ist die Privatzone von </h1>
<h2>
<?php
```

```
  echo "Nutzer: ".$_SERVER["PHP_AUTH_USER"]." Passwort:
".$_SERVER["PHP_AUTH_PW"];
?>
</h2>
</body>
</html>
```

Das PHP-Skript erhält über folgende Servervariablen die Anmeldedaten:

Variable	*Wert*
$_SERVER["PHP_AUTH_USER"]	Nutzername
$_SERVER["PHP_AUTH_PW"]	Passwort im Klartext
$_SERVER["PHP_AUTH_TYPE"]	Authentifizierungstyp

Das Skript kann die Gültigkeit der so übergebenen Daten prüfen. Diese Variablen stehen Ihnen immer nur dann zur Verfügung, wenn das PHP-Skript die Authentifizierung veranlasst hat. Hat sich ein Anwender einmal am System angemeldet, werden die Anmeldungsdaten im Browser gesichert. Bei jedem Aufruf einer Ressource im geschützten Bereich sendet der Browser automatisch die Authentifizierungsdaten mit. Der Anwender muss sich somit nur einmal anmelden. Sie sollten jedoch beachten, dass im Authentifizierungsschema `Basic` das Passwort im Klartext gesendet wird. Es wäre daher ratsam, gegebenenfalls HTTPS zu verwenden, um eine sichere Übertragung zu gewährleisten.

Sicherheitsproblem

Es gibt noch ein kleines Sicherheitsproblem. Der Browser speichert nämlich den Nutzernamen und das Passwort so, dass die Autoren derjenigen Seiten, die man nach der Passworteingabe abruft, theoretisch das Passwort abfragen könnten. Dies kann man jedoch ganz einfach verhindern, indem man den Browser komplett beendet oder den PHP-Abschnitt wie folgt anpasst:

```
<?php
  if($PHP_AUTH_USER!="Matthias" OR $PHP_AUTH_PW!="Kannen") {
    Header('HTTP/1.1 401 Unauthorized');
    Header('WWW-Authenticate: Basic realm="Privatezone"');
    echo "Sie haben den Vorgang abgebrochen!";
    exit;
  } else {
   unset($PHP_AUTH_PW);
  }
?>
```

7.3 Sicherheit

Ob man einen eigenen Webserver nutzt oder Webspace vom Provider, über Sicherheitsrisiken und deren Beseitigung sollte man sich als sicherheitsbewusster Entwickler kümmern. Natürlich wird es nie eine absolute Sicherung geben, aber mit ein wenig Aufwand kann man es den bösen Jungs zumindest etwas schwerer machen.

Im Abschnitt »Authentifizierung via http« haben Sie bereits erfahren, wie Sie ein Datei sichern können. Im folgenden Abschnitt werden wir uns um weitere Möglichkeiten kümmern.

Hinweis: Um eines deutlich zu sagen: Die hier aufgeführten Möglichkeiten erheben nicht den Anspruch, eine absolute Sicherheit zu bieten. Es gibt eine einfache Tatsache, die unumstößlich ist: Für jedes Schloss gibt es auch einen Schlüssel, und alle Türen können geöffnet werden.

7.3.1 HTTP-Authentifizierung via HTACCESS

Die Authentifizierung über das HTTP-Protokoll ist sicher eine der bequemsten Möglichkeiten, einen Anwender zu einer Identifizierung zu veranlassen. Der Server bzw. das Skript sendet einen HTTP-Header an den Browser, der zur Authentifizierung auffordert. Der Anwender erhält daraufhin vom Browser ein Login-Fenster präsentiert, wie Sie es bereits im Abschnitt »Authentifizierung via http« kennen gelernt haben. Der Anwender loggt sich ein und erhält Zugriff auf den geschützten Bereich. Kann dieser nicht identifiziert werden, so wird der Zugriff verweigert und der Anwender erhält eine Fehlermeldung. Der Apache-Webserver ermöglicht es, ein Verzeichnis und sämtliche Unterverzeichnisse durch eine*.htaccess*-Datei zu schützen. Eine solche Datei sieht wie folgt aus:

```
AuthUserFile /htdocs/user/www.domain.de/admin/.htpasswd
AuthName Madania
AuthType Basic
<Limit GET>
require valid-user
</Limit>
```

Tipp: Unter UNIX sorgt der Punkt vor dem *htaccess*-Dateinamen dafür, dass diese Datei versteckt wird. Dies können Sie auch für eigene Dateien verwenden.

Hat sich ein Anwender über die Webserver-Authentifizierung angemeldet, können Sie mit Hilfe der globalen Servervariablen `$_SERVER["REMOTE_USER"]` den Nutzernamen des angemeldeten Anwenders und mit `$_SERVER["AUTH_TYPE"]` die Authentifizierungsmethode ermitteln.

Anpassen der Passwortdatei

Die Webserver-Identifizierung hat einen wesentlichen Nachteil. Sie müssen den Anwender nicht nur für die jeweilige Webanwendung registrieren, sondern auch beim Webserver. Bei einer Passwortänderung muss dies dem Server ebenfalls mitgeteilt werden.

Natürlich können Sie jederzeit den Serveradministrator darum bitten, die Anpassungen vorzunehmen, doch wir wollen Ihnen eine Lösung vorstellen, die es Ihnen ermöglicht, die Änderungen selbst vorzunehmen.

Ein Eintrag in einer gültigen Passwortdatei, die in den meisten Fällen den Dateinamen *.htpasswd* besitzt, setzt sich aus einer Zeile zusammen: *Nutzername:Passwort*

Diese Zeile können Sie mit Hilfe von PHP auch selbst erzeugen bzw. anfügen, und zwar mit der Funktion `setze_passwort()`:

```
<?php

// Passwort Funktion
function setze_passwort($pwddatei,$nutzer,$nutzer_pwd="") {
 if (empty($nutzer) || empty($pwddatei) || strlen($nutzer)<3) {
       return false;
 }
 // Sollte die Datei existieren wird ein Backup
 // mit einem Zeitstempel erzeugt
 if (file_exists($pwddatei)) {
  $pwd=file($pwddatei);
  copy("$pwddatei",$pwddatei.time());
 } else {
  $pwd=array();
 }
 // Neue Passwort Variable initialisieren
 $neu_pwd="";

 // Sämtliche Nutzer durchlaufen
 foreach($pwd as $eintrag) {
       if (strstr($eintrag,$nutzer.":")==$eintrag) {
              $change_nutzer=true;
              if (empty($nutzer_pwd)) {
               continue;
              }
              $neu_pwd.=
$nutzer.":".crypt($nutzer_pwd,$nutzer[2].$nutzer[1])."\n";
    } else {
              $neu_pwd.=trim($eintrag)."\n";
       }
 }

 // Nutzer neues Passwort zuweisen
 if (!isset($change_nutzer)) {
       if (empty($nutzer_pwd)) {
        return false;
       } else {
        $neu_pwd.=
$nutzer.":".crypt($nutzer_pwd,$nutzer[2].$nutzer[1])."\n";
       }
 }

 // Daten sichern
 $datei=fopen($pwddatei,"w");
 if (is_resource($datei)) {
  flock($datei,LOCK_EX);
```

```
  fwrite($datei,$neu_pwd);
  flock($datei,LOCK_UN);
  fclose($datei);
  return true;
 } else {
  return false;
 }
}

?>
```

Wir empfehlen Ihnen, die Funktion in eine Datei mit dem Namen *phpcrypt.php* abzulegen. So können Sie bei Bedarf auf sie zugreifen.

Beispiel – Anlegen eines Benutzers (Anwenders):

```
<?php

// Funktion einbinden
include("phpcrypt.php");

// Zieldatei, Nutzer, Passwort
if (setze_passwort(".htpasswd","matthias","test")) {
      echo "Erfolgreich";
} else {
      echo "Fehlgeschlagen";
}

?>
```

Die Funktion selbst ist in der Lage:

- ein Benutzerpasswort zu ändern,
- einen neuen Benutzer samt Passwort anzulegen,
- einen Benutzer samt Passwort zu löschen.

Sie erhält den Dateinamen, den Benutzernamen und das Passwort übergeben. Sollte das Passwort nicht vorhanden sein bzw. leer, wird der betreffende Benutzer aus der Datei entfernt. Sie ist in der Lage, die Passwortdatei zu erzeugen oder eine vorhandene zu öffnen. Sollte die Passwortdatei vorhanden sein, wird sie nach entsprechenden Benutzernamen durchsucht. Sollte der Benutzername vorhanden sein, wird dessen Passwort entweder ersetzt oder, wenn das Passwort, welches im Argument `$nutzer_pwd` festgelegt wird, leer sein sollte, der Nutzer aus der Datei entfernt. Wird kein Benutzer gefunden, wird ein neuer Eintrag in der Passwortdatei angelegt. Die jeweiligen Passwörter in der Passwortdatei müssen verschlüsselt abgelegt werden. Die Funktion, die Ihnen bei der Verschlüsselung behilflich ist, ist `crypt()`. Sie erhält das Passwort im Klartext übergeben und als Schlüsselbasis wird der dritte und zweite Buchstabe des Benutzernamens verwendet. Das so erzeugte Passwort wird dem String hinzugefügt, welcher sich aus Benutzername und verschlüsseltem Passwort zusammensetzt und in der Variablen `$neu_pwd` liegt. Anschließend wird die neu erzeugte Passwortdatei gespeichert. Da ein Eingriff in die Passwortdatei auch zu Problemen führen kann, sollte man an eine Sicherung der möglicherweise vorhandenen Passwortdatei denken. Daher wird bei jeder Anpassung der Passwortdatei, eine Kopie der Datei angelegt, sofern diese vorhanden ist. Sollten sämtliche Prozesse innerhalb der Funktion `setze_passwort()` fehlerfrei durchlaufen worden sein, wird diese `true` zurückliefern, andernfalls `false`.

Achtung: Es wird nicht geprüft, ob Sie bzw. das PHP-Skript das Recht hat, Änderungen an der Datei vorzunehmen. Daher sollten Sie vorab klären, ob dem so ist.

7.3.2 Session-basierte Authentifizierung

Eine weitere Möglichkeit der Authentifizierung besteht darin, die Zugangsdaten eines Anwenders auszuwerten und in einer Session zu registrieren. Sie sollten bei der Übertragung mit Hilfe eines HTML-Formulars berücksichtigen, dass das Passwort im Klartext übertragen wird und daher die POST-Methode eingesetzt werden sollte. Sie könnten zusätzlich clientseitig das Passwort mit Hilfe von JavaScript verschlüsseln, dies setzt jedoch voraus, dass beim Anwender die Ausführung von JavaScript zugelassen ist.

Um das folgende Beispiel so flexibel wie möglich zu gestalten, sollten Sie dafür sorgen, dass die Nutzeridentifizierung in eine externe Datei ausgelagert wird. Wir haben hierfür die Datei *check.php* angelegt. In dieser Datei befindet sich folgende Funktion:

```
<?php

// Nutzeridenifikations-Funktion
function check_nutzer($pwddatei=".htpasswd") {
 session_start();

 if (isset($_SESSION["versuch"]) && $_SESSION["versuch"]>2) {
       return false;
 }

 if (!isset($_SESSION["auth"]) && !isset($_POST["username"])) {
       return false;
 }

 if (isset($_POST["username"])) {
       if (!isset($_SESSION["versuch"])) {
        $_SESSION["versuch"]=1;
       } else {
        $_SESSION["versuch"]++;
       }

       if (!isset($_COOKIE[session_name()])) {
        return false;
       }

       $nutzer = trim($_POST["username"]);
       $pwd   = trim($_POST["passwort"]);

       if (strlen($nutzer)<3) {
```

```
        return false;
       }

       $pwd=$nutzer.":".crypt($pwd,$nutzer[2].$nutzer[1])."\n";
       $pwd_liste=file($pwddatei);

       if (array_search($pwd,$pwd_liste)!== false) {
        $_SESSION["auth"]=$nutzer;
        return true;
       } else {
        return false;
       }
 }

 if (isset($_GET["logout"])) {
       session_destroy();
       session_unset();
       unset($_SESSION);
       return false;
 } else {
       return true;
 }
}

?>
```

Die Datei, die die Eingabemaske samt Funktionsaufruf enthält, wird als *login.php* angelegt:

```
<?php

include("check.php");
if (!check_nutzer()) {

?>

<html>
<head>
<title>Eingang</title>
</head>
<body>
<h1>Login</h1>
<form method="post" action="<?php echo $PHP_SELF ?>">
  <p>Nutzer:
    <input type="text" name="username">
  </p>
  <p>Passwort:
    <input type="password" name="passwort">
  </p>
  <p>
    <input type="submit" name="Submit" value="Login">
  </p>
</form>
```

```
<?php

if (isset($_SESSION["versuch"]) && $_SESSION["versuch"] < 3) {
 echo "Login nicht erfolgreich!
 Es stehen Ihnen noch ".
 (3-$_SESSION["versuch"]) .
 " Versuche zur Verfügung!";
} else if ($_SESSION["versuch"] == 3) {
 echo "Es stehen Ihnen keine
 weiteren Versuche zur Verfügung!";
}

?>

</body>
</html>

<?php

} else {

?>

<html>
<head>
<title>Private Zone</title>
</head>
<body>
<h1>Herzlich Willokmmen</h1>
<a href="<?php echo $PHP_SELF ?>?logout=1">Logout</a>
</body>
</html>

<?php

}

?>
```

Wie Sie anhand des ersten Arguments `$pwddatei` der Funktion erkennen können, verwenden wir in diesem Fall die mit Hilfe der `setze_passwort()`-Funktion erzeugte Passwortdatei, um die Authentifizierung durchzuführen. Es steht Ihnen natürlich frei, der Passwortdatei einen beliebigen Namen zuzuweisen, achten Sie lediglich darauf, dass sich jeder Benutzereintrag aus einem Benutzernamen und einem verschlüsselten Passwort zusammensetzt. Die Funktion selbst sorgt dafür, dass die benötigte Session initialisiert wird, und prüft, ob ein Anwender angemeldet ist oder nicht. Gegebenenfalls wird der Anwender identifiziert bzw. abgemeldet. Ist ein Anwender angemeldet oder war seine Anmeldung erfolgreich, gibt die Funktion `true` zurück, andernfalls `false`. Mit Hilfe der Rückgabewerte können Sie somit entscheiden, was bei einem erfolgreichen bzw. nicht erfolgreichen Login geschehen soll. Die Funktion ist zusätzlich in der Lage zu erkennen, wie oft versucht wurde sich einzuloggen. Dem Anwender stehen drei Versuche zur Verfügung. Nach drei Versuchen, die in der Sessionvariablen `$_SESSION["versuch"]` gespeichert sind, wird die Funktion grundsätzlich den Rückgabewert `false` liefern. Dies gilt auch in dem Fall, dass weder die Sessionvariable `$_SESSION["auth"]` noch die Postvariable `$_POST["username"]` existieren. In diesem Fall wird davon ausgegangen, dass der Anwender noch keinen Login-Versuch unternommen hat. Sobald der Anwender das Login-Formular abgeschickt hat, beginnt der Authentifizierungsprozess. Die Sessionvariable `$_SESSION["versuch"]` wird in der Session registriert bzw. um den Wert 1 erhöht. Anschließend wird überprüft, ob die Session durch ein Cookie übergeben wurde. Sollte dieses nicht existieren, wird die Funktion abgebrochen und `false` zurückgegeben. Der Nutzernamen und das Passwort werden in den Variablen `$nutzer` und `$pwd` gespeichert. Dabei werden mit Hilfe der Funktion `trim()` eventuell vorhandene Leerzeichen vor und nach dem Benutzernamen und Passwort entfernt. Eine weitere Bedingung ist, dass der Benutzername nicht kürzer als drei Zeichen sein darf. Damit ein identischer Eintrag in der Passwortdatei gefunden werden kann, wird ein String gebildet, der genauso aufgebaut ist wie eine Zeile in der Passwortdatei. Anschließend wird der Inhalt dieser Datei mit Hilfe der Funktion `file()` in das Array `$pwd_liste` eingelesen. Dieses Array wird mit Hilfe der Funktion `array_search()` durchsucht. Ist der Rückgabewert der Suche ungleich `false`, so bedeutet dies, der Anwender ist in der Passwortdatei enthalten und hat sich mit dem richtigen Passwort angemeldet. Die Sessionvariable `$_SESSION["auth"]` wird angelegt und in ihr der Benutzername gespeichert. Die Funktion liefert dann noch den Wert `true` zurück. Sollte der Anwender bereits angemeldet sein, wird geprüft, ob in dem URL der Parameter `logout` enthalten ist. Ist dies der Fall, wird die Session beendet und die Funktion gibt `false` zurück, andernfalls `true`.

Session-Variante

Wir zeigen Ihnen noch eine weitere Variante, so dass Sie selbst entscheiden können, welche von beiden Lösungen Ihnen zusagt. Bei der folgenden Variante handelt es sich um eine Umsetzung, die ohne eine externe Passwortdatei auskommt.

Sie basiert auf insgesamt drei Dateien:

- login.php – Enthält die Eingabemaske samt Authentifizierungsfunktion.
- gruss.php – Auf diese Seite gelangt der Anwender nach dem Login.
- logout.php – Hier wird der Anwender ausgeloggt und verabschiedet.

Beispiel – login.php:

```
<?

session_start();

function check_auth($nutzer,$pwd) {
      $nutzer_liste = array ("matthias" => "mad",
                             "caroline" => "car");
      if (isset($nutzer_liste[$nutzer]) && ($nutzer_liste[$nutzer] ==
$pwd)) {
            return true;
      } else {
            return false;
```

```
        }
}

$geheim_wort = 'geheim';

unset($_POST["$username"]);

if ($_SESSION['login']) {
        list($s_username, $session_hash) = explode(',',$_SESSION['login']);
        if (md5($s_username.$geheim_wort) == $session_hash) {
                $_POST["$username"] = $s_username;
        } else {
                echo "Sie haben an ihrer Session rumgesaut!";
        }
}

if ($_POST["$username"]) {
        header('Location: gruss.php');
} else {
if (check_auth($_POST['username'], $_POST['passwort'])) {
    session_start();
    $_SESSION['login'] =
$_POST['username'].','.md5($_POST['username'].$geheim_wort);
        echo "Sie sind eingeloggt!";
        echo "<p><a href='gruss.php'>Weiter</a>";
} else {
echo <<<Login
<form method="post" action="login.php"
Benutzername:<br>
Nutzer:
<input type="text" name="username"><br>
Passwort:
<input type="text" name="passwort"><br>
<input type="submit" value="Login">
</form>
Login;
}
}

?>
```

Beispiel – gruss.php:

```
<?
session_start();
$geheim_wort = 'geheim';
unset($_POST["$username"]);
if ($_SESSION['login']) {
        list($s_username, $session_hash) = explode(',',$_SESSION['login']);
        if (md5($s_username.$geheim_wort) == $session_hash) {
                $_POST["$username"] = $s_username;
        } else {
```

```
                echo "Sie besitzen keine gültige Session!";
        }
}
if ($_POST["$username"]) {
        echo "Guten Tag " . $_POST["$username"];
        echo "<a href='logoff.php'>Ausloggen</a>";
} else {
        echo "Guten Tag, anonymer Besucher!";
}
?>
```

Beispiel – logout.php:

```
<?
session_start();
$geheim_wort = 'geheim';
unset($_POST["$username"]);
if ($_SESSION['login']) {
        list($s_username, $session_hash) = explode(',',$_SESSION['login']);
        if (md5($s_username.$geheim_wort) == $session_hash) {
                $_POST["$username"] = $s_username;
        } else {
                echo "Sie besitzen keine gültige Session!";
        }
}
if ($_POST["$username"]) {
        unset($_SESSION['login'],$login);
        echo "Bis bald ". $_POST["$username"];
        echo "<br><a href='login.php'>Login</a>";
} else {
        echo "Fehler beim Ausloggen!";
}
?>
```

7.3.3 Cookie-basierte Authentifizierung

Auf der Grundlage der zweiten Lösung für die Session-basierte Authentifizierung können Sie nach dem gleichen Schema vorgehen, um eine Cookie-basierte Lösung einzusetzen. Diese basiert ebenfalls auf insgesamt drei Dateien:

- cookielogin.php – Enthält die Eingabemaske samt Authentifizierungsfunktion.
- gruss.php – Auf diese Seite gelangt der Anwender nach dem Login.
- logout.php – Hier wird der Anwender ausgeloggt und verabschiedet.

Die Cookie-basierte Lösung setzt voraus, dass der Anwender das Anlegen von Cookies auf dem Client gestattet. Sie hat gegenüber der Session-basierten Lösung den Vorteil, dass der Anwender selbst nach einem Neustart des Systems oder des Browsers eingeloggt bleibt. Erst nachdem sich der Anwender ordnungsgemäß ausloggt, wird er nicht mehr als authentifizierter Anwender erkannt.

Beispiel – cookielogin.php:

```
<?

function check_auth($nutzer,$pwd) {
	$nutzer_liste = array ("matthias" => "mad",
							"caroline" => "car");
	if (isset($nutzer_liste[$nutzer]) && ($nutzer_liste[$nutzer] ==
$pwd)) {
		return true;
	} else {
		return false;
	}
}

$geheim_wort = 'geheim';
unset($username);

if ($_COOKIE['login']) {
	list($c_username, $cookie_hash) = split(',',$_COOKIE['login']);
	if (md5($c_username.$geheim_wort) == $cookie_hash) {
		$_POST["$username"] = $c_username;
	} else {
		echo "Sie besitzen kein gültiges Cookie!";
	}
}

if ($_POST["$username"]) {
	header('Location: gruss.php');
} else {
if (check_auth($_POST['username'], $_POST['passwort'])) {
	setcookie('login',
$_POST['username'].','.md5($_POST['username'].$geheim_wort),time()+60*60*2
4*30);
	echo "Sie sind eingeloggt!";
	echo "<p><a href='gruss.php'>Weiter</a>";
} else {
echo <<<Login
<form method="post" action="cookielogin.php"
Benutzername:<br>
Nutzer:
<input type="text" name="username"><br>
Passwort:
<input type="password" name="passwort"><br>
<input type="submit" value="Login">
</form>
Login;
}
}

?>
```

Beispiel – gruss.php:

```
<?

$geheim_wort = 'geheim';
unset($_POST["$username"]);

if ($_COOKIE['login']) {
        list($c_username, $cookie_hash) = split(',',$_COOKIE['login']);
        if (md5($c_username.$geheim_wort) == $cookie_hash) {
                $_POST["$username"] = $c_username;
        } else {
                echo "Sie besitzen kein gültiges Cookie!";
        }
}

if ($_POST["$username"]) {
        echo "Guten Tag " . $_POST["$username"];
        echo "<a href='logoff.php'>Ausloggen</a>";
} else {
        echo "Guten Tag, anonymer Besucher!";
}

?>
```

Beispiel – logout.php:

```
<?

$geheim_wort = 'geheim';
unset($_POST["$username"]);

if ($_COOKIE['login']) {
        list($c_username, $cookie_hash) = split(',',$_COOKIE['login']);
        if (md5($c_username.$geheim_wort) == $cookie_hash) {
                $_POST["$username"] = $c_username;
        } else {
                echo "Sie besitzen kein gültiges Cookie!";
        }
}

if ($_POST["$username"]) {
        setcookie('login','',time()-84000);
        echo "Bis bald ". $_POST["$username"];
        echo "<br><a href='cookielogin.php'>Login</a>";
} else {
        echo "Fehler beim Ausloggen!";
}

?>
```

Das Cookie verfällt nach 30 Tagen automatisch (`time()+60*60*24*30`).

A Informationsquellen

Hier eine Auflistung weiterer nützlicher Quellen zum Thema.

Website zum Buch

www.atomicscript.de

PHP

www.php.net

www.php-center.de

www.php-archiv.de

www.phpbuilder.com

www.hotscripts.com

www.powie.de

www.phpwelt.de

www.dynamic-webpages.de

www.php-mysql.de

www.phpug.de

www.phptutorials.de

MySQL

www.mysql.com

www.nusphere.com

Foren

www.tutorials.de

www.php-homepage.de

www.php-mysql.de/forum/

www.phpforum.de

B CD-ROM zum Buch

B.1 Kapitel

Sämtliche im Buch vorgestellten Beispiele finden Sie in Kapiteln geordnet auch auf der Buch-CD.

B.2 Server

- Apache 1.3.29
- Apache 2.0.49
- MySQL 4.0
- PHP 4 & 5

B.3 Tools

- PDFLib5.0.2
- PHPMyAdmin 2.5.5
- Regex Coach
- SourceCop for PHP 2.0
- SourceGuardian Obusfactor
- SourceGuardian Pro 2.0 for PHP
- ionCube Standalone PHP Encoder – Version 3.0

B.4 Installation Kits

- Xampp1.2 (Windows/Linux)
- PHP 5 Xampp Dev Edition (Windows)
- Apache2Triad 1.1.8 (Windows)
- PHPStart 2.25 (MacOS X)
- Firepages 4.2.3
- FoxServ 3.0

B.5 PHP-Editoren

- PHPEdit
- PHPCoder
- TSWebEditor
- Weaverslave
- UltraEdit-32 v10
- PHPNotepad
- PHP Expert Editor
- Proton Coder Editor

B.6 PHP-Entwicklungs-Studios

- Maguma Studio 1.1.2
- PrimalSkript 3.1
- Zend Studio Client 3.0.2
- Zend Studio Server 3.0.2
- Top PHP Studio 0.95
- Dev-PHP IDE 1.9.4

B.7 MySQL-Editoren

- EMS MySQL Manager2.5.0.2
- MySQLFront2.5
- MyWitch1.0.9
- MySQLStudio

B.8 PHP-Debugger

- PHP Debugger DBG 2.11.23
- PHP Debugger

Hinweis: Wir haben selbstverständlich darauf geachtet, dass sowohl Windows, Linux als auch MacOS X berücksichtigt wurden. Die Buch-CD bietet somit für jede Entwicklerplattform einige ausgewählte Editoren und Entwicklungsumgebungen.

C Nachwort

Autor: Matthias Kannengiesser

Matthias Kannengiesser

Ich hoffe, Sie haben genauso viel Freude mit dem PHP 5 Praxisbuch, wie ich beim Schreiben hatte. Es soll Ihnen bei Ihrer Arbeit treu zur Seite stehen und Ihnen den Weg durch den PHP-Dschungel weisen. Ich werde Sie auch in Zukunft über die Entwicklung auf dem Laufenden halten, schauen Sie daher ab und an auf der Website zum Buch vorbei. Vielleicht haben Sie Ideen und Anregungen, die wir in einer weiteren Auflage unbedingt mit aufgreifen sollten, dann scheuen Sie sich nicht mir zu schreiben:

matthiask@atomicscript.de

Weisheiten für den Entwickler

Schade, dass meist die Zeit drückt, so dass man oftmals doch etwas genervt ist, wenn mal was nicht so funktioniert, wie es sollte. Aber hierfür habe ich einen gut gemeinten Tipp für Sie: Kommt Zeit kommt Rat!

Was häufig wahre Wunder wirkt das Problem ruhen lassen und sich mit einem ganz anderem Thema beschäftigen, ein anderes Projekt in Angriff nehmen, spazieren gehen, mit Freunden ausgehen etc. Hilft ungemein, und auf die Lösung des Problems stößt man dann meist von selbst – an den unmöglichsten Orten und Situationen hat es bei mir schon im Kopf klick gemacht.

Wichtig: überschätzen Sie sich nie selbst, schon viele Entwickler mussten feststellen, dass man nie genug wissen kann! Sie werden nie an den Punkt gelangen, an dem Sie behaupten können, alles verstanden zu haben. Der ständige Lernprozess wirkt wie eine Triebfeder, die uns jeden Tag aufs Neue weitermachen lässt.

In diesem Sinne wünsche ich Ihnen viel Erfolg!

Anmerkung: Für all diejenigen unter Ihnen, die noch mehr zum Thema PHP und OOP erfahren wollen, sei bereits an dieser Stelle darauf hingewiesen, dass ich zusammen mit dem Franzis' Verlag an einem Buch zum Thema PHP 5 & OOP arbeite.

Stichwortverzeichnis

-- (Dekrement) 105
- (Subtraktion) 88
- (Vorzeichen) 88
' Einfache Anführungszeichen 34
! (Logisches Nicht) 98
!= (Ungleichheit) 95
!== (Strikte Ungleichheit) 96
$GLOBALS 74
% (Modulo) 89
%= (Zuweisung) 90
&& (Logisches Und) 97
() 25
() (Gruppierungsoperator) 104
* (Multiplikation) 88
*= (Zuweisung) 90
/ (Division) 88
/= (Zuweisung) 90
; (Ende einer Anweisung) 21
? (Konditionaloperator) 103
@ Fehler-Kontroll-Operator 108
{} (Anweisungsblock) 25
|| (Logisches Oder) 97
+ (Addition) 87
++ (Inkrement) 105
+= (Zuweisung) 90
< (Kleiner als) 92
<= (Kleiner gleich) 93
= (Zuweisung) 89
-= (Zuweisung) 90
== (Gleichheit) 95
=== (Strikte Gleichheit) 96
> (Größer als) 92
>= (Größer gleich) 93

A

Abstraktion 393
addslashes() 215
Aggregation 417
Anweisungen 20
Arithmetische
    Additionsoperator (+) 87
    Divisionsopertor (/) 88
    Moduloperator (%) 89
    Multiplikationsoperator (*) 88
    Subtraktionsoperator (-) 88
Array 47
    assoziativ 150
    Datentyp 148
    Elemente 149
    extract() 173
    Funktionen 157
    löschen 152
    mehrdimensional 153
    sonstige Funktionen 159
    Sortierfunktionen 158, 168
    Terminologie 149
array_chunk() 186
array_combine() 186, 479
array_diff() 194
array_intersect() 194
array_keys() 179
array_map() 180
array_merge() 183, 193
array_multisort() 187
array_pad() 183
array_pop() 177
array_push() 176
array_rand() 189
array_reverse() 178
array_search() 190
array_shift() 176
array_slice() 184
array_splice() 177
array_unique() 191, 193
array_unshift() 176
array_values() 185
array_walk() 163
Arrays 148
arsort() 169
asort() 169
Assoziatives Array 150
Ausdruck, Wahrheitsgehalt 18
Ausdrücke 16
    elementare 17

- Funktionen 17
- Konditional-Operator 20
- Post-Inkrement 18
- Prä-Inkrement 18
- Vergleichsausdrücke 19
- zusammengesetzt 17
- Zuweisungen 19

B

Bannerabfrage 488
Bedingung 109
Bedingungen, if-Bedingung 109
Besucherzähler 355
Bezeichner 65
Boolesche Werte 43
break 129

C

Cache-Control 521
Cachen 521
- Internet Explorer 522
- vermeiden 521

chunk_split() 217
class 399
CMS 499
Codezeile 21
compact() 185
continue 130
Cookies
- Array 303
- Authentifizierung 536
- löschen 303
- mehrere Variablen 300
- Namenskonflikte 299
- Spezifikationen 295

count() 164
count_chars() 230
Counter 355
- IP-Sperre 359

crypt() 231
current() 165

D

date() 208
Datei, Download 346
Dateien 317
- ändern 342
- bearbeiten 342
- Berechtigungen 322
- CSV 339
- Datensätze 332
- entfernter Server 329
- Funktionen 326
- komprimiert 343
- kopieren 336
- lesen 328
- löschen 336
- Operationen 326
- schreiben 328
- Serialisierung 337
- umbenennen 336
- Upload 348
- Verriegelung 338

Dateisystem 317
Datentyp 32
Datentypen
- Array 47
- Boolean 43
- Grundtyp 32
- NULL 53
- Objekte 46
- Referenztyp 32
- Resource-Typ 52
- String 33
- Zahlen 38

Datumfunktionen 205
Dekrement 105
Destruktor 401

E

each() 166
empty() 69
end() 168
ereg() 241, 265
ereg_replace() 243, 266
eregi() 265
eregi_replace() 266
Escape 34
explode() 218
extends 401
extract() 173

F

false 43
Felder 148
file_get_contents() 483
file_put_contents() 483
Fliesskommazahlen Runden 200

Formulare 269
  auswerten 274
Formularelemente 278, 284
Funktionen
  Argumente 132
  dynamisch 137
  Fehlercode 136
  lokale und globale Variablen 132
  Parameter 132
  rekursiv 140
  Rückgabewerte 136

G

Gästebuch 362
GD-Bibliothek 459
  Liniendiagramm 465
  Säulendiagramm 470
  Text 465
GD-Funktionen 460
GET 270
get_defined_vars() 71
getdate() 207
gettype() 60
Gleichheitsoperatoren
  Gleichheit (==) 95
  Strikte Gleichheit (===) 96
  Strikte Ungleichheit (!==) 96
  Ungleichheit (!=) 95
Grafikcounter 357
Gross- und Kleinschreibung 24

H

Hashes 150
header() 520
Heredoc 29, 35
htmlentities() 226
HTML-Formulare 271
htmlspecialchars() 225
HTTP
  Authentifizierung 525
  Download 523

I

if-Anweisung 109
implode() 219
in_array() 185
include() 14
include_once() 15
Informationsquellen 539
Inkrement 105
IP-Sperre 359
is_array() 60
is_bool() 60
is_double() 60
is_float() 60
is_int() 60
is_integer() 60
is_long() 60
is_null() 60
is_numeric() 60
is_object() 60
is_real() 60
is_resource() 60
is_scalar() 60
is_string() 60
isset() 69

K

key() 165
Klammern
  geschweifte 25
  runde 25
Klassen 397
  Metainformationen 412
Kodierung 291
Kommentar 31
  einzeilig 31
  mehrzeilig 31
Konditionaloperator (?) 103
Konstanten 83
  vordefiniert 84
Konstruktor 401
Kontrollstrukturen
  break 129
  continue 130
  do-while-Schleife 121
  foreach-Schleife 125
  for-Schleife 122
  if-Anweisung 109
  if-else-Anweisung 111
  if-else-if-Anweisung 114
  switch-Anweisung 116
  verschachtelt 127
  while-Schleife 119
ksort() 171

L

Leerzeichen 23

print 27
Referenzen 145
register_globals 80
require 15
String-Operator 103
Syntax 13
Variablen 62
Zuweisungen 26
PHP 5, Konstante 479
pos() 165
POSIX-Stil 264
POST 269
Postfixnotation 105
Präfixnotation 105
Präzision 43
preg_grep() 259
preg_match() 257
preg_match_all() 257
preg_replace() 260
preg_replace_callback() 262
preg_split() 263
prev() 167
printf() 223

Q

QUERY_STRING 292

R

range() 480
rawurldecode() 227
rawurlencode() 227
Referenzen 145
aufheben 147
register_globals 80, 287
Reguläre Ausdrücke 233
Variablen 240
Zeichen 235
Zeichenketten 237
Rekursion 140, 347
Fakultät 140
Türme von Hanoi 143
Rekursive Funktionen 140
require() 15
require_once() 15
Reservierte Wörtern 26
reset() 168
Resource-Typ 52
round() 200
rsort() 168

S

scandir() 482
Schlüsselwörter 26
Semikola 21
Servervariablen 314
Logfiles 315
Session 304
Array 310
Authentifizierung 531
Cookies 311
Funktionen 307
GET/POST 312
header() 313
Konfiguration 305
PHPSESSID 306
uniqid() 306
Session-Management 304
setlocale() 214
settype() 58
shuffle() 175
Sicherheit
Cookies 536
htaccess 528
Passwortdatei 528
Session 531
sizeof() 164
sort() 168
split() 267
spliti() 267
sprintf() 223
Spruchgenerator 341
str_replace() 216
str_shuffle() 231
strcmp() 221
strftime() 213
String 33, 214
Ausgabe 222
ersetzen 215
Escape 34
suchen 219
teilen 216
umwandeln 216
URL 224
verbinden 216
vergleichen 219
Stringfunktionen 214
stripslashes() 216
strtok() 218

T

Tabulatoren 23
Textcounter 355
this 399
true 43
Typkonvertierung 55
  automatisch 54

U

uksort() 171
Umfrage 490
Umwandlungsfunktionen 198
Unicode 445
unset() 69
ursort() 171
Useronline 373, 485
usort() 171

V

var 399
var_dump() 59
Variablen 62
  Aufbau 66
  Bezeichner 65
  Definition 63
  dynamisch 76
  global 74
  Gültigkeitsbereich 73
  L-/R-Wert 64
  löschen 69
  prüfen 69
  register_globals 80
  Speicher 63
  Speicherklassen 74
  Typkonvertierung 54, 55
  vordefiniert 78
  Werte 66
Variablenfunktionen 139
Varibalen, PHP 78
Verbindungsstatus 313
Vererbung 400, 405
Vergleichsoperatoren
  Größer als (>) 92
  Größer oder gleich (>=) 93
  Kleiner als (<) 92
  Kleiner oder gleich (<=) 93
Verzeichnisoperationen 320
Verzeichnisse 317
  auslesen 323
  Berechtigungen 322
  Datein auflisten 347
Verzweigungen, if-Verzweigung 109

W

Weiterleitung 520
Wertebehälter 62

X

XML 438
  Beschreibendes Markup 439
  dynamisch 455
  Einführung 438
  manuell 453
  Metasprache 438
  Parser 447
  XSLT 450
XSLT 450

Z

Zahlen 38
  Fliesskommazahlen 38, 39
  Float 38
  Hexadezimalzahl 39
  Integer 38
Zeichenketten
  Ausgabe 222
  ersetzen 215
  suchen 219
  teilen 216
  umwandeln 216
  URL 224
  verbinden 216
  vergleichen 219
Zeichenkodierung 445
Zeilentrenner 23
Zeitfunktionen 205
Zend Engine 475
Zufallseinträge ohne Wiederholung 204
Zufallszahlen 201
Zufallszahlen ohne Wiederholung 203
Zuweisungen 89
  mit Operation 90

Enseleit

PHP 4/5 Befehlsreferenz

FRANZIS
PROFESSIONAL SERIES

Damir Enseleit

PHP 4/5 BEFEHLSREFERENZ

Mit 110 Abbildungen

FRANZIS

Wichtiger Hinweis

Alle Angaben in diesem Buch wurden vom Autor mit größter Sorgfalt erarbeitet bzw. zusammengestellt und unter Einschaltung wirksamer Kontrollmaßnahmen reproduziert. Trotzdem sind Fehler nicht ganz auszuschließen. Der Verlag und der Autor sehen sich deshalb gezwungen, darauf hinzuweisen, daß sie weder eine Garantie noch die juristische Verantwortung oder irgendeine Haftung für Folgen, die auf fehlerhafte Angaben zurückgehen, übernehmen können. Für die Mitteilung etwaiger Fehler sind Verlag und Autor jederzeit dankbar.
Internet-Adressen oder Versionsnummern stellen den bei Redaktionsschluss verfügbaren Informationsstand dar. Verlag und Autor übernehmen keinerlei Verantwortung oder Haftung für Veränderungen, die sich aus nicht von ihnen zu vertretenden Umständen ergeben.
Evtl. beigefügte oder zum Download angebotene Dateien und Informationen dienen ausschließlich der nichtgewerblichen Nutzung. Eine gewerbliche Nutzung ist nur mit Zustimmung des Lizenzinhabers möglich.

Satz: DTP-Satz A. Kugge, München
art & design: www.ideehoch2.de
Druck: Bercker, 47623 Kevelaer
Printed in Germany

Dieses Buch möchte ich den drei wichtigsten Menschen in meinem Leben widmen, die mir in all den Jahren meine besten Freunde geblieben sind.

Mein Vater – uns blieb nicht viel Zeit füreinander, aber ich bin dankbar für alles, was er mir mit auf dem Weg gegeben hat. Ihm hätte es gefallen.

Meine Mutter – Sie ist etwas ganz Besonderes. Ihr wünsche ich noch sehr viele glückliche, gesunde und vor allem erfüllte Jahre.

Meine Frau – Ihr habe ich so unendlich viel zu verdanken. Sie ist das Beste, was mir in meinem Leben passiert ist. Durch Sie habe ich erst erfahren, wie es ist, einen Menschen so zu lieben.

Danke mein Engel.

Im Wissen darum, dass auf dieser Welt nichts existiert, womit ich dass was sie mir gegeben haben, zurückzahlen kann, so kann ich doch jeden Tag versuchen, diese Menschen als etwas ganz Kostbares zu sehen und es Ihnen jederzeit zu zeigen.

Vorwort

PHP – eine Skriptsprache, welche den Siegeszug bei der Entwicklung von dynamischen Webseiten schon lange angetreten hat. Immer mehr begeisterte Menschen erstellen mit der recht einfachen Syntax von PHP anspruchsvolle Webapplikationen.

Mittlerweile läuft PHP auf sehr vielen Servern der Welt und wird gerade wegen seiner Einfachheit nicht nur von Anfängern, sondern gerade von Profis geschätzt.

Dennoch stoßen Anfänger oftmals auf Probleme, die es zu bewältigen gilt. Sicherlich ist es jedem von uns schon einmal passiert: Wir haben ein Problem zu lösen, aber wir wissen nicht genau, mit welchen Befehlen das geschehen soll. Im Zeitalter des Internet findet man natürlich recht schnell eine Antwort auf seine Frage, aber oftmals ist dieser Weg sehr mühsam. Er führt über bekannte Manuals oder Foren, die zwar den Lösungsansatz bieten, aber kein Beispiel zur korrekten Anwendung.

Aus diesem Grund wurde dieses Buch geschrieben. Es soll dem Programmierer die tägliche Arbeit erleichtern, damit er sich auf die eigentliche Aufgabe konzentrieren kann – das Programmieren.

Dabei wurden die am häufigsten genutzten Befehle von PHP innerhalb einer vorgegebenen Gruppenstruktur in alphabetischer Reihenfolge geordnet und ausführlich erklärt.

Des Weiteren wird zu jedem Befehl mindestens ein Beispiel und die dazugehörige Ausgabe im Browser gezeigt. So kann man schon beim Lesen des Buches die Befehle nachvollziehen und bei Bedarf ausprobieren. Die Skripts sind aus diesem Grund sehr einfach gehalten, so dass gerade Anfänger einen sehr schnellen Bezug zu dem Befehl finden werden. Fortgeschrittene Programmierer hingegen werden wohl eher nur auf die Syntax schauen, um dann den Befehl in ihr Programm einzubinden.

Sämtliche Skripts im Buch wurden sorgfältig geprüft und getestet – sollte dennoch ein Skript mal nicht funktionieren, so melden Sie diesen Fehler dem Autor. Bitte vergessen Sie aber nicht, Ihre Serverkonfiguration (z.B. SUSE Linux 8.0, Apache 1.3.20, PHP 4.3.0, MySQL 3.22.32) mit anzugeben, da einige Befehle z.B. unter Windows nichts bewirken. Folgende Adressen stehen Ihnen zur Verfügung:

- URL: *http://www.selfphp.de*
- Mail: *bugfix@selfphp.de*

Für Kritik und Anregungen per E-Mail unter der Adresse *selfphp@selfphp.de* bin ich sehr dankbar.

Auch in diesem Buch sollte ein Dank an verschiedene Menschen nicht fehlen, welche sich besonders eingesetzt haben, damit dieses Buch realisiert werden konnte.

Für die exakte Druckwidergabe der PHP-Syntax bedanke ich mich bei Dr. Egon Schmid, aktives Mitglied und Programmierer der PHP-Group.

Martin Koch vom Franzis Verlag habe ich für seine endlose Geduld zu danken.

Matthias Hupp und Daniel Kreßler habe ich für die viele Arbeit rund um die SelfPHP Website zu danken.

Ganz besonderer Dank gebührt meiner Frau Renata Samele-Enseleit, die in der letzten Zeit durch dieses Buch sehr viel erdulden musste aber dadurch erst die Realisierung ermöglicht hat.

Ferner möchte ich mich bei all denen bedanken, die hier nicht namentlich erwähnt wurden und mich durch das persönliche Gespräch unterstützt haben.

Köln, 15. Juli 2004 — Damir Enseleit

Inhaltsverzeichnis

1 Einführung ... 23
- 1.1 Wie dieses Buch zu lesen ist ... 23
- 1.2 Schreibweise im Buch ... 23
- 1.3 Schreibweise der PHP-Syntax ... 24
- 1.4 PHP-Deklaration ... 25
- 1.4.1 Kommentare ... 25
- 1.4.2 Syntax ... 25
- 1.5 Versionskontrolle ... 27
- 1.6 Die CD zum Buch ... 28

2 Funktionsübersicht ... 29
- 2.1 Array-Funktionen ... 29
- 2.2 Dateisystemfunktionen ... 35
- 2.3 Datums- und Zeit-Funktionen ... 42
- 2.4 Verwalten von Funktionen ... 43
- 2.5 Grafikfunktionen ... 44
- 2.6 Objektorientierte Funktionen ... 49
- 2.7 Mail-Funktionen ... 50
- 2.8 Mathematische Funktionen ... 50
- 2.9 MySQL-Funktionen ... 55
- 2.10 PDF-Funktionen ... 59
- 2.11 PHP-Informationen ... 67
- 2.12 POSIX-kompatible reguläre Ausdrücke ... 71
- 2.13 Session-Funktionen ... 71
- 2.14 Sonstige Funktionen ... 73
- 2.15 String-Funktionen ... 76
- 2.16 URL-Funktionen ... 83
- 2.17 Variablen-Funktionen ... 84
- 2.18 Verzeichnisfunktionen ... 87

3 Kontrollmechanismen ... 89
- 3.1 break ... 89
- 3.2 continue ... 89
- 3.3 do ...while ... 90
- 3.4 Dynamische Variablen ... 90
- 3.5 for ... 91
- 3.6 foreach ... 91
- 3.7 if ... 92
- 3.8 if ...else ... 93

3.9 if ...else ...elseif 94
3.10 include 94
3.11 include_once 95
3.12 require 95
3.13 require_once 96
3.14 switch 97
3.15 Vordefinierte Variablen 98
3.16 while 99

4 Array-Funktionen 101
4.1 array 101
4.2 array_change_key_case 102
4.3 array_chunk 103
4.4 array_combine 105
4.5 array_count_values 105
4.6 array_diff 106
4.7 array_fill 106
4.8 array_filter 107
4.9 array_flip 108
4.10 array_intersect_assoc 108
4.11 array_intersect 109
4.12 array_keys 110
4.13 array_key_exists 111
4.14 array_map 112
4.15 array_merge 113
4.16 array_merge_recursive 114
4.17 array_multisort 115
4.18 array_pad 117
4.19 array_pop 117
4.20 array_push 118
4.21 array_rand 119
4.22 array_reduce 119
4.23 array_reverse 120
4.24 array_search 121
4.25 array_shift 122
4.26 array_slice 123
4.27 array_splice 124
4.28 array_sum 125
4.29 array_unique 126
4.30 array_unshift 126
4.31 array_values 127
4.32 array_walk 128
4.33 arsort 128
4.34 asort 129
4.35 compact 130
4.36 count 131
4.37 current 132

4.38 each ... 133
4.39 end ... 133
4.40 extract ... 134
4.41 in_array ... 135
4.42 key ... 136
4.43 krsort ... 137
4.44 ksort ... 138
4.45 ist ... 138
4.46 natcasesort ... 139
4.47 natsort ... 140
4.48 next ... 141
4.49 pos ... 142
4.50 prev ... 142
4.51 range ... 143
4.52 reset ... 144
4.53 rsort ... 144
4.54 shuffle ... 145
4.55 sizeof ... 146
4.56 sort ... 147
4.57 uasort ... 148
4.58 uksort ... 149
4.59 usort ... 150

5 Dateisystemfunktionen ... 151

5.1 basename ... 151
5.2 chgrp ... 151
5.3 chmod ... 152
5.4 chown ... 153
5.5 clearstatcache ... 154
5.6 copy ... 155
5.7 dirname ... 156
5.8 disk_total_space ... 156
5.9 disk_free_space ... 156
5.10 fclose ... 157
5.11 feof ... 157
5.12 fflush ... 158
5.13 fgetc ... 159
5.14 fgetcsv ... 160
5.15 fgets ... 162
5.16 fgetss ... 163
5.17 file ... 164
5.18 file_exists ... 165
5.19 fileatime ... 166
5.20 filectime ... 166
5.21 filegroup ... 167
5.22 fileinode ... 168
5.23 filemtime ... 169

5.24 fileowner ... 169
5.25 fileperms ... 170
5.26 filesize ... 171
5.27 filetype ... 171
5.28 flock ... 172
5.29 fopen ... 173
5.30 fpassthru ... 174
5.31 fputs ... 175
5.32 fread ... 176
5.33 fscanf ... 177
5.34 fseek ... 178
5.35 fstat ... 179
5.36 ftell ... 180
5.37 ftruncate ... 181
5.38 fwrite ... 182
5.39 is_dir ... 182
5.40 is_executable ... 183
5.41 is_file ... 184
5.42 is_link ... 185
5.43 is_readable ... 185
5.44 is_uploaded_file ... 186
5.45 is_writeable ... 187
5.46 link ... 188
5.47 linkinfo ... 189
5.48 lstat ... 189
5.49 move_uploaded_file ... 190
5.50 parse_ini_file ... 191
5.51 pathinfo ... 193
5.52 pclose ... 193
5.53 popen ... 194
5.54 readfile ... 195
5.55 readlink ... 196
5.56 realpath ... 196
5.57 rename ... 196
5.58 rewind ... 197
5.59 stream_set_write_buffer ... 198
5.60 stat ... 198
5.61 symlink ... 200
5.62 tempnam ... 200
5.63 tmpfile ... 202
5.64 touch ... 202
5.65 umask ... 203

6 Datums- und Zeit-Funktionen ... 205
6.1 checkdate ... 205
6.2 date ... 205
6.3 getdate ... 207

6.4 gettimeofday ... 208
6.5 gmdate ... 209
6.6 gmmktime ... 209
6.7 gmstrftime ... 210
6.8 localtime ... 211
6.9 microtime ... 212
6.10 mktime ... 213
6.11 strftime ... 214
6.12 strtotime ... 215
6.13 time ... 216

7 Verwalten von Funktionen ... 217
7.1 call_user_func ... 217
7.2 call_user_func_array ... 218
7.3 create_function ... 219
7.4 func_get_arg ... 220
7.5 func_get_args ... 220
7.6 func_num_args ... 221
7.7 function_exists ... 222
7.8 get_defined_functions ... 223
7.9 register_shutdown_function ... 224

8 Grafikfunktionen ... 227
8.1 getimagesize ... 228
8.2 imagearc ... 229
8.3 imagechar ... 229
8.4 imagecharup ... 230
8.5 imagecolorallocate ... 231
8.6 imagecolorat ... 232
8.7 imagecolorclosest ... 233
8.8 imagecolordeallocate ... 234
8.9 imagecolorexact ... 235
8.10 imagecolorresolve ... 235
8.11 imagecolorset ... 236
8.12 imagecolorsforindex ... 237
8.13 imagecolorstotal ... 238
8.14 imagecolortransparent ... 238
8.15 imagecopy ... 239
8.16 imagecopyresized ... 240
8.17 imagecreate ... 241
8.18 imagecreatefromgif ... 242
8.19 imagecreatefromjpeg ... 243
8.20 imagecreatefrompng ... 244
8.21 imagecreatefromwbmp ... 245
8.22 imagedashedline ... 246
8.23 imagedestroy ... 246
8.24 imagefill ... 247

8.25 imagefilledpolygon ... 248
8.26 imagefilledrectangle ... 249
8.27 imagefilltoborder ... 250
8.28 imagefontheight ... 251
8.29 imagefontwidth ... 252
8.30 imagegammacorrect ... 252
8.31 imagegif ... 253
8.32 imageinterlace ... 254
8.33 imagejpeg ... 255
8.34 imageline ... 256
8.35 imagepng ... 257
8.36 imagepolygon ... 258
8.37 imagerectangle ... 259
8.38 imagesetpixel ... 260
8.39 imagestring ... 261
8.40 imagestringup ... 262
8.41 imagesx ... 263
8.42 imagesy ... 263
8.43 imagettfbbox ... 264
8.44 imagettftext ... 265
8.45 imagetypes ... 266

9 Objektorientierte Funktionen ... 269
9.1 call_user_method ... 269
9.2 call_user_method_array ... 270
9.3 class_exists ... 271
9.4 get_class ... 271
9.5 get_class_methods ... 272
9.6 get_class_vars ... 273
9.7 get_declared_classes ... 274
9.8 get_declared_interfaces ... 275
9.9 get_object_vars ... 275
9.10 get_parent_class ... 276
9.11 is_a ... 277
9.12 s_subclass_of ... 278
9.13 method_exists ... 278

10 Mail-Funktionen ... 281
10.1 mail ... 281

11 Mathematische Funktionen ... 285
11.1 abs ... 285
11.2 acos ... 285
11.3 asin ... 286
11.4 atan ... 287
11.5 atan2 ... 287
11.6 base_convert ... 288

11.7 bcadd ... 288
11.8 bccomp ... 289
11.9 bcdiv ... 289
11.10 bcmod ... 290
11.11 bcmul ... 290
11.12 bcpow ... 291
11.13 bcscale ... 292
11.14 bcsqrt ... 292
11.15 bcsub ... 293
11.16 bindec ... 293
11.17 ceil ... 294
11.18 cos ... 294
11.19 decbin ... 295
11.20 dechex ... 295
11.21 decoct ... 295
11.22 deg2rad ... 296
11.23 exp ... 296
11.24 floor ... 297
11.25 getrandmax ... 297
11.26 hexdec ... 298
11.27 log ... 298
11.28 log10 ... 299
11.29 max ... 299
11.30 min1 ... 299
11.31 mt_getrandmax ... 300
11.32 mt_rand ... 300
11.33 mt_srand ... 301
11.34 number_format ... 302
11.35 octdec ... 302
11.36 pi ... 303
11.37 pow ... 303
11.38 rad2deg ... 304
11.39 rand ... 304
11.40 round ... 305
11.41 sin ... 306
11.42 sqrt ... 306
11.43 srand ... 306
11.44 tan ... 307

12 MySQL-Funktionen ... 309

12.1 mysql_affected_rows ... 309
12.2 mysql_client_encoding ... 310
12.3 mysql_close ... 310
12.4 mysql_connect ... 311
12.5 mysql_create_db ... 313
12.6 mysql_data_seek ... 313
12.7 mysql_db_query ... 314

12.8 mysql_drop_db ... 315
12.9 mysql_errno ... 316
12.10 mysql_error ... 317
12.11 mysql_escape_string ... 318
12.12 mysql_fetch_array ... 318
12.13 mysql_fetch_assoc ... 319
12.14 mysql_fetch_field ... 320
12.15 mysql_fetch_lengths ... 322
12.16 mysql_fetch_object ... 323
12.17 mysql_fetch_row ... 324
12.18 mysql_field_flags ... 325
12.19 mysql_field_len ... 326
12.20 mysql_field_name ... 326
12.21 mysql_field_seek ... 327
12.22 mysql_field_table ... 328
12.23 mysql_field_type ... 329
12.24 mysql_free_result ... 330
12.25 mysql_get_client_info ... 331
12.26 mysql_get_host_info ... 331
12.27 mysql_get_proto_info ... 332
12.28 mysql_get_server_info ... 332
12.29 mysql_insert_id ... 333
12.30 mysql_list_dbs ... 334
12.31 mysql_list_fields ... 335
12.32 mysql_list_processes ... 336
12.33 mysql_list_tables ... 337
12.34 mysql_num_fields ... 338
12.35 mysql_num_rows ... 338
12.36 mysql_pconnect ... 339
12.37 mysql_query ... 341
12.38 mysql_result ... 342
12.39 mysql_select_db ... 343
12.40 mysql_stat ... 344
12.41 mysql_tablename ... 344
12.42 mysql_thread_id ... 345

13 PDF-Funktionen ... 347
13.1 pdf_add_annotation ... 347
13.2 pdf_add_bookmark ... 348
13.3 pdf_add_launchlink ... 350
13.4 pdf_add_locallink ... 351
13.5 pdf_add_note ... 352
13.6 pdf_add_outline ... 354
13.7 pdf_add_pdflink ... 356
13.8 pdf_add_weblink ... 357
13.9 pdf_arc ... 359
13.10 pdf_begin_page ... 360

13.11 pdf_circle ... 361
13.12 pdf_close ... 362
13.13 pdf_close_image ... 363
13.14 pdf_closepath ... 364
13.15 pdf_closepath_fill_stroke ... 365
13.16 pdf_closepath_stroke ... 366
13.17 pdf_continue_text ... 367
13.18 pdf_curveto ... 368
13.19 pdf_end_page ... 370
13.20 pdf_endpath ... 371
13.21 pdf_fill ... 372
13.22 pdf_fill_stroke ... 373
13.23 pdf_get_image_height ... 375
13.24 pdf_get_image_width ... 376
13.25 pdf_get_parameter ... 377
13.26 pdf_get_value ... 378
13.27 pdf_lineto ... 380
13.28 pdf_moveto ... 381
13.29 pdf_open ... 382
13.30 pdf_open_gif ... 382
13.31 pdf_open_image_file ... 383
13.32 pdf_open_jpeg ... 385
13.33 pdf_open_png ... 386
13.34 pdf_open_tiff ... 387
13.35 pdf_place_image ... 388
13.36 pdf_rect ... 389
13.37 pdf_restore ... 390
13.38 pdf_rotate ... 391
13.39 pdf_save ... 393
13.40 pdf_scale ... 394
13.41 pdf_set_border_color ... 395
13.42 pdf_set_border_dash ... 397
13.43 pdf_set_border_style ... 398
13.44 pdf_set_char_spacing ... 399
13.45 pdf_set_duration ... 400
13.46 pdf_set_font ... 401
13.47 pdf_set_horiz_scaling ... 402
13.48 pdf_set_info ... 404
13.49 pdf_set_leading ... 405
13.50 pdf_set_parameter ... 406
13.51 pdf_set_text_pos ... 408
13.52 pdf_set_text_rendering ... 409
13.53 pdf_set_text_rise ... 410
13.54 pdf_set_value ... 411
13.55 pdf_set_word_spacing ... 413
13.56 pdf_setdash ... 414
13.57 pdf_setgray ... 415

13.58 pdf_setgray_fill 416
13.59 pdf_setgray_stroke 418
13.60 pdf_setlinecap 420
13.61 pdf_setlinejoin 421
13.62 pdf_setlinewidth 422
13.63 pdf_setmiterlimit 424
13.64 pdf_setrgbcolor 425
13.65 pdf_setrgbcolor_fill 426
13.66 pdf_setrgbcolor_stroke 427
13.67 pdf_show 428
13.68 pdf_show_boxed 429
13.69 pdf_show_xy 431
13.70 pdf_skew 432
13.71 pdf_stringwidth 433
13.72 pdf_stroke 434
13.73 pdf_translate 435

14 PHP-Informationen 437
14.1 extension_loaded 437
14.2 get_cfg_var 437
14.3 get_current_user 438
14.4 get_defined_constants 438
14.5 get_extension_funcs 439
14.6 get_included_files 440
14.7 get_loaded_extensions 441
14.8 get_magic_quotes_gpc 442
14.9 get_magic_quotes_runtime 442
14.10 get_required_files 443
14.11 getenv 443
14.12 getlastmod 444
14.13 getmygid 444
14.14 getmyinode 445
14.15 getmypid 445
14.16 getmyuid 446
14.17 getrusage 446
14.18 ini_get 447
14.19 ini_get_all 447
14.20 ini_restore 448
14.21 ini_set 449
14.22 php_logo_guid 450
14.23 php_sapi_name 450
14.24 php_uname 451
14.25 phpcredits 452
14.26 phpinfo 452
14.27 phpversion 453
14.28 putenv 453
14.29 restore_include_path 454

14.30 set_include_path ... 454
14.31 set_magic_quotes_runtime ... 455
14.32 set_time_limit ... 456
14.33 zend_logo_guid ... 456
14.34 zend_version ... 457

15 Reguläre Ausdrücke (POSIX) ... 459
15.1 ereg ... 459
15.2 ereg_replace ... 460
15.3 eregi ... 461
15.4 eregi_replace ... 462
15.5 split ... 463
15.6 spliti ... 464
15.7 sql_regcase ... 465

16 Session-Funktionen ... 467
16.1 session_cache_expire ... 467
16.2 session_cache_limiter ... 467
16.3 session_decode ... 468
16.4 session_destroy ... 469
16.5 session_encode ... 469
16.6 session_get_cookie_params ... 470
16.7 session_id ... 471
16.8 session_is_registered ... 471
16.9 session_module_name ... 472
16.10 session_name ... 472
16.11 session_regenerate_id ... 473
16.12 session_register ... 473
16.13 session_save_path ... 474
16.14 session_set_cookie_params ... 474
16.15 session_start ... 475
16.16 session_unregister ... 476
16.17 session_unset ... 476

17 Sonstige Funktionen ... 477
17.1 connection_aborted ... 477
17.2 connection_status ... 478
17.3 connection_timeout ... 481
17.4 define ... 482
17.5 defined ... 483
17.6 die ... 484
17.7 eval ... 485
17.8 exit ... 486
17.9 get_browser ... 487
17.10 highlight_file ... 489
17.11 highlight_string ... 491
17.12 ignore_user_abort ... 492

17.13 ini_alter 493
17.14 ini_get 494
17.15 ini_restore 495
17.16 ini_set 495
17.17 leak 496
17.18 show_source 496
17.19 sleep 498
17.20 uniqid 499
17.21 usleep 500

18 String-Funktionen 503
18.1 addcslashes 503
18.2 addslashes 503
18.3 bin2hex 504
18.4 chop 504
18.5 chr 505
18.6 chunk_split 505
18.7 convert_cyr_string 506
18.8 count_chars 507
18.9 crc32 509
18.10 crypt 509
18.11 echo 510
18.12 explode 510
18.13 get_html_translation_table 511
18.14 htmlentities 512
18.15 htmlspecialchars 513
18.16 implode 514
18.17 join 514
18.18 levenshtein 515
18.19 ltrim 516
18.20 md5 516
18.21 metaphone 517
18.22 nl2br 518
18.23 ord 518
18.24 parse_str 519
18.25 print 519
18.26 printf 520
18.27 quoted_printable_decode 521
18.28 quotemeta 521
18.29 rtrim 522
18.30 setlocale 522
18.31 similar_text 524
18.32 soundex 524
18.33 sprintf 525
18.34 sscanf 526
18.35 str_pad 527
18.36 str_repeat 527

18.37 str_replace 528
18.38 str_rot13 528
18.39 str_shuffle 529
18.40 str_split 529
18.41 str_word_count 530
18.42 strcasecmp 531
18.43 strchr 532
18.44 strcmp 532
18.45 strcspn 533
18.46 stripcslashes 534
18.47 stripslashes 534
18.48 strip_tags 535
18.49 stristr 535
18.50 strlen 536
18.51 strnatcasecmp 536
18.52 strnatcmp 538
18.53 strncmp 539
18.54 strpos 540
18.55 strrchr 541
18.56 strrev 542
18.57 strrpos 542
18.58 strspn 543
18.59 strstr 543
18.60 strtok 544
18.61 strtolower 545
18.62 strtoupper 545
18.63 strtr 546
18.64 substr 547
18.65 substr_count 548
18.66 substr_replace 548
18.67 trim 549
18.68 ucfirst 550
18.69 ucwords 550
18.70 wordwrap 551

19 URL-Funktionen 553
19.1 base64_decode 553
19.2 base64_encode 554
19.3 get_headers 555
19.4 get_meta_tags 555
19.5 http_build_query 556
19.6 parse_url 557
19.7 rawurldecode 558
19.8 rawurlencode 559
19.9 urldecode 560
19.10 urlencode 561

20 Variablen-Funktionen ... 563
20.1 doubleval ... 563
20.2 empty ... 563
20.3 floatval ... 564
20.4 gettype ... 564
20.5 intval ... 565
20.6 is_array ... 566
20.7 is_bool ... 566
20.8 is_double ... 567
20.9 is_float ... 568
20.10 is_int ... 568
20.11 is_integer ... 569
20.12 is_long ... 570
20.13 is_null ... 571
20.14 is_numeric ... 572
20.15 is_object ... 572
20.16 is_real ... 573
20.17 is_resource ... 574
20.18 is_scalar ... 575
20.19 is_string ... 576
20.20 isset ... 576
20.21 print_r ... 577
20.22 serialize ... 578
20.23 settype ... 579
20.24 strval ... 580
20.25 unserialize ... 580
20.26 unset ... 581
20.27 var_dump ... 582
20.28 var_export ... 582

21 Verzeichnis-Funktionen ... 585
21.1 chdir ... 585
21.2 closedir ... 585
21.3 dir ... 586
21.4 getcwd ... 587
21.5 mkdir ... 587
21.6 opendir ... 588
21.7 readdir ... 589
21.8 rewinddir ... 589
21.9 rmdir ... 591
21.10 scandir ... 591

Stichwortverzeichnis ... 593

1 Einführung

Sie programmieren dynamische PHP-Applikationen? Sie sind auf der Suche nach den richtigen Befehlen für bestimmte Aufgaben? Manchmal kennen Sie den Befehl, aber die Syntax ist Ihnen fremd? Sie wollen nur mal schnell nachschauen, ob die Syntax so richtig ist? Sie sind Anfänger bis Profi in PHP?

Wenn Sie auch nur eine der Fragen mit einem »Ja« beantworten konnten, so sind Sie für dieses Buch der ideale Adressat.

Im Buch selbst werden eine Vielzahl von PHP-Befehlen erklärt und mit Beispielen sowie den passenden Ausgaben unterlegt. Probieren Sie ruhig alle Beispiele aus – sie sind aus diesem Grund immer sehr klein und einfach gehalten.

Natürlich hätte man die Beispielskripts auch wesentlich kompakter programmieren können. Der Autor will aber nicht zeigen, wie toll man programmieren könnte, sondern gerade unerfahrenen Programmierern den Weg zu den Funktionen weisen. Sie selbst können und sollten die Beispielskripts modifizieren und anpassen – nur so werden Sie ein Gefühl für die Funktion bekommen.

1.1 Wie dieses Buch zu lesen ist

Es gibt keine allgemein gültige Art und Weise, wie dieses Buch zu lesen ist. Ihnen wird eine Befehlsreferenz an die Hand gegeben, die Sie auf verschiedene Arten benutzen können. Sie haben die Wahl zwischen dem Inhaltsverzeichnis, dem Stichwortverzeichnis, der Funktionsübersicht oder einfach nur dem Blättern innerhalb der Funktionen.

In der Funktionsübersicht sind alle im Buch aufgeführten Befehle kurz und bündig erklärt. Weiterhin wird bei jedem im Buch beschriebenen Befehl die Seitenzahl der Funktionbeschreibung mit angegeben. Insgesamt 562 Funktionen.

1.2 Schreibweise im Buch

Die Schreibweisen im Buch sind klar und übersichtlich. Programmcodes werden mit einer nichtproportionalen Schriftart unterlegt.

Beschreibungstexte oder Ausgaben werden in normaler Schrift dargestellt.

1.3 Schreibweise der PHP-Syntax

Die komplette PHP-Befehlsreferenz orientiert sich beim Aufbau der Befehle an der allgemein üblichen Schreibweise für Syntaxdarstellung.

Da diese Schreibweise mittlerweile ein fester Bestandteil der Programmierung geworden ist, wurde der Syntax dem Manual der PHP-Group exakt entnommen.

Im gesamten Buch finden Sie für alle Befehle folgenden Aufbau:

⇒ **Befehl** string **function** (string format [, int timestamp])

Wie diese Schreibweise zu lesen ist:

- **string** – Vor jeder Funktion steht ein Datentyp, welcher von der Funktion zurückgegeben wird. Im obigen Beispiel wird als Rückgabewert ein String (Zeichenkette) zurückgegeben. Mögliche Werte sind:
  1. **array** – Es wird ein Array zurückgegeben.
  2. **bool** – Es wird »true« oder »false« zurückgegeben.
  3. **double** – Es wird »double« (Fließkommazahl) zurückgegeben.
  4. **int** – Es werden ganzzahlige Werte zurückgegeben.
  5. **mixed** – Es wird ein beliebiger Typ zurückgegeben.
  6. **object** – Es wird ein Verweis (Referenz) auf ein Objekt zurückgegeben.
  7. **string** – Es wird eine Zeichenkette zurückgegeben.
  8. **void** – Es wird nichts zurückgegeben.
- **function** – Der eigentliche Befehl wird in der PHP-Syntax fett dargestellt.
- **format** – Die Art des Parameters, welcher zwingend erforderlich und unbedingt angegeben werden muss.
  Mögliche Werte sind:
  1. **array** – Es wird ein Array als Parameter benötigt.
  2. **double** – Als Parameter wird eine Fließkommazahl gefordert.
  3. **float** – Als Parameter wird eine Fließkommazahl gefordert.
  4. **int** – Als Parameter wird eine Ganzzahl gefordert.
  5. **mixed** – Als Parameter wird ein beliebiger Typ gefordert.
  6. **string** – Als Parameter wird eine Zeichenkette gefordert.
  7. **void** – Als Parameter wird nichts gefordert.
- [,...] – In eckigen Klammern stehen optionale Parameter, die nicht zwingend erforderlich sind.
  Mögliche Werte sind:
  1. **array** – Es wird ein Array als Parameter benötigt.

2. **double** – Als Parameter wird eine Fließkommazahl gefordert.
3. **float** – Als Parameter wird eine Fließkommazahl gefordert.
4. **int** – Als Parameter wird eine Ganzzahl gefordert.
5. **mixed** – Als Parameter wird ein beliebiger Typ gefordert.
6. **string** – Als Parameter wird eine Zeichenkette gefordert.
7. **resource** – Als Parameter wird eine Referenz auf eine externe Resource gefordert

1.4 PHP-Deklaration

1.4.1 Kommentare

Gut programmierte Skripts sollten immer fundierte Kommentarzeilen beinhalten. So können sich auch in einem größeren Projekt andere Programmierer sehr schnell in die Programmlogik einarbeiten. Sie können Kommentare auf verschiedene Art einbinden.

1. Möglichkeit (Einzeilige Kommentare)

```
$x = 1; // Startvariable für Programmschleife
$y = 9; // Endvariable für Programmschleife
```

2. Möglichkeit (Mehrzeiliger Kommentar)

```
/*
   $x ist die Startvariable für die  Programmschleife
   $y ist die Endvariable für die Programmschleife
*/
$x = 2;
$y = 6;
```

1.4.2 Syntax

Es gibt verschiedene Möglichkeiten, PHP in eine Seite einzubinden.

Da aber PHP oftmals auf Unix- bzw. Linux-Systemen arbeitet, ist es ratsam, die XML-Syntax zu nehmen. Um auch die ASP-Syntax auf diesen Systemen nutzen zu können, ist es erforderlich, Zugriff auf die Datei php.ini zu haben.

Arten der Syntax:

```
SGML-Syntax
   <?
      // Hier den PHP-Code einfügen
   ?>

XML-Syntax
```

```
   <?PHP
      // Hier den PHP-Code einfügen
   ?>
oder
   <?php
      // Hier den PHP-Code einfügen
   ?>

ASP-Syntax
   <%
      // Hier den PHP-Code einfügen
   %>

   <script language="php" runat=online>
      // Hier den PHP-Code einfügen
   </script>
```

Sie können Ihren HTML- und PHP-Code so untereinander mischen.

Um aber die Übersicht innerhalb ihres Programmcodes nicht zu verlieren, ist es ratsam, PHP- vom HTML-Code weitestgehend zu trennen. So könnte man Funktionen oder Berechnungen im Dateikopf abarbeiten und die benötigten Variablen an der Stelle platzieren, wo sie gebraucht werden.

Dies erleichtert es nachher anderen Programmierern, sich schnell in Ihr Programm einzuarbeiten.

Hier ein kleines Beispiel:

```
<?PHP
   function mache_etwas($wie_oft){
      for($x=1 ; $x<$wie_oft ; $x++){
         echo "Dies ist der " . $x . ". Durchlauf. <br>";
      }
   }
?>
<HTML>
   <HEAD>
   </HEAD>
<BODY>
   Mein erstes Programm:
<BR>
<?PHP
   mache_etwas(4);
?>
</BODY>
</HTML>
```

Dieses Beispiel führt zu folgender Ausgabe:

```
Mein erstes Programm:
Dies ist der 1. Durchlauf.
Dies ist der 2. Durchlauf.
Dies ist der 3. Durchlauf.
```

1.5 Versionskontrolle

Sämtliche Skripts in dem Buch wurden sorgfältig ausgearbeitet und getestet. Dabei wurden als System ein Linux- und Windows XP-Rechner genutzt, welche innerhalb eines Netzwerkes miteinander verbunden waren. Alle Skripts wurden über den Windows-Rechner per Browser gestartet. Die Skripts wurden auf dem Webserver ausgeführt und unterschieden sich nur durch die Dateiendung (*.php oder *.php5). Somit wurde entweder PHP 4 oder PHP 5 ausgeführt. Auf der CD-ROM finden Sie in den jeweiligen Verzeichnissen allerdings nur PHP-Skripts mit der Endung *.php.

System:

- Gentoo Linux/x86
- Apache Webserver 1.3.31
- PHP 4.3.7 als `CGI/FastCGI`
- PHP 5.0.0RC3 als `CGI/FastCGI`
- MySQL 3.22.32

Sollten Sie dennoch Skripts finden, welche nicht einwandfrei funktionieren oder verbesserungsfähig sind, so würde ich mich sehr freuen, wenn Sie mir per E-Mail Bescheid geben. Bitte schreiben Sie das Verhalten der Skripts, Ihre Serverausstattung und die darauf laufende Software mit dazu.

Beispiel:

Funktion: getimagesize()

Fehlermeldung: **Fatal error:** Call to undefined function: getimagesiz() in **/www/users/test_php/getimagesize.php** on line 2

System: Linux SuSE 8.0

Server: Apache Webserver 1.3.20

PHP: PHP 4.3.0 als Modul einkompiliert

Datenbank: MySQL 3.22.32

Eventuelle Verbesserungen:

Für die Korrespondenz steht Ihnen folgende E-Mail-Adresse zur Verfügung:

- *bugfix@selfphp.de*

1.6 Die CD zum Buch

Auf der Buch-CD finden Sie wichtige Software zur Nutzung von PHP 5: Apache-Webserver (Windows, Linux), My SQL 4 (Windows, Linux), PHP 4.38 und 5 (Windows, Linux) sowie nützliche Tools.

Foren, Chat oder Neuerungen von SELFPHP finden Sie im Internet unter folgenden URLs:

- *http://www.selfphp.de*
- *http://www.selfphp.com*
- *http://www.selfphp.info*

Anhand der Versionsnummer sehen Sie genau, was innerhalb von SELFPHP geändert wurde oder hinzugekommen ist.

Folgendes beschreibt die Versionsnummer (zur Beschreibung fett dargestellt):

Version **1**.0.1 – Die erste Zahl ist identisch mit der Auflage des Buches. In diesem Fall handelt es sich um die erste Auflage.

Version 1.**0**.1 – Die zweite Zahl beschreibt die Funktionsgruppen. Erhöht sich diese Zahl, so wurde eine komplette Funktionsgruppe (z.B. Image-Funktionen) in SELFPHP neu aufgenommen.

Version 1.0.**1** – Die dritte Zahl beschreibt die Funktionen. Erhöht sich diese Zahl, so wurden neue Funktionen (z.B. imagecreate) in SELFPHP neu aufgenommen, geändert oder aus dem Dokument entfernt.

2 Funktionsübersicht

Dieses Kapitel gibt Ihnen einen kompakten Überblick über alle PHP-Funktionen, inklusive einer Kurzbeschreibung.

2.1 Array-Funktionen

Funktion / Version / Kurzbeschreibung
array **array**(...) (PHP 3, PHP 4, PHP 5) Erzeugt aus gegebenen Werten ein Array Siehe Seite 101
array **array_change_key_case** (array input [, int case]) (PHP 4 >= 4.2.0, PHP 5) Wandelt die Schlüssel eines Arrays in Klein- bzw. Großbuchstaben um Siehe Seite 102
array **array_chunk** (array input, int size [, bool preserve_keys]) (PHP 4 >= 4.2.0, PHP 5) Teilt ein Array in kleinere Stücke auf Siehe Seite 103
array **array_combine** (array keys, array values) (PHP 5) Erzeugt aus zwei verschiedenen Arrays ein neues Array Siehe Seite 105
array **array_count_values** (array input) (PHP 4, PHP 5) Zählt, welche Einträge mehrfach innerhalb eines Arrays vorkommen Siehe Seite 105
array **array_fill** (int start_index, int num, mixed value) (PHP 4 >= 4.2.0, PHP 5) Erzeugt ein neues oder füllt ein bestehendes Array mit einer bestimmten Menge an Einträgen Siehe Seite 106

array **array_diff** (array array1, array array2 [, array ...]) (PHP 4 >= 4.0.1, PHP 5) Extrahiert die Werte aus dem Array, die in keinem der anderen Arrays vorkommen Siehe Seite 106
array **array_filter** (array input [, mixed callback]) (PHP 4 >= 4.0.6, PHP 5) Übergibt Werte eines Arrays an eine Funktion Siehe Seite 107
array **array_flip** (array trans) (PHP 4, PHP 5) Vertauscht für jeden Eintrag eines Arrays Schlüssel und Wert Siehe Seite 108
array **array_intersect_assoc** (array array1, array array2 [, array ...]) (PHP 4 >= 4.3.0, PHP 5) Vergleicht Arrays miteinander und gibt das Ergebnis zurück Siehe auch 108
array **array_intersect** (array array1, array array2 [, array ...]) (PHP 4 >= 4.0.1, PHP 5) Bildet die Schnittmenge aus den Arrays Siehe Seite 109
array **array_keys** (array input [, mixed search_value]) (PHP 4, PHP 5) Gibt die Schlüssel eines Arrays zurück Siehe Seite 110
bool **array_key_exists** (mixed key, array search) (PHP 4 >= 4.1.0, PHP 5) Durchsucht ein Array nach einem Index Siehe Seite 111
array **array_map** (mixed callback, array arr1 [, array ...]) (PHP 4 >= 4.0.6, PHP 5) Übergibt den Inhalt eines Arrays an eine Funktion Siehe Seite 112
array **array_merge** (array array1, array array2 [, array ...]) (PHP 4, PHP 5) Verbindet mehrere Arrays zu einem einzigen Array Siehe Seite 113
array **array_merge_recursive** (array array1, array array2 [, array ...]) (PHP 4 >= 4.0.1, PHP 5) Fügt mehrere Arrays zu einem Array zusammen, ohne Elemente zu überschreiben Siehe Seite 114

bool **array_multisort** (array ar1 [, mixed arg [, mixed [, array...]]]) (PHP 4, PHP 5) Sortiert mehrere Arrays auf einmal Siehe Seite 115
array **array_pad** (array input, int pad_size, mixed pad_value) (PHP 4, PHP 5) Vergrößert ein Array um angegebene Elemente Siehe Seite 117
mixed **array_pop** (array array) (PHP 4, PHP 5) Löscht das letzte Element eines Arrays Siehe Seite 117
int **array_push** (array array, mixed var [, mixed ...]) (PHP 4, PHP 5) Fügt neue Elemente an das Ende eines Arrays an Siehe Seite 118
mixed **array_rand** (array input [, int num_req]) (PHP 4, PHP 5) Liefert zufällig ausgewählte Elemente eines Arrays Siehe Seite 119
mixed **array_reduce** (array input, mixed callback [, int initial]) (PHP 4 >= 4.0.5, PHP 5) Übergibt den Inhalt eines Arrays an eine Funktion Siehe Seite 119
array **array_reverse** (array array [, bool preserve_keys]) (PHP 4, PHP 5) Dreht die Elemente innerhalb eines Arrays um Siehe Seite 120
mixed **array_search** (mixed needle, array haystack [, bool strict]) (PHP 4 >= 4.0.5, PHP 5) Sucht in einem Array nach einem Wert Siehe Seite 121
mixed **array_shift** (array array) (PHP 4, PHP 5) Entfernt das erste Element eines Arrays Siehe Seite 122
array **array_slice** (array array, int offset [, int length]) (PHP 4, PHP 5) Extrahiert einen Teilbereich aus einem Array Siehe Seite 123

array **array_splice** (array input, int offset [, int length [, array replacement]])
(PHP 4, PHP 5)
Ersetzt oder entfernt einen Teilbereich aus einem Array
Siehe Seite 124

mixed **array_sum** (array arr)
(PHP 4 >= 4.0.4, PHP 5)
Summiert die Werte eines Arrays
Siehe Seite 125

array **array_unique** (array array)
(PHP 4 >= 4.0.1, PHP 5)
Entfernt doppelte Einträge aus einem Array
Siehe Seite 126

int **array_unshift** (array array, mixed var [, mixed ...])
(PHP 4, PHP 5)
Fügt neue Elemente am Anfang eines Arrays ein
Siehe Seite 126

array **array_values** (array input)
(PHP 4, PHP 5)
Ändert ein assoziatives Array in ein numerisch indiziertes Array
Siehe Seite 127

int **array_walk** (array arr, string func [, mixed userdata])
(PHP 3>= 3.0.3, PHP 4, PHP 5)
Übergibt jedes Element eines Arrays an eine Funktion
Siehe Seite 128

void **arsort** (array array [, int sort_flags])
(PHP 3, PHP 4, PHP 5)
Sortiert ein Array absteigend nach den Werten
Siehe Seite 128

void **asort** (array array [, int sort_flags])
(PHP 3, PHP 4, PHP 5)
Sortiert ein Array aufsteigend nach den Werten
Siehe Seite 129

array **compact** (mixed varname [, mixed ...])
(PHP 4, PHP 5)
Erstellt aus Werten von Variablen ein Array
Siehe Seite 130

int **count** (mixed var)
(PHP 3, PHP 4, PHP 5)
Zählt die Elemente in einem Array
Siehe Seite 131

mixed **current** (array array) (PHP 3, PHP 4, PHP 5) Gibt das aktuelle Element eines Arrays zurück Siehe Seite 132
array **each** (array array) (PHP 3, PHP 4, PHP 5) Gibt bei einem assoziativen Array das Schlüssel-/Wertepaar eines Elements zurück Siehe Seite 133
mixed **end** (array array) (PHP 3, PHP 4, PHP 5) Springt zum letzten Element eines Arrays Siehe Seite 133
int **extract** (array var_array [, int extract_type [, string prefix]]) (PHP 3>= 3.0.7, PHP 4, PHP 5) Legt für jedes Element des Arrays eine Variable an Siehe Seite 134
bool **in_array** (mixed needle, array haystack [, bool strict]) (PHP 4, PHP 5) Sucht in einem Array nach einem Wert Siehe Seite 135
mixed **key** (array array) (PHP 3, PHP 4, PHP 5) Gibt den Schlüssel des aktuellen Elements zurück Siehe Seite 136
int **krsort** (array array [, int sort_flags]) (PHP 3>= 3.0.13, PHP 4, PHP 5) Sortiert ein Array absteigend nach dem Index Siehe Seite 137
int **ksort** (array array [, int sort_flags]) (PHP 3, PHP 4, PHP 5) Sortiert ein Array aufsteigend nach dem Index Siehe Seite 138
void **list** (mixed...) (PHP 3, PHP 4, PHP 5) Weist Variablen die Werte aus einem Array zu Siehe Seite 138
void **natcasesort** (array array) (PHP 4, PHP 5) Sortiert ein Array in »natürlicher Reihenfolge« ohne Berücksichtigung der Groß-/Kleinschreibung Siehe Seite 139

void **natsort** (array array) (PHP 4, PHP 5) Sortiert ein Array in »natürlicher Reihenfolge« unter Berücksichtigung der Groß-/Kleinschreibung Siehe Seite 140
mixed **next** (array array) (PHP 3, PHP 4, PHP 5) Springt zum nächsten Element eines Arrays Siehe Seite 141
mixed **pos** (array array) (PHP 3, PHP 4, PHP 5) Liefert das aktuelle Element eines Arrays Siehe Seite 142
mixed **prev** (array array) (PHP 3, PHP 4, PHP 5) Springt zum vorherigen Element eines Arrays Siehe Seite 142
array **range** (int low, int high [, int step])) (PHP 3>= 3.0.8, PHP 4, PHP 5) Erzeugt ein numerisches Array mit den Start- und Endwerten Siehe Seite 143
mixed **reset** (array array) (PHP 3, PHP 4, PHP 5) Springt zum ersten Element eines Arrays Siehe Seite 144
void **rsort** (array array [, int sort_flags]) (PHP 3, PHP 4, PHP 5) Sortiert ein Array absteigend nach den Werten Siehe Seite 144
void **shuffle** (array array) (PHP 3>= 3.0.8, PHP 4, PHP 5) Ordnet alle Elemente eines Arrays in zufälliger Reihenfolge an Siehe Seite 145
int **sizeof** (mixed var) (PHP 3, PHP 4 >= 4.0b1) Zählt die Anzahl der Elemente in einem Array Siehe Seite 146
void **sort** (array array [, int sort_flags]) (PHP 3, PHP 4, PHP 5) Sortiert ein Array aufsteigend nach den Werten Siehe Seite 147

void **uasort** (array array, callback cmp_function) (PHP 3>= 3.0.4, PHP 4, PHP 5) Sortiert ein Array – Übergabe an eine Funktion Siehe Seite 148
void **uksort** (array array, callback cmp_function) (PHP 3>= 3.0.4, PHP 4, PHP 5) Sortiert ein assoziatives Array nach den Schlüsseln – Übergabe an eine Funktion Siehe Seite 149
void **usort** (array array, function cmp_function) (PHP 3>= 3.0.3, PHP 4, PHP 5) Sortiert ein assoziatives Array nach den Werten – Übergabe an eine Funktion Siehe Seite 150

2.2 Dateisystemfunktionen

Funktion / Version / Kurzbeschreibung
string **basename** (string path [, string suffix]) (PHP 3, PHP 4, PHP 5) Extrahiert den Namen aus einer vollständigen Pfadangabe Siehe Seite 151
int **chgrp** (string filename, mixed group) (PHP 3, PHP 4, PHP 5 Ändert die Gruppenzugehörigkeit einer Datei Siehe Seite 151
int **chmod** (string filename, int mode) (PHP 3, PHP 4, PHP 5) Ändert die Zugriffsrechte einer Datei Siehe Seite 152
int **chown** (string filename, mixed user) (PHP 3, PHP 4, PHP 5) Ändert den Eigentümer einer Datei Siehe Seite 153
void **clearstatcache** (void) (PHP 3, PHP 4, PHP 5) Leert den Status-Cache Siehe Seite 154

int **copy** (string source, string dest) (PHP 3, PHP 4, PHP 5) Kopiert eine Datei Siehe Seite 155
string **dirname** (string path) (PHP 3, PHP 4, PHP 5) Extrahiert den Verzeichnisnamen aus einer Pfadangabe Siehe Seite 156
float **diskfreespace** (string directory) (PHP 4 >= 4.1.0, PHP 5) Ermittelt den freien Speicherplatz in einem Verzeichnis Siehe Seite 156
bool **fclose** (resource handle) (PHP 3, PHP 4, PHP 5) Schließt eine Datei Siehe Seite 157
bool **feof** (resource handle) (PHP 3, PHP 4, PHP 5) Überprüft, ob der Dateizeiger am Ende der Datei steht Siehe Seite 157
bool **fflush** (resource handle) (PHP 4 >= 4.0.1, PHP 5) Der Ausgabepuffer wird in eine Datei geschrieben Siehe Seite 158
array **fgetcsv** (resource handle, int length [, string delimiter [, string enclosure]]) (PHP 3>= 3.0.8, PHP 4, PHP 5) Liest CSV-Dateien ein Siehe Seite 160
string **fgetc** (resource handle) (PHP 3, PHP 4, PHP 5) Ein einzelnes Zeichen wird von der Position des Dateizeigers gelesen Siehe Seite 159
array **fgetcsv** (int fp, int length [, string Delimiter]) (PHP 3 >= 3.0.8, PHP 4 >= 4.0b1) Liest eine Zeile aus einer Datei und gibt kommaseparierte Werte als Array zurück Siehe Seite 160
string **fgets** (resource handle [, int length]) (PHP 3, PHP 4, PHP 5) Eine einzelne Zeile wird von der Position des Dateizeigers gelesen Siehe Seite 162

string **fgetss** (resource handle, int length [, string allowable_tags]) (PHP 3, PHP 4, PHP 5) Eine einzelne Zeile wird von der Position des Dateizeigers gelesen. HTML- bzw. PHP-Tags werden entfernt Siehe Seite 163
array **file** (string filename [, int use_include_path]) (PHP 3, PHP 4, PHP 5) Liest eine Datei zeilenweise in ein Array Siehe Seite 164
bool **file_exists** (string filename) (PHP 3, PHP 4, PHP 5) Überprüft, ob die Datei existiert Siehe Seite 165
int **fileatime** (string filename) (PHP 3, PHP 4, PHP 5) Liefert Datum und Uhrzeit des letzten Zugriffs auf die Datei Siehe Seite 166
int **filectime** (string filename) (PHP 3, PHP 4, PHP 5) Liefert Datum und Uhrzeit der letzten Änderung der Datei Siehe Seite 166
int **filegroup** (string filename) (PHP 3, PHP 4, PHP 5) Liefert die Gruppe, der die Datei angehört Siehe Seite 167
int **fileinode** (string filename) (PHP 3, PHP 4, PHP 5) Liefert die Inode-Nummer einer Datei Siehe Seite 168
int **filemtime** (string filename) (PHP 3, PHP 4, PHP 5) Liefert Datum und Uhrzeit der letzten Änderung der Datei Siehe Seite 169
int **fileowner** (string filename) (PHP 3, PHP 4, PHP 5) Liefert den Besitzer der Datei Siehe Seite 169
int **fileperms** (string filename) (PHP 3, PHP 4, PHP 5) Liefert die Zugriffsrechte einer Datei Siehe Seite 170

int **filesize** (string filename) (PHP 3, PHP 4, PHP 5) Liefert die Dateigröße Siehe Seite 171
string **filetype** (string filename) (PHP 3, PHP 4, PHP 5) Liefert den Dateityp Siehe Seite 171
bool **flock** (int fp, int operation [, int wouldblock]) (PHP 3>= 3.0.7, PHP 4, PHP 5) Verriegelt eine Datei Siehe Seite 172
resource **fopen** (string filename, string mode [, int use_include_path [, resource zcontext]]) (PHP 3, PHP 4, PHP 5) Öffnet eine Datei oder URL Siehe Seite 173
int **fpassthru** (resource handle) (PHP 3, PHP 4, PHP 5) Liest alle restlichen Daten einer Datei aus Siehe Seite 174
int **fputs** (int fp, string str [, int length]) (PHP 3, PHP 4, PHP 5) Schreibt Daten an die Stelle des Dateizeigers Siehe Seite 175
string **fread** (int fp, int length) (PHP 3, PHP 4, PHP 5) List binäre Daten aus einer Datei Siehe Seite 176
mixed **fscanf** (int handle, string format [, string var1...]) (PHP 4 >= 4.0.1, PHP 5) Liest aus einer Datei und interpretiert die Daten entsprechend dem angegebenen Format Siehe Seite 177
int **fseek** (int fp, int offset [, int whence]) (PHP 3, PHP 4, PHP 5) Positioniert einen Dateizeiger Siehe Seite 178
array **fstat** (int fp) (PHP 4, PHP 5) Stellt Informationen über eine Datei bereit Siehe Seite 179

int **ftell** (int fp) (PHP 3, PHP 4, PHP 5) Liefert die aktuelle Position des Dateizeiger. Siehe Seite 180
bool **ftruncate** (int fp, int size) (PHP 4, PHP 5) Verkürzt eine Datei auf die angegebene Größe Siehe Seite 181
int **fwrite** (int fp, string string [, int length]) (PHP 3, PHP 4, PHP 5) Schreibt Binärdaten in eine Datei Siehe Seite 182
bool **is_dir** (string filename) (PHP 3, PHP 4, PHP 5) Überprüft, ob die angegebene Datei ein Verzeichnis ist Siehe Seite 182
bool **is_executable** (string filename) (PHP 3, PHP 4, PHP 5) Überprüft, ob die angegebene Datei ausführbar ist Siehe Seite 183
bool **is_file** (string filename) (PHP 3, PHP 4, PHP 5) Überprüft, ob die angegebene Datei eine reguläre Datei ist Siehe Seite 184
bool **is_link** (string filename) (PHP 3, PHP 4, PHP 5) Überprüft, ob die angegebene Datei ein symbolischer Link ist Siehe Seite 185
bool **is_readable** (string filename) (PHP 3, PHP 4, PHP 5) Überprüft, ob die angegebene Datei lesbar ist Siehe Seite 185
bool **is_uploaded_file** (string filename) (PHP 3>= 3.0.17, PHP 4 >= 4.0.3, PHP 5) Überprüft, ob eine Datei via HTTP-POST hochgeladen wurde Siehe Seite 186
bool **is_writeable** (string filename) (PHP 4, PHP 5) Überprüft, ob die angegebene Datei beschreibbar ist Siehe Seite 187

int **link** (string target, string link)
(PHP 3, PHP 4, PHP 5)
Erzeugt einen Hard-Link
Siehe Seite 188

int **linkinfo** (string path)
(PHP 3, PHP 4, PHP 5)
Liefert Informationen über einen Link
Siehe Seite 189

array **lstat** (string filename)
(PHP 3>= 3.0.4, PHP 4, PHP 5)
Liefert Informationen über eine Datei oder einen symbolischen Link
Siehe Seite 189

bool **move_uploaded_file** (string filename, string destination)
(PHP 4 >= 4.0.3, PHP 5)
Verschiebt eine hochgeladene Datei
Siehe Seite 190

array **parse_ini_file** (string filename [, bool process_sections])
(PHP 4, PHP 5)
Parst eine Konfigurationsdatei
Siehe Seite 191

array **pathinfo** (string path)
(PHP 4 >= 4.0.3, PHP 5)
Liefert Informationen über den Dateipfad
Siehe Seite 193

int **pclose** (int fp)
(PHP 3, PHP 4, PHP 5)
Schließt einen Prozess-Dateizeiger
Siehe Seite 193

int **popen** (string command, string mode)
(PHP 3, PHP 4, PHP 5)
Öffnet einen Prozess-Dateizeiger
Siehe Seite 194

int **readfile** (string filename [, int use_include_path])
(PHP 3, PHP 4, PHP 5)
Gibt eine Datei aus
Siehe Seite 195

string **readlink** (string path)
(PHP 3, PHP 4, PHP 5)
Liefert das Ziel eines symbolischen Links
Siehe Seite 196

string **realpath** (string path) (PHP 4, PHP 5) Erzeugt einen absoluten Pfadnamen Siehe Seite 196
bool **rename** (string oldname, string newname[, resource context]) (PHP 3, PHP 4, PHP 5) Ändert den Namen einer Datei Siehe Seite 196
int **rewind** (int fp) (PHP 3, PHP 4, PHP 5) Setzt den Dateizeiger auf das erste Byte einer Datei Siehe Seite 197
int **stream_set_write_buffer** (resource fp, int buffer) (PHP 4 >= 4.3.0, PHP 5) Stellt den Puffer für Schreibvorgänge in einer Datei ein Siehe Seite 198
array **stat** (string filename) (PHP 3, PHP 4, PHP 5) Liefert verschiedene Informationen über eine Datei Siehe Seite 198
int **symlink** (string target, string link) (PHP 3, PHP 4, PHP 5) Erzeugt einen symbolischen Link Siehe Seite 200
string **tempnam** (string dir, string prefix) (PHP 3, PHP 4, PHP 5) Liefert den Dateinamen für eine temporäre Datei Siehe Seite 200
resource **tmpfile** (void) (PHP 3>= 3.0.13, PHP 4, PHP 5) Erstellt eine temporäre Datei Siehe Seite 202
int **touch** (string filename [, int time [, int atime]]) (PHP 3, PHP 4, PHP 5) Setzt das Datum der letzten Änderung Siehe Seite 202
int **umask** ([int mask]) (PHP 3, PHP 4, PHP 5) Ändert die aktuellen Zugriffsrechte Siehe Seite 203

int **unlink** (string filename) (PHP 3, PHP 4, PHP 5) Löscht eine Datei

2.3 Datums- und Zeit-Funktionen

Funktion / Version / Kurzbeschreibung
bool **checkdate** (int Monat, int Tag, int Jahr) (PHP 3, PHP 4, PHP 5) Prüft eine gregorianische Datumsangabe auf Gültigkeit Siehe Seite 205
string **date** (string format [, int timestamp]) (PHP 3, PHP 4, PHP 5) Formatiert ein(e) angegebene(s) Zeit/Datum Siehe Seite 205
array **getdate** ([int timestamp]) (PHP 3, PHP 4, PHP 5) Gibt Datums- und Zeitinformationen zurück Siehe Seite 207
array **gettimeofday** (void) (PHP 3>= 3.0.7, PHP 4, PHP 5) Gibt die aktuelle Zeit zurück Siehe Seite 208
string **gmdate** (string format [, int timestamp]) (PHP 3, PHP 4, PHP 5) Formatiert eine GMT-Zeitangabe Siehe Seite 209
int **gmmktime** (int Stunde, int Minute, int Sekunde, int Monat, int Tag, int Jahr [, int is_dst]) (PHP 3, PHP 4, PHP 5) Gibt den UNIX-Zeitstempel für eine GMT-Zeitangabe zurück Siehe Seite 209
string **gmstrftime** (string format [, int timestamp]) (PHP 3>= 3.0.12, PHP 4, PHP 5) Liefert einen String mit Datum/Ortszeit zu einer GMT-Zeitangabe Siehe Seite 210
array **localtime** ([int timestamp [, bool is_associative]]) (PHP 4, PHP 5) Ermittelt die Ortszeit Siehe Seite 211

mixed **microtime** ([bool get_as_float]) (PHP 3, PHP 4, PHP 5) Gibt den aktuellen UNIX-Zeitstempel in Mikrosekunden zurück Siehe Seite 212
int **mktime** (int Stunde, int Minute, int Sekunde, int Monat, int Tag, int Jahr [, int is_dst]) (PHP 3, PHP 4, PHP 5) Gibt den UNIX-Zeitstempel für eine Zeitangabe zurück Siehe Seite 213
string **strftime** (string format [, int timestamp]) (PHP 3, PHP 4, PHP 5) Liefert einen String mit Datum/Ortszeit zu einer Zeitangabe Siehe Seite 214
int **strtotime** (string time [, int now]) (PHP 3>= 3.0.12, PHP 4, PHP 5) Wandelt eine Zeit-/Datumsangabe (englisches Format) in einen Unix-Zeitstempel um Siehe Seite 215
int **time** (void) (PHP 3, PHP 4, PHP 5) Gibt den gegenwärtigen UNIX-Zeitstempel zurück Siehe Seite 216

2.4 Verwalten von Funktionen

Funktion / Version / Kurzbeschreibung
mixed **call_user_func** (string function_name [, mixed parameter [, mixed ...]]) (PHP 3>= 3.0.3, PHP 4, PHP 5) Ruft eine benutzerdefinierte Funktion auf Siehe Seite 217
mixed **call_user_func_array** (string function_name [, array paramarr]) (PHP 4 >= 4.0.4, PHP 5) Ruft eine benutzerdefinierte Funktion auf Siehe Seite 218
string **create_function** (string args, string code) (PHP 4 >= 4.0.1, PHP 5) Erstellt eine temporäre Funktion Siehe Seite 219

int **func_get_arg** (int arg_num) (PHP 4, PHP 5) Liefert einen Eintrag aus einer Liste von Argumenten Siehe Seite 220
array **func_get_args** (void) (PHP 4, PHP 5) Liefert die an eine Funktion übergebenen Argumente als Array Siehe Seite 220
int **func_num_args** (void) (PHP 4, PHP 5) Liefert die Anzahl der an eine Funktion übergebenen Argumente Siehe Seite 221
int **function_exists** (string function_name) (PHP 3>= 3.0.7, PHP 4, PHP 5) Überprüft, ob eine Funktion existiert Siehe Seite 222
array **get_defined_functions** (void) (PHP 4 >= 4.0.4, PHP 5) Liefert eine Liste aller definierten Funktionen Siehe Seite 223
int **register_shutdown_function** (string func) (PHP 3>= 3.0.4, PHP 4, PHP 5) Registriert eine Funktion, die beim Beenden des Skripts aufgerufen wird Siehe Seite 224

2.5 Grafikfunktionen

Funktion / Version / Kurzbeschreibung
array **getimagesize** (string filename [, array imageinfo]) (PHP 3, PHP 4, PHP 5) Ermittelt verschiedene Informationen über eine Grafik Siehe Seite 228
int **imagearc** (int im, int cx, int cy, int w, int h, int s, int e, int col) (PHP 3, PHP 4, PHP 5) Zeichnet eine Teil-Ellipse Siehe Seite 229
int **imagechar** (int im, int font, int x, int y, string c, int col) (PHP 3, PHP 4, PHP 5) Zeichnet ein einzelnes Zeichen horizontal Siehe Seite 229

int **imagecharup** (int im, int font, int x, int y, string c, int col) (PHP 3, PHP 4, PHP 5) Zeichnet ein einzelnes Zeichen vertikal Siehe Seite 230
int **imagecolorallocate** (int im, int red, int green, int blue) (PHP 3, PHP 4, PHP 5) Legt die Farbe einer Grafik fest Siehe Seite 231
int **imagecolorat** (int im, int x, int y) (PHP 3, PHP 4, PHP 5) Ermittelt den genauen Farbwert eines Bildpunktes Siehe Seite 232
int **imagecolorclosest** (int im, int red, int green, int blue) (PHP 3, PHP 4, PHP 5) Ermittelt die ID der Farbe, die der angegebenen Farbe am ähnlichsten ist Siehe Seite 233
int **imagecolordeallocate** (int im, int index) (PHP 3>= 3.0.6, PHP 4, PHP 5) Löscht eine bereits zugewiesene Farbe Siehe Seite 234
int **imagecolorexact** (int im, int red, int green, int blue) (PHP 3, PHP 4, PHP 5) Ermittelt die Farb-ID der angegebenen Farbe Siehe Seite 235
int **imagecolorresolve** (int im, int red, int green, int blue) (PHP 3>= 3.0.2, PHP 4, PHP 5) Ermittelt die ID der Farbe, die der angegebenen Farbe am ähnlichsten ist Siehe Seite 235
bool **imagecolorset** (int im, int index, int red, int green, int blue) (PHP 3, PHP 4, PHP 5) Ändert den Farbwert innerhalb eines Bildes Siehe Seite 236
array **imagecolorsforindex** (int im, int index) (PHP 3, PHP 4, PHP 5) Ermittelt die RGB-Farbwerte für eine angegebene Farbe Siehe Seite 237
int **imagecolorstotal** (int im) (PHP 3, PHP 4, PHP 5) Ermittelt die Anzahl der Farben in einem Bild Siehe Seite 238

int **imagecolortransparent** (int im [, int col]) (PHP 3, PHP 4, PHP 5) Macht alle Bildteile transparent, die die angegebene Farbe haben Siehe Seite 238
int **imagecopy** (int dst_im, int src_im, int dst_x, int dst_y, int src_x, int src_y, int src_w, int src_h) (PHP 3>= 3.0.6, PHP 4, PHP 5) Kopiert einen Bildausschnitt Siehe Seite 238
resource **imagecopyresized** (int dst_im, int src_im, int dstX, int dstY, int srcX, int srcY, int dstW, int dstH, int srcW, int srcH) (PHP 3, PHP 4, PHP 5) Kopiert einen Bildausschnitt und dehnt oder verkleinert ihn dabei Siehe Seite 240
int **imagecreate** (int x_size, int y_size) (PHP 3, PHP 4, PHP 5) Erstellt ein neues Bild Siehe Seite 241
int **imagecreatefromgif** (string filename) (PHP 3, PHP 4, PHP 5) Erzeugt ein neues Bild aus einer GIF-Datei Siehe Seite 242
int **imagecreatefromjpeg** (string filename) (PHP 3>= 3.0.16, PHP 4, PHP 5) Erzeugt ein neues Bild aus einer JPEG-Datei Siehe Seite 243
int **imagecreatefrompng** (string filename) (PHP 3>= 3.0.13, PHP 4, PHP 5) Erzeugt ein neues Bild aus einer PNG-Datei Siehe Seite 244
resource **imagecreatefromwbmp** (string filename) (PHP 4 >= 4.0.1, PHP 5) Erzeugt ein neues Bild aus einer WBMP-Datei Siehe Seite 244
int **imagedashedline** (int im, int x1, int y1, int x2, int y2, int col) (PHP 3, PHP 4, PHP 5) Zeichnet eine gestrichelte Linie Siehe Seite 245
int **imagedestroy** (int im) (PHP 3, PHP 4, PHP 5) Löscht ein bestehendes Bild Siehe Seite 246

int **imagefill** (int im, int x, int y, int col) (PHP 3, PHP 4, PHP 5) Füllt einen Bereich mit Farbe Siehe Seite 247
int **imagefilledpolygon** (int im, array points, int num_points, int col) (PHP 3, PHP 4, PHP 5) Zeichnet ein mit Farbe gefülltes Polygon Siehe Seite 248
int **imagefilledrectangle** (int im, int x1, int y1, int x2, int y2, int col) (PHP 3, PHP 4, PHP 5) Zeichnet ein mit Farbe gefülltes Rechteck Siehe Seite 249
int **imagefilltoborder** (int im, int x, int y, int border, int col) (PHP 3, PHP 4, PHP 5) Füllt einen begrenzten Bereich mit Farbe Siehe Seite 250
int **imagefontheight** (int font) (PHP 3, PHP 4, PHP 5) Ermittelt die Höhe eines Zeichens im angegebenen Font Siehe Seite 250
int **imagefontwidth** (int font) (PHP 3, PHP 4, PHP 5) Ermittelt die Breite eines Zeichens im angegebenen Font Siehe Seite 252
int **imagegammacorrect** (int im, double inputgamma, double outputgamma) (PHP 3>= 3.0.13, PHP 4, PHP 5) Ändert ein Bild mittels Gamma-Korrektur Siehe Seite 252
int **imagegif** (int im [, string filename]) (PHP 3, PHP 4, PHP 5) Gibt ein GIF-Bild an den Browser oder in eine Datei aus Siehe Seite 252
int **imageinterlace** (int im [, int interlace]) (PHP 3, PHP 4, PHP 5) Schaltet den Interlaced-Modus an oder aus Siehe Seite 254
int **imagejpeg** (int im [, string filename [, int quality]]) (PHP 3>= 3.0.16, PHP 4, PHP 5) Gibt ein JPEG-Bild an den Browser oder in eine Datei aus Siehe Seite 255

int **imageline** (int im, int x1, int y1, int x2, int y2, int col) (PHP 3, PHP 4, PHP 5) Zeichnet eine Linie Siehe Seite 256
int **imagepng** (int im [, string filename]) (PHP 3>= 3.0.13, PHP 4, PHP 5) Gibt ein PNG-Bild an den Browser oder in eine Datei aus Siehe Seite 257
int **imagepolygon** (int im, array points, int num_points, int col) (PHP 3, PHP 4, PHP 5) Zeichnet ein Polygon Siehe Seite 258
int **imagerectangle** (int im, int x1, int y1, int x2, int y2, int col) (PHP 3, PHP 4, PHP 5) Zeichnet ein Rechteck Siehe Seite 259
int **imagesetpixel** (int im, int x, int y, int col) (PHP 3, PHP 4, PHP 5) Zeichnet ein einzelnes Pixel Siehe Seite 260
int **imagestring** (int im, int font, int x, int y, string s, int col) (PHP 3, PHP 4, PHP 5) Zeichnet einen String Siehe Seite 261
int **imagestringup** (int im, int font, int x, int y, string s, int col) (PHP 3, PHP 4, PHP 5) Zeichnet einen vertikalen String Siehe Seite 262
int **imagesx** (int im) (PHP 3, PHP 4, PHP 5) Ermittelt die Breite eines Bildes Siehe Seite 263
int **imagesy** (int im) (PHP 3, PHP 4, PHP 5) Ermittelt die Höhe eines Bildes Siehe Seite 263
array **imagettfbbox** (int size, int angle, string fontfile, string text) (PHP 3>= 3.0.1, PHP 4, PHP 5) Ermittelt die Außenmaße eines Textes Siehe Seite 264

array **imagettftext** (int im, int size, int angle, int x, int y, int col, string fontfile, string text) (PHP 3, PHP 4, PHP 5) Zeichnet einen Text mit einem TrueType-Font Siehe Seite 265
int **imagetypes** (void) (PHP 3 CVS only, PHP 4 >= 4.0.2, PHP 5) Gibt an, welche Bildformate innerhalb von PHP unterstützt werden Siehe Seite 266

2.6 Objektorientierte Funktionen

Funktion / Version / Kurzbeschreibung
mixed **call_user_method** (string method_name, object obj [,mixed parameter [,mixed ...]]) (PHP 3>= 3.0.3, PHP 4, PHP 5) Ruft eine benutzerdefinierte Methode eines Objekts auf Siehe Seite 269
mixed **call_user_method_array** (string method_name, object obj [, array paramarr]) (PHP 4 >= 4.0.5, PHP 5) Übergibt ein Array mit Werten an eine Methode Siehe Seite 270
bool **class_exists** (string class_name) (PHP 4, PHP 5) Überprüft, ob eine Klasse deklariert wurde Siehe Seite 271
string **get_class** (object obj) (PHP 4, PHP 5) Gibt den Klassennamen eines Objektes zurück Siehe Seite 271
array **get_class_methods** (string class_name) (PHP 4, PHP 5) Gibt die Namen aller Methoden einer Klasse zurück Siehe Seite 272
array **get_class_vars** (string class_name) (PHP 4, PHP 5) Gibt die Standardeigenschaften einer Klasse zurück Siehe Seite 273
array **get_declared_classes** (void) (PHP 4, PHP 5) Liefert ein Array mit den Namen der deklarierten Klassen Siehe Seite 274

array **get_declared_interfaces** (void) (PHP 5) Liefert alle deklarierten Schnittstellen Siehe Seite 275
array **get_object_vars** (object obj) (PHP 4, PHP 5) Gibt die Eigenschaften eines Objekts zurück Siehe Seite 275
string **get_parent_class** (object obj) (PHP 4, PHP 5) Liefert zu einem Objekt den Namen der Basisklasse Siehe Seite 276
bool **is_a** (object object, string class_name) (PHP 4 >= 4.2.0, PHP 5) Überprüft ob die Klasse innerhalb eines Objekts definiert ist Siehe Seite 277
bool **is_subclass_of** (object obj, string superclass) (PHP 4, PHP 5) Überprüft, ob ein Objekt eine Instanz einer Subklasse der angegebenen Basisklasse ist Siehe Seite 277
bool **method_exists** (object obj, string method_name) (PHP 4, PHP 5) Prüft, ob eine Methode innerhalb eines Objekts definiert ist Siehe Seite 278

2.7 Mail-Funktionen

Funktion / Version / Kurzbeschreibung
bool **mail** (string to, string subject, string message [, string additional_headers [, string additional_parameters]]) (PHP 3, PHP 4, PHP 5) Versendet E-Mails Siehe Seite 281

2.8 Mathematische Funktionen

Funktion / Version / Kurzbeschreibung
mixed **abs** (mixed number) (PHP 3, PHP 4, PHP 5) Gibt den Absolutwert einer Zahl zurück Siehe Seite 285
float **acos** (float arg) (PHP 3, PHP 4, PHP 5) Gibt den Arcuscosinus-Wert im Bogenmaß zurück Siehe Seite 285
float **asin** (float arg) (PHP 3, PHP 4, PHP 5) Gibt den Arcussinus-Wert im Bogenmaß zurück Siehe Seite 286
float **atan** (float arg) (PHP 3, PHP 4, PHP 5) Gibt den Arcustangens-Wert im Bogenmaß zurück Siehe Seite 287
float **atan2** (float y, float x) (PHP 3>= 3.0.5, PHP 4, PHP 5) Gibt den Arcustangens-Wert im Bogenmaß zurück Siehe Seite 287
string **base_convert** (string number, int frombase, int tobase) (PHP 3>= 3.0.6, PHP 4, PHP 5) Konvertiert eine Zahl in eine andere Basis Siehe Seite 288
string **bcadd** (string LOperand, string ROperand [, int Genauigkeit]) (PHP 3, PHP 4, PHP 5) Addiert zwei Zahlen Siehe Seite 288
int **bccomp** (string LOperand, string ROperand [, int Genauigkeit]) (PHP 3, PHP 4, PHP 5) Vergleicht zwei Zahlen miteinander Siehe Seite 289
string **bcdiv** (string LOperand, string ROperand [, int Genauigkeit]) (PHP 3, PHP 4, PHP 5) Dividiert zwei Zahlen Siehe Seite 289

string **bcmod** (string Operand, string Modulus) (PHP 3, PHP 4, PHP 5) Liefert den Modulus-Wert zweier Zahlen Siehe Seite 290
string **bcmul** (string LOperand, string ROperand [, int Genauigkeit]) (PHP 3, PHP 4, PHP 5) Multipliziert zwei Zahlen Siehe Seite 290
string **bcpow** (string x, string y [, int Genauigkeit]) (PHP 3, PHP 4, PHP 5) Potenziert zwei Zahlen Siehe Seite 291
bool **bcscale** (int Genauigkeit) (PHP 3, PHP 4, PHP 5) Bestimmt die Genauigkeit aller folgenden BC-Funktionen Siehe Seite 292
string **bcsqrt** (string Operand, int Genauigkeit) (PHP 3, PHP 4, PHP 5) Ermittelt die Quadratwurzel einer Zahl Siehe Seite 292
string **bcsub** (string LOperand, string ROperand [, int Genauigkeit]) (PHP 3, PHP 4, PHP 5) Subtrahiert zwei Zahlen Siehe Seite 293
int **bindec** (string binary_string) (PHP 3, PHP 4, PHP 5) Konvertiert eine binäre Zahl in eine dezimale Zahl Siehe Seite 293
float **ceil** (float number) (PHP 3, PHP 4, PHP 5) Rundet auf die nächsthöhere ganze Zahl auf Siehe Seite 294
float **cos** (float arg) (PHP 3, PHP 4, PHP 5) Ermittelt den Cosinuswert im Radianten Siehe Seite 294
string **decbin** (int number) (PHP 3, PHP 4, PHP 5) Konvertiert eine dezimale Zahl in eine binäre Zahl Siehe Seite 295

string **dechex** (int number) (PHP 3, PHP 4, PHP 5) Konvertiert eine dezimale Zahl in eine hexadezimale Zahl Siehe Seite 295
string **decoct** (int number) (PHP 3, PHP 4, PHP 5) Konvertiert eine dezimale Zahl in eine oktale Darstellung Siehe Seite 295
double **deg2rad** (double number) (PHP 3>= 3.0.4, PHP 4, PHP 5) Rechnet eine Gradzahl in Bogenmaß um Siehe Seite 296
float **exp** (float arg) (PHP 3, PHP 4, PHP 5) Bildet die Potenz zu e Siehe Seite 296
float **floor** (float number) (PHP 3, PHP 4, PHP 5) Rundet auf die nächstkleinere ganze Zahl ab Siehe Seite 297
int **getrandmax** (void) (PHP 3, PHP 4, PHP 5) Ermittelt den größtmöglichen Zufallswert Siehe Seite 297
int **hexdec** (string hex_string) (PHP 3, PHP 4, PHP 5) Konvertiert eine hexadezimale Zahl in eine dezimale Zahl Siehe Seite 298
float **log** (float arg) (PHP 3, PHP 4, PHP 5) Ermittelt den natürlichen Logarithmus Siehe Seite 298
float **log10** (float arg) (PHP 3, PHP 4, PHP 5) Ermittelt den Zehner-Logarithmus Siehe Seite 299
mixed **max** (mixed arg1, mixed arg2, mixed argn) (PHP 3, PHP 4, PHP 5) Ermittelt die größte Zahl Siehe Seite 299

mixed **min** (mixed arg1, mixed arg2, mixed argn) (PHP 3, PHP 4, PHP 5) Ermittelt die kleinste Zahl Siehe Seite 299
int **mt_getrandmax** (void) (PHP 3>= 3.0.6, PHP 4, PHP 5) Ermittelt den größtmöglichen Zufallswert Siehe Seite 300
int **mt_rand** ([int min , int max]) (PHP 3>= 3.0.6, PHP 4, PHP 5) Ermittelt eine Zufallszahl Siehe Seite 300
void **mt_srand** (int seed) (PHP 3>= 3.0.6, PHP 4, PHP 5) Legt einen internen Startwert für den Zufallsgenerator fest Siehe Seite 301
string **number_format** (float number [, int decimals [, string dec_point [, string thousands_sep]]]) (PHP 3, PHP 4, PHP 5) Formatiert eine Zahl Siehe Seite 302
int **octdec** (string octal_string) (PHP 3, PHP 4, PHP 5) Konvertiert eine oktale Zahl in eine dezimale Zahl Siehe Seite 302
double **pi** (void) (PHP 3, PHP 4, PHP 5) Errechnet den Nährungswert der Kreiszahl Pi Siehe Seite 303
float **pow** (float base, float exp) (PHP 3, PHP 4, PHP 5) Potenziert eine Zahl Siehe Seite 303
double **rad2deg** (double number) (PHP 3>= 3.0.4, PHP 4, PHP 5) Rechnet eine Zahl vom Bogenmaß in Grad um Siehe Seite 304
int **rand** ([int min , int max]) (PHP 3, PHP 4, PHP 5) Ermittelt eine Zufallszahl Siehe Seite 304

double **round** (double val [, int precision]) (PHP 3, PHP 4, PHP 5) Rundet eine Zahl auf oder ab Siehe Seite 305
float **sin** (float arg) (PHP 3, PHP 4, PHP 5) Ermittelt den Sinuswert im Radianten Siehe Seite 306
float **sqrt** (float arg) (PHP 3, PHP 4, PHP 5) Ermittelt die Quadratwurzel einer Zahl Siehe Seite 306
void **srand** (int seed) (PHP 3, PHP 4, PHP 5) Legt den internen Startwert für den Zufallsgenerator fest Siehe Seite 306
float **tan** (float arg) (PHP 3, PHP 4, PHP 5) Ermittelt den Tangens im Radianten Siehe Seite 307

2.9 MySQL-Funktionen

Funktion / Version / Kurzbeschreibung
int **mysql_affected_rows** ([resource Verbindungskennung]) (PHP 3, PHP 4, PHP 5)) Liefert die Anzahl betroffener Datensätze einer vorhergehenden MySQL-Operation Siehe Seite 309
string **mysql_client_encoding** ([resource Verbindungs-Kennung]) (PHP 4 >= 4.3.0, PHP 5) Liefert den aktuellen Zeichensatz Siehe Seite 310
bool **mysql_close** ([resource Verbindungskennung]) (PHP 3, PHP 4, PHP 5) Beendet eine Verbindung zum Datenbankserver Siehe Seite 310

resource **mysql_connect** ([string hostname[:port][:/path/to/socket] [, string Benutzername [, string Kennwort [, bool neue_Verbindung [, int client_flags]]]]]]]]) (PHP 3, PHP 4, PHP 5) Öffnet eine Verbindung zum Datenbankserver Siehe Seite 311
bool **mysql_create_db** (string Datenbankname [, resource Verbindungskennung]) (PHP 3, PHP 4, PHP 5) Erzeugt eine Datenbank Siehe Seite 313
bool **mysql_data_seek** (resource Ergebnis-Kennung, int Datensatznummer) (PHP 3, PHP 4, PHP 5) Bewegt den internen Datensatz-Zeiger Siehe Seite 313
resource **mysql_db_query** (string Datenbank, string Anfrage [,resource Verbindungskennung]) (PHP 3, PHP 4, PHP 5) Es wird eine Anfrage an die Datenbank gesendet Siehe Seite 314
bool **mysql_drop_db** (string Datenbankname [, resource Verbindungskennung]) (PHP 3, PHP 4, PHP 5) Löscht eine Datenbank Siehe Seite 315
int **mysql_errno** ([resource Verbindungskennung]) (PHP 3, PHP 4, PHP 5) Liefert die Fehlernummer einer bereits zuvor ausgeführten Operation Siehe Seite 316
string **mysql_error** ([resource Verbindungskennung]) (PHP 3, PHP 4, PHP 5) Liefert den Fehlertext einer bereits zuvor ausgeführten MySQL-Operation Siehe Seite 317
string **mysql_escape_string** (string unescaped_string) (PHP 4 >= 4.0.3, PHP 5) Maskiert einen String für die sichere Benutzung innerhalb der Datenbank Siehe Seite 318
array **mysql_fetch_array** (resource Ergebnis-Kennung [, int Ergebnistyp]) (PHP 3, PHP 4, PHP 5) Holt einen Datensatz als assoziatives Array Siehe Seite 318
array **mysql_fetch_assoc** (resource Ergebnis) (PHP 4 >= 4.0.3, PHP 5) Liefert einen Datensatz in einem assoziativen Array Siehe Seite 319

object **mysql_fetch_field** (resource Ergebnis-Kennung [, int Feld-Offset]) (PHP 3, PHP 4, PHP 5) Stellt ein Objekt mit Feldinformationen bereit Siehe Seite 320
array **mysql_fetch_lengths** (resource Ergebnis-Kennung) (PHP 3, PHP 4, PHP 5) Ermittelt die Länge jedes Feldes in einem Datensatz Siehe Seite 322
object **mysql_fetch_object** (resource Ergebnis-Kennung) (PHP 3, PHP 4, PHP 5) Stellt einen Datensatz als Objekt bereit Siehe Seite 323
array **mysql_fetch_row** (resource Ergebnis-Kennung) (PHP 3, PHP 4, PHP 5) Stellt einen Datensatz als indiziertes Array bereit Siehe Seite 324
string **mysql_field_flags** (resource Ergebnis-Kennung, int Feldoffset) (PHP 3, PHP 4, PHP 5) Stellt die Flags eines Feldes bereit Siehe Seite 325
int **mysql_field_len** (resource Ergebnis-Kennung, int Feldoffset) (PHP 3, PHP 4, PHP 5) Liefert die Länge eines Feldes Siehe Seite 326
string **mysql_field_name** (resource Ergebnis-Kennung, int Feldoffset) (PHP 3, PHP 4, PHP 5) Liefert den Namen eines Feldes Siehe Seite 326
int **mysql_field_seek** (resource Ergebnis-Kennung, int Feldoffset) (PHP 3, PHP 4, PHP 5) Bewegt den Feldzeiger auf ein bestimmtes Feld Siehe Seite 327
string **mysql_field_table** (resource Ergebnis-Kennung, int Feldoffset) (PHP 3, PHP 4, PHP 5) Holt den Namen der Tabelle, welche das Feld enthält Siehe Seite 328
string **mysql_field_type** (resource Ergebnis-Kennung, int Feldoffset) (PHP 3, PHP 4, PHP 5) Holt den Typ eines Feldes Siehe Seite 329

bool **mysql_free_result** (resource Ergebnis-Kennung) (PHP 3, PHP 4, PHP 5) Der belegte Speicher wird freigegeben Siehe Seite 330
string **mysql_get_client_info** (void) (PHP 4 >= 4.0.5, PHP 5) Zeigt die MySQL-Client-Version an Siehe Seite 331
string **mysql_get_host_info** ([resource Verbindungs-Kennung]) (PHP 4 >= 4.0.5, PHP 5) Zeigt Informationen über Verbindung und Host an Siehe Seite 331
int **mysql_get_proto_info** ([resource Verbindungs-Kennung]) (PHP 4 >= 4.0.5, PHP 5) Zeigt die Protokollversion an Siehe Seite 332
string **mysql_get_server_info** ([resource Verbindungs-Kennung]) (PHP 4 >= 4.0.5, PHP 5) Zeigt die MySQL-Serverversion an Siehe Seite 332
int **mysql_insert_id** ([resource Verbindungskennung]) (PHP 3, PHP 4, PHP 5) Holt die Verbindungskennung einer vorherigen INSERT-Anweisung Siehe Seite 333
resource **mysql_list_dbs** ([resource Verbindungskennung]) (PHP 3, PHP 4, PHP 5) Stellt eine komplette Liste aller Datenbanken auf dem Server bereit Siehe Seite 334
resource **mysql_list_fields** (string Datenbankname, string Tabellenname [,resource Verbindungskennung]) (PHP 3, PHP 4, PHP 5) Stellt eine komplette Liste aller Felder einer Tabelle bereit Siehe Seite 335
resource **mysql_list_processes** ([resource Verbindungs-Kennung]) (PHP 4 >= 4.3.0, PHP 5) Zeigt alle laufenden MySQL-Prozesse an Siehe Seite 336
resource **mysql_list_tables** (string Datenbankname [,resource Verbindungskennung]) (PHP 3, PHP 4, PHP 5) Stellt eine komplette Liste aller Tabellen in einer Datenbank bereit Siehe Seite 337

int **mysql_num_fields** (resource Ergebnis-Kennung) (PHP 3, PHP 4, PHP 5) Die Menge der Felder in einem Ergebnis werden geliefert Siehe Seite 338
int **mysql_num_rows** (resource Ergebnis-Kennung) (PHP 3, PHP 4, PHP 5) Die Menge der Datensätze in einem Ergebnis werden geliefert Siehe Seite 338
resource **mysql_pconnect** ([string hostname[:port][:/path/to/socket] [, string Benutzername [, string Kennwort [, int client_flags]]]]) (PHP 3, PHP 4, PHP 5) Öffnet eine persistente Verbindung zum MySQL-Server Siehe Seite 339
resource **mysql_query** (string Anfrage [,resource Verbindungskennung]) (PHP 3, PHP 4, PHP 5) Sendet eine SQL-Anfrage zum Datenbankserver Siehe Seite 341
mixed **mysql_result** (resource Ergebnis-Kennung, int Datensatz-Index [, mixed Feld]) (PHP 3, PHP 4, PHP 5) Liefert das Ergebnis einer Anfrage Siehe Seite 342
bool **mysql_select_db** (string Datenbankname [,resource Verbindungskennung]) (PHP 3, PHP 4, PHP 5) Wählt eine Datenbank aus Siehe Seite 343
string **mysql_stat** ([resource Verbindungs-Kennung]) (PHP 4 >= 4.3.0, PHP 5) Liefert den aktuellen Serverstatus Siehe Seite 344
string **mysql_tablename** (resource Ergebnis-Kennung, int i) (PHP 3, PHP 4, PHP 5) Liefert den Namen einer Tabelle Siehe Seite 344
int **mysql_thread_id** ([resource Verbindungs-Kennung]) (PHP 4 >= 4.3.0, PHP 5) Liefert die aktuelle Thread-ID Siehe Seite 345

2.10 PDF-Funktionen

Funktion / Version / Kurzbeschreibung
void **pdf_add_annotation** (int PDF-Dokument, double llx, double lly, double urx, double ury, string Titel, string Inhalt) (PHP 3>= 3.0.12, PHP 4, PHP 5) Fügt eine Anmerkung (Gelber Zettel) in das PDF-Dokument ein Siehe Seite 347
int **pdf_add_bookmark** (int PDF-Dokument, string Text [, int Mutter [, int offen]]) (PHP 4 >= 4.0.1, PHP 5) Fügt ein Lesezeichen in die aktuelle Seite ein Siehe Seite 348
bool **pdf_add_launchlink** (int PDF-Dokument, double llx, double lly, double urx, double ury, string datei) (PHP 4 >= 4.0.5, PHP 5) Fügt einen Link auf eine Datei in die aktuelle Seite ein Siehe Seite 350
bool **pdf_add_locallink** (int PDF-Dokument, double llx, double lly, double urx, double ury, int seite, string dest) (PHP 4 >= 4.0.5, PHP 5) Fügt einen Link auf eine andere Seite im PDF-Dokument ein Siehe Seite 351
bool **pdf_add_note** (int PDF-Dokument, double llx, double lly, double urx, double ury, string contents, string title, string icon, int open) (PHP 4 >= 4.0.5, PHP 5) Fügt eine Notiz im PDF-Dokument ein Siehe Seite 352
int **pdf_add_outline** (int PDF-Dokument, string Text [, int Mutter [, int offen]]) (PHP 3>= 3.0.6, PHP 4, PHP 5) Fügt ein Lesezeichen in die aktuelle Seite ein Siehe Seite 354
bool **pdf_add_pdflink** (int PDF-Dokument, double llx, double lly, double urx, double ury, string filename, int page, string dest) (PHP 3>= 3.0.12, PHP 4, PHP 5) Fügt einen Link auf ein anderes PDF-Dokument ein Siehe Seite 356
bool **pdf_add_weblink** (int PDF-Dokument, double llx, double lly, double urx, double ury, string url) (PHP 3>= 3.0.12, PHP 4, PHP 5) Fügt einen Link auf eine Website in die aktuelle Seite ein Siehe Seite 357

void **pdf_arc** (int PDF-Dokument, double x-Koor, double y-Koor, double Radius, double Start, double Ende) (PHP 3>= 3.0.6, PHP 4, PHP 5) Zeichnet einen Kreisbogen Siehe Seite 359
void **pdf_begin_page** (int PDF-Dokument, double Breite, double Höhe) (PHP 3>= 3.0.6, PHP 4, PHP 5) Beginnt eine neue Seite Siehe Seite 360
void **pdf_circle** (int PDF-Dokument, double x-Koor, double y-Koor, double Radius) (PHP 3>= 3.0.6, PHP 4, PHP 5) Zeichnet einen Kreis Siehe Seite 361
void **pdf_close** (int PDF-Dokument) (PHP 3>= 3.0.6, PHP 4, PHP 5) Schließt ein PDF-Dokument Siehe Seite 362
void **pdf_close_image** (int PDF-Dokument, int Bild) (PHP 3>= 3.0.7, PHP 4, PHP 5) Schließt ein Bild Siehe Seite 363
void **pdf_closepath** (int PDF-Dokument) (PHP 3>= 3.0.6, PHP 4, PHP 5) Schließt einen Pfad Siehe Seite 364
void **pdf_closepath_fill_stroke** (int PDF-Dokument) (PHP 3>= 3.0.6, PHP 4, PHP 5) Schließt, füllt und zeichnet eine Linie entlang des Pfades Siehe Seite 365
void **pdf_closepath_stroke** (int PDF-Dokument) (PHP 3>= 3.0.6, PHP 4, PHP 5) Schließt einen Pfad und zeichnet eine Linie entlang des Pfades Siehe Seite 366
void **pdf_continue_text** (int PDF-Dokument, string Text) (PHP 3>= 3.0.6, PHP 4, PHP 5) Schreibt den Text in die nächste Zeile Siehe Seite 367
void **pdf_curveto** (int PDF-Dokument, double x1, double y1, double x2, double y2, double x3, double y3) (PHP 3>= 3.0.6, PHP 4, PHP 5) Zeichnet eine Kurve Siehe Seite 368

void **pdf_end_page** (int PDF-Dokument) (PHP 3>= 3.0.6, PHP 4, PHP 5) Beendet eine Seite Siehe Seite 370
void **pdf_endpath** (int PDF-Dokument) (PHP 3>= 3.0.6, PHP 4, PHP 5) Beendet den aktuellen Pfad Siehe Seite 371
void **pdf_fill** (int PDF-Dokument) (PHP 3>= 3.0.6, PHP 4, PHP 5) Füllt den aktuellen Pfad Siehe Seite 372
void **pdf_fill_stroke** (int PDF-Dokument) (PHP 3>= 3.0.6, PHP 4, PHP 5) Füllt den aktuellen Pfad und zeichnet eine Linie entlang des Pfades Siehe Seite 373
string **pdf_get_image_height** (int PDF-Dokument, int Bild) (PHP 3>= 3.0.12, PHP 4, PHP 5) Liefert die Höhe eines Bildes Siehe Seite 375
string **pdf_get_image_width** (int PDF-Dokument, int Bild) (PHP 3>= 3.0.12, PHP 4, PHP 5) Liefert die Breite eines Bildes Siehe Seite 376
string **pdf_get_parameter** (int PDF-Dokument, string Name [, double Modifizierer]) (PHP 4 >= 4.0.1, PHP 5) Liefert den Wert einer Eigenschaft Siehe Seite 377
double **pdf_get_value** (int PDF-Dokument, string Name [, double Modifizierer]) (PHP 4 >= 4.0.1, PHP 5) Liefert den Wert einer Eigenschaft Siehe Seite378
void **pdf_lineto** (int PDF-Dokument, double x-Koor, double y-Koor) (PHP 3>= 3.0.6, PHP 4, PHP 5) Zeichnet eine Gerade Siehe Seite 380
void **pdf_moveto** (int PDF-Dokument, double x-Koor, double y-Koor) (PHP 3>= 3.0.6, PHP 4, PHP 5) Setzt die Start-Position (z.B. von einer Linie) Siehe Seite 381

int **pdf_open** (int Datei-Deskriptor) (PHP 3>= 3.0.6, PHP 4, PHP 5) Öffnet ein neues PDF-Dokument Siehe Seite 382
int **pdf_open_gif** (int PDF-Dokument, string Dateiname) (PHP 3>= 3.0.7, PHP 4, PHP 5) Öffnet ein GIF-Bild Siehe Seite 382
int **pdf_open_image_file** (int PDF-Dokument, string Bildformat, string Dateiname) (PHP 3 CVS only, PHP 4, PHP 5) Liest ein Bild aus einer Datei Siehe Seite 383
int **pdf_open_jpeg** (int PDF-Dokument, string Dateiname) (PHP 3>= 3.0.7, PHP 4, PHP 5) Öffnet ein JPEG-Bild Siehe Seite 385
int **pdf_open_png** (int PDF-Dokument, string Dateiname) (PHP 4, PHP 5) Öffnet ein PNG-Bild Siehe Seite 386
int **pdf_open_tiff** (int PDF-Dokument, string Dateiname) (PHP 4, PHP 5) Öffnet ein TIFF-Bild Siehe Seite 387
void **pdf_place_image** (int PDF-Dokument, int Bild, double x-Koor, double y-Koor, double scale) (PHP 3>= 3.0.7, PHP 4, PHP 5) Platziert ein Bild auf einer Seite Siehe Seite 388
void **pdf_rect** (int PDF-Dokument, double x-koor, double y-koor, double Breite, double Höhe) (PHP 3>= 3.0.6, PHP 4, PHP 5) Zeichnet ein Rechteck Siehe Seite 389
void **pdf_restore** (int PDF-Dokument) (PHP 3>= 3.0.6, PHP 4, PHP 5) Stellt eine zuvor gesicherte Umgebung wieder her Siehe Seite 390
void **pdf_rotate** (int PDF-Dokument, double Winkel) (PHP 3>= 3.0.6, PHP 4, PHP 5) Setzt einen Winkel für die Rotation Siehe Seite 391

void **pdf_save** (int PDF-Dokument) (PHP 3>= 3.0.6, PHP 4, PHP 5) Sichert die aktuelle Umgebung Siehe Seite 393
void **pdf_scale** (int PDF-Dokument, double x-Skalierung, double y-Skalierung) (PHP 3>= 3.0.6, PHP 4, PHP 5) Legt den Skalierungsfaktor fest Siehe Seite 394
void **pdf_set_border_color** (int PDF-Dokument, double Rot, double Grün, double Blau) (PHP 3>= 3.0.12, PHP 4, PHP 5) Legt die Farbe von Verweisen und Anmerkungen fest Siehe Seite 395
void **pdf_set_border_dash** (int PDF-Dokument, double Schwarz, double Weiß) (PHP 4 >= 4.0.1, PHP 5) Legt das Muster für gestrichelte Linien von Verweisen und Anmerkungen fest Siehe Seite 397
void **pdf_set_border_style** (int PDF-Dokument, string Stil, double Breite) (PHP 3>= 3.0.12, PHP 4, PHP 5) Legt den Stil der Umrandung von Verweisen und Anmerkungen fest Siehe Seite 398
void **pdf_set_char_spacing** (int PDF-Dokument, double Abstand) (PHP 3>= 3.0.6, PHP 4, PHP 5) Legt den Abstand zwischen Zeichen fest Siehe Seite 399
void **pdf_set_duration** (int PDF-Dokument, double Dauer) (PHP 3>= 3.0.6, PHP 4, PHP 5) Legt die Zeitspanne bis zur nächsten Seite fest Siehe Seite 400
void **pdf_set_font** (int PDF-Dokument, string Zeichensatzname, double Größe, string Kodierung [, int einbetten]) (PHP 3>= 3.0.6, PHP 4, PHP 5) Bestimmt einen Zeichensatz und dessen Größe Siehe Seite 401
void **pdf_set_horiz_scaling** (int PDF-Dokument, double Skalierung) (PHP 3>= 3.0.6, PHP 4, PHP 5) Bestimmt die horizontale Skalierung der Textausgabe Siehe Seite 402
void **pdf_set_info** (int PDF-Dokument, string Feldname, string Wert) (PHP 4 >= 4.0.1, PHP 5) Erstellt eine Dokumenteninformation Siehe Seite 404

void **pdf_set_leading** (int PDF-Dokument, double Abstand) (PHP 3>= 3.0.6, PHP 4, PHP 5) Bestimmt den Abstand zwischen zwei Textzeilen Siehe Seite 405
void **pdf_set_parameter** (int PDF-Dokument, string Name, string Wert) (PHP 4, PHP 5) Setzt den Wert einer Eigenschaft Siehe Seite 406
void **pdf_set_text_matrix** (int PDF-Dokument, array Matrix) (PHP 3 >= 3.0.6, 4.0b1 – 4.0b4 only) Legt die Text-Matrix fest
void **pdf_set_text_pos** (int PDF-Dokument, double x-Koor, double y-Koor) (PHP 3>= 3.0.6, PHP 4, PHP 5) Legt die Textposition fest Siehe Seite 408
void **pdf_set_text_rendering** (int PDF-Dokument, int Modus) (PHP 3>= 3.0.6, PHP 4, PHP 5) Legt die Textausgabe fest Siehe Seite 409
void **pdf_set_text_rise** (int PDF-Dokument, double Verschiebung) (PHP 3>= 3.0.6, PHP 4, PHP 5) Bestimmt die Textverschiebung Siehe Seite 410
void **pdf_set_value** (int PDF-Dokument, string Name, double Wert) (PHP 4 >= 4.0.1, PHP 5) Setzt den Wert einer Eigenschaft Siehe Seite 411
void **pdf_set_word_spacing** (int PDF-Dokument, double space) (PHP 3>= 3.0.6, PHP 4, PHP 5) Legt den Abstand zwischen Wörtern fest Siehe Seite 413
void **pdf_setdash** (int PDF-Dokument, double Schwarz, double Weiß) (PHP 3>= 3.0.6, PHP 4, PHP 5) Legt das Muster für gestrichelte Linien fest Siehe Seite 414
void **pdf_setgray** (int PDF-Dokument, double Grauwert) (PHP 3>= 3.0.6, PHP 4, PHP 5) Bestimmt die Zeichen- und Füllfarbe Siehe Seite 415

void **pdf_setgray_fill** (int PDF-Dokument, double Grauwert) (PHP 3>= 3.0.6, PHP 4, PHP 5) Bestimmt die Füllfarbe Siehe Seite 416
void **pdf_setgray_stroke** (int PDF-Dokument, double Grauwert) (PHP 3>= 3.0.6, PHP 4, PHP 5) Bestimmt die Zeichenfarbe Siehe Seite 418
void **pdf_setlinecap** (int PDF-Dokument, int Typ) (PHP 3>= 3.0.6, PHP 4, PHP 5) Legt den Typ der Linienenden fest Siehe Seite 420
void **pdf_setlinejoin** (int PDF-Dokument, long Wert) (PHP 3>= 3.0.6, PHP 4, PHP 5) Legt die Verbindungsart von Linien fest Siehe Seite 421
void **pdf_setlinewidth** (int PDF-Dokument, double Breite) (PHP 3>= 3.0.6, PHP 4, PHP 5) Legt die Linienbreite fest Siehe Seite 422
void **pdf_setmiterlimit** (int PDF-Dokument, double Wert) (PHP 3>= 3.0.6, PHP 4, PHP 5) Legt die Gehrungskanten fest Siehe Seite 424
void **pdf_setrgbcolor** (int PDF-Dokument, double Rot, double Grün, double Blau) (PHP 3>= 3.0.6, PHP 4, PHP 5) Legt die Zeichen- und Füllfarbe fest Siehe Seite 425
void **pdf_setrgbcolor_fill** (int PDF-Dokument, double Rot, double Grün, double Blau) (PHP 3>= 3.0.6, PHP 4, PHP 5) Legt die Füllfarbe fest Siehe Seite 426
void **pdf_setrgbcolor_stroke** (int PDF-Dokument, double Rot, double Grün, double Blau) (PHP 3>= 3.0.6, PHP 4, PHP 5) Legt die Zeichenfarbe fest Siehe Seite 427
void **pdf_show** (int PDF-Dokument, string Text) (PHP 3>= 3.0.6, PHP 4, PHP 5) Schreibt einen Text an die aktuelle Position Siehe Seite 428

int **pdf_show_boxed** (int PDF-Dokument, string text, double x-Koor, double y-Koor, double Breite, double Höhe, string Modus [, string Feature]) (PHP 4, PHP 5) Schreibt Text in einen Rahmen Siehe Seite 429
void **pdf_show_xy** (int PDF-Dokument, string Text, double x-Koor, double y-Koor) (PHP 3>= 3.0.6, PHP 4, PHP 5) Schreibt einen Text an die angegebene Position Siehe Seite 431
void **pdf_skew** (int PDF-Dokument, double alpha, double beta) (PHP 4, PHP 5) Schert das Koordinatensystem Siehe Seite 432
double **pdf_stringwidth** (int PDF-Dokument, string Text) (PHP 3>= 3.0.6, PHP 4, PHP 5) Liefert die Breite einer Zeichenkette anhand des aktuellen Zeichensatzes Siehe Seite 433
void **pdf_stroke** (int PDF-Dokument) (PHP 3>= 3.0.6, PHP 4, PHP 5) Zeichnet eine Linie entlang eines Pfades Siehe Seite 434
void **pdf_translate** (int PDF-Dokument, double x-Koor, double y-Koor) (PHP 3>= 3.0.6, PHP 4, PHP 5) Setzt den Ursprung des Koordinatenssystems Siehe Seite 435

2.11 PHP-Informationen

Funktion / Version / Kurzbeschreibung
bool **extension_loaded** (string name) (PHP 3>= 3.0.10, PHP 4, PHP 5) Gibt an, ob eine Bibliothek geladen ist Siehe Seite 437
string **get_cfg_var** (string varname) (PHP 3, PHP 4, PHP 5) Liest den Wert einer Variablen aus der PHP-Konfiguration Siehe Seite 437

string **get_current_user** (void) (PHP 3, PHP 4, PHP 5) Liefert den Besitzer des PHP-Skripts Siehe Seite 438
array **get_defined_constants** (void) (PHP 4 >= 4.1.0, PHP 5) Liefert die Namen aller definierten Konstanten Siehe Seite 438
array **get_extension_funcs** (string module_name) (PHP 4 >= 4.0b4, PHP 5) Listet alle Funktionen eines Moduls auf Siehe Seite 439
array **get_included_files** (void) (PHP 4, PHP 5) Liefert alle via include() oder require() eingebundenen Dateien Siehe Seite 440
array **get_loaded_extensions** (void) (PHP 4, PHP 5) Ermittelt die kompilierten und geladenen Module Siehe Seite 441
long **get_magic_quotes_gpc** (void) (PHP 3>= 3.0.6, PHP 4, PHP 5) Liefert die Konfiguration des Parameters »magic_quotes_gpc« Siehe Seite 442
long **get_magic_quotes_runtime** (void) (PHP 3>= 3.0.6, PHP 4, PHP 5) Liefert die Konfiguration des Parameters »magic_quotes_runtime« Siehe Seite 442
array **get_required_files** (void) (PHP 4, PHP 5) Liefert alle via include() oder require() eingebundenen Dateien Siehe Seite 443
string **getenv** (string varname) (PHP 3, PHP 4, PHP 5) Liest den Wert einer Umgebungsvariablen Siehe Seite 443
int **getlastmod** (void) (PHP 3, PHP 4, PHP 5) Gibt die Zeit der letzten Änderung der aktuellen Seite zurück Siehe Seite 444

int **getmygid** (void) (PHP 4 >= 4.1.0, PHP 5) Liefert die Group-ID des aktuellen Skrpts Siehe Seite 444
int **getmyinode** (void) (PHP 3, PHP 4, PHP 5) Ermittelt die Inode des aktuellen Skripts Siehe Seite 445
int **getmypid** (void) (PHP 3, PHP 4, PHP 5) Ermittelt die aktuelle ID des PHP-Prozesses Siehe Seite 445
int **getmyuid** (void) (PHP 3, PHP 4, PHP 5) Ermittelt die UID des Besitzers eines PHP-Skripts Siehe Seite 446
array **getrusage** ([int who]) (PHP 3>= 3.0.7, PHP 4, PHP 5) Ermittelt den Ressourcenverbrauch des Betriebssystems Siehe Seite 446
string **ini_get** (string varname) (PHP 3>= 3.0.7, PHP 4, PHP 5) Liefert einzelne Konfigurationsparameter aus der php.ini Siehe Seite 447
array **ini_get_all** ([string extension]) (PHP 4 >= 4.2.0, PHP 5) Liefert alle Konfigurationsparameter aus der php.ini Siehe Seite 447
void **ini_restore** (string varname) (PHP 4, PHP 5) Löscht eine zuvor angelegte Konfigurationseinstellung im Skript Siehe Seite 448
string **ini_set** (string varname, string newvalue) (PHP 4, PHP 5) Verändert eine Konfigurationseinstellung Siehe Seite 449
string **php_logo_guid** (void) (PHP 4, PHP 5) Liefert die GUID des PHP-Logos Siehe Seite 450

string **php_sapi_name** (void) (PHP 4 >= 4.0.1, PHP 5) Ermittelt die Schnittstelle zwischen dem Webserver und PHP Siehe Seite 450
string **php_uname** (void) (PHP 4 >= 4.0.2, PHP 5) Liefert den Namen des Betriebssystems Siehe Seite 451
void **phpcredits** (int flag) (PHP 4, PHP 5) Gibt Informationen über die PHP-Entwickler, Mitwirkende, Module etc. aus Siehe Seite 452
int **phpinfo** (void) (PHP 3, PHP 4 >= 4.0b1) Gibt ausführliche Informationen über PHP aus Siehe Seite 452
string **phpversion** (void) (PHP 3, PHP 4, PHP 5) Ermittelt die aktuelle PHP-Version auf dem Server Siehe Seite 453
void **putenv** (string setting) (PHP 3, PHP 4, PHP 5) Setzt den Wert einer Umgebungsvariablen Siehe Seite 453
void **restore_include_path** (void) (PHP 4 >= 4.3.0, PHP 5) Löscht einen zuvor gesetzten Wert für den Include-Pfad Siehe Seite 454
string **set_include_path** (string new_include_path) (PHP 4 >= 4.3.0, PHP 5) Setzt einen Include-Pfad Siehe Seite 454
long **set_magic_quotes_runtime** (int new_setting) (PHP 3>= 3.0.6, PHP 4, PHP 5) Setzt die Konfiguration des Parameters »magic_quotes_runtime« Siehe Seite 455
void **set_time_limit** (int seconds) (PHP 3, PHP 4, PHP 5) Legt die maximale Laufzeit eines Skriptes fest Siehe Seite 456

string **zend_logo_guid** (void) (PHP 4, PHP 5) Liefert die GUID des ZEND-Logos Siehe Seite 456
string **zend_version** (void) (PHP 4, PHP 5) Liefert die aktuelle Version der genutzten ZEND-Engine Siehe Seite 457

2.12 POSIX-kompatible reguläre Ausdrücke

Funktion / Version / Kurzbeschreibung
bool **ereg** (string Suchmuster, string Zeichenkette [, array regs]) (PHP 3, PHP 4, PHP 5) Sucht nach Übereinstimmungen in einem String Siehe Seite 459
string **ereg_replace** (string Suchmuster, string Ersatz, string Zeichenkette) (PHP 3, PHP 4, PHP 5) Ersetzt eine Zeichenkette in einem String durch eine andere Zeichenkette Siehe Seite 460
bool **eregi** (string Suchmuster, string Zeichenkette [, array regs]) (PHP 3, PHP 4, PHP 5) Sucht in einer Zeichenkette nach Übereinstimmungen Siehe Seite 461
string **eregi_replace** (string Suchmuster, string Ersatz, string Zeichenkette) (PHP 3, PHP 4, PHP 5) Ersetzt eine Zeichenkette in einem String durch eine andere Zeichenkette Siehe Seite 462
array **split** (string Suchmuster, string Zeichenkette [, int Beschränkung]) (PHP 3, PHP 4, PHP 5) Zerlegt eine Zeichenkette anhand eines regulären Ausdrucks in ein Array Siehe Seite 463
array **spliti** (string Suchmuster, string Zeichenkette [, int Beschränkung]) (PHP 4 >= 4.0.1, PHP 5) Zerlegt eine Zeichenkette anhand eines regulären Ausdrucks in ein Array Siehe Seite 464

string **sql_regcase** (string Zeichenkette) (PHP 3, PHP 4, PHP) Erzeugt einen regulären Ausdruck, der eine Zeichenkette beschreibt Siehe Seite 465

2.13 Session-Funktionen

Funktion / Version / Kurzbeschreibung
int **session_cache_expire** ([int neue_cache_verfallszeit]) (PHP 4 >= 4.2.0, PHP 5) Liefert die aktuelle Cachespeicherung aus der php.ini Siehe Seite 467
string **session_cache_limiter** ([string Cacheverwaltung]) (PHP 4 >= 4.0.3, PHP 5) Zeigt die aktuelle Bezeichnung der Cacheverwaltung an Siehe Seite 467
bool **session_decode** (string data) (PHP 4, PHP 5) Dekodiert einen String Siehe Seite 468
bool **session_destroy** (void) (PHP 4, PHP 5) Beendet eine aktuelle Session und löscht alle Daten Siehe Seite 469
string **session_encode** (void) (PHP 4, PHP 5) Kodiert eine Session als String Siehe Seite 469
array **session_get_cookie_params** (void) (PHP 4, PHP 5) Liefert die derzeit gültigen Cookie-Informationen Siehe Seite 470
string **session_id** ([string id]) (PHP 4, PHP 5) Liefert die aktuelle Session-ID Siehe Seite 471
bool **session_is_registered** (string name) (PHP 4, PHP 5) Prüft, ob eine Variable in einer Session registriert wurde Siehe Seite 471

string **session_module_name** ([string module]) (PHP 4, PHP 5) Liefert den Namen des aktuellen Session-Moduls Siehe Seite 472
string **session_name** ([string name]) (PHP 4, PHP 5) Ermittelt oder setzt den Namen der aktuellen Session Siehe Seite 472
bool **session_regenerate_id** (void) (PHP 4 >= 4.3.2, PHP 5) Ersetzt aktuelle Session-ID Siehe Seite 473
bool **session_register** (mixed name [, mixed ...]) (PHP 4, PHP 5) Registriert eine oder mehrere Variablen in der Session Siehe Seite 473
string **session_save_path** ([string path]) (PHP 4, PHP 5) Ermittelt oder setzt den aktuellen Speicherpfad der Session Siehe Seite 474
void **session_set_cookie_params** (int lifetime [, string path [, string domain[, bool secure]]]) (PHP 4, PHP 5) Bestimmt verschiedene Parameter eines Cookies Siehe Seite 474
bool **session_start** (void) (PHP 4, PHP 5) Erstellt eine neue Session oder nimmt eine aktuelle Session wieder auf Siehe Seite 475
bool **session_unregister** (string name) (PHP 4, PHP 5) Hebt die Registrierung einer Variablen in einer Session auf Siehe Seite 476
void **session_unset** (void) (PHP 4, PHP 5) Hebt die Registrierung aller Variablen einer Session auf Siehe Seite 476

2.14 Sonstige Funktionen

Funktion / Version / Kurzbeschreibung
int **connection_aborted** (void) (PHP 3>= 3.0.7, PHP 4, PHP 5) Überprüft, ob das Skript durch den User abgebrochen wurde Siehe Seite 477
int **connection_status** (void) (PHP 3>= 3.0.7, PHP 4, PHP 5) Liefert den internen Verbindungsstatus Siehe Seite 478
int **connection_timeout** (void) (PHP 3>= 3.0.7, PHP 4 <= 4.0.4) Überprüft, ob das Skript durch einen Time-Out beendet wurde Siehe Seite 481
int **define** (string name, mixed value [, int case_insensitive]) (PHP 3, PHP 4, PHP 5) Definiert eine Konstante Siehe Seite 482
int **defined** (string name) (PHP 3, PHP 4, PHP 5) Überprüft, ob eine Konstante definiert wurde Siehe Seite 483
void **die** (string message) (PHP 3, PHP 4, PHP 5) Bricht ein laufendes Skript ab Siehe Seite 484
mixed **eval** (string code_str) (PHP 3, PHP 4, PHP 5) Wertet einen String mit PHP-Code aus Siehe Seite 485
void **exit** (void) (PHP 3, PHP 4, PHP 5) Beendet ein laufendes Skript Siehe Seite 486
object **get_browser** ([string user_agent]) (PHP 3, PHP 4, PHP 5) Ermittelt die Fähigkeiten eines Browsers Siehe Seite 487

bool **highlight_file** (string filename) (PHP 4, PHP 5) Gibt eine Quellcodedatei mit farbig markierter Syntaxstruktur aus Siehe Seite 489
bool **highlight_string** (string str) (PHP 4, PHP 5) Gibt einen Quellcode-String mit farbig markierter Syntaxstruktur aus Siehe Seite491
int **ignore_user_abort** ([int setting]) (PHP 3>= 3.0.7, PHP 4, PHP 5) Legt fest, ob ein Skript nach Verbindungsabbruch auch beendet werden soll Siehe Seite 492
string **ini_alter** (string varname, string newvalue) (PHP 4, PHP 5) Ändert eine Konfigurationsoption Siehe Seite 493
string **ini_get** (string varname) (PHP 4, PHP 5) Liest eine Konfigurationsoption Siehe Seite 494
string **ini_restore** (string varname) (PHP 4, PHP 5) Stellt die ursprüngliche Einstellung einer Konfigurationsoption wieder her Siehe Seite 495
string **ini_set** (string varname, string newvalue) (PHP 4, PHP 5) Ändert eine Konfigurationsoption Siehe Seite 495
void **leak** (int bytes) (PHP 3, PHP 4 >= 4.0b1) Belegt eine angegebene Speichergröße Siehe Seite 496
bool **show_source** (string filename) (PHP 4, PHP 5) Gibt eine Quellcodedatei mit farbig markierter Syntaxstruktur aus Siehe Seite 496
void **sleep** (int seconds) (PHP 3, PHP 4, PHP 5) Unterbricht ein Skript für eine gewisse Zeit Siehe Seite 498

int **uniqid** (string prefix [, bool lcg]) (PHP 3, PHP 4, PHP 5) Erzeugt eine eindeutige ID mit Präfix Siehe Seite 499
void **usleep** (int micro_seconds) (PHP 3, PHP 4, PHP 5) Hält ein Skript für eine gewisse Zeit an Siehe Seite 500

2.15 String-Funktionen

Funktion / Version / Kurzbeschreibung
string **addcslashes** (string str, string charlist) (PHP 4, PHP 5) Schützt vordefinierte Sonderzeichen mit einem Backslash Siehe Seite 503
string **addslashes** (string str) (PHP 3, PHP 4, PHP 5) Schützt alle Vorkommen bestimmter Zeichen mit einem Backslash Siehe Seite 503
string **bin2hex** (string str) (PHP 3>= 3.0.9, PHP 4, PHP 5) Konvertiert Binärdaten in hexadezimale Daten Siehe Seite 504
string **chop** (string str) (PHP 3, PHP 4, PHP 5) Entfernt nicht sichtbare Zeichen am Ende einer Zeichenkette Siehe Seite 504
string **chr** (int ascii) (PHP 3, PHP 4, PHP 5) Gibt das Zeichen zu einer angegebenen ASCII-Nummer zurück Siehe Seite 505
string **chunk_split** (string string [, int chunklen [, string end]]) (PHP 3>= 3.0.6, PHP 4, PHP 5) Zerlegt eine Zeichenkette in kleinere Stücke Siehe Seite 505
string **convert_cyr_string** (string str, string from, string to) (PHP 3>= 3.0.6, PHP 4, PHP 5) Konvertiert eine kyrillische Zeichenkette in einen anderen Zeichensatz Siehe Seite 506

mixed **count_chars** (string string [, int mode]) (PHP 4, PHP 5) Zählt die Häufigkeit von Zeichen in einem String Siehe Seite 507
int **crc32** (string str) (PHP 4 >= 4.0.1, PHP 5) Berechnet die CRC32-Prüfsumme eines Strings Siehe Seite 509
string **crypt** (string str [, string salt]) (PHP 3, PHP 4, PHP 5) Verschlüsselt eine Zeichenkette Siehe Seite 509
echo (string arg1 [, string ...]) (PHP 3, PHP 4, PHP 5) Gibt einen String an den Browser aus Siehe Seite 510
array **explode** (string separator, string string [, int limit]) (PHP 3, PHP 4, PHP 5) Zerlegt eine Zeichenkette anhand eines Trennzeichens Siehe Seite 510
string **get_html_translation_table** (int table [, int quote_style]) (PHP 4, PHP 5) Greift auf die intern genutzte Zeichenersetzungstabelle zurück Siehe Seite 511
string **htmlentities** (string string [, int quote_style [, string charset]]) (PHP 3, PHP 4, PHP 5) Wandelt Sonderzeichen und HTML-Tags in HTML-Code um Siehe Seite 512
string **htmlspecialchars** (string string [, int quote_style]) (PHP 3, PHP 4, PHP 5) Wandelt bestimmte Sonderzeichen in HTML-Code um Siehe Seite 513
string **implode** (string glue, array pieces) (PHP 3, PHP 4, PHP 5) Fügt Array-Elemente anhand eines Trennzeichens zu einem String zusammen Siehe Seite 514
string **join** (string glue, array pieces) (PHP 3, PHP 4, PHP 5) Fügt Array-Elemente anhand eines Trennzeichens zu einem String zusammen Siehe Seite 514

int **levenshtein** (string str1, string str2) (PHP 3>= 3.0.17, PHP 4 >= 4.0.1, PHP 5) Berechnet einen numerischen Wert für die Unterschiedlichkeit von Strings Siehe Seite 515
string **ltrim** (string str) (PHP 3, PHP 4, PHP 5) Entfernt Leerraum am Anfang einer Zeichenkette Siehe Seite 516
string **md5** (string str) (PHP 3, PHP 4, PHP 5) Verschlüsselt eine Zeichenkette nach der MD5-Methode Siehe Seite 516
string **metaphone** (string str) (PHP 4, PHP 5) Berechnet den Metaphone-Schlüssel eines Strings Siehe Seite 517
string **nl2br** (string string) (PHP 3, PHP 4, PHP 5) Wandelt Zeichenumbrüche in die HTML-Entsprechung ( ) um Siehe Seite 518
int **ord** (string string) (PHP 3, PHP 4, PHP 5) Gibt den ASCII-Wert eines Zeichens zurück Siehe Seite 518
void **parse_str** (string str [, array arr]) (PHP 3, PHP 4, PHP 5) Wertet eine Zeichenkette als Query-String aus Siehe Seite 519
int **print** (string arg) (PHP 3, PHP 4, PHP 5) Gibt eine Zeichenkette aus Siehe Seite 519
int **printf** (string format [, mixed args...]) (PHP 3, PHP 4, PHP 5) Formatiert eine Zeichenkette nach einem Muster und gibt sie aus Siehe Seite 520
string **quoted_printable_decode** (string str) (PHP 3>= 3.0.6, PHP 4, PHP 5) Konvertiert einen quoted-printable-String in einen 8-Bit-String Siehe Seite 521

string **quotemeta** (string str) (PHP 3, PHP 4, PHP 5) Versieht alle Meta-Zeichen innerhalb eines Strings mit einem Backslash Siehe Seite 521
string **rtrim** (string str) (PHP 3, PHP 4, PHP 5) Entfernt Leerzeichen am Ende eines Strings Siehe Seite 521
string **setlocale** (mixed category, string locale) (PHP 3, PHP 4, PHP 5) Ändert die Lokalisierungseinstellungen Siehe Seite 522
int **similar_text** (string first, string second [, double percent]) (PHP 3>= 3.0.7, PHP 4, PHP 5) Berechnet die Ähnlichkeit zweier Strings Siehe Seite 524
string **soundex** (string str) (PHP 3, PHP 4, PHP 5) Berechnet die Laut-Ähnlichkeit eines Strings Siehe Seite 524
string **sprintf** (string format [, mixed args...]) (PHP 3, PHP 4, PHP 5) Formatiert einen String nach einem speziellen Muster Siehe Seite 525
mixed **sscanf** (string str, string format [, string var1...]) (PHP 4 >= 4.0.1, PHP 5) Extrahiert Daten aus einem String Siehe Seite 526
string **str_pad** (string input, int pad_length [, string pad_string [,int pad_type]]) (PHP 4 >= 4.0.1, PHP 5) Füllt einen String mit einer bestimmten Menge an Zeichen auf Siehe Seite 527
string **str_repeat** (string input, int multiplier) (PHP 4, PHP 5) Erzeugt einen String mit mehreren Kopien des Ausgangsstrings Siehe Seite 527
mixed **str_replace** (mixed needle, mixed str, mixed haystack) (PHP 3>= 3.0.6, PHP 4, PHP 5) Ersetzt alle Vorkommen eines Strings durch einen anderen String Siehe Seite 528

string **str_rot13** (string str) (PHP 4 >= 4.2.0, PHP 5) Verschiebt Buchstaben innerhalb von einem String um 13 Stellen nach rechts Siehe Seite 528
string **str_shuffle** (string str) (PHP 4 >= 4.3.0, PHP 5) Durchwürfelt ein String Siehe Seite 529
array **str_split** (string string [, int split_length]) (PHP 5) Zerlegt ein String in kleinere Stücke Siehe Seite 529
mixed **str_word_count** (string string [, int format]) (PHP 4 >= 4.3.0, PHP 5) Zählt Wörter innerhalb eines Strings Siehe Seite 530
int **strcasecmp** (string str1, string str2) (PHP 3>= 3.0.2, PHP 4, PHP 5) Vergleicht zwei Strings auf Binär-Ebene Siehe Seite 536
string **strchr** (string haystack, string needle) (PHP 3, PHP 4, PHP 5) Sucht innerhalb einer Zeichenkette nach bestimmten Zeichen Siehe Seite 532
int **strcmp** (string str1, string str2) (PHP 3, PHP 4, PHP 5) Vergleicht zwei Strings auf Binär-Ebene Siehe Seite 532
int **strcspn** (string str1, string str2) (PHP 3>= 3.0.3, PHP 4, PHP 5) Liefert die Länge des Teilstrings, der die gesuchten Zeichen nicht enthält Siehe Seite 533
string **strip_tags** (string str [, string allowable_tags]) (PHP 3>= 3.0.8, PHP 4, PHP 5) Entfernt HTML- und PHP-Tags aus einer Zeichenkette Siehe Seite 535
string **stripcslashes** (string str) (PHP 4, PHP 5) Entfernt Backslashes aus einer Zeichenkette Siehe Seite 534

string **stripslashes** (string str) (PHP 3, PHP 4, PHP 5) Entfernt Backslashes aus einer Zeichenkette Siehe Seite 534
string **stristr** (string haystack, string needle) (PHP 3>= 3.0.6, PHP 4, PHP 5) Sucht innerhalb einer Zeichenkette nach bestimmten Zeichen Siehe Seite 535
int **strlen** (string str) (PHP 3, PHP 4, PHP 5) Gibt die Länge einer Zeichenkette zurück Siehe Seite 536
int **strnatcasecmp** (string str1, string str2) (PHP 4, PHP 5) Vergleicht Zeichenketten nach einer natürlichen Sortierreihenfolge ohne Berücksichtigung der Groß-/Kleinschreibung Siehe Seite 536
int **strnatcmp** (string str1, string str2) (PHP 4, PHP 5) Vergleicht Zeichenketten nach einer natürlichen Sortierreihenfolge unter Berücksichtigung der Groß-/Kleinschreibung Siehe Seite 538
int **strncmp** (string str1, string str2, int len) (PHP 4, PHP 5) Vergleicht Zeichenketten auf Binärbasis Siehe Seite 539
int **strpos** (string haystack, string needle [, int offset]) (PHP 3, PHP 4, PHP 5) Findet das erste Vorkommen eines Zeichens oder einer Zeichenkette in einem String Siehe Seite 540
string **strrchr** (string haystack, string needle) (PHP 3, PHP 4, PHP 5) Liefert den Rest einer Zeichenkette hinter dem letzten Vorkommen des Suchbegriffs Siehe Seite 541
string **strrev** (string string) (PHP 3, PHP 4, PHP 5) Dreht eine Zeichenkette um Siehe Seite 542

int **strrpos** (string haystack, char needle) (PHP 3, PHP 4, PHP 5) Findet das letzte Vorkommen eines Zeichens in einer Zeichenkette Siehe Seite 542
int **strspn** (string str1, string str2) (PHP 3>= 3.0.3, PHP 4, PHP 5) Zählt die Anzahl der Zeichen vom Beginn der ersten Zeichenkette bis zu einem Zeichen, welches nicht in der zweiten Zeichenkette vorkommt Siehe Seite 543
string **strstr** (string haystack, string needle) (PHP 3, PHP 4, PHP 5) Sucht das erste Vorkommen eines Strings innerhalb einer Zeichenkette Siehe Seite 543
string **strtok** (string arg1, string arg2) (PHP 3, PHP 4, PHP 5) Es wird eine Zeichenkette anhand eines Trenn-Strings zerlegt Siehe Seite 544
string **strtolower** (string str) (PHP 3, PHP 4, PHP 5) Wandelt den Inhalt einer Zeichenkette in Kleinbuchstaben um Siehe Seite 545
string **strtoupper** (string str) (PHP 3, PHP 4, PHP 5) Wandelt den Inhalt einer Zeichenkette in Großbuchstaben um Siehe Seite 545
string **strtr** (string str, string from, string to) (PHP 3, PHP 4, PHP 5) Tauscht bestimmte Zeichen eines Strings aus Siehe Seite 546
string **substr** (string string, int start [, int length]) (PHP 3, PHP 4, PHP 5) Gibt einen Teilstring zurück Siehe Seite 547
int **substr_count** (string haystack, string needle) (PHP 4, PHP 5) Zählt, wie oft eine bestimmte Zeichenkette in einem String vorkommt Siehe Seite 548
string **substr_replace** (string string, string replacement, int start [, int length]) (PHP 4, PHP 5) Ersetzt einen Teil des Strings Siehe Seite 548

string **trim** (string str) (PHP 3, PHP 4, PHP 5) Entfernt überflüssige Zeichen am Anfang und am Ende eines Strings Siehe Seite 549
string **ucfirst** (string str) (PHP 3, PHP 4, PHP 5) Wandelt das erste Zeichen eines Strings in einen Großbuchstaben Siehe Seite 550
string **ucwords** (string str) (PHP 3>= 3.0.3, PHP 4, PHP 5) Wandelt das erste Zeichen aller Wörter eines Strings in Großbuchstaben Siehe Seite 550
string **wordwrap** (string str [, int width [, string break [, int cut]]]) (PHP 4 >= 4.0.2, PHP 5) Umbricht einen String ab einer gewissen Länge Siehe Seite 551

2.16 URL-Funktionen

Funktion / Version / Kurzbeschreibung
string **base64_decode** (string encoded_data) (PHP 3, PHP 4, PHP 5) Konvertiert eine Zeichenkette von Base64-Code in das 8-Bit-Zeichen-Format Siehe Seite 553
string **base64_encode** (string data) (PHP 3, PHP 4, PHP 5) Konvertiert eine Zeichenkette vom 8-Bit-Zeichen-Format in Base64-Code Siehe Seite 554
array **get_headers** (string url) (PHP 5) Liefert die Headerwerte nach einem HTTP_Request Siehe Seite 555
array **get_meta_tags** (string filename [, int use_include_path]) (PHP 3>= 3.0.4, PHP 4, PHP 5) Liefert alle Meta-Tags einer Seite Siehe Seite 555
string **http_build_query** (array formdata [, string numeric_prefix]) (PHP 5) Erstellt anhand eines assoziativen Arrays eine kodierte URL Siehe Seite 556

array **parse_url** (string url) (PHP 3, PHP 4, PHP 5) Zerlegt eine URL in ihre Bestandteile Siehe Seite 557
string **rawurldecode** (string str) (PHP 3, PHP 4, PHP 5) Dekodiert einen URL-kodierten String Siehe Seite 558
string **rawurlencode** (string str) (PHP 3, PHP 4, PHP 5) Kodiert einen String für eine URL Siehe Seite 559
string **urldecode** (string str) (PHP 3, PHP 4, PHP 5) Dekodiert einen URL-kodierten String Siehe Seite 560
string **urlencode** (string str) (PHP 3, PHP 4, PHP 5) Kodiert einen String für eine URL Siehe Seite 561

2.17 Variablen-Funktionen

Funktion / Version / Kurzbeschreibung
double **doubleval** (mixed var) (PHP 3, PHP 4, PHP 5) Umwandlung einer Variablen in eine Fließkommazahl Siehe Seite 563
bool **empty** (mixed var) (PHP 3, PHP 4, PHP 5) Prüft, ob eine Variable leer ist Siehe Seite 563
float **floatval** (mixed var) (PHP 4 >= 4.2.0, PHP 5) Erstellt aus einer Variablen ein Float Siehe Seite 564
string **gettype** (mixed var) (PHP 3, PHP 4, PHP 5) Ermittelt den Typ einer Variablen Siehe Seite 564

int **intval** (mixed var [, int base]) (PHP 3, PHP 4, PHP 5) Umwandlung einer Variablen in eine Integerzahl Siehe Seite 565
bool **is_array** (mixed var) (PHP 3, PHP 4, PHP 5) Prüft, ob die Variable vom Typ Array ist Siehe Seite 566
bool **is_bool** (mixed var) (PHP 4, PHP 5) Prüft, ob die Variable ein boolescher Wert ist Siehe Seite 566
bool **is_double** (mixed var) (PHP 3, PHP 4, PHP 5) Prüft, ob die Variable eine Fließkommazahl ist Siehe Seite 566
bool **is_float** (mixed var) (PHP 3, PHP 4, PHP 5) Prüft, ob die Variable eine Fließkommazahl ist Siehe Seite 568
bool **is_int** (mixed var) (PHP 3, PHP 4, PHP 5) Prüft, ob die Variable vom Typ Integer ist Siehe Seite 568
bool **is_integer** (mixed var) (PHP 3, PHP 4, PHP 5) Prüft, ob die Variable vom Typ Integer ist Siehe Seite 569
bool **is_long** (mixed var) (PHP 3, PHP 4, PHP 5) Prüft, ob die Variable vom Typ Integer ist Siehe Seite 570
bool **is_null** (mixed var) (PHP 4 >= 4.0.4, PHP 5) Überprüft ob eine Variable vom Typ NULL ist Siehe Seite 571
bool **is_numeric** (mixed var) (PHP 4, PHP 5) Überprüft ob die Variable eine Zahl oder numerischer String ist Siehe Seite 572

bool **is_object** (mixed var) (PHP 3, PHP 4, PHP 5) Prüft, ob die Variable vom Typ Object ist Siehe Seite 572
bool **is_real** (mixed var) (PHP 3, PHP 4, PHP 5) Prüft, ob die Variable eine Fließkommazahl ist Siehe Seite 573
bool **is_resource** (mixed var) (PHP 4, PHP 5) Überprüft ob eine Variable vom Typ Resource ist Siehe Seite 574
bool **is_scalar** (mixed var) (PHP 4 >= 4.0.5, PHP 5) Überprüft ob eine Variable vom Typ Scalar ist Siehe Seite 575
bool **is_string** (mixed var) (PHP 3, PHP 4, PHP 5) Prüft, ob die Variable vom Typ String ist Siehe Seite 576
bool **isset** (mixed var [, mixed var [, ...]]) (PHP 3, PHP 4, PHP 5) Prüft, ob eine Variable existiert Siehe Seite 576
bool **print_r** (mixed expression [, bool return]) (PHP 4, PHP 5) Gibt eine Variable in vorformatierter Form aus Siehe Seite 577
string **serialize** (mixed value) (PHP 3>= 3.0.5, PHP 4, PHP 5) Erstellt eine serialisierte Zeichenkette Siehe Seite 578
int **settype** (string var, string type) (PHP 3, PHP 4, PHP 5) Legt den Typ einer Variablen fest Siehe Seite 579
string **strval** (mixed var) (PHP 3, PHP 4, PHP 5) Liefert einen String mit dem Wert einer Variablen Siehe Seite 580

mixed **unserialize** (string str) (PHP 3>= 3.0.5, PHP 4, PHP 5) Erstellt aus einer serialisierten Zeichenkette wieder Variablen Siehe Seite 580
int **unset** (mixed var [, mixed var2 [, ...]]) (PHP 3, PHP 4, PHP 5) Löscht Variablen Siehe Seite 581
void **var_dump** (mixed expression) (PHP 3>= 3.0.5, PHP 4, PHP 5) Liefert Informationen über eine Variable Siehe Seite 582
mixed **var_export** (mixed expression [, bool return]) (PHP 4 >= 4.2.0, PHP 5) Gibt eine Variable aus Siehe Seite 582

2.18 Verzeichnisfunktionen

Funktion / Version / Kurzbeschreibung
int **chdir** (string directory) (PHP 3, PHP 4, PHP 5) Wechselt das Verzeichnis Siehe Seite 585
void **closedir** (int dir_handle) (PHP 3, PHP 4, PHP 5) Schließt ein Verzeichnis-Handle Siehe Seite 585
object **dir** (string directory) (PHP 3, PHP 4, PHP 5) Liefert ein Objekt, mit dem Sie das Verzeichnis auslesen können Siehe Seite 586
string **getcwd** () (PHP 4, PHP 5) Ermittelt das Arbeitsverzeichnis des Skripts Siehe Seite 587
int **mkdir** (string pathname, int mode) (PHP 3, PHP 4, PHP 5) Erstellt ein Verzeichnis Siehe Seite 587

int **opendir** (string path) (PHP 3, PHP 4, PHP 5) Öffnet ein Verzeichnis-Handle Siehe Seite 588
string **readdir** (int dir_handle) (PHP 3, PHP 4, PHP 5) Liefert den Namen der nächsten Datei in einem Verzeichnis Siehe Seite 589
void **rewinddir** (int dir_handle) (PHP 3, PHP 4, PHP 5) Setzt ein Verzeichnis-Handle zurück Siehe Seite 589
int **rmdir** (string dirname) (PHP 3, PHP 4, PHP 5) Löscht ein bestehendes Verzeichnis Siehe Seite 591
array **scandir** (string directory [, int sorting_order [, resource context]]) (PHP 5) Liest ein Verzeichnis aus und gibt das Ergebnis in einem Array zurück Siehe Seite 591

3 Kontrollmechanismen

3.1 break

⇒ **Befehl** **break** [int Sequenz]

⇔ **Beschreibung** Mit break wird die aktuelle for-, while- oder switch-Anweisung abgebrochen und somit die Schleife verlassen.
Da alle drei Parameter bei einer for-Schleife optional sind, kann es zu dem Umstand kommen, dass ohne eine Iterationsvariable aus der for-Schleife eine Endlosschleife wird.

↔ **Beispiel**

```
<?PHP
for(;;){
   echo $x++;
   echo "<br>";
   if($x == 3)break;
}
?>
```

⊄ **Ausgabe**

```
1
2
```

3.2 continue

⇒ **Befehl** **continue**

⇔ **Beschreibung** Mit continue kann man einen Schleifendurchlauf abbrechen und zum nächsten Durchlauf übergehen.

↔ **Beispiel**

```
<?PHP
for($x=1;$x<10;$x++){
   if ($x % 2)continue;
   echo $x;
   echo "<br>";
}
?>
```

⊄ Ausgabe

```
2
4
6
8
```

3.3 do ...while

⇒ Befehl **do...while**

⇔ Beschreibung Die do...while-Schleife ist der while-Schleife sehr ähnlich, aber ein entscheidender Punkt sticht hervor. Die Bedingung wird erst am Ende der Schleife überprüft. So wird mindestens einmal die Schleife durchlaufen, während bei einer While-Schleife die Bedingung am Anfang schon false sein kann und die Schleife somit nicht durchlaufen wird.

↔ Beispiel

```
<?PHP
$var = 0;
do {
    echo $var;
} while ($i>0);
?>
```

⊄ Ausgabe

```
0
```

3.4 Dynamische Variablen

⇒ Befehl **$$**

⇔ Beschreibung Oft ist es sinnvoll, dynamische Variablen-Bezeichner zu benutzen und diese im weiteren Skript zu gebrauchen. Daher kann man innerhalb von PHP einen Variablennamen dynamisch anlegen. Eine dynamische Variable nimmt den Wert einer anderen Variablen und nutzt diesen als Bezeichner.

↔ Beispiel

```
<?PHP
$var = "Guten"; // Variable ein Wert zuweisen
$$var = "Tag"; // Bezeichner zuweisen (Guten)
echo "$var ${$var} <br>";
echo "$var $Guten <br>";
?>
```

⊄ Ausgabe

```
Guten Tag
Guten Tag
```

3.5 for

⇒ **Befehl** **For**

⇔ **Beschreibung** Mit for wird ein Schleifendurchlauf abgearbeitet. Dabei gibt man einen Start- und einen Endwert ein. Die Schleife endet erst bei Erreichen des Endwertes.
Da alle drei Parameter bei einer for-Schleife optional sind, kann es zu dem Umstand kommen, dass ohne eine Iterationsvariable aus der for-Schleife eine Endlosschleife wird.

↔ **Beispiel**

```
<?PHP
for($x=1;$x<15;$x++){
   echo "Dieses ist der" . $x . ". Durchlauf";
echo "<br>";
}
?>
```

⊄ **Ausgabe**

```
Dieses ist der 1. Durchlauf
.
.
Dieses ist der 14. Durchlauf
```

3.6 foreach

⇒ **Befehl** **foreach**

⇐ **Version** (PHP 4)

⇔ **Beschreibung** Seit der Version 4 ist es nun auch endlich möglich, auf einfache Weise ein Array auszulesen. Gegenüber einer for-Schleife vereinfacht sich die Syntax enorm.
Dabei wird das Array vom Anfang bis zum Ende durchlaufen.

↔ **Beispiel**

```
<?PHP
$var = array("Birnen","Bananen","Äpfel");
foreach ($var as $value) {
    echo "Wert: $value<br>\n";
}
?>
```

⊄ **Ausgabe**

```
Wert: Birnen
Wert: Bananen
Wert: Äpfel
```

3.7 if

⇒ **Befehl**

if

⇔ **Beschreibung**

Mit if wird ein Kontrollmechanismus eingeleitet und abgearbeitet, wenn dieser wahr ist. Dabei müssen die Bedingungen innerhalb der Abfrage einen logischen Wert (True oder False) zurückliefern.
Als False wird die Zahl 0, der String »0« oder »« (leer) gesehen, während alle anderen Rückgabewerte True darstellen.
Im Folgenden sehen Sie Operatoren für die Ausdrücke, um diese bei der Überprüfung von Bedingungen nutzen zu können.
Logische Operatoren:
and $x und $y müssen gleich sein
or $x oder $y muss TRUE sein
xor $x und $y dürfen nicht gleich sein (Ungleich)
&&…$x und $y müssen gleich sein
||…$x oder $y muss TRUE sein
!… $x muss FALSE sein

Vergleichoperatoren
==...$x und $y müssen gleich sein
!=... $x und $y dürfen nicht gleich sein (Ungleich)
> $x muss größer als $y sein
< $x muss kleiner als $y sein
>= $x muss größer oder gleich $y sein
<= $x muss kleiner oder gleich $y sein

↔ **Beispiel**

```
$x = 0;
```

1. Möglichkeit (einzeilige if-Abfrage)

```
if($x == 0) echo „Die Variable ist Null“;
```

oder

```
if($x == 0):
   echo "Die Variable ist Null";
endif;
```

2. Möglichkeit (mehrzeilige if-Abfrage)

```
if($x == 0) {
   echo "Die Variable ist Null";
   echo "Eine sehr kleine Zahl";
}
```

oder

```
if($x == 0):
   echo "Die Variable ist Null";
```

```
    echo "Eine sehr kleine Zahl";
endif;
```

3. Möglichkeit (HTML-Code umschließen)

```
<?PHP
    if($x == 0){
?>
Hier kann ganz normaler HTML-Code stehen
<?PHP
}
?>
```

ξ Tipp

Achten Sie darauf, dass bei der 3. Möglichkeit der zu schließende if-Zweig innerhalb von einem PHP-Syntax steht.
Zwischen dem if-Zweig kann beliebiger HTML-Code stehen und man muss nicht auf PHP-typische Sonderzeichen achten, welche innerhalb von PHP gesondert geschützt werden müssen.

3.8 if ...else

⇒ **Befehl**

if....else

⇔ **Beschreibung**

Mit if....else wird ein Kontrollmechanismus eingeleitet und auf den Einstiegspunkt hin überprüft. Ist der if-Zweig »False«, wird direkt in den else-Zweig geleitet und dieser abgearbeitet. Ist hingegen der if-Zweig »True«, wird der else-Zweig übergangen und nur der if-Zweig abgearbeitet. Sie sollten aber bedenken, dass auf jeden Fall einer der Blöcke abgearbeitet wird.

↔ **Beispiel**

```
<?PHP
$x = 15;
if($x < 14){
    echo $x . " ist kleiner als 14";
}
else{
    echo $x . " ist größer als 14";
}
?>
```

ξ **Tipp**

Achten Sie darauf, dass der else-Zweig immer abgearbeitet wird, wenn der if-Zweig »False« zurückliefert.

3.9 if ...else ...elseif

⇒ **Befehl** **if....else....elseif**

⇔ **Beschreibung** Mit if....else....elseif wird ein Kontrollmechanismus eingeleitet und auf den Einstiegspunkt hin überprüft. Ist der if-Zweig »False«, wird direkt in den elseif-Zweig geleitet und dieser wiederum auf Richtigkeit hin überpüft. Innerhalb des elseif-Zweiges wird elseif als if und else als else gesehen. Sie sollten aber bedenken, dass auf jeden Fall einer der Blöcke abgearbeitet wird.

↔ **Beispiel**

```
<?PHP
$x = 8;
if($x < 0){
    echo $x . " ist kleiner als 0";
}
elseif($x < 10){
    echo $x . " ist kleiner als 10";
}
else{
    echo $x . " ist größer oder gleich 10";
}
?>
```

3.10 include

⇒ **Befehl** include()

⇐ **Version** (PHP 3, PHP 4)

⇔ **Beschreibung** Der include-Befehl bewirkt, dass vom PHP-Parsing-Modus in den HTML-Modus geschaltet und die angegebene Datei eingelesen und ausgewertet wird. Ist innerhalb der zu inkludierenden Datei PHP-Code, so muss dieser in gültigen PHP-Start- (<?PHP) und End-Tags (?>) eingebunden werden.

Siehe auch:
- require()
- require_once()
- include_once()
- readfile()
- virtual()

↔ **Beispiel**

```
<?PHP
include("php.php3");
?>
```

⊄ **Ausgabe**

```
Inhalt der Datei php.php3
```

3.11 include_once

⇒ **Befehl** **include_once()**

⇐ **Version** (PHP 4 > 4.01)

⇔ **Beschreibung** Der include_once Befehl bewirkt, dass die angegebene Datei eingelesen und ausgewertet wird.
Wie bei der Anweisung require_once wird der Code nur einmal eingebunden. Damit soll verhindert werden, dass zwei identische Funktionen inkludiert werden und somit ein Fehler produziert wird.

Siehe auch:

- include()
- require()
- require_once()
- readfile()
- virtual()

↔ **Beispiel** siehe require_once

⊄ **Ausgabe** siehe require_once

3.12 require

⇒ **Befehl** **require()**

⇐ **Version** (PHP 3, PHP 4)

⇔ **Beschreibung** Der require-Befehl bewirkt, dass vom PHP-Parsing-Modus in den HTML-Modus geschaltet wird und die angegebene Datei eingelesen und ausgewertet wird. Ist innerhalb der zu inkludierenden Datei PHP-Code, so muss dieser in gültigen PHP-Start- (<?PHP) und End-Tags (?>) eingebunden werden.

Sie können den require-Befehl nicht innerhalb von Schleifen nutzen, da die Datei nur einmal eingelesen wird, sogar falls der require-Befehl in einem Zweig steht, der nicht ausgeführt wird – nutzen Sie in diesem Fall include().

Siehe auch:

- include()
- require_once()
- include_once()
- readfile()
- virtual()

↔ **Beispiel**

```
<?PHP
require("php.php3");
?>
```

⊄ **Ausgabe**

```
Inhalt der Datei php.php3
```

3.13 require_once

⇒ **Befehl** **require_once()**

⇔ **Beschreibung** Der require_once Befehl bewirkt, dass an seiner Stelle der Inhalt einer anderen Datei ausgegeben wird und somit ersetzt sich der Befehl durch die Datei.
Der Hauptunterschied liegt darin, dass bei dem Befehl require_once der einzubindende Code einer Datei nur einmal eingebunden wird.
Sehen Sie sich beide Beispiele genau an.
Beim zweiten Beispiel würde man versuchen, zwei identische functions in eine Datei zu inkludieren – ein fataler Fehler!

Siehe auch:

- include()
- require()
- include_once()
- readfile()
- virtual()

↔ **Beispiel 1**

Inhalt der Datei index.php3:

```
require_once("1.php3");
mache_etwas();
require_once("2.php3");
```

Inhalt der Datei 1.php3

```
function mache_etwas(){
    echo "Hier ist die Datei 1.php3<br>";
}
```

Inhalt der Datei 2.php3

```
require_once("1.php3");
echo "Hier ist die Datei 2.php3";
```

⊄ **Ausgabe 1**

Hier ist die Datei 1.php3

Hier ist die Datei 2.php3

↔ **Beispiel 2**

Inhalt der Datei index.php3:

```
require("1.php3");
mache_etwas();
require("2.php3");
```

Inhalt der Datei 1.php3

```
function mache_etwas(){
    echo "Hier ist die Datei 1.php3<br>";
}
```

Inhalt der Datei 2.php3

```
require("1.php3");
echo "Hier ist die Datei 2.php3";
```

⊄ **Ausgabe 2** Hier ist die Datei 1.php3

```
Fatal error: Cannot redeclare mache_etwas() in 1.php3 on line 2
```

3.14 switch

⇒ **Befehl** **switch**

⇔ **Beschreibung** Switch ist vergleichbar mit einer if-Abfrage. Der Vorteil ist aber, dass Sie mit der switch-Anweisung verschiedene Argumente mit einer Variablen überprüfen können und somit in bestimmte Teile verzweigen können. Innerhalb der Verzweigung haben Sie die Möglichkeit, den Durchlauf mit break abzubrechen und somit die Schleife zu verlassen.

↔ **Beispiel**

```
<?PHP
$var = 2;
switch ($var) {
    case 0:
        echo "\$var ist gleich 0";
        break;
    case 1:
        echo "\$var ist gleich 1";
        break;

    case 2:
        echo "\$var ist gleich 2";
        break;
}
?>
```

⊄ **Ausgabe**

```
$var ist gleich 2
```

3.15 Vordefinierte Variablen

⇒ Befehl Vordefinierte Variablen

⇔ Beschreibung Sie haben mit den unten stehenden Servervariablen die Möglichkeit, viele Informationen über das Serversystem oder den Besucher ihrer Website zu bekommen. Alle Variablen hier ausführlich zu erklären, würde den Rahmen des Buches sprengen.
Sie haben aber die Möglichkeit, die einzelnen Variablen in ihren Skripts auszuprobieren.

↔ Beispiel

```
<?PHP
echo "
  GATEWAY_INTERFACE: $_SERVER[GATEWAY_INTERFACE]<br>
  SERVER_NAME: $_SERVER[SERVER_NAME]<br>
  SERVER_SOFTWARE: $_SERVER[SERVER_SOFTWARE]<br>
  SERVER_PROTOCOL: $_SERVER[SERVER_PROTOCOL]<br>
  REQUEST_METHOD: $_SERVER[REQUEST_METHOD]<br>
  QUERY_STRING: $_SERVER[QUERY_STRING]<br>
  DOCUMENT_ROOT: $_SERVER[DOCUMENT_ROOT]<br>
  HTTP_ACCEPT: $_SERVER[HTTP_ACCEPT]<br>
  HTTP_ACCEPT_CHARSET: $_SERVER[HTTP_ACCEPT_CHARSET]<br>
  HTTP_ENCODING: $_SERVER[HTTP_ENCODING]<br>
  HTTP_ACCEPT_LANGUAGE: $_SERVER[HTTP_ACCEPT_LANGUAGE]<br>
  HTTP_CONNECTION: $_SERVER[HTTP_CONNECTION]<br>
  HTTP_HOST: $_SERVER[HTTP_HOST]<br>
  HTTP_REFERER: $_SERVER[HTTP_REFERER]<br>
  HTTP_USER_AGENT: $_SERVER[HTTP_USER_AGENT]<br>
  REMOTE_ADDR: $_SERVER[REMOTE_ADDR]<br>
  REMOTE_PORT: $_SERVER[REMOTE_PORT]<br>
  SCRIPT_FILENAME: $_SERVER[SCRIPT_FILENAME]<br>
  SERVER_ADMIN: $_SERVER[SERVER_ADMIN]<br>
  SERVER_PORT: $_SERVER[SERVER_PORT]<br>
  SERVER_SIGNATURE: $_SERVER[SERVER_SIGNATURE]<br>
  PATH_TRANSLATED: $_SERVER[PATH_TRANSLATED]<br>
  SCRIPT_NAME: $_SERVER[SCRIPT_NAME]<br>
  REQUEST_URI: $_SERVER[REQUEST_URI]<br>
";
?>
```

⊄ **Ausgabe**

```
GATEWAY_INTERFACE: CGI/1.1
SERVER_NAME: linux.im-online.de
SERVER_SOFTWARE: Apache/1.3.12 (Unix) PHP/4.0.0
SERVER_PROTOCOL: HTTP/1.1
REQUEST_METHOD: GET
QUERY_STRING:
DOCUMENT_ROOT: /www/htdocs
HTTP_ACCEPT: /
HTTP_ACCEPT_CHARSET:
HTTP_ENCODING:
HTTP_ACCEPT_LANGUAGE: de
HTTP_CONNECTION: Keep-Alive
HTTP_HOST: 192.168.19.222
HTTP_REFERER:
HTTP_USER_AGENT: Mozilla/4.0 (compatible; MSIE 5.5; Windows
98; QXW0334s)
REMOTE_ADDR: 192.168.19.103
REMOTE_PORT: 3573
SCRIPT_FILENAME: /www/users//test/index.php3
SERVER_ADMIN: root@linux.im-online.de
SERVER_PORT: 80
SERVER_SIGNATURE:
Apache/1.3.12 Server at linux.im-online.de Port 80
PATH_TRANSLATED: /www/users//test/index.php3
SCRIPT_NAME: /~test/index.php3
REQUEST_URI: /~test/
```

3.16 while

⇒ **Befehl** **while**(expr)

⇔ **Beschreibung** Mit while() wird ein Schleifendurchlauf abgearbeitet und so lange ausgeführt, bis das Schleifenende erreicht wurde. Dabei wird bei jedem Schleifendurchlauf die Bedingung (expr) auf true geprüft. Ist true erreicht, wird die while-Schleife beendet. Ist die Bedingung schon vor dem ersten Durchlauf false, wird die Schleife nicht einmal abgearbeitet.

Die while-Schleife ist sehr sinnvoll, wenn man vorher nicht genau weiß, wie oft ein Durchlauf benötigt wird.

In Zusammenhang mit Datenbankabfragen ist die while-Schleife sehr sinnvoll und empfehlenswert. So könnte man sich z.B. alle Mitglieder eines Vereins ausgeben lassen, welche vor 1970 geboren wurden. Da Sie aber im Vorfeld (bei der Programmierung) nicht wissen können, wie viele Mitglieder es sind, bietet sich dort die Kombination mit einer While-Schleife an.

Achten Sie darauf, dass eine while-Schleife immer einen Endwert besitzen muss, da es sonst zu Programmabstürzen kommen kann. Wird die While-Schleife fehlerhaft eingesetzt, ist das Resultat katastrophal – aus der while-Schleife wird eine Endlosschleife.

↔ Beispiel

1. Möglichkeit

```
$x = 0;
while($x < 14){
   echo $x++ . ". Durchlauf <br>";
}
```

⊄ Ausgabe

```
0.Durchlauf
.
.
13. Durchlauf
```

2. Möglichkeit

```
while($x < 14):
   $x++;
   echo $x . ". Durchlauf <br>";
endwhile;
```

⊄ Ausgabe

```
1.Durchlauf
.
.
14.Durchlauf
```

4 Array-Funktionen

Mit den Array-Funktionen verwalten, bearbeiten und speichern Sie Gruppen von Variablen.

4.1 array

⇒ Befehl array **array**(...);

⇐ Version (PHP 3, PHP 4, PHP 5)

⇔ Beschreibung Mit der Funktion array() erzeugt man aus gegebenen Werten ein Array. Dabei ist array() nicht als reguläre Funktion zu sehen, sondern als Sprachkonstrukt.

Mit dem Operator => können Sie Schlüsselwerte vorgeben. Zusätzlich haben Sie die Möglichkeit, innerhalb eines Arrays wiederum Arrays zu definieren und somit mehrdimensionale Arrays zu erzeugen (siehe Beispiel 3).

Siehe auch:
- list()

↔ Beispiel 1 Indiziertes Array:

```
<?PHP
$array = array("SelfPHP",24,"Jetzt lerne ich PHP");
echo $array[0];
echo "<br>";
echo $array[1];
echo "<br>";
echo $array[2];
?>
```

⊄ Ausgabe 1

```
SelfPHP
24
Jetzt lerne ich PHP
```

↔ Beispiel 2 Assoziatives Array:

```
<?PHP
$array = array("waehrung1" => "Dollar", _
    "waehrung2" => "Euro", _
    "waehrung3" => "Yen");
while(list($key, $val) = each($array)) {
```

```
    echo $key . ": " . $val . '<br>';
}
echo $array[waehrung1];
?>
```

⊄ **Ausgabe 2**

```
waehrung1: Dollar
waehrung2: Euro
waehrung3: Yen
Dollar
```

↔ **Beispiel 3** **Mehrdimensionales Array:**

```
<?PHP
$array = array("Europa" =>
                    array("Land1" => "Deutschland",
                               "Land2" => "Italien",
                               "Land3" => "Holland"),
                          "Suedamerika" =>
                     array("Land1" => "Peru",
                               "Land2" => "Argentinien",
                               "Land3" => "Brasilien"));
echo $array[Europa][Land1] . '<br>';
echo $array[Europa][Land2] . '<br>';
echo $array[Europa][Land3] . '<br>';
echo $array[Suedamerika][Land1] . '<br>';
echo $array[Suedamerika][Land2] . '<br>';
echo $array[Suedamerika][Land3] . '<br>';
?>
```

⊄ **Ausgabe 3**

```
Deutschland
Italien
Holland
Peru
Argentinien
Brasilien
```

4.2 array_change_key_case

⇒ **Befehl** array **array_change_key_case** (array input [, int case])

⇐ **Version** (PHP 4 >= 4.2.0, PHP 5)

⇔ **Beschreibung** Die Funktion array_change_key_case() wandelt die Schlüssel innerhalb des Arrays *input* in Klein- bzw. Großbuchstaben um. Mit dem optionalen Parameter *case* legen Sie die Umwandlungsform fest. Sollten Sie diese Funktion ohne den optionalen Parameter *case* ausführen, so wird der Defaultwert CASE_LOWER zur Verarbeitung genutzt.

Folgende Umwandlungsparameter stehen Ihnen dabei zur Verfügung:

- CASE_UPPER für Großbuchstaben
- CASE_LOWER für Kleinbuchstaben

Besitzt ein Array bei dem Durchlauf dieser Funktion einen identischen Schlüssel (siehe Beispiel 2 – Asien / ASieN) wird der letztere Schlüssel den Wert des Vorherigen überschreiben.

↔ **Beispiel 1**

```
<?PHP
$array = array("EuroPa" => 3, "ASien" => 5);
$gross = array_change_key_case($array, CASE_UPPER);
$klein = array_change_key_case($array, CASE_LOWER);
while(list($key, $val) = each($gross)) {
   echo $key . " - " . $val . '<br>';
}
while(list($key, $val) = each($klein)) {
   echo $key . " - " . $val . '<br>';
}
print_r(array_change_key_case($array));
?>
```

⊄ **Ausgabe 1**

```
EUROPA - 3
ASIEN - 5
europa - 3
asien - 5
Array ( [europa] => 3 [asien] => 5 )
```

↔ **Beispiel 2**

```
<?PHP
$array = array("EuroPa" => 3, "ASien" => 5, "ASieN" => 8);
print_r(array_change_key_case($array));
?>
```

⊄ **Ausgabe 2**

```
Array ( [europa] => 3 [asien] => 8 )
```

4.3 array_chunk

⇒ **Befehl**

array **array_chunk** (array input, int size [, bool preserve_keys])

⇐ **Version**

(PHP 4 >= 4.2.0, PHP 5)

⇔ **Beschreibung**

Die Funktion array_chunk() teilt das Array *input* in kleinere Stücke auf. Dabei legen sie mit dem Parameter *size* die Größe der neuen Arrays fest. Die neuen Arrays werden als Teil eines mehrdimensionalen Arrays erzeugt, die beginnend bei Null numerisch indiziert sind (siehe Beispiel 1). Mit dem optionalen Parameter *preserve_keys* können Sie erzwingen, dass vorhandene Schlüssel des zu bearbeitenden Arrays beibehalten werden (siehe Beispiel 2).

Folgende Parameter für *preserve_keys* sind zulässig:

- TRUE (behält vorhandene Schlüssel bei)
- FALSE (erzeugt neue Schlüssel – Defaultwert)

↔ **Beispiel 1**

```
<?PHP
$input_array = array('Spanien', 'Italien', 'Deutschland',
'Belgien', 'England');
$input_array1 = array_chunk($input_array, 2);
while(list($key, $val) = each($input_array1)) {
   echo '$input_array1[' . $key . ']' . '<br>';
   while(list($keys, $vals) = each($val)) {
      echo '[' . $keys . ']' . " => " . $vals . '<br>';
   }
}
?>
```

⊄ **Ausgabe 1**

```
$input_array1[0]
   [0] => Spanien
   [1] => Italien
$input_array1[1]
   [0] => Deutschland
   [1] => Belgien
$input_array1[2]
   [0] => England
```

↔ **Beispiel 2**

```
<?PHP
$input_array = array('Spanien', 'Italien', 'Deutschland',
'Belgien', 'England');
$input_array2 = array_chunk($input_array, 2, TRUE);
while(list($key, $val) = each($input_array2)) {
   echo '$input_array2[' . $key . ']' . '<br>';
   while(list($keys, $vals) = each($val)) {
      echo '[' . $keys . ']' . " => " . $vals . '<br>';
   }
}
?>
```

⊄ **Ausgabe 2**

```
$input_array2[0]
   [0] => Spanien
   [1] => Italien
$input_array2[1]
   [2] => Deutschland
   [3] => Belgien
$input_array2[2]
   [4] => England
```

4.4 array_combine

⇒ Befehl array **array_combine** (array keys, array values)

⇐ Version (PHP 5)

⇔ Beschreibung Die Funktion array_combine() erzeugt aus zwei verschiedenen Arrays ein neues Array.
Dabei erhält das neue Array als Schlüssel die Werte des ersten Arrays *keys* und als Werte die Werte des zweiten Arrays *values.*
Diese Funktion wird FALSE zurückgeben, falls die beiden Arrays (*keys* und *values*) unterschiedliche Mengen an Werten beeinhalten oder leer sind.

Siehe auch:

- array_merge()
- array_walk()
- array_values()

↔ Beispiel

```
<?PHP
$first = array(’Zoo’, ’Museum’, ’Disco’);
$second = array('Tiere', 'Gemälde', 'Musik');
$combine = array_combine($first, $second);
while(list($key, $val) = each($combine)) {
   echo $key . " - " . $val . '<br>';
}
?>
```

⊄ Ausgabe

```
Zoo => Tiere
Museum => Gemälde
Disco => Musik
```

4.5 array_count_values

⇒ Befehl array **array_count_values**(array input)

⇐ Version (PHP 4, PHP 5)

⇔ Beschreibung Die Funktion array_count_values() zählt, wie oft jeder Wert innerhalb des Arrays *input* vorkommt, und gibt das Ergebnis in Form eines neuen Arrays zurück. Jeder Eintrag dieses Ergebnis-Arrays enthält als Wert eine Zahl, die angibt, wie oft der Schlüssel in dem Array vorkommt.

↔ Beispiel

```
<?PHP
$array = array("PHP",4,"PHP",4,"PHP","SelfPHP");
$zaehle = array_count_values($array);
while(list($key, $val) = each($zaehle)) {
   echo $key . " kommt " . $val . ’ mal vor.<br>’;
```

```
}
?>
```

⊄ **Ausgabe**

```
PHP kommt 3 mal vor.
4 kommt 2 mal vor.
SelfPHP kommt 1 mal vor.
```

4.6 array_diff

⇒ **Befehl** array **array_diff** (array array1, array array2 [, array ...])

⇐ **Version** (PHP 4 >= 4.0.1, PHP 5)

⇔ **Beschreibung** Die Funktion array_diff() gibt alle Werte des Arrays *array1* zurück, welche in keinem anderen der zu untersuchenden Arrays vorkommen.

Siehe auch:

- array_intersect()

↔ **Beispiel**

```
<?PHP
$array1 = array ("a" => "PHP", "ASP", "Java");
$array2 = array ("b" => "PHP", "ASP", "C++");
$result = array_diff ($array1, $array2);
while(list($key, $val) = each($result)) {
   echo $key . ": " . $val . '<br>';
}
?>
```

⊄ **Ausgabe**

```
1: Java
```

4.7 array_fill

⇒ **Befehl** array **array_fill** (int start_index, int num, mixed value)

⇐ **Version** (PHP 4 >= 4.2.0, PHP 5)

⇔ **Beschreibung** Die Funktion array_fill() erzeugt ein neues oder füllt ein bestehendes Array mit einer bestimmten Menge *num* an Einträgen *value.* Mit dem Startparameter *start_index* legen sie die Position fest, von der aus das Array erzeugt wird. Bitte beachten Sie, das die Menge num größer als Null sein muss, da der Interpreter von PHP ansonsten einen Fehler ausgeben wird. Weiterhin sollten Sie darauf achten, dass, falls Sie in ein bestehendes Array die neuen Werte hineinschreiben wollen, dieses durch die Funktion array_fill überschrieben wird und somit alle Werte des bestehenden Arrays verloren gehen.

↔ **Beispiel**

```
<?PHP
$array = array_fill(2, 3, 'SelfPHP');
while(list($key, $val) = each($array)) {
   echo $key . " => " . $val . '<br>';
}
?>
```

⊄ **Ausgabe**

```
2 => SelfPHP
3 => SelfPHP
4 => SelfPHP
```

4.8 array_filter

⇒ **Befehl**

array **array_filter** (array input [, mixed callback])

⇐ **Version**

(PHP 4 >= 4.0.6, PHP 5)

⇔ **Beschreibung**

Mit der Funktion array_filter() gibt man Werte eines Arrays (*input*) an eine Callback-Funktion (*callback*) zur weiteren Bearbeitung und bekommt ein modifiziertes Array zurück.

Siehe auch:

- array_map()
- array_reduce()
- array_walk()

↔ **Beispiel**

```
<?PHP
function ungerade_zahl($wert) {
   return ($wert % 2 == 1);
}

function gerade_zahl($wert) {
   return ($wert % 2 == 0);
}

$array1 = array ("a"=>1,"b"=>2,"c"=>3,"d"=>5);
$array2 = array (1, 2, 3, 4, 5, 6);

$werte1 = array_filter($array1, "ungerade_zahl");
echo "Ungerade Werte: <br>";
while(list($key, $val) = each($werte1)){
   echo $val;
   echo "<br>";
}

echo "Gerade Werte: <br>";
$werte2 = array_filter($array2, "gerade_zahl");
while(list($key, $val) = each($werte2)){
```

```
    echo $val;
    echo "<br>";
}
?>
```

⊄ **Ausgabe**

```
Ungerade Werte:
1
3
5
Gerade Werte:
2
4
6
```

4.9 array_flip

⇒ **Befehl** array **array_flip**(array trans)

⇐ **Version** (PHP 4, PHP 5)

⇔ **Beschreibung** Die Funktion array_flip() vertauscht für jedes Element des Arrays *trans* den Schlüssel mit dem Wert.

↔ **Beispiel**

```
<?PHP
$ar1 = array ("A" => "Apfel","B" => "Banane",
              "K" => "Kirsche");
print_r ($ar1) . '<br>';
$ar2 = array_flip($ar1);
print_r ($ar2) . '<br>';?>
```

⊄ **Ausgabe**

```
Array (
    [A] => Apfel
    [B] => Banane
    [K] => Kirsche )
Array (
    [Apfel] => A
    [Banane] => B
    [Kirsche] => K )
```

4.10 array_intersect_assoc

⇒ **Befehl** array **array_intersect_assoc**(array array1, array array2 [, array ...])

⇐ **Version** (PHP 4 >= 4.3.0, PHP 5)

⇔ **Beschreibung**

Die Funktion array_intersect_assoc() gibt alle Werte des Arrays *array1* zurück, welche auch in anderen der zu untersuchenden Arrays vorkommen. Dabei muss nicht nur der Wert, sondern auch der Index gleich sein. Bitte beachten Sie, dass nur diejenigen Werte als gleich angesehen werden, die nicht nur vom Inhalt (z.B. PHP und PHP), sondern auch vom Typ (z.B. String und String) und vom Index des Arrays gleich sind.
Die Schlüssel des Ergebnis-Arrays werden dabei aus *array1* übernommen.

Siehe auch:

- array_intersect()
- array_diff()
- array_diff_assoc()

↔ **Beispiel**

```
<?PHP
$array1 = array("a" => "Linux", "b" => "Windows", "Mac");
$array2 = array("a" => "Linux", "Windows", "Mac");
print_r($array1);
print_r($array2);
$result_array = array_intersect_assoc($array1, $array2);
print_r($result_array);
?>
```

⊄ **Ausgabe**

```
Array
(
    [a] => Linux
    [b] => Windows
    [0] => Mac
)
Array
(
    [a] => Linux
    [0] => Windows
    [1] => Mac
)
Array
(
    [a] => Linux
)
```

4.11 array_intersect

⇒ **Befehl** array **array_intersect**(array array1, array array2 [, array ...])

⇐ **Version** (PHP 4 >= 4.0.1, PHP 5)

⇔ **Beschreibung**

Die Funktion array_intersect() gibt alle Werte des Arrays *array1* zurück, welche auch in anderen der zu untersuchenden Arrays vorkommen. Bitte beachten Sie, dass das nur diejenigen Werte als gleich angesehen werden, die nicht nur vom Inhalt (z.B. PHP und PHP) sondern auch vom Typ (z.B. String und String) gleich (===) sind.

Die Schlüssel des Ergebnis-Arrays werden dabei aus *array1* übernommen.

Siehe auch:

- array_intersect_assoc()
- array_diff()
- array_diff_assoc()

↔ **Beispiel**

```
<?PHP
$array1 = array("a" => '1', "b" => "2", "c" => "3");
$array2 = array(1, 4, 3);
$result = array_intersect($array1, $array2);
while(list($key, $val) = each($result)) {
   echo $key . ": " . $val;
   echo "\n";
}
?>
```

⊄ **Ausgabe**

```
a: 1
c: 3
```

4.12 array_keys

⇒ **Befehl**

array **array_keys**(array input [, mixed search_value])

⇐ **Version**

(PHP 4, PHP 5)

⇔ **Beschreibung**

Die Funktion array_keys() gibt die Schlüssel des Arrays *input* zurück. Fehlt das Argument *search_value*, liefert die Funktion die Schlüssel aller Einträge; andernfalls gibt sie nur die Schlüssel der Einträge zurück, die den angegebenen Wert haben.

Siehe auch:

- array_values()
- array_key_exists()

↔ **Beispiel**

```
<?PHP
$array1 = array(0=>"PHP","b"=>"ASP","c"=>"Java",1=>"C++");
$ausgabe1 = array_keys($array1);
print_r($ausgabe1);
print_r(array_keys ($array1, "Java"));
?>
```

⊄ **Ausgabe**

```
Array
(
    [0] => 0
    [1] => b
    [2] => c
    [3] => 1
)
Array
(
    [0] => c
)
```

4.13 array_key_exists

⇒ **Befehl** bool **array_key_exists** (mixed key, array search)

⇐ **Version** (PHP 4 >= 4.1.0, PHP 5)

⇔ **Beschreibung** Die Funktion array_key_exists() sucht in einem Array *search* nach einem Index *key*. Wird der zu suchende Index in dem Array gefunden, so gibt diese Funktion TRUE, ansonsten FALSE zurück.

Siehe auch:

- isset()

↔ **Beispiel**

```
<?PHP
$array1 = array("Sprache"=>"PHP","Tier"=>"Hund");
if (array_key_exists("Sprache", $array1)) {
    echo 'Index "Sprache" kommt in dem Array vor.';
}
?>
```

⊄ **Ausgabe**

```
Index "Sprache" kommt in dem Array vor.
```

4.14 array_map

⇒ Befehl

array **array_map** (mixed callback, array arr1 [, array ...])

⇐ Version

(PHP 4 >= 4.0.6, PHP 5)

⇔ Beschreibung

Die Funktion array_map() gibt ein Array zurück, nachdem sie alle Elemente des ursprünglichen Arrays *arr1* und eventuell der weiteren als Argumente übergebenen Arrays (*arr2* usw.) an die Funktion *callback* übergeben hat. Das Ergebnis-Array besteht aus den Rückgabewerten dieser Callback-Funktion. Sie sollten darauf achten, dass die zu übergeben Arrays alle die gleiche Länge haben, da ansonsten das kürzeste Array um leere Elemente aufgefüllt wird.
Im Beispiel 2 sehen Sie eine interessante Lösung, wie verschachtelte Arrays erstellt werden können, wobei als Callback-Funktion NULL angegeben wird.

Siehe auch:

- array_filter()
- array_reduce()
- array_walk()

↔ Beispiel 1

```
<?PHP
function multipliziere($a) {
   return $a*$a;
}
$array1 = array(4, 8, 12);
$array2 = array_map("multipliziere", $array1);
print_r($array2);
?>
```

⊄ Ausgabe 1

```
Array
(
    [0] => 16
    [1] => 64
    [2] => 144
)
```

↔ Beispiel 2

```
<?PHP
$a = array(1, 2, 3);
$b = array("eins", "zwei", "drei");
$c = array("one", "two", "three");

print_r(array_map(null, $a, $b, $c));
?>
```

⊄ Ausgabe 2

```
Array
(
    [0] => Array
        (
            [0] => 1
```

```
            [1] => eins
            [2] => one
        )

    [1] => Array
        (
            [0] => 2
            [1] => zwei
            [2] => two
        )

    [2] => Array
        (
            [0] => 3
            [1] => drei
            [2] => three
        )

)
```

4.15 array_merge

⇒ Befehl array **array_merge** (array array1, array array2 [, array ...])

⇐ Version (PHP 4, PHP 5)

⇔ Beschreibung Die Funktion array_merge() verbindet mehrere Arrays zu einem Array. Es ist darauf zu achten, dass bei gleichnamigen String-Schlüsseln der Wert des ersten Arrays überschrieben wird (siehe Beispiel 2). Bei identischen numerischen Schlüsseln wird dagegen der Schlüssel hochgezählt und das Element somit angehängt (siehe Beispiel 1 und 3).

Siehe auch:

- array_merge_recursive()

↔ Beispiel 1

```
<?PHP
$array1 = array("PHP","zu");
$array2 = array("erlernen","ist");
$array3 = array("wirklich","nicht","schwer");
$array4 = array_merge($array1,$array2,$array3);
for($x=0;$x<count($array4);$x++){
   print $array4[$x].' ';
}
?>
```

⊄ Ausgabe 1

```
PHP zu erlernen ist wirklich nicht schwer
```

↔ **Beispiel 2**

```
<?PHP
$array1 = array("Sorte1" => "Bananen");
$array2 = array("Sorte2" => "Kirschen");
$array3 = array("Sorte1" => "Kiwis");
$array4 = array_merge($array1,$array2,$array3);
print_r($array4);
?>
```

⊄ **Ausgabe 2**

```
Array
(
    [Sorte1] => Kiwis
    [Sorte2] => Kirschen
)
```

↔ **Beispiel 3**

```
<?PHP
$array1[0] = "Bananen";
$array2[0] = "Kirschen";
$array3[0] = "Kiwis";
$array4 = array_merge($array1,$array2,$array3);
print_r($array4);
?>
```

⊄ **Ausgabe 3**

```
Array
(
    [0] => Bananen
    [1] => Kirschen
    [2] => Kiwis
)
```

4.16 array_merge_recursive

⇒ **Befehl** array **array_merge_recursive** (array array1, array array2 [, array ...])

⇐ **Version** (PHP 4 >= 4.0.1, PHP 5)

⇔ **Beschreibung** Die Funktion array_merge_recursive() fügt die Elemente von mehreren Arrays zu einem Array zusammen. Haben Werte in verschiedenen Arrays denselben String-Schlüssel, so legt die Funktion unter diesem Schlüssel ein neues verschachteltes Array an, in das sie die Werte aus allen Ausgangs-Arrays hintereinander einfügt. Hat hingegen ein Element aus einem hinteren Array den gleichen numerischen Schlüssel wie ein Element in einem vorderen Array, zählt die Funktion den Schlüssel einfach hoch und hängt das Element somit an.

Siehe auch:

- array_merge()

↔ **Beispiel**

```
<?PHP
$array1 = array("Tier" => "Kamel");
$array2 = array("Ort" => "Zoo");
$array3 = array("Tier" => "Löwe");
$array4 = array_merge_recursive($array1,$array2,$array3);
print_r($array4);
?>
```

⊄ **Ausgabe**

```
Array
(
    [Tier] => Array
        (
            [0] => Kamel
            [1] => Löwe
        )

    [Ort] => Zoo
)
```

4.17 array_multisort

⇒ **Befehl**

bool **array_multisort** (array ar1 [, mixed arg [, mixed .. [, array ...]]])

⇐ **Version**

(PHP 4, PHP 5)

⇔ **Beschreibung**

Die Funktion array_multisort() sortiert mehrere Arrays oder ein multidimensionales Array auf einmal. Dabei werden die angegebenen Arrays als Spalten einer Tabelle (wie bei einer Datenbank) betrachtet.
Das erste Argument (*ar1*) muss ein Array sein. Alle nachfolgenden Argumente können entweder ein Array oder ein Sortierflag sein.

Flags für Sortierreihenfolge:

- SORT_ASC – Sortiert in aufsteigender Reihenfolge
- SORT_DESC – Sortiert in absteigender Reihenfolge

Flags für Sortiertypen:

- SORT_REGULAR – Vergleicht die Felder normal
- SORT_NUMERIC – Vergleicht die Felder numerisch
- SORT_STRING – Vergleicht Felder als Strings

Jedes Flag ist nur für das vorhergehende Array gültig und wird danach wieder auf die Standartwerte SORT_DESC und SORT_REGULAR zurückgesetzt.

↔ **Beispiel 1**

```
<?PHP
$ar1 = array ("10", 100, 100, "a");
$ar2 = array (1, 3, "2", 1);
array_multisort ($ar1, $ar2);
```

```
print_r($ar1);
print_r($ar2);
?>
```

⊄ **Ausgabe 1**

```
Array
(
    [0] => 10
    [1] => a
    [2] => 100
    [3] => 100
)
Array
(
    [0] => 1
    [1] => 1
    [2] => 2
    [3] => 3
)
```

↔ **Beispiel 2**

```
<?PHP
$ar = array (array ("10", 100, 100, "a"), array (1, 3, "2",
1));
array_multisort ($ar[0], SORT_ASC, SORT_STRING, $ar[1],
SORT_NUMERIC,SORT_DESC);
print_r($ar[0]);
print_r($ar[1]);
?>
```

⊄ **Ausgabe 2**

```
Array
(
    [0] => 10
    [1] => 100
    [2] => 100
    [3] => a
)
Array
(
    [0] => 1
    [1] => 3
    [2] => 2
    [3] => 1
)
```

4.18 array_pad

⇒ Befehl array **array_pad** (array input, int pad_size, mixed pad_value)

⇐ Version (PHP 4, PHP 5)

⇔ Beschreibung Die Funktion array_pad() fügt neue Elemente mit dem Wert *pad_value* in das Array *input* ein, bis das Array *pad_size* Elemente hat.

Handelt es sich bei *pad_size* um einen positiven Wert, so werden die neuen Elemente an das Ende des Arrays angehängt, bis die gewünschte Größe erreicht ist. Bei einem negativen Wert werden die neuen Elemente am Anfang des Arrays eingefügt, bis die gewünschte Größe erreicht ist.

Es ist darauf zu achten, dass *pad_size* größer ist als die Menge der momentan im Array befindlichen Elemente.

↔ Beispiel

```
<?PHP
$array1 = array("PHP","ASP");
$array2 = array_pad($array1,4,"C++");
$array3 = array_pad($array1,-4,"Java");
print_r($array2);
print_r($array3);
?>
```

⊄ Ausgabe

```
Array
(
    [0] => PHP
    [1] => ASP
    [2] => C++
    [3] => C++
)
Array
(
    [0] => Java
    [1] => Java
    [2] => PHP
    [3] => ASP
)
```

4.19 array_pop

⇒ Befehl mixed **array_pop** (array array)

⇐ Version (PHP 4, PHP 5)

⇔ **Beschreibung**

Die Funktion array_pop() löscht das letzte Element aus dem Array (*array*) und gibt dieses Element zurück. Ist *array* leer oder kein Array, so erhalten Sie als Rückgabewert NULL.

Siehe auch:
- array_push()
- array_shift()
- array_unshift()

↔ **Beispiel**

```
<?PHP
$array1 = array("Köln", "Bonn", "Mailand");
$last = array_pop($array1);
print_r($array1);
print "\n";
print $last;
?>
```

⊄ **Ausgabe**

```
Array
(
    [0] => Köln
    [1] => Bonn
)

Mailand
```

4.20 array_push

⇒ **Befehl**

int **array_push** (array array, mixed var [, mixed ...])

⇐ **Version**

(PHP 4, PHP 5)

⇔ **Beschreibung**

Die Funktion array_push() hängt ein oder mehrere neue Elemente (*var*) an das Array (*array*) an. Sie gibt die neue Größe des Arrays als Ergebnis zurück.

Siehe auch:
- array_pop()
- array_shift()
- array_unshift()

↔ **Beispiel**

```
<?PHP
$array1 = array("birnen", "bananen", "kirschen");
$menge = array_push($array1,"orangen","fruit");
print_r($array1);
print "\n";
print $menge;
?>
```

⊄ **Ausgabe**

```
Array
(
    [0] => birnen
    [1] => bananen
    [2] => kirschen
    [3] => orangen
    [4] => fruit
)

5
```

4.21 array_rand

⇒ **Befehl** mixed **array_rand** (array input [, int num_req])

⇐ **Version** (PHP 4, PHP 5)

⇔ **Beschreibung** Die Funktion array_rand() ist sehr nützlich, wenn man die Elemente eines Arrays (*input*) in beliebiger Reihenfolge ausgeben möchte. Der Wert *num_req* bestimmt, wie viele Elemente geliefert werden sollen.

↔ **Beispiel**

```
<?PHP
srand((double)microtime() * 10000000);
$var = array("Eins", "Zwei", "Drei", "Vier");
$rand_var = array_rand($var, 3);
for($x=0;$x<count($rand_var);$x++){
   echo $var[$rand_var[$x]];
   echo "\n";
}
?>
```

⊄ **Ausgabe** Wahllos werden die Werte ausgegeben – in diesem Fall immer 3 Werte.
Beispiel:

```
Vier
Zwei
Drei
```

4.22 array_reduce

⇒ **Befehl** mixed **array_reduce** (array input, mixed callback [, int initial])

⇐ **Version** (PHP 4 >= 4.0.5, PHP 5)

⇔ Beschreibung

Die Funktion array_reduce() übergibt nacheinander jedes Element des Arrays *input* an eine Rückruffunktion (*callback*) und gibt den Ergebniswert zurück. Wird der optionale Parameter `initial` angegeben, so startet der Durchlauf mit diesem Wert. Wurde *initial* angegeben und das Array ist leer, so erhalten Sie als Resultat den Wert von *initial*.

Siehe auch:

- array_filter()
- array_map()

↔ Beispiel

```
<?PHP
function summiere($summe, $wert) {
   $summe += $wert;
   return $summe;
}
function multipliziere($summe, $wert) {
   $summe *= $wert;
   return $summe;
}
$array = array(4, 8, 12, 16, 20);
$array1 = array(4);
$leer = array();
print array_reduce($array, "summiere") . "\n";
print array_reduce($array, "multipliziere", 20) . "\n";
print array_reduce($leer, "summiere", 1) . "\n";
print array_reduce($array1, "multipliziere", 3) . "\n";
?>
```

⊄ Ausgabe

```
60
2457600
1
12
```

4.23 array_reverse

⇒ Befehl

array **array_reverse** (array array [, bool preserve_keys])

⇐ Version

(PHP 4, PHP 5)

⇔ Beschreibung

Die Funktion array_reverse() dreht die Reihenfolge aller Elemente innerhalb eines Arrays (*array*) um. Wird der optionale Parameter *preserve_keys* auf TRUE gesetzt, so bleibt die Reihenfolge der Schlüssel bestehen.

↔ **Beispiel**

```
<?PHP
$array1 = array("php","perl","asp");
$array2 = array_reverse($array1);
$array3 = array_reverse($array1,TRUE);
print_r($array1);
print_r($array2);
print_r($array3);
?>
```

⊄ **Ausgabe**

```
Array
(
    [0] => php
    [1] => perl
    [2] => asp
)
Array
(
    [0] => asp
    [1] => perl
    [2] => php
)
Array
(
    [2] => asp
    [1] => perl
    [0] => php
)
```

4.24 array_search

⇒ **Befehl** mixed **array_search** (mixed needle, array haystack [, bool strict])

⇐ **Version** (PHP 4 >= 4.0.5, PHP 5)

⇔ **Beschreibung** Die Funktion array_search( ) sucht in einem Array (*haystack*) nach einem Wert (*needle*). Ist der Wert *needle* in dem Array enthalten, liefert die Funktion den Schlüssel des Elements als Ergebnis zurück. Kann die Funktion den gesuchten Wert nicht finden, gibt sie als Ergebnis False zurück.

Hat der Parameter *strict* den Wert True, sucht die Funktion nur Elemente, deren Wert denselben Datentyp hat wie *needle*; Default-Wert ist False.

Siehe auch:

- array_keys()
- in_array()

↔ **Beispiel**

```
<?PHP
$array= array("a"=>"PHP","b"=>"ASP","c"=>"PERL");
if ($x = array_search("PHP", $array)){
   echo $array[$x] . ' wurde gefunden!';
}
?>
```

⊄ **Ausgabe**

```
PHP wurde gefunden!
```

4.25 array_shift

⇒ **Befehl** mixed **array_shift** (array array)

⇐ **Version** (PHP 4, PHP 5)

⇔ **Beschreibung** Die Funktion array_shift() entfernt das erste Element aus einem Array (*array*) und gibt dieses Element zurück. Dabei wird das Array um ein Element verkürzt, wobei die Schlüssel bei 0 beginnend neu aufgebaut werden. Sollte es sich bei den Schlüsseln um Strings als Schlüssel handeln, so bleiben diese unberührt. Falls `array` leer oder kein Array sein sollte, so werden Sie als Rückgabewert NULL erhalten.

Siehe auch:
- array_unshift()
- array_push()
- array_pop()

↔ **Beispiel**

```
<?PHP
$array1 = array("php","asp","C++");
$prog =  array_shift($array1);
print_r($array1);
print $prog;
?>
```

⊄ **Ausgabe**

```
Array
(
    [0] => asp
    [1] => C++
)
php
```

4.26 array_slice

⇒ Befehl

array **array_slice** (array array, int offset [, int length])

⇐ Version

(PHP 4, PHP 5)

⇔ Beschreibung

Die Funktion array_slice() extrahiert einen Teilbereich aus einem Array (*array*). Dabei gibt *offset* den Index des Startelements an (**Achtung:** Ein Array beginnt bei 0) und *length* die Anzahl der Elemente. Ist *offset* positiv, so wird vom Anfang des Arrays gezählt (siehe Beispiel 1). Ist *offset* hingegen negativ, so wird vom Ende des Arrays gezählt (siehe Beispiel 2). Sollte *length* über das Ende des Arrays hinausweisen, so wird nur die Menge des Arrays bis zum Ende ausgegeben (siehe Beispiel 2) – es kommt zu keinem Fehler.

Siehe auch:

- array_splice()

↔ Beispiel 1

```
<?PHP
$array1 = array("Katze","Maus","Igel","Pferd", "Huhn");
$array2 = array_slice($array1,2,3);
print_r($array2);
?>
```

⊄ Ausgabe 1

```
Array
(
    [0] => Igel
    [1] => Pferd
    [2] => Huhn
)
```

↔ Beispiel 2

```
<?PHP
$array1 = array("Katze","Maus","Igel","Pferd", "Huhn");
$array2 = array_slice($array1,-2,3);
print_r($array2);
?>
```

⊄ Ausgabe 2

```
Array
(
    [0] => Pferd
    [1] => Huhn
)
```

4.27 array_splice

⇒ Befehl

array **array_splice** (array input, int offset [, int length [, array replacement]])

⇐ Version

(PHP 4, PHP 5)

⇔ Beschreibung

Die Funktion array_splice() ersetzt oder entfernt einen Teilbereich aus einem Array (*input*). Der Teilbereich ist definiert durch den Index des ersten Elements (*offset*) und die Anzahl der Elemente (*length*, Default-Wert sind alle Elemente bis zum Ende des Arrays). Enthält der Parameter *replacement* ein Array, fügt die Funktion dieses Array an der Stelle ein, wo sie die gewünschten Elemente entfernt hat.

Das so entstandene Array wird als Funktionsergebnis zurückgegeben.
Der Parameter *offset* gibt den Index des Startelements an. Ist *offset* positiv, so wird vom Anfang des Arrays gezählt. Ist *offset* hingegen negativ, so wird vom Ende des Arrays gezählt.

Siehe auch:

- array_slice()

↔ Beispiel 1

```
<?PHP
$array1 = array("Katze","Maus","Igel","Pferd", "Huhn");
$array2 = array_splice($array1, 1, -2);
print_r($array1);
?>
```

⊄ Ausgabe 1

```
Array
(
    [0] => Katze
    [1] => Pferd
    [2] => Huhn
)
```

↔ Beispiel 2

```
<?PHP
$array1 = array("Katze","Maus","Igel","Pferd", "Huhn");
$array2 = array_splice($array1, 3);
print_r($array1);
?>
```

⊄ Ausgabe 2

```
Array
(
    [0] => Katze
    [1] => Maus
    [2] => Igel
)
```

↔ **Beispiel 3**

```
<?PHP
$array1 = array("Katze","Maus","Igel","Pferd", "Huhn");
$array2 = array_splice($array1, 2, count($array1), "Huhn");
print_r($array1);
?>
```

⊄ **Ausgabe 3**

```
Array
(
    [0] => Katze
    [1] => Maus
    [2] => Huhn
)
```

↔ **Beispiel 4**

```
<?PHP
$array1 = array("Katze","Maus","Igel","Pferd", "Huhn");
$array = array("Wal", "Hai");
$array2 = array_splice($array1, -2, 2, $array);
print_r($array1);
print_r($array2);
?>
```

⊄ **Ausgabe 4**

```
Array
(
    [0] => Katze
    [1] => Maus
    [2] => Igel
    [3] => Wal
    [4] => Hai
)
Array
(
    [0] => Pferd
    [1] => Huhn
)
```

4.28 array_sum

⇒ **Befehl** mixed **array_sum** (array arr)

⇐ **Version** (PHP 4 >= 4.0.4, PHP 5)

⇔ **Beschreibung** Die Funktion array_sum() summiert die Werte innerhalb eines Arrays (*arr*) und gibt das Ergebnis zurück. Der Rückgabewert ist ein Integer oder Float.

↔ **Beispiel 1**

```
<?PHP
$a = array(2,4,6,8);
echo 'Summe von $a = ' .array_sum($a);
?>
```

⊄ **Ausgabe 1**

```
Summe von $a = 20
```

↔ **Beispiel 2**

```
<?PHP
$b = array("a"=>2.2,"b"=>3.3,"c"=>4.4);
echo 'Summe von $b = ' . array_sum($b);
?>
```

⊄ **Ausgabe 2**

```
Summe von $b = 9.9
```

4.29 array_unique

⇒ **Befehl** array **array_unique** (array array)

⇐ **Version** (PHP 4 >= 4.0.1, PHP 5)

⇔ **Beschreibung** Die Funktion array_unique() entfernt doppelte Einträge aus einem Array (*array*) und gibt das neue Array als Ergebnis zurück.

↔ **Beispiel**

```
<?PHP
$array1 = array("a","b","c","a","b");
print_r(array_unique($array1));
?>
```

⊄ **Ausgabe**

```
Array
(
    [0] => a
    [1] => b
    [2] => c
)
```

4.30 array_unshift

⇒ **Befehl** int **array_unshift** (array array, mixed var [, mixed ...])

⇐ **Version** (PHP 4, PHP 5)

⇔ **Beschreibung** Die Funktion array_unshift() fügt neue Elemente (*var*) am Anfang eines Arrays (*array*) ein. Die bereits vorhandenen Elemente werden nach hinten geschoben. Vorhandene numerische Schlüssel in *array* werden ignoriert, sodass bei null begonnen wird. Strings als Schlüssel bleiben von dieser Funktion unberührt (siehe Beispiel). Als Rückgabewert dieser Funktion erhalten Sie die Menge des modifizierten Arrays.

Siehe auch:

- array_shift()
- array_push()
- array_pop()

↔ **Beispiel**

```
<?PHP
$array1 = array(0=>"php","sprache"=>"asp");
$menge = array_unshift($array1,"perl","c++");
print_r($array1);
echo $menge . ' Werte!';
?>
```

⊄ **Ausgabe**

```
Array
(
    [0] => perl
    [1] => c++
    [2] => php
    [sprache] => asp
)
4 Werte!
```

4.31 array_values

⇒ **Befehl** array **array_values** (array input)

⇐ **Version** (PHP 4, PHP 5)

⇔ **Beschreibung** Die Funktion array_values() ändert ein assoziatives Array (*input*) in ein numerisch indiziertes Array. Beachten Sie im Beispiel, wie mit einem neuen numerischen Schlüssel auf das Element des Arrays zugegriffen wird.

Siehe auch:

- array_keys()

↔ **Beispiel**

```
<?PHP
$array = array("version"=>"SelfPHP");
print_r($array);
$array = array_values($array);
print_r($array);
?>
```

⊄ **Ausgabe**

```
Array
(
    [version] => SelfPHP
)
Array
(
    [0] => SelfPHP
)
```

4.32 array_walk

⇒ **Befehl** int **array_walk** (array array, callback function [, mixed userdata])

⇐ **Version** (PHP 3>= 3.0.3, PHP 4, PHP 5)

⇔ **Beschreibung** Die Funktion array_walk() übergibt jedes Element eines Arrays (*arr*) nacheinander an die Rückruffunktion *function.* Innerhalb dieser Funktion erhalten Sie den Wert des jeweiligen Array-Elements als ersten Parameter, den Schlüssel des Elements als zweiten Parameter und den Wert von *userdata* als dritten Parameter.

Siehe auch:

- each()
- list()
- call_user_func_array()

↔ **Beispiel**

```
<?PHP
function tue_etwas($_var) {
   global $_neu;
   $_neu += $_var;
   echo $_neu . "\n";
}
   $var = array(2,4,6);
array_walk($var,"tue_etwas");
?>
```

⊄ **Ausgabe**

```
2
6
12
```

4.33 arsort

⇒ **Befehl** void **arsort** (array array [, int sort_flags])

⇐ **Version** (PHP 3, PHP 4, PHP 5)

⇔ **Beschreibung** Die Funktion arsort() sortiert ein Array (*array*) nach den Werten der Elemente in absteigender Reihenfolge. Die Zuordnung von Schlüssel zu Wert bleibt dabei erhalten.

In der unten stehenden Tabelle sehen Sie die Wertigkeit der Sortierreihenfolge von Zeichen für diese Funktion. Dabei wird von der oberen linken Spalte zur unteren rechten Spalte sortiert:

<table>
<tr><th>Sortierreihenfolge arsort()</th></tr>
<tr><td>ü ö ä Ü Ö Ä ´ § ~ } | { z y x w v u
t s r q p o n m l k j i h g f e d c b a
` _ ^] \ [Z Y X W V U T S R Q P O
N M L K J I H G F E D C B A @ ? >
= < ; : / . – , + *) (' & % $ # » !</td></tr>
</table>

Im Parameter *sort_flags* können Sie Flags für den Sortiertyp übergeben:

- SORT_REGULAR – Vergleicht die Felder normal (Default-Wert)
- SORT_NUMERIC – Vergleicht die Felder numerisch
- SORT_STRING – Vergleicht Felder als Strings

Siehe auch:

- asort()
- rsort()
- ksort()
- sort()

↔ Beispiel

```
<?PHP
$array = array("a"=>"PHP","c"=>"ASP","d"=>"C","b"=>"C++");
arsort($array);
print_r($array);
?>
```

⊄ Ausgabe

```
Array
(
    [a] => PHP
    [b] => C++
    [d] => C
    [c] => ASP
)
```

4.34 asort

⇒ Befehl

void **asort** (array array [, int sort_flags])

⇐ Version

(PHP 3, PHP 4, PHP 5)

⇔ Beschreibung

Die Funktion asort() sortiert ein Array (*array*) nach den Werten der Elemente in aufsteigender Reihenfolge. Die Zuordnung von Schlüssel zu Wert bleibt dabei erhalten.

In der unten stehenden Tabelle sehen Sie die Wertigkeit der Sortierreihenfolge von Zeichen für diese Funktion. Dabei wird von der oberen linken Spalte zur unteren rechten Spalte sortiert:

Sortierreihenfolge arsort()
! » # $ % & ' ( ) * + , – . / : ; < = > ? @
A B C D E F G H I J K L M N O P Q
R S T U V W X Y Z [\ ] ^ _ ` a b c d
e f g h i j k l m n o p q r s t u v w x y
z { | } ~ § ´ Ä Ö Ü ä ö ü

Im Parameter *sort_flags* können Sie Flags für den Sortiertyp übergeben:

- SORT_REGULAR – Vergleicht die Felder normal (Default-Wert)
- SORT_NUMERIC – Vergleicht die Felder numerisch
- SORT_STRING – Vergleicht Felder als Strings

Siehe auch:

- arsort
- rsort()
- ksort()
- sort()

↔ **Beispiel**

```
<?PHP
$array = array("a"=>"PHP","c"=>"ASP","d"=>"C","b"=>"C++");
asort($array);
print_r($array);
?>
```

⊄ **Ausgabe**

```
Array
(
    [c] => ASP
    [d] => C
    [b] => C++
    [a] => PHP
)
```

4.35 compact

⇒ **Befehl**

array **compact** (mixed varname [, mixed ...])

⇐ **Version**

(PHP 4, PHP 5)

⇔ **Beschreibung**

Die Funktion compact() erstellt aus den Werten von Variablen (*varname* usw.) ein Array. Sie können der Funktion als Argumente auch Arrays übergeben, die ihrerseits eine Liste von Variablennamen enthalten (siehe Beispiel 2).
Dabei sucht die Funktion compact() in der aktuellen Symboltabelle nach den Variablen und fügt diese dem Array hinzu.

Siehe auch:

- extract()

↔ **Beispiel 1**

```
<?PHP
$var_1 = "banane";
$var_2 = "birne";
$var_3 = "apfel";
$array = compact("var_1","var_2","var_3");
print_r($array);
?>
```

⊄ **Ausgabe**

```
Array
(
    [var_1] => banane
    [var_2] => birne
    [var_3] => apfel
)
```

↔ **Beispiel 2**

```
<?PHP
$var_1 = "banane";
$var_2 = "birne";
$var_3 = "apfel";
$vars = array("var_1", "var_2");
$end_vars = compact("var_3", $vars);
print_r($end_vars);
```

⊄ **Ausgabe 2**

```
Array
(
    [var_3] => apfel
    [var_1] => banane
    [var_2] => birne
)
```

4.36 count

⇒ **Befehl** int **count** (mixed var)

⇐ **Version** (PHP 3, PHP 4, PHP 5)

⇔ **Beschreibung** Die Funktion count() zählt die Menge der Elemente innerhalb eines Arrays (*var*) und gibt die Anzahl zur weiteren Bearbeitung zurück. Diese Funktion ist sehr nützlich bei Schleifen, um den erhaltenen Wert für die Durchläufe zu nutzen (siehe Beispiel 2).

Siehe auch:

- sizeof()

↔ **Beispiel 1**

```
<?PHP
$array = array("banane","birne","apfel");
echo  count($array);
?>
```

⊄ **Ausgabe 1**

```
3
```

↔ **Beispiel 2**

```
<?PHP
$array = array("banane","birne","apfel");
for($x=0;$x<count($array);$x++){
  echo $array[$x] . "\n";
}
?>
```

⊄ **Ausgabe 2**

```
banane
birne
apfel
```

4.37 current

⇒ **Befehl**

mixed **current** (array array)

⇐ **Version**

(PHP 3, PHP 4, PHP 5)

⇔ **Beschreibung**

Die Funktion current() gibt aktuelle Elemente eines Arrays (*array*) zurück.

Mit den Funktionen next() und prev() können Sie den Zeiger auf das aktuelle Element schrittweise ändern.

Siehe auch:

- end()
- key()
- next()
- prev()
- reset()

↔ **Beispiel 1**

```
<?PHP
$array = array("PHP","ASP","Perl");
for($x=0; $x<3; $x++){
   echo current($array) . "\n";
   next($array);
}
?>
```

⊄ **Ausgabe**

```
PHP
ASP
Perl
```

4.38 each

⇒ **Befehl**

array each (array array)

⇐ **Version**

(PHP 3, PHP 4, PHP 5)

⇔ **Beschreibung**

Die Funktion each() gibt bei einem assoziativen Array das Schlüssel-/Wertepaar des aktuellen Elements zurück.

Es wird ein Array mit 4 Elementen erzeugt, wobei jeweils zwei Elemente denselben Wert haben. Der Schlüssel steht in den Elementen mit dem Index 0 und dem Index key zur Verfügung, der Wert in den Elementen mit dem Index 1 und dem Index value.

Das untere Beispiel gibt das Schlüssel-/Wertepaar des ersten Elements aus. Mit next() oder list() können Sie aber auch alle Elemente eines Arrays durchgehen und nacheinander ihre Schlüssel und Werte auslesen.

Siehe auch:

- key()
- list()
- current()
- reset()
- next()
- prev()

↔ **Beispiel**

```
<?PHP
$array = array("a"=>"PHP","b"=>"ASP");
$werte = each($array);
echo "Index 0: <b>" . $werte[0] . "</b><br>";
echo "Index 1: <b>" . $werte[1] . "</b><br>";
echo "key: <b>" . $werte["key"] . "</b><br>";
echo "value: <b>" . $werte["value"] . "</b>";
?>
```

⊄ **Ausgabe**

```
Index 0: a
Index 1: PHP
key: a
value: PHP
```

4.39 end

⇒ **Befehl**

mixed end (array array)

⇐ **Version**

(PHP 3, PHP 4, PHP 5)

⇔ **Beschreibung**

Die Funktion end springt zum letzten Element eines Arrays und liefert dessen Wert zurück.

Siehe auch:
- current()
- each()
- next()
- reset()

↔ **Beispiel**

```
<?PHP
$werte = array("PHP","ASP","Perl");
echo end($werte);
?>
```

⊄ **Ausgabe**

```
Perl
```

4.40 extract

⇒ **Befehl**

int **extract** (array var_array [, int extract_type [, string prefix]])

⇐ **Version**

(PHP 3>= 3.0.7, PHP 4, PHP 5)

⇔ **Beschreibung**

Die Funktion extract() erzeugt aus jedem einzelnen Element eines Arrays (*var_array*) eine Variable. Der Name der Variablen entsteht aus dem Schlüssel des jeweiligen Elements, der Wert der Variablen entspricht dem Wert des Elements. Abhängig vom Wert des Parameters *extract_type* wird der Name der Variablen nach folgenden Regeln gebildet:

- EXTR_OVERWRITE: Wenn der zu erzeugende Variablennamen schon existiert, wird die vorhandene Variable überschrieben. Diese Option ist der Standardwert der Funktion.
- EXTR_SKIP: Wenn der zu erzeugende Variablennamen schon existiert, wird die vorhandene Variable nicht überschrieben.
- EXTR_PREFIX_SAME: Wenn der zu erzeugende Variablennamen schon existiert, wird der Präfix *prefix* auf die betroffene Variable angewendet.
- EXTR_PREFIX_ALL: Alle Variablen werden zur Vermeidung von Namenskollisionen mit dem Präfix *prefix* ausgestattet. Der Variablenname besteht aus dem Präfix, einem Unterstrich und dem Schlüssel des assoziativen Arrays.
- EXTR_PREFIX_INVALID: Nur sonst ungültige Variablennamen werden mit dem Präfix *prefix* ausgestattet. Wurde in PHP 4.0.5 eingeführt.
- EXTR_IF_EXISTS: Die Variable wird nur dann überschrieben, wenn sie bereits in der aktuellen Symboltabelle existiert. Wurde in PHP 4.2.0 eingeführt.
- EXTR_PREFIX_IF_EXISTS: Es werden nur Variablennamen mit Präfix erstellt, falls eine bereits vorhandene Variable ohne Präfix derselben Version in der Symboltabelle existiert. Wurde in PHP 4.2.0 eingeführt.

- EXTR_REFS: Die Variablen werden als Referenzen extrahiert. Dabei referenzieren die Werte der importierten Variablen auf die Werte von *var_array*. Sie können diesen Parameter auch mit einem anderen *extract_type* kombinieren. Wurde in PHP 4.3.0 eingeführt.

Um möglichen Fehlern aus dem Weg zu gehen, ist es ratsam, die Option EXTR_PREFIX_ALL zu nutzen.

Siehe auch:
- compact()

↔ Beispiel

```
<?PHP
$vers = "PHP";
$array = array("script" => "Java",
               "vers"  => "ASP",
               "language" => "Perl");
extract($array, EXTR_PREFIX_ALL, "nxxs");
echo "$nxxs_script, $vers, $nxxs_vers, $nxxs_language";
?>
```

⊄ Ausgabe

```
Java, PHP, ASP, Perl
```

4.41 in_array

⇒ Befehl bool **in_array** (mixed needle, array haystack [, bool strict])

⇐ Version (PHP 4, PHP 5)

⇔ Beschreibung Die Funktion in_array( )sucht in einem Array (*haystack*) nach einem Suchwort (*needle*) und gibt True bei Erfolg, sonst False zurück.
Hat der Parameter *strict* den Wert True, sucht die Funktion nur Elemente, deren Wert denselben Datentyp hat wie *needle*; Default-Wert ist False.
Bitte beachten Sie, dass wenn der Wert von *needle* vom Typ String ist, zwischen Groß- und Kleinschreibung unterschieden wird (siehe: Beispiel PERL und Perl).
Weiterhin durfte vor der Version 4.2.0 von PHP *needle* kein Array sein
Falls Sie den Schlüssel des gefundenen Elements benötigen, so nutzen Sie die Funktion array_search()

Siehe auch:
- array_search()

↔ Beispiel 1

```
<?PHP
$var_array = array("PHP", "ASP", "PERL", "C++");
if (in_array("PERL", $var_array))
       echo 'String "PERL" gefunden!' . "\n";
if (!in_array("Perl", $var_array))
       echo 'String "Perl" nicht gefunden!';
?>
```

⊄ Ausgabe 1

```
String "PERL" gefunden!
String "Perl" nicht gefunden!
```

↔ Beispiel 2

```
<?php
$array = array(       array('a', 'b'),array('c', 'd'),'e');

if (in_array(array ('a', 'b'), $array)) {
    echo '"ab" wurde gefunden' . "\n";
}
if (in_array(array ('a', 'c'), $array)) {
    echo '"ac" wurde nicht gefunden' . "\n";
}
if (in_array('e', $array)) {
    echo '"e" wurde gefunden' . "\n";
}
?>
```

⊄ Ausgabe 2

```
"ab" wurde gefunden
"e" wurde gefunden
```

4.42 key

⇒ Befehl

mixed **key** (array array)

⇐ Version

(PHP 3, PHP 4, PHP 5)

⇔ Beschreibung

Die Funktion key() liefert den Schlüssel des aktuellen Elements innerhalb des Arrays *array*.
Ist das Array kein Assoziativarray, wird die ID des aktuellen Elements zurückgegeben (0,1,2,3,4,.....,n).

Siehe auch:
- current()
- next()

↔ Beispiel 1

```
<?PHP
$array =array("Script1"=>"PHP","Script2"=>"ASP");
for($x=0;$x<sizeof($array);$x++) {
   echo key($array)." : ".current($array) . "\n";
   next($array);
}
?>
```

⊄ Ausgabe 1

```
Script1 : PHP
Script2 : ASP
```

↔ **Beispiel 2**

```
<?PHP
$array =array("PHP","ASP","Perl");
for($x=0;$x<sizeof($array);$x++) {
   echo key($array)." : ".current($array) . "\n";
   next($array);
}
?>
```

⊄ **Ausgabe 2**

```
0 : PHP
1 : ASP
2 : Perl
```

4.43 krsort

⇒ **Befehl**

int **krsort** (array array [, int sort_flags])

⇐ **Version**

(PHP 3>= 3.0.13, PHP 4, PHP 5)

⇔ **Beschreibung**

Die Funktion krsort() sortiert ein assoziatives Array (*array*) absteigend nach den Schlüsseln. Die Beziehung zwischen Wert und Schlüssel bleibt erhalten.
Im Parameter *sort_flags* können Sie Flags für den Sortiertyp übergeben:

- SORT_REGULAR – Vergleicht die Felder normal (Default-Wert)
- SORT_NUMERIC – Vergleicht die Felder numerisch
- SORT_STRING – Vergleicht Felder als Strings

Siehe auch:

- asort()
- arsort()
- ksort()
- sort()
- natsort()
- rsort()

↔ **Beispiel**

```
<?PHP
$array =array("a"=>"PHP","b"=>"ASP","c"=>"Perl");
krsort($array);
reset($array);
print_r($array);
?>
```

⊄ **Ausgabe**

```
Array
(
    [c] => Perl
    [b] => ASP
    [a] => PHP
)
```

4.44 ksort

⇒ **Befehl** int **ksort** (array array [, int sort_flags])

⇐ **Version** (PHP 3, PHP 4, PHP 5)

⇔ **Beschreibung** Die Funktion ksort() sortiert ein assoziatives Array (*array*) aufsteigend nach den Schlüsseln. Die Beziehung zwischen Schlüssel und Wert bleibt erhalten.

Im Parameter *sort_flags* können Sie Flags für den Sortiertyp übergeben:

- SORT_REGULAR – Vergleicht die Felder normal (Default-Wert)
- SORT_NUMERIC – Vergleicht die Felder numerisch
- SORT_STRING – Vergleicht Felder als Strings

Siehe auch:

- asort()
- arsort()
- sort()
- natsort()
- rsort()

↔ **Beispiel**

```
<?PHP
$array =array("s"=>"PHP","a"=>"ASP","b"=>"Perl");
ksort($array);
reset($array);
print_r($array);
?>
```

⊄ **Ausgabe**

```
Array
(
    [a] => ASP
    [b] => Perl
    [s] => PHP
)
```

4.45 ist

⇒ **Befehl** void list (mixed...)

⇐ **Version** (PHP 3, PHP 4, PHP 5)

⇔ **Beschreibung** Die Funktion list() weist den als Argumente übergebenen Variablen die Werte aus einem Array zu. Bitte beachten Sie, dass es sich bei dem Array um ein numerisches Array handeln muss und dass dieses bei 0 beginnt.

Siehe auch:
- each()
- array()
- extract()

↔ **Beispiel**

```
<?PHP
$array = array("PHP","ASP","Perl");
list($php,$asp,$perl) = $array;
print $php . "\n";
print $asp . "\n";
print $perl;
?>
```

⊄ **Ausgabe**

```
PHP ASP Perl
```

4.46 natcasesort

⇒ **Befehl** void **natcasesort** (array array)

⇐ **Version** (PHP 4, PHP 5)

⇔ **Beschreibung** Die Funktion natcasesort() sortiert ein Array (*array*) in »natürlicher Reihenfolge« ohne Berücksichtigung der Groß- und Kleinschreibung.

Unter »natürlicher Reihenfolge« versteht man die Reihenfolge, in der die meisten Menschen normalerweise sortieren würden. Im Beispiel können Sie am Element »PHP10« den Unterschied der Varianten »Standard-Sortierung« und »Natürliche Sortierung« erkennen.

Siehe auch:
- sort()
- natsort()
- strnatcmp()
- strnatcasecmp()

↔ **Beispiel**

```
<?PHP
$array1 = array("PHP2","PHP3","php4","PHP10");
$array2 = array("PHP2","PHP3","php4","PHP10");
sort($array1);
echo "Standard Sortierung\n";
print_r($array1);
natcasesort($array2);
echo "Natürliche Sortierung\n";
print_r($array2);
?>
```

⊄ **Ausgabe**

```
Standard Sortierung
Array
(
    [0] => PHP10
    [1] => PHP2
    [2] => PHP3
    [3] => php4
)
Natürliche Sortierung
Array
(
    [0] => PHP2
    [1] => PHP3
    [2] => php4
    [3] => PHP10
)
```

4.47 natsort

⇒ **Befehl** void **natsort** (array array)

⇐ **Version** (PHP 4, PHP 5)

⇔ **Beschreibung** Die Funktion natsort() sortiert ein Array (*array*) in »natürlicher Reihenfolge«, unter Berücksichtigung von Groß- und Kleinschreibung.

Unter »natürlicher Reihenfolge« versteht man die Reihenfolge, in der die meisten Menschen normalerweise sortieren würden. Im Beispiel können Sie am Element »PHP10« den Unterschied der Varianten »Standard-Sortierung« und »Natürliche Sortierung« erkennen.

Siehe auch:

- natcasesort()
- strnatcmp()
- strnatcasecmp()

↔ **Beispiel**

```
<?PHP
$array1 = array("PHP2","PHP3","PHP4","PHP10");
$array2 = array("PHP2","PHP3","PHP4","PHP10");
sort($array1);
echo "Standard Sortierung\n";
print_r($array1);
natsort($array2);
echo "Natürliche Sortierung\n";
print_r($array2);
?>
```

⊄ **Ausgabe**

```
Standard Sortierung
Array
(
    [0] => PHP10
    [1] => PHP2
    [2] => PHP3
    [3] => PHP4
)
Natürliche Sortierung
Array
(
    [0] => PHP2
    [1] => PHP3
    [2] => PHP4
    [3] => PHP10
)
```

4.48 next

⇒ **Befehl** mixed **next** (array array)

⇐ **Version** (PHP 3, PHP 4, PHP 5)

⇔ **Beschreibung** Die Funktion next() springt zum nächsten Element eines Arrays (*array*) und liefert dessen Wert zurück. Ist in der Elementliste des Arrays kein Wert mehr vorhanden, wird FALSE zurüchgegeben.

Siehe auch:

- current()
- end()
- prev()
- reset()

↔ **Beispiel**

```
<?PHP
$array = array("PHP","ASP","Perl");
echo current($array) . "<br>";
echo next($array);?>
```

⊄ **Ausgabe**

```
PHP
ASP
```

4.49 pos

⇒ **Befehl**

mixed **pos** (array array)

⇐ **Version**

(PHP 3, PHP 4, PHP 5)

⇔ **Beschreibung**

Die Funktion pos() ist ein Alias für current() – sie liefert das aktuelle Element eines Arrays.

Siehe auch:

- current()
- end()
- next()
- prev()
- reset()

↔ **Beispiel 1**

```
<?PHP
$array = array("PHP","ASP","Perl");
for($x=0; $x<3; $x++){
   echo pos($array) . "<br>";
   next($array);
}
?>
```

⊄ **Ausgabe**

```
PHP
ASP
Perl
```

4.50 prev

⇒ **Befehl**

mixed **prev** (array array)

⇐ **Version**

(PHP 3, PHP 4, PHP 5)

⇔ **Beschreibung**

Die Funktion prev() springt zum vorherigen Element eines Arrays (*array*) und liefert dessen Wert zurück. Ist in der Elementliste des Arrays kein Wert mehr vorhanden, wird FALSE zurüchgegeben.

Siehe auch:

- current()
- end()
- next()
- reset()

↔ **Beispiel**

```
<?PHP
$array = array("PHP","ASP","Perl");
echo end($array) . "<br>";
echo prev($array);
?>
```

⊄ **Ausgabe**

```
Perl
ASP
```

4.51 range

⇒ **Befehl**

array **range** (int low, int high [, int step]))

⇐ **Version**

(PHP 3>= 3.0.8, PHP 4, PHP 5)

⇔ **Beschreibung**

Die Funktion range() erzeugt ein Array, das von dem Startwert *low* bis zum Endwert *high* reicht (Beispiel 1). Ist *low* größer als *high*, so wird in umgekehrter Reihenfolge das Array erzeugt (Beispiel 4). In PHP 5.0.0 wurde der optionale Parameter step eingeführt, der auch schrittweise ein Array aufbaut (Beispiel 3).

Siehe auch:

- shuffle()
- foreach()

↔ **Beispiel 1**

```
<?PHP
$array = range(1,10);
foreach($array as $wert) {
    echo $wert . ', ';
}
?>
```

⊄ **Ausgabe 1**

```
1, 2, 3, 4, 5, 6, 7, 8, 9, 10,
```

↔ **Beispiel 2**

```
<?PHP
foreach(range(a,r) as $wert) {
    echo $wert . ', ';
}
?>
```

⊄ **Ausgabe 2**

```
a, b, c, d, e, f, g, h, i, j, k, l, m, n, o, p, q, r,
```

↔ **Beispiel 3**

```
<?PHP
$array = range(1,100,10);
foreach($array as $wert) {
    echo $wert . ', ';
}
?>
```

⊄ Ausgabe 3

```
10, 20, 30, 40, 50, 60, 70, 80, 90, 100,
```

↔ Beispiel 4

```
<?PHP
$array = range(8,2);
foreach($array as $wert) {
    echo $wert . ', ';
}
?>
```

⊄ Ausgabe 4

```
8, 7, 6, 5, 4, 3, 2,
```

4.52 reset

⇒ Befehl mixed **reset** (array array)

⇐ Version (PHP 3, PHP 4, PHP 5)

⇔ Beschreibung Die Funktion reset() springt zum ersten Element eines Arrays (*array*) und liefert dessen Wert zurück.

Siehe auch:

- current()
- each()
- next()
- prev()

↔ Beispiel

```
<?PHP
$array = array("PHP","ASP","Perl");
echo end($array) . "<br>";
echo reset($array);?>
```

⊄ Ausgabe

```
Perl
PHP
```

4.53 rsort

⇒ Befehl void **rsort** (array array [, int sort_flags])

⇐ Version (PHP 3, PHP 4, PHP 5)

⇔ Beschreibung Die Funktion rsort() sortiert ein Array (*array*) absteigend nach den Werten. Die Beziehung zwischen Schlüssel und Wert bleibt nicht erhalten, ein vorher assoziatives Array wird in ein numerisch indiziertes Array umgewandelt.

Im Parameter *sort_flags* können Sie Flags für den Sortiertyp übergeben:

- SORT_REGULAR – Vergleicht die Felder normal (Default-Wert)
- SORT_NUMERIC – Vergleicht die Felder numerisch
- SORT_STRING – Vergleicht Felder als Strings

<table>
<tr><th>Sortierreihenfolge rsort()</th></tr>
<tr><td>üöäÜÖÄ´§~}|{zyxwvutsrqponmlkji
hgfedcba`_^]\[ZYXWVUTSRQPON
MLKJIHGFEDCBA@?>=<;:/.-,+*)(&
%$#«!</td></tr>
</table>

Siehe auch:

- arsort()
- asort()
- ksort()
- sort()
- usort()

↔ Beispiel

```
<?PHP
$array =array("b"=>"PHP","d"=>"ASP","a"=>"Perl");
rsort($array);
print_r($array);
?>
```

⊄ Ausgabe

```
Array
(
    [0] => Perl
    [1] => PHP
    [2] => ASP
)
```

4.54 shuffle

⇒ Befehl void **shuffle** (array array)

⇐ Version (PHP 3>= 3.0.8, PHP 4, PHP 5)

⇔ Beschreibung Die Funktion shuffle() ordnet die Elemente innerhalb eines Arrays (*array*) in zufälliger Reihenfolge neu an. Sie ist quasi ein Zufallsgenerator für numerische Arrays.

Siehe auch:

- arsort()
- asort()
- ksort()
- rsort()

- sort()
- usort()

↔ **Beispiel**

```
<?PHP
$array = range(1,4);
shuffle($array);
print_r($array);
?>
```

⊄ **Ausgabe**

```
Array
(
    [0] => 3
    [1] => 1
    [2] => 2
    [3] => 4
)
```

4.55 sizeof

⇒ **Befehl** **int sizeof** (mixed var)

⇐ **Version** (PHP 3, PHP 4 >= 4.0b1)

⇔ **Beschreibung** Die Funktion sizeof() zählt die Anzahl der Elemente eines Arrays und gibt das Ergebnis zurück. Diese Funktion ist sehr nützlich bei Schleifen, Sie können das Ergebnis für die Durchläufe nutzen (siehe Beispiel 2).

Siehe auch:

- count()

↔ **Beispiel 1**

```
<?PHP
$array = array("banane","birne","apfel");
echo sizeof($array);
?>
```

⊄ **Ausgabe 1**

```
3
```

↔ **Beispiel 2**

```
<?PHP
$array = array("banane","birne","apfel");
for($x=0;$x<sizeof($array);$x++){
   echo $array[$x] . "<br>";
}
?>
```

⊄ **Ausgabe 2**

```
banane
birne
apfel
```

4.56 sort

⇒ Befehl

void **sort** (array array [, int sort_flags])

⇐ Version

(PHP 3, PHP 4, PHP 5)

⇔ Beschreibung

Die Funktion sort() sortiert ein Array (*array*) aufsteigend nach den Werten. Die Zuordnung von Schlüssel und Wert bleibt nicht erhalten, ein vorher assoziatives Array wird in ein numerisch indiziertes Array umgewandelt.

Im Parameter *sort_flags* können Sie Flags für den Sortiertyp übergeben:

- SORT_REGULAR – Vergleicht die Felder normal (Default-Wert)
- SORT_NUMERIC – Vergleicht die Felder numerisch
- SORT_STRING – Vergleicht Felder als Strings

In der unten stehenden Tabelle sehen Sie für diese Funktion die Wertigkeit der Zeichen innerhalb der Sortierreihenfolge. Dabei wird von der oberen linken Spalte zur unteren rechten Spalte sortiert.

<table>
<tr><th>Sortierreihenfolge sort()</th></tr>
<tr><td>! » # $ % & ' ( ) * + , – . / : ; < = > ? @</td></tr>
<tr><td>A B C D E F G H I J K L M N O P Q</td></tr>
<tr><td>R S T U V W X Y Z [\ ] ^ _ ` a b c d</td></tr>
<tr><td>e f g h i j k l m n o p q r s t u v w x y</td></tr>
<tr><td>z { | } ~ § ´ Ä Ö Ü ä ö ü</td></tr>
</table>

Siehe auch:

- arsort()
- asort()
- ksort()
- natsort()
- natcasesort()
- rsort()
- usort()
- array_multisort()
- uksort()

↔ Beispiel

```
<?PHP
$array =array("b"=>"PHP","d"=>"ASP","a"=>"Perl");
sort($array);
print_r($array);
?>
```

⊄ Ausgabe

```
Array
(
    [0] => ASP
    [1] => PHP
    [2] => Perl
)
```

4.57 uasort

⇒ **Befehl**

void **uasort** (array array, callback cmp_function)

⇐ **Version**

(PHP 3>= 3.0.4, PHP 4, PHP 5)

⇔ **Beschreibung**

Die Funktion uasort() sortiert ein Array (*array*) nach den Werten seiner Elemente auf Basis der Reihenfolge, die von einer benutzerdefinierten Funktion (*cmp_function*) vorgegeben wird. Die Zuordnung von Schlüssel und Wert bleibt dabei erhalten.

Die Funktion *cmp_function* bekommt jeweils zwei Werte aus dem Array übergeben und muss durch ihr Ergebnis bekannt geben, ob der erste Wert größer ist als der zweite (Ergebnis 1), der erste Wert kleiner ist als der zweite (Ergebnis -1), oder beide Werte gleich sind (Ergebnis 0).

Siehe auch:

- usort()
- uksort()
- sort()
- asort()
- arsort()
- ksort()
- rsort()

↔ **Beispiel**

```
<?PHP
function sortiere($a, $b) {
   echo "$a .. $b <br>";
   if ($a == $b) return 0;
   return ($a > $b) ? -1 : 1;
}
$a = array (3, 2, 5);
uasort ($a, "sortiere");
while (list ($key, $value) = each ($a)) {
    echo "$key : $value <br>";
}
?>
```

⊄ **Ausgabe**

```
2 .. 3
5 .. 2
3 .. 5
2 : 5
0 : 3
1 : 2
```

4.58 uksort

⇒ Befehl

void **uksort** (array array, callback cmp_function)

⇐ Version

(PHP 3>= 3.0.4, PHP 4, PHP 5)

⇔ Beschreibung

Die Funktion uksort() sortiert ein Array (*array*) nach den Schlüsseln seiner Elemente auf Basis der Reihenfolge, die von einer benutzerdefinierten Funktion (*cmp_function*) vorgegeben wird. Die Zuordnung von Schlüssel und Wert bleibt dabei erhalten.

Die Funktion *cmp_function* bekommt jeweils zwei Schlüssel aus dem Array übergeben und muss durch ihr Ergebnis bekannt geben, ob der erste Schlüssel größer ist als der zweite (Ergebnis 1), der erste Schlüssel kleiner ist als der zweite (Ergebnis -1), oder beide Schlüssel gleich sind (Ergebnis 0).

Siehe auch:

- usort()
- uasort()
- sort()
- asort()
- arsort()
- ksort()
- natsort()
- rsort()

↔ Beispiel

```
<?PHP
function sortiere($a, $b) {
   echo "$a .. $b <br>";
   if ($a == $b) return 0;
   return ($a > $b) ? -1 : 1;
}
$a = array("a"=>"bert","b"=>"anna","c"=>"carl");
uksort ($a, "sortiere");
while (list ($key, $value) = each ($a)) {
    echo "$key: $value <br>";
}
?>
```

⊄ Ausgabe

```
b .. c
a .. c
a .. b
c: carl
b: anna
a: bert
```

4.59 usort

⇒ **Befehl** void **usort** (array array, callback cmp_function)

⇐ **Version** (PHP 3>= 3.0.3, PHP 4, PHP 5)

⇔ **Beschreibung** Die Funktion usort() sortiert ein assoziatives Array (*array*) nach den Werten seiner Elemente auf Basis der Reihenfolge, die von einer benutzerdefinierten Funktion (*cmp_function*) vorgegeben wird. Die Zuordnung von Schlüssel und Wert bleibt nicht erhalten, ein vorher assoziatives Array wird in ein numerisch indiziertes Array umgewandelt.

Die Funktion *cmp_function* bekommt jeweils zwei Werte aus dem Array übergeben und muss durch ihr Ergebnis bekannt geben, ob der erste Wert größer ist als der zweite (Ergebnis 1), der erste Wert kleiner ist als der zweite (Ergebnis -1), oder beide Werte gleich sind (Ergebnis 0).

Siehe auch:

- uasort()
- uksort()
- sort()
- asort()
- arsort()
- ksort()
- natsort()
- rsort()

↔ **Beispiel**

```
<?PHP
function sortiere($a, $b) {
   echo "$a .. $b <br>";
   if ($a == $b) return 0;
   return ($a > $b) ? -1 : 1;
}
$a = array("a"=>"bert","b"=>"anna","c"=>"carl");
usort ($a, "sortiere");
while (list ($key, $value) = each ($a)) {
   echo "$key: $value <br>";
}
?>
```

⊄ **Ausgabe**

```
anna .. bert
carl .. anna
bert .. carl
0: carl
1: bert
2: anna
```

5 Dateisystemfunktionen

5.1 basename

⇒ **Befehl** string **basename** (string path [, string suffix])

⇐ **Version** (PHP 3, PHP 4, PHP 5)

⇔ **Beschreibung** Mit basename() kann man sich den Namen einer Datei aus einer vollständigen Pfadangabe (*path*) extrahieren lassen. Der optionale Parameter *suffix* bewirkt, das auch das Ende abgeschnitten wird.

Siehe auch:

- dirname()

↔ **Beispiel**

```
<?PHP
$path = "www/users/php/index.php";
$path1 = "http://www.selfphp.de/start.php";
echo basename($path) . "\n";
echo basename($path1) . "\n";
echo basename($path1,".php");
?>
```

⊄ **Ausgabe**

```
index.php
start.php
start
```

5.2 chgrp

⇒ **Befehl** int **chgrp** (string filename, mixed group)

⇐ **Version** (PHP 3, PHP 4, PHP 5)

⇔ **Beschreibung** Mit chgrp() kann man eine Datei (*filename*) einer Benutzergruppe (*group*) zuweisen. Es ist darauf zu achten, dass nur der »Superuser« die erforderlichen Rechte besitzt.
Im Erfolgsfall gibt diese Funktion true, sonst false zurück.
Die Funktion chgrp() wird auf dem Betriebssystem Windows nichts bewirken.

Siehe auch:
- chown()
- chmod()
- stat()

↔ **Beispiel**

```
<?PHP
if(chgrp("self.php3","users"))
   echo "Datei wurde der Gruppe zugewiesen";
else
   echo "Datei konnte der Gruppe nicht zugewiesen werden";
?>
```

⊄ **Ausgabe**

```
Datei wurde der Gruppe zugewiesen
```

5.3 chmod

⇒ **Befehl**

bool **chmod** (string filename, int mode)

⇐ **Version**

(PHP 3, PHP 4, PHP 5)

⇔ **Beschreibung**

Mit chmod() kann man die Zugriffsrechte auf eine Datei ändern. Dabei wird der neue Zugriffswert (*mode*) der Datei (*filename*) als Oktalzahl angegeben.

Diese Funktion ist sehr nützlich, um nur bestimmte Rechte für eine Datei zu vergeben. Wenn Sie z.B. Statistiken, welche Sie über die Index-Datei sammeln, in eine TXT-Datei schreiben und nicht wollen, dass diese direkt aus dem Internet aufgerufen werden kann, so können Sie diese Datei mit speziellen Rechten (z.B. 0600) ausstatten. Nun kann nur noch ein Skript von Ihrem Server auf diese Datei zugreifen.

Wichtig: Die Funktion chmod() wird auf dem Betriebssystem Windows nichts bewirken.

Bei der Rechtevergabe kann man für den Eigentümer/Owner, Gruppe/Group und den Rest der Welt/Public verschiedene Zugriffsrechte vergeben.

Werte für *mode:*

- Lesen/Read = r = 4
- Schreiben/Write = w = 2
- Ausführen/Execute = x = 1

Rechenbeispiel:

-rwxr-xrw-	r + w + x	r + – + x	r + w + -	0756
das entspricht	4+2+1=7	4+0+1=5	4+2+0=6	0756

Beispiele:

	User	Group	World	Oktal
-rwxrwxrwx	rwx	rwx	rwx	0777
-rwxr-xr-x	rwx	r-x	r-x	0755
-rwx------	rwx	---	---	0700
-rwxr-x---	rwx	r-x	---	0750
-rwxr-xr—	rwx	r-x	r—	0754

Siehe auch:

- chown()
- chgrp()

↔ Beispiel

```
<?PHP
$datei = "zahl.txt";
clearstatcache();
$chmod = decoct(fileperms($datei));
echo "CHMOD vorher: " . $chmod;
chmod ($datei, 0777);
clearstatcache();
echo "\n";
$chmod = decoct(fileperms($datei));
echo "CHMOD nachher: " . $chmod;
?>
```

⊄ Ausgabe

```
CHMOD vorher: 100600
CHMOD nachher: 100777
```

5.4 chown

⇒ Befehl bool chown (string filename, mixed user)

⇐ Version (PHP 3, PHP 4, PHP 5)

⇔ Beschreibung Mit chown() kann man einen anderen Benutzer (*user*) als Eigentümer einer Datei (*filename*) festlegen. Es ist darauf zu achten, dass nur der »Superuser« den Eigentümer ändern kann.

Im Erfolgsfall gibt diese Funktion true, sonst false zurück.
Beachten Sie, dass diese Funktion unter Windows nichts bewirkt.

Siehe auch:

- chmod()
- chgrp

↔ **Beispiel**

```
<?PHP
if(chown("self.php3","damir"))
   echo "Eigentümer wurde gewechselt";
else
   echo "Eigentümer konnte nicht gewechselt werden";
?>
```

⊄ **Ausgabe**

```
Eigentümer wurde gewechselt
```

5.5 clearstatcache

⇒ **Befehl** void **clearstatcache** (void)

⇐ **Version** (PHP 3, PHP 4, PHP 5)

⇔ **Beschreibung** Mit clearstatcache() kann man den Zwischenspeicher mit den Dateistatuswerten löschen.

Die unten stehenden Funktionen verursachen auf vielen Servern einen beträchtlichen Zeit- und Ressourcenverbrauch. Aus diesem Grund werden die Ergebnisse des letzten Aufrufs zwischengespeichert. Falls andere Funktionen später auf dieselbe Datei zugreifen müssen, können sie die Werte aus dem Zwischenspeicher verwenden und sind so deutlich schneller.

Falls Sie aber die gespeicherten Werte nicht mehr benötigen oder sich die Eigenschaften von Dateien verändert haben, können Sie mit der Funktion clearstatcache() den Zwischenspeicher wieder löschen.

Folgende Funktionen nutzen den Dateistatus:

- file_exists()
- fileatime()
- filectime()
- filegroup()
- fileinode()
- filemtime()
- fileowner()
- fileperms()
- filesize()
- filetype()
- is_dir()
- is_executable()
- is_file()
- is_link()
- is_readable()
- is_writeable()
- lstat()
- stat()

↔ **Beispiel**

```
<?PHP
$datei = "zahl.txt";
chmod ($datei, 0600);
$chmod = decoct(fileperms($datei));
echo "CHMOD: " . $chmod . "\n";
chmod ($datei, 0777);
$chmod = decoct(fileperms($datei));
echo "CHMOD: " . $chmod;
clearstatcache();
echo "\n";
$chmod = decoct(fileperms($datei));
echo "CHMOD: " . $chmod;
?>
```

⊄ **Ausgabe**

```
CHMOD: 100600
CHMOD: 100600
CHMOD: 100777
```

5.6 copy

⇒ **Befehl**

bool **copy** (string source, string dest)

⇐ **Version**

(PHP 3, PHP 4, PHP 5)

⇔ **Beschreibung**

Mit copy() kann man eine Quell-Datei (*source*) zur neuen Ziel-Datei (*dest*) kopieren. Beachten Sie bitte, dass eine eventuell schon vorhandene Datei gleichen Namens überschrieben wird. Bei Erfolg wird true, sonst false zurückgegeben.

Zu dem Beispiel:
Hier wurde auf dem Server eine Datei in ein Unterverzeichnis kopiert. Beachten Sie auch hier bitte, dass eventuell vorhandene Dateien gleichen Namens überschrieben werden.

- Siehe auch:
- rename()

↔ **Beispiel**

```
<?PHP
$datei = "zahl.txt";
$datei_namen = "zahl.txt_alt.txt";
if(@copy($datei,"tmp/$datei_namen")){
   echo "Datei wurde kopiert\n";
   echo "Neuer Dateiname: $datei_namen";
}?>
```

⊄ **Ausgabe**

```
Datei wurde kopiert
Neuer Dateiname: zahl.txt_alt.txt
```

5.7 dirname

⇒ Befehl string **dirname** (string path)

⇐ Version (PHP 3, PHP 4, PHP 5)

⇔ Beschreibung Mit dirname() kann man sich den Verzeichnisnamen aus einer vollständigen Pfadangabe (*path*) extrahieren lassen.

Während unter Windows der Backslash (\) und der Slash (/) als Trennzeichen für Pfadangaben benutzt werden, ist unter anderen Betriebssystemen nur der Slash (/) von Bedeutung.

Siehe auch:

- basename()

↔ Beispiel

```
<?PHP
$path = "/www/users/selfphp";
$str = dirname($path);
echo $str;
?>
```

⊄ Ausgabe

```
/www/users
```

5.8 disk_total_space

⇒ Befehl float **disk_total_space** (string directory)

⇐ Version (PHP 4 >= 4.1.0, PHP 5)

⇔ Beschreibung Die Funktion disk_total_space() ermittelt, wie viel Platz das angegebene Verzeichnis (*directory*) samt aller seiner Unterverzeichnisse belegt (in Byte).

↔ Beispiel

```
<?PHP
$size = disk_total_space("/");
echo "Freier Speicher: ".$size." Byte";
?>
```

⊄ Ausgabe

```
Freier Speicher: 5237444608 Byte
```

5.9 disk_free_space

⇒ Befehl float **diskfreespace** (string directory)

⇐ Version (PHP 4 >= 4.1.0, PHP 5)

⇔ **Beschreibung**

Mit disk_free_space() kann man ermitteln, wie viel Speicher in einem Verzeichnis (*directory*) bzw. der entsprechenden Partition noch frei ist. Als Rückgabewert erhalten Sie den freien Speicher in Byte gerechnet.

↔ **Beispiel**

```
<?PHP
$path = "I:\php5buch";
$var = disk_free_space("$path");
echo "Freier Speicher: " . $var . " Byte";
?>
```

⊄ **Ausgabe**

```
Freier Speicher: 44933120 Byte
```

5.10 fclose

⇒ **Befehl**

bool **fclose** (resource handle)

⇐ **Version**

(PHP 3, PHP 4, PHP 5)

⇔ **Beschreibung**

Mit fclose() kann man eine offene Datei (*handle*) schließen. Bei erfolgreichem Schließen der Datei wird true, sonst false zurückgeliefert.

Beachten Sie bitte, dass es sich bei dem Dateizeiger *handle* um einen gültigen Zeiger auf eine offene Datei handeln muss.

Folgende Funktionen erstellen einen Dateizeiger:

- fopen()
- popen()
- fsockopen()

↔ **Beispiel**

```
$zaehler_anmelden = "zahl.txt";
$fp = fopen($zaehler_anmelden,"r");
$zahl = fgets($fp,10);
fclose($fp);
```

⊄ **Ausgabe**

```
// Keine Ausgabe
```

5.11 feof

⇒ **Befehl**

bool **feof** (resource handle)

⇐ **Version**

(PHP 3, PHP 4, PHP 5)

⇔ **Beschreibung**

Mit feof() kann man überprüfen, ob der Dateizeiger am Ende der Datei (*handle*) steht. In diesem Fall gibt diese Funktion true, sonst false zurück.

Beachten Sie bitte, dass es sich bei dem Dateizeiger *handle* um einen gültigen Zeiger auf eine offene Datei handeln muss.

Folgende Funktionen erstellen einen Dateizeiger:
- fopen()
- popen()
- fsockopen()

↔ Beispiel

```
<?PHP
$zaehler_anmelden = "selfphp.txt";
$fp = fopen($zaehler_anmelden,"r");
while(!feof($fp)){
    $str = fgets($fp,200);
    echo $str;
}
fclose($fp);
?>
```

⊄ Ausgabe

```
Variablen
Array
PDF
```

5.12 fflush

⇒ Befehl bool **fflush** (resource handle)

⇐ Version (PHP 4 >= 4.0.1, PHP 5)

⇔ Beschreibung Mit fflush() kann man den Ausgabepuffer einer Datei (*handle*) auf den Datenträger schreiben.

Im Erfolgsfall gibt diese Funktion true, sonst false zurück.

Beachten Sie bitte, dass es sich bei dem Dateizeiger *handle* um einen gültigen Zeiger auf eine offene Datei handeln muss.

Folgende Funktionen erstellen einen Dateizeiger:
- fopen()
- popen()
- fsockopen()

↔ Beispiel

```
<?PHP
$fp = fopen("members.txt","w");
fwrite($fp,"Selfphp");
if(fflush($fp))
    echo "Gesamter Ausgabepuffer geschrieben";
else
```

```
   echo "Gesamter Ausgabepuffer konnte nicht
   geschrieben werden";
fclose($fp);
?>
```

⊄ **Ausgabe**

```
Gesamter Ausgabepuffer geschrieben
```

5.13 fgetc

⇒ **Befehl**

string **fgetc** (resource handle)

⇐ **Version**

(PHP 3, PHP 4, PHP 5)

⇔ **Beschreibung**

Mit fgetc() kann man aus einer Datei (*handle*) ein einzelnes Zeichen von der aktuellen Position des Dateizeigers auslesen.

Mit der Funktion fseek() können Sie den Dateizeiger vorher an die gewünschte Stelle verschieben.

Beachten Sie bitte, dass es sich bei dem Dateizeiger *handle* um einen gültigen Zeiger auf eine offene Datei handeln muss, der mit fopen(), fsockopen() oder popen() erzeugt wurde.

Diese Funktion gibt false zurück, falls der Dateizeiger (*handle*) am Ende der Datei steht und deshalb nicht mehr auf ein gültiges Zeichen verweist.

Siehe auch:

- fgets()
- fopen()
- fread()
- fsockopen()
- popen()

↔ **Inhalt der Datei counter.txt**

```
52369
```

↔ **Beispiel**

```
<?PHP
$zaehler_anmelden = "counter.txt";
$fp = fopen($zaehler_anmelden,"r");
$zahl = fgetc($fp);
echo $zahl . "\n";
fseek ($fp, 1,"SEEK_CUR");
$zahl = fgetc($fp);
echo $zahl;
fclose($fp);
?>
```

⊄ **Ausgabe**

```
5
2
```

5.14 fgetcsv

⇒ Befehl

array **fgetcsv** (resource handle, int length [, string delimiter [, string enclosure]])

⇐ Version

(PHP 3>= 3.0.8, PHP 4, PHP 5)

⇔ Beschreibung

Mit fgetcsv() kann man aus einer CSV-Datei (*handle*) eine Zeile auslesen und den Inhalt der Zeile anhand eines Trennzeichens (*Delimiter*) in seine Bestandteile zerlegen lassen. Diese Bestandteile gibt die Funktion als Array zurück.

Sollten Sie optionalen Parameter *Delimiter* weglassen, so wird der voreingestellte Wert genutzt – dieses ist ein Komma.

Der zweite Parameter (*length*) muss größer sein als die längste Zeile in der Datei, da sonst die Funktion fgetcsv() das Ende der Zeile nicht finden wird.
Falls bereits die komplette Datei durchlaufen wurde, wird als Wert false zurückgegeben. Sollten leere Zeilen in der Datei vorkommen, so wird das nicht als Fehler interpretiert – Sie bekommen in diesem Fall ein Array mit einem leeren Feld zurück.

Der optionale Parameter *enclosure* kann ein beliebiges Zeichen sein und sorgt dafür, dass nur bis zu dieser Position (einschließlich der gesamten Zeile) die Datei ausgewertet wird. Die restliche Datei wird so ausgegeben, wie sie auch in der Datei steht (siehe Beispiel 2 – Bitte achten Sie auf das Sternchen (*)).

Beachten Sie bitte, dass Sie als Trennzeichen nur ein einzelnes Zeichen nehmen sollten, da es sonst zu ungewollten Nebeneffekten kommen kann. Betrachten Sie dazu folgendes Beispiel:

Die gelesene Zeile hat den Inhalt:
»01.08.2001##62.159.232.250##www.selfphp3.de«

Wenn Sie diese Zeile mit
fgetcsv($fp,500,»##«)

lesen, erhalten Sie ein Array mit 5 Feldern, da nur eine Raute als Trennzeichen berücksichtigt wird.

Beachten Sie bitte, dass es sich bei dem Dateizeiger *handle* um einen gültigen Zeiger auf eine offene Datei handeln muss, der mit fopen(), fsockopen() oder popen() erzeugt wurde.

↔ Inhalt der Datei statistik.csv

```
01.08.2001#62.159.232.250#www.selfphp3.de
02.08.2001#212.82.34.222#www.selfphp4.de
02.08.2001#http://suchen.abacho.de#62.159.232.250
```

↔ Beispiel 1

```
<?PHP
$statistik = "statistik.csv";
$fp = fopen($statistik,"r");
while($zeile = fgetcsv($fp,500,"#")){
    $y++;
```

```
    echo "Besucher $y:";
    echo "Datum/HTTP_REFERER/REMOTE_ADDR";
    for($x=0;$x<count($zeile);$x++){
        echo "$zeile[$x]\n";
    }
    echo "\n";
}
fclose($fp);
?>
```

⊄ Ausgabe 1

```
Besucher 1:
Datum / HTTP_REFERER / REMOTE_ADDR
01.08.2001
62.159.232.250
www.selfphp3.de

Besucher 2:
Datum / HTTP_REFERER / REMOTE_ADDR
02.08.2001
212.82.34.222
www.selfphp4.de

Besucher 3:
Datum / HTTP_REFERER / REMOTE_ADDR
02.08.2001
http://suchen.abacho.de
62.159.232.250
```

↔ Inhalt der Datei statistik.csv

```
01.08.2001#62.159.232.250#*www.selfphp3.de
02.08.2001#212.82.34.222#www.selfphp4.de
02.08.2001#http://suchen.abacho.de#62.159.232.250
```

↔ Beispiel 2

```
<?PHP
$statistik = "statistik1.csv";
$fp = fopen($statistik,"r");
while($zeile = fgetcsv($fp,500,"#","*")){
    $y++;
    echo "Besucher $y:";
    echo "Datum/HTTP_REFERER/REMOTE_ADDR";
    for($x=0;$x<count($zeile);$x++){
        echo "$zeile[$x]\n";
    }
    echo "\n";
}
fclose($fp);
?>
```

⊄ Ausgabe 2

```
Besucher 1:Datum/HTTP_REFERER/REMOTE_ADDR01.08.2001
62.159.232.250
```

```
www.selfphp3.de

02.08.2001#212.82.34.222#www.selfphp4.de

02.08.2001#http://suchen.abacho.de#62.159.232.250
```

5.15 fgets

⇒ Befehl

string **fgets** (resource handle [, int length])

⇐ Version

(PHP 3, PHP 4, PHP 5)

⇔ Beschreibung

Mit fgets() kann man aus einer Datei (*handle*) eine Zeile mit der Länge *length* (in Byte) auslesen.

Sollte die Zeile länger sein als der in *length* vorgegebene Wert, so wird die Zeile bis zur angegebenen Länge gelesen und der Rest abgeschnitten.
Kommt es beim Lesen der Datei zu einem Fehler, so wird false zurückgeliefert.

Beachten Sie bitte, dass es sich bei dem Dateizeiger *handle* um einen gültigen Zeiger auf eine offene Datei handeln muss, der mit fopen(), fsockopen() oder popen() erzeugt wurde.

Siehe auch:

- fgetc()
- fopen()
- fread()
- fsockopen()
- popen()

↔ Inhalt der Datei counter.txt

```
52369
```

↔ Beispiel 1

```
<?PHP
$zaehler_anmelden = "counter.txt";
$fp = fopen($zaehler_anmelden,"r");
$zahl = fgets($fp,10);
fclose($fp);
$zahl++;
echo "Counterstand:\n";
echo $zahl;
?>
```

⊄ Ausgabe 1

```
Counterstand:
52370
```

↔ Beispiel 2

```
<?PHP
$zaehler_anmelden = "counter.txt";
$fp = fopen($zaehler_anmelden,"r");
```

```
$zahl = fgets($fp,3);
fclose($fp);
$zahl++;
echo "Counterstand:\n";
echo $zahl;
?>
```

⊄ **Ausgabe 2**

```
Counterstand:
53
```

5.16 fgetss

⇒ **Befehl**

string fgetss (resource handle, int length [, string allowable_tags])

⇐ **Version**

(PHP 3, PHP 4, PHP 5)

⇔ **Beschreibung**

Mit fgetss() kann man aus einer Datei (*handle*) eine Zeile mit der Länge *length* (in Byte) auslesen. Nach dem Auslesen entfernt die Funktion HTML- und PHP-Tags aus dem Text und gibt das Ergebnis zurück.

Mit dem optionalen dritten Parameter (*allowable_tags*) kann man bestimmte Tags ausschließen, welche dann nicht entfernt werden (siehe Beispiel 2).

Siehe auch:

- fgets()
- fopen()
- fsockopen()
- popen()
- strip_tags()

↔ **Inhalt der Datei selfphp.php**

```
<html>
<head>
<title>Selfphp</title>
</head>
<body bgcolor="#FFFFFF" text="#000000">
Ein weiterer Test<br>
<?PHP
echo "Hallo";
?>
</body>
</html>
```

↔ **Beispiel 1**

```
<?PHP
$statistik = "selfphp.php";
$fp = fopen($statistik,"r");
while($zeile = fgetss($fp,1500)){
```

```
   echo $zeile;
}
fclose($fp);
?>
```

⊄ **Ausgabe 1**

```
Ausgabe 1/Quellcode zwischen den gestrichelten Linien:
-------------------------------------


Selfphp


Ein weiterer Test

-------------------------------------
```

↔ **Beispiel 2**

```
<?PHP
$statistik = "selfphp.php";
$fp = fopen($statistik,"r");
while($zeile = fgetss($fp,1500,"<html><title>")){
   echo $zeile;
}
fclose($fp);
?>
```

⊄ **Ausgabe 2**

```
Ausgabe 2/ Quellcode zwischen den gestrichelten Linien:
------------------------------------------
<html>

<title>Selfphp</title>

Ein weiterer Test

----------------------------------------
```

5.17 file

⇒ **Befehl**

array **file** (string filename [, int use_include_path])

⇐ **Version**

(PHP 3, PHP 4, PHP 5)

⇔ **Beschreibung**

Mit file() kann man eine komplette Datei (*filename*) zeilenweise in ein Array einlesen. Das Zeilenumbruchzeichen am Ende jeder Zeile wird als letztes Zeichen in das entsprechende Array-Element übernommen.

Wird der optionale Parameter (*use_include_path*) auf 1 gesetzt, so wird auch innerhalb des Include-Pfads (wird in der php.ini bestimmt) nach der Datei gesucht.

Siehe auch:
- fopen()
- popen()
- readfile()

↔ **Inhalt der Datei statistik.csv**

```
01.08.2001#62.159.232.250#www.selfphp3.de
02.08.2001#212.82.34.222#www.selfphp4.de
02.08.2001#http://suchen.abacho.de#62.159.232.250
```

↔ **Beispiel**

```
<?PHP
$datei = "statistik.csv";
$array = file($datei);
for($x=0;$x<count($array);$x++){
  echo $array[$x] . "\n";
}?>
```

⊄ **Ausgabe**

```
01.08.2001#62.159.232.250#www.selfphp3.de
02.08.2001#212.82.34.222#www.selfphp4.de
02.08.2001#http://suchen.abacho.de#62.159.232.250
```

5.18 file_exists

⇒ **Befehl** bool file_exists (string filename)

⇐ **Version** (PHP 3, PHP 4, PHP 5)

⇔ **Beschreibung** Mit file_exists() kann man überprüfen, ob eine Datei (*filename*) auf dem Server existiert.

Im Erfolgsfall gibt diese Funktion true, sonst false zurück.

Es ist darauf zu achten, dass diese Funktion nur nach lokalen Dateien sucht und das Ergebnis der Suche zwischenspeichert (siehe clearstatcache)

Siehe auch:
- clearstatcache()

↔ **Beispiel**

```
<?PHP
$datei = 'statistik.csv';
if(file_exists($datei))
   echo "Die Datei $datei ist existent";
else
   echo "Die Datei $datei ist nicht existent";
?>
```

⊄ **Ausgabe**

```
Die Datei statistik.csv ist existent
```

5.19 fileatime

⇒ **Befehl**

int **fileatime** (string filename)

⇐ **Version**

(PHP 3, PHP 4, PHP 5)

⇔ **Beschreibung**

Mit fileatime() kann man sich das Datum und die Uhrzeit des letzten Zugriffs auf eine Datei (*filename*) liefern lassen.

Als Rückgabewert dieser Funktion erhalten Sie das Datum im UNIX-Timestamp-Format (Beginn der UNIX-Epoche – 01.01.1970 , 0:00:00 GMT), im Fehlerfall wird false zurückgeliefert.

Beachten Sie bitte, dass das Ergebnis zwischengespeichert (siehe clearstatcache) wird.

Siehe auch:

- clearstatcache()

↔ **Beispiel**

```
<?PHP
$datei = 'statistik.csv';
$zeit = fileatime($datei);
echo "Letzter Zugriff auf die Datei $datei: $zeit";
echo "\n";
echo "Formatiert: " .gmdate("d M Y H:i:s", $zeit);
?>
```

⊄ **Ausgabe**

```
Letzter Zugriff auf die Datei statistik.csv: 1089151200
Formatiert: 06 Jul 2004 22:00:00
```

5.20 filectime

⇒ **Befehl**

int **filectime** (string filename)

⇐ **Version**

(PHP 3, PHP 4, PHP 5)

⇔ **Beschreibung**

Mit filectime() kann man sich das Datum und die Uhrzeit der letzten Änderung einer Datei (*filename*) zurückgeben lassen.

Als Rückgabewert dieser Funktion erhalten Sie das Datum im UNIX-Timestamp-Format (Beginn der UNIX-Epoche – 01.01.1970 , 0:00:00 GMT), im Fehlerfall wird false zurückgeliefert.

Beachten Sie bitte, dass das Ergebnis zwischengespeichert (siehe clearstatcache) wird.

Siehe auch:

- clearstatcache()

↔ **Beispiel**

```
<?PHP
$datei = 'statistik.csv';
$zeit = filectime($datei);
echo "Letzte Änderung des Dateizeigers Inode: $zeit";
echo "\n";
echo "Formatiert: " .gmdate("d M Y H:i:s", $zeit);
?>
```

⊄ **Ausgabe**

```
Letzte Änderung des Dateizeigers Inode: 1089201571
Formatiert: 07 Jul 2004 11:59:31
```

5.21 filegroup

⇒ **Befehl**

int filegroup (string filename)

⇐ **Version**

(PHP 3, PHP 4, PHP 5)

⇔ **Beschreibung**

Mit filegroup() kann man sich die Gruppen-ID des Besitzers einer Datei (*filename*) zurückgeben lassen.

Als Rückgabewert dieser Funktion erhalten Sie die Gruppen-ID als numerischen Wert. Mittels der Funktion posix_getgrgid() können Sie die ID weiter aufsplitten (siehe Beispiel), um z.B. an den Namen der Gruppe zu gelangen.

Achtung: Unter dem Betriebssystem Windows wird die Funktion filegroup() nicht unterstützt.

Beachten Sie bitte, dass das Ergebnis zwischengespeichert (siehe clearstatcache) wird.

Siehe auch:

- clearstatcache()

↔ **Beispiel**

```
<?PHP
$datei = 'filegroup.php';
$id = filegroup($datei);
echo "Gruppen-ID der Datei $datei: $id";
echo "\n";
$array = posix_getgrgid($id);
print_r($array);
?>
```

⊄ **Ausgabe**

```
Gruppen-ID der Datei filegroup.php: 600
Array
(
    [name] => ftpusers
    [passwd] => x
    [members] => Array
        (
        )

    [gid] => 600
)
```

5.22 fileinode

⇒ **Befehl**

int fileinode (string filename)

⇐ **Version**

(PHP 3, PHP 4, PHP 5)

⇔ **Beschreibung**

Mit fileinode() kann man sich die Inode-Nummer einer Datei (*filename*) zurückgeben lassen.

Im Erfolgsfall gibt diese Funktion die Inode zurück, sonst wird false zurückgeliefert.

Achtung: Unter dem Betriebssystem Windows wird die Funktion fileinode() nicht unterstützt.

Beachten Sie bitte, dass das Ergebnis zwischengespeichert (siehe clearstatcache) wird.

Siehe auch:

- clearstatcache()

↔ **Beispiel**

```
<?PHP
$datei = 'fileinode.php';
$id = fileinode($datei);
echo "Inode der Datei $datei: $id";
?>
```

⊄ **Ausgabe**

```
Inode der Datei fileinode.php: 344134
```

5.23 filemtime

⇒ **Befehl**

int **filemtime** (string filename)

⇐ **Version**

(PHP 3, PHP 4, PHP 5)

⇔ **Beschreibung**

Mit filemtime() kann man sich das Datum und die Uhrzeit der letzten Änderung an einer Datei (*filename*) zurückgeben lassen.

Als Rückgabewert dieser Funktion erhalten Sie das Datum im UNIX-Timestamp-Format (Beginn der UNIX-Epoche – 01.01.1970 , 0:00:00 GMT), im Fehlerfall wird false zurückgeliefert.
Beachten Sie bitte, dass das Ergebnis zwischengespeichert (siehe clearstatcache) wird.

Siehe auch:

- clearstatcache()

↔ **Beispiel**

```
<?PHP
$datei = 'statistik.csv';
$zeit = filemtime($datei);
echo "Letzte Änderung der Datei: $zeit";
echo "\n";
echo "Formatiert: " .gmdate("d M Y H:i:s", $zeit);
?>
```

⊄ **Ausgabe**

```
Letzte Änderung der Datei: 1089202458
Formatiert: 07 Jul 2004 12:14:18
```

5.24 fileowner

⇒ **Befehl**

int **fileowner** (string filename)

⇐ **Version**

(PHP 3, PHP 4, PHP 5)

⇔ **Beschreibung**

Mit fileowner() kann man sich die ID des Besitzers einer Datei (*filename*) zurückgeben lassen.

Als Rückgabewert dieser Funktion erhalten Sie die Benutzer-ID als numerischen Wert. Mittels der Funktion posix_getpwuid() können Sie die ID weiter aufsplitten (siehe Beispiel), um z.B. an den Namen des Besitzers zu gelangen.

Achtung: Unter dem Betriebssystem Windows wird die Funktion fileowner() nicht unterstützt.

Beachten Sie bitte, dass das Ergebnis zwischengespeichert (siehe clearstatcache) wird.

Siehe auch:
- clearstatcache()

↔ **Beispiel**

```
<?PHP
$datei = 'fileowner.php';
$id = fileowner($datei);
echo "Benutzer-ID der Datei $datei: $id";
echo "\n";
$array = posix_getpwuid($id);
print_r($array);
?>
```

⊄ **Ausgabe**

```
Benutzer-ID der Datei fileowner.php: 1002
Array
(
    [name] => selfphp
    [passwd] => x
    [uid] => 1002
    [gid] => 600
    [gecos] => Login SelfPHP
    [dir] => /website/selfphp/htdocs/.
    [shell] => /bin/bash
)
```

5.25 fileperms

⇒ **Befehl**

int fileperms (string filename)

⇐ **Version**

(PHP 3, PHP 4, PHP 5)

⇔ **Beschreibung**

Mit fileperms() kann man sich die Zugriffsrechte einer Datei (*filename*) zurückgeben lassen.
Als Rückgabewert dieser Funktion erhalten Sie die Zugriffsrechte, im Fehlerfall wird false zurückgeliefert.

Beachten Sie bitte, dass das Ergebnis zwischengespeichert (siehe clearstatcache) wird.

Siehe auch:
- clearstatcache()

↔ **Beispiel**

```
<?PHP
$datei = 'fileperms.php';
$id = fileperms($datei);
$id = decoct($id);
echo "Zugriffsrechte der Datei $datei: $id";
?>
```

⊄ **Ausgabe**

```
Zugriffsrechte der Datei fileperms.php: 100666
```

5.26 filesize

⇒ Befehl int **filesize** (string filename)

⇐ Version (PHP 3, PHP 4, PHP 5)

⇔ Beschreibung Mit filesize() kann man sich die Größe einer Datei (*filename*) in Byte zurückgeben lassen.

Als Rückgabewert dieser Funktion erhalten Sie die Größe der Datei, im Fehlerfall wird false zurückgeliefert.

Beachten Sie bitte, dass das Ergebnis zwischengespeichert (siehe clearstatcache) wird.

Siehe auch:
- clearstatcache()

↔ Beispiel

```
<?PHP
$datei = 'filesize.php';
$id = filesize($datei);
echo "Größe der Datei $datei: $id";
?>
```

⊄ Ausgabe

```
Größe der Datei filesize.php: 97
```

5.27 filetype

⇒ Befehl string **filetype** (string filename)

⇐ Version (PHP 3, PHP 4, PHP 5)

⇔ Beschreibung Mit filetype() kann man sich den Typ einer Datei (*filename*) zurückgeben lassen.

Als Rückgabewert dieser Funktion erhalten Sie den Typ der Datei, im Fehlerfall wird false zurückgeliefert.

Mögliche Dateitypen sind:
- fifo
- char
- dir
- block
- link
- file
- unknown

Beachten Sie bitte, dass das Ergebnis zwischengespeichert (siehe clearstatcache) wird.

Siehe auch:
- clearstatcache()

↔ **Beispiel**

```
<?PHP
$datei = 'statistik.csv';
$id = filetype($datei);
echo "Typ der Datei $datei: $id";
?>
```

⊄ **Ausgabe**

```
Typ der Datei statistik.csv: file
```

5.28 flock

⇒ **Befehl**

bool **flock** (int fp, int operation [, int wouldblock])

⇐ **Version**

(PHP 3>= 3.0.7, PHP 4, PHP 5)

⇔ **Beschreibung**

Mit flock() kann man eine Datei (*fp*) für bestimmte Zugriffe (*operation*) verriegeln. Dies ist oftmals sehr nützlich, um Dateien, die Sie gerade beschreiben wollen, vor dem Zugriff von anderen Usern zu schützen.

Beachten Sie bitte, dass es sich bei dem Dateizeiger *fp* um einen gültigen Zeiger auf eine offene Datei handeln muss, der mit fopen(), fsockopen() oder popen() erzeugt wurde.

Folgende Arten der Verriegelung sind im Parameter *operation* möglich:
- LOCK_SH (1) – Verriegelung für Lesezugriff
- LOCK_EX (2) – exklusive Verriegelung für Schreibzugriffe
- LOCK_UN (3) – Gibt eine Verriegelung wieder frei
- LOCK_NB (4) – Verhindert, dass die Funktion während der Verriegelung blockiert. Diese Konstante können Sie zusätzlich zu den anderen 3 Konstanten angeben.

Der optionale Parameter *wouldblock* wird auf true gesetzt, falls die Funktion während der Verriegelung blockieren soll.

Im Erfolgsfall gibt diese Funktion true zurück, sonst false.

↔ **Inhalt der Datei counter.txt**

```
52369
```

↔ **Beispiel**

```
<?PHP
$zaehler_anmelden = "counter.txt";
$fp = fopen($zaehler_anmelden,"r");
   $zahl = fgets($fp,10);
   fclose($fp);
$zahl++;
$fp = fopen($zaehler_anmelden,"w");
```

```
        flock($fp,2);
        fputs($fp,$zahl);
        flock($fp,3);
        fclose($fp);
echo $zahl;
?>
```

⊄ **Ausgabe**

```
52370
```

5.29 fopen

⇒ **Befehl**

resource **fopen** (string filename, string mode [, int use_include_path [, resource zcontext]])

⇐ **Version**

(PHP 3, PHP 4, PHP 5)

⇔ **Beschreibung**

Mit fopen() kann man eine Datei (*filename*) öffnen. Folgende Verbindungsmöglichkeiten gibt es:

- »http://« – Öffnen per http
- »ftp://« – Öffnen per ftp
- »php://stdin« – Öffnen per stdio stream
- »php://stdout« – Öffnen per stdio stream
- »php://stderr« – Öffnen per stdio stream

Alles andere – Öffnen vom lokalen Dateisystem
Der Parameter *mode* legt fest, auf welche Weise und für welche Zugriffsarten die Datei geöffnet wird. Folgende Werte gibt es:

- a – Öffnet die angegebene Datei nur zum Schreiben und positioniert den Dateizeiger auf das Ende der Datei. Sollte die angegebene Datei nicht existieren, so wird versucht sie anzulegen.
- a+ – Öffnet die angegebene Datei zum Lesen und Schreiben und positioniert den Dateizeiger auf das Ende der Datei. Sollte die angegebene Datei nicht existieren, so wird versucht sie anzulegen.
- r – Öffnet die angegebene Datei zum Lesen und positioniert den Dateizeiger auf den Anfang der Datei.
- r+ – Öffnet die angegebene Datei zum Lesen und Schreiben und positioniert den Dateizeiger auf den Anfang der Datei.
- w – Öffnet die angegebene Datei zum Schreiben und positioniert den Dateizeiger auf den Anfang der Datei. Die Länge der Datei wird auf 0 Byte gesetzt. Sollte die angegebene Datei nicht existieren, so wird versucht sie anzulegen.
- w+ – Öffnet die angegebene Datei zum Lesen und Schreiben und positioniert den Dateizeiger auf den Anfang der Datei. Sollte die angegebene Datei nicht existieren, so wird versucht sie anzulegen.

Für die Bearbeitung von Binärdateien können Sie an jede dieser Modusdefinitionen ein »b« anhängen. Wird der optionale Parameter *use_include_path* auf 1 gesetzt, so wird auch innerhalb des Include-Pfads (wird in der php.ini bestimmt) nach der Datei gesucht.

Im Erfolgsfall gibt die Funktion einen Dateizeiger zurück. Sollte das Öffnen der Datei scheitern, wird false zurückgeliefert.

Siehe auch:
- fclose()
- fsockopen()
- popen()

↔ Beispiel

```
$fp = fopen("/www/users/php/counter.txt","r"); _
    // Absoluter Pfad
$fp = fopen("counter.txt","r"); // Relativ Pfad
$fp = fopen("/www/users/php/selfphp.gif","wb");
$fp = fopen("http://www.selfphp3.de/","r");
$fp = fopen("ftp://user:password@selfphp3.de/", _
    "r");
$fp = fopen("d:/daten/statistik.csv","a");
```

⊄ Ausgabe

```
// Keine Ausgabe
// Es werden die Möglichkeiten vorgestellt
```

5.30 fpassthru

⇒ Befehl int **fpassthru** (resource handle)

⇐ Version (PHP 3, PHP 4, PHP 5)

⇔ Beschreibung Mit fpassthru() kann man alle Daten vom aktuellen Dateizeiger bis zum Ende einer Datei (*handle*) auslesen und in die Standardausgabe schreiben lassen. Es ist darauf zu achten, dass, wenn das Ende der Datei erreicht wurde, die Datei von der Funktion fpassthru() geschlossen und der Dateizeiger *handle* nutzlos wird. Sollten Sie dennoch versuchen, mit dem Dateizeiger zu arbeiten, wird es zu einer Fehlermeldung kommen.

Beachten Sie bitte, dass es sich bei dem Dateizeiger *handle* um einen gültigen Zeiger auf eine offene Datei handeln muss, der mit fopen(), fsockopen() oder popen() erzeugt wurde. Im Erfolgsfall gibt diese Funktion den Inhalt der Datei aus, sonst wird false zurückgeliefert.

Siehe auch:
- fopen()
- fsockopen()
- popen()
- readfile()

↔ Beispiel

```
<?PHP
$zaehler_anmelden = "statistik.csv";
$fp = fopen($zaehler_anmelden,"r");
echo fpassthru($fp);
?>
```

⊄ Ausgabe

```
01.08.2001#62.159.232.250#www.selfphp3.de_
02.08.2001#212.82.34.222#www.selfphp4.de_
02.08.2001#http://suchen.abacho.de#62.159.232.250_
```

5.31 fputs

⇒ **Befehl** int **fputs** (int fp, string str [, int length])

⇐ **Version** (PHP 3, PHP 4, PHP 5)

⇔ **Beschreibung** Mit fputs() kann man bestimmte Daten (*str*) an die aktuelle Position des Dateizeigers in eine Datei (*fp*) schreiben. Wird der dritte optionale Wert für die Länge (*length*) des Strings nicht angegeben, so wird der gesamte String an die Position des Dateizeigers geschrieben (siehe Beispiel 1). Wird die Länge angegeben, so wird der String auf die vorgegebene Länge gekürzt (siehe Beispiel 2).

Siehe auch:

- fwrite()

↔ **Inhalt der Datei counter.txt**

```
52386
```

↔ **Beispiel 1**

```
<?PHP
$zaehler_anmelden = "counter.txt";
$fp = fopen($zaehler_anmelden,"r");
   $zahl = fgets($fp,10);
   fclose($fp);
$zahl++;
$fp = fopen($zaehler_anmelden,"w");
       flock($fp,2);
       fputs($fp,$zahl);
       flock($fp,3);
       fclose($fp);
echo $zahl;
?>
```

⊄ **Ausgabe 1**

```
Counterstand:
52387
```

↔ **Inhalt der Datei counter.txt**

```
52387
```

↔ **Beispiel 2**

```
<?PHP
$zaehler_anmelden = "counter.txt";
$fp = fopen($zaehler_anmelden,"r");
    $zahl = fgets($fp,10);
    fclose($fp);
$zahl++;
$fp = fopen($zaehler_anmelden,"w");
         flock($fp,2);
         fputs($fp,$zahl,3);
         flock($fp,3);
         fclose($fp);
echo $zahl;
?>
```

⊄ **Ausgabe 2**

```
Counterstand:
524
```

5.32 fread

⇒ **Befehl**

string **fread** (int fp, int length)

⇐ **Version**

(PHP 3, PHP 4, PHP 5)

⇔ **Beschreibung**

Mit fread() kann man Binärdaten aus einer Datei (*fp*) lesen. Der zweite Parameter für die Länge (*length*) bestimmt, wie viel der Datei gelesen werden soll (max. bis zum Dateiende).

Siehe auch:

- fgets()
- fgetss()
- file()
- fopen()
- fpassthru().
- fsockopen()
- fwrite()
- popen()

↔ **Inhalt der Datei statistik.csv**

```
01.08.2001#62.159.232.250#www.selfphp3.de
02.08.2001#212.82.34.222#www.selfphp4.de
02.08.2001#http://suchen.abacho.de#62.159.232.250
```

↔ **Beispiel 1**

```
<?PHP
$zaehler_anmelden = "statistik.csv";
$fp = fopen ($zaehler_anmelden, "r");
$str = fread ($fp, filesize ($zaehler_anmelden));
fclose ($fp);
echo $str;
?>
```

⊄ **Ausgabe 1**

```
01.08.2001#62.159.232.250#www.selfphp3.de_
02.08.2001#212.82.34.222#www.selfphp4.de_
02.08.2001#http://suchen.abacho.de#62.159.232.250
```

↔ **Beispiel 2**

```
<?PHP
$zaehler_anmelden = "statistik.csv";
$fp = fopen ($zaehler_anmelden, "r");
$str = fread ($fp,10);
fclose ($fp);
echo $str;
?>
```

⊄ **Ausgabe 2**

```
01.08.2001
```

5.33 fscanf

⇒ **Befehl**

mixed fscanf (int handle, string format [, string var1...])

⇐ **Version**

(PHP 4 >= 4.0.1, PHP 5)

⇔ **Beschreibung**

Mit fscanf() kann man den Inhalt einer Datei (*handle*) lesen und daraus mittels der Formatierungsanweisung *format* Daten extrahieren.

Falls Sie die Funktion mit zwei Parametern aufrufen, erhalten Sie die extrahierten Werte in Form eines Arrays als Funktionsergebnis zurück. Alternativ können Sie der Funktion auch Variablen als weitere Argumente (*var1* usw.) übergeben, in die die Funktion dann die extrahierten Werte einträgt.

Siehe auch:

- fread()
- fgets()
- fgetss()
- sscanf()
- printf()
- sprintf()

↔ **Inhalt der Datei: member.txt**

```
Damir Enseleit 1971
Karl Mustermann 1970
Petra Mustermann 1972
```

↔ **Beispiel**

```
<?PHP
$fp = fopen ("member.txt","r");
while ($data = fscanf ($fp, "%s %s %s")) {
    list ($vorname, $nachname , $jahr) = $data;
    echo "Vorname: " . $vorname . "\n";
    echo "Nachname: " . $nachname . "\n";
    echo "Jahrgang: " . $jahr . "\n\n";
}
fclose($fp);
?>
```

⊄ **Ausgabe**

```
Vorname: Damir
Nachname: Enseleit
Jahrgang: 1971

Vorname: Karl
Nachname: Mustermann
Jahrgang: 1970

Vorname: Petra
Nachname: Mustermann
Jahrgang: 1972
```

5.34 fseek

⇒ **Befehl** int **fseek** (int fp, int offset [, int whence])

⇐ **Version** (PHP 3, PHP 4, PHP 5)

⇔ **Beschreibung** Mit fseek() kann man den Dateizeiger innerhalb einer Datei (*fp*) an eine beliebige Stelle positionieren. Der Parameter *offset* legt fest, an welche Stelle der Dateizeiger verschoben wird. Dabei hängt es vom Parameter *whence* ab, wie die Funktion den Wert von *offset* interpretiert.

Folgende Werte sind für *whence* möglich:
- SEEK_SET – Setzt die Position gleich *offset*
- SEEK_CUR – Setzt die Position auf die aktuelle Position plus *offset*
- SEEK_END – Setzt die Position an das Ende der Datei plus *offset*

Die Default-Einstellung ist SEEK_SET.

Beachten Sie bitte, dass ein Überschreiten von EOF (Ende der Datei) nicht zu einem Fehler führt.

Siehe auch:
- ftell()
- rewind()

↔ **Inhalt der Datei: member.txt** Damir Enseleit 1971

↔ **Beispiel**

```
<?PHP
$fp = fopen ("member.txt","r");
$zahl = fgetc($fp);
fseek ($fp, 2,"SEEK_CUR");
$zahl = fgets($fp,20);
echo $zahl;
?>
```

⊄ **Ausgabe**

```
mir Enseleit 1971
```

5.35 fstat

⇒ **Befehl** array **fstat** (int fp)

⇐ **Version** (PHP 4, PHP 5)

⇔ **Beschreibung** Mit fstat() kann man sich verschiedene Informationen über eine Datei (*fp*) zurückgeben lassen.

Beachten Sie bitte, dass das Ergebnis zwischengespeichert (siehe clearstatcache) wird.

Folgende Informationen werden geliefert:

- Gerät
- Inode
- Mode
- Anzahl Links
- User-ID des Besitzers
- Gruppen-ID des Besitzers
- Gerätetyp, falls Inode-Gerät.*
- Größe in Byte
- Zeit des letzten Zugriffs
- Zeit der letzten Modifikation
- Zeit der letzten Änderung
- Blockgröße für Dateisystem-I/O. Enthält -1, falls das System (z.B. Windows) diese Funktion nicht unterstützt.
- Anzahl der Blöcke

Siehe auch:

- clearstatcache()
- stat()

↔ **Beispiel**

```
<?PHP
$fp = fopen ("members.txt","r");
$statistik = fstat($fp);
while(list($key, $val) = each($statistik)) {
   echo $key . ": " . $val . "\n";
}
?>
```

⊄ **Ausgabe**

```
dev: 771
ino: 491065
mode: 33252
nlink: 1
uid: 0
gid: 100
rdev: 0
blksize: 4096
size: 64
atime: 997542332
mtime: 997542332
ctime: 997542332
blocks: 8
```

5.36 ftell

⇒ **Befehl** **int ftell** (int fp)

⇐ **Version** (PHP 3, PHP 4, PHP 5)

⇔ **Beschreibung** Mit ftell() kann man die aktuelle Position des Dateizeigers innerhalb einer Datei (*fp*) ermitteln.

Beachten Sie bitte, dass es sich bei dem Dateizeiger *fp* um einen gültigen Zeiger auf eine offene Datei handeln muss, der mit fopen(), fsockopen() oder popen() erzeugt wurde.

Im Erfolgsfall gibt diese Funktion die Position des Dateizeigers aus, sonst wird false zurückgeliefert.

Siehe auch:

- fopen()
- fseek()
- popen()
- rewind()

↔ **Inhalt der Datei: member.txt** Damir Enseleit 1971

↔ **Beispiel**

```
<?PHP
$fp = fopen ("members.txt","r");
$zahl = fgetc($fp);
fseek ($fp, 6,"SEEK_CUR");
$stelle = ftell($fp);
$zahl = fgetc($fp);
echo $zahl;
echo "\n";
echo $stelle;
?>
```

⊄ **Ausgabe**

```
E
6
```

5.37 ftruncate

⇒ **Befehl** bool **ftruncate** (int fp, int size)

⇐ **Version** (PHP 4, PHP 5)

⇔ **Beschreibung** Mit ftruncate() kann man eine Datei (*fp*) auf eine bestimmte Länge (*size*) verkürzen.
Im Erfolgsfall gibt die Funktion true zurück, sonst false.

↔ **Inhalt der Datei: member.txt** Damir Enseleit

↔ **Beispiel**

```
<?PHP
$inhalt = file("member.txt");
echo $inhalt[0];
$fp = fopen ("member.txt","a+");
ftruncate ($fp, 5);
fclose($fp);
echo "\n";
$fp = fopen ("member.txt","r");
$str = fgets($fp,30);
fclose($fp);
echo $str;
?>
```

⊄ **Ausgabe**

```
Damir Enseleit 1971
Damir
```

5.38 fwrite

⇒ **Befehl**

int **fwrite** (int fp, string string [, int length])

⇐ **Version**

(PHP 3, PHP 4, PHP 5)

⇔ **Beschreibung**

Mit fwrite() kann man Binärdaten (*string*) in eine Datei (*fp*) schreiben lassen. Wenn Sie eine optionale Länge (*length*) angeben, so wird nur der Anfang der Daten bis zum Erreichen der Längenangabe in die Datei geschrieben.

Wenn Sie in *length* einen Wert übergeben, wird die Option magic_quotes_runtime ignoriert, d.h. es werden keine Slashes mehr aus der Zeichenkette entfernt.

Bedenken Sie, dass die Datei mit »b« geöffnet werden muss, falls Sie ein System nutzen, welches zwischen Binär- und Textdateien unterscheidet (z.B. Windows).

Siehe auch:

- fopen()
- fputs()
- fread()
- fsockopen()
- popen()

↔ **Beispiel**

```
<?PHP
$text = "Dieser Text wird nun gespeichert";
$fp = fopen ("members.txt","w");
fwrite($fp,$text,11);
fclose($fp);
$fp = fopen ("members.txt","r");
$str = fgets($fp,30);
fclose($fp);
echo $str;
?>
```

⊄ **Ausgabe**

```
Dieser Text
```

5.39 is_dir

⇒ **Befehl**

bool **is_dir** (string filename)

⇐ **Version**

(PHP 3, PHP 4, PHP 5)

⇔ **Beschreibung**

Mit is_dir() kann man überprüfen, ob ein Verzeichnis (*filename*) existiert. Wenn es sich bei der angegebenen Datei um ein Verzeichnis handelt, gibt diese Funktion true, sonst false zurück.

Beachten Sie bitte, dass das Ergebnis zwischengespeichert (siehe clearstatcache) wird.

↔ **Beispiel**

```
<?PHP
$verz = "selfphp";
if(is_dir($verz))
   echo "Bei $verz handelt es sich um ein Verzeichnis";
else
   echo "Bei $verz handelt es sich nicht um ein Verzeichnis";
?>
```

⊄ **Ausgabe**

```
Bei selfphp handelt es sich nicht um ein Verzeichnis
```

5.40 is_executable

⇒ **Befehl** bool **is_executable** (string filename)

⇐ **Version** (PHP 3, PHP 4, PHP 5)

⇔ **Beschreibung** Mit is_executable() kann man überprüfen, ob eine Datei (*filename*) existiert und ausführbar ist.

Wenn die angegebene Datei ausführbar ist, gibt diese Funktion true, sonst false zurück. Bitte beachten Sie, dass diese Funktion unter Windows erst ab PHP 5.0.0 eingeführt wurde.

Beachten Sie weiter, dass das Ergebnis zwischengespeichert (siehe clearstatcache) wird.

Siehe auch:

- is_file()
- is_link()

↔ **Beispiel**

```
<?PHP
clearstatcache();
$datei = "ultra.txt";
chmod ($datei, 0655);
if(is_executable($datei))
   echo "CHMOD 0655 - $datei ist ausführbar";
else
   echo"CHMOD 0655 - $datei ist nicht ausführbar";
echo "\n";
clearstatcache();
chmod ($datei, 0755);
if(is_executable($datei))
   echo "CHMOD 0755 - $datei ist ausführbar";
else
```

```
    echo"CHMOD 0755 - $datei ist nicht ausführbar";
echo "\n";
clearstatcache();
chmod ($datei, 0775);
if(is_executable($datei))
    echo "CHMOD 0775 - $datei ist ausführbar";
else
    echo"CHMOD 0775 - $datei ist nicht ausführbar";
?>
```

⊄ **Ausgabe**

```
CHMOD 0655 - ultra.txt ist nicht ausführbar
CHMOD 0755 - ultra.txt ist ausführbar
CHMOD 0775 - ultra.txt ist ausführbar
```

5.41 is_file

⇒ **Befehl** bool is_file (string filename)

⇐ **Version** (PHP 3, PHP 4, PHP 5)

⇔ **Beschreibung** Mit is_file() kann man überprüfen, ob eine Datei (*filename*) existiert und es sich bei der Datei um eine reguläre Datei handelt.

Wenn die Datei existiert und eine reguläre Datei ist, gibt diese Funktion true, sonst false zurück.

Beachten Sie bitte, dass das Ergebnis zwischengespeichert (siehe clearstatcache) wird.

Siehe auch:

- is_dir()
- is_link()

↔ **Beispiel**

```
<?PHP
$file = "ip_reload.txt";
if(is_file($file))
    echo"Bei der Datei $file handelt es
    sich um eine reguläre Datei";
else
    echo"Bei der Datei $file handelt es sich nich
    tum eine reguläre Datei";
?>
```

⊄ **Ausgabe**

```
Bei der Datei ip_reload.txt handelt es
        sich um eine reguläre Datei
```

5.42 is_link

⇒ Befehl bool **is_link** (string filename)

⇐ Version (PHP 3, PHP 4, PHP 5)

⇔ Beschreibung Mit is_link() kann man überprüfen, ob es sich bei der angegebenen Datei (*filename*) um einen symbolischen Link handelt.

Wenn die angegebene Datei ein symbolischer Link ist, gibt diese Funktion true, sonst false zurück. Beachten Sie bitte, dass das Ergebnis zwischengespeichert (siehe clearstatcache) wird.

Achtung: Diese Funktion wird unter Windows nichts bewirken.

Siehe auch:

- is_dir()
- is_file()

↔ Beispiel

```
<?PHP
symlink("members.txt","sym_link.txt");
if(is_link("sym_link.txt"))
   echo "Die Datei ist ein symbolischer Link";
else
   echo "Die Datei ist kein symbolischer Link";
?>
```

⊄ Ausgabe

```
Die Datei ist ein symbolischer Link
```

5.43 is_readable

⇒ Befehl bool **is_readable** (string filename)

⇐ Version (PHP 3, PHP 4, PHP 5)

⇔ Beschreibung Mit is_readable() kann man überprüfen, ob eine Datei (*filename*) existiert und lesbar ist. Für den Zugriff auf die Datei verwendet PHP die Benutzer-ID, unter welcher der Webserver läuft.

Wenn die Datei existiert und lesbar ist, gibt diese Funktion true, sonst false zurück. Beachten Sie bitte, dass das Ergebnis zwischengespeichert (siehe clearstatcache) wird.

Siehe auch:

- is_writeable()

↔ **Beispiel**

```
<?PHP
$datei = "ip_reload.txt";
if(is_readable($datei))
   echo "Die Datei $datei existiert und ist lesbar";
else
   echo "Die Datei $datei existiert nicht und ist nicht
lesbar";
?>
```

⊄ **Ausgabe**

```
Die Datei ip_reload.txt existiert und ist lesbar
```

5.44 is_uploaded_file

⇒ **Befehl**

bool is_uploaded_file (string filename)

⇐ **Version**

(PHP 3>= 3.0.17, PHP 4 >= 4.0.3, PHP 5)

⇔ **Beschreibung**

Mit is_uploaded_file() kann man überprüfen, ob eine Datei (*filename*) mittels HTTP-Post hochgeladen wurde. Es ist darauf zu achten, dass Sie für *filename* den temporären Namen der Datei angeben (im Beispiel file) und nicht den tatsächlichen Namen (im Beispiel file_name), da sonst false zurückgegeben wird.

Wenn die angegebene Datei hochgeladen wurde, liefert diese Funktion true, sonst false.

Siehe auch:

- move_uploaded_file()

↔ **Beispiel**

```
<?PHP
if(!empty($file_name)){
   if(copy($file,"tmp/$file_name")){
      if(is_uploaded_file($file)){
         echo "<b>Upload beendet!</b><br>";
         echo "Dateiname: $file_name";
         echo "<br>";
         echo "Dateigröße: $file_size Byte";
      }
   }
}
else
{
?>
<html><head></head>
<body bgcolor="#FFFFFF" text="#000000">
<form name="form1" enctype="multipart/form-data"
method="post" action="is_uploaded_file.php"><p>
```

```
<input type="file" name="file"><br>
<input type="submit" name="Abschicken" value="Download
beginnen">
</p></form></body></html>
<?PHP
}
?>
```

⊄ **Ausgabe**

```
Upload beendet!
Dateiname: bigfile.gz
Dateigröße: 832314 Byte
```

5.45 is_writeable

⇒ **Befehl** bool **is_writeable** (string filename)

⇐ **Version** (PHP 4, PHP 5)

⇔ **Beschreibung** Mit is_writeable() kann man überprüfen, ob eine Datei (*filename*) existiert und beschreibbar ist. Als Dateinamen dürfen Sie auch einen Verzeichnisnamen angeben, wenn Sie prüfen wollen, ob Sie in das Verzeichnis schreiben dürfen.

Für den Zugriff auf die Datei verwendet PHP die Benutzer-ID, unter welcher der Webserver läuft.

Wenn die Datei existiert und beschreibbar ist, gibt diese Funktion true, sonst false zurück. Beachten Sie bitte, dass das Ergebnis zwischengespeichert (siehe clearstatcache) wird.

Siehe auch:
- is_readable()

↔ **Beispiel 1**

```
<?PHP
$datei = "ip_reload.txt";
if(is_writeable($datei))
   echo "Die Datei $datei existiert und ist beschreibbar";
else
   echo "Die Datei $datei existiert nicht und ist nicht
   beschreibbar";
?>
```

⊄ **Ausgabe 1**

```
Die Datei ip_reload.txt existiert und ist beschreibbar
```

↔ **Beispiel 2**

```
<?PHP
$verz = "ultra";
if(is_writeable($verz))
   echo "Das Verzeichnis $verz existiert und ist
```

```
    beschreibbar";
else
    echo"Das Verzeichnis $verz existiert nicht und ist nicht
    beschreibbar";
?>
```

⊄ Ausgabe 2

```
Das Verzeichnis ultra existiert und ist beschreibbar
```

5.46 link

⇒ Befehl

int **link** (string target, string link)

⇐ Version

(PHP 3, PHP 4, PHP 5)

⇔ Beschreibung

Mit link() kann man einen absoluten Link erzeugen (*link*), der auf eine vorhandene Datei (*target*) weist.

Die Funktion gibt im Erfolgsfall eine Geräte-ID zurück, sonst false.
Im unteren Beispiel wurde für die vorhandene Datei (*target*) »members.txt« ein Link mit dem Namen »link.txt« erzeugt. Falls Sie nun im Browser die Datei »link.txt« aufrufen, so werden Sie sehen, dass diese genau den gleichen Inhalt hat wie »members.txt«.

Achtung: Bedenken Sie, dass diese Funktion unter Windows nichts bewirken wird.

Siehe auch:
- linkinfo()
- readlink()
- symlink()

↔ Beispiel

```
<?PHP
$array = file("members.txt");
echo $array[0] . "\n";
link("members.txt","link.txt");
$array_neu = file("link.txt");
echo $array_neu[0];
?>
```

⊄ Ausgabe

```
Dieser Text wird gespeichert
Dieser Text wird gespeichert
```

5.47 linkinfo

⇒ **Befehl**

int **linkinfo** (string path)

⇐ **Version**

(PHP 3, PHP 4, PHP 5)

⇔ **Beschreibung**

Mit linkinfo() kann man sich Informationen über einen Link (*path*) zurückgeben lassen. Falls der angegebene Link existiert, gibt die Funktion die ID des Geräts zurück, auf dem der Link angelegt wurde. Ist der angegebene Pfad kein Link, gibt die Funktion false zurück.

Achtung: Beachten Sie, dass diese Funktion unter Windows nichts bewirken wird.

Siehe auch:
- link()
- readlink()
- symlink()

↔ **Beispiel**

```
<?PHP
link("members.txt","hard_link.txt");
$str = linkinfo ("hard_link.txt");
echo $str;
?>
```

⊄ **Ausgabe**

```
771
```

5.48 lstat

⇒ **Befehl**

array **lstat** (string filename)

⇐ **Version**

(PHP 3>= 3.0.4, PHP 4, PHP 5)

⇔ **Beschreibung**

Mit stat() kann man sich verschiedene Informationen über eine Datei (*filename*) oder eine symbolischen Link zurückgeben lassen. Im Erfolgsfall gibt diese Funktion die Informationen über die Datei oder den symbolischen Link in Form eines Arrays zurück, sonst ist das Ergebnis false.

Beachten Sie bitte, dass das Ergebnis zwischengespeichert (siehe clearstatcache) wird.

Folgende Daten werden zurückgegeben:
- Gerät
- Inode
- Mode
- Anzahl Links
- User-ID des Besitzers
- Gruppen-ID Besitzers

- Gerätetyp, falls Inode-Gerät. Ist -1, falls das System (z.B. Windows) nicht den Typ st_blksize unterstützt.
- Größe in Byte
- Zeit des letzten Zugriffs
- Zeit der letzten Modifikation
- Zeit der letzten Änderung
- Blockgröße für Dateisystem-I/O. Ist -1, falls das System (z.B. Windows) nicht den Typ st_blksize unterstützt.
- Anzahl der Blöcke

↔ Beispiel

```
<?PHP
symlink("members.txt","sym_link.txt");
$statistik = lstat("sym_link.txt");
while(list($key, $val) = each($statistik)) {
   echo $key . ": " . $val;
   echo "<br>";
}
?>
```

⊄ Ausgabe

```
0: 771
1: 491065
2: 33279
3: 3
4: 0
5: 100
6: 0
7: 28
8: 997556079
9: 997546715
10: 997550109
11: 4096
12: 8
```

5.49 move_uploaded_file

⇒ Befehl

bool **move_uploaded_file** (string filename, string destination)

⇐ Version

(PHP 4 >= 4.0.3, PHP 5)

⇔ Beschreibung

Mit move_uploaded_file() kann man eine mittels HTTP-Post hochgeladene Datei (*filename*) an ein Ziel (*destination*) verschieben. Zuerst prüft die Funktion, ob die Datei *filename* hochgeladen wurde und somit eine gültige Datei ist. Ist dies der Fall, so wird die Datei an das Ziel *destination* verschoben. Es ist darauf zu achten, dass Sie für *filename* den temporären Namen der Datei angeben (im Beispiel file) und nicht den tatsächlichen Namen (im Beispiel file_name), da sonst false zurückgegeben wird.

Im Erfolgsfall gibt diese Funktion true zurück. Sollte es sich bei der hochgeladen Datei um keine gültige Datei handeln oder konnte sie nicht verschoben werden, so wird false zurückgegeben.

Siehe auch:
- is_uploaded_file()

↔ **Beispiel**

```
<?PHP
if(!empty($file_name)){
   if(copy($file,"tmp/$file_name")){
   if(move_uploaded_file($file,"tmp/test.txt")){
          echo "<b>Upload beendet!</b><br>";
   }
   }
}
else
{
?>
<html><head></head>
<body bgcolor="#FFFFFF" text="#000000">
<form name="form1" enctype="multipart/form-data"_
method="post" action="index.php3"><p>
<input type="file" name="file"><br>
<input type="submit" name="Abschicken"_
value="Download beginnen">
</p></form></body></html>
<?PHP
}
?>
```

⊄ **Ausgabe**

```
Upload beendet!
```

5.50 parse_ini_file

⇒ **Befehl** array **parse_ini_file** (string filename [, bool process_sections])

⇐ **Version** (PHP 4, PHP 5)

⇔ **Beschreibung** Mit parse_ini_file() kann man sich Informationen aus einer Konfigurationsdatei (*filename*) liefern lassen. Wird der optionale Parameter *process_sections* auf TRUE gesetzt, so erhalten Sie ein mehrdimensionales Array mit den Gruppennamen und den dazugehörigen Werten. Wird der optionale Parameter nicht angegeben, so erhalten Sie ein assoziatives Array mit den Werten. Weiterhin haben Sie die Möglichkeit, dass Konstanten mit ausgewertet werden. Um dies zu erreichen, müssen Sie die Konstante vor der Funktion parse_ini_file() deklarieren (siehe Beispiel).

Bitte beachten Sie, das nicht alphanumerische Werte innerhalb der Konfigurationsdatei von doppelten Anführungszeichen (") eingeschlossen sein müssen.

↔ Inhalt der Datei: system.ini

```
[website]
name = "SelfPHP"
sites = 33
copy = "Damir Enseleit"
konstante = TESTKONSTANTE

[pfad]
URL = "http://www.selfphp.de"
```

↔ Beispiel

```
<?PHP
// Konstante mitparsen
define("TESTKONSTANTE","OK");

// Ohne Gruppen
$ini_array = parse_ini_file("system.ini");
print_r($ini_array);

// Mit Gruppen
$ini_array = parse_ini_file("system.ini", TRUE);
print_r($ini_array);
?>
```

⊄ Ausgabe

```
Array
(
    [name] => SelfPHP
    [sites] => 33
    [copy] => Damir Enseleit
    [konstante] => OK
    [URL] => http://www.selfphp.de
)
Array
(
    [website] => Array
        (
            [name] => SelfPHP
            [sites] => 33
            [copy] => Damir Enseleit
            [konstante] => OK
        )

    [pfad] => Array
        (
            [URL] => http://www.selfphp.de
        )

)
```

5.51 pathinfo

⇒ **Befehl** array **pathinfo** (string path)

⇐ **Version** (PHP 4 >= 4.0.3, PHP 5)

⇔ **Beschreibung** Mit pathinfo() kann man sich Informationen über den Pfad (*path*) zurückgeben lassen. Als Rückgabewert erhalten Sie ein Array mit folgenden Informationen über den Pfad:

- dirname – Der Verzeichnis-Pfad
- basename – Der Dateiname
- extension – Die Dateiendung

Siehe auch:

- dirname()
- basename()
- realpath()

↔ **Beispiel**

```
<?PHP
$pfad_info = pathinfo("/www/users/test_php/zahlen.txt");
echo $pfad_info["dirname"] . "\n";
echo $pfad_info["basename"] . "\n";
echo $pfad_info["extension"];
?>
```

⊄ **Ausgabe**

```
/www/users/test_php
zahlen.txt
txt
```

5.52 pclose

⇒ **Befehl** int **pclose** (int fp)

⇐ **Version** (PHP 3, PHP 4, PHP 5)

⇔ **Beschreibung** Mit pclose() kann man einen geöffneten Prozess-Dateizeiger (*fp*) wieder schließen. Es ist darauf zu achten, dass es sich bei dem Zeiger um einen gültigen Prozess-Dateizeiger handeln muss.

Siehe auch:

- popen()

↔ **Beispiel**

```
<?PHP
$fp = popen('/bin/ls','r');
if(pclose($fp))
   echo "Prozess-Dateizeiger wurde geschlossen";
else
```

```
   echo "Prozess-Dateizeiger konnte nicht geschlossen
werden";
?>
```

⊄ **Ausgabe**

```
Prozess-Dateizeiger wurde geschlossen
```

5.53 popen

⇒ **Befehl**

resource **popen** (string command, string mode)

⇐ **Version**

(PHP 3, PHP 4, PHP 5)

⇔ **Beschreibung**

Mit popen() wird eine Verbindung zu einem Prozess geöffnet, welcher durch die Anweisung (*command*) im angegebenen Modus (*mode*) ausgeführt wird.

Folgende Werte sind für *mode* zulässig:

- r – nur lesen
- w – nur schreiben

Diese Funktion gibt wie fopen() einen Zeiger zurück, welcher weiter genutzt werden kann – etwa für Lese- und Schreiboperationen. Im Fehlerfall ist das Funktionsergebnis false.

Es ist darauf zu achten, dass der mit popen() geöffnete Dateizeiger mit pclose() wieder geschlossen wird.

Folgende Funktionen nutzen den Prozess-Dateizeiger:

- fgets()
- fgetss()
- fputs()

↔ **Beispiel**

```
<?PHP
$fp = popen('/bin/ls','r');
while(!feof($fp)){
   $inhalt = fgets($fp,300);
   echo $inhalt . "\n";
}
pclose($fp);
?>
```

⊄ **Ausgabe**

```
counter.txt
index.php3
php.htm
php2.php3
```

5.54 readfile

⇒ Befehl

int **readfile** (string filename [, int use_include_path])

⇐ Version

(PHP 3, PHP 4, PHP 5)

⇔ Beschreibung

Mit readfile() kann man eine Datei (*filename*) einlesen und im Browser ausgeben. Der optionale Parameter *use_include_path* kann auf 1 gesetzt werden, wenn die Funktion auch im Include-Pfad nach der Datei suchen soll.

Als Ergebnis gibt diese Funktion im Erfolgsfall die Größe der Datei zurück, sonst false.

Folgende Verbindungsmöglichkeiten können Sie im Parameter *filename* angeben:

- »http://« – Öffnen per http
- »ftp://« – Öffnen per ftp – wird fehlschlagen, wenn der Server keinen passiven Modus unterstützt
- Alles andere – Öffnen vom lokalen Dateisystem

Siehe auch:

- file()
- fopen()
- fpassthru()
- include()
- require()
- virtual()

↔ Beispiel

```
<?PHP
$byte = readfile("selfphp.htm");
echo "\n";
echo "Die Datei hat eine Größe von: " . $byte;
?>
```

⊄ Ausgabe

```
Eine ganz normale HTML-Datei
Die Datei hat eine Größe von: 210
```

⊄ Quellcode

```
<html>
<head>
<title>Selfphp</title>
</head>
<body bgcolor="#FFFFFF" text="#000000">
Eine ganz normale HTML-Datei
</body>
</html>
```

5.55 readlink

⇒ **Befehl** string **readlink** (string path)

⇐ **Version** (PHP 3, PHP 4, PHP 5)

⇔ **Beschreibung** Mit readlink() kann man sich das Ziel eines symbolischen Links (*path*) zurückgeben lassen.

Achtung: Bedenken Sie, dass diese Funktion unter Windows nichts bewirken wird.

Siehe auch:

- link()
- linkinfo()
- symlink()

↔ **Beispiel**

```
<?PHP
symlink("members.txt","link.txt");
echo readlink("link.txt");
?>
```

⊄ **Ausgabe**

```
members.txt
```

5.56 realpath

⇒ **Befehl** string **realpath** (string path)

⇐ **Version** (PHP 4, PHP 5)

⇔ **Beschreibung** Mit realpath() kann man anhand eines Dateipfades (*path*) einen kanonisch absoluten Pfadnamen erstellen. Dabei werden alle Zeichen wie »/./« , »/../« oder »/« beseitigt und der absolute Pfadname zurückgegeben.

↔ **Beispiel**

```
<?PHP
$real_path = realpath("../index.php");
echo $real_path;
?>
```

⊄ **Ausgabe**

```
/www/users/index.php
```

5.57 rename

⇒ **Befehl** bool **rename** (string oldname, string newname[, resource context])

⇐ **Version** (PHP 3, PHP 4, PHP 5)

⇔ Beschreibung

Mit rename() kann man versuchen, eine Datei (*oldname*) umzubenennen. Der neue Name steht im Parameter *newname.*

Wenn diese Funktion den Namen der Datei ändern konnte, gibt sie true zurück, sonst false. Der optionale Parameter *context* steht seit der Version 5.0.0 von PHP zur Verfügung.

↔ Beispiel

```
<?PHP
if(rename("selfphp.htm","selfphp.php5"))
   echo "Datei wurde umbenannt";
else
   echo "Datei konnte nicht umbenannt werden";
?>
```

⊄ Ausgabe

```
Datei wurde umbenannt
```

5.58 rewind

⇒ Befehl

int **rewind** (int fp)

⇐ Version

(PHP 3, PHP 4, PHP 5)

⇔ Beschreibung

Mit rewind() kann man die Position des Dateizeigers auf den Anfang der Datei (*fp*) setzen. Es ist darauf zu achten, dass es sich bei *fp* um einen gültigen Dateizeiger handeln muss.

Im Erfolgsfall gibt die Funktion true zurück, sonst false.

Siehe auch:

- fseek()
- ftell()

↔ Beispiel

```
<?PHP
$fp = fopen("members.txt","r");
for($x=1;$x<4;$x++){
   echo "$x: ";
   echo fgets($fp,50) . "\n";
}
for($x=4;$x<7;$x++){
   rewind($fp);
   echo "$x: ";
   echo fgets($fp,50) . "\n";
}
fclose($fp);
?>
```

⊄ **Ausgabe**

```
1: Dieser Text wird gespeichert
2:
3:
4: Dieser Text wird gespeichert
5: Dieser Text wird gespeichert
6: Dieser Text wird gespeichert
```

5.59 stream_set_write_buffer

⇒ **Befehl**

int **stream_set_write_buffer** (resource fp, int buffer)

⇐ **Version**

(PHP 4 >= 4.3.0, PHP 5)

⇔ **Beschreibung**

Mit stream_set_write_buffer() kann man einstellen, welche Größe (*buffer*) der Puffer bei Schreibvorgängen in eine Datei (*fp*) haben soll.

Im Erfolgsfall gibt die Funktion den Wert 0 zurück, andernfalls den Wert EOF.

Üblicherweise werden Schreibvorgänge mit 8 KByte gepuffert. Sollten nun zwei Schreibvorgänge in den gleichen Output-Stream schreiben wollen, wechseln sie sich nach jeweils 8 KByte ab. Das können Sie unterbinden, indem Sie die Pufferung auf 0 KByte setzen. Somit wird erst ein Schreibvorgang beendet, bevor der andere beginnen kann.

Siehe auch:

- fopen()

↔ **Beispiel**

```
<?PHP
$text = "Dieser Text wird gespeichert";
$fp = fopen ("members.txt","w");
stream_set_write_buffer($fp, 0);
fputs($fp,$text);
fclose($fp);
?>
```

⊄ **Ausgabe**

```
// Keine Ausgabe - Text wurde in die Datei geschrieben
```

5.60 stat

⇒ **Befehl**

array **stat** (string filename)

⇐ **Version**

(PHP 3, PHP 4, PHP 5)

⇔ **Beschreibung**

Mit stat() kann man sich verschiedene Informationen über eine Datei (*filename*) zurückgeben lassen. Im Erfolgsfall gibt diese Funktion die Informationen über eine Datei in Form eines Arrays zurück, sonst wird false zurückgegeben. Beachten Sie bitte, dass das Ergebnis zwischengespeichert (siehe clearstatcache) wird.

Folgende Informationen enthält das Ergebnis-Array:

- Gerät
- Inode
- Mode
- Anzahl Links
- User-ID des Besitzers
- Gruppen-ID Besitzers
- Gerätetyp, falls Inode-Gerät. Hat den Wert -1, falls das System (z.B. Windows) nicht den Typ st_blksize unterstützt.
- Größe in Byte
- Zeit des letzten Zugriffs
- Zeit der letzten Modifikation
- Zeit der letzten Änderung
- Blockgröße für Dateisystem-I/O. (Hat den Wert -1, falls das System (z.B. Windows) nicht den Typ st_blksize unterstützt.)
- Anzahl der Blöcke

↔ **Beispiel**

```
<?PHP
$fp = "members.txt";
$statistik = stat($fp);
while(list($key, $val) = each($statistik)) {
   echo $key . ": " . $val . "\n";
}
?>
```

⊄ **Ausgabe**

```
0: 771
1: 491065
2: 33279
3: 3
4: 0
5: 100
6: 0
7: 28
8: 997556079
9: 997546715
10: 997550109
11: 4096
12: 8
```

5.61 symlink

⇒ **Befehl**

int **symlink** (string target, string link)

⇐ **Version**

(PHP 3, PHP 4, PHP 5)

⇔ **Beschreibung**

Mit symlink() kann man einen symbolischen Link (*link*) auf eine Datei (*target*) erstellen. Unter einem Link versteht man einen Verweis auf eine Datei oder ein Verzeichnis.

Die Funktion gibt im Erfolgsfall eine Geräte-ID zurück, sonst false.

Achtung: Bedenken Sie, dass diese Funktion unter Windows nichts bewirken wird.

Siehe auch:

- link()
- linkinfo()
- readlink()

↔ **Beispiel**

```
<?PHP
if(symlink("members.txt","sym_link.txt"))
   echo "Symbolischer Link wurde erstellt";
else
   echo "Symbolischer Link konnte nicht erstellt werden";
?>
```

⊄ **Ausgabe**

```
Symbolischer Link wurde erstellt
```

5.62 tempnam

⇒ **Befehl**

string **tempnam** (string dir, string prefix)

⇐ **Version**

(PHP 3, PHP 4, PHP 5)

⇔ **Beschreibung**

Mit tempnam() kann man eine eindeutige und einmalige temporäre Datei im Verzeichnis *dir* erzeugen. Der Name der temporären Datei besteht aus dem angegebenen Präfix (*prefix*) und zufälligen Zeichen.

Im unteren Beispiel wurden 6 verschiedene temporäre Dateien angelegt, im ersten Beispiel unter UNIX, im zweiten Beispiel unter Windows 2000. In die letzte Datei (UNIX -> tempnameU2I5GI , Windows2000 -> tem1A.tmp) wird ein Satz geschrieben.

Siehe auch:

- tmpfile()

↔ **Beispiel UNIX**

```
<?php
for($x=0;$x<=5;$x++){
   $tmp_name = tempnam ("tmp", "tempname");
   echo $tmp_name . "\n";
}
$str = "Ich stehe in einer temporären Datei";
$tmp_file = fopen($tmp_name,w);
fputs($tmp_file,$str);
fclose($tmp_file);

$fp = fopen($tmp_name,"r");
$str = fgets($fp,50);
fclose($fp);
echo $str;
?>
```

⊄ **Ausgabe UNIX**

```
tmp/tempnameS6htkf
tmp/tempnameaL5WXJ
tmp/tempnameodI7Ie
tmp/tempname2YpBrJ
tmp/tempnamewrEv9d
tmp/tempnameU2I5GI
Ich stehe in einer temporären Datei
```

↔ **Beispiel Windows 2000**

```
<?php
for($x=0;$x<=5;$x++){
   $tmp_name = tempnam ("tmp", "tempname");
   echo $tmp_name . "\n";
}
$str = "Ich stehe in einer temporären Datei";
$tmp_file = fopen($tmp_name,w);
fputs($tmp_file,$str);
fclose($tmp_file);

$fp = fopen($tmp_name,"r");
$str = fgets($fp,50);
fclose($fp);
echo $str;
?>
```

⊄ **Ausgabe Windows 2000**

```
tmp\tem16.tmp
tmp\tem17.tmp
tmp\tem18.tmp
tmp\tem19.tmp
tmp\tem1A.tmp
Ich stehe in einer temporären Datei
```

5.63 tmpfile

⇒ Befehl

resource **tmpfile** (void)

⇐ Version

(PHP 3>= 3.0.13, PHP 4, PHP 5)

⇔ Beschreibung

Mit tmpfile() kann man eine temporäre Datei im Schreibmodus erstellen. Als Rückgabewert dieser Funktion erhalten Sie einen Dateizeiger, dem Sie für weitere Funktionen benutzen können.

Bedenken Sie, dass die temporäre Datei gelöscht wird, sobald sie mit fclose() geschlossen oder das Skript beendet wurde.

Temporäre Dateien bieten sich oftmals an, um für kurze Zeit beliebige Daten zu lagern, welche man danach nicht mehr benötigt.

Siehe auch:

- tempnam()

↔ Beispiel

```
<?php
$str = "Ein temporärer Satz";
$tmp_file = tmpfile();
fputs($tmp_file,$str);
rewind($tmp_file);
$tmp_str = fgets($tmp_file,20);
fclose($tmp_file);
echo $tmp_str;
?>
```

⊄ Ausgabe

```
Ein temporärer Satz
```

5.64 touch

⇒ Befehl

int **touch** (string filename [, int time [, int atime]])

⇐ Version

(PHP 3, PHP 4, PHP 5

⇔ Beschreibung

Mit touch() kann man versuchen, Datum und Uhrzeit der letzten Änderung einer Datei (*filename*) zu ändern. Wird der optionale Zeit-Parameter (*time*) im UNIX-Timestamp-Format (Beginn der UNIX-Epoche – 01.01.1970 , 0:00:00 GMT) angegeben, wird dieses Datum für die Änderung genutzt.

Sollten Sie keinen Wert für die Zeit (*time*) angeben, so wird mit der Funktion time() die aktuelle Zeit ermittelt und für die Änderung verwendet.

Der optionale Parameter `atime` bewirkt, dass die Zugriffszeit auf den Wert von *atime* gesetzt wird. Wird dieser Parameter nicht angegeben, so wird immer die Zugriffszeit verändert.

Falls die von Ihnen angegebene Datei nicht existieren sollte, so wird sie angelegt und mit dem Änderungsdatum versehen.
Im Erfolgsfall gibt diese Funktion true, sonst false zurück.

↔ **Beispiel 1**

```
<?PHP
$date = time();
$datei = "zukunft.php";
if(touch($datei))
   echo "Datum und Uhrzeit auf " . strftime ("%e.%m.%Y -
%R",$date)  . "geändert";
else
   echo "Datum und Uhrzeit konnten nicht geändert werden.";
?>
```

⊄ **Ausgabe 1**

```
Datum und Uhrzeit auf 7.08.2001 - 16:13 geändert
```

↔ **Beispiel 2**

```
<?PHP
$date=mktime(12,35,32,12,30,2008); //30.12.2008 - 12:35:32 Uhr
$datei = "zukunft.php";
if(touch($datei,$date))
   echo "Datum und Uhrzeit auf " . strftime ("%e.%m.%Y -
%R",$date) . " geändert";
else
   echo "Datum und Uhrzeit konnten nicht geändert werden.";
?>
```

⊄ **Ausgabe 2**

```
Datum und Uhrzeit auf 30.12.2008 - 12:35 geändert
```

5.65 umask

⇒ **Befehl**

int umask ([int mask])

⇐ **Version**

(PHP 3, PHP 4, PHP 5)

⇔ **Beschreibung**

Mit umask() kann man die aktuellen Zugriffsrechte von PHP ändern. Übergeben Sie dazu im Parameter *mask* den gewünschten Wert.

Als Ergebnis gibt die Funktion die bisherige umask zurück. Sollten Sie die Funktion ohne Argument aufrufen, so wird die aktuelle umask zurückgegeben.

↔ **Beispiel**

```
<?php
echo decoct(umask(0777)) . "\n";
echo decoct(umask());
?>
```

⊄ **Ausgabe**

```
22
777
```

6 Datums- und Zeit-Funktionen

6.1 checkdate

⇒ **Befehl** bool **checkdate** (int Monat, int Tag, int Jahr)

⇐ **Version** (PHP 3, PHP 4, PHP 5)

⇔ **Beschreibung** Mit checkdate() kann man ein Datum auf Gültigkeit überprüfen. Ist das Datum gültig, wird true, sonst false zurückgeliefert.

Folgende Kriterien hat ein korrektes Datum zu erfüllen:

- Das Jahr muss zwischen 1 und 32767 liegen
- Der Monat muss zwischen 1 und 12 liegen
- Der Tag muss zwischen 1 und 31 liegen (Schaltjahre werden berücksichtigt)

↔ **Beispiel**

```
<?PHP
$check1 = checkdate(03,27,1971);
$check2 = checkdate(13,27,1971);
if($check1) echo "27.03.1971 ist ein korrektes Datum.\n";
if(!$check2) echo "27.13.1971 ist ein kein korrektes Datum.";
?>
```

⊄ **Ausgabe**

```
27.03.1971 ist ein korrektes Datum.
27.13.1971 ist ein kein korrektes Datum.
```

6.2 date

⇒ **Befehl** string **date** (string format [, int timestamp])

⇐ **Version** (PHP 3, PHP 4, PHP 5)

⇔ **Beschreibung** Mit date() kann man eine Zeitangabe formatieren oder auswerten. Die Zeitangabe übergeben Sie im Parameter *timestamp*. Lassen Sie diesen Parameter leer, verwendet die Funktion die aktuelle Zeit.

Der Parameter *format* ist ein String, der festlegt, welche Informationen über die Zeitangabe Sie benötigen. In diesem String sind folgende Platzhalter möglich (*: Ausgabe mit führenden Nullen):

- a – »am« oder »pm«
- A – »AM« oder »PM«

- B – Tage bis Jahresende
- d – Tag des Monats *(01 – 31)
- D – Tag der Woche (Wed – 3stellig)
- F – Monatsangabe (December – ganzes Wort)
- g – Stunde im 12-Stunden-Format (1-12)
- G – Stunde im 24-Stunden-Format (0-23)
- h – Stunde im 12-Stunden-Format *(01-12)
- H – Stunde im 24-Stunden-Format *(00-23)
- i – Minuten *(00-59)
- I(großes i) – 1 bei Sommerzeit, 0 bei Winterzeit
- j – Tag des Monats (1-31)
- l(kleines L) – ausgeschriebener Wochentag (Monday)
- L – Schaltjahr = 1 , kein Schaltjahr = 0
- m – Monat *(01-12)
- n – Monat (1-12)
- M – Monatsangabe (Feb – 3stellig)
- O –Zeitunterschied gegenüber Greenwich (GMT) in Stunden (z.B.: +0100)
- r –Formatiertes Datum (z.B.: Tue, 6 Jul 2004 22:58:15 +0200)
- s – Sekunden *(00 – 59)
- S – Englische Aufzählung (th für 2(second))
- t – Anzahl der Tage des Monats (28 – 31)
- T – Zeitzoneneinstellung des Rechners (z.B. CEST)
- U – Sekunden seit Beginn der UNIX-Epoche (1.1.1970)
- w – Wochentag (0(Sonntag) bis 6(Samstag))
- W –Wochennummer des Jahres (z.B.: 28)
- Y – Jahreszahl , vierstellig (2001)
- y – Jahreszahl , zweistellig (01)
- z – Tag des Jahres (z.B. 148 (entspricht 29.05.2001))
- Z – Offset der Zeitzone gegenüber GTM (-43200 – 43200) in Minuten

Siehe auch:

- gmdate()
- mktime()
- microtime()

↔ Beispiel

```
<?PHP
echo date("d M Y") . "\n";
echo date("Y m d") . "\n";
echo date("d n y") . "\n";
echo date("D, d m Y") . "\n";
echo date("l, d m Y") . "\n";
echo date("l dS of F Y h:i:s A") . "\n";
echo "Dieser Monat hat " . date(t) . " Tage";
?>
```

⊄ Ausgabe

```
06 Jul 2004
2004 07 06
```

```
06 7 04
Tue, 06 07 2004
Tuesday, 06 07 2004
Tuesday 06th of July 2004 10:59:43 PM
Dieser Monat hat 31 Tage
```

6.3 getdate

⇒ Befehl

array **getdate** ([int timestamp])

⇐ Version

(PHP 3, PHP 4, PHP 5)

⇔ Beschreibung

Mit getdate() kann man Informationen über eine Zeitangabe ermitteln. Die Zeitangabe übergeben Sie im Parameter *timestamp*. Lassen Sie diesen Parameter leer, nimmt die Funktion die aktuelle Zeit.

Als Funktionsergebnis liefert getdate() ein assoziatives Array zurück, das folgende Elemente enthält:

- seconds – Sekunden
- minutes – Minuten
- hours – Stunden
- mday – Tag des Monats
- wday – numerischer Tag der Woche
- mon – numerische Monatsangabe
- year – numerische Jahresangabe
- yday – Tag des Jahres (z.B. 148 (entspricht 29.05.2001))
- weekday – Wochentag (z.B Monday)
- month – Monatsname (z.B. December)
- 0(Null) –Vergangene Sekunden seit der Unix-Epoche (z.B.: 1089147790)

Siehe auch:

- date()
- time()
- setlocale()

↔ Beispiel

```
<?PHP
$zeit = time(); // Aktuelle Zeit in Sekunden
$datum = getdate($zeit);
echo $datum[seconds] . "\n";
echo $datum[minutes] . "\n";
echo $datum[hours] . "\n";
echo $datum[mday] . "\n";
echo $datum[wday] . "\n";
echo $datum[mon] . "\n";
echo $datum[year] . "\n";
```

```
echo $datum[yday] . "\n";
echo $datum[weekday] . "\n";
echo $datum[month] . "\n";
echo $datum[0] . "\n";
?>
```

⊄ **Ausgabe**

```
10
3
23
6
2
7
2004
187
Tuesday
July
1089147790
```

6.4 gettimeofday

⇒ **Befehl** array **gettimeofday** (void)

⇐ **Version** (PHP 3>= 3.0.7, PHP 4, PHP 5)

⇔ **Beschreibung** Mit gettimeofday() kann man sich die aktuelle Zeit zurückgeben lassen. Als Funktionsergebnis liefert gettimeofday() ein assoziatives Array zurück, das folgende Elemente enthält:

- sec – Sekunden
- usec – Mikrosekunden
- minuteswest – Minuten westlich von Greenwich Mean Time
- dsttime – Korrektur durch Sommerzeit

↔ **Beispiel**

```
<?PHP
print_r(gettimeofday());
?>
```

⊄ **Ausgabe**

```
Array
(
    [sec] => 1089148035
    [usec] => 81529
    [minuteswest] => -60
    [dsttime] => 1
)
```

6.5 gmdate

⇒ **Befehl**

string **gmdate** (string format [, int timestamp])

⇐ **Version**

(PHP 3, PHP 4, PHP 5)

⇔ **Beschreibung**

Mit gmdate() kann man sich eine GMT-Zeitangabe formatieren und auswerten lassen. Die Funktion entspricht der Funktion date() (siehe Seite 205), aber mit einem gravierenden Unterschied: Sie gibt nicht Informtationen über die Ortszeit zurück, sondern über die entsprechende GMT-Zeit.

Steht der Server in Deutschland (GMT + 01:00), wird als Zeitangabe Greenwich Mean Time zurückgegeben, also die Ortszeit minus einer Stunde.

Siehe auch:

- date()
- mktime()
- gmmktime()
- strftime()

↔ **Beispiel**

```
<?PHP
echo date ("M d Y H:i:s", mktime
(0,0,0,1,1,1998)) ."\n";
echo gmdate("M d Y H:i:s", mktime
(0,0,0,1,1,1998))."\n";
echo gmdate("M d Y H:i:s", time());
?>
```

⊄ **Ausgabe**

```
Jan 01 1998 00:00:00
Dec 31 1997 23:00:00
Jul 06 2004 21:09:12
```

6.6 gmmktime

⇒ **Befehl**

int **gmmktime** (int Stunde, int Minute, int Sekunde, int Monat, int Tag, int Jahr [, int is_dst])

⇐ **Version**

(PHP 3, PHP 4, PHP 5)

⇔ **Beschreibung**

Mit der Funktion gmmktime() kann man sich den UNIX-Timestamp für eine bestimmte Uhrzeit und ein bestimmtes Datum zurückgeben lassen. Die übergebenen Datums- (*Monat, Tag, Jahr*) und Zeitangaben (*Stunde, Minute, Sekunde*) werden als GMT-Zeit (Greenwich Mean Time) interpretiert.

Sie können alle Parameter von rechts nach links weglassen, die Funktion ersetzt die fehlenden Werte durch die entsprechenden Werte der aktuellen Ortszeit.

Mit dem optionalen Parameter *is_dst* können Sie festlegen, ob die übergebenen Datums- und Zeitwerte in der Sommerzeit angegeben sind.

Folgende Werte sind möglich:

- 1 – Angaben erfolgten als Sommerzeit
- 0 – Angaben erfolgten als Winter-/Normalzeit
- -1 – unbekannt (Voreinstellung verwenden)

Siehe auch:

- mktime()

↔ **Beispiel**

```
<?PHP
echo mktime(8,30,55,5,29,2004) . "\n";
echo gmmktime(8,30,55,5,29,2004);
?>
```

⊄ **Ausgabe**

```
1085812255
1085819455
```

6.7 gmstrftime

⇒ **Befehl** string **gmstrftime** (string format [, int timestamp])

⇐ **Version** (PHP 3>= 3.0.12, PHP 4, PHP 5)

⇔ **Beschreibung** Die Funktion gmstrftime() bewirkt das Gleiche wie strftime() (siehe Seite 214), aber mit einem gravierenden Unterschied: gmstrftime() liefert ihre Ergebnisse als GMT-Zeit (Greenwich Mean Time) zurück.

Siehe auch:

- strftime()
- microtime()
- time()

↔ **Beispiel**

```
<?PHP
echo strftime ("%b %d %Y %H:%M:%S", mktime(0,0,0,12,31,04));
echo "\n";
echo gmstrftime ("%b %d %Y %H:%M:%S",
mktime(0,0,0,12,31,04));
echo "\n";
echo gmstrftime ("%b %d %Y %H:%M:%S", time());
?>
```

⊄ **Ausgabe**

```
Dec 31 2004 00:00:00
Dec 30 2004 23:00:00
Jul 06 2004 21:16:48
```

6.8 localtime

⇒ Befehl

array **localtime** ([int timestamp [, bool is_associative]])

⇐ Version

(PHP 4, PHP 5)

⇔ Beschreibung

Mit dem Befehl localtime() kann man sich ein Array liefern lassen, das Informationen über die angegebene Zeit enthält. Die Zeitangabe, über die Sie Informationen benötigen, übergeben Sie als UNIX-Zeitstempel im Parameter *timestamp*. Lassen Sie diesen Parameter leer, verwendet die Funktion die aktuelle Zeit.

Mit dem optionalen Parameter *is_associative* können Sie festlegen, was für ein Array Sie als Funktionsergebnis erhalten möchten: Übergeben Sie den Wert 0, liefert die Funktion ein numerisch indiziertes Array (das ist auch die Voreinstellung); übergeben Sie den Wert 1, liefert die Funktion ein assoziatives Array.

Das Array, das die Funktion als Ergebnis zurückgibt, enthält folgende Elemente:

- »tm_sec« – Sekunde
- »tm_min« – Minute
- »tm_hour« – Stunde
- »tm_mday« – Tag des Monats
- »tm_mon« – Monat des Jahres
- »tm_year« – Jahre seit 1900
- »tm_wday« – Tag der Woche
- »tm_yday« – Tag des Jahres
- »tm_isdst« – Sommerzeit 1 / Winterzeit 0

Siehe auch:

- microtime()

↔ Beispiel

```
<?PHP
$br = "\n";
$zeit = localtime(time() , 1);
echo "Sekunden: " . $zeit[tm_sec] . $br;
echo "Minuten: " . $zeit[tm_min] . $br;
echo "Stunden: " . $zeit[tm_hour] . $br;
echo "Tag des Monats: " . $zeit[tm_mday] . $br;
echo "Monat des Jahres: " . $zeit[tm_mon] . $br;
echo "Jahr(nicht Y2K sicher): " . $zeit[tm_year] . $br;
echo "Tag der Woche: " . $zeit[tm_wday] . $br;
echo "Tag des Jahres: " . $zeit[tm_yday] . $br;
echo "Sommerzeit: " . $zeit[tm_isdst] . $br;
echo $br;
print_r(localtime());
?>
```

⊄ Ausgabe

```
Sekunden: 8
Minuten: 20
Stunden: 23
Tag des Monats: 6
Monat des Jahres: 6
Jahr(nicht Y2K sicher): 104
Tag der Woche: 2
Tag des Jahres: 187
Sommerzeit: 1

Array
(
    [0] => 8
    [1] => 20
    [2] => 23
    [3] => 6
    [4] => 6
    [5] => 104
    [6] => 2
    [7] => 187
    [8] => 1
)
```

6.9 microtime

⇒ Befehl

mixed **microtime** ([bool get_as_float])

⇐ Version

(PHP 3, PHP 4, PHP 5)

⇔ Beschreibung

Der Befehl microtime() gibt die aktuelle Uhrzeit als Zeichenkette in der Form »Mikrosekunden Sekunden« zurück. Dabei ist »Sekunden« die Anzahl der vollen Sekunden seit Beginn der UNIX-Epoche (0:00:00, 1. Januar 1970 GMT) und »Mikrosekunden« der Bruchteil der laufenden Sekunde, den Sie zu den vollen Sekunden addieren müssen, um die aktuelle Zeit zu erhalten.

Die beiden Werte im Ergebnisstring sind durch ein Leerzeichen getrennt.

Die Funktion microtime() ist nur auf Systemen möglich, welche auch den Aufruf von gettimeofday() unterstützen.

Der optionale Parameter *get_as_float* bewirkt, das die Ausgabe der verstrichenen Zeit bereits als Float vorvormatiert wird. Bitte beachten Sie, dass dieser optionale Parameter erst ab PHP 5.0.0 implementiert ist

Siehe auch:

- time()

↔ **Beispiel**

```
<?PHP
echo microtime() . "\n";
echo microtime(1) . "\n";
?>
```

⊄ **Ausgabe**

```
0.31853500 1089149107
1089149107.34
```

6.10 mktime

⇒ **Befehl**

int **mktime** (int Stunde, int Minute, int Sekunde, int Monat, int Tag, int Jahr [, int is_dst])

⇐ **Version**

(PHP 3, PHP 4, PHP 5)

⇔ **Beschreibung**

Mit mktime() kann man sich den UNIX-Timestamp für eine bestimmte Uhrzeit und ein bestimmtes Datum zurückgeben lassen. Die übergebenen Datums- (*Monat, Tag, Jahr*) und Zeitangaben (*Stunde, Minute, Sekunde*) werden als Ortszeit interpretiert.

Sie können alle Parameter von rechts nach links weglassen, die Funktion ersetzt die fehlenden Werte durch die entsprechenden Werte der aktuellen Ortszeit.

Mit dem optionalen Parameter *is_dst* können Sie festlegen, ob die übergebenen Datums- und Zeitwerte in der Sommerzeit angegeben sind. Folgende Werte sind möglich:

- 1 – Angaben erfolgten als Sommerzeit
- 0 – Angaben erfolgten als Winter-/Normalzeit
- -1 – unbekannt (Voreinstellung verwenden)

Siehe auch:

- date()
- time()

↔ **Beispiel**

```
<?PHP
echo date("M-d-Y", mktime(0,0,0,12,32,2003)) . "\n";
echo date("M-d-Y", mktime(0,0,0,13,1,2003)) . "\n";
echo date("M-d-Y", mktime(0,0,0,1,1,2004)) . "\n";
echo date("M-d-Y", mktime(0,0,0,1,1,04)) . "\n";
echo mktime(8,30,0,5,29,2004)." - ";
echo date("d. F Y", mktime(0,0,0,5,29,2004));
?>
```

⊄ **Ausgabe**

```
Jan-01-2004
Jan-01-2004
Jan-01-2004
Jan-01-2004
1085812200 - 29. May 2004
```

6.11 strftime

⇒ Befehl

string **strftime** (string format [, int timestamp])

⇐ Version

(PHP 3, PHP 4, PHP 5)

⇔ Beschreibung

Mit strftime() formatiert man eine Zeitangabe (*timestamp*) entsprechend den lokalen Spracheinstellungen. Die Zeitangabe übergeben Sie als UNIX-Zeitstempel im Parameter *timestamp*. Lassen Sie diesen Parameter leer, verwendet die Funktion die aktuelle Ortszeit.

Im Parameter *format* übergeben Sie einen Formatstring, der festlegt, welche Werte der Ergebnisstring enthalten soll.

Die folgenden Platzhalter in diesem Formatstring ersetzt die Funktion durch die entsprechenden Datums- und Zeitangaben:

- %a – abgekürzter Wochentag (z.B. Sun)
- %A – ungekürzter Wochentag (z.B. Sunday)
- %b – abgekürzter Monatsname(z.B. Jul)
- %B – ungekürzter Monatsname (z.B. July)
- %c – Datums- und Zeitangabe (z.B. Sun Jul 1 12:13:46 2001)
- %C – Ausgabe des Jahrhunderts (z. B. 20), mögliche Werte sind 00 bis 99.
- %d – aktueller Tag des Monats, mögliche Werte sind 01 bis 31.
- %D – Ausgabe des aktuellen Datums (z.B. 07/01/01) in der Reihenfolge Monat/Tag/Jahr
- %e – aktueller Tag des Monats als Dezimalwert, bei einstelligen Werten wird ein Leerzeichen vorangestellt
- %h – abgekürzter Monatsname(z.B. Jul)
- %H – aktuelle Stunde im 24-Stunden-Format (z.B. 13), mögliche Werte sind 00 bis 23
- %I – aktuelle Stunde im 12-Stunden-Format (z.B. 01), mögliche Werte sind 01 bis 12
- %j – aktueller Tag des Jahres als Zahlenwert (z.B. 182), mögliche Werte sind 001 bis 366
- %m – aktueller Monat des Jahres als Zahlenwert (z.B. 07), mögliche Werte sind 01 bis 12
- %M – aktuelle Minute der laufenden Stunde (z.B. 40), mögliche Werte sind 00 bis 59
- %n – neue Zeile
- %p – Ausgabe der Tageszeit (z.B. PM), mögliche Werte sind AM oder PM
- %r – aktuelle Zeit mit Tageszeitangabe (z.B. 02:51:03 PM)
- %R – aktuelle Zeit im 24-Stunden-Format (z.B. 14:52)
- %S – aktuelle Sekunden der laufenden Minute (z.B. 42), mögliche Werte sind 00 bis 59
- %t – Tabulator (z.B a   a), erzwingt einen Leerraum zwischen zwei Werten.
- %T – aktuelle Zeit im 24-Stunden-Format (z.B. 15:03:47)

- %u – aktueller Tag der laufenden Woche als Zahlenwert (z.B. 7), mögliche Werte sind 1 bis 7 (1=Montag, 7=Sonntag)
- %U – aktuelle Woche des Jahres als Zahlenwert (z.B. 26), beginnend mit dem ersten Sonntag als ersten Tag der ersten Woche. Mögliche Werte sind 00 – 53
- %V – – aktuelle Woche des Jahres als Zahlenwert (z.B. 26). Die erste Woche muss dabei allerdings mindestens 4 Tage haben (die Woche beginnt bei Montag) mögliche Werte sind 00 – 53
- %w – aktueller Wochentag als Zahlenwert (z.B. 0), mögliche Werte sind 0 bis 7 (Sonntag ist 0)
- %W – aktuelle Woche des Jahres als Zahlenwert (z.B. 26), mögliche Werte sind 00 bis 53, beginnend mit dem ersten Montag der ersten Woche
- %x – aktuelles Datum (z.B. 07/01/01)
- %X – aktuelle Zeit (z.B. 15:00:10)
- %y – aktuelles Jahr als zweistelliger Zahlenwert (z.B. 01), mögliche Werte sind 00 bis 99
- %Y – aktuelles Jahr als vierstelliger Zahlenwert (z.B. 2001)
- %Z – aktuelle Zeitzone (z.B. CEST)
- %% – Ausgabe des Zeichens %

Siehe auch:

- setlocale()
- mktime()
- microtime()

↔ **Beispiel**

```
<?PHP
echo strftime("%A, %d-%m-%Y %R") . "\n";
echo strftime("%A, %d-%m-%Y %R", time());
?>
```

⊄ **Ausgabe**

```
Tuesday, 06-07-2004
Tuesday, 06-07-2004
```

6.12 strtotime

⇒ **Befehl** int **strtotime** (string time [, int now])

⇐ **Version** (PHP 3>= 3.0.12, PHP 4, PHP 5)

⇔ **Beschreibung** Mit strtotime() kann man eine Datums-/Zeitangabe (*time*) in einen UNIX-Timestamp umwandeln lassen. Die Zeitangabe kann ein konkretes Datum enthalten, das Wort »now« für die aktuelle Zeit oder Zeitoffsets (z.B. »+2 day«, liefert den Zeitstempel für dieselbe Uhrzeit übermorgen). Wichtig ist dabei, dass die Angaben in englischer Sprache formuliert sein müsssen. Versucht man z.B mit der deutschen Schreibweise den Befehl auszuführen, kommt es zu einem Fehler.

Wenn die Funktion auf ungültige Angaben stößt, liefert sie den Wert -1 zurück.

Der optionale Parameter *now* ist nur sinnvoll, wenn Sie in *time* einen Zeitoffset angeben. In diesem Fall können Sie im Parameter *now* den Zeitstempel übergeben, von dem aus die Funktion den Zeitoffset berechnen soll. Lassen Sie den Parameter *now* weg, nimmt die Funktion die aktuelle Zeit als Basis.

↔ **Beispiel**

```
<?PHP
echo strtotime("now") . "\n";
echo strtotime("nun") . "\n";
echo strtotime("22 December 2001") . "\n";
echo strtotime("22 Dezember 2001") . "\n";
echo strtotime("+2 day") . "\n";
echo strtotime("+2 tag") . "\n";
echo strtotime("+2 week") . "\n";
echo strtotime("+2 woche") . "\n";
echo strtotime("+2 week 3 days 4 hours 5 seconds") . "\n";
echo strtotime("+2 woche 3 tage 4 stunden 5 sekunden") . "\n";
?>
```

⊄ **Ausgabe**

```
1089149853
-1
1008975600
-1
1089322653
-1
1090359453
-1
1090633058
-1
```

6.13 time

⇒ **Befehl** int time(void)

⇐ **Version** (PHP 3, PHP 4, PHP 5)

⇔ **Beschreibung** Mit time() kann man sich den aktuellen UNIX-Zeitstempel zurückgeben lassen. Dieser Zeitstempel enthält die Anzahl der Sekunden seit Beginn der Unix-Epoche (01.01.1970 um 00:00:00 Uhr).

Siehe auch:

- date()

↔ **Beispiel**

```
<?PHP
echo time();
?>
```

⊄ **Ausgabe**

```
1089149984
```

7 Verwalten von Funktionen

7.1 call_user_func

⇒ **Befehl**

mixed **call_user_func** (string function_name [, mixed parameter [, mixed ...]])

⇐ **Version**

(PHP 3>= 3.0.3, PHP 4, PHP 5)

⇔ **Beschreibung**

Mit call_user_func() kann man eine benutzerdefinierte Funktion aufrufen. Als erster Parameter für diese Funktion ist der Name der aufzurufenden Funktion anzugeben (*function_name*).

Mit den optionalen Parametern (*parameter* usw.) kann man Werte an die Funktion übergeben. Sollten Sie mehr als einen Wert an die Funktion übergeben wollen, trennen Sie diese durch jeweils ein Komma: call_user_func (»zahlen«,1,2,3,4,5,6).

Als Ergebnis liefert call_user_func() den Rückgabewert der aufgerufenen Funktion.

↔ **Beispiel**

```
<?PHP
function zahlen($zahl){
   if(($zahl % 2) == 1)
       echo $zahl . " ist eine ungerade Zahl\n";
   if(($zahl % 2) == 0)
       echo $zahl . " ist eine gerade Zahl\n";
}

for($x=1;$x<=6;$x++){
   call_user_func("zahlen",$x);
}
?>
```

⊄ **Ausgabe**

```
1 ist eine ungerade Zahl
2 ist eine gerade Zahl
3 ist eine ungerade Zahl
4 ist eine gerade Zahl
5 ist eine ungerade Zahl
6 ist eine gerade Zahl
```

7.2 call_user_func_array

⇒ **Befehl**

mixed **call_user_func_array** (callback function_name [, array paramarr])

⇐ **Version**

(PHP 4 >= 4.0.4, PHP 5)

⇔ **Beschreibung**

Mit call_user_func_array() kann man eine benutzerdefinierte Funktion (*function_name*) aufrufen. Dieser benutzerdefinierten Funktion wird das Array *paramarr* als Argument übergeben.

Als Ergebnis liefert call_user_func_array() den Rückgabewert der aufgerufenen Funktion.

Siehe auch:

- call_user_func()

↔ **Beispiel**

```
<?PHP
$_POST['name'] = 'Enseleit';
$_POST['vorname'] = 'Damir';
$_POST['homepage'] = 'SelfPHP';

function debug($var, $val)
{
    echo "*** " . $var . " ***\n";
    echo "Datum: " . date("m.d.Y") . "\n";
    echo "Uhrzeit: " .  date("H:i:s") . "\n";
    if (is_array($val) || is_object($val) ||
is_resource($val)) {
        print_r($val);
    } else {
        echo "\n" . $val . "\n";
    }
    echo "***\n\n";
}

call_user_func_array('debug', array("Formulardaten",
$_POST));
?>
```

⊄ **Ausgabe**

```
*** Formulardaten ***
Datum: 07.06.2004
Uhrzeit: 21:51:56
Array
(
    [name] => Enseleit
    [vorname] => Damir
    [homepage] => SelfPHP
)
***
```

7.3 create_function

⇒ **Befehl**

string **create_function** (string args, string code)

⇐ **Version**

(PHP 4 >= 4.0.1, PHP 5)

⇔ **Beschreibung**

Mit create_function() können Sie eine temporäre Funktion erstellen, in der Sie normalen PHP-Code ausführen lassen können. Der Parameter *args* enthält die Parameterliste der temporären Funktion, der Parameter *code* den Programmcode (beide als String in einfachen Anführungszeichen). Aus diesen Daten wird eine temporäre Funktion erstellt, welcher ein eindeutiger Name zugewiesen wird. Diesen Funktionsnamen gibt create_function() als Ergebnis zurück.

Die Funktion ist sehr empfehlenswert, wenn man dynamisch zur Laufzeit eine Funktion generieren möchte, etwa weil bestimmte Teile des Codes aus Benutzereingaben generiert werden müssen.

Im unteren Beispiel wurde mit array_walk() jedes Element des Arrays an die temporäre (anonyme) Funktion übergeben. Innerhalb der Funktion wurde der Wert mit der bisherigen Gesamtsumme addiert und mittels der Funktion number_format() formatiert.

↔ **Beispiel**

```
<?PHP
$array = array(2120.789,
         4300,
         5980.23,
         6359.00,
         123.89,
         1380.3213,
         2345);
$name = array_walk($array, create_function
 ('&$c','global $d;$c = "$d + $c  = " .
 number_format(($d +=  $c),2,",",".");'));

for($x=0;$x<count($array);$x++){
   echo "Addiere: $array[$x]";
   echo "\n";
}
?>
```

⊄ **Ausgabe**

```
Berechnung: + 2120.789 = 2.120,79
Berechnung: 2120.789 + 4300 = 6.420,79
Berechnung: 6420.789 + 5980.23 = 12.401,02
Berechnung: 12401.019 + 6359 = 18.760,02
Berechnung: 18760.019 + 123.89 = 18.883,91
Berechnung: 18883.909 + 1380.3213 = 20.264,23
Berechnung: 20264.2303 + 2345 = 22.609,23
```

7.4 func_get_arg

⇒ **Befehl** int **func_get_arg** (int arg_num)

⇐ **Version** (PHP 4, PHP 5)

⇔ **Beschreibung** Mit func_get_arc() kann man sich den Wert eines Arguments zurückgeben lassen, der an die aktuelle Funktion übergeben wurde. Der Parameter *arg_num* gibt den Index des gewünschten Arguments an (das erste Argument hat den Index 0). Sie sollten darauf achten, dass *arg_num* kleiner sein muss als die Anzahl der Argumente.

Dabei ist darauf zu achten, dass diese Funktion nur innerhalb einer Funktion verwendet wird, da es sonst zu einer Fehlermeldung kommt.

Siehe auch:

- func_num_args()
- func_get_args()

↔ **Beispiel**

```
<?PHP
function mache_was() {
   $menge = func_num_args();
   for($x=0;$x<$menge;$x++){
       echo $wert  . " + " . func_get_arg($x) .
       " = " . $wert += func_get_arg($x);
       echo "\n";
   }
}
mache_was(12,23,44,26,56,99,45,34,78);
?>
```

⊄ **Ausgabe**

```
+ 12 = 12
12 + 23 = 35
35 + 44 = 79
79 + 26 = 105
105 + 56 = 161
161 + 99 = 260
260 + 45 = 305
305 + 34 = 339
339 + 78 = 417
```

7.5 func_get_args

⇒ **Befehl** array **func_get_args** (void)

⇐ **Version** (PHP 4, PHP 5)

⇔ **Beschreibung**

Mit func_get_args() kann man sich ein Array zurückgeben lassen, das als Elemente sämtliche Argumente enthält, mit denen die aktuelle Funktion aufgerufen wurde.

Dabei ist darauf zu achten, dass diese Funktion nur innerhalb einer Funktion verwendet wird, da es sonst zu einer Fehlermeldung kommt.

Siehe auch:
- func_num_args()
- func_get_arg()

↔ **Beispiel**

```
<?PHP
function mache_was() {
    if(empty($wert))
        $wert = 1;
    $array = func_get_args();
    for($x=0;$x<count($array);$x++){
        echo $wert  . " * " . $array[$x] . " = "
            . $wert *= $array[$x];
        echo "\n";
    }
}
mache_was(2,4,6,8,10,12);
?>
```

⊄ **Ausgabe**

```
1 * 2 = 2
2 * 4 = 8
8 * 6 = 48
48 * 8 = 384
384 * 10 = 3840
3840 * 12 = 46080
```

7.6 func_num_args

⇒ **Befehl** int func_num_args (void)

⇐ **Version** (PHP 4, PHP 5)

⇔ **Beschreibung**

Mit func_num_args() kann man sich die Anzahl der Argumente zurückgeben lassen, mit denen die aktuelle Funktion aufgerufen wurde.

Dabei ist darauf zu achten, dass diese Funktion nur innerhalb einer Funktion verwendet wird, da es sonst zu einer Fehlermeldung kommt.

Siehe auch:
- func_get_arg()
- func_get_args()

↔ **Beispiel**

```
<?PHP
function mache_was() {
   echo "Es wurden " . func_num_args() . " Werte
   an die Funktion übergeben:\n";
   for($x=0;$x< func_num_args(); $x++){
      echo "Platzierung $x: " . func_get_arg($x);
      echo "\n";
   }
}
mache_was(12,23,44,26,56,99,45,34,78);
?>
```

⊄ **Ausgabe**

```
Es wurden 9 Werte an die Funktion übergeben:
Platzierung 0: 12
Platzierung 1: 23
Platzierung 2: 44
Platzierung 3: 26
Platzierung 4: 56
Platzierung 5: 99
Platzierung 6: 45
Platzierung 7: 34
Platzierung 8: 78
```

7.7 function_exists

⇒ **Befehl** int **function_exists** (string function_name)

⇐ **Version** (PHP 3>= 3.0.7, PHP 4, PHP 5)

⇔ **Beschreibung** Mit function_exists() kann man überprüfen, ob eine Funktion (*function_name*) vorhanden ist.

Wenn die Funktion existiert, gibt function_exists() true, sonst false zurück.

↔ **Beispiel**

```
<?PHP
$array = array("einkauf","warenkorb","verkauf");
function warenkorb(){
   //
   // Programmcode
   //
}
for($x=0;$x<count($array);$x++){
   if(function_exists($array[$x]))
      echo "function " . $array[$x] . "() ist existent\n";
   else
      echo "function " . $array[$x] ."() ist nicht
```

```
existent\n";
}
?>
```

⊄ **Ausgabe**

```
function einkauf() ist nicht existent
function warenkorb() ist existent
function verkauf() ist nicht existent
```

7.8 get_defined_functions

⇒ **Befehl**

array **get_defined_functions** (void)

⇐ **Version**

(PHP 4 >= 4.0.4, PHP 5)

⇔ **Beschreibung**

Mit get_defined_functions() kann man sich eine Liste aller definierten Funktionen zurückgeben lassen. Als Rückgabewert der Funktion erhalten Sie ein mehrdimensionales Array, welches die internen und benutzerdefinierten Funktionen enthält.

Auf das Array können Sie zugreifen mit:

- $array["internal"] – Enthält die internen Funktionen
- $array["user"] – Enthält die benutzerdefinierten Funktionen

Siehe auch:

- get_defined_vars()

↔ **Beispiel**

```
<?PHP
function meine_erste_funktion(){
}
function meine_zweite_funktion(){
}
$arr = get_defined_functions();
print_r($arr);
?>
```

⊄ **Ausgabe**

Achtung: Aus Platzgründen können hier nicht alle Funktionen von [internal] augelistet werden.

```
Array
(
    [internal] => Array
        (
            [0] => zend_version
            [1] => func_num_args
            [2] => func_get_arg
            [3] => func_get_args
            .
            .
```

```
                    .
                    [740] => gzinflate
                    [741] => gzencode
                    [742] => ob_gzhandler
........)
....[user] => Array
        (
                    [0] => meine_erste_funktion
                    [1] => meine_zweite_funktion
        )
```

7.9 register_shutdown_function

⇒ Befehl int **register_shutdown_function** (string func)

⇐ Version (PHP 3>= 3.0.4, PHP 4, PHP 5)

⇔ Beschreibung Mit register_shutdown_function() registriert man eine Funktion (*func*), welche bei Beendigung des Skripts (normal oder durch Abbruch) noch ausgeführt wird. Es ist darauf zu achten, dass innerhalb der Funktion nicht mit »echo« oder »print« gearbeitet wird, da bei einem Abbruch keine Daten mehr an den Browser gesendet werden.

Diese Funktion ist oftmals sehr nützlich, um Datenverluste zu vermeiden und wichtige Informationen noch abspeichern zu können.

Siehe auch:

- connection_aborted()
- connection_status()
- connection_timeout()
- ignore_user_abort()

Zu Beispiel 1:
Das Beispiel zeigt einen kleinen Countdown, der im Sekundenabstand von 1 bis 5 zählt. Nach der Ausgabe der Zahl 3 wurde mit Hilfe des STOP-Buttons des Browser das aktuelle Skript abgebrochen (siehe Ausgabe). Der Inhalt der Datei zert.txt enthält deshalb nur die Zahlen 1 bis 4, die Zahl 5 fehlt.

Zu Beispiel 2:
Zeigt denselben Countdown, der im Sekundenabstand von 1 bis 5 zählt. Nach der Ausgabe der Zahl 2 wurde mit Hilfe des STOP-Buttons des Browser das aktuelle Skript abgebrochen (siehe Ausgabe). Dennoch lief im Hintergrund (für den User nicht sichtbar) das Skript weiter und schrieb alle Zahlen (1-5) in die Datei (siehe Inhalt der Datei zert.txt).

↔ **Beispiel**

```
<?PHP
echo "Ein simpler Countdown<br>";
function countdown(){
   for($x=1;$x<=5;$x++){
      $fp = fopen('zert.txt','a');
      flush();
      usleep(1000000);
      echo $x . "<br>";
      $zahlen = $x;
      fwrite($fp,$zahlen);
      fclose($fp);
   }
}
countdown();
?>
```

⊄ **Ausgabe**

```
Ein simpler Countdown
1
2
3
```

⊄ **Inhalt der Datei zert.txt**

```
1234
```

↔ **Beispiel 2**

```
<?PHP
register_shutdown_function('countdown');
ignore_user_abort();
echo "Ein simpler Countdown<br>";
function countdown(){
   for($x=1;$x<=5;$x++){
      $fp = fopen('zert.txt','a');
      flush();
      usleep(1000000);
      echo $x . "<br>";
      $zahlen = $x;
      fwrite($fp,$zahlen);
      fclose($fp);
   }
}
countdown();
?>
```

⊄ **Ausgabe 2**

```
Ein simpler Countdown
1
2
```

⊄ **Inhalt der Datei zert.txt**

```
12345
```

8 Grafikfunktionen

Mit den Grafikfunktionen können Sie nicht nur Informationen über die Größe eines Bildes erhalten, sondern zur Laufzeit des Skripts auch Grafiken erzeugen. Für die Erzeugung von Grafiken müssen Sie die GD-Bibliothek in Ihrer PHP-Version eingebunden haben, welche Sie im Internet unter www.boutell.com erhalten. Dort finden Sie auch genaue Anleitungen zum Einbinden dieser Bibliothek. Sie sollten sich im Vorfeld genau überlegen, welche Grafikformate Sie benötigen, da die angebotenen Versionen auch unterschiedliche Grafikformate unterstützen. Aus rechtlichen Gründen musste die GIF-Unterstützung ab der Version 1.6 aus der GD-Bibliothek entfernt werden, da die Rechte des Algorithmus für die LZW-Komprimierung bei der Firma Unisys liegen. Falls Sie dennoch eine GIF-Unterstützung benötigen, werden Sie diese auch sicherlich im Internet finden. Ab der Version 1.6 der GD-Bibliothek wird das PNG-Grafikformat unterstützt. Folgende Grafikformate werden je nach Version unterstützt:

- JPEG
- GIF
- PNG
- WBMP

Falls Sie ein Windows-System nutzen, müssen Sie zum Einbinden der GD-Bibliothek in der php.ini die Unterstützung aktivieren (extension=php_gd.dll).

Zusätzlich haben Sie die Möglichkeit, falls Sie »jpeg-6b« auf Ihrem System haben, JPEG-Grafiken zu lesen und zu schreiben. Eine aktuelle Version von jpeg-6b finden Sie im Internet unter ftp://ftp.uu.net/graphics/jpeg/.

Weiterhin haben Sie die Möglichkeit, eine Unterstützung von Type1-Fonts einzubauen. Dafür benötigen Sie eine Version von t1lib, die Sie unter

ftp://ftp.neuroinformatik.ruhr-uni-bochum.de/pub/software/t1lib/ erhalten.

Bei der Erzeugung von Grafiken mit der GD-Bibliothek können Sie beliebige Formen auf einer rechtwinkligen Arbeitsfläche erzeugen, deren Abmessungen Sie frei bestimmen können. Jede Grafik wird erst im Speicher des Servers erzeugt, bevor sie ausgegeben wird. Bei der Ausgabe der Grafiken stehen Ihnen mehrere Möglichkeiten zur Verfügung. Sie können das Bild virtuell erzeugen und an den Browser schicken, aber spätestens beim Skriptende ist die Grafik wieder gelöscht. Sie haben aber natürlich auch die Möglichkeit, ein Bild auf dem Server zu speichern.

Bei der Ausgabe der Grafiken ist darauf zu achten, dass diese mit der Header-Funktion eingeleitet wird und vorher keine andere Ausgabe stattgefunden hat, da sonst ein unleserlicher Code gesendet wird.

Die meisten Grafikfunktionen benötigen als Parameter Koordinatenangaben. Diese Koordinaten sind in der Einheit Pixel (px) angegeben. Der Ursprung des Koordinatensystems (0/0) ist die linke obere Ecke der Arbeitsfläche.

Die Abbildungen zu den Beispielen dieses Kapitels enthalten meist Legenden, die Eigenschaften der ausgegebenen Grafiken erläutern sollen. Oft finden Sie in den Bildern zum Beispiel Koordinatenangaben. Diese Legenden wurden nachträglich hinzugefügt und sind nicht Resultat des Beispielcodes.

8.1 getimagesize

⇒ Befehl array **getimagesize** (string filename [, array imageinfo])

⇐ Version (PHP 3, PHP 4, PHP 5)

⇔ Beschreibung Mit getimagesize() kann man verschiedene Informationen über ein Bild (*filename*) ermitteln. Dieser Befehl benötigt nicht die GD-Bibliothek.

Das Ergebnis wird in einem Array zurückgegeben, das folgende Informationen enthält:

- Breite des Bildes
- Höhe des Bildes
- Grafik-Typ – 1 = GIF, 2 = JPG, 3 = PNG, 4 = SWF
- HTML-Zeichenkette – »height=xx width=xx«

Wenn Sie im optionalen Parameter *imageinfo* ein Array übergeben, trägt die Funktion bei einigen Grafiktypen zusätzliche Daten in dieses Array ein, z.B. Dateiinformationen bei JPEG-Bildern.

↔ Beispiel

```
<?PHP
$bild = "php_logo.gif";
$info = getimagesize($bild);
echo "Bildbreite: " . $info[0] . "\n";
echo "Bildhöhe: " . $info[1] . "\n";
echo "Grafik-Typ: " . $info[2] . "\n";
echo "HTML-Zeichenkette: " . $info[3];
?>
```

⊄ Ausgabe

```
Bildbreite: 395
Bildhöhe: 229
Grafik-Typ: 1
HTML-Zeichenkette: width="395" height="229"
```

8.2 imagearc

⇒ **Befehl** int **imagearc** (int im, int cx, int cy, int w, int h, int s, int e, int col)

⇐ **Version** (PHP 3, PHP 4, PHP 5)

⇔ **Beschreibung** Mit imagearc() kann man eine Teil-Ellipse zeichnen. Dabei wird auf einer vorgegebenen Fläche (*im*), welche mit imagecreate() erzeugt wurde, eine Ellipse mit dem Mittelpunkt *cx* und *cy* erstellt. Die Ellipse hat dabei die Breite *w* und Höhe *h* und beginnt mit dem Startwinkel *s* im Uhrzeigersinn bis zum Endwinkel *e*. Die Farbe der Ellipse wird mit *col* bestimmt.

Siehe auch:

- imagecreate()
- imagecolorallocate()

↔ **Beispiel**

```
<?PHP
$image = imagecreate(300,150);
$farbe_body = imagecolorallocate($image,243,243, 243);
$farbe_ellipse= imagecolorallocate($image,10,36, 106);
imagearc($image,150,60,200,100,0,180, $farbe_ellipse);
Header("Content-type: image/png");
imagepng($image);
?>
```

⊄ **Ausgabe**

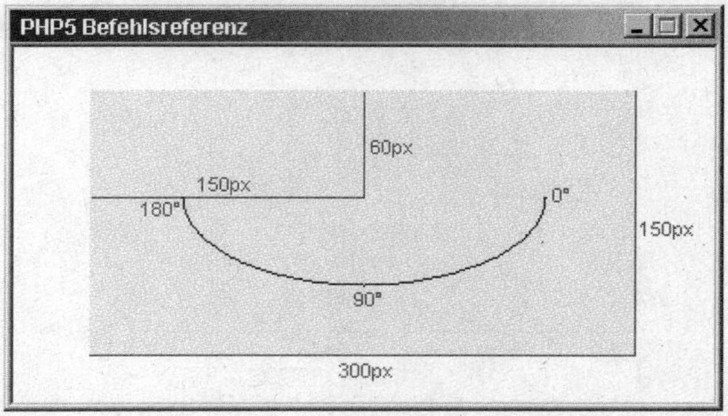

Abb. 1: imagearc

8.3 imagechar

⇒ **Befehl** int **imagechar** (int im, int font, int x, int y, string c, int col)

⇐ **Version** (PHP 3, PHP 4, PHP 5)

⇔ **Beschreibung**

Mit imagechar() kann man ein Zeichen (*c*) in die Grafik ausgeben. Dabei wird auf einer vorgegebenen Fläche (*im*), welche mit imagecreate() erzeugt wurde, ein Zeichen (*c*) gezeichnet. Mit den Werten *x* und *y* bestimmt man die Koordinaten (linke obere Ecke des Buchstabens) des Zeichens.

Die Font-Größe (1-5) wird mit *font* und die Farbe mit *col* angegeben.

Übergibt man in *c* einen String mit mehreren Zeichen, so wird nur das erste Zeichen ausgegeben.

Siehe auch:
- imagecreate()
- imagecolorallocate()
- imagecharup()
- imagestring()

↔ **Beispiel**

```
<?PHP
$image = imagecreate(300,150);
$farbe_body=imagecolorallocate($image,243,243,243);
$farbe_b = imagecolorallocate($image,10,36,106);
imagechar($image,5,100,50,"P",$farbe_b);
Header("Content-type: image/png");
imagepng($image);
?>
```

⊄ **Ausgabe**

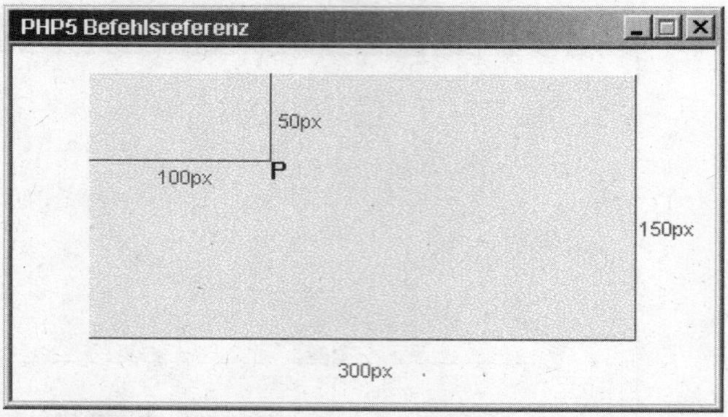

Abb. 2: imagechar

8.4 imagecharup

⇒ **Befehl**

int **imagecharup** (int im, int font, int x, int y, string c, int col)

⇐ **Version**

(PHP 3, PHP 4, PHP 5)

⇔ **Beschreibung**

Mit imagecharup() kann man ein Zeichen (*c*) vertikal in die Grafik ausgeben. Dabei wird auf einer vorgegebenen Fläche (*im*), welche mit imagecreate() erzeugt wurde, das Zeichen *c* um 90° gegen den Uhrzeigersinn verdreht gezeichnet. Mit den Werten *x* und *y* bestimmt man die Koordinaten (linke obere Ecke des Buchstabens) des Zeichens.

Die Font-Größe (1-5) wird mit *font* und die Farbe mit *col* angegeben. Übergibt man in *c* einen String mit mehreren Zeichen, so wird nur das erste Zeichen ausgegeben.

Siehe auch:
- imagecreate()
- imagecolorallocate()
- imagechar()
- imagestringup()

↔ **Beispiel**

```
<?PHP
$image = imagecreate(300,150);
$farbe_body=imagecolorallocate($image,243,243,243);
$farbe_b = imagecolorallocate($image,10,36,106);
imagecharup($image,5,100,50,"P",$farbe_b);
Header("Content-type: image/png");
imagepng($image);
?>
```

⊄ **Ausgabe**

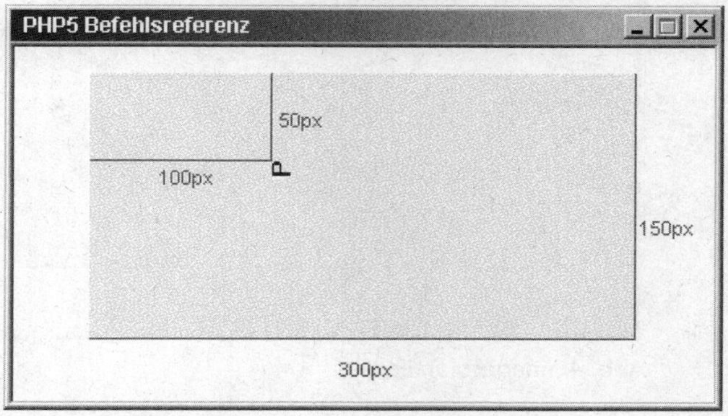

Abb. 3: imagecharup

8.5 imagecolorallocate

⇒ **Befehl** int **imagecolorallocate** (int im, int red, int green, int blue)

⇐ **Version** (PHP 3, PHP 4, PHP 5)

⇔ **Beschreibung** Mit imagecolorallocate() kann man eine Farbe anlegen, die für Zeichenoperationen auf einer Fläche (*im*) benutzt werden soll. Die gewünschte Farbe wird als RGB-Wert (*red, green, blue*) angegeben. Die Funktion imagecolorallocate() muss für jede Farbe aufgerufen werden, welche in der Grafik vorkommen sollen. Jede neue Farbe einer Arbeitsfläche bekommt eine ID (beginnend bei 0) zugewiesen; imagecolorallocate() gibt Ihnen diese ID als Funktionsergebnis zurück.

In den bisherigen Versionen der GD-Bibliothek legen Sie mit dem ersten Aufruf dieser Funktion automatisch die Hintergrundfarbe fest (siehe Beispiel). Sie sollten sich allerdings nicht darauf verlassen, dass sich zukünftige Versionen genauso verhalten. Rufen Sie zum Färben des Hintergrunds also besser die Funktion imagefill() auf.

Siehe auch:

- imagecreate()
- imagecolordeallocate()
- imagefill()

↔ Beispiel

```
<?PHP
$image = imagecreate(300,150);
$farbe_body=imagecolorallocate($image,243,243,243);
Header("Content-type: image/png");
imagepng($image);
?>
```

⊄ Ausgabe

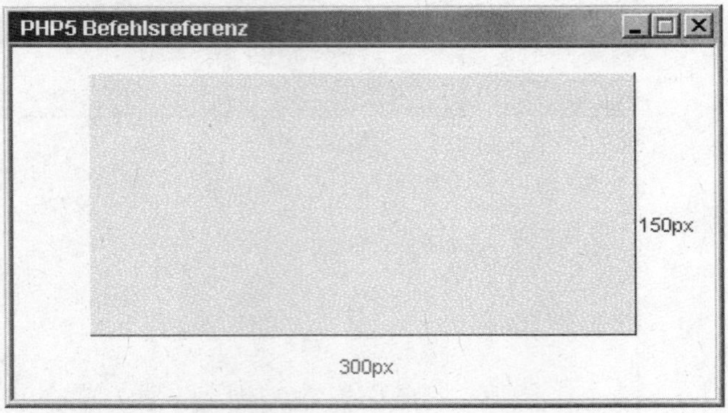

Abb. 4: imagecolorallocate

8.6 imagecolorat

⇒ Befehl int **imagecolorat** (int im, int x, int y);

⇐ Version (PHP 3, PHP 4, PHP 5)

⇔ Beschreibung Mit imagecolorat() kann man auf einer Arbeitsfläche (*im*) den Farbwert des Pixels an einer bestimmten Koordinate (*x* und *y*) ermitteln. Jede Farbe der Arbeitsfläche hat eine ID (beginnend bei 0). Als Rückgabewert von imagecolorat() erhält man diese ID.

Die Farb-ID können Sie nutzen, um z.B. eine zugewiesene Farbe wieder freizugeben (siehe imagecolordeallocate(), S.234).

Siehe auch:
- imagecreate()
- imagecolorallocate()
- imagesetpixel()
- imagecolorsforindex()

↔ **Beispiel**

```
<?PHP
$image = imagecreate(300,150);
$farbe_body=imagecolorallocate($image,243,243,243);
$farbe_b = imagecolorallocate($image,10,36,106);
$farbe_c = imagecolorallocate($image,100,136,106);
imagesetpixel($image, 30, 30, $farbe_b);
imagesetpixel($image, 40, 40, $farbe_c);
echo imagecolorat($image,30,30);
echo "<br>";
echo imagecolorat($image,40,40);
?>
```

⊄ **Ausgabe**

```
1
2
```

8.7 imagecolorclosest

⇒ **Befehl** int **imagecolorclosest** (int im, int red, int green, int blue)

⇐ **Version** (PHP 3, PHP 4, PHP 5)

⇔ **Beschreibung** Mit imagecolorclosest() kann man sich den Index-Wert der Farbe zurückgeben lassen, die den angegebenen RGB-Werten (*red, green, blue*) am nächsten kommt. Die Funktion durchsucht die Palette aller in einem Bild (*im*) mit imagecolorallocate() erzeugten Farben und liefert die Farbe, die den angegebenen RGB-Werten am ehesten entspricht.

Siehe auch:
- imagecreate()
- imagecolorallocate()
- imagecolorexact()

↔ **Beispiel**

```
<?PHP
$image = imagecreate(300,150);
$rot = imagecolorallocate($image,220,14,14);
$gruen = imagecolorallocate($image,28,246,5);
$blau = imagecolorallocate($image,16,5,246);
```

```
echo imagecolorclosest($image,28,246,4);
?>
```

⊄ **Ausgabe**

```
1
```

8.8 imagecolordeallocate

⇒ **Befehl** int **imagecolordeallocate** (int im, int index)

⇐ **Version** (PHP 3>= 3.0.6, PHP 4, PHP 5)

⇔ **Beschreibung** Mit imagecolordeallocate() kann man einen Farbwert (*index*) wieder aus der Farbpalette eines Bildes (*im*) löschen. Den Farbwert müssen Sie zuvor mit imagecolorallocate() angelegt haben.

Im unteren Beispiel wurde ein hellgrauer Hintergund in einen dunkelgrauen Hintergrund verwandelt. Das Beispiel nutzt die Tatsache, dass der erste Eintrag der Farbpalette als Hintergrundfarbe verwendet wird.

Siehe auch:
- imagecreate()
- imagecolorallocate()

↔ **Beispiel**

```
<?PHP
$image = imagecreate(300,150);
$farbe_body=imagecolorallocate($image,243,243,243);
imagecolordeallocate($image,$farbe_body);
$farbe_body=imagecolorallocate($image,224,223,223);
Header("Content-type: image/png");
imagepng($image);
?>
```

⊄ **Ausgabe**

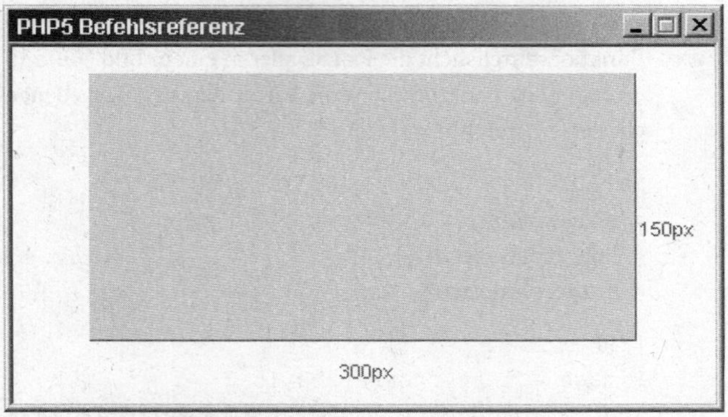

Abb. 5: imagecolordeallocate

8.9 imagecolorexact

⇒ Befehl int **imagecolorexact** (int im, int red, int green, int blue)

⇐ Version (PHP 3, PHP 4, PHP 5)

⇔ Beschreibung Mit imagecolorexact() kann man sich den Index-Wert der Farbe aus der Farbpalette des Bildes (*im*) zurückgeben lassen, die genau die angegebenen RGB-Werte (*red, green, blue*) hat. Existiert keine Farbe mit den angegebenen RGB-Werten, so wird -1 zurückgegeben, andernfalls der Index des Farbeintrags.

Sämtliche mit imagecolorallocate() erzeugten Farben werden in die Farbpalette aufgenommen. Der erste Eintrag der Palette hat den Index 0.

Siehe auch:
- imagecreate()
- imagecolorallocate
- imagecolorclosest()

↔ Beispiel

```
<?PHP
$image = imagecreate(300,150);
$rot = imagecolorallocate($image,220,14,14);
$gruen = imagecolorallocate($image,28,246,5);
$blau = imagecolorallocate($image,16,5,246);
echo imagecolorexact($image,111,111,111);
echo "<br>";
echo imagecolorexact($image,16,5,246);
?>
```

⊄ Ausgabe

```
-1
2
```

8.10 imagecolorresolve

⇒ Befehl int **imagecolorresolve** (int im, int red, int green, int blue)

⇐ Version (PHP 3>= 3.0.2, PHP 4, PHP 5)

⇔ Beschreibung Mit imagecolorresolve() kann man sich den Index-Wert der Farbe zurückgeben lassen, die den angegeben RGB-Werten (*red, green, blue*) am nächsten kommt. Die Funktion durchsucht die Palette aller in einem Bild (*im*) mit imagecolorallocate() erzeugten Farben und liefert die Farbe, die den angegebenen RGB-Werten am ehesten entspricht.

Diese Funktion wird auf jeden Fall einen Farbindex zu den angegebenen RGB-Werten ermitteln.

Siehe auch:
- imagecreate()
- imagecolorallocate()
- imagecolorclosest()
- imagecolorexact()

↔ **Beispiel**

```
<?PHP
$image = imagecreate(300,150);
$farbe_body=imagecolorallocate($image,243,243,243);
$farbe_b = imagecolorallocate($image,10,36,106);
$farbe_c = imagecolorallocate($image,100,136,106);
echo imagecolorresolve ($image,10 , 36, 106);
?>
```

⊄ **Ausgabe**

```
1
```

8.11 imagecolorset

⇒ **Befehl** bool **imagecolorset** (int im, int index, int red, int green, int blue)

⇐ **Version** (PHP 3, PHP 4, PHP 5)

⇔ **Beschreibung** Mit imagecolorset() kann man die Farbwerte (*red, green, blue*) eines Eintrags (*index*) in der Farbpalette eines Bildes (*im*) ändern. Der Paletteneintrag muss zuvor mit imagecolorallocate() erzeugt worden sein.

Im unteren Beispiel wurde ein blaues »P« in ein grünes »P« verwandelt.

Siehe auch:
- imagecreate()
- imagecolorallocate()
- imagecolorat()

↔ **Beispiel**

```
<?PHP
$image = imagecreate(300,150);
$farbe_body=imagecolorallocate($image,243,243,243);
$farbe_b = imagecolorallocate($image,10,36,106);
imagecolorset($image,$farbe_b,6,242,11);
imagechar($image,5,100,50,"P",$farbe_b);
Header("Content-type: image/png");
imagepng($image);
?>
```

⊄ **Ausgabe**

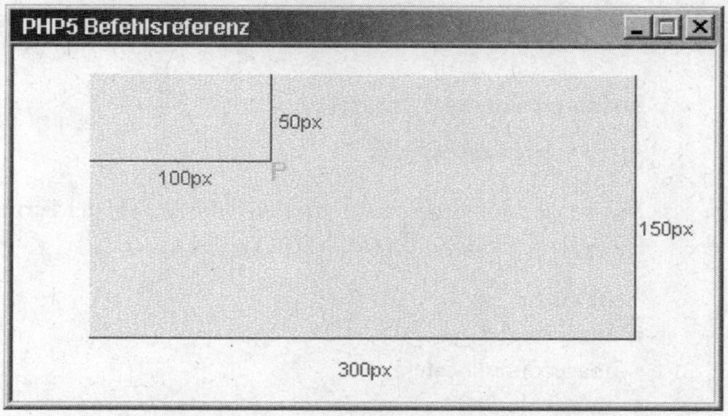

Abb. 6: imagecolorset

8.12 imagecolorsforindex

⇒ **Befehl** array **imagecolorsforindex** (int im, int index)

⇐ **Version** (PHP 3, PHP 4, PHP 5)

⇔ **Beschreibung** Die Funktion imagecolorsforindex() gibt die RGB-Farbwerte für einen Eintrag (*index*) der Farbpalette eines Bildes (*im*) in Form eines Arrays zurück.

Siehe auch:

- imagecreate()
- imagecolorallocate()
- imagecolorat()
- imagecolorexact()

↔ **Beispiel**

```
<?PHP
$image = imagecreate(300,150);
$farbe_body=imagecolorallocate($image,243,243,243);
$farbe_b = imagecolorallocate($image,10,36,106);
$rgb = imagecolorsforindex($image,$farbe_b);
echo "RGB-Wert für rot: " . $rgb[red] . "<br>";
echo "RGB-Wert für grün: " . $rgb[green] . "<br>";
echo "RGB-Wert für blau: " . $rgb[blue];
?>
```

⊄ **Ausgabe**

```
RGB-Wert für rot: 10
RGB-Wert für grün: 36
RGB-Wert für blau: 106
```

8.13 imagecolorstotal

⇒ **Befehl**

int **imagecolorstotal** (int im)

⇐ **Version**

(PHP 3, PHP 4, PHP 5)

⇔ **Beschreibung**

Mit imagecolorstotal() kann man sich die Anzahl der Farben innerhalb der Farbpalette eines Bildes (*im*) zurückgeben lassen.

Siehe auch:

- imagecreate()
- imagecolorallocate()
- imagecolorat()
- imagecolorsforindex()

↔ **Beispiel**

```
<?PHP
$image = imagecreate(300,150);
$farbe_body=imagecolorallocate($image,243,243,243);
$farbe_b = imagecolorallocate($image,10,36,106);
$headline = imagecolorallocate($image,60,76,144);
echo imagecolorstotal($image);
?>
```

⊄ **Ausgabe**

```
3
```

8.14 imagecolortransparent

⇒ **Befehl**

int **imagecolortransparent** (int im [, int col])

⇐ **Version**

(PHP 3, PHP 4, PHP 5)

⇔ **Beschreibung**

Mit imagecolortransparent() kann man eine Farbe (*col*) innerhalb eines Bildes (*im*) als transparent definieren. Alle Bildteile, die die angegebene Farbe haben, erscheinen transparent.

Im unteren Beispiel wird der Buchstaben in der Farbe blau (im Druck als Graustufen) gezeichnet. Anschließend wird diese Farbe als transparent definiert. Somit scheint der Hintergrund durch den Buchstaben.

Siehe auch:

- imagecreate()
- imagecolorallocate()
- imagechar()

↔ **Beispiel**

```
<?PHP
$image = imagecreate(300,150);
$farbe_body=imagecolorallocate($image,222,222,222);
$farbe_b = imagecolorallocate($image,10,36,106);
```

```
imagecolortransparent($image,$farbe_b);
imagechar($image,5,100,50,"P",$farbe_b);
Header("Content-type: image/png");
imagepng($image);
?>
```

⊄ **Ausgabe**

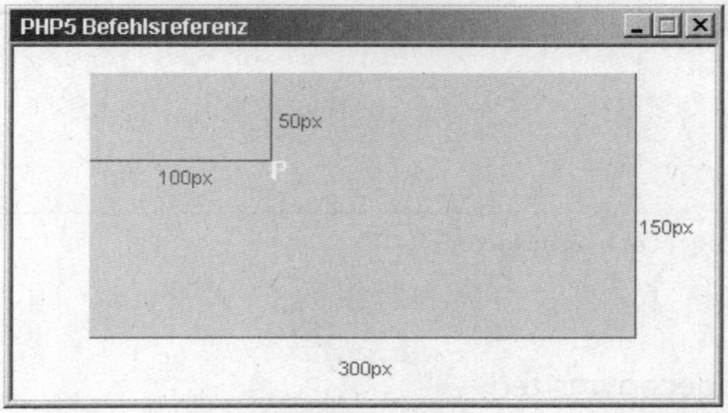

Abb. 7: imagecolortransparent

8.15 imagecopy

⇒ **Befehl**

int **imagecopy** (int dst_im, int src_im, int dst_x, int dst_y, int src_x, int src_y, int src_w, int src_h)

⇐ **Version**

(PHP 3>= 3.0.6, PHP 4, PHP 5)

⇔ **Beschreibung**

Mit imagecopy() kopiert man einen Teil eines Bildes (*src_im*) in ein anderes Bild (*dst_im*). Mit *src_x* und *src_y* werden die X- und Y-Koordinaten des zu kopierenden Teils angegeben. Die Breite wird dabei mit *src_w* und *src_h* bestimmt. Der Ausschnitt wird in dem Bild *dst_im* an die X- und Y-Koordinaten *dst_x* bzw. *dst_y* kopiert.

Siehe auch:

- imagecreate()
- imagecolorallocate()

↔ **Beispiel**

```
<?PHP
$image = imagecreatefrompng("imagearc.png");
$image1 = imagecreate(300,150);
$farbe_body=imagecolorallocate($image1,222,222,222);
ImageCopy($image1,$image,30,25,50,60,91,26);
Header("Content-type: image/png");
imagepng($image1);
?>
```

⊄ **Ausgabe**

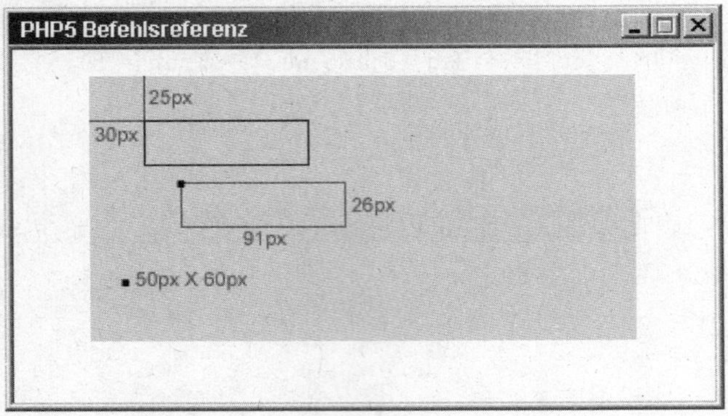

Abb. 8: imagecopy

8.16 imagecopyresized

⇒ **Befehl**

int **imagecopyresized** (int dst_im, int src_im, int dstX, int dstY, int srcX, int srcY, int dstW, int dstH, int srcW, int srcH)

⇐ **Version**

(PHP 3, PHP 4, PHP 5)

⇔ **Beschreibung**

Mit imagecopyresized() kopiert man einen Teil eines Bildes (*src_im*) in ein anderes Bild (*dst_im*). Mit *src_X* und *src_Y* werden die X- und Y-Koordinaten des zu kopierenden Teils angegeben. Die Breite wird dabei mit *src_W* und *src_H* bestimmt.

Der Ausschnitt wird im Bild *dst_im* an die X- und Y-Koordinaten *dst_X* bzw. *dst_Y* kopiert und dabei auf die Breite *dst_W* und die Höhe *dst_H* gebracht. Unterscheiden sich die Breite *dst_W* oder die Höhe *dst_H* von den Abmessungen des ursprünglichen Ausschnitts, so wird der Ausschnitt gedehnt oder geschrumpft.

Siehe auch:

- imagecreate()
- imagecolorallocate()

↔ **Beispiel**

```
<?PHP
$image = imagecreatefrompng("imagearc.png");
$image1 = imagecreate(300,150);
$farbe_body=imagecolorallocate($image1,222,222,222);
imagecopyresized($image1, $image, 30,25, 50,60,150,30,
91,26);
Header("Content-type: image/png");
imagepng($image1);
?>
```

⊄ **Ausgabe**

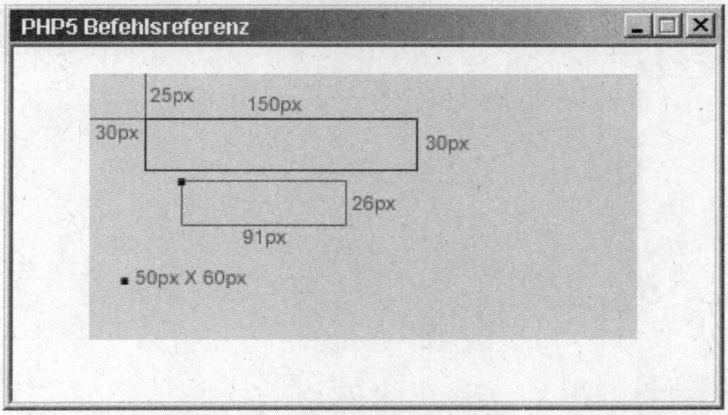

Abb. 9: imagecopyresized

8.17 imagecreate

⇒ **Befehl**

resource **imagecreate** (int x_size, int y_size)

⇐ **Version**

(PHP 3, PHP 4, PHP 5)

⇔ **Beschreibung**

Mit imagecreate() wird eine Arbeitsfläche für ein neues Bild mit der Breite *x_size* und der Höhe *y_size* erstellt. Der von dieser Funktion zurückgegebene Zeiger muss bei allen folgenden Grafikbefehlen genutzt werden, damit man etwas in das Bild hineinzeichnen kann. Beim unten stehenden Beispiel wurde der Zeiger genutzt, um die Arbeitsfläche mit einer grauen Farbe zu hinterlegen.

Siehe auch:

- imagecolorallocate()

↔ **Beispiel**

```
<?PHP
$image = imagecreate(300,150);
$farbe_body=imagecolorallocate($image,222,222,222);
Header("Content-type: image/png");
imagepng($image);
?>
```

⊄ **Ausgabe**

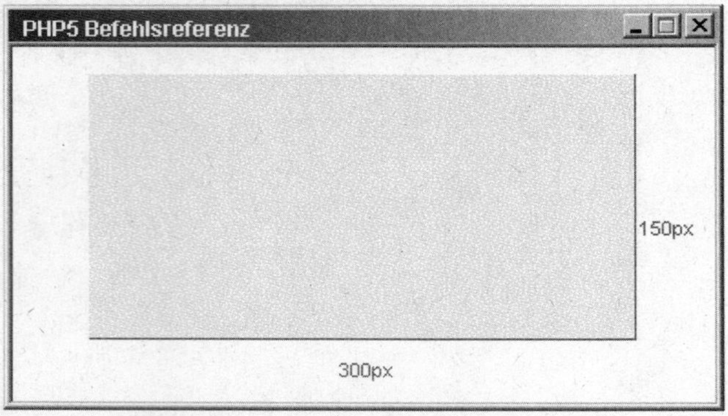

Abb. 10: imagecreate

8.18 imagecreatefromgif

⇒ **Befehl**

int **imagecreatefromgif** (string filename)

⇐ **Version**

(PHP 3, PHP 4, PHP 5)

⇔ **Beschreibung**

Mit imagecreatefromgif() erstellt man ein neues Bild, das aus einer Datei oder URL im GIF-Format gelesen wird. Der Inhalt der gelesenen Datei wird in das neue Bild geschrieben. Der von dieser Funktion zurückgegebene Zeiger muss bei allen folgenden Grafikbefehlen genutzt werden, damit man etwas in das Bild hineinzeichnen kann.

Aus rechtlichen Gründen wurde die GIF-Unterstützung ab der Version 1.6 in die GD-Bibliothek nicht mehr implementiert. Sie können also diesen Befehl nur nutzen, wenn Sie eine Version vor 1.6 verwenden.

Siehe auch:

- imagegif()
- imagecreatefromjpeg()
- imagecreatefrompng()
- imagecreatefromwbmp()

↔ **Beispiel**

```
<?PHP
$image = imagecreatefromgif("image.gif");
Header("Content-type: image/gif");
imagegif($image);
?>
```

⊄ **Ausgabe**

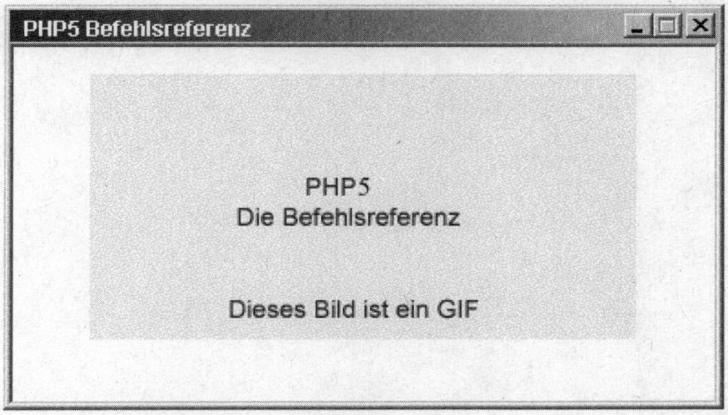

Abb. 11: imagecreatefromgif

8.19 imagecreatefromjpeg

⇒ **Befehl**

int **imagecreatefromjpeg** (string filename)

⇐ **Version**

(PHP 3>= 3.0.16, PHP 4, PHP 5)

⇔ **Beschreibung**

Mit imagecreatefromjpeg() erstellt man ein neues Bild, das aus einer Datei oder URL im JPEG-Format gelesen wird. Der Inhalt der gelesenen Datei wird in das neue Bild geschrieben. Der von dieser Funktion zurückgegebene Zeiger muss bei allen folgenden Grafikbefehlen genutzt werden, damit man etwas in das Bild hineinzeichnen kann.

Siehe auch:

- imagejpeg()
- imagecreatefromgif()
- imagecreatefrompng()
- imagecreatefromwbmp()

↔ **Beispiel**

```
<?PHP
$image = imagecreatefromjpeg("image.jpg");
header("Content-Type: image/jpeg");
imagejpeg($image);
?>
```

⊄ **Ausgabe**

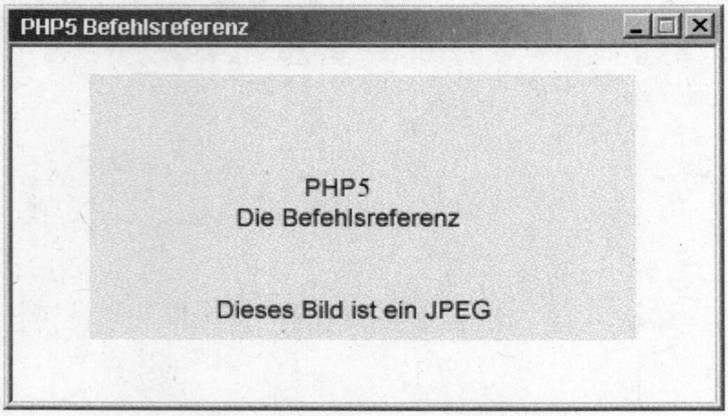

Abb. 12: imagecreatefromjpeg

8.20 imagecreatefrompng

⇒ **Befehl**

int **imagecreatefrompng** (string filename)

⇐ **Version**

(PHP 3>= 3.0.13, PHP 4, PHP 5)

⇔ **Beschreibung**

Mit imagecreatefrompng() erstellt man ein neues Bild, das aus einer Datei oder URL im PNG-Format gelesen wird. Der Inhalt der gelesenen Datei wird in das neue Bild geschrieben. Der von dieser Funktion zurückgegebene Zeiger muss bei allen folgenden Grafikbefehlen genutzt werden, damit man etwas in das Bild hineinzeichnen kann.

Siehe auch:

- imagepng()
- imagecreatefromgif()
- imagecreatefromjpeg()
- imagecreatefromwbmp()

↔ **Beispiel**

```
<?PHP
$image = imagecreatefrompng("image.png");
Header("Content-type: image/png");
imagepng($image);
?>
```

⊄ **Ausgabe**

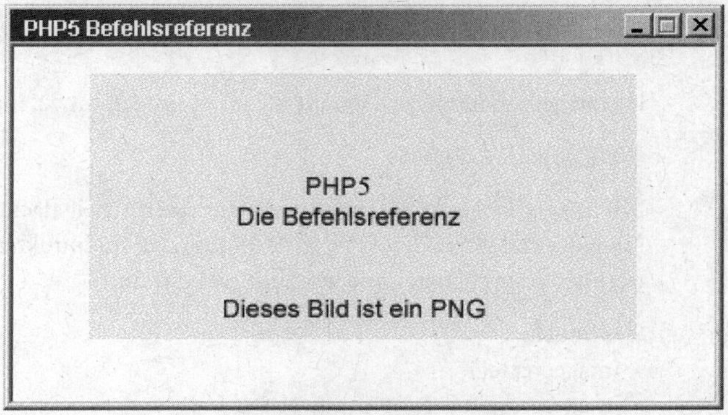

Abb. 13: imagecreatefrompng

8.21 imagecreatefromwbmp

⇒ **Befehl** resource **imagecreatefromwbmp** (string filename)

⇐ **Version** (PHP 4 >= 4.0.1, PHP 5)

⇔ **Beschreibung** Mit imagecreatefromwbmp() erstellt man ein neues Bild, das aus einer Datei oder URL im WBMP-Format (Wireless BMP, hauptsächlich verwendet für WAP) gelesen wird. Der Inhalt der gelesenen Datei wird in das neue Bild geschrieben. Der von dieser Funktion zurückgegebene Zeiger muss bei allen folgenden Grafikbefehlen genutzt werden, damit man etwas in das Bild hineinzeichnen kann.

Siehe auch:

- imagewbmp()
- imagecreatefromgif()
- imagecreatefromjpeg()
- imagecreatefrompng()

↔ **Beispiel**

```
<?PHP
$image = imagecreatefromwbmp("image.wbmp");
header("Content-Type: image/vnd.wap.wbmp");
imagewbmp($image);
?>
```

8.22 imagedashedline

⇒ **Befehl** int **imagedashedline** (int im, int x1, int y1, int x2, int y2, int col)

⇐ **Version** (PHP 3, PHP 4, PHP 5)

⇔ **Beschreibung** Mit imagedashhedline() erstellt man auf einer Arbeitsfläche (*im*) eine gestrichelte Linie, welche ihren Ursprung in *x1*/*y1* und den Endpunkt in *x2*/*y2* hat. Der Farbwert der gestrichelten Linie wird mit *col* bestimmt.

Siehe auch:
- imagecreate()
- imagecolorallocate()

↔ **Beispiel**

```
<?PHP
$image = imagecreate(300,150);
$farbe_body=imagecolorallocate($image,243,243, 243);
$farbe_linie = imagecolorallocate($image,12,2, 146);
imagedashedline($image,150,20,60,130, $farbe_linie);
Header("Content-type: image/png");
imagepng($image);
?>
```

⊄ **Ausgabe**

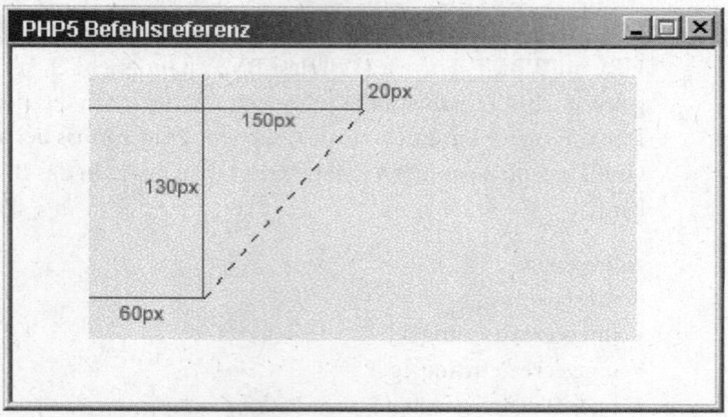

Abb. 14: imagedashedline

8.23 imagedestroy

⇒ **Befehl** int **imagedestroy** (int im)

⇐ **Version** (PHP 3, PHP 4, PHP 5)

⇔ **Beschreibung** Mit imagedestroy() löscht man den Speicher, welcher durch das Bild *im* belegt wurde.

Wenn Sie im unteren Beispiel die Anweisung imagepng($image) auskommentieren, so wird ein leerer Kasten mit der Größe von 300x150 px ausgegeben.

Siehe auch:
- imagecreate()
- imagecolorallocate()
- imagepng()

↔ **Beispiel**

```
<?PHP
$image = imagecreate(300,150);
$farbe_body=imagecolorallocate($image,243,243,243);
Header("Content-type: image/png");
imagedestroy($image);
imagepng($image);
?>
```

⊄ **Ausgabe**

```
<br>
<b>Warning</b>:  1 is not a valid Image resource
```

8.24 imagefill

⇒ **Befehl** int **imagefill** (int im, int x, int y, int col)

⇐ **Version** (PHP 3, PHP 4, PHP 5)

⇔ **Beschreibung** Mit imagefill() füllt man eine Arbeitsfläche (*im*) mit einer Farbe (*col*). Dabei beginnt das Füllen ab der Koordinate *x*/*y*. Die Funktion ändert ausgehend vom Startpunkt alle Bildpunkte, die dieselbe Farbe wie der Startpunkt haben. Stößt imagefill() auf einen Bildpunkt, der eine andere Farbe als der Startpunkt hat, füllt die Funktion in dieser Richtung nicht weiter. Sie können mit imagefill() also das Innere oder das Äußere von geschlossenen Figuren ausfüllen, indem Sie den Startpunkt passend wählen.

Bei dem unteren Beispiel wurde die komplette Arbeitsfläche, welche zuvor einen dunkelblauen Hintergrund hatte, mit einer hellgrauen Farbe übermalt.

Siehe auch:
- imagecreate()
- imagecolorallocate()
- imagefilltoborder()

↔ **Beispiel**

```
<?PHP
$image = imagecreate(300,150);
$farbe_b = imagecolorallocate($image,10,36,106);
$farbe_body=imagecolorallocate($image,243,243,243);
imagefill($image,0,0,$farbe_body);
header("Content-Type: image/png");
imagepng($image);
?>
```

⊄ **Ausgabe**

Abb. 15: imagefill

8.25 imagefilledpolygon

⇒ **Befehl**

int **imagefilledpolygon** (int im, array points, int num_points, int col)

⇐ **Version**

(PHP 3, PHP 4, PHP 5)

⇔ **Beschreibung**

Mit imagefilledpolygon() kann man auf einer Arbeitsfläche (*im*) ein Vieleck (Polygon) zeichnen. Die Eckpunkte des Vielecks werden in einem Array (*points*) angegeben, das für jeden Punkt erst die X- und danach die Y-Koordinate enthält.

Der Parameter *num_points* legt die Anzahl der Eckpunkte fest. Mit *col* gibt man die Füllfarbe des Vielecks an.

Siehe auch:

- imagecreate()
- imagecolorallocate()
- imagepolygon()

↔ **Beispiel**

```
<?PHP
$image = imagecreate(300,150);
$farbe_body=imagecolorallocate($image,243,243,243);
$farbe_b = imagecolorallocate($image,10,36,106);
```

```
$mess_p = array(70,45,200,45,85,120,134,5,185,120);
imagefilledpolygon($image, $mess_p, 5 , $farbe_b);
header("Content-Type: image/png");
imagepng($image);
?>
```

⊄ **Ausgabe**

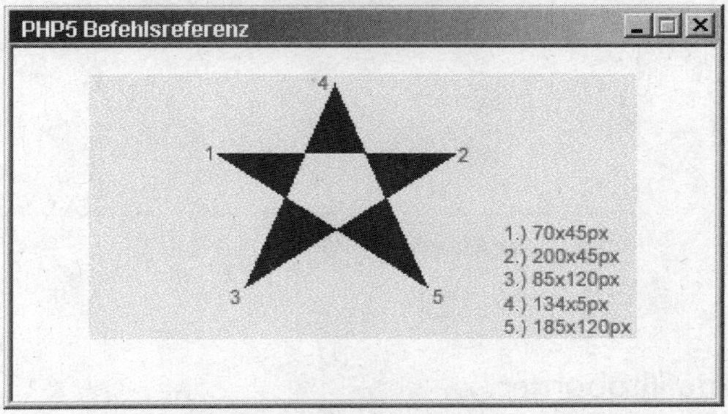

Abb. 16: imagefilledpolygon

8.26 imagefilledrectangle

⇒ **Befehl**

int **imagefilledrectangle** (int im, int x1, int y1, int x2, int y2, int col)

⇐ **Version**

(PHP 3, PHP 4, PHP 5)

⇔ **Beschreibung**

Mit imagefilledretangle() erstellt man auf einer Arbeitsfläche (*im*) ein Rechteck mit den Eckpunkten *x1/y1* und *x2/y2*. Dabei ist der Punkt (*x1,y1*) die linke obere Ecke und (*x2,y2*) die rechte untere Ecke des Rechtecks. Mit *col* legt man die Füllfarbe des Rechtecks fest.

Siehe auch:

- imagecreate()
- imagecolorallocate()
- imagerectangle()

↔ **Beispiel**

```
<?PHP
$image = imagecreate(300,150);
$farbe_body=imagecolorallocate($image,243,243,243);
$farbe_b = imagecolorallocate($image,10,36,106);
imagefilledrectangle($image,50,60,230,90,$farbe_b);
header("Content-Type: image/png");
imagepng($image);
?>
```

⊄ **Ausgabe**

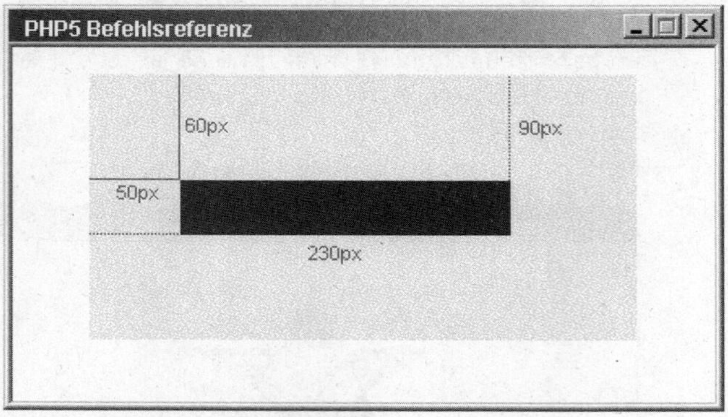

Abb. 17: imagefilledrectangle

8.27 imagefilltoborder

⇒ **Befehl**

int **imagefilltoborder** (int im, int x, int y, int border, int col)

⇐ **Version**

(PHP 3, PHP 4, PHP 5)

⇔ **Beschreibung**

Mit imagefilltoborder() kann man eine Farbfüllung (*col*) auf einer Arbeitsfläche (*im*) vornehmen. Die Funktion ändert ausgehend vom Startpunkt mit den Koordinaten *x* und *y* alle Bildpunkte, bis sie auf einen Bildpunkt stößt, der die Farbe *border* hat; in diesem Fall füllt die Funktion in dieser Richtung nicht weiter. Sie können mit imagefilltoborder() also das Innere oder das Äußere von geschlossenen Figuren ausfüllen, indem Sie den Startpunkt und die Begrenzungsfarbe passend wählen.

Bei dem unteren Beispiel wurde eine hellgraue Hintergrundfarbe mit einem dunkelblauen Polygon gezeichnet. Die dunkelgraue Farbe (*col*) beginnt ab der Position 0/0 (linke obere Ecke der Arbeitsfläche) das Bild bis zur Grenze des Polygons auszufüllen. Innerhalb des Polygons bleibt die hellgraue Hintergrundfarbe weiterhin sichtbar.

Siehe auch:

- imagecreate()
- imagecolorallocate()
- imagepolygon()
- imagefill()

↔ **Beispiel**

```
<?PHP
$image = imagecreate(300,150);
$farbe_b =imagecolorallocate($image,235,235,235);
$farbe_p =imagecolorallocate($image,10,36,106);
$farbe_f =imagecolorallocate($image,212,212,212);
$mess_p=array(70,45,200,45,85,120,134,5,185,120);
```

```
imagepolygon($image, $mess_p, 5 , $farbe_p);
imagefilltoborder($image,0,0,$farbe_p,$farbe_f);
header("Content-type: image/png");
imagepng($image);
?>
```

⊄ **Ausgabe**

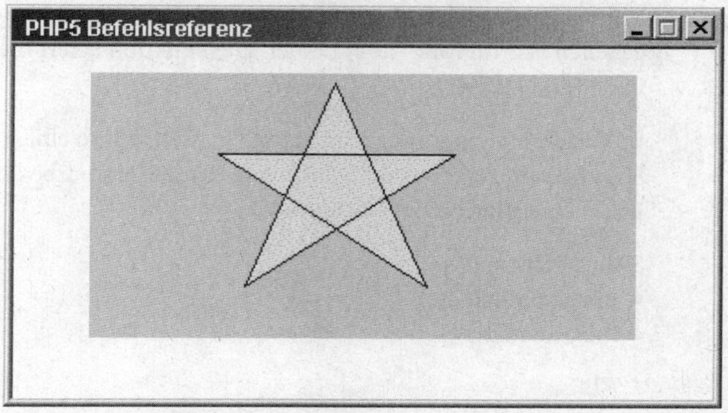

Abb. 18: imagefilltoborder

8.28 imagefontheight

⇒ **Befehl** int **imagefontheight** (int font)

⇐ **Version** (PHP 3, PHP 4, PHP 5)

⇔ **Beschreibung** Mit imagefontheight() kann man ermitteln, wie viel Höhe der Text in der angegebenen Schriftgröße (*font*) benötigt. Die Funktion liefert die Höhe in der Einheit Pixel.

In Verbindung mit imagefontwidth() lassen sich so einige gute Effekte erzielen. So kann z.B. exakt um die Schrift eine Hintergrundfarbe definiert werden, um den Effekt eines Buttons zu erzeugen.

Siehe auch:

- imagefontwidth()
- imageloadfont()

↔ **Beispiel**

```
<?PHP
$text = "PHP5 - Die Befehlsreferenz";
echo imagefontheight(5);
?>
```

⊄ **Ausgabe**

```
15
```

8.29 imagefontwidth

⇒ **Befehl**

int **imagefontwidth** (int font)

⇐ **Version**

(PHP 3, PHP 4, PHP 5)

⇔ **Beschreibung**

Mit imagefontwidth() kann man ermitteln, welche Breite der Text in der angegebenen Schriftgröße (*font*) besitzt. Die Funktion liefert die Breite eines Zeichens in der Einheit Pixel.

In Verbindung mit imagefontheight () lassen sich so einige gute Effekte erzielen. So kann z.B. exakt um die Schrift eine Hintergrundfarbe definiert werden, um den Effekt eines Buttons zu erzeugen.

Siehe auch:

- imagefontheight()
- imageloadfont()

↔ **Beispiel**

```
<?PHP
$text = "PHP5 - Die Befehlsreferenz";
echo imagefontwidth(5)*strlen($text);
?>
```

⊄ **Ausgabe**

```
234
```

8.30 imagegammacorrect

⇒ **Befehl**

int **imagegammacorrect** (int im, double inputgamma, double outputgamma)

⇐ **Version**

(PHP 3>= 3.0.13, PHP 4, PHP 5)

⇔ **Beschreibung**

Mit imagegammacorrect() ändert man die Helligkeit der Mitteltonwerte in einem Bild (*im*). Es sind der Eingabe-Gammawert (*inputgamma*) und der Ausgabe-Gammawert (*outputgamma*) anzugeben. Je höher der Ausgabe-Gammawert gegenüber dem Eingabe-Gammawert ist, umso heller wird das Bild. Ist der Eingabe-Gammawert höher als der Ausgabe-Gammawert, so verdunkelt sich das Bild. Sind beide Werte gleich, so verändert sich das Bild nicht.

Um das unten stehende Beispiel auszuprobieren, sollten Sie jeweils einen der auskommentierten imagegammacorrect-Befehle aktivieren.

Siehe auch:

- imagecreatefromgif()
- imagecreatefrompng()
- imagecreatefromjpeg()

↔ **Beispiel**

```
<?PHP
$image = imagecreatefrompng("bild.png");
```

```
//imagegammacorrect($image,1 ,1);
//imagegammacorrect($image,1 ,2);
//imagegammacorrect($image,2 ,1);
header("Content-type: image/png");
imagepng($image);
?>
```

⊄ **Ausgabe**

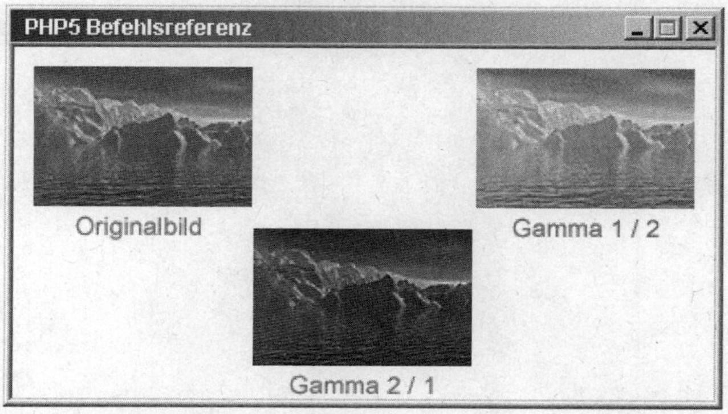

Abb. 19: imagegammacorrect

8.31 imagegif

⇒ **Befehl** int **imagegif** (int im [, string filename])

⇐ **Version** (PHP 3, PHP 4, PHP 5)

⇔ **Beschreibung** Mit imagegif() wird ein zuvor mit imagecreate() erzeugtes Bild (*im*) im GIF-Format an den Browser gesendet. Der zweite Parameter (*filename*) ist optional; wenn Sie ihn angeben, wird das zuvor erstellte Bild in eine Datei geschrieben: imagegif($image,»image.gif«).

Bei dem zu übertragenden Bild handelt es sich um ein GIF87a-Format, es sei denn, dass Sie mit imagecolortransparent() eine Transparenzfarbe definiert haben. Die Grafik wird dann im GIF89a-Format übertragen.

Aus rechtlichen Gründen wurde die GIF-Unterstützung ab der Version 1.6 in die GD-Bibliothek nicht mehr implementiert. Sie können also diesen Befehl nur nutzen, wenn Sie eine Version vor 1.6 verwenden.

Siehe auch:
- imagepng()
- imagejpeg()
- imagewbmp()
- imagetypes()
- imagecreate()

↔ **Beispiel**

```
<?PHP
$image = imagecreate(300,150);
$farbe_body=imagecolorallocate($image,243,243,243);
header("Content-Type: image/gif");
imagegif($image);
?>
```

⊄ **Ausgabe**

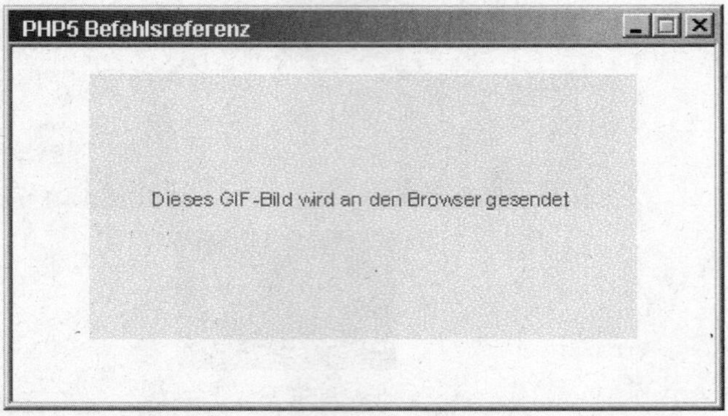
PHP5 Befehlsreferenz
Dieses GIF-Bild wird an den Browser gesendet

Abb. 20: imagegif

8.32 imageinterlace

⇒ **Befehl**

int **imageinterlace** (int im [, int interlace])

⇐ **Version**

(PHP 3, PHP 4, PHP 5)

⇔ **Beschreibung**

Mit imageinterlace() kann man ein zuvor erstelltes Bild (*im*) mit dem Bildattribut »interlaced« versehen (*interlace* = 1). Damit erreichen Sie, dass das Bild beim Herunterladen vom Browser zuerst in niedriger Qualität angezeigt wird, schon bevor es vollständig geladen wurde.

Übergeben Sie in *interlace* den Wert 0, so wird das Bild erst nach dem kompletten Laden angezeigt. Als Rückgabewert liefert die Funktion imageinterlace() die aktuelle Interlace-Einstellung (0 oder 1).

Siehe auch:

- imagecreate()
- imagegif()

↔ **Beispiel**

```
<?PHP
$image = imagecreate(300,150);
imageinterlace($image,1);
header("Content-Type: image/gif");
imagegif($image);
?>
```

⊄ **Ausgabe**

```
// Ein Bild, welches schon beim Laden in niedriger Qualität
// angezeigt wird.
```

8.33 imagejpeg

⇒ **Befehl** int **imagejpeg** (int im [, string filename [, int quality]])

⇐ **Version** (PHP 3>= 3.0.16, PHP 4, PHP 5)

⇔ **Beschreibung** Mit imagejpeg() wird ein zuvor mit imagecreate() erzeugtes Bild (*im*) im JPEG-Format an den Browser gesendet. Der zweite Parameter (*filename*) ist optional; wenn Sie ihn angeben, wird das zuvor erstellte Bild in eine Datei geschrieben: imagejpeg($image,»image.jpg«).

Möchten Sie einen Wert für den dritten Parameter (*quality*) übergeben, obwohl Sie das Bild nicht in eine Datei schreiben wollen, so können Sie als zweites Argument einen Leerstring übergeben.

Der Parameter *quality* legt den Komprimierungsgrad und damit die Qualität des Bildes fest. Je höher dieser Wert, desto besser wird das Bild (10 = starke Komprimierung, 100 = keine Komprimierung).

Die JPEG-Unterstützung können Sie nur nutzen, wenn Sie zuvor PHP mit einer GD-Bibliothek ab der Version 1.8 kompiliert haben.

Siehe auch:

- imagepng()
- imagegif()
- imagewbmp()
- imagetypes()
- imagecreate()
- imagecolorallocate()

↔ **Beispiel**

```
<?PHP
$image = imagecreate(300,150);
$farbe_body=imagecolorallocate($image,243,243,243);
header("Content-Type: image/jpeg");
imagejpeg($image,"",100);
?>
```

⊄ **Ausgabe**

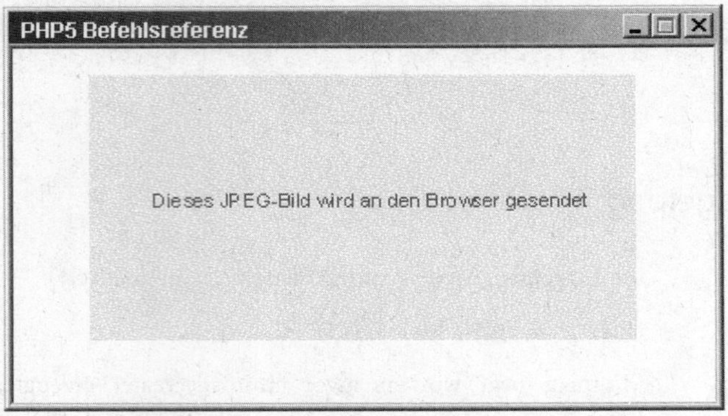
PHP5 Befehlsreferenz
Dieses JPEG-Bild wird an den Browser gesendet

Abb. 21: imagejpeg

8.34 imageline

⇒ **Befehl**

int **imageline** (int im, int x1, int y1, int x2, int y2, int col)

⇐ **Version**

(PHP 3, PHP 4, PHP 5)

⇔ **Beschreibung**

Mit imageline() zeichnet man auf einer Arbeitsfläche (*im*) eine Linie zwischen den Koordinaten (*x1*, *y1*) und (*x2*, *y2*). Die Farbe der Linie wird mit *col* bestimmt.

Siehe auch:

- imagecreate()
- imagecolorallocate()
- imagedashedline()

↔ **Beispiel**

```
<?PHP
$image = imagecreate(300,150);
$farbe_body=imagecolorallocate($image,243,243, 243);
$farbe_b = imagecolorallocate($image,10,36,106);
imageline($image,30,80,270,80,$farbe_b);
imageline($image,60,20,200,50,$farbe_b);
header("Content-Type: image/png");
imagepng($image);
?>
```

⊄ **Ausgabe**

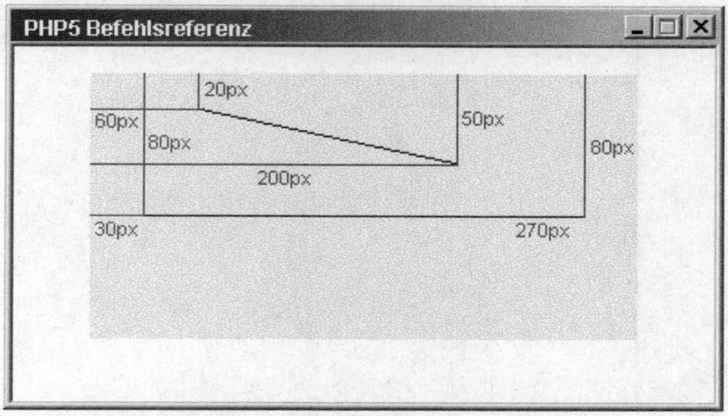

Abb. 22: imageline

8.35 imagepng

⇒ **Befehl** int **imagepng** (int im [, string filename])

⇐ **Version** (PHP 3>= 3.0.13, PHP 4, PHP 5)

⇔ **Beschreibung** Mit imagepng() wird ein zuvor mit imagecreate() erzeugtes Bild (*im*) im PNG-Format an den Browser gesendet. Der zweite Parameter (*filename*) ist optional; wenn Sie ihn angeben, wird das zuvor erstellte Bild in eine Datei geschrieben: imagepng($image,»image.png«).

Die PNG-Unterstützung ersetzt die GIF-Funktionen und kann nur genutzt werden, wenn Sie eine GD-Bibliothek ab der Version 1.6 verwenden.

Siehe auch:

- imagegif()
- imagejpeg()
- imagewbmp()
- imagetypes()
- imagecreate()
- imagecolorallocate()

↔ **Beispiel**

```
<?PHP
$image = imagecreate(300,150);
$farbe_body=imagecolorallocate($image,243,243,243);
header("Content-Type: image/png");
imagepng($image);
?>
```

⊄ **Ausgabe**

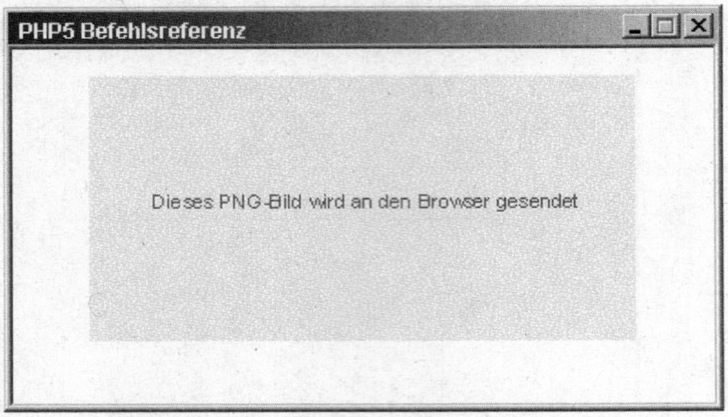
PHP5 Befehlsreferenz
Dieses PNG-Bild wird an den Browser gesendet

Abb. 23: imagepng

8.36 imagepolygon

⇒ **Befehl**

int **imagepolygon** (int im, array points, int num_points, int col)

⇐ **Version**

(PHP 3, PHP 4, PHP 5)

⇔ **Beschreibung**

Mit imagepolygon() kann man auf einer Arbeitsfläche (*im*) ein Vieleck (Polygon) zeichnen. Die Eckpunkte des Vielecks werden in einem Array (*points*) angegeben, das für jeden Punkt erst die X- und danach die Y-Koordinate enthält. Der Parameter *num_points* legt die Anzahl der Eckpunkte fest. Mit *col* gibt man die Linienfarbe des Vielecks an.

Siehe auch:

- imagecreate()
- imagecolorallocate()
- imagefilledpolygon()

↔ **Beispiel**

```
<?PHP
$image = imagecreate(300,150);
$farbe_body=imagecolorallocate($image,243,243,243);
$farbe_b = imagecolorallocate($image,10,36,106);
$mess_p = array(70,45,200,45,85,120,134,5,185,120);
imagepolygon($image, $mess_p, 5 , $farbe_b);
header("Content-Type: image/png");
imagepng($image);
?>
```

⊄ Ausgabe

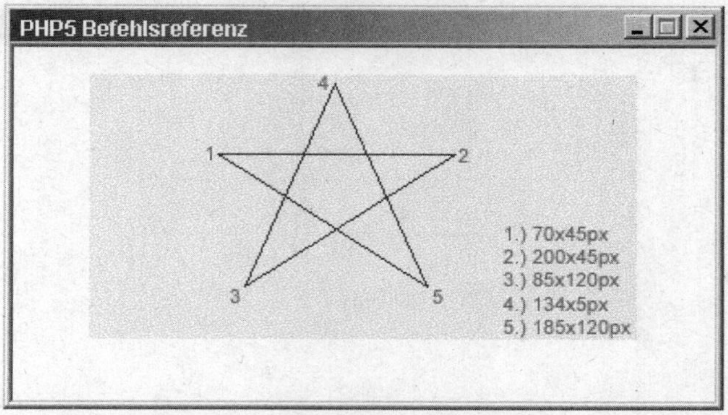

Abb. 24: imagepolygon

8.37 imagerectangle

⇒ **Befehl** int **imagerectangle** (int im, int x1, int y1, int x2, int y2, int col)

⇐ **Version** (PHP 3, PHP 4, PHP 5)

⇔ **Beschreibung** Mit imagerectangle() erstellt man auf einer Arbeitsfläche (*im*) ein Rechteck mit den Eckpunkten *x1*/*y1* und *x2*/*y2*. Dabei ist der Punkt (*x1*,*y1*) die linke obere Ecke und (*x2*,*y2*) die rechte untere Ecke des Rechtecks. Mit *col* legt man die Farbe der Linie fest.

Siehe auch:
- imagecreate()
- imagecolorallocate()
- imagefilledrectangle()

↔ **Beispiel**

```
<?PHP
$image = imagecreate(300,150);
$farbe_body=imagecolorallocate($image,243,243,243);
$farbe_b = imagecolorallocate($image,10,36,106);
imagerectangle($image,50,60,230,90,$farbe_b);
header("Content-Type: image/png");
imagepng($image);
?>
```

⊄ Ausgabe

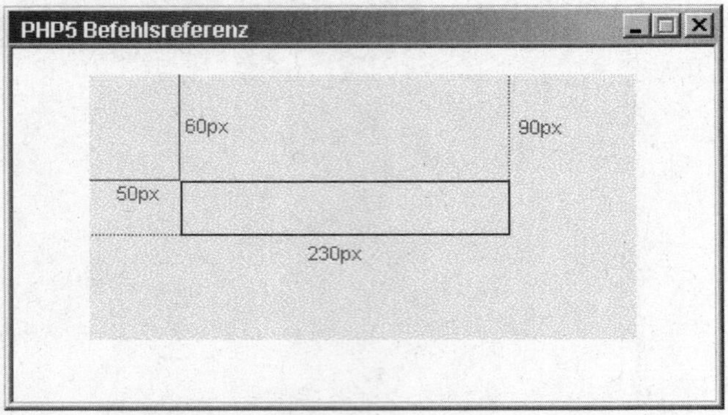

Abb. 25: imagerectangle

8.38 imagesetpixel

⇒ **Befehl** int **imagesetpixel** (int im, int x, int y, int col)

⇐ **Version** (PHP 3, PHP 4, PHP 5)

⇔ **Beschreibung** Mit imagesetpixel() zeichnet man auf einer Arbeitsfläche (*im*) ein einzelnes Pixel mit der Farbe *col*. Die Koordinaten des Pixels stehen in den Parametern *x* und *y*.

Siehe auch:

- imagecreate()
- imagecolorallocate()

↔ **Beispiel**

```
<?php
$image = imagecreate(300,150);
$farbe_body=imagecolorallocate($image,243,243,243);
$farbe_b = imagecolorallocate($image,10,36,106);
$y = 50;
$z = 30;
for($x=0;$x <=20;$x++){
    imagesetpixel($image, $z, $y, $farbe_b);
    imagesetpixel($image, $y, $z, $farbe_b);
    $y += 5;
    $z += 5;
}
Header("Content-type: image/png");
imagepng($image);
?>
```

⊄ **Ausgabe**

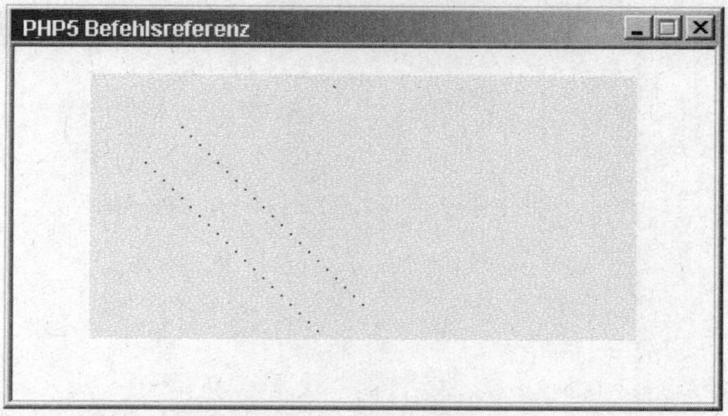

Abb. 26: imagesetpixel

8.39 imagestring

⇒ **Befehl**

int **imagestring** (int im, int font, int x, int y, string s, int col)

⇐ **Version**

(PHP 3, PHP 4, PHP 5)

⇔ **Beschreibung**

Mit imagestring() zeichnet man auf einer Arbeitsfläche (*im*) einen String (*s*) mit der Farbe *col* und der Schriftgröße *font*. Als Werte für die Schriftgröße stehen 1,2,3,4 und 5 zur Verfügung. Mit den XY-Koordinaten (*x* und *y*) gibt man den linken oberen Startpunkt des Strings an.

Siehe auch:

- imagecreate()
- imagecolorallocate()
- imageloadfont()
- imagechar()
- imagestringup()

↔ **Beispiel**

```
<?PHP
$image = imagecreate(300,150);
$farbe_body=imagecolorallocate($image,243,243,243);
$farbe_b = imagecolorallocate($image,10,36,106);
imagestring ($image, 5,30, 70, "PHP5 - Die Befehlsreferenz",
$farbe_b);
Header("Content-type: image/png");
imagepng($image);
?>
```

⊄ Ausgabe

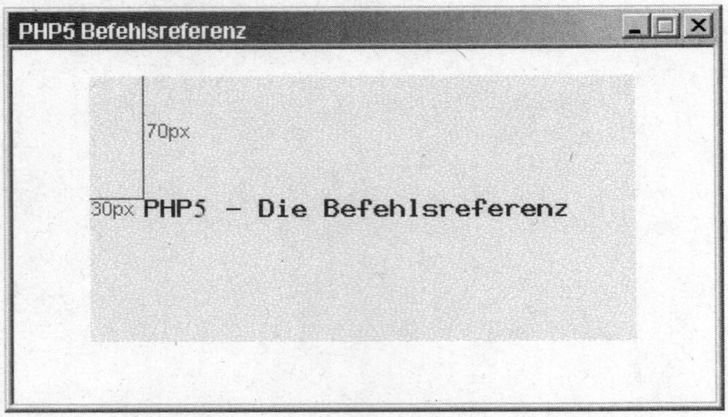

Abb. 27: imagestring

8.40 imagestringup

⇒ Befehl int **imagestringup** (int im, int font, int x, int y, string s, int col)

⇐ Version (PHP 3, PHP 4, PHP 5)

⇔ Beschreibung Mit imagestringup() zeichnet man auf einer Arbeitsfläche (*im*) einen vertikalen String (*s*) mit der Farbe *col* und der Schriftgröße *font*. Als Werte für die Schriftgröße stehen 1,2,3,4 und 5 zur Verfügung. Mit den XY-Koordinaten (*x* und *y*) gibt man den linken unteren Startpunkt des Strings an. Der String wird um 90° gegen den Uhrzeigersinn verdreht gezeichnet, also von unten nach oben.

Siehe auch:

- imagecreate()
- imagecolorallocate()
- imageloadfont()
- imagestring()

↔ Beispiel

```
<?PHP
$image = imagecreate(300,150);
$farbe_body=imagecolorallocate($image,243,243,243);
$farbe_b = imagecolorallocate($image,10,36,106);
imagestringup($image, 5,130, 100, "PHP 5", $farbe_b);
Header("Content-type: image/png");
imagepng($image);
?>
```

⊄ Ausgabe

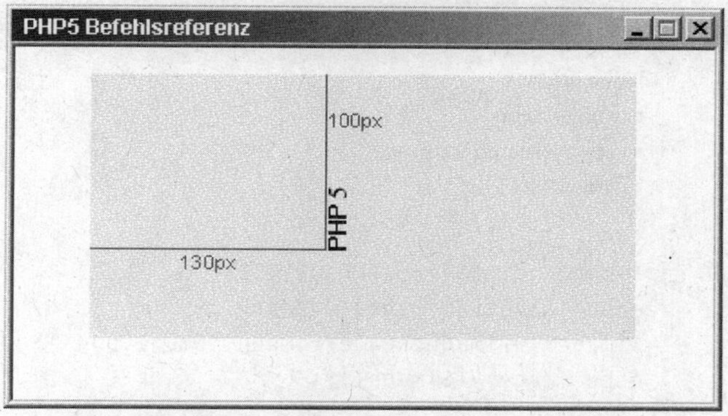

Abb. 28: imagestringup

8.41 imagesx

⇒ **Befehl** int **imagesx** (int im)

⇐ **Version** (PHP 3, PHP 4, PHP 5)

⇔ **Beschreibung** Mit imagesx() kann man die Breite eines Bildes (*im*) ermitteln.

Siehe auch:
- imagecreate()
- imagecreatefrompng()
- imagesy()

↔ **Beispiel**

```
<?PHP
$image = imagecreate(200,150);
echo imagesx($image) . "<br>";
$image1 = imagecreatefrompng("image.png");
echo imagesx($image1);
?>
```

⊄ **Ausgabe**

```
200
300
```

8.42 imagesy

⇒ **Befehl** int **imagesy** (int im)

⇐ **Version** (PHP 3, PHP 4, PHP 5)

⇔ **Beschreibung**

Mit imagesy() kann man die Höhe eines Bildes (*im*) ermitteln.

Siehe auch:
- imagecreate()
- imagecreatefrompng()
- imagesx()

↔ **Beispiel**

```
<?PHP
$image = imagecreate(200,100);
echo imagesy($image) . "<br>";
$image1 = imagecreatefrompng("image.png");
echo imagesy($image1);
?>
```

⊄ **Ausgabe**

```
100
150
```

8.43 imagettfbbox

⇒ **Befehl**

array **imagettfbbox** (int size, int angle, string fontfile, string text)

⇐ **Version**

(PHP 3>= 3.0.1, PHP 4, PHP 5)

⇔ **Beschreibung**

Mit imagettfbbox() kann man die Außenmaße für die Ausgabe eines Textes im TrueType-Format ermitteln. Als Parameter wird die Schriftgröße (*size*), der Schriftwinkel (*angle*), der Name der TTF-Datei als URL oder absoluter Pfad (*fontfile*) und der auszugebende Text (*text*) benötigt. Als Rückgabewert erhalten Sie ein Array mit den genauen XY-Koordinaten aller vier Ecken der Schrift. Im unteren Beispiel gab der Funktionsaufruf folgende Werte zurück:
- 1 , -1 , 320 , -1 , 320 , -18 , 1 , -18

Mit diesen Daten könnte man wie im unteren Beispiel gezeigt einen Kasten um den Text platzieren.

Siehe auch:
- imagecreate()
- imagecolorallocate()
- imagettftext()
- imagedestroy

↔ **Beispiel**

```
<?PHP
$size = 24;
$fontpath = "/fonts/arial.ttf"; //Pfad anpassen!
$textwerte = imagettfbbox($size, 0, $fontpath,"PHP 5 - Die
Befehlsreferenz");
$textwerte[2] += 8;
$textwerte[5] = abs($textwerte[5]);
```

```
$textwerte[5] += 4;
$image=imagecreate($textwerte[2], $textwerte[5]);
$farbe_body=imagecolorallocate($image,222,222,222);
$farbe_b = imagecolorallocate($image,10,36,106);
$textwerte[5] -= 2;
imagettftext ($image, $size, 0, 4,$textwerte[5],$farbe_b,
$fontpath, "PHP 5 - Die Befehlsreferenz");
imagepng($image, "image.png");
imagedestroy($image);
?>
<img src="image.png" border=0>
```

⊄ **Ausgabe**

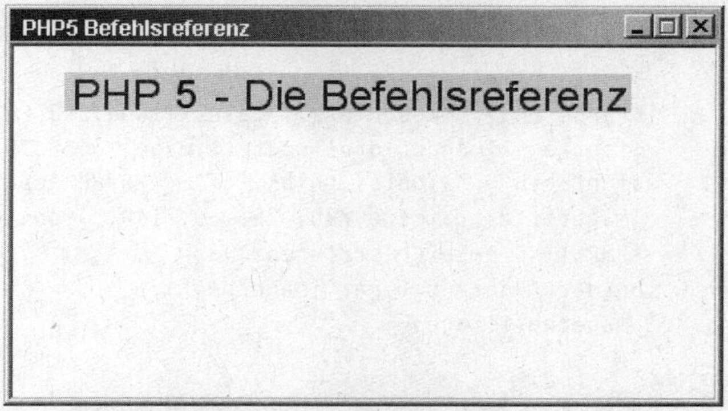

Abb. 29: imagettfbbox

8.44 imagettftext

⇒ **Befehl**

array **imagettftext** (int im, int size, int angle, int x, int y, int col, string fontfile, string text)

⇐ **Version**

(PHP 3, PHP 4, PHP 5)

⇔ **Beschreibung**

Mit imagettftext() können Sie einen beliebigen Text (*text*) auf einer Arbeitsfläche (*im*) zeichnen. Dabei geben Sie mit *x* und *y* die Startkoordinaten des Textes und mit *angle* den Grad der Ausrichtung an. Achten Sie bitte darauf, dass die Gradzahlen im Bereich von 0°-360° angegeben und gegen den Uhrzeigersinn dargestellt werden. Der Parameter *col* legt den Index der verwendeten Schriftfarbe fest; wenn Sie hier einen negativen Wert angeben, wird das Antialiasing deaktiviert. Durch den Parameter *size* bestimmen Sie die Größe der Schrift, welche aus einer TTF-Datei (*fontfile*) gelesen wird. Sie können innerhalb des Textes auch UTF-8-Zeichenfolgen nutzen – so wäre z.B. das Copyright-Zeichen »©« die Zeichenfolge »&#169«.

Als Rückgabewert der Funktion erhalten Sie ein Array, welches 8 Elemente besitzt; diese Elemente enthalten die X- und Y-Koordinaten der vier Eckpunkte des Textes. Bei der Ausgabe des unteren Bildbeispiels kamen folgende Werte heraus: 31,140,269,13,262,0,25,127 (dieses spiegelt die Eckkoordinaten vom linken unteren Punkt gegen den Uhrzeigersinn zum oberen linken Punkt des Textes). Sie können diese Funktion nur in Zusammenhang mit der GD- und FreeType-Bibliothek nutzen.

Siehe auch:

- imagecreate()
- imagecolorallocate()
- imagettfbbox()

↔ **Beispiel**

```
<?PHP
$image = imagecreate(300,150);
$farbe_body=imagecolorallocate($image,243,243,243);
$font_c = imagecolorallocate($image,10,36,106);
$fontpath = "/fonts/Schlbk.ttf"; //Pfad anpassen!
imagettftext($image, 20, 28, 30, 140, $font_c, $fontpath,
"PHP5 - Die Befehlsreferenz");
header("Content-type: image/png");
imagepng($image);
?>
```

⊄ **Ausgabe**

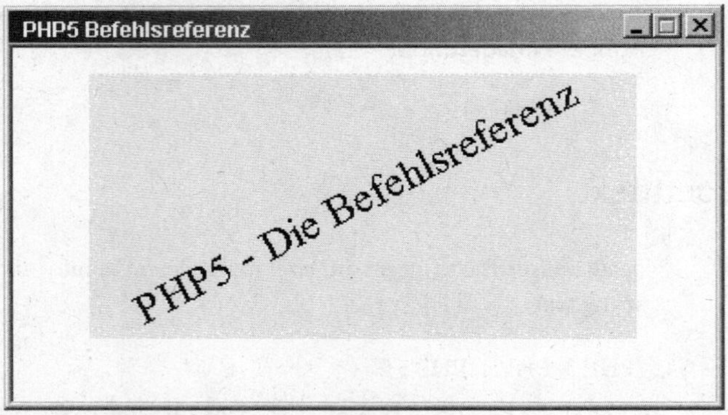

Abb. 30: imagettftext

8.45 imagetypes

⇒ **Befehl** **int imagetypes** (void)

⇐ **Version** (PHP 3 CVS only, PHP 4 >= 4.0.2, PHP 5)

⇔ **Beschreibung**

Mit imagestypes() werden alle momentan unterstützten Grafikformate innerhalb von PHP ermittelt. Rückgabewert der Funktion ist ein Integer-Wert, in dem Bit-Flags gesetzt sind; um die Bit-Flags den Grafikformaten zuzuordnen, können Sie die IMG_xxx-Konstanten verwenden (siehe Beispiel).

Folgende Formate sind möglich:

- GIF
- JPG
- PNG
- WBMP

↔ **Beispiel**

```
<?PHP
if(imagetypes() & IMG_GIF)$type[0] = "GIF";
if(imagetypes() & IMG_JPG)$type[1] = "JPG";
if(imagetypes() & IMG_PNG)$type[2] = "PNG";
if(imagetypes() & IMG_WBMP)$type[3] = "WBMP";
for($x=0;$x<4;$x++){
   echo $type[$x] ."-Unterstützung ist aktiviert";
   echo "<br>";
}
?>
```

⊄ **Ausgabe**

```
GIF-Unterstützung ist aktiviert
JPG-Unterstützung ist aktiviert
PNG-Unterstützung ist aktiviert
WBMP-Unterstützung ist aktiviert
```

9 Objektorientierte Funktionen

9.1 call_user_method

⇒ Befehl mixed **call_user_method** (string method_name, object obj [, mixed parameter [, mixed ...]])

⇐ Version (PHP 3>= 3.0.3, PHP 4, PHP 5)

⇔ Beschreibung Mit call_user_method() kann man eine benutzerdefinierte Methode eines Objektes aufrufen. Dabei ist diese Funktion als eine zusätzliche Möglichkeit zu sehen, um eine Funktion innerhalb einer Klasse aufzurufen.

Die Funktion *method_name* innerhalb einer Klasse wird über das Objekt *obj*, welches eine Klasse repräsentiert, angesprochen. Die optionalen Parameter ab *parameter* übergeben Argumente an die Methode. Sollten Sie mehr als einen Wert übergeben wollen, so trennen Sie die Werte durch Kommata.

Im unteren Beispiel sehen Sie zuerst den Aufruf einer Methode mit call_user_method() und danach den normalen und üblichen Aufruf ($korb -> weg()).

Siehe auch:
- call_user_func()

↔ Beispiel

```
<?PHP
if(!isset($menge))$menge = 0;
class warenkorb{
    function hinzu($zahl, $menge){
        $menge += $zahl;
        return $menge;
    }
    function weg($zahl, $menge){
        $menge -= $zahl;
        return $menge;
    }
}
$korb = new warenkorb();
$menge = call_user_method("hinzu",$korb,5,$menge);
echo "$menge\n";
echo $korb -> weg(2,$menge);
?>
```

⊄ Ausgabe

```
5
3
```

9.2 call_user_method_array

⇒ Befehl

mixed **call_user_method_array** (string method_name, object obj [, array paramarr])

⇐ Version

(PHP 4 >= 4.0.5, PHP 5)

⇔ Beschreibung

Mit call_user_method_array() kann man ein Array (*paramarr*) mit Werten an eine Methode (*method_name*) eines Objekts (*obj*) übergeben.

Im unteren Beispiel wurde die Methode zuerst mit einem Array aufgerufen, dann mit einer Variablen, danach auf die normale (übliche) Art und zum Schluss ohne Werte.

Sie sollten allerdings diese Funktion nicht mit den unten stehenden Beispielen (außer Arrays) benutzen, da sie eigentlich für Arrays bestimmt ist.

Siehe auch:
- call_user_func_array()
- call_user_func()
- call_user_method()

↔ Beispiel

```
<?PHP
class database{
   function first($a,$b,$c){
      $d = $a . $b . $c;
      return $d;
   }

   function second($x){
      return $x;
   }
   function third(){
      echo "HALLO";
   }
}
$klasse = new database;
$array = array("SELF","PHP"," 3");
$var = "SELFPHP 4";
echo call_user_method_array("first", $klasse, $array);
echo "\n";
echo call_user_method_array ("second", $klasse, $var);
echo "\n";
echo $klasse -> second("SELFPHP");
echo "\n";
call_user_method_array ("third", $klasse,"");
?>
```

⊄ **Ausgabe**

```
SELFPHP 3
SELFPHP 4
SELFPHP
HALLO
```

9.3 class_exists

⇒ **Befehl** bool **class_exists** (string class_name)

⇐ **Version** (PHP 4, PHP 5)

⇔ **Beschreibung** Mit class_exists() kann man überprüfen, ob eine Klasse deklariert wurde. Im Erfolgsfall gibt diese Funktion true, sonst false zurück.

↔ **Beispiel**

```
<?PHP
$array = array("einkauf","warenkorb","verkauf");
class warenkorb{
   //
   // Programmcode
   //
}
for($x=0;$x<count($array);$x++){
   if(class_exists($array[$x]))
       echo "Klasse " . $array[$x] ." wurde deklariert\n";
   else
       echo "Klasse " . $array[$x] ." wurde nicht
deklariert\n";
}
?>
```

⊄ **Ausgabe**

```
Klasse einkauf wurde nicht deklariert
Klasse warenkorb wurde deklariert
Klasse verkauf wurde nicht deklariert
```

9.4 get_class

⇒ **Befehl** string **get_class** (object obj)

⇐ **Version** (PHP 4, PHP 5)

⇔ **Beschreibung** Mit get_class() kann man sich den Namen der Klasse eines Objektes zurückgeben lassen.

Siehe auch:
- get_parent_class()
- is_subclass_of()

↔ **Beispiel**

```
<?PHP
class database{
   function first(){
   }
   function second(){
   }
}
$connect_to_base = new database;
echo get_class($connect_to_base);
?>
```

⊄ **Ausgabe**

```
database
```

9.5 get_class_methods

⇒ **Befehl** array **get_class_methods** (string class_name)

⇐ **Version** (PHP 4, PHP 5)

⇔ **Beschreibung** Mit get_class_methods() kann man sich alle Methoden in einer Klasse (*class_name*) zurückgeben lassen. Als Rückgabewert erhält man ein Array mit den Namen der Methoden.

Siehe auch:
- get_class_vars()
- get_object_vars()

↔ **Beispiel**

```
<?PHP
class database{
    function first(){
    }
    function second(){
    }
}
$connect_to_base = new database;
$name =  get_class($connect_to_base);
$array = get_class_methods($name);
for($x=0;$x< count($array);$x++){
    echo $array[$x] . "\n";
}
?>
```

⊄ **Ausgabe**

```
first
second
```

9.6 get_class_vars

⇒ **Befehl**

array get_class_vars (string class_name)

⇐ **Version**

(PHP 4, PHP 5)

⇔ **Beschreibung**

Mit get_class_vars() kann man sich alle Standardelemente einer Klasse (*class_name*) zurückgeben lassen. Als Standardelement ist alles zu sehen, was mit »var« in der Klassendefinition deklariert wurde.

Als Rückgabewert erhalten Sie ein Array mit dem Namen der Variablen und deren Inhalt.

Siehe auch:
- get_class_methods()
- get_object_vars()

↔ **Beispiel**

```
<?PHP
class database{
   var $db_server = "localhost";
   var $db_name = "container";
   var $db_user = "root";
   var $db_passwort = "xkLjsdes";
   var $vari = 20;
   function first(){

   }
   function second(){

   }
}
$connect_to_base = new database;
$name =  get_class($connect_to_base);
$array = get_class_vars($name);

while (list($key, $val) = each($array)) {
   echo "$key => $val";
   echo "\n";
}
?>
```

⊄ **Ausgabe**

```
db_server => localhost
db_name => container
db_user => root
db_passwort => xkLjsdes
vari => 20
```

9.7 get_declared_classes

⇒ **Befehl** array **get_declared_classes** (void)

⇐ **Version** (PHP 4, PHP 5)

⇔ **Beschreibung** Mit get_declared_classes() kann man sich innerhalb eines Skripts alle deklarierten Klassen zurückgeben lassen. Als Rückgabewert erhalten Sie ein Array mit den Namen der Klassen.

Folgende Klassen werden am Anfang des Arrays zurückgegeben (kann abweichen durch Versionsnummer von PHP):

- stdClass (deklariert in Zend/zend.c)
- Directory (deklariert in ext/standard/dir.c)

↔ **Beispiel**

```
<?PHP
class database{
   function first(){
   }
   function second(){
   }
}
class base_data{
   function first(){
   }
   function second(){
   }
}
$connect_to_base = new database;
$connect_to_base = new base_data;
$name =  get_declared_classes ();


while (list($key, $val) = each($name)) {
   echo "$key => $val";
   echo "\n";
}
?>
```

⊄ **Ausgabe**

```
0 => stdClass
1 => __PHP_Incomplete_Class
2 => Directory
3 => COM
4 => VARIANT
5 => database
6 => base_data
```

9.8 get_declared_interfaces

⇒ **Befehl**

array **get_declared_interfaces** (void)

⇐ **Version**

(PHP 5)

⇔ **Beschreibung**

Mit get_declared_interfaces() kann man sich innerhalb eines Skripts alle deklarierten Interfaces (Schnittstellen) zurückgeben lassen. Als Rückgabewert erhalten Sie ein Array mit den Namen.

↔ **Beispiel**

```
<?PHP
print_r(get_declared_interfaces());
?>
```

⊄ **Ausgabe**

```
Array
(
    [0] => Traversable
    [1] => IteratorAggregate
    [2] => Iterator
    [3] => ArrayAccess
    [4] => Reflector
    [5] => RecursiveIterator
    [6] => SeekableIterator
)
```

9.9 get_object_vars

⇒ **Befehl**

array **get_object_vars** (object obj)

⇐ **Version**

(PHP 4, PHP 5)

⇔ **Beschreibung**

Mit get_object_vars() kann man sich alle Mitgliedsvariablen (Eigenschaften) eines Objekts (*obj*) zurückgeben lassen.

Als Rückgabewert erhalten Sie ein Array mit dem Namen der Variablen und deren Inhalt. Die Instanz der Klasse muss vorhanden sein, da es sonst zu einer Fehlermeldung kommt.

Siehe auch:
- get_class_methods()
- get_class_vars

↔ **Beispiel**

```
<?PHP
class database{
   var $db_server = "localhost";
   var $db_name = "container";
   var $db_user, $db_passwort;
   var $vari = 20;

    function first(){

    }
}
$connect_to_base = new database;
$connect_to_base->vari = 50;
$connect_to_base->db_user = "damir";
$connect_to_base->db_passwort = "geheim";
$array = get_object_vars($connect_to_base);
while (list($key, $val) = each($array)) {
    echo "$key => $val";
    echo "\n";
}
?>
```

⊄ **Ausgabe**

```
db_server => localhost
db_name => container
vari => 50
db_user => damir
db_passwort => geheim
```

9.10 get_parent_class

⇒ **Befehl** string **get_parent_class** (mixed obj)

⇐ **Version** (PHP 4, PHP 5)

⇔ **Beschreibung** Mit get_parent_class() kann man anhand eines Objekts (*obj*), das Instanz einer Subklasse ist, den Namen der Basisklasse ermitteln.

Siehe auch:
- get_class()
- is_subclass_of()

↔ **Beispiel**

```
<?PHP
class database{
   function first(){

   }
}
class secure extends database{
   function second(){

   }
}
$connect = new secure;
echo get_parent_class($connect);
?>
```

⊄ **Ausgabe**

```
database
```

9.11 is_a

⇒ **Befehl**

bool is_a (object object, string class_name)

⇐ **Version**

(PHP 4 >= 4.2.0, PHP 5)

⇔ **Beschreibung**

Mit is_a() kann man überprüfen, ob eine Klasse innerhalb eines Objekts definiert ist.

Siehe auch:

- get_class()
- get_parent_class()
- is_subclass_of()

↔ **Beispiel**

```
<?PHP
class database{
   var $oink = 'moo';
}
$klasse = new database();

if (is_a($klasse, 'database')) {
  echo "Klasse wurde im Objekt gefunden!";
}
?>
```

⊄ **Ausgabe**

```
Klasse wurde im Objekt gefunden!
```

9.12 s_subclass_of

⇒ Befehl bool **is_subclass_of** (object obj, string superclass)

⇐ Version (PHP 4, PHP 5)

⇔ Beschreibung Mit is_subclass_of() kann man überprüfen, ob es sich bei dem zu untersuchenden Objekt (*obj*) um die Instanz einer Subklasse der Basisklasse *superclass* handelt.

Siehe auch:

- get_class()
- get_parent_class()

↔ Beispiel

```
<?PHP
class database{
   function first(){

   }
}
class secure extends database{
   function second(){

   }
}
$klasse = new secure;
if(is_subclass_of($klasse,"database"))
   echo "Das Objekt ist eine Subklasse";
else
   echo "Das Objekt ist keine Subklasse";
?>
```

⊄ Ausgabe

```
Das Objekt ist eine Subklasse
```

9.13 method_exists

⇒ Befehl bool **method_exists** (object obj, string method_name)

⇐ Version (PHP 4, PHP 5)

⇔ Beschreibung Mit method_exists() kann man überprüfen, ob eine Methode (*method_name*) innerhalb eines Objekts (*obj*) definiert ist.

Siehe auch:

- function_exists()

↔ **Beispiel**

```
<?PHP
class database{
   function first(){

   }

   function second(){

   }
}
$klasse = new database;
$array = array("first","database","second");
for($x=0;$x<count($array);$x++){
   if(method_exists($klasse,$array[$x]))
      echo "Das Objekt besitzt die Methode $array[$x] \n";
   else
      echo "Das Objekt besitzt nicht die Methode $array[$x]
\n";
}
?>
```

⊄ **Ausgabe**

```
Das Objekt besitzt die Methode first
Das Objekt besitzt nicht die Methode database
Das Objekt besitzt die Methode second
```

10 Mail-Funktionen

10.1 mail

⇒ **Befehl**

bool **mail** (string to, string subject, string message [, string additional_headers [, string additional_parameters]])

⇐ **Version**

(PHP 3, PHP 4, PHP 5)

⇔ **Beschreibung**

Mit mail() kann man eine E-Mail im Text- oder HTML-Format an eine oder mehrere Personen versenden. Sie können in dieser Mail einen Empfänger (*to*), einen Absender, ein CC , ein BCC und sogar ein Attachment festlegen, die alle beim Versand berücksichtigt werden.

Der Betreff (*subject*) und die Nachricht (*message*) werden dann mit den obigen Daten versendet. Im Mailheader (*additional_headers*) können Sie verschiedene Angaben (From, Cc, Bcc etc – siehe Beispiel) machen, welche jeweils durch einen Zeilenvorschub (\n) getrennt sein müssen.

Wollen Sie eine E-Mail an mehrere Personen senden, so schreiben Sie sie im *to*-Bereich und trennen die einzelnen Adressen durch ein Komma(,).
Im optionalen Parameter *additional_parameters* können Sie Befehlszeilenargumente an das Mail-Programm übergeben.

Zum Beispiel:
Für die Empfänger wurde hier ein Array geschaffen, um nachher mit *implode()* die einzelnen Adressen durch ein Komma zu trennen. Das Beispiel ist beliebig anpassbar, es sollen hier nur die Möglichkeiten aufgezeigt werden.

↔ **Beispiel**

```
<?PHP
/* Empfänger */
$empfaenger = array("Damir<mail@selfphp.com>");

/* Empfänger CC */
$empfaengerCC = array("Damir CC<mail@selfphp.com>");

/* Empfänger BCC */
$empfaengerBCC = array("Damir BCC<mail@selfphp.com>");

/* Absender */
$absender = "Administrator SelfPHP<selfphp@selfphp.com>";

/* Rueckantwort */
```

```
$reply = "Administrator SelfPHP<selfphp@selfphp.com>";

/* Betreff */
$subject = "Info Mail von SelfPHP";

/* Nachricht */
$message = '
<html>
<head>
 <title>SelfPHP - Mail Beispiel</title>
</head>
<body>
<table width="214" border="0" cellspacing="0"
cellpadding="0">
  <tr>
    <td width="47">PHP5</td>
    <td width="56"> </td>
    <td width="99"> </td>
  </tr>
  <tr>
    <td> </td>
    <td>SelfPHP</td>
    <td> </td>
  </tr>
  <tr>
    <td> </td>
    <td> </td>
    <td>www.selfphp.de</td>
  </tr>
</table>
</body>
</html>
';


/* Baut Header der MAil zusammen */
$headers .="From:" . $absender . "\n";
$headers .= "Reply-To:" . $reply . "\n";
$headers .= "X-Mailer: PHP/" . phpversion(). "\n";
$headers .= "X-Sender-IP: $REMOTE_ADDR\n";
$headers .= "Content-type: text/html\n";

// Extrahiere Emailadressen
$empfaengerString = implode(",",$empfaenger);
$empfaengerCCString = implode(",",$empfaengerCC);
$empfaengerBCCString = implode(",",$empfaengerBCC);
```

```
$headers .= "Cc: " . $empfaengerCCString . "\n";
$headers .= "Bcc: " . $empfaengerBCCString . "\n";

/* Verschicken der Mail */
mail($empfaengerString, $subject, $message, $headers);
?>
```

⊄ **Ausgabe**

```
//Versendet die Email an alle Empfänger
```

11 Mathematische Funktionen

11.1 abs

⇒ **Befehl** mixed **abs** (mixed number)

⇐ **Version** (PHP 3, PHP 4, PHP 5)

⇔ **Beschreibung** Mit abs() kann man sich von einer bestimmten Zahl (*number*) den Absolutwert zurückgeben lassen. Ist die Zahl vom Typ »float«, wird auch die Zahl als »float«, sonst als »int« zurückgegeben.

Ist die Zahl bereits ein Absolutwert, so bleibt sie von dem Befehl abs() unberührt.

↔ **Beispiel**

```
<?PHP
echo abs(-12) . "<br>";
echo abs(-4.5) . "<br>";
echo abs(0) . "<br>";
echo abs(24);?>
```

⊄ **Ausgabe**

```
12
4.5
0
24
```

11.2 acos

⇒ **Befehl** float **acos** (float arg)

⇐ **Version** (PHP 3, PHP 4, PHP 5)

⇔ **Beschreibung** Mit acos() kann man sich den Arcuscosinus-Wert zu *arg* im Bogenmaß zurückgeben lassen. Der Wert *arg* darf zwischen -1.0 und 1.0 liegen. Werte darüber werden als »NAN« zurückgegeben.

Siehe auch:

- asin()
- atan()
- cos()

↔ **Beispiel**

```
<?PHP
echo acos(1.00) . "<br>";
echo acos(0.52) . "<br>";
echo acos(-1.00) . "<br>";
echo acos(-1.01) . "<br>";
echo rad2deg(acos(0.50)) . "°";
?>
```

⊄ **Ausgabe**

```
0
1.0239453761
3.14159265359
-1.#IND
60°
```

11.3 asin

⇒ **Befehl**

float asin (float arg)

⇐ **Version**

(PHP 3, PHP 4, PHP 5)

⇔ **Beschreibung**

Mit asin() kann man sich den Arcussinus-Wert zu *arg* im Bogenmaß zurückgeben lassen. Der Wert *arg* darf zwischen -1.0 und 1.0 liegen. Werte darüber werden als »NAN« zurückgegeben.

Siehe auch:

- acos()
- atan()
- sin()
- rad2deg()

↔ **Beispiel**

```
<?PHP
echo asin(1.0) . "\n";
echo asin(0.52) . "\n";
echo asin(-1.00) . "\n";
echo asin(-1.01) . "\n";
echo rad2deg(asin(0.50)) . "°";
?>
```

⊄ **Ausgabe**

```
1.5707963267949
0.54685095069594
-1.5707963267949
-1.#IND
30°
```

11.4 atan

⇒ **Befehl** float **atan** (float arg)

⇐ **Version** (PHP 3, PHP 4, PHP 5)

⇔ **Beschreibung** Mit atan() kann man sich den Arcustangens-Wert zu *arg* im Bogenmaß zurückgeben lassen.

Siehe auch:

- asin()
- acos()
- atan2()
- rad2deg()
- tan()

↔ **Beispiel**

```
<?PHP
echo $wert = atan(-1) . "\n";
echo rad2deg(atan(1)) . "°";
?>
```

⊄ **Ausgabe**

```
-0.78539816339745
45°
```

11.5 atan2

⇒ **Befehl** float **atan2** (float y, float x)

⇐ **Version** (PHP 3>= 3.0.5, PHP 4, PHP 5)

⇔ **Beschreibung** Mit atan2() kann man sich den Arcustangens-Wert der Parameter *x* und *y* zurückgeben lassen. Dabei wird das Vorzeichen beider Parameter ausgewertet und so der Quadrant des Ergebnisses bestimmt.

Siehe auch:

- atan()
- acos()
- asin()
- rad2deg()
- tan()

↔ **Beispiel**

```
<?PHP
echo atan2(-2,2) . "\n";
echo rad2deg(atan2(1,2)) . "°";
?>
```

⊄ **Ausgabe**

```
-0.78539816339745
26.565051177078°
```

11.6 base_convert

⇒ **Befehl**

string **base_convert** (string number, int frombase, int tobase)

⇐ **Version**

(PHP 3>= 3.0.6, PHP 4, PHP 5)

⇔ **Beschreibung**

Mit base_convert() kann man eine Zahl (*number*) von einer beliebigen Basis (*frombase*) zu einer anderen Basis (*tobase*) konvertieren lassen. Es ist darauf zu achten, dass die Basen den Wert 2 nicht unterschreiten und den Wert 36 nicht überschreiten. Für Zahlen in Basen größer als 10 werden neben den Ziffern 0-9 auch die Buchstaben a-z genutzt, wobei a einen Wert von 10 und z einen Wert von 36 hat.

Siehe auch:

- bindec()
- decbin()
- dechex()
- decoct()
- hexdec()
- octdec()

↔ **Beispiel**

```
<?PHP
echo base_convert("100",2,10);
?>
```

⊄ **Ausgabe**

```
4
```

11.7 bcadd

⇒ **Befehl**

string **bcadd** (string LOperand, string ROperand [, int Genauigkeit])

⇐ **Version**

(PHP 3, PHP 4, PHP 5)

⇔ **Beschreibung**

Mit bcadd() wird der erste Operand (*LOperand*) zu dem zweiten Operanden (*ROperand*) addiert. Der optionale Parameter *Genauigkeit* bestimmt die Nachkommastellen.

Siehe auch:

- bcsub()

Achtung: Diese Funktion ist nur ausführbar, wenn PHP bei der Installation mit `--enable-bcmath` konfiguriert wurde.

↔ **Beispiel**

```
<?PHP
echo bcadd(12,129,3) . "\n";
echo bcadd(12.234,104.19,2);
?>
```

⊄ **Ausgabe**

```
141.000
116.42
```

11.8 bccomp

⇒ **Befehl** int **bccomp** (string LOperand, string ROperand [,int Genauigkeit])

⇐ **Version** (PHP 3, PHP 4, PHP 5)

⇔ **Beschreibung** Mit bccomp() wird der erste Operand (*LOperand*) mit dem zweiten Operanden (*ROperand*) verglichen. Sind beide Operanden gleich, wird 0 zurückgegeben. Ist der linke Operand größer als der rechte Operand, wird +1 zurückgegeben, sonst –1 (rechter Operand ist größer).

Der Parameter *Genauigkeit* bestimmt die Nachkommastellen, welche beim Vergleich berücksichtigt werden.

Achtung: Diese Funktion ist nur ausführbar , wenn PHP bei der Installation mit `--enable-bcmath` konfiguriert wurde.

↔ **Beispiel**

```
<?PHP
echo bccomp(21.123,21.124,2) . "\n";
echo bccomp(21.123,21.124,3) . "\n";
echo bccomp(21.124,21.123,3);
?>
```

⊄ **Ausgabe**

```
0
-1
1
```

11.9 bcdiv

⇒ **Befehl** string **bcdiv** (string LOperand, string ROperand [,int Genauigkeit])

⇐ **Version** (PHP 3, PHP 4, PHP 5)

⇔ **Beschreibung**

Mit bcdiv() wird der erste Operand (*LOperand*) durch den zweiten Operanden (*ROperand*) dividiert. Der Parameter *Genauigkeit* bestimmt die Nachkommastellen im Ergebnis.

Siehe auch:
- bcmul()

Achtung: Diese Funktion ist nur ausführbar, wenn PHP bei der Installation mit `--enable-bcmath` konfiguriert wurde.

↔ **Beispiel**

```
<?PHP
echo bcdiv(9,2,0) . "\n";
echo bcdiv(9,2,1);
?>
```

⊄ **Ausgabe**

```
4
4.5
```

11.10 bcmod

⇒ **Befehl**

string **bcmod** (string Operand, string Modulus)

⇐ **Version**

(PHP 3, PHP 4, PHP 5)

⇔ **Beschreibung**

Mit bcmod() wird der Modulus-Wert einer Zahl (*Operand*) zurückgeliefert.

Siehe auch:
- bcdiv()

Achtung: Diese Funktion ist nur ausführbar, wenn PHP bei der Installation mit `--enable-bcmath` konfiguriert wurde.

↔ **Beispiel**

```
<?PHP
echo bcmod(80,3); // 80:3=26 - Rest 2
?>
```

⊄ **Ausgabe**

```
2
```

11.11 bcmul

⇒ **Befehl**

string **bcmul** (string LOperand, string ROperand [,int Genauigkeit])

⇐ **Version**

(PHP 3, PHP 4, PHP 5)

⇔ **Beschreibung**

Mit bcmul() wird der erste Operand (*LOperand*) mit dem zweiten Operanden (*ROperand*) multipliziert. Der Parameter *Genauigkeit* bestimmt die Nachkommastellen im Ergebnis.

Siehe auch:
- bcdiv()

Achtung: Diese Funktion ist nur ausführbar, wenn PHP bei der Installation mit `--enable-bcmath` konfiguriert wurde.

↔ **Beispiel**

```
<?PHP
echo bcmul(3.3,2,0) . "\n";
echo bcmul(3.3,2,1);
?>
```

⊄ **Ausgabe**

```
6
6.6
```

11.12 bcpow

⇒ **Befehl**

string **bcpow** (string x, string y [,int Genauigkeit])

⇐ **Version**

(PHP 3, PHP 4, PHP 5)

⇔ **Beschreibung**

Mit bcpow() wird der erste Operand (*x*) mit dem zweiten Operanden (*y*) potenziert. Der Parameter *Genauigkeit* bestimmt die Nachkommastellen im Ergebnis.

Es ist darauf zu achten, dass der zweite Operand keine Nachkommastellen besitzt. Je nach Version erhalten Sie entweder eine Fehlermeldung oder die Nachkommastelle wird bei der Berechnung einfach nicht berücksichtigt.

Siehe auch:
- bcsqrt()

Achtung: Diese Funktion ist nur ausführbar, wenn PHP bei der Installation mit `--enable-bcmath` konfiguriert wurde.

↔ **Beispiel**

```
<?PHP
echo bcpow(3.1,3,3) . "\n";
echo bcpow(3.1,3,1);
?>
```

⊄ **Ausgabe**

```
29.791
29.7
```

11.13 bcscale

⇒ Befehl bool **bcscale** (int Genauigkeit)

⇐ Version (PHP 3, PHP 4, PHP 5)

⇔ Beschreibung Mit bcscale() wird die Genauigkeit aller folgenden BC-Funktionen innerhalb des laufenden Skripts bestimmt. Falls Sie einer BC-Funktion (z.B. bcadd) keinen expliziten Wert für den Parameter *Genauigkeit* übergeben, gilt die mit bcscale() voreingestellte Anzahl der Nachkommastellen. Gibt bei Erfolg TRUE, ansonsten FALSE zurück.

Achtung: Diese Funktion ist nur ausführbar, wenn PHP bei der Installation mit `--enable-bcmath` konfiguriert wurde.

↔ Beispiel

```
<?PHP
bcscale(3);
echo bcpow(3.1,3);
/* Alle nachfolgenden Berechnungen haben drei
Nachkommastellen */
?>
```

⊄ Ausgabe

```
29.791
```

11.14 bcsqrt

⇒ Befehl string **bcsqrt** (string Operand, int Genauigkeit)

⇐ Version (PHP 3, PHP 4, PHP 5)

⇔ Beschreibung Mit bcsqrt() wird die Quadratwurzel von *Operand* ermittelt. Der Parameter *Genauigkeit* gibt die Nachkommastellen des Ergebnisses an.

Achtung: Diese Funktion ist nur ausführbar, wenn PHP bei der Installation mit `--enable-bcmath` konfiguriert wurde.

↔ Beispiel

```
<?PHP
echo bcsqrt(25,2);
?>
```

⊄ Ausgabe

```
5.00
```

11.15 bcsub

⇒ **Befehl**

string **bcsub** (string LOperand, string ROperand [,int Genauigkeit])

⇐ **Version**

(PHP 3, PHP 4, PHP 5)

⇔ **Beschreibung**

Mit bcsub() wird der zweite Operand (*ROperand*) vom ersten Operanden (*LOperand*) subtrahiert. Der Parameter *Genauigkeit* bestimmt die Nachkommastellen im Ergebnis.

Siehe auch:
- bcadd()

Achtung: Diese Funktion ist nur ausführbar, wenn PHP bei der Installation mit `--enable-bcmath` konfiguriert wurde.

↔ **Beispiel**

```
<?PHP
echo bcsub(17,9,3);
?>
```

⊄ **Ausgabe**

```
8.000
```

11.16 bindec

⇒ **Befehl**

int **bindec** (string binary_string)

⇐ **Version**

(PHP 3, PHP 4, PHP 5)

⇔ **Beschreibung**

Mit bindec() wird eine binäre Zahl (*binary_string*) in eine dezimale Zahl konvertiert.

Eine Binärzahl besteht ausschließlich aus den Ziffern 1 und 0. Dabei ist der höchste zu konvertierende Wert ein String mit 31 Einsen.

Siehe auch:
- decbin()
- octdec()
- hexdec()

↔ **Beispiel**

```
<?PHP
echo bindec(101010);
?>
```

⊄ **Ausgabe**

```
42
```

11.17 ceil

⇒ **Befehl** float **ceil** (float number)

⇐ **Version** (PHP 3, PHP 4, PHP 5)

⇔ **Beschreibung** Mit ceil() wird diejenige ganze Zahl zurückgegeben, welche größer oder gleich der vorgegebenen Zahl (*number*) ist. Es wird ausschließlich aufgerundet, auch wenn die Nachkommastelle kleiner als 5 ist.

Siehe auch:

- floor()
- round()

↔ **Beispiel**

```
<?PHP
echo ceil(4.4) . "\n";
echo ceil(10);
?>
```

⊄ **Ausgabe**

```
5
10
```

11.18 cos

⇒ **Befehl** float **cos** (float arg)

⇐ **Version** (PHP 3, PHP 4, PHP 5)

⇔ **Beschreibung** Mit cos() kann man sich den Cosinuswert von *arg* im Bogenmaß zurückgeben lassen.

Siehe auch:

- sin()
- tan()
- acos

↔ **Beispiel**

```
<?PHP
echo cos(30);
?>
```

⊄ **Ausgabe**

```
0.15425144988758
```

11.19 decbin

⇒ **Befehl** string **decbin** (int number)

⇐ **Version** (PHP 3, PHP 4, PHP 5)

⇔ **Beschreibung** Mit decbin() wird eine dezimale Zahl (*number*) in eine binäre Zahl konvertiert.

Siehe auch:

- bindec()
- dechex()
- decoct()

↔ **Beispiel**

```
<?PHP
echo decbin(42);
?>
```

⊄ **Ausgabe**

```
101010
```

11.20 dechex

⇒ **Befehl** string **dechex** (int number)

⇐ **Version** (PHP 3, PHP 4, PHP 5)

⇔ **Beschreibung** Mit dechex() wird eine dezimale Zahl (*number*) in eine hexadezimale Zahl konvertiert.

Siehe auch:

- hexdec()
- decbin()
- decoct()

↔ **Beispiel**

```
<?PHP
echo dechex(42);
?>
```

⊄ **Ausgabe**

```
2a
```

11.21 decoct

⇒ **Befehl** string **decoct** (int number)

⇐ **Version** (PHP 3, PHP 4, PHP 5)

⇔ **Beschreibung**

Mit decoct() wird eine dezimale Zahl (*number*) in oktale Darstellung konvertiert.

Siehe auch:
- octdec()
- decbin()
- dechex()

↔ **Beispiel**

```
<?PHP
echo decoct(42);
?>
```

⊄ **Ausgabe**

```
52
```

11.22 deg2rad

⇒ **Befehl**

double **deg2rad** (double number)

⇐ **Version**

(PHP 3>= 3.0.4, PHP 4, PHP 5)

⇔ **Beschreibung**

Mit deg2rad() wird eine übergebene Zahl (*number* als Winkelangabe) von Grad in Bogenmaß umgerechnet.

Siehe auch:
- rad2deg()

↔ **Beispiel**

```
<?PHP
echo deg2rad(90);
?>
```

⊄ **Ausgabe**

```
1.5707963267949
```

11.23 exp

⇒ **Befehl**

float **exp** (float arg)

⇐ **Version**

(PHP 3, PHP 4, PHP 5)

⇔ **Beschreibung**

Mit exp() wird die Eulerscher Zahl e mit der übergebenen Zahl (*arg*) potenziert. Dabei ist die Eulerscher Zahl e=2.7183.

Siehe auch:
- pow()

↔ **Beispiel**

```
<?PHP
echo exp(10);
?>
```

⊄ **Ausgabe**

```
22026.465794807
```

11.24 floor

⇒ **Befehl** float **floor** (float number)

⇐ **Version** (PHP 3, PHP 4, PHP 5)

⇔ **Beschreibung** Mit floor() wird diejenige ganze Zahl ausgegeben, welche kleiner oder gleich der vorgegebenen Zahl *number* ist. Es wird ausschließlich abgerundet, auch wenn die Nachkommastelle größer als 5 ist.

Siehe auch:

- ceil()
- round()

↔ **Beispiel**

```
<?PHP
echo floor(3.4) . "\n";
echo floor(22);
?>
```

⊄ **Ausgabe**

```
3
22
```

11.25 getrandmax

⇒ **Befehl** int **getrandmax** (void)

⇐ **Version** (PHP 3, PHP 4, PHP 5)

⇔ **Beschreibung** Mit getrandmax() kann man sich den größten Wert zurückgeben lassen, den die Funktion rand() auf der vorhandenen Plattform als Zufallszahl zurückgeben könnte.

Siehe auch:

- rand()
- srand()
- mt_rand
- mt_srand
- mt_getrandmax

↔ **Beispiel**

```
<?PHP
echo "Windows: " . getrandmax();
?>
```

⊄ **Ausgabe**

```
Windows: 32767
```

11.26 hexdec

⇒ **Befehl** int **hexdec** (string hex_string)

⇐ **Version** (PHP 3, PHP 4, PHP 5)

⇔ **Beschreibung** Mit hexdec() wird eine hexadezimale Zahl (*hex_string*) in eine dezimale Zahl konvertiert.

Siehe auch:

- dechex()
- bindec()
- octdec()

↔ **Beispiel**

```
<?PHP
echo hexdec("2a");
?>
```

⊄ **Ausgabe**

```
42
```

11.27 log

⇒ **Befehl** float **log** (float arg)

⇐ **Version** (PHP 3, PHP 4, PHP 5)

⇔ **Beschreibung** Mit log() kann man sich den natürlichen Logarithmus (zur Basis e=2.7183 – Eulersche Zahl) des Parameters *arg* zurückgeben lassen.

Siehe auch:

- exp()
- log10()

↔ **Beispiel**

```
<?PHP
echo log(210);
?>
```

⊄ **Ausgabe**

```
5.3471075307175
```

11.28 log10

⇒ **Befehl** float **log10** (float arg)

⇐ **Version** (PHP 3, PHP 4, PHP 5)

⇔ **Beschreibung** Mit log10() kann man sich den Logarithmus (Logarithmus zur Basis 10) des Parameters *arg* zurückgeben lassen.

Siehe auch:

- log()

↔ **Beispiel**

```
<?PHP
echo log10(210);
?>
```

⊄ **Ausgabe**

```
2.3222192947339
```

11.29 max

⇒ **Befehl** mixed **max** (mixed arg1, mixed arg2, mixed argn)

⇐ **Version** (PHP 3, PHP 4, PHP 5)

⇔ **Beschreibung** Mit max() kann man sich den größten Wert der übergebenen Argumente (*arg1* bis *argn*) zurückgeben lassen. Dabei ist darauf zu achten, dass mindestens zwei Werte vorhanden sein müssen, um eine Überprüfung vornehmen zu können. Sollten Sie dennoch nur einen Wert übergeben wollen, muss dieser ein Array sein.

Siehe auch:

- min()

↔ **Beispiel**

```
<?PHP
$array = array(5,2,45,12,9,13,22);
echo max($array) . "\n";
echo max(1,2,3,4,5,6,7);
?>
```

⊄ **Ausgabe**

```
45
7
```

11.30 min1

⇒ **Befehl** mixed **min** (mixed arg1, mixed arg2, mixed argn)

⇐ **Version** (PHP 3, PHP 4, PHP 5)

⇔ **Beschreibung**

Mit min() kann man sich den kleinsten Wert der übergebenen Argumente (*arg1* bis *argn*) zurückgeben lassen. Dabei ist darauf zu achten, dass mindestens zwei Werte vorhanden sein müssen, um eine Überprüfung vornehmen zu können. Sollten Sie dennoch nur einen Wert übergeben wollen, muss dieser ein Array sein.

Siehe auch:

- max()

↔ **Beispiel**

```
<?PHP
$array = array(5,2,45,12,9,13,22);
echo min($array) . "\n";
echo min(1,2,3,4,5,6,7);
?>
```

⊄ **Ausgabe**

```
2
1
```

11.31 mt_getrandmax

⇒ **Befehl**

int **mt_getrandmax** (void)

⇐ **Version**

(PHP 3>= 3.0.6, PHP 4, PHP 5)

⇔ **Beschreibung**

Mit mt_getrandmax() kann man sich den größten Wert zurückgeben lassen, den die Funktion mt_rand() auf der vorhandenen Plattform zurückgeben könnte.

Siehe auch:

- mt_rand()
- mt_srand()
- rand
- srand
- getrandmax

↔ **Beispiel**

```
<?PHP
echo mt_getrandmax();
?>
```

⊄ **Ausgabe**

```
2147483647
```

11.32 mt_rand

⇒ **Befehl**

int **mt_rand** ([int min [, int max]])

⇐ **Version**

(PHP 3>= 3.0.6, PHP 4, PHP 5)

⇔ **Beschreibung**

Mit mt_rand() kann man sich eine Zufallszahl zwischen *min* und *max* zurückgeben lassen.

Gegenüber rand() erzeugt mt_rand() wesentlich bessere Zufallszahlen. Ohne die Parameter *min* und *max* werden Zufallszahlen zwischen 0 und dem plattformabhängigen Maximalwert geliefert. Dieser Maximalwert kann mit mt_getrandmax() ermittelt werden. Sie sollten unbedingt immer den Befehl mt_srand() vor mt_rand() benutzen, um nicht immer dieselben Werte zu bekommen.

Seit PHP 4.2.0 müssen Sie den internen Zufallsgenerator vor seiner Benutzung nicht mehr initialisieren.

Siehe auch:

- mt_srand()
- mt_getrandmax()
- srand()
- rand()
- getrandmax()

↔ **Beispiel**

```
<?PHP
mt_srand((double)microtime()*1000000);
$zufall = mt_rand();
echo $zufall;
?>
```

⊄ **Ausgabe**

```
1918490716  //kann aber auch ein anderer Wert sein!
```

11.33 mt_srand

⇒ **Befehl**

void **mt_srand** (int seed)

⇐ **Version**

(PHP 3>= 3.0.6, PHP 4, PHP 5)

⇔ **Beschreibung**

Mit mt_srand() legt man einen internen Startwert für den »Mersenne-Twister«-Zufallszahlengenerator von mt_rand() fest. Um nicht immer die gleichen Werte zu bekommen, sollte man als Wert die aktuelle Zeit nehmen. Diese Funktion gibt keinen Ergebniswert zurück!

Seit PHP 4.2.0 müssen Sie den internen Zufallsgenerator vor seiner Benutzung nicht mehr initialisieren.

Siehe auch:

- mt_rand()
- mt_getrandmax()
- srand()
- rand()
- getrandmax()

↔ **Beispiel**

```
<?PHP
mt_srand((double)microtime()*1000000);
?>
```

⊄ **Ausgabe**

```
// Es findet keine Ausgabe statt! Es wird nur der Startwert
gesetzt
```

11.34 number_format

⇒ **Befehl**

string **number_format** (float number [, int decimals [, string dec_point [, string thousands_sep]]])

⇐ **Version**

(PHP 3, PHP 4, PHP 5)

⇔ **Beschreibung**

Mit number_format() kann man eine Zahl (*number*) formatieren. Die Parameter haben folgende Bedeutung:

- *number* ist der zu formatierende Wert
- *decimals* Anzahl der Nachkommastellen
- *string1* legt das Tausendertrennzeichen fest
- *string2* legt das Zeichen vor den Nachkommastellen fest

Siehe auch:

- sprintf()
- printf()
- sscanf()

↔ **Beispiel**

```
<?PHP
echo number_format(4420,3,".",",") . "\n";
echo number_format(4420,2,",",".");
?>
```

⊄ **Ausgabe**

```
4,420.000
4.420,00
```

11.35 octdec

⇒ **Befehl**

int **octdec** (string octal_string)

⇐ **Version**

(PHP 3, PHP 4, PHP 5)

⇔ **Beschreibung**

Mit octdec() wird eine oktale Zahl (*octal_string*) in eine dezimale Zahl konvertiert.

Siehe auch:

- decoct()
- bindec()
- hexdec()

↔ **Beispiel**

```
<?PHP
echo octdec(52);
?>
```

⊄ **Ausgabe**

```
42
```

11.36 pi

⇒ **Befehl** double **pi** (void)

⇐ **Version** (PHP 3, PHP 4, PHP 5)

⇔ **Beschreibung** Mit pi() kann man sich den Näherungswert der Kreiszahl Pi zurückgeben lassen. Dieser kann dann z.B. für Kreisberechnungen genutzt werden.

↔ **Beispiel**

```
<?PHP
$pi = pi();
$r = 28;
$kreis_flaeche = $pi * pow($r,2);
$kreis_flaeche = round($kreis_flaeche,2);
$kreis_umfang = $pi * 2 * $r;
$kreis_umfang = round($kreis_umfang,2);
echo "Kreisberechnung:\n";
echo "r = " .  $r . " mm \n";
echo "Pi = " .  $pi . "\n";
echo "Fläche = " . $kreis_flaeche . " mm² \n";
echo "Umfang = " . $kreis_umfang . " mm \n";
?>
```

⊄ **Ausgabe**

```
Kreisberechnung:
r = 28 mm
Pi = 3.1415926535898
Fläche = 2463.01 mm²
Umfang = 175.93 mm
```

11.37 pow

⇒ **Befehl** float **pow** (float base, float exp)

⇐ **Version** (PHP 3, PHP 4, PHP 5)

⇔ **Beschreibung** Mit pow() kann man die Zahl *base* mit dem Faktor *exp* potenzieren (*base* hoch *exp*) lassen.

Siehe auch:

- exp()

↔ **Beispiel**

```
<?PHP
echo pow(9,5) . "\n";  // Ergibt 9*9*9*9*9 = 59049
echo pow(2,3);  // Ergibt 2*2*2 = 8
?>
```

⊄ **Ausgabe**

```
59049
8
```

11.38 rad2deg

⇒ **Befehl** double **rad2deg** (double number)

⇐ **Version** (PHP 3>= 3.0.4, PHP 4, PHP 5)

⇔ **Beschreibung** Mit rad2deg() wird ein übergebener Winkel (*number*) von Bogenmaß in Grad umgerechnet.

Siehe auch:

- deg2rad()

↔ **Beispiel**

```
<?PHP
echo rad2deg(1.5707963267949);
?>
```

⊄ **Ausgabe**

```
90
```

11.39 rand

⇒ **Befehl** int **rand** ([int min [, int max]])

⇐ **Version** (PHP 3, PHP 4, PHP 5)

⇔ **Beschreibung** Mit rand() kann man sich eine Zufallszahl zwischen *min* und *max* zurückgeben lassen. Es ist darauf zu achten, dass *min* kleiner ist als *max* und *max* nicht größer ist als der maximale Wert, welcher auf der vorhandenen Plattform möglich ist.

Bei PHP mit der Versionsnummer kleiner als 3.0.7 hat *max* eine andere Bedeutung: Die höchstmögliche Zahl ist *min + max*.

Die Parameter *min* und *max* sind optional. Wenn Sie keine Argumente übergeben, werden Zufallszahlen zwischen 0 und dem plattformabhängigen Maximalwert geliefert. Dieser Maximalwert kann mit getrandmax() ermittelt werden.

Sie sollten unbedingt immer den Befehl srand() vor rand() benutzen, um nicht immer dieselben Werte zu bekommen.

Seit PHP 4.2.0 müssen Sie den internen Zufallsgenerator vor seiner Benutzung nicht mehr initialisieren.

Siehe auch:
- srand()
- getrandmax()
- mt_rand()
- mt_srand()
- mt_getrandmax()

↔ **Beispiel**

```
<?PHP
srand((double)microtime()*1000000);
echo rand();
?>
```

⊄ **Ausgabe**

```
28145  //kann aber auch ein anderer Wert sein!
```

11.40 round

⇒ **Befehl** double **round** (double val [, int precision])

⇐ **Version** (PHP 3, PHP 4, PHP 5)

⇔ **Beschreibung** Mit round() wird eine Zahl (*val*) auf- oder abgerundet. Der Parameter *precision* ist optional und nur in PHP 4 verfügbar. Mit *precision* kann man die Nachkommastellen angeben, nach denen gerundet wird.

Siehe auch:
- ceil()
- floor()

↔ **Beispiel**

```
<?PHP
echo round(23.95) . "\n";
echo round(20.11) . "\n";
echo round(24.99 , 1) . "\n";
echo round(21.25 , 1);
?>
```

⊄ **Ausgabe**

```
24
20
25
21.3
```

11.41 sin

⇒ **Befehl** float **sin** (float arg)

⇐ **Version** (PHP 3, PHP 4, PHP 5)

⇔ **Beschreibung** Mit sin() kann man sich den Sinuswert im Radianten zurückgeben lassen.

Siehe auch:

- cos()
- tan()
- asin()

↔ **Beispiel**

```
<?PHP
echo sin(1);
?>
```

⊄ **Ausgabe**

```
0.8414709848079
```

11.42 sqrt

⇒ **Befehl** float **sqrt** (float arg)

⇐ **Version** (PHP 3, PHP 4, PHP 5)

⇔ **Beschreibung** Mit sqrt() kann man sich die Quadratwurzel des Wertes *arg* zurückgeben lassen.

↔ **Beispiel**

```
<?PHP
echo sqrt(81);
?>
```

⊄ **Ausgabe**

```
9
```

11.43 srand

⇒ **Befehl** void **srand** (int seed)

⇐ **Version** (PHP 3, PHP 4, PHP 5)

⇔ **Beschreibung** Mit srand() wird der interne Startwert für den Zufallsgenerator rand() festgelegt. Um nicht immer die gleichen Zufallszahlen zu bekommen, sollte immer die aktuelle Zeit als Basis genommen werden.

Seit PHP 4.2.0 müssen Sie den internen Zufallsgenerator vor seiner Benutzung nicht mehr initialisieren.

Siehe auch:
- rand()
- getrandmax()
- mt_rand()
- mt_srand()
- mt_getrandmax()

↔ **Beispiel**

```
<?PHP
srand((double)microtime()*1000000);
echo rand();
?>
```

⊄ **Ausgabe**

```
8311  //kann aber auch ein anderer Wert sein!
```

11.44 tan

⇒ **Befehl** float **tan** (float arg)

⇐ **Version** (PHP 3, PHP 4, PHP 5)

⇔ **Beschreibung** Mit tan() kann man sich den Tangenswert im Radianten zurückgeben lassen.

Siehe auch:
- sin()
- cos()
- atan()
- atan2()

↔ **Beispiel**

```
<?PHP
echo tan(60);
?>
```

⊄ **Ausgabe**

```
0.32004038937956
```

12 MySQL-Funktionen

Die MySQL-Funktionen erlauben Ihnen den Zugriff auf MySQL Datenbank-Server. Damit Sie diese Funktionen nutzen können, müssen Sie PHP mit MySQL-Unterstützung kompilieren/einbinden.

12.1 mysql_affected_rows

⇒ Befehl int **mysql_affected_rows** ([resource Verbindungskennung])

⇐ Version (PHP 3, PHP 4, PHP 5)

⇔ Beschreibung Mit mysql_affected_rows() kann man sich die Menge der Datensätze zurückgeben lassen, welche von einer vorangegangenen MySQL-Operation betroffen waren. Sollten Sie die optionale Verbindungskennung (*Verbindungs-Kennung*) nicht angeben, so wird die momentane Verbindung verwendet.

Folgende Anweisungen werden berücksichtigt:

- DELETE
- INSERT
- UPDATE

Beachten Sie bitte, dass diese Funktion bei einer DELETE-Anweisung ohne WHERE-Bedingung den Wert Null (0) zurückgeben wird, obwohl alle Datensätze gelöscht wurden.

Wenn Sie die Anzahl der Datensätze ermitteln möchten, die von SELECT-Anweisungen zurückgegeben wurden, sollten Sie die Funktion mysql_num_rows() nutzen.

Siehe auch:

- mysql_num_rows()

↔ Beispiel

```
<?PHP
/* Stellt Verbindung zu Datenbank her */
$db = @MYSQL_CONNECT("localhost","selfphp", "mega")
   or die("Datenbankverbindung fehlgeschlagen: " .
mysql_error());

/* Wählt eine Datenbank aus */
$db_select = @MYSQL_SELECT_DB("selfphp")
   or die("Auswahl der Datenbank fehlgeschlagen");
```

```
   $result = mysql_query("DELETE FROM selfphp_funktionen
WHERE gruppe = 'Datenbanken'");
   echo mysql_affected_rows() . " Datensätze gelöscht!";
?>
```

⊄ **Ausgabe**

```
3 Datensätze gelöscht!
```

12.2 mysql_client_encoding

⇒ **Befehl** string **mysql_client_encoding** ([resource Verbindungs-Kennung])

⇐ **Version** (PHP 4 >= 4.3.0, PHP 5)

⇔ **Beschreibung** Mit mysql_client_encoding() kann man sich den Zeichensatz für die aktuelle Verbindung *Verbindungs-Kennung* zurückgeben lassen.

Siehe auch:

- mysql_real_escape_string()

↔ **Beispiel**

```
<?PHP
/* Stellt Verbindung zu Datenbank her */
$db = @MYSQL_CONNECT("localhost","selfphp", "mega")
   or die("Datenbankverbindung fehlgeschlagen: " .
mysql_error());

$set = mysql_client_encoding($db);
echo "Zeichensatz ist: ", $set;
?>
```

⊄ **Ausgabe**

```
Zeichensatz ist: latin1
```

12.3 mysql_close

⇒ **Befehl** bool **mysql_close** ([resource Verbindungskennung])

⇐ **Version** (PHP 3, PHP 4, PHP 5)

⇔ **Beschreibung** Mit mysql_close() schließt man anhand der Verbindungskennung (*Verbindungs-Kennung*) eine Verbindung zu einer MySQL-Datenbank. Im Erfolgsfall gibt diese Funktion true, sonst false zurück.

Eigentlich müssen Sie nicht persistente Verbindungen zu einer Datenbank nicht explizit schließen, sollten dies aber tun, um einen guten Programmierstil beizubehalten.

Beachten Sie bitte, dass mysql_close() keine persistenten Verbindungen, welche mit mysql_pconnect() hergestellt wurden, schließen kann.

Siehe auch:

- mysql_connect()
- mysql_pconnect()

↔ **Beispiel**

```
<?PHP
/* Stellt Verbindung zu Datenbank her */
$db = @MYSQL_CONNECT("localhost","selfphp", "mega")
   or die("Datenbankverbindung fehlgeschlagen: " .
mysql_error());

/* Wählt eine Datenbank aus */
$db_select = @MYSQL_SELECT_DB("selfphp")
   or die("Auswahl der Datenbank fehlgeschlagen");

if($db)
   echo "Verbindung zur Datenbank wurde hergestellt\n";

/* Schliessen der Datenbank-Verbindung */
   $db_close = @MYSQL_CLOSE($db);

if($db_close)
   echo "Verbindung zur Datenbank geschlossen";
else
   echo "Konnte Verbindung zur Datenbank nicht schliessen";

?>
```

⊄ **Ausgabe**

```
Verbindung zur Datenbank wurde hergestellt
Verbindung zur Datenbank geschlossen
```

12.4 mysql_connect

⇒ **Befehl**

resource **mysql_connect** ([string hostname[:port][:/path/to/socket] [, string Benutzername [, string Kennwort [, bool neue_Verbindung [, int client_flags]]]]]])

⇐ **Version**

(PHP 3, PHP 4, PHP 5)

⇔ **Beschreibung**

Mit mysql_connect() öffnet man eine Verbindung zu einer MySQL-Datenbank. Im Erfolgsfall gibt diese Funktion eine Verbindungskennung, sonst false zurück.

Falls keine Verbindung erstellt werden kann, können Sie eine eigene Fehlermeldung zum Browser senden und danach das Skript abbrechen lassen (siehe im Beispiel »or die«).

Alle Parameter dieser Funktion sind optional; wenn Sie keinen Wert übergeben, gelten folgende Vorgabewerte:

- *hostname* – localhost
- *Benutzername* – Name des Benutzers, dem der Server-Prozess gehört.
- *Kennwort* – ein leeres Kennwort

Falls Sie Zugriff auf eine MySQL-Datenbank im Internet haben, so müssen Sie die Zugangsdaten, die Sie von Ihrem Provider bekommen haben, in die dafür vorgesehenen Parameter eintragen (siehe Beispiel).

Als zusätzliche Parameter können Sie den *:port* (ab PHP 3.0B4) und den *:/path/to/socket* (ab PHP 3.0.10) mit angeben.

Fehlermeldungen, die eventuell auftreten und ausgegeben werden, können Sie mit einem »@« unterdrücken. Die Verbindung zur Datenbank wird mit dem Skriptende oder der Funktion mysql_close() wieder geschlossen.

Falls Sie mysql_connect() ein zweites Mal mit den gleichen Argumenten aufrufen, so wird keine neue Verbindung aufgebaut, sondern die vorhandene Verbindungskennung genutzt. Sie haben aber mit dem optionalen Parameter *neue_Verbindung* (ab PHP 4.2.0) die Möglichkeit, dass immer eine neue Verbindung aufgebaut wird.

Der optionale Parameter *client_flags* (ab PHP 4.3.0) sorgt dafür, dass zusätzliche Konstanten ausgeführt werden können.
Mögliche Konstanten sind:

- MYSQL_CLIENT_COMPRESS
- MYSQL_CLIENT_IGNORE_SPACE
- MYSQL_CLIENT_INTERACTIVE

Siehe auch:

- mysql_pconnect()
- mysql_close()

↔ Beispiel

```
<?PHP
/* Stellt Verbindung zu Datenbank her */
$db = @MYSQL_CONNECT("localhost","selfphp", "mega")
   or die("Datenbankverbindung fehlgeschlagen: " .
mysql_error());

if($db)
   echo "Verbindung zur Datenbank wurde hergestellt";
?>
```

⊄ Ausgabe

```
Verbindung zur Datenbank wurde hergestellt
```

12.5 mysql_create_db

⇒ Befehl
bool **mysql_create_db** (string Datenbankname [, resource Verbindungskennung])

⇐ Version
(PHP 3, PHP 4, PHP 5)

⇔ Beschreibung
Mit mysql_create_db() kann man eine neue Datenbank (*Datenbankname*) erzeugen. Bei der Erstellung der neuen Datenbank können Sie eine optionale Verbindungskennung (*Verbindungs-Kennung*) angeben. Im Erfolgsfall gibt diese Funktion true, sonst false zurück.

Siehe auch:
- mysql_drop_db()
- mysql_query()

Abwärtskompatible Funktionen:
- mysql_createdb()

↔ Beispiel

```
<?PHP
/* Stellt Verbindung zu Datenbank her */
$db = @MYSQL_CONNECT("localhost","selfphp", "mega")
   or die("Datenbankverbindung fehlgeschlagen: " .
mysql_error());

if (mysql_create_db ("selfphpuser",$db))
   echo "Datenbank selfphpuser wurde erstellt!";
?>
```

⊄ Ausgabe

```
Datenbank selfphpuser wurde erstellt!
```

12.6 mysql_data_seek

⇒ Befehl
bool **mysql_data_seek** (resource Ergebnis-Kennung, int Datensatznummer)

⇐ Version
(PHP 3, PHP 4, PHP 5)

⇔ Beschreibung
Mit mysql_data_seek() bewegt man den internen Datensatz-Zeiger auf einen Datensatz (*Datensatznummer*) unter Angabe der Ergebnis-Kennung (*Ergebnis-Kennung*). Bei dem nächsten Aufruf der Funktion mysql_fetch_row() wird dann der entsprechende Datensatz geholt.

Beachten Sie bitte, dass der erste Datensatz den Index 0 hat (wie das erste Element eines Arrays).

Im Erfolgsfall gibt diese Funktion true, sonst false zurück.

Siehe auch:
- mysql_query()
- mysql_num_rows()

↔ **Beispiel**

```
<?PHP
/* Stellt Verbindung zu Datenbank her */
$db = @MYSQL_CONNECT("localhost","selfphp", "mega")
   or die("Datenbankverbindung fehlgeschlagen: " .
mysql_error());

/* Wählt eine Datenbank aus */
$db_select = @MYSQL_SELECT_DB("selfphp")
   or die("Auswahl der Datenbank fehlgeschlagen");

$result = mysql_query("SELECT * FROM selfphp_funktionen ORDER
BY id");
   mysql_data_seek ($result, 1);
   $row = mysql_fetch_row($result);
   echo $row[0] . "\n";
   echo $row[1] . "\n";
   echo $row[2] . "\n";
   echo $row[3];
?>
```

⊄ **Ausgabe**

```
2
1
apache_note
string apache_note(string note_name [, string note_value])
```

12.7 mysql_db_query

⇒ **Befehl**

resource **mysql_db_query** (string Datenbank, string Anfrage [,resource Verbindungskennung])

⇐ **Version**

(PHP 3, PHP 4, PHP 5)

⇔ **Beschreibung**

Mit mysql_db_query() stellt man eine Anfrage (*Anfrage*) an eine Datenbank. Diese Funktion ist fast identisch mit der Funktion mysql_query(), mit der Ausnahme, dass Sie bei mysql_db_query() die Datenbank direkt angeben (*Datenbank*) und somit vorher nicht mit mysql_select_db() eine Datenbank angeben müssen.

Mit dem optionalen Verbindungsparameter (*Verbindungs-Kennung*) können Sie eine explizite Verbindungskennung angeben. Falls diese fehlt, wird auf die aktuelle Verbindung zurückgegriffen. Sollte dies fehlschlagen, wird versucht, eine Verbindung ohne Angabe von Argumenten (siehe mysql_connect) zu erstellen.

Im Erfolgsfall gibt diese Funktion true, sonst false zurück.

Siehe auch:

- mysql_select_db()
- mysql_query()

↔ **Beispiel**

```
<?PHP
/* Stellt Verbindung zu Datenbank her */
$db = @MYSQL_CONNECT("localhost","selfphp", "mega")
   or die("Datenbankverbindung fehlgeschlagen: " .
mysql_error());

$result = mysql_db_query("selfphp","SELECT * FROM
selfphp_funktionen WHERE name = 'array_diff' ORDER BY id");
while($row = mysql_fetch_row($result)){
   echo $row[0] . "\n";
   echo $row[1] . "\n";
   echo $row[2] . "\n";
   echo $row[3];
}
?>
```

⊄ **Ausgabe**

```
9
2
array_diff
array array_diff(array array1, array array2 [, array ...])
```

12.8 mysql_drop_db

⇒ **Befehl** bool **mysql_drop_db** (string Datenbankname [, resource Verbindungskennung])

⇐ **Version** (PHP 3, PHP 4, PHP 5)

⇔ **Beschreibung** Mit mysql_drop_db() kann man versuchen, eine komplette Datenbank (*Datenbankname*) vom Server zu löschen.

Mit dem optionalen Verbindungsparameter (*Verbindungs-Kennung*) können Sie eine explizite Verbindungskennung angeben. Falls diese fehlt, wird auf die aktuelle Verbindung zurückgegriffen. Sollte dies fehlschlagen, wird versucht, eine Verbindung ohne Angabe von Argumenten (siehe mysql_connect) zu erstellen.

Im Erfolgsfall gibt diese Funktion true, sonst false zurück.

Bitte beachten Sie, dass diese Funktion veraltet ist und somit nicht mehr unbedingt verwendet werden sollte. Nutzen Sie stattdessen mysql_query mit dem SQL-Befehl DROP DATABASE.

Siehe auch:

- mysql_connect()
- mysql_create_db()

Abwärtskompatible Funktionen:
- mysql_dropdb()

↔ **Beispiel**

```
<?PHP
/* Stellt Verbindung zu Datenbank her */
$db = @MYSQL_CONNECT("localhost","selfphp", "mega")
   or die("Datenbankverbindung fehlgeschlagen: " .
mysql_error());

if(mysql_drop_db("selfphpuser",$db))
    echo "Datenbank gelöscht!";
else
    echo "Konnte Datenbank nicht löschen!";
?>
```

⊄ **Ausgabe**

```
Datenbank gelöscht!
```

12.9 mysql_errno

⇒ **Befehl** int **mysql_errno** ([resource Verbindungskennung])

⇐ **Version** (PHP 3, PHP 4, PHP 5)

⇔ **Beschreibung** Mit mysql_errno() kann man sich die Fehlernummer einer zuvor ausgeführten Operation zurückgeben lassen. Da MySQL-Fehler nicht zu einer Ausgabe von Fehlermeldungen führen und das Skript normal weiter durchlaufen wird, sollten Sie sich diese Fehlernummer zurückgeben lassen, um den Fehler zu beseitigen.

Mit dem optionalen Verbindungsparameter (*Verbindungs-Kennung*) können Sie eine explizite Verbindungskennung angeben. Falls diese fehlt, wird auf die aktuelle Verbindung zurückgegriffen. Sollte dies fehlschlagen, wird versucht, eine Verbindung ohne Angabe von Argumenten (siehe mysql_connect) zu erstellen.

Im folgenden Beispiel wurde versucht, auf eine Tabelle (self) zuzugreifen, welche in der Datenbank »selfphp« nicht existent ist.

Siehe auch:
- mysql_connect()
- mysql_error()

↔ **Beispiel**

```
<?PHP
/* Stellt Verbindung zu Datenbank her */
$db = @MYSQL_CONNECT("localhost","selfphp", "mega")
   or die("Datenbankverbindung fehlgeschlagen: " .
mysql_error());

<?PHP
/* Wählt eine Datenbank aus */
```

```
$db_select = @MYSQL_SELECT_DB("selfphp")
   or die("Auswahl der Datenbank fehlgeschlagen");

$result = mysql_query("SELECT * FROM self");
if($result) {
   echo mysql_num_rows($result);
}
else{
   echo "Fehler-Nr. " . mysql_errno()." - " .mysql_error();
}
?>
```

⊄ **Ausgabe**

```
Fehler-Nr. 1146 - Table 'selfphp.self' doesn't exist
```

12.10 mysql_error

⇒ **Befehl**

string **mysql_error** ([resource Verbindungskennung])

⇐ **Version**

(PHP 3, PHP 4, PHP 5)

⇔ **Beschreibung**

Mit mysql_error() kann man sich den Fehlertext einer zuvor ausgeführten Operation zurückgeben lassen. Da MySQL-Fehler nicht zu einer Ausgabe von Fehlermeldungen führen und das Skript normal weiter durchlaufen wird, sollten Sie sich diesen Fehlertext zurückgeben lassen, um den Fehler zu beseitigen.

Mit dem optionalen Verbindungsparameter (*Verbindungs-Kennung*) können Sie eine explizite Verbindungskennung angeben. Falls diese fehlt, wird auf die aktuelle Verbindung zurückgegriffen. Sollte dies fehlschlagen, wird versucht, eine Verbindung ohne Angabe von Argumenten (siehe mysql_connect) zu erstellen.

Im unteren Beispiel wurde versucht, auf das Feld »grupp« zuzugreifen, das in der Tabelle »selfphp_funktionen« nicht existent ist. Der Fehlertext wurde danach an eine Funktion zur weiteren Bearbeitung übergeben.

Siehe auch:
- mysql_connect()
- mysql_errno()

↔ **Beispiel**

```
<?PHP
function error($line,$file,$string,$error=""){
   $fehler = "Fehler in Zeile ".$line." in ".$file;
   $fehler .= "\n" . $string . "\n";
   if($error) $fehler .= "MySQL-Error: ". $error;
   die($fehler);
}
/* Stellt Verbindung zu Datenbank her */
$db = @MYSQL_CONNECT("localhost","selfphp", "mega")
```

```
   or die("Datenbankverbindung fehlgeschlagen: " .
mysql_error());

/* Wählt eine Datenbank aus */
$db_select = @MYSQL_SELECT_DB("selfphp")
   or die("Auswahl der Datenbank fehlgeschlagen");

$result = mysql_query("DELETE FROM selfphp_funktionen WHERE
nogroup = 0")
    or error(__LINE__,__FILE__,"Konnte Einträge nicht
löschen",mysql_error());
?>
```

⊄ **Ausgabe**

```
Fehler in Zeile 17 in
E:\_Loeschen\MySQLFunktionen\mysql_errno.php
Konnte Einträge nicht löschen
MySQL-Error: Unknown column 'nogroup' in 'where clause'
```

12.11 mysql_escape_string

⇒ **Befehl**

string **mysql_escape_string** (string unescaped_string)

⇐ **Version**

(PHP 4 >= 4.0.3, PHP 5)

⇔ **Beschreibung**

Mit mysql_escape_string() kann man einen String *unescaped_string* für die sichere Benutzung in mysql_query maskieren.

Siehe auch:

- mysql_real_escape_string()
- addslashes()

↔ **Beispiel**

```
<?PHP
$var = "Ein 'kleiner' Satz!";
echo mysql_escape_string($var);
?>
```

⊄ **Ausgabe**

```
Ein \'kleiner\' Satz!
```

12.12 mysql_fetch_array

⇒ **Befehl**

array **mysql_fetch_array** (resource Ergebnis-Kennung [, int Ergebnistyp])

⇐ **Version**

(PHP 3, PHP 4, PHP 5)

⇔ **Beschreibung**

Mit mysql_fetch_array() kann man sich anhand einer Ergebnis-Kennung (*Ergebnis-Kennung*) Datensätze in einem assoziativen Array übergeben lassen.

Dabei werden die Feldnamen innerhalb der Tabelle als Schlüssel des Arrays genutzt. Im Erfolgsfall liefert diese Funktion den aktuellen Datensatz, sonst wird false zurückgegeben.

Der zweite Parameter (*Ergebnistyp*) ist optional. Sie können in diesem Parameter folgende Konstanten übergeben:

- MYSQL_ASSOC: Funktionsergebnis ist ein assoziatives Array.
- MYSQL_NUM: Funktionsergebnis ist ein numerisch indiziertes Array.
- MYSQL_BOTH: Funktionsergebnis ist ein Array, das die Elemente des Ergebnisdatensatzes sowohl assoziativ als auch numerisch indiziert enthält. Dies ist der Default-Wert.

Siehe auch:

- mysql_fetch_row()
- mysql_fetch_assoc()

↔ Beispiel

```
<?PHP
/* Stellt Verbindung zu Datenbank her */
$db = @MYSQL_CONNECT("localhost","selfphp", "mega")
   or die("Datenbankverbindung fehlgeschlagen: " .
mysql_error());
/* Wählt eine Datenbank aus */
$db_select = @MYSQL_SELECT_DB("selfphp")
   or die("Auswahl der Datenbank fehlgeschlagen");

$result = mysql_query("SELECT befehl, version FROM
selfphp_funktionen ORDER BY befehl");
while($row = mysql_fetch_array($result)) {
   echo $row['befehl'] . " / ";
   echo $row['version'] . "\n";
}
?>
```

⊄ Ausgabe

```
array array([mixed ...]) / PHP 3, PHP 4
array array_count_values(array input) / PHP 4 >= 4.0b4
```

12.13 mysql_fetch_assoc

⇒ Befehl array **mysql_fetch_assoc** (resource Ergebnis)

⇐ Version (PHP 4 >= 4.0.3, PHP 5)

⇔ Beschreibung Mit mysql_fetch_assoc() kann man sich anhand einer Ergebnis-Kennung (*Ergebnis-Kennung*) einen Datensatz in einem assoziativen Array übergeben lassen. Dabei werden die Feldnamen innerhalb der Tabelle als Schlüssel des Arrays genutzt.

Im Erfolgsfall liefert diese Funktion den aktuellen Datensatz, sonst wird false zurückgegeben.

Siehe auch:

- mysql_fetch_row()
- mysql_fetch_array()
- mysql_query()
- mysql_error()

↔ Beispiel

```
<?PHP
/* Stellt Verbindung zu Datenbank her */
$db = @MYSQL_CONNECT("localhost","selfphp", "mega")
   or die("Datenbankverbindung fehlgeschlagen: " .
mysql_error());

/* Wählt eine Datenbank aus */
$db_select = @MYSQL_SELECT_DB("selfphp")
   or die("Auswahl der Datenbank fehlgeschlagen");

$result = mysql_query("SELECT name, befehl FROM
selfphp_funktionen WHERE name = 'apache_lookup_uri'");

$row = mysql_fetch_assoc($result);
echo $row["name"] . " - ";
echo $row["befehl"] . "\n";
?>
```

⊄ Ausgabe

```
apache_lookup_uri - object apache_lookup_uri(string filename)
```

12.14 mysql_fetch_field

⇒ Befehl object **mysql_fetch_field** (resource Ergebnis-Kennung [, int Feld-Offset])

⇐ Version (PHP 3, PHP 4, PHP 5)

⇔ Beschreibung Mit mysql_fetch_field() kann man sich anhand einer Ergebnis-Kennung (*Ergebnis-Kennung*) ein Objekt mit Feldinformationen aus einem Anfrageergebnis zurückgeben lassen. Gibt man den optionalen Parameter *Feld-Offset* nicht an, werden die Informationen des nächsten Feldes geliefert, das noch nicht mit mysql_fetch_field() ausgegeben wurde.

Die Eigenschaften des Objekts sind folgende:

- name – Feldname innerhalb der Tabelle
- table – Name der Tabelle, zu der das Feld gehört
- max_length – max. Länge des Feldes
- not_null – 1, das Feld kann nicht Null sein

- primary_key – 1, das Feld ist ein Primärschlüssel
- unique_key – 1, das Feld ist ein eindeutiger Schlüssel
- multiple_key – 1, das Feld ist ein nicht eindeutiger Schlüssel
- numeric – 1, das Feld ist vom Typ »numeric«
- blob – 1, das Feld ist vom Typ »BLOB«
- type – der Feld-Typ
- unsigned – 1, das Feld ist vorzeichenlos
- zerofill – 1, das Feld ist »zero-filled«

Siehe auch:

- mysql_field_seek()

↔ Beispiel

```
<?PHP
/* Stellt Verbindung zu Datenbank her */
$db = @MYSQL_CONNECT("localhost","selfphp", "mega")
   or die("Datenbankverbindung fehlgeschlagen: " .
mysql_error());

/* Wählt eine Datenbank aus */
$db_select = @MYSQL_SELECT_DB("selfphp")
   or die("Auswahl der Datenbank fehlgeschlagen");

$result = mysql_query("SELECT version FROM selfphp_funktionen
WHERE id = 1" );
$row = mysql_fetch_row($result);
for($x=0; $x<count($row); $x++) {
   $str = mysql_fetch_field($result,$x);
   echo "name: " . $str -> name . "\n";
   echo "table: " . $str -> table . "\n";
   echo "max_length: " . $str -> max_length . "\n";
   echo "not_null: " . $str -> not_null . "\n";
   echo "primary_key: " . $str -> primary_key . "\n";
   echo "unique_key: " . $str -> unique_key . "\n";
   echo "multiple_key" . $str -> multiple_key . "\n";
   echo "numeric: " . $str -> numeric . "\n";
   echo "blob: " . $str -> blob . "\n";
   echo "type: " . $str -> type . "\n";
   echo "unsigned: " . $str -> unsigned . "\n";
   echo "zerofill: " . $str -> zerofill;
}
?>
```

⊄ Ausgabe

```
name: version
table: selfphp_funktionen
max_length: 16
not_null: 0
primary_key: 0
```

```
unique_key: 0
multiple_key0
numeric: 0
blob: 0
type: string
unsigned: 0
zerofill: 0
```

12.15 mysql_fetch_lengths

⇒ Befehl array **mysql_fetch_lengths** (resource Ergebnis-Kennung)

⇐ Version (PHP 3, PHP 4, PHP 5)

⇔ Beschreibung Mit mysql_fetch_lengths() kann man sich anhand einer Ergebnis-Kennung (*Ergebnis-Kennung*) die Länge eines jeden Feldes in einem Datensatz zurückgeben lassen.

Als Rückgabewert dieser Funktion erhalten Sie ein Array mit den Längen der Felder, im Fehlerfall wird false zurückgegeben.

Folgende Funktionen werden unterstützt:

- mysql_fetch_row()
- mysql_fetch_array()
- mysql_fetch_object()

Siehe auch:

- mysql_fetch_row()

↔ Beispiel

```
<?PHP
/* Stellt Verbindung zu Datenbank her */
$db = @MYSQL_CONNECT("localhost","selfphp", "mega")
   or die("Datenbankverbindung fehlgeschlagen: " .
mysql_error());

/* Wählt eine Datenbank aus */
$db_select = @MYSQL_SELECT_DB("selfphp")
   or die("Auswahl der Datenbank fehlgeschlagen");

$result = mysql_query("SELECT * FROM selfphp_funktionen");
while($row = mysql_fetch_row($result)) {
   $laenge = mysql_fetch_lengths($result);
   echo "$row[1] ($laenge[1])" . " - ";
   echo "$row[2] ($laenge[2])\n";
}
?>
```

⊄ **Ausgabe**

```
1 (1) - apache_lookup_uri (17)
1 (1) - apache_note (11)
1 (1) - ascii2ebcdic (12)
```

12.16 mysql_fetch_object

⇒ **Befehl** object **mysql_fetch_object** (resource Ergebnis-Kennung)

⇐ **Version** (PHP 3, PHP 4, PHP 5)

⇔ **Beschreibung** Mit mysql_fetch_object() kann man sich anhand einer Ergebnis-Kennung (*Ergebnis-Kennung*) Datensätze als ein Objekt mit Eigenschaften, die den Feldern innerhalb der Tabelle entsprechen, übergeben lassen. Dabei können Sie anhand der Feldnamen auf die Werte zugreifen. Im Erfolgsfall liefert diese Funktion den aktuellen Datensatz, sonst wird false zurückgegeben.

Siehe auch:

- mysql_fetch_array()
- mysql_fetch_row()

↔ **Beispiel**

```
<?PHP
/* Stellt Verbindung zu Datenbank her */
$db = @MYSQL_CONNECT("localhost","selfphp", "mega")
   or die("Datenbankverbindung fehlgeschlagen: " .
mysql_error());

/* Wählt eine Datenbank aus */
$db_select = @MYSQL_SELECT_DB("selfphp")
   or die("Auswahl der Datenbank fehlgeschlagen");

$result = mysql_query("SELECT * FROM selfphp_funktionen");
while ($row = mysql_fetch_object ($result)) {
   echo $row -> id . " - ";
   echo $row -> gruppe . " - ";
   echo $row -> befehl . " - ";
   echo $row -> version . "\n";
}
?>
```

⊄ **Ausgabe**

```
1 - 1 - object apache_lookup_uri(string filename) - PHP 3 >=
3.0.4, PHP 4 >= 4.0b1
2 - 1 - string apache_note(string note_name [, string
note_value]) - PHP 3 >= 3.0.2, PHP 4 >= 4.0b1
3 - 1 - int ascii2ebcdic(string ascii_str) - PHP 3 >= 3.0.17
4 - 1 - int ebcdic2ascii(string ebcdic_str) - PHP 3 >= 3.0.17
```

12.17 mysql_fetch_row

⇒ Befehl

array **mysql_fetch_row** (resource Ergebnis-Kennung)

⇐ Version

(PHP 3, PHP 4, PHP 5)

⇔ Beschreibung

Mit mysql_fetch_row() kann man sich anhand einer Ergebnis-Kennung (*Ergebnis-Kennung*) einen Datensatz in Form eines indizierten Arrays übergeben lassen.

Im Erfolgsfall liefert diese Funktion den aktuellen Datensatz, sonst wird false zurückgegeben.

Siehe auch:

- mysql_fetch_array()
- mysql_fetch_object()
- mysql_data_seek()
- mysql_fetch_lengths()
- mysql_result()

↔ Beispiel

```
<?PHP
/* Stellt Verbindung zu Datenbank her */
$db = @MYSQL_CONNECT("localhost","selfphp", "mega")
   or die("Datenbankverbindung fehlgeschlagen: " .
mysql_error());

/* Wählt eine Datenbank aus */
$db_select = @MYSQL_SELECT_DB("selfphp")
   or die("Auswahl der Datenbank fehlgeschlagen");

$result = mysql_query("SELECT * FROM selfphp_funktionen");
while ($row = mysql_fetch_row ($result)) {
   echo $row[0] . " - ";
   echo $row[1] . " - ";
   echo $row[2] . " - ";
   echo $row[3] . "\n";
}
?>
```

⊄ Ausgabe

```
1 - 1 - apache_lookup_uri - object apache_lookup_uri(string
filename)
2 - 1 - apache_note - string apache_note(string note_name [,
string note_value])
3 - 1 - ascii2ebcdic - int ascii2ebcdic(string ascii_str)
4 - 1 - ebcdic2ascii - int ebcdic2ascii(string ebcdic_str)
```

12.18 mysql_field_flags

⇒ Befehl string **mysql_field_flags** (resource Ergebnis-Kennung, int Feldoffset)

⇐ Version (PHP 3, PHP 4, PHP 5)

⇔ Beschreibung Mit mysql_field_flags() kann man sich anhand einer Ergebnis-Kennung (*Ergebnis-Kennung*) die Flags eines Feldes (*Feldoffset*) in einem Anfrageergebnis zurückgeben lassen.

Unter einem Flag versteht man die erweiterten Eigenschaften eines Feldes.

Die übergebenen Flags werden als einzelne Worte getrennt durch ein Leerzeichen zurückgegeben. Folgende Flags werden unterstützt (ist von MySQL abhängig):

- not_null
- primary key
- unique_key
- multiple_key
- blob
- unsigned
- zerofill
- binary
- enum
- auto_increment
- timestamp

Abwärtskompatible Funktionen:

- mysql_fieldflags()

↔ Beispiel

```
<?PHP
/* Stellt Verbindung zu Datenbank her */
$db = @MYSQL_CONNECT("localhost","selfphp", "mega")
   or die("Datenbankverbindung fehlgeschlagen: " .
mysql_error());

/* Wählt eine Datenbank aus */
$db_select = @MYSQL_SELECT_DB("selfphp")
   or die("Auswahl der Datenbank fehlgeschlagen");

$result = mysql_query("SELECT id FROM selfphp_funktionen");
$flags = explode(" ", mysql_field_flags($result,0));
for($x=0;$x<count($flags);$x++){
   echo $flags[$x] . "\n";
}
?>
```

⊄ Ausgabe

```
not_null
primary_key
auto_increment
```

12.19 mysql_field_len

⇒ **Befehl** int **mysql_field_len** (resource Ergebnis-Kennung, int Feldoffset)

⇐ **Version** (PHP 3, PHP 4, PHP 5)

⇔ **Beschreibung** Mit mysql_field_len() kann man sich anhand einer Ergebnis-Kennung (*Ergebnis-Kennung*) und des Feldindex (*Feldoffset*) die Länge eines Feldes zurückgeben lassen.

Abwärtskompatible Funktionen:
- mysql_fieldlen()

↔ **Beispiel**

```
<?PHP
/* Stellt Verbindung zu Datenbank her */
$db = @MYSQL_CONNECT("localhost","selfphp", "mega")
   or die("Datenbankverbindung fehlgeschlagen: " .
mysql_error());

/* Wählt eine Datenbank aus */
$db_select = @MYSQL_SELECT_DB("selfphp")
   or die("Auswahl der Datenbank fehlgeschlagen");

$result = mysql_query("SELECT * FROM selfphp_funktionen");
$menge = mysql_num_rows($result);
for($x=0;$x<$menge;$x++){
   echo mysql_field_len($result,$x) . "\n";
}
?>
```

⊄ **Ausgabe**

```
11
11
100
255
```

12.20 mysql_field_name

⇒ **Befehl** string **mysql_field_name** (resource Ergebnis-Kennung, int Feldoffset)

⇐ **Version** (PHP 3, PHP 4, PHP 5)

⇔ **Beschreibung** Mit mysql_field_name() kann man sich anhand einer Ergebnis-Kennung (*Ergebnis-Kennung*) und des Feldindex (*Feldoffset*) den Namen eines Feldes zurückgeben lassen.

Abwärtskompatible Funktionen:
- mysql_fieldname()

↔ **Beispiel**

```
<?PHP
/* Stellt Verbindung zu Datenbank her */
$db = @MYSQL_CONNECT("localhost","selfphp", "mega")
   or die("Datenbankverbindung fehlgeschlagen: " .
mysql_error());

/* Wählt eine Datenbank aus */
$db_select = @MYSQL_SELECT_DB("selfphp")
   or die("Auswahl der Datenbank fehlgeschlagen");

$result = mysql_query("SELECT * FROM selfphp_funktionen");
$menge = mysql_num_rows($result);
for($x=0;$x<$menge;$x++){
   echo mysql_field_name($result,$x) . "\n";
}
?>
```

⊄ **Ausgabe**

```
id
gruppe
name
befehl
version
kurzbeschreibung
```

12.21 mysql_field_seek

⇒ **Befehl** int **mysql_field_seek** (resource Ergebnis-Kennung, int Feldoffset)

⇐ **Version** (PHP 3, PHP 4, PHP 5)

⇔ **Beschreibung** Mit mysql_field_seek() kann man anhand einer Ergebnis-Kennung (*Ergebnis-Kennung*) den Feldzeiger auf den angegebenen Feldindex (*Feldoffset*) setzen. Wird bei dem nächsten Aufruf der Funktion mysql_fetch_field() kein Feldindex übergeben, wird der zuvor mit mysql_field_seek() bestimmte Feldindex genutzt.

Im unteren Beispiel wurde mittels »SELECT« eine Anfrage auf die Felder »gruppe« und »befehl« gestellt. Diese beiden Felder haben intern den Feldindex »gruppe=0 , befehl=1«. Durch mysql_field_seek() wurde direkt auf das Feld 1 (befehl) verwiesen.

Siehe auch:

- mysql_fetch_field()

↔ **Beispiel**

```
<?PHP
/* Stellt Verbindung zu Datenbank her */
$db = @MYSQL_CONNECT("localhost","selfphp", "mega")
   or die("Datenbankverbindung fehlgeschlagen: " .
mysql_error());

/* Wählt eine Datenbank aus */
$db_select = @MYSQL_SELECT_DB("selfphp")
   or die("Auswahl der Datenbank fehlgeschlagen");

$result = mysql_query("SELECT gruppe, befehl FROM
selfphp_funktionen");
mysql_field_seek($result,1);
$row = mysql_fetch_field($result);
echo $row->name . "\n";
echo $row->max_length;
?>
```

⊄ **Ausgabe**

```
befehl
58
```

12.22 mysql_field_table

⇒ **Befehl**

string **mysql_field_table** (resource Ergebnis-Kennung, int Feldoffset)

⇐ **Version**

(PHP 3, PHP 4, PHP 5)

⇔ **Beschreibung**

Mit mysql_field_table() kann man sich anhand einer Ergebnis-Kennung (*Ergebnis-Kennung*) und des Feldindex (*Feldoffset*) den aktuellen Tabellennamen, der dem zurückgegebenen Feld zugehörig ist, zurückgeben lassen.
Im unteren Beispiel wurde mittels »SELECT« eine Anfrage auf die Felder »gruppe« und »befehl« gestellt. Diese beiden Felder haben intern den Feldindex »gruppe=0 , befehl=1«. Durch mysql_field_table() wurde nun der Tabellennamen von Feld 1 (befehl) angefordert.

Abwärtskompatible Funktionen:

- mysql_fieldtable()

↔ **Beispiel**

```
/* Stellt Verbindung zu Datenbank her */
$db = @MYSQL_CONNECT("localhost","selfphp", "mega")
   or die("Datenbankverbindung fehlgeschlagen: " .
mysql_error());

/* Wählt eine Datenbank aus */
$db_select = @MYSQL_SELECT_DB("selfphp")
```

```
   or die("Auswahl der Datenbank fehlgeschlagen");

$result = mysql_query("SELECT gruppe, befehl FROM
selfphp_funktionen");
echo mysql_field_table($result,1);
?>
```

⊄ **Ausgabe**

```
selfphp_funktionen
```

12.23 mysql_field_type

⇒ **Befehl**

string **mysql_field_type** (resource Ergebnis-Kennung, int Feldoffset)

⇐ **Version**

(PHP 3, PHP 4, PHP 5)

⇔ **Beschreibung**

Mit mysql_field_type() kann man sich anhand einer Ergebnis-Kennung (*Ergebnis-Kennung*) und des Feldindex (*Feldoffset*) den Typ eines Feldes zurückgeben lassen.

Dieser kann unter anderem folgende Werte besitzen:

- blob
- date
- datetime
- int
- real
- string
- time
- timestamp
- year

Abwärtskompatible Funktionen:

- mysql_fieldtype()

↔ **Beispiel**

```
<?PHP
/* Stellt Verbindung zu Datenbank her */
$db = @MYSQL_CONNECT("localhost","selfphp", "mega")
   or die("Datenbankverbindung fehlgeschlagen: " .
mysql_error());

/* Wählt eine Datenbank aus */
$db_select = @MYSQL_SELECT_DB("selfphp")
   or die("Auswahl der Datenbank fehlgeschlagen");

$result = mysql_query("SELECT * FROM selfphp_funktionen");
$menge = mysql_num_fields($result);
for($x=0;$x<$menge;$x++) {
   $type = mysql_field_type($result,$x);
```

```
    $name = mysql_field_name($result,$x);
    echo "Feld " . $name . " ist vom Typ " . $type . "\n";
}
?>
```

⊄ **Ausgabe**

```
Feld id ist vom Typ int
Feld gruppe ist vom Typ int
Feld name ist vom Typ string
Feld befehl ist vom Typ string
Feld version ist vom Typ string
Feld kurzbeschreibung ist vom Typ blob
```

12.24 mysql_free_result

⇒ **Befehl**

bool **mysql_free_result** (resource Ergebnis-Kennung)

⇐ **Version**

(PHP 3, PHP 4, PHP 5)

⇔ **Beschreibung**

Mit mysql_free_result() kann man anhand einer Ergebnis-Kennung *(Ergebnis-Kennung)* den belegten Speicher wieder freigeben.

Diese Funktion ist auf Servern mit sehr wenig Arbeitsspeicher sinnvoll, um die Ressourcen wieder freizugeben. Nach Beendigung des Skripts wird der Speicher automatisch wieder freigegeben.

Beachten Sie, dass nach dieser Funktion nicht mehr auf das Ergebnis Ihrer Anfrage zurückgegriffen werden kann, da dieses entfernt wurde.

Abwärtskompatible Funktionen:

- mysql_freeresult()

↔ **Beispiel**

```
<?PHP
/* Stellt Verbindung zu Datenbank her */
$db = @MYSQL_CONNECT("localhost","selfphp", "mega")
    or die("Datenbankverbindung fehlgeschlagen: " .
mysql_error());

/* Wählt eine Datenbank aus */
$db_select = @MYSQL_SELECT_DB("selfphp")
    or die("Auswahl der Datenbank fehlgeschlagen");

$result = mysql_query("SELECT befehl, version FROM
selfphp_funktionen ORDER BY befehl");
while($row = mysql_fetch_array($result)) {
    echo $row['befehl'] . " / ";
    echo $row['version'] . "\n";
}
```

```
if(mysql_free_result($result));
   echo "Speicher wurde wieder freigegeben";
?>
```

⊄ **Ausgabe**

```
array array([mixed ...]) / PHP 3, PHP 4
array array_count_values(array input) / PHP 4 >= 4.0b4
array array_diff(array array1, array array2 [, array ...]) /
PHP 4 >= 4.0.1
Speicher wurde wieder freigegeben
```

12.25 mysql_get_client_info

⇒ **Befehl** string **mysql_get_client_info** (void)

⇐ **Version** (PHP 4 >= 4.0.5, PHP 5)

⇔ **Beschreibung** Mit mysql_get_client_info() kann man sich die MySQL Client-Version anzeigen lassen.

Siehe auch:

- mysql_get_host_info()
- mysql_get_proto_info()
- mysql_get_server_info()

↔ **Beispiel**

```
<?PHP
echo "MySQL Client-Version: " . mysql_get_client_info();
?>
```

⊄ **Ausgabe**

```
MySQL Client-Version: 3.23.49
```

12.26 mysql_get_host_info

⇒ **Befehl** string **mysql_get_host_info** ([resource Verbindungs-Kennung])

⇐ **Version** (PHP 4 >= 4.0.5, PHP 5)

⇔ **Beschreibung** Mit mysql_get_host_info() kann man sich den Typ der momentan benutzten Verbindung *Verbindungs-Kennung* ausgeben lassen. Weiterhin erhalten Sie den Hostnamen des Servers. Geben Sie den optionalen Parameter *Verbindungs-Kennung* nicht an, wird die zuletzt genutzte Verbindung genommen.

Siehe auch:

- mysql_get_client_info()
- mysql_get_proto_info()
- mysql_get_server_info()

↔ **Beispiel**

```
<?PHP
/* Stellt Verbindung zu Datenbank her */
$db = @MYSQL_CONNECT("localhost","selfphp", "mega")
   or die("Datenbankverbindung fehlgeschlagen: " .
mysql_error());

echo "MySQL Host-Info: " . mysql_get_host_info();
?>
```

⊄ **Ausgabe**

```
MySQL Host-Info: localhost via TCP/IP
```

12.27 mysql_get_proto_info

⇒ **Befehl** int **mysql_get_proto_info** ([resource Verbindungs-Kennung])

⇐ **Version** (PHP 4 >= 4.0.5, PHP 5)

⇔ **Beschreibung** Mit mysql_get_proto_info() kann man sich die Protokollversion der genutzten Verbindung anzeigen lassen. Geben Sie den optionalen Parameter *Verbindungs-Kennung* nicht an, so wird die zuletzt genutzte Verbindung genommen.

Siehe auch:

- mysql_get_client_info()
- mysql_get_host_info()
- mysql_get_server_info()

↔ **Beispiel**

```
<?PHP
/* Stellt Verbindung zu Datenbank her */
$db = @MYSQL_CONNECT("localhost","selfphp", "mega")
   or die("Datenbankverbindung fehlgeschlagen: " .
mysql_error());

echo "MySQL Protokoll-Version: " . mysql_get_proto_info();
?>
```

⊄ **Ausgabe**

```
MySQL Protokoll-Version: 10
```

12.28 mysql_get_server_info

⇒ **Befehl** string **mysql_get_server_info** ([resource Verbindungs-Kennung])

⇐ **Version** (PHP 4 >= 4.0.5, PHP 5)

⇔ **Beschreibung** Mit mysql_get_server_info() kann man sich die Serverversion anzeigen lassen, die die gerade genutzte Verbindung nutzt. Geben Sie den optionalen Parameter *Verbindungs-Kennung* nicht an, wird die zuletzt genutzte Verbindung genommen.

Siehe auch:
- mysql_get_client_info()
- mysql_get_host_info()
- mysql_get_proto_info()

↔ **Beispiel**

```
<?PHP
/* Stellt Verbindung zu Datenbank her */
$db = @MYSQL_CONNECT("localhost","selfphp", "mega")
   or die("Datenbankverbindung fehlgeschlagen: " .
mysql_error());

echo "MySQL Server-Version: " . mysql_get_server_info();
?>
```

⊄ **Ausgabe**

```
MySQL Server-Version: 4.0.15-nt-log
```

12.29 mysql_insert_id

⇒ **Befehl**

int **mysql_insert_id** ([resource Verbindungskennung])

⇐ **Version**

(PHP 3, PHP 4, PHP 5)

⇔ **Beschreibung**

Mit mysql_insert_id() kann man sich anhand einer Verbindungskennung (*Verbindungs-Kennung*) die Kennung des Datensatzes zurückgeben lassen, der bei einer vorangegangenen INSERT-Operation angelegt wurde.

Die zurückgegebene Kennung ist ein Wert, welcher von der INSERT-Anweisung für ein automatisch inkrementiertes Feld (AUTO_INCREMENT) vergeben wurde (siehe Beispiel).

Falls der Wert für die Verbindungskennung (*Verbindungs-Kennung*) fehlt, wird auf die aktuelle Verbindung zurückgegriffen.

↔ **Beispiel**

```
<?PHP
/* Stellt Verbindung zu Datenbank her */
$db = @MYSQL_CONNECT("localhost","selfphp", "mega")
   or die("Datenbankverbindung fehlgeschlagen: " .
mysql_error());

/* Wählt eine Datenbank aus */
$db_select = @MYSQL_SELECT_DB("selfphp")
   or die("Auswahl der Datenbank fehlgeschlagen");

$result = mysql_query("INSERT INTO selfphp_funktionen
(gruppe,befehl,version)VALUES('Variablen-
Funktionen','empty','(PHP 3 )')");
```

```
echo mysql_insert_id();
?>
```

⊄ **Ausgabe**

```
1021
```

12.30 mysql_list_dbs

⇒ **Befehl** resource **mysql_list_dbs** ([resource Verbindungskennung])

⇐ **Version** (PHP 3, PHP 4, PHP 5)

⇔ **Beschreibung** Mit mysql_list_dbs() kann man sich anhand einer Verbindungskennung (*Verbindungs-Kennung*) eine Liste aller verfügbaren Datenbanken auf dem Datenbankserver zurückgeben lassen. Um das Ergebnis zu durchlaufen, sollten Sie die Funktion mysql_tablename() nutzen.

Falls der Wert für die Verbindungskennung (*Verbindungs-Kennung*) fehlt, so wird auf die aktuelle Verbindung zurückgegriffen.

Siehe auch:
- mysql_tablename()

Abwärtskompatible Funktionen:
- mysql_listdbs()

↔ **Beispiel**

```
<?PHP
/* Stellt Verbindung zu Datenbank her */
$db = @MYSQL_CONNECT("localhost","selfphp", "mega")
   or die("Datenbankverbindung fehlgeschlagen: " .
mysql_error());

/* Wählt eine Datenbank aus */
$db_select = @MYSQL_SELECT_DB("selfphp")
   or die("Auswahl der Datenbank fehlgeschlagen");

$result = mysql_list_dbs();
$menge = mysql_num_rows($result);
for($x=0; $x<$menge; $x++) {
   $database = mysql_tablename($result,$x);
   echo $database . "\n";
}
?>
```

⊄ **Ausgabe**

```
db73257747
mysql
nuke
selfphp
```

12.31 mysql_list_fields

⇒ **Befehl**

resource **mysql_list_fields** (string Datenbankname, string Tabellenname [, resource Verbindungskennung])

⇐ **Version**

(PHP 3, PHP 4, PHP 5)

⇔ **Beschreibung**

Mit mysql_list_fields() kann man sich anhand einer Verbindungskennung (*Verbindungs-Kennung*), des Datenbanknamens (*Datenbankname*) und des Tabellennames (*Tabellenname*) alle Felder einer Tabelle auflisten lassen. Als Rückgabewert dieser Funktion erhalten Sie einen ganzzahlig positiven Wert als Ergebnis-Kennung, welche Sie für andere Funktionen wie z.B. mysql_field_name() nutzen können.

Falls der Wert für die Verbindungskennung (*Verbindungs-Kennung*) fehlt, so wird auf die aktuelle Verbindung zurückgegriffen.

Auf mögliche Fehlermeldungen können Sie nur direkt zugreifen, wenn Sie der Funktion ein »@« voranstellen, sonst wird die Fehlermeldung in die Variable »$phperrmsg« geschrieben.

Mit folgenden Funktionen können Sie auf die Ergebnis-Kennung zurückgreifen:

- mysql_field_flags()
- mysql_field_len()
- mysql_field_name()
- mysql_field_type()

Abwärtskompatible Funktionen:

- mysql_listfields()

↔ **Beispiel**

```
<?PHP
/* Stellt Verbindung zu Datenbank her */
$db = @MYSQL_CONNECT("localhost","selfphp", "mega")
   or die("Datenbankverbindung fehlgeschlagen: " .
mysql_error());

/* Wählt eine Datenbank aus */
$db_select = @MYSQL_SELECT_DB("selfphp")
   or die("Auswahl der Datenbank fehlgeschlagen");

$result = mysql_list_fields("selfphp",
"selfphp_funktionen",$db);
$menge = mysql_num_fields($result);
for($x=0;$x<$menge;$x++){
   $type = mysql_field_type($result,$x);
   $name = mysql_field_name($result,$x);
   $len = mysql_field_len($result,$x);
   $flags = mysql_field_flags($result,$x);
```

```
    echo "Feld $name: ";
    echo "$type [$len]";
    echo "$flags\n";
}
?>
```

⊄ **Ausgabe**

```
Feld id: int [11]not_null primary_key auto_increment
Feld gruppe: int [11]not_null
Feld name: string [100]not_null
Feld befehl: string [255]not_null
Feld version: string [100]not_null
Feld kurzbeschreibung: blob [65535]not_null blob
```

12.32 mysql_list_processes

⇒ **Befehl** resource **mysql_list_processes** ([resource Verbindungs-Kennung])

⇐ **Version** (PHP 4 >= 4.3.0, PHP 5)

⇔ **Beschreibung** Mit mysql_list_processes() kann man sich alle laufendenn MySQL-Prozesse anzeigen lassen. Geben Sie den optionalen Parameter *Verbindungs-Kennung* nicht an, wird die zuletzt genutzte Verbindung genommen.

Siehe auch:

- mysql_thread_id()

↔ **Beispiel**

```
<?PHP
/* Stellt Verbindung zu Datenbank her */
$db = @MYSQL_CONNECT("localhost","selfphp", "mega")
   or die("Datenbankverbindung fehlgeschlagen: " .
mysql_error());

$result = mysql_list_processes($db);
while ($row = mysql_fetch_assoc($result)){
    echo $row["Id"] . " ";
    echo $row["Host"] . " ";
    echo $row["db"] . " ";
    echo $row["Command"] . " ";
    echo $row["Time"] . "\n";
}
mysql_free_result($result);
?>
```

⊄ **Ausgabe**

```
113 localhost:4009  Processlist 0
```

12.33 mysql_list_tables

⇒ **Befehl**

resource **mysql_list_tables** (string Datenbankname [,resource Verbindungskennung])

⇐ **Version**

(PHP 3, PHP 4, PHP 5)

⇔ **Beschreibung**

Mit mysql_list_tables() kann man sich anhand eines Datenbanknamens (*Datenbankname*) und einer optionalen Verbindungskennung (*Verbindungs-Kennung*) alle Tabellen einer Datenbank zurückgeben lassen. Als Rückgabewert dieser Funktion erhalten Sie einen ganzzahlig positiven Wert als Ergebnis-Kennung; dieses Ergebnis können Sie mit der Funktion mysql_tablename() durchlaufen, um die Namen der Tabellen abzurufen.

Sollte die Verbindungskennung fehlen, so wird auf die aktuelle Verbindung zurückgegriffen.

Abwärtskompatible Funktionen:

- mysql_listtables()

↔ **Beispiel**

```
<?PHP
/* Stellt Verbindung zu Datenbank her */
$db = @MYSQL_CONNECT("localhost","selfphp", "mega")
   or die("Datenbankverbindung fehlgeschlagen: " .
mysql_error());

   /* Wählt eine Datenbank aus */
$db_select = @MYSQL_SELECT_DB("selfphp")
   or die("Auswahl der Datenbank fehlgeschlagen");

$result = mysql_list_tables("selfphp",$db);
$menge = mysql_num_rows($result);
for($x=0;$x<$menge;$x++){
   $table_name = mysql_tablename($result,$x);
   echo $table_name . "\n";
}
?>
```

⊄ **Ausgabe**

```
selfphp_forum
selfphp_funktionen
selfphp_guestbook
selfphp_statistik
```

12.34 mysql_num_fields

⇒ **Befehl** int **mysql_num_fields** (resource Ergebnis-Kennung)

⇐ **Version** (PHP 3, PHP 4, PHP 5)

⇔ **Beschreibung** Mit mysql_num_fields() kann man sich anhand einer Ergebnis-Kennung (*Ergebnis-Kennung*) die Anzahl der Felder eines Ergebnisses zurückgeben lassen.

Siehe auch:
- mysql_db_query()
- mysql_fetch_field()
- mysql_num_rows()
- mysql_query()

Abwärtskompatible Funktionen:
- mysql_numfields()

↔ **Beispiel**

```
<?PHP
/* Stellt Verbindung zu Datenbank her */
$db = @MYSQL_CONNECT("localhost","selfphp", "mega")
    or die("Datenbankverbindung fehlgeschlagen: " .
mysql_error());

    /* Wählt eine Datenbank aus */
$db_select = @MYSQL_SELECT_DB("selfphp")
    or die("Auswahl der Datenbank fehlgeschlagen");

$result = mysql_query("SELECT * FROM selfphp_funktionen");
echo mysql_num_fields($result);
?>
```

⊄ **Ausgabe** 6

12.35 mysql_num_rows

⇒ **Befehl** int **mysql_num_rows** (resource Ergebnis-Kennung)

⇐ **Version** (PHP 3, PHP 4, PHP 5)

⇔ **Beschreibung** Mit mysql_num_rows() kann man sich anhand einer Ergebnis-Kennung (*Ergebnis-Kennung*) die Anzahl der Datensätze eines Ergebnisses zurückgeben lassen.

Siehe auch:
- mysql_db_query()
- mysql_fetch_row()
- mysql_query()

Abwärtskompatible Funktionen:
- mysql_numrows()

↔ Beispiel

```
<?PHP
/* Stellt Verbindung zu Datenbank her */
$db = @MYSQL_CONNECT("localhost","selfphp", "mega")
   or die("Datenbankverbindung fehlgeschlagen: " .
mysql_error());

   /* Wählt eine Datenbank aus */
$db_select = @MYSQL_SELECT_DB("selfphp")
   or die("Auswahl der Datenbank fehlgeschlagen");

$result = mysql_query("SELECT * FROM selfphp_funktionen");
$menge = mysql_num_rows($result);
echo "$menge Datensätze gefunden\n";
while($row = mysql_fetch_row($result)){
   echo $row[2] . "\n";
}
?>
```

⊄ Ausgabe

```
4 Datensätze gefunden
apache_lookup_uri
apache_note
ascii2ebcdic
ebcdic2ascii
```

12.36 mysql_pconnect

⇒ Befehl resource **mysql_pconnect** ([string hostname[:port][:/path/to/socket] [, string Benutzername [, string Kennwort [, int client_flags]]]])

⇐ Version (PHP 3, PHP 4, PHP 5)

⇔ Beschreibung Mit mysql_pconnect() öffnet man eine persistente Verbindung zu einer MySQL-Datenbank. Im Erfolgsfall gibt diese Funktion eine Verbindungskennung, sonst false zurück.

Falls keine Verbindung erstellt werden kann, können Sie eine eigene Fehlermeldung zum Browser senden und danach das Skript abbrechen lassen (siehe im Beispiel »or die«).

Alle Parameter dieser Funktion sind optional; wenn Sie keinen Wert übergeben, gelten folgende Vorgabewerte:

- *hostname* – localhost
- *Benutzername* – Name des Benutzers, dem der Server-Prozess gehört
- *Kennwort* – ein leeres Kennwort

Falls Sie Zugriff auf eine MySQL-Datenbank im Internet haben, werden Sie die Zugangsdaten, die Sie von Ihrem Provider bekommen haben, in die dafür vorgesehenen Parameter eintragen müssen (siehe Beispiel).

Als zusätzliche Parameter können Sie den *:port* (ab PHP 3.0B4) und den *:/path/to/socket* (ab PHP 3.0.10) mit angeben.

Der optionale Parameter *client_flags* (ab PHP 4.3.0) sorgt dafür, dass zusätzliche Konstanten ausgeführt werden können.
Mögliche Konstanten sind:

- MYSQL_CLIENT_COMPRESS
- MYSQL_CLIENT_IGNORE_SPACE
- MYSQL_CLIENT_INTERACTIVE

Fehlermeldungen, die eventuell auftreten und ausgegeben werden, können Sie mit einem »@« unterdrücken.

Die Verbindung zur Datenbank wird **nicht** mit dem Skriptende geschlossen.

Folgendes ist gegenüber mysql_connect() anders:

1. Es wird versucht, vor dem Verbindungsaufbau eine persistente Verbindung zum gleichen Host mit dem gleichen Benutzer und Passwort zu erstellen. Gelingt dies, wird die Verbindungskennung dieser Verbindung zurückgegeben.
2. Die Verbindung wird nicht mit dem Beenden des Skripts geschlossen, sondern bleibt bestehen für einen zukünftigen Verbindungsaufbau.

Siehe auch:

- mysql_connect()

↔ Beispiel

```
<?PHP
/* Stellt Verbindung zu Datenbank her */
$db = @MYSQL_PCONNECT("localhost","selfphp", "mega")
   or die("Datenbankverbindung fehlgeschlagen: " .
mysql_error());

   /* Wählt eine Datenbank aus */
$db_select = @MYSQL_SELECT_DB("selfphp")
   or die("Auswahl der Datenbank fehlgeschlagen");

if($db)
   echo "Verbindung zur Datenbank wurde hergestellt";
?>
```

⊄ **Ausgabe**

```
Verbindung zur Datenbank wurde hergestellt
```

12.37 mysql_query

⇒ **Befehl**

resource **mysql_query** (string Anfrage [, resource Verbindungskennung])

⇐ **Version**

(PHP 3, PHP 4, PHP 5)

⇔ **Beschreibung**

Mit mysql_query() sendet man eine SQL-Anfrage (*Anfrage*) an einen Datenbankserver. Wird der optionale Parameter der Verbindungskennung (*Verbindungs-Kennung*) nicht angegeben, so wird versucht, eine Verbindung ohne Angabe von Argumenten (siehe mysql_connect) aufzubauen.

Die Funktion mysql_query() liefert im Erfolgsfall true, sonst false zurück. Beachten Sie bitte, dass diese Funktion keine Angaben über die Anzahl der Datensätze zurückgibt.

Um auf die Datensätze zugreifen zu können, sollten Sie die unten stehenden Funktionen nutzen.

Siehe auch:

- mysql_affected_rows()
- mysql_db_query()
- mysql_free_result()
- mysql_result()
- mysql_select_db()
- mysql_connect()

↔ **Beispiel**

```
<?PHP
/* Stellt Verbindung zu Datenbank her */
$db = @MYSQL_CONNECT("localhost","selfphp", "mega")
   or die("Datenbankverbindung fehlgeschlagen: " .
mysql_error());

   /* Wählt eine Datenbank aus */
$db_select = @MYSQL_SELECT_DB("selfphp")
   or die("Auswahl der Datenbank fehlgeschlagen");

$result = mysql_query("SELECT * FROM selfphp_funktionen");
$menge = mysql_num_rows($result);
echo "$menge Datensätze gefunden\n";
while($row = mysql_fetch_row($result)){
   echo $row[2] . "\n";
}
?>
```

⊄ **Ausgabe**

```
4 Datensätze gefunden
apache_lookup_uri
apache_note
ascii2ebcdic
ebcdic2ascii
```

12.38 mysql_result

⇒ **Befehl**

mixed **mysql_result** (resource Ergebnis-Kennung, int Datensatz-Index [, mixed Feld])

⇐ **Version**

(PHP 3, PHP 4, PHP 5)

⇔ **Beschreibung**

Mit mysql_result() kann man sich anhand einer Ergebnis-Kennung (*Ergebnis-Kennung*) und der Angabe des Datensatz-Index (*Datensatz-Index*) den Inhalt eines Feldes zurückgeben lassen. Mit dem optionalen Parameter *Feld* kann man einen Feldnamen in der Form »tablename.feldname« (siehe Beispiel) angeben. Sollte das Feld ein Alias besitzen (select gruppe as group), so ist dieser Alias als Feldname zu nutzen.

Falls die MySQL-Anfrage sehr viele Datensätze enthält, sollten Sie aus Geschwindigkeitsgründen auf die unten stehenden Funktionen zurückgreifen.

Schnellere Funktionen:

- mysql_fetch_array()
- mysql_fetch_object()
- mysql_fetch_row()

↔ **Beispiel**

```
<?PHP
/* Stellt Verbindung zu Datenbank her */
$db = @MYSQL_CONNECT("localhost","selfphp", "mega")
   or die("Datenbankverbindurg fehlgeschlagen: " .
mysql_error());

   /* Wählt eine Datenbank aus */
$db_select = @MYSQL_SELECT_DB("selfphp")
   or die("Auswahl der Datenbank fehlgeschlagen");

$result = mysql_query("SELECT * FROM selfphp_funktionen");
for($x=0;$x<mysql_num_rows($result);$x++) {
   $str_1 = mysql_result($result,$x,
"selfphp_funktionen.id");
   echo "id: $str_1 \n";
   $str_2 = mysql_result($result,$x,1);
   echo "gruppe: $str_2 \n\n";
}
?>
```

⊄ **Ausgabe**

```
id: 1
gruppe: Array-Funktionen

id: 2
gruppe: Variablen-Funktionen

id: 3
gruppe: Verzeichnis-Funktionen

id: 4
gruppe: Mail-Funktionen

id: 5
gruppe: Variablen-Funktionen
```

12.39 mysql_select_db

⇒ **Befehl**

bool **mysql_select_db** (string Datenbankname [, resource Verbindungskennung])

⇐ **Version**

(PHP 3, PHP 4, PHP 5)

⇔ **Beschreibung**

Mit mysql_select_db() wählt man eine Datenbank aus. Im Erfolgsfall gibt diese Funktion true, sonst false zurück.

Als Parameter wird der Datenbankname (*Datenbankname*) gefordert. Sie können zusätzlich eine Verbindungskennung (*Verbindungs-Kennung*) mit angeben. Fehlt die Verbindungskennung, wird die aktuelle Verbindungskennung genutzt. Fehlt auch diese Kennung, wird versucht, eine Verbindung ohne Angabe von Argumenten (siehe mysql_connect) herzustellen.

Siehe auch:

- mysql_connect()
- mysql_pconnect()
- mysql_query()

Abwärtskompatible Funktionen:

- mysql_selectdb()

↔ **Beispiel**

```
<?PHP
/* Stellt Verbindung zu Datenbank her */
$db = @MYSQL_CONNECT("localhost","selfphp", "mega")
   or die("Datenbankverbindung fehlgeschlagen: " .
mysql_error());

   /* Wählt eine Datenbank aus */
$db_select = @MYSQL_SELECT_DB("selfphp")
   or die("Auswahl der Datenbank fehlgeschlagen");
```

```
if($db_select)
   echo "Datenbank wurde ausgewählt";
?>
```

⊄ **Ausgabe**

```
Datenbank wurde ausgewählt
```

12.40 mysql_stat

⇒ **Befehl** string **mysql_stat** ([resource Verbindungs-Kennung])

⇐ **Version** (PHP 4 >= 4.3.0, PHP 5)

⇔ **Beschreibung** Mit mysql_stat() kann man sich den momentanen Serverstatus ausgeben lassen. Fehlt die Verbindungskennung, wird die aktuelle Verbindungskennung genutzt. Um eine vollständige Liste aller Statusvariablen zu bekommen, sollten Sie den MySQL-Befehl SHOW_STATUS nutzen.

↔ **Beispiel**

```
<?PHP
/* Stellt Verbindung zu Datenbank her */
$db = @MYSQL_CONNECT("localhost","selfphp", "mega")
   or die("Datenbankverbindung fehlgeschlagen: " .
mysql_error());

$status = explode('  ', mysql_stat($db));
print_r($status);
?>
```

⊄ **Ausgabe**

```
Array
(
    [0] => Uptime: 26629
    [1] => Threads: 1
    [2] => Questions: 1658
    [3] => Slow queries: 0
    [4] => Opens: 27
    [5] => Flush tables: 1
    [6] => Open tables: 1
    [7] => Queries per seconc avg: 0.062
)
```

12.41 mysql_tablename

⇒ **Befehl** string **mysql_tablename** (resource Ergebnis-Kennung, int i)

⇐ **Version** (PHP 3, PHP 4, PHP 5)

⇔ **Beschreibung**

Mit mysql_tablename() kann man sich den Namen einer Tabelle in der Datenbank zurückgeben lassen. Nachdem Sie mit mysql_list_tables() einen Ergebnissatz mit der Liste der Tabellen geholt haben, können Sie mysql_tablename() die von mysql_list_tables() gelieferte *Ergebnis-Kennung* übergeben, um den Namen der Tabelle mit dem Index *i* zu ermitteln.

Siehe auch:
- mysql_list_tables()
- mysql_num_rows()

↔ **Beispiel**

```
<?PHP
/* Stellt Verbindung zu Datenbank her */
$db = @MYSQL_CONNECT("localhost","selfphp", "mega")
   or die("Datenbankverbindung fehlgeschlagen: " .
mysql_error());

/* Wählt eine Datenbank aus */
$db_select = @MYSQL_SELECT_DB("selfphp")
   or die("Auswahl der Datenbank fehlgeschlagen");

$result = mysql_list_tables("selfphp");
for($i=0; $i<mysql_num_rows($result); $i++){
   $tabellen = mysql_tablename($result,$i);
   echo $tabellen . "\n";
}
?>
```

⊄ **Ausgabe**

```
selfphp_funktionen
```

12.42 mysql_thread_id

⇒ **Befehl**

int **mysql_thread_id** ([resource Verbindungs-Kennung])

⇐ **Version**

(PHP 4 >= 4.3.0, PHP 5)

⇔ **Beschreibung**

Mit mysql_thread_id() kann man sich die aktuelle Thread-ID anzeigen lassen. Wird eine Verbindung neu aufgebaut, erhalten Sie auch eine neue Thread-ID. Geben Sie den optionalen Parameter *Verbindungs-Kennung* nicht an, wird die zuletzt genutzte Verbindung genommen.

Siehe auch:
- mysql_ping()
- mysql_list_processes()

↔ **Beispiel**

```
<?PHP
/* Stellt Verbindung zu Datenbank her */
$db = @MYSQL_CONNECT("localhost","selfphp", "mega")
   or die("Datenbankverbindung fehlgeschlagen: " .
mysql_error());

echo "Thread ID: " . mysql_thread_id($db);
?>
```

⊄ **Ausgabe**

```
Thread ID: 134
```

13 PDF-Funktionen

Mit der PDF-Bibliothek von Thomas Merz können Sie innerhalb von PHP PDF-Dateien erstellen. Sie finden eine aktuelle Version im Internet unter *www.pdflib.com/pdflib/index.html.* Darüber hinaus finden Sie dort auch eine ausgezeichnete Anleitung zum Einbinden dieser Bibliothek. Falls Sie ein Windows-System nutzen, müssen Sie nur in der php.ini die Erweiterung zum Erstellen von PDF-Dokumenten aktivieren (extension=php_pdf.dll).

Bei den Längen- und Koordinatenangaben werden PostScript-Punkte genutzt. Dabei entsprechen 72 PostScript-Punkte gewöhnlich 1 Inch, was aber bei verschiedenen Auflösungen variieren kann. Ursprung des Koordinatensystems ist die linke untere Ecke.

13.1 pdf_add_annotation

⇒ Befehl

void **pdf_add_annotation** (int PDF-Dokument, double llx, double lly, double urx, double ury, string Titel, string Inhalt)

⇐ Version

(PHP 3>= 3.0.12, PHP 4, PHP 5)

⇔ Beschreibung

Mit pdf_add_annotation() kann man innerhalb eines PDF-Dokuments (*PDF-Dokument*) eine Anmerkung (eine Art gelber Zettel) einfügen. Dabei gibt man als Größe die X-Y-Koordinaten der linken oberen Ecke (*llx* und *lly*) und die X-Y-Koordinaten der rechten unteren Ecke (*urx* und *ury*) des Anmerkungskastens an. Koordinatenursprung (0,0) ist die linke untere Ecke des Dokuments. Zusätzlich werden eine Überschrift (*Titel*) und ein Text (*Inhalt*) für die Anmerkung angegeben. Ist der Text nachher innerhalb des Adobe Reader zu groß, so werden automatisch Scrollbalken eingeblendet, sobald man mit der Maus in den Kasten klickt.

Folgende Formatierungsmöglichkeiten bestehen:
- \t – Tabulator, der Text wird eingerückt.
- \r – Zeilenumbruch

Aus Darstellungsgründen wurde im unteren Beispiel nur der Anmerkungskasten gezeigt. Tatsächlich würde dieser Kasten bei einem größeren Arbeitsblatt in der linken oberen Ecke platziert sein.

↔ Beispiel

```
<?PHP
$file = fopen("pdf/pdf_add_annotation.pdf", "w");
$dokument = pdf_open($file);
pdf_begin_page($dokument,200,100);
$headline = "Wichtige Notiz";
```

```
$text = "1. Inhaltsverzeichnis fehlerhaft
       \t1.1 Sprungmarken fehlen
       \t1.2 Text fehlt
       \r2. Grafiken einbinden
       \t2.1 urknall.jpg
       \t2.2 irland.gif";
pdf_add_annotation($dokument,0,100,50,60, $headline, $text);
pdf_end_page($dokument);
$dokument = pdf_close($dokument);
fclose($file);
?>
```

⊄ **Ausgabe**

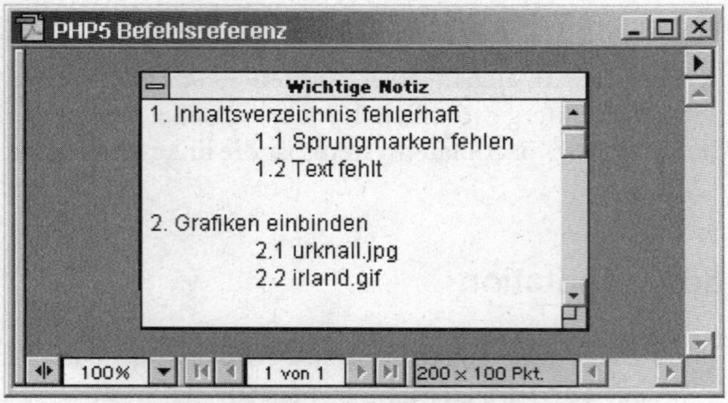

Abb. 32: pdf_add_annotation

Achtung: Bei der Ausgabe des Befehls wird im Browser nichts zurückgegeben. Die oben stehende Grafik wurde im Adobe Reader geöffnet, um die Wirkungsweise des Befehls zu zeigen.

13.2 pdf_add_bookmark

⇒ **Befehl**

int **pdf_add_bookmark** (int PDF-Dokument, string Text [, int Mutter [, int offen]])

⇐ **Version**

(PHP 4 >= 4.0.1, PHP 5)

⇔ **Beschreibung**

Mit pdf_add_bookmark() fügt man innerhalb eines PDF-Dokuments (*PDF-Dokument*) ein Lesezeichen (*Text*) für die aktuelle Seite hinzu. Das Lesezeichen funktioniert, ähnlich wie ein Eintrag im Inhaltsverzeichnis, als Sprungmarke zu einer bestimmten Seite.

Rückgabewert der Funktion ist die ID des neuen Lesezeichens.

Sie können Lesezeichen hierarchisch sortieren. Jeder neuen Hauptgruppe (Mutter) können Sie weitere Untergruppen zuordnen, welche wiederum eigene Untergruppen besitzen können. Eine Untergruppe kann so also auch zu einer Hauptgruppe werden und weitere Lesezeichen umfassen. Wenn Sie ein Lesezeichen oder eine neue Untergruppe anlegen wollen, können Sie im Parameter *Mutter* die ID der übergeordneten Gruppe angeben, zu der das Lesezeichen bzw. die Untergruppe gehören soll.

Sie können mit dem optionalen Parameter *offen* bestimmen, ob das Inhaltsverzeichnis einer bestimmten Gruppe beim Öffnen des PDF-Dokuments aus- oder eingeklappt sein soll. Soll das Inhaltsverzeichnis ausgeklappt sein, so brauchen Sie nur für *offen* einen Wert ungleich 0 (Null) angeben.

Der optionale Parameter *offen* ist nur im Zusammenhang mit einer Gruppe (*Mutter*) erlaubt. Da aber die oberste Hauptgruppe (das erste Lesezeichen) keine »Mutter« besitzt, können Sie einfach einen nicht existenten Rückgabewert (im Beispiel $_x) als Gruppen-ID verwenden.

Beim Öffnen des unteren Beispiels klappt die Gruppe »2. Ebene« sofort auf, während die »1. Ebene« geschlossen bleibt.

Siehe auch:

- pdf_add_outline()
- pdf_begin_page()
- pdf_end_page()
- pdf_show_xy()

↔ Beispiel

```
<?PHP
$ebene1 = "1. Ebene";
$ebene2 = "1.1 Ebene";
$ebene3 = "2. Ebene";
$ebene4 = "2.1 Ebene";
$ebene5 = "2.2 Ebene";
$file = fopen("pdf/pdf_add_bookmark.pdf", "w");
$dokument = pdf_open($file);
pdf_begin_page($dokument,200, 100);
$m1 = pdf_add_bookmark ($dokument, $ebene1);
$m2 = pdf_add_bookmark ($dokument, $ebene2, $m1);
$m3 = pdf_add_bookmark ($dokument,$ebene3,$_x,1);
$m4 = pdf_add_bookmark ($dokument, $ebene4, $m3);
$m5 = pdf_add_bookmark ($dokument, $ebene5, $m4);
pdf_end_page($dokument);
pdf_close($dokument);
fclose($file);
?>
```

⊄ **Ausgabe**

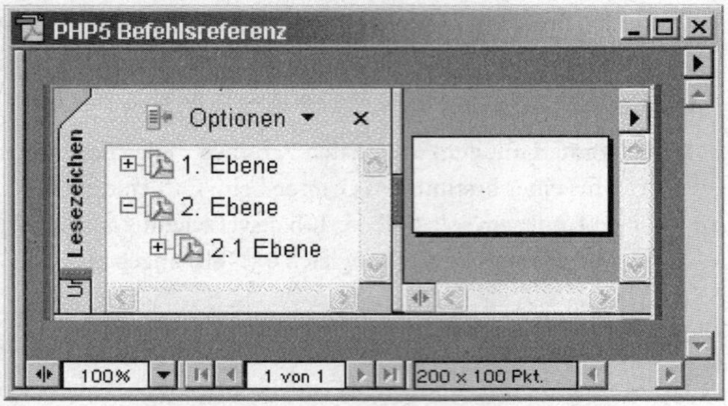

Abb. 33: pdf_add_bookmark

Achtung: Bei der Ausgabe des Befehls wird im Browser nichts zurückgegeben. Die oben stehende Grafik wurde im Adobe Reader geöffnet, um die Wirkungsweise des Befehls zu zeigen.

13.3 pdf_add_launchlink

⇒ **Befehl**

bool **pdf_add_launchlink** (int PDF-Dokument, double llx, double lly, double urx, double ury, string datei)

⇐ **Version**

(PHP 4 >= 4.0.5, PHP 5)

⇔ **Beschreibung**

Mit pdf_add_launchlink() fügt man innerhalb eines PDF-Dokuments (*PDF-Dokument*) einen Link auf eine Datei ein. Dabei wird ein Kasten erstellt, welcher als Positionierungsangaben die linkere untere (*llx, llx*) und die rechte obere Ecke (*urx, ury*) besitzt. Zusätzlich wird mit dem Parameter *datei* der Pfad zu der Zieldatei angegeben. Im unteren Beispiel wurde eine GIF-Datei angegeben, welche nach dem Klick auf den Kasten geöffnet wurde.

Siehe auch:

- pdf_begin_page()
- pdf_end_page()

↔ **Beispiel**

```
<?PHP
$file_1 = "arktis.gif";
$file = fopen("pdf_add_launchlink.pdf", "w");
$dokument = pdf_open($file);
pdf_begin_page($dokument,200, 100);
pdf_add_launchlink ($dokument, 10, 10, 30, 30, $file_1);
pdf_end_page($dokument);
pdf_close($dokument);
fclose($file);
?>
```

⊄ **Ausgabe**

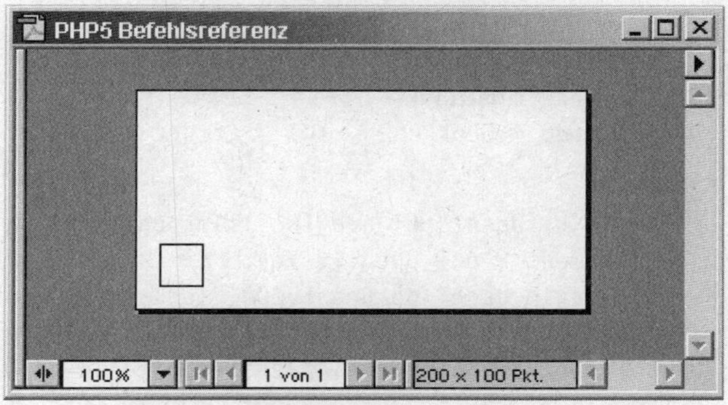

Abb. 34: pdf_add_launchlink

Achtung: Bei der Ausgabe des Befehls wird im Browser nichts zurückgegeben. Die oben stehende Grafik wurde im Adobe Reader geöffnet, um die Wirkungsweise des Befehls zu zeigen.

13.4 pdf_add_locallink

⇒ **Befehl**

bool **pdf_add_locallink** (int PDF-Dokument, double llx, double lly, double urx, double ury, int seite, string dest)

⇐ **Version**

(PHP 4 >= 4.0.5, PHP 5)

⇔ **Beschreibung**

Mit pdf_add_locallink() kann man innerhalb eines PDF-Dokuments (*PDF-Dokument*) einen Link auf eine andere Seite (*seite*) innerhalb des PDF-Dokuments hinzufügen. Dabei gibt man als Größe die X-Y-Koordinaten der linken unteren Ecke (*llx* und *lly*) und der rechten oberen Ecke (*urx* und *ury*) der Linkfläche an. Im PDF-Dokument wird dann ein Kasten erstellt, welcher als Link auf die Seite *seite* des PDF-Dokuments verweist.

Der letzte Parameter (*dest*) legt fest, auf welche Weise das Dokument angezeigt wird. Folgende Werte sind für *dest* möglich:

- fitheight – Das Dokument wird über die ganze Höhe ausgegeben.
- fitpage – Das Dokument wird im ganzen Fenster angezeigt.
- fitwidth – Anzeige des Dokuments über die ganze Breite.
- retain – Das Dokument wird im gegenwärtigen Anzeigemodus des Acrobat-Readers angezeigt.

Im unteren Beispiel wurde über den Kasten ein zusätzlicher Text gelegt (»Nächste Seite«). Geht man nun mit dem Mauszeiger über den Kasten, wird der Link durch eine Hand dargestellt. Wenn Sie auf den Kasten klicken, wird auf die ausgewählte Seite verzweigt.

Siehe auch:

- pdf_add_bookmark()
- pdf_add_launchlink()
- pdf_add_weblink()

↔ Beispiel

```
<?PHP
$file = fopen("pdf_add_locallink.pdf", "w");
$dokument = pdf_open($file);
pdf_begin_page($dokument,200, 100);
pdf_set_font($dokument, "Times-Roman", 14,"winansi");
pdf_show_xy($dokument,"Nächste Seite",12,14);
pdf_add_locallink ($dokument, 10, 10, 95, 25, 2,"fitwidth");
pdf_end_page($dokument);
pdf_begin_page($dokument,200, 100);
pdf_end_page($dokument);
pdf_close($dokument);
fclose($file);
?>
```

⊄ Ausgabe

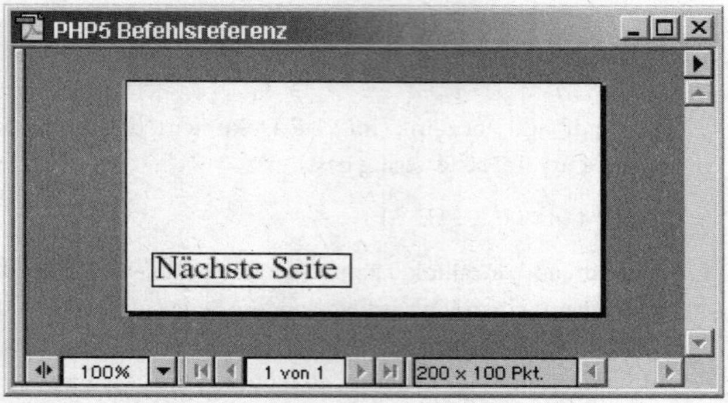

Abb. 35: pdf_add_locallink

Achtung: Bei der Ausgabe des Befehls wird im Browser nichts zurückgegeben. Die oben stehende Grafik wurde im Adobe Reader geöffnet, um die Wirkungsweise des Befehls zu zeigen.

13.5 pdf_add_note

⇒ Befehl

bool **pdf_add_note** (int PDF-Dokument, double llx, double lly, double urx, double ury, string contents, string title, string icon, int open)

⇐ Version

(PHP 4 >= 4.0.5, PHP 5)

⇔ **Beschreibung**

Mit pdf_add_note() kann man innerhalb eines PDF-Dokuments (*PDF-Dokument*) eine Notiz platzieren. Dabei gibt man als Größe die X-Y-Koordinaten der linken unteren Ecke (*llx* und *lly*) und der rechten oberen Ecke (*urx* und *ury*) der Linkfläche an. Im unteren Beispiel wurde mit *contents* ein Text und mit *title* eine Überschrift festgelegt. Zusätzlich bestimmt man mit dem Parameter *icon* die Art der Darstellung und mit *open*, ob das anzuzeigende Fenster geöffnet oder geschlossen angezeigt werden soll.

Folgende Möglichkeiten für *icon* sind möglich:

- comment
- note
- paragraph
- newparagraph
- key
- help

Siehe auch:

- pdf_add_annotation()

↔ **Beispiel**

```
<?PHP
$file = fopen("php.pdf", "w");
$dokument = pdf_open($file);
$test = pdf_begin_page($dokument,200, 100);
$text_1 = "Hier steht der 1.Text. \n Und hier _
 noch mehr!";
$text_2 = "Allgemeine Hilfe";
pdf_add_note ($dokument, 100, 100, 180, 40, $text_1, $text_2,
"help", 0);
$text_1 = "Hier steht der 2.Text. \n Und hier _
 noch mehr!";
$text_2 = "Allgemeine Hilfe";
pdf_add_note ($dokument, 10, 10, 180, 40, _
 $text_1, $text_2, "help", 1);
pdf_end_page($dokument);
pdf_close($dokument);
fclose($file);
?>
```

⊄ **Ausgabe**

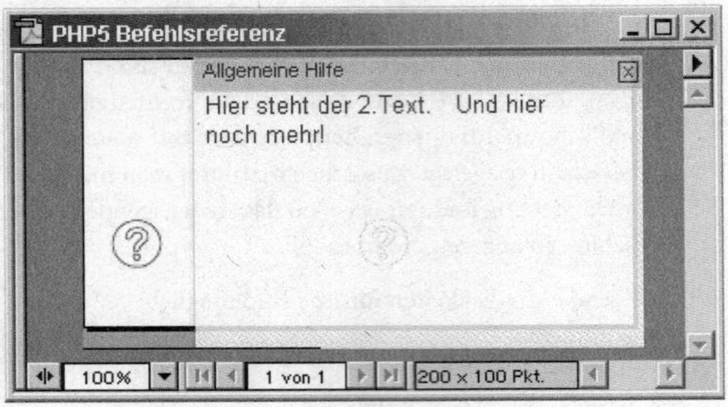

Abb. 36: pdf_add_note

Achtung: Bei der Ausgabe des Befehls wird im Browser nichts zurückgegeben. Die oben stehende Grafik wurde im Adobe Reader geöffnet, um die Wirkungsweise des Befehls zu zeigen.

13.6 pdf_add_outline

⇒ **Befehl**

int **pdf_add_outline** (int PDF-Dokument, string Text [, int Mutter [, int offen]])

⇐ **Version**

(PHP 3>= 3.0.6, PHP 4, PHP 5)

⇔ **Beschreibung**

Mit pdf_add_outline() fügt man innerhalb eines PDF-Dokuments (*PDF-Dokument*) ein Lesezeichen (*Text*) für die aktuelle Seite hinzu. Das Lesezeichen funktioniert, ähnlich wie ein Eintrag im Inhaltsverzeichnis, als Sprungmarke zu einer bestimmten Seite.

Rückgabewert der Funktion ist die ID des neuen Lesezeichens.
Sie können Lesezeichen hierarchisch sortieren. Jeder neuen Hauptgruppe (Mutter) können Sie weitere Untergruppen zuordnen, welche wiederum eigene Untergruppen besitzen können. Eine Untergruppe kann so also auch zu einer Hauptgruppe werden und weitere Lesezeichen umfassen. Wenn Sie ein Lesezeichen oder eine neue Untergruppe anlegen wollen, können Sie im Parameter *Mutter* die ID der übergeordneten Gruppe angeben, zu der das Lesezeichen bzw. die Untergruppe gehören soll.

Sie können mit dem optionalen Parameter *offen* bestimmen, ob das Inhaltsverzeichnis einer bestimmten Gruppe beim Öffnen des PDF-Dokuments aus- oder eingeklappt sein soll. Soll das Inhaltsverzeichnis ausgeklappt sein, so brauchen Sie nur für *offen* einen Wert ungleich 0 (Null) angeben.

Der optionale Parameter *offen* ist aber nur im Zusammenhang mit einer Gruppe (*Mutter*) erlaubt. Da aber die oberste Hauptgruppe (das erste Lesezeichen) keine »Mutter« besitzt, können Sie einfach einen nicht existenten Rückgabewert (im Beispiel $_x) als Gruppen-ID verwenden.

Beim Öffnen des unteren Beispiels, sind beide Gruppen geöffnet. Bei »Referenz« ist auchdie Unterstruktur »Grafik« geöffnet.

Siehe auch:

- pdf_add_bookmark()
- pdf_begin_page()
- pdf_end_page()
- pdf_show_xy()

↔ Beispiel

```
<?PHP
$file = fopen("pdf_add_outline.pdf", "w");
$dokument = pdf_open($file);
pdf_begin_page($dokument,250, 150);
$_1 = pdf_add_outline($dokument,"PHP5",$_x,1);
pdf_add_outline($dokument,"Installation",$_1);
pdf_add_outline($dokument,"Konfiguration",$_1);
pdf_set_font($dokument, "Times-Roman", 14,"winansi");
$_2 = pdf_add_outline($dokument,"Referenz");
pdf_show_xy($dokument,"Text.......",30,130);
pdf_end_page($dokument);
pdf_begin_page($dokument,250, 150);
pdf_set_font($dokument, "Times-Roman", 14,"winansi");
$_2_1 = pdf_add_outline($dokument,"Grafik",$_2,1);
pdf_show_xy($dokument,"Text.......",30,130);
pdf_end_page($dokument);
pdf_begin_page($dokument,250, 150);
pdf_set_font($dokument, "Times-Roman", 14,"winansi");
$_2_1_1 = pdf_add_outline($dokument,"PDF-Funktionen",$_2_1);
pdf_show_xy($dokument,"Text.......",30,130);
pdf_end_page($dokument);
pdf_begin_page($dokument,250, 150);
pdf_set_font($dokument, "Times-Roman", 48,"winansi");
pdf_add_outline($dokument,"Image-Funktionen",$_2_1);
pdf_show_xy($dokument,"Text.......",30,100);
pdf_end_page($dokument);
pdf_close($dokument);
fclose($file);
?>
```

⊄ **Ausgabe**

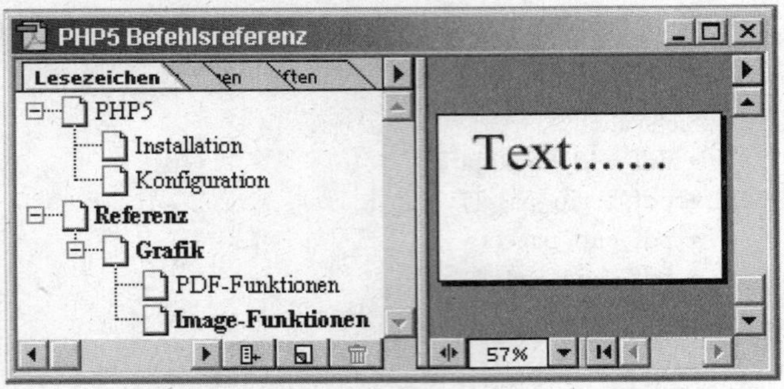

Abb. 37: pdf_add_outline

Achtung: Bei der Ausgabe des Befehls wird im Browser nichts zurückgegeben. Die oben stehende Grafik wurde im Adobe Reader geöffnet, um die Wirkungsweise des Befehls zu zeigen.

13.7 pdf_add_pdflink

⇒ **Befehl**

bool **pdf_add_pdflink** (resource PDF-Dokument, float llx, float lly, float urx, float ury, string filename, int page, string dest)

⇐ **Version**

(PHP 3>= 3.0.12, PHP 4, PHP 5)

⇔ **Beschreibung**

Mit pdf_add_pdflink() kann man innerhalb eines PDF-Dokuments (*PDF-Dokument*) einen Hyperlink auf eine andere PDF-Datei hinzufügen. Dabei gibt man als Größe die X-Y-Koordinaten der linken unteren Ecke (*llx* und *lly*) und der rechten oberen Ecke (*urx* und *ury*) der Hyperlinkfläche an. Im PDF-Dokument wird dann ein Kasten erstellt, welcher als Hyperlink auf den Dateinamen (*filename*) des PDF-Dokuments verweist. Zusätzlich kann man die Seite (*page*) angeben, auf welche man direkt springen möchte. Der letzte Parameter (*dest*) legt fest, auf welche Weise das Dokument angezeigt wird. Folgende Werte sind für *dest* möglich:

- fitbox – Es werden alle Objekte ohne Berücksichtigung des Seitenrandes ausgegeben.
- fitheight – Das Dokument wird über die ganze Höhe ausgegeben.
- fitpage – Das Dokument wird im ganzen Fenster angezeigt.
- fitwidth – Anzeige des Dokuments über die ganze Breite.
- retain – Das Dokument wird im gegenwärtigen Anzeigemodus des Acrobat-Readers angezeigt.

Im unteren Beispiel wurde über den Kasten ein zusätzlicher Text gelegt (»Lade PDF-Dokument«). Geht man nun mit dem Mauszeiger über den Kasten, so wird der Link durch ein »w« mit einer Hand dargestellt. Wenn Sie auf den Kasten klicken, wird auf die ausgewählte Seite verzweigt.

Siehe auch:

- pdf_set_border_style()
- pdf_set_border_color()
- pdf_set_border_dash()
- pdf_add_weblink()

↔ Beispiel

```
<?PHP
$file = fopen("pdf_add_pdflink.pdf", "w");
$dokument = pdf_open($file);
pdf_begin_page($dokument,200,100);
pdf_set_border_style($dokument, solid,1);
pdf_set_font($dokument, "Times-Roman", 14,"winansi");
pdf_show_xy($dokument,"Lade PDF-Dokument",12,14);
pdf_add_pdflink($dokument,10,10,95,25,"php1.pdf",1,"retain");
pdf_end_page($dokument);
$dokument = pdf_close($dokument);
fclose($file);
?>
```

⊄ Ausgabe

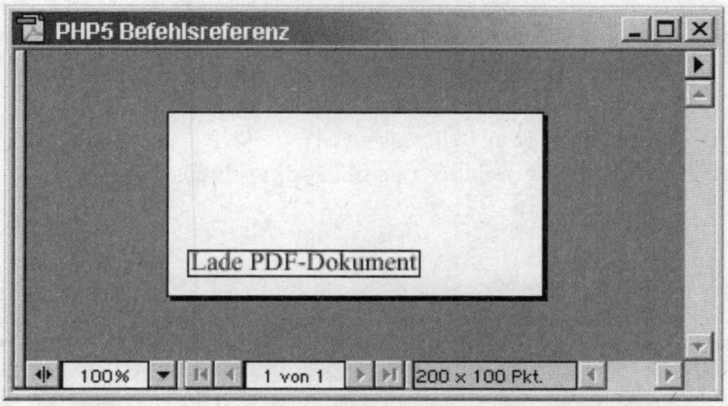

Abb. 38: pdf_add_pdflink

Achtung: Bei der Ausgabe des Befehls wird im Browser nichts zurückgegeben. Die oben stehende Grafik wurde im Adobe Reader geöffnet, um die Wirkungsweise des Befehls zu zeigen.

13.8 pdf_add_weblink

⇒ Befehl bool **pdf_add_weblink** (resource PDF-Dokument, float llx, float lly, float urx, float ury, string url)

⇐ Version (PHP 3>= 3.0.12, PHP 4, PHP 5)

⇔ Beschreibung Mit pdf_add_weblink() kann man innerhalb eines PDF-Dokuments (*PDF-Dokument*) einen Hyperlink auf eine Website hinzufügen. Dabei gibt man als

Größe die X-Y-Koordinaten der linken unteren Ecke (*llx* und *lly*) und der rechten oberen Ecke (*urx* und *ury*) der Hyperlinkfläche an. Im PDF-Dokument wird dann ein Kasten erstellt, welcher als Hyperlink auf die URL (*url*) der Website verweist. Im unteren Beispiel wurde über den Kasten ein zusätzlicher Text gelegt (»zur Homepage«). Geht man nun mit dem Mauszeiger über den Kasten, so wird der Link durch ein »w« mit einer Hand dargestellt. Wenn Sie auf den Kasten klicken, wird der Link in einem Browserfenster geöffnet.

Siehe auch:

- pdf_set_border_style()
- pdf_set_border_color()
- pdf_set_border_dash()
- pdf_add_pdflink()

↔ **Beispiel**

```
<?PHP
$file = fopen("pdf_add_weblink.pdf", "w");
$dokument = pdf_open($file);
pdf_begin_page($dokument,200,100);
pdf_set_border_style($dokument, solid,1);
pdf_set_font($dokument, "Times-Roman", 14,"winansi");
pdf_show_xy($dokument,"zur Homepage",12,14);
pdf_add_weblink($dokument,10,10,95,25,"http://www.selfphp.de"
);
pdf_end_page($dokument);
$dokument = pdf_close($dokument);
fclose($file);
?>
```

⊄ **Ausgabe**

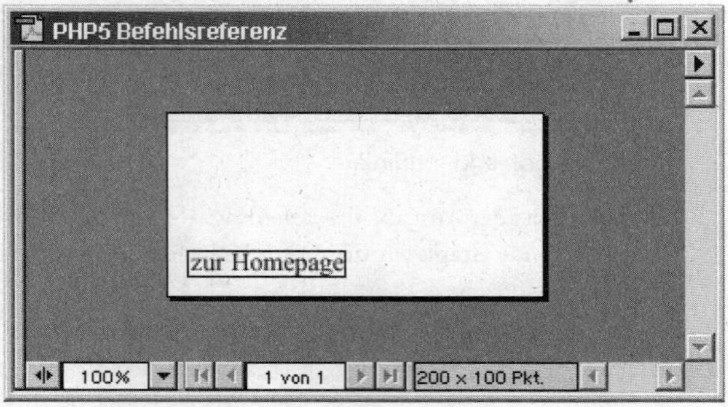

Abb. 39: pdf_add_weblink

Achtung: Bei der Ausgabe des Befehls wird im Browser nichts zurückgegeben. Die oben stehende Grafik wurde im Adobe Reader geöffnet, um die Wirkungsweise des Befehls zu zeigen.

13.9 pdf_arc

⇒ **Befehl**

void **pdf_arc** (int PDF-Dokument, double x-Koor, double y-Koor, double Radius, double Start, double Ende)

⇐ **Version**

(PHP 3>= 3.0.6, PHP 4, PHP 5)

⇔ **Beschreibung**

Mit pdf_arc() zeichnet man innerhalb eines PDF-Dokuments (*PDF-Dokument*) einen Bogen. Dabei wird mit den X-Y-Koordinatenpunkten *x-Koor* und *y-Koor* die Bogenmitte angegeben. Der Radius des Kreises wird durch den Parameter *Radius* bestimmt. Für die Laufweite des Bogens bestimmt man einen Startwinkel (*Start*) und einen Endwinkel (*Ende*). Der Kreisbogen wird dabei gegen den Uhrzeigersinn gezeichnet.

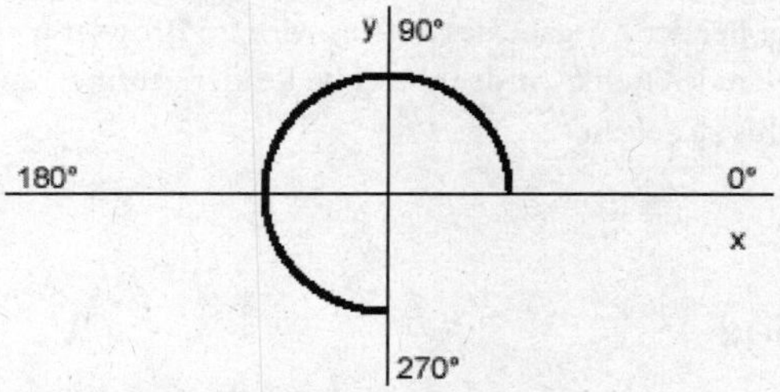

Abb. 40: pdf_arc (a)

Siehe auch

- pdf_stroke()

↔ **Beispiel**

```
<?PHP
$file = fopen("pdf_arc.pdf", "w");
$dokument = pdf_open($file);
pdf_begin_page($dokument,200, 100);
pdf_setlinewidth ($dokument,3);
pdf_arc($dokument,100,50,48,0,270);
pdf_stroke($dokument);
pdf_end_page($dokument);
pdf_close($dokument);
fclose($file);
?>
```

⊄ **Ausgabe**

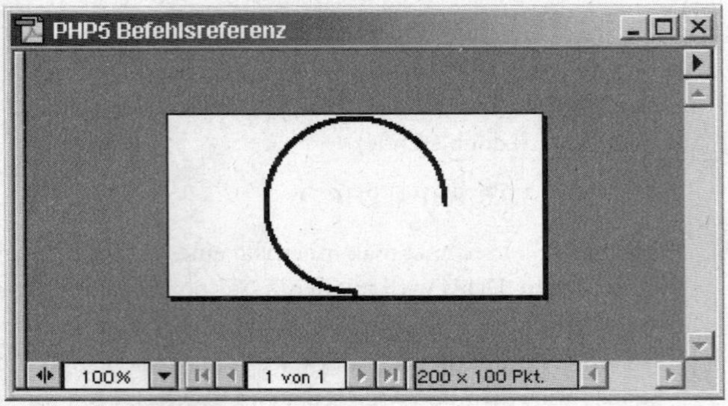

Abb. 41: pdf_arc (b)

Achtung: Bei der Ausgabe des Befehls wird im Browser nichts zurückgegeben. Die oben stehende Grafik wurde im Adobe Reader geöffnet, um die Wirkungsweise des Befehls zu zeigen.

13.10 pdf_begin_page

⇒ **Befehl**

void **pdf_begin_page** (int PDF-Dokument, double Breite, double Höhe)

⇐ **Version**

(PHP 3>= 3.0.6, PHP 4, PHP 5)

⇔ **Beschreibung**

Mit pdf_begin_page() beginnt man eine neue Seite innerhalb eines PDF-Dokuments (*PDF-Dokument*) mit der Breite *Breite* und der Höhe *Höhe*. Dabei ist darauf zu achten, dass man mindestens eine neue Seite erzeugt, welche man mit pdf_end_page() schließen sollte, um ein gültiges Dokument zu erzeugen.

Siehe auch:

- fopen()
- fclose()
- pdf_end_page()
- pdf_open()
- pdf_close()

↔ **Beispiel**

```
<?PHP
$file = fopen("pdf_begin_page.pdf", "w");
$dokument = pdf_open($file);
pdf_begin_page($dokument,200,100);
pdf_end_page($dokument);
$dokument = pdf_close($dokument);
fclose($file);
?>
```

⊄ **Ausgabe**

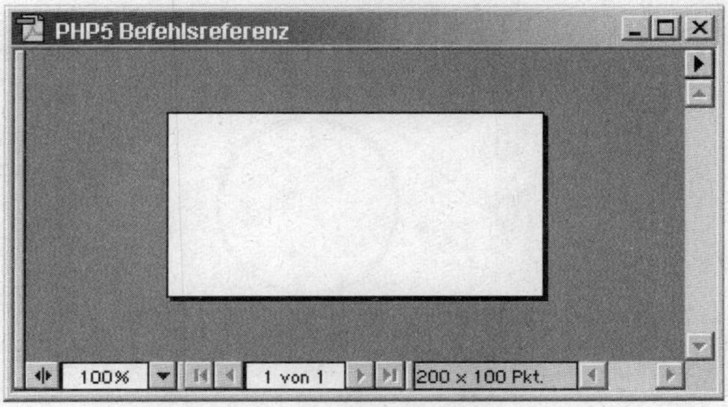

Abb. 42: pdf_begin_page

Achtung: Bei der Ausgabe des Befehls wird im Browser nichts zurückgegeben. Die oben stehende Grafik wurde im Adobe Reader geöffnet, um die Wirkungsweise des Befehls zu zeigen.

13.11 pdf_circle

⇒ **Befehl**

void **pdf_circle** (int PDF-Dokument, double x-Koor, double y-Koor, double Radius)

⇐ **Version**

(PHP 3>= 3.0.6, PHP 4, PHP 5)

⇔ **Beschreibung**

Mit pdf_circle() zeichnet man innerhalb eines PDF-Dokuments (*PDF-Dokument*) einen Kreis. Dabei wird mit den X-Y-Koordinatenpunkten (*x-Koor* und *y-Koor*) die Kreismitte angegeben. Der Radius (*Radius*) des Kreises ist dabei die Hälfte des Durchmessers.

Siehe auch

- pdf_stroke()

↔ **Beispiel**

```
<?PHP
$file = fopen("pdf_circle.pdf", "w");
$dokument = pdf_open($file);
pdf_begin_page($dokument,200, 100);
pdf_setlinewidth ($dokument,3);
pdf_circle($dokument,100,50,48);
pdf_stroke($dokument);
pdf_end_page($dokument);
pdf_close($dokument);
fclose($file);
?>
```

⊄ **Ausgabe**

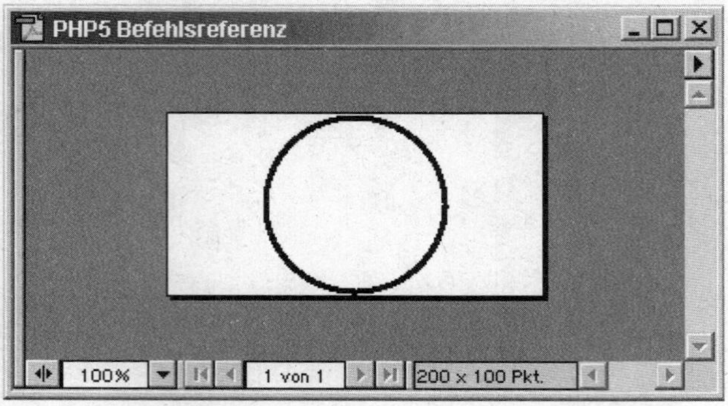

Abb. 43: pdf_circle

Achtung: Bei der Ausgabe des Befehls wird im Browser nichts zurückgegeben. Die oben stehende Grafik wurde im Adobe Reader geöffnet, um die Wirkungsweise des Befehls zu zeigen.

13.12 pdf_close

⇒ **Befehl**

void **pdf_close** (int PDF-Dokument)

⇐ **Version**

(PHP 3>= 3.0.6, PHP 4, PHP 5)

⇔ **Beschreibung**

Mit pdf_close() schließt man eine PDF-Datei mittels der Datei-ID (*PDF-Dokument*), die zuvor von pdf_open() zurückgegeben wurde.

Siehe auch:

- pdf_open()
- fclose()

↔ **Beispiel**

```
<?PHP
$datei = fopen("pdf_close.pdf", "w");
$dokument = pdf_open($datei);
pdf_begin_page($dokument,200, 100);
pdf_end_page($dokument);
pdf_close($dokument);
fclose($datei);
?>
```

⊄ **Ausgabe**

```
// Es erfolgt keine sichtbare Ausgabe
// Die Datei wurde erzeugt und geschlossen
```

13.13 pdf_close_image

⇒ **Befehl**

void **pdf_close_image** (int PDF-Dokument, int Bild)

⇐ **Version**

(PHP 3>= 3.0.7, PHP 4, PHP 5)

⇔ **Beschreibung**

Mit pdf_close_image() schließt man innerhalb eines PDF-Dokuments (*PDF-Dokument*) ein Bild (*Bild*), welches man zuvor mit den Funktionen pdf_open_gif(), pdf_open_png(), pdf_open_image_file(), pdf_open_jpeg(), pdf_open_memory_image() oder pdf_open_tiff() geöffnet hat. Diese Funktion sollten Sie benutzen, um das Bild wieder ordnungsgemäß zu schließen.

Siehe auch:

- pdf_open_gif ()
- pdf_open_png ()
- pdf_open_image_file ()
- pdf_open_jpeg()
- pdf_open_tiff()

↔ **Beispiel**

```
<?PHP
$file = fopen("pdf_close_image.pdf", "w");
$dokument = pdf_open($file);
$im = pdf_open_gif($dokument, "bruecke.gif");
pdf_begin_page($dokument,200, 100);
pdf_place_image($dokument, $im, 10, 10, 1.0);
pdf_close_image($dokument, $im);
pdf_end_page($dokument);
pdf_close($dokument);
fclose($file);
?>
```

⊄ **Ausgabe**

Abb. 44: pdf_close_image

Achtung: Bei der Ausgabe des Befehls wird im Browser nichts zurückgegeben. Die oben stehende Grafik wurde im Adobe Reader geöffnet, um die Wirkungsweise des Befehls zu zeigen.

13.14 pdf_closepath

⇒ **Befehl**

void **pdf_closepath** (int PDF-Dokument)

⇐ **Version**

(PHP 3>= 3.0.6, PHP 4, PHP 5)

⇔ **Beschreibung**

Mit pdf_closepath() schließt man in einem PDF-Dokument (*PDF-Dokument*) den Zeichenpfad. Dabei wird das Ende des aktuellen Pfades mit dem Anfang des Pfades verbunden.

Im unteren Beispiel wurde der erste Pfad mit einer horizontalen Linie nach rechts begonnen. Die zweite Linie begann automatisch am Ende der ersten Linie und zog sich in vertikaler Richtung nach unten. Die dritte Linie begann wieder am Ende der zweiten Linie und zog sich in horizontaler Richtung von rechts nach links. Danach wurde der Pfad abgeschlossen und das Ende der dritten Linie schloss sich zusammen mit dem Anfang der ersten Linie.

Siehe auch

- pdf_moveto()
- pdf_circle()
- pdf_rect()
- pdf_lineto()
- pdf_stroke()

↔ **Beispiel**

```
<?PHP
$file = fopen("pdf_closepath.pdf", "w");
$dokument = pdf_open($file);
pdf_begin_page($dokument,200, 100);
pdf_setlinewidth ($dokument,3);
pdf_moveto($dokument, 10, 50);
pdf_lineto($dokument, 190, 50);
pdf_lineto($dokument, 190, 20);
pdf_lineto($dokument, 50, 20);
pdf_closepath($dokument);
pdf_stroke($dokument);
pdf_end_page($dokument);
pdf_close($dokument);
fclose($file);
?>
```

⊄ **Ausgabe**

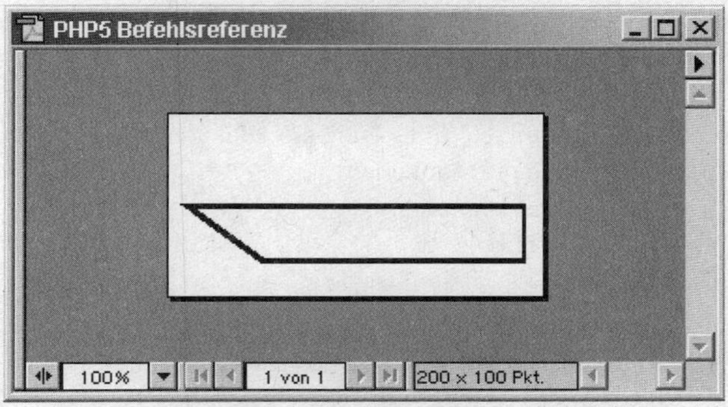

Abb. 45: pdf_closepath

Achtung: Bei der Ausgabe des Befehls wird im Browser nichts zurückgegeben. Die oben stehende Grafik wurde im Adobe Reader geöffnet, um die Wirkungsweise des Befehls zu zeigen.

13.15 pdf_closepath_fill_stroke

⇒ **Befehl** void **pdf_closepath_fill_stroke** (int PDF-Dokument)

⇐ **Version** (PHP 3>= 3.0.6, PHP 4, PHP 5)

⇔ **Beschreibung** Mit pdf_closepath_ill_stroke() schließt man einen Pfad innerhalb eines PDF-Dokuments (*PDF-Dokument*) und füllt das Innere des aktuellen Pfades mit der aktuell zugewiesenen Farbe. Zusätzlich zum Füllen wird entlang des Pfades eine Linie gezeichnet.

Im unteren Beispiel wurde ein Bogen mit 180° entgegen dem Uhrzeigersinn gezeichnet. Am Ende des Pfades wurde danach eine diagonale Linie bis zum unteren Rand der Seite gezogen. Mit pdf_closepath_fill_stroke wurde danach der Innenraum gefüllt und eine Linie entlang des Pfades gezeichnet.

Siehe auch:

- pdf_closepath()
- pdf_stroke()
- pdf_fill()
- pdf_setgray_fill()
- pdf_setgray()
- pdf_setrgbcolor_fill()
- pdf_setrgbcolor()

↔ **Beispiel**

```
<?PHP
$file = fopen("pdf_closepath_fill_stroke.pdf", "w");
$dokument = pdf_open($file);
pdf_begin_page($dokument,200, 100);
```

```
pdf_setgray($dokument, 0.7);
pdf_arc($dokument,100,50,48,0,180);
pdf_lineto($dokument, 100, 5);
pdf_closepath_fill_stroke($dokument);
pdf_end_page($dokument);
pdf_close($dokument);
fclose($file);
?>
```

⊄ **Ausgabe**

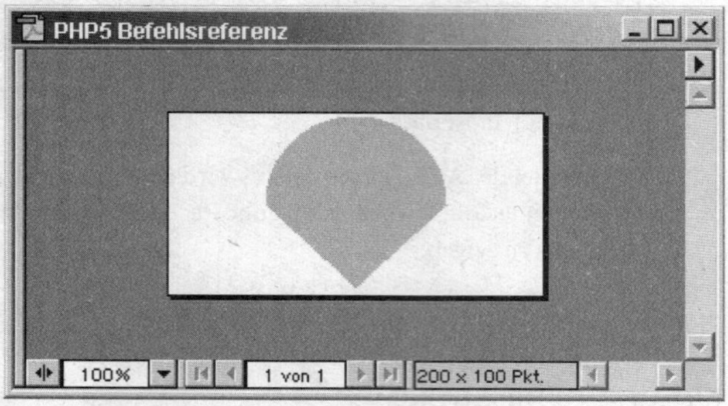

Abb. 46: pdf_closepath_fill_stroke

Achtung: Bei der Ausgabe des Befehls wird im Browser nichts zurückgegeben. Die oben stehende Grafik wurde im Adobe Reader geöffnet, um die Wirkungsweise des Befehls zu zeigen.

13.16 pdf_closepath_stroke

⇒ **Befehl** void **pdf_closepath_stroke** (int PDF-Dokument)

⇐ **Version** (PHP 3>= 3.0.6, PHP 4, PHP 5)

⇔ **Beschreibung** Mit pdf_closepath_stroke() schließt man in einem PDF-Dokument (*PDF-Dokument*) den Zeichenpfad. Dabei wird das Ende des aktuellen Pfades mit dem Anfang des Pfades verbunden. Zusätzlich wird aber noch die Linie gezeichnet und der aktuelle Pfad gelöscht. Im unteren Beispiel wurde ein Bogen mit 270° entgegen dem Uhrzeigersinn gezeichnet. Am Ende des Pfades wurde danach eine vertikale Linie bis zum Mittelpunkt des Bogens gezogen. Mit pdf_closepath_stroke() wurde der fehlende Pfad danach geschlossen und die Linie gezeichnet.

Siehe auch

- pdf_closepath()
- pdf_stroke()
- pdf_arc()
- pdf_lineto()

↔ **Beispiel**

```
<?PHP
$file = fopen("pdf_closepath_stroke.pdf", "w");
$dokument = pdf_open($file);
pdf_begin_page($dokument,200, 100);
pdf_setlinewidth ($dokument,3);
pdf_arc($dokument,100,50,48,0,270);
pdf_lineto($dokument, 100, 50);
pdf_closepath_stroke($dokument);
pdf_end_page($dokument);
pdf_close($dokument);
fclose($file);
?>
```

⊄ **Ausgabe**

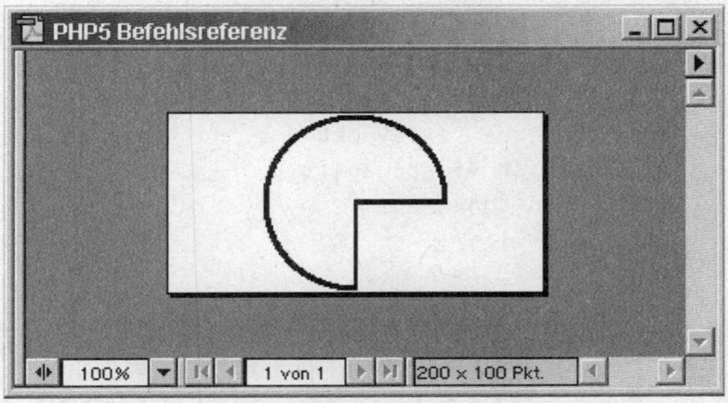

Abb. 47: pdf_closepath_stroke

Achtung: Bei der Ausgabe des Befehls wird im Browser nichts zurückgegeben. Die oben stehende Grafik wurde im Adobe Reader geöffnet, um die Wirkungsweise des Befehls zu zeigen.

13.17 pdf_continue_text

⇒ **Befehl** void **pdf_continue_text** (int PDF-Dokument, string Text)

⇐ **Version** (PHP 3>= 3.0.6, PHP 4, PHP 5)

⇔ **Beschreibung** Mit pdf_continue_text() kann man einen Text (*Text*) in die nächste Zeile eines PDF-Dokuments (*PDF-Dokument*) schreiben. Dabei benutzt pdf_continue_text() bei der Ausrichtung des Textes die Einstellungen der letzten Textfunktion (z.B. pdf_show_xy()). Falls keine dieser Textfunktionen vorher aufgerufen wurde, ist mit der Funktion pdf_set_text_pos() die Positionsangabe für die Textausgabe zu setzen, da sonst der Text innerhalb des Dokuments nicht angezeigt werden kann. Mit der Funktion pdf_set_leading() wird der Abstand zwischen den Zeilen bestimmt.

Siehe auch
- pdf_show_xy()
- pdf_set_leading()
- pdf_set_text_pos

↔ **Beispiel**

```
<?PHP
$file = fopen("pdf_continue_text.pdf", "w");
$dokument = pdf_open($file);
pdf_begin_page($dokument,200, 100);
pdf_set_leading($dokument,40);
pdf_set_font($dokument, "Times-Roman", 18,"winansi");
pdf_show_xy($dokument,"PDF-Funktionen",10,80);
pdf_set_font($dokument, "Times-Roman", 14,"winansi");
pdf_set_leading($dokument,20);
pdf_continue_text($dokument,"pdf_continue_text");
pdf_continue_text($dokument,"pdf_stringwidth");
pdf_continue_text($dokument,"pdf_setlinewidth");
pdf_end_page($dokument);
pdf_close($dokument);
fclose($file);
?>
```

⊄ **Ausgabe**

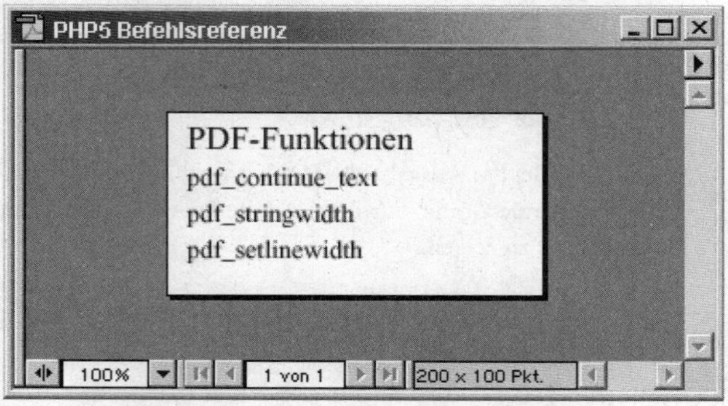

Abb. 48: pdf_continue_text

Achtung: Bei der Ausgabe des Befehls wird im Browser nichts zurückgegeben. Die oben stehende Grafik wurde im Adobe Reader geöffnet, um die Wirkungsweise des Befehls zu zeigen.

13.18 pdf_curveto

⇒ **Befehl**

void **pdf_curveto** (int PDF-Dokument, double x1, double y1, double x2, double y2, double x3, double y3)

⇐ Version (PHP 3>= 3.0.6, PHP 4, PHP 5)

⇔ Beschreibung Mit pdf_curveto() zeichnet man innerhalb eines PDF-Dokuments (*PDF-Dokument*) eine Bézier-Kurve vom aktuellen Punkt (im Beispiel ist das das Ende der horizontalen Linie) zum Koordinatenpunkt (*x3/y3*). Dabei werden als Kontrollpunkte für die Bézier-Kurve die Koordinatenpunkte (*x1/y1*) und (*x2/y2*) ausgewertet. Im unteren Beispiel wurden die Kontrollpunkte durch einen dünneren Strich dargestellt.

Dabei ergibt sich die Bézier-Kurve aus ihren zwei Endpunkten und durch die zwei Kontrollpunkte, die die Endpunkt-Tangenten der Kurve kontrollieren. Dabei ist sie als Annäherungskurve zu sehen, das heißt, die Kurve wird die Kontrollpunkte nicht schneiden, sondern versuchen, sich so nah wie möglich an die Kontrollpunkte zu platzieren.

Siehe auch

- pdf_lineto()
- pdf_moveto()
- pdf_stroke()

↔ Beispiel

```
<?PHP
$file = fopen("pdf_curveto.pdf", "w");
$dokument = pdf_open($file);
pdf_begin_page($dokument,200, 100);
pdf_setlinewidth ($dokument,3);
  pdf_moveto($dokument, 10, 90);
  pdf_lineto($dokument, 180, 90);
pdf_curveto ($dokument,160,70,20,50,150,10);
pdf_stroke($dokument);
pdf_setlinewidth ($dokument,1);
  pdf_moveto($dokument, 180, 90);
  pdf_lineto($dokument, 160, 70);
  pdf_stroke($dokument);
  pdf_moveto($dokument, 160, 70);
  pdf_lineto($dokument, 20, 50);
  pdf_stroke($dokument);
  pdf_moveto($dokument, 20, 50);
  pdf_lineto($dokument, 150, 10);
  pdf_stroke($dokument);
pdf_end_page($dokument);
pdf_close($dokument);
fclose($file);
?>
```

⊄ **Ausgabe**

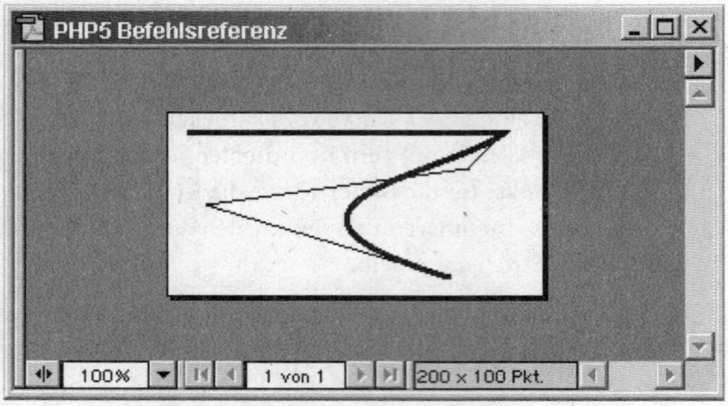

Abb. 49: pdf_curveto

Achtung: Bei der Ausgabe des Befehls wird im Browser nichts zurückgegeben. Die oben stehende Grafik wurde im Adobe Reader geöffnet, um die Wirkungsweise des Befehls zu zeigen.

13.19 pdf_end_page

⇒ **Befehl**

void **pdf_end_page** (int PDF-Dokument)

⇐ **Version**

(PHP 3>= 3.0.6, PHP 4, PHP 5)

⇔ **Beschreibung**

Mit pdf_end_page() beendet man eine Seite eines PDF-Dokuments (*PDF-Dokument*), welche man zuvor mit pdf_begin_page() erzeugt hat. Weitere Änderungen auf der Seite sind nach dem Schließen nicht mehr möglich. Sie sollten diesen Befehl immer im Zusammenhang mit pdf_begin_page() nutzen, um ein gültiges Dokument zu erhalten.

Siehe auch:

- fopen()
- fclose()
- pdf_begin_page()
- pdf_open()
- pdf_close()

↔ **Beispiel**

```
<?PHP
$file = fopen("pdf_end_page.pdf", "w");
$dokument = pdf_open($file);
pdf_begin_page($dokument,200,100);
pdf_end_page($dokument);
$dokument = pdf_close($dokument);
fclose($file);
?>
```

⊄ **Ausgabe**

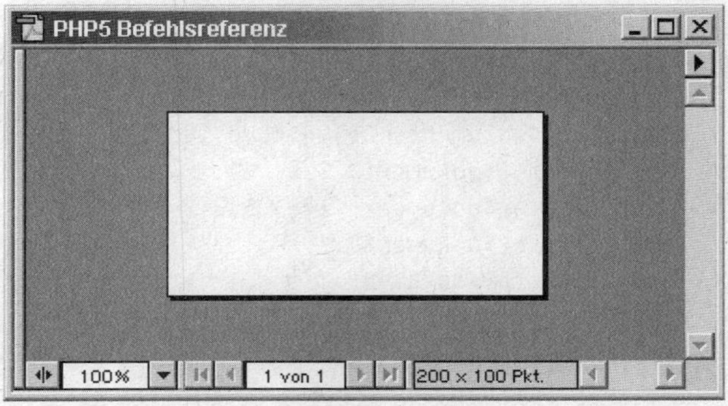

Abb. 50: pdf_end_page

Achtung: Bei der Ausgabe des Befehls wird im Browser nichts zurückgegeben. Die oben stehende Grafik wurde im Adobe Reader geöffnet, um die Wirkungsweise des Befehls zu zeigen.
An der geschlossenen Seite sind keine Änderungen mehr möglich.

13.20 pdf_endpath

⇒ **Befehl** void **pdf_endpath** (int PDF-Dokument)

⇐ **Version** (PHP 3>= 3.0.6, PHP 4, PHP 5)

⇔ **Beschreibung** Mit pdf_endpath() beendet man einen Pfad innerhalb eines PDF-Dokuments (*PDF-Dokument*), ohne ihn explizit zu schließen. Nachfolgende Funktionen werden dann nicht mehr den Endpunkt des letzten Pfades finden, um von diesem Punkt aus weiterzeichnen zu können.

Im unteren Beispiel wurde ein Bogen mit 180° entgegen dem Uhrzeigersinn gezeichnet. Am Ende des Pfades wurde danach eine diagonale Linie bis zum unteren Rand der Seite gezogen. Von diesem Endpunkt verläuft eine horizontale Linie nach rechts. Danach wurde der Pfad beendet. Es ist nun nicht mehr möglich, den Anfangs-/Endpunkt des Pfads automatisch zu nutzen.

Siehe auch:
- pdf_closepath()
- pdf_stroke()
- pdf_fill()
- pdf_setgray()
- pdf_arc()
- pdf_lineto()

↔ **Beispiel**

```
<?PHP
$file = fopen("pdf_endpath.pdf", "w");
$dokument = pdf_open($file);
```

```
pdf_begin_page($dokument,200, 100);
pdf_setlinewidth ($dokument,3);
pdf_setgray($dokument, 0.7);
pdf_arc($dokument,100,50,48,0,180);
pdf_lineto($dokument, 100, 5);
pdf_lineto($dokument, 148, 5);
pdf_stroke($dokument);
pdf_endpath($dokument);
pdf_end_page($dokument);
pdf_close($dokument);
fclose($file);
?>
```

⊄ **Ausgabe**

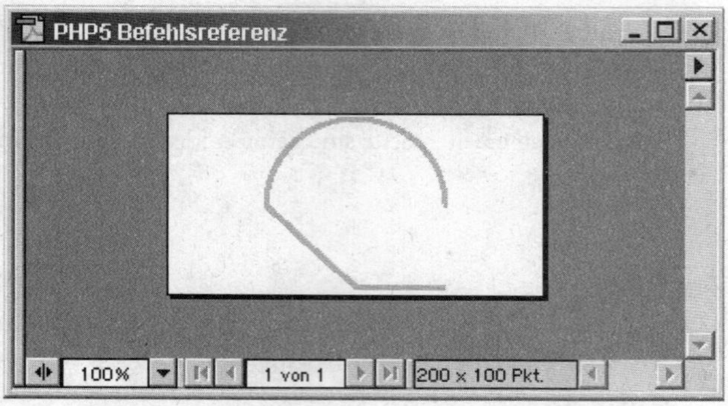

Abb. 51: pdf_endpath

Achtung: Bei der Ausgabe des Befehls wird im Browser nichts zurückgegeben. Die oben stehende Grafik wurde im Adobe Reader geöffnet, um die Wirkungsweise des Befehls zu zeigen.

13.21 pdf_fill

⇒ **Befehl** void **pdf_fill** (int PDF-Dokument)

⇐ **Version** (PHP 3>= 3.0.6, PHP 4, PHP 5)

⇔ **Beschreibung** Mit pdf_fill() füllt man das Innere des aktuellen Pfades innerhalb eines PDF-Dokuments (*PDF-Dokument*) mit der aktuellen Farbe. Viele Funktionen wie z.B. pdf_circle() oder pdf_rect() erzeugen einen Pfad, den man mit pdf_fill() mit Farbe füllen kann. Im unteren Beispiel wurde das Rechteck mit einer dunkelgrauen und der Kreis mit einer hellgrauen Farbe gefüllt.

Siehe auch

- pdf_fill_stroke()
- pdf_closepath()

- pdf_stroke()
- pdf_setgray_fill()
- pdf_setgray()
- pdf_setrgbcolor_fill()
- pdf_setrgbcolor()

↔ **Beispiel**

```
<?PHP
$file = fopen("pdf_fill.pdf", "w");
$dokument = pdf_open($file);
pdf_begin_page($dokument,200, 100);
pdf_setlinewidth ($dokument,3);
pdf_setgray($dokument, 0.8);
pdf_rect($dokument,10,10,180,80);
pdf_fill($dokument);
pdf_setgray($dokument, 0.9);
pdf_circle($dokument,100,50,30);
pdf_fill($dokument);
pdf_end_page($dokument);
pdf_close($dokument);
?>
```

⊄ **Ausgabe**

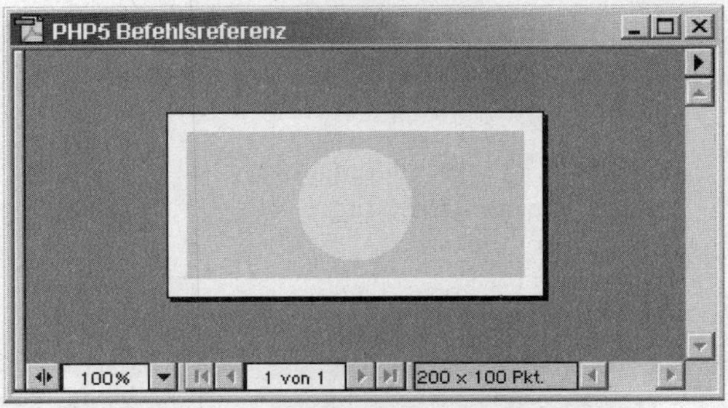

Abb. 52: pdf_fill

Achtung: Bei der Ausgabe des Befehls wird im Browser nichts zurückgegeben. Die oben stehende Grafik wurde im Adobe Reader geöffnet, um die Wirkungsweise des Befehls zu zeigen.

13.22 pdf_fill_stroke

⇒ **Befehl** void **pdf_fill_stroke** (int PDF-Dokument)

⇐ **Version** (PHP 3>= 3.0.6, PHP 4, PHP 5)

⇔ **Beschreibung**

Mit pdf_fill_stroke() füllt man das Innere des aktuellen Pfades innerhalb eines PDF-Dokuments (*PDF-Dokument*) mit der aktuellen Farbe. Viele Funktionen wie z.B. pdf_circle() oder pdf_rect() erzeugen einen Pfad, den man mit pdf_fill_stroke() mit Farbe füllen kann. Zusätzlich zum Füllen wird entlang des Pfades eine Linie gezeichnet. Im unteren Beispiel wurde ein Bogen von 270° entgegen dem Uhrzeigersinn gezeichnet. Am Ende des Pfades wurde danach eine vertikale Linie bis zum Mittelpunkt des Bogens gezogen. Mit pdf_fill_stroke() wurde danach der Innenraum gefüllt und eine Linie entlang des Pfades gezeichnet.

Siehe auch

- pdf_closepath()
- pdf_stroke()
- pdf_fill()
- pdf_setgray_fill()
- pdf_setgray()
- pdf_setrgbcolor_fill()
- pdf_setrgbcolor()

↔ **Beispiel**

```
<?PHP
$file = fopen("pdf_fill_stroke.pdf", "w");
$dokument = pdf_open($file);
pdf_begin_page($dokument,200, 100);
pdf_setgray($dokument, 0.9);
pdf_arc($dokument,100,50,48,0,270);
pdf_lineto($dokument, 100, 50);
pdf_fill_stroke($dokument);
pdf_end_page($dokument);
pdf_close($dokument);
fclose($file);
?>
```

⊄ **Ausgabe**

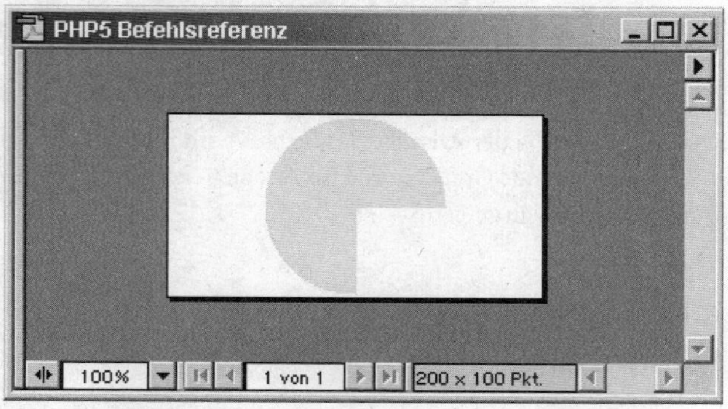

Abb. 53: pdf_fill_stroke

Achtung: Bei der Ausgabe des Befehls wird im Browser nichts zurückgegeben. Die oben stehende Grafik wurde im Adobe Reader geöffnet, um die Wirkungsweise des Befehls zu zeigen.

13.23 pdf_get_image_height

⇒ **Befehl**

string **pdf_get_image_height** (int PDF-Dokument, int Bild)

⇐ **Version**

(PHP 3>= 3.0.12, PHP 4, PHP 5)

⇔ **Beschreibung**

Mit pdf_get_image_height() kann man sich die Höhe eines Bildes (*Bild*) zurückgeben lassen und, wie im unteren Beispiel gezeigt, die Informationen innerhalb des PDF-Dokuments (*PDF-Dokument*) nutzen. Dabei wurde ein JPEG-Bild innerhalb des Dokuments mit pdf_place_image() an einer Stelle platziert und seine Höhe innerhalb eines Textes, welcher mit pdf_show_xy() erstellt worden ist, ausgegeben. Diese Funktion eignet sich besonders gut, um das Bild innerhalb eines PDF-Dokuments exakt zu positionieren.

Siehe auch

- pdf_open_image_file()
- pdf_get_image_width()
- pdf_place_image()
- pdf_show_xy()

↔ **Beispiel**

```
<?PHP
$file = fopen("pdf_get_image_height.pdf", "w");
$dokument = pdf_open($file);
pdf_begin_page($dokument,200,100);
$img = pdf_open_jpeg($dokument, "irland.jpg");
$height = pdf_get_image_height ($dokument, $img);
pdf_set_font($dokument, "Times-Roman", 14,"winansi");
pdf_show_xy($dokument,"Bildhöhe: $height",10,88);
pdf_place_image($dokument, $img, 10, 5 , 1);
pdf_end_page($dokument);
pdf_close($dokument);
fclose($file);
?>
```

⊄ **Ausgabe**

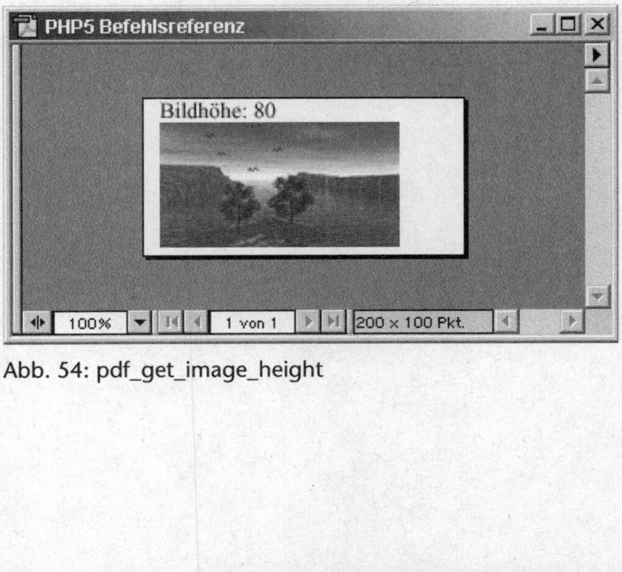

Abb. 54: pdf_get_image_height

Achtung: Bei der Ausgabe des Befehls wird im Browser nichts zurückgegeben. Die oben stehende Grafik wurde im Adobe Reader geöffnet, um die Wirkungsweise des Befehls zu zeigen.
Sie können sich aber bei diesem Befehl mit »echo $height;« die Höhe des Bildes ausgeben lassen.

13.24 pdf_get_image_width

⇒ Befehl

string **pdf_get_image_width** (int PDF-Dokument, int Bild)

⇐ Version

(PHP 3>= 3.0.12, PHP 4, PHP 5)

⇔ Beschreibung

Mit pdf_get_image_width() kann man sich die Breite eines Bildes (*Bild*) zurückgeben lassen und, wie im unteren Beispiel gezeigt, die Informationen innerhalb des PDF-Dokuments (*PDF-Dokument*) nutzen. Dabei wurde ein JPEG-Bild innerhalb des Dokuments mit pdf_place_image() an einer Stelle platziert und seine Breite innerhalb eines Textes, welcher mit pdf_show_xy() erstellt worden ist, ausgegeben. Diese Funktion eignet sich besonders gut, um das Bild innerhalb eines PDF-Dokuments exakt zu positionieren.

Siehe auch

- pdf_open_image_file()
- pdf_get_image_height()
- pdf_place_image()
- pdf_show_xy()

↔ Beispiel

```
<?PHP
$file = fopen("pdf_get_image_width.pdf", "w");
$dokument = pdf_open($file);
pdf_begin_page($dokument,200,100);
$img = pdf_open_jpeg($dokument, "irland.jpg");
$width = pdf_get_image_width ($dokument, $img);
pdf_set_font($dokument, "Times-Roman", 14,"winansi");
pdf_show_xy($dokument,"Bildbreite: $width",10,88);
pdf_place_image($dokument, $img, 10, 5 , 1);
pdf_end_page($dokument);
pdf_close($dokument);
fclose($file);
?>
```

⊄ **Ausgabe**

Abb. 55: pdf_get_image_width

Achtung: Bei der Ausgabe des Befehls wird im Browser nichts zurückgegeben. Die oben stehende Grafik wurde im Adobe Reader geöffnet, um die Wirkungsweise des Befehls zu zeigen.
Sie können sich aber bei diesem Befehl mit »echo $width;« die Breite des Bildes ausgeben lassen.

13.25 pdf_get_parameter

⇒ **Befehl**

string **pdf_get_parameter** (int PDF-Dokument, string Name [, double Modifizierer])

⇐ **Version**

(PHP 4 >= 4.0.1, PHP 5)

⇔ **Beschreibung**

Mit pdf_get_parameter() kann man sich den Wert einer für ein PDF-Dokument (*PDF-Dokument*) gültigen Eigenschaft (*Name*) vom Typ string zurückgeben lassen.

Der optionale Parameter *Modifizierer* spezifiziert die gesuchte Eigenschaft genauer.

Siehe auch

- pdf_get_value()
- pdf_set_value()
- pdf_set_parameter()

↔ **Beispiel**

```
<?PHP
$file = fopen("pdf_get_parameter.pdf", "w");
$dokument = pdf_open($file);
pdf_begin_page($dokument,200,100);
pdf_set_font($dokument, "Helvetica", 14,"winansi");
$get = pdf_get_parameter($dokument, "fontname");
pdf_show_xy($dokument,"Aktuelle Schrift: $get",5,50);
pdf_end_page($dokument);
```

```
$dokument = pdf_close($dokument);
fclose($file);
?>
```

⊄ **Ausgabe**

Abb. 56: pdf_get_parameter

Achtung: Bei der Ausgabe des Befehls wird im Browser nichts zurückgegeben. Die oben stehende Grafik wurde im Adobe Reader geöffnet, um die Wirkungsweise des Befehls zu zeigen.

13.26 pdf_get_value

⇒ **Befehl**

double **pdf_get_value** (int PDF-Dokument, string Name [, double Modifizierer])

⇐ **Version**

(PHP 4 >= 4.0.1, PHP 5)

⇔ **Beschreibung**

Mit pdf_get_value() kann man sich den Wert einer für ein PDF-Dokument (*PDF-Dokument*) gültigen Eigenschaft (*Name*) vom Typ double zurückgeben lassen. Der optionale Parameter *Modifizierer* spezifiziert die gesuchte Eigenschaft genauer.

Für folgende Objekte können Sie Eigenschaften abfragen:

- Bilder
- Grafiken
- Font/Text

Bilder haben folgende Eigenschaften:

- imagewidth – Bildbreite
- imageheight – Bildhöhe
- resx – horizontale Auflösung
- resy – vertikale Auflösung

Für Grafiken gibt es folgende Eigenschaften:

- currentx – X-Koordinate der Position
- currenty – Y-Koordinate der Position

Für Font/Text gibt es folgende Eigenschaften:

- ascender – Abstand nach einem Zeichen
- descender – Abstand vor einem Zeichen
- capheight – Höhe des Zeilenabstand
- font – Zeiger auf den Font
- fontsize – Größe des Fonts
- textx – X-Koordinate des Textes
- texty – Y-Koordinate des Textes

Siehe auch

- pdf_set_value()
- pdf_set_parameter()

↔ Beispiel

```
<?PHP
$file = fopen("pdf_get_value.pdf", "w");
$dokument = pdf_open($file);
pdf_begin_page($dokument,200,100);
$image = pdf_open_png($dokument, "irland.png");
pdf_place_image($dokument, $image, 10, 15, 1.0);
$breit=pdf_get_value($dokument,imagewidth,$image);
$hoch=pdf_get_value($dokument,imageheight,$image);
pdf_set_font($dokument, "Times-Roman", 14,"winansi");
pdf_show_xy($dokument,"Bildgröße: $breit x $hoch",10,4);
pdf_end_page($dokument);
$dokument = pdf_close($dokument);
fclose($file);
?>
```

⊄ Ausgabe

Abb. 57: pdf_get_value

Achtung: Bei der Ausgabe des Befehls wird im Browser nichts zurückgegeben. Die oben stehende Grafik wurde im Adobe Reader geöffnet, um die Wirkungsweise des Befehls zu zeigen.

13.27 pdf_lineto

⇒ Befehl

void **pdf_lineto** (int PDF-Dokument, double x-Koor, double y-Koor)

⇐ Version

(PHP 3>= 3.0.6, PHP 4, PHP 5)

⇔ Beschreibung

Mit pdf_lineto() zeichnet man innerhalb eines PDF-Dokuments (*PDF-Dokument*) eine Gerade. Anfangspunkt der Geraden ist der Endpunkt der letzten Zeichenoperation (z.B. pdf_arc oder pdf_moveto), Endpunkt die Koordinaten *x-Koor* und *y-Koor*. Im Anschluss an pdf_lineto() sollten Sie pdf_stroke() aufrufen, da erst dann die Linie wirklich gezeichnet wird.

Siehe auch
- pdf_moveto()
- pdf_stroke()

↔ Beispiel

```
<?PHP
$file = fopen("pdf_lineto.pdf", "w");
$dokument = pdf_open($file);
pdf_begin_page($dokument,200, 100);
pdf_setlinewidth ($dokument,3);
  pdf_moveto($dokument, 10, 50);
  pdf_lineto($dokument, 190, 50);
  pdf_stroke($dokument);
pdf_end_page($dokument);
pdf_close($dokument);
fclose($file);
?>
```

⊄ Ausgabe

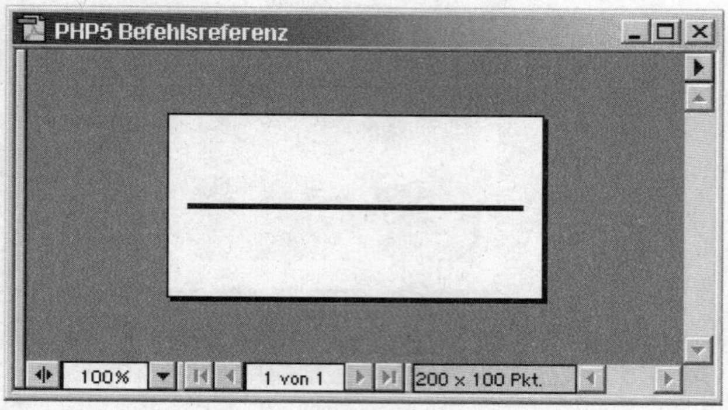

Abb. 58: pdf_lineto

Achtung: Bei der Ausgabe des Befehls wird im Browser nichts zurückgegeben. Die oben stehende Grafik wurde im Adobe Reader geöffnet, um die Wirkungsweise des Befehls zu zeigen.

13.28 pdf_moveto

⇒ **Befehl**

void **pdf_moveto** (int PDF-Dokument, double x-Koor, double y-Koor)

⇐ **Version**

(PHP 3>= 3.0.6, PHP 4, PHP 5)

⇔ **Beschreibung**

Mit pdf_moveto() setzt man innerhalb eines PDF-Dokuments (*PDF-Dokument*) den Startpunkt für weitere Zeichenoperationen auf die Koordinaten *x-Koor* und *y-Koor* (um z.B. eine Linie mit pdf_lineto() zu zeichnen).

Siehe auch
- pdf_lineto()
- pdf_stroke()

↔ **Beispiel**

```
<?PHP
$file = fopen("pdf_moveto.pdf", "w");
$dokument = pdf_open($file);
pdf_begin_page($dokument,200, 100);
pdf_setlinewidth ($dokument,3);
  pdf_moveto($dokument, 10, 50);
  pdf_lineto($dokument, 190, 50);
  pdf_stroke($dokument);
pdf_end_page($dokument);
pdf_close($dokument);
fclose($file);
?>
```

⊄ **Ausgabe**

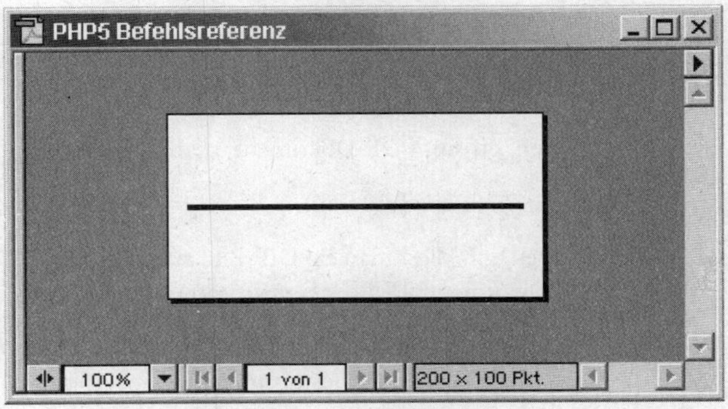

Abb. 59: pdf_moveto

Achtung: Bei der Ausgabe des Befehls wird im Browser nichts zurückgegeben. Die oben stehende Grafik wurde im Adobe Reader geöffnet, um die Wirkungsweise des Befehls zu zeigen.

13.29 pdf_open

⇒ **Befehl** int **pdf_open** (int Datei-Deskriptor)

⇐ **Version** (PHP 3>= 3.0.6, PHP 4, PHP 5)

⇔ **Beschreibung** Mit pdf_open() öffnet man eine PDF-Datei mittels der Datei-ID (*Datei-Deskriptor*), welche zuvor mit fopen() erstellt wurde. Wird keine Datei-ID angegeben, wird die Ausgabe an den Browser oder nach stdout gesendet.

Siehe auch:

- fopen()
- fclose()
- pdf_close()

↔ **Beispiel**

```
<?PHP
$datei = fopen("pdf_open.pdf", "w");
$dokument = pdf_open($datei);
pdf_begin_page($dokument,200, 100);
pdf_end_page($dokument);
pdf_close($dokument);
fclose($datei);
?>
```

⊄ **Ausgabe**

```
// Es erfolgt keine sichtbare Ausgabe
// Die Datei pdf_open.pdf wurde erzeugt
```

13.30 pdf_open_gif

⇒ **Befehl** int **pdf_open_gif** (int PDF-Dokument, string Dateiname)

⇐ **Version** (PHP 3>= 3.0.7, PHP 4, PHP 5)

⇔ **Beschreibung** Mit pdf_open_gif() liest man ein GIF-Bild aus einer Datei (*Dateiname*) und stellt es dem PDF-Dokument (*PDF-Dokument*) zur weiteren Bearbeitung zur Verfügung.

Im unteren Beispiel wurde ein GIF-Bild in das PDF-Dokument geladen und mit pdf_place_image() an einer bestimmten Stelle positioniert.

Diese Funktion sollten Sie in neuen Programmen nicht mehr verwenden. Benutzen Sie an ihrer Stelle die Funktion pdf_open_image_file().

Siehe auch:

- pdf_open_image_file()
- pdf_close_image()
- pdf_open_jpeg()
- pdf_open_png()
- pdf_open_tiff()
- pdf_place_image()

↔ **Beispiel**

```
<?PHP
$file = fopen("pdf_open_gif.pdf", "w");
$dokument = pdf_open($file);
$im = pdf_open_gif($dokument, "fluss.gif");
pdf_begin_page($dokument,200, 100);
pdf_place_image($dokument, $im, 10, 10, 1.0);
pdf_close_image($dokument, $im);
pdf_end_page($dokument);
pdf_close($dokument);
fclose($file);
?>
```

⊄ **Ausgabe**

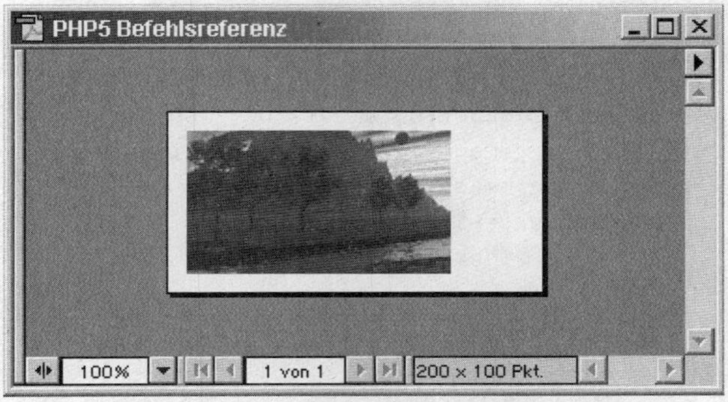

Abb. 60: pdf_open_gif

Achtung: Bei der Ausgabe des Befehls wird im Browser nichts zurückgegeben. Die oben stehende Grafik wurde im Adobe Reader geöffnet, um die Wirkungsweise des Befehls zu zeigen.

13.31 pdf_open_image_file

⇒ **Befehl**

int **pdf_open_image_file** (int PDF-Dokument, string Bildformat, string Dateiname)

⇐ **Version**

(PHP 3 CVS only, PHP 4, PHP 5)

⇔ **Beschreibung**

Mit pdf_open_image_file() liest man ein Bild aus einer Datei (*Dateiname*) und stellt es dem PDF-Dokument (*PDF-Dokument*) zur weiteren Bearbeitung zur Verfügung. Das Format der Bilddatei muss im Parameter (*Bildformat*) angegeben werden. Folgende Bildformate werden unterstützt:

- gif
- jpeg
- png
- tiff

Im unteren Beispiel wurde ein PNG-Bild in das PDF-Dokument geladen und mit pdf_place_image() an einer bestimmten Stelle positioniert.

Siehe auch:
- pdf_close_image()
- pdf_open_jpeg()
- pdf_open_gif()
- pdf_open_tiff()
- pdf_open_png()
- pdf_place_image()

↔ **Beispiel**

```
<?PHP
$file = fopen("pdf_open_image_file.pdf", "w");
$dokument = pdf_open($file);
$im = pdf_open_image_file($dokument, "png","eisberg.png");
pdf_begin_page($dokument,200, 100);
pdf_place_image($dokument, $im, 10, 10, 1.0);
pdf_close_image($dokument, $im);
pdf_end_page($dokument);
pdf_close($dokument);
fclose($file);
?>
```

⊄ **Ausgabe**

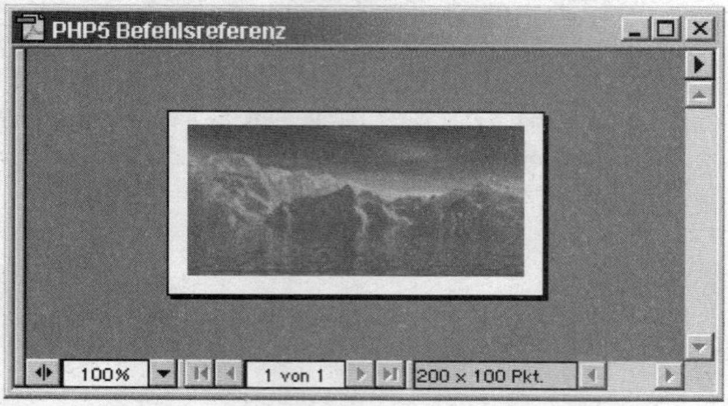

Abb. 61: pdf_open_image_file

Achtung: Bei der Ausgabe des Befehls wird im Browser nichts zurückgegeben. Die oben stehende Grafik wurde im Adobe Reader geöffnet, um die Wirkungsweise des Befehls zu zeigen.

13.32 pdf_open_jpeg

⇒ **Befehl**

int **pdf_open_jpeg** (int PDF-Dokument, string Dateiname)

⇐ **Version**

(PHP 3>= 3.0.7, PHP 4, PHP 5)

⇔ **Beschreibung**

Mit pdf_open_jpeg() liest man ein JPEG-Bild aus einer Datei (*Dateiname*) und stellt es dem PDF-Dokument (*PDF-Dokument*) zur weiteren Bearbeitung zur Verfügung.

Im unteren Beispiel wurde ein JPEG-Bild in das PDF-Dokument geladen und mit pdf_place_image() an einer bestimmten Stelle positioniert.

Diese Funktion sollten Sie in neuen Programmen nicht mehr verwenden. Benutzen Sie an ihrer Stelle die Funktion pdf_open_image_file().

Siehe auch:

- pdf_open_image_file()
- pdf_close_image()
- pdf_open_png()
- pdf_open_gif()
- pdf_open_tiff()
- pdf_place_image()

↔ **Beispiel**

```
<?PHP
$file = fopen("pdf_open_jpeg.pdf", "w");
$dokument = pdf_open($file);
$im = pdf_open_jpeg($dokument, "insel.jpg");
pdf_begin_page($dokument,200, 100);
pdf_place_image($dokument, $im, 10, 10, 1.0);
pdf_close_image($dokument, $im);
pdf_end_page($dokument);
pdf_close($dokument);
fclose($file);
?>
```

⊄ **Ausgabe**

Abb. 62: pdf_open_jpeg

Achtung: Bei der Ausgabe des Befehls wird im Browser nichts zurückgegeben. Die oben stehende Grafik wurde im Adobe Reader geöffnet, um die Wirkungsweise des Befehls zu zeigen.

13.33 pdf_open_png

⇒ Befehl int **pdf_open_png** (int PDF-Dokument, string Dateiname)

⇐ Version (PHP 4, PHP 5)

⇔ Beschreibung Mit pdf_open_png() liest man ein PNG-Bild aus einer Datei (*Dateiname*) und stellt es dem PDF-Dokument (*PDF-Dokument*) zur weiteren Bearbeitung zur Verfügung.

Im unteren Beispiel wurde ein PNG-Bild in das PDF-Dokument geladen und mit pdf_place_image() an einer bestimmten Stelle positioniert.

Diese Funktion sollten Sie in neuen Programmen nicht mehr verwenden. Benutzen Sie an ihrer Stelle die Funktion pdf_open_image_file().

Siehe auch:
- pdf_open_image_file()
- pdf_close_image()
- pdf_open_jpeg()
- pdf_open_gif()
- pdf_open_tiff()
- pdf_place_image()

↔ Beispiel

```
<?PHP
$file = fopen("pdf_open_png.pdf", "w");
$dokument = pdf_open($file);
$im = pdf_open_png($dokument, "irland.png");
pdf_begin_page($dokument,200, 100);
pdf_place_image($dokument, $im, 10, 10, 1.0);
pdf_close_image($dokument, $im);
pdf_end_page($dokument);
pdf_close($dokument);
fclose($file);
?>
```

⊄ **Ausgabe**

Abb. 63: pdf_open_png

Achtung: Bei der Ausgabe des Befehls wird im Browser nichts zurückgegeben. Die oben stehende Grafik wurde im Adobe Reader geöffnet, um die Wirkungsweise des Befehls zu zeigen.

13.34 pdf_open_tiff

⇒ **Befehl**

int **pdf_open_tiff** (int PDF-Dokument, string Dateiname)

⇐ **Version**

(PHP 4, PHP 5)

⇔ **Beschreibung**

Mit pdf_open_tiff() liest man ein TIFF-Bild aus einer Datei (*Dateiname*) und stellt es dem PDF-Dokument (*PDF-Dokument*) zur weiteren Bearbeitung zur Verfügung. Im unteren Beispiel wurde ein TIFF-Bild in das PDF-Dokument geladen und mit pdf_place_image() an einer bestimmten Stelle positioniert.

Diese Funktion sollten Sie in neuen Programmen nicht mehr verwenden. Benutzen Sie an ihrer Stelle die Funktion pdf_open_image_file().

Siehe auch:

- pdf_open_image_file()
- pdf_close_image()
- pdf_open_png()
- pdf_open_gif()
- pdf_open_jpeg()
- pdf_place_image()

↔ **Beispiel**

```
<?PHP
$file = fopen("pdf_open_tiff.pdf", "w");
$dokument = pdf_open($file);
$im = pdf_open_tiff($dokument, "urwald.tif");
pdf_begin_page($dokument,200, 100);
pdf_place_image($dokument, $im, 10, 10, 1.0);
```

```
pdf_close_image($dokument, $im);
pdf_end_page($dokument);
pdf_close($dokument);
fclose($file);
?>
```

⊄ **Ausgabe**

Abb. 64: pdf_open_tiff

Achtung: Bei der Ausgabe des Befehls wird im Browser nichts zurückgegeben. Die oben stehende Grafik wurde im Adobe Reader geöffnet, um die Wirkungsweise des Befehls zu zeigen.

13.35 pdf_place_image

⇒ **Befehl**

void **pdf_place_image** (int PDF-Dokument, int Bild, double x-Koor, double y-Koor, double scale)

⇐ **Version**

(PHP 3>= 3.0.7, PHP 4, PHP 5)

⇔ **Beschreibung**

Mit pdf_place_image() platziert man ein Bild (*Bild*) innerhalb eines PDF-Dokuments (*PDF-Dokument*). Dabei gibt man die Position des Bildes durch die X-Y-Koordinaten (*x-Koor* und *y-Koor*) an, welche den Nullpunkt in der linken unteren Ecke der Arbeitsfläche haben. Zusätzlich kann man mit dem Parameter *scale* eine Skalierung auf das Bild anwenden. Im unteren Beispiel wurde eine Grafik auf die Koordinaten 10/10 platziert und ein Skalierungsfaktor von 1.0 angewendet (Originalgröße).

Um die Grafik auf die halbe Größe zu reduzieren, verwendet man einen Skalierungsfaktor von 0.5.

Siehe auch:

- pdf_open_image_file()

↔ **Beispiel**

```
<?PHP
$file = fopen("pdf_place_image.pdf", "w");
```

```
$dokument = pdf_open($file);
$im = pdf_open_jpeg($dokument, "urknall.jpg");
pdf_begin_page($dokument,200, 100);
pdf_place_image($dokument, $im, 10, 10, 1.0);
pdf_close_image($dokument, $im);
pdf_end_page($dokument);
pdf_close($dokument);
fclose($file);
?>
```

⊄ Ausgabe

Abb. 65: pdf_place_image

Achtung: Bei der Ausgabe des Befehls wird im Browser nichts zurückgegeben. Die oben stehende Grafik wurde im Adobe Reader geöffnet, um die Wirkungsweise des Befehls zu zeigen.

13.36 pdf_rect

⇒ Befehl

void **pdf_rect** (int PDF-Dokument, double x-koor, double y-koor, double Breite, double Höhe)

⇐ Version

(PHP 3>= 3.0.6, PHP 4, PHP 5)

⇔ Beschreibung

Mit pdf_rect() zeichnet man innerhalb eines PDF-Dokuments (*PDF-Dokument*) ein Rechteck. Dabei wird mit den X-Y-Koordinaten (*x-Koor* und *y-Koor*) die linke untere Ecke des Rechtecks angegeben. Die Breite (*Breite*) und Höhe (*Höhe*) bestimmen, wie groß das Rechteck werden soll.

Siehe auch
- pdf_stroke()

↔ Beispiel

```
<?PHP
$file = fopen("pdf_rect.pdf", "w");
$dokument = pdf_open($file);
pdf_begin_page($dokument,200, 100);
```

```
pdf_setlinewidth ($dokument,3);
pdf_rect($dokument,10,10,180,80);
pdf_stroke($dokument);
pdf_end_page($dokument);
pdf_close($dokument);
fclose($file);
?>
```

⊄ **Ausgabe**

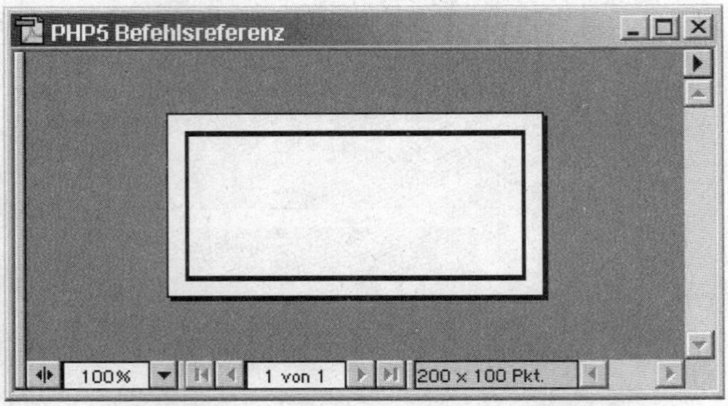

Abb. 66: pdf_rect

Achtung: Bei der Ausgabe des Befehls wird im Browser nichts zurückgegeben. Die oben stehende Grafik wurde im Adobe Reader geöffnet, um die Wirkungsweise des Befehls zu zeigen.

13.37 pdf_restore

⇒ **Befehl** void **pdf_restore** (int PDF-Dokument)

⇐ **Version** (PHP 3>= 3.0.6, PHP 4, PHP 5)

⇔ **Beschreibung** Mit pdf_restore() kann man den Schutz, welcher mittels pdf_save() auf das aktuelle Dokument (*PDF-Dokument*) gesetzt wurde, wieder aufheben. Das ist oftmals sehr nützlich, um nach Änderungen im Koordinatensystem in den ursprünglichen Zustand des Dokuments zu gelangen.

Im unteren Beispiel wurde zuerst ein Text (1) in horizontaler Richtung geschrieben. Danach wurde die Funktion pdf_save() aufgerufen, um die letzten Einstellungen zu schützen. Anschließend wurden dann die Texte 2 und 3 mittels pdf_skew() im Koordinatensystem geschert. Um die ursprüngliche Umgebung wieder herzustellen, wurde die Funktion pdf_restore() benutzt. Abschließend wurde dann noch einmal ein Text (4) in horizontaler Richtung geschrieben.

Siehe auch

- pdf_restore()
- pdf_skew()

↔ **Beispiel**

```
<?PHP
$file = fopen("pdf_restore.pdf", "w");
$dokument = pdf_open($file);
pdf_begin_page($dokument,200, 100);
pdf_set_font($dokument, "Times-Roman", 24,"winansi");
pdf_setgray_fill($dokument, 0.7);
pdf_show_xy($dokument,"1.Ein kurzer Text",0,30);
pdf_save($dokument);
pdf_skew($dokument,20,10);
pdf_setgray_fill($dokument, 0);
pdf_show_xy($dokument,"2.Ein kurzer Text",0,30);
pdf_set_font($dokument, "Times-Roman", 18,"winansi");
pdf_setgray_fill($dokument, 0.5);
pdf_continue_text($dokument,"3.Ein kurzer Text");
pdf_restore($dokument);
pdf_show_xy($dokument,"4.Ein kurzer Text",30,5);
pdf_end_page($dokument);
pdf_close($dokument);
fclose($file);
?>
```

⊄ **Ausgabe**

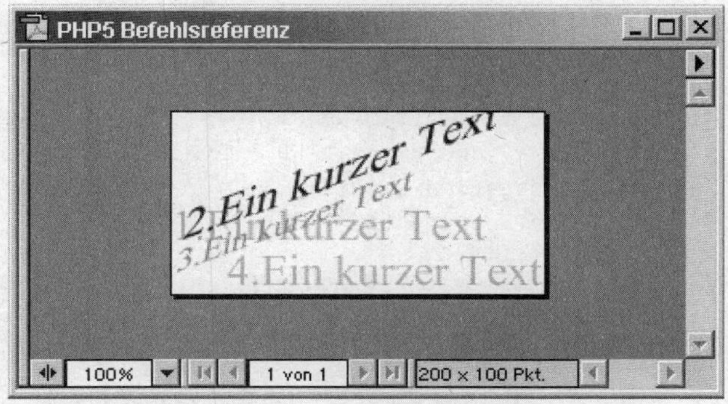

Abb. 67: pdf_restore

Achtung: Bei der Ausgabe des Befehls wird im Browser nichts zurückgegeben. Die oben stehende Grafik wurde im Adobe Reader geöffnet, um die Wirkungsweise des Befehls zu zeigen.

13.38 pdf_rotate

⇒ **Befehl** void **pdf_rotate** (int PDF-Dokument, double Winkel)

⇐ **Version** (PHP 3>= 3.0.6, PHP 4, PHP 5)

⇔ **Beschreibung**

Mit pdf_rotate() dreht man innerhalb eines PDF-Dokuments (*PDF-Dokument*) das Koordinatensystem um eine bestimmte Winkelangabe (*Winkel*) in Grad.

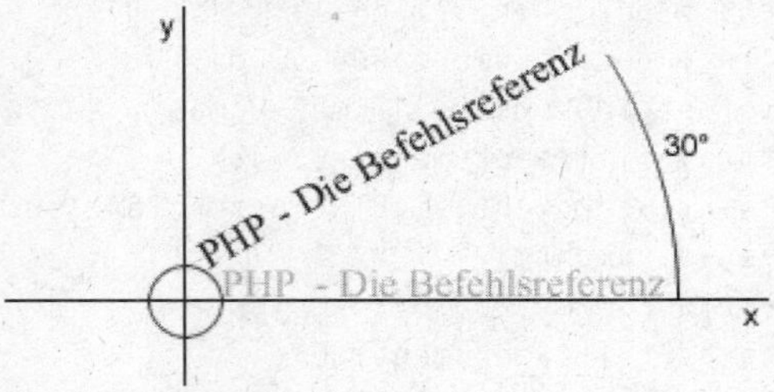

Abb. 68: pdf_rotate (a)

Siehe auch:

- pdf_save()
- pdf_restore()

↔ **Beispiel**

```
<?PHP
$file = fopen("pdf_rotate.pdf", "w");
$dokument = pdf_open($file);
pdf_begin_page($dokument,200, 100);
pdf_set_font($dokument, "Times-Roman", 16,"winansi");
pdf_setgray_fill($dokument, 0.7);
pdf_show_xy($dokument,"PHP - Die Befehlsreferenz",5,10);
pdf_rotate($dokument,20);
pdf_setgray_fill($dokument, 0);
pdf_show_xy($dokument,"PHP - Die Befehlsreferenz",5,10);
pdf_end_page($dokument);
pdf_close($dokument);
fclose($file);
?>
```

⊄ **Ausgabe**

Abb. 69: pdf_rotate (b)

Achtung: Bei der Ausgabe des Befehls wird im Browser nichts zurückgegeben. Die oben stehende Grafik wurde im Adobe Reader geöffnet, um die Wirkungsweise des Befehls zu zeigen.

13.39 pdf_save

⇒ Befehl void **pdf_save** (int PDF-Dokument)

⇐ Version (PHP 3>= 3.0.6, PHP 4, PHP 5)

⇔ Beschreibung Mit pdf_save() kann man den aktuellen Zustand des Dokuments (*PDF-Dokument*) sichern. Das ist oftmals sehr nützlich, wenn z.B. Koordinatenverschiebungen nur für bestimmte Objekte gelten sollen. Sobald Sie die Koordinatenverschiebungen durchgeführt und die Objekte gezeichnet haben, können Sie mit der Funktion pdf_restore() die ursprüngliche Umgebung wieder herstellen.

Im unteren Beispiel wurde zuerst ein Text (1) in horizontaler Richtung geschrieben. Danach wurde die Funktion pdf_save() aufgerufen, um die letzten Einstellungen zu schützen. Anschließend wurden die Texte 2 und 3 mittels pdf_skew() im Koordinatensystem geschert. Um die ursprüngliche Umgebung wieder herzustellen, wurde die Funktion pdf_restore() benutzt. Abschließend wurde noch einmal ein Text (4) in horizontaler Richtung geschrieben.

Siehe auch

- pdf_restore()
- pdf_skew

↔ Beispiel

```
<?PHP
$file = fopen("pdf_save.pdf", "w");
$dokument = pdf_open($file);
pdf_begin_page($dokument,200, 100);
pdf_set_font($dokument, "Times-Roman", 24,"winansi");
pdf_setgray_fill($dokument, 0.7);
pdf_show_xy($dokument,"1.Ein kurzer Text",0,30);
pdf_save($dokument);
pdf_skew($dokument,20,10);
pdf_setgray_fill($dokument, 0);
pdf_show_xy($dokument,"2.Ein kurzer Text",0,30);
pdf_set_font($dokument, "Times-Roman", 18,"winansi");
pdf_setgray_fill($dokument, 0.5);
pdf_continue_text($dokument,"3.Ein kurzer Text");
pdf_restore($dokument);
pdf_show_xy($dokument,"4.Ein kurzer Text",30,5);
pdf_end_page($dokument);
pdf_close($dokument);
fclose($file);
?>
```

⊄ **Ausgabe**

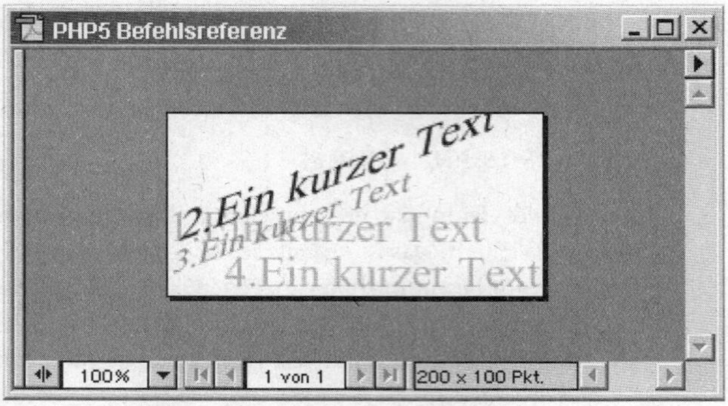

Abb. 70: pdf_save

Achtung: Bei der Ausgabe des Befehls wird im Browser nichts zurückgegeben. Die oben stehende Grafik wurde im Adobe Reader geöffnet, um die Wirkungsweise des Befehls zu zeigen.

13.40 pdf_scale

⇒ **Befehl**

void **pdf_scale** (int PDF-Dokument, double x-Skalierung, double y-Skalierung)

⇐ **Version**

(PHP 3>= 3.0.6, PHP 4, PHP 5)

⇔ **Beschreibung**

Mit pdf_scale() setzt man innerhalb eines PDF-Dokuments (*PDF-Dokument*) einen Skalierungsfaktor, welcher sich auf alle nachfolgenden Funktionen auswirkt. Dabei wird mittels der Werte *x-Skalierung* und *y-Skalierung* festgelegt, um welchen Faktor die X- und Y-Koordinatenpunkte skaliert werden sollen. Durch die Skalierung wird nicht nur das gezeichnete Objekt vergrößert bzw. verkleinert, sondern auch um den Skalierungsfaktor verschoben. Es ist darauf zu achten, dass der Skalierungsfaktor nicht 0 sein darf, da es sonst zu einer Fehlermeldung kommt.

Folgende Skalierungswerte sind zulässig:
- 0.1 → 0.9 – Verkleinerung des Objekts
- 1 – Normale Ansicht des Objekts
- 1.1 → ~ – Vergrößerung des Objekts

Im unten stehenden Beispiel wurden zwei Linien exakt auf die gleichen Koordinaten und mit der gleichen Länge gezeichnet. Bei einer Linie wurden allerdings horizontale und vertikale Skalierungsfaktoren von jeweils 4.5 angegeben. Diese Linie ist daher um das 4,5-fache vergrößert und um das 4,5-fache verschoben.

Siehe auch
- pdf_lineto()
- pdf_moveto()
- pdf_stroke()

↔ **Beispiel**

```
<?PHP
$file = fopen("pdf_scale.pdf", "w");
$dokument = pdf_open($file);
pdf_begin_page($dokument,200, 100);
pdf_moveto($dokument, 0, 15);
pdf_lineto($dokument, 40, 15);
pdf_stroke($dokument);
pdf_scale($dokument, 4.5, 4.5);
pdf_moveto($dokument, 0, 15);
pdf_lineto($dokument, 40, 15);
pdf_stroke($dokument);
pdf_end_page($dokument);
pdf_close($dokument);
fclose($file);
?>
```

⊄ **Ausgabe**

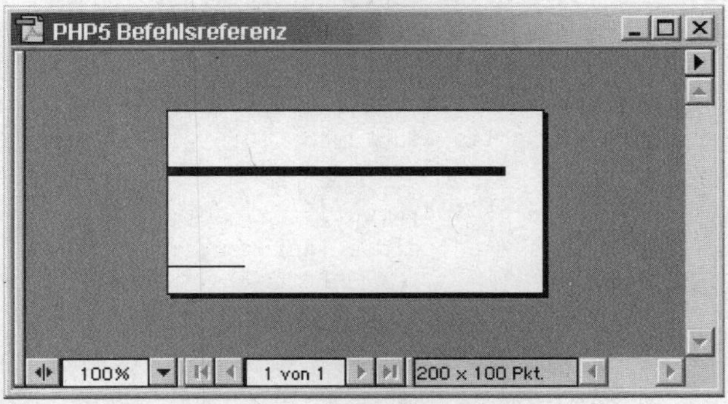

Abb. 71: pdf_scale

Achtung: Bei der Ausgabe des Befehls wird im Browser nichts zurückgegeben. Die oben stehende Grafik wurde im Adobe Reader geöffnet, um die Wirkungsweise des Befehls zu zeigen.

13.41 pdf_set_border_color

⇒ **Befehl**

void **pdf_set_border_color** (int PDF-Dokument, double Rot, double Grün, double Blau)

⇐ **Version**

(PHP 3>= 3.0.12, PHP 4, PHP 5)

⇔ **Beschreibung**

Mit pdf_set_border_color() legt man innerhalb eines PDF-Dokuments (*PDF-Dokument*) die Farbe der Umrandung eines Hyperlinks oder einer Anmerkung fest. Als Werte für die Farbkomponenten (*Rot, Grün, Blau*) sind 0.0 bis 1.0 zulässig.

Siehe auch

- pdf_set_border_style()
- pdf_set_border_dash()
- pdf_add_weblink()
- pdf_add_pdflink()

↔ **Beispiel**

```
<?PHP
$file = fopen("pdf_set_border_color.pdf", "w");
$dokument = pdf_open($file);
pdf_begin_page($dokument,200,100);
pdf_set_border_color($dokument,0,0.5,1);
pdf_set_border_style($dokument, solid,1);
pdf_set_font($dokument, "Times-Roman", 24,"winansi");
pdf_show_xy($dokument,"solid",12,15);
pdf_add_weblink($dokument,10,10,170,35,"http://www.selfphp.de
");
pdf_set_border_style($dokument, dashed,1);
pdf_show_xy($dokument,"dashed",12,54);
pdf_add_weblink($dokument,10,50,170,75,"http://www.selfphp.de
");
pdf_end_page($dokument);
$dokument = pdf_close($dokument);
fclose($file);
?>
```

⊄ **Ausgabe**

Abb. 72: pdf_set_border_color

Achtung: Bei der Ausgabe des Befehls wird im Browser nichts zurückgegeben. Die oben stehende Grafik wurde im Adobe Reader geöffnet, um die Wirkungsweise des Befehls zu zeigen.

13.42 pdf_set_border_dash

⇒ **Befehl**

void **pdf_set_border_dash** (int PDF-Dokument, double Schwarz, double Weiß)

⇐ **Version**

(PHP 4 >= 4.0.1, PHP 5)

⇔ **Beschreibung**

Mit pdf_set_border_dash() legt man innerhalb eines PDF-Dokuments (*PDF-Dokument*) das Muster der gestrichelten Linien um Hyperlinks und Anmerkungen fest. Dabei wird die Länge der schwarzen (*Schwarz*) und weißen (*Weiß*) Striche angegeben. Im unteren Beispiel wurde die gestrichelte Linie auf den Wert 20/40 (20 Schwarz und 40 Weiß) gesetzt.

Siehe auch

- pdf_set_border_style()
- pdf_set_border_color()
- pdf_add_weblink()
- pdf_add_pdflink()

↔ **Beispiel**

```
<?PHP
$file = fopen("pdf_set_border_dash.pdf", "w");
$dokument = pdf_open($file);
pdf_begin_page($dokument,200,100);
pdf_set_border_dash($dokument, 20, 40);
pdf_set_font($dokument, "Times-Roman", 24,"winansi");
pdf_set_border_style($dokument, dashed,1);
pdf_show_xy($dokument,"dashed",12,54);
pdf_add_weblink($dokument,10,50,170,75,"http://www.selfphp.de");
pdf_end_page($dokument);
$dokument = pdf_close($dokument);
fclose($file);
?>
```

⊄ **Ausgabe**

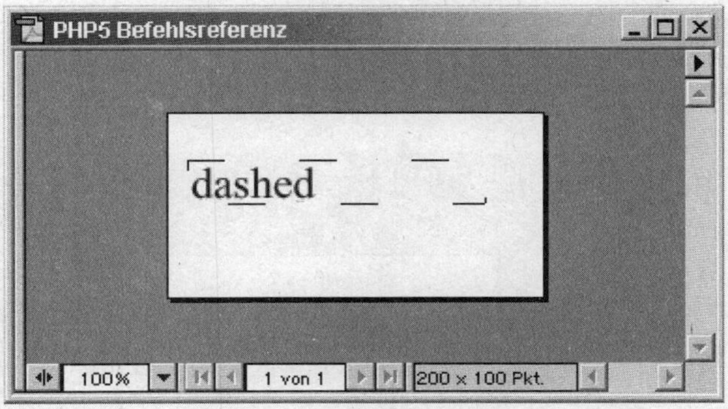

Abb. 73: pdf_set_border_dash

Achtung: Bei der Ausgabe des Befehls wird im Browser nichts zurückgegeben. Die oben stehende Grafik wurde im Adobe Reader geöffnet, um die Wirkungsweise des Befehls zu zeigen.

13.43 pdf_set_border_style

⇒ **Befehl**

void **pdf_set_border_style** (int PDF-Dokument, string Stil, double Breite)

⇐ **Version**

(PHP 3>= 3.0.12, PHP 4, PHP 5)

⇔ **Beschreibung**

Mit pdf_set_border_style() legt man innerhalb eines PDF-Dokuments (*PDF-Dokument*) die Art der Umrandung eines Hyperlinks oder einer Anmerkung fest. Dabei gibt man als Parameter den Stil (*Stil*) und die Breite (*Breite*) der Linie an, die den Hyperlink umrandet.
Mögliche Stile sind:

- solid – durchgezogene Linie
- dashed – gestrichelte Linie

Siehe auch

- pdf_set_border_color()
- pdf_set_border_dash()
- pdf_add_weblink()
- pdf_add_pdflink()

↔ **Beispiel**

```
<?PHP
$file = fopen("pdf_set_border_style.pdf", "w");
$dokument = pdf_open($file);
pdf_begin_page($dokument,200,100);
pdf_set_border_style($dokument, solid,1);
pdf_set_font($dokument, "Times-Roman", 24,"winansi");
pdf_show_xy($dokument,"solid",12,15);
pdf_add_weblink($dokument,10,10,170,35,"http://www.selfphp.de");
pdf_set_border_style($dokument, dashed,1);
pdf_show_xy($dokument,"dashed",12,54);
pdf_add_weblink($dokument,10,50,170,75,"http://www.selfphp.de");
pdf_end_page($dokument);
$dokument = pdf_close($dokument);
fclose($file);
?>
```

⊄ **Ausgabe**

Abb. 74: pdf_set_border_style

Achtung: Bei der Ausgabe des Befehls wird im Browser nichts zurückgegeben. Die oben stehende Grafik wurde im Adobe Reader geöffnet, um die Wirkungsweise des Befehls zu zeigen.

13.44 pdf_set_char_spacing

⇒ Befehl void **pdf_set_char_spacing** (int PDF-Dokument, double Abstand)

⇐ Version (PHP 3>= 3.0.6, PHP 4, PHP 5)

⇔ Beschreibung Mit pdf_set_char_spacing() kann man innerhalb eines PDF-Dokuments (*PDF-Dokument*) den Raum zwischen zwei Zeichen (*Abstand*) bestimmen. Im unteren Beispiel wurde dreimal der gleiche Text gezeichnet – einmal mit Abstand 0 (normal), einmal mit Abstand 4 und einmal mit einem Abstand von 8.

Es ist zu berücksichtigen, dass diese Funktion seit der PHP-Version 4.0.2 als »deprecated« gilt und in späteren Versionen eventuell nicht mehr verfügbar sein wird. Sie sollten daher in Zukunft die Funktion *pdf_set_value()* nutzen und dort als zweiten Parameter »charspacing« einsetzen.

Siehe auch:

- pdf_set_word_spacing()
- pdf_set_leading()
- pdf_set_value()

↔ Beispiel

```
<?PHP
$file = fopen("pdf_set_char_spacing.pdf", "w");
$dokument = pdf_open($file);
pdf_begin_page($dokument,200, 100);
pdf_set_font($dokument, "Helvetica", 12,"winansi");
pdf_set_char_spacing($dokument,0);
pdf_show_xy($dokument,"Ein kurzer Text",5,75);
pdf_set_char_spacing($dokument,4);
pdf_show_xy($dokument,"Ein kurzer Text",5,50);
pdf_set_char_spacing($dokument,8);
pdf_show_xy($dokument,"Ein kurzer Text",5,25);
pdf_end_page($dokument);
pdf_close($dokument);
fclose($file);
?>
```

⊄ **Ausgabe**

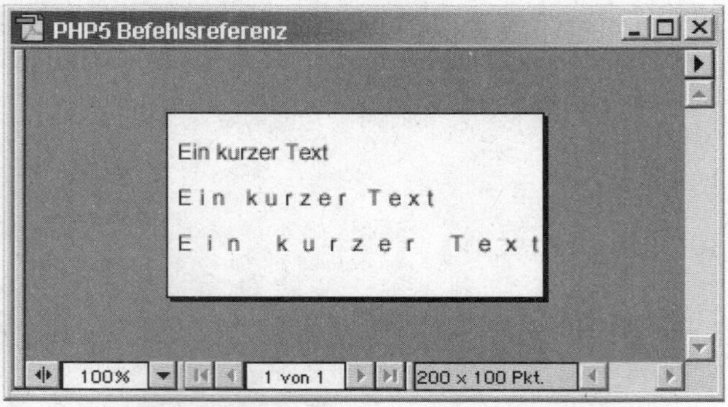

Abb. 75: pdf_set_char_spacing

Achtung: Bei der Ausgabe des Befehls wird im Browser nichts zurückgegeben. Die oben stehende Grafik wurde im Adobe Reader geöffnet, um die Wirkungsweise des Befehls zu zeigen.

13.45 pdf_set_duration

⇒ **Befehl**

void **pdf_set_duration** (int PDF-Dokument, double Dauer)

⇐ **Version**

(PHP 3>= 3.0.6, PHP 4, PHP 5)

⇔ **Beschreibung**

Mit pdf_set_duration() setzt man innerhalb eines PDF-Dokuments (*PDF-Dokument*) fest, wie lange (*Dauer*) das Umblättern auf die nächste Seite dauern soll. Diesen Effekt kann man nicht in einem Bild darstellen. Sie können aber das Skript selber in Aktion sehen, wenn Sie das Beispiel in eine gültige PHP-Datei einbetten und den Vollbildmodus aktivieren (Acrobat).

Siehe auch:

- pdf_set_transition()

↔ **Beispiel**

```
<?PHP
$file = fopen("pdf_set_duration.pdf", "w");
$dokument = pdf_open($file);
pdf_begin_page($dokument,250, 150);
$_1 = pdf_add_outline($dokument,"PHP3/4",$_x,1);
pdf_add_outline($dokument,"PHP3",$_1);
pdf_add_outline($dokument,"PHP4",$_1);
pdf_set_font($dokument, "Times-Roman", 14,"winansi");
pdf_show_xy($dokument,"Text.......",30,130);
pdf_set_duration($dokument,13);
pdf_end_page($dokument);
pdf_begin_page($dokument,250, 150);
pdf_set_font($dokument, "Times-Roman", 14,"winansi");
```

```
$_2 = pdf_add_outline($dokument,"Referenz");
pdf_show_xy($dokument,"Nur Text..",30,130);
pdf_end_page($dokument);
pdf_close($dokument);
fclose($file);
?>
```

⊄ **Ausgabe**

Abb. 76: pdf_set_duration

Achtung: Bei der Ausgabe des Befehls wird im Browser nichts zurückgegeben. Die oben stehende Grafik wurde im Adobe Reader geöffnet, um die Wirkungsweise des Befehls zu zeigen.

13.46 pdf_set_font

⇒ **Befehl**

void **pdf_set_font** (int PDF-Dokument, string Zeichensatzname, double Größe, string Kodierung [, int einbetten])

⇐ **Version**

(PHP 3>= 3.0.6, PHP 4, PHP 5)

⇔ **Beschreibung**

Mit pdf_set_font() kann man in einem PDF-Dokument (*PDF-Dokument*) für künftige Textausgaben einen Zeichensatz (*Zeichensatzname*) und dessen Größe (*Größe*) sowie Zeichsatzkodierung (*Kodierung*) festlegen. Es ist darauf zu achten, dass zuvor die Seite mit pdf_begin_page() begonnen wurde, um eine gültige Seite zu erhalten. Ab der PHP-Version 4 müssen die Kodierungen als Zeichenketten angegeben werden. Mögliche Kodierungsvarianten sind:

- builtin
- ebcdic
- host
- macexpert
- macroman
- winansi

Der optionale Parameter *einbetten* bewirkt (wenn er auf »1« gestellt wird), dass der Zeichensatz in das Dokument eingebettet wird. Das hat den Vorteil, dass

Personen, die das Dokument lesen, den Zeichensatz nicht auf ihren Rechnern installiert haben müssen.

Siehe auch:

- pdf_begin_page()

↔ **Beispiel**

```
<?PHP
$file = fopen("pdf_set_font.pdf", "w");
$dokument = pdf_open($file);
pdf_begin_page($dokument,200,100);
pdf_set_font($dokument, "Times-Roman", 30,"winansi");
pdf_show_xy($dokument,"PHP5",40,40);
pdf_end_page($dokument);
$dokument = pdf_close($dokument);
fclose($file);
?>
```

⊄ **Ausgabe**

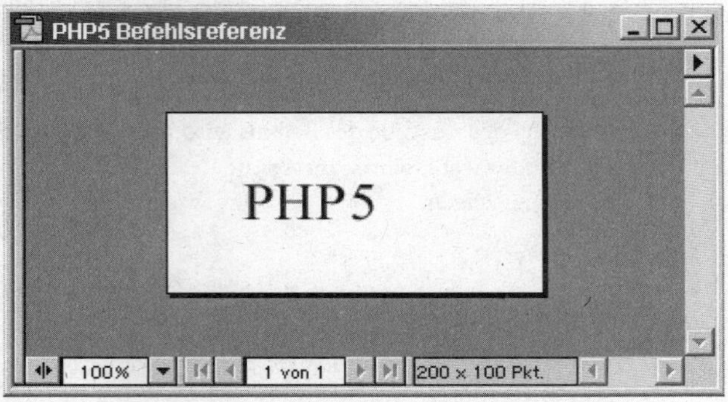

Abb. 77: pdf_set_font

Achtung: Bei der Ausgabe des Befehls wird im Browser nichts zurückgegeben. Die oben stehende Grafik wurde im Adobe Reader geöffnet, um die Wirkungsweise des Befehls zu zeigen.

13.47 pdf_set_horiz_scaling

⇒ **Befehl**

void **pdf_set_horiz_scaling** (int PDF-Dokument, double Skalierung)

⇐ **Version**

(PHP 3>= 3.0.6, PHP 4, PHP 5)

⇔ **Beschreibung**

Mit pdf_set_horiz_scaling() kann man den horizontalen Skalierungsfaktor (*Skalierung* in %) für Textausgaben in einem PDF-Dokument (*PDF-Dokument*) festlegen. Jede Schrift wird normalerweise mit einem Originalskalierungsfaktor von 100% gezeichnet. Im unteren Beispiel wurde der Text jeweils mit 50%,100%,150% und 200% in das PDF-Dokument geschrieben. Durch die Skalierung erreicht man, dass die Schrift gestaucht oder gestreckt wird.

Es ist zu berücksichtigen, dass diese Funktion seit der PHP-Version 4.0.2 als »deprecated« gilt und in späteren Versionen nicht mehr verfügbar sein wird. Sie sollten daher in Zukunft die Funktion *pdf_set_value()* nutzen und dort als zweiten Parameter »horizscaling« einsetzen.

Siehe auch:

- pdf_show_xy()
- pdf_set_value()

↔ Beispiel

```
<?PHP
$file = fopen("pdf_set_horiz_scaling.pdf", "w");
$dokument = pdf_open($file);
pdf_begin_page($dokument,200, 100);
pdf_set_font($dokument, "Times-Roman", 14,"winansi");
pdf_set_horiz_scaling($dokument,50);
pdf_show_xy($dokument,"Ein kurzer Text",10,80);
pdf_set_horiz_scaling($dokument,100);
pdf_show_xy($dokument,"Ein kurzer Text",10,60);
pdf_set_horiz_scaling($dokument,150);
pdf_show_xy($dokument,"Ein kurzer Text",10,40);
pdf_set_horiz_scaling($dokument,200);
pdf_show_xy($dokument,"Ein kurzer Text",10,20);
pdf_end_page($dokument);
pdf_close($dokument);
fclose($file);
?>
```

⊄ Ausgabe

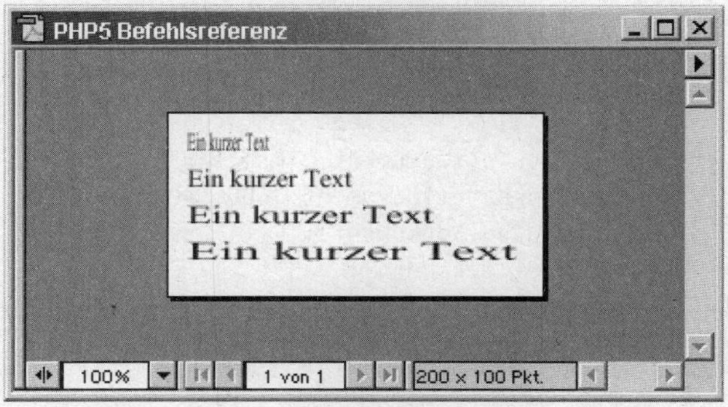

Abb. 78: pdf_set_horiz_scaling

Achtung: Bei der Ausgabe des Befehls wird im Browser nichts zurückgegeben. Die oben stehende Grafik wurde im Adobe Reader geöffnet, um die Wirkungsweise des Befehls zu zeigen.

13.48 pdf_set_info

⇒ Befehl

void **pdf_set_info** (int PDF-Dokument, string Feldname, string Wert)

⇐ Version

(PHP 4 >= 4.0.1, PHP 5)

⇔ Beschreibung

Mit pdf_set_info() erstellt man eine Dokumenteninformation für eine PDF-Datei (*PDF-Dokument*). Dabei wird jeweils ein Text (*Wert*) einem Feldwert (*Feldname*) zugewiesen. Folgende Feldwerte sind möglich:

- Title
- Subject
- Author
- Keywords
- Creator
- Sowie ein Feld mit beliebigen Namen

Dieser Befehl ersetzt folgende Funktionen:

- pdf_set_info_creator()
- pdf_set_info_keywords()
- pdf_set_info_subject()
- pdf_set_info_title()

↔ Beispiel

```
<?PHP
$file = fopen("pdf_set_info.pdf", "w");
$dokument = pdf_open($file);
pdf_set_info($dokument, "Title", "PHP 5 - Die
Befehlsreferenz");
pdf_set_info($dokument, "Subject", "PDF- Funktionen");
pdf_set_info($dokument, "Author", "Damir Enseleit");
pdf_set_info($dokument, "Keywords", "PDF,Funktionen,
Dokument");
pdf_set_info($dokument, "Creator", "Damir Enseleit");
pdf_begin_page($dokument, 400, 400);
pdf_end_page($dokument);
pdf_close($dokument);
fclose($file);
?>
```

⊄ Ausgabe

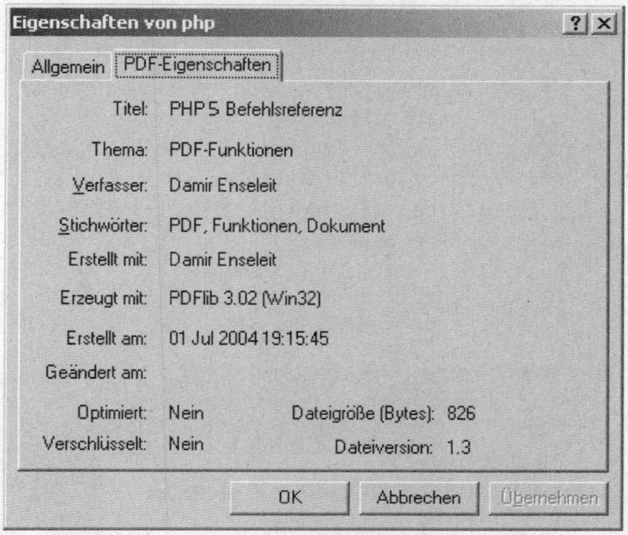

Abb. 79: pdf_set_info

Diese Grafik gehört nicht zur Ausgabe des vorherigen Beispiels, sondern ist das Eigenschaftsfenster der erzeugten Datei.

13.49 pdf_set_leading

⇒ Befehl

void **pdf_set_leading** (int PDF-Dokument, double Abstand)

⇐ Version

(PHP 3>= 3.0.6, PHP 4, PHP 5)

⇔ Beschreibung

Mit pdf_set_leading() kann man in einem PDF-Dokument (*PDF-Dokument*) den Abstand (*Abstand*) zwischen Textzeilen angeben, die mit pdf_continue_text() gezeichnet werden. Beachten Sie, dass pdf_set_leading() erst nach der Funktion pdf_set_font() aufgerufen wird, da sonst der Abstand nicht berücksichtigt wird.

Es ist zu beachten, dass diese Funktion seit der PHP-Version 4.0.2 als »deprecated« gilt und in späteren Versionen nicht mehr verfügbar sein wird. Sie sollten daher in Zukunft die Funktion pdf_set_value() nutzen und dort als zweiten Parameter »leading« einsetzen.

Siehe auch

- pdf_continue_text()
- pdf_set_value()

↔ Beispiel

```
<?PHP
$file = fopen("pdf_set_leading.pdf", "w");
$dokument = pdf_open($file);
```

```
pdf_begin_page($dokument,200,100);
pdf_set_font($dokument, "Times-Roman", 14,"winansi");
pdf_show_xy($dokument,"PHP5 - Die Befehlsreferenz",20,70);
pdf_set_leading($dokument,20);
pdf_continue_text($dokument,"pdf_begin_page");
pdf_continue_text($dokument,"pdf_set_text_pos");
pdf_continue_text($dokument,"pdf_set_font");
pdf_end_page($dokument);
$dokument = pdf_close($dokument);
fclose($file);
?>
```

⊄ **Ausgabe**

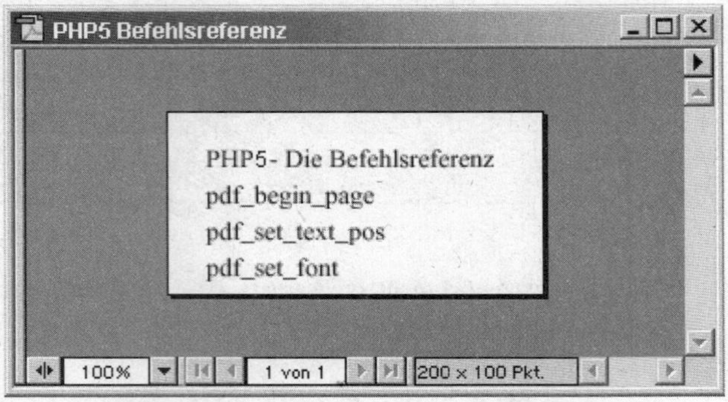

Abb. 80: pdf_set_leading

Achtung: Bei der Ausgabe des Befehls wird im Browser nichts zurückgegeben. Die oben stehende Grafik wurde im Adobe Reader geöffnet, um die Wirkungsweise des Befehls zu zeigen.

13.50 pdf_set_parameter

⇒ **Befehl**

void **pdf_set_parameter** (int PDF-Dokument, string Name, string Wert)

⇐ **Version**

(PHP 4, PHP 5)

⇔ **Beschreibung**

Mit pdf_set_parameter() kann man eine für ein PDF-Dokument (*PDF-Dokument*) gültige Eigenschaft (*Name*) vom Typ string auf einen neuen Wert (*Wert*) setzen.

Für folgende Objekte können Sie Eigenschaften setzen:

- Allgemeine Einstellungen
- Grafik
- Hyperlink
- Text

Für Text gibt es folgende Eigenschaften:

- underline – Text wird unterstrichen
- overline – Text mit einem Überstrich
- strikeout – Text ist durchgestrichen

Siehe auch

- pdf_get_value()
- pdf_set_value()
- pdf_get_parameter()

↔ **Beispiel**

```
<?PHP
$file = fopen("pdf_set_parameter.pdf", "w");
$dokument = pdf_open($file);
pdf_begin_page($dokument,200,100);
pdf_set_font($dokument, "Helvetica", 14,"winansi");
pdf_set_parameter($dokument,overline, "true");
pdf_show_xy($dokument,"Drüber",5,80);
pdf_set_parameter($dokument,overline, "false");
pdf_set_parameter($dokument,strikeout, "true");
pdf_show_xy($dokument,"Durch",5,50);
pdf_set_parameter($dokument,strikeout, "false");
pdf_set_parameter($dokument,underline, "true");
pdf_show_xy($dokument,"Drunter",5,20);
pdf_set_parameter($dokument,underline, "false");
pdf_end_page($dokument);
$dokument = pdf_close($dokument);
fclose($file);
?>
```

⊄ **Ausgabe**

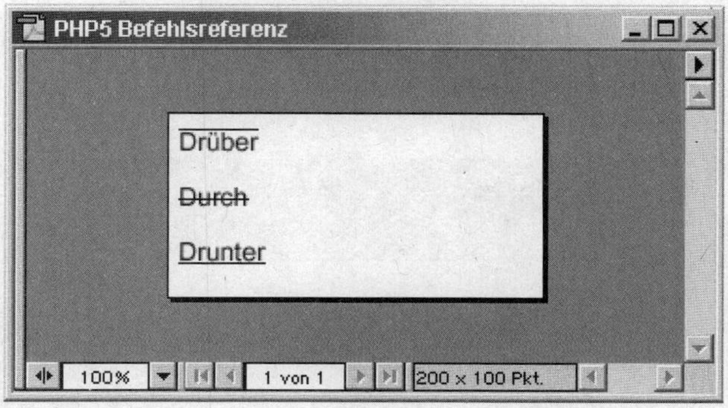

Abb. 81: pdf_set_parameter

Achtung: Bei der Ausgabe des Befehls wird im Browser nichts zurückgegeben. Die oben stehende Grafik wurde im Adobe Reader geöffnet, um die Wirkungsweise des Befehls zu zeigen.

13.51 pdf_set_text_pos

⇒ Befehl void **pdf_set_text_pos** (int PDF-Dokument, double x-Koor, double y-Koor)

⇐ Version (PHP 3>= 3.0.6, PHP 4, PHP 5)

⇔ Beschreibung Mit pdf_set_text_pos() legt man die X-Y-Koordinaten (*x-Koor*, *y-Koor*) innerhalb eines PDF-Dokuments (*PDF-Dokument*) fest, an denen die nächste Textausgabe erscheinen wird.

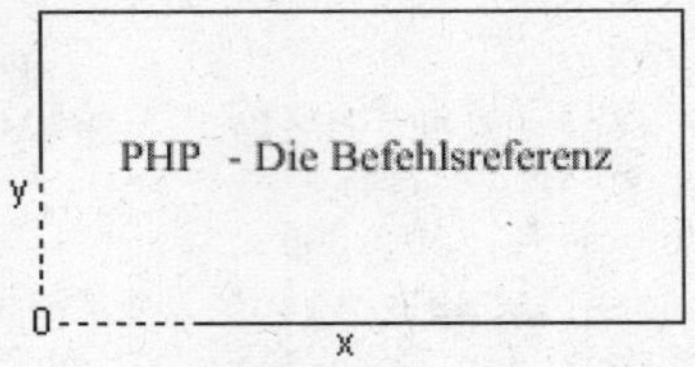

Abb. 82: pdf_set_text_pos (a)

Siehe auch:
- pdf_show()
- pdf_show_xy()
- pdf_set_font()

↔ Beispiel

```
<?PHP
$file = fopen("pdf_set_text_pos.pdf", "w");
$dokument = pdf_open($file);
pdf_begin_page($dokument,200,100);
pdf_set_font($dokument,"Times-Roman",14,"winansi");
pdf_set_text_pos($dokument,20,50);
pdf_show($dokument,"PHP5 - Die Befehlsreferenz");
pdf_end_page($dokument);
$dokument = pdf_close($dokument);
fclose($file);
?>
```

⊄ Ausgabe

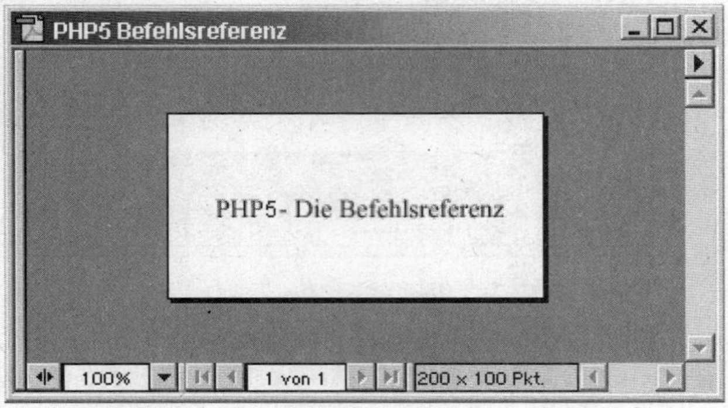

Abb. 83: pdf_set_text_pos (b)

Achtung: Bei der Ausgabe des Befehls wird im Browser nichts zurückgegeben. Die oben stehende Grafik wurde im Adobe Reader geöffnet, um die Wirkungsweise des Befehls zu zeigen.

13.52 pdf_set_text_rendering

⇒ Befehl void **pdf_set_text_rendering** (int PDF-Dokument, int Modus)

⇐ Version (PHP 3>= 3.0.6, PHP 4, PHP 5)

⇔ Beschreibung Mit pdf_set_text_rendering() legt man innerhalb eines PDF-Dokuments (*PDF-Dokument*) die Art der Textausgabe (*Modus*) fest. Folgende Werte sind für den Parameter *Modus* zulässig:

- 0 – Gefüllt
- 1 – Umrandung
- 2 – Gefüllt und Umrandung
- 3 – Unsichtbar
- 4 – Gefüllt und Hinzunahme zum Begrenzungspfad
- 5 – Umrandung und Hinzunahme zum Begrenzungspfad
- 6 – Gefüllt und Umrandung – Hinzunahme zum Begrenzungspfad
- 7 – Hinzunahme zum Begrenzungspfad

Es ist zu berücksichtigen, dass diese Funktion seit der PHP-Version 4.0.2 als »deprecated« gilt und in späteren Versionen nicht mehr verfügbar sein wird. Sie sollten daher in Zukunft die Funktion pdf_set_value() nutzen und dort als zweiten Parameter »textrendering« einsetzen.

Siehe auch:

- pdf_set_value()

↔ Beispiel

```
<?PHP
$file = fopen("pdf_set_text_rendering.pdf", "w");
$dokument = pdf_open($file);
pdf_begin_page($dokument,200,100);
pdf_set_font($dokument, "Times-Roman",120,"winansi");
pdf_set_text_rendering($dokument,1);
pdf_show_xy($dokument,"P",55,10);
pdf_end_page($dokument);
$dokument = pdf_close($dokument);
fclose($file);
?>
```

⊄ **Ausgabe**

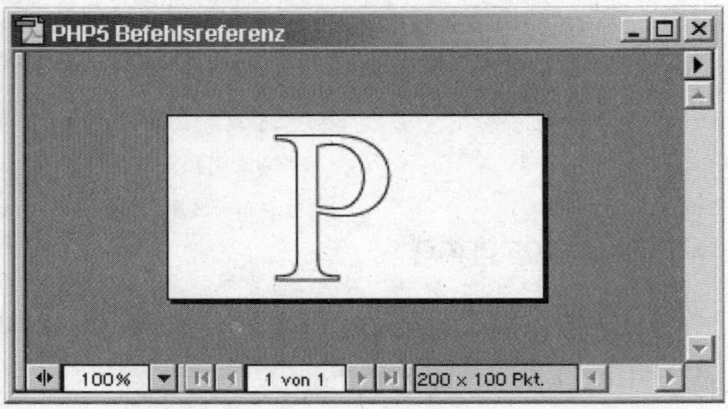

Abb. 84: pdf_set_text_rendering

Achtung: Bei der Ausgabe des Befehls wird im Browser nichts zurückgegeben. Die oben stehende Grafik wurde im Adobe Reader geöffnet, um die Wirkungsweise des Befehls zu zeigen.

13.53 pdf_set_text_rise

⇒ **Befehl**

void **pdf_set_text_rise** (int PDF-Dokument, double Verschiebung)

⇐ **Version**

(PHP 3>= 3.0.6, PHP 4, PHP 5)

⇔ **Beschreibung**

Mit pdf_set_text_rise() kann man bei einem Text, welcher z.B. mit pdf_show_xy() erstellt wurde, den vertikalen Verschiebungsfaktor (*Verschiebung*) bestimmen.

Im unteren Beispiel wurde der Text zehnmal auf der gleichen Stelle positioniert und dann jeweils um die Werte 8, 16, 24, 32, 40, 48, 56, 64, 72 und 80 nach oben veschoben.

Es ist zu berücksichtigen, dass diese Funktion seit der PHP-Version 4.0.2 als »deprecated« gilt und in späteren Versionen nicht mehr verfügbar sein wird. Sie sollten daher in Zukunft die Funktion *pdf_set_value()* nutzen und dort als zweiten Parameter »textrise« einsetzen.

Siehe auch:

- pdf_show_xy()
- pdf_set_value()

↔ **Beispiel**

```
<?PHP
$file = fopen("pdf_set_text_rise.pdf", "w");
$dokument = pdf_open($file);
pdf_begin_page($dokument,200, 100);
pdf_set_font($dokument, "Times-Roman", 16,"winansi");
for($x=1;$x<=10;$x++){
```

```
    $v_wert += 8; //8,16,24,32,40,48,56,64,72,80
    pdf_show_xy($dokument,"PHP5 - Die Befehlsreferenz",5,10);
    pdf_set_text_rise($dokument,$v_wert);
}
pdf_end_page($dokument);
pdf_close($dokument);
fclose($file);
?>
```

⊄ **Ausgabe**

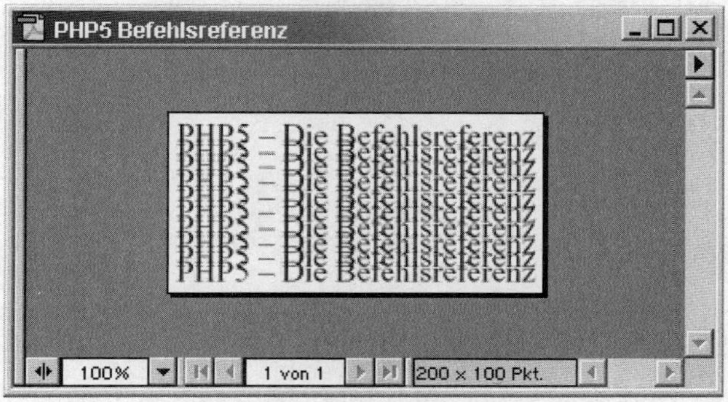

Abb. 85: pdf_set_text_rise

Achtung: Bei der Ausgabe des Befehls wird im Browser nichts zurückgegeben. Die oben stehende Grafik wurde im Adobe Reader geöffnet, um die Wirkungsweise des Befehls zu zeigen.

13.54 pdf_set_value

⇒ **Befehl**

void **pdf_set_value** (int PDF-Dokument, string Name, double Wert)

⇐ **Version**

(PHP 4 >= 4.0.1, PHP 5)

⇔ **Beschreibung**

Mit pdf_set_value() kann man eine für ein PDF-Dokument (*PDF-Dokument*) gültige Eigenschaft (*Name*) vom Typ double auf einen neuen Wert (*Wert*) setzen. Für folgende Objekte können Sie Eigenschaften setzen:

- Seiten
- Text

Für Seiten gibt es folgende Eigenschaften:

- pagewidth – Seitenbreite
- pageheight – Seitenhöhe

Für Text gibt es folgende Eigenschaften:

- charspacing – Abstand zwischen den Zeichen
- duration – Anzeigeverzögerung zur nächsten Seite
- horizscaling – Horizontale Ausrichtung

- leading – Zeilenabstand
- textrendering – Wie der Text gerendert werden soll
- textrise – Anhebung des Textes aus der ursprünglichen Lage
- wordspacing – Abstand zwischen den Wörtern

Siehe auch

- pdf_get_value()
- pdf_set_parameter()
- pdf_get_parameter()

↔ **Beispiel**

```
<?PHP
$file = fopen("pdf_set_value.pdf", "w");
$dokument = pdf_open($file);
pdf_begin_page($dokument,200,100);
pdf_set_value($dokument,pagewidth,250);
pdf_set_value($dokument,pageheight,150);
pdf_set_value($dokument,charspacing,15);
pdf_set_font($dokument, "Times-Roman", 14,"winansi");
pdf_show_xy($dokument,"Zeile 1",10,130);
pdf_set_value($dokument,leading,30);
pdf_continue_text($dokument,"Zeile 2");
pdf_set_value($dokument,wordspacing,50);
pdf_set_value($dokument,textrise,10);
pdf_continue_text($dokument,"Zeile 2");
pdf_end_page($dokument);
$dokument = pdf_close($dokument);
fclose($file);
?>
```

⊄ **Ausgabe**

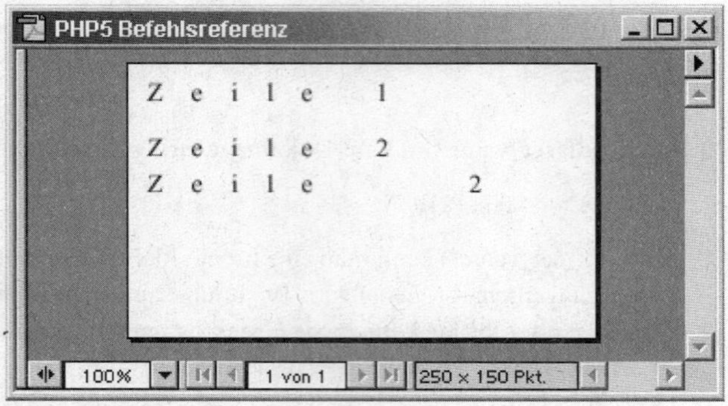

Abb. 87: pdf_set_value

Achtung: Bei der Ausgabe des Befehls wird im Browser nichts zurückgegeben. Die oben stehende Grafik wurde im Adobe Reader geöffnet, um die Wirkungsweise des Befehls zu zeigen.

13.55 pdf_set_word_spacing

⇒ **Befehl**

void **pdf_set_word_spacing** (int PDF-Dokument, double Abstand)

⇐ **Version**

(PHP 3>= 3.0.6, PHP 4, PHP 5)

⇔ **Beschreibung**

Mit pdf_set_word_spacing() kann man innerhalb eines PDF-Dokuments (*PDF-Dokument*) den Raum (*Abstand*) zwischen zwei Wörtern festlegen.

Im unteren Beispiel wurde dreimal der gleiche Text ausgegeben – einmal mit Abstand 0 (normal), einmal mit 10 und einmal mit einem Abstand von 20.

Es ist zu berücksichtigen, dass diese Funktion seit der PHP-Version 4.0.2 als »deprecated« gilt und in späteren Versionen nicht mehr verfügbar sein wird. Sie sollten daher in Zukunft die Funktion pdf_set_value() nutzen und dort als zweiten Parameter »wordspacing« einsetzen.

Siehe auch:

- pdf_set_char_spacing()
- pdf_set_leading()
- pdf_set_value()

↔ **Beispiel**

```
<?PHP
$file = fopen("pdf_set_word_spacing.pdf", "w");
$dokument = pdf_open($file);
pdf_begin_page($dokument,200, 100);
pdf_set_font($dokument, "Helvetica", 14,"winansi");
pdf_set_word_spacing($dokument,0);
pdf_show_xy($dokument,"Ein kurzer Text",5,75);
pdf_set_word_spacing($dokument,10);
pdf_show_xy($dokument,"Ein kurzer Text",5,50);
pdf_set_word_spacing($dokument,20);
pdf_show_xy($dokument,"Ein kurzer Text",5,25);
pdf_end_page($dokument);
pdf_close($dokument);
fclose($file);
?>
```

⊄ **Ausgabe**

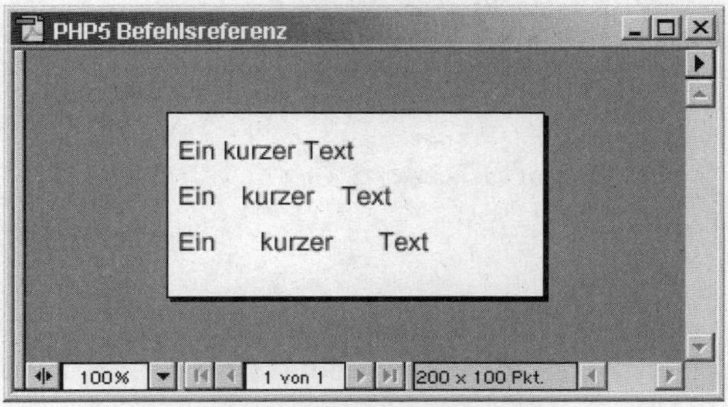

Abb. 88: pdf_set_word_spacing

Achtung: Bei der Ausgabe des Befehls wird im Browser nichts zurückgegeben. Die oben stehende Grafik wurde im Adobe Reader geöffnet, um die Wirkungsweise des Befehls zu zeigen.

13.56 pdf_setdash

⇒ Befehl void **pdf_setdash** (int PDF-Dokument, double Schwarz, double Weiß)

⇐ Version (PHP 3>= 3.0.6, PHP 4, PHP 5)

⇔ Beschreibung Mit pdf_setdash() wird innerhalb eines PDF-Dokuments (*PDF-Dokument*) das Muster für gestrichelte Linien festgelegt. Dabei wird die Länge der schwarzen (*Schwarz*) und weißen (*Weiß*) Striche angegeben.

Siehe auch

- pdf_moveto()
- pdf_lineto()
- pdf_stroke()

↔ Beispiel

```
<?PHP
$file = fopen("pdf_setdash.pdf", "w");
$dokument = pdf_open($file);
pdf_begin_page($dokument,200, 100);
pdf_setlinewidth ($dokument,3);
pdf_setdash ($dokument,10, 10);
  pdf_moveto($dokument, 0, 80);
  pdf_lineto($dokument, 120, 80);
  pdf_stroke($dokument);
pdf_setdash ($dokument,0, 0);
  pdf_moveto($dokument, 0, 50);
  pdf_lineto($dokument, 120, 50);
  pdf_stroke($dokument);
pdf_setdash ($dokument,10, 20);
  pdf_moveto($dokument, 0, 20);
  pdf_lineto($dokument, 120, 20);
  pdf_stroke($dokument);
pdf_end_page($dokument);
pdf_close($dokument);
fclose($file);
?>
```

⊄ **Ausgabe**

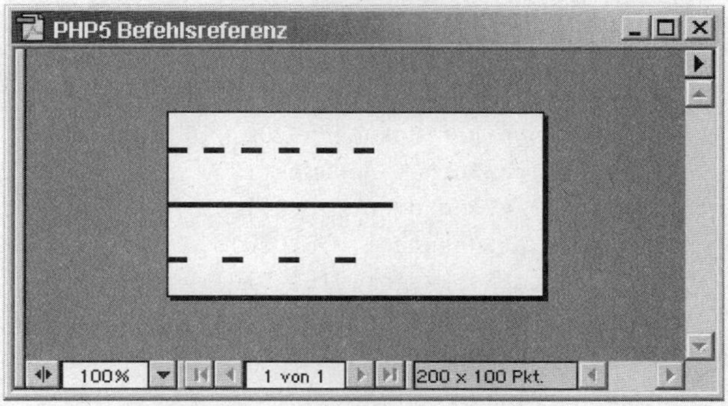

Abb. 89: pdf_setdash

Achtung: Bei der Ausgabe des Befehls wird im Browser nichts zurückgegeben. Die oben stehende Grafik wurde im Adobe Reader geöffnet, um die Wirkungsweise des Befehls zu zeigen.

13.57 pdf_setgray

⇒ **Befehl** void **pdf_setgray** (int PDF-Dokument, double Grauwert)

⇐ **Version** (PHP 3>= 3.0.6, PHP 4, PHP 5)

⇔ **Beschreibung** Mit pdf_setgray() bestimmt man innerhalb eines PDF-Dokuments (*PDF-Dokument*) den aktuellen Grauwert (*Grauwert*), mit dem eine Linie gezeichnet oder ein Pfad gefüllt werden soll. Dabei können Sie einen Wert zwischen 0 und 1 eingeben, wobei 0 gleich Schwarz und 1 gleich Weiß ist. In der folgenden Tabelle sehen Sie die möglichen Farbwerte. Rechts neben den Linien finden Sie die passenden RGB-Werte zu den Farben.

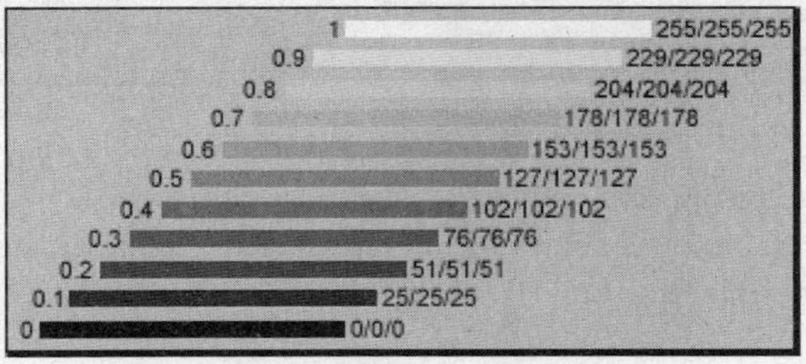

Abb. 90: pdf_setgray (a)

Siehe auch:

- pdf_setrgbcolor_stroke()
- pdf_setrgbcolor_fill()

Bei dem unteren Beispiel wurde zuerst ein Dreieck gezeichnet und nur der Pfad mit einem Grauwert belegt. Bei dem inneren Dreieck wurde zusätzlich eine Füllung vorgenommen.

↔ Beispiel

```
<?PHP
$file = fopen("pdf_setgray.pdf", "w");
$dokument = pdf_open($file);
pdf_begin_page($dokument,200, 100);
pdf_setlinewidth ($dokument,2);
pdf_setgray($dokument, 0.8);
pdf_moveto($dokument, 50, 10);
pdf_lineto($dokument, 150, 10);
pdf_lineto($dokument, 100, 90);
pdf_closepath($dokument);
pdf_stroke($dokument);
pdf_moveto($dokument, 60, 15);
pdf_lineto($dokument, 140, 15);
pdf_lineto($dokument, 100, 80);
pdf_closepath($dokument);
pdf_fill_stroke($dokument);
pdf_end_page($dokument);
pdf_close($dokument);
fclose($file);
?>
```

⊄ Ausgabe

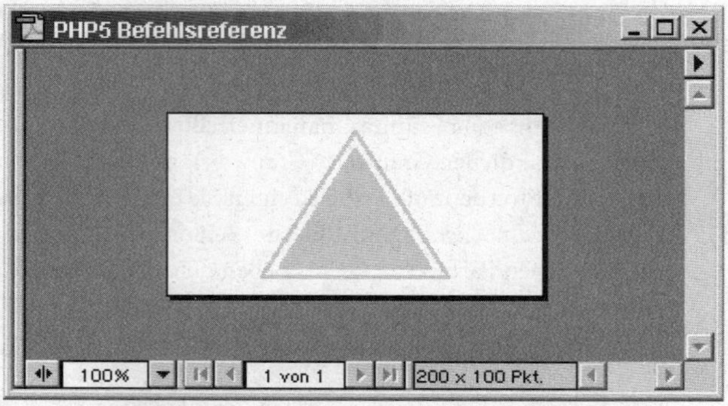

Abb. 91: pdf_setgray (b)

Achtung: Bei der Ausgabe des Befehls wird im Browser nichts zurückgegeben. Die oben stehende Grafik wurde im Adobe Reader geöffnet, um die Wirkungsweise des Befehls zu zeigen.

13.58 pdf_setgray_fill

⇒ Befehl void **pdf_setgray_fill** (int PDF-Dokument, double Grauwert)

⇐ Version (PHP 3>= 3.0.6, PHP 4, PHP 5)

⇔ Beschreibung

Mit pdf_setgray_fill() bestimmt man innerhalb eines PDF-Dokuments (*PDF-Dokument*) den aktuellen Grauwert (*Grauwert*), mit dem ein Pfad gefüllt werden soll. Dabei können Sie einen Wert zwischen 0 und 1 eingeben, wobei 0 gleich Schwarz und 1 gleich Weiß ist. In der folgenden Tabelle sehen Sie die möglichen Farbwerte. Rechts neben den Linien finden Sie die passenden RGB-Werte zu den Farben.

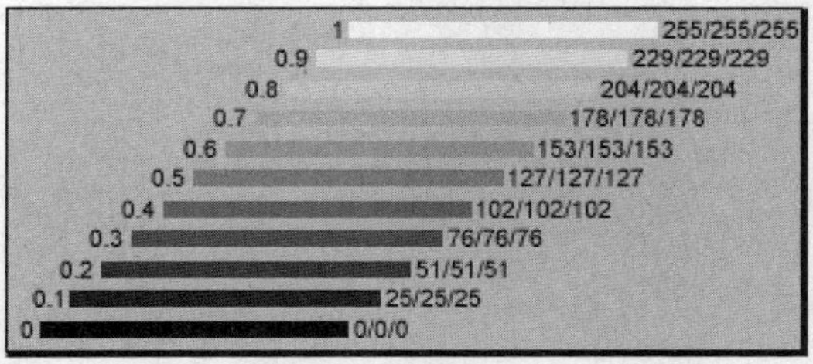

Abb. 92: pdf_setgray_fill (a)

Siehe auch:

- pdf_setrgbcolor()

↔ Beispiel

```
<?PHP
$file = fopen("pdf_setgray_fill.pdf", "w");
$dokument = pdf_open($file);
pdf_begin_page($dokument,200, 100);
   pdf_setlinewidth ($dokument,3);
   pdf_arc($dokument,50,50,48,35,325);
   pdf_lineto($dokument, 50, 50);
   pdf_closepath($dokument);
pdf_setgray_fill($dokument, 0.9);
pdf_fill($dokument);
pdf_stroke($dokument);
   pdf_circle($dokument,65,80,5);
   pdf_setgray_fill($dokument, 1);
pdf_fill($dokument);
pdf_stroke($dokument);
   pdf_arc($dokument,162,50,28,0,180);
   pdf_lineto($dokument, 132, 2);
   pdf_lineto($dokument, 142, 10);
   pdf_lineto($dokument, 152, 2);
   pdf_lineto($dokument, 162, 10);
   pdf_lineto($dokument, 172, 2);
   pdf_lineto($dokument, 182, 10);
   pdf_lineto($dokument, 192, 2);
pdf_setgray_fill($dokument, 0.7);
pdf_fill($dokument);
pdf_stroke($dokument);
   pdf_circle($dokument,152,55,5);
```

```
    pdf_circle($dokument,172,55,5);
pdf_setgray_fill($dokument, 1);
pdf_fill($dokument);
pdf_stroke($dokument);
pdf_end_page($dokument);
pdf_close($dokument);
fclose($file);
?>
```

⊄ **Ausgabe**

Abb. 93: pdf_setgray_fill (b)

Achtung: Bei der Ausgabe des Befehls wird im Browser nichts zurückgegeben. Die oben stehende Grafik wurde im Adobe Reader geöffnet, um die Wirkungsweise des Befehls zu zeigen.

13.59 pdf_setgray_stroke

⇒ **Befehl**

void **pdf_setgray_stroke** (int PDF-Dokument, double Grauwert)

⇐ **Version**

(PHP 3>= 3.0.6, PHP 4, PHP 5)

⇔ **Beschreibung**

Mit pdf_setgray_stroke() bestimmt man innerhalb eines PDF-Dokuments (*PDF-Dokument*) den aktuellen Grauwert (*Grauwert*), mit dem eine Linie gezeichnet werden soll. Dabei können Sie einen Wert zwischen 0 und 1 eingeben, wobei 0 gleich Schwarz und 1 gleich Weiß ist. In der folgenden Tabelle sehen Sie die möglichen Farbwerte. Rechts neben den Linien finden Sie die passenden RGB-Werte zu den Farben.

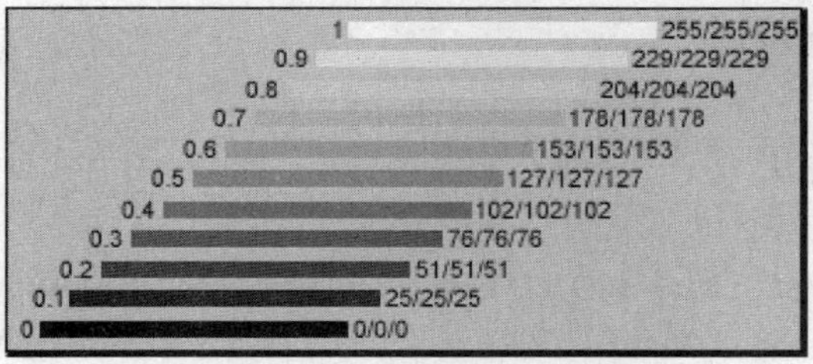

Abb. 94: pdf_setgray_stroke (a)

Siehe auch:

- pdf_setrgbcolor_stroke()

↔ **Beispiel**

```
<?PHP
$file = fopen("pdf_setgray_stroke.pdf", "w");
$dokument = pdf_open($file);
pdf_begin_page($dokument,200, 100);
pdf_setlinewidth ($dokument,10);
pdf_setgray_stroke($dokument, 0.4);
pdf_circle($dokument,100,50,30);
pdf_closepath($dokument);
pdf_stroke($dokument);
pdf_end_page($dokument);
pdf_close($dokument);
fclose($file);
?>
```

⊄ **Ausgabe**

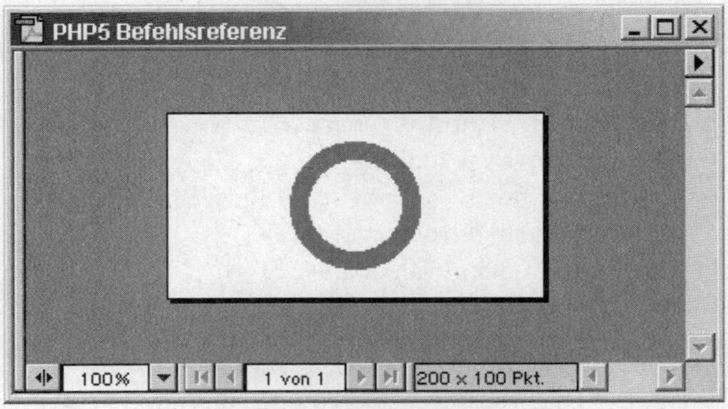

Abb. 95: pdf_setgray_stroke (b)

Achtung: Bei der Ausgabe des Befehls wird im Browser nichts zurückgegeben. Die oben stehende Grafik wurde im Adobe Reader geöffnet, um die Wirkungsweise des Befehls zu zeigen.

13.60 pdf_setlinecap

⇒ **Befehl**

void **pdf_setlinecap** (int PDF-Dokument, int Typ)

⇐ **Version**

(PHP 3>= 3.0.6, PHP 4, PHP 5)

⇔ **Beschreibung**

Mit pdf_setlinecap() legt man innerhalb eines PDF-Dokuments (*PDF-Dokument*) den Typ (*Typ*) der Linienenden fest. Folgende Werte sind möglich:

- 0 – keine Veränderung
- 1 – runde Abschlüsse
- 2 – ausgefüllte Abschlüsse

Bei dem unteren Beispiel ergab die Ausgabe der ersten Linie (0) exakt die Länge von 130. Die zweite Linie (2) wurde abgerundet und hatte danach die Länge von 138. Die dritte Linie (3) hat »normale« ausgefüllte Abschlüsse mit einer Länge von 138.

Siehe auch:

- pdf_lineto()
- pdf_stroke()

↔ **Beispiel**

```
<?PHP
$file = fopen("pdf_setlinecap.pdf", "w");
$dokument = pdf_open($file);
pdf_begin_page($dokument,200, 100);
pdf_set_font($dokument, "Times-Roman", 14,"winansi");
   pdf_show_xy($dokument,"0",5,70);
   pdf_show_xy($dokument,"1",5,45);
   pdf_show_xy($dokument,"2",5,20);
pdf_setlinewidth ($dokument,8);
pdf_setlinecap($dokument,0);
   pdf_moveto($dokument, 20, 75);
   pdf_lineto($dokument, 150, 75);
   pdf_stroke($dokument);
pdf_setlinecap($dokument,1);
   pdf_moveto($dokument, 20, 50);
   pdf_lineto($dokument, 150, 50);
   pdf_stroke($dokument);
pdf_setlinecap($dokument,2);
   pdf_moveto($dokument, 20, 25);
   pdf_lineto($dokument, 150, 25);
   pdf_stroke($dokument);
pdf_end_page($dokument);
pdf_close($dokument);
fclose($file);
?>
```

⊄ **Ausgabe**

Abb. 96: pdf_setlinecap

Achtung: Bei der Ausgabe des Befehls wird im Browser nichts zurückgegeben. Die oben stehende Grafik wurde im Adobe Reader geöffnet, um die Wirkungsweise des Befehls zu zeigen.

13.61 pdf_setlinejoin

⇒ **Befehl** void **pdf_setlinejoin** (int PDF-Dokument, long Wert)

⇐ **Version** (PHP 3>= 3.0.6, PHP 4, PHP 5)

⇔ **Beschreibung** Mit pdf_setlinejoin() legt man innerhalb eines PDF-Dokuments (*PDF-Dokument*) die Verbindungsart (*Wert*) von Linien fest. Folgende Werte sind möglich:

0 – spitze Ecken
1 – runde Ecken
2 – abgeschrägte Ecken

Abb. 97: pdf_setlinejoin (a)

Siehe auch:

- pdf_rect()
- pdf_stroke()

↔ **Beispiel**

```
<?PHP
$file = fopen("pdf_setlinejoin.pdf", "w");
$dokument = pdf_open($file);
```

```
pdf_begin_page($dokument,200, 100);
pdf_set_font($dokument, "Times-Roman", 14,"winansi");
   pdf_show_xy($dokument,"0",28,47);
   pdf_show_xy($dokument,"1",98,47);
   pdf_show_xy($dokument,"2",168,47);
pdf_setlinewidth ($dokument,8);
pdf_setlinejoin($dokument,0);
   pdf_rect($dokument,10,30,40,40);
   pdf_stroke($dokument);
pdf_setlinejoin($dokument,1);
   pdf_rect($dokument,80,30,40,40);
   pdf_stroke($dokument);
pdf_setlinejoin($dokument,2);
   pdf_rect($dokument,150,30,40,40);
   pdf_stroke($dokument);
pdf_end_page($dokument);
pdf_close($dokument);
fclose($file);
?>
```

⊄ **Ausgabe**

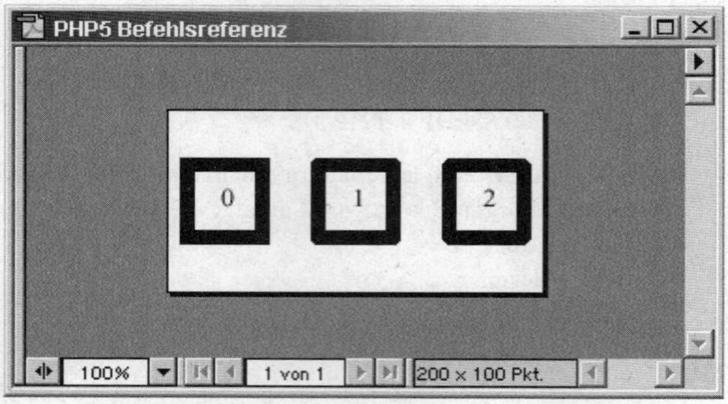

Abb. 98: pdf_setlinejoin (b)

Achtung: Bei der Ausgabe des Befehls wird im Browser nichts zurückgegeben. Die oben stehende Grafik wurde im Adobe Reader geöffnet, um die Wirkungsweise des Befehls zu zeigen.

13.62 pdf_setlinewidth

⇒ **Befehl** void **pdf_setlinewidth** (int PDF-Dokument, double Breite)

⇐ **Version** (PHP 3>= 3.0.6, PHP 4, PHP 5)

⇔ **Beschreibung** Mit pdf_setlinewidth() kann man für ein PDF-Dokument (*PDF-Dokument*) die Breite (*Breite*) einer Linie bestimmen. Falls man versucht, den Wert 0 als

Linienbreite zu setzen, so kommt es nicht zu einer Fehlermeldung, aber es wird dann automatisch der letzte gültige Wert für pdf_setlinewidth() verwendet.

Siehe auch

- pdf_moveto()
- pdf_lineto()
- pdf_stroke()

↔ **Beispiel**

```
<?PHP
$file = fopen("pdf_setlinewidth.pdf", "w");
$dokument = pdf_open($file);
pdf_begin_page($dokument,200, 100);
  pdf_moveto($dokument, 0, 90);
  pdf_lineto($dokument, 120, 90);
  pdf_stroke($dokument);
pdf_setlinewidth ($dokument,10);
  pdf_moveto($dokument, 0, 60);
  pdf_lineto($dokument, 120, 60);
  pdf_stroke($dokument);
pdf_setlinewidth ($dokument,20);
  pdf_moveto($dokument, 0, 30);
  pdf_lineto($dokument, 120, 30);
  pdf_stroke($dokument);
pdf_end_page($dokument);
pdf_close($dokument);
fclose($file);
?>
```

⊄ **Ausgabe**

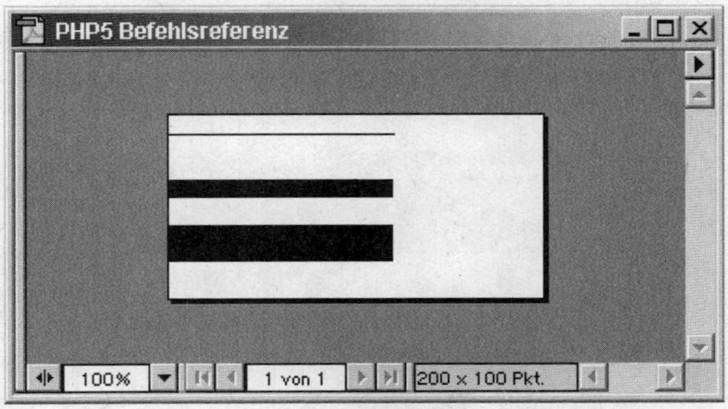

Abb. 99: pdf_setlinewidth

Achtung: Bei der Ausgabe des Befehls wird im Browser nichts zurückgegeben. Die oben stehende Grafik wurde im Adobe Reader geöffnet, um die Wirkungsweise des Befehls zu zeigen.

13.63 pdf_setmiterlimit

⇒ Befehl

void **pdf_setmiterlimit** (int PDF-Dokument, double Wert)

⇐ Version

(PHP 3>= 3.0.6, PHP 4, PHP 5)

⇔ Beschreibung

Mit pdf_setmiterlimit() legt man innerhalb eines PDF-Dokuments (*PDF-Dokument*) den Typ (*Wert*) der Gehrungsecken fest. Dabei ist ein Wert anzugeben, welcher größer oder gleich 1 ist.

Siehe auch:

- pdf_lineto()
- pdf_moveto()
- pdf_stroke()

↔ Beispiel

```
<?PHP
$file = fopen("pdf_setmiterlimit.pdf", "w");
$dokument = pdf_open($file);
pdf_begin_page($dokument,200, 100);
pdf_setlinewidth ($dokument,30);
pdf_setmiterlimit($dokument,1);
   pdf_moveto($dokument, 10, 25);
   pdf_lineto($dokument, 100, 25);
   pdf_lineto($dokument, 100, 75);
   pdf_lineto($dokument, 190, 75);
   pdf_stroke($dokument);
pdf_end_page($dokument);
pdf_close($dokument);
fclose($file);
?>
```

⊄ Ausgabe

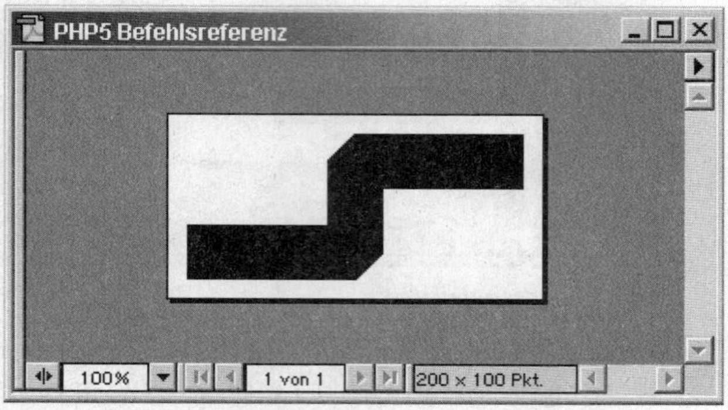

Abb. 100: pdf_setmiterlimit

Achtung: Bei der Ausgabe des Befehls wird im Browser nichts zurückgegeben. Die oben stehende Grafik wurde im Adobe Reader geöffnet, um die Wirkungsweise des Befehls zu zeigen.

13.64 pdf_setrgbcolor

⇒ Befehl

void **pdf_setrgbcolor** (int PDF-Dokument, double Rot, double Grün, double Blau)

⇐ Version

(PHP 3>= 3.0.6, PHP 4, PHP 5)

⇔ Beschreibung

Mit pdf_setrgbcolor() bestimmt man innerhalb eines PDF-Dokuments (*PDF-Dokument*) die aktuelle Farbe, mit der eine Linie gezeichnet oder ein Pfad gefüllt werden soll. Dabei können Sie für jede Komponente (*Rot, Grün, Blau*) des RGB-Farbwerts einen Wert zwischen 0 und 1 angeben.

Siehe auch:
- pdf_setrgbcolor_stroke()
- pdf_setrgbcolor_fill()

Bei dem unteren Beispiel wurde zuerst ein Quadrat gezeichnet und nur der Pfad mit einer blauen Farbe belegt. Bei dem inneren Quadrat wurde zusätzlich eine Füllung vorgenommen.

↔ Beispiel

```
<?PHP
$file = fopen("pdf_setrgbcolor.pdf", "w");
$dokument = pdf_open($file);
pdf_begin_page($dokument,200, 100);
pdf_setlinewidth ($dokument,2);
pdf_setrgbcolor($dokument, 0.0,0.5,1.0);
pdf_moveto($dokument, 50, 10);
pdf_lineto($dokument, 150, 10);
pdf_lineto($dokument, 150, 90);
pdf_lineto($dokument, 50, 90);
pdf_closepath($dokument);
pdf_stroke($dokument);
pdf_moveto($dokument, 60, 20);
pdf_lineto($dokument, 140, 20);
pdf_lineto($dokument, 140, 80);
pdf_lineto($dokument, 60, 80);
pdf_closepath($dokument);
pdf_fill_stroke($dokument);
pdf_end_page($dokument);
pdf_close($dokument);
fclose($file);
?>
```

⊄ **Ausgabe**

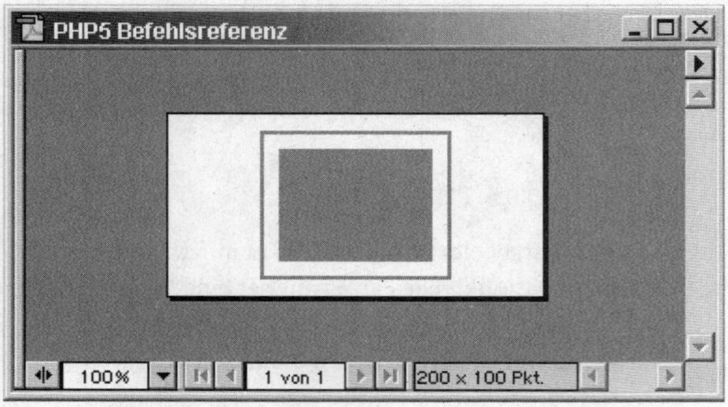

Abb. 101: pdf_setrgbcolor

Achtung: Bei der Ausgabe des Befehls wird im Browser nichts zurückgegeben. Die oben stehende Grafik wurde im Adobe Reader geöffnet, um die Wirkungsweise des Befehls zu zeigen.

13.65 pdf_setrgbcolor_fill

⇒ **Befehl**

void **pdf_setrgbcolor_fill** (int PDF-Dokument, double Rot, double Grün, double Blau)

⇐ **Version**

(PHP 3>= 3.0.6, PHP 4, PHP 5)

⇔ **Beschreibung**

Mit pdf_setrgbcolor_fill() bestimmt man innerhalb eines PDF-Dokuments (*PDF-Dokument*) die aktuelle Farbe, mit der ein Pfad gefüllt werden soll. Dabei können Sie für jede Komponente (*Rot, Grün, Blau*) des RGB-Farbwerts einen Wert zwischen 0 und 1 angeben.

Siehe auch:

- pdf_setrgbcolor()

Bei dem unteren Beispiel wurde eine Sanduhr gezeichnet und der Pfad mit einer blauen Farbe belegt.

↔ **Beispiel**

```
<?PHP
$file = fopen("pdf_setrgbcolor_fill.pdf", "w");
$dokument = pdf_open($file);
pdf_begin_page($dokument,200, 100);
pdf_setrgbcolor_fill($dokument, 0.0,0.5,1.0);
pdf_moveto($dokument, 50, 10);
pdf_lineto($dokument, 150, 10);
pdf_lineto($dokument, 50, 90);
pdf_lineto($dokument, 150, 90);
pdf_closepath($dokument);
pdf_fill($dokument);
```

```
pdf_stroke($dokument);
pdf_end_page($dokument);
pdf_close($dokument);
fclose($file);
?>
```

⊄ **Ausgabe**

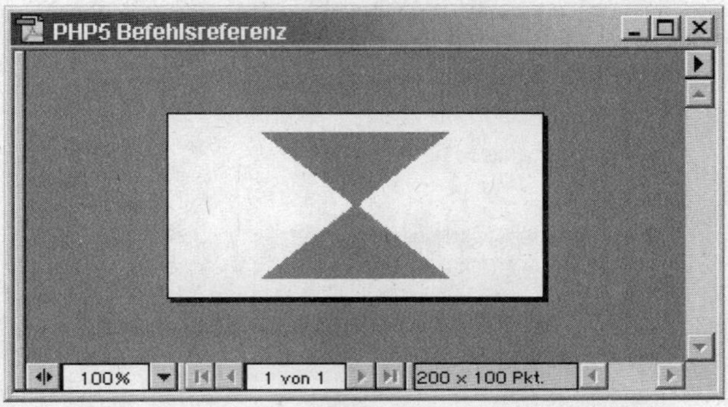

Abb. 102 pdf_setrgbcolor_fill

Achtung: Bei der Ausgabe des Befehls wird im Browser nichts zurückgegeben. Die oben stehende Grafik wurde im Adobe Reader geöffnet, um die Wirkungsweise des Befehls zu zeigen.

13.66 pdf_setrgbcolor_stroke

⇒ **Befehl**

void **pdf_setrgbcolor_stroke** (int PDF-Dokument, double Rot, double Grün, double Blau)

⇐ **Version**

(PHP 3>= 3.0.6, PHP 4, PHP 5)

⇔ **Beschreibung**

Mit pdf_setrgbcolor_stroke() bestimmt man innerhalb eines PDF-Dokuments (*PDF-Dokument*) die aktuelle Farbe, mit der eine Linie gezeichnet werden soll. Dabei können Sie für jede Komponente (*Rot, Grün, Blau*) des RGB-Farbwerts einen Wert zwischen 0 und 1 angeben.

Siehe auch:

- pdf_setrgbcolor_stroke()

Bei dem unteren Beispiel wurde ein Quadrat gezeichnet und der Pfad mit einer blauen Farbe belegt.

↔ **Beispiel**

```
<?PHP
$file = fopen("pdf_setrgbcolor_stroke.pdf", "w");
$dokument = pdf_open($file);
pdf_begin_page($dokument,200, 100);
pdf_setrgbcolor_stroke($dokument, 0.0,0.5,1.0);
```

```
pdf_setlinewidth ($dokument,2);
pdf_moveto($dokument, 50, 10);
pdf_lineto($dokument, 150, 10);
pdf_lineto($dokument, 150, 90);
pdf_lineto($dokument, 50, 90);
pdf_closepath($dokument);
pdf_stroke($dokument);
pdf_end_page($dokument);
pdf_close($dokument);
fclose($file);
?>
```

⊄ **Ausgabe**

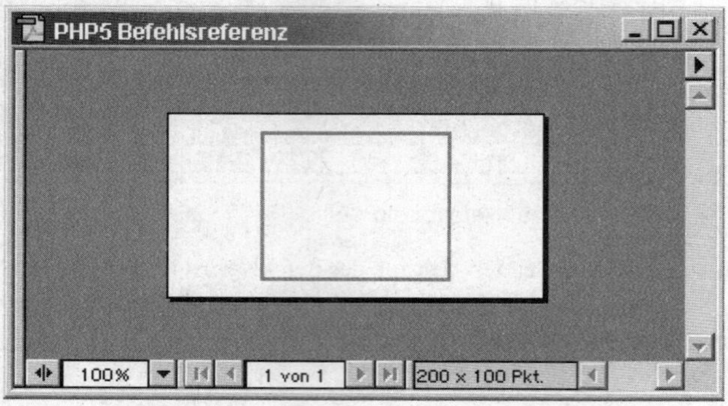

Abb. 103: pdf_setrgbcolor_stroke

Achtung: Bei der Ausgabe des Befehls wird im Browser nichts zurückgegeben. Die oben stehende Grafik wurde im Adobe Reader geöffnet, um die Wirkungsweise des Befehls zu zeigen.

13.67 pdf_show

⇒ **Befehl** void **pdf_show** (int PDF-Dokument, string Text)

⇐ **Version** (PHP 3>= 3.0.6, PHP 4, PHP 5)

⇔ **Beschreibung** Mit pdf_show() kann man einen Text (*Text*) auf die aktuelle Seite eines PDF-Dokuments (*PDF-Dokument*) schreiben. Vorher müssen Sie mit der Funktion pdf_set_font() den Schrifttyp und mit der Funktion pdf_set_text_pos() die genaue Position des neuen Textes festlegen.

Siehe auch:
- pdf_show_xy()
- pdf_show_boxed()
- pdf_set_text_pos()
- pdf_set_font()

↔ **Beispiel**

```
<?PHP
$file = fopen("pdf_show.pdf", "w");
$dokument = pdf_open($file);
pdf_begin_page($dokument,200,100);
pdf_set_font($dokument,"Times-Roman",14,"winansi");
pdf_set_text_pos($dokument,20,50);
pdf_show($dokument,"PHP5 - Die Befehlsreferenz");
pdf_end_page($dokument);
$dokument = pdf_close($dokument);
fclose($file);
?>
```

⊄ **Ausgabe**

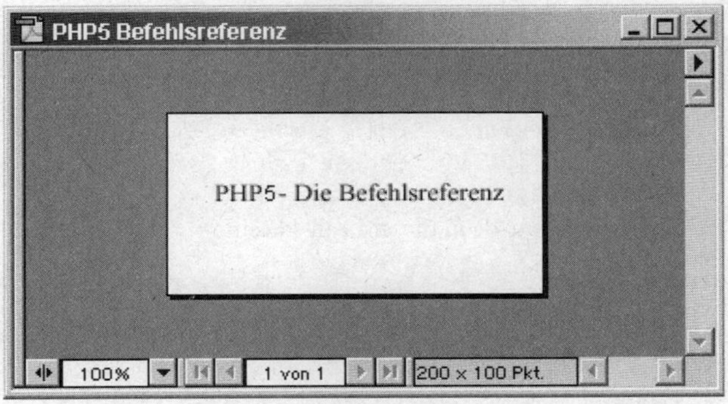

Abb. 104: pdf_show

Achtung: Bei der Ausgabe des Befehls wird im Browser nichts zurückgegeben. Die oben stehende Grafik wurde im Adobe Reader geöffnet, um die Wirkungsweise des Befehls zu zeigen.

13.68 pdf_show_boxed

⇒ **Befehl**

int **pdf_show_boxed** (int PDF-Dokument, string text, double x-Koor, double y-Koor, double Breite, double Höhe, string Modus [, string Feature])

⇐ **Version**

(PHP 4, PHP 5)

⇔ **Beschreibung**

Mit pdf_show_boxed() schreibt man einen Text (*text*) in die aktuelle Seite eines PDF-Dokuments (*PDF-Dokument*). Der Text wird in einem (unsichtbaren) Rahmen platziert und bei Bedarf umbrochen. Dabei wird der Rahmen durch die Koordinaten der linken unteren Ecke (*xKoor, yKoor*), die Breite (*Breite*) und die Höhe (*Höhe*) definiert.

Die Textausrichtung (*Modus*) kann folgende Werte annehmen:

Höhe und Breite des Rahmens ist Null:

- left
- center
- right

Höhe und Breite des Rahmens ist ungleich Null:

- justify
- fulljustify

Wird der optionale Parameter *Feature* auf »blind« gesetzt, so wird der Text nicht ausgegeben! Sollte der auszugebende Text nicht in den Rahmen passen, erhält man als Rückgabewert der Funktion die Anzahl der Zeichen, welche abgeschnitten wurden.

Beispiel:

```
$menge = pdf_show_boxed($dokument,"PHP5 - Die _
 Befehlsreferenz PHP5 - Die Befehlsreferenz _
 ",20,20,100,50,"center");
echo $menge;
```

»$menge« würde in diesem Fall 44 sein

Siehe auch:

- pdf_show()
- pdf_show_xy()

↔ Beispiel

```
<?PHP
$file = fopen("pdf_show_boxed.pdf", "w");
$dokument = pdf_open($file);
pdf_begin_page($dokument,200,100);
pdf_set_font($dokument, "Times-Roman", 14,"winansi");
pdf_show_boxed($dokument,"PHP5 - Die
Befehlsreferenz",20,20,100,50,"center");
pdf_end_page($dokument);
$dokument = pdf_close($dokument);
fclose($file);
?>
```

⊄ Ausgabe

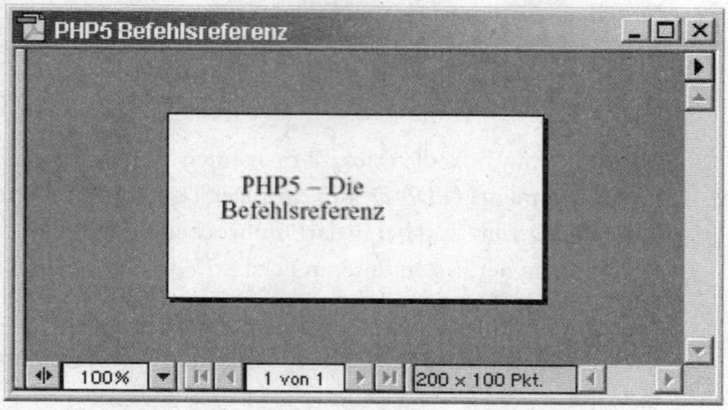

Abb. 105: pdf_show_boxed

Achtung: Bei der Ausgabe des Befehls wird im Browser nichts zurückgegeben, es sei denn, dass der Text nicht in den Rahmen passt und man sich dies ausgeben lässt. Die oben stehende Grafik wurde im Adobe Reader geöffnet, um die Wirkungsweise des Befehls zu zeigen.

13.69 pdf_show_xy

⇒ Befehl

void **pdf_show_xy** (int PDF-Dokument, string Text, double x-Koor, double y-Koor)

⇐ Version

(PHP 3>= 3.0.6, PHP 4, PHP 5)

⇔ Beschreibung

Mit pdf_show_xy() kann man einen Text (*Text*) an den Koordinaten (*xKoor, yKoor*) orientiert auf die aktuelle Seite eines PDF-Dokuments (*PDF-Dokument*) schreiben. Vorher müssen Sie mit der Funktion pdf_set_font() den Schrifttyp des neuen Textes festlegen.

Siehe auch:

- pdf_show()
- pdf_show_boxed()

↔ Beispiel

```
<?PHP
$file = fopen("pdf_show_xy.pdf", "w");
$dokument = pdf_open($file);
pdf_begin_page($dokument,200,100);
pdf_set_font($dokument, "Times-Roman", 14,"winansi");
pdf_show_xy($dokument,"PHP5 - Die Befehlsreferenz",30,20);
pdf_end_page($dokument);
$dokument = pdf_close($dokument);
fclose($file);
?>
```

⊄ Ausgabe

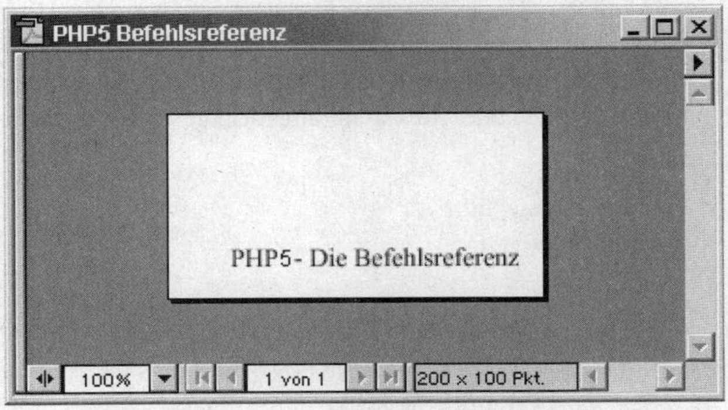

Abb. 106: pdf_show_xy

Achtung: Bei der Ausgabe des Befehls wird im Browser nichts zurückgegeben. Die oben stehende Grafik wurde im Adobe Reader geöffnet, um die Wirkungsweise des Befehls zu zeigen.

13.70 pdf_skew

⇒ Befehl

void **pdf_skew** (int PDF-Dokument, double alpha, double beta)

⇐ Version

(PHP 4, PHP 5)

⇔ Beschreibung

Mit pdf_skew() schert man das Koordinatensystem für alle folgenden PDF-Funktionen in alpha(x)- und beta(y)-Richtung. Dabei sind die Werte für alpha(x) (*alpha*) und beta(y) (*beta*) in Grad anzugeben.

Wenn Sie Scherwerte größer 0 einstellen, wird sich bei der Textausgabe mit pdf_skew_xy() auch der Ursprung des Textes in X- und Y-Richtung verschieben.

Beim unteren Beispiel wurde das Koordinatensystem um 20° in X- und 10° in Y-Richtung geschert. Dabei hat sich der Text um den Wert 6 (sechs) zusätzlich auf der horizontalen X-Achse verschoben.

Ausschnitt – 500% vergrößert

Abb. 107: pdf_skew (a)

Folgende Parameter sind unzulässig (pdflib error):

- alpha(x) – 90° und 270°
- beta(y) – 90° und 270°

Folgende Parameter ergaben PDF-Fehler (pdf error):

- pdf_skew($dokument,45,45);
- pdf_skew($dokument,135,135);
- pdf_skew($dokument,225,225);

Als Fehlermeldung im Adobe Reader wurde Folgendes ausgegeben:
»Die Schrift Times Roman konnte nicht gefunden oder erstellt werden.«.

Siehe auch:

- pdf_setgray_fill()
- pdf_show_xy()

↔ Beispiel

```
<?PHP
$file = fopen("pdf_skew.pdf", "w");
$dokument = pdf_open($file);
pdf_begin_page($dokument,200, 100);
pdf_set_font($dokument, "Times-Roman", 24,"winansi");
pdf_setgray_fill($dokument, 0.8);
pdf_show_xy($dokument,"Ein kurzer Text",0,30);
pdf_skew($dokument,20,10);
```

```
pdf_setgray_fill($dokument, 0);
pdf_show_xy($dokument,"Ein kurzer Text",0,30);
pdf_end_page($dokument);
pdf_close($dokument);
fclose($file);
?>
```

⊄ **Ausgabe**

Abb. 108: pdf_skew (b)

Achtung: Bei der Ausgabe des Befehls wird im Browser nichts zurückgegeben. Die oben stehende Grafik wurde im Adobe Reader geöffnet, um die Wirkungsweise des Befehls zu zeigen.

13.71 pdf_stringwidth

⇒ **Befehl**

double **pdf_stringwidth** (int PDF-Dokument, string Text)

⇐ **Version**

(PHP 3>= 3.0.6, PHP 4, PHP 5)

⇔ **Beschreibung**

Mit pdf_stringwidth() kann man sich die Breite eines Textes (*Text*) berechnen lassen. Dabei ist darauf zu achten, dass vorher die Funktion pdf_set_font() aufgerufen wird, welche die Schriftgröße und Schriftart bestimmt. Zwischen den Funktionen pdf_stringwidth() und pdf_set_font() darf nicht zusätzlich noch einmal die Funktion pdf_set_font() aufgerufen werden, da pdf_stringwidth() sich auf den letzten Aufruf der Funktion pdf_set_font() bezieht.

Siehe auch

- pdf_set_font()

↔ **Beispiel**

```
<?PHP
$text = "PDF-Funktionen";
$file = fopen("pdf_stringwidth.pdf", "w");
$dokument = pdf_open($file);
pdf_begin_page($dokument,200, 100);
```

```
pdf_set_font($dokument, "Times-Roman", 22,"winansi");
pdf_show_xy($dokument,$text ,10,80);
$width = pdf_stringwidth ($dokument, $text);
pdf_set_font($dokument, "Times-Roman", 14,"winansi");
pdf_set_leading($dokument,30);
pdf_continue_text($dokument,"Textbreite von $text:");
pdf_set_leading($dokument,15);
pdf_continue_text($dokument,$width);
pdf_end_page($dokument);
pdf_close($dokument);
fclose($file);
?>
```

⊄ **Ausgabe**

Abb. 109: pdf_stringwidth

Achtung: Bei der Ausgabe des Befehls wird im Browser nichts zurückgegeben. Die oben stehende Grafik wurde im Adobe Reader geöffnet, um die Wirkungsweise des Befehls zu zeigen.
Sie können sich aber die Textbreite am Browser mit »echo $width;« ausgeben lassen.

13.72 pdf_stroke

⇒ **Befehl** void **pdf_stroke** (int PDF-Dokument)

⇐ **Version** (PHP 3>= 3.0.6, PHP 4, PHP 5)

⇔ **Beschreibung** Mit pdf_stroke() zeichnet man in einem PDF-Dokument (*PDF-Dokument*) eine Linie entlang des aktuellen Pfades. Viele Funktionen, welche eine Linie zeichnen, erstellen einen Pfad. Um nachher die Linie auch sehen zu können, muss der Pfad mit der aktuellen Füllfarbe gezeichnet und damit ausgegeben werden. Ohne den Aufruf der Funktion pdf_stroke() wird keine Linie erstellt.
Im unteren Beispiel wurde ein horizontaler Pfad gezeichnet.

Siehe auch

- pdf_closepath()
- pdf_closepath_stroke()
- pdf_rect()
- pdf_lineto()
- pdf_circle()

↔ **Beispiel**

```
<?PHP
$file = fopen("pdf_stroke.pdf", "w");
$dokument = pdf_open($file);
pdf_begin_page($dokument,200, 100);
pdf_setlinewidth ($dokument,3);
  pdf_moveto($dokument, 10, 50);
  pdf_lineto($dokument, 190, 50);
  pdf_stroke($dokument);
pdf_end_page($dokument);
pdf_close($dokument);
fclose($file);
?>
```

⊄ **Ausgabe**

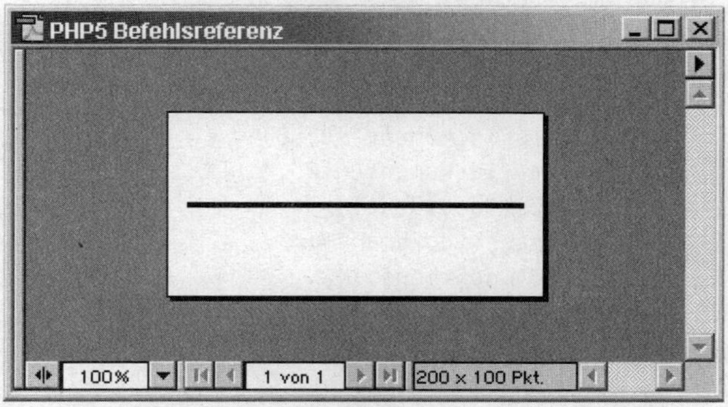

Abb. 110: pdf_stroke

Achtung: Bei der Ausgabe des Befehls wird im Browser nichts zurückgegeben. Die oben stehende Grafik wurde im Adobe Reader geöffnet, um die Wirkungsweise des Befehls zu zeigen.

13.73 pdf_translate

⇒ **Befehl** void **pdf_translate** (int PDF-Dokument, double x-Koor, double y-Koor)

⇐ **Version** (PHP 3>= 3.0.6, PHP 4, PHP 5)

⇔ **Beschreibung** Mit pdf_translate() verschiebt man innerhalb eines PDF-Dokuments (*PDF-Dokument*) den Ursprung des aktuellen Koordinatensystems auf einen neuen Punkt (*x-Koor* und *y-Koor*).

Alle folgenden Funktionen beziehen sich dann auf den neuen Koordinatenursprung.

Im unten stehenden Beispiel wurde eine Linie vom Punkt 0/0 bis zum Punkt 200/100 gezeichnet. Danach wurde mit der Funktion pdf_translate() der Koordinatenursprung auf den Punkt 100/50 gesetzt (durch einen Punkt gekennzeichnet). Abschließend wurde von dem Punkt 0/0 (Bildmitte – neuer Koordinatenursprung) bis zum Punkt 100/100 eine zusätzliche Linie gezeichnet.

Siehe auch

- pdf_moveto()
- pdf_lineto()
- pdf_stroke()

↔ Beispiel

```
<?PHP
$file = fopen("pdf_translate.pdf", "w");
$dokument = pdf_open($file);
pdf_begin_page($dokument,200, 100);
pdf_set_font($dokument, "Times-Roman",80,"winansi");
pdf_show_xy($dokument,".",90,47);
pdf_moveto($dokument, 0, 0);
pdf_lineto($dokument, 200, 100);
pdf_stroke($dokument);
pdf_translate($dokument, 100, 50);
pdf_moveto($dokument, 0, 0);
pdf_lineto($dokument, 100, 100);
pdf_stroke($dokument);
pdf_end_page($dokument);
pdf_close($dokument);
fclose($file);
?>
```

⊄ Ausgabe

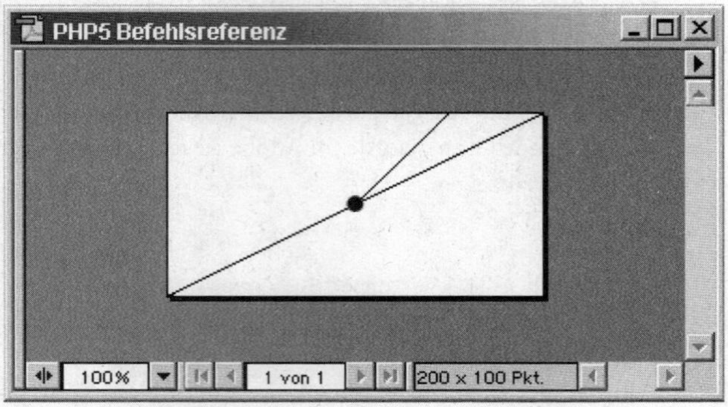

Abb. 111: pdf_translate

Achtung: Bei der Ausgabe des Befehls wird im Browser nichts zurückgegeben. Die oben stehende Grafik wurde im Adobe Reader geöffnet, um die Wirkungsweise des Befehls zu zeigen.

14 PHP-Informationen

14.1 extension_loaded

⇒ **Befehl** bool **extension_loaded** (string name)

⇐ **Version** (PHP 3>= 3.0.10, PHP 4, PHP 5)

⇔ **Beschreibung** Mit extension_loaded() kann man feststellen, ob eine Bibliothek (*name*) geladen ist. Wenn die angegebene Bibliothek geladen ist, wird true, sonst false zurückgegeben.

Siehe auch:

- phpinfo()

↔ **Beispiel**

```
<?PHP
if(extension_loaded("mysql"))echo "MySQL";
?>
```

⊄ **Ausgabe**

```
MySQL
```

14.2 get_cfg_var

⇒ **Befehl** string **get_cfg_var** (string varname)

⇐ **Version** (PHP 3, PHP 4, PHP 5)

⇔ **Beschreibung** Mit get_cfg_var() kann man sich den Wert einer Variablen (*varname*) der PHP-Konfiguration zurückgeben lassen.

Zum Beispiel kann man mittels »cfg_file_path« herausfinden, ob eine Konfigurationadatei verwendet wird und wo diese zu finden ist.

Siehe auch:

- phpinfo()

↔ **Beispiel**

```
<?PHP
echo get_cfg_var("cfg_file_path") . "\n";
echo get_cfg_var("gpc_order") . "\n";
echo get_cfg_var("sendmail_from") . "\n";
echo get_cfg_var("error_reporting") . "\n";
?>
```

⊄ **Ausgabe**

```
/usr/local/lib/php.ini
GPC
me@localhost.com
2039
```

14.3 get_current_user

⇒ **Befehl** string **get_current_user** (void)

⇐ **Version** (PHP 3, PHP 4, PHP 5)

⇔ **Beschreibung** Mit get_current_user() kann man sich den Besitzer der aktuellen Datei zurückgeben lassen.

Siehe auch:

- getmyuid()
- getmypid()
- getmyinode()
- getlastmod()

↔ **Beispiel**

```
<?PHP
echo get_current_user();
?>
```

⊄ **Ausgabe**

```
Damir
```

14.4 get_defined_constants

⇒ **Befehl** array **get_defined_constants** (void)

⇐ **Version** (PHP 4 >= 4.1.0, PHP 5)

⇔ **Beschreibung** Mit get_defined_constants () kann man sich die Namen und Werte aller definierten Konstanten anzeigen lassen. Dies beinhaltet auch alle Konstanten, die mit define() definiert wurden. Aus Darstellungsgründen wurden im Beispiel nicht alle Konstanten aufgelistet. Bitte beachten Sie auch die im Beispiel angelegte Konstante »MEINE_KONSTANTE«.

Siehe auch:

- get_loaded_extensions()
- get_defined_functions()
- get_defined_vars()

↔ **Beispiel**

```
<?PHP
define ("MEINE_KONSTANTE", "PHP5 Befehlsreferenz.");
print_r(get_defined_constants());
?>
```

⊄ **Ausgabe**

```
Array
(
    [E_ERROR] => 1
    [E_WARNING] => 2
    [E_PARSE] => 4
    [E_NOTICE] => 8
    [E_CORE_ERROR] => 16
    [E_CORE_WARNING] => 32
    [E_COMPILE_ERROR] => 64
    [E_COMPILE_WARNING] => 128
    [E_USER_ERROR] => 256
    [E_USER_WARNING] => 512
    [E_USER_NOTICE] => 1024
    [E_ALL] => 2047
    [TRUE] => 1
    [FALSE] =>
    [ZEND_THREAD_SAFE] => 1
    [NULL] =>
    [PHP_VERSION] => 4.3.2
    [PHP_OS] => WINNT
    [PHP_SAPI] => cgi-fcgi
    [MEINE_KONSTANTE] => PHP5 Befehlsreferenz.
)
```

14.5 get_extension_funcs

⇒ **Befehl** array **get_extensions_funcs** (string module_name)

⇐ **Version** (PHP 4 >= 4.0b4, PHP 5)

⇔ **Beschreibung** Mit get_extensions_funcs() kann man sich alle Funktionen zurückgeben lassen, welche im Modul *module_name* enthalten sind.

Siehe auch:
- get_loaded_extensions()

↔ **Beispiel**

```
<?PHP
$mod1 = get_extension_funcs("session");
print_r($mod1);
?>
```

⊄ **Ausgabe**

```
Array
(
    [0] => session_name
    [1] => session_module_name
    [2] => session_save_path
    [3] => session_id
    [4] => session_regenerate_id
    [5] => session_decode
    [6] => session_register
    [7] => session_unregister
    [8] => session_is_registered
    [9] => session_encode
    [10] => session_start
    [11] => session_destroy
    [12] => session_unset
    [13] => session_set_save_handler
    [14] => session_cache_limiter
    [15] => session_cache_expire
    [16] => session_set_cookie_params
    [17] => session_get_cookie_params
    [18] => session_write_close
)
```

14.6 get_included_files

⇒ **Befehl**

array **get_included_files** (void)

⇐ **Version**

(PHP 4, PHP 5)

⇔ **Beschreibung**

Mit get_included_files() kann man sich alle Namen der Dateien zurückgeben lassen, welche über include_once(), include(), require_once() oder require() in ein Skript geladen wurden.

Siehe auch:

- require_once()
- include_once()
- get_required_files()

↔ **Beispiel**

```
<?PHP
include_once("test1.php");
include_once("test1.php");
include_once("test1.php3");
$mod1 = get_included_files();
while(list($key, $val) = each($mod1)){
   echo $key . " => " . $val . "\n";
}
?>
```

⊄ **Ausgabe**

```
0 => K:\php5buch\phpinformationen\get_included_files.php
1 => K:\php5buch\phpinformationen\test1.php
2 => K:\php5buch\phpinformationen\test2.php
3 => K:\php5buch\phpinformationen\test1.php3
```

14.7 get_loaded_extensions

⇒ **Befehl**

array **get_loaded_extensions** (void)

⇐ **Version**

(PHP 4, PHP 5)

⇔ **Beschreibung**

Mit get_loaded_extensions() kann man sich ein Array zurückgeben lassen, welches alle Module auflistet, die kompiliert und geladen sind.

Siehe auch:

- get_extensions_funcs()

↔ **Beispiel**

```
<?PHP
$module = get_loaded_extensions();
print_r($module);
?>
```

⊄ **Ausgabe**

```
Array
(
    [0] => standard
    [1] => bcmath
    [2] => calendar
    [3] => ctype
    [4] => com
    [5] => ftp
    [6] => mysql
    [7] => odbc
    [8] => overload
    [9] => pcre
    [10] => session
    [11] => tokenizer
    [12] => xml
    [13] => wddx
    [14] => zlib
    [15] => Zend Debugger
)
```

14.8 get_magic_quotes_gpc

⇒ Befehl

long **get_magic_quotes_gpc** (void)

⇐ Version

(PHP 3>= 3.0.6, PHP 4, PHP 5)

⇔ Beschreibung

Mit get_magic_quotes_gpc() kann man sich die aktuelle Einstellung der Konfigurationsoption »magic_quotes_gpc« zurückgeben lassen.

Ist magic_quotes_gpc aktiviert (1), werden automatisch die Zeichen ' (einfaches Anführungszeichen), " (doppeltes Anführungszeichen), \ (Backslash) und NUL mit einem Backslash versehen.

Siehe auch:

- get_magic_quotes_runtime()
- set_magic_quotes_runtime()

↔ Beispiel

```
<?PHP
echo get_magic_quotes_gpc();
?>
```

⊄ Ausgabe

```
1
```

14.9 get_magic_quotes_runtime

⇒ Befehl

long **get_magic_quotes_runtime** (void)

⇐ Version

(PHP 3>= 3.0.6, PHP 4, PHP 5)

⇔ Beschreibung

Mit get_magic_quotes_runtime() kann man sich die aktuelle Einstellung der Konfigurationsoption »magic_quotes_runtime« zurückgeben lassen.

Ist magic_quotes_runtime aktiviert (1), werden Anführungszeichen in den Ergebnissen der meisten Funktionen, welche Daten von externer Quelle (inkl. Datenbanken und Textdateien) zurückgeben, mit einem Backslash versehen.

Siehe auch:

- get_magic_quotes_gpc()
- set_magic_quotes_runtime()

↔ Beispiel

```
<?PHP
echo get_magic_quotes_runtime();
?>
```

⊄ Ausgabe

```
0
```

14.10 get_required_files

⇒ **Befehl** array **get_required_files** (void)

⇐ **Version** (PHP 4, PHP 5)

⇔ **Beschreibung** Mit get_required_files() kann man sich alle Namen der Dateien zurückgeben lassen, welche über require() oder require_once() in ein Skript geladen wurden. Seit der Version PHP 4.0.4 gibt die Funktion auch die Namen der Dateien zurück, die via include() oder include_once() geladen wurden.

Siehe auch:

- require_once()
- include_once()
- get_included_files()

↔ **Beispiel**

```
<?PHP
require_once("test1.php");
require_once("test2.php");
require_once("test1.php3");
$mod1 = get_required_files();
print_r($mod1);?>
```

⊄ **Ausgabe**

```
Array
(
 [0] => K:\php5buch\phpinformationen\get_required_files.php
 [1] => K:\php5buch\phpinformationen\test1.php
 [2] => K:\php5buch\phpinformationen\test2.php
 [3] => K:\php5buch\phpinformationen\test1.php3
)
```

14.11 getenv

⇒ **Befehl** string **getenv** (string varname)

⇐ **Version** (PHP 3, PHP 4, PHP 5)

⇔ **Beschreibung** Mit getenv() kann man sich den Wert der Umgebungsvariablen *varname* zurückgeben lassen.

Siehe auch:

- phpinfo()

↔ **Beispiel**

```
<?PHP
$ip = getenv("REMOTE_ADDR");
echo $ip;
?>
```

⊄ **Ausgabe**

```
192.168.99.98
```

14.12 getlastmod

⇒ **Befehl** int **getlastmod** (void)

⇐ **Version** (PHP 3, PHP 4, PHP 5)

⇔ **Beschreibung** Mit getlastmod() kann man sich die Uhrzeit der letzten Änderung an der aktuellen Skriptdatei zurückgeben lassen. Der Wert wird als UNIX-Timestamp zurückgegeben und kann somit für eine Ausgabe mit date() genutzt werden.

Siehe auch:
- date()
- getmyuid()
- get_current_user()
- getmyinode()
- getmypid()

↔ **Beispiel**

```
<?PHP
echo "Letzte Änderung: ".date ("d.m.Y H:i:s", getlastmod());
?>
```

⊄ **Ausgabe**

```
Letzte Änderung: 29.06.2004 19:39:36
```

14.13 getmygid

⇒ **Befehl** int **getmygid** (void)

⇐ **Version** (PHP 4 >= 4.1.0, PHP 5)

⇔ **Beschreibung** Mit getmygid () kann man sich die GROUP-ID des aktuellen Skripts wiedergeben lassen. Im Fehlerfall liefert diese Funktion FALSE.

Siehe auch:
- getmyuid()
- getmypid()
- get_current_user()
- getmyinode()
- getlastmod()

↔ **Beispiel**

```
<?PHP
echo getmygid();
?>
```

⊄ **Ausgabe**

```
0
```

14.14 getmyinode

⇒ **Befehl** int **getmyinode** (void)

⇐ **Version** (PHP 3, PHP 4, PHP 5)

⇔ **Beschreibung** Mit getmyinode() kann man sich den Inode des aktuellen Skripts zurückgeben lassen.

Siehe auch:

- getmyuid()
- get_current_user()
- getmypid()
- getlastmod()

↔ **Beispiel**

```
<?PHP
echo getmyinode();
?>
```

⊄ **Ausgabe**

```
116913
```

14.15 getmypid

⇒ **Befehl** int **getmypid** (void)

⇐ **Version** (PHP 3, PHP 4, PHP 5)

⇔ **Beschreibung** Mit getmypid() kann man sich die ID des PHP-Prozesses zurückgeben lassen. Ist PHP als Modul kompiliert, so ist es nicht sicher, dass Skripts unter verschiedenen PIDs laufen können.

Siehe auch:

- getmyuid()
- get_current_user()
- getmyinode()
- getlastmod()

↔ **Beispiel**

```
<?PHP
echo getmypid();
?>
```

⊄ **Ausgabe**

```
3852
```

14.16 getmyuid

⇒ **Befehl** int **getmyuid** (void)

⇐ **Version** (PHP 3, PHP 4, PHP 5)

⇔ **Beschreibung** Mit getmyuid() kann man sich die aktuelle UID des Besitzers eines PHP-Skripts zurückgeben lassen.

Siehe auch:

- getmypid()
- get_current_user()
- getmyinode()
- getlastmod()

↔ **Beispiel**

```
<?PHP
echo getmyuid();
?>
```

⊄ **Ausgabe**

```
500
```

14.17 getrusage

⇒ **Befehl** array **getrusage** ([int who])

⇐ **Version** (PHP 3>= 3.0.7, PHP 4, PHP 5)

⇔ **Beschreibung** Mit getrusage() kann man sich Informationen über den aktuellen Ressourcenverbrauch des Betriebssystems zurückgeben lassen. Als Rückgabewert erhält man ein assoziatives Array mit den momentanen Werten.

Wenn Sie im optionalen Parameter *who* den Wert 1 übergeben, berücksichtigt die Funktion auch den Ressourcenverbrauch eventueller Kindprozesse. Wenn Sie in *who* den Wert 0 übergeben oder den Parameter leer lassen, ermittelt die Funktion nur den Ressourcenverbrauch des aktuellen Prozesses.

Achtung: Dieser Befehl wird auf Windows-Plattformen nicht unterstützt.

↔ **Beispiel**

```
<?PHP
$array = getrusage();
while(list($key, $val) = each($array)) {
   echo $key . " - " . $val;
   echo "<br>";
}
?>
```

⊄ **Ausgabe**

```
ru_oublock - 0
ru_inblock - 0
ru_msgsnd - 0
ru_msgrcv - 0
```

```
ru_maxrss - 0
ru_ixrss - 0
ru_idrss - 0
ru_minflt - 50
ru_majflt - 69
ru_nsignals - 0
ru_nvcsw - 0
ru_nivcsw - 0
ru_utime.tv_usec - 60000
ru_utime.tv_sec - 0
ru_stime.tv_usec - 10000
ru_stime.tv_sec - 0
```

14.18 ini_get

⇒ Befehl string **ini_get** (string varname)

⇐ Version (PHP 3>= 3.0.7, PHP 4, PHP 5)

⇔ Beschreibung Mit ini_get() kann man sich einzelne Konfigurationsoptionen aus der php.ini anzeigen lassen. Bitte beachten Sie, dass Sie den exakten Namen der Option *varname* angeben müssen, da diese Funktion zwischen Groß- und Kleinschreibung unterscheidet.

Siehe auch:

- get_cfg_var()
- ini_get_all()
- ini_restore()
- ini_set()

↔ Beispiel

```
<?PHP
echo 'safe_mode = ' . ini_get('safe_mode') . "\n";
echo 'max_execution_time = ' . ini_get('max_execution_time')
. "\n";
echo 'file_uploads = ' . ini_get('file_uploads') . "\n";
?>
```

⊄ Ausgabe

```
safe_mode = 0
max_execution_time = 30
file_uploads = 1
```

14.19 ini_get_all

⇒ Befehl array **ini_get_all** ([string extension])

⇐ Version (PHP 4 >= 4.2.0, PHP 5)

⇔ **Beschreibung**

Mit ini_get_all() kann man sich alle Konfigurationsoptionen aus der php.ini anzeigen lassen. Aus Darstellungsgründen wird bei der Ausgabe nur ein Teil angezeigt.

Siehe auch:

- get_cfg_var()
- ini_get_all()
- ini_restore()
- ini_set()
- phpinfo()

↔ **Beispiel**

```
<?PHP
print_r(ini_get_all());
?>
```

⊄ **Ausgabe**

```
Array
(
    [allow_call_time_pass_reference] => Array
        (
            [global_value] => 1
            [local_value] => 1
            [access] => 6
        )

    [allow_url_fopen] => Array
        (
            [global_value] => 1
            [local_value] => 1
            [access] => 7
        )

    [always_populate_raw_post_data] => Array
        (
            [global_value] => 0
            [local_value] => 0
            [access] => 6
        )
)
```

14.20 ini_restore

⇒ **Befehl**

void **ini_restore** (string varname)

⇐ **Version**

(PHP 4, PHP 5)

⇔ **Beschreibung**

Mit ini_restore() kann man zur Laufzeit eine zuvor im Skript definierte Konfigurationseinstellung *varname* wieder löschen. Nach erfolgreicher Abarbeitung dieser Funktion beinhaltet die Option wieder den alten Wert aus der php.ini.

Siehe auch:

- ini_get()
- ini_get_all()
- ini_set()

↔ **Beispiel**

```
<?PHP
echo 'session.save_path = ' . ini_get('session.save_path') .
"\n";
ini_set ('session.save_path', "d:\SessionTemp");
echo 'session.save_path = ' . ini_get('session.save_path') .
"\n" ;
ini_restore ('session.save_path');
echo 'session.save_path = ' . ini_get('session.save_path');
?>
```

⊄ **Ausgabe**

```
session.save_path = d:\Programme\Zend\tmp
session.save_path = d:\SessionTemp
session.save_path = d:\Programme\Zend\tmp
```

14.21 ini_set

⇒ **Befehl** string **ini_set** (string varname, string newvalue)

⇐ **Version** (PHP 4, PHP 5)

⇔ **Beschreibung** Mit ini_set() kann man zur Laufzeit eine Konfigurationseinstellung *varname* aus der php.ini verändern. Im Fehlerfall liefert diese Funktion FALSE zurück.

Weiterhin wird der neue Wert *newvalue* nicht dauerhaft verändert, sondern gilt nur für die Abarbeitung der eigenen Datei. Bitte beachten Sie, dass Sie nicht alle Einstellungen verändern können.

Siehe auch:

- get_cfg_var()
- ini_get()
- ini_get_all()
- ini_restore()

↔ **Beispiel**

```
<?PHP
echo 'session.save_path = ' . ini_get('session.save_path') .
"\n";
ini_set ('session.save_path', "d:\SessionTemp");
echo 'session.save_path = ' . ini_get('session.save_path') ;
?>
```

⊄ **Ausgabe**

```
session.save_path = d:\Programme\Zend\tmp
session.save_path = d:\SessionTemp
```

14.22 php_logo_guid

⇒ **Befehl** string **php_logo_guid** (void)

⇐ **Version** (PHP 4, PHP 5)

⇔ **Beschreibung** Mit php_logo_guid() kann man sich die GUID (Global Unique IDentifier – eine Art Stempel) des PHP-Logos zurückgeben lassen.

Siehe auch:
- phpinfo()
- phpversion()
- phpcredits()
- zend_logo_guid()

↔ **Beispiel**
```
<?PHP
echo php_logo_guid() . '<br>';
$logo = $_SERVER['PHP_SELF'] . '?=' . php_logo_guid();
echo '<img src="' . $logo . '" alt="PHP Logo!" />';
?>
```

⊄ **Ausgabe**

```
PHP5 Befehlsreferenz                                    _ □ ×
PHPE9568F34-D428-11d2-A769-00AA001ACF42
```

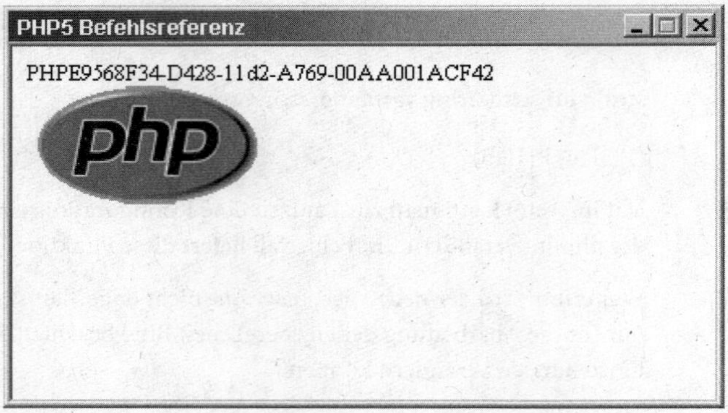

14.23 php_sapi_name

⇒ **Befehl** string **php_sapi_name** (void)

⇐ **Version** (PHP 4 >= 4.0.1, PHP 5)

⇔ **Beschreibung** Mit php_sapi_name() kann ermitteln, über welche Schnittstelle Webserver und PHP verbunden sind. Dabei wird eine Zeichenkette zurückgegeben:
- Läuft PHP als CGI-PHP, so ist das Funktionsergebnis »cgi«.
- Läuft PHP als Mod-PHP, so ist das Funktionsergebnis beim Apache »apache«.

↔ **Beispiel**

```
<?PHP
echo php_sapi_name();
?>
```

⊄ **Ausgabe**

```
cgi-fcgi
```

14.24 php_uname

⇒ **Befehl** string **php_uname** (void)

⇐ **Version** (PHP 4 >= 4.0.2, PHP 5)

⇔ **Beschreibung** Mit php_uname() kann man sich den Namen des Betriebssystems zurückgeben lassen, unter dem das Skript läuft.

Diese Funktion ist sehr nützlich, um zu testen, ob Ihr Skript auf dem Betriebssystem einwandfrei laufen würde. So könnten Sie z.B. eine andere Seite laden, die auch für dieses Betriebssystem geeignet ist.

↔ **Beispiel 1**

```
<?php
echo "Betriebssystem: " . php_uname() . "\n";
if (substr(php_uname(), 0, 7) == "Windows"){
   die("Dieses Skript kann nicht unter Windows
   ausgeführt werden!");
}
?>
```

⊄ **Ausgabe 1**

Betriebssystem: Windows NT HOMESITE 5.1 build 2600

```
Dieses Skript kann nicht unter Windows ausgeführt werden!
```

↔ **Beispiel 2**

```
<?php
echo "Betriebssystem: " . php_uname() . "\n";
if (substr(php_uname(), 0, 5) == "Linux"){
   echo "Eine wirklich gute Entscheidung";
}
?>
```

⊄ **Ausgabe 2**

Betriebssystem: Linux futureworld 2.2.14 #1 Sat Mar 25 00:45:35 GMT 2000 i586 unknown

```
Eine wirklich gute Entscheidung
```

14.25 phpcredits

⇒ **Befehl** void **phpcredits** ([int flag])

⇐ **Version** (PHP 4, PHP 5)

⇔ **Beschreibung** Mit phpcredits() kann man sich Informationen über die PHP-Entwickler, Mitwirkenden, Module etc. ausgeben lassen. Die Funktion erstellt eine komplett formatierte HTML-Seite mit allen Informationen über Ihre Anforderung. Sie können verschiedene Konstanten für den Parameter *flag* miteinander verbinden, indem Sie zwischen den Konstanten ein Pluszeichen (+) setzen.

Folgende Konstanten sind für den Parameter *flag* möglich:

- CREDITS_ALL (Vorgabewert)
- CREDITS_DOCS
- CREDITS_FULLPAGE
- CREDITS_GENERAL
- CREDITS_GROUP
- CREDITS_MODULES
- CREDITS_SAPI

Siehe auch:

- phpinfo()
- phpversion()
- php_logo_guid()

↔ **Beispiel 1**

```
<?PHP
phpcredits(CREDITS_GENERAL);
?>
```

⊄ **Ausgabe 1**

```
Es wird eine HTML-Seite ausgeliefert, die alle Informationen
bereitstellt.
```

14.26 phpinfo

⇒ **Befehl** int **phpinfo** (void)

⇐ **Version** (PHP 3, PHP 4 >= 4.0b1)

⇔ **Beschreibung** Mit phpinfo() kann man sich sehr viele Informationen über die momentane Konfiguration von PHP anzeigen lassen.
Die Ausgabe wird in einer sehr übersichtlichen Tabelle dargestellt und hier aus Platzgründen nicht angezeigt.
Falls Sie nur einen Teil der Informationen ausgeben wollen, können Sie im Parameter *what* angeben, welche Daten die Funktionen ausgeben soll. Folgende Konstanten sind definiert, bei Bedarf können Sie auch mehrere mit *or* kombinieren:

- INFO_GENERAL
- INFO_CREDITS
- INFO_CONFIGURATION
- INFO_MODULES
- INFO_ENVIRONMENT
- INFO_VARIABLES
- INFO_LICENSE
- INFO_ALL (Vorgabewert)

Siehe auch:
- phpversion()

↔ **Beispiel**

```
<?PHP
phpinfo();
?>
```

14.27 phpversion

⇒ **Befehl** string **phpversion** (void)

⇐ **Version** (PHP 3, PHP 4, PHP 5)

⇔ **Beschreibung** Mit phpversion() kann man sich die aktuelle PHP-Version zurückgeben lassen, welche auf dem Server installiert ist.

Siehe auch:
- phpinfo()

↔ **Beispiel**

```
<?PHP
echo phpversion();
?>
```

⊄ **Ausgabe**

```
4.3.2
```

14.28 putenv

⇒ **Befehl** void **putenv** (string setting)

⇐ **Version** (PHP 3, PHP 4, PHP 5)

⇔ **Beschreibung** Mit putenv() kann man den Wert einer Umgebungsvariablen (*setting*) setzen, welche ihre Gültigkeit bis zum Skriptende behält.

↔ **Beispiel**

```
<?PHP
$uniqid = 1234567;
putenv ("UNIQID=$uniqid");
echo getenv ("UNIQID");
?>
```

⊄ **Ausgabe**

```
1234567
```

14.29 restore_include_path

⇒ **Befehl** void **restore_include_path** (void)

⇐ **Version** (PHP 4 >= 4.3.0, PHP 5)

⇔ **Beschreibung** Mit restore_include_path() kann man zur Laufzeit einen zuvor gesetzten Wert für den »Include-Pfad« aus der php.ini wieder löschen. Dabei wird der Wert wieder auf den Ursprung gesetzt. Falls Sie eine PHP-Version kleiner als 4.3.0 haben, so nutzen Sie bitte den Befehl ini_restore().

Siehe auch:
- ini_restore()
- set_include_path()
- get_include_path()
- include()

↔ **Beispiel**

```
<?PHP
echo get_include_path() . "\n";
set_include_path('d:\include');
echo get_include_path() . "\n";
restore_include_path();
echo get_include_path();
?>
```

⊄ **Ausgabe**

```
.;c:\php4\pear
d:\include
.;c:\php4\pear
```

14.30 set_include_path

⇒ **Befehl** string **set_include_path** (string new_include_path)

⇐ **Version** (PHP 4 >= 4.3.0, PHP 5)

⇔ **Beschreibung** Mit set_include_path() kann man zur Laufzeit einen neuen Pfad *new_include_path* für zu inkludierende Dateien setzen.

Falls Sie eine PHP-Version kleiner als 4.3.0 haben, so nutzen Sie bitte den Befehl ini_set().

Siehe auch:
- ini_set()
- get_include_path()
- restore_include_path()
- include()

↔ **Beispiel**

```
<?PHP
echo get_include_path() . "\n";
set_include_path('d:\include');
echo get_include_path() . "\n";
?>
```

⊄ **Ausgabe**

```
.;c:\php4\pear
d:\include
```

14.31 set_magic_quotes_runtime

⇒ **Befehl** long **set_magic_quotes_runtime** (int new_setting)

⇐ **Version** (PHP 3>= 3.0.6, PHP 4, PHP 5)

⇔ **Beschreibung** Mit set_magic_quotes_runtime() kann man den Wert für die Konfigurationsoption »magic_quotes_runtime« setzen (0 für deaktiviert, 1 für aktiviert).

Ist magic_quotes_runtime aktiviert (1), werden Anführungszeichen in den Ergebnissen der meisten Funktionen, welche Daten von externer Quelle (inkl. Datenbanken und Textdateien) zurückgeben, mit einem Backslash versehen.

Siehe auch:
- get_magic_quotes_gpc()
- get_magic_quotes_runtime()

↔ **Beispiel**

```
<?PHP
set_magic_quotes_runtime(1);
echo get_magic_quotes_runtime();
?>
```

⊄ **Ausgabe**

```
1
```

14.32 set_time_limit

⇒ **Befehl** void **set_time_limit** (int seconds)

⇐ **Version** (PHP 3, PHP 4, PHP 5)

⇔ **Beschreibung** Mit set_time_limit() kann man die Zeit (*seconds*) in Sekunden festlegen, die ein Skript laufen darf. Wird die Zeit überschritten, wird das Skript vom Parser abgebrochen und ein Fehler zurückgegeben.

Standardmäßig sind 30 Sekunden eingestellt, es sei denn, dass ein anderer Wert für max_execution in der Konfigurationsdatei (php.ini) eingetragen wurde. Ist die Standardeinstellung von 30 Sekunden gesetzt und man gibt mit set_time_limit() nochmals 10 Sekunden an, so läuft das Skript maximal 40 Sekunden.

Falls PHP im Safemode läuft, hat set_time_limit() keinen Effekt (das ist bei vielen Providern der Fall).

↔ **Beispiel**

```
<?PHP
set_time_limit(5);
$x = 1;
while($x>0){
        echo $x++ . "\n";
}
?>
```

⊄ **Ausgabe**

```
1
. // Aus Darstellungsgründen werden alle Werte zwischen
. // 1 und 197857 ignoriert.
197857

Fatal error: Maximum execution time of 5 seconds exceeded in
/www/users/neu/set_time_limit.php on line 9
```

14.33 zend_logo_guid

⇒ **Befehl** string **zend_logo_guid** (void)

⇐ **Version** (PHP 4, PHP 5)

⇔ **Beschreibung** Mit zend_logo_guid() kann man sich die GUID des Zend-Logos zurückgeben lassen.

↔ **Beispiel**

```
<?PHP
echo zend_logo_guid();
?>
```

⊄ **Ausgabe**

```
PHPE9568F35-D428-11d2-A769-00AA001ACF42
```

14.34 zend_version

⇒ Befehl

string **zend_version** (void)

⇐ Version

(PHP 4, PHP 5)

⇔ Beschreibung

Mit zend_version() kann man sich die Version der aktuell genutzten ZEND-Engine zurückgeben lassen.

Siehe auch:

- phpinfo()
- phpcredits()
- php_logo_guid()
- phpversion()

↔ Beispiel

```
<?php
echo "Zend-Engine-Version: " . zend_version();
?>
```

⊄ Ausgabe

```
Zend-Engine-Version: 1.3.0
```

15 Reguläre Ausdrücke (POSIX)

15.1 ereg

⇒ Befehl

bool **ereg** (string Suchmuster, string Zeichenkette [, array regs])

⇐ Version

(PHP 3, PHP 4, PHP 5)

⇔ Beschreibung

Mit ereg() kann man in einer Zeichenkette (*Zeichenkette*) nach Übereinstimmungen suchen, welche durch den regulären Ausdruck in *Suchmuster* angegeben wurden. Wurde der Parameter *regs* angegeben, werden alle Treffer in einem Array gespeichert. Eine Kopie der ursprünglichen Zeichenkette wird immer in *regs[0]* gespeichert. Bei der Suche wird zwischen Groß- und Kleinschreibung unterschieden.

Die Funktion gibt das Ergebnis true zurück, falls sie das Suchmuster in der Zeichenkette findet, sonst false.

Siehe auch:

- eregi()
- ereg_replace()
- eregi_replace()

↔ Beispiel

```
<?PHP
$datum = "2004-09-17";
if(ereg ("([0-9]{4})-([0-9]{1,2})-([0-9]{1,2})",
 $datum, $regs)) {
   echo "$regs[3].$regs[2].$regs[1]";
}
else{
   echo "Ungültiges Datumsformat: $datum";
}
echo "\n" . $regs[0] . "\n";
if(ereg("PHP","SELFPHP"))
   echo "PHP gefunden";
?>
```

⊄ Ausgabe

```
17.09.2004
2004-09-17
PHP gefunden
```

15.2 ereg_replace

⇒ Befehl

string **ereg_replace** (string Suchmuster, string Ersatz, string Zeichenkette)

⇐ Version

(PHP 3, PHP 4, PHP 5)

⇔ Beschreibung

Mit ereg_replace() kann man in einer Zeichenkette (*Zeichenkette*) nach einem Suchmuster (*Suchmuster*) suchen und dieses durch einen bestimmten Ausdruck (*Ersatz*) ersetzen lassen. Wird kein Suchtreffer gefunden, so wird der String ohne Änderungen zurückgegeben. Dabei unterscheidet die Funktion zwischen Groß- und Kleinschreibung (siehe letztes Beispiel).

Wenn Sie für *Ersatz* eine Zahl (123.....) nutzen wollen, sollten Sie sie in einfache oder doppelte Hochkommas setzen, da die Funktion ereg_replace() die Zahl sonst als Ordinalwert eines Zeichens interpretiert (siehe Beispiele).

Siehe auch:

- ereg()
- eregi()
- eregi_replace()

↔ Beispiel

```
<?PHP
$var = "http://www.selfphp3.de";
echo $var . "\n";
$var = ereg_replace
("(http://)(www.)(.*)(.de)","\\1\\2selfphp\\4",$var);
echo $var . "\n\n";

$var_1 = "Dies ist eine weitere Möglichkeit";
echo $var_1 . "\n";
$var_1 = ereg_replace("ist","war",$var_1);
echo $var_1. "\n\n";

echo "Folgender Code erzielt nicht das gewünschte Ergebnis:"
. "\n";
$menge = 2;
$str = "Ich hätte gerne ein Eis mit zwei Kugeln";
echo $str . "\n";
$str = ereg_replace("zwei", $menge, $str);
echo $str . "\n\n";

echo "Folgender Code erzielt das gewünschte Ergebnis:". "\n";
$menge = "2";
$str = "Ich hätte gerne ein Eis mit zwei Kugeln";
echo $str. "\n";
$str = ereg_replace("zwei", $menge, $str);
echo $str. "\n\n";
```

```
$str = "ICH BIN GROSS";
echo $str. "\n";
$str = ereg_replace("bin", "WAR", $str);
echo $str;
?>
```

⊄ Ausgabe

```
http://www.selfphp3.de
http://www.selfphp.de

Dies ist eine weitere Möglichkeit
Dies war eine weitere Möglichkeit

Folgender Code erzielt nicht das gewünschte Ergebnis:
Ich hätte gerne ein Eis mit zwei Kugeln
Ich hätte gerne ein Eis mit ^ Kugeln

Folgender Code erzielt das gewünschte Ergebnis:
Ich hätte gerne ein Eis mit zwei Kugeln
Ich hätte gerne ein Eis mit 2 Kugeln

ICH BIN GROSS
ICH BIN GROSS
```

15.3 eregi

⇒ Befehl

bool **eregi** (string Suchmuster, string Zeichenkette [, array regs])

⇐ Version

(PHP 3, PHP 4, PHP 5)

⇔ Beschreibung

Mit eregi() kann man in einer Zeichenkette (*Zeichenkette*) nach Übereinstimmungen suchen, die durch den regulären Ausdruck in *Suchmuster* angegeben wurden. Wurde der Parameter *regs* angegeben, werden alle Treffer in einem Array gespeichert. Eine Kopie der ursprünglichen Zeichenkette wird immer in *regs[0]* gespeichert. Bei der Suche wird nicht zwischen Groß- und Kleinschreibung unterschieden. Die Funktion gibt das Ergebnis true zurück, falls sie das Suchmuster in der Zeichenkette findet, sonst false.

Siehe auch:

- ereg()
- ereg_replace()
- eregi_replace()

↔ Beispiel

```
<?PHP
$datum = "2004-050-29";
if(eregi("([0-9]{4})-([0-9]{1,2})-([0-9]{1,2})", $datum,
$regs)) {
   echo "$regs[3].$regs[2].$regs[1]";}
```

```
else {
   echo "Ungültiges Datumsformat: $datum";}
echo "\n";
if(eregi("php","SELFPHP"))
   echo "php gefunden";?>
```

⊄ **Ausgabe**

```
Ungültiges Datumsformat: 2004-050-29
php gefunden
```

15.4 eregi_replace

⇒ **Befehl** string **eregi_replace** (string Suchmuster, string Ersatz, string Zeichenkette)

⇐ **Version** (PHP 3, PHP 4, PHP 5)

⇔ **Beschreibung** Mit eregi_replace() kann man in einer Zeichenkette (*Zeichenkette*) nach einem Suchmuster (*Suchmuster*) suchen und dieses durch einen bestimmten Ausdruck (*Ersatz*) ersetzen lassen. Wird kein Suchtreffer gefunden, wird der String ohne Änderungen zurückgegeben. Dabei unterscheidet die Funktion nicht zwischen Groß- und Kleinschreibung (siehe letztes Beispiel).

Wenn Sie für *Ersatz* eine Zahl (123.....) nutzen wollen, sollten Sie diese in einfache oder doppelte Hochkommata setzen, da die Funktion ereg_replace() die Zahl sonst als Ordinalwert eines Zeichens interpretiert (siehe Beispiele).

Siehe auch:

- ereg()
- eregi()
- ereg_replace()

↔ **Beispiel**

```
<?PHP
$var = "http://www.selfphp3.de";
echo $var . "\n";
$var = eregi_replace
("(http://)(www.)(.*)(.de)","\\1\\2selfphp\\4",$var);
echo $var . "\n\n";

$var_1 = "Dies ist eine weitere Möglichkeit";
echo $var_1 . "\n";
$var_1 = eregi_replace("ist","war",$var_1);
echo $var_1 . "\n\n";

echo "Folgender Code erzielt nicht das gewünschte
Ergebnis:\n";
$menge = 2;
$str = "Ich hätte gerne ein Eis mit zwei Kugeln";
echo $str . "\n";
```

```
$str = eregi_replace("zwei", $menge, $str);
echo $str . "\n\n";

echo "Folgender Code erzielt das gewünschte  Ergebnis:\n";
$menge = "2";
$str = "Ich hätte gerne ein Eis mit zwei Kugeln";
echo $str . "\n";
$str = eregi_replace("zwei", $menge, $str);
echo $str . "\n\n";
$str = "ICH BIN GROSS";
echo $str . "\n";
$str = eregi_replace("bin", "WAR", $str);
echo $str;
?>
```

⊄ **Ausgabe**

```
http://www.selfphp3.de
http://www.selfphp.de

Dies ist eine weitere Möglichkeit
Dies war eine weitere Möglichkeit

Folgender Code erzielt nicht das gewünschte Ergebnis:
Ich hätte gerne ein Eis mit zwei Kugeln
Ich hätte gerne ein Eis mit ^ Kugeln.

Folgender Code erzielt das gewünschte  Ergebnis:
Ich hätte gerne ein Eis mit zwei Kugeln
Ich hätte gerne ein Eis mit 2 Kugeln

ICH BIN GROSS
ICH WAR GROSS
```

15.5 split

⇒ **Befehl** array **split** (string Suchmuster, string Zeichenkette [, int Beschränkung])

⇐ **Version** (PHP 3, PHP 4, PHP 5)

⇔ **Beschreibung** Mit split() kann man eine Zeichenkette (*Zeichenkette*) anhand eines regulären Ausdrucks in ein Array zerlegen lassen. Dabei wird der reguläre Ausdruck innerhalb des Suchmusters (*Suchmuster*) bestimmt und auf die Zeichenkette angewendet. Bei dem Suchmuster wird zwischen Groß- und Kleinschreibung unterschieden. Die Zeichenkette wird nach jedem Suchtreffer geteilt, es sei denn, dass Sie eine maximale Anzahl (*Beschränkung*) für die Zerlegung angegeben haben. Sind mehr Suchtreffer vorhanden, als in *Beschränkung* angegeben, so wird der Rest der Zeichenkette in dem letzten Array-Element abgelegt.

Es ist darauf zu achten, dass wie auch bei »normalen« regulären Ausdrücken gewisse Zeichen, die eine besondere Bedeutung haben, geschützt werden müssen. Weiterhin sollten Sie diese Funktion nur nutzen, wenn Sie auch wirklich reguläre Ausdrücke brauchen, da diese Funktion die Engine für reguläre Ausdrücke benötigt; eine schnellere Alternative ohne reguläre Ausdrücke ist die Funktion explode().

Siehe auch:

- spliti()
- explode()
- implode()

↔ Beispiel

```
<?PHP
$datei = "image.gif";
$endung = split("[.]",$datei);
echo "Es handelt sich um eine $endung[1] -Datei \n";
$var = "Nehmen Sie hier besser explode()";
$array = split(" ",$var,3);
echo "1: $array[0] 2: $array[1] 3: $array[2] \n";
$datum = "01.07.2004";
$array_1 = split ("[./-]", $datum);
echo "Tag: $array_1[0] Monat: $array_1[1] Jahr: $array_1[2]";
?>
```

⊄ Ausgabe

```
Es handelt sich um eine gif -Datei
1: Nehmen 2: Sie 3: hier besser explode()
Tag: 01 Monat: 07 Jahr: 2004
```

15.6 spliti

⇒ Befehl array **spliti** (string Suchmuster, string Zeichenkette [, int Beschränkung])

⇐ Version (PHP 4 >= 4.0.1, PHP 5)

⇔ Beschreibung Mit spliti() kann man eine Zeichenkette (*Zeichenkette*) anhand eines regulären Ausdrucks in ein Array zerlegen lassen. Dabei wird der reguläre Ausdruck innerhalb des Suchmusters (*Suchmuster*) bestimmt und auf die Zeichenkette angewendet. Bei dem Suchmuster wird nicht zwischen Groß- und Kleinschreibung unterschieden (siehe zweites Beispiel). Die Zeichenkette wird nach jedem Suchtreffer geteilt, es sei denn, dass Sie eine maximale Anzahl (*Beschränkung*) für die Zerlegung angegeben haben. Sind mehr Suchtreffer vorhanden, als in *Beschränkung* angegeben, so wird der Rest der Zeichenkette in dem letzten Array-Element abgelegt.

Es ist darauf zu achten, dass wie auch bei »normalen« regulären Ausdrücken gewisse Zeichen, die eine besondere Bedeutung haben, geschützt werden müssen. Weiterhin sollten Sie diese Funktion nur nutzen, wenn Sie auch wirklich reguläre Ausdrücke brauchen, da diese Funktion die Engine für reguläre Ausdrücke benötigt; eine schnellere Alternative ohne reguläre Ausdrücke ist die Funktion explode().

Siehe auch:
- split()
- explode()
- implode()

↔ **Beispiel**

```
<?PHP
$datei = "image.gif";
$endung = spliti("[.]",$datei);
echo "Es handelt sich um eine $endung[1]-Datei \n";
$var = "1X2X3X4X5X6X7X8X9X0";
$array = spliti("[a-z]",$var);
for($x=0;$x<count($array);$x++){
   echo "$array[$x],";
}
echo "\n";
$datum = "01.07.2004";
$array_1 = spliti("[./-]", $datum);
echo "Tag: $array_1[0] Monat: $array_1[1] Jahr: $array_1[2]";
?>
```

⊄ **Ausgabe**

```
Es handelt sich um eine gif-Datei
1,2,3,4,5,6,7,8,9,0,
Tag: 01 Monat: 07 Jahr: 2004
```

15.7 sql_regcase

⇒ **Befehl**

string **sql_regcase** (string Zeichenkette)

⇐ **Version**

(PHP 3, PHP 4, PHP 5)

⇔ **Beschreibung**

Mit sql_regcase() kann man aus einer Zeichenkette (*Zeichenkette*) einen regulären Ausdruck erzeugen, welcher für eine Suche durch andere Funktionen genutzt werden kann. Dabei wird der erstellte reguläre Ausdruck ohne Berücksichtigung von Groß- und Kleinschreibung erzeugt.

Jedes Zeichen wird dabei in eckigen Klammern einmal groß- und einmal kleingeschrieben, es sei denn, dass dies nicht möglich ist – dann wird zweimal das ursprüngliche Zeichen zurückgegeben.

↔ **Beispiel**

```
<?PHP
$var = "Befehlsreferenzen";
$var_1 = "PHP 5";
$var_2 = "Selfphp";
```

```
echo sql_regcase($var) . "\n";
echo sql_regcase($var_1) . "\n";
echo sql_regcase($var_2) . "\n";

$datei = "M";
$datei_1 = "Damir";
$reg = sql_regcase($datei);
echo $reg . "\n";
if($array=split($reg,$datei_1)){
   echo "Suchmuster gefunden\n";
   for($x=0;$x<count($array);$x++){
      echo $array[$x] . "\n";
   }
}
else
   echo "Keine Übereinstimmung";
?>
```

Ausgabe

```
[Bb][Ee][Ff][Ee][Hh][Ll][Ss][Rr][Ee][Ff][Ee][Rr][Ee][Nn][Zz][
Ee][Nn]
[Pp][Hh][Pp] 5
[Ss][Ee][Ll][Ff][Pp][Hh][Pp]
[Mm]
Suchmuster gefunden
Da
ir
```

16 Session-Funktionen

16.1 session_cache_expire

⇒ **Befehl** int **session_cache_expire** ([int neue_cache_verfallszeit])

⇐ **Version** (PHP 4 >= 4.2.0, PHP 5)

⇔ **Beschreibung** Mit session_cache_expire() kann man sich den Wert der aktuellen Cachespeicherung aus der Konfigurationsdatei (php.ini) zurückgeben lassen. Wird der optionale Parameter *neue_cache_verfallszeit* benutzt, so wird der vorhandene Wert neu gesetzt (in Minuten). Bitte beachten Sie, dass zu Beginn einer Anfrage der Wert auf den in der Konfigurationsdatei angegebenen zurückgesetzt wird. Somit müssen Sie session_cache_expire() vor der Funktion session_start() aufrufen!

Siehe auch:

- Session_start()
- session_cache_limiter()

↔ **Beispiel**

```
<?PHP
session_cache_expire(50);
$cachespeicherung = session_cache_expire();

session_start();

echo "Aktuelle Cachespeicherung: " . $cachespeicherung . "
Minuten";
?>
```

⊄ **Ausgabe**

```
Aktuelle Cachespeicherung: 50 Minuten
```

16.2 session_cache_limiter

⇒ **Befehl** string **session_cache_limiter** ([string Cacheverwaltung])

⇐ **Version** (PHP 4 >= 4.0.3, PHP 5)

⇔ **Beschreibung** Mit session_cache_limiter() kann man sich die Bezeichnung der aktuellen Cacheverwaltung zurückgeben lassen. Ist der optionale Parameter *Cacheverwaltung* gesetzt, so wird dieser neue Wert gesetzt. Mögliche Werte für *Cacheverwaltung* sind:

- nocache – Clientseitige Speicherung im Cache ist nicht erlaubt
- public – Speicherung im Cache ist erlaubt
- private – wie public, nur restriktiver
- private_no_expire – ab PHP 4.2.0, es wird kein Expire-Header zum Client gesendet

Sie müssen session_cache_limiter() bei jeder Anfrage neu aufrufen, da die Cacheverwaltung zu Beginn auf den Wert zurückgesetzt wird, welcher in der Konfigurationsoption session.cache_limiter eingetragen ist. Zusätzlich ist darauf zu achten, dass Sie session_cache limiter() vor session_start() aufrufen müssen.

Siehe auch:

- session_start()

↔ Beispiel

```
<?PHP
session_cache_limiter('public');
$cache = session_cache_limiter();
session_start();
echo "Aktuelle Cacheverwaltung: \"$cache\"";
?>
```

⊄ Ausgabe

```
Aktuelle Cacheverwaltung: "public"
```

16.3 session_decode

⇒ Befehl bool **session_decode** (string data)

⇐ Version (PHP 4, PHP 5)

⇔ Beschreibung Mit session_decode() kann man einen String (*data*) mit Sitzungsdaten dekodieren und ihn für eine weitere Verwendung bereitstellen. Dabei werden die gespeicherten Variablen in der Session registriert. Sollte keine Session vorhanden sein, so wird eine angelegt. So könnte man z.B. diesen String aus einer Datenbank lesen und wieder als Variablen bereitstellen.

Siehe auch:

- session_encode()

↔ Beispiel

```
<?PHP
session_start();
session_register("titel","version","jahr");
$titel = "SELFPHP";
$version = "2.00";
$jahr = 2004;
$database = session_encode();
echo $database . "\n";
@session_destroy();
```

```
unset($titel,$version,$jahr);
echo "Buchprojekt: " . $titel . " " . $version .
" " . $jahr . "\n";
session_decode($database);
echo "Buchprojekt: " . $titel . " " . $version . " " . $jahr;
?>
```

⊄ **Ausgabe**

```
titel|s:7:"SELFPHP";version|s:4:"2.00";jahr|i:2004;
Buchprojekt:
Buchprojekt: SELFPHP 2.00 2004
```

16.4 session_destroy

⇒ **Befehl** bool **session_destroy** (void)

⇐ **Version** (PHP 4, PHP 5)

⇔ **Beschreibung** Mit session_destroy() beendet man eine aktuelle Session und löscht alle Daten, die innerhalb der Session genutzt wurden. Zusätzlich wird auch die Session-ID gelöscht. Im Erfolgsfall gibt diese Funktion True, sonst False zurück.

Siehe auch:

- session_id()
- session_start()

↔ **Beispiel**

```
<?PHP
if(session_start())
   echo"Session wurde erstellt!\n";
if(session_id())
   echo session_id() . "\n";
session_destroy();
if(!session_id())
   echo "Session-ID wurde zerstört";
?>
```

⊄ **Ausgabe**

```
Session wurde erstellt!
93164b7ed0351f96962034ea853299a4
Session-ID wurde zerstört
```

16.5 session_encode

⇒ **Befehl** string **session_encode** (void)

⇐ **Version** (PHP 4, PHP 5)

⇔ **Beschreibung**

Mit session_encode() kodiert man Variablen, welche in der Session initialisiert wurden. Dabei werden die Variablen und ihr aktueller Wert in einen String umgewandelt. Dieses Verfahren ist nützlich, um die Variablen über die Session hinaus zu behalten – eine Speicherung in eine Datei oder Datenbank ist in diesem Zusammenhang sinnvoll.

Siehe auch:
- session_decode()

↔ **Beispiel**

```
<?PHP
session_register("array","typ","benutzer");
$typ = 1;
$benutzer = "user";
$array = array("SELFPHP","1.00",2001);
$database = session_encode();
echo $database;
?>
```

⊄ **Ausgabe**

```
array|a:3:{i:0;s:7:"SELFPHP";i:1;s:4:"1.00";i:2;i:2001;}typ|i
:1;benutzer|s:4:"user";
```

16.6 session_get_cookie_params

⇒ **Befehl**

array **session_get_cookie_params** (void)

⇐ **Version**

(PHP 4, PHP 5)

⇔ **Beschreibung**

Mit session_get_cookie_params() kann man sich die derzeit gültigen Cookie-Parameter zurückgeben lassen.

Das zurückgegebene Array enthält folgende Elemente:
- lifetime – Lebensdauer des Cookies
- path – Speicherpfad des Cookies
- domain – Domain des Cookies
- secure – Cookie wird nur über sichere Verbindungen gesendet (ab PHP 4.0.4)

Siehe auch:
- session_set_cookie_params()

↔ **Beispiel**

```
<?PHP
$cookie = session_get_cookie_params();
print_r($cookie);
?>
```

⊄ **Ausgabe**

```
Array
(
    [lifetime] => 0
    [path] => /
    [domain] => localhost
    [secure] =>
)
```

16.7 session_id

⇒ **Befehl** string **session_id** ([string id])

⇐ **Version** (PHP 4, PHP 5)

⇔ **Beschreibung** Mit session_id() wird die ID der aktuellen Session geliefert. Mit dem optionalen Parameter *id* kann man auch eine neue Session-ID setzen.

Siehe auch:
- session_start()
- session_set_save_handler()

↔ **Beispiel**

```
<?PHP
session_start();
echo session_id();
?>
```

⊄ **Ausgabe**

```
3292c69df06c96479e5137f90db1931a
```

16.8 session_is_registered

⇒ **Befehl** bool **session_is_registered** (string name)

⇐ **Version** (PHP 4, PHP 5)

⇔ **Beschreibung** Mit session_is_registered() kann man überprüfen, ob eine Variable (*name*) innerhalb einer Session registriert wurde. Falls die Variable registriert ist, gibt die Funktion true, sonst false zurück.

Siehe auch:
- session_register()
- session_unregister

↔ **Beispiel**

```
<?PHP
session_start();
$vari = "Mein Inhalt";
$arg = "PHP5 - Befehlsreferenz";
```

```
if(session_register("vari"))
   echo "Variable registriert!<br>";
if(session_is_registered("vari"))
   echo session_encode();
if(!session_is_registered("arg"))
   echo "Variable ist nicht registriert!";?>
```

⊄ **Ausgabe**

```
Variable registriert!
vari|s:11:"Mein Inhalt";
Variable ist nicht registriert!
```

16.9 session_module_name

⇒ **Befehl** string **session_module_name** ([string module])

⇐ **Version** (PHP 4, PHP 5)

⇔ **Beschreibung** Mit session_module_name() kann man sich den Namen des aktuellen Session-Moduls zurückgeben lassen. Möchte man sein eigenes Modul verwenden, so ist der optionale Parameter für Module (*module*) anzugeben. Die aktuelle Session und deren Variablen gehen dabei verloren.

Siehe auch:

- session_destroy()
- session_start()

↔ **Beispiel**

```
<?PHP
echo session_module_name();
?>
```

⊄ **Ausgabe**

```
files
```

16.10 session_name

⇒ **Befehl** string **session_name** ([string name])

⇐ **Version** (PHP 4, PHP 5)

⇔ **Beschreibung** Mit session_name() kann man sich den Namen der aktuellen Session zurückgeben lassen. Der Session-Name referenziert die aktuelle Session-ID in Cookies und URLs und sollte nur aus alphanumerischen Zeichen bestehen.

Man kann der Session mit dieser Funktion einen neuen Namen (*name*) zuweisen. Wird dies nicht gemacht, erhält die Session den Wert, welcher in session.name gespeichert ist.

Siehe auch:
- session_register()
- session_start()

↔ **Beispiel**

```
<?PHP
echo session_name() . "\n";
session_name("SESSION");
echo session_name();
?>
```

⊄ **Ausgabe**

```
PHPSESSID
SESSION
```

16.11 session_regenerate_id

⇒ **Befehl** bool **session_regenerate_id** (void)

⇐ **Version** (PHP 4 >= 4.3.2, PHP 5)

⇔ **Beschreibung** Mit session_regenerate_id () kann man die aktuelle Session-ID durch eine neue ersetzen. Dabei übernimmt die neue Session-ID die aktuellen Session-Informationen. Diese Funktion gibt im Erfolgsfall TRUE, ansonsten FALSE zurück.

Siehe auch:
- session_id()
- session_start()
- session_name()

↔ **Beispiel**

```
<?PHP
session_start();
$old = session_id() . "\n";
session_regenerate_id();
$new =  session_id();
echo $old . $new;
```

⊄ **Ausgabe**

```
6cc93d1795cad9e8b46ce8b88f2c130b
43e37dacdf91d4b5d8f2bba4868b8178
```

16.12 session_register

⇒ **Befehl** bool **session_register** (mixed name [, mixed ...])

⇐ **Version** (PHP 4, PHP 5)

⇔ **Beschreibung**

Mit session_register() registriert man eine oder mehrere Variablen (*name* usw.) innerhalb einer Session. Im Erfolgsfall gibt diese Funktion true zurück.

Mit session_encode() kann man auf den Variableninhalt zugreifen.

Siehe auch:
- session_encode()
- session_unregister()
- session_is_registered()

↔ **Beispiel**

```
<?PHP
session_start();
$vari = "Mein Inhalt";
if(session_register("vari")) echo "Variable registriert!";
?>
```

⊄ **Ausgabe**

```
Variable registriert!
```

16.13 session_save_path

⇒ **Befehl**

string **session_save_path** ([string path])

⇐ **Version**

(PHP 4, PHP 5)

⇔ **Beschreibung**

Mit session_save_path() kann man sich den aktuellen Speicherpfad der Session zurückgeben lassen. Möchte man statt des vorgegebenen Pfads einen anderen Pfad verwenden, so kann man den gewünschten Pfad im optionalen Parameter *path* übergeben. Dieser Pfad gilt allerdings nur für das laufende Skript – muss also bei jeder Seite neu definiert werden.

Siehe auch:
- session_id()

↔ **Beispiel**

```
<?PHP
echo session_save_path();
?>
```

⊄ **Ausgabe**

```
d:\Programme\Zend\tmp
```

16.14 session_set_cookie_params

⇒ **Befehl**

void **session_set_cookie_params** (int lifetime [, string path [, string domain[, bool secure]]])

⇐ **Version**

(PHP 4, PHP 5)

⇔ **Beschreibung**

Mit session_set_cookie_params() kann man verschiedene Parameter eines Cookies bestimmen. Die Funktion wirkt sich nur im aktuellen Skript aus.

Folgende Parameter sind zulässig:

- *lifetime* – Lebensdauer des Cookies
- *path* – Speicherpfad des Cookies (optional)
- *domain* – Domain des Cookies (optional)
- *secure* – Cookie wird nur über sichere Verbindungen gesendet (ab PHP 4.0.4)

Siehe auch:

- session_get_cookie_paramsr()

↔ **Beispiel**

```
<?PHP
session_set_cookie_params(1600,"/tmp",
"www.selfphp.de",TRUE);
$cookie = session_get_cookie_params();
print_r($cookie);
?>
```

⊄ **Ausgabe**

```
Array
(
    [lifetime] => 1600
    [path] => /tmp
    [domain] => www.selfphp.de
    [secure] => 1
)
```

16.15 session_start

⇒ **Befehl**

bool **session_start** (void)

⇐ **Version**

(PHP 4, PHP 5)

⇔ **Beschreibung**

Mit session_start() erstellt man eine neue Session oder führt eine schon bestehende Session fort, deren ID z.B. über eine GET-, POST-Variable oder ein Cookie übermittelt wurde. Im Erfolgsfall gibt die Funktion true zurück.

Siehe auch:

- session_id()
- session_destroy

↔ **Beispiel**

```
<?PHP
if(session_start())echo "Session wurde erstellt!";
?>
```

⊄ **Ausgabe**

```
Session wurde erstellt!
```

16.16 session_unregister

⇒ **Befehl** bool **session_unregister** (string name)

⇐ **Version** (PHP 4, PHP 5)

⇔ **Beschreibung** Mit session_unregister() hebt man die Registrierung einer globalen Variablen (*name*) wieder auf. Im Erfolgsfall gibt diese Funktion true zurück.

Siehe auch:
- session_register()

↔ **Beispiel**

```
<?PHP
session_start();
$vari = "Mein Inhalt";
if(session_register("vari"))
   echo "Variable registriert!\n";
if(session_unregister("vari"))
   echo "Registrierung aufgehoben!";
?>
```

⊄ **Ausgabe**

```
Variable registriert!
Registrierung aufgehoben!
```

16.17 session_unset

⇒ **Befehl** void **session_unset** (void)

⇐ **Version** (PHP 4, PHP 5)

⇔ **Beschreibung** Mit session_unset() hebt man die Registrierung aller Variablen auf, welche in der aktuellen Session angelegt wurden.

Siehe auch:
- session_encode()

↔ **Beispiel**

```
<?PHP
session_start();
$vari = "Mein Inhalt";
if(session_register("vari"))
   echo "Variable registriert!\n";
echo session_encode() . "\n";
session_unset();
echo session_encode();?>
```

⊄ **Ausgabe**

```
Variable registriert!
vari|s:11:"Mein Inhalt";
!vari|
```

17 Sonstige Funktionen

17.1 connection_aborted

⇒ Befehl

int **connection_aborted** (void)

⇐ Version

(PHP 3>= 3.0.7, PHP 4, PHP 5)

⇔ Beschreibung

Mir connection_aborted() können Sie innerhalb einer Funktion, welche Sie mit register_shutdown_function() installiert haben, überprüfen, ob das Skript normal beendet oder durch den User abgebrochen wurde. Wurde ein Abbruch durch den User registriert, so gibt connection_aborted() true zurück.

Diese Funktion ist sehr nützlich, um noch Daten, welche durch den Abbruch verloren gehen würden, z.B in eine Datei zu schreiben. Es ist darauf zu achten, dass Sie innerhalb der Funktion nicht mit print oder echo arbeiten, da nichts mehr an den Browser gesendet wird.

Im unteren Beispiel wurde ein »Mini-Shop« dargestellt, welcher die Kategorie, das Produkt und die Zeit bei einem Abbruch durch den User in eine Datei schreibt. Dieses könnte zu statistischen Zwecken herangezogen werden. Die For-Schleife diente nur zu Testzwecken, um das Skript eine Weile zu beschäftigen, damit man einen Abbruch tätigen konnte.

Siehe auch:
- connection_status()
- connection_timeout()

↔ Beispiel

```
<?PHP
register_shutdown_function('countdown');
$produktseite = "Monitore";
$produkt = "17\"-Monitor";
$zeit = date("l dS of F Y h:i:s A");
echo "Ein simpler Shop<br>";
function countdown(){
   if(connection_aborted()){
       global $produktseite , $produkt , $zeit;
       $werte = "$produktseite||$produkt||$zeit\n";
       $fp = fopen('statistik.txt','a');
       fwrite($fp,$werte);
       fclose($fp);
   }
```

```
}
for($x=1;$x<=555555;$x++){
   echo $x . "<br>";
}
?>
```

⊄ **Ausgabe**

```
Ein simpler Shop
1
2
3
4
5
```

⊄ **Inhalt der Datei statistik.txt**

```
Monitore||17"-Monitor||Monday 30th of July 2004 09:05:24 PM
Monitore||17"-Monitor||Monday 30th of July 2004 09:07:55 PM
```

17.2 connection_status

⇒ **Befehl** **int connection_status** (void)

⇐ **Version** (PHP 3>= 3.0.7, PHP 4, PHP 5)

⇔ **Beschreibung** Mit connection_status() kann man sich den internen Verbindungsstatus von PHP zurückgeben lassen.

Folgende drei (bzw. vier – siehe unten) Zustandsmöglichkeiten können eintreten:

- 0 – NORMAL
- 1 – ABORTED
- 2 – TIMEOUT
- 3 – ABORTED und TIMEOUT

Ein aktives PHP-Skript hat normalerweise den Status NORMAL, es sei denn, dass durch irgendein Vorkommnis dieser Status geändert wird. Dabei gibt es mehrere Möglichkeiten. Zum einen kann der User das laufende Skript abbrechen und somit den Status auf ABORTED setzen, oder es kann vorkommen, dass das Skript länger läuft, als das eingestellte Zeitlimit zulässt (Standard-Timeout in der Apache-Konfigurationsdatei ist 30 Sekunden oder über set_time_limit() eine vorgegebene Zeit). Bei Überschreiten dieses Limits wird der Verbindungsstatus auf TIMEOUT gesetzt.

Anhand dieser drei Werte kann man nun entscheiden, wie man mit diesem Status umgehen möchte. Oftmals will man gerade beim Abbruch durch den User noch wichtige Daten retten.

Beachten Sie bitte, dass die Funktion connection_status() gleichzeitig den Status ABORTED und TIMEOUT besitzen kann. Dies geschieht gerade dann, wenn man mit der Funkton ignore_user_abort() den Benutzerabbruch unterbindet. Dennoch kann es zu einem TIMEOUT kommen. In diesem Fall gibt die Funktion den

Wert 3 (ABORTED + TIMEOUT) zurück, weil neben dem Timeout auch der (folgenlose) Benutzerabbruch registriert wurde.

Siehe auch:

- connection_aborted()
- connection_timeout()
- register_shutdown_function()

↔ **Beispiel 1**

```
<?PHP
register_shutdown_function('countdown');
set_time_limit (10);
$produktseite = "Monitore";
$produkt = "17\"-Monitor";
$zeit = date("l dS of F Y h:i:s A");
for($x=1;$x<=55555555;$x++){
   echo $x . "<br>";
}
echo "Ein simpler Shop<br>";
function countdown(){
   $var = connection_status();
   switch ($var) {
       case 0:
           echo "Alles OK - weiter gehts!";
           break;
       case 1:
           global $produktseite , $produkt , $zeit;
           $werte = "$produktseite||$produkt|| _
                        $zeit\n";
           $fp = fopen('statistik.txt','a');
           fwrite($fp,$werte);
           fclose($fp);
           break;
       case 2:
           global $produktseite , $produkt , $zeit;
           $werte = "Timeout - _
               $produktseite||$produkt||$zeit\n";
           $fp = fopen('timeout.txt','a');
           fwrite($fp,$werte);
           fclose($fp);
           break;
   }
}
?>
```

⊄ **Ausgabe 1**

```
1
2
3
```

```
.
.
.
51290
51291

Fatal error: Maximum execution time of 10 seconds exceeded in
e:\apache\htdocs/php/index.php3 on line 9
```

⊄ Inhalt der Datei timeout.txt

```
Timeout - Monitore||17"-Monitor||Monday 30th of July 2001
10:32:38 PM
```

↔ Beispiel 2

```
<?PHP
register_shutdown_function('countdown');
$produktseite = "Monitore";
$produkt = "17\"-Monitor";
$zeit = date("l dS of F Y h:i:s A");
for($x=1;$x<=5;$x++){
   echo $x . "<br>";
}
echo "Ein simpler Shop<br>";
function countdown(){
   $var = connection_status();
   switch ($var) {
       case 0:
           echo "Alles OK - weiter gehts!";
           break;
       case 1:
           global $produktseite , $produkt , $zeit;
           $werte = "$produktseite||$produkt|| _
               $zeit\n";
           $fp = fopen('statistik.txt','a');
           fwrite($fp,$werte);
           fclose($fp);
           break;
       case 2:
           global $produktseite , $produkt , $zeit;
           $werte = "Timeout - _
               $produktseite||$produkt||$zeit\n";
           $fp = fopen('timeout.txt','a');
           fwrite($fp,$werte);
           fclose($fp);
           break;
   }
}
?>
```

⊄ Ausgabe 2

```
1
2
3
4
5
Ein simpler Shop
Alles OK - weiter gehts!
```

↔ Beispiel 3

```
<?PHP
// Wie Beispiel 1, allerdings ein Browserabbruch durch den
User //vor Verstreichen der 10 Sekunden
?>
```

⊄ Ausgabe 3

```
1
2
3
.
.
.
26926
26927
26928
```

⊄ Inhalt der Datei statistik.txt

```
Monitore||17"-Monitor||Monday 30th of July 2004 10:30:15 PM
```

17.3 connection_timeout

⇒ Befehl int **connection_timeout** (void)

⇐ Version (PHP 3>= 3.0.7, PHP 4 <= 4.0.4)

⇔ Beschreibung Mit connection_timeout() kann man feststellen, ob ein Skript durch ein Timeout beendet wurde.

Dieser Status wird eintreten, wenn das eingestellte Zeitlimit überschritten wird. Standard-Timeout in der Apache-Konfigurationsdatei ist 30 Sekunden oder über set_time_limit() eine vorgegebene Zeit.

Diese Funktion ist ab der PHP-Version 4.0.5 nicht mehr vorhanden.

Siehe auch:

- connection_aborted()
- connection_status()
- register_shutdown_function

↔ **Beispiel**

```
register_shutdown_function('countdown');
set_time_limit (2);
$produktseite = "Monitore";
$produkt = "17\"-Monitor";
$zeit = date("l dS of F Y h:i:s A");
for($x=1;$x<=666666666;$x++){
   echo $x . "<br>";
}
echo "Ein simpler Shop<br>";
function countdown(){
   $var = connection_timeout();
   switch ($var) {
       case 1:
           global $produktseite , $produkt , $zeit;
           $werte = "$produktseite||$produkt|| _
               $zeit\n";
           $fp = fopen('timeout.txt','a');
           fwrite($fp,$werte);
           fclose($fp);
           break;
       default:
           echo "Alles OK - weiter gehts!";
           break;
   }
}
?>
```

⊄ **Ausgabe**

```
1
2
3
.
.
.
55983
55984

Fatal error: Maximum execution time of 2 seconds exceeded in
e:\apache\htdocs/php/index.php3 on line 8
```

⊄ **Inhalt der Datei timeout.txt**

```
Monitore||17"-Monitor||Monday 30th of July 2001 10:45:26 PM
```

17.4 define

⇒ **Befehl** int define (string name, mixed value [, int case_insensitive])

⇐ **Version** (PHP 3, PHP 4, PHP 5)

⇔ **Beschreibung**

Mit define() definiert man eine Konstante mittels eines Namens (*name*) und weist dieser einen Wert (*value*) zu. Der optionale Parameter *case_insensitive* bestimmt, ob bei dieser Konstante zwischen Groß- und Kleinschreibung unterschieden wird. Voreingestellt ist die Unterscheidung für Groß- und Kleinschreibung (kann auch mit 1 gesetzt werden).

Im Erfolgsfall gibt diese Funktion true, sonst false zurück.

Die Definition einer Konstanten erfolgt ähnlich wie bei Variablen, außer dass Folgendes zu berücksichtigen ist:

- Eine Konstante beginnt nicht mit dem Dollar-Zeichen ($).
- Der Zugriff auf eine Konstante kann von überall her erfolgen und unterliegt nicht den Auswertungskriterien von Variablen.
- Wurde eine Konstante einmal definiert, so kann sie weder umdefiniert noch zurückgesetzt werden (siehe 2. Beispiel).
- Eine Konstante kann nur eindimensionale Werte aufnehmen. So können z.B. keine Arrays aufgenommen werden.

Siehe auch:

- defined()

↔ **Beispiel 1**

```
<?PHP
define ("SELFPHP", "Version 2.0.0");
echo SELFPHP;
?>
```

⊄ **Ausgabe 1**

```
Version 2.0.0
```

↔ **Beispiel 2**

```
<?PHP
define ("SELFPHP", "Version 2.0.0");
echo SELFPHP;
echo "\n";
define ("SELFPHP", "Version 2.0.1");
echo SELFPHP;
?>
```

⊄ **Ausgabe 2**

```
Version 2.0.0
Version 2.0.0
```

17.5 defined

⇒ **Befehl**

int **defined** (string name)

⇐ **Version**

(PHP 3, PHP 4, PHP 5)

⇔ **Beschreibung**

Mit defined() kann man überprüfen, ob eine Konstante (*name*) definiert wurde und somit existiert. Im Erfolgsfall gibt die Funktion true, sonst false zurück.

Beachten Sie, dass bei der Definition einer Konstanten mit define() als Vorgabe (d.h. wenn Sie kein drittes Argument angeben) zwischen Groß- und Kleinschreibung unterschieden wird (siehe 2. Beispiel).

Siehe auch:
- define()

↔ Beispiel 1

```
<?PHP
define ("SELFPHP", "Version 2.0.0");
echo SELFPHP;
echo "\n";
if(defined("SELFPHP"))
   echo "Die Konstante SELFPHP wurde definiert";
else
   echo "Die Konstante SELFPHP wurde nicht definiert";
?>
```

⊄ Ausgabe 1

```
Version 2.0.0
Die Konstante SELFPHP wurde definiert
```

↔ Beispiel 2

```
<?PHP
define ("SELFPHP", "Version 2.0.0");
echo SELFPHP;
echo "\n";
if(defined("selfphp"))
   echo "Die Konstante SELFPHP wurde definiert";
else
   echo "Die Konstante SELFPHP wurde nicht definiert";
?>
```

⊄ Ausgabe 2

```
Version 2.0.0
Die Konstante SELFPHP wurde nicht definiert
```

17.6 die

⇒ Befehl void **die** (string message)

⇐ Version (PHP 3, PHP 4, PHP 5)

⇔ Beschreibung Mit die() kann man ein laufendes Skript abbrechen und eine eigene Fehlermeldung (*message*) an den Browser senden.

Diese Funktion wird oftmals genutzt, um zu überprüfen, ob eine Datei geöffnet werden konnte oder eine Verbindung zu einer Datenbank aufgenommen wurde. Eine Rückkehr zur Skriptausführung ist nach dem Aufruf von die() nicht mehr möglich.

Siehe auch:

- exit()

Zu Beispiel 1:

Bei diesem Beispiel wurde versucht, eine Datei zu öffnen, die nicht existiert. Da dieser Vorgang gescheitert ist, wurde mit die() das Programm abgebrochen und die eigene Fehlermeldung ausgegeben.
Beachten Sie, dass auch eine interne Fehlermeldung von PHP mit ausgegeben wird.

Zu Beispiel 2:

Bei diesem Beispiel wurde versucht, eine Datei zu öffnen, die nicht existiert. Da dieser Vorgang gescheitert ist, wurde mit die() das Programm abgebrochen und die eigene Fehlermeldung ausgegeben.
Anders als bei dem ersten Beispiel wurde hier die interne Fehlermeldung von PHP unterdrückt. Dies können Sie erreichen, indem Sie dem Funktionsaufruf von fopen() ein »@« voranstellen. In der Entwicklungsphase ist das nicht sinnvoll, da Sie nicht feststellen können, wo der Fehler aufgetreten ist. Erst beim Online-Stellen des Skripts ist es sinnvoll, das »@« hinzuzufügen, um dem User eine gut formatierte Fehlermeldung anzeigen zu können.

↔ Beispiel 1

```
<?PHP
$file = '/www/user/php.php';
$file_name = fopen ($file, 'r')
    or die ("Konnte Datei $file nicht öffnen ");
fclose($file);
?>
```

⊄ Ausgabe 1

```
Warning:  fopen(/www/user/php.php): failed to open stream: No
such file or directory in D:\Damir\Buch\PHP5
Buch\SonstigeFunktionen\die_1.php on line 3
Konnte Datei /www/user/php.php nicht öffnen
```

↔ Beispiel 2

```
<?PHP
$file = '/www/user/php.php';
$file_name = @fopen ($file, 'r')
    or die ("Konnte Datei $file nicht öffnen ");
fclose($file);
?>
```

⊄ Ausgabe 2

```
Konnte Datei /www/user/php.php nicht öffnen
```

17.7 eval

⇒ Befehl mixed eval (string code_str)

⇐ Version (PHP 3, PHP 4, PHP 5)

⇔ **Beschreibung**

Mit eval() kann man versuchen, den Inhalt eines Strings (*code_str*) als PHP-Code auszuführen. Das ist oftmals sehr nützlich, wenn man PHP-Code aus einer Datenbank liest.

Folgende Kriterien müssen erfüllt sein:
- Der String muss gültigen PHP-Code enthalten.
- Es müssen syntaktisch richtige Begrenzungszeichen (;) enthalten sein (siehe Beispiel bei eval).

Außerdem sollten Sie beachten, dass die Werte von Variablen, welche in eval() geändert wurden, auch im Hauptskript Bestand haben werden.

↔ **Beispiel**

```
<?PHP
$var_1 = "Briefmarke";
$var_2 = "Mauritius";
$text ='Wer kennt nicht die wertvolle $var_1 von $var_2.';
echo $text . "\n";
eval ("\$text = \"$text\";");
echo $text;
?>
```

⊄ **Ausgabe**

```
Wer kennt nicht die wertvolle $var_1 von $var_2.
Wer kennt nicht die wertvolle Briefmarke von Mauritius.
```

17.8 exit

⇒ **Befehl**

void **exit** (void)

⇐ **Version**

(PHP 3, PHP 4, PHP 5)

⇔ **Beschreibung**

Mit exit() kann man die Ausführung eines Skripts beenden. Dabei ist darauf zu achten, dass das Skript nicht mehr fortgesetzt werden kann.

Siehe auch:
- die()

Zu Beispiel 1:

Bei diesem Beispiel stimmte der Username und das Passwort überein – das Skript wird normal ausgeführt.

Zu Beispiel 2:

Bei diesem Beispiel stimmte das Passwort nicht mit der Vorgabe überein und die Funktion exit() wurde aufgerufen. Alles, was vor der Funktion aufgerufen wurde, wird an den Browser ausgegeben. Danach wird das Skript beendet.

↔ **Beispiel 1**

```
<?PHP
$passwort = "wolf";
```

```
$user = "admin";
if($user == "admin" && $passwort == "wolf")
   echo "Hallo Admin\n";
else
   exit;
echo "Admin ist eingeloggt!";
?>
```

⊄ **Ausgabe 1**

```
Hallo Admin
Admin ist eingeloggt!
```

↔ **Beispiel 2**

```
<?PHP
$passwort = "wolf";
$user = "admin";
if($user == "admin" && $passwort == "cool")
   echo "Hallo Admin\n";
else
   exit;
echo "Admin ist eingeloggt!";
?>
```

⊄ **Ausgabe 2**

```
// Achtung! Es erfolgt keine Ausgabe!!!
```

17.9 get_browser

⇒ **Befehl** object **get_browser** ([string user_agent])

⇐ **Version** (PHP 3, PHP 4, PHP 5)

⇔ **Beschreibung** Mit get_browser() kann man die Möglichkeiten des Browsers eines Benutzers ermitteln. Sobald ein Browser auf ein Skript zugreift, wird der Wert von »$HTTP_USER_AGENT« ausgelesen. Die Funktion get_browser() sucht einen entsprechenden Eintrag in der »browscap.ini«. Sollte nun die Browser-Version in der Datei vorhanden sein, so werden alle Möglichkeiten des Browsers in ein Objekt eingetragen. Es wird dabei nicht berücksichtigt, ob der User in seinem Browser bestimmte Möglichkeiten deaktiviert hat. Es wird nur aufgezeigt, welche Möglichkeiten der Browser unterstützt.

Sie können auch mit dem optionalen Parameter *user_agent* eine Option zum Ermitteln der Browser-Version festlegen. Ist dieser Parameter nicht gesetzt, so wird PHP mittels »$HTTP_USER_AGENT« den Browser-Typ ermitteln.

In der folgenden Tabelle sehen Sie eine Beispielausgabe für einen Browser. Sie können sich aber alle möglichen Ausgaben in der Datei browscap.ini ansehen. Beachten Sie bitte, dass Sie als Systemadministrator diese Datei immer pflegen und auf dem neuesten Stand halten sollten. Hierzu brauchen Sie nur in einer

Suchmaschine als Suchbegriff »browscap.ini« einzugeben und Sie werden sehr schnell die neueste Version finden.

Damit PHP auch weiß, wo die Datei liegt, muss sie in der php.ini eingetragen werden:
[browscap]
browscap = c:\winnt\system32\inetsrv\browscap.ini

Eigenschaft	*Beispiel für einen Browser*
browser_name_pattern	Mozilla/4.0 (compatible; MSIE 4.01; MSIECrawler;*)
parent	IE 4.0
platform	Win95
minorver	01
browser	IE
Version	4.0
majorver	5
frames	True
tables	True
cookies	True
backgroundsounds	True
vbscript	True
javascript	True
javaapplets	True
ActiveXControls	True
Win16	False
beta	False
AK	False
SK	False
AOL	False
crawler	False
MSN	False
CDF	True
DHTML	True
XML	True

↔ **Beispiel**

```
<?php
function list_array ($array) {
    while (list ($key, $value) = each ($array)) {
        $str .= "$key: $value";
```

```
        $str .= "<br>";
    }
    return $str;
}
echo $HTTP_USER_AGENT;
echo "<br>";
$browser = get_browser();
echo list_array ((array) $browser);
?>
```

⊄ **Ausgabe**

```
[Mozilla/5.0 (compatible; MSIE 5.0MSFinal; Windows 2000)]
parent: IE 5.0
platform: WinNT
browser: IE
Version: 5.0
majorver: 5
minorver: 0
frames: 1
tables: 1
cookies: 1
backgroundsounds: 1
vbscript: 1
javascript: 1
javaapplets: 1
ActiveXControls: 1
Win16:
beta:
AK:
SK:
AOL:
crawler:
MSN:
CDF: 1
DHTML: 1
XML: 1
```

17.10 highlight_file

⇒ **Befehl** void **highlight_file** (string filename)

⇐ **Version** (PHP 4, PHP 5)

⇔ **Beschreibung** Mit highlight_file() kann man sich die Syntax einer PHP-Skriptdatei (*filename*) farbig hervorheben und auf den Browser ausgeben lassen. Dabei werden als Farben die in PHP eingebauten Syntax-Highlighter-Farben genutzt. Es ist darauf zu achten, dass Sie keine absoluten Pfade für die Datei angeben.

Hier im Buch sehen Sie in der Ausgabe nicht die farbige Syntaxmarkierung. Sie können aber anhand des unten stehenden Quellcodes die Wirkungsweise der Funktion nachvollziehen. Zusätzlich befindet sich auf der CD-ROM bei dem Befehl highlight_file() die Ausgabe in farbiger Darstellung.

Siehe auch:

- highlight_string()
- show_source()

↔ Beispiel

```
<?PHP
highlight_file("testseite.php");
?>
```

⊄ Ausgabe

```
<?PHP
$string = "Jetzt gibt es PHP";
$zahl = 5;
?>
<!DOCTYPE HTML PUBLIC "-//W3C//DTD HTML 4.01
Transitional//EN">
<html>
<head>
<title>SelfPHP</title>
<meta http-equiv="Content-Type" content="text/html;
charset=iso-8859-1">
</head>

<body>
<font color="#FF0000" size="2" face="Verdana, Arial,
Helvetica, sans-serif">
    <strong>
        Eine kleine Testseite!<br>
        <?PHP
        echo $string . " " . $zahl;
        ?>
    </strong>
</font>
</body>
</html>
```

⊄ Quellcode

```
<code><font color="#000000">
<font color="#0000BB">&lt;?PHP
<br />$string </font><font color="#007700">= </font><font
color="#DD0000">"Jetzt gibt es PHP"</font><font
color="#007700">;
<br /></font><font color="#0000BB">$zahl </font><font
color="#007700">= </font><font color="#0000BB">5</font><font
color="#007700">;
```

```
<br /></font><font color="#0000BB">?&gt;
<br /></font>&lt;!DOCTYPE HTML PUBLIC "-//W3C//DTD HTML 4.01
Transitional//EN"&gt;
<br />&lt;html&gt;
<br />&lt;head&gt;
<br />&lt;title&gt;SelfPHP&lt;/title&gt;
<br />&lt;meta http-equiv="Content-Type" content="text/html;
charset=iso-8859-1"&gt;
<br />&lt;/head&gt;
<br />
<br />&lt;body&gt;
<br />&lt;font color="#FF0000" size="2" face="Verdana, Arial,
Helvetica, sans-serif"&gt;
<br />    &lt;strong&gt;
<br />        Eine
kleine Testseite!&lt;br&gt;
<br />        <font
color="#0000BB">&lt;?PHP
<br
/>        </font><fon
t color="#007700">echo </font><font color="#0000BB">$string
</font><font color="#007700">. </font><font color="#DD0000">"
" </font><font color="#007700">. </font><font
color="#0000BB">$zahl</font><font color="#007700">;
<br
/>        </font><fon
t color="#0000BB">?&gt;
<br /></font>    &lt;/strong&gt;
<br />&lt;/font&gt;
<br />&lt;/body&gt;
<br />&lt;/html&gt;
<br /></font>
</code>
```

17.11 highlight_string

⇒ **Befehl** void **highlight_string** (string str)

⇐ **Version** (PHP 4, PHP 5)

⇔ **Beschreibung** Mit highlight_string() kann man sich die Syntax einer PHP-Befehlssequenz (*str*) farbig hervorheben und auf den Browser ausgeben lassen. Dabei werden als Farben die in PHP eingebauten Syntax-Highlighter-Farben genutzt.

Hier im Buch sehen Sie in der Ausgabe nicht die farbige Syntaxmarkierung. Sie können sich aber den unten stehenden Quellcode in eine HTML-Datei einbinden und ausgeben lassen. Zusätzlich befindet sich auf der CD-ROM bei dem Befehl highlight_string() die Ausgabe in farbiger Darstellung.

Siehe auch:
- highlight_file()
- show_source()

↔ Beispiel

```
<?PHP
$php = '
<?PHP
   $string = "Selfphp";
   $vers = "2.0.0";
   echo $string . $vers;
?>';
highlight_string($php);
?>
```

⊄ Ausgabe

```
<?PHP
    $string = "Selfphp";
    $vers = "2.0.0";
    echo $string . $vers;
?>
```

⊄ Quellcode

```
<code><font color="#000000">
<br /><font color="#0000BB">&lt;?PHP <br
/>    $string </font><font
color="#007700">= </font><font
color="#DD0000">"Selfphp"</font><font color="#007700">;<br
/>    </font><font color="#0000BB">$vers
</font><font color="#007700">= </font><font
color="#DD0000">"2.0.0"</font><font color="#007700">;<br
/>    echo </font><font
color="#0000BB">$string </font><font color="#007700">.
</font><font color="#0000BB">$vers</font><font
color="#007700">;<br /></font><font
color="#0000BB">?&gt;</font>
</font>
</code>
```

17.12 ignore_user_abort

⇒ Befehl int **ignore_user_abort** ([int setting])

⇐ Version (PHP 3>= 3.0.7, PHP 4, PHP 5)

⇔ **Beschreibung**

Mit ignore_user_abort() kann man ermitteln oder einstellen, ob der Verbindungsabbruch eines Clients die aktuelle Skriptausführung abbrechen soll. Übergeben Sie dazu im Parameter *setting* den Wert true (Verbindungsabbruch soll die Skriptausführung nicht beenden) oder false (Verbindungsabbruch soll die Skriptausführung beenden).

Wenn Sie der Funktion kein Argument übergeben, erhalten Sie die aktuelle Einstellung als Ergebnis zurück.

Bevor Sie ignore_user_abort() aufrufen, sollten Sie mit register_shutdown_function() festlegen, welche Funktion nach dem Abbruch durch den User noch ausgeführt werden soll.

Diese Funktion ist oftmals sehr nützlich, um keine Datenverluste zu erhalten und wichtige Informationen noch abspeichern zu können.

Siehe auch:
- register_shutdown_function()

↔ **Beispiel**

```
<?PHP
echo ignore_user_abort() . "\n";
ignore_user_abort(true);
echo ignore_user_abort() . "\n";
ignore_user_abort(false);
echo ignore_user_abort();
?>
```

⊄ **Ausgabe**

```
1
1
0
```

17.13 ini_alter

⇒ **Befehl**

string **ini_alter** (string varname, string newvalue)

⇐ **Version**

(PHP 4, PHP 5)

⇔ **Beschreibung**

Mit ini_alter() kann man eine in der php.ini bestimmte Konfigurationsoption (*varname*) auf einen neuen Wert (*newvalue*) setzen. Im Erfolgsfall gibt diese Funktion den alten Wert zurück, sonst false.

Siehe auch:
- ini_get()
- ini_restore()
- ini_set()

↔ **Beispiel**

```
<?PHP
echo ini_get("highlight.string") . "\n";
echo ini_alter("highlight.string","#DD00FF") . "\n";
```

```
echo ini_get("highlight.string") . "\n";
echo ini_get("highlight.comment") . "\n";
echo ini_alter("highlight.comment","#FF80DD") . "\n";
echo ini_get("highlight.comment");
?>
```

⊄ **Ausgabe**

```
#DD0000
#DD0000
#DD00FF
#FF8000
#FF8000
#FF80DD
```

17.14 ini_get

⇒ **Befehl** string **ini_get** (string varname)

⇐ **Version** (PHP 4, PHP 5)

⇔ **Beschreibung** Mit ini_get() kann man sich den Wert einer Konfigurationsoption (*varname*) zurückgeben lassen.

Im unteren Beispiel wurden sämtliche Werte, welche unter anderem von highlight_file() für die Farbdarstellung genutzt werden, ausgegeben.

Siehe auch:

- get_cfg_var()
- ini_get_all()
- ini_restore()
- ini_set()

↔ **Beispiel**

```
<?PHP
echo ini_get("highlight.string") . "\n";
echo ini_get("highlight.comment") . "\n";
echo ini_get("highlight.keyword") . "\n";
echo ini_get("highlight.bg") . "\n";
echo ini_get("highlight.default") . "\n";
echo ini_get("highlight.html");
?>
```

⊄ **Ausgabe**

```
#DD0000
#FF8000
#007700
#FFFFFF
#0000BB
#000000
```

17.15 ini_restore

⇒ **Befehl** void **ini_restore** (string varname)

⇐ **Version** (PHP 4, PHP 5)

⇔ **Beschreibung** Mit ini_restore() kann man eine Konfigurationsoption (*varname*) wieder auf den ursprünglichen Wert zurücksetzen.

Siehe auch:
- ini_get()
- ini_get_all()
- ini_set()

↔ **Beispiel**

```
<?PHP
echo ini_get("highlight.bg") . "\n";
echo ini_set("highlight.bg","#DD00FF") . "\n";
echo ini_get("highlight.bg") . "\n";
ini_restore("highlight.bg");
echo ini_get("highlight.bg");
?>
```

⊄ **Ausgabe**

```
#FFFFFF
#FFFFFF
#DD00FF
#FFFFFF
```

17.16 ini_set

⇒ **Befehl** string **ini_set** (string varname, string newvalue)

⇐ **Version** (PHP 4, PHP 5)

⇔ **Beschreibung** Mit ini_set() kann man für eine Konfigurationsoption (*varname*) einen neuen Wert (*newvalue*) setzen. Im Erfolgsfall gibt diese Funktion den alten Wert zurück, sonst false.

Siehe auch:
- get_cfg_var()
- ini_get()
- ini_get_all()
- ini_restore()

↔ **Beispiel**

```
<?PHP
echo ini_get("highlight.bg") . "\n";
echo ini_set("highlight.bg","#DD00FF") . "\n";
echo ini_get("highlight.bg") . "\n";
echo ini_get("highlight.html") . "\n";
```

```
echo ini_set("highlight.html","#FF80DD") . "\n";
echo ini_get("highlight.html");
?>
```

⊄ **Ausgabe**

```
#FFFFFF
#FFFFFF
#DD00FF
#000000
#000000
#FF80DD
```

17.17 leak

⇒ **Befehl** void **leak** (int bytes)

⇐ **Version** (PHP 3, PHP 4 >= 4.0b1)

⇔ **Beschreibung** Mit leak() kann man die angegebene Speichergröße (*bytes*) in Byte belegen. Diese Funktion ist sehr nützlich beim Debuggen des Speicher-Managers, der »leak«-Speicher wieder freigibt, sobald alle Prozesse beendet wurden.

↔ **Beispiel**

```
<?PHP
leak(2000000);
?>
```

⊄ **Ausgabe**

```
// Keine Ausgabe
```

17.18 show_source

⇒ **Befehl** void **show_source** (string filename)

⇐ **Version** (PHP 4, PHP 5)

⇔ **Beschreibung** Mit show_source() kann man sich die Syntax einer PHP-Skriptdatei (*filename*) farbig hervorheben und auf den Browser ausgeben lassen. Dabei werden als Farben die in PHP eingebauten Syntax-Highlighter-Farben genutzt.

Hier im Buch sehen Sie in der Ausgabe nicht die farbige Syntaxmarkierung. Sie können aber anhand des unten stehenden Quellcodes die Wirkungsweise der Funktion nachvollziehen. Zusätzlich befindet sich auf der CD-ROM bei dem Befehl show_source() die Ausgabe in farbiger Darstellung.

Siehe auch:

- highlight_string()
- highlight_file()

↔ **Beispiel**

```
<?PHP
show_source("testseite.php");
?>
```

⊄ **Ausgabe**

```
<?PHP
$string = "Jetzt gibt es PHP";
$zahl = 5;
?>
<!DOCTYPE HTML PUBLIC "-//W3C//DTD HTML 4.01
Transitional//EN">
<html>
<head>
<title>SelfPHP</title>
<meta http-equiv="Content-Type" content="text/html;
charset=iso-8859-1">
</head>

<body>
<font color="#FF0000" size="2" face="Verdana, Arial,
Helvetica, sans-serif">
    <strong>
        Eine kleine Testseite!<br>
        <?PHP
        echo $string . " " . $zahl;
        ?>
    </strong>
</font>
</body>
</html>
```

⊄ **Quellcode**

```
<code><font color="#000000">
<font color="#0000BB">&lt;?PHP
<br />$string </font><font color="#007700">= </font><font
color="#DD0000">"Jetzt gibt es PHP"</font><font
color="#007700">;
<br /></font><font color="#0000BB">$zahl </font><font
color="#007700">= </font><font color="#0000BB">5</font><font
color="#007700">;
<br /></font><font color="#0000BB">?&gt;
<br /></font>&lt;!DOCTYPE HTML PUBLIC "-//W3C//DTD HTML 4.01
Transitional//EN"&gt;
<br />&lt;html&gt;
<br />&lt;head&gt;
<br />&lt;title&gt;SelfPHP&lt;/title&gt;
<br />&lt;meta http-equiv="Content-Type" content="text/html;
charset=iso-8859-1"&gt;
<br />&lt;/head&gt;
<br />
```

```
<br />&lt;body&gt;
<br />&lt;font color="#FF0000" size="2" face="Verdana, Arial,
Helvetica, sans-serif"&gt;
<br />    &lt;strong&gt;
<br />        Eine
kleine Testseite!&lt;br&gt;
<br />        <font
color="#0000BB">&lt;?PHP
<br
/>        </font><fon
t color="#007700">echo </font><font color="#0000BB">$string
</font><font color="#007700">. </font><font color="#DD0000">"
" </font><font color="#007700">. </font><font
color="#0000BB">$zahl</font><font color="#007700">;
<br
/>        </font><fon
t color="#0000BB">?&gt;
<br /></font>    &lt;/strong&gt;
<br />&lt;/font&gt;
<br />&lt;/body&gt;
<br />&lt;/html&gt;
<br /></font>
</code>
```

17.19 sleep

⇒ Befehl

void **sleep** (int seconds)

⇐ Version

(PHP 3, PHP 4, PHP 5)

⇔ Beschreibung

Mit sleep() kann man die Skriptausführung für eine gewisse Zeit (*seconds*) unterbrechen. Die Zeit wird dabei in Sekunden angegeben. Sobald die Zeit verstrichen ist, wird die Ausführung des Skripts wieder aufgenommen.

Beachten Sie, dass ohne die Funktion flush() erst abgewartet wird, bis die Zeit verstrichen ist – erst dann wird die komplette Seite an den Browser gesendet (siehe Beispiel 2).

Siehe auch:
- usleep()
- flush()

↔ Beispiel 1

```
<?PHP
echo "Selfphp<br>";
echo "Diese und die nächste Zeile werden auch _
 noch an den Browser gesendet.<br>";
```

```
echo "Jetzt passiert 3 Sekunden gar nichts.<br>";
flush();
sleep(3);
echo "<br>";
echo "Die 3 Sekunden sind vorbei und erst_
 jetzt<br>";
echo "wird dieser Text ausgegeben.";
?>
```

⊄ **Ausgabe 1**

```
Selfphp
Diese und die nächste Zeile werden auch noch an den Browser
gesendet.
Jetzt passiert 3 Sekunden gar nichts.

Die 3 Sekunden sind vorbei und erst jetzt
wird dieser Text ausgegeben.
```

↔ **Beispiel 2**

```
<?PHP
echo "Selfphp\n";
echo " Diese und die nächsten Zeilen werden erst_
 nach 3 Sekunden an den Browser gesendet.\n";
sleep(3);
echo "\n";
echo " Die 3 Sekunden sind vorbei und erst jetzt \n";
echo " wird der komplette Text ausgegeben.";
?>
```

⊄ **Ausgabe 2**

```
Selfphp
Diese und die nächsten Zeilen werden erst nach 3 Sekunden an
den Browser gesendet.

Die 3 Sekunden sind vorbei und erst jetzt
wird der komplette Text ausgegeben.
```

17.20 uniqid

⇒ **Befehl** string **uniqid** (string prefix [, bool lcg])

⇐ **Version** (PHP 3, PHP 4, PHP 5)

⇔ **Beschreibung** Mit uniqid() kann man eine eindeutige ID mit dem gegebenen Präfix (*prefix*) erstellen lassen. Dabei basiert die erstellte ID auf der aktuellen Zeit in Mikrosekunden. Das Präfix kann dabei eine Länge von 114 Zeichen haben und wird der ID vorangestellt.

Das Präfix ist oftmals sehr nützlich, wenn Sie auf verschiedenen Servern IDs erstellen und nicht Gefahr laufen wollen, dass dies zur gleichen Mikrosekunde geschieht.

Wenn der optionale Parameter *lcg* den Wert true hat, fügt die Funktion am Ende der ID einen zusätzlichen LCG-Wert an, womit die IDs noch einmaliger werden. Bei IDs ohne Präfix ist die Zeichenkette 13 Zeichen lang, während sie mit LCG-Wert 23 Zeichen lang ist.

Um wirklich eindeutige IDs zu generieren, sollten Sie zusätzlich mit md5() arbeiten (siehe Beispiel $zahl_5).

Siehe auch:

- md5()
- rand()

↔ Beispiel

```
<?PHP
echo $zahl_1 = uniqid ("") . "\n";
echo $zahl_2 = uniqid ("",TRUE) . "\n";
echo $zahl_3 = uniqid ("Selfphp",TRUE) . "\n";
echo $zahl_4 = md5 (uniqid ("")) . "\n";
echo $zahl_5 = md5 (uniqid (rand()));
?>
```

⊄ Ausgabe

```
40e6dff0ee0da
40e6dff0ee6d67.40935921
Selfphp40e6dff0ee7ed8.80556853
66b60c43faa40bc60cf6d1ed6085ba68
300a1c1ef3a8f0f167d2e7ba01050e83
```

17.21 usleep

⇒ Befehl void **usleep** (int micro_seconds)

⇐ Version (PHP 3, PHP 4, PHP 5)

⇔ Beschreibung Mit usleep() kann man ein Skript für eine angegebene Zeit in Mikrosekunden (*micro_seconds*) anhalten.

Dabei wird die Zeit, die man angegeben hat, abgewartet und erst dann die Ausgabe zum Browser gesendet. Möchte man Zeichenketten, die vor der Funktion usleep() ausgegeben wurden, direkt an den Browser senden, so muss man zusätzlich die Funktion flush() verwenden.

Die Funktion usleep() wird auf einem Windows-System nichts bewirken, da sie dort nicht unterstützt wird.

Siehe auch:

- sleep()
- flush()

Zu Beispiel 1:

Bei diesem Beispiel werden die ersten beiden Zeichenketten mit echo an den Browser ausgegeben und sind sofort für den User sichtbar. Danach stoppt das Skript für genau 5 Sekunden und beginnt danach wieder mit der restlichen Abarbeitung des Skripts. Dabei werden dann die beiden letzten Zeichenketten an den Browser gesendet.

Zu Beispiel 2:

Dieses Beispiel zeigt einen einfachen Countdown. Dabei werden im Abstand von 1 Sekunde die Zeichenketten an den Browser ausgegeben. Der User sieht dann im Sekundenabstand, wie der Countdown von 5 nach 1 runterzählt.

Zu Beispiel 3:

Bei dem dritten Beispiel wird das Skript für 5 Sekunden angehalten und erst dann werden alle Zeichenketten (auch die, die vor der Funktion usleep() aufgerufen wurden) an den Browser gesendet.

↔ Beispiel 1

```
<?PHP
echo "Selfphp<br>";
echo "Diese und die nächste Zeile werden auch _
 noch an dem Browser gesendet.<br>";
echo "Jetzt passiert 5 Sekunden gar nichts.<br>";
flush();
usleep(5000000);
echo "<br>";
echo "Die 5 Sekunden sind vorbei und erst _
 jetzt<br>";
echo "wird dieser Text ausgegeben.";
?>
```

⊄ Ausgabe 1

```
Selfphp
Diese und die nächste Zeile werden auch noch an dem Browser
gesendet.
Jetzt passiert 5 Sekunden gar nichts.

Die 5 Sekunden sind vorbei und erst jetzt
wird dieser Text ausgegeben.
```

↔ Beispiel 2

```
<?PHP
echo "Ein simpler Countdown<br>";
for($x=5;$x>0;$x--){
   flush();
   usleep(1000000);
   echo $x . "<br>";
```

```
}
?>
```

⊄ Ausgabe 2

```
Ein simpler Countdown
5
4
3
2
1
```

↔ Beispiel 3

```
<?PHP
echo "Selfphp<br>";
usleep(5000000);
echo "Die Befehlsreferenz";
?>
```

⊄ Ausgabe 3

```
Selfphp
Die Befehlsreferenz
```

18 String-Funktionen

18.1 addcslashes

⇒ **Befehl** string **addcslashes** (string str , string charlist)

⇐ **Version** (PHP 4, PHP 5)

⇔ **Beschreibung** Mit addcslashes() kann man eigene vordefinierte Sonderzeichen (*charlist*) mit einem Backslash »\« schützen lassen. Der String (*string*) wird danach modifiziert zurückgegeben.

Siehe auch:

- htmlspecialchars()
- quotemeta()
- stripcslashes()
- stripslashes()

↔ **Beispiel**

```
<?PHP
$string = "#Sicher+ist*sicher!";
$string_new = addcslashes($string , "#+*!");
echo $string . "\n" . $string_new;
?>
```

⊄ **Ausgabe**

```
#Sicher+ist*sicher!
\#Sicher\+ist\*sicher\!
```

18.2 addslashes

⇒ **Befehl** string **addslashes** (string str)

⇐ **Version** (PHP 3, PHP 4, PHP 5)

⇔ **Beschreibung** Mit addslashes() werden alle Vorkommen von bestimmten Zeichen mit einem Backslash »\« geschützt. Dies ist vor allem für Datenbankabfragen wichtig. Der String (*str*) wird danach modifiziert zurückgegeben.

Folgende Zeichen werden geschützt:

- einfache Anführungszeichen (')
- doppelte Anführungszeichen (")
- Backslash (\)
- NUL (Null-Byte)

Siehe auch:
- htmlspecialchars()
- quotemeta()
- stripslashes()

↔ **Beispiel**

```
<?PHP
$string = "Mein 'erster' \Pokal";
$string_new = addslashes($string);
echo $string . "\n" . $string_new;
?>
```

⊄ **Ausgabe**

```
Mein 'erster' \Pokal
Mein \'erster\' \\Pokal
```

18.3 bin2hex

⇒ **Befehl** string **bin2hex** (string str)

⇐ **Version** (PHP 3>= 3.0.9, PHP 4, PHP 5)

⇔ **Beschreibung** Mit bin2hex() werden Binärdaten (*str*) in hexadezimale Daten konvertiert und modifiziert zurückgegeben.

↔ **Beispiel**

```
<?PHP
echo bin2hex("SelfPHP");
?>
```

⊄ **Ausgabe**

```
53656c66504850
```

18.4 chop

⇒ **Befehl** string **chop**(string str)

⇐ **Version** (PHP 3, PHP 4, PHP 5)

⇔ **Beschreibung** Mit chop() kann man nicht sichtbare Zeichen am Ende einer Zeichenkette (*str*) entfernen. So werden unter anderem Leerzeichen und Zeilenumbrüche (\n) entfernt.

Siehe auch:
- trim()
- ltrim()
- rtrim()

↔ **Beispiel**

```
<?PHP
$string_a = "Self ";
```

```
$string_b = "PHP";
$string_c = chop($string_a);
echo $string_a . $string_b;
echo "\n";
echo $string_c . $string_b;
?>
```

⊄ **Ausgabe**

```
Self PHP
SelfPHP
```

18.5 chr

⇒ **Befehl** string **chr** (int ascii)

⇐ **Version** (PHP 3, PHP 4, PHP 5)

⇔ **Beschreibung** Mit chr() kann man sich das ASCII-Zeichen mit der angegebenen Nummer (*ascii*) zurückgeben lassen. Bei ASCII handelt es sich um einen 8-Bit-Zeichensatz, bei dem jeder Zahl von 0-255 genau ein Zeichen zugewiesen ist.

Der Zeichensatz gliedert sich wie folgt:

- 0-31 Steuerzeichen
- 32-127 Amerikanische Tastaturzeichen
- 128-255 Sonderzeichen und Umlaute

↔ **Beispiel**

```
<?PHP
echo chr(128) . "\n";
echo chr(169) . "\n";
echo chr(174);
?>
```

⊄ **Ausgabe**

```

©
®
```

18.6 chunk_split

⇒ **Befehl** string **chunk_split** (string string [, int chunklen [, string end]])

⇐ **Version** (PHP 3>= 3.0.6, PHP 4, PHP 5)

⇔ **Beschreibung** Mit chunk_split() kann man eine Zeichenkette (*string*) in kleinere Stücke aufteilen. Dabei gibt man im Parameter *chunklen* an, welche Länge die Zeichenketten im Ergebnis-String maximal haben sollen.

Diese Funktion ist von Vorteil, wenn Sie base64_encode-Ausgaben in die RFC2045-Entsprechung konvertieren müssen.

Gibt man keinen Parameter für *chunklen* an, so wird automatisch nach 76 Zeichen die Zeichenkette geteilt. Der weitere Parameter (*end*) ist optional und hat als automatische Vorgabe »\r\n«.

Die Funktion chunk_split ist wesentlich schneller als ereg_replace.

Siehe auch:
- explode()
- split()
- wordwrap()

↔ Beispiel

```
<?PHP
echo chunk_split("123",1,"\n");
?>
```

⊄ Ausgabe

```
1
2
3
```

18.7 convert_cyr_string

⇒ Befehl

string **convert_cyr_string** (string str, string from, string to)

⇐ Version

(PHP 3>= 3.0.6, PHP 4, PHP 5)

⇔ Beschreibung

Mit convert_cyr_string() kann man eine Zeichenkette (*str*) von einem kyrillischen Zeichensatz (*from*) in den neuen Zeichensatz (*to*) konvertieren. Für den Zeichensatz gibt man als Abkürzung des Zeichensatzes die unten stehenden Buchstaben ein.

Der Zeichensatz gliedert sich wie folgt:
- k – koi8-r
- w – windows-1251
- i – iso8859-5
- a – x-cp866
- d – x-cp866
- m – x-mac-cyrillic

↔ Beispiel

```
<?PHP
echo convert_cyr_string("äüö",w,k) . "\n";
echo convert_cyr_string("äüö",w,i) . "\n";
echo convert_cyr_string("äüö",w,a) . "\n";
echo convert_cyr_string("äüö",w,d) . "\n";
echo convert_cyr_string("äüö",w,m);
?>
```

⊄ **Ausgabe**

```
ÄØÃ
Ôìæ
¤ìæ
¤ìæ
äüö
```

18.8 count_chars

⇒ **Befehl**

mixed **count_chars** (string string [, int mode])

⇐ **Version**

(PHP 4, PHP 5)

⇔ **Beschreibung**

Mit count_chars() können Sie zählen, wie oft in einer Zeichenkette (*string*) jedes Zeichen der ASCII-Zeichentabelle (0 – 255) vorkommt. Der Parameter *mode* legt fest, in welcher Form die Funktion ihre Ergebnisse zurückgibt. Wird der optionale Parameter (*mode*) nicht angegeben, so wird die Grundeinstellung »0« genommen.

Folgende Werte sind für den Parameter *mode* zulässig:

- 0 – Funktionsergebnis ist ein Array. Es enthält alle 255 Zeichen mit der Häufigkeit des Zeichens.
- 1 – Funktionsergebnis ist ein Array. Es enthält nur die Zeichen, die in dem zu untersuchenden String vorkommen, mit der Häufigkeit des Zeichens.
- 2 – Funktionsergebnis ist ein Array. Es enthält nur die Zeichen, die in dem zu untersuchenden String nicht vorkommen.
- 3 – Funktionsergebnis ist ein String. Dieser String enthält alle Zeichen, die in dem zu untersuchenden String vorkommen.
- 4 – Funktionsergebnis ist ein String. Dieser String enthält alle Zeichen, die in dem zu untersuchenden String nicht vorkommen.

Siehe auch:

- strpos()
- substr_count()

↔ **Beispiel**

```
<?PHP
$array = array("PHP","ASP","Perl","Java","XML");
for($y=0;$y<=4;$y++){
  $string = count_chars($array[$y],$y);
  switch($y){
    case 0:
      echo "Parameter: ".$y . "\n";
      for($x=0;$x<=255;$x++) {
        if($string[$x])
        echo "Zeichen ".chr($x)." - Vorkommen: ".$string[$x]
. " x\n";
      }
```

```
        break;
      case 1:
        echo "Parameter: ".$y . "\n";
        for($x=0;$x<=255;$x++) {
          if($string[$x])
          echo "Zeichen ".chr($x)." - Vorkommen: ".$string[$x]
. " x\n";
        }
        break;
      case 2:
        echo "Parameter: ".$y . "\n";
        for($x=0;$x<=255;$x++) {
          if(!$string[$x])
          echo chr($x);
        }
        break;
      case 3:
        echo "\nParameter: ".$y . "\n";
        echo $string . "\n";
        break;
      case 4:
        echo "Parameter: ".$y . "\n";
        echo $string . "\n";
        break;
    }
}
?>
```

⊄ **Ausgabe**

```
Parameter: 0
Zeichen H - Vorkommen: 1 x
Zeichen P - Vorkommen: 2 x

Parameter: 1
Zeichen A - Vorkommen: 1 x
Zeichen P - Vorkommen: 1 x
Zeichen S - Vorkommen: 1 x

Parameter: 2
´^~-˘˙¨˚ ﬂŁłŽž–          - !"#$%&'()*+,-
./0123456789:;<=>?@ABCDEFGHIJKLMNOPQRSTUVWXYZ[\]^_`abcdefghij
klmnopqrstuvwxyz{|}~    ,ƒ„…†‡ˆ‰Š‹Œ     ‘’“”•–—˜™š›œ  Ÿ
¡¢£¤¥¦§¨©ª«¬-®¯°±²³´µ¶·¸¹º»¼½¾¿ÀÁÂÃÄÅÆÇÈÉÊËÌÍÎÏÐÑÒÓÔÕÖ×ØÙÚÛÜÝ
Þßàáâãäåæçèéêëìíîïðñòóôõö÷øùúûüýþÿ
Parameter: 3
Jav

Parameter: 4
´^~-˘˙¨˚ ﬂŁłŽž–          - !"#$%&'()*+,-
```

```
./0123456789:;<=>?@ABCDEFGHIJKNOPQRSTUVWYZ[\]^_‘abcdefghijklm
nopqrstuvwxyz{|}~    ,ƒ„…†‡ˆ‰Š‹Œ     ‘’“”•–—˜™š›œ  Ÿ
¡¢£¤¥¦§¨©ª«¬-®¯°±²³´µ¶·¸¹º»¼½¾¿ÀÁÂÃÄÅÆÇÈÉÊËÌÍÎÏÐÑÒÓÔÕÖ×ØÙÚÛÜÝ
Þßàáâãäåæçèéêëìíîïðñòóôõö÷øùúûüýþÿ
```

18.9 crc32

⇒ Befehl int **crc32** (string str)

⇐ Version (PHP 4 >= 4.0.1, PHP 5)

⇔ Beschreibung Mit crc32() kann man aus einem String (*str*) den polynomischen CRC32-Wert berechnen lassen. Diese zyklisch redundante polynomische Prüfsumme, welche eine Länge von 32 Bit besitzt, wird genutzt, um die Integrität von übermittelten Daten zu prüfen. Dadurch wird eine wesentlich bessere Datenübertragungssicherheit gewährleistet.

Siehe auch:

- md5()

↔ Beispiel

```
<?PHP
$var = "PHP 5 - Die Befehlsreferenz";
echo crc32($var);
?>
```

⊄ Ausgabe

```
618210681
```

18.10 crypt

⇒ Befehl string **crypt** (string str [, string salt])

⇐ Version (PHP 3, PHP 4, PHP 5)

⇔ Beschreibung Mit crypt() verschlüsselt man eine Zeichenkette (*str*) unter Verwendung der Standard-DES-Verschlüsselung von UNIX. Der optionale Parameter (*salt*) hat zur Folge, dass ein 2-Zeichen-String (*salt*) als Basis der Verschlüsselung genommen wird. Bei dem erstellten und verschlüsselten String handelt es sich um einen Einwegschlüssel, welcher nicht mehr umkehrbar ist. Auf Systemen, welche mehrere Verschlüsselungsarten mittels der crypt-Funktion anbieten, verrät der Wert der folgenden Konstanten, welche Arten zur Verfügung stehen:

- CRYPT_STD_DES – Standard DES-Schlüssel (salt = 2)
- CRYPT_EXT_DES – Erweiterter DES-Schlüssel (salt = 9)
- CRYPT_MD5 – MD5-Schlüssel (salt = 12)
- CRYPT_BLOWFISH –Erweiterter DES-Schlüssel (salt=16)

Siehe auch:

- md5()

↔ **Beispiel**

```
<?PHP
echo crypt("PHP 5 - Die Befehlsreferenz");
?>
```

⊄ **Ausgabe**

```
$1$tQ1.y3/.$PbL8F8Iu6w0cjizGIl6nIl
```

18.11 echo

⇒ **Befehl** **echo** (string arg1 [, string ...])

⇐ **Version** (PHP 3, PHP 4, PHP 5)

⇔ **Beschreibung** Mit echo() werden alle Strings (*arg1*) ausgegeben. Da es sich bei echo() um keine Funktion handelt, können Sie die Klammern einfach weglassen. Weiterhin haben Sie auch die Möglichkeit, die Kurzform zu nutzen (siehe letztes Beispiel). Dabei müssen Sie unmittelbar nach dem öffnenden PHP-Tag ein Gleichheitszeichen setzen.

Siehe auch:

- print()
- printf()
- flush()

↔ **Beispiel**

```
<?PHP
$string = "PHP 5 - Die Befehlsreferenz";
echo $string . "\n";
echo "PHP 5 \n";
echo "Auch über mehrere
      Zeilen anwendbar\n";
?>
<?="Auch die Kurzform geht!"?>
```

⊄ **Ausgabe**

```
PHP 5 - Die Befehlsreferenz
PHP 5
Auch über mehrere Zeilen anwendbar
Auch die Kurzform geht!
```

18.12 explode

⇒ **Befehl** array **explode** (string separator, string string [, int limit])

⇐ **Version** (PHP 3, PHP 4, PHP 5)

⇔ **Beschreibung**

Mit explode() zerlegt man eine Zeichenkette (*string*) anhand eines vordefinierten Trennzeichens (*separator*). Der Parameter *limit* ist optional und bewirkt, dass nur maximal *limit* Elemente im Ergebnis-Array zurückgegeben werden; das letzte Element des Ergebnis-Arrays enthält dann den Rest des Strings. Alle Elemente des zuvor zerlegten Strings werden in einem Array zurückgegeben – der ursprüngliche String bleibt erhalten.

Siehe auch:
- split()
- implode()

↔ **Beispiel**

```
<?PHP
$string = "PHP 5 - Die Befehlsreferenz";
echo $string . "\n";
$array = explode(" ",$string);
print_r($array);
?>
```

⊄ **Ausgabe**

```
PHP 5 - Die Befehlsreferenz
Array
(
     [0] => PHP
     [1] => 5
     [2] => -
     [3] => Die
     [4] => Befehlsreferenz
)
```

18.13 get_html_translation_table

⇒ **Befehl** string **get_html_translation_table** (int table [, int quote_style])

⇐ **Version** (PHP 4, PHP 5)

⇔ **Beschreibung**

Mit get_html_translation_table() können Sie auf die intern genutzte Zeichentabelle zugreifen, welche von den Funktionen htmlspecialchars() und htmlentities() als Grundlage für die Zeichenformatierung genommen wird. So können Sie mit strtr() Sonderzeichen in ihre HTML-Code-Entsprechung umwandeln. Die Umkehrung erhalten Sie mit array_flip(), welche den ursprünglichen Zustand wiederherstellt.

Siehe auch:
- htmlspecialchars()
- htmlentities()
- strtr()
- array_flip()

↔ **Beispiel**

```
<?PHP
$mod=get_html_translation_table (HTML_SPECIALCHARS);
$string = "20 < 21 & 22 > 20";
echo strtr($string,$mod) . "\n";
$mod = array_flip($mod);
echo strtr($string, $mod);
?>
```

⊄ **Ausgabe**

```
20 < 21 & 22 > 20
20 < 21 & 22 > 20

Achtung - Dieses gehört nicht zur Ausgabe.
Der HTML-Quellcode sieht für die obere Ausgabe wie folgt aus:
20 &lt; 21 &amp; 22 &gt; 20
20 < 21 & 22 > 20
```

18.14 htmlentities

⇒ **Befehl**

string **htmlentities** (string string [, int quote_style [, string charset]])

⇐ **Version**

(PHP 3, PHP 4, PHP 5)

⇔ **Beschreibung**

Mit htmlentities() werden alle Sonderzeichen und HTML-Tags in den dafür vorgesehenen HTML-Code umgewandelt. Der zweite Parameter (*quote_style*) ist optional und erst ab der Version 3.0.17 bzw. 4.0.3 verfügbar. Dieser bewirkt, dass Anführungszeichen mit berücksichtigt werden. Standardmäßig ist der Wert ENT_COMPAT aktiviert. Der optionale Parameter *charset* bestimmt den Zeichensatz – standardmäßig ist der ISO-8859-1 Zeichensatz aktiviert.

Mögliche Angaben für *quote_style*:

- ENT_COMPAT – Umwandlung von doppelten Anführungszeichen
- ENT_QUOTES – Umwandlung beider Arten (einfache und doppelte Anführungszeichen)
- ENT_NOQUOTES – Keine Anführungszeichen werden umgewandelt

Siehe auch:

- html_entity_decode()
- get_html_translation_table()
- htmlspecialchars()
- nl2br()
- urlencode()

↔ **Beispiel**

```
<?PHP
$string = "<B>PHP 5</B>&Die Befehlsreferenz";
echo htmlentities($string);
?>
```

⊄ Ausgabe

```
<B>PHP 5</B>&Die Befehlsreferenz
```

Achtung – Dies gehört nicht zur Ausgabe.
Der HTML-Quellcode sieht für die obere Ausgabe wie folgt aus:

```
&lt;B&gt;PHP 5&lt;/B&gt;&amp;Die Befehlsreferenz
```

18.15 htmlspecialchars

⇒ Befehl

string **htmlspecialchars** (string string [, int quote_style [, string charset]])

⇐ Version

(PHP 3, PHP 4, PHP 5)

⇔ Beschreibung

Mit htmlspecialchars() werden bestimmte Sonderzeichen in den dafür vorgesehenen HTML-Code umgewandelt. Der zweite Parameter (*quote_style*) ist optional und erst ab der Version 3.0.17 bzw. 4.0.3 verfügbar. Dieser bewirkt, dass Anführungszeichen mit berücksichtigt werden. Standardmäßig ist der Wert ENT_COMPAT aktiviert. Der optionale Parameter *charset* (ab PHP 4.1.0) bestimmt den Zeichensatz – standardmäßig ist der ISO-8859-1 Zeichensatz aktiviert.
Falls Sie eine vollständige Umwandlung der HTML-Zeichen benötigen, so nutzen Sie die Funktion htmlentities().

Mögliche Angaben für quote_style:

- ENT_COMPAT – Umwandlung von doppelten Anführungszeichen
- ENT_QUOTES – Umwandlung beider Arten (einfache und doppelte Anführungszeichen)
- ENT_NOQUOTES – Keine Anführungszeichen werden umgewandelt

Folgende Umwandlung wird unterstützt:

- Einfache Anführungszeichen (') – aus dem einfachen Anführungszeichen wird ein '
- Doppelte Anführungszeichen (") – aus dem doppelten Anführungszeichen wird ein "
- Kaufmännisches Und (&) – aus dem kaufmännischen Und wird ein &
- Kleiner als (<) – aus dem kleiner als wird ein <
- Größer als (>) – aus dem größer als wird ein >

Siehe auch:

- get_html_translation_table()
- htmlentities()
- nl2br()

↔ Beispiel

```
<?PHP
$string = "' \" & < >";
 echo htmlspecialchars($string, ENT_QUOTES);
?>
```

⊄ Ausgabe

```
' " & < >
```

Achtung – Dies gehört nicht zur Ausgabe.
Der HTML-Quellcode sieht für die obere Ausgabe wie folgt aus:

```
&#039; &quot; &amp; &lt; &gt;
```

18.16 implode

⇒ Befehl string **implode** (string glue, array pieces)

⇐ Version (PHP 3, PHP 4, PHP 5)

⇔ Beschreibung Mit implode() fügt man ein Array (*piéces*) anhand eines Trennzeichens (*glue*) zu einem String zusammen. Dabei werden die Array-Elemente nacheinander an den String angehängt.

Siehe auch:

- explode()
- join()
- split()

↔ Beispiel

```
<?PHP
$array = array("PHP","5","- Die _ Befehlsreferenz");
echo implode(" ",$array) . "\n";
echo implode("",$array) . "\n";
echo implode("#",$array);
?>
```

⊄ Ausgabe

```
PHP 5 - Die _ Befehlsreferenz
PHP5- Die _ Befehlsreferenz
PHP#5#- Die _ Befehlsreferenz
```

18.17 join

⇒ Befehl string **join** (string glue, array pieces)

⇐ Version (PHP 3, PHP 4, PHP 5)

⇔ Beschreibung Mit join() fügt man ein Array (*pieces*) anhand eines Trennzeichens (*glue*) zu einem String zusammen. Dabei werden die Array-Elemente nacheinander an den String angehängt.

Siehe auch:

- explode()
- implode()
- split()

↔ **Beispiel**

```
<?PHP
$array = array("PHP","5","- Die _ Befehlsreferenz");
echo join(" ",$array) . "\n";
echo join("",$array) . "\n";
echo join("#",$array);
?>
```

⊄ **Ausgabe**

```
PHP 5 - Die _ Befehlsreferenz
PHP5- Die _ Befehlsreferenz
PHP#5#- Die _ Befehlsreferenz
```

18.18 levenshtein

⇒ **Befehl**

int levenshtein (string str1, string str2)

⇐ **Version**

(PHP 3>= 3.0.17, PHP 4 >= 4.0.1, PHP 5)

⇔ **Beschreibung**

Mit levenshtein() kann man den Unterschied zweier Strings (*str1* und *str2*) berechnen. Dabei wird berechnet, wie viele Vorgänge (Einfügen, Austauschen oder Löschen) benötigt werden, um aus dem ersten String (*str1*) den zweiten String (*str2*) zu erzeugen.

Sollte einer der Strings länger als 255 Zeichen sein, so wird –1 zurückgegeben.

Siehe auch:

- soundex()
- similar_text()
- metaphone()

↔ **Beispiel**

```
<?PHP
$var_1 = "Müller";
$var_2 = "Füller";
$var_3 = "ranke";
$var_4 = "schlanke";
echo "Um aus " . $var_1 . " " . $var_2 . " zu _ machen, wird
" . levenshtein($var_1,$var_2) . " _ Vorgang benötigt.<br>";

echo "Um aus " . $var_3 . " " . $var_4 . " zu _ machen,
werden " . levenshtein($var_3,$var_4) ."_ Vorgänge
benötigt.";
?>
```

⊄ **Ausgabe**

```
Um aus Müller Füller zu machen, wird 1 Vorgang benötigt.
Um aus ranke schlanke zu machen, werden 3 Vorgänge_benötigt.
```

18.19 ltrim

⇒ **Befehl** string **ltrim** (string str)

⇐ **Version** (PHP 3, PHP 4, PHP 5)

⇔ **Beschreibung** Mit ltrim() entfernt man Leerraum am Anfang einer Zeichenkette (*str*). Der String wird modifiziert zurückgegeben.

Folgende Zeichen gelten als Leerraum:
Das Leerzeichen
- \n
- \r
- \t
- \v
- \0

Siehe auch:
- chop()
- rtrim()
- trim()

↔ **Beispiel**

```
<?PHP
$string_a = "PHP";
$string_b = " 5";
$string_c = ltrim($string_b);
echo $string_a . $string_b . "\n";
echo $string_a . $string_c;
?>
```

⊄ **Ausgabe**

```
PHP 5
PHP5
```

18.20 md5

⇒ **Befehl** string **md5** (string str)

⇐ **Version** (PHP 3, PHP 4, PHP 5)

⇔ **Beschreibung** Mit md5() verschlüsselt man einen String (*str*) nach der MD5-Methode. Diese Möglichkeit der Verschlüsselung wird häufig genutzt, um eindeutige Sessions zu generieren.

Siehe auch:
- crc32()

↔ **Beispiel**

```
<?PHP
$string = "PHP 5";
echo md5($string);?>
```

⊄ **Ausgabe**

```
0195366954bb9a91e4b06e4a2ed67d4a
```

18.21 metaphone

⇒ **Befehl**

string **metaphone** (string str)

⇐ **Version**

(PHP 4, PHP 5)

⇔ **Beschreibung**

Mit metaphone() berechnet man den Metaphone-Schlüssel eines Strings (*str*). Dieser Schlüssel kann zum Vergleich zweier Strings genommen werden, um die Ähnlichkeit beider Zeichenketten zu überprüfen.

Diese Funktion erzielt wesentlich bessere Ergebnisse als soundex(), da sie die englische Aussprache berücksichtigt.

Siehe auch:

- soundex()

↔ **Beispiel**

```
<?PHP
$var_1 = "Eine gelbe Zitrone";
$var_2 = "Citroen";
$var_3 = "Visual Basic";
$var_4 = "base";
echo $var_1 . ": " . metaphone($var_1) . "\n";
echo $var_2 . ": " . metaphone($var_2) . "\n";
echo $var_3 . ": " . metaphone($var_3) . "\n";
echo $var_4 . ": " . metaphone($var_4) . "\n";
if(strpos(metaphone($var_1),metaphone($var_2)))
  echo "$var_1 und $var_2 zeigen Ähnlichkeiten";
else
  echo "$var_1 und $var_2 zeigen keine Ähnlichkeiten";
echo "\n";
if(strpos(metaphone($var_3),metaphone($var_4)))
  echo "$var_3 und $var_4 zeigen Ähnlichkeiten";
else
  echo "$var_3 und $var_4 zeigen keine Ähnlichkeiten";
?>
```

⊄ **Ausgabe**

```
Eine gelbe Zitrone: ENJLBSTRN
Citroen: STRN
Visual Basic: FSLBSK
base: BS
Eine gelbe Zitrone und Citroen zeigen Ähnlichkeiten
Visual Basic und base zeigen Ähnlichkeiten
```

18.22 nl2br

⇒ Befehl string **nl2br** (string string)

⇐ Version (PHP 3, PHP 4, PHP 5)

⇔ Beschreibung Mit nl2br() kann man aus einem String (*string*) sämtliche Zeilenumbrüche in die HTML-Entsprechung <br> umwandeln lassen. So bleibt eine Textformatierung, die innerhalb eines Formulars vorgenommen wurde, weiterhin bestehen.

Siehe auch:

- htmlspecialchars()
- htmlentities()
- wordwrap()

↔ Beispiel

```
<?PHP
$string = "1.Zeile
2.Zeile
3.Zeile";
echo nl2br($string);
?>
```

⊄ Ausgabe

```
1.Zeile<br />
2.Zeile<br />
3.Zeile
```

18.23 ord

⇒ Befehl int **ord** (string string)

⇐ Version (PHP 3, PHP 4, PHP 5)

⇔ Beschreibung Mit ord() kann man sich den ASCII-Wert eines Zeichens (*string*) zurückgeben lassen.

Siehe auch:

- chr()

↔ Beispiel

```
<?PHP
$string = "m";
echo ord($string);
?>
```

⊄ Ausgabe

```
109
```

18.24 parse_str

⇒ **Befehl** void **parse_str** (string str [, array arr])

⇐ **Version** (PHP 3, PHP 4, PHP 5)

⇔ **Beschreibung** Mit parse_str() dursucht man eine Zeichenkette (*str*) so, als ob sie ein Query-String wäre und mittels GET übertragen wurde. Als Ergebnis erhält man wie bei einer GET-Übertragung die Variablen mit ihrem Inhalt. Der zweite Parameter (*arr*) ist optional und speichert die Variablenwerte als Elemente des Arrays.

↔ **Beispiel**

```
<?PHP
$uri = "befehl=parse_str&counter=112&id[]=12";
parse_str($uri);
echo $befehl . "\n";
echo $counter . "\n";
echo $id[0];
?>
```

⊄ **Ausgabe**

```
parse_str
112
12
```

18.25 print

⇒ **Befehl** int **print** (string arg)

⇐ **Version** (PHP 3, PHP 4, PHP 5)

⇔ **Beschreibung** Mit print() wird der String (*arg*) ausgegeben. Da es sich bei print() um keine Funktion handelt, können Sie die Klammern einfach weglassen.

Siehe auch:

- echo()
- printf()
- flush()

↔ **Beispiel**

```
<?PHP
$string = "PHP 5 - Die Befehlsreferenz";
echo $string;
echo "\n";
print "PHP 3/4 <br>";
print "Auch über mehrere <br>
      Zeilen anwendbar";
?>
```

⊄ **Ausgabe**

```
PHP 3/4 - Die Befehlsreferenz
PHP 3/4
Auch über mehrere
Zeilen anwendbar
```

18.26 printf

⇒ **Befehl**

int **printf** (string format [, mixed args...])

⇐ **Version**

(PHP 3, PHP 4, PHP 5)

⇔ **Beschreibung**

Mit printf() kann man Parameter (*args*) nach einem bestimmten Muster (*format*) formatieren und ausgeben lassen. Dabei beschreibt das Muster genau, wo und wie die Parameter zu formatieren sind.

Mögliche Formatierungsangaben:

- % – Legt die zu formatierende Stelle fest.
- b – Der Wert wird als Integer interpretiert und binär ausgegeben.
- c – Der Wert wird als Integer interpretiert und als ASCII-Zeichen ausgegeben.
- d – Der Wert wird als Integer interpretiert und als Dezimalzahl ausgegeben.
- f – Der Wert wird als Double interpretiert und als Fließkommazahl ausgegeben.
- o– Der Wert wird als Integer interpretiert und als Oktalzahl ausgegeben.
- s – Der Wert wird als String interpretiert und als String ausgegeben.
- x – Der Wert wird als Integer interpretiert und als Hexadezimalwert in Kleinbuchstaben ausgegeben.
- X – Der Wert wird als Integer interpretiert und als Hexadezimalwert in Großbuchstaben ausgegeben.

↔ **Beispiel**

```
<?PHP
printf("%b","169") . "\n";
printf("%c","169") . "\n";
printf("%06d","169") . "\n";
printf("%01.2f","169") . "\n";
printf("%o","169") . "\n";
printf("%s","169") . "\n";
printf("%x","169") . "\n";
printf("%X","169");
?>
```

⊄ **Ausgabe**

```
10101001
©
000169
169.00
251
169
a9
A9
```

18.27 quoted_printable_decode

⇒ Befehl string **quoted_printable_decode** (string str)

⇐ Version (PHP 3>= 3.0.6, PHP 4, PHP 5)

⇔ Beschreibung Mit quoted_printable_decode() konvertiert man einen »quoted-printable«-String (*str*) in einen 8-Bit-String. Diese Funktion ähnelt der Funktion imap_qprint(), allerdings benötigen Sie für die Funktion quoted_printable_decode() nicht das IMAP-Modul.

Diese Funktion eignet sich besonders für die Konvertierung von E-Mails, welche mit dem ASCII-Zeichensatz von 128 Zeichen und 7 Bit erstellt wurden.

↔ Beispiel

```
<?PHP
$var = "Wäre ich ein Holzfäller, so müßte ich Bäume fällen.";
echo imap_8bit($var) . "\n";
$var_neu = quoted_printable_decode ($var);
echo $var_neu;
?>
```

⊄ Ausgabe

```
W=E4re ich ein Holzf=E4ller, so m=FC=DFte ich B=E4ume f=E4llen.
Wäre ich ein Holzfäller, so müßte ich Bäume fällen.
```

18.28 quotemeta

⇒ Befehl string **quotemeta** (string str)

⇐ Version (PHP 3, PHP 4, PHP 5)

⇔ Beschreibung Mit quotemeta() versieht man alle Meta-Zeichen innerhalb eines Strings (*str*) mit einem Backslash (\).

Folgende Zeichen werden erkannt:

- . – Punkt
- \ – Backslash
- + – Pluszeichen
- * – Sternchen
- ? – Fragezeichen
- [] – eckige Klammern
- ^ – Dach
- () – runde Klammern
- $ – Dollar-Zeichen

Siehe auch:

- addslashes()
- htmlentities()
- htmlspecialchars()

- nl2br()
- stripslashes()

↔ **Beispiel**

```
<?PHP
$var = ". + * ? ^ $ \ [ ] ( )";
echo quotemeta($var);
?>
```

⊄ **Ausgabe**

```
\. \+ \* \? \^ \$ \\ \[ \] \( \)
```

18.29 rtrim

⇒ **Befehl** string **rtrim** (string str)

⇐ **Version** (PHP 3, PHP 4, PHP 5)

⇔ **Beschreibung** Mit rtrim() kann man Leerzeichen oder Zeilenumbrüche am Ende eines Strings (*str*) entfernen.

Siehe auch:

- chop()
- ltrim()
- trim()

↔ **Beispiel**

```
<?PHP
$string_a = "PHP ";
$string_b = "5
   Die Befehlsreferenz";
$string_c = rtrim($string_a);
$string_d = rtrim($string_b);
$string_b = nl2br($string_b);
echo $string_a . $string_b . "\n";
echo $string_c . $string_d;
?>
```

⊄ **Ausgabe**

```
PHP 5
       Die Befehlsreferenz
PHP5
       Die Befehlsreferenz
```

18.30 setlocale

⇒ **Befehl** string **setlocale** (mixed category, string locale)

⇐ **Version** (PHP 3, PHP 4, PHP 5)

⇔ **Beschreibung**

Mit setlocale() kann man die Lokalisierungseinstellungen der angegebenen Kategorie (*category*) auf ein bestimmtes Land (*locale*) setzen. Die Auswahl des Landes ist optional; falls der Wert *local* leer ist (»«),wird der Wert der entsprechenden Umgebungsvariablen genommen. Ist *local* »0«, werden die Einstellungen nicht verändert, sondern der zuvor gesetzte Wert zurückgegeben.

Folgende Kategorien stehen zur Auswahl:
- LC_ALL – für alle Einstellungen
- LC_COLLATE – Vergleich von Strings (Zeichenketten)
- LC_CTYPE – Umwandlung von Strings (Zeichenkette), z.B. strtoupper()
- LC_MONETARY – für Währungsangaben
- LC_NUMERIC – für Dezimaltrennzeichen (numerische Operatoren)
- LC_TIME – für Datum- und Zeitformatierungen bei strftime()

Siehe auch:
- strftime()

↔ **Beispiel**

```
<?PHP
setlocale ("LC_TIME", "de_DE");
echo strftime("%A, %e %B %Y, in Deutschland") . "\n";
setlocale ("LC_TIME", "fr_CA");
echo strftime("%A, %e %B %Y , in Frankreich") . "\n";
setlocale ("LC_TIME", "fi_FI");
echo strftime("%A, %e %B %Y , in Finnland") . "\n";
setlocale ("LC_TIME", "it_IT");
echo strftime("%A, %e %B %Y , in Italien") . "\n";
setlocale ("LC_TIME", "tr_TR");
echo strftime("%A, %e %B %Y , in Türkei") . "\n";
setlocale ("LC_TIME", "nl_NL");
echo strftime("%A, %e %B %Y , in Niederlande") . "\n";
setlocale ("LC_TIME", "hu_HU");
echo strftime("%A, %e %B %Y , in Ungarn") . "\n";
setlocale ("LC_TIME", "pl_PL");
echo strftime("%A, %e %B %Y , in Polen");
?>
```

⊄ **Ausgabe**

```
Sonntag, 22 Juli 2001, in Deutschland
dimanche, 22 juillet 2001 , in Frankreich
sunnuntai, 22 heinäkuu 2001 , in Finnland
domenica, 22 luglio 2001 , in Italien
Pazar, 22 Temmuz 2001 , in Türkei
zondag, 22 juli 2001 , in Niederlande
VASÁRNAP, 22 JÚLIUS 2001 , in Ungarn
niedziela, 22 lipiec 2001 , in Polen
```

18.31 similar_text

⇒ **Befehl** int **similar_text** (string first, string second [, double percent])

⇐ **Version** (PHP 3>= 3.0.7, PHP 4, PHP 5)

⇔ **Beschreibung** Mit similar_text() kann man die Ähnlichkeit von zwei Strings (Zeichenketten) (*first* und *second*) berechnen. Wenn Sie im dritten Parameter eine Variable übergeben, so wird similar_text() darin einen Prozentwert zurückgeben.

Im unteren Beispiel wurde die Prozentausgabe zusätzlich mit sprintf() formatiert.

Siehe auch:
- printf()
- sprintf()

↔ **Beispiel**

```
<?PHP
$var_1 = "SELFPHP - Die Befehlsreferenz";
$var_2 = "PHP 5 - Die Befehlsreferenz";
$menge = similar_text($var_1,$var_2);
echo "Gefundene Übereinstimmungen: " . $menge;
echo "\n";
similar_text($var_1,$var_2,$prozent);
$prozent = sprintf ("%01.2f", $prozent);
echo "Gefundene Übereinstimmungen: " . $prozent. "%";
?>
```

⊄ **Ausgabe**

```
Gefundene Übereinstimmungen: 25
Gefundene Übereinstimmungen: 89.29%
```

18.32 soundex

⇒ **Befehl** string **soundex** (string str)

⇐ **Version** (PHP 3, PHP 4, PHP 5)

⇔ **Beschreibung** Mit soundex() kann man die Laut-Ähnlichkeit eines Strings (*str*) berechnen lassen. Diese Funktion ist nützlich, wenn man die Schreibweise eines gesuchten Strings nicht genau kennt.

Siehe auch:
- metaphone()

↔ **Beispiel**

```
<?PHP
$var = soundex("Befehlsreferenz");
echo "$var - Befehlsreferenz\n";
$var = soundex("Befehlsreferenzen");
echo "$var - Befehlsreferenzen\n";
```

```
$var = soundex("Befehl");
echo "$var - Befehl\n";
$var = soundex("Referenz");
echo "$var - Referenz\n";
?>
```

⊄ Ausgabe

```
B142 - Befehlsreferenz
B142 - Befehlsreferenzen
B140 - Befehl
R165 - Referenz
```

18.33 sprintf

⇒ Befehl string **sprintf** (string format [, mixed args...])

⇐ Version (PHP 3, PHP 4, PHP 5)

⇔ Beschreibung Mit sprintf() kann man Parameter (*args*) nach einem bestimmten Muster (*format*) formatieren lassen. Im Gegensatz zu printf() wird der String nicht sofort ausgegeben, sondern kann in einer Variablen gespeichert werden.

Der Musterstring *format* enthält Platzhalter, die mit einem Prozentzeichen eingeleitet werden. Die Funktion ersetzt diese Platzhalter durch die entsprechend formatierten Werte aus den nächsten Parametern. Die Platzhalter bestehen aus folgenden Elementen:

- Ein optionales Füllzeichen, welches den String nach rechts auffüllt. Dabei kann das Füllzeichen eine Null (0) oder ein Leerzeichen sein. Andere Füllzeichen können durch Voranstellen eines einfachen Hochkommas (') definiert werden.
- Eine optionale Angabe der Textausrichtung. Voreingestellt ist rechts, bei links muss ein Bindestrich (-) angegeben werden.
- Ein optionaler Wert für die Längenangabe.
- Ein optionaler Wert für die Anzahl der Nachkommastellen – wird allerdings nur beim Typ »double« unterstützt.

Eine Angabe des Typs (siehe unten)

Folgende Typangaben sind möglich:
- % – Es wird das Prozentzeichen eingesetzt
- b – Der Parameter wird als Integer interpretiert und binär ausgegeben.
- c – Der Parameter wird als Integer interpretiert und als ASCII-Zeichen ausgegeben.
- d – Der Parameter wird als Integer interpretiert und als Dezimalwert ausgegeben.
- f – Der Parameter wird als Double interpretiert und als Fließkommazahl ausgegeben.
- o – Der Parameter wird als Integer interpretiert und als Oktalzahl ausgegeben.
- s – Der Parameter wird als String interpretiert und als String ausgegeben.

- x – Der Parameter wird als Integer interpretiert und als Hexadezimalwert mit Kleinbuchstaben ausgegeben.
- X – Der Parameter wird als Integer interpretiert und als Hexadezimalwert mit Großbuchstaben ausgegeben.

Siehe auch:
- printf()
- sscanf()
- number_format()

↔ **Beispiel**

```
<?PHP
$zahl_1 = 10.068;
$zahl_2 = 12.2;
$wert = $zahl_1 + $zahl_2;
echo $wert . "\n";
$wert = sprintf ("%01.2f", $wert);
echo $wert;
?>
```

⊄ **Ausgabe**

```
22.268
22.27
```

18.34 sscanf

⇒ **Befehl** mixed **sscanf** (string str, string format [, string var1...])

⇐ **Version** (PHP 4 >= 4.0.1, PHP 5)

⇔ **Beschreibung** Mit sscanf() kann man aus einem String (*str*) mittels der Formatierungsanweisung (*format*) Daten extrahieren. Die extrahierten Werte werden als Funktionsergebnis in Form eines Arrays zurückgegeben, es sei denn, dass eine ausreichende Anzahl Variablen (ab dem dritten Parameter) übergeben wurde. Ist dies der Fall, so werden die extrahierten Daten in diese Variablen eingetragen.

Siehe auch:
- fscanf()
- printf()
- sprintf()

↔ **Beispiel**

```
<?PHP
$artnum = "Artikelnr.:738926738";
$preis = "Preis: 44,00   ";
$artnum = sscanf($artnum,"Artikelnr.:%d");
$preis = sscanf($preis,"%s %s %s",$a,$b ,$c);
echo "Das Buch mit der ISBN-Nr. $artnum[0] kostet $b $c";
?>
```

⊄ **Ausgabe**

```
Das Buch mit der ISBN-Nr. 738926738 kostet 44,00
```

18.35 str_pad

⇒ Befehl string **str_pad** (string input, int pad_length [, string pad_string [, int pad_type]])

⇐ Version (PHP 4 >= 4.0.1, PHP 5)

⇔ Beschreibung Mit str_pad() kann man einen String (*input*) auf eine bestimmte Länge (*pad_length*) auffüllen, indem man einen anderen String (*pad_string*) oder ein Zeichen so oft wie nötig anhängt. Wird *pad_string* nicht angegeben, so wird der String mit Leerzeichen gefüllt. Bei der Auffüllung des Strings können Sie bestimmen, nach welcher Seite (links, rechts oder beide) der String erweitert werden soll. Geben Sie keinen Wert für *pad_type* an, so wird der Default-Wert STR_PAD_RIGHT genommen.

Ist die Länge (*pad_length*) kleiner als die String-Länge, so wird der Inhalt des Strings nicht verändert.

Im unteren Beispiel hat der String $var (»SELFPHP – PHP 3/4«) eine Länge von 16 Zeichen. Mit der Längenangabe von 24 Zeichen wird nun der String um genau 8 Zeichen aufgefüllt.

Folgende Werte sind zulässig:

- STR_PAD_LEFT – Füllt den String nach links auf.
- STR_PAD_BOTH – Füllt den String nach beiden Seiten auf.
- STR_PAD_RIGHT – Füllt den String nach rechts auf (Default).

↔ Beispiel

```
<?PHP
$var = "SELFPHP - PHP5";
$right = str_pad($var, 24, "*");
$left = str_pad ($var, 24, "*", STR_PAD_LEFT);
$both = str_pad ($var, 24, "*", STR_PAD_BOTH);
echo $right . "\n";
echo $left . "\n";
echo $both;
?>
```

⊄ Ausgabe

```
SELFPHP - PHP5**********
**********SELFPHP - PHP5
*****SELFPHP - PHP5*****
```

18.36 str_repeat

⇒ Befehl string **str_repeat** (string input, int multiplier)

⇐ Version (PHP 4, PHP 5)

⇔ Beschreibung Mit str_repeat() kann man einen String mit mehreren Kopien des Ausgangsstrings (*input*) erzeugen lassen. Dabei wird als Menge (*multiplier*) eine Zahl verlangt, die größer als Null (0) ist.

↔ **Beispiel**

```
<?PHP
echo str_repeat("PHP5 ",5);
?>
```

⊄ **Ausgabe**

```
PHP5 PHP5 PHP5 PHP5 PHP5
```

18.37 str_replace

⇒ **Befehl** mixed **str_replace** (mixed needle, mixed str, mixed haystack)

⇐ **Version** (PHP 3>= 3.0.6, PHP 4, PHP 5)

⇔ **Beschreibung** Mit str_replace() kann man in einer Zeichenkette (*haystack*) nach allen Vorkommen des Strings *needle* suchen und durch einen anderen String (*str*) ersetzen lassen. Bei der Funktion werden auf Binär-Basis die Vorkommen des Strings gesucht. Einfache Ersetzungen sollten Sie immer mit dieser Funktion realisieren. Für ausgefallenere Ersetzungen bietet sich ereg_replace() an.

Siehe auch:

- ereg_replace()
- strtr()

↔ **Beispiel**

```
<?PHP
$vari = "Wäre ich ein Holzfäller, so müßte ich Bäume
fällen.";
echo $vari . "\n";
$array_1 = array("ä","ü","ß");
$array_2 = array("ae","ue","ss");
for($x=0;$x<3;$x++){
   $vari = str_replace($array_1[$x],$array_2[$x] ,$vari);
}
echo $vari . "\n";
echo str_replace(" ","_",$vari);
?>
```

⊄ **Ausgabe**

```
Wäre ich ein Holzfäller, so müsste ich Bäume fällen.
Waere ich ein Holzfaeller, so muesste ich Baeume faellen.
Waere_ich_ein_Holzfaeller,_so_muesste_ich_Baeume_faellen.
```

18.38 str_rot13

⇒ **Befehl** string **str_rot13** (string str)

⇐ **Version** (PHP 4 >= 4.2.0, PHP 5)

⇔ **Beschreibung** Mit str_rot13() kann man in einen String *str* jeden Buchstaben um 13 Stellen nach rechts verschieben und sich den modifizierten String wieder ausgeben lassen. Das Ergebnis kann wiederum »dekodiert« werden, indem man es durch die Funktion um 13 Stellen verschieben lässt (siehe Beispiel).

↔ **Beispiel**

```
<?PHP
echo str_rot13('SelfPHP 5') . "\n";
echo str_rot13('FrysCUC 5');
?>
```

⊄ **Ausgabe**

```
FrysCUC 5
SelfPHP 5
```

18.39 str_shuffle

⇒ **Befehl** string **str_shuffle** (string str)

⇐ **Version** (PHP 4 >= 4.3.0, PHP 5)

⇔ **Beschreibung** Mit str_shuffle() kann man einen String *str* durchwürfeln und sich diesen danach modifiziert ausgeben lassen.

Siehe auch:
- shuffle()
- rand()

↔ **Beispiel**

```
<?PHP
$var= 'SelfPHP';
echo str_shuffle($var);
?>
```

⊄ **Ausgabe**

```
PlfSHeP
```

18.40 str_split

⇒ **Befehl** array **str_split** (string string [, int split_length])

⇐ **Version** (PHP 5)

⇔ **Beschreibung** Mit str_split() kann man einen String *string* in kleinere Stücke zerlegen. Standardmäßig wird der String nach jeder Stelle getrennt. Der so modifizierte String wird als Array wieder ausgegeben. Der optionale Parameter split_length sorgt dafür, dass man die Trennmenge selbst bestimmen kann.

Siehe auch:
- chunk_split()
- preg_split()

- split()
- count_chars()
- str_word_count()

↔ **Beispiel**

```
<?PHP
$var = "SelfPHP5";
print_r(str_split($var));
print_r(str_split($var, 2));
?>
```

⊄ **Ausgabe**

```
Array
(
    [0] => S
    [1] => e
    [2] => l
    [3] => f
    [4] => P
    [5] => H
    [6] => P
    [7] => 5
)
Array
(
    [0] => Se
    [1] => lf
    [2] => PH
    [3] => P5
)
```

18.41 str_word_count

⇒ **Befehl** mixed **str_word_count** (string string [, int format])

⇐ **Version** (PHP 4 >= 4.3.0, PHP 5)

⇔ **Beschreibung** Mit str_word_count() kann man innerhalb einer Zeichenkette *string* die vorhandenen Wörter zählen und sich diesen Wert ausgeben lassen. Setzt man den optionalen Parameter *format* auf 1, erhalten Sie ein Array, wo alle Wörter getrennt implementiert sind. Wird der Parameter auf 2 gesetzt, erhalten Sie neben dem Array noch zusätzlich als Schlüssel die Stellen, wo jeweils das Wort beginnt. Bitte bedenken Sie, dass auch wie bei einem Array hier bei Null (0) zu zählen begonnen wird.

↔ **Beispiel**

```
<?PHP
$var = "PHP 5 - Die Befehlsreferenz";
echo str_word_count ( $var) . "\n";
print_r(str_word_count ( $var,1));
print_r(str_word_count ( $var,2));
?>
```

⊄ **Ausgabe**

```
3
Array
(
    [0] => PHP
    [1] => Die
    [2] => Befehlsreferenz
)
Array
(
    [0] => PHP
    [8] => Die
    [12] => Befehlsreferenz
)
```

18.42 strcasecmp

⇒ **Befehl** int **strcasecmp** (string str1, string str2)

⇐ **Version** (PHP 3>= 3.0.2, PHP 4, PHP 5)

⇔ **Beschreibung** Mit strcasecmp() kann man zwei Zeichenketten (*str1* und *str2*) auf Binärbasis miteinander vergleichen. Achten Sie darauf, dass bei dem Vergleich nicht zwischen Groß- und Kleinschreibung unterschieden wird.

Folgende Werte werden zurückgegeben:

- < 0 – *str1* ist kleiner als *str2*
- = 0 – *str1* ist gleich *str2*
- > 0 – *str1* ist größer als *str2*

Siehe auch:

- ereg()
- strcmp()
- substr()
- stristr()
- strstr()

↔ **Beispiel**

```
<?PHP
$var_1 = "php5 - Die Befehlsreferenz";
$var_2 = "PHP5 - DIE BEFEHLSREFERENZ";
$wert = strcasecmp($var_1,$var_2);
if ($wert < 0)
   echo "$var_1 ist kleiner als $var_2";
elseif ($wert == 0)
   echo "$var_1 ist gleich $var_2";
elseif ($wert > 0)
   echo"$var_1 ist größer als $var_2";
?>
```

⊄ **Ausgabe**

```
php5 - Die Befehlsreferenz ist gleich PHP5 - DIE
BEFEHLSREFERENZ
```

18.43 strchr

⇒ **Befehl**

string **strchr** (string haystack, string needle)

⇐ **Version**

(PHP 3, PHP 4, PHP 5)

⇔ **Beschreibung**

Mit strchr() kann man innerhalb einer Zeichenkette (*haystack*) ein Zeichen oder einen String (*needle*) finden. Als Ergebnis gibt die Funktion die Zeichenkette ab dem ersten Vorkommen des gesuchten Zeichens bzw. des gesuchten Strings zurück.

Siehe auch:
- strstr()

↔ **Beispiel**

```
<?PHP
$text = "Heute ist ein wirklich schöner Tag.";
$suche = "ein";
$var = strchr($text,$suche);
echo $var;
?>
```

⊄ **Ausgabe**

```
ein wirklich schöner Tag.
```

18.44 strcmp

⇒ **Befehl**

int **strcmp** (string str1, string str2)

⇐ **Version**

(PHP 3, PHP 4, PHP 5)

⇔ **Beschreibung**

Mit strcmp() kann man zwei Zeichenketten (*str1* und *str2*) auf Binärbasis miteinander vergleichen. Achten Sie darauf, dass bei dem Vergleich zwischen Groß- und Kleinschreibung unterschieden wird.

Folgende Werte werden zurückgegeben:
- < 0 – *str1* ist kleiner als *str2*
- = 0 – *str1* ist gleich *str2*
- > 0 – *str1* ist größer als *str2*

Siehe auch:
- ereg()
- strcasecmp()
- substr()

- stristr()
- strncmp()
- strstr()

↔ **Beispiel**

```
<?PHP
$var_1 = "php5";
$var_2 = "PHP5";
$wert = strcmp($var_1,$var_2);
if ($wert < 0)
   echo "$var_1 ist kleiner als $var_2";
elseif ($wert == 0)
   echo "$var_1 ist gleich $var_2";
elseif ($wert > 0)
   echo"$var_1 ist größer als $var_2";
?>
```

⊄ **Ausgabe**

```
php5 ist größer als PHP5
```

18.45 strcspn

⇒ **Befehl** int **strcspn** (string str1, string str2)

⇐ **Version** (PHP 3>= 3.0.3, PHP 4, PHP 5)

⇔ **Beschreibung** Mit strcspn() kann man feststellen, wann in einem String (*str1*) das erste Mal ein Zeichen aus einer Menge von Zeichen (*str2*) vorkommt. Dabei wird die Länge bis zum ersten Auftreten eines der Zeichen als Integer-Wert zurückgegeben.

Im unteren Beispiel wurde als Suchkriterium »abcdz« genommen. Das »z« kommt als erstes dieser Zeichen in dem String vor, deshalb ist das Ergebnis der Wert 18.

Siehe auch:

- strspn()

↔ **Beispiel**

```
<?PHP
$var_1 = "Die Befehlsreferenz";
$str = "abcdz";
$wert = strcspn ($var_1, $str);
echo $wert;
?>
```

⊄ **Ausgabe**

```
18
```

18.46 stripcslashes

⇒ Befehl string **stripcslashes** (string str)

⇐ Version (PHP 4, PHP 5)

⇔ Beschreibung Mit stripcslashes() kann man Backslashes, die durch die Funktion addcslashes() vor zu schützende Zeichen gestellt wurden, wieder aus einem String (*str*) entfernen lassen.

Siehe auch:
- addcslashes()

↔ Beispiel

```
<?PHP
$text = "#--## ©2001 by SELFPHP ##--#";
$str = addcslashes($text,"#-");
echo $text . "\n";
echo $str. "\n";
$str = stripcslashes($text);
echo $str;
?>
```

⊄ Ausgabe

```
#--## ©2001 by SELFPHP ##--#
\#\-\-\#\# ©2001 by SELFPHP \#\#\-\-\#
#--## ©2001 by SELFPHP ##--#
```

18.47 stripslashes

⇒ Befehl string **stripslashes** (string str)

⇐ Version (PHP 3, PHP 4, PHP 5)

⇔ Beschreibung Mit stripslashes() kann man Schrägstriche, die durch die Funktion addslashes() vor zu schützende Zeichen gestellt wurden, wieder aus einem String entfernen lassen.

Siehe auch:
- addslashes()

↔ Beispiel

```
<?PHP
$text = "'©2001' by \"SELFPHP\"";
$str = addslashes($text);
echo $text . "\n";
echo $str . "\n";
$str = stripslashes($text);
echo $str;
?>
```

⊄ Ausgabe

```
'©2001' by "SELFPHP"
\'©2001\' by \"SELFPHP\"
'©2001' by "SELFPHP"
```

18.48 strip_tags

⇒ **Befehl**

string **strip_tags** (string str [, string allowable_tags])

⇐ **Version**

(PHP 3>= 3.0.8, PHP 4, PHP 5)

⇔ **Beschreibung**

Mit strip_tags() kann man versuchen, innerhalb einer Zeichenkette (*str*) HTML- und PHP-Tags entfernen zu lassen. Mit dem optionalen Parameter (*tags*) können bestimmte HTML- und PHP-Tags als zulässig deklariert werden.

Bei sinnlosen oder unvollständigen Tags werden Fehler ausgegeben.

↔ **Beispiel**

```
<?PHP
$str = "Bitte besuchen Sie auch folgende Seiten: ";
$url = "<a href=http://www.selfphp3.de>SELFPHP</a>\n";
$text = $str . $url;
echo $text;
echo strip_tags($text);
?>
```

⊄ **Ausgabe**

```
Bitte besuchen Sie auch folgende Seiten: SELFPHP
Bitte besuchen Sie auch folgende Seiten: SELFPHP
```

18.49 stristr

⇒ **Befehl**

string **stristr** (string haystack, string needle)

⇐ **Version**

(PHP 3>= 3.0.6, PHP 4, PHP 5)

⇔ **Beschreibung**

Mit stristr() kann man innerhalb einer Zeichenkette (*haystack*) nach einem String oder einem einzelnen Zeichen (*needle*) suchen. Bei der Untersuchung wird Groß- und Kleinschreibung ignoriert. Als Ergebnis gibt die Funktion die Zeichenkette ab dem ersten Vorkommen des gesuchten Zeichens bzw. des gesuchten Strings zurück.

Wird für *needle* eine Zahl angegeben, so sucht die Funktion das Zeichen mit dem entsprechenden ASCII-Wert. Wird kein Suchtreffer ermittelt, so gibt die Funktion false zurück.

Im unteren ersten Beispiel wurde nach einer Zeichenkette gesucht, während bei dem zweiten zu untersuchenden String die Zahl 105 (entspricht in der ASCII-Tabelle dem Buchstaben i) als Suchkriterium angegeben wurde.

Siehe auch:
- strchr()
- strrchr()
- substr()
- ereg()

↔ **Beispiel**

```
<?PHP
$text = "Ab heute lerne ich PHP.";
$suche = "LERNE";
$var = stristr($text,$suche);
echo $var . "\n";
$text_1 = "Ab heute lerne ich PHP.";
$suche_1 = 105;
$var_1 = stristr($text_1,$suche_1);
echo $var_1;
?>
```

⊄ **Ausgabe**

```
lerne ich PHP.
ich PHP.
```

18.50 strlen

⇒ **Befehl** int **strlen** (string str)

⇐ **Version** (PHP 3, PHP 4, PHP 5)

⇔ **Beschreibung** Mit strlen() kann man sich die Länge einer Zeichenkette (*str*) zurückgeben lassen.

↔ **Beispiel**

```
<?PHP
$text = "SELFPHP - Die Befehlsreferenz";
$laenge = strlen($text);
echo $laenge;
?>
```

⊄ **Ausgabe**

```
29
```

18.51 strnatcasecmp

⇒ **Befehl** int **strnatcasecmp** (string str1, string str2)

⇐ **Version** (PHP 4, PHP 5)

⇔ **Beschreibung** Mit strnatcasecmp() kann man Zeichenketten (*str1* und *str2*) nach einer natürlichen Sortierreihenfolge vergleichen (d.h. so, wie ein Mensch sortieren würde). Bei der natürlichen Sortierreihenfolge wird nicht unbedingt jedes Zeichen verglichen, wie das der Computer bei einem String-Vergleich tut. So ist bei einem Vergleich die Zahl 10 »kleiner« als die Zahl 2, da jedes Zeichen miteinander verglichen wird und die ersten Zeichen nun mal die 1 und die 2 sind, wobei die Zahl 1 kleiner als 2 ist.

Bei den Vergleichen wird nicht zwischen Groß- und Kleinschreibung unterschieden.

Folgende Werte werden zurückgegeben:

- < 0 – *str1* ist kleiner als *str2*
- = 0 – *str1* ist gleich *str2*
- > 0 – *str1* ist größer als *str2*

Siehe auch:

- ereg()
- strcasecmp()
- substr()
- stristr()
- strcmp()
- strncmp()
- strnatcmp()
- strstr()

↔ Beispiel

```
<?PHP
$array = array("Zahl 1",
                "Zahl 3",
                "ZAhl 10",
                "Zahl 20");
$array_1 = $array;

usort($array,"strnatcmp");
echo "Natürliche Sortierung / Mit Groß-/Kleinschreibung:\n";
for($x=0;$x<count($array);$x++){
   echo $array[$x] . "\n";
}

usort($array,"strnatcasecmp");
echo "\nNatürliche Sortierung / Ohne Groß-
/Kleinschreibung:\n";
for($x=0;$x<count($array_1);$x++){
   echo $array_1[$x] . "\n";
}
?>
```

⊄ Ausgabe

```
Natürliche Sortierung / Mit Groß-/Kleinschreibung:
ZAhl 10
Zahl 1
Zahl 3
```

```
Zahl 20

Natürliche Sortierung / Ohne Groß-/Kleinschreibung:
Zahl 1
Zahl 3
ZAhl 10
Zahl 20
```

18.52 strnatcmp

⇒ Befehl

int **strnatcmp** (string str1, string str2)

⇐ Version

(PHP 4, PHP 5)

⇔ Beschreibung

Mit strnatcmp() kann man Zeichenketten (str1 und str2) nach einer natürlichen Sortierreihenfolge vergleichen (d.h. so, wie ein Mensch sortieren würde). Bei der natürlichen Sortierreihenfolge wird nicht unbedingt jedes Zeichen verglichen, so wie das der Computer bei einem String-Vergleich tut. So ist bei einem Vergleich die Zahl 10 »kleiner« als die Zahl 2, da jedes Zeichen miteinander verglichen wird und die ersten Zeichen nun mal die 1 und die 2 sind, wobei die Zahl 1 kleiner als 2 ist.

Bei den Vergleichen wird zwischen Groß- und Kleinschreibung unterschieden.

Folgende Werte werden zurückgegeben:
- < 0 – *str1* ist kleiner als *str2*
- = 0 – *str1* ist gleich *str2*
- > 0 – *str1* ist größer als *str2*

Siehe auch:
- ereg()
- strcasecmp()
- substr()
- stristr()
- strcmp()
- strncmp()
- strnatcasecmp()
- strstr()

↔ Beispiel

```
<?PHP
$array = array("Zahl 1",
               "Zahl 3",
               "ZAhl 10",
               "Zahl 20");
$var_1 = 2;
$var_2 = 10;
```

```
$array_1 = $array;
usort($array,"strcmp");
echo "Normale Sortierung / Array:\n";
for($x=0;$x<count($array);$x++){
   echo $array[$x] . "\n";
}
usort($array,"strnatcmp");
echo "\nNatürliche Sortierung / Array:\n";
for($x=0;$x<count($array_1);$x++){
   echo $array_1[$x] . "\n";
}

$wert = strnatcmp($var_1,$var_2);
echo "\nNatürliche Sortierung / Variable:\n";
if ($wert < 0)
   echo "$var_1 ist kleiner als $var_2";
elseif ($wert == 0)
   echo "$var_1 ist gleich $var_2";
elseif ($wert > 0)
   echo"$var_1 ist größer als $var_2";
?>
```

⊄ Ausgabe

```
Normale Sortierung / Array:
ZAhl 10
Zahl 1
Zahl 20
Zahl 3

Natürliche Sortierung / Array:
Zahl 1
Zahl 3
ZAhl 10
Zahl 20

Natürliche Sortierung / Variable:
2 ist kleiner als 10
```

18.53 strncmp

⇒ Befehl int **strncmp** (string str1, string str2, int len)

⇐ Version (PHP 4, PHP 5)

⇔ Beschreibung Mit strncmp() kann man zwei Zeichenketten (*str1* und *str2*) auf Binärbasis miteinander vergleichen. Dabei kann man mit dem Parameter *len* die Länge der zu untersuchenden Zeichenkette bestimmen. Sollte einer der Strings kürzer sein als der angegebene Wert, so wird dessen Länge als Grundlage des Vergleichs genommen.

Achten Sie darauf, dass bei dem Vergleich zwischen Groß- und Kleinschreibung unterschieden wird.

Folgende Werte werden zurückgegeben:

- < 0 – *str1* ist kleiner als *str2*
- = 0 – *str1* ist gleich *str2*
- > 0 – *str1* ist größer als *str2*

Siehe auch:

- ereg()
- strcasecmp()
- substr()
- stristr()
- strcmp()
- strstr()

↔ **Beispiel**

```
<?PHP
$var_1 = "SELFPHP - PHP5";
$var_2 = "SELF5";
$wert = strncmp($var_1,$var_2,4);
if ($wert == 0)
   echo "$var_1 ist gleich $var_2";
?>
```

⊄ **Ausgabe**

```
SELFPHP - PHP5 ist gleich SELF5
```

18.54 strpos

⇒ **Befehl**

int **strpos** (string haystack, string needle [, int offset])

⇐ **Version**

(PHP 3, PHP 4, PHP 5)

⇔ **Beschreibung**

Mit strpos() kann man innerhalb einer Zeichenkette (*haystack*) das erste Vorkommen eines Zeichens (*needle*) oder einer Zeichenkette (*needle*) suchen. Als Rückgabewert der Funktion erhält man einen numerischen Wert, welcher der Position des Suchtreffers entspricht, sonst wird false zurückgegeben. Mit dem optionalen Parameter *offset* bestimmt man die Startposition, ab der gesucht werden soll. Falls *needle* kein String sein sollte, so wird der Inhalt als Integer-Wert interpretiert und das ASCII-Zeichen mit dem entsprechenden Wert gesucht.

Siehe auch:

- strrpos()
- strrchr()
- substr()
- stristr()
- strstr()

↔ **Beispiel**

```
<?PHP
$text = "PHP 5 - Die Befehlsreferenz";
$first = strpos($text,"5");
$second =  strpos($text,"f",18);
$third = strpos($text,"Die");
echo $first . "\n";
echo $second . "\n";
echo $third;
?>
```

⊄ **Ausgabe**

```
4
21
8
```

18.55 strrchr

⇒ **Befehl**

string **strrchr** (string haystack, string needle)

⇐ **Version**

(PHP 3, PHP 4, PHP 5)

⇔ **Beschreibung**

Mit strrchr() kann man innerhalb einer Zeichenkette (*haystack*) das letzte Vorkommen eines Zeichens (*needle*) suchen und sich den restlichen Teil des Strings ab der letzten Position des zu suchenden Zeichens zurückgeben lassen. Enthält *needle* mehr als ein Zeichen, so wird nur das erste Zeichen als Suchmuster genommen. Als Rückgabewert der Funktion erhalten Sie den restlichen String (inkl. *needle*), sonst false.

Falls *needle* kein String sein sollte, so wird der Inhalt als Integer-Wert interpretiert und das ASCII-Zeichen mit dem entsprechenden Wert gesucht.

Siehe auch:

- substr()
- stristr()
- strstr()

↔ **Beispiel**

```
<?PHP
$text = "PHP 5 - Die Befehlsreferenz";
$treffer = strrchr($text,"r");
echo $treffer;
?>
```

⊄ **Ausgabe**

```
renz
```

18.56 strrev

⇒ **Befehl** string **strrev** (string string)

⇐ **Version** (PHP 3, PHP 4, PHP 5)

⇔ **Beschreibung** Mit strrev() kann man eine Zeichenkette (string) umdrehen. Die als Argument übergebene Variable bleibt dabei unberührt.

↔ **Beispiel**

```
<?PHP
$text = "PHP 5 - Die Befehlsreferenz";
echo $text . "\n";
echo strrev ($text) . "\n";
echo $text;
?>
```

⊄ **Ausgabe**

```
PHP 5 - Die Befehlsreferenz
znereferslhefeB eiD - 5 PHP
PHP 5 - Die Befehlsreferenz
```

18.57 strrpos

⇒ **Befehl** int **strrpos** (string haystack, char needle)

⇐ **Version** (PHP 3, PHP 4, PHP 5)

⇔ **Beschreibung** Mit strrpos() kann man innerhalb einer Zeichenkette (*haystack*) das letzte Vorkommen eines Zeichens (*needle*) finden. Als Rückgabewert der Funktion erhält man einen numerischen Wert, welcher der Position des Suchtreffers entspricht, sonst wird false zurückgegeben. Gibt man für *needle* mehr als ein Zeichen an, so wird nur das erste Zeichen berücksichtigt.

Falls *needle* kein String sein sollte, so wird der Inhalt als Integer-Wert interpretiert und das ASCII-Zeichen mit dem entsprechenden Wert gesucht.

Siehe auch:
- strpos()
- strrchr()
- substr()
- stristr()
- strstr()

↔ **Beispiel**

```
<?PHP
$text = "PHP 5 - Die Befehlsreferenz";
$first = strrpos($text,101);
$second =  strrpos($text,"f");
$third  =  strrpos($text,"ef");
```

```
echo $first . "\n";
echo $second . "\n";
echo $third ;
?>
```

⊄ **Ausgabe**

```
24
21
24
```

18.58 strspn

⇒ **Befehl** int **strspn** (string str1, string str2)

⇐ **Version** (PHP 3>= 3.0.3, PHP 4, PHP 5)

⇔ **Beschreibung** Mit strspn() kann man zählen, wann in der ersten Zeichenkette (*str1*) zum ersten Mal ein Zeichen vorkommt, welches nicht in der zweiten Zeichenkette (*str2*) enthalten ist.

Dabei ist die Reihenfolge der Zeichen in der zweiten Zeichenkette (*str2*) bei der Suche nicht relevant.

Im unteren Beispiel wurden die 8, die 1 und das Leerzeichen gefunden.

Siehe auch:

- strcspn()

↔ **Beispiel**

```
<?PHP
echo strspn("81 Euro - das ist der Preis","1234567890 ");
?>
```

⊄ **Ausgabe**

```
3
```

18.59 strstr

⇒ **Befehl** string **strstr** (string haystack, string needle)

⇐ **Version** (PHP 3, PHP 4, PHP 5)

⇔ **Beschreibung** Mit strstr() kann man innerhalb einer Zeichenkette (*haystack*) das erste Vorkommen eines Strings (*needle*) suchen. Bei der Überprüfung der Zeichenkette wird Groß- und Kleinschreibung berücksichtigt.

Falls *needle* kein String sein sollte, so wird der Inhalt als Integer-Wert interpretiert und das ASCII-Zeichen mit dem entsprechenden Wert gesucht.

Im Erfolgsfall gibt diese Funktion die Zeichenkette ab der Position des Suchtreffers bis zum Ende zurück, sonst false.

Siehe auch:
- stristr()
- strrchr()
- substr()
- ereg()

↔ **Beispiel**

```
<?PHP
$text = "PHP 5 - Die Befehlsreferenz";
$array = array(101,"Die","Dis","f");
for($x=0;$x<count($array);$x++){
   if(strstr($text,$array[$x]))
      echo strstr($text,$array[$x])."\n";
   else
      echo "$array[$x] wurde nicht gefunden!\n";
}
?>
```

⊄ **Ausgabe**

```
e Befehlsreferenz
Die Befehlsreferenz
Dis wurde nicht gefunden!
fehlsreferenz
```

18.60 strtok

⇒ **Befehl** string **strtok** (string arg1, string arg2)

⇐ **Version** (PHP 3, PHP 4, PHP 5)

⇔ **Beschreibung** Mit strtok() kann man eine Zeichenkette (*arg1*) in ihre Bestandteile zerlegen lassen. Die Funktion bricht die Zeichenkette an den Stellen auseinander, an denen die Zeichenkette den String *arg2* enthält.

Sie brauchen die zu zerlegende Zeichenkette (*arg1*) nur beim ersten Aufruf zu übergeben. Alle nachfolgenden Aufrufe benötigen nur das Trennzeichen. Möchten Sie eine weitere Zerlegung mit einer anderen Zeichenkette, so rufen Sie die Funktion erneut mit beiden Parametern auf – strtok() wird dann neu initialisiert.

Siehe auch:
- split()
- explode()

↔ **Beispiel**

```
<?PHP
$text = "PHP 5 - Die Befehlsreferenz";
$treffer = strtok($text," ");
while ($treffer) {
```

```
    $x++;
    echo "Treffer $x: $treffer";
    $treffer = strtok (" ");
    echo "\n";
}
?>
```

⊄ **Ausgabe**

```
Treffer 1: PHP
Treffer 2: 5
Treffer 3: -
Treffer 4: Die
Treffer 5: Befehlsreferenz
```

18.61 strtolower

⇒ **Befehl** string **strtolower** (string str)

⇐ **Version** (PHP 3, PHP 4, PHP 5)

⇔ **Beschreibung** Mit strtolower() kann man den Inhalt einer Zeichenkette (*str*) in Kleinbuchstaben umwandeln.

Es ist darauf zu achten, dass die Interpretation der Buchstaben von den Ländereinstellungen abhängig ist. So kann es zum Beispiel sein, dass Umlaute in anderen Sprachen nicht bekannt sind und daher nicht umgewandelt werden.

Siehe auch:
- strtoupper()
- ucfirst()

↔ **Beispiel**

```
<?PHP
$text = "PHP 5 - Die Befehlsreferenz";
echo $text . "\n";
echo strtolower($text);
?>
```

⊄ **Ausgabe**

```
PHP 5 - Die Befehlsreferenz
php 5 - die befehlsreferenz
```

18.62 strtoupper

⇒ **Befehl** string **strtoupper** (string str)

⇐ **Version** (PHP 3, PHP 4, PHP 5)

⇔ **Beschreibung** Mit strtoupper() kann man den Inhalt einer Zeichenkette (*str*) in Großbuchstaben umwandeln. Es ist darauf zu achten, dass die Interpretation der Buchstaben von den

Ländereinstellungen abhängig ist. So kann es zum Beispiel sein, dass Umlaute in anderen Sprachen nicht bekannt sind und daher nicht umgewandelt werden.

Siehe auch:
- strtolower()
- ucfirst()

↔ **Beispiel**

```
<?PHP
$text = "PHP 5 - Die Befehlsreferenz";
echo $text . "\n";
echo strtoupper($text);
?>
```

⊄ **Ausgabe**

```
PHP 5 - Die Befehlsreferenz
PHP 5 - DIE BEFEHLSREFERENZ
```

18.63 strtr

⇒ **Befehl** string **strtr** (string str, string from, string to)

⇐ **Version** (PHP 3, PHP 4, PHP 5)

⇔ **Beschreibung** Mit strtr() kann man innerhalb eines Strings (*str*) bestimmte Zeichen austauschen lassen. Dabei werden die Zeichen *from* durch die Zeichen *to* ersetzt. Sollten *from* und *to* von unterschiedlicher Länge sein, so werden die überzähligen Zeichen einfach ignoriert.

Diese Funktion kann seit der PHP-Version 4 mit zwei Parametern aufgerufen werden – der zweite Parameter muss dann ein Array sein, das die auszutauschenden Zeichen als Schlüssel enthält und die Ersatzzeichen als Werte (siehe unten stehendes Beispiel). Bei dieser Variante kann die Funktion nicht nur einzelne Zeichen ersetzen, sondern ganze Teilstrings (auch unterschiedlicher Länge).

Siehe auch:
- ereg_replace()

↔ **Beispiel**

```
<?PHP
$vari = "Wäre ich ein Holzfäller, so müßte ich Bäume
fällen.";
echo $vari . "\n";
$array = array ("ä" => "ae", "ü" => "ue", "ß" => "ss");
$vari = strtr($vari, $array);
echo $vari . "\n";
echo strtr($vari, "a", "ä");
?>
```

⊄ **Ausgabe**

```
Wäre ich ein Holzfäller, so müßte ich Bäume fällen.
Waere ich ein Holzfaeller, so muesste ich Baeume faellen.
Wäere ich ein Holzfäeller, so muesste ich Bäeume fäellen.
```

18.64 substr

⇒ **Befehl**

string **substr** (string string, int start [, int length])

⇐ **Version**

(PHP 3, PHP 4, PHP 5)

⇔ **Beschreibung**

Mit substr() können Sie sich einen Teilstring aus einem String (*string*) zurückgeben lassen. Dabei geben Sie die Position (*start*) innerhalb des Strings an, an der der Teilstring beginnen soll. Der optionale Parameter *length* bestimmt die Länge des Teilstrings.

Sie können für die Parameter *start* und *length* positive oder negative Werte angeben. Bei positiven Werten wird von links nach rechts und bei negativen Werten von rechts nach links gezählt. Das erste Zeichen (wenn positiv) innerhalb des Strings hat die Position Null (siehe 3. Beispiel).

Beispiel 1: substr(»1234567«, 2)
Es wird alles ab der zweiten Position nach rechts bis zum Ende zurückgegeben – also 34567.

Beispiel 4: substr(»1234567«, -2)
Es wird alles vom »Ende-2« bis zum tatsächlichen Ende des Strings zurückgegeben – also 67.

Beispie l 5: substr(»1234567«, -2, 3)
Es werden 3 Zeichen ab der Position »Ende-2« zurückgegeben. Da aber in diesem String nur noch zwei Zeichen zur Verfügung stehen, werden nur diese zurückgegeben. Es wird nicht wieder am Anfang angefangen! – also 67.

Beispiel 8: substr(»1234567«, -6, -5)
Es wird der Teilstring von »Ende-6« bis zur Position »Ende-5« zurückgegeben – also 2.

Siehe auch:

- strrchr()
- ereg()

↔ **Beispiel**

```
<?PHP
echo "1.) " . substr("1234567", 2) . "\n";
echo "2.) " . substr("1234567", 2, 4) . "\n";
echo "3.) " . substr("1234567", 0, 7) . "\n";
echo "4.) " . substr("1234567", -2) . "\n";
echo "5.) " . substr("1234567", -2, 3) . "\n";
echo "6.) " . substr("1234567", 4, -4) . "\n";
echo "7.) " . substr("1234567", 2, -1) . "\n";
echo "8.) " . substr("1234567", -6, -5);
?>
```

⊄ **Ausgabe**

```
1.) 34567
2.) 3456
```

```
3.) 1234567
4.) 67
5.) 67
6.)
7.) 3456
8.) 2
```

18.65 substr_count

⇒ **Befehl** int **substr_count** (string haystack, string needle)

⇐ **Version** (PHP 4, PHP 5)

⇔ **Beschreibung** Mit substr_count() ermittelt man, wie oft in einem String (*haystack*) eine bestimmte Zeichenkette (*needle*) vorkommt. Als Rückgabewert dieser Funktion erhält man die Menge der Vorkommen im String.

↔ **Beispiel**

```
<?PHP
$var = "Wer steht dort hinter der Laterne?";
$treffer = substr_count($var, "er");
echo $treffer;
?>
```

⊄ **Ausgabe** 4

18.66 substr_replace

⇒ **Befehl** string **substr_replace** (string string,string replacement,int start [,int length])

⇐ **Version** (PHP 4, PHP 5)

⇔ **Beschreibung** Mit substr_replace() kann man einen Teil eines Strings (*string*) durch eine andere Zeichenkette (*replacement*) ersetzen lassen. Dabei gibt man die Position (*start*) an, ab welcher der String ersetzt werden soll – bei einem positiven Wert wird von links und bei einem negativen Wert von rechts an ersetzt. Mit dem optionalen Parameter (*length*) ist es möglich, einen Bereich innerhalb des Strings zu ersetzen.

Siehe auch:

- str_replace()
- substr()

↔ **Beispiel**

```
<?PHP
$var = "1234567890";
echo $var . "\n";
echo substr_replace($var, "ersetze alles", 0) . "\n";
```

```
echo substr_replace($var, "Am Anfang", 0, 0) . "\n";
echo substr_replace($var, "Am Ende", 10, 10) . "\n";
echo substr_replace($var, "' Ersetzen von 6 bis -2 '", 6, -2)
. "\n";
echo substr_replace($var, "' Ersetzen von -9 bis -1 '", -9, -
1) . "\n";
echo substr_replace($var, "", 8, 10);
?>
```

⊄ **Ausgabe**

```
1234567890
ersetze alles
Am Anfang1234567890
1234567890Am Ende
123456' Ersetzen von 6 bis -2 '90
1' Ersetzen von -9 bis -1 '0
12345678
```

18.67 trim

⇒ **Befehl**

string trim (string str)

⇐ **Version**

(PHP 3, PHP 4, PHP 5)

⇔ **Beschreibung**

Mit trim() kann man innerhalb eines Strings (*str*) überflüssige Zeichen am Anfang und Ende entfernen lassen.

Überflüssige Zeichen sind:

- \n
- \r
- \t
- \v
- \0
- das Leerzeichen

Siehe auch:

- chop()
- ltrim()
- rtrim()

↔ **Beispiel**

```
<?PHP
$var_1 =  "Dies ";
$var_2 = "      ist ein      ";
$var_3 =  " Test";
echo $var_1 . $var_2 . $var_3;
$var_4 = trim ($var_2);
echo "\n" . $var_1 . $var_4 . $var_3;
?>
```

⊄ **Ausgabe**

```
Dies     ist ein     Test
Dies ist ein Test
```

Achtung: Die Wirkungsweise der Funktion sehen Sie, wenn Sie sich den Quellcode der HTML-Datei anschauen.

18.68 ucfirst

⇒ **Befehl**

string **ucfirst** (string str)

⇐ **Version**

(PHP 3, PHP 4, PHP 5)

⇔ **Beschreibung**

Mit ucfirst() kann man innerhalb eine Strings (*str*) den ersten Buchstaben groß schreiben lassen, wobei das Zeichen ein Bestandteil des Alphabets sein muss.

Diese Funktion ist abhängig von dem Wert in »locale«. Da in manchen Sprachen Umlaute nicht existieren, werden diese nicht immer verändert.

Siehe auch:

- strtoupper()
- strtolower()

↔ **Beispiel**

```
<?PHP
$var = "hier lerne ich PHP";
$var = ucfirst($var);
echo $var;
?>
```

⊄ **Ausgabe**

```
Hier lerne ich PHP
```

18.69 ucwords

⇒ **Befehl**

string **ucwords** (string str)

⇐ **Version**

(PHP 3>= 3.0.3, PHP 4, PHP 5)

⇔ **Beschreibung**

Mit ucwords() kann man innerhalb eines Strings (*str*) den ersten Buchstaben aller Wörter groß schreiben lassen, wobei das erste Zeichen des Wortes ein Bestandteil des Alphabets sein muss.

Diese Funktion ist abhängig von dem Wert in »locale«. Da in manchen Sprachen Umlaute nicht existieren, werden diese nicht immer verändert.

- Siehe auch:
- strtoupper()
- strtolower()
- ucfirst()

↔ **Beispiel**

```
<?PHP
$var = "hier lerne ich php";
$var = ucwords($var);
echo $var;
?>
```

⊄ **Ausgabe**

```
Hier Lerne Ich Php
```

18.70 wordwrap

⇒ **Befehl**

string **wordwrap** (string str [, int width [, string break [, int cut]]])

⇐ **Version**

(PHP 4 >= 4.0.2, PHP 5)

⇔ **Beschreibung**

Mit wordwrap() kann man innerhalb eines Strings (*str*) unter Angabe des optionalen Trennzeichens (*break*) nach einer bestimmten Länge (*width*) umbrechen.

Werden die optionalen Parameter *width* und *break* nicht angegeben, so umbricht diese Funktion automatisch nach 75 Zeichen mit dem Trennzeichen »\n« die Zeichenkette.

Mit dem optionalen Parameter *cut* kann man erzwingen (wenn er auf 1 gesetzt wird), dass exakt nach der vorgegebenen Länge (auch wenn das Wort länger ist) umbrochen wird (siehe zweites Beispiel).

Siehe auch:

- nl2br()

↔ **Beispiel 1**

```
<?PHP
$var = "Diese Funktion bricht ab einer gewissen _ Länge
diesen Satz um";
$neuertext = wordwrap( $var, 15 );
echo "$neuertext";
?>
```

⊄ **Ausgabe 1**

Achtung: Die Ausgabe wurde im Quellcode der HTML-Datei dargestellt, da sonst die Wirkungsweise nicht gezeigt werden kann.
Als Umbruch der Zeilen wurde durch die Funktion ein Zeilenvorschub (\n) genutzt.

```
Diese Funktion
umbricht ab einer
gewissen Länge
diesen Satz
```

↔ **Beispiel 2**

```
<?PHP
$var1 = "Diese Funktion umbricht ab einer gewissen_ Länge
diesen Satz";
```

```
$var1 = wordwrap( $var1,7, "<br>", 1);
echo $var1;
?>
```

⊄ **Ausgabe 2**

```
Diese
Funktio
n
bricht
ab
einer
gewisse
n Länge
diesen
Satz
um
```

19 URL-Funktionen

19.1 base64_decode

⇒ **Befehl** string **base64_decode** (string encoded_data)

⇐ **Version** (PHP 3, PHP 4, PHP 5)

⇔ **Beschreibung** Mit base64_decode() kann man eine Zeichenkette (*encoded_data*) vom Base64-Code in ein lesbares 8-Bit-Zeichen-Format konvertieren.

Diese Funktion ist sehr nützlich, um wieder lesbare Daten zu bekommen, nachdem Text für die Datenübertragung in E-Mails (da diese oftmals 8-Bit-Zeichen nicht einwandfrei übertragen) konvertiert wurde.

Siehe auch:

- base64_encode()

↔ **Beispiel**

```
<?PHP
$string = "Erst einmal diese Zeichenkette  unwandeln";
echo "Ursprüngliche Zeichenkette:\n";
echo $string . "\n\n";
echo "Base64-kodierte Zeichenkette:\n";
$code = base64_encode($string);
echo $code . "\n\n";
$code_1 = base64_decode($code);
echo "Base64-dekodierte Zeichenkette:\n";
echo $code_1;
?>
```

⊄ **Ausgabe**

```
Ursprüngliche Zeichenkette:
Erst einmal diese Zeichenkette  unwandeln

Base64-kodierte Zeichenkette:
RXJzdCBlaW5tYWwgZGllc2UgWmVpY2hlbmtldHRlICBlbndhbmRlbG4=

Base64-dekodierte Zeichenkette:
Erst einmal diese Zeichenkette  unwandeln
```

19.2 base64_encode

⇒ Befehl

string **base64_encode** (string data)

⇐ Version

(PHP 3, PHP 4, PHP 5)

⇔ Beschreibung

Mit base64_encode() kann man eine Zeichenkette (*data*) von einem lesbaren 8-Bit-Zeichen-Format in einen Base64-Code konvertieren. Bei der Konvertierung zu einem Base64-Code benötigen die Daten gegenüber der ursprünglichen Größe ca. 33% mehr Speicher, können aber sehr gut komprimiert werden.

Diese Funktion ist sehr nützlich für Datenübertragungen (z.B. E-Mails), welche das 8-Bit-Zeichen-Format nicht einwandfrei übertragen können.

Bei der unten stehenden Tabelle können Sie in etwa die Größenveränderungen sehen. Es wurde eine Zeichenkette mit 1055 Zeichen erzeugt und jeweils komprimiert.

Format	*Original*	*Komprimiert*	*Speicher*
8Bit	1,03kb	691Byte	100%
Base64	1,40kb	958 Byte	136%

Siehe auch:

- base64_decode()

↔ Beispiel

```
<?PHP
$string = "Erst einmal diese Zeichenkette unwandeln";
echo "Ursprüngliche Zeichenkette:\n";
echo $string . "\n\n";
echo "Base64-kodierte Zeichenkette:\n";
$code = base64_encode($string);
echo $code . "\n\n";
$code_1 = base64_decode($code);
echo "Base64-dekodierte Zeichenkette:\n";
echo $code_1 . "\n";
?>
```

⊄ Ausgabe

```
Ursprüngliche Zeichenkette:
Erst einmal diese Zeichenkette unwandeln

Base64-kodierte Zeichenkette:
RXJzdCBlaW5tYWwgZGllc2UgWmVpY2hlbmtldHRlIHVud2FuZGVsbg==

Base64-dekodierte Zeichenkette:
Erst einmal diese Zeichenkette unwandeln
```

19.3 get_headers

⇒ **Befehl** array **get_headers** (string url)

⇐ **Version** (PHP 5)

⇔ **Beschreibung** Mit get_headers() kann man sich alle übermittelte Headerwerte, die von einem Server nach einem HTTP-Request gesendet werden, in einem Array ausgeben lassen.

↔ **Beispiel**

```
<?PHP
$array = get_headers ("http://www.selfphp.de");
print_r($array);
?>
```

⊄ **Ausgabe**

```
Array
(
    [0] => HTTP/1.1 200 OK
    [1] => Date: Sat, 10 Jul 2004 12:20:16 GMT
    [2] => Server: Apache/1.3.29 (Unix)
    [3] => X-Powered-By: PHP/4.3.6
    [4] => Connection: close
    [5] => Content-Type: text/html
)
```

19.4 get_meta_tags

⇒ **Befehl** array **get_meta_tags** (string filename [, int use_include_path])

⇐ **Version** (PHP 3>= 3.0.4, PHP 4, PHP 5)

⇔ **Beschreibung** Mit get_meta_tags() kann man sich alle Metatags aus einer Datei (*filename*) oder von einer URL (*filename*) in ein Array ausgeben lassen. Die Durchforstung aller Metatags endet dabei erst, sobald der Bereich </HEAD> erreicht wurde. Der optionale Parameter *use_include_path* wird, sobald er auf 1 gesetzt wird, auch innerhalb des »Standard include path« nach der Datei suchen.

Siehe auch:

- htmlentities()
- urlencode()

↔ **Beispiel**

```
<?PHP
//$tags = get_meta_tags('http://www.selfphp.de/');
$tags = get_meta_tags('selfphp.htm');
print_r($tags);
?>
```

⊄ Ausgabe

```
Array
(
    [description] => SELFPHP 1.2 - Bei Selfphp handelt...
    [keywords] => SELFPHP, PHP3 , PHP4
    [author] => Damir Enseleit, mail@selfphp3.de
    [dc_publisher] => Damir Enseleit, mail@selfphp3.de
    [dc_date] => 2001-07-15T09:20+02:00
    [dc_identifier] => http://www.selfphp.info/index.php
    [dc_language] => de
    [dc_rights] => editorial/copyright.php
    [self_firstdate] => 2001-07-15T09:30+02:00
    [self_version] => 1
    [self_pagetype] => Information
    [self_path] => .
)
```

19.5 http_build_query

⇒ Befehl

string **http_build_query** (array formdata [, string numeric_prefix])

⇐ Version

(PHP 5)

⇔ Beschreibung

Mit http_build_query() kann man sich anhand eines Objekts oder assoziativen Arrays (*formdate*) eine kodierte URL erstellen lassen. Gibt man den optionalen Parameter *numeric_prefix* an, so wird jedem nicht explizit zugewiesenen Wert ein Präfix vorangestellt.(siehe Beispiel $uriNew).

Siehe auch:

- parse_str()
- parse_url()
- urlencode()
- array_walk()

↔ Beispiel

```
<?PHP
class Login {
  var $site;
  var $user;

  function Login()
  {
    $this->site = 'SelfPHP';
    $this->user = 'Damir';
  }
}

$objekt = new Login();
```

```
$uri = array('site'=>'SelfPHP',
             'user'=>'Damir',
             'passwd'=>'Passwort',
             'text'=>'Über SelfPHP');

$uriNew = array('SelfPHP','Damir',
             'passwd'=>'Passwort',
             'text'=>'Über SelfPHP');

echo http_build_query($uri);
echo "\n\n";
echo http_build_query($uriNew, 'var_');
echo "\n\n";
echo http_build_query($objekt);
?>
```

⊄ Ausgabe

```
site=SelfPHP&user=Damir&passwd=Passwort&text=%DCber+SelfPHP

var_0=SelfPHP&var_1=Damir&passwd=Passwort&text=%DCber+SelfPHP

site=SelfPHP&user=Damir
```

19.6 parse_url

⇒ Befehl array **parse_url** (string url)

⇐ Version (PHP 3, PHP 4, PHP 5)

⇔ Beschreibung Mit parse_url() kann man eine URL (*url*) analysieren und in ihre Bestandteile aufteilen. Als Rückgabewert dieser Funktion erhalten Sie ein assoziatives Array mit den einzelnen Bestandteilen der URL.

Folgende Elemente enthält das Array:

- scheme – Protoll der Anfrage (z.B http, ftp etc.)
- host – Name (z.B. *www.selfphp.de*)
- port – Anschlussnummer (z.B. 9000)
- user – Username (für Logins)
- pass – Passwort (für Logins)
- path – Pfad zur Datei
- query – Anfrage an eine Datei
- fragment – Sprungziel (Anker) innerhalb einer Datei

↔ Beispiel

```
<?PHP
$url =
"http://admin:php@www.selfphp.de:9000/php.php?_function=pdf#p
df_arc";
echo "Ursprüngliche URL:\n";
echo $url . "\n\n";
```

```
echo "Nach den Bestandteilen zerlegt:\n";
$url_array = parse_url($url);
print_r($url_array);
?>
```

⊄ **Ausgabe**

```
Ursprüngliche URL:
http://admin:php@www.selfphp.de:9000/php.php?_function=pdf#pd
f_arc

Nach den Bestandteilen zerlegt:
Array
(
    [scheme] => http
    [host] => www.selfphp.de
    [port] => 9000
    [user] => admin
    [pass] => php
    [path] => /php.php
    [query] => _function=pdf
    [fragment] => pdf_arc
)
```

19.7 rawurldecode

⇒ **Befehl**

string **rawurldecode** (string str)

⇐ **Version**

(PHP 3, PHP 4, PHP 5)

⇔ **Beschreibung**

Mit rawurldecode() kann man einen String (*str*), welcher über eine URL übermittelt oder mit der Funktion rawurlencode() kodiert wurde, wieder dekodieren.

Bei der Dekodierung werden alle Prozentzeichen(%), gefolgt von zwei Hexadezimalzeichen, wieder in ihre alphanumerische Entsprechung umgewandelt.

Folgende Sonderzeichen werden nicht dekodiert:

- - – Bindestrich
- _ – Unterstrich
- . – Punkt

Siehe auch:

- rawurlencode()
- urlencode()

↔ **Beispiel**

```
<?PHP
$array = array(
      "Der Wald ist voller Bäume",
      "PHP 3/4",
```

```
        "- §201_2b.1 -"
);

echo "Ursprüngliche Zeichenkette:\n";
for($x=0;$x<count($array);$x++){
   echo $array[$x] . "\n";
   $array_new[$x] = rawurlencode($array[$x]);
}

echo "\n";
echo "Kodierte Zeichenkette:\n";
for($x=0;$x<count($array_new);$x++){
   echo $array_new[$x] . "\n";
}

echo "\n";
echo "Dekodierte Zeichenkette:\n";
for($x=0;$x<count($array_new);$x++){
   echo rawurldecode($array_new[$x]) . "\n";
}
?>
```

⊄ Ausgabe

```
Ursprüngliche Zeichenkette:
Der Wald ist voller Bäume
PHP 3/4
- §201_2b.1 -

Kodierte Zeichenkette:
Der%20Wald%20ist%20voller%20B%E4ume
PHP%203%2F4
-%20%A7201_2b.1%20-

Dekodierte Zeichenkette:
Der Wald ist voller Bäume
PHP 3/4
- §201_2b.1 -
```

19.8 rawurlencode

⇒ Befehl string **rawurlencode** (string str)

⇐ Version (PHP 3, PHP 4, PHP 5)

⇔ Beschreibung Mit rawurlencode() kann man einen String (*str*) für die Übermittlung mittels einer URL kodieren. Dabei werden alle Sonderzeichen nach einem speziellen Muster kodiert.

Dies ist oftmals sehr nützlich, wenn Sie Daten übertragen möchten, welche als spezielle URL-Trennzeichen angesehen werden.

Bei der Kodierung werden alle Sonderzeichen durch das Prozentzeichen (%), gefolgt von zwei Hexadezimalzeichen kodiert.

Folgende Sonderzeichen werden nicht kodiert:
- - – Bindestrich
- _ – Unterstrich
- . – Punkt

Siehe auch:
- urldecode()
- rawurldecode()

↔ Beispiel

```
<?PHP
$var = "Der Wald ist voller Bäume";
echo $var . "\n";
$var_encode = rawurlencode($var);
echo $var_encode . "\n";
echo '<A HREF="index.php3?text=' . $var_encode .
'">Senden</A>';
?>
```

⊄ Ausgabe

```
Der Wald ist voller Bäume
Der%20Wald%20ist%20voller%20B%E4ume
Senden
```

19.9 urldecode

⇒ Befehl string **urldecode** (string str)

⇐ Version (PHP 3, PHP 4, PHP 5)

⇔ Beschreibung Mit urldecode() kann man einen String (*str*), der über eine URL übermittelt oder mit der Funktion urlencode() kodiert wurde, wieder dekodieren. Bei der Dekodierung werden alle Prozentzeichen(%), gefolgt von zwei Hexzeichen, wieder in ihre alphanumerische Entsprechung umgewandelt. Weiterhin werden alle Pluszeichen (+) in Leerzeichen umgewandelt.

Folgende alphanumerischen Zeichen werden nicht dekodiert:
- - – Bindestrich
- _ – Unterstrich
- . – Punkt

Siehe auch:
- urlencode()
- rawurlencode()

↔ **Beispiel**

```
<?PHP
$array = array(
        "Der Wald ist voller Bäume",
        "PHP 3/4",
        "- §201_2b.1 -"
);

echo "Ursprüngliche Zeichenkette:\n";
for($x=0;$x<count($array);$x++){
   echo $array[$x] . "\n";
   $array_new[$x] = urlencode($array[$x]);
}

echo "\n";
echo "Kodierte Zeichenkette:\n";
for($x=0;$x<count($array_new);$x++){
   echo $array_new[$x] . "\n";
}

echo "\n";
echo "Dekodierte Zeichenkette:\n";
for($x=0;$x<count($array_new);$x++){
   echo urldecode($array_new[$x]) . "\n";
}?>
```

⊄ **Ausgabe**

```
Ursprüngliche Zeichenkette:
Der Wald ist voller Bäume
PHP 3/4
- §201_2b.1 -

Kodierte Zeichenkette:
Der+Wald+ist+voller+B%E4ume
PHP+3%2F4
-+%A7201_2b.1+-

Dekodierte Zeichenkette:
Der Wald ist voller Bäume
PHP 3/4
- §201_2b.1 -
```

19.10 urlencode

⇒ **Befehl** string **urlencode** (string str)

⇐ **Version** (PHP 3, PHP 4, PHP 5)

⇔ Beschreibung

Mit urlencode() kann man einen String (*str*) für die Übermittlung per URL kodieren. Dabei werden alle alphanumerischen Zeichen nach einem speziellen Muster kodiert.

Bei der Kodierung werden alle Sonderzeichen durch das Prozentzeichen (%), gefolgt von zwei Hexzeichen kodiert. Weiterhin werden Leerzeichen durch ein Pluszeichen (+) ersetzt.

Folgende alphanumerischen Zeichen werden nicht kodiert:

- - – Bindestrich
- _ – Unterstrich
- . – Punkt

Siehe auch:

- urldecode()
- rawurldecode()

↔ Beispiel

```
<?PHP
$var = "Der Wald ist voller Bäume";
echo $var . "\n";
$var_encode = urlencode($var);
echo $var_encode . "\n";
echo '<A HREF="index.php?text=' . $var_encode .
'">Senden</A>';
?>
```

⊄ Ausgabe

```
Der Wald ist voller Bäume
Der+Wald+ist+voller+B%E4ume
Senden
```

20 Variablen-Funktionen

20.1 doubleval

⇒ Befehl double **doubleval** (mixed var)

⇐ Version (PHP 3, PHP 4, PHP 5)

⇔ Beschreibung Mit doubleval() kann man versuchen, aus einer Variablen (*var*) eine Double-Zahl zu machen. Dabei interpretiert die Funktion den Wert als eine Fließkommazahl.

Siehe auch:
- intval()
- strval()
- settype()

↔ Beispiel

```
<?PHP
$vari = "1.55 Punkte";
echo doubleval($vari);
?>
```

⊄ Ausgabe

```
1.55
```

20.2 empty

⇒ Befehl int **empty** (mixed var)

⇐ Version (PHP 3, PHP 4, PHP 5)

⇔ Beschreibung Die Funktion empty() liefert true zurück, wenn eine Variable (*var*) nicht definiert, leer oder gleich 0 ist. In allen anderen Fällen wird false als Antwort geliefert.

Siehe auch:
- isset()
- unset()

↔ Beispiel

```
<?PHP
$a = "24";
$b = "0";
$c = "";
if(!empty($a))echo "Variable \$a ist gefüllt \n";
if(empty($b))echo "Variable \$b ist empty \n";
```

```
if(empty($c))echo "Variable \$c ist empty \n";
if(empty($d))echo "Variable \$d ist empty \n";
?>
```

⊄ **Ausgabe**

```
Variable $a ist gefüllt
Variable $b ist empty
Variable $c ist empty
Variable $d ist empty
```

20.3 floatval

⇒ **Befehl** float **floatval** (mixed var)

⇐ **Version** (PHP 4 >= 4.2.0, PHP 5)

⇔ **Beschreibung** Die Funktion floatval() versucht aus einer Variablen eine Floatzahl zu erstellen. Diese Funktion können Sie nicht für Arrays oder Objekte nutzen.

Siehe auch:

- intval()
- strval()
- settype()

↔ **Beispiel**

```
<?PHP
$float = '49.95 SelfPHP';
echo floatval($float);?>
```

⊄ **Ausgabe**

```
49.95
```

20.4 gettype

⇒ **Befehl** string **gettype** (mixed var)

⇐ **Version** (PHP 3, PHP 4, PHP 5)

⇔ **Beschreibung** Die Funktion gettype() ermittelt den Typ einer Variablen (*var*) und gibt diesen aus.

Mögliche Werte sind:

- »integer« – Ganzzahl
- »double« – Fließkommazahl
- »string« – Zeichenkette
- »array« – Variable mit mehreren Elementen
- »object« – Objekt
- »unknown type« – Unbekannter Variablentyp

Siehe auch:
settype()

↔ **Beispiel**

```
<?PHP
$a = 3;
$b = "Test";
$c = 3.5;
$d = array("Banane","Birne");
echo gettype($a) . "\n";
echo gettype($b) . "\n";
echo gettype($c) . "\n";
echo gettype($d);
?>
```

⊄ **Ausgabe**

```
integer
string
double
array
```

20.5 intval

⇒ **Befehl** int **intval** (mixed var [, int base])

⇐ **Version** (PHP 3, PHP 4, PHP 5)

⇔ **Beschreibung** Mit intval() kann man versuchen, aus einer Variablen (*var*) eine Integer-Zahl zu machen. Der optionale Parameter *base* legt fest, zu welcher Basis die Zahl zu interpretieren ist (Default-Wert ist 10). Bitte beachten Sie, dass *var* nicht ein Array oder Objekt sein darf.

Siehe auch:
- doubleval()
- strval()
- settype()

↔ **Beispiel**

```
<?PHP
$vari = "6 Punkte";
echo intval($vari);?>
```

⊄ **Ausgabe**

```
6
```

20.6 is_array

⇒ Befehl bool **is_array** (mixed var)

⇐ Version (PHP 3, PHP 4, PHP 5)

⇔ Beschreibung Die Funktion is_array() überprüft, ob eine Variable (*var*) vom Typ Array ist.

Sie liefert true zurück, wenn es sich bei der Variablen um ein Array handelt, sonst false.

Siehe auch:

- is_bool()
- is_double()
- is_float()
- is_int()
- is_integer()
- is_long()
- is_object()
- is_real()
- is_string()

↔ Beispiel

```
<?PHP
$a = 1.4;
$b = array("Banane" , "Birne");
if(!is_array($a))
   echo "\$a ist kein array\n";
if(is_array($b))
   echo "\$b ist ein array";
?>
```

⊄ Ausgabe

```
$a ist kein array
$b ist ein array
```

20.7 is_bool

⇒ Befehl bool **is_bool** (mixed var)

⇐ Version (PHP 4, PHP 5)

⇔ Beschreibung Die Funktion is_bool() überprüft, ob eine Variable (*var*) vom Typ bool ist.

Sie liefert true zurück, wenn es sich bei der Variablen um einen booleschen Wert handelt, sonst false.

Siehe auch:

- is_array()
- is_double()
- is_float()

- is_integer()
- is_long()
- is_object()
- is_real()
- is_string()

↔ **Beispiel**

```
<?PHP
$a = true;
$b = 5;
if(is_bool($a))
   echo "\$a ist ein bool\n";
if(!is_bool($b))
   echo "\$b ist kein bool";
?>
```

⊄ **Ausgabe**

```
$a ist ein bool
$b ist kein bool
```

20.8 is_double

⇒ **Befehl** int **is_double** (mixed var)

⇐ **Version** (PHP 3, PHP 4, PHP 5)

⇔ **Beschreibung** Die Funktion is_double() überprüft, ob eine Variable (*var*) vom Typ Double ist.

Sie liefert true zurück, wenn es sich bei der Variablen um ein Double handelt, sonst false.

Siehe auch:

- is_array()
- is_bool()
- is_float()
- is_int()
- is_integer()
- is_long()
- is_object()
- is_real()
- is_string()

↔ **Beispiel**

```
<?PHP
$a = 1;
$b = 1.14;
if(!is_double($a))
   echo "\$a ist kein double\n";
if(is_double($b))
   echo "\$b ist ein double";
?>
```

⊄ **Ausgabe**

```
$a ist kein double
$b ist ein double
```

20.9 is_float

⇒ **Befehl** int **is_float** (mixed var)

⇐ **Version** (PHP 3, PHP 4, PHP 5)

⇔ **Beschreibung** Die Funktion is_float() überprüft, ob eine Variable (*var*) vom Typ Float ist.

Sie liefert true zurück, wenn es sich bei der Variablen um ein Float handelt, sonst false.

Siehe auch:

- is_array
- is_bool()
- is_double()
- is_int()
- is_integer()
- is_long()
- is_object()
- is_real()
- is_string()

↔ **Beispiel**

```
<?PHP
$a = 1;
$b = 1.14;
if(!is_float($a))
   echo "\$a ist kein float\n";
if(is_float($b))
   echo "\$b ist ein float";
?>
```

⊄ **Ausgabe**

```
$a ist kein float
$b ist ein float
```

20.10 is_int

⇒ **Befehl** bool **is_int** (mixed var)

⇐ **Version** (PHP 3, PHP 4, PHP 5)

⇔ **Beschreibung** Die Funktion is_int() überprüft, ob eine Variable (*var*) vom Typ Int ist.

Sie liefert true zurück, wenn es sich bei der Variablen um ein Int handelt, sonst false.

Siehe auch:

- is_array
- is_bool()
- is_double()
- is_float()
- is_integer()
- is_long()
- is_object()
- is_real()
- is_string()

↔ **Beispiel**

```
<?PHP
$a = 1;
$b = 1.14;
if(is_int($a))
   echo "\$a ist ein int\n";
if(!is_int($b))
   echo "\$b ist kein int";
?>
```

⊄ **Ausgabe**

```
$a ist ein int
$b ist kein int
```

20.11 is_integer

⇒ **Befehl** int **is_integer** (mixed var)

⇐ **Version** (PHP 3, PHP 4, PHP 5)

⇔ **Beschreibung** Die Funktion is_integer() überprüft, ob eine Variable (*var*) vom Typ Integer ist.

Sie liefert true zurück, wenn es sich bei der Variablen um ein Integer handelt, sonst false.

Siehe auch:

- is_array
- is_bool()
- is_double()
- is_float()
- is_int()
- is_long()
- is_object()
- is_real()
- is_string()

↔ Beispiel

```
<?PHP
$a = 1;
$b = 1.14;
if(is_integer($a))
   echo "\$a ist ein integer\n";
if(!is_integer($b))
   echo "\$b ist kein integer";
?>
```

⊄ Ausgabe

```
$a ist ein integer
$b ist kein integer
```

20.12 is_long

⇒ Befehl int **is_long** (mixed var)

⇐ Version (PHP 3, PHP 4, PHP 5)

⇔ Beschreibung Die Funktion is_long() überprüft, ob eine Variable (*var*) vom Typ Long ist.

Sie liefert true zurück, wenn es sich bei der Variablen um ein Long handelt, sonst false.

Siehe auch:

- is_array
- is_bool()
- is_double()
- is_float()
- is_int()
- is_integer()
- is_object()
- is_real()
- is_string()

↔ Beispiel

```
<?PHP
$a = 1;
$b = 1.14;
if(is_long ($a))
   echo "\$a ist ein long\n";
if(!is_long ($b))
   echo "\$b ist kein long";
?>
```

⊄ Ausgabe

```
$a ist ein long
$b ist kein long
```

20.13 is_null

⇒ **Befehl**

bool **is_null** (mixed var)

⇐ **Version**

(PHP 4 >= 4.0.4, PHP 5)

⇔ **Beschreibung**

Die Funktion is_null() überprüft, ob eine Variable (*var*) vom Typ NULL ist. Sie liefert true zurück, wenn es sich bei der Variablen um ein NULL handelt, sonst false.

Eine Variable ist dann als Null anzusehen, wenn sie folgende Kriterien erfüllt:

- Die Konstannte NULL wurde als Wert zugewiesen.
- Es wurde kein Wert zugewiesen.
- Variable wurde mit unset() gelöscht.

Siehe auch:

- is_array()
- is_bool()
- is_float()
- is_int()
- is_integer()
- is_numeric()
- is_object()
- is_real()
- is_string()

↔ **Beispiel**

```
<?PHP
$a = 0;
$b = 1.14;
$c = "";
$d = NULL;
if(is_null ($a))
   echo "\$a ist Null\n";
if(!is_null ($b))
   echo "\$b ist nicht Null\n";
if(is_null ($c))
   echo "\$c ist Null\n";
if(is_null ($d))
   echo "\$d ist Null\n";
if(is_null ($e))
   echo "\$e ist Null\n";
?>
```

⊄ **Ausgabe**

```
$b ist nicht Null
$d ist Null
$e ist Null
```

20.14 is_numeric

⇒ **Befehl** bool **is_numeric** (mixed var)

⇐ **Version** (PHP 4, PHP 5)

⇔ **Beschreibung** Die Funktion is_numeric () überprüft, ob es sich bei der Variablen (*var*) um eine Zahl oder einen numerischen String handelt.

Sie liefert true zurück, wenn es sich bei der Variablen um ein NULL handelt, sonst false.

Siehe auch:

- is_array()
- is_bool()
- is_double()
- is_float()
- is_int()
- is_integer()
- is_object()
- is_real()
- is_string()

↔ **Beispiel**

```
<?PHP
$a = 0;
$b = 1.14;
$c = "123";
if(is_numeric  ($a))
   echo "\$a ist eine Zahl\n";
if(is_numeric  ($b))
   echo "\$b ist eine Zahl\n";
if(is_numeric  ($c))
   echo "\$c ist eine Zahl\n";
?>
```

⊄ **Ausgabe**

```
$a ist eine Zahl
$b ist eine Zahl
$c ist eine Zahl
```

20.15 is_object

⇒ **Befehl** bool **is_object** (mixed var)

⇐ **Version** (PHP 3, PHP 4, PHP 5)

⇔ **Beschreibung** Die Funktion is_object() überprüft, ob eine Variable (*var*) vom Typ Object ist.

Sie liefert true zurück, wenn es sich bei der Variablen um ein Object handelt, sonst false.

Siehe auch:
- is_array
- is_bool()
- is_double()
- is_float()
- is_int()
- is_integer()
- is_long()
- is_real()
- is_string()

↔ Beispiel

```
<?PHP
class testklasse{

}

// Objekt erzeugen
$objekt = new testklasse;
if(is_object($objekt))
   echo "\$objekt ist ein Objekt\n";
?>
```

⊄ Ausgabe

```
$objekt ist ein Objekt
```

20.16 is_real

⇒ Befehl int **is_real** (mixed var)

⇐ Version (PHP 3, PHP 4, PHP 5)

⇔ Beschreibung Die Funktion is_real() überprüft, ob eine Variable (*var*) vom Typ Real ist.

Sie liefert true zurück, wenn es sich bei der Variablen um ein Real handelt, sonst false.

Siehe auch:
- is_array
- is_bool()
- is_double()
- is_float()
- is_int()
- is_integer()
- is_long()
- is_object()
- is_string()

↔ Beispiel

```
<?PHP
$a = 1;
$b = 1.14;
if(is_real ($a))
   echo "\$a ist real\n";
if(is_real ($b))
   echo "\$b ist real\n";
?>
```

⊄ Ausgabe

```
$b ist real
```

20.17 is_resource

⇒ Befehl bool **is_resource** (mixed var)

⇐ Version (PHP 4, PHP 5)

⇔ Beschreibung Die Funktion is_resource() überprüft, ob eine Variable (*var*) vom Typ Resource ist. Unter Ressource versteht man eine PHP-Ressource wie z.B. ein Datei- oder Result-Handle.

Sie liefert true zurück, wenn es sich bei der Variablen um ein Real handelt, sonst false.

Siehe auch:

- is_array
- is_bool()
- is_double()
- is_float()
- is_int()
- is_integer()
- is_long()
- is_object()
- is_string()

↔ Beispiel

```
<?PHP
$file = fopen("testseite.php","a");
if(is_resource ($file))
   echo "\$file ist eine Resource\n";
?>
```

⊄ Ausgabe

```
$file ist eine Resource
```

20.18 is_scalar

⇒ **Befehl**

bool **is_scalar** (mixed var)

⇐ **Version**

(PHP 4 >= 4.0.5, PHP 5)

⇔ **Beschreibung**

Die Funktion is_scalar() überprüft, ob eine Variable (*var*) vom Typ Scalar ist.

Als Scalar werden folgende Typen angesehen:

- Integer
- Float
- String
- Boolean

Array, Object und Resource sind nicht Scalar.
Sie liefert true zurück, wenn es sich bei der Variablen um ein Scalar handelt, sonst false.

Siehe auch:

- is_array()
- is_bool()
- is_float()
- is_int()
- is_integer()
- is_numeric()
- is_object()
- is_real()
- is_string()

↔ **Beispiel**

```
<?PHP
function testscalar($var){
   if(is_scalar($var))
       echo "\"$var\" - Variable ist ein Scalar\n";
   else
       echo "\"$var\" - Variable ist kein Scalar\n";
}
$a = 1;
$b = 3.1416;
$c = "SelfPHP";
$d = TRUE;
$e = array("SelfPHP", "PHP");

testscalar($a);
testscalar($b);
testscalar($c);
testscalar($d);
testscalar($e);
?>
```

⊄ **Ausgabe**

```
"1" - Variable ist ein Scalar
"3.1416" - Variable ist ein Scalar
"SelfPHP" - Variable ist ein Scalar
"1" - Variable ist ein Scalar
"Array" - Variable ist kein Scalar
```

20.19 is_string

⇒ **Befehl**

bool **is_string** (mixed var)

⇐ **Version**

(PHP 3, PHP 4, PHP 5)

⇔ **Beschreibung**

Die Funktion is_string() überprüft, ob eine Variable (*var*) vom Typ String ist.

Sie liefert true zurück, wenn es sich bei der Variablen um einen String handelt, sonst false.

Siehe auch:

- is_array()
- is_bool()
- is_double()
- is_float()
- is_int()
- is_integer()
- is_long()
- is_object()
- is_real()

↔ **Beispiel**

```
<?PHP
$a = 1.4;
$b = "Viel Text";
if(!is_string($a))
   echo "\$a ist kein string\n";
if(is_string($b))
   echo "\$a ist ein string";
?>
```

⊄ **Ausgabe**

```
$a ist kein string
$b ist ein string
```

20.20 isset

⇒ **Befehl**

bool isset (mixed var [, mixed var [, ...]])

⇐ **Version**

(PHP 3, PHP 4, PHP 5)

⇔ **Beschreibung**

Die Funktion isset() überprüft, ob eine Variable oder ein Array existent ist. Diese Funktion liefert true zurück, wenn die Variable oder das Array existent ist, sonst false.

Es gibt eine Besonderheit bei Formularen. Wird ein Formular per Image gesendet und Sie möchten dieses überprüfen, so müssen Sie bei der Abfrage ein »_x« anhängen (isset($tag_x)), da bei einem Formular-Tag die X- und Y-Koordinaten der Mausposition mitgegeben werden.

Wird eine Variable oder ein Array mit unset() wieder freigegeben, so ist sie bzw. es als nicht existent anzusehen.

Siehe auch:

- empty()
- unset()

↔ **Beispiel**

```
<?PHP
$a = 24;
if(isset($a))
   echo"\$a ist existent.\n";
if(!isset($b))
   echo"\$b ist nicht existent.";
?>
```

⊄ **Ausgabe**

```
$a ist existent.
$b ist nicht existent.
```

20.21 print_r

⇒ **Befehl**

bool **print_r** (mixed expression [, bool return])

⇐ **Version**

(PHP 4, PHP 5)

⇔ **Beschreibung**

Mit dem Befehl print_r() können Sie Variablen in lesbarer und vorformatierter Form ausgeben lassen. Der optionale Parameter *return* (ab PHP 4.3.0) sorgt dafür, dass die Ausgabe zwischengespeichert wird. Bei der Ausgabe von Arrays wird nicht nur der Wert, sondern auch der Schlüssel mit ausgegeben (siehe Beispiel).

Bitte beachten Sie, dass bei Aufruf von print_r() der interne Arrayzeiger auf das letzte Element gesetzt wird und erst wieder mit der Funktion reset() zum Anfang gelangen kann.

Siehe auch:

- ob_start()
- var_dump()
- var_export()

↔ **Beispiel**

```
<?PHP
$var = array("name"=>"Damir",SelfPHP,"4"=>"24",99);
$var2 = array(6,2,4,"new"=>array(12,13,14));
print_r($var);
$result = print_r($var2, true);
echo $result;
?>
```

⊄ **Ausgabe**

```
Array
(
    [name] => Damir
    [0] => SelfPHP
    [4] => 24
    [5] => 99
)
Array
(
    [0] => 6
    [1] => 2
    [2] => 4
    [new] => Array
        (
            [0] => 12
            [1] => 13
            [2] => 14
        )

)
```

20.22 serialize

⇒ **Befehl** string **serialize** (mixed value)

⇐ **Version** (PHP 3>= 3.0.5, PHP 4, PHP 5)

⇔ **Beschreibung** Mit dem Befehl serialize() erhalten Sie eine serialisierte Zeichenkette (String), die Sie für beliebige Speicherarten nutzen können. Dabei geht die Struktur der eingelesenen »Variablen« nicht verloren. So können Sie z.B. ein Array einlesen und die Zeichenkette in eine Datenbank speichern. Beim Auslesen dieser Zeichenkette mit unserialize() erhalten Sie dann wieder Ihr Array (siehe Beispiel).

Bitte beachten Sie, dass bei einem Objekt zwar die Eigenschaft, nicht aber die Methode serialisiert wird.

Folgende Typen werden unterstützt:

- array (mehrdimensional)
- double

- integer
- object
- string

Siehe auch:
- unserialize()

↔ **Beispiel**

```
<?PHP
$var = array("name"=>"Damir",SelfPHP,"4"=>"24",99);
$data = serialize($var);
echo "Serialisierter String:\n";
echo $data . "\n\n";
echo "Unserialisierter String:\n";
$array = unserialize($data);
print_r($array);
?>
```

⊄ **Ausgabe**

```
Serialisierter String:
a:4:{s:4:"name";s:5:"Damir";i:0;s:7:"SelfPHP";i:4;s:2:"24";i:
5;i:99;}

Unserialisierter String:
Array
(
    [name] => Damir
    [0] => SelfPHP
    [4] => 24
    [5] => 99
)
```

20.23 settype

⇒ **Befehl**

int **settype** (string var, string type)

⇐ **Version**

(PHP 3, PHP 4, PHP 5)

⇔ **Beschreibung**

Mit dem Befehl settype() können Sie den Typ einer Variablen festlegen. Bei erfolgreicher Typumwandlung wird true ausgegeben.

Mögliche Werte für settype sind:
- »integer«
- »double«
- »string«
- »array«
- »object«

Siehe auch:
- gettype()

↔ **Beispiel**

```
<?PHP
$var = 1.67;
$var = settype($var,"integer");
echo $var;
?>
```

⊄ **Ausgabe**

```
1
```

20.24 strval

⇒ **Befehl** string **strval** (mixed var)

⇐ **Version** (PHP 3, PHP 4, PHP 5)

⇔ **Beschreibung** Mit strval() können Sie eine Variable in einen String konvertieren. Dabei darf die Variable von jedem einfachen Datentyp sein. Bei Arrays und Objekten ist diese Funktion nicht erlaubt.

Siehe auch:

- doubleval()
- intval()
- settype()

↔ **Beispiel**

```
<?PHP
$var = "3.67 abc";
echo strval($var);
?>
```

⊄ **Ausgabe**

```
3.67 abc
```

20.25 unserialize

⇒ **Befehl** mixed **unserialize** (string str)

⇐ **Version** (PHP 3>= 3.0.5, PHP 4, PHP 5)

⇔ **Beschreibung** Mit dem Befehl unserialize() erhalten Sie aus einer serialisierten Zeichenkette (siehe serialize()) die ursprüngliche Struktur einer »Variablen«. Bitte beachten Sie, dass bei einem zuvor serialisierten Objekt zwar die Eigenschaft, nicht aber die Methode geliefert wird.
Folgende Typen werden unterstützt:

- array (mehrdimensional)
- double
- integer
- object
- string

Siehe auch:
- serialize()

↔ **Beispiel**

```
<?PHP
$var = array("name"=>"Damir",SelfPHP,"4"=>"24",99);
$data = serialize($var);
echo "Serializierter String:\n";
echo $data . "\n\n";
echo "Unserializierter String:\n";
$array = unserialize($data);
print_r($array);
?>
```

⊄ **Ausgabe**

```
Serializierter String:
a:4:{s:4:"name";s:5:"Damir";i:0;s:7:"SelfPHP";i:4;s:2:"24";i:
5;i:99;}

Unserializierter String:
Array
(
    [name] => Damir
    [0] => SelfPHP
    [4] => 24
    [5] => 99
)
```

20.26 unset

⇒ **Befehl** void **unset** (mixed var)

⇐ **Version** (PHP 3, PHP 4, PHP 5)

⇔ **Beschreibung** Mit dem Befehl unset() können Sie eine Variable oder ein Array löschen und somit wieder vollständig freigeben.

Siehe auch:
- isset()
- empty()

↔ **Beispiel**

```
<?PHP
$var = "Birnen";
echo $var . "\n";
unset($var);
if(!isset($var))
   echo "Variable gelöscht";
?>
```

⊄ **Ausgabe**

```
Birnen
Variable gelöscht
```

20.27 var_dump

⇒ **Befehl** void **var_dump** (mixed expression)

⇐ **Version** (PHP 3>= 3.0.5, PHP 4, PHP 5)

⇔ **Beschreibung** Mit dem Befehl var_dump() können Sie sich alle Informationen einer Variablen *expression* ausgeben lassen.

Siehe auch:
- print_r()

↔ **Beispiel**

```
<?PHP
$var = array ("SelfPHP", 22, array ("PHP5", "PHP4", "PHP3"));
var_dump ($var);
?>
```

⊄ **Ausgabe**

```
array(3) {
  [0]=>
  string(7) "SelfPHP"
  [1]=>
  int(22)
  [2]=>
  array(3) {
    [0]=>
    string(4) "PHP5"
    [1]=>
    string(4) "PHP4"
    [2]=>
    string(4) "PHP3"
  }
}
```

20.28 var_export

⇒ **Befehl** mixed **var_export** (mixed expression [, bool return])

⇐ **Version** (PHP 4 >= 4.2.0, PHP 5)

⇔ **Beschreibung** Mit dem Befehl var_export() können Sie sich eine Variable *expression* ausgeben lassen. Der optionale Parameter *return* sorgt dafür, dass es nicht sofort zu einer Ausgabe kommt, sondern die Ausgabe zwischengespeichert wird.

Siehe auch:

- print_r()
- var_dump()

↔ **Beispiel**

```
<?PHP
$var = array ("SelfPHP", 22, array ("PHP5", "PHP4", "PHP3"));
$cache = var_export ($var,TRUE);
echo $cache;
?>
```

⊄ **Ausgabe**

```
array (
  0 => 'SelfPHP',
  1 => 22,
  2 =>
  array (
    0 => 'PHP5',
    1 => 'PHP4',
    2 => 'PHP3',
  ),
)
```

21 Verzeichnis-Funktionen

21.1 chdir

⇒ **Befehl** int **chdir** (string directory)

⇐ **Version** (PHP 3, PHP 4, PHP 5)

⇔ **Beschreibung** Mit chdir() kann man sich in den Verzeichnissen auf dem Server bewegen. Falls der Wechsel nicht möglich war, wird false, sonst true zurückgegeben.

↔ **Beispiel**

```
<?PHP
$wechsel1 = chdir("neu");
echo $wechsel1 . "\n";
$wechsel2 = chdir("../");
echo $wechsel2 . "\n";
$wechsel3 = chdir("neus"); //Gibt es gar nicht!
echo $wechsel3;
?>
```

⊄ **Ausgabe**

```
1
1
<br />
<b>Warning</b>:  chdir(): No such file or directory (errno 2)
in <b>D:\Damir\Buch\PHP5
Buch\VerzeichnisFunktionen\chdir.php</b> on line <b>6</b><br
/>
```

21.2 closedir

⇒ **Befehl** void **closedir** (int dir_handle)

⇐ **Version** (PHP 3, PHP 4, PHP 5)

⇔ **Beschreibung** Mit closedir() kann man ein Verzeichnis schließen, das man vorher mit opendir() geöffnet haben muss.

Konnte das Verzeichnis geschlossen werden, wird nichts zurückgegeben, sonst erfolgt eine Fehlermeldung.

↔ **Beispiel**

```
<?PHP
$open_verz = opendir("neu");
closedir($open_verz);
?>
```

⊄ **Ausgabe**

21.3 dir

⇒ **Befehl**

object **dir** (string directory)

⇐ **Version**

(PHP 3, PHP 4, PHP 5)

⇔ **Beschreibung**

Mit dir() kann man sich in den Verzeichnissen auf dem Server bewegen und sich bei Bedarf mit dem objektorientierten Ansatz den Verzeichnisinhalt auflisten lassen. Nach dem erfolgreichen Öffnen des Verzeichnisses stehen Ihnen zwei Eigenschaften zur Verfügung:

- handle
- path

Die Eigenschaft *handle* können Sie auch mit folgenden Verzeichnisfunktionen nutzen:

- closedir()
- readdir()
- rewinddir()

Die Eigenschaft *path* beeinhaltet die Pfadangabe des geöffneten Verzeichnisses. Außerdem stellt Ihnen das Verzeichnisobjekt drei Methoden zur Verfügung:

- close()
- read()
- rewind()

↔ **Beispiel**

```
<?PHP
$verz = dir("neu");
echo "Handle: ".$verz->handle . "\n";
echo "Pfad: ".$verz->path . "\n";
while($entry=$verz->read()) {
   echo $entry . "\n";
}
$verz->close();
?>
```

⊄ **Ausgabe**

```
Handle: Resource id #1
Pfad: neu
.
..
datei_1.php
datei_2.php
datei_3.php
```

21.4 getcwd

⇒ **Befehl** string **getcwd** (void)

⇐ **Version** (PHP 4, PHP 5)

⇔ **Beschreibung** Mit getcwd() kann man sich das Arbeitsverzeichnis zurückgeben lassen (von der Datei ausgehend, welche man gerade aufgerufen hat). Dabei wird der komplette Pfad ab dem Dokumenten-Root zurückgegeben.

↔ **Beispiel**

```
<?PHP
echo getcwd();
?>
```

⊄ **Ausgabe**

```
D:\Damir\Buch\PHP5 Buch\VerzeichnisFunktionen
```

21.5 mkdir

⇒ **Befehl** int **mkdir** (string pathname, int mode)

⇐ **Version** (PHP 3, PHP 4, PHP 5)

⇔ **Beschreibung** Mit mkdir() kann man versuchen, ein Verzeichnis (*pathname*) zu erstellen. Dabei können Sie ausgehend vom Skript oder dem Dokumenten-Root das Verzeichnis erstellen. Im Erfolgsfall wird true zurückgeliefert, sonst false.

Falls Sie im Parameter *mode* (Zugriffsrecht) einen oktalen Wert übergeben wollen, so denken Sie an die voranzustellende Null, welche nicht fehlen darf. Bei der Rechtevergabe kann man für den Eigentümer/Owner, Gruppe/Group und den Rest der Welt/Public verschiedene Zugriffsrechte vergeben.

Werte für mode:

- Lesen/Read = r = 4
- Schreiben/Write = w = 2
- Ausführen/Execute = x = 1

Rechenbeispiel:

-rwxr-xrw-	r + w + x	r + – + x	r + w + -	0756
das entspricht	4+2+1=7	4+0+1=5	4+2+0=6	0756

Beispiele:

	User	Group	World	Oktal
-rwxrwxrwx	rwx	rwx	rwx	0777
-rwxr-xr-x	rwx	r-x	r-x	0755
-rwx------	rwx	---	---	0700
-rwxr-x---	rwx	r-x	---	0750
-rwxr-xr—	rwx	r-x	r—	0754

↔ **Beispiel 1**

```
//Erstellt ein Verzeichnis ausgehend von der Lage //des Skriptes

<?PHP
if(mkdir("php",0700))
   echo "Verzeichnis erstellt!";
?>
```

⊄ **Ausgabe 1**

```
Verzeichnis erstellt!
```

↔ **Beispiel 2**

```
//Erstellt ein Verzeichnis ausgehend vom
//Dokumenten-Root

<?PHP
if(mkdir("D:\Damir\Buch\PHP5
Buch\VerzeichnisFunktionen\php1",0700))
   echo "Verzeichnis erstellt!";
?>
```

⊄ **Ausgabe 2**

```
Verzeichnis erstellt!
```

21.6 opendir

⇒ **Befehl**

int **opendir** (string path)

⇐ **Version**

(PHP 3, PHP 4, PHP 5)

⇔ **Beschreibung**

Mit opendir() kann man ein Verzeichnis-Handle öffnen. Dieses Verzeichnis-Handle kann später für folgende Befehle genutzt werden:

- closedir()
- readdir()

Siehe auch:

- closedir()
- readdir()
- rewinddir()

↔ **Beispiel**

```
<?PHP
if($verz = opendir("neu"))
   echo "Verzeichnis geöffnet!\n";
echo "Verz.Handle: $verz";
?>
```

⊄ **Ausgabe**

```
Verzeichnis geöffnet!
Verz.Handle: Resource id #1
```

21.7 readdir

⇒ **Befehl**

string **readdir** (int dir_handle)

⇐ **Version**

(PHP 3, PHP 4, PHP 5)

⇔ **Beschreibung**

Mit readdir() kann man sich den kompletten Inhalt eines Verzeichnisses (*dir_handle*) auflisten lassen. Die Dateien werden dabei unsortiert aufgeführt.

Beachten Sie, dass auch ».« und »..« aufgelistet werden. Wenn Sie das nicht wünschen, müssen Sie die Ausgabe mit einer if-Abfrage schützen.

Siehe auch:

- closedir()
- opendir()

↔ **Beispiel 1**

```
<?PHP
$verz=opendir ('.');
while ($file = readdir ($verz)) {
   echo "$file \n";
}
closedir($verz);
?>
```

⊄ **Ausgabe 1**

```
.
..
chdir.php
closedir.php
dir.php
```

↔ **Beispiel 2**

```
<?PHP
$verz=opendir ('.');
while ($file = readdir ($verz)) {
 if($file != "." && $file != "..")
   echo "$file \n";
}
closedir($verz);
?>
```

⊄ **Ausgabe 2**

```
chdir.php
closedir.php
dir.php
```

21.8 rewinddir

⇒ **Befehl**

void **rewinddir** (int dir_handle)

⇐ **Version**

(PHP 3, PHP 4, PHP 5)

⇔ **Beschreibung**

Mit rewinddir() kann man ein bestehendes *dir_handle* auf den Anfang (Reset) zurücksetzen. Das bedeutet, dass die Funktion readdir() beim nächsten Aufruf die Dateien wieder ab dem ersten Eintrag des Verzeichnisses auflistet. Der Unterschied wird sehr schnell sichtbar, wenn man sich beide Beispiele genau anschaut.

Siehe auch:

- opendir()
- readdir()
- closedir()

↔ **Beispiel 1**

```
<?PHP
$verz=opendir ('.');
while ($file = readdir ($verz)) {
   echo "$file \n";
}
while ($file = readdir ($verz)) {
   echo "$file \n";
}
closedir($verz);
?>
```

⊄ **Ausgabe 1**

```
.
..
chdir.php
closedir.php
dir.php
```

↔ **Beispiel 2**

```
<?PHP
$verz=opendir ('.');
while ($file = readdir ($verz)) {
   echo "$file \n";
}
rewinddir($verz);
while ($file = readdir ($verz)) {
   echo "$file \n";
}
closedir($verz);
?>
```

⊄ **Ausgabe 2**

```
.
..
chdir.php
closedir.php
dir.php
.
..
chdir.php
closedir.php
dir.php
```

21.9 rmdir

⇒ **Befehl** int **rmdir** (string dirname)

⇐ **Version** (PHP 3, PHP 4, PHP 5)

⇔ **Beschreibung** Mit rmdir() kann man ein bestehendes Verzeichnis (*dirname*) löschen. Dabei müssen allerdings ausreichende Rechte vorhanden sein. Im Erfolgsfall wird true, sonst false zurückgegeben.

Siehe auch:

- chdir()
- is_dir()
- mkdir()

↔ **Beispiel**

```
<?PHP
$verz = rmdir("php2");
if($verz)
   echo 'Verzeichnis wurde gelöscht!';
?>
```

⊄ **Ausgabe**

```
1
```

21.10 scandir

⇒ **Befehl** array **scandir** (string directory [, int sorting_order [, resource context]])

⇐ **Version** (PHP 5)

⇔ **Beschreibung** Mit scandir() können Sie ein Verzeichnis *directory* auslesen und sich das Ergebnis in ein Array ausgeben lassen. Setzen Sie den optionalen Parameter sorting_order auf 1, so wird das Array in absteigender Form sortiert. Standardmäßig sortiert diese Funktion in aufsteigender Reihenfolge. Sollte das Verzeichnis nicht existent sein, so liefert diese Funktion FALSE.

Siehe auch:

- glob()
- is_dir()
- opendir()
- readdir()
- sort()

↔ **Beispiel**

```
<?PHP
$dir    = 'neu';
$files1 = scandir($dir);
$files2 = scandir($dir, 1);
```

```
print_r($files1);
print_r($files2);
?>
```

⊄ **Ausgabe**

```
Array
(
    [0] => .
    [1] => ..
    [2] => datei_1.php
    [3] => datei_2.php
    [4] => datei_3.php
)
Array
(
    [0] => datei_3.php
    [1] => datei_2.php
    [2] => datei_1.php
    [3] => ..
    [4] => .
)
```

Stichwortverzeichnis